本书为国家社科基金重点项目"20世纪中国传统哲学与马克思主义哲学、西方哲学关系的历史考察"（经国家社会科学规划办批准，更改为"20世纪认知与理解中国传统哲学的五大认知范式研究"）（13AZD021）结项成果

生生的传统

——20世纪中国传统哲学认知范式研究

李承贵 著

中国社会科学出版社

图书在版编目(CIP)数据

生生的传统：20世纪中国传统哲学认知范式研究 / 李承贵著.
—北京：中国社会科学出版社，2018.6
ISBN 978-7-5203-2734-3

Ⅰ.①生… Ⅱ.①李… Ⅲ.①哲学思想—研究—中国 Ⅳ.①B2

中国版本图书馆CIP数据核字(2018)第138740号

出 版 人	赵剑英
责任编辑	韩国茹
责任校对	张爱华
责任印制	张雪娇

出　　版	中国社会科学出版社
社　　址	北京鼓楼西大街甲158号
邮　　编	100720
网　　址	http://www.csspw.cn
发 行 部	010-84083685
门 市 部	010-84029450
经　　销	新华书店及其他书店
印刷装订	环球东方（北京）印务有限公司
版　　次	2018年6月第1版
印　　次	2018年6月第1次印刷
开　　本	710×1000　1/16
印　　张	51
插　　页	2
字　　数	808千字
定　　价	328.00元

凡购买中国社会科学出版社图书，如有质量问题请与本社营销中心联系调换
电话：010-84083683
版权所有　侵权必究

目 录

序一 / 赖永海 / 1
序二 / 郭齐勇 / 1
导　言 / 1

第一章　认知中国传统哲学范式的形成 / 14
　第一节　唯物认知范式的形成 / 14
　　一　"唯物"之为学术方法意识的形成 / 14
　　二　唯物主义之为传统哲学的认知范式 / 19
　第二节　科学认知范式的形成 / 25
　　一　"科学"之为学术方法意识的形成 / 25
　　二　科学主义之为传统哲学的认知范式 / 30
　第三节　人文认知范式的形成 / 36
　　一　"人文"之为学术方法意识的形成 / 37
　　二　人文主义之为传统哲学的认知范式 / 42
　第四节　逻辑认知范式的形成 / 48
　　一　"逻辑"之为学术方法意识的形成 / 49
　　二　逻辑主义之为传统哲学的认知范式 / 55
　第五节　自我认知范式的形成 / 62
　　一　"自我"之为学术方法意识的形成 / 62
　　二　自我主义之为传统哲学的认知范式 / 72

第二章　唯物认知范式与中国传统哲学 / 82
　第一节　唯物认知范式与哲学概念和命题 / 82

一　唯物认知范式视域下的哲学概念 / 82
　　二　唯物认知范式视域下的哲学命题 / 108
　第二节　唯物认知范式与哲学特点和系统 / 130
　　一　唯物认知范式视域下的哲学特点 / 130
　　二　唯物认知范式视域下的哲学系统 / 142
　第三节　唯物认知范式应用之检讨 / 156
　　一　唯物地开掘了中国传统哲学资源 / 156
　　二　唯物地提升了中国传统哲学品质 / 164
　　三　唯物认知范式应用之问题 / 173

第三章　科学认知范式与中国传统哲学 / 186
　第一节　科学认知范式与哲学概念和命题 / 186
　　一　科学认知范式视域下的哲学概念 / 186
　　二　科学认知范式视域下的哲学命题 / 207
　第二节　科学认知范式与哲学特和精神 / 226
　　一　科学认知范式视域下的哲学特点 / 226
　　二　中国传统哲学中的科学精神 / 243
　　三　中国哲学特性与科学方法的限制 / 251
　第三节　科学认知范式应用之检讨 / 261
　　一　科学思想资源的发掘和整理 / 262
　　二　提升中国传统哲学的品质 / 268
　　三　科学认知范式应用之思考 / 275

第四章　人文认知范式与中国传统哲学 / 284
　第一节　人文认知范式与哲学概念和命题 / 284
　　一　人文认知范式视域下的哲学概念 / 284
　　二　人文认知范式视域下的哲学命题 / 314
　第二节　人文认知范式与哲学特点和系统 / 337
　　一　人文认知范式视域下的哲学特点 / 337
　　二　人文认知范式视域下的哲学系统 / 359

第三节　人文认知范式应用之检讨 / 381
　　一　人文思想资源的发掘与整理 / 381
　　二　中国传统哲学品质的提升 / 389
　　三　人文认知范式应用之思考 / 397

第五章　逻辑认知范式与中国传统哲学 / 407

第一节　逻辑认知范式与哲学概念和命题 / 407
　　一　逻辑认知范式视域下的哲学概念 / 407
　　二　逻辑认知范式视域下的哲学命题 / 435

第二节　逻辑认知范式与哲学特点和系统 / 457
　　一　逻辑认知范式视域下的哲学特点 / 457
　　二　逻辑认知范式视域下的哲学系统 / 473

第三节　中国传统哲学的逻辑问题与价值 / 488
　　一　中国传统哲学的逻辑问题 / 489
　　二　中国传统哲学在逻辑上的价值 / 499

第四节　逻辑认知范式应用之检讨 / 506
　　一　逻辑地开掘了中国传统哲学思想资源 / 506
　　二　逻辑地提升了中国传统哲学的品质 / 514
　　三　逻辑认知范式应用中存在的问题 / 529

第六章　自我认知范式与中国传统哲学 / 536

第一节　自我认知范式与哲学概念和命题 / 536
　　一　自我认知范式视域下的哲学概念 / 537
　　二　自我认知范式视域下的哲学命题 / 569

第二节　自我认知范式与哲学特点和文化背景 / 602
　　一　自我认知范式视域下的哲学特点 / 603
　　二　自我认知范式与文化背景的凸显 / 624

第三节　自我认知范式应用之检讨 / 633
　　一　客观呈现传统哲学本义的方式与特点 / 634
　　二　自我认知范式与中国哲学主体性建构 / 642

三　自我认知范式的特点与问题 / 654

第七章　综论 / 661

第一节　中国传统哲学资源的开掘与整理 / 661
　　　一　哲学概念和命题的开掘与整理 / 661
　　　二　哲学系统和方法的开掘与整理 / 663
　　　三　哲学特点和价值的开掘与整理 / 664

第二节　四大认知范式应用之意义与问题 / 667
　　　一　表现在形式品质的提升 / 667
　　　二　表现在内容品质的提升 / 670
　　　三　值得关注的消极面向 / 675

第三节　对"中国无哲学"的回应 / 679
　　　一　中国无纯粹的哲学范畴？ / 680
　　　二　中国哲学缺乏思辨？ / 682
　　　三　中国哲学没有体系或系统？ / 686
　　　四　中国哲学概念或范畴含义模糊？ / 689
　　　五　以道德为讨论内容即不属于哲学？ / 693

第四节　五大认知范式之关系 / 697
　　　一　五大认知范式的彼此独立性 / 697
　　　二　四大认知范式的互补 / 703
　　　三　自我认知范式地位的特殊性 / 719

第五节　作为解释学方法的认知范式 / 727
　　　一　解释学方法视域中的认知范式 / 728
　　　二　认知范式实践中的解释学问题 / 738
　　　三　认知范式的转移与解释方法的进化 / 761

结束语 / 778

参考文献 / 784

后　记 / 798

序 一

《生生的传统——20世纪中国传统哲学认知范式研究》一书，是李承贵教授所承担的国家社科基金重点项目结题成果。该书回顾与梳理了过去百余年来中西哲学交汇撞击的历史，并对这个历史时段里中国哲学与西方哲学相互关系提出了自己的看法。作者认为，在此宏大而特殊的历史际遇中，西方哲学始终占据学术思想的制高点，全面显示了其对中国哲学的强势。中国学者在好奇与惊恐的心态中表现出对西方哲学的崇拜与追捧。具体表现就是以西方哲学作为坐标和方法去理解和评价中国传统哲学。由于广义的西方哲学可包括马克思主义哲学和西方哲学，而狭义的西方哲学则可大体分为科学主义思潮和学说、人文主义思潮和学说、逻辑主义思潮和学说，因而中国学者以西方哲学来理解和评价中国传统哲学的学术实践，又表现为以唯物主义哲学（马克思主义哲学）、科学主义学说、人文主义学说、逻辑主义学说等为坐标和方法来认识、理解和评价中国传统哲学。在这个过程中，中国学者发现这种做法存在着对中国传统哲学的误读与伤害，于是他们思考并提出了如何避免这种误读与伤害的对策。由于以唯物主义哲学、科学主义学说、人文主义学说、逻辑主义学说认知、理解和评价中国传统哲学表现为时间上的持续性、主体上的团体性，从而形成"认知范式"形态。为了避免西方哲学对中国传统哲学造成误读与伤害，中国学者主张回到中国自身文化系统去认知、理解和评价中国传统哲学，而这种实践在时间上也表现为持续性，在主体上也表现为团体性，此即为"自我认知范式"。因此，过去百余年来的中国学者在认知、理解和评价中国传统哲学的学术实践过程中，形成了唯物认知范式、科学认知范式、人文认知范式、逻辑认知范式和自我认知范式五大认知范式，其中自我认知范式是"逼"出来的，也代表着中国哲学的立场。

李承贵教授的这项研究成果，提出了以"五大认知范式"考察、研究20世纪中国哲学，应该说是一种新的视角，颇具创新性。它运用了大量可靠的文献资料，考察了五大认知范式形成的过程和应用的具体情形，分析了五大认知范式的长短得失，研究判断了中国哲学与马克思主义哲学、中国哲学与西方哲学的关系，揭示了以西方哲学理解和评价中国传统哲学存在的问题，肯定了以西方哲学理解中国传统哲学的学术意义。并借助解释学与范式理论对认知范式展开了深入讨论，在认知范式与文本的关系、五大认知范式之间的关系、认知范式的解释学的特点与限制等方面也提出了诸多建设性观点或主张，使本书表现出较高的理论水平。总之，本书选题新颖、文献丰富、分析深入、评论客观，提出了许多崭新的、富有启发的学术观点，是一具有重要学术价值的研究成果，对进一步推进20世纪的中国哲学研究具有重要的参考价值。

是为序。

赖永海
戊戌年春月于南京大学

序 二

　　李承贵教授是中国哲学界的著名专家，已出版了数种精专厚重的专著。近日，承贵兄将新著《生生的传统——20 世纪中国传统哲学认知范式研究》的电子稿发来，索序于余。这部大著八十余万言，精彩纷呈，创见尤多，发人之所未发。拜读之后，余以为本书有如下创新点，特提出与读者诸君共享。

　　其一，建立起研究和处理 20 世纪中国哲学问题的模式。20 世纪对于中国传统哲学而言无疑是极为特殊、复杂而壮观的时代，古今中西相摩交汇，哲学流派竞相登场，哲学学说争奇斗艳，哲学观点大放异彩，而哲学又无时不与政治相互呼应。在这样错综复杂的头绪中，能否理出一个既符合 20 世纪中国哲学现状又能呈现清晰脉络的逻辑线索？本书做到了这一点。本书将 20 世纪中国学者认知、理解和评价中国传统哲学的实践，概括为唯物认知范式、科学认知范式、人文认知范式、逻辑认知范式、自我认知范式，透过对五大认知范式用于理解中国传统哲学实践的考察，可以认识到 20 世纪中国哲学的状况，特别是中国传统哲学在 20 世纪的生存状况，也可以认识到中国传统哲学与马克思主义哲学、中国传统哲学与西方哲学关系的状况，也可认识到以西方哲学或马克思主义哲学作为坐标理解中国传统哲学存在的问题。所以说，本书建构了分析和处理 20 世纪中国哲学问题的模式，也显示了作者开阔的学术视域和高度的概括能力。

　　其二，发明了考察和研究中国传统哲学在 20 世纪存活状况的特殊视角。中国传统哲学在 20 世纪仍然生存延续着，问题是，在中西哲学大撞击的背景下，在新的历史际遇中，中国传统哲学存活的真实状况究竟怎样，比如，中国传统哲学的特点、优点与缺点在哪儿？中国传统哲学中哪些内容被继承？哪些内容被抛弃了？中国传统哲学需不需要更新、丰富和发展？怎样更新、丰富和发展？常规性思考与研究恐怕较难解决这类问题。本书的视角无疑是特殊而有效的。因为，通过对唯物认知范式、科学认知范式、人文认知范式、逻辑认知范式、自我认知范式等用于认知和理解中国传统哲学的考察，可以发现中国传统哲学不同视角的问题，可以发现中国传统哲学不同视角的特点，可以发现中国传统哲学不同视角的优长，从而完善对中国传统哲学的认知和理解，也为准确认识和把握中国传统哲学在20世纪的存活状况提供了独特的视角。

其三，为全面、客观地分析和评价以西方哲学认知、理解和评价中国传统哲学的实践提供了依据。对于以马克思主义哲学、西方哲学理解中国传统哲学的实践，近些年来存在一股极端论调，即认为马克思主义哲学、西方哲学对于中国传统哲学的作用一无是处，马克思主义哲学、西方哲学对中国传统哲学的理解只有负面作用，是对中国传统哲学的伤害与解体。本书通过对诸范式用于认知和理解中国传统哲学的考察，客观而详细地呈现了唯物认知范式、科学认知范式、人文认知范式、逻辑认知范式、自我认知范式用于认知和理解中国传统哲学的情形，过与不及、得与失、经验与教训等清楚地呈现在我们面前，从而为客观、准确判断以马克思主义哲学、西方哲学理解中国传统哲学的实践提供了依据。

其四，对推动和建立科学地理解中国传统哲学的态度与方法进行了有价值的探索。晚清以降，如何理解中国传统哲学，怎样评价中国传统哲学，能否建立起理解中国传统哲学的科学态度，能否确立一种认知和理解中国传统哲学的方法体系，都是研究中国哲学的学者们亟须解决的课题。本书提出了唯物认知范式、科学认知范式、人文认知范式、逻辑认知范式、自我认知范式，并通过对这些认知范式用于中国传统哲学实践的考察，暴露了诸范式的不足，凸显了诸范式的特点，探讨了正确理解和使用认知范式的方法，为建立科学的理解中国传统哲学的态度与方法进行了深入的探索，积累了宝贵经验。

其五，提出了思考和解释中国传统哲学与马克思主义哲学、中国传统哲学与西方哲学关系的全新方式。中国传统哲学与马克思主义哲学、中国传统哲学与西方哲学的关系是20世纪中国哲学的主题之一，以往的讨论极为广阔且成果丰硕。本书将西方哲学具体分为马克思主义哲学、科学主义学说、人文主义思潮、逻辑学理论，并对四大认知范式用于理解中国传统哲学的实践进行具体的、深入的考察和分析，从而将中国传统哲学与马克思主义哲学、与西方哲学的具体而真实的关系状况呈现出来，这就为发现其中的问题，认识其中的复杂关系，从而为准确把握、正确处理中国哲学与马克思主义哲学、中国哲学与西方哲学的关系提供了新的思考方式。

其六，对熔铸了中西古今的 20 世纪中国哲学提出了独到的见解。如何评价中国传统哲学在 20 世纪的生存状况，学界见智见仁。本书基于对诸范式用于认知和理解中国传统哲学的考察，分析了诸范式与中国传统哲学之理解与被理解、消化与被消化、吸收与被吸收的具体情形，全面而客观地评估了诸范式在形式和内容上对于中国传统哲学的贡献，从而判定 20 世纪中国哲学对中国哲学史而言主要是积极的存在，是一"生生的传统"。这个评价应该是合乎事实的。

总之，本书规模宏大，气势磅礴，文献丰富，论证缜密，屡有创获，持论公允，对学习研究 20 世纪中国哲学、对继承发展中国传统哲学、对探索建构现代中国哲学形态都表现出独特的学术贡献。

是为序。

郭齐勇
戊戌年正月于南溟观海楼

导　　言

　　与人类生产活动、经济活动、社会活动如影随形的是思想观念,生产活动、经济活动、社会活动所到之处,便必然发现与之相随的思想观念。当西方将其生产活动、经济活动、社会活动部分地移入东方这个拥有五千年文明的古国之时,中国人便已感受到了基督教教义的游荡、柏拉图"理念"的徘徊、人文主义的呐喊、启蒙思想的召唤、康德理性的魅力、马克思哲学的警示……这些远道而来的光怪陆离的思想、学说,便开始了在新的世界开辟疆土的工作。而作为"地主"的中国传统哲学思想,虽然好客,但自然并不甘服输,它一方面表现出初次相会的好奇与欢迎,另一方面表现出谨慎的忐忑与抵制。历经不是太长时间的摩擦与激荡,进入中国的西方思想与学说在中国人头脑中便逐渐明晰起来,用现在中国学界通用的分类,那就是西方哲学、马克思主义哲学。换言之,就哲学而言,所谓西方文明与中国文明的碰撞,就是西方哲学、马克思哲学与中国传统哲学的碰撞。那么,在这个亘古未遇的文化大碰撞、大汇合中,西方哲学究竟做了些什么?马克思主义哲学究竟做了些什么?中国传统哲学又做了些什么?这或许是研究过去百余年中国哲学必须处理与讨论的一个重大课题。由于与西方哲学、马克思主义哲学交手的东道主是中国传统哲学,因而可以中国传统哲学为中心,考察西方哲学、马克思主义哲学对中国传统哲学的所作所为,进而探讨三者的关系,并获取相关的但并没有预设好的启示。而从哲学板块结构与特性分,西方哲学、马克思主义哲学又大体上可分为唯物主义(马克思主义哲学)、人文主义、科学主义、逻辑主义四大学说。考之过去百余年中国哲学史,不难发现具有西方身份的唯物主义、人文主义、科学主义、逻辑主义都先后程度不同地成了中国学者介绍、引进的内容,在介绍引进的同时也被当作认知、理解和评价中国传统哲学的坐标与方法。而在用于认知、理解和评价中国传统哲学的实践中，又常常出现对中国传统哲学自觉或不自觉的误读与伤害，这一现象也引起了当事人——中国学者的注意与忧心，比如，熊十力说："罗素以数理来演六十四卦，当然可成一说，吾敢断言仍是空洞形式，即解析事物相互间之关系而已，必于《易》道不究其源，于人生更无关，于宇宙万化不得其真。……今之儒学要究明真际，穷神知化，尽性至命，使人有以实现天德、立人极、富有日新，而完成天地万物一体之发展，彼名数形式可语是乎！"① 而且这种忧心并不是个别现象，它普遍魂牵梦萦于中国学者的心中，以致笔者在阅读严复、王国维、熊十力、冯友兰、胡适、贺麟、张君劢、张东荪、方东美、徐复观、牟宗三、唐君毅、张岱年等先生的著作时，无时无刻不感受到这些哲学家对中国传统哲学的虔诚的珍爱，他们纷纷提出了针对性主张与措施，强调中国哲学内容与价值的特殊性，提醒使用西方哲学学说认知、理解中国传统哲学应注意的问题。概言之，唯物主义、人文主义、科学主义、逻辑主义等具有典型西方身份的学说，都被用于认知、理解和评价中国传统哲学，而且这种认知、理解与评价在主体上具有群众性，在时间上具有持续性，从而形成了所谓"认知中国传统哲学的范式"。相应地，中国学者提出的以"尊重中国传统哲学的特殊性、警惕西方哲学对中国传统哲学的误读与伤害"为精神的、从而回到中国自身文化背景认知和理解中国传统哲学的学术实践，也在主体上表现出团体性、在时间上表现出持续性的特点，从而成为理解中国传统哲学的"自我认知范式"。将此两方面情况加以综合，便成为"中国传统哲学的认知范式"。

此题目内含着两个需要解释的基本概念：一个是"认知范式"，一个是"认知中国传统哲学的范式"或"中国传统哲学的认知范式"。那么，何谓"认知范式"？"认知"与"范式"这两个概念并非出自中国的学术辞典，它们都是舶来品，而本书所用的"认知范式"，与西方思想文化中的含义不尽相同，因而有必要对"认知范式"予以明确的解释与规定。首先，什么是"认知"？"认知"译自英语名词cognition，旧的译名就是"认识"。一般情况下，心理活动被分为三类：认识、情感和意志，所以

---

① 熊十力：《熊十力全集》第八卷，湖北教育出版社2001年版，第602页。

认知的本义是一种心理活动。这个心理活动包括形成概念、知觉、判断、记忆、想象、思维和语言等，所以是人们获得知识或应用知识的过程，或信息加工的过程。美国心理学家索里认为："认知是一个人'了解'客观世界的所经历的几个过程的总称。它包括感知、领悟和推理等几个比较独特的过程，这个术语含有意识到的意思。"[①] 而受西学启发的中国学者，也对这个概念有所界定。比如张春兴的看法是："认知是个体经由意识活动对事物认识与理解的心理历程。认知一词内涵广泛，举凡知觉、想象、辨认、推理、判断等复杂心理活动。"[②] 再如魏屹东指出："认知是人类探索自然秘密的过程，具体是指人们获得知识和应用知识的信息加工过程，是人们最基本的心理过程，包括感觉、知觉、记忆、想象、思维、语言等的操纵和运用。"[③] 根据这些关于"认知"定义的陈述，我们可将"认知"的含义归为如下几点：第一，认知是一种认识实践或行为；第二，这种认识实践的内容包括形成概念、知觉、判断、记忆、想象、思维和语言等；第三，这种认识实践的功能和效果包括认清、把握对象和反思、检讨对象；第四，这个认识实践必须领悟对象的义理和意蕴；第五，这种认识实践负责判断、评论对象的内容和性质。概言之，所谓"认知"是指包括形成概念、比较分析、逻辑推理、综合判断、价值评估等对被认知对象（内容、优长、不足、性质）的理解、领悟、判断和评价。这些思维活动，都必须借助某个参照系或多个参照系展开，而那些参照系都是具有一定的理论体系、原理和价值的学说，如唯物主义、人文主义、科学主义、逻辑主义、自我主义（本书这个意义上使用的"主义"只取"学说义"或"方法义"）等，就是说，认知活动必然以某种思想方法为坐标，但不一定每种思想方法中的元素都被应用，认知主体根据具体的认知对象进行认知，因而，认知也必然存在对象差异，即会发生认知坐标与被认知对象存在不相称或不相符的情形。

那么，什么是"范式"？"范式"是美国著名科学哲学家托马斯·库恩提出的一个具有划时代意义的概念，他关于范式的表述主要有："一种

---

① ［美］J. M. 索里，C. W. 特尔福德：《教育心理学》，高觉敷等译，人民教育出版社1982年版，第233页。
② 张春兴：《张氏心理学辞典》，上海辞书出版社1992年版，第123页。
③ 魏屹东：《认知科学哲学问题研究》，科学出版社2008年版，第21页。

公认的模型或模式。"① "一个成熟的科学共同体在某段时间内所认可的研究方法、问题领域和解题标准的源头活水。"② "它代表着一个特定共同体的成员所共有的信念、价值、技术等等构成的整体。"③ "一个范式就是一个科学共同体的成员所共有的东西,而反过来,一个科学共同体由共有一个范式的人组成。"④ 根据库恩的陈述,我们大体上可将"范式"的基本含义理解为如下几点:第一,"范式"在一定时空内具有公认性;第二,"范式"是一个由基本定律、理论、应用以及相关的仪器设备等构成的整体,它的存在给科学家(学者)提供了一个研究纲领或模型;第三,"范式"为科学研究提供可模仿的成功的先例;第四,"范式"为某个研究共同体所信奉和实践。因此,"范式"实质上就是一种理论体系,是观察研究对象的方式和视角,它在很大程度上决定了研究者如何看待对象、把对象看成什么、在对象中看到什么、忽视什么。本书所采用的"认知范式"主要是一种方法的模式,这种方法模式包含阅读、理解、诠释、评论等认知要素,它有思辨性,但又不是单纯的哲学思辨;它可以成为一种学术习惯或传统,甚至也涉及社会学的问题,但它主要是思想文本的研究;它可以类比,解释疑难,也可以模仿,但它不是绝对成功的示范,更主要的是过程、途径。因此,本书所用的"范式"与库恩所讲的"范式"不尽相同。我们所谓"范式"是指已经被某些学术群体实践过并仍在实践、在一定程度上可以效法的认知、解释和评价文本的模式或方法。这样,所谓"认知范式",就是以某种学说或思想体系为坐标,主体通过形成概念、比较分析、逻辑推理、综合判断等思维形式,对某个文本所进行的认知、解释和评价实践。这种实践是现在时的、可效法的,当然也是具体的。

可是,这样的认知范式在过去百余年的中国传统哲学研究中表现了怎样的风采呢?要回答这个问题,一是要考察有无认知中国传统哲学的实践,二是要考察这种认知实践是否具有长期性与团体性。严复是中国现代

---

① [美]托马斯·库恩:《科学革命的结构》,金吾伦、胡新和译,北京大学出版社2012年版,第19页。
② 同上书,第88页。
③ [美]托马斯·库恩:《后记——1969》,载《科学革命的结构》,金吾伦、胡新和译,第147页。
④ 同上。

思想史上第一位系统进行中西文化比较研究的思想家，在他的中西文化比较研究的实践中，就开始了对中国传统哲学的认知和理解。比如，他以"力"释"气"："今世科学家所谓一气常住，古所谓气，今所谓力。"①在严复看来，中国古代哲学中的"气"含有自然科学中的"力"范畴同样的内涵。王国维认为荀子的"天官簿类，心有征知"可与康德的"无内容之思想，空虚也；无概念之直觉（谓感觉），盲瞽也"②相发明。胡适发现孔子的"君子不忧不惧"，"内省不疚，夫何忧何惧"，以及孟子的"富贵不能淫，贫贱不能移，威武不能屈"，属于"人文的、合理的及自由的精神，是古典时代对于理智生活留传下来的最大的遗产"③。熊十力强调，要准确把握老子"道"的含义，必须以对老子整个思想体系的了解为前提，他说："老子书中之'道'字最难解说，必须完全了解老子思想之整个的、博大深微的体系，然后才能了解其所谓道。"④冯友兰将"理""气"关系解释为抽象与具体、一般与特殊的关系。他说："用现代哲学的话说，道学的中心问题仍然是关于一般和特殊的问题。'理'是一般，'气'或'器'是特殊，就这一点说道学是玄学的发展和继续。所谓'形而上'和'形而下'的分别，也就是一般和特殊的分别。"⑤张东荪则认为宋儒的"理"（形而上）只是说无形无迹不可见不可听而已，不可当作"抽象"来解释，"因为朱子对于形而上只训作不可见闻而止，而并不以此不可见闻者认为是个心相"⑥。在贺麟看来，"尽性"是具有意志自由含义的概念，他说："尽性就是中庸所谓尽人之性，尽物之性，也就是现在所谓'自我实现'。认识自我，发展自我，实现自己的本性，就是自由。"⑦方东美则对中国哲学中的"宇宙"做了人文主义的解释，他说："'宇宙'所包容的不只是物质世界，还有精神世界，两者浑然一体不可分割；不像西方思想的二分法，彼此对立，截成互相排斥的两个片断。在

---

① 严复：《庄子评语》，《严复集》第四册，中华书局1986年版，第1136页。
② 王国维：《周秦诸子之名学》，载《王国维哲学美学论文辑佚》，华东师范大学出版社1993年版，第146页。
③ 胡适：《中国思想史纲要》，载《胡适学术文集》，中华书局1998年版，第517页。
④ 熊十力：《熊十力全集》第四卷，湖北教育出版社2001年版，第203页。
⑤ 冯友兰：《三松堂全集》第十卷，河南人民出版社2001年版，第149页。
⑥ 张东荪：《思想与社会》，岳麓书社2010年版，第180页。
⑦ 贺麟：《论意志自由》，《贺麟选集》，吉林人民出版社2005年版，第115页。

中国，宇宙绝不是一个战场，借柏格森的一句话来说，不能有'生命与物质的交战'。当然，在这综合的宇宙全体中，也可以有某些分际，像我们在易经系辞传可以看到：'形而上者谓之道，形而下者谓之器'，后来宋代哲学家，像张载、朱熹，也在'虚'与'气'或'理'与'气'之间有类似的分际，但他们仍然在这些分际之中，力求其一贯融通。"① 牟宗三用黑格尔的"具体的普遍"解释孔子的"仁"，他说："仁是个普遍的原则，但是你不能说仁是个抽象的概念。仁是不能和科学、数学、逻辑里面所谓的抽象概念相提并论的。照孔子所说的，仁是可以在我们眼前真实的生命里头具体呈现的。所以孟子说仁就是恻隐之心，它就是具体的。但是虽然它是具体的，它并不是事件。它有普遍性。在这情形下所说的普遍性，黑格尔就叫做具体的普遍（concrete universal）。"② 张岱年认为："朱氏这里明确肯定'天下之物莫不有理'，这是符合唯物主义观点的，他以'众物之表里精粗无不到'为理想，虽然有独断论倾向，却也避免了不可知论偏谬。"③

　　毫无疑问，上述案例实际上都内含了形成概念、比较分析、逻辑推理、综合判断等环节。严复关于"气就是力"的判断看似简单，如果严复没有关于"气""力"这两个概念的认识，如果不对"气""力"二者之内涵进行比较分析，不能对"气""力"之间的关系做科学的推理，如果不能在掌握了关于"气""力"所有有价值的信息基础上进行综合判断，自然不会有"古所谓气，今所谓力"的认知。胡适关于"'君子不忧不惧'属于'人文的、合理的及自由的精神'"的认知，自然是首先要形成"人文的、合理的及自由的精神"概念，然后将其与"君子不忧不惧"进行比较分析，在比较分析中对"君子不忧不惧"之内在含义进行推理，最后综合所有有价值的信息作出"属于人文的、合理的及自由的精神"的判断。如果冯友兰意识中不能形成关于"普遍性""特殊性"的概念，如果不能对"理""气"进行比较分析，不能对"理"与"普遍性"，"气"与"特殊性"进行比较分析，不能对"理""气"内涵进行逻辑演

---

① 方东美：《中国人生哲学》，台湾黎明文化事业股份有限公司2006年版，第172页。
② 牟宗三：《中国哲学十九讲》，上海古籍出版社2007年版，第33—34页。
③ 张岱年：《中国古代哲学的基本特点》，载《张岱年选集》，吉林人民出版社2005年版，第319页。

绎，不能在掌握所有关于"理""气"有价值信息的基础上作出综合判断，就不可能有"理即抽象"与"气即具体"的结论。牟宗三之所以言孔子的"仁"类似于黑格尔的"具体的普遍"，同样需要经历形成概念、比较分析、逻辑推理、综合判断等环节。首先要在自己思想中形成对"具体的普遍"概念的认识，继而将其与孔子的"仁"进行比较分析，同时对"仁"的内涵进行推理，最后综合前此获得的有价值信息对"仁"之"具体的普遍义"进行判断。可见，上述认知中国传统哲学的案例无一不包含形成概念、比较分析、逻辑推理、综合判断等环节。也就是说，对于中国传统哲学的认知的确表现为一种范式，而且，这一学术现象从时间上说，自20世纪初延伸至今，纵跨一个多世纪；从主体上讲，从严复、王国维、胡适、张东荪科学派到熊十力、方东美、唐君毅、牟宗三人文派，再到侯外庐、蔡尚思、范寿康、张岱年唯物派，横贯数代学人。因此说，在过去百余年中国哲学史上，认知中国传统哲学的范式是一种客观存在。这其实也内含了本书研究的可行性。

胡适说："有几分证据，说几分话。有一分证据，只可说一分话。有七分证据，只可说七分话，不可说八分话，更不可说十分话。"[1] 这段话的意思在强调，没有史料就不应该说话，足见史料对学术研究的基础性、前提性意义。按照胡适的意思，我们拥有了关于"中国传统哲学的认知范式"方面的文献，就可以说话了。那么，我们能说些什么呢？

如上所言，"认知中国传统哲学的范式"是存在于过去百余年中国哲学史中的客观而重大的学术现象，它不仅是研究过去百余年中国哲学的文献基础，更是研究过去百余年中国哲学的新视角。过去百余年中国哲学的文本俱在，可是怎样去阅读这份文本、怎样去理解这份文本、怎样去利用这份文本？作者必须对过去百余年中国哲学文本进行发掘、梳理、筛选，选取那些能够反映过去百余年中国哲学本貌的文本，选取那些能够反映过去百余年中国哲学脉络的文本，选取那些能够反映过去百余年中国哲学问题的文本，选取那些能够反映过去百余年中国哲学特征的文本，选取那些能够反映中国哲学与马克思主义哲学、中国哲学与西方哲学关系的文本。

---

[1] 胡适：《致刘修业》，载季羡林主编《胡适全集》第25卷，安徽教育出版社2003年版，第184—185页。

因为只有这样，我们对过去百余年中国哲学说的话才会有可信性。比如，通过对唯物主义、科学主义、人文主义、逻辑主义这四大认知范式的研究，就可以由这四个向度对过去百余年中国哲学的内容、脉络与特点有所把握。我们就可以满怀信心地说，过去百余年中国哲学的内容有哪些哪些，过去百余年中国哲学的脉络怎样怎样，过去百余年中国哲学的特点如何如何，过去百余年中国哲学与马克思主义哲学、中国哲学与西方哲学关系如何如何。质言之，我们可以理直气壮地对过去百余年中国哲学发声了。

我们知道，学术界关于过去百余年中国哲学的研究成果已有不少，有专题性的，有断代性的，有人物性的，有通史性的，当然都有其独到的价值，但要说能够让人耳目一新，能够准确全面把握过去百余年中国哲学脉络，能够通透地理解过去百余年中国哲学从而将中国哲学推向前进的成果并不多见，能够准确把握过去百余年中国哲学与马克思主义哲学、中国哲学与西方哲学关系的不多。个中原因，就是选择文本的视角问题，视角没有选准，视角缺乏问题意识，想获得关于过去百余年中国哲学的具有重大学术价值的结论，只能是一种奢望。"中国传统哲学的认知范式研究"或许能为我们带来意外的惊喜。所谓"中国传统哲学的认知范式"或"认知中国传统哲学的范式"，就是对过去百余年中国哲学家（学者）认知、理解与评价中国传统哲学的方法与形态展开研究，而过去百余年中国哲学家认知、理解与评价中国传统哲学的方法与形态，具体可分为唯物主义、科学主义、人文主义、逻辑主义与自我主义五种，每一种都是认识、把握过去百余年中国哲学的具体视角，也是获得重要学术结论的关键性线索。比如，通过对唯物主义认知范式的研究，可以寻找到中国传统哲学中与唯物主义哲学相符的内容，可以发现中国传统哲学中类似唯物主义哲学的特点，可以确认中国传统哲学不同于唯物主义哲学的部分，甚至可以寻找到中国哲学学者应用唯物主义认知范式于中国传统哲学研究的心理及其变化，在此基础上，可进一步分析与研究唯物主义认知范式对中国传统哲学的实际影响，及其融合的可能性、范围与程度。可见，"中国传统哲学的认知范式"的确属于独特视角的文本，它不仅能让我们对过去百余年中国哲学说话，而且可以让我们说中肯话，说漂亮话，说有意义的话。

对于过去百余年中国哲学发展、演变的脉络，我们可以借助各种不同的视角来获得，而"中国传统哲学的认知范式研究"兴许是一种值得信赖并行之有效的视角。人所共知,过去百余年中国哲学史是跌宕起伏、风云变幻的历史,古今中西竞相登场,守旧维新中庸相持不下,哲学家繁星闪烁,哲学学说光芒璀璨,哲学问题复杂深幽,而且,哲学隐藏于斑驳陆离的社会意识之中,因而准确把握过去百余年中国哲学史的真实脉络并非易事。本书以"认知范式"为轴线将过去百余年中国哲学统领起来,再由"认知范式"伸向具体的哲学学者、哲学学说、哲学命题、哲学范畴,对哲学观念加以梳理、分析与评论,从而让读者沿着"认知范式"维度认识、理解、把握过去百余年中国哲学史。比如,过去百余年中国哲学学者大都对传统哲学中的"天"范畴进行过认知、理解与评论,那么,我们可以通过严复关于"天"的解释、熊十力关于"天"的解释、冯友兰关于"天"的解释、方东美关于"天"的解释、张东荪关于"天"的解释、唐君毅关于"天"的解释、牟宗三关于"天"的解释、张岱年关于"天"的解释,等等,从中寻找不同哲学家、不同时期对于"天"范畴的认知、理解的路径、内容与特点,如此,过去百余年中国哲学中关于"天"的演绎脉络便呈现出来。依此类推,"心""性""理""气""诚"等所有在过去百余年被认知、理解与评论的中国传统哲学范畴都可以做类似的考察分析,这样我们就可以获得中国传统哲学在过去百余年中国哲学史中生存、发展的脉络。再如,通过对过去百余年中国哲学学者应用唯物主义认知范式、科学主义认知范式、人文主义认知范式、逻辑主义认知范式、自我主义认知范式(以下本书概略写为唯物认知范式、科学认知范式、人文认知范式、逻辑认知范式、自我认知范式)于中国传统哲学研究的考察,可以分别获得这五大认知范式与中国传统哲学互动、渗透的理路,也可获得这五大认知范式彼此之间互动、渗透的理路,从而使过去百余年中国哲学的复杂脉络变得清晰起来。所以说,中国传统哲学的认知范式的研究,对于理解、把握过去百余年中国哲学发展、演变的脉络是有着切实意义的。

梁启超说:"我们家里头这些史料,真算得世界第一个丰富矿穴。从前仅用土法开采,采不出什么来,现在我们懂得西法了,从外国运来许多开矿机器了。这种机器是什么,是科学方法。"[1] 这段话至少含有两个基

---

[1] 梁启超:《治国学的两条大路》,载《梁启超哲学思想论文选》,北京大学出版社1984年版,第421页。

本意思：一是中国古代思想资源丰富；二是要开掘这丰富的思想资源，需要借助西学方法。那么，中国传统哲学资源究竟有多丰富呢？其丰富性表现在什么地方呢？或许只有落实梁启超的第二个意思，才能解答这个问题。本书所谓"中国传统哲学的认知范式"中的四种认知范式，就是广义的"科学方法"或"西学方法"。而认知中国传统哲学的范式，有唯物主义、科学主义、人文主义、逻辑主义、自我主义等五种。那么，这五种认知范式应用于中国传统哲学将会获得怎样的效果呢？唯物认知范式的应用，所呈现的是中国传统哲学中与马克思主义哲学相应的观念；科学认知范式的应用，所呈现的是中国传统哲学中与自然科学相应的观念；人文认知范式的应用，所呈现的是中国传统哲学中与人文主义思想相应的观念；逻辑认知范式的应用，所呈现的是中国传统哲学中与逻辑学相应的观念；自我认知范式的应用，则使中国传统哲学之本有意涵呈现出来，即通过自我认知范式的应用，将中国传统哲学的概念、命题等置于中国传统文化系统中去理解，因而其所呈现的是中国传统哲学自我的、原始的形象。可见，在经由应用唯物认知范式、科学认知范式、人文认知范式、逻辑认知范式、自我认知范式于中国传统哲学研究之后，我们将能得到关于中国传统哲学内容与意义的多样性认识，其内容的丰富性、性质的多样性、价值的差异性，以及中国传统哲学之特点、缺点、优点都将被完整清晰地呈现出来。由此，人们可以获得对中国传统哲学更为丰厚、更为准确、更为完整的认识。就某个认知范式言，同样可以呈现传统哲学意义的丰富性。比如人文认知范式，人文主义有着丰富的内容，政治上的民主、自由，经济上的平等、博爱，认识论上的高扬理性、拒斥迷信，人生观上的追求现世的幸福，人格上的尊严，生活方式的文明样态，等等，这些人文内容用于认知、理解中国传统哲学，自然可以将中国传统哲学中的相应内容呈现出来。这也是严复当年的理想："即吾圣人之精意微言，亦必既通西学之后，以归求反观，而后有以窥其精微，而服其为不可易也。"[①] 当然，唯物认知范式、科学认知范式、人文认知范式、逻辑认知范式的应用，也完全可能发现中国传统哲学中欠缺唯物主义观念、科学主义观念、人文主义观念、逻辑主义观念的内容，而这正是"中国传统哲学的认知范式研究"

[①] 严复：《救亡决论》，《严复集》第一册，中华书局1986年版，第49页。

的重要任务之一。

"中国传统哲学如何传承与发展","西方哲学应该怎样参与中国哲学的建设","中国哲学的现代开展如何吸收其他哲学学说营养","中国哲学完善提升自我的路径怎样","中国哲学现代转型的方向在哪里"等课题,百余年来一直萦绕于中国哲学研究者的脑海中,他们苦苦思索,探寻了各种答案。"中国传统哲学认知范式"即是过去百余年中国哲学学者进行哲学更新、改造、创建的特殊实践,它蕴含了诸多可资总结提升的经验。通过"中国传统哲学的认知范式研究",可将中国传统哲学的基本内容呈现出来,从而发现、确定中国传统哲学的性质、优长与不足,从而成为传承与发展中国传统哲学的参考。比如,人文认知范式的应用,可让我们认识到中国传统哲学中人文思想内容的状况,它的特质、它的优长、它的不足,从而提示当代中国哲学研究者怎样选择、吸收传统哲学中的人文主义思想内容。中国传统哲学认知范式的研究,将广泛地涉及唯物主义、人文主义、科学主义、逻辑主义等不同哲学学说,当将这些哲学学说与中国传统哲学进行比较、结合时,它们之间相契与否的情形便可以呈现出来,如此便可落实现代中国哲学对于唯物主义哲学、人文主义哲学、科学主义哲学、逻辑主义哲学等的选择,从而成为如何使西方哲学参与中国哲学建设的经验。比如,科学认知范式的应用,可使我们了解到中国传统哲学中哪些内容与自然科学原理、定律相契而得到肯定甚或被吸收,哪些内容与自然科学原理、定律相悖而被否定或抛弃,当然也必然有例外的情形:虽与科学主义精神相悖却具有人文主义的价值。再如,逻辑认知范式的应用,能够将中国传统哲学中那些符合逻辑学原理、定律的命题、范畴、观念、思维方式加以肯定,同时将中国传统哲学中那些与逻辑哲学原理、定律相悖的内容加以"曝光",并由此发现那些有助于完善中国哲学品质的逻辑学内容,从而确定中国现代哲学在逻辑哲学方面的需求及其具体内容。中国传统哲学认知范式研究,由于实质上成为坐标的其中四种都是西方哲学学说,因而在唯物认知范式、人文认知范式、科学认知范式、逻辑认知范式的应用过程中,可以相对广泛地、深入地认识、把握到西方哲学学说与中国传统哲学的异同、相斥、相融的具体情形,可以寻找到西方哲学在中国哲学研究者的艰苦探讨中融于中国哲学的复杂实践,以及他们的心路历程,这些实践与心路历程,所呈现的经验将成为中国传统哲学现代发展中西方哲学如何参与的重要参考。总之，中国传统哲学认知范式的研究，通过对中国传统哲学内容、特点、优长、不足的展示，通过对西方哲学内容、特点、优长、不足的呈现，通过对中国传统哲学与西方哲学在过去百余年的交流、互衬、融合的实践之认识与总结，从而为中国传统哲学现代开展的路径、为中国现代哲学所取的形态、为中国现代哲学更新与发展的内容，显示了清晰且正确的方向。

库恩说："一种范式通过革命向另一种范式的过渡，便是成熟科学通常的发展模式。"[①] 也就是说，一个稳定的范式如果不能提供解决问题的适当方式，它就会变弱，从而出现范式转移（Paradigm Shift）。这意味着，范式不是永恒的、固定的，而是终究会被突破、会被新范式所取代的。将这个理论用于本书所使用的"认知范式"，就是说唯物认知范式、人文认知范式、科学认知范式、逻辑主义认知范式、自我认知范式五大认知范式被用于解释中国传统哲学时，都会存在能力变弱、不能提供适当的解释之可能，如果不进行更新，不增强功能，不提升品质，就会被淘汰、被抛弃。这就意味着，唯物认知范式、人文认知范式、科学认知范式、逻辑认知范式、自我认知范式五大认知范式，都必须接受优化组合、新陈代谢之规律。那么，中国传统哲学认知范式的研究实践是否可以在优化、甚至建立新范式上有所贡献呢？回答是肯定的。比如，科学认知范式的应用，对于中国传统哲学的理解究竟怎样？能否客观、准确地呈现中国传统哲学的意涵？它的理解是合适的还是误读的？唯物认知范式的应用也是一样，它对于中国传统哲学的认知是否准确？是否能赋予中国传统哲学新的内容、新的生命？如果一种认知范式的应用，对于中国传统哲学的认知，表现出了不适应现象，或者不利于中国传统哲学的传承与发展，不能对中国传统哲学有积极的贡献，那么，就有必要考虑修正或者完善这种认知范式，或者抛弃这种认知范式。这种由于解释能力减弱带来的影响也表现在五大认知范式关系的调整上。无论是唯物认知范式，还是科学认知范式；无论是人文认知范式，还是逻辑认知范式；抑或自我认知范式，它们能力的限制来自自身的规定，它们各有其"能"而不能互相取代，它们也各有所限

---

① ［美］托马斯·库恩：《科学革命的结构》，金吾伦、胡新和译，北京大学出版社2012年版，第10页。

而必须互补，这就意味着可以且应该在它们的基础上对中国传统哲学的认知范式进行优化。可见，中国传统哲学认知范式的研究不仅能客观地呈现所要呈现的内容，还可以充实、更新所认知的内容，从而在认知范式与中国传统哲学之间建立起一种良性的互动机制。概言之，对已有的认知实践、认知范式进行发掘和整理，探讨各种认知范式的特点、得失及其关系，分析认知范式在中国哲学现代生成中的作用和价值，从而优化甚或建立新的认知中国传统哲学的范式，是关于"中国传统哲学的认知范式"思考的内在逻辑使然。

总之，对过去百余年中国哲学史上出现过的符合各认知范式的案例进行发掘搜集、整理归类、分析研究、综合判断，以使过去百余年中国哲学学者认知、理解中国传统哲学的实践全面、客观、准确地呈现出来，或许能为读者欣赏过去百余年中国哲学提供一种赏心悦目而又发人深省的景观。

第一章　认知中国传统哲学范式的形成

"导言"虽然对"认知中国传统哲学的范式"的基本内容及发生的契机、若干表现等做了简要介绍，但这种介绍显然过于纲领化，过于提要化，并不能帮助我们更全面、更准确地了解和把握中国传统哲学认知范式形成的脉络。为了完成这一目标，本章以文献为依据，以时间为顺序，将五大认知范式的形成脉络做更为具体的考察与描述，以为读者进入20世纪中国学者以西方哲学学说认知、理解和评价中国传统哲学的壮观图景之铺垫。

第一节　唯物认知范式的形成

所谓"唯物"，即"唯物主义"。所谓"唯物主义"，即马克思主义哲学，它包括物质决定意识、唯物辩证法、实践认识论和唯物史观等内容。所谓"唯物认知范式"，就是指主体将马克思主义哲学原理、成果及方法作为认知、理解和评价中国传统哲学的根据和坐标，通过形成概念、比较分析、逻辑推理、综合判断等思维形式，对某个哲学文本（概念、命题和思想观念等）所进行的认知、理解和评价的实践，并且这种认知、理解和评价实践在时间上具有持续性，在主体上具有团体性，从而成为认知、理解和评价中国传统哲学的一种普遍模式。

一　"唯物"之为学术方法意识的形成

唯物主义之为学术研究方法，在中国学者中间虽然存在许多争论，但对于崇信马克思主义的学者而言，唯物主义似乎天生就是为他们准备的方法论。不过，由于唯物主义哲学的层次性、体系性，加之中国学者选择唯物主义哲学中的原理或方法是以解决当时中国社会实际问题为考量，因而唯物主义哲学成为学术研究方法不能不表现为一种过程，尽管这种过程并不怎么跌宕起伏。

稍加留心便可发现，中国学者心目中的唯物主义一开始就是一种方法。在早期传播马克思主义的文字中，这种意识便表露无遗。马君武在《社会主义与进化论比较》一文中说："马克思者，以唯物论解释历史学之人也。马氏尝谓：阶级竞争，为历史之钥。"① 两年后，朱执信在《德意志革命家列传》一文中写道："自草昧混沌而降，至于吾今有生，所谓史者，何一非阶级斗争之迹乎？"② 由这两段文字看，"阶级斗争"是宣传介绍的核心内容，但所谓"阶级竞争，为历史之钥"，表明马克思主义哲学早期在中国"露脸"的时候，就是被当作理解、研究历史的方法看待的。李大钊是较早、较全面宣传"马克思主义学说"的学者，那么他是怎样看待马克思主义的呢？他说："'唯物史观'是社会学上的一种法则，……后来有四种名称，在学者间通用，都是指此法则的，即是：历史之唯物的概念、历史的唯物主义、历史之经济解释及经济的决定论。"③ 李大钊明显偏重历史唯物主义，这种法则是一种既可用于研究社会现实也可用于研究历史事实的方法。他说："研究各种科学，与其重在区分，毋宁重在关系；说明形成各种科学的社会制度，与其为解析的观察，不如为综合的观察。这种方法，可应用于现在的事实，亦可同样应用于过去的记录。唯物史观，就是应这种倾向发生的。"④ 很明显，在李大钊的观念中，马克思主义就是一种学术研究方法。值得注意的是，将"唯物史观"视为学术研究方法并非个别案例，而是普遍现象。恽代英就认为"唯物史观"是很普通的研究方法，他说："唯物史观，只是学术界中很普通的一种唯物的历史观察法——研究法。凡是不以唯心的认识去研究历史，不承认历史上一切变迁演化是由于神意或一二英雄所造作——而对于一切客观的事实，作一综合的研究，以发现其一定的物质上之因果关系者，便都是

---

① 马君武：《社会主义与进化论比较》，《译书汇编》第十一期，1904年11月。
② 朱执信：《德意志革命家列传》，《民报》第2号，1906年1月。
③ 李大钊：《唯物史观在现代史学上的价值》，《新青年》第8卷第4号，1920年12月。
④ 同上。

个'唯物史观者'。"①

在马克思主义哲学体系中,"唯物论"是基本内容,自然也应该具有学术研究方法的功能。任弼时说:"马克思的唯物论在一切社会科学中要占主脑的地位,它是各种科学去研究各种现象的总和,它是指导各种科学怎样去研究各科现象的总和,它是指导各种科学怎样去研究本科内一切现象的科学方法。"② 在这里,唯物论被赋予很高的地位,即它是指导各种科学研究本学科内一切现象的科学方法。任弼时还对如何应用马克思主义方法做了具体说明。他说:"马克思指示我们要明白理论的背景,换言之,认一切理论,并非出于玄空,而是根据一定的社会背景。他说明研究理论的方法如下:'倘若你要研究历史,那么就不要只顾历史上的单独现象,或是一点空玄著述,而要更进一层,注意分析现象与著述所根据的背景;因为理论并非由天而降,而是由人间和土地上生长出来的产物。当你观察一切社会结构:那就不仅只看到制度的怎样,而要明了此制度的基础,剖解当时构成社会制度的生产与生产关系。因为一切法律,政治结构,以及社会思想的形式,都是根据这种生产力和生产关系而成的。'由他说的这段话中,我们得到一个正确的观点,就是要知道一切现象之发生,都是有一定的根据,——都是唯物的,同时,这种现象,都与人间是有不可脱离的关系。因此我们可以说:马克思主义是给了我们一个研究学问的方法——工具。"③ 不难看出,任弼时对于唯物论的学术研究方法之意义表现出一种较为理性的把握,难怪他对马克思主义方法应用的效果充满信心:"我们只有用马克思主义的宇宙观,去研究一切学问,方才可以得到一个正确的解答。"④

同样,作为马克思主义哲学重要内容的"唯物辩证法",也具有学术研究方法功能。李达说:"对立统一的法则,和唯物辩证法全体一样,都是行动及科学的研究之指导。科学研究的任务,在于根据唯物辩证法的一

---

① 恽代英:《唯物史观与国民革命》,《中国现代哲学史资料汇编》第一集第八册,辽宁大学哲学系编1981年,第45页。

② 任弼时:《马克思主义概略》,《中国现代哲学史资料汇编》第一集第一册,辽宁大学哲学系编1981年,第157页。

③ 同上书,第161页。

④ 同上书,第162页。

般法则,依照事实的材料,去研究特定对象中所固有的矛盾的发展的具体性。"① 这就是说,"对立统一"作为唯物辩证法的一般法则是一切学术研究得以展开的根据。不仅如此,李达还对唯物辩证法所能应用的研究领域及结果做了自信的宣示:"当作认识方法看的唯物辩证法,其一般的法则、原理和范畴,都是从一切个别科学抽象出来的东西,都具有极普遍的性质,所以它不但适合于任何特殊现象的领域,并且适合于一切现象的领域。唯物辩证法在自然领域中具体的适用起来,就成为自然辩证法;在历史领域中具体的适用起来,就成为历史唯物论。所以唯物辩证法,是一切科学的方法论。一切科学只有依据唯物辩证法,才能正确地把握客观真理。"② 对李达而言,辩证唯物论不但适用于自然界,也适用于社会历史领域,唯物辩证法是研究整个世界发展的一般法则。不过,在胡绳看来,辩证法虽然是普遍的法则,但也是有限的法则,它在学术研究中必须面对和处理许多具体的问题。胡绳说:"最普遍的辩证法则并不是'先天'地存在于人类头脑中的;人类并不是先有了辩证法则,然后去研究事物,而是从研究事物中发现了辩证法则。到了现在,纵然辩证法的基本法则已被证明普遍适合于自然与社会的历史的各方面;但是到底在某一特殊部门的现象界中,辩证法法则表现为何种特殊的状态,那却是基本法则本身所不能告诉我们的。要找出特殊的法则,仍必须认真去研究具体的对象,而不能只是把普遍的法则拿来套用一下。虽然在研究过程中,可以有着领导与指示的作用,但是普遍的法则毕竟不是研究的出发点,并不是特殊的法则由而产生的源泉,恰恰相反,倒是由特殊法则底发现,更充实了普遍的法则内容。"③

可见,马克思主义哲学之所以如此受欢迎,如此顺利地被崇信者所接受,就是因为它完全满足了崇信者们对方法论的饥渴。值得注意的是,这种意识并不仅仅表现在认知层面,还表现在自觉地处理唯物主义方法与其他方法之关系、唯物主义方法内部各子方法之关系上,从而将唯物主义之为学术方法的意识提高到一个新层次。针对某些学者对唯物史观的误解,

---

① 李达:《逻辑的根本原理》,《中山文化教育馆刊》第3卷第1期,1936年。
② 李达:《社会学大纲》,《李达文集》第二卷,人民出版社1981年版,第282页。
③ 胡绳:《论辩证法的法则与办法》,《群众》8卷8期,1943年。

陈独秀对"客观物质原因"进行了解释。他说:"世界上无论如何彻底的唯物论者,断不能不承认有心的现象即精神现象这种事实;唯物史观的哲学者也并不是不重视思想文化宗教道德教育等心的现象之存在,惟只承认他们都是经济的基础上面之建筑物,而非基础之本身。"① 这种解释释放的信息是:唯物史观所强调的"客观物质原因",第一是强调从唯物出发,第二是不排斥精神,第三是一元论,只有具备了这样的认识,才能正确地应用唯物史观于学术研究中。瞿秋白认为马克思主义方法是总的方法论——"解释宇宙一切现象的方法总论,总和各科学的方法而说明人类知识能量的认识论——现代的唯物哲学。"② 它虽然存在于各个学科中,但不能取代具体学科研究的方法——"科学家既然不能勉强附会应用物理的力学公律于生物学,当然也就不能将自然界的系统公律直接应用于社会学。社会现象的解释必须与自然规律相适合而研究出社会公律。"③ 也就是说,如果不能正确处理马克思主义方法与具体学科方法的关系,那么,马克思主义方法不仅无法表现其在学术研究中的积极作用,反而会发生消极作用。"辩证法可以让形式逻辑消失",这曾是风行一时的观念,但艾思奇并不认同这种观念。他说:"辩证法不能简单地抛弃形式论理学,从它的基本三定律开始,一直到形式论理学的全部,都有着可以被辩证法当做有机要素而吸收的真理的片断。而事实上我们把握辩证法时,就同时不能不把握这些要素,辩证法不能离开这些要素而悬空地依着的。"④ 也就是说,形式逻辑虽然是"低级"的思想方法,但却可以被批判地吸收进高级的思想方法即辩证法中,仍然可以发挥它的特殊作用。质言之,作为学术研究方法的辩证法,并不是排斥形式逻辑而越俎代庖的。胡绳则认为,辩证法应用于不同的学术实践是有差别的。他说:"无论是在叙述过程中或是研究过程中,实质上我们所用的都是辩证方法。但是同样的辩证方法在运用于研究过程时与运用于叙述过程时,则必然有着显著的差别。我们为辩证法的总原则所指导,在研究过程中,首先要从事物的全面

---

① 陈独秀:《答适之》,载张君劢、丁文江等《科学与人生观》,山东人民出版社1997年版,第30页。
② 瞿秋白:《马克思主义之意义》,《瞿秋白文集》,人民出版社1993年版,第19页。
③ 同上。
④ 艾思奇:《艾思奇文集》第1卷,人民出版社1981年版,第441页。

形态中归纳有关的具体事物,加以具体的分析,使我们能从具体的事物上升到一般的理论,但也要随时进行综合,使这一般的理论永远与现实中的新的发展相符合。另一方面在叙述过程中,常是从研究所得到的一般性法则与最单纯的原理出发,来展开说明事物全面的形态,但也仍要随时进行分析归纳具体事物来加以充实,使得叙述过程不是空洞的概念的游戏。"① 就是说,在研究过程中,辩证法是总指导,从具体到一般,但需要随时进行综合,使理论永远与现实中的发展相符合;在叙述过程中,从一般到特殊,但也要随时进行分析,使叙述不空洞。质言之,辩证法的应用是具体的、动态的,因而必须反对教条主义地理解、应用辩证法。胡绳说:"把普通的发展法则,直接拿来当做某一特殊部门的现象的研究方法,不去分别研究方法在形式上和叙述方法上的区别,其结果,就一定是使辩证法在实质上堕落为教条主义的、主观主义的方法。"②

综上所述,唯物主义之为学术研究方法的意识,不仅表现在认知上,而且表现在对唯物主义方法与其他方法关系的处理上,表现在对唯物主义方法内部各子方法关系的处理上。马克思主义哲学对于中国学者而言,就是一种具有特殊意义的学术研究方法。

二 唯物主义之为传统哲学的认知范式

显然,唯物主义哲学之为学术研究方法的意识存在一个从粗浅到精深、从片面到全面的过程,但这种意识一开始便存在,而且很快在人文社会科学各学科研究中得到体现。因此,作为方兴未艾的中国传统哲学这门学科的研究,并没有故作清高而不理睬这种方法,而是非常热情地接纳了这种方法,并最终成为一种研究范式。

根据我们初步了解,胡汉民的《中国传统哲学之唯物史观的研究》(1919)是第一篇用唯物主义方法研究中国古代哲学的文章,正如他自己所说:"物质生产的方法变化,一切社会的关系跟着变化。人类所有种种感情、想象、思考、以及人生观,其根据都在社会生活状态之上。"③ 根

---

① 胡绳:《论辩证法的法则与办法》,《群众》8卷8期,1943年。
② 同上。
③ 胡汉民:《中国传统哲学之唯物史观的研究》,《建设》一卷三、四号,1919年。

据这个原则,这篇长文对中国古代哲学各阶段内容作了简要叙述,特别是对各阶段哲学思想赖以产生的"社会存在"进行了分析,比如他说:"魏晋由儒教变为老庄,宋学由佛老返于儒教,都是当时社会生活现状唤起的反动。魏晋的思想家,看到社会无法救济,所以崇尚虚无。宋学的思想家,看到社会急须救济,所以注重政教人事。——伦理政教为儒家所综合,因此有吸收当时思想的力量。——这两种很大的哲学思想变迁,都不是凭空发现的。"① 这样才符合他研究中国传统哲学的目标:"我对于中国传统哲学的研究,也很承认恩格斯和写利曼(海因里希·谢里曼,1822—1890,德国考古学家,引者注)的话,只认经济事情是一个重大的原因关系,想人人注意社会生活一点,不要当学术思想是凭空天启的,或是无聊传说的。"② 即不要将哲学思想看成天外来物。不过,胡汉民并没有将唯物主义方法加以全面贯彻,更没有对中国古代哲学中的范畴、命题或观念进行唯物论、辩证法、认识论、唯物史观等方面的发掘和研究,因而如果说它是唯物主义方法研究中国传统哲学的一种尝试,那也只是初步的尝试。

郭沫若的《中国古代社会研究》(1930)不是专门研究中国传统哲学的著作,但对《易传》辩证法思想的发掘、理解和评价,完全是以唯物主义方法为指导的,无论是发掘中国传统哲学中的哲学思想,还是对中国传统哲学中的哲学思想进行评论,都是以唯物主义方法为坐标的。比如,该著一方面认为《易传》中有"于事物中看出矛盾,于矛盾中看出变化,于变化中看出整个的世界,这种正确的辩证观念还散见于《易传》的各篇——'天地睽而其事同也,男女睽而其志通也,万物睽而其事类也。睽之时用大矣哉!'"③ 另一方面它又认为《易传》辩证法转向了不变论——"相对的绝对成为绝对的绝对,所以相对的相对也成为绝对的相对。相对物间的推移转变完全停止了。"④ 最后得出结论却是:"儒家理论的系统,全体就是这样一个骗局。它是封建制度的极完整的支配理论,我们中国人受它的支配两千年,把中国的国民性差不多完全养成了一个折衷

---

① 胡汉民:《中国传统哲学之唯物史观的研究》,《建设》一卷三、四号,1919年。
② 同上。
③ 郭沫若:《中国古代社会研究》,《郭沫若卷》,河北教育出版社1996年版,第65页。
④ 同上书,第69页。

改良的机会主义的国民性。"① 有人对郭氏中国古代史研究的评价是："他把《诗》、《书》、《易》里面的纸上材料，把甲骨卜辞、周金文里面的地下材料，熔冶于一炉，制造出来一个唯物史观的中国文化体系。"② 这样的评论应该是符合郭沫若研究实际的。张岱年的《先秦哲学中的辩证法》（1932）则对《老子》的辩证法思想进行了发掘和整理。他说："《老子》书中类似辩证法理论，可归纳成三个要点：第一，变化常反，如'反者道之动。'（《老子》四十章）第二，采取了反面形态则不反，如'大直若屈，大巧若拙，大辩若讷。'（《老子》四十五章）第三，差异是相对的，如'天下皆知美之为美，斯恶已；皆知善之为善，斯不善已；故有无相生，难易相成，长短相较，高矮相倾，音声相和，前后相随。'（《老子》二章）"③ 这样，《老子》辩证法思想及其特点便被揭示出来。

范寿康的《中国传统哲学史通论》（1936）是用唯物主义方法指导写成的代表作之一，他指出该书的特别之处在于："查本书内容平平，但观点却与当时各家不同，主以唯物辩证法阐述我国历代各家之思想。"④ 所谓"唯物辩证法"的应用，具体来说就是："第一点我们所应理解的，就是某一种经济组织等到生产诸力发展到某一阶段以上，就变为生产诸力发展的拘束，所以这种经济组织不得不让位于高级的组织。……第二点我们应理解的，在从来阶级社会里面，于经济基础之上一定设有一种政治的上层结构，这种上层结构也是随着经济基础结构的变动而变动的。第三点我们所应理解的，因为社会的意识不外为社会的存在的反映，所以从这种社会意识所构成的所谓观念上层结构，也是随着经济基础结构的变动而变动的。"⑤ 这就是他研究、写作"中国传统哲学"的指导思想。这种指导思想也被用于分析中国传统哲学中的概念、范畴。比如，他对二程哲学特点的解释："就形而上学讲，明道以乾元一气为宇宙万物的根原，器就是道，道就是气，明道所主张的是一元论。伊川以理气二者为宇宙万物的根原，气是质料，理是形式，气是形而下的，理是形而上的，伊川主张的是

---

① 郭沫若：《中国古代社会研究》，《郭沫若卷》，河北教育出版社1996年版，第75页。
② 董作宾：《中国古代文化的认识》，《大陆杂志》第3卷第12期，1951年12月。
③ 张岱年：《先秦哲学中的辩证法》，《大公报》1932年9月10日。
④ 范寿康：《中国传统哲学史通论》，生活·读书·新知三联书店1983年版，第1页。
⑤ 同上书，第19—20页。

二元论。"① 显然，范寿康之能判明道为"气一元论"、伊川为"理气二元论"，实乃以唯物主义哲学方法为根据而得出的结论。

《公孙龙子》中的"物""指"究竟是什么含义？其所表现的哲学性质是什么？这个极具诱惑力的问题曾引来千姿百态的讨论。杜国庠的《论"公孙龙子"》（1943）以唯物主义方法展开的讨论就是其中之一。他说："公孙龙关于'物'的见解，虽曾说过'天地与其所产者物也'的话，但他不满足于这样的现象的物，而企图进一步去寻找它们的本质的东西。他从分析感觉开始，由种种可知可见的坚白之类的'物指'而达到了互离而独立自藏的种种'指'。这些'指'对于他说是最后的东西，它们中间没有联系，它们之上也没有一种可以统一它们的，所以我说他的哲学是多元的。那些'指'虽由分析可以感觉的物指而得到，但就实际说，所谓物指，不外是客观的物的属性。然而他把它们抽象了，而称之为'指'，赋以独立的存在。在这一点上，他无疑是一位唯心主义者。可是，公孙龙不但把'指'看做互离而自藏的东西，而且认为是离开人们意识的客观地存在的。所以说'神不见，而见离'，不但在非感觉的世界里逍遥自在，它们而且是经常地自动地跑进这个可知见的世界来，打伙结伴而显现为物指，见为'天地与其所产'的个别的东西。所以他说：'指固自为非指，奚待于物，而乃与为指。'它要不是多元的，那就活像黑格尔的绝对精神的'外在'而成物。在这一意义上，所以我说他的唯心主义是客观的。"② 多元的、唯心的、客观唯心主义这些用词，表明杜国庠以马克思主义哲学对"物""指"的分析可谓入木三分。侯外庐的《中国思想通史》（第一卷，1947）是唯物主义方法全面应用于中国古代思想研究的又一代表性成果，比之范寿康的《中国传统哲学史通论》，其唯物主义色彩更浓、结构更系统。比如，其对每位哲学家哲学思想的整理就是按照唯物论、辩证法、认识论、唯物史观"四大块"展开的，而对每位哲学家哲学思想性质的判断则是根据唯物主义与唯心主义、辩证法与形而上学"两个对子"及阶级分析方法进行的。比如，对老子哲学思想的研究，就

---

① 范寿康：《中国传统哲学史通论》，生活·读书·新知三联书店1983年版，第349页。
② 杜国庠：《论"公孙龙子"》，《先秦诸子的若干研究》，生活·读书·新知三联书店1955年版，第54页。

分为"老子的自然哲学、老子的认识论、老子国家学说、老子的人性论和社会思想"等。就老子哲学性质言,既有唯心主义的"道"——"道,可道,非常道;名,可名,非常名。无名天地之始,有名天地之母。"也有唯物主义的万物:"有无相生,难易相成,长短相较,高下相倾,音声相和,前后相随。"还有唯心主义认识论:"是以圣人处无为之事,行不言之教。"① 足见唯物主义方法应用之广泛、之彻底。

用唯物主义方法对中国传统思想展开批判,蔡尚思可以算是杰出代表。他在《中国传统思想总批判》(1949)中旗帜鲜明地说:"只有掌握住阶级的特点,处处联系的面面俱到的去挖掘他鉴定他,才会看出他的面目他的价值。"② 那么,究竟怎样看出孔子思想的真面目呢?比如,他以"孝"为例指出孔子思想的真面目之一是:"不利于无妻与无后者,而大利于多妻多子者。"他说:"孔丘以孝为诸德之本;到了孟轲,更正式提出'不孝有三,无后为大'(《离娄上》)之说,结果,中国贵族富人,便实行出妻纳妾,以求多子,而免无后。女子被出,夫死守寡,便成为无后的不孝者;男子再娶,又得多妻,便可有后,甚至多子。孝的道德为男子所包办。此其谬一。贵族富人有妻、多妻。贱族贫人无妻、一妻。多妻者多子;无妻者无后。……富贵者多罪恶,贫贱者多善良,儒家以上层恶人为道德,以下层善人为不道德,善恶结果颠倒起来!上层恶人包办孝的道德。此其谬二。他们又不知孝亲不孝亲由于'人',生子不生子由于'天'。……由于'人'者'是道德',由于'天'者'非道德'。如以不能事亲而能生者为'孝',便是以'不道德'为'道德';如以能事亲不能生子者为'不孝',便是以'道德'为'不道德'。儒家开口便谈道德,其实却连道德是什么东西,也不了解。此其谬三。"③ 而他所揭示的王阳明"心外无物"——"一友指岩中花树问曰:'天下无心外之物,如此花树在深山中,自开自落,于我心亦何相关?'先生曰:'你未看此花时,此花与汝心同归于寂。你来看此花时,则此花颜色,一时明白起来,便知此花不在你心外。'"(《传习录》)——的真面目是:"像王守仁这种

---

① 侯外庐、赵纪彬、杜国庠主编:《中国思想通史》第一卷,人民出版社1980年版,第272页。
② 蔡尚思:《中国传统思想总批判》,上海古籍出版社2006年版,第9页。
③ 同上书,第38—39页。

主观的唯心论，真是到了无以复加了！他认为如果没有这一个我，这一个心，天地万物便不能存在。照守仁的说法，结果会弄到一个人一个宇宙，以至于十余万人便有十余万个宇宙。年老的人，自身正在死亡，便会说出宇宙快要死亡的话；年少的人，自身正在生长，便会说出宇宙正在生长的话。在实际上，那里真的会有这么多的宇宙？可知天地万物，既不为了有一个我一个心而存在，也不为了没有一个我一个心而消灭。主观唯心论是自欺欺人的，哪里有客观唯物论的正确？"[①] 这两个案例足以显示蔡尚思中国传统哲学研究中坚定的唯物主义哲学立场。

  如上梳理清晰且充分地说明了唯物主义哲学之为学术研究方法是客观而普遍的现象，这意味着此普遍现象对作为人文学科的"中国传统哲学"而言也是适用的。值得注意的是，对中国传统哲学研究而言，唯物主义哲学并没有滞留在一般的研究方法层面，而是成了一种研究范式，即成为一种公认的模型或模式。这是因为第一，它成为中国传统哲学研究的基本致思方式。学者们对中国传统哲学中的哲学概念、命题或观念展开研究时，会非常自觉地首先分析它发生的社会背景、阶级归属、发展规律等，从而对所研究的哲学范畴、命题或观念的性质进行判断：唯物、唯心？辩证法、形而上学？阶级归属？等等。第二，它成为中国传统哲学研究之固定的内容模式。自唯物主义方法用于研究中国传统哲学那一刻开始，中国传统哲学的内容便固定为唯物论、辩证法、认识论、历史观"四大块"，研究中国传统哲学中的个别问题也好，撰写中国传统哲学教材也好，无不遵守此规，从而成为一种固定的理解、分析中国古代哲学内容的模式。第三，它成为评论中国传统哲学的标准。研究者涉及对中国哲学范畴、命题或观念进行评论时，完全以唯物主义方法为根据，一个哲学范畴、命题的是与非，或一种哲学观念的好与坏，就看它与唯物主义哲学相关原则相符的程度，完全符合，就是先进的哲学范畴或哲学观念，反之，则是落后的哲学范畴或哲学观念。可见，唯物主义方法之为认知、理解与评价中国传统哲学的实践，不仅有主体上的团体性，也有时间上的持续性，从而成为认知、理解和评价中国传统哲学的范式。

---

① 蔡尚思：《中国传统思想总批判》，上海古籍出版社2006年版，第112页。

第二节 科学认知范式的形成

所谓"科学",就是"科学主义"。所谓"科学主义",包括自然科学精神、原理、定律、方法及成果等内容。所谓"科学认知范式",就是指主体把自然科学精神、原理、定律、成果及方法等作为认知、理解和评价中国传统哲学的根据和坐标,通过形成概念、比较分析、逻辑推理、综合判断等思维形式,对某个哲学文本(概念、命题和观念等)所进行的认知、理解和评价的实践,并且这种认知、理解和评价实践在时间上具有持续性,在主体上具有团体性,从而成为认知、理解和评价中国传统哲学的一种普遍模式。

一 "科学"之为学术方法意识的形成

近代自然科学被介绍到中国之后,不仅对中国的政治、经济、社会产生了深远影响,而且对学术、思想、文化产生了深远的影响,而其在学术上的影响之一就是被中国学者当作学术研究方法。

"假设"一开始即被当作学术研究方法加以介绍与宣传。王星拱认为:"知识最初起源都是无意的接触,并且有从无意的观察和乱碰的试验而能得到最大的结果固然不错,若要使这些无意和乱碰之所得成为一个有系统的理论,必得有假定做指导。"[1] 所以假定就是"非由事实直接归纳而成的定律"[2]。假定虽然具有指导价值,但需要各学科的知识做辅助,王星拱说:"全由玄想的思辨所得的假定,易陷于虚妄,固无价值之可言,若是有理论的根据的假定,或以事实逐层相比而得的假定,可以作我们的指导,节省我们随处乱碰的精力。"[3] 因而真正的假定必须满足三个条件:必为我们的心意所能思议的,而非无意识的奇怪;必能应用于事物之解释;必不和已承认的定律相冲突。[4] 而且"假定并不是固定不变的,旧假定随时都可能被新假定推翻,而对于新旧假定交替时的心态与处理,

---

[1] 王星拱:《科学方法论》,北京大学出版社1920年版,第196页。
[2] 同上书,第197页。
[3] 同上书,第200页。
[4] 同上书,第200—201页。

不仅要对旧假定以容纳，也要对新的、幼稚的假定以容纳"①。可见，在王星拱心目中假设就是一种学术研究方法。胡适所主张的假设方法是实验主义的一个基本环节，他认为科学方法有两个重要部分，一个是假定，一个是实验。假定是建立在经验和学问基础上的，他说："我们说某些人能思想，其实只是说某人能随时提出种种假定的意思来解决所遇著的困难。但我们不可忘记，这些假设的解决，都是从经验学问上生出来的。没有经验学问，决没有这些假定的解决。"② 就是说，人遭到困难时便会产生假设的念头，但提出假定方案必须以丰富的经验与渊博的学问为前提。由于每个人的学问与经验是不一样的，所以必然会出现多种不同的假设，这就是所谓"大胆假设"；不过，假设是需要论证的，假设的正确与否，需要实验的证明，不能被证明的假设终究是伪假设，这就是所谓"小心求证"。值得注意的是，无论是王星拱，还是胡适，在阐述假设方法内容的时候，都是结合解释实践进行的，比如胡适就大量地引用中国古代思想史中的案例以相配合，③ 这就使"'假定'之为学术研究方法之意识"更为清晰。

实证方法就是把所确定的理论与事实进行验证，它的研究方法意义也为中国学者所关注。严复认为，中国学术之所以落后，缺乏实证学风是一个根本原因。他说："盖学术末流之大患，在于狥高论而远事情，尚气矜而忘实祸。"④ 而西方学术之所以发达，就在于拥有"一理之明，一法之立，必验之物物事事而皆然"的实证方法："三百年科学公例，所由在在见极，不可复摇者，非必理想之妙过古人也，亦以严于印证之故。"⑤ 梁启超认为，获得真理性认识必须对认识对象进行反复观察和试验，而且从开始到结束都应如此。他说："人欲求得一真理，当先即一物而频频观察，反复试验，作一所谓有无级度之表以记之。如初则有是事，次则无是

---

① 王星拱：《科学方法论》，北京大学出版部1920年版，第215页。
② 《胡适哲学思想资料选》（上），华东师范大学出版社1981年版，第75页。
③ 胡适在《实验主义》中引用《墨子》"辟也，举也物而以明之"阐明假设方法的内容；在《清代学者的治学方法》中批评程颐的"格物"是"不役其知"的，是没有假设的解释。参看《胡适哲学思想资料选》（上），华东师范大学出版社1981年版，第75、187页。
④ 严复：《救亡决论》，《严复集》第一册，中华书局1986年版，第43页。
⑤ 严复：《〈穆勒名学〉按语》，《严复集》第四册，中华书局1986年版，第1053页。

事，初则达于甲之级度，次则达于乙之级度，凡如是者皆一一考验记载无所遗。积之既久，而一定理出焉矣。"① 因此，问题不管大小，都要贯注实证精神。他说："问题有大小，研究一问题之精神无大小，学以求真而已，大固当真，小亦当真。一问题不入吾手则已，一入吾手必郑重忠实以赴之。"② 概言之，实证方法是获得正确结论的重要途径。王国维反对虚言、假言、妄言，主张一个道理、一个结论都必须有证据，所谓"凡事物必尽其真，而道理必求其是，此科学之所有事也"③。这个"科学之所有事"在王国维这里就是"二重证据法"——"吾辈生于今日，幸于纸上之材料外更得地下之新材料，由此种材料，我辈固得据以补正纸上之材料，亦得证明古书之某部分全为实录，即百家不雅驯之言，亦不无表示一面之事实。此二重证据法，惟在今日始得为之。"④ 纸上材料与地下材料互证，才能彼此肯定，此即是实证方法之精神。孙中山也认为，一种学理究竟正确与否，只有通过事实的检验。他说："学理有真的有假的，要经过试验才晓得对与不对。好像科学上发明一种学理，究竟是对与不对，一定要做成事实，能够实行，才可以说是真学理。"⑤ 而在胡适这里，实证方法的根本观念被理解为"把注意之点从最先的物事移到最后的物事，从通则移到事实，从范畴移到效果"，即不是从原则出发，而是从事实出发，而实验的方法至少注重三件事："从具体的事实与境地下手；一切学说理想，一切知识，都只是特征的假设，并非天经地义；一切学说与理想都须用实行来试验过，实验是真理的惟一试金石。"⑥ 可见，实证方法在学术界被普遍视为获得正确结论的保证。

怀疑方法也颇受当时学者的追捧。严复认为中国学术传统是"尚循古而乐因人"，而西方学术传统是"贵自得而喜善疑"。他说："至于晚

---

① 梁启超：《近世文明初祖二大家之学说》，《梁启超哲学思想论选》，北京大学出版社1984年版，第86页。
② 梁启超：《中国历史研究法》，华东师范大学出版社1996年版，第110页。
③ 王国维：《〈国学丛刊〉序》，《国学大师论国学》，东方出版中心1998年版，第41页。
④ 王国维：《古史新证》，《王国维学术经典》（下卷），江西人民出版社1997年版，第126页。
⑤ 孙中山：《民生主义》，《孙中山选集》，人民出版社1981年版，第830页。
⑥ 胡适：《杜威先生与中国》，《胡适哲学思想资料选》（上），华东师范大学出版社1981年版，第182页。

近,(西方)言学则先物理后文词,重达用而薄藻饰。且其教子弟也,尤必使自竭其耳目,自致其心思,贵自得而践因人,喜善疑而慎信古。"① 而"尚古""因人"非但不能培育怀疑精神,反而造就奴性人格、依附心态、盲从心理。诚如严复所批评的:"中土之学,必求古训。古人之非既不能明,即古人之是亦不知其所以是。记诵词章既已误,训诂注疏又甚拘,江河日下,至于今日之经义八股,则适足以破坏人材,复何民智之开之与有耶?"② 显然,严复对"尚古""因人"的批评,就是对怀疑精神的肯定和颂扬。梁启超对怀疑方法也抱有巨大热情,他说:"笛卡儿起,谓凡学当以怀疑为首,以一扫前者之旧论,然后别出其所见,谓于疑中求信,其信乃真。此实为数千年学界当头棒喝,而放一大光明以待来哲也。"③ 而且,怀疑方法不仅是求得真理的工具,还可使人的智慧获得独立与自由,因而在学术研究过程的始终都极为重要:"吾侪若思养成鉴别能力,必须将此种心理结习痛加涤除,然后能向常人不怀疑之点能试怀疑,能对于素来不成问题之事项而引起问题。夫学问之道,必有怀疑然后有新问题发生,有新问题发生然后有研究,有研究然后有新发明。"④ 胡适认为,存疑主义的主脑就是"只可存疑,不当信仰",而"存疑方法"的意义在于存疑才有问题发生、才有问题研究,是科学研究的前提——"直到疑难发生时,方才发生思维推考的作用。有了疑难的问题,便定了思想的目的;这个目的便是如何解决这个困难。"⑤ 概言之,没有怀疑就不会有学术发现,从而也就不会有真正的学术成就。可见,怀疑方法在学术界被普遍视为学术研究的起点。

进化论是 20 世纪上半叶风靡一时的思潮,将进化论思想的火种介绍给中国思想界的是严复。他认为,进化是普遍存在于物质世界、物种世界、人类世界、精神世界的"宇宙公例",所谓"进化之事众矣,广而言

---

① 严复:《原强修订稿》,《严复集》第一册,中华书局 1986 年版,第 29 页。
② 同上。
③ 梁启超:《近世文明初祖二大家之学说》,《梁启超哲学思想论文选》,北京大学出版社 1984 年版,第 88 页。
④ 梁启超:《中国历史研究法》,华东师范大学出版社 1996 年版,第 99 页。
⑤ 胡适:《实验主义》,《胡适哲学思想资料选》(上),华东师范大学出版社 1981 年版,第 73 页。

之,则一切众生皆有进化之事"①。所谓"万物为天演所弥纶,而人心亦如此,故所谓知觉,所谓自由,当其滥觞,不可方物。天演之行既久,其德形焉。心德者,天演之产物也"②。既然进化是宇宙万物普遍遵循的"公例",以进化为认识、把握事物的方法也就顺理成章。在1906年编写成的《政治讲义》中,严复就申言自己用进化论研究政治——"吾人考求此学(政治学),所用者是天演术,是历史术,是比较术,是内籀术。"③ 由此可见,进化论在严复思想中就是作为一种世界观、方法论而存在的。梁启超相信所有学科因进化论而改变,他说:"自达尔文种源说出世以来,全球思想界忽开一天地,不徒有形科学为之一变而已,乃至史学、政治学、生计学、人群学、宗教学、伦理道德学。一切无不受其影响。"④ 而且把达尔文自然进化论泛化为社会进化论,他说:"达尔文者,实举十九世纪以后之思想,彻底而一新之者也。是故凡人类智识所能见之现象,无一不可以进化之大理贯通之。政治法制之变迁,进化也;宗教道德之发达,进化也;风俗习惯之移易,进化也。"⑤ 换言之,政治、宗教、道德、风俗习惯无不可以进化论来研究。孙中山认为进化论可与牛顿的物理学发明相媲美:"夫进化者,时间之作用也,故自达尔文氏发明物种进化之理,而学者多称之为时间之大发明,与牛顿氏之慑力为空间之大发明相媲美。"⑥ 这个"发明"就是对学术的影响:"自达尔文之书出后,则进化之学,一旦豁然开朗,大放光明,而世界思想为之一变。从此各种学术皆依归于进化矣!"⑦ 到胡适手里,进化论的学术研究方法意义被做了重大发挥,一是它的实证性,二是它的历史性。胡适说:"到了达尔文方才敢大胆宣言物的种类也不是一成不变的,都有一个'由来',都经过了许多变化,方才到今日的种类;到了今日,仍旧可使种类变迁,如种树的

---

① 严复:《天演进化论》,《严复集》第二册,中华书局1986年版,第310页。
② 严复:《述黑格尔唯心论》《严复集》第一册,中华书局1986年版,第210页。
③ 严复:《政治讲义》,《严复集》第五册,中华书局1986年版,第1251页。
④ 梁启超:《进化论革命者颉德之学说》,《梁启超选集》,上海人民出版社1984年版,第130页。
⑤ 梁启超:《论学术之势力左右世界》,《梁启超选集》,上海人民出版社1984年版,第273页。
⑥ 孙中山:《心理建设》,《孙中山选集》,人民出版社1981年版,第156页。
⑦ 同上书,第155页。

可以接树，养鸡的可以接鸡，都可得到特别的种类。不但种类变化，真理也变化。种类的变化是适应环境的结果，真理不过是对付环境的一种工具；环境变了，真理也随时改变。……这一类'这个真理'是实在的，是具体的，是特别的，是有凭据的，是可以证实的。"[①] 胡适由"进化"引申出"没有一成不变"，再引申出"真理是可变的"，再引申出可变的真理是"可以证实"的。可见，在胡适这里进化论之学术功能被充实、被丰富了，成为一种"历史的态度"，而"历史的态度"就是要研究事物如何发生、怎样得来、何以变成现在的样子，也就成了进化的历史方法。可见，进化论在中国学者心中已经完全超出了它的"专业"范围，而成为一种重要的学术研究方法。

总之，近代自然科学成就到了中国学者手中都被视为对中国传统思想资源具有特别功能和特殊价值的学术研究方法，正如梁启超所说："我们家里头的这些史料，真算得世界第一个丰富矿穴。从前仅用土法开采，采不出什么来，现在我们懂得西法了，从外国运来许多开矿机器了。这种机器是什么，是科学方法。"[②] 亦如蔡元培所说："研究也者，非徒输入欧化，而必于欧化之中为更进之发明；非徒保存国粹，而必以科学方法，揭国粹之真相。"[③] 因而可以说，将"科学"作为学术研究方法的自觉意识已然形成。

二 科学主义之为传统哲学的认知范式

上述讨论表明，20世纪前30年，"科学"的确被那个时代的学者当作一种重要的学术研究方法，而且被当时的一些中国学者神化为"无所不能"的方法，因而将"科学主义"用于中国传统哲学的研究是再自然不过的。那么，"科学主义"是被怎样用于认知、理解中国传统哲学的呢？

[①] 胡适：《实验主义》，《胡适哲学思想资料选》（上），东华师范大学出版社1981年版，第49页。

[②] 梁启超：《治国学的两条大路》，《梁启超哲学思想论文选》，北京大学出版社1984年版，第421页。

[③] 蔡元培：《〈北京大学月刊〉发刊词》，载陈崧编《五四前后东西文化问题论文选》，中国社会科学出版社1985年版，第109页。

《易传》有"自强不息""阴阳消息""易不可见,则乾坤或几乎息"等命题,严复对这些命题都做了科学的解释:"全力不增减之说,则有自强不息为之先;凡动必复之说,则有消息之义居其始;而'易不可见,则乾坤或几乎息'之旨,尤与'热力平均,天地乃毁'之言相发明也。"① 就是说,"自强不息"与"全力不增减"同义,并发明于"能量守恒和转换定律"之先;"阴阳消息"与"凡动必复"同义,并发明于"作用力与反作用力定律"之先;"易不可见,则乾坤或几乎息"与"热力平均,天地乃毁"同义,并发明于"热寂说"之先。毫无疑问,严复的这一比附性解释就是对这些命题具有"科学"意义的暗示,它引诱读者去想象"自强不息"等命题的"科学"含义。也就是说,严复的这个解释对于我们认知、理解《易传》中的"科学思想"是有积极意义的。此即严复用自然科学定律、原理来理解《易传》中的哲学命题之实践。不过,在中国传统哲学中,"自强不息"是强调人类应该像自然万物那样,生生不息,不断向上,创造生命。这样说来,"自强不息"与"能量守恒与转换"还是有一定距离的。"阴阳消息",有生长、消长、枯荣的意思,阳生为息,阴生为消,或者"阴往阳来为息,阳往阴来为消",由于有生就有灭,也可释为消失、灭亡。这样说来,将"阴阳消息"理解成"作用力必引起反作用力"显然是有些勉强的。"易不可见,则乾坤或几乎息",是讲"没有变化,事物之间的矛盾对立随即消失",它的形式与"热寂说"虽有类似之处,但显然与"热寂说"所具有的科学内涵完全不同。

梁启超认为清朝学者具有科学精神:"所谓科学的精神,何也?善怀疑、善寻问,不肯妄徇古人之成说,一己之臆见,而必力求真是真非之所存,一也;既治一科,则原始要终,纵说横说,务尽求其条理而备其佐证,二也;其学之发达,如一有机体,善能增高继长,前人之发明者,启其端绪,虽或有未尽,而能使后人因其启者而竟其业,三也;善用比较法,胪举多数之异说,而下正确之折衷,四也。凡此诸端者,皆近世各种

---

① 严复:《天演论·自序》,《严复集》第三册,中华书局1986年版,第1320页。

科学所以成力之由，而本朝汉学家皆备之，故曰其精神近于科学。"① 不过，梁启超并不认为中国传统哲学中的概念、命题和观念都可以"科学"去理解。他说："儒家学问专以研究'人之所以为道'为本，明乎'仁'，人之所以为道自见。孟子曰：'仁也者，人也。合而言之，道也。'盖仁之概念与人之概念相涵，人者通彼我而始得名，彼我通，内得为之仁。知乎人与人相通，所以我的好恶即是人的好恶，我的精神同时也含有人的精神。……儒者从这一方面看得至深且切，而又能躬行实践。'无终食之间违仁'，这种精神影响于国民性者至大，即此一分家业，我可以说真是全世界唯一无二的至宝。这绝不是用科学方法可以研究得来的，要用内省的工夫，实行的体验，体验而后，再为躬行实践。"② 这就是说，"科学"既是认知、理解从而肯定中国传统哲学中科学因素的参照，也是认知、理解从而肯定中国传统哲学中缺乏科学因素的参照。

怎样才会发生真正的学术问题？王国维的回答是"疑"，有了"疑"才会有进一步去破这个"疑"的冲动，而破"疑"的办法只有一个，那就是拿事实、找证据。王国维在《古史新证·总论》中指出，要对古代的历史研究清楚，一方面要有纸上的史料，另一方面要有地下的史料，纸上的史料包括《尚书》《诗》《易》《春秋》《战国策》、周秦诸子、《史记》等，地下的史料有甲骨文字、金文等，而且要将二者进行对比互证。而在《殷周制度论》中，王国维对周人的"立子立嫡""庙数""同姓不同婚"等制度进行了系统、深入的考证，将殷周制度的内容及其发生、发展的原因做了非常清晰的分辨和呈现，为人们正确理解和研究殷周制度及其思想文化做出了积极贡献。无疑，王国维的这些成就，都是"科学"之应用使然。

很多情况下，中国古代哲学中的"天"被视为"气"，这种观点已是很进步的了。但章太炎因受自然科学成果的启发，不同意用"气"释"天"，他认为"天"根本就不是"气"："古者以天为积气，彼未尝有气也。"那么，"天"是什么呢？"恒星皆日，日皆有地，地皆有蒙气，自蒙

---

① 梁启超：《论中国学术思想变迁之大势》，《饮冰室文集》之七，中华书局1988年版，第87页。

② 梁启超：《治国学的两条大路》，《梁启超哲学思想论文选》，北京大学出版社1984年版，第427页。

气中视物,溟涬若氛云之薄积,……而望之若苍苍矣。在地曰气,仰瞻则曰天,犹云与雨也,非有二质,故其所见异尔。"① 在章太炎看来,如果"天"就是"气"的话,那么离地越远的"气"越厚,离地越近的"气"越薄,但自然科学的结论却是离地越远的"气"越薄,因此,宇宙除了恒星之外,根本就没有什么由"气"组成的具体的"天"。另外,章太炎还用科学成果解释古代哲学中的"鬼神"观念:"今之人死也,则氮、氧、炭、氢诸气,盐、铁、磷、钙诸质,各散而复其流定之本性,而人之性亡矣。离此流定而复索一舍利性海,亦犹离此诸体而索马索象矣。"② 就是说,人是由诸种不同的物质组成的,人活着时,诸种物质都聚集在一起,人死后,诸种物质则散而为"流定",因此,离开"流定"之本性而追求所谓"舍利性海",就好比离开氮、氧、炭、氢、盐、铁、磷、钙等物质求马找象一样可笑。既然人是由物质组成和构造的,是物质聚散之形态,那么根本就没有离开物质的鬼神存在,从而否定了中国古代哲学中的鬼神观念。章太炎的这些解释显然都是得益于自然科学成果的启发。

王阳明有"知行合一"说,孙中山认为这个学说未必恰当。他说:"夫'知行合一'之说,若于科学发明之世,指一时代一事业而言,则甚为适当;然阳明乃合知行于一人之身,则殊不通于今日矣。以科学愈明,则一人之知行相去愈远,不独知者不必自行,行者不必自知,即同为一知一行,而以经济学分工专职之理施之,亦有分知分行者也。然则阳明'知行合一'之说,不合于实践之科学也。"③ 孙中山的理由在于:"知行合一"不符合现代科学的事实,因为有了科学的发达,掌握了相关知识的人未必一定要亲自将这种知识付诸实践,因为他人可以借助科学手段获得你的知识而实践;而进行某种实践的人未必一定要亲自获得他所需要的知识,因为他可以借助科学手段从别人那里获得想要的知识;因此,既然人们可以在不亲自"行"的情况下获得想要的"知",可以在不亲自"知"的情况下完成"行",那么,"知""行"分离便成为现实。孙中山的解释完全是以自然科学原理为根据的,不能说没有道理。但问题是,王

---

① 章太炎:《訄书·天论》,《章太炎全集》(三),上海人民出版社1984年版,第17页。
② 章太炎:《菌说》,《章太炎政论选集》(上册),中华书局1977年版,第133—134页。
③ 孙中山:《心理建设》,《孙中山选集》,人民出版社1981年版,第159页。

阳明言"知行合一"仅仅在于强调把控动机的重要性,就是说,王阳明认为人的"恶"是从意念中发出的,有了恶念便可能转为恶行,因而必须告诫人们将"知"当作"行"来处理和预防,以便将"恶"消灭在萌芽之中。因此,虽然孙中山以科学理论和成果言"知""行"可分并不算错,但与王阳明的"知行合一"显然是不相应的。

蔡元培用进化论解释老子哲学观念别有一番情趣。老子说:"小国寡民,使有什伯之器不用,使民重死而不远徙。虽有舟舆,无所乘之,虽有甲兵,无所陈之。使民复结绳而用之。甘其食,美其服,安其居,乐其俗。邻国相望,鸡犬之声相闻,民至老死而不相往来。"(《道德经》第80章)对于这段话,蔡元培是这样理解和评论的:"此皆以目前之幸福言之也。自进化史考之,则人类精神之趋势,乃适与相反。人满之患,虽自昔借为口食,而自昔探险新地者,率生于好奇心,而非为饥寒所迫。南北极苦寒之所,未必有吾侪生活直接利用之资料,而冒险探极者踵相接。由推轮而大辂,由桴槎而方舟,足以济不通矣;乃必进而为汽车、汽船及自动车之属。近则飞艇、飞机,更为竞争之的。其构造之初,必有若干之试验者供其牺牲,而初不以及身之不及利用而生悔。……用以知,为将来而牺牲现在者,又人类之通性也。"① 不难看出,蔡元培之所以对老子"复古"历史观持否定态度,原因就在于这种复古主张与进化论是相悖的,因为按照进化论,人类不会因为眼前的困难而放弃探险和进步,人类的特性就是为了未来不惜牺牲现在,所以,老子的复古主张属于"满足于眼前幸福"之观念,与科学精神的正常行进方向是不相符的,即不符合进化论精神。

与蔡元培相比,胡适对于进化论的应用更广泛更深入。他的《先秦诸子进化论》就是代表性成果,这里仅以胡适对《庄子》的解释为例进行说明。其一,"种有几,得水则为继,得水土之际则为蛙蠙之衣,生于陵屯则为陵舃,陵舃得郁栖则为乌足,乌足之根为蛴螬,其叶为蝴蝶。蝴蝶胥也,化而为虫,生于灶下,其状若脱,其名为鸲掇。鸲掇千日为鸟,其名为乾余骨。乾余骨之沫为斯弥,斯弥为食醯。颐辂生乎食醯,黄軦生乎九猷,瞀芮生乎腐蠸,羊奚比乎不笋,久竹生青宁,青宁生程,程

---

① 蔡元培:《世界观与人生观》,《蔡元培哲学论著》,河北人民出版社1985年版,第118页。

生马,马生人,人又反入于机。万物皆出于机,皆入于机。"(《庄子·至乐》)胡适通过文献中的"几"字发现了进化论思想,他说:"'种有几'的'几'字便是种子,便是原子,便是近人所说的'精子'。'万物皆出于几'正合近世生物家'精子'之说。……自'种有几'到'程生马,马生人'这一大段,错误极多,不易懂得;但其大意无非是上文所引'万物皆种也,以不同形相禅'的意思。仔细看来,这一段竟可作一篇'人种由来'读。你看到他把一切生物排成一部族谱,从极下等的微生物到最高等的'人',一步一步地进化。这种议论与近世生物进化论相同,正不用我们穿凿附会。"① 在胡适看来,庄子这段话就是对物种产生、演进的详细描述,与进化论内容毫无二致。其二,"梁丽可以冲城而不可以窒穴,言殊器也;骐骥骅骝一日而驰千里,捕鼠不如狸狌,言殊技也;鸱鸺夜撮蚤,察毫末,昼出瞋目而不见丘山,言殊性也"(《庄子·秋水》)。胡适认为这段话讲的就是"适者生存"之意:"(这节)说万物所处境地不同,生存之道也不同,总以能适合境地为要。细看上节'种有几'一节,其中说种子得水便成什么;得水土之际便成什么;生于陵屯便成什么;生于灶下便成什么,其中含有这'体合'和适者生存的理想。"② 这样,胡适又从中发现了"物竞天择,适者生存"思想。可见,胡适用进化论对《庄子》中相关文献进行了解释,从而使《庄子》中的进化思想得以呈现。

冯友兰认为科学是求真的,科学的功用是确实性(笛卡尔)和力量(培根)。他对中国没有产生科学的哲学原因进行了较全面和较深入的分析。在冯友兰看来,中国哲学无论儒家哲学、道家哲学,还是墨家哲学,都没有"确实"和"力量"意识。他举例说,朱熹并不说出道德是什么样子,只要求实践它,所以中国哲学家爱的是知觉的确实,不是概念的确实,因此他们不想也没有把他们具体的所见翻成科学的形式;另外,中国的理想是取享受而舍力量,所以中国不需要科学。总之,"中国哲学家不需要科学的确实性,因为他们希望知道的只是他们自己;同样地,中国哲

---

① 胡适:《先秦诸子进化论》,《胡适学术文集·中国传统哲学》(上),中华书局1997年版,第585页。

② 同上书,第585—586页。

学家不需要科学的力量,因为他们希望征服的只是他们自己。在他们看来,智慧的内容不是理智的知识,智慧的功能不是增加物质财富。在道家看来,物质财富只能带来人心的混乱。在儒家看来,虽然不像道家说的那么坏,可是也绝不是人类幸福中最本质的东西。那么,科学还有什么用呢?"[1] 冯友兰虽然讨论的是中国没有产生科学的哲学原因,但他使用的手段和参照同样是科学原理、定律和成果。

如上梳理与呈现,清晰且充分地证明了科学主义方法之为学术研究方法是客观而普遍的现象,这意味着此普遍现象对在学科上具有综合性的"中国传统哲学"而言也是适用的。问题在于,对中国传统哲学研究而言,科学主义并没有滞留在一般的研究方法层面,而是成了一种研究范式,即成为一种公认的模型或模式。何出此言?第一,它成了中国传统哲学研究的基本致思方式。一些学者对中国传统哲学中的哲学概念、命题或观念展开研究时,经常自觉地引用自然科学的原理、方法或成果。第二,它成了中国传统哲学研究的固定内容模式。自科学主义方法用于研究中国传统哲学那一刻开始,中国传统哲学的哲学内容便分离出科学哲学,在科学哲学里头又根据自然科学诸原理与定律进行分类研究等,研究中国传统哲学中的个别问题也好,撰写中国传统哲学教材也好,都会出现这种情况,从而成为一种固定的理解、分析中国古代哲学内容的模式。第三,它成为评价中国传统哲学的标准。研究者涉及对中国哲学概念、命题或观念之评论时,完全以科学主义方法原理、定律为根据,一个哲学范畴、命题的好与坏,一种哲学观念的好与坏,就看它与自然科学精神是否相合、与自然科学原理是否一致。可见,科学主义方法之为认知、理解与评价中国传统哲学的实践,不仅有主体上的团体性,也有时间上的持续性,从而成为认知、理解和评价中国传统哲学的范式。

第三节 人文认知范式的形成

所谓"人文",就是指"人文主义"。所谓"人文主义",就是指人

---

[1] 冯友兰:《为什么中国没有科学》,《三松堂全集》,北京大学出版社1984年版,第41页。

文主义的精神、原则、内容和方法。本书的人文主义主要是指西方哲学中的人文主义，具体内容主要有：以"人"为中心，否定以"神"为中心；高扬人的主体性，肯定人生的意义与价值，崇尚人格尊严，追求个性自由和解放；反对专制，提倡民主，反对等级，主张平等；反对神秘主义，高扬理性；推崇人的创造力和科学知识；肯定人类的生活创造活动及其成果，鼓励对现世幸福的追求等。但20世纪中国学者用于认知、理解和评价中国传统哲学的人文主义内涵逸出了这个范围，涵盖了所有从人性、人情、人格、人道等角度研究、关怀人的理论、学说或观念。基于这样的内涵，我们可将人文主义大致概括为人文精神、人文思想、人文方法、人文成果四个层次。这样，所谓"人文认知范式"，就是指以人文主义精神、思想、方法和成果作为认知、理解和评价中国传统哲学的根据和坐标，通过形成概念、比较分析、逻辑推理、综合判断等思维形式，对某个哲学文本（概念、命题和思想观念等）所进行的认知、理解和评价的实践，并且这种认知、理解和评价实践在时间上具有持续性，在主体上具有团体性，从而成为认知、理解和评价中国传统哲学的一种普遍模式。

一 "人文"之为学术方法意识的形成

国门洞开之后，西方的物质、制度和观念纷至沓来，悉数进入中国社会，其中就有影响中国学术思想至深至远的人文主义思潮。而值得注意的是，中国学者在引介人文主义思潮过程中，一开始即表现出将其视为学术研究方法的自觉意识。

最早进入中国思想界并对中国思想界发生深刻影响的"人文主义"无疑是自由、平等、博爱、人权等观念或学说。那么，这些学说的引进是不是表现为学术方法意识呢？回答是肯定的。对自由、平等、博爱、人权等观念或学说的较系统引进和介绍，最早的是严复。那么严复是否将这些学说当作一种学术方法呢？在严复看来，西方文化的命脉是"科学"和"民主"："其命脉云何？苟扼要而谈，不外于学术则黜伪而崇真，于刑政则屈私以为公而已。"① 而"科学"（"黜伪而崇真"）与"民主"（"屈私以为公"）的前提是"自由"。但就中国言，"自由"从来没有被确立为

---

① 严复：《论世变之亟》，《严复集》第一册，中华书局1986年版，第2页。

教化的理念——"夫自由一言，真中国历古圣贤之所深畏，而从未尝立以为教者也。"① 而政教中"自由"的缺失，正是导致中国贫弱的原因。严复说："故中国之弱，非解于财匮兵窳也，而弱于政教之不中，而政教之所以不中，坐不知平等自由之公理，而私权奋压力行耳。"② 因此，如要使中国富强，便需培育"科学"与"民主"精神；如欲培育"科学"与"民主"精神，便需引进"自由"；而引进"自由"要做的工作之一，就是把它作为思想与价值的坐标对中国传统思想进行分析与检讨，以求对中国传统学术思想、传统教化理念实施更新。可见，自由、平等、民主等人文主义观念或学说，在严复这里不仅是救亡图存的理论武器，更是分析、研究中国传统学术思想的坐标与方法。在陈独秀看来，人权说与进化论、社会主义一样，是足以改变古代思想的近世三大学说之一："近世文明之特征，最足以变古之道，而使人心社会划然一新者，厥有三事：一曰人权说，一曰生物进化论，一曰社会主义。"③ 就是说，人权说不仅是肯定独立人格的理论，同时也是分析、检讨中国古代学术思想的坐标或显微镜，是更新中国传统政教的先进理念。而在蔡元培那里，自由、平等、博爱等之为学术方法的意识已十分清晰，他说："何谓公民道德？曰法兰西之革命也，所标揭者，曰自由、平等、亲爱。道德之要旨，尽于是矣。孔子曰，匹夫不可夺志。孟子曰，大丈夫者，富贵不能淫，贫贱不能移，威武不能屈。自由之谓也。古者盖谓义。孔子曰，己所不欲，勿施于人。子贡曰，我不欲人加诸我也，吾亦欲毋加诸人。……平等之谓也。古者盖谓之恕。……孟子曰，鳏寡孤独，天下之穷民而无告者也。张子曰，凡天下疲癃残疾茕独鳏寡，皆吾兄弟之颠连而无告者也。……亲爱之谓也。古者盖谓之仁。三者诚一切道德之根源，而公民道德教育之有所事者也。"④ 蔡元培之所能阐发"匹夫不可夺志"之自由义、"己所不欲勿施于人"之平等义、"天下疲癃残疾茕独鳏寡皆吾兄弟"之博爱义，全在以自由、平等、博爱学说为显微镜、为开掘机之效果也。

---

① 严复：《论世变之亟》，《严复集》第一册，中华书局1986年版，第2—3页。
② 严复：《主客评议》，《严复集》第一册，中华书局1986年版，第116页。
③ 陈独秀：《法兰西人与近世文明》，《独秀文存》，安徽人民出版社1996年版，第10页。
④ 蔡元培：《对于教育方针之意见》，《蔡元培哲学论著》，河北人民出版社1985年版，第110页。

中国学者对唯意志论的引介也表现出学术方法意识。王国维非常推崇叔本华,他对叔本华唯意志论的介绍即表现出学术方法意识。他说:"彼既由吾人之自觉,而发现意志为吾人之本质,因之以推论世界万物之本质矣。"① 在王国维看来,叔本华哲学即是以意志为世界的本质,无论是植物、动物,还是人,意志是决定其行为的根本,知识的产生是由于意志的需要,而意志是自由的,意志欲此欲彼,有绝对的自由。既然意志是万物的本质,因而必须根据"意志"去理解人、理解事、理解万物。而且,叔本华哲学之本质在直观而不在概念,原因在于概念实现于直观,而直观之知识才是确实之知识。王国维说:"吾人谓直观者,乃一切真理之根本,唯直接间接与此相联络者,斯得为真理。"② 因而要认识事物并把握真理,直观是根本的路径。可见,王国维对叔本华唯意志论的理解,在很大程度上是对"认识、研究事物方法"的理解,即世界的本质是意志,能通向意志的是直觉。唯意志论被作为一种学术研究方法,也表现在尼采唯意志论的介绍中。李石岑认为,权力意志是尼采思想的核心,也是出发点,是至高无上的原则;权力意志是"自内涌出之力",一切现象、运动法则是权力意志的表现;权力意志是盲目的,是一单纯之物,不随法则、不依理性而行动,理性是权力意志的活动而已。人与动物之区别,不在于理性,而在于人类的权力意志高于动物。他说:"尼采以为无意识之本能,较'意识'或'感觉的事实',更为确实的、更为根本的。彼之认识论,全自本能出发,然本能为生命之本质之权力意志,故彼之认识论,势不得不立于直觉的超论理根据之上。"③ 而作为学术方法的唯意志论的特点是:"尼采意志说,注重分化与统一。无主客观之区别,亦无数的关系,同时为多,复同时为一,同时为部分,复同时为全体,以形成意志一元论。"④ 即没有主客、多寡、整零、分合的差别,是一种整全的视角。而这种方法是至为诚实可信的:"尼采之哲学,全以艺术的方法表出之,故解释人

---

① 王国维:《王国维学术经典集》(上),江西人民出版社1997年版,第36页。
② 同上书,第42页。
③ 李石岑:《尼采思想之批判》,载钟离蒙、杨凤麟主编《中国现代哲学史资料汇编》第一集第十三册,辽宁大学哲学系1981年版,第172页。
④ 同上书,第177页。

生，较为忠实。"① 可以看出，20世纪上半叶，叔本华、尼采的唯意志论在很大程度上也是以学术方法的身份活跃于中国学术界的。

在中国学者的观念中，柏格森的生命哲学也是一种学术研究方法。瞿世英认为，柏格森生命哲学主张的就是一种直觉的眼光："工具的理智不能明白人生。明白人生的乃是本能。本能提高而成直觉。我们要一种知识与直觉的精神生活，必要取得直觉的眼光。"② 这种直觉的眼光就是同情、本能、全体："哲学却要从全体看的。生命只有靠同情、本能与直觉去明白。科学所研究的是死东西，不是生命。"③ 蔡元培则通过用柏格森生命哲学对"人"的分析，肯定并赞扬直觉方法的作用与价值。他指出："说人格的'一'是不错的，但并非指个人的'一'；因为我们的'我'还有多的一方面。说'我'是多的，也不错；但不是随便'连著别个'的多。在哲学上不可不知道的，就是什么是'一'，什么是'多'？什么是超过抽象的'一'与'多'而成为个人'多的一'的实在？只有一法，就是我自己体那'我'的直观。"④ 对蔡元培而言，用经验论哲学、定理论研究"人学"是很主观的，因为经验论与定理论把从"我"上解脱下来的心理事状重新聚合起来，再把这些聚集的分子重造出统一的"个人"来；但所造的"个人"不过是一个幻影，因而这种方法是机械的，不能真正把握"人"的，只有直观才能把握"人"的本质。如此说来，严既澄的识见和主张与蔡元培是不谋而合的："柏格森之哲学，扼其要以言之，实方法也。柏氏之宏愿，在深求所以直觉自我之意识生命之根基，而自构造其研究之方法。"⑤

杜里舒的生机论之所以为中国学者感兴趣，主要原因也在于它的方法论性质。在张君劢看来，杜里舒的生机论与罗素的论理学是完全不同的方

---

① 李石岑：《尼采思想之批判》，载钟离蒙、杨凤麟主编《中国现代哲学史资料汇编》第一集第十三册，辽宁大学哲学系1981年版，第178页。

② 瞿世英：《柏格森与现代哲学趋势》，载钟离蒙、杨凤麟主编《中国现代哲学史资料汇编》第一集第十三册，辽宁大学哲学系1981年版，第147页。

③ 同上书，第148页。

④ 蔡元培：《节译柏格森玄学导言》，《中国现代哲学史资料汇编续集》第七册，辽宁大学哲学系1983年版，第40页。

⑤ 严既澄：《时间与自由意志概略》，《中国现代哲学史资料汇编》第一集第十三册，辽宁大学哲学系1981年版，第146页。

法。他说:"一言全体而一言特子;一言秩序在我自觉中,一言关系之在外;一言心物两界绝然二物,一言心物无绝对之异同。"① 不过,正因为它们属于不同功能与性质的方法,才显出各自存在的合理性。张君劢说:"人之于世,不外内外,不外心物;主惟心主义者曰,一切皆由心造,一切必为心所知,而后能有所谓物,故曰惟心主义者也;惟物主义者曰,苟无外界之觉,则知识何自而来?惟与外物接,乃能有经验,故曰惟物主义者是也。推此心物之争于心理学之研究,则两方面各有理由,正与此同,何也?人即有推理之力,然一日之间,口必有言语,手足必有动作,故以言语与习惯解释在内心,自然有相当之证据,反之,既有感觉,吾心从而合之,于是有概念,有是非之可辨,判断之可下。更有天才绝特者,文艺学术上,有出人意表之发明,则言语习惯,不足以尽之,惟有求之于在内之心,故曰两派之言皆是也。"② 也就是说,作为学术方法的生机论与作为学术方法的论理学,都是各有其研究对象、各有其思考领域而不能相互替代的。由此看来,杜里舒之生机论对张君劢而言,就是一种思考、研究问题的方法。菊农(瞿世英)同样把杜里舒的生机论视为一种方法。他说:"杜氏的主知主义(广义的)正如一个蜘蛛网论理化了,但是吐丝结网的蜘蛛本身却不是论理化了的网。他的'我自觉的有某物'的出发是返观内省得来的,不是论理的结果。其余一切秩序论中之原始概念都是由直观得来的。惟直观乃可得一切应有之符号,可见杜氏实在是直观主义的。"③ 这种直观主义方法的本质表现就是生机主义:"生机主义便是生活自主,最重要的更是全体性这一概念。全体与自主是生机主义之根本概念。"④ 既然生物生命为"全体",既然生活是自主的,那就意味着科学方法无法真正把握生命,而必须有相应的方法。秉志(翟秉志)的话正流露了这种渴望的心情——"杜氏扬生命自主之说,以生命自系一物,而以哲学方法研究之,其言虽有所偏,而于将来生物学之革旧谋新,势必生

---

① 张君劢:《关于杜里舒与罗素两家心理学之感想》,《中国现代哲学史资料汇编续集》第四册,辽宁大学哲学系1983年版,第43页。
② 同上书,第52页。
③ 菊农:《杜里舒与现代精神》,《中国现代哲学史资料汇编续集》第四册,辽宁大学哲学系1983年版,第311页。
④ 同上书,第31页。

最大影响。盖生物学与物理化学迥异，其性质虽属科学，事事当本诸实验，而研求生命之现象，最后将至于科学范围之外；故理论之生物学，与哲学最有关系，徒有物理化学之训练者，不足以应此需求耳。"① 也就是说，对于生命现象的研究，自然科学方法是远远不够、甚至是无能为力的，杜里舒的生机论哲学才是一种直接而有效的方法。可见，杜里舒生机论之所以在中国学术界受欢迎，不在其生物学理论，而在其学术方法性质。

二 人文主义之为传统哲学的认知范式

不难看出，中国学者在引介"人文主义"的过程中，便明显地表现出了学术方法意识。既然学术方法是中国学者对"人文主义"的一种自觉的认知和选择，那么被应用于学术实践中便是顺理成章的事。

"自由"是中国学者梦寐以求的理念和理想，那么中国传统哲学中有无此宝物呢？严复对此做了比较性分析。他说："中国理道与西法自由最相似者，曰恕，曰絜矩。然谓相似可，谓真同则大不可也。何则？中国恕与絜矩专以待人及物而言，而西人自由，则及于物之中，而实寓所以存我者也。"② 在这里，严复试图让"自由"与"恕""絜矩"发生"亲属"关系，但经过分析之后，严复有些失望，因为西方的"自由"是"所以存我者"，是确认、肯定人的权利与价值者，而中国的"恕""絜矩"不过是协调人际关系时执行的礼节，它们是根本沾不上边的两种观念。质言之，严复借助"自由"内涵否定了中国哲学中"恕""絜矩"与其类同的可能性。熊十力则认为孔子的"我欲仁，斯仁至矣"的意涵就是自由。他说："自由者，非猖狂纵欲，以非理非法破坏一切纪纲可谓自由也；非颓然放肆，不自奋、不自制可谓自由也。西人有言，人得自由，而必以他人之自由为界，此当然之理也。然最精义，则莫如吾夫子所谓'我欲仁，斯仁至矣'。言自由者，至此而极矣。夫人而不仁，即非人也；欲仁而仁斯至，自由孰大于是，而人顾不争此自由何耶？"③ 将"我欲仁，斯

---

① 秉志：《杜里舒生机哲学论》，《中国现代哲学史资料汇编续集》第四册，辽宁大学哲学系1983年版，第23页。
② 严复：《论世变之亟》，《严复集》第一册，中华书局1986年版，第3页。
③ 熊十力：《十力语要》，《熊十力全集》第四卷，湖北教育出版社2001年版，第367页。

仁至矣"解释为"自由",自然不能说有什么不相合之处,熊十力甚至认为"我欲仁"大大高于"自由"的境界与价值。我们不得不惊叹熊十力先生的胆识和创造力,但问题在于,人文主义的"自由"观念远不是讲主体在道德上的自由和主宰,而是讲人格、人权上的尊重和保护。不过,这种解释上的深浅、明暗、盈亏的存在,正说明人文主义方法应用的复杂性与价值性。

中国哲学中有无"平等"理念呢?严复认为中国哲学中并无此物。他说:"人无论王侯君公,降以至于穷民无告,自教而视之,则皆为天子之赤子,而平等之义明,平等之义明,故其民知自重而有所劝于为善。"①"平等"被规定为公民的基本权利,等于确认了国民的义务与责任,"私国"的情感也由此建立起来,由此才能焕发出国民的热情与朝气,而中国却有纲常名教设置的森严等级。陈独秀则对儒家"三纲"之反"平等"特性进行了深刻批判。他说:"儒者三纲之说,为一切道德政治之大原。君为臣纲,则民于君为附属品,而无独立自主之人格矣;父为子纲,则子于父为附属品,而无独立自主之人格矣;夫为妻纲,则妻于夫为附属品,而无独立自主之人格矣。率天下之男女,为臣,为子,为妻,而不见有一独立自主之人者,三纲之说为之也。"②又说:"三纲根本义,阶级制度是也。所谓名教,所谓礼教,皆以拥护此别尊卑、明贵贱之制度是也。近世西洋之道德政治,乃以自由、平等、独立之说为大原,与阶级制度极端相反。"③但对熊十力而言,儒家哲学并不缺乏"平等"理念。他说:"平等者,非谓无尊卑上下也。天伦之地,亲尊而子卑,兄尊而弟卑。社会上有先觉先进与后觉后进之分,其尊卑亦秩然也。政界上有上级下级,其统属亦不容紊也。然则平等之义安在耶?曰:以法治言之,在法律上一切平等,国家不得以非法侵犯其人民之思想、言论等自由,而况其他乎?以性分言之,人类天性本无差别,故佛说一切众生皆得成佛,孔子曰'当仁不让于师',孟子曰'人皆可以为尧舜',此皆平等义也。而今人迷妄,

---

① 严复:《原强修订稿》,《严复集》第一册,中华书局1986年版,第30页。
② 陈独秀:《1916年》,载丁守和主编《中国近代启蒙思潮》(中卷),社会科学文献出版社1999年版,第37页。
③ 陈独秀:《吾人最后之觉悟》,载丁守和主编《中国近代启蒙思潮》(中卷),社会科学文献出版社1999年版,第12页。

不解平等真义，愿乃以灭理犯分为平等，人道于是乎大苦矣。"① 就是说，儒家的"平等"不是取消尊卑上下，而是讲国家不得非法侵犯人民之思想、言论等自由，而是讲人天性的平等。根据这样的理解，熊十力裁定佛教"一切众生皆得成佛"、孔子"当仁不让于师"、孟子"人皆可以为尧舜"等命题，都含有"平等"意涵。

"求放心"是孟子学说中的重要命题，那么它在人文主义观照下具有怎样的含义呢？贺麟的答案是"意志自由"。他说："意志之所以不自由，其主要原因，即由于心放在外，心为物役。换言之，心为外物的奴隶。求放心就是消极地使意志不为奴隶的功夫。大概心放在外，一方面好像是神不守舍，我们自己的心飞越在外边，而一方面实是外间的东西，或别人的思想意见钻进我们自己的心里，霸占住我们的脑筋，使我们不能自己做主，意志不自由。因此我们的思想言行，不能代表我们的真我，而乃是传达别人的意志思想的工具。但因为我们具有人的外形，具有一副假人格，而我们精神受外物支配，传达别人的思想意志的行为，又须我们自己负道德的责任，所以人生最大的不幸，精神最大的痛苦，实莫过于意志的不自由。"② 按照贺麟的理解，人之意志不自由的原因是：心为物所役，成为物的奴隶。而心为物所役有两方面的表现：一是神不守舍，心由身飞出；二是被外界的东西或别人的思想意见霸占了脑筋。这样，人在言行上不能代表真我，当然也就不存在意志自由。而别的思想观念侵入，使自己完全成为一具空壳，成为一具行尸走肉，乃是因为"心"飞到外边去了，即"放心"了。因此，"求放心"就成为防止邪恶观念侵袭的前提，就是使人重获自由的前提，就是使人成为他自己的前提。可是，怎样"求放心"呢？贺麟说："所以欲求放心，知的方面，必须随时提醒自己超经验的真我，行使自己的先天的知识范畴，以组织感官的材料而形成真知识；行的方面，必须本着自己与人格俱来的意志自由的本性，于复杂的意念与欲望中决择其能发展自性，实现真我者而行。换言之，自己每得一知识，不是被动的接收外界的刺激，而乃是自己精心组织而成，自己每一个动作，不是受外物之引诱，徇情欲的倾向而被动，乃是经过自己决定签字而出发，

---

① 熊十力：《十力语要》，《熊十力全集》第四卷，湖北教育出版社2001年版，第367页。
② 贺麟：《论意志自由》，《贺麟选集》，吉林人民出版社2005年版，第113页。

认为足以代表真我的。自己为自己的知识之组织者,自己为自己的行为的主动者,就是求放心。"① 既然人的意志不自由在于"心飞在外",那么,就应该将这被"放走的心"收回来,即"求放心"。而"心"一旦被收回,人也就成了自己的主宰,就不为外物所役,不为外理所俘,也就有了意志自由。

孔子的思想是理性的? 还是直觉的? 王国维的答案是"贵理性之直觉论"。《论语》中有这样两句话,其一,"生而知之者上也"(《论语·季氏》)。其二,"人之生也直,而罔之生也幸而免"(《论语·雍也》)。他据此分析说:"第一条,备言人能直觉辨别是非善恶,但是非谓常人,谓睿智之圣人。第二条,程子解'直'为'理',而龟山以之为'情'。但孔子以理与情并重,又因时与地而异。其'直'之解释,如'斯民也,三代之所以直道而行也'(《卫灵公》)之解'直'为理,答叶公之问之'直',则情也。故'人之生也直'之'直',解之为'理',或稍妥也。以上可知孔子为贵理性之直觉派也。"② 这种分析和结论的根据,显然是他了解、甚至崇尚的康德的理性主义和叔本华、尼采的直觉主义。而贺麟在《宋儒的思想方法》一文中,则用直觉主义方法评估了朱熹与陆九渊的哲学方法。他认为,直觉方法有两方面,一是注重用理智的同情以观察外物,如自然、历史、书籍等;另一是注重向内反省体察,即柏格森所谓同情理解自我。这种观点直接来自柏格森的"附于感觉的直觉"和"超乎理智的直觉"之说。他认为,朱子与象山都属直觉方法,而朱熹是向外的直觉,象山是向内的直觉。陆象山的直觉方法倾向较为明显,象山直觉方法的消极面是"不读书",而积极面是"回复本心"。回复自己的本心,在于体验、省察、反思、反求,均为直觉方法。至于朱子的直觉方法,有学者认为较难说清楚,因为朱子主张读书、格物,与科学方法相近,贺麟则不以为然。他认为朱子"格物"为"修养"方法,因为朱子"格物"的目的是明"吾心之大体",因而是寻求哲学或性理知识的直觉方法,而不是探求自然知识及自然界规律的科学方法。③ 应该说,贺麟用

---

① 贺麟:《论意志自由》,《贺麟选集》,吉林人民出版社2005年版,第113页。
② 王国维:《王国维哲学美学论文辑佚》,华东师范大学出版社1993年版,第47页。
③ 贺麟:《宋儒的思想方法》,《贺麟集》,吉林人民出版社2005年版,第66—67页。

直觉主义方法解释和分辨朱熹与陆九渊思想方法的差别，是较为得体的，也是有一定启发的。

"宇宙"是中国传统哲学中的一个重要范畴，通常的解释是科学意义上的"时间与空间"。但方东美的解释更贴近中国哲学。方东美指出，中国传统哲学中的"宇宙"与西方哲学中的"宇宙"完全不同，中国传统哲学中的"宇宙"是所有存在的统一场。他说："'宇宙'，在中文里原是指'空间'和'时间'，上下四方的三度空间叫做'宇'，古往今来的一系变化叫做'宙'，宇和宙一起讲，就表示时空系统的原始统会，'宇宙'两字中间如果没有连号，就是代表一个整合的系统，只在后来分而论之的时候才称空间和时间，西方即使 Minkowski 所说的四度空间性，亚历山大教授所说的'空间——时间'，都不能贴切地表达'宇宙'一词中时空的不可分割性，最接近的讲法倒是爱因斯坦所说的'统一场'，在中国哲学家看来，宇宙正是所有存在的统一场。"① 就是说，中国哲学中"宇宙"是连续的、不可分割的，在西方，只有爱因斯坦说的"统一场"接近中国哲学中"宇宙"的含义，即除了物质条件外，还兼有精神意义与价值。他说："因为'空间'——'时间'只是物体机械存在的场合，若拿它来当作全部生命的环境就变成只知其一，不知其二。因为生命除掉物质条件外，原兼有精神意义与价值。"② 即是说，中国哲学中的"宇宙"是富有精神意义和价值的，而西方的"时间——空间"只是物体机械存在的场合，换言之，只有中国哲学中的"宇宙"才能当作全部生命的环境。并且，"宇宙"所包容的物质和精神世界是浑然一体的、不可分割的。他说："从中国哲学家看来，'宇宙'所包容的不只是物质世界，还有精神世界，两者浑然一体不可分割；不像西方思想的二分法，彼此对立，截成互相排斥的两个片断。在中国，宇宙绝不是一个战场，借柏格森的一句话来说，不能有'生命与物质的交战'。当然，在这综合的宇宙全体中，也可以有某些分际，像我们在易经系辞传可以看到：'形而上者谓之道，形而下者谓之器'，后来宋代哲学家，像张载、朱熹，也在'虚'与'气'或'理'与'气'之间有类似的分际，但他们仍然在这些分际之中，力

---

① 方东美：《中国人生哲学》，台湾黎明文化事业股份有限公司2006年版，第171—172页。
② 同上书，第172页。

求其一贯融通。"①"宇宙"是个综合的全体，是不可分割的，即便在指称上有所分际，但仍然是求通的。对于中国哲学家不常用"宇宙"这个范畴的原因，方东美的答案是中国哲学家不把"宇宙"看成机械系统，而是看成充满生命的有机系统。他说："中国哲学家正相反，他们不常用'宇宙'这字，正代表他们不愿意把宇宙只看成一个空间与时间的机械系统，所以在经书子书中，我们常会遇到一些观念，像'天'、'天地'、'乾坤'等代表创造化育的作用，在自然创进历程中则有'道'、'自然'、'阴阳'和'五行'等观念，再如'虚'、'理'、'气'、'心'等等亦然，除此之外还有许多名词也都是用来形容宇宙的特性。所有这些观念和名词，含义虽不同，但都是用来对宇宙秩序和结构作妥贴的解释，如果我们只执著于这些差异的名词，不能会通，那中国的宇宙观就可能会被误为驳杂、纷乱，言人人殊。但是，我想这种种的理论都可以归结于一个根本要义，而表现出一种伟大的哲学见解，那就是'宇宙是一个包罗万象的广大生机，是一个普遍弥漫的生命活力，无一刻不在发育创造，无一处不在流动贯通。'"② 因为拥有了生命的、系统的"宇宙"，中国哲学中的所有范畴、概念也都是充满生命的，它们是有机的、息息相通的系统，都是用来对宇宙秩序和结构作妥贴的解释的，因此不能因为它们的名称不同而执着区别，这样，一个包罗万象的、充满广大生机的、普遍弥漫生命活力、无一刻不在发育创造、无一处不在流动贯通的"宇宙"便呈现于眼前。可见，方东美对于"宇宙"的解释，完全是一种生命的解释，一种人文主义的阐扬。"宇宙"不再是冷冰冰的时空，不再是机械的物质世界，也不再仅仅是被人所认识所改造的自然，而是充满生命情调的有机的统一场，是精神与物质的统一体，是没有分际的一贯融通。至此，我们深切感受到，人文主义方法之于中国哲学研究的意义，远不在其对学理的分疏，远不在其为诠解中国哲学别立一说，而尤其在于它彻底打通了中国传统哲学的经脉、开掘了中国传统哲学的生命智慧、点燃了中国传统哲学的生命情感、激发出中国传统哲学的生命能量。

如上梳理清晰且充分地证明了人文主义方法之为学术研究方法是客观

---

① 方东美：《中国人生哲学》，台湾黎明文化事业股份有限公司2006年版，第172页。
② 同上书，第175页。

而普遍的现象，这意味着此普遍现象对作为人文学科的"中国传统哲学"而言也是适用的。值得注意的是，对中国传统哲学研究而言，人文主义并没有滞留在一般的研究方法层面，而是成了一种研究范式，即成为一种公认的模型或模式。这是因为：第一，它成了中国传统哲学研究的基本致思方式。严复、陈独秀、蔡元培、王国维、李石岑、张君劢、熊十力、贺麟、方东美、唐君毅、牟宗三等对中国传统哲学中的哲学概念、命题或观念展开研究时，都会自觉地引用人文主义精神、思想、主张或方法。第二，它成了中国传统哲学研究的固定内容模式。自人文主义方法用于研究中国传统哲学那一刻开始，中国传统哲学的哲学内容便整理出了人文主义思想，如严复、陈独秀、蔡元培等在对自由、平等、博爱等观念或学说进行介绍时，将这些观念或学说与中国传统哲学中的相关命题、范畴进行比较分析，并提出或相合或批评的主张。研究中国传统哲学中的个别问题也好，撰写中国传统哲学教材也好，都会出现这种情况，人文主义方法从而成为一种固定的理解、分析中国古代哲学内容的模式。第三，它成为评价中国哲学的坐标。研究者涉及对中国哲学概念、命题或观念评论时，完全以人文主义精神、原则、思想和方法为根据，一个哲学概念、命题的优劣，一种哲学观念的良莠，就看它与人文主义精神是否相合，与人文主义原则是否一致，可见，人文主义方法之为认知、理解与评价中国传统哲学的实践，不仅有主体上的团体性，也有时间上的持续性，从而成为研究中国传统哲学的范式。

第四节　逻辑认知范式的形成

所谓"逻辑"，就是"逻辑主义"。所谓"逻辑主义"，主要是指19世纪末以来中国学者从西方介绍、引进的逻辑学（传统逻辑、形式逻辑、数理逻辑等）原理、规律、思维方法等，它包括名称的界定、归纳、演绎、概念、判断、推理、逻辑分析等。所谓"逻辑认知范式"，就是指以逻辑学精神、原则、定律、思想和方法作为认知、理解和评价中国传统哲学的根据和坐标，通过形成概念、比较分析、逻辑推理、综合判断等思维形式，对某个哲学文本（概念、命题和观念等）所进行的认知、解释和评价的实践，并且这种认知、理解和评价实践在时间上具有持续性，在主体上具有团体性，从而成为认知、理解和评价中国传统哲学的一种普遍模式。

一 "逻辑"之为学术方法意识的形成

"逻辑"之为学术研究方法，似乎在中国学者翻译、介绍的同时便有了非常清晰的自觉意识。在中国学者的观念中，"逻辑"天生就是一种学术研究方法，而且是非常富有成效的研究方法。那么，"逻辑"之为学术研究方法的意识究竟是怎样形成的呢？严复是中国现代思想史上翻译、介绍西方逻辑学的代表性人物，他先后翻译了《穆勒名学》（1905）、《名学浅学》（1909）两部逻辑学著作，在这两部名著中，严复介绍的内容有："名"的界定、归纳法、演绎法、推理、推理的前提或基础、"名"的类型、界说方法与规则、演绎推理及其功能、归纳的基础及类型、公理、因果关系等。而在他早期发表的论文中，就已涉及诸多逻辑学内容，如在《原强》中就提到："非为名学，则心不足以察不遁之理、必然之数也。"① 为什么"名学"如此重要呢？我们可从严复介绍归纳、演绎的用意中看出："格物穷理之用，其涂术不过两端。一曰内导；二曰外导。……内导者，合异事而观其同，而得其公例。……学至外导，则可据已然已知以推未然未知者。"② 就是说，作为"格物穷理"的方法，归纳是从杂多中找其共性，演绎则是根据已经把握的知识推演出未知的知识。如下这段话将归纳、演绎的方法论意义表述得更清楚："及观西人名学，则见其于格物致知之事，有内籀之术焉，有外籀之术焉。内籀云者，察其曲而知其全者也，执其微以会其通者也。外籀云者，据公理以断众事者也，设定数以逆未然者也。……二者即物穷理之最要涂术也。"③ 在严复看来，归纳、演绎就是格物穷理的途术或方法，而且是方法中的方法。严复说："本学之所以称逻辑者，以如贝根言，是学为一切法之法，一切学之学；明其为体之尊，为用之广，则变逻各斯为逻辑以名之。学者可以知其学之精深之广大矣。"④ 而中国古代学术之弊端正由于缺乏归纳方法，他说：

---

① 严复：《原强》，《严复集》第一册，中华书局1986年版，第6页。
② 严复：《西学门径功用》，《严复集》第一册，中华书局1986年版，第94页。
③ 严复：《译"天演论"自序》，《严复集》第五册，中华书局1986年版，第1319页。
④ 严复：《〈穆勒名学〉按语》，《严复集》第四册，中华书局1986年版，第1028页。

"旧学之所以多无补者,其外籀非不为也,为之又未尝不如法也,第其所本者,大抵心成之说,持之似有故,言之似成理,媛姝者以古训而严之,初何尝取其公例而一考其所推概者之诚妄乎?"① 就是说,中国古代的学问向来偏于外籀(演绎),而内籀(归纳)才能事极微,传统思维方式中虽有演绎推理但缺乏演绎推理的大前提——逻辑归纳得来的"公例"。可见,归纳、演绎在严复观念中就是学术研究方法。这种归纳、演绎之为学术方法意识在陈显文这里表述得更为清晰、更为直白:"我认为名学就是论思想方法的学问,所以无论那一家的名学,其内容所讲,都是归纳演绎等方法。"②

针对古希腊哲学家亚里士多德提出逻辑三段论,梁启超曾表达过自己的看法,他说:"盖(亚理士多德)三句法者,不过语言文字之法耳,既寻得真理而叙述之,而大适于用,若欲此考察真理之所存,未见其当也。"③ 就是说,三段论不过是用语言文字将获得的真理进行表述的方法而已,因为在他看来只有实验法、归纳法才能获得真理。相比梁启超对演绎法的"歧视",其他学者的认识与判断似乎更为准确、更为公正。田吴炤翻译的《论理学纲要》(1902 年商务印书馆出版),内容包括思维基本规律、概念和判断、演绎推理、归纳推理等。田氏对他翻译《论理学纲要》的动机做了这样的描述:"人无论理学之学识,则不知推断事理,于讲论一切学问,即不能畅所欲言,即使能言之,或语多刺谬。"④ 即是说,没有逻辑学的规范,一切学问都不能展开,即便勉强展开,多有谬误。可见,田吴炤观念中的逻辑学自是一种学术研究方法。王国维翻译的《辨学》(1908 年),内容包括名辞、命题、推理式、虚妄论、方法论、归纳法、归纳法之附件等。王国维对逻辑学的性质做了这样的定义:"吾人得谓辨学者,一切科学中最普遍者也。吾人之待辨学之助,较待他科学之助为多,以一切特别科学,但研究事物之一部分,以构成知识一分支,而辨

---

① 严复:《〈穆勒名学〉按语》,《严复集》第四册,中华书局 1986 年版,第 1047 页。
② 陈显文:《名学通论》,载周云之主编《中国逻辑史资料选》(现代卷下),甘肃人民出版社 1991 年版,第 57 页。
③ 梁启超:《梁启超哲学思想论文选》,北京大学出版社 1984 年版,第 86 页。
④ 参看郭桥《逻辑与文化》,人民出版社 2006 年版,第 49 页。

学则研究一切知识中所应用之思想之原理及形式故也。"① 就是说，逻辑学不仅是一门学术研究方法，而且是具有特殊作用的方法，即它可以研究所有知识中所应用的思想原理与形式及其原因。屠孝实著有《名学纲要》，其内容既有思维原则，也有同异原则、理由原则，前者包括同一律、矛盾律、排中律，后者包括充足理由律或因果律，分析与综合，概念及其种类，判断及其种类，推理及其种类，归纳与演绎，演绎的谬误，意义含糊，假设及其不当等，② 是对逻辑学方法的系统介绍。在屠孝实看来，逻辑之为逻辑，就在于它的学术方法性质，他说："科学中有专究思维之体用，推其变化，考其符验，以明为学之途术。示禁防之常例者，是为名学。"③

张申府特别推崇逻辑学，因为在他看来逻辑是最有用、最有价值的方法，他说："哲学解析乃是理性的极致，在根本上，是与科学一致的。都在认问题可以分着解决，分开而得的解决，就是真解决。反对解析的，便以为问题不纯分解决。或则总解决，或则不解决。分着解决而得到答案也都是部分的，并不完全对。但是现代的逻辑，实是近代科学的自觉。除非科学自己完全圆满，逻辑解析总是会有其需要的。"④ 特别是对罗素数理逻辑的介绍，张申府不遗余力，他说："逻辑对于哲学最伟大创辟的成就贡献，造时代而且千古不磨的成就贡献，也就在他的新方法，……具体言之，就是在他的数理逻辑，逻辑解析，以构代推；与夫也是由弄算数与逻辑而得的摩状论（包括所谓不全记号，逻辑构作），尤其是类型论（逻辑诡论的解法），以及他总在利用的一件利器'欧坎剃导'（奥康的剃刀）。"⑤ 此外，张申府还对西方界说的历史和主要内容进行了介绍，他说："第一类是亚里斯多德的学说，以为界说是规定事物自性的，也可名为'事物说明'。第二类是康德与其徒弗里思的学说，以为界说是规定概念的，并分为概念构成暨概念分解两种，即康德之综合解说与分析界说。

---

① [英] 耶方斯：《辨学》，王国维译，生活·读书·新知三联书店1959年版，第3—4页。
② 屠效实：《名学纲要》，载周云之主编《中国逻辑史资料选》（现代卷上），甘肃人民出版社1991年版，第60—75页。
③ 同上书，第60页。
④ 张申府：《解析的解析》，《清华周报》第44卷第9期。
⑤ 张申府：《祝罗素七十》，《张申府文集》第二卷，河北人民出版社2005年版，第285页。

第三类以为界说是说明一个符号已有的意谓或用法的,也名为'记号说明'。……第四类是近代巴斯噶以及弗雷格等成立的新说,以为界说是确定一个新引用的记号的意谓或当有的用法。"① 这就是西方逻辑学史上先后出现过的四种代表性的界说学说。无疑,对张申府而言,普通逻辑、数理逻辑都是有助于学术研究的有价值的工具和方法。

郭湛波长于19、20世纪之交中国学术史的梳理,逻辑学的传播及其影响是其梳理工作的一部分。在他的观念中,逻辑学之为一种学术方法是无可置疑的,他说:"自严先生译此二书(《穆勒名学》、《名学浅说》),论理学始风行国内:一方学校设为课程,一方学者用为致学方法。"② 被用为"致学方法"的就是逻辑学:"形名学是什么?就是中国的逻辑学。……中国的治学的方法,就是中国的逻辑学——形名学。"③ 而作为学术研究方法的逻辑学,已对中国现代学术产生了积极而深远影响:"自从西洋论理学来到中国以后,同时影响到中国的思想方法,注意到先秦的惠施公孙龙,墨辩之学,以章太炎、章行严、胡适、梁启超、冯友兰成绩为最佳,胡适著英文《先秦名学史》、《墨子·小取篇新诂》,梁启超的《墨子学案》、《墨经校释》,冯友兰《中国传统哲学》里头的《惠施公孙龙及其他辩者》、《墨经》,邓秉钧的《墨经新释》,钱穆的《惠施公孙龙》,王馆的《公孙龙悬解》。……此外,就是我前年出版的《先秦辩学史》,作了一个整的论述。"④ 不难看出,郭湛波所列都是中国现代学术史上的大家,他们的学术成就无不与逻辑方法的应用有关,逻辑之为学术研究方法之意识也就昭然若揭了。

值得注意的是,学者们关于不同逻辑方法之间应该互为补充的观念,正是逻辑之为学术研究方法的特殊反映。梁启超说:"盖人欲求得一现象之原因,不可不先悬一推测之说于胸中,而自审曰:此原因果如我之所推测,则必当有某种现象起焉。若其现象屡起而不误,则我之所推测者是

---

① 张申府:《论界说》,《张申府文集》第二卷,河北人民出版社2005年版,第475—476页。

② 郭湛波:《近五十年中国思想史》,山东人民出版社1997年版,第183页。

③ 郭湛波:《先秦辩学史》,载周云之主编《中国逻辑史资料选》(现代卷下),甘肃人民出版社1991年版,第161页。

④ 郭湛波:《近五十年中国思想史》,山东人民出版社1997年版,第182页。

也。若其不相应,则更立他之推测以求之。……故实验与推测常相随,弃其一而取其一,无有是处。吾知当培根自从事于试验之顷,固不能悬测,但其不以此教人,则论理之缺点也。"① 这是强调归纳法与演绎法各有所长,不可偏废。胡适认为逻辑方法要在学术研究中发挥最佳作用,就必须统筹兼顾之。他说:"弥勒和培根都把演绎法看得太轻了,以为只有归纳法是科学方法,近来的科学家和哲学家渐渐懂得假设和证验都是科学方法所不可少的主要分子,渐渐明白科学方法不单是归纳法,是演绎法和归纳法相互为用的,忽而归纳,忽而演绎,忽而又归纳;时而由个体事物到全称的通则,时而由全称的假设到个体的事实,都是不可少的。"② 在胡适的观念中,归纳法与演绎法都是学术研究必需的方法,但与严复偏爱归纳法不同,他强调二者的作用同样重要。张申府对逻辑分析方法与马克思主义哲学方法进行了比较,他指出:"解析的目的在把思想,把言辞弄清楚,藉以见出客观的实在。唯物在承认有客观的实在,而由科学的方法,革命的实践,本着活的态度,以渐渐表现之。"③ 即认为逻辑方法与马克思主义方法都承认客观的实在,但它们的差别在于:"逻辑解析不免要有所分,照例是根据原子论的观点;而辩证唯物则侧重于前,于变,于事象的相关关联。"④ 因此,二者可以在方法上取长补短:"解析而兼辩证唯物,可以不至于茫无归宿。辩证唯物而兼解析,也庶几免掉粗略或神秘。"⑤ 如果学者将逻辑方法的功能与价值不仅在逻辑内部进行比较,还将其与逻辑学之外的方法进行比较,这只能说明逻辑之为学术研究方法之意识已经深入人心了。

将逻辑学原理、规律等作为学术研究方法,还可以从应用实践去考察。中国学者在介绍逻辑学的同时,将逻辑学方法广泛应用于社会科学研究。归纳法是严复最崇拜的方法,因而被他用于思考研究人文社会科学问

---

① 梁启超:《近世文明初祖二大家之学说》,《梁启超哲学思想论文选》,北京大学出版社1984年版,第87—88页。
② 胡适:《清代学者治学方法》,《胡适哲学思想资料选》(上),华东师范大学出版社1981年版,第184页。
③ 张申府:《现代哲学的主潮》,《张申府学术论文集》,齐鲁书社1985年版,第66页。
④ 同上。
⑤ 同上书,第67页。

题是自然而然的事情。他研究国家、政治的学术实践中就运用了逻辑方法:"吾人考求此学,所用者是天演术,是历史术,是比较术,是内籀术。"① 而其得出的四条政治学"公例",就是应用归纳法的结果:"今夫人相合为群,此群群之中,所相同而可论者众矣,乃今悉置不论,单举政治一门,而为之公例曰:凡是人群,莫不有治人、治于人之伦理;治人者君,治于人者臣;君臣之相维以政府;有政府者,谓之国家。"② 梁启超则将归纳法用于历史研究,他说:"大抵史料之为物,往往有单举一事,常见其无足重轻,及汇集同类之若干事比而观之,则一时代状况可以跳活表现。此如治庭园者孤植草花一本,无足观也,若集千万本,莳以成畦,则绚烂炫目矣。……吾侪之搜集史料,正有类于是。"③ 王国维则对归纳法的内涵与价值有明晰的了解,他说:"夫天下之事物,非由全不足以知曲,非致曲不足以知全,虽一物之解释,一事之决断,非深知宇宙人生之真相者,不能为也。而欲知宇宙人生者,虽宇宙中之一现象,历史上之一事实,亦未始无所贡献。"④ 这使他应用归纳法与演绎法游刃有余而效果极佳。王国维说:"文无古今,未有不文从字顺者。今日通行文字,人人能读之,能解之。《诗》、《书》、彝器亦古之通行文字,今日所以难读者,由今人之知古代不如现代之深故也。苟考之史事与制度文物,以知其时代之情状,本之《诗》、《书》,明求其文之义例;考之古音,以通其义之假借;参之彝器,以验其文字之变化。由此而之彼,即甲以推乙,则于字之不可释、义之不可通者,必间有获焉。"⑤ 如果说王国维的这种考证属于学术成就的话,那么归纳法与演绎法居功至伟。

可见,无论是严复对归纳、演绎的引入,还是梁启超、王国维对逻辑学的综合介绍,无论是张申府对罗素数理逻辑的推崇,还是郭湛波对逻辑应用所取得之学术成就的说明,无论是严复、胡适、张申府将逻辑方法与

---

① 严复:《政治讲义》,《严复集》第五册,中华书局1986年版,第1251页。
② 同上书,第1258页。
③ 梁启超:《中国历史研究法》,华东师范大学出版社1995年版,第87页。
④ 王国维:《国学丛刊序》,载胡道静主编《国学大师论国学》(上),东方出版中心1998年版,第43页。
⑤ 王国维:《毛公鼎考释序》,《王国维学术经典集》(下卷),江西人民出版社1997年版,第81—82页。

其他方法的比较,还是严复、梁启超、王国维的逻辑方法应用实践,所传递给我们的就是一个简单而有价值的信息:逻辑之为学术研究方法的意识已然形成,正如顾惕生所说:"今世学者称逻辑为一切学之学(Science of science)者,正以自然科学社会科学一切皆有藉于逻辑之思辨,为推进器也。于是争远崇希腊亚里斯氏多德首著逻辑专书、兼及印度之因明学。余谓我国自有其逻辑之墨子辩经,足为推进器。"①

二 逻辑主义之为传统哲学的认知范式

不难发现,中国学者在介绍、引进逻辑学方法的同时,常常会联系到中国哲学史中相关内容,或者发现中国传统哲学思想体系中有类似内容,就会加以引申;或者发现中国传统哲学思想体系中没有类似内容,就会探讨究竟;如此,逻辑学的传播便从单纯的介绍、引进层面转入应用、实践层面。那么,中国学者应用逻辑方法于中国古代哲学研究是怎样的情形呢?

中国古代哲学中有无逻辑学说、逻辑原理、逻辑规律与逻辑方法,在引进逻辑学的早期就已有争论,但多数学者还是认为中国古代哲学中有逻辑思想的。如章士钊说:"寻逻辑之名,起于欧洲,而逻辑之理,存乎天壤。其谓欧洲有逻辑,中国无逻辑,謷言也。其谓人不重逻辑之名,而即未解逻辑之理者,尤妄说也。"② 严复是比较早的对中国古代逻辑思想进行发掘者之一,在他的论著和译著中,随处可以看到对中国古代思想中"逻辑元素"的整理与评论。比如,他认为《易》中"本隐之显"与演绎法、《春秋》中"推显至隐"与归纳法具有相通性。严复说:"及观西人名学,则见其于格物致知之事,有内籀之术焉,有外籀之术焉。内籀云者,察其曲而知其全者也,执其微以会其通者也。外籀云者,据公理以断众事者也,设定数以逆未然者也。乃推卷起曰:有是哉,是固吾《易》、《春秋》之学也。迁所谓本隐之显者,外籀也;所谓推显至隐者,内籀也。"③ 再

---

① 顾惕生:《墨子辩经讲疏》,载周云之主编《中国逻辑史资料选》(现代卷下),甘肃人民出版社1991年版,第241页。

② 章士钊:《逻辑指要》,载周云之主编《中国逻辑史资料选》(现代卷下),甘肃人民出版社1991年版,第307页。

③ 严复:《天演论·自序》,《严复集》第五册,中华书局1986年版,第1320页。

如，他认为《道德经》中"曲则全"、《中庸》中"致曲"、朱熹所谓"大处不行终由小处不理"等与西方分析方法具有一致性。他说:"曲，一部分也；举一部分，则全体见矣。故《中庸》曰，其次致曲。天下惟知曲之为全者，乃可以得。故西人重分析之学，朱晦庵亦言大处不行，终由小处不理也。"① 无疑，由于严复的这种开掘与比较，使《易》、《春秋》、《道德经》、《中庸》、朱熹思想中的逻辑元素被认识。而对于不符合逻辑方法的概念、命题或观念，学者们则会给予批评。比如，针对二程所说:"格物穷理，非是要尽穷天下之物，但于一事上穷尽，其它可以类推。……所以能穷者，只为万物皆是一理，至如一物一事，虽小，皆有是理。"② 陈显文就进行了讽刺:"看了鸢飞鱼跃的理便推到人事上的理，见了酿酒便推到人的德行上，这样说来，真是善于会悟了。但是，鸢鱼和人有几点相同处呢？酿酒与'仁'又有几点相同处呢？这样类推，世间的什么事情都可以拟，这如何能得到明确的理呢？"③ 在不同性质事物间进行类推是中国古代思维方法的通病。

梁启超认为《墨子》中含有丰富的逻辑思想。他说:"墨子全书，殆无一处不用论理学之法则。至专言其法则之所以成立者，则惟《经说上》、《经说下》、《大取》、《小取》、《非命》诸篇为特详。今引而释之，与泰西治学者相印证焉。"④ 那么，他是怎样印证这个论点的呢？比如，对于《小取》，梁启超说:"论理学家谓，'思惟作用'有三种形式，一曰概念，二曰判断，三曰推论。《小取篇》所说，正与相同。（一）概念 Concept = 以名举实，（二）判断 Judgment = 以辞抒意，（三）推论 Inference = 以说出故。"⑤ "名"即西方逻辑所谓名词（概念），"辞"即西方逻辑所谓命题；"说"即西方逻辑所谓前提。梁启超进一步解释说:"'以

---

① 严复:《老子评语》,《严复集》第四册，中华书局1986年版，第1083页。
② 《河南程氏遗书》卷第十五,《二程集》第一册，中华书局1981年版，第156页。
③ 陈显文:《名学通论》，载周云之主编《中国史逻辑资料选》（现代卷下），甘肃人民出版社1991年版，第65页。
④ 梁启超:《墨子之论理学》,《饮冰室合集》第12册，中华书局1989年版，第56页。
⑤ 梁启超:《墨子学案》,《中国逻辑史资料选》（现代卷下），甘肃人民出版社1991年版，第7页。

名举实'三句，是演绎法的要件，'以类取'二句，是归纳法的要件。"①而对"亲知"与"说知"，梁启超也给予了逻辑思维的认定，他说："亲知是归纳的论理学，说知是演绎的论理学。"② 这样，通过梁启超的发掘与分析，《墨子》中相关概念、命题的"逻辑内容与特质"便呈现出来。胡适的《先秦名学史》，是逻辑学应用于中国古代哲学思想研究的代表性成果，他对先秦哲学中的逻辑思想进行了较系统的发掘。比如，他说："推也者，以其所不取之同于其所取者，予之也。是犹谓'也者同也'，吾岂谓'也者异也'。第三、第五'也'字皆当作他，说见上文第四段下。此所谓'推'，即今名学书所谓归纳法。归纳之通则曰：'已观察若干个体事物，知其如此，遂以为凡与所观察之诸例同类者，亦必如此。'其所观察之诸例即是'其所取者'，其所未观察之同类事物即是'其所未取者'。取即是举例，予即是判断。今谓'其所未取'之事物乃与'其所已取者'相同，由此便下一判断，说'凡类此者皆如此'。此即是'推'。"③ "推"的逻辑内涵与作用在胡适的这段话里被阐述得十分透彻。而对于《小取》，胡适有这样的评论："第一节讲了逻辑的一般性质及其作用。第二节为推论的五种方法下定义。这五种方法是效、譬、侔、援、推。第三节讨论了后四种方法运用中的危险和谬误。第四节讲到形式逻辑的五种困难。其中多数的困难是汉语的特点造成的。汉语既不为复数名词提供符号，也不区分名词总称和分称的用法。其余五节分别详细地说明了这种困难。"④ 胡适不仅将《小取》中的逻辑学内涵做了细致的整理，同时批评了汉语表述所导致的逻辑学问题。再看章士钊用逻辑方法对"旨不至"与"至不绝"的分析："盖我国名家，有'旨不至'，'至不绝'一义，……试以逻辑之道推之，旨者，皎然与共相为一事。旨不至，即共相不至。……《大取篇》曰：'小圜之圜，与大圜之圜同不至。'以一中同长为圜，圜之共相，固绝大小，而以规为圜，非大即小，故大小之圜，

---

① 梁启超：《墨子学案》，《中国逻辑史资料选》（现代卷下），甘肃人民出版社1991年版，第6页。
② 同上书，第4页。
③ 胡适：《先秦名学史》，《胡适学术文集》（下），中华书局1998年版，第690页。
④ 同上书，第842页。

同一旨不至也。"① 通过章士钊的解释，我们得以欣赏到"旨不至"与"至不绝"所蕴含的深刻逻辑学智慧。王琯认为《墨经》与《公孙龙子》都有逻辑三段论："《墨经》之逻辑方式，间如西洋之三支，合大前提、小前提、断案三者而成。如《经说下》：大前提＝'假，必非也而后加。'小前提＝'狗，假虎也。'断案＝'狗非虎也。'公孙书中，亦时有用此格者。如'白马非马'一义，订其式为：大前提＝'命色者，非命形也。'小前提＝'马者，所以命形也；白者，所以命色也。'断案＝'故白马非马。'"② 王琯的分析说明，《墨子》并非仅限于经验论哲学，而《公孙龙子》也非诡辩所能概括，它们都蕴涵着逻辑学思维与法则。

王国维认为，荀子不仅探讨了"制名"的原因和目的，也探讨了"名"何以同、何以异的原因，甚至赞扬荀子有些逻辑思想类似于西方近代哲学家的逻辑思想。比如，他认为荀子提出的共名与别名即是西方逻辑学上的类概念与种概念之区别，而荀子提出的"宜名""实名""善名"则等同于培根"市场之偶像"和康德"先天之幻影"。他说："'名无固宜，约之以命，约定俗成谓之宜，异于约谓之不宜。名无固实，约之以命实，约定俗成谓之实名。名有固善，径易而不拂，则（按，此字当衍）谓之善名。'此分名为'宜名''实名''善名'三者，谓名本无宜不宜之别，唯合于古今沿用之习惯者谓之宜名，不合者谓之不宜名。又本无实不实之别，唯指外界实在之事物，而有事物以为之内容者，谓之实名。若有名而无实当之外界之事物，或不尽与事物相副，则不过一空虚之概念而已。柏庚（Bacon）所谓'市场之偶像'，汗德所谓'先天之幻影'，皆指此也。而实名之呼其名而晓其意者，又谓之善名。此名之价值之分也。"③ 对于荀子的逻辑学理论，王国维十分推崇，他说："名学之发达，不在墨家，而在儒家之荀子。荀子之《正名》篇虽于推理论一方面不能发展墨子之说，然由常识经验之立脚地，以建设其概念论，其说之稳健精确，实

---

① 章士钊：《逻辑指要》，载周云之主编《中国逻辑史资料选》（现代卷下），甘肃人民出版社1991年版，第313页。

② 王琯：《公孙龙子悬解》，载周云之主编《中国逻辑史资料选》（现代卷下），甘肃人民出版社1991年版，第99页。

③ 王国维：《周秦诸子之名学》，《王国维哲学美学论文辑佚》，华东师范大学出版社1993年版，第147页。

我国名学上空前绝后之作也。岂唯我国，即在西洋古代，除雅里大德勒之奥尔额诺恩（理则学）外，孰与之比肩者乎？"① 可见，荀子的逻辑思想似乎给了王国维极大的自信和自豪。冯友兰则利用逻辑方法对《公孙龙子》中的命题进行了分析："指与物不同。所谓物者，《名实论》云：'天地与其所产焉，物也。'……则物为占空间时间中之位置者，即现在哲学中所谓具体的个体也。如此马、彼马，此白物、彼白物，是也。指者，名之所指也。就一方面说，名之所指为个体，所谓'名者，实谓也'。就又一方面说，名之所指为共相，如此马彼马之外，尚有'有马如是而已耳'之马。此白物彼白物之外，尚有一'白者不定所白'之白。此'马'与'白'即现在哲学中所谓'共相'或'要素'。此亦名之所指也。公孙龙以指物对举，可知其所谓指，即名之所指之共相也。"② 在这里，冯友兰分析了"指"与"物"的不同，继而分辨了"马"与"白马"的区别，认为"指""马"都属"共相"，而"物""白马"属"殊相"，它们是抽象与具体的关系。

中国学者在发掘古代哲学中逻辑思想资源的同时，对中国古代逻辑思想的特点、缺点也进行了分析与批评。严复所发现的中国古代逻辑思想的主要缺点是重演绎轻归纳，他说："盖籀之为言绅绎，从公例而得所决，由原得委，若绅之向外，散及万事者然，故曰外籀。……欲其无差，必精外籀之术，庶不至所据者是，而所断者非也。然而外籀术重矣，而内籀之术乃更重。内籀西名 Inductive。其所以称此者，因将散见之实，统为一例，如以壶吸气，引之向里者然。惟能此术，而后新理日出，而人伦乃有进步之期。吾国向来为学，偏于外籀，而内籀能事极微。"③ 也就是说，中国古代思想方法不注重归纳、演绎的平衡发展，归纳几无人留意，至于枯竭；演绎过于昌盛，成为玄谈。由于不是建立在实验、归纳法之上的，因而中国思想文化中许多结论都经不起推敲，严复说："中国九流之学，如堪舆、如医药、如星卜，若从其绪而观之，莫不顺序；第若穷其最初之

---

① 王国维：《周秦诸子之名学》，《王国维哲学美学论文辑佚》，华东师范大学出版社 1993 年版，第 142 页。
② 冯友兰：《中国传统哲学》，载周云之主编《中国逻辑史资料》（现代卷下），甘肃人民出版社 1991 年版，第 185 页。
③ ［英］耶方斯：《名学浅说》，严复译，商务印书馆 1981 年版，第 64 页"夹注"。

所据，若五行支干之所分配，若九星吉凶之各有主，则虽极思，有不能言其所以然者矣。无他，其例之立根于臆造，而非实测之所会通故也。"① 所以按照逻辑学的标准，中国穷理之术根本不配称为学术，严复说："汝曹须知，若以名学法例，绳吾国九流之学，则十八九皆丐问瞀词。而谬学相传，犹自以为微妙。此中国穷理之术，所以无可言也。"② 应该说，严复这种基于逻辑学理论的批评，真是入木三分并切中要害的，尽管让中国人在面子上有些难堪。与严复一样，王国维对中国古代哲学中有违逻辑规则的现象也提出了严厉批评。《荀子》中有关于"共名"与"别名"的讨论："故万物虽众，有时而欲遍举之，故谓之'物'。'物'也者，大共名也。推而共之，共则有共，至于无共然后止。有时颛欲偏举之，故谓之'鸟兽'。'鸟兽'也者，大别名也。推而别之，别则有理，至于无别然后止。"（《荀子·正名》）但王国维批评其在概念归类上不符合逻辑——"共名与别名即西洋名学上类概念（Genus）与种概念（Species）之区别。然以'鸟兽'为别名，实其疏漏之处，吾人亦不能为之讳饰也。"③ 而陈启天对中国古代逻辑思想特点所做的概括出奇精到："A. 重人事，不重自然；B. 重玄理，不重事实；C. 重辩论，不重实验；D. 重达观，不重分析。"④

西方逻辑思想绵延流长，从未中断，而且常有新的学说诞生。相比之下，中国古代逻辑思想及其发展状况就有些相形见绌了。严复认为，中国古代虽然有相关的名辩内容，但没有像亚里士多德那样较为完整的逻辑学体系。他说："夫名学为术，吾国先秦，必已有之。不然，则所谓坚白同异、短长捭阖之学说，未由立也。孟子七篇，虽间有不坚不破之谈，顾其自谓知言，自白好辩，吾知其于此事深矣。至于战国说士，脱非老于此学，将必无以售其技。盖惟精于名学者，能为明辩以晰，亦惟精于名学者，乃知所以顺非而泽也。若夫欧洲，则其学为希腊古贤所最重。二千余

---

① 严复：《〈穆勒名学〉按语》，《严复集》第四册，中华书局1986年版，第1047页。
② [英] 耶方斯：《名学浅说》，严复译，商务印书馆1981年版，第109—110页。
③ 王国维：《王国维哲学美学论文辑佚》，华东师范大学出版社1993年版，第146页。
④ 陈天启：《中国古代名学论略》，载周云之主编《中国逻辑史资料》（现代卷下），甘肃人民出版社1991年版，第46—47页。

年以往，亚里士多德为连珠创立准绳，以定辩言之攻瑕。"① 在严复的观念中，中国先秦时期的逻辑学水平与西方古希腊时期是不相上下的。但王国维认为，与西方逻辑学比较，中国古代逻辑思想还是落于下风。他说："墨子之名学实自其欲攻儒家之说以伸己说始，与希腊哀列亚派之芝诺，欲证明物之不变化不运动，而发明辩论证者相同。然希腊之名学自芝诺以后，经诡辩学者之手，至雅里大德勒，而遂成一完全之科学。而墨子之后，如惠施、公孙龙等，徒驰骋诡辩，而不能发挥其理论，遂使名学史上始我中国人可占之位置，是则可惜者也。"② 这个意思是说，中国先秦墨子逻辑思想的产生与古希腊哲学家芝诺逻辑思想的产生具有同样的原因，那就是为了辩论问题；但不同的是，自芝诺以后，西方逻辑思想发展成为系统的科学；而自公孙龙以后，中国逻辑思想转向诡辩而走向式微。

如上梳理与呈现，清晰且充分地证明了逻辑学方法之为学术研究方法是客观而普遍的现象，这意味着此普遍现象对在学科上具有综合性的"中国传统哲学"而言也是适用的。值得注意的是，对中国传统哲学研究而言，逻辑学方法并没有滞留在一般的研究方法层面，而是成了一种研究范式，即成为一种公认的模型或模式。这是因为：第一，它成了中国传统哲学研究的基本致思方式。严复、梁启超、王国维、胡适、张申府、冯友兰、章士钊等对中国传统哲学中的哲学概念、范畴、命题或观念展开研究时，都会自觉地引用逻辑学的原理、方法或成果。第二，它成了中国传统哲学研究的固定内容模式。自逻辑学方法用于研究中国传统哲学那一刻开始，中国传统哲学的哲学内容便整理出逻辑学思想，如严复、梁启超、王国维、胡适、张申府等对归纳、演绎、界说、概念、推理等学说进行介绍时，将这些学说与中国传统哲学中的相关命题、范畴进行比较分析，并提出了或相合的或批评的主张。研究中国传统哲学中的个别问题也好，撰写中国传统哲学教材也好，都会出现这种情况，逻辑学方法从而成为一种固定的理解、分析中国古代哲学内容的模式。第三，它成了评论中国传统哲学的坐标。研究者涉及对中国哲学概念、命题或观念评论时，完全以逻辑学精神、原理、定律和方法为根据，一个哲学范畴、命题的优劣，一种哲

---

① ［英］耶方斯：《名学浅说》，严复译，商务印书馆1981年版，第46页夹注。
② 王国维：《王国维哲学美学论文辑佚》，华东师范大学出版社1993年版，第138页。

学观念的良莠,就看它与逻辑学精神是否相合、与逻辑学原则是否一致,可见,逻辑学方法之为认知、理解与评价中国传统哲学的实践,不仅有主体上的团体性,也有时间上的持续性,从而成为研究中国传统哲学的范式。

第五节 自我认知范式的形成

所谓"自我",就是指"自己文化系统",它包括器物文明、社会历史、经济政治、礼仪习俗、文字语言、经籍文献、作者素质、科学常识、思想义理、意义价值等子系统。所谓"自我(主义)认知范式",就是指主体把与被理解的哲学概念、命题或观念相应的器物文明系统、社会历史系统、经济政治系统、礼仪习俗系统、文字语言系统、经籍文献系统、作者素质系统、科学常识系统、思想义理系统、意义价值系统等作为认知、理解和评价中国传统哲学的根据和坐标,通过形成概念、比较分析、逻辑推理、综合判断等思维形式,对某个哲学文本(概念、命题和观念等)所进行的认知、理解和评价实践,并且这种认知、理解和评价实践在时间上具有持续性,在主体上具有团体性,从而成为认知、理解和评价中国传统哲学的一种固定模式。

一 "自我"之为学术方法意识的形成

如上所述,西方哲学进入中国之后,便开始了对中国哲学思想的全面渗透,唯物主义、人文主义、科学主义、逻辑主义等都从不同方面对中国传统哲学进行着理解与评论。对于这种理解与评论,中国学者并不反感,相反表现了出奇的热情与理智,但又时时感觉到羞愧与危机,这两股"心理"的结合,便促成了"自我认知范式"意识的形成。

西方哲学的进入,虽然给中国哲学吹来了新鲜空气、输入了新鲜血液,虽然有助于理解中国传统哲学,如王国维说:"苟通西洋之哲学以治吾中国之哲学,则其所得当不止于此。异日昌大吾国固有之哲学者,必在深通西洋哲学之人,殆无疑也。"[①] 虽然有助于中国哲学的进步,如熊十

---

① 王国维:《王国维哲学美学论文辑佚》,华东师范大学出版社1993年版,第6页。

力说:"愚意欲新哲学产生,必须治本国哲学与治西洋哲学者共同努力。彼此热诚谦虚,各尽所长。互相观摩,毋相攻伐。互相尊重,毋相轻鄙。务期各尽所长,然后有新哲学产生之望。"① 然而,在以西方哲学理解中国传统哲学的实践中,他们遭遇了非常严峻的问题。熊十力对西方哲学从未有敌意,而且能够大度地肯定西方哲学的优长,但这并没有影响其对西方哲学方法的警觉。比如,他认为以自然科学概念解释《易》就很成问题,他说:"有引严又陵译《天演界说》,翕以聚质,辟以散力等语,谓此为《新论》翕辟之说所本,此乃大谬。又陵以翕辟言质力,其所谓质力,乃科学上之观念。《新论》中卷《功能章》,已辨之甚明,而读者犹如此误解,何耶?又复须知,《易》者象也,其辞非直抒一义,而假象以寓无尽之意。故学《易》者,若果通象,则必不拘一例以求之。而可从多方面去理会,亦必各有义界而观念不致相混。……如科学上质力之观念,固可假《系辞传》中翕辟二词以言之,但只是借用,而与《系辞传》本义不必相符。《新论》则站在哲学或玄学之立场,其以翕辟显大用流行之妙,与《系辞传》辟户阖户之象,须善解,方不陷于谬误。辟户只是开发的意思,阖户只是收凝的意思。不可误讲一阖一辟不同时也。"② 就是说,"辟"是开发之意,"阖"是收凝之意,因而"翕"非"质"所能释,而"辟"也非"力"所能解释,因而这种解释不符合《易》之本义。非但物理学概念不能用于解《易》,数理逻辑照样不行,熊十力说:"去年在浙大,闻无锡有一西洋留学者,以数学谈《大易》,著一书自命空前。吾不待看而敢断其谬。如罗素以数理来演六十四卦,当然可成一说,吾敢断言仍是空洞形式,即解析事物相互间之关系而已,必于易道不究其源,于人生更无关,于宇宙万化不得其真。此非武断也。形式与数理逻辑之于《易》又不必论。今之儒学要究明真际,穷神知化,尽性至命,使人有以实现天德、立人极、富有日新,而完成天地万物一体之发展,彼名数形式可语是乎!"③ 因为数理逻辑是纯粹的符号,而《周易》所蕴含的宇宙万化之理、人生意义之究竟,徒有名数形式的数理逻辑怎么能作出

---

① 熊十力:《熊十力全集》第八卷,湖北教育出版社2001年版,第344页。
② 熊十力:《熊十力全集》第三卷,湖北教育出版社2001年版,第944—945页。
③ 熊十力:《熊十力全集》第八卷,湖北教育出版社2001年版,第602页。

正确的解释呢？其结果只会使《易》思想空壳化，永远无法表达儒学穷神知化、尽性至命的工夫与境界。

对以西方哲学方法理解中国传统哲学所导致的问题，张东荪也有清晰的认知。他说："中国人研究中国文法自《马氏文通》以来不可算不多。然而他们总是以外国文法来比拟附会。他们惟恐外国文法的格式为中国所无。总想用外国文法的结构来解释中国文法。使中国文法亦穿了一套西服。我以为这种工作在中小学教授上是有用的。因为可使学生得一些普泛的文法概念。但在研究中国言语文字的特征上却是有害的。因为用了一个外国文法通例而硬把中国言语文字亦嵌入其中，必致埋没中国言语文字的特征。"① 就是说，西方文法当然有其价值与合理性，但若是因为崇拜西方文法而强行以其解释中国文法，就会稀释中国文法的特征，并伤害中国文法，因而张东荪反对将西方文法简单地用于研究中国言语文字。同样，以定义的方式理解中国哲学，也会造成对中国哲学的误解。张东荪说："如果我们认为中国人在他的特有的思想历程上以为无下定义的必要，则可说在中国思想上没有定义便不算一件奇怪的事。并且亦不能因此便谓中国思想幼稚不如西方进步。因为定义本是西方逻辑上的事，与其全部逻辑原理以及思想格局相关，而不可单独提了出来。……倘使承认此说，则孔子对于仁不下定义与不解释仁之本质乃正是表示孔子代表中国思想的地方。"② 因为定义方式的理解必导致对中国哲学表述方法的歧视与否定，比如用定义方式理解孔子的"仁"，就会陷入很大的麻烦。对于仅从文法、语法、语意上将《论语》分解成若干块去理解的行为，方东美非常警觉，并指出了这种理解行为的危害。他说："《论语》是很容易读的和懂的一部书，其微言大义，从生活的精神上面是很容易作深切体验的。但是近代有号称国学家的人，却纯从文法、语法、语意上面把一句话化成几十句，结果反而不懂了！变作支离琐碎！这就是近代把中国的学问不从中国的精神看，而是把它化成西方学术的附庸来看，拿西方的套子套中国的思想，结果把中国哲学家的这种内在精神，全部湮没掉了！这样的学说只是说话而已，只说空话！所以儒家、道家、佛家的精神也是在这样的情况

---

① 张东荪：《知识与文化》，岳麓书社2011年版，第184页。
② 张东荪：《思想与社会》，岳麓书社2010年版，第141页。

下丧失了!"① 在方东美看来,根据西方哲学的模式,完全从文法、语法、语意等角度将《论语》分化成若干块,这种分析主义的方式非但不能理解《论语》的微言大义,反而会导致《论语》的思想与精神支离破碎。对于逻辑科学方法用于认知、理解中国哲学之后果,方东美同样有清醒的认识,他说:"近代西洋哲学中,哲学的发展是依循逻辑科学方法所指点的路径,再去认识主观世界或客观世界,重点在知识论上面。但是由这种途径想了解中国哲学,只能了解战国时代的刑名家(惠施、公孙龙)或墨家(别墨一派)而已,但是这些思想在以后就已经不行了。所以我在此不采取逻辑与知识论的途径。"② 由于中国传统哲学属道德性命之学,具有伦理道德化特点,致使具有自然科学特性的西方哲学难以进入,若要强行理解,只会导致中国传统哲学特性的消解。

牟宗三虽然对西方哲学、特别是康德哲学有精深的研究,但对以西方哲学理解中国哲学的方式仍然是谨慎的。他说:"五四前后,讲中国思想的,看中了墨子,想在墨子里翻筋斗,其他皆不能讲。既无兴趣,也无了解。原来中国学术思想中,合乎西方哲学系统的微乎其微,当时人心目中认为只有墨子较为接近美国的实验主义。实则墨学的真精神,彼等亦不能了了,彼等又大讲《墨辩》,盖因此篇实含有一点粗浅的物理学的知识,又含有一点名学与知识论。虽然这些理论都极为粗浅,而又语焉不详,不甚可解,但在先秦诸子思想中,单单这些已经足够吸引那些浅尝西方科学哲学的中国学者。因此,研究墨子,其实是《墨辩》,一时蔚为风气。钻研于单词碎义之中,校正训诂,转相比附。实则从这里并发现不出真正科学的精神与逻辑的规模。而那些钻研的人对于逻辑与西方哲学,也并无所知,连入门都不可得,更不用说登堂入室了。舍本逐末,以求附会其所浅尝的那点西方哲学,而于中国学术之主流,则反茫然不解。"③ 牟宗三这里所批评的是以实验主义理解墨子哲学的行为,他认为墨学的精神根本不是实验主义所能把握的,因而这种理解不仅不能接触墨子思想的本貌,反而使墨子哲学思想变得混乱。基于此,牟宗三对那种将中国哲学作为材料

---

① 方东美:《方东美先生演讲集》,台湾黎明文化事业股份有限公司2006年版,第124页。
② 方东美:《原始儒家道家哲学》,台湾黎明文化事业股份有限公司2006年版,第48—49页。
③ 牟宗三:《中国哲学的特质》,上海古籍出版社2007年版,第2页。

以论证、迎合西方哲学的行为，斥之为愚蠢，批其为不敬。他说："以西方哲学为标准，来在中国哲学里选择合乎西方哲学的题材与问题，那将是很失望的，亦是莫大的愚蠢与最大的不敬。"① 唐君毅显然也遭遇了以西方哲学理解中国哲学实践中的困惑，庆幸的是他能够清楚地认识这个问题及其消极影响。他说："所谓科学态度、科学方法之应用，与科学知识技术之传入，使中国之学术文化发生之解体作用。科学的态度是怀疑，是要问'为什么'。然'为的什么'复有他的'为什么'，可一直问到使人自认为对于他所知的东西不知道为止。……譬如中国人自来是相信'人之初性本善'的。科学的态度问，'初'是什么时候？生前吗？什么是'性'？是心理学上的什么东西？本能吗？冲动吗？理性吗？什么是'善'？善之定义如何？是快乐吗？是社会福利吗？是必然不可定义的吗？这一问，我们都可以说，除了少数有真知灼见，他自己早已经过这些问题的思想家，一般中国的读书人，亦就茫然了，于是亦只好自认不知道所原以企以为知道的道理。"② 唐君毅以"人之初性本善"为例，认为其中的"初""性""善"之含义不是科学态度、科学方法所能解释的，一旦解释，不仅愈加模糊，而且会肢解其本义。可见，西方哲学的进入不仅仅给中国人带来惊喜与希望，也带来了问题与烦恼。这个问题就是应用西方哲学理解中国传统哲学之情境下，如何使之达到最佳效果而又不受伤害？这个想法虽然有点理想主义，但中国学者不仅展开了思考，而且提出了一系列非常有见地的主张和方案。

　　钱穆认为批评中国传统学术思想是可以接受的，但这种批评不应该唯西学是从，而应该回到中国自己的传统中去寻它的不对之处及其原因。他说："今国人欲崇尚西化，却该从孔孟庄老所言指出其不是处，不该只根据西方人看法加以驳斥。"③ 就是说，若要检讨中国哲学思想的问题，首先应该从自己的系统中去做，而不是以西方文化为坐标对中国思想文化说三道四。针对有学者挟西方哲学自重，不对中国传统哲学做认真、系统的研究，便随便发表议论，随意指责、批评中国传统哲学，菊农（瞿世英）

---

① 牟宗三：《中国哲学的特质》，上海古籍出版社2007年版，第6页。
② 唐君毅：《中国人文精神之发展》，广西师范大学出版社2005年版，第93—94页。
③ 钱穆：《宋代理学三书随劄》，生活·读书·新知三联书店2002年版，第13页。

提出要有"同情的态度"。他说:"所谓同情的态度者何?是要能设身处地,为此一哲学家打算,其哲学之传统思想如何?其师承如何?其渊源如何?其环境如何?换言之,要能立身在他的地位上体验他的体验才行。"①瞿世英提出的所谓"同情的态度",就是要求理解和判断某哲学概念或命题的时候,必须清楚:它属于怎样的哲学传统?从哪位思想家传承而来?所处社会历史环境怎样?等等。也就是说,思想的传承和社会历史文化环境是认知、理解和评价哲学概念、命题或思想观念的基础。按照钱穆、瞿世英的主张,应回到自我文化系统去理解中国哲学,那应该回到怎样的自我文化系统中呢?许多中国学者提出了建设性主张或观点。

方东美强调自我文化系统对解释中国传统哲学的重要性。他说:"就我的观点看,《易》是儒家极重要的文献!《尚书》也是极重要的文献!《论语》在传记、行谊这一方面是一部很好的书,但是就思想这一方面的价值来看,它是要靠读通各经之后,才能真正了解《论语》中'言''行'后面那个根本道理与力量之所在。"② 就是说,认知中国传统哲学应从文化系统着眼,这是根本的一条。张东荪认为准确把握《论语》中"仁"的思想,就应该将与《论语》有关联的儒家经典放在一起来研究,他说:"《论语》一书差不多以'仁'字为中心思想,但在他处(如《易经》及《礼记》等)则又不尽然。如果以为孔子的思想限于《论语》,这是很不妥的。所以我们必须把孔子在《论语》上所表示的思想与在其他处所表现的,以及在孔子以前的思想系统作一个通盘计算,以明其中的异同方可。所谓异同是从大同中见其小异,亦是由小异以窥大同。"③ 在张东荪看来,将所有经书做通盘的考察是准确理解和把握"仁"含义的基础,但要做到全面,仍然需要关注与《论语》有关的各要素及其相互衔接的体系,他说:"总而言之,中国思想是把宇宙、社会、道德等各方面会合在一起来讲,而形成一个各部分互相紧密衔接的统系(closed system)。决不能单独抽出其一点来讲。倘不明此理,而以其中某某点拿来

---

① 菊农:《杜里舒与现代精神》,载钟离蒙、杨凤麟主编《中国现代哲学史资料汇编续集》第四册,辽宁大学哲学系1984年版,第23页。
② 方东美:《方东美先生演讲集》,台湾黎明文化事业股份有限公司2006年版,第230页。
③ 张东荪:《思想与社会》,岳麓书社2010年版,第141—142页。

与西方思想比较其相同处，则必定有误解。因为抽出来的便会失了其原义。"① 可见，张东荪所谓"中国思想的格局"，包括文献、语言、思想等历史文化背景，也只有将"仁"置于自我文化系统加以理解，才可能避免对"仁"的误读与伤害，才可能避免"仁"内涵的支离破碎。

既然西方哲学方法对于中国传统哲学的理解存在问题，而解决问题的办法是回到中国自我文化系统，这个自我文化系统包括器物文明、社会历史、经济政治、语言文字、经籍文献、科学常识、思想义理、意义价值等。那么，如何回到自我文化系统中呢？中国学者对这个问题也进行了非常有成效的思考。熊十力认为，研究中国哲学，必须用符合中国哲学特质的方法。他说："治中国哲学必须用修养的方法，如诚敬，乃至思维等等。孔孟恒言敬、言诚。程子《识仁》篇云：以诚敬存之。朱子所谓涵养，即诚敬也。孔孟并言思。孟云：不思即蔽于物。……修养以立其本，则闻见之知，壹皆德性之发用。而知识自非修养以外之事，智周万物，即物我通为一体。不于物以为外诱而绝之，亦不于物以为外慕而逐之也。孔孟之精粹，乃在是耳。"② "诚敬"等修养方法乃是中国"特产"，因而言用修养方法研究中国哲学，当然就是回到中国哲学自我系统中的实践。冯友兰从语言文辞角度指出，不同时代的哲学名词、哲学术语之含义是有差异的，所以对于不同时代的文字、术语、学说必须进行具体的分析。他说："语言文字，有其继承的一方面，也有其变化的一方面。就其变化一方面说，某些名词，在某一时代，有其特殊的意义；就某一个学派说，某一个学派所用的某些名词，特别是某些专门术语，也各有其特殊意义。我们要想了解某一时代的某一学派的哲学思想，必须首先正确地了解某一时期的某一学派所常用的术语的准确的意义。这当然需要作一种研究。这种研究，可能是复杂的、艰苦的，但是没有这一种的研究，而希望对于某一时代的、某一学派的思想，有正确的了解，那是不可能的。那就往往会把某些名词在另一时代或另一学派中的意义，作为这个学派在这一时代中的意义。用旧日的话说，这就叫做'望文生义'。所生的义，可能比原来的

---

① 张东荪：《知识与文化》，岳麓书社2011年版，第118页。
② 熊十力：《熊十力全集》第二卷，湖北教育出版社2001年版，第311页。

义还要好一些,但是只要不是原来的义,这样的了解就是错误的。"① 就是说,语言文字不仅有继承的方面,也有变化的方面,并且对于不同学派而言,名词、术语的含义也有不同,因此,若要全面、准确理解中国传统哲学中的概念、命题或观念,就必须对与中国传统哲学密切关联的文字、术语、学说等进行历史的、系统的、准确的理解和全面的把握。

方东美曾经就理解中国传统哲学提出过一个方法分类,他说:"《易经》卦列之逻辑系统,无非象征表达形式上之可能性概然率耳。欲得其确义,势须予以妥当之解释。就《易经》而论,对其卦象符号,便有种种不同方式不同层次之解释可言。第一种谓之事实陈述性,亦即常识性之解释。在常识界,吾人对外物——无论其为自然物或工艺品——所以感受与兴趣者,不外视作利生之器用工具。外物乃构成所谓之工具世界或器用世界。清初赵继序曾作统计,列举《周易》卦爻诸辞所载日用器物,竟高达六十种、饮食营养之物十九种、植物三十种、动物九十七种之多。第二种为自然科学之解释,初及于时序变化、天文星象等;次及于自然地形地理状貌等;三及于风土人情气象等。一、二两项之解释讨论,涉及原始萌芽科学与初期发展之物理自然科学。向之研《易》者,多视《易经》乃专谈哲理之书,谬矣!第三种解释乃克就人生而为言,属理性心理学及文化史范围。故可迳谓之人文主义之解释。"② 这是方东美对于理解《易经》的主张。他认为解释《易经》卦象符号有三种方式:一是常识方式,所谓常识性解释就是对《易经》中所涉及之工具世界进行理解,就是要对《易经》中涉及的日用庸常的所有器物有清楚的认识;二是自然科学方式,所谓自然科学的解释,就是对《易经》所涉及的时序变化、天文星象、自然地形、地理状貌、风土人情气象等有准确的了解;三是人文主义方式,即对《易经》所涉及之人生理想、世界观等方面的内容有研究与判断。方东美这里虽然用了自然科学解释、人文主义解释等词语,但就其内容论,与自我认知范式相较,常识性解释相当于器物文明系统,自然科学解释相当于科学常识系统,人文主义解释相当于意义价值系统,因

---

① 冯友兰:《三松堂全集》第十二卷,河北人民出版社2001年版,第354页。
② 方东美:《中国哲学精神及其发展》(上册),台湾黎明文化事业股份有限公司2006年版,第212—213页。

此，方东美所提出的理解《易经》的方式，实际上较具体地涉及了自我认知范式的部分内容。

徐复观强调理解中国传统哲学必须对中国传统哲学的形成方式与路径有精到的把握。他说："中国的先哲们，则常把他们所体认到的，当作一种现成事实，用很简单的语句，说了出来，并不曾用心去组成一个理论系统。尤其是许多语句，是应机、随缘，说了出来的，于是立体的完整生命体的内在关连，常被散在各处、以独立姿态出现的语句形式所遮掩。假定我们不把这些散的语句集合在一起，用比较、分析、'追体验'的方法，以发现其内在关连，并顺此内在关连加以构造；而仅执其中的只鳞片爪来下判断，并以西方的推理格套来作准衡；这便是在立体的完整生命体中，任意截取其中一个横断面，而断定此生命体只是如此，决不是如彼；其为鲁莽、灭裂，更何待论。"① 就是说，如要寻找和弄清楚作者的思想生命状况与特点，必须回到作者身处的语境中，努力寻找其内在关联，尽可能地复制其原来的状况，将被理解的概念、命题与思想放在完整的生命体中去理解。不过，回到怎样的自我文化系统，对自我文化系统作怎样的解释等，都是需要认真、深入研究的，因为既存在对自我文化系统的不同解释，也存在对自我文化系统的不同偏好。徐复观对此也有觉悟："但在内在关连的发现中，使散布在各处的语句（例如《论语》中的'仁'），都能在一个完整生命体中，尽到一份构成的责任，占一个适当的位置，并彼此间都可以发挥互相印证的作用。这即说明我对先哲思想的陈述，决非如少数人所怀疑的，是凭藉古人来发挥我自己的思想。并且我认为只有做到这一步，才算尽到治思想史的责任。"② 因此，寻找哲学思想的内在关联、寻找哲学思想与其发生的环境的关联，将它们视为一个生命的有机整体，才能使被理解的哲学概念、命题或观念的本义呈现出来。

在唐君毅看来，对哲学概念、命题或观念的理解，应该着力把握三个关键，一是问题发生的原因，二是名辞义训上的根据，三是思想义理逐步生长、累加的原因。他说："故吾之说明中国哲学义理之道，既在察其问题之原，名辞义训之原，思想义理次第孳生之原。而吾于昔贤之言，亦常

---

① 徐复观：《徐复观文集》第三卷，湖北人民出版社 2002 年版，第 13 页。
② 同上书，第 12—13 页。

略迹原心，于诸家言之异义者，乐推原其本旨所存，以求其可并行不悖，而相融无碍之处。盖既见其不悖无碍之处，则整个之中国哲学面目，自得而见。世有交讧而相碍之枝叶，而观枝叶之发端于本干，则初皆并萌而齐苗。世有相激相荡之二流，而观二流之导源于异地，则初皆自涓涓而始流。万物既生而相争相杀，然一一溯其方生之际，则初皆原于天地之化几，亦并育而不相害。百家异道，若难并存，歧路之中，又有歧焉，往而不返，乃各至一空谷，互不闻足音；异说相纠，而思想之途，乃壅塞而难进。然若能一一探异说之义理之原，如其所歧，而知其所以歧，则歧者既未尝非道，道未尝不并行，即皆可通之于大道，而歧者亦不歧矣。故吾人果能运其神明之知，以彻于异说之义理所以歧之原，则纠结无不可解；而人之思想，自无壅塞之虞，可顺进而前行'原'之时义大矣哉。"① 就是说，对于先圣的言论，必须考察它的原始意义，在分辨诸研究者异议过程中探求所存先圣本旨，确定它们并行不悖而相融之处，如此便能见得中国哲学本有之貌。唐君毅举例说树木的枝叶虽然纷繁相碍，但它们初期必与树干共同生长；河水也有流有源，但它们初期都由涓涓溪流而来；万物相生相杀，但其初无不发端于天地造化之机。总之，虽然百家异道，异说相杂，但只要分清本末，寻根溯源，都能寻找到本貌。这就是唐君毅阐明的理解中国哲学本义的途径与方法：首先要分析它们因什么问题而起，其次要研究它们在语言训诂上的可靠性，再次要探讨它们的义理生成变化的脉络，这样才能使被理解的哲学概念、命题或观念了然于心。

牟宗三承认中国古代哲学文献比较散乱，表达思想也有东一句西一句之不完整表现，但如果读者就根据这个特点对中国哲学的概念、命题或观念进行孤立的理解，那就永远接触不到其本义。他说："我们在现在讲中国学问是很困难的，因为中国从前的文献并不像西方哲学那样有系统，并没有那么清清楚楚的给你摆出来。中国的文献常常是这里一句那里一句，这就必须靠你文献熟，你孤立地看是不行的，孤立地看一句话，可以有种种不同的讲法。洋人讲中国的东西困难也就在这个地方。因为他了解的文字是死的，他孤立地看这一句，他不知道每一句话在我们行文的时候有上下文的文气，你不看上下文而光看一句话是不行的。再进一步说，这句话

---

① 唐君毅：《中国哲学原论·导论篇》，中国社会科学出版社2005年版，第2—3页。

也不只是套在上下文气中来讲，有时候它没有上下文气，那么要拿什么作它的文气呢？这个时候就以全部儒家的义理作它的文气。假定你不了解儒家的义理，那你这句话就会讲错，因为它这句话是根据全部儒家经典而说的。"①所谓"文气"，就是观照被理解的哲学概念、命题和观念的上下、左右联系，联系地而不能孤立地拿出一个字、一个词、一句话来理解，寻找它们意义的脉络。可见，所谓"文气"实际上是强调从话语叙述的逻辑思维和义理脉络中分析出杂乱无章的中国哲学文本中的哲学意蕴。

可见，中国学者在应用西方哲学理解中国传统哲学的实践中的确遭遇了困境，这个困境就是：被他们寄予厚望的西方哲学用于理解中国传统哲学时不仅不是很成功，而且出现了对中国传统哲学误读、伤害的情形。这就逼使中国学者反思检讨。而反思检讨的结论之一是回到中国传统哲学生长的自身文化系统中进行理解，对于怎样回到自身文化系统，学者们展开了深入思考并提出了富有智慧的建议。比如，从中国哲学发生的时间、空间去理解，从提出中国哲学学说的主体（哲学家）去理解，从中国哲学文献群中去理解，从中国哲学义理系统去理解，用体悟的方法去理解，从中国哲学表述的特点去理解，从中国哲学提出的问题及提问题的方式去理解，从文字、概念、命题的生命关联去理解，等等，这些理解视角就构成了回到自身文化系统认知和理解中国传统哲学的要素系统。也就是说，中国哲学研究者在使用西方哲学理解中国传统哲学的同时，逐步形成了回到中国自身文化系统认知、理解中国传统哲学的自觉。

二 自我主义之为传统哲学的认知范式

可见，"自我认知范式"的自觉意识完全是"逼"出来的。现在可以继续考察这种自觉意识在实践中的表现。可以说，中国学者之所以能形成"自我认知范式"意识，在很大程度上是他们应用西方哲学理解中国传统哲学实践的感受与升华，而这种感受与升华自然会有实践的表现。

辜鸿铭曾将《中庸》翻译成英文，介绍到英语世界，这本是件好事，而且这本译著在当时也产生了较大影响。但王国维对辜氏的译著提出了严厉的批评。王国维为什么要批评呢？王国维说："吾人更有所不慊者，则

---

① 牟宗三：《中国哲学十九讲》，上海古籍出版社2007年版，第81页。

辜氏之译此书，并不述此书之位置如何，及其与《论语》诸书相异之处，如余于此文首页之所论。其是否如何，尚待大雅之是正，然此等问题，为译述及注释此书者所不可不研究明矣。其尤可异者，则通此书无一语及于著书者之姓名，而但冠之曰孔氏书。以此处《大学》则可矣，若《中庸》之为子思所作，明见于《史记》，又从子思再传弟子孟子书中，犹得见《中庸》中之思想文字，则虽欲没其姓名，岂可得也！又译者苟不信《中庸》为子思所作，亦当明言之，乃全书中无一语及此，何耶？要之，辜氏之译此书，谓之全无历史上之见地可也。"① 在王国维看来，辜氏所译《中庸》存在诸多问题：第一，没有介绍《中庸》在儒家经典中的位置；第二，没有说明《中庸》与《论语》等书的关系和差异；第三，连著者姓名都没有提及，而是一概冠上孔子的名字；第四，不承认《中庸》为子思的作品，却不加以说明。这些在王国维看来都是译著的大忌，也是理解中国传统哲学经典的大忌。王国维将辜鸿铭的错误概括为"无历史见地"——"唯无历史上之见地，遂误视子思与孔子之思想全不相异；唯无历史上之见地，故在在期古人之说之统一；唯无历史上之见地，故译子思之语以西洋哲学上不相干涉之语。幸而译者所读者，西洋文学上之书为多，其于哲学所入不深耳。使译者而深于哲学，则此书之直变为柏拉图之《语录》、康德之《实践理性批评》，或变为裴希脱、解林之书，亦意中事。"② 因为"无历史的见地"，王国维甚至庆幸辜氏西方哲学造诣不深，否则整个《中庸》译作可能都是柏拉图、康德、费希特、谢林等哲学家的概念和思想的堆砌和展览。不难看出，王国维所谓"历史的见地"，就是指被翻译或被理解作品的作者经历、文献关联、文史脉络、语辞表述、概念名词等，有了这个"历史的见地"，才能更准确地翻译或理解，才能更有效地传递，而辜鸿铭对《中庸》的翻译正缺乏"历史的见地"。因此，忠于"史事"而拥有"历史的见地"，对于"真实"地呈现"中国哲学"是至关重要的。

"天"是中国哲学中的一个重要概念，但意涵模糊歧驳，特别是在西

---

① 王国维：《书辜氏汤生英译〈中庸〉后》，《王国维学术经典集》（上），江西人民出版社1997年版，第135页。
② 同上书，第134页。

方哲学背景下,"天"的含义或被错误地理解,或被否定。熊十力认为应根据"天"在不同语境中的情形加以理解。他说:"天字所目,各各别异,不可无辨。其一,古以穹高在上,苍然而不知其所极者,呼之为天,诗云'悠悠苍天'是也。初民于此天颇感神异,以为有大神赫然鉴观在上,所谓上帝是也。其二,古阴阳家以日月星辰之丽乎太空,亦名为天。《易·乾卦》曰'天行健',即以天体运行之健,譬喻乾元生生之健德也。阴阳家虽亦以星球名天,而视为有神力斡运之,其与前所谓天者,颇相通。历史上以日月食等变,为天之警戒人君。天文家虽有就物理解释者,而其说不盛行。其三,浑天之说,与前二天字之所指目均有不同。此天即以六合为一大环,无内无外,无封无畛,无始无终,无高无下,无古无今,而浑然一气流动充满于此大环中,即名之曰浑天。自无量数星球星云,以及莫破质点与声光热电等,乃至大地、土石山陵、江河洋海、草木鸟兽、圆颅方趾之伦皆随环中气化,倏生倏灭,倏灭倏生。实若虚,虚而实,无神而非不神,伟哉环中盖无德而称焉,其斯之谓浑天欤。浑天说出,始有哲学意义,自老、庄至于周、张皆受其影响。周子太极图之一,与张横渠所云'清虚一大之天',皆本于古之浑天说。其四,以自然为名。世俗以凡事之顺成者,谓之自然,此与学术无干可不论。今就自然一词之见于学术界者而说。何谓自然?以训诂言之,自者自己,然者如此;自己如此,曰自然。"[①] 在这里,熊十力指出了中国传统思想中"天"有四种含义,即"苍然而不知其所极者","日月星辰之丽乎太空者","浑然一气流动充满于大环者","自然而然者",而每种含义熊十力都提供了文献的支持。第一种含义谓"天"是深幽高远、无边无极的广袤空间。比如《诗经》中"悠悠苍天"的描述,而这种天因古人不明其实其真,感觉神秘,所以也被称为上帝。第二种含义是将日月星辰之寄托处称为"天"。这种含义主要来自古代阴阳家,比如阴阳家将日食、月食等变化归为天之警诫人君,这就是以日月星辰为"天"。第三种是"浑天",即宇宙万物,生灭有无,虚实内外,神往知来等都是"浑天"。比如,"以六合为一大环,无内无外,无封无畛,无始无终,无高无下,无古无今,而浑然一气流动充满于此大环中,即名之曰浑天"。第四种是自然之天,

---

[①] 熊十力:《熊十力全集》第六卷,湖北教育出版社2001年版,第557—558页。

即自然而然,自己如此,这在许多文献中也有表现。不难看出,熊十力关于"天"的四种含义理解都是有可靠的文献根据的。而就哲学意义讲,只有"浑然一气流动充满于大环者"之"浑天"具有哲学意义,并且,老子、庄子、周敦颐、张载都深受"浑天说"影响。从此四种解释的文化原因看,第一种解释有社会历史背景、宗教观念、科学知识等,第二种解释有天文知识、宗教观念等,第三种解释有天文知识、科学常识、哲学观念等,第四种解释主要是语言文字。因此说,熊十力关于"天"的四种含义的获得,最大"功臣"应是"自我认知范式"。

张东荪对"仁"的解释表现出新气象。其一,"仁"即"天"之德。他指出:"我以为仁的思想依然是天的观念中衍出来的。董仲舒说:'天高其位而上其施,藏其形而见其光,高其位所以为尊也,下其施所以为仁也。……故位尊而施仁,藏神而见光,其天之行也。故为人主者法天之行。'(《春秋繁露》离合根第十八)可见仁乃是天之德,即从'天无不覆,地无不载'上看出来的。亦就是有见于'万物并育'的情形,所以形容'天'不能不用'大',大者'达'也。此字在英文可为 thoroughness,一转即变为 universal。孔子说'惟天为大,惟尧则之'。这就等于主张治者当法天(即取法于天之广施)。董仲舒在上述的话正合此义。"①为什么说"仁"是"天"之德?因为孔子认为尧为仁德之帝,而尧效法天地广泛布施;这种观念在《礼记》(天无私覆地无私载)、《中庸》(万物并育)、《春秋繁露》(天位尊而施仁)中都得到了验证。也就是说,张东荪解"仁"为"天"之德,是儒家经籍文献和思想义理使然。其次,"仁"有浅义、深义之分。张东荪说:"由浅而言即'仁者爱人',凡对人施爱皆可谓为仁。至于深义则成仁即为成'圣'。《论语》上'子贡曰如有薄施于民而能济众何如?可谓仁乎?子曰何事于仁,必也圣乎?尧舜其犹病诸。'足见由仁即可跻于圣,而此种圣的境界即尧舜亦尚未达到,其高便可想见了。孔子又说'殷有三仁焉',这虽可以'仁'训'人',然而其上文云'微子去之,箕子为之奴,比干谏而死'。都是宁杀身以成仁的,可见杀身成仁亦未尝不是'圣'的一种事业,所以把仁只训为作人

---

① 张东荪:《思想与社会》,岳麓书社 2010 年版,第 137—138 页。

之道未免只见其浅义一方面。"① 就是说，根据孔子关于"仁"的叙述，有些仅是"作人之道"，如"仁者爱人"，但孔子不轻易许人以"仁"，说明"仁"仍有深层的意蕴，如"杀身成仁"。因此，孔子的"仁"之所以可分为浅义、深义，乃是孔子思想义理所表现出来的层次。其三，孔子多言"为仁之方"，而未及"仁"之定义。张东荪认为，"克己复礼为仁"（《论语·颜渊》）和"己欲立而立人，己欲达而达人"（《论语·雍也》）讲的都不是"仁"的内涵，而是从事"仁"的方法或途径。他说："所谓'为仁'乃是'从事于仁'。所以说'为仁由己'而不由人，克己复礼只是从事于仁的一种方法或途径。至于己欲立而立人的能近取譬，亦同样只是从事于仁的一种方法或途径，故说是人之方。此'方'字即方向之义，乃是从事于仁之开始。"② 即是说，从孔子叙述"仁"的文献看，并没有说出"仁"的内涵，而只是强调"为仁的方法"。概言之，张东荪关于"仁"即"天"之德、"浅义的仁和深义的仁"以及"从事于仁的方法"等的理解与判断，都是建立在对儒家经籍文献、文字语言、思想义理等的分析基础之上的，或者说是自我认知范式应用之结果。进而言之，则是没有打破中国思想格局的理解。张东荪说："倘使要问何以孔子不把仁的定义先说出来呢？讨论此问题便会牵涉到中国思想之特征问题。换言之，即没有定义是不是中国思想之特色？如果我们认为中国人在他的特有的思想历程上以为无下定义的必要，则可说在中国思想上没有定义便不算一件奇怪的事。……倘使承认此说，则孔子对于仁不下定义与不解释仁之本质乃正是表示孔子代表中国思想的地方。"③ 可见，张东荪关于"仁"的理解之所以表现出新气象，正是由于没有打破中国思想的格局，正是由于应用了自我认知范式。

牟宗三强调从"文气"中理解、把握中国哲学概念的意涵。比如，他对"神"的理解，虽然有西方哲学的"启发"，但基本上是在儒家哲学系统中展开的。牟宗三说："《易传》讲'穷神知化'（《系辞下》），这个

---

① 张东荪：《思想与社会》，岳麓书社 2010 年版，第 140 页。
② 同上书，第 140—141 页。
③ 同上书，第 141 页。

'神'照儒家、照《易传》的立场当该从那个观点来了解呢?'神也者,妙万物而为言者也。'(《说卦》)。这个'神'是通过'诚'讲的。它不是像基督教的上帝那个神,也不是从气化上讲的那个神。我们平常说一个人'有神采'、'神气的很',这个'神采'、'神气'的神是material,是属于气的,是属于形而下的观念。儒家《易传》讲'神',它是个形而上的。它之所以为形而上的,是靠什么观念来定住呢?是通过'诚'。《中庸》、《易传》都讲诚,诚是一种德性,是属于道德的。因此它这个神是形而上的,它不是属于material,属于形而下的。所以你如果把《易传》的'神'从气上来讲,那就是不对。可是,如果你把它讲成是个人格神(Personal God),那也不对,因为中国人没有这个观念。《易传》讲的这个神就是通过主体而呈现的,穷神你才能知化,化就是宇宙的生化,这就成了宇宙论。但是这个宇宙论并不是空头讲的宇宙论,你要穷神才能知化,从神这个地方讲天道、讲乾道,就是讲创生之道。所以儒家发展到了《中庸》、《易传》,它一定是'宇宙秩序即是道德秩序'(Cosmic order is moral order),它这两个一定是合一的,这两者是不能分开的。如果照我们前面所说的那两种态度来看,这两者是合不在一起的,因此,'宇宙秩序即是道德秩序'这句话他们就不能讲。因为这两者是合一的,所以《易传》也不能离开道德意识来了解,尽管它讲'大哉乾元,万物资始',好像形上学的意味很重,其实它背后的底子还是moral。"[1] 牟宗三明确地说中国哲学中的"神"既不能理解为有形的"神气",也不能理解为人格神,而是"形而上的"观念。为什么是"形而上的"观念呢?牟宗三认为由"诚"概念可获得这种认识。他说"诚"是一种德性,因而是形而上的,而不是物质的。他认为,在《易传》中,"神"是通过主体呈现的,所谓"穷神知化",这个"化"就是宇宙的生化,因而就成了宇宙论,而宇宙论靠"穷神",所以"神"就是讲宇宙论,就是讲创生之道,进而是道德秩序与宇宙秩序的合一,因此说"神"是形而上的。牟宗三综合《中庸》与《易传》,透过"诚"的内涵,贯通古代哲学天人关系的秘密,将"神"之形而上义进行了清晰、深刻、合理的分析与演绎。牟宗三的理解无疑采用了西方哲学的知识和理论,但如果不能贯通《易

---

[1] 牟宗三:《中国哲学十九讲》,上海古籍出版社2007年版,第78—79页。

传》《中庸》的义理，不能悟解"诚"与"神"的关系，不能透悟中国哲学中的天道与人道的关系，"神"之形而上义恐怕难以揭示出来。换言之，如不采用自我认知范式，"神"的形而上义或许仍然被深藏于古代哲学文献中。

"人"与"民"是中国古代哲学中的两个常见名词，但关于它们含义的理解却大有不同。有人根据唯物认知范式，将《论语》中的"人"解释为"奴隶主阶级"，而将"民"解释成"奴隶"。张岱年认为这个理解是有问题的。他说："'道千乘之国，敬事而信，节用而爱人，使民以时。'有人认为，这里'人'是指统治阶级，'民'是指被统治阶级。《论语》中'人'，不包括'民'，'民'不属于'人'。这样讲貌似有据，其实是错误的。《论语·子路》：'君子易事而难说也。说之不以道，不说也；及其使人也，器之。小人难事而易说也。说之虽不以道，说也；及其使人也，求备焉。'又《阳货》：'惠则足以使人。'可见，'人'也是'使'的对象，不仅民是'使'的对象。又《阳货》：'君子学道则爱人，小人学道则易使也。'这里'小人'也就是民。认为'小人'不属于民，是讲不通的。又《雍也》：'如有博施于民而能济众，何如，可谓仁乎？'子曰：'何事于仁，必也圣乎，尧舜其犹病诸。'这里'博施于民'实际上是爱民。又《微子》：'逸民：伯夷、叔齐、虞仲……柳下惠。'《尧曰》：'举逸民，天下之民归心焉。'逸民都是贵族，也称为民。《诗经》中《大雅·生民》：'厥初生民，时维姜嫄。'又《大雅·绵》：'民之初生，自土沮漆。'《大雅·板》：'先民有言，询于刍荛。'《大雅·烝民》：'天生烝民，有物有则，民之秉彝，好是懿德。'这些篇中的'民'字，都不是指被统治者。以为人非民，民非人，这在《论语》中就有反证；在其他书中，反证更多。隐匿反证，不是科学的态度。从钟鼎文看，《大盂鼎》上有云：赏赐'人鬲自驭至于庶人六百又五十又九夫'，'人'也用来称呼奴隶。《孟子·公孙丑上》引子贡说：'自生民以来，未有夫子也。'有若说：'自生民以来，未有盛于孔子也。'《告子上》篇引孔子的话：'为此诗者，其知道乎！故有物必有则；民之秉彝也，故好是懿德。'这里的'民'都不是指奴隶。……'人'也包括奴隶；'民'也包括奴隶主贵族。不能认为'民'专指奴隶阶级，'人'专指奴隶主阶级。应该承认，人是泛称，民也属于人的范围。"① 综合张岱年的分析，可归纳如下：第一，"人"并不一定是贵族，因为在《论语》中，"人"有被"使"的情形，而且，"小人"也易"使"，说明"小人"也是"人"，而《大盂鼎》上所谓"人鬲自御至于庶人六百又五十又九夫"之"人"就是指奴隶，因而不能简单地将"人"理解为"贵族"。第二，《论语》中的"逸民"是指贵族，而《诗经》中的"厥初生民""先民有言""天生烝民""民之秉彝"等都是指普通人，不是指被统治者。因此，在中国古代哲学中，"人"并不一定指"贵族"，而"民"也不一定指"奴隶"，需要根据文献使用情况进行具体分析。不难看出，张岱年不仅引用了大量的文献，而且对这些文献中的"人"或"民"所表达的意涵进行了细致的分析，从而改变了因简单应用唯物认知范式所导致的错误，并提示了理解概念或范畴的方法，这显然得益于自我认知范式的应用。

可见，在自我认知范式自觉意识形成与确立的同时，其实践也在紧锣密鼓地展开，它们如影随形。中国学者在认知、理解和评价中国传统哲学的实践中，非常注重回到与被理解的哲学概念、命题和观念相关的器物文明系统、礼仪习俗系统、社会历史系统、政治经济系统、文字语言系统、经籍文献系统、科学常识系统、思想义理系统、意义价值系统等所组成的自我文化系统中进行。可见自我认知范式的存在也有其实践的依据。尽管中国学者并没有对这种认知范式进行理论上的概括，但它却是一种客观的存在。事实上，也有学者已有相关的表述。比如，方东美提到的解释《易》所需宗法社会的、常识的、科学的三种方法，都是强调回到中国自身思想文化系统之内。他说："我们知道孔子以前，一套符号系统已经完成了，孔子接受了它而已，同时以常识的文字写成的'彖辞'和各卦的爻辞也完成了。而这个符号系统，以近代的逻辑说，只是一套符号的形式而没有内容，只是一种抽象的可能。因此还须等待解释，仿佛代数上的变项，要以事物的常项代替了方可以取得意义，而'X'、'Y'就它本身言，只是空洞的符号，要等到它代替了具体事物，符号的意义才变成实物的意义。这个符号系统有各种不同的解释。第一是从起源与结构来看，也就是'八卦而小成'的阶段，从中国的氏族、宗法社会来解释它。其次

---

① 张岱年：《张岱年全集》第四卷，河北人民出版社1996年版，第200页。

像说卦传中的解释，可以说是一种常识性的解释，就这方面说，我可以介绍一本书，是清代初年赵继序在周易图书质疑中做一个统计，看周易卦爻辞中有许多事是指人在生活时所用的器具，结果发现其中有八十几种植物，三十几种动物，还有几十种日用的东西，这类是没有哲学意义的，只有常识意义的。还有一种是初期科学的解释，像汉代郑康成天文学的解释。所谓'爻辰之说'，虞翻的'卦气'的解释，是气象的解释。譬如说卦传中以'坎'代表'水'，'离'代表火，'巽'代表'风'，'艮'代表'山'，是以具体的天象、天文气象学来解释的。这种也称为自然科学的解释。"① 方东美认为《易》主要是一种符号系统，它与近代逻辑类似，只有形式没有内容，因而需要有具体事物的代替，才能取得意义。也就是说，若要理解《易》的意蕴，一是要有氏族、宗法社会的解释，即对社会制度有准确的把握；二是要有常识性的解释，即对文本中所涉及生活物件及其蕴含的信息有清晰的破译；三是要有科学的解释，明了某个符号代表什么意义。方东美所说的符号系统类似近代逻辑或代数上的变项，其特点是空洞或抽象，而宗法社会的解释、常识性的解释、科学的解释，可以将符号中的蕴意呈现出来。也就是说，如果对隐藏在《易》符号中的思想进行理解与把握，必须对当时的社会制度、生活物件及其蕴含的信息、科学知识有完整而准确的把握。这样看来，方东美在很大程度上强调了自我认知范式（科学认知范式、逻辑认知范式）在理解中国传统哲学上之优先地位和特殊作用。

如上梳理清晰且充分地证明了"自我主义"之为学术研究方法是客观而普遍的现象，这意味着此普遍现象对作为人文学科的"中国传统哲学"而言也是适用的。值得注意的是，对中国传统哲学研究而言，自我理解并没有滞留在一般的研究方法层面，而是成了一种研究范式，即成为一种公认的研究模式。这是因为：第一，它成为中国传统哲学研究的基本致思方式。王国维、熊十力、胡适、方东美、张东荪、唐君毅、牟宗三等对中国传统哲学中的概念、命题或观念展开研究时，无不自觉地运用自我认知范式或其中的方法元素。第二，它成为中国传统哲学研究的固定模

---

① 方东美：《原始儒家道家哲学》，台湾黎明文化事业股份有限公司2006年版，第205—206页。

式。在20世纪中国传统哲学的研究中，虽然有唯物认知范式、科学认知范式、人文认知范式、逻辑认知范式等的应用，但这些认知范式如要获得积极成果，都离不开"自我认知范式"的参与和支援，无论是研究中国传统哲学中的个别问题，还是撰写中国传统哲学的教材，概莫如此，自我认知范式从而成为一种固定的理解、分析中国传统哲学的模式。第三，它成为评价中国传统哲学的重要坐标。研究者对中国传统哲学范畴、命题或观念进行评论时，无论是以唯物主义认知范式为根据，还是以科学认知范式为根据；无论是以人文认知范式为根据，还是以逻辑认知范式为根据，判断一个哲学范畴、命题的优劣，或一种哲学观念的良莠，都必须有自我认知范式的合作，其结论才能更可信，更让人放心。因此说，自我理解方法之为认知、理解与评价中国传统哲学的实践，不仅有主体上的团体性，也有时间上的持续性，从而成为认知、理解和评价中国传统哲学的范式。

总之，在过去百余年中国哲学史上，认知、理解和评价中国传统哲学是一重大的、历史性的学术运动和学术任务。在认知、理解和评价中国传统哲学的实践中，西方哲学成为最受欢迎、最普遍的坐标与方法，但由于西方哲学学说的多样性，其成为中国传统哲学认知、理解和评价的坐标又可分为多个向度，于是形成了唯物认知范式、科学认知范式、人文认知范式、逻辑认知范式等多个范式类型。又由于应用西方哲学认知、理解和评价中国传统哲学的实践中发生了误读、伤害中国传统哲学的现象，逼使中国学者做出检讨：如何避免以西方哲学理解中国传统哲学实践中发生的失误？从而有了"自我认知范式"的需求、自觉与实践。这样，百余年来中国哲学史上认知、理解与评价中国传统哲学的五大认知范式便宣告形成。

第二章　唯物认知范式与中国传统哲学

诚如上述，马克思主义哲学进驻中国思想界的同时便被作为认知、理解和评价中国传统哲学的坐标与方法，正如张岱年说："我们今天研究中国哲学史，最重要的，是依据马克思主义的普遍真理，整理中国哲学史的丰富史料，探索中国哲学的具体发展过程，从而发现中国哲学发展的基本规律。"[①] 那么，中国学者应用唯物认知范式于中国传统哲学研究的具体情形究竟如何？这种学术实践又传递了哪些有价值的信息？本章拟由概念、命题、特点和系统等方面进行深入考察，并在此基础上予以检讨。

第一节　唯物认知范式与哲学概念和命题

在以唯物认知范式为坐标与方法理解中国传统哲学的实践中，几乎所有的概念和命题都接受了唯物认知范式的"严格检阅"，经受着唯物认知范式豪迈的"锤炼"与"洗礼"，唯物认知范式为认知中国传统哲学概念与命题提供了"唯物的"视角。因而我们期待领略唯物认知范式在理解中国传统哲学概念和命题的实践中呈现出的风采。

一　唯物认知范式视域下的哲学概念

在中国传统思想的天空，镶嵌着许多闪耀着智慧光芒的概念或范畴，诸如天、气、道、诚、理、心、仁、性、太极、良知等，这些概念或范畴是中国传统哲学反映事物本质属性和本质联系的思维形式，因而承载着中国传统哲学认识世界的方式及其成果，并在一定程度上代表中国传统哲学

---

① 张岱年：《张岱年全集》第四卷，河北人民出版社1996年版，第103页。

的思维水平、关怀意识和精神境界。因此，认识和理解中国传统哲学范畴和命题，不仅成为认识和理解中国传统哲学的基本途径，也成为阐发与丰富中国传统哲学思想的重要方式。那么，以唯物认知范式理解中国传统哲学概念和命题的情形是怎样的呢？

1. 天

在中国传统哲学中，"天"无疑是一个基本且含义繁富的概念，正如张岱年所说："中国古代哲学中所谓天，在不同的哲学家具有不同的涵义。大致说来，所谓天有三种涵义：一指最高主宰，二指广大自然，三指最高原理。"① 那么，在以唯物认知范式为坐标和方法的理解实践中，"天"的意涵是怎样的呢？由于在不同哲学家思想中，"天"所表达的意涵不一，所以我们的考察需要落实到具体的哲学家身上。

董仲舒有所谓"天人感应"说，那么他思想体系中的"天"有怎样的意涵呢？任继愈说："董仲舒的唯心主义世界观，是君权神授的天人感应的目的论。为了把汉王朝的中央集权的封建专制制度说成是天授的永恒不变的神圣制度，他宣称天是有人格、有意志、至高无上的神，自然界日月星辰的运行，寒暑四时的更替，国家的兴衰治乱，都是神的意志的表现。"② 这大段文字是针对"天者，百神之君也，王者之所最尊也"（《春秋繁露·郊义》）而发的，核心思想就是认定董仲舒的"天"属于唯心主义世界观，而这个唯心主义世界观当然是要为统治阶阶服务的。任继愈说："董仲舒为了巩固地主阶级的统治，调和阶级矛盾，一方面宣称君权神授、君权来自神权，同时也企图假天之威，对皇帝的过分残暴加以限制。……董仲舒的这种学说并不是真正为了人民，而是为了统治者的长远利益，他告诫统治者不要过分残暴，不然就必然被人民所推翻，统治者必须引为警惕。"③ 概言之，董仲舒哲学中的"天"可以惩恶奖善，可以预见未来，可以永保君权，当然是有意志的表现；同时是宇宙秩序的安排者，是宇宙万物的主宰者，其功能就是调和阶级矛盾，因而它是有阶级性的，是为统治阶级服务的；而且，董仲舒的"天"客观上对于君权具有

---

① 张岱年：《张岱年全集》第五册，河北人民出版社1996年版，第611页。
② 任继愈主编：《中国哲学史》第二册，人民出版社1996年版，第76页。
③ 同上书，第81页。

约束性，从而对人民的生命安全发挥了积极作用。应该说，任继愈的这个理解与判断，既显示了其深厚的理论水平，也表现了唯物认知范式的解释力度。

"天"在王充哲学中也占据重要的地位，并引起了侯外庐的关注。王充说："夫天者，体也，与地同。天有列宿，地有宅舍。宅舍附地之体，列宿著天之形。形体具则有口，乃能食。使天地有口能食，祭食宜食尽；如无口，则无体，无体则气也，若云雾耳，亦无能食。"（《论衡·祀义篇》）侯外庐等对这段话做了这样的理解："（一）天地既然是'体'，它便显著地是物质，这就是把神性的'天'还原为自然的'天'，根绝了'天'的感觉性、意志性，从而否定了它的神性；（二）天与地既然同为'体'，则就其物质性言，无复有尊卑高下，这就打落了'天'之尊，消除了'地'之卑，客观上否定了封建秩序的理论基础；（三）天地既然是'体'，这就破除了'体'、'气'的混淆，根绝了由'气'通往神的神秘隧道。王充从这些最根本的问题上对神学的世界观进行大胆的有力的狙击，他的论点正和《白虎观奏议》的神学针锋相对，而绝不是无的放矢，他在立论上是审慎的，在唯物主义与唯心主义的界线的区划上是谨严的。"[①] 在侯外庐看来，王充将"天"理解为"体"，当然是"天"的实物化，所以是唯物的，由于是唯物的，自然就没有了神性，没有了神性，"天"的意志性也被否定；既然"天"是物质的，天地万物同体，都属物质，从而也就否定了尊卑等级，否定了封建秩序；天地是体，无体者为"气"，因而区分了天地与"气"的不同，"气"的神秘功能也被否定。可见，侯外庐的理解是唯物主义哲学的实践。但侯外庐认"气"为无体，与天地异，这说明侯外庐还没有掌握科学知识背景下的"气"，因为"气"虽然往来曲伸，不可捉摸，但仍然是有"体"的。可见，侯外庐对唯物认知范式的应用并不彻底。

"天"在宋明哲学中仍然扮演着重要角色，这里再分享张岱年的部分理解。张载说："由太虚，有天之名。"（《正蒙·太和》）程颢说："天者，理也。"（《程氏遗书》卷十一）王阳明说："心即天，言心则天地万

[①] 侯外庐、赵纪彬、杜国庠主编：《中国思想通史》第二卷，人民出版社1957年版，第277页。

物皆举之矣。"(《答季明德》,《王阳明全集》卷六)张岱年分别对这三个"天"提出了自己的解释:"张载以天为太虚,这是唯物主义的观点。二程以天为理,这是客观唯心主义的观点。王守仁以天为心,这是主观唯心主义的观点。"① 在综合理解的基础上,张岱年对中国古代哲学中的"天"作了一个总体性判断:"在古代哲学关于天的学说中,包含唯物主义与唯心主义两种基本观点的对立。唯物主义者所谓天即是无限的客观实在,唯心主义者所谓天,或指最高的神灵,或指最高的观念。这两种基本观点的对立是非常明显的。"② 在这个判断中,张岱年将"天"的内涵分别理解为"无限的客观实在"与"最高的神灵",而在性质上,前者是唯物主义,后者是唯心主义。这大体上是以唯物认知范式理解"天"的情形。

2. 气

对中国传统哲学而言,"气"不仅具有广泛性,儒家、道家、墨家、法家无不言之,不仅具有久远性,从先秦的孟子到清代的戴震,"气"从来没有缺席过;而且具有深刻性,有阴气、阳气、精气、元气等不同表述;足见"气"对于中国传统哲学的基础性意义,正如张岱年所说:"中国所谓气的概念没有西方传统哲学所谓物质的机械性,却又表现为一种含混性,应该正确理解。要之,中国哲学所谓气确实是一个重要的哲学范畴,具有一定的深刻涵义。"③ 那么,在以唯物认知范式作为理解方法的实践中,"气"有怎样的含义呢?

张岱年非常关注张载哲学中的"气",他的解释可归纳为如下几点:第一,张载肯定一切存在都是"气"。张载说:"凡可状,皆有也,凡有,皆象也,凡象,皆气也。"(《正蒙·乾称》)张岱年的解释是:"一切东西,那变化不定的风雨霜雪,那品种万千的物体,凝固的山,流动的水,云中的飞鸟,水中的游鱼,都是一气的各种不同的形态。整个世界就是气的世界。"④ 第二,张载肯定广大深远的天空也是气,所谓"太虚即气"(《正蒙·太和》),所谓"知太虚即气,则无'无'"(《正蒙·太和》),

---

① 张岱年:《张岱年全集》第四卷,河北人民出版社1996年版,第475页。
② 同上。
③ 同上书,第467页。
④ 同上书,第65页。

张岱年的解释是:"他这样彻底反驳了一部分唯心主义者的'无'的哲学。"① 第三,张载肯定"气"永远处于运动变化之中,所谓"升降飞扬,未尝止息"(《正蒙·太和》),那么,"气"的永恒运动或变化的力量来自哪里呢?张载说:"凡圜转之物,动必有机;既谓之机,则动非自外也。"(《正蒙·参两》)张岱年的解释是:"对立两方面的相互作用相互结合,就是运动变化的原因。广大的太虚以及每一个物体都包含对立的两方面,也就是包含阴阳两方面,所以变化是无穷无尽的。这是张载对于气的自己运动自己变化的一个极其深刻的解释。"② 第四,张载肯定"气"的运动变化是有规律的。张载说:"天地之气,虽聚散攻取百涂,然其为理也,顺而不妄。"(《正蒙·太和》)张岱年的解释是:"理就是规律。气的聚散变动是成理的,即是具有一定规律的。张载更断定,这理是物的理,而不是人所决定的。他说:'理不在人,皆在物。'这就是说,理是客观的,离开人而独立的。这样,张载肯定了规律的客观性。"③ 不难看出,在张岱年的理解中,张载的"气"是客观存在的物质,也是宇宙世界最基本的唯一存在,这就排除了"气"的唯心解释;张载的"气"是运动变化的,而且运动变化的根源在自身的内部矛盾,这就否定了"气"是静止的存在,也否定了"气"运动变化的外在原因;张载的"气"运动变化是有规律的,这就否定了"气"运动变化的杂乱无章性。

任继愈也以唯物认知范式为方法理解张载的"气"。张载说:"气块然太虚,升降飞扬,未尝止息,《易》所谓'絪缊',庄生所谓'生物以息相吹''野马'者与?此虚实、动静之机,阴阳、刚柔之始。"(《正蒙·太和》)任继愈解释说:"张载提出了'太虚'这一表示物质特性的范畴,在朴素唯物主义发展道路上,无疑是一个进步。朴素唯物主义一般都是具有直观的特点,最容易混同于自然界中具体的某种物质。太虚不是身体感觉器官,如眼、耳等可以直接掌握的,它是极细致的物质(气),它不以人的意志为转移,较深刻地反映了作为万物本体的气的客观实在性。这是元气本体论为了对抗唯心主义本体论而提出的新范畴。"④ 在任

---

① 张岱年:《张岱年全集》第四卷,河北人民出版社1996年版,第66页。
② 同上书,第69页。
③ 同上。
④ 任继愈主编:《中国哲学史》第三册,人民出版社1963年版,第206页。

继愈看来，张载提出的"太虚"，不仅是物质的，而且是更细微而不能直观的，因而是元气自然观在思维水平上的进步。张载说："太虚无形，气之本体。其聚其散，变化之客形尔。"（《正蒙·太和》）任继愈解释说："世界的本体是元气，这种气是无形的（不能直接用肉眼看到它），气的聚合，都是暂时的现象（客形）。太虚就是气，不是在气之外还有一个太虚。所以张载说：'知虚空即气，则有无、隐显、神化、性命、通一无二。'这里说的'虚空'即是'太虚'，不是空无一物的真空，所以张载驳斥无中生有的唯心主义。"① 就是说，张载将运动与"气"视为统一体，运动是"气"的属性，这意味着张载认识到世界的本质（气）和变化是不可分的，"气"是运动着的物质。任继愈认为，张载对天、道、人构成的认识也是唯物主义的，他说："太虚是气之清者，'浮而上者阳之清'，这是天。张载认为'天'是清的气构成的。张载所谓道，有规律的意思，气化的规律谓之道。气化是气的变化过程，张载把这个过程叫作道。人的构成与万物的构成同属于气，'游气纷扰，合而成质者，生人物之万殊'（《正蒙·太和》）。他还认为构成人的材料是气之清者，构成物的材料是气之浊者。"② 既然万事万物都是由"气"构成的，那么，"万物的生灭成毁是气的聚散，人的生死也是气的聚散。"③ 根据任继愈的解释，张载不仅论证了"虚""空""无"都是气，而且论证了"天""道""人"也由气构成，而"气"是运动变化的，因此，张载建立起了新的元气本体论。任继愈说："张载建立了以气为本体的元气本体论，否认魏晋以来以无为本，或以心为本的唯心主义本体论。他认为世界的本源只有一个，即气、太虚；世界的现象也只是气之聚散。体也是气之体，用也是气之用，并不是在万物之上、之外还有一个超越的本体作为万物生存、变化的依据。"④ 但任继愈并不认为张载的唯物论是彻底的，因为张载还不能科学地区分精神与物质的性质差异，所谓"鬼神者，二气之良能也"（《正蒙·太和》）。所以任继愈说："张载认为鬼神的存在也是阴阳二气的屈伸、变化，这说明他力图用物质原因解释社会上流行的鬼神现象，其主观

---

① 任继愈主编：《中国哲学史》第三册，人民出版社1963年版，第207页。
② 同上书，第208页。
③ 同上书，第209页。
④ 同上。

努力还是可取的。但是，他还不能从根本上认识鬼神不过是人们头脑中虚构出来的。他还不敢把鬼神否定掉。这是张载的无神论不彻底的地方，也是他的唯物主义不彻底的地方。"①

唯物主义哲学主张，凡以"物质"作为世界本原的哲学，都属唯物主义哲学，但以直观的物质作为万物本原，则为朴素唯物主义，而且唯物主义哲学分一元论、二元论和多元论；肯定事物的变化发展，即属辩证法，但辩证法有朴素辩证法和唯物辩证法之分；事物的变化发展是对立面矛盾的结果，而事物变化发展的根本原因是内因，非外因，如果事物运动变化表现为某种秩序，这就是事物变化发展的规律。据此可以断定：张岱年、任继愈关于张载"气"内涵与特性的解释与判断，完全是唯物认知范式的具体而周到的应用。

3. 道

"道"无疑是中国传统哲学中一个基本而特殊的概念，以老子的"道"最为重要、最为突出。那么，在以唯物认知范式为坐标和方法的理解实践中，老子的"道"有怎样的意涵呢？

侯外庐认为，老子的"道"可分成"用于和万物并在一起形容的时候"、"用于和万物的性质相反的时候"和"用于物质生成之先而和物质背向而行的时候"三类，但只有第三类属哲学意义上的"道"，即"道冲，而用之或不盈。渊兮，似万物之宗。……象帝之先"（《老子》四章）。侯外庐评论说："此类道字是老子书中的主旨。这样看来，'道'不但在万物之先，而且象帝之先，不但是万物之宗，而且和万物背向而反动，这显然是上帝的别名。"② 侯外庐之所以认为第三种"道"才是老子哲学的主旨，是因为另外两种都不符合马克思主义哲学的要求，而这种"象帝之先"的"道"是万物的根源，正符合唯物主义哲学本体论的内容。那么，作为万物根源的"道"的性质是怎样的？侯外庐由"德"范畴考察而得到的结论是："道"不仅是唯物的，而且是二元论，因为"德"与"道"都是"元"。侯外庐说："'德'字是介于'道'和'万

---

① 任继愈主编：《中国哲学史》第三册，人民出版社1963年版，第210页。
② 侯外庐、赵纪彬、杜国庠主编：《中国思想通史》第一卷，人民出版社1957年版，第267—268页。

物'之间的范畴，是可以当作万物无限的本源来理解的。因为'道'是神秘难晓的超自然物，所以后来王充才取消了那个'道'字，韩非才在《解老》、《喻老》篇用不少的篇幅给了'德'字以'定理'的解释。"①也就是说，"德"范畴具有实物性，因而它的应用补强了"道"的唯物性。侯外庐继续说："如果把'道'字换成'德'字，不但规律性可以看出来，而且物质实体性也可以看出来，用彼德罗夫的话说，是'德'（不是'道'）这范畴按其起源与古代形式来说，是具有唯物主义内容的；用杨兴顺的话说，'在《老子》学说中，德（不是'道'）不仅意味着客观世界的自然法则，而且还意味着万物的物质实体，……关于法则与物质的关系问题，老子认为，具有头等意义的是法则而不是物质，由此可见，老子关于'德'（不是'道'）的唯物主义学说中……还含有许多唯心主义的因素。'"② 就是说，"道"的唯物性虽然因为"德"的加入而得到了补强，但老子在法则与物质关系上更看重法则而不是物体，因而老子"德"的哲学含义仍然有唯心主义因素。而这种特点进一步影响着老子"道"的哲学性质。侯外庐说："《老子》书中的'道'之陷于唯心主义，不但因为'道'的义理性类似泛神论的神，而且是超越人类认识的彼岸的东西。我们知道，凡是否定了现实世界的可认识性，那就不可避免地要走向唯心主义，《老子》书中这样的话很多，例如：'道可道，非常道；名可名，非常名。'"③ 基于上述，侯外庐评价说："老子哲学主要是唯心主义的，他的'道'是超越自然的绝对体，在他的学说中占据支配的地位；然而当他论到'道'时，就向唯物主义动摇过去，特别是论到万物生成发展的自然规律时，便富有唯物主义的观点了。为什么我认为老子哲学基本上是唯心主义的呢？因为他的认识论上的唯心主义是和他的'道'的唯心主义密切而不可分离的。"④ 不难看出，从对老子"道"的分类到对"德"在老子哲学中作用的分析，以及对老子在"道"与"德"关系上观点的判断，马克思主义哲学的踪影无处不在。

---

① 侯外庐、赵纪彬、杜国庠主编：《中国思想通史》第一卷，人民出版社1957年版，第269页。
② 同上书，第269—270页。
③ 同上书，第270页。
④ 同上书，第271—272页。

张岱年理解"道"也是以唯物认知范式为坐标和方法。针对《老子》如下文献:"视之不见名曰夷,听之不闻名曰希,搏之不得名曰微,此三者不可致诘,故混而为一。"(《道德经》十四章)"道之为物,惟恍惟惚,惚兮恍兮,其中有象;恍兮惚兮,其中有物。"(《道德经》二十一章)"有物混成,先天地生,……字之曰道。"(《道德经》二十五章)张岱年分析说:"老子所谓道,从其无形无状来说,没有可感性,在其没有可感性的意义上亦可谓没有物质性;从其有物有象来说,又具有客观实在性。从其无为没有意志没有情感来说,可谓又不具有精神性。道是超越一切相对性的绝对,可称之为超越性的绝对。"[1] 这是断定"道"的性质既具物质性又有精神性。而在内涵上,张岱年特别点出"道"具有"自然而然"的含义,因而是对上帝的否定。他说:"老子学说中还有一个与道密切相连的重要观念,就是'自然'。……自然即是自己如此。道是自然的,百姓是自然的,万物也是自然而然的。老子提出自然观念,是对于'天意'、'天命'观念的反驳,是对于上帝信仰的排摈。……从老子反对信仰上帝来看,可以说老子的道论具有唯物主义的意义。老子的'自然'论可以说是中国古代唯物主义的一个重要形式。"[2] 所谓"道"的唯物性质、唯心性质,因为"道"时而表现为"有物",时而表现为"无物";所谓对上帝、鬼神观念的否定,因为"道"是"自然而然",没有造物主。因此,这些结论只能在唯物认知范式下取得:"第一,他研究了世界起源的问题,提出了道为天地万物之根源的学说,所谓道就是天地分化以前的混然的整体。道是没有任何特殊性质、任何特殊形状的,而万物所由以构成的原始材料。第二,他否认了上帝的最高的主宰地位,而宣称道是'象帝之先'的。这样以道的学说与宗教的上帝观念对立起来。他明确指出,道是'无为'的,没有意志;天是'不仁'的,没有情感;万物的生成都是自然而然的。第三,他表明了存在、运动与规律的相互关系。道的观念就包含了'存在与过程之统一'的思想:存在就是过程,二者是统一的。道是最先的存在,它本身就是过程,就是运动的过程。道是运动的,它的运动含有一定的次序。而事物的变化都有其'常',即自

---

[1] 张岱年:《张岱年全集》第七卷,河北人民出版社1996年版,第180页。
[2] 同上书,第181页。

然的规律。"① 对老子"道"作如此"进步性"的评论，完全是因为张岱年认为老子的"道"符合唯物认知范式的要求。不过，张岱年并不认为老子的唯物主义是彻底的："老子的唯物主义不是彻底的，在认识论方面，他就不能贯彻唯物主义了。老子把对于道的认识与对于事物的认识分开来。……道是无形无状的，眼看不见，耳听不到，手摸不着，只有直接运用思维才能得到对于道的理解。越能够摆脱感性认识，就越能接近道。这样，老子认为有一种脱离感性认识的理性认识，这就转到唯心主义去了。在历史观方面，老子宣称今不如古，一代不如一代，黄金时代已经过去了；技术越发展，人类也就越堕落。这也是唯心主义的看法。老子何以那样看不起当时的社会呢？这和他痛恨当时贵族们对于人民的日益加甚的剥削，是有关系的。老子的社会思想中包含了对于当时贵族们的惨酷剥削行为之抗议。不过它仍然是唯心主义的。"② 由于老子的"道"在性质、可认识性、历史观等方面都与唯物主义哲学原理不相符，因而陷入了唯心主义。

4. 诚

"诚"无疑是中国传统哲学中的重要范畴，而且是比较晦涩的范畴之一。那么，在以唯物认知范式为坐标与方法的理解实践中，"诚"的内涵有怎样的呈现呢？由于"诚"概念在思孟学派思想中比较有代表性，因而这里拟考察对思孟学派"诚"理解的情形。

在《中庸》中，有"至诚尽性""至诚如神""至诚无息"三个命题，这三个命题对于理解"诚"至关重要，李石岑正是由此三个命题展开对"诚"的解释。关于"至诚尽性"，李石岑解释说："它（《中庸》）认为人的本性是'诚'，万物的本性亦是'诚'，推而至于宇宙全体，亦无往而非'诚'。所谓'至诚'，乃尽力表现所本有的'诚'，如果尽力表现所本有的'诚'，便没有不能推动其他事物之理。所以孟子说：'至诚而不动者，未之有也。'表现所本有的'诚'，是谓尽'性'。……表现自己所本有的'诚'，也能表现其他事物所本有的'诚'，因为'诚'是

---

① 张岱年：《张岱年全集》第四卷，河北人民出版社1996年版，第21页。
② 同上书，第21—22页。

一体的，所以能尽己之性，亦能尽人之性，亦能尽物之性。"① 李石岑将"诚"理解为人（事物）的本性，将"至"理解为"尽力表现"，由于人、物都有"诚"这个本性，所以万物是一体的，因而尽人之性便可尽物之性，而且，"至诚"必动，因而可推扩到宇宙全体。李石岑说："孟子所谓'至诚而不动者，未之有也'，单就'动人'说，若《中庸》则推扩到物，推扩到宇宙全体。所以人表现一己所本有的'诚'，结果可以'赞天地之化育'而'与天地参'。"② 因此，人若能充分地表现自己的本性，就可以帮助天地化育生命，也就可以与天地"并立为三"了。关于"至诚如神"，李石岑解释说："《中庸》以为'诚'是充满在宇宙之间的，只看个人对于'诚'的表现如何。就可以决定个人的休咎。国家是由个人相集而成的，因此也可以决定国家的休咎。"③ 对于用"神"来形容"至诚"，李石岑认为是迷信的议论，但又肯定它的合理性，即不否认尽力表现本性（至诚）可以决定个人或国家的命运这一观念。可见李石岑理解上的矛盾之处，似乎他比较看重"自我表现"的价值。关于"至诚无息"，李石岑说："这是《中庸》的宇宙观的暴露，即是说明宇宙之所由发生。《中庸》以为表现'诚'的功夫要做得不间断，不间断就可以长久地做下去，能够长久地做下去，就可以在事物上得到征验。既在事物上得到征验，就可垂之于无穷。凡可以垂之于无穷的，就没有不弥漫到上下四方的，于是有悠久、博厚、高明之说。"④ "无息"就是不停止，若能不停息地尽力表现自己的本性，便可形成宇宙万物。这就将"至诚无息"理解为"宇宙何以发生"之义，从而偏向"我"或主观唯心的思想。概言之，李石岑所理解的"诚"是一种内在的主体力量，它蕴含尽显本性、预见未来、化生宇宙万物的功能。那么，李石岑做这种理解的根据是什么呢？李石岑说："诚是充满宇宙的，和柏拉图的'理念'相类似。孟子注重'思诚'，柏拉图便注重对理念的思慕。"⑤ 因此，李石岑所理解的"诚"是观念的、唯心的，但他认识并发扬了"诚"所内含的丰富主

---

① 李石岑：《中国哲学十讲》，广西师范大学出版社2010年版，第169—170页。
② 同上书，第170页。
③ 同上。
④ 同上书，第171页。
⑤ 同上书，第47页。

体性。

胡绳也是以唯物认知范式理解"诚"。孟子说："诚者，天之道也；思诚者，人之道也。"(《孟子·离娄上》)《中庸》说："诚者，天之道也，诚之者，人之道也。"(《中庸》第二十章)对于这两段话，胡绳做了非常精深的解释。他说："以《中庸》所说的更为意义明显。在这里，'诚'已不像'诚信'、'忠诚'、'诚实'这些说法所表示的那种意义，它已不是指一种生活态度——人类现实的态度，而是被放大为宇宙的本性，且用以指最高的一种人生境界了。照《中庸》所说，诚是宇宙的本性，表现到人身上就是圣人。圣人就是那种不必经过思考与努力，在其天性上已就合于宇宙本性的人。"① 就是说，"诚"不再是诚信、忠诚、诚实之类的道德品质，而被提升为宇宙本性。而作为宇宙本性的"诚"不仅成为宇宙的本体，而且将知识归于天赋，从而不再含有全心全力、进向客观、追求真理、改革现实的意义。胡绳说："'诚'就绝对不包含用全心全力，进向客观，追求真理，改革现实的意义。它一方面成为'天人合一'的宇宙论的基本概念，一方面又把最高的知识与行为归于天赋的智能。"② 这就是说，"诚"不仅不含有"积极向上"的意义，而且将知识归于先天的产物。《中庸》说："唯天下至诚，为能尽其性。能尽其性，则能尽人之性；能尽人之性，则能尽物之性；能尽物之性，则可以赞天地之化育；可以赞天地之化育，则可以与天地参矣。"(《中庸》第二十二章)胡绳认为"至诚尽性"就是充分发挥出个人本性，从而达到与天地并立的境界，但这又与《中庸》所主张的"诚信"矛盾，所以是自欺欺人。他说："'诚'的表现就在于把个人的本性（那先天的本然的性）充分发挥出来。因为个人的本性也就是全人类的本性，天地万物的本性，所以只要能充分发挥个人的本性，个人就可有赞助天地的变化的能力，而与天地并立为三了。这不正是和前文所说的'诚信'讲议相反，恰恰走到自欺欺人的极端了么？至于说'至诚之道，可以前知，……'那更是和今日土地庙前挂的'诚则灵'的招牌直接相联的了。"③ 在胡绳看来，

---

① 胡绳：《论"诚"》，《群众》八卷，二十一、二十二合刊，1943年。
② 同上。
③ 同上。

"诚"既是人的本性,也是物的本性,而且这个本性只要发挥到极致,就能赞助天地变化,但事实上这是不可能的,所以具有欺骗性;而所谓"至诚可以预见事物的未来"更是荒谬透顶——"'诚'的概念便完全笼罩在神秘主义之下,更和人本主义精神相去不可以道里计了。'诚'的概念更完全不是为了人而存在的,却是人必须遵从的天道了。其以天道为诚,正是把天道当做是有人格、有意志的支配权力。'诚'也不是人在现实生活中所培养的一种态度,而被当做是先天的本然的人性了。"① 既然"诚"在知识上走向神秘主义,在道德上走向物本主义,那么其前面的目标便是政治的、阶级的意图了。胡绳说:"所以这种'诚'的神秘主义哲学,虽然看起来完全是玄虚之谈,然而仍是与一定的社会政治的实际意图相联系着的。所谓'天人合一'论的作用不外乎是消灭人民大众的自觉,所谓'尽性至诚'论的作用也不外乎是消灭人民大众的自觉的实践。"② 在胡绳看来,《中庸》将"诚"作为万物本性,认为做到了"诚"就能尽万物本性,能尽万物本性即为圣人,这就否定了人的努力,因而是消极的;"诚"又意味着天人合一,将知识视为天赋的,因而人无须追求真理,至诚尽性而无所不能,特别是可以预见未来,这与诚信观念发生矛盾,而且具有欺骗性。因此,"诚"属神秘主义哲学,在效果上是消灭人民大众的觉悟和实践。显然,胡绳的理解与评论贯注的都是唯物认知范式。

5. 仁

一般认为,哲学意义上的"仁"由孔子最早发明,在《论语》中留下了丰富的精彩论述,是儒家思想体系中的核心概念,因而要了解、把握孔子思想、儒家思想,自然不能不对"仁"展开认知与解释。那么,在以唯物认知范式为坐标和方法的理解实践中,"仁"究竟有怎样的意涵呢?

侯外庐认为,"仁"具有国民与君子双重属性。他说:"孔子'仁'的观念也和他的'礼'的观念是相似的,其体系是矛盾的,这即是说,在一般的道德律方面'仁'是国民的属性;而在具体的制度方面'仁'

---

① 胡绳:《论"诚"》,《群众》八卷,二十一、二十二合刊,1943年。
② 同上。

又是君子的属性。"① 就是说,作为一般道德原则,"仁"具有普遍性,属于所有国民;但放在具体的制度下,"仁"是特殊的,即转成为君子的德性。侯外庐说:"即是说仁在社会阶级的实际中是不同的。在宗法制度上仁的道德律只适用于'君子'。……'君子而不仁者有矣夫,未有小人而仁者也。'(《论语·宪问》)……这样看来,统治阶级可以做仁人,而被统治阶级就不能做仁人了,仁只属于贵族君子。因此,仁和不仁是区别两种阶级的标准。"② 这就是说,在阶级社会里,"仁"不仅属于统治阶级,而且是确定个人阶级属性的标准——"仁者"是统治阶级,"不仁者"是被统治阶级。既然"仁"是区分不同阶级的标准,那么"仁"的超时代性是表面的,阶级性才是本质的。侯外庐说:"孔子讲的'仁'这一道德范畴是从普及的心理因素出发的,仅就这个方面研究,表面上好像'仁'被规定做超时代的道德概念,但实质上它被刻上了春秋末年的古代国民阶级的烙印,这种人类的新观念,是产生于古代社会发展的时代。"③ 在侯外庐看来,"仁"在"普及的心理"层次上似乎表现为普世性道德观念,但实质上仍被刻上了阶级的烙印,属贵族君子的道德。不难发现,在侯外庐理解的语境中,"仁"是兼有具体与抽象双重性质的范畴,就抽象性质言,它是具有普世性的道德观念;就具体性质言,它是具有阶级性的道德规范;而从根本意义上讲,无论何处何时,"仁"都被刻上了阶级烙印,都具有阶级性。马克思主义哲学主张,任何社会意识都是社会存在的反映,在阶级社会里,社会意识都是有阶级性的,都是为统治阶级服务的;任何思想观念既是具体的,又是抽象的。这就是侯外庐上述理解的理论根据。

与侯外庐一样,张岱年理解"仁"也是在唯物认知范式下进行的。关于孔子、孟子的"仁",张岱年说:"一方面要求贵族以对待同类的态度对待一切人,尊重一般人民的人格;另一方面又保持宗法关系及等级制度,使地位低下的庶民不能夺取地主阶级所得到的特殊权利。这是从奴隶制到封建制过渡的时期地主阶级的地位与态度的一种反映。地主阶级分子

---

① 侯外庐、赵纪彬、杜国庠主编:《中国思想通史》第一卷,人民出版社1957年版,第156页。
② 同上书,第157—158页。
③ 同上书,第157页。

在向贵族争夺政治权力的斗争中，要联络一些庶民，又要保持自己的特殊地位，所以提出了差等之爱的仁的学说。仁的学说，假如实行起来，对于人民还是有利的，因而在当时有进步的意义。"① 就是说，孔子、孟子的"仁"一方面要求尊重、关怀普通民众，另一方面要求维护统治阶级的权力与利益，而之所以具有这两方面的含义，乃是"奴隶制到封建制过渡的时期地主阶级的地位与态度的一种反映"。显然，张岱年是由马克思主义哲学的阶级理论定位"仁"的，即"仁"作为社会意识必然表现其服务阶级的功能与性质。但难能可贵的是，张岱年没有把马克思主义哲学教条化，所以能发现笼罩在阶级意识中"仁"的进步意义，尽管这仍然是与唯物主义哲学密切关联着的。

关于二程、朱熹的"仁"，张岱年说："他们使仁的观念抽象化、绝对化了。他们认为，仁义不仅是人类道德的最高标准，而且是天地万物的最初的根源。他们把为封建统治阶级服务的封建道德的基本原则绝对化永恒化了，把它看成客观的永恒不变的实体，看成世界的根源，事物的基础。这样就形成了泛理主义的思想体系，也可以叫做泛道德主义学说。这种学说的目的是很明显的，它就是为当时中央集权的专制主义封建制度作理论的辩护，企图把封建制度说成永恒不变的制度，巩固封建道德在人民中间的尊严与威信。"② 就是说，与孔子、孟子的"仁"比较，"仁"在二程、朱熹思想中的地位虽然得到了强化，成为绝对的原则、至上的本体，然而这并没有改变"仁"的阶级属性，并没有改变"仁"为统治阶级服务的本质。

关于陆九渊、王阳明的"仁"，张岱年说："他们认为这以仁义为内容的心乃是天地万物的最初根源，天地万物只存在于心之中。陆王的这种主观唯心主义，把封建统治阶级的道德标准武断地说成为内心固有的倾向，使人们从内心里遵守封建道德标准的约束。陆王的伦理思想是对于程朱的伦理思想的一种补充，都是完全为日趋反动的封建统治阶级服务的。"③ 如果说二程、朱熹的"仁"属于外在道德原则，那么陆九渊、王

---

① 张岱年：《张岱年全集》第三卷，河北人民出版社 1996 年版，第 480—481 页。
② 同上书，第 485 页。
③ 同上书，第 485—486 页。

阳明的"仁"属于内在道德原则，陆九渊、王阳明只是将封建统治阶级的道德标准确定为内心固有的原则，但这仍然是"为日趋反动的封建统治阶级服务的"。

综合言之，张岱年对"仁"的理解完全是唯物认知范式的落实。依唯物认知范式，社会意识是社会存在的反映，因而有阶级属性，"仁"作为社会意识，无论是孔孟时代、程朱时代，还是陆王时代，这一点概无改变；社会意识既然是社会存在的反映，而社会存在是历史的、动态的，因而必然与时俱进，它的表现形式是必然要随着社会存在的变化而变化并改善，这就是"仁"在孔孟、程朱、陆王三个时代表现为不同形式的基本原因；阶级斗争从根本上说是你死我活的，但统治阶级为了长期统治以维护自身权力的需要，更希望稳定和谐的社会秩序，而将社会资源的一小部分分配给被统治阶级是开明的表现，也是不得已的举措，这种分配行为表现在"仁"观念上，就是"己欲立而立人，己欲达而达人"，就是"爱人"。因此，张岱年解释"仁"的理论根据就是马克思主义哲学。

6. 理

作为哲学范畴的"理"不仅独具特色，而且含义极为丰富，在中国传统哲学中具有重要的地位。那么，在以唯物认知范式为坐标与方法的理解实践中，"理"的意涵是怎样的呢？

朱熹是理学的集大成者，其思想中的"理"之内涵极为丰富。侯外庐认为朱熹的"理"具有四个特性：第一，"'理'是精神性的。这个'无人身的理性'赋于人身即为人心中的'性'，而'性'与'理'是同一的东西"①。这个解释是针对"性只是理，以其在人所禀，故谓之性"（《答陈卫道》，《朱文公文集》卷五九）作出的。按照侯外庐的理解，"性"是被赋予人身的，因而来自身外，即"无人身的理性"，因而是精神性的。第二，"'理'是最高的毫无具体内涵的抽象，也可以说是'数量的逻辑范畴'"②。这个解释是针对"事事物物皆有个极，是道理之极至。……总天地万物之理，便是太极"（《朱子语类》卷九四）作出的，

---

① 侯外庐、赵纪彬、杜国庠主编：《中国思想通史》第四卷（下册），人民出版社1960年版，第602页。

② 同上书，第603页。

认为:"'太极'或唯一的'理'是散在事物的'理'的总称(即例外权的最高例外),是秘密的保险箱的一把大锁。这是抽象的最后阶段,已经筛去了一切内容,甚至连名字都不许有,所谓'太极本无此名,只是个表德'(《朱子语类》卷九四)。"①"理"虽是万物的最高本体,是总根源,但却是没有具体内容的抽象。第三,"'理'是先于物质存在的实体,是产生万物的神秘的根源"②。这个解释是针对"太极生阴阳,理生气也。阴阳既生,则太极在其中。理复在气之内也"(《周子全书》卷一"集说")而作出的。"理"生万物,有了万物之后,"理"在万物之中。"理"是产生万物的根源,因而是先于物质存在的精神实体。因此,"这里明白地规定出'理生气'的唯心主义命题,堵塞了一切作二元论误解的道路"③。第四,"'理'是在万物之上的主权者,主宰着万物,而且有能力自由自在地为世界构造各式各样的法规。'理'是宇宙如此存在以及如此变化的神秘的最初原因"④。这个解释是针对"太极,理也;阴阳,气也。气之所以能动静者,理为之宰也"(《太极图说章句》)而作出的。"理"不仅产生万物,而且主宰万物、规划万物,是宇宙万物所以如此的根据。基于上述理解与分析,"理"先于人而存在,先于万物而存在,主宰万物的运行,设计万物的蓝图,因而是绝对的精神本体,侯外庐说:"朱熹的哲学是彻头彻尾的唯心主义,不是理气二元论,更不是'企图调和当时的唯心论和唯物论'。"⑤张岱年对"理"的理解表现出相当的宽度与深度。他认为中国哲学中的"理"可分为宇宙之理、伦理之理和本体之理。所谓宇宙之理,也叫自然之理,或物理,就是自然界、事物之中存在的"理"。所谓伦理之理,主要表现在宋明时期。程朱所讲的"理"不仅指事物之理,更是指行为的准绳、道德的标准。他说:"事实上,二程的理即君臣、父子的关系,就是仁义礼智。这是唯心主义的理一元论,这种理一元论是为封建制度辩护的,肯定君臣、父子关系是永恒的关系,

---

① 侯外庐、赵纪彬、杜国庠主编:《中国思想通史》第四卷(下册),人民出版社1960年版,第603—604页。
② 同上书,第605页。
③ 同上书,第606页。
④ 同上书,第607页。
⑤ 同上书,第609页。

绝对不能违背。朱熹的理与二程一样。"① 就是说，伦理的"理"就是仁义礼智，就是道德的标准，属于唯心主义一元论，并且是为封建制度服务的。所谓本体之理，即是宇宙万物的根据。张岱年说："二程子所谓理，则以总一言，认为万物惟有一理，此理乃究竟本根。"② 虽然伦理之理、本体之理的存在都是客观事实，但张岱年对本体之理、伦理之理持否定态度。他说："程朱的学说，在其理论的逻辑上认为，作为世界万物的最初根源的理也是人类行为的最高标准；但从其思想的本质来看，其实是把当时占统治地位的道德标准抬高了而说成是世界的最初根源。这也就是把封建统治阶级的道德绝对化永恒化，给以宇宙观的根据。这种学说在理论上为封建制度辩护。"③ 这段话透露了张岱年否认伦理之理、本体之理的原因，就是因为这两种"理"共同把具有统治地位的道德标准抬高到世界的最初根源，从而论证封建统治阶级道德的绝对化和永恒化。因而他只承认"宇宙之理"："凡理莫不表现于事物，然理之表现有其界域，凡理不必表现于一切事物，而常仅表现于一些事物。"④ 这样，"理"在张岱年的哲学中只能是物质的属性。因此没有先在于内心的"理"："如果认为条理乃是内心格式投射在外物上，何以在先此种格式不发生作用，必就事物剖析至微之时才发生作用呢？总之，如果以为承认外界有条理是迹近独断，那么，承认内心有先验格式更是独断，更无根据。"⑤ 也没有先于事物的"理"："唯理论者以为理可离事而独立，先于事而本有；未有其事，先有其理；既有其理，然后有其事：其所说之事理关系可谓理在事上。"⑥ 更没有脱离时空的"理"："我对所谓超时空而有，不知是怎么一回事。我觉得有即在时空之中，超时空的有是不存在的。说不在时空而有，我觉得不仅不可能，而且毫无意义。我又觉得，宇宙即时空物之域。说在时空之外，就是说在宇宙之外，而在宇宙之外是不可说的。"⑦ 显然，无论是

---

① 张岱年：《张岱年全集》第五卷，河北人民出版社1996年版，第587页。
② 张岱年：《张岱年全集》第二卷，河北人民出版社1996年版，第86、104页。
③ 张岱年：《张岱年全集》第五卷，河北人民出版社1996年版，第93页。
④ 张岱年：《张岱年全集》第三卷，河北人民出版社1996年版，第195页。
⑤ 张岱年：《张岱年全集》第一卷，河北人民出版社1996年版，第99页。
⑥ 张岱年：《张岱年全集》第三卷，河北人民出版社1996年版，第200页。
⑦ 张岱年：《张岱年全集》第一卷，河北人民出版社1996年版，第102页。

对伦理之理、本体之理的否定,还是对物质之"理"肯定,张岱年分析与判断的理论依据都是唯物认知范式。

7. 心

对于中国传统哲学而言,"心"是一个基础性且含义复杂的范畴,在儒、墨、道、佛等学派中,在气学、理学、心学、佛学等学说中,都扮演着重要角色,发挥着特殊的作用。因此,若要理解和把握中国传统哲学思想,当然要对"心"有较全面、较准确的理解。那么,在以唯物认知范式为坐标与方法的理解实践中,"心"有怎样的含义呢?

由于"心"在不同哲学家思想体系中内涵不尽一致,因而必须具体到个别哲学家的"心"进行讨论。李石岑认为,孟子的"心"就是"我","我"是实在,万物都是"我"的观念,是一种极端唯心论。李石岑说:"因为他的思想,是全从'心'出发,故特别提出一个'我'来。他在《尽心》章这样呐喊着:'万物皆备于我矣。'唯心论走到极端,便成为唯我论,这在西洋的哲学家,像贝克莱(Berkeley)、费希特(Fichte)诸人都是如此。认'我'即是实在,一切万物都只是'我'的观念,成为主观的唯心论。"① 就是说,孟子的"心"与西方主观唯心论哲学家贝克莱、费希特等的"心"是一个东西,"心"就是"我",以"我"为中心,从而将唯心论发挥到了极致,而成为主观唯心论。

相比而言,冯契对孟子的"心"的解释更全面、更深入。他说:"孟子把理性(心)看作是本原的、第一性的东西,并且极度夸大了精神力量,以至认为自己说'浩然之气'、'塞于天地之间',并不是一个诗的比喻,而是他在事实上已达到的'上下与天地同流'(《尽心上》)的境界。这就陷入神秘主义的幻觉了。孟子说:'尽其心者,知其性也;知其性,则知天矣。存其心,养其性,所以事天也。'(同上)就是说,一个人如果能充分发挥自己理性的作用,就能认识固有的本性,从而也就认识天道了。同时,要注意修养,保存本心不使散失,涵养善性不使受损,这就是事奉天了。这是神秘主义和主观唯心主义的天人合一论。……孟子认为,一个人能够'尽心'、'思诚',就可以达到'万物皆备于我矣。反身而诚,乐莫大焉'(《尽心上》),这就成了荒谬的唯我论了。孟子以'先知

---

① 李石岑:《中国哲学十讲》,广西师范大学出版社2010年版,第46页。

先觉'自居，还声称：'夫天未欲平治天下也，如欲平治天下，当今之世，舍我其谁也？'（《公孙丑下》）在孟子身上我们可以看到，唯心主义哲学是能使人变成非常狂妄的。"① 在冯契这里，孟子的"心"被理解为"本原""神秘主义的幻觉""主观唯心主义""荒谬的唯我论""非常狂妄"，孟子的"心"当然强调主体自我力量，认为主体自我的修行可以达到认识、把握天道的目标，可以成就治世的中枢。不过现在看来，孟子对主体性动源的发掘与激励，并不是幻觉，也不荒谬，更谈不上狂妄，它的确是唯心的，但并不是消极的。

张锡勤对王阳明"心"的理解也值得关注。王阳明说："夫物理不外于吾心，外吾心而求物理，无物理矣。"（《传习录中·答顾东桥书》）张锡勤认为这表明王阳明的"心"是先验的："王守仁认为，理根源于心，是断断不能外于吾心的，他坚决反对有心外之理。王守仁把理完全看作是吾心先验之理，这是违背常识的。"② 既然"理"不在"心"外，就是否认了"理"来源的经验的、感觉的路径，这当然与马克思主义认识论原理是相悖的。王阳明说："人者，天地万物之心也；心者，天地万物之主也。"（《答季明德》）张锡勤认为，这表明在王阳明哲学中，"心"是宇宙万物的主宰。他说："（王阳明）认为吾心乃是天地万物的主宰，世界的本原，是万能的创造主。世界一切都是由吾心所派生，是吾心的显现、外化，世界一切都统一于吾心。世界上没有凌驾于吾心之上的东西，也没有超出吾心之外的东西，一切皆在吾心的范围之内。所以他宣称：'心外无物，心外无事，心外无理，心外无义，心外无善'（《与王纯甫》，《王集》卷四）彻底否认心外一切东西的存在，用主观完全吞并了客观。"③ 既然"心外无物"了，万物由心而生，又在心中，"心"自然是阳明哲学的本体。那么，王阳明为何要建构这样一种"心"本体论呢？张锡勤做了这样的解释："他们（陆九渊、王守仁）的目的是企图以封建统治阶级的精神意志来冒充全体人民的精神意志，让人们以统治阶级之心为心。过去有人认为，陆王提倡'心学'，是为了鼓吹自由意志，这是不恰当的。

---

① 冯契：《中国古代哲学的逻辑发展》（上），华东师范大学出版社1997年版，第190—191页。
② 张锡勤、霍方雷：《陆王心学初探》，黑龙江人民出版社1982年版，第65页。
③ 同上书，第67—68页。

其实，在中国哲学史上，不论是孔孟、禅宗还是陆王，他们讲心都是指的统治阶级的精神意志，他们的目的都是企图让人们把统治阶级的精神意志变成自己的主观精神、主观意志，而不是要鼓吹什么个人的'自由意志'。"① 张锡勤并不认同陆九渊、王阳明"有个人自由意志"的观点，如果有的话，那也只是统治阶级的自由意志，是用统治阶级的意志自由代替人民的意志自由。那么，张锡勤的分析与结论的根据来自哪里呢？唯物主义哲学认为，物质第一性，意识第二性，社会存在决定社会意识，因而"理"不能先验地存在于"心"，"心"也不是造物主，不能成为万物的主宰，之所以要把"心"视为万物的主宰，当作普遍的意志，就是要用普遍性掩盖特殊性，用人民性掩盖阶级性。不过，张锡勤对心学所肯定的部分，正是其对"意识能动作用"原理的应用。他说："他（王守仁）对意识的能动作用、人的能动作用性有比较深刻的认识和探讨，在这方面比陆九渊提出了更为系统的理论和论证。他的总结论是错误的。但是他对意识能动作用的认识在认识史上是有意义的。"②

8. 性

"性"是中国传统哲学中的重要范畴之一，儒、墨、道、法、佛无不论及，因此，正确理解"性"的含义对于把握中国传统哲学具有特殊意义。由于中国哲学论"性"，往往与"善""恶"并论，因而这里只考察以唯物认知范式为坐标与方法理解孟子性善论与荀子性恶论的情形。

关于孟子人性论，任继愈说："孟子说，人性善，人先天地具有统治阶级所要求的那些基本道德品质的萌芽，孟子称它为善端。端就是出发点、萌芽。孟子认为人性之所以不同于禽兽的地方，就在于人有自觉的道德观念。"③ 就是说，孟子言人性善是为了说明人先天具有统治阶级需要的道德品质，所以是先验的，也是为统治阶级服务的。在此基础上，任继愈对孟子性善论的目的进行了分析。他说："性善说认为仁、义、礼、智的本性，具体表现在人们服从现实社会的君、臣、父、子等社会伦理关系这些方面。……这里，孟子还是贯彻了他的唯心主义观点。因为道德规范

---

① 张锡勤、霍方雷：《陆王心学初探》，黑龙江人民出版社1982年版，第74页。
② 同上。
③ 任继愈主编：《中国哲学史》第一册，人民出版社1963年版，第151页。

是统治阶级意志比较直接的表现，在一定的社会里，人们是没有随意选择道德标准的自由的，它带有一定的强制性。孟子为了论证剥削制度的道德的合理，故意说服从君长、服从宗法制度是出于人的本性。"① 就是说，孟子提出人性善主张有着明确目的，这就是要求人们相信：服从君长、服从宗法制度是出于人的本性。而这显然是与唯物认知范式原理不相符的，因而是一种有利于统治阶级欺骗人民的抽象的人性论。任继愈说："孟子的人性论，是先天道德观念论，是唯心主义的学说，是一种抽象的人性论。"② 关于荀子的人性论，任继愈指出："荀子在人性问题上也力图贯彻他在自然观方面的唯物主义观点，他提出'人性恶'的理论，反对先天的道德观念论。"③ 就是说，荀子的性恶论是其唯物自然观的延伸，因而具有许多优点："他的性恶论强调人性都是天然生成的，无论贤愚或不肖之人，其本性是一样的，人的道德观念是后天学习得来的，圣人也是学习而成的。……荀子则根本否认道德观念是先天的，所以也就根本否认了天生圣人的说法。他认为伦理道德属于社会因素，因此，他指出社会环境的教育对人性的形成有很重要的意义。荀子这种社会环境决定人性好坏的思想，包含有唯物主义因素。"④ 荀子人性论同样承认人的本性是一样的，但善的品质是经由后天学习才获得的，因而强调社会环境对人性优劣的影响，因而主张建设优良的社会环境，而这符合社会存在决定社会意识的原理，所以含有唯物主义因素。不过，荀子的人性论也是有阶级性的，也是为统治阶级服务的。任继愈说："荀子的性恶论是服务于他的社会政治主张的。他认为人性恶，就可以为他的礼治、法治找到理论根据。……荀子是力图通过他的性恶论说明阶级压迫的必然性，从而论证强迫广大人民接受统治阶级教育的必要性，这和孟子稍有区别。……但无论荀子或孟子，都把礼义道德说成是超阶级的，人人都必须具备的品质，他们不可能懂得人的阶级性，因此他们所说的人性也都是抽象的人性。"⑤ 就是说，荀子性恶论是力图说明阶级压迫的必然性，从而论证民众接受统治阶级教育的

---

① 任继愈主编：《中国哲学史》第一册，人民出版社1963年版，第152页。
② 同上。
③ 同上书，第235页。
④ 同上书，第236页。
⑤ 同上书，第237页。

必要性。我们注意到，任继愈虽然肯定了荀子性恶论强调社会环境、后天教育作用之积极意义，但他仍然没有忽略对荀子性恶论的阶级性分析，足见任继愈贯彻唯物认知范式是比较彻底的。

傅云龙对孟子、荀子人性论的认知和理解比较系统和深入。关于孟子的人性论，傅云龙说："从孟轲的有关言论看，他所认为的人性主张主要是指人的社会道德属性，即仁义礼智。然而，他从主观唯心主义的世界观出发，竟认为仁义礼智这些人的社会伦理道德属性，不是后天获得的，而是先天就具有的。"① 这是说，孟子将人的社会道德属性看成是先天具有的，因而是一种唯心主义先验论。傅云龙说："孟轲的人性主张，不言而喻，其思想实质是鼓吹一种唯心主义的先验的道德论。但是，孟轲毕竟注意到了人性和动物之性二者的区别。在这一问题上，即孟轲关于人的伦理道德产生问题的出发点和解释虽然是主观唯心主义的，然而，他这种注重从人的社会性方面去探讨人性问题的见解，从对问题深化的角度方面来看，总还是有其可取之处的。"② 但傅云龙认为，孟子注意到人与动物之性的区别，并从人的社会性方面探讨人性问题，都是可取的。而基于唯物史观分析，傅云龙认为孟子人性论抹杀了阶级差别而属抽象人性论，因而具有很大的欺骗性，他说："孟轲的人性本善的观点，由于它抹煞了阶级社会中人和人之间的阶级关系和阶级差别，纯然是一种抽象的人性论，所以具有极大的欺骗性。但是，孟轲提出的人性观点之目的和社会作用则又是具体的，是密切地为他所主张的社会制度服务的。在孟轲看来，仁义礼智这些善的本性，就是表现在人们服从于现实社会的君臣父子等社会伦理关系方面。……这样一来，孟轲就从人的本性方面论证了剥削制度的伦理道德和宗法制度的合理性。"③ 不过，所谓欺骗，那是欺骗被统治阶级，欺骗普通老百姓，因为孟子人性论有着明确的阶级目的和现实的社会作用，即要求人们服从宗法社会制度下的等级关系。

关于荀子的人性论，傅云龙说："荀况所谓的'性'是专指'本始材朴'，即人的自然资质和与生俱来的生理欲望。"④ 因而荀子言"性"不

---

① 傅云龙：《中国哲学史上的人性问题》，求实出版社1982年版，第11页。
② 同上。
③ 同上书，第13页。
④ 同上书，第15页。

是后天得来的，后天得来的应该是社会的道德伦理观念，傅云龙说："'礼义法度'乃是圣人之所为，不是由人的本性所决定的。这当然是一种历史唯心论的观点。但是，荀况据此而把'性'和'伪'，即人与生俱来的生理本能、欲望和社会伦理道德观念区别了开来。因此，他明确指出，'性'是'不可学、不可事'的天之就；而'伪'则是'可学而能，可事而成'的后天得来的东西。这就从理论根据上反对了孟轲主张的先验道德论和人性本善说。"① 因此，荀子的"性"与社会的道德观念不是一个东西。同时，荀子用人性论解释阶级差别的存在是错误的，因为将阶级视为伦理道德修养、习俗的差异而形成的自然分工是一种唯心历史观。傅云龙说："一方面，由于它把社会上阶级、阶层之间差别的存在，说成是取决于伦理道德修养、习俗的不同而形成的自然分工，显然是十分错误的唯心史观的见解；但另一方面，荀况在这里所主要强调的是想以此来说明人性不是先天的，固定不变的，而是经过后天努力可以改变的。这种看法，则又是可取的。"② 即荀子关于"人性善恶需经后天努力改变"的观点是可取的，傅云龙说："荀况的性恶说虽然也并不科学，仍然是局限于唯心史观的范围之内，把礼义法度都说成是圣人所制定的。但由于他提出了'性'与'伪'的概念，并指出了它们之间的区别与联系，既反驳了孟轲的先验道德论的人性说，又从人的自然本质和人的社会属性的联系上比较深入地探讨了人性问题，这就多少避免了片面性，并把这一问题的讨论向前推进了一步。同时，荀况人之性恶、其善者伪的主张，也不是凭空产生的，而恰是通过所谓'注错习俗，所以化性'的中间环节，密切地为他所代表的阶级的政治需要即提倡法制服务的。"③ 为什么性恶论是不科学的呢？因为它把礼仪法度视为圣人制定的，而不是视为社会环境的产物。但对"性"与"伪"的区分，以及比较正确地处理了人的自然本质与社会属性之间的关系，这都是值得肯定的。但无论怎样，性恶论是为荀子所代表的阶级的政治需要服务的。傅云龙关于孟子、荀子"性"的理解，由于较全面、深入地贯彻了唯物认知范式原理，使孟子性善论、荀子

---

① 傅云龙：《中国哲学史上的人性问题》，求实出版社1982年版，第15页。
② 同上书，第16页。
③ 同上书，第17页。

性恶论所内含的属于唯物认知范式的内容得以呈现。

综上所述，所谓将仁义礼智视为先天的就是唯心主义，所谓将人性与动物性区别开来反映了其从社会角度看人性的立场，所谓人人皆有善性则抹杀了阶级差别，属于抽象的人性论，等等，这些无疑都是拜唯物认知范式分析所赐。

9. 良知

"良知"是中国传统哲学中的重要范畴之一，特别是儒家思想中的核心范畴，自孟子始，一直为哲学家所沿用所推崇，尤其是宋明时期，王阳明继承、发挥最多最精彩，所以这里就学者以唯物认知范式理解王阳明"良知"的情形加以考察。

侯外庐认为，"良知"属于内在于人心的先验的知识，因此，在"良知"上用功，与客观事物没有关系，与生产斗争、阶级斗争没有关系，而只不过是一种神秘的顿悟。侯外庐说："既然'良知'即'人心'，为'人人皆有'，那么所谓在'良知'上下功夫，必然不是在生产斗争和阶级斗争的过程中获得关于客观事物的知识，因而更不是向客观世界去探求事物及其规律的知识，而是一种放弃任何对自然与社会的斗争的方术，即神秘的、顿悟式的'不假外求'与'向内用力'的安眠剂。"[1] 由于认识的产生是主体与客体存在张力的结果，但王阳明的"良知"说否认了客体的存在，因而在认识论上必然走向蒙昧主义。侯外庐说："认识不能离开'客体'与'主体'这两个方面，不能离开人们对自然和社会进行斗争的实践活动。像王阳明那样，既用'良知'吞并了'物'，否认了客观存在，又把认识规定为'从自己心上体认'、'不假外求'的自我认识，难道这不正是取消了认识论问题而把人引向蒙昧主义吗？"[2] 针对王阳明以"良知"为是非标准之说，侯外庐也给予了分析和评论。侯外庐说："王阳明所说抽象的'是非'标准，即'良知'，实质上是封建的道德，即统治阶级的'是非'，这和人民的'是非'是恰恰相反的。从而统治阶级的疾痛困苦，和人民的疾痛困苦也是相反的。……王阳明的真正用意所

---

[1] 侯外庐、赵纪彬、杜国庠主编：《中国思想通史》第四卷（下册），人民出版社1957年版，第892页。

[2] 同上书，第893页。

在，即所谓'良知之在人心，无间于圣愚，天下古今之所同也'。这一结论，即从心理的'无对'达到社会的'无对'，这样好像就使人民的'是非'同于统治阶级的'是非'，使人民的好恶，同于统治阶级的好恶，也即人民就放弃自己争生存权利的斗争，而屈从于地主阶级的'至善'。"①在侯外庐看来，由于"良知"是封建的道德，因而是统治阶级的是非准则，所以"良知"不可能是人民的"是非"准则。因此，王阳明将"良知"说成是人人先天具有的道德准则或是非准则，就意味着混淆人民的"是非"与统治阶级的"是非"，进而使人民在漂亮温柔的语言中接受统治阶级的剥削。侯外庐依据马克思主义哲学知识来源于生产斗争与阶级斗争的理论，揭示了"良知"说的先验性；依据马克思主义哲学知识来源于主体对客体的反映的原理，揭示了"良知"说的蒙昧性；再根据马克思主义哲学意识形态是社会存在的反映、具有阶级性的原理，宣称"良知"说混淆了不同阶级的利益，从而实现为统治阶级服务的目的。

张岱年也以唯物认知范式理解"良知"。他认为王阳明的"良知"就是封建道德意识，从而把认识论的问题完全转化为道德修养的问题。张岱年说："王守仁认为，这良知就是道德行为的基础，依照良知做去，便自然合乎道德标准，因为一切道德标准都是从'良知'出来的。他说：'知是心之本体，心自然会知；见父自然知孝，见兄自然知悌。'（《传习录》上）离开良知就没有一切道德。"②由于王守仁的"格物"即是改正意念之义，因而"格物致知"的结果便是："取消了物的客观意义，取消了'致知'的科学意义。这样的'格物致知'，也就是使自己的所思所念完全合乎封建道德准则。"③这是在知识论上对"良知"的理解。而在社会政治领域，张岱年分析说："王守仁断定人人都有'良知'这种先验道德意识。而他所讲的这种道德意识的内容是忠、孝等封建道德，因之，他讲人人有良知，实际上就是把封建统治阶级的道德说成为各阶级的人的生来固有的东西，这就是让人认为封建道德不是强制的而是内发的，使人更容易接受封建道德的约束。其次，他以灵活的良知代替那些烦琐礼节的教

---

① 侯外庐、赵纪彬、杜国庠主编：《中国思想通史》第四卷（下册），人民出版社1957年版，第896页。
② 张岱年：《张岱年全集》第三卷，河北人民出版社1996年版，第371页。
③ 同上书，第369页。

条。他只确定了封建道德的最高原则,而在实际行动上却可以灵活运用,随机应变。这可以说是维护封建秩序的更有效的方法。"① 在张岱年看来,王守仁"良知"说就是想把封建道德说成是人人具有的东西,从而使人们能自觉接受,而用"良知"代替礼教,是为了使封建道德实行起来更灵活,因而"良知"说的阶级目的是显而易见的。幸运的是,张岱年没有因为"良知"说的"缺陷"而忽视它的价值。他说:"人的良知、良心即是人的道德觉悟、道德意识,有其社会历史的根源。人类在长期的历史过程中,认识了什么是应该做的,什么是不应该做的。这种社会性历史性的认识积淀在人们的头脑中,形成道德意识、道德觉悟。具有这种意识,达到这种觉悟,谓之有良知、有良心。启发这种觉悟,培养这种意识,正是文化教育的任务。"② "良知"是道德的基础,是一切道德的标准,离开"良知"就无所谓道德,这就否定了后天道德教化、道德培养的意义,不符合唯物史观;"致良知"就是"格物","格物"就是"正之",就是将"念头"纠正,这样就导致客观世界的取消,导致获取知识的途径的取消;"良知"包括忠、孝等封建道德,因而就是将封建道德说成人生来固有的东西,从而更好地为封建统治阶级服务;但张岱年也肯定了"良知"的价值,那就是将"良知"视为人类在长期的历史实践中积淀在头脑中的道德意识、道德觉悟,这就意味着"良知"可以启发觉悟,可以培养意识,这的确符合唯物认知范式原理。

二 唯物认知范式视域下的哲学命题

张岱年说:"哲学命题大都是普遍命题,具有两重意义:一方面,它反映了某一客观的普遍规律,这是它的普遍意义;另一方面,当一个思想家提出一个命题的时候,他是根据某些特殊事例而提出的,这个命题是某些特殊事例的总结,是这些特殊事例的概括。这就是它的特殊意义。"③ 也就是说,"命题"意涵的把握对于理解中国传统哲学同样是有基础意义的。那么,唯物认知范式视域下的哲学命题之意涵又有怎样的呈现呢?

---

① 张岱年:《张岱年全集》第三卷,河北人民出版社1996年版,第372页。
② 张岱年:《张岱年全集》第四卷,河北人民出版社1996年版,第662页。
③ 同上书,第154页。

1. 和实生物

"和实生物"出自《国语》:"夫和实生物,同则不继。以他平他谓之和,故能丰长而物归之。若以同裨同,尽乃弃矣。故先王以土与金木水火杂,以成百物。"(《国语·郑语》)这个命题曾被做过多种解释。那么,在以唯物认知范式为坐标和方法的理解实践中会有怎样的含义呢?

任继愈是这样解释的:"'百物'都是'先王以土与金木水火杂'而成的,自然和社会的一切事物,都是由于不同的'他'物和合变化而来的;所以'和'是自然和社会事物发展的法则,'和实生物,同则不继'。他说:'声一无听,物一无文,味一无果,物一不讲',意思是说,声调单一就不好听,一样的颜色就没有文彩,一种味道就没有滋味,只有一种东西就无从比较好坏。他认为周王的统治违反了相反相成的'和同'原则,才会失败。周王朝必然要衰落了。这些无神论唯物主义思想,是对为奴隶制服务的'天'决定一切的宗教迷信的破坏。"① 按照这个解释,"和实生物"之意涵包括:第一,表达了一种宇宙观,即认为宇宙万物是由金、木、水、火、土五种具体物质为基本元素而形成的;第二,表达了一种多元差异观,即认为宇宙万物的形成是由多样性、差异性的元素构成的;第三,将差异、多样性观点升华为处理自然界、人类社会中的问题的基本原则;第四,对单一性、同质性观点提出批评,认为单一性、同质性观点不仅不能成就万物的产生,反而使事物变得单调乏味;因此,治理国家如果违背了"和"的法则,不能容异纳众,那最终会走向失败。而在哲学性质上,"和实生物"构成了对以"天"为代表的宗教迷信观念的否定,属于无神论唯物主义思想。可见,在任继愈的理解中,"和实生物"的内涵不仅丰富深刻,而且健康进步。

萧萐父对"和实生物"所作出的解释与任继愈微有不同。他说:"严格区别'和'与'同'这对范畴的涵义,反对'去和而取同'。什么叫'和'?就是以一种元素与另一种元素相配合,求得矛盾的均衡与统一。……如果'去和而取同',害怕对立面,那就'以同裨同,尽乃弃矣'。……史伯反对'去和而取同',主张'以他平他'。就是反对绝对等同的形而上学,容许对立面的存在来平衡新旧矛盾,这是殷周之际封建经济萌芽时期新兴

---

① 任继愈主编:《中国哲学史》第一册,人民出版社1996年再版,第27页。

势力的思想反映。"① 在这个解释中，特别强调、肯定了"和实生物"所蕴含的差异性、多样性、矛盾性思想，认为这不仅可以求得矛盾之均衡与统一，而且是对"以同裨同"形而上学的否定，而之所以出现这样内涵的命题，乃是因为殷周之际封建经济萌芽时期新兴势力使然。这又将哲学观念与社会存在联系了起来。

不难看出，经由任继愈、萧萐父等的理解，不仅将"和实生物"所内含的与唯物认知范式相应的哲学观念发掘了出来，而且分析了这个命题产生的社会历史原因，从而为理解"和实生物"提供了较完整的理论基础。

2. 三表

"三表"出自《墨子》："故言必有三表。何谓三表？子墨子言曰：有本之者，有原之者，有用之者。于何本之？上本之于古者圣王之事；于何原之？下原察百姓耳目之实；于何用之？废（发）以为刑政，观其中国家百姓人民之利。此所谓言有三表也。"（《墨子·非命上》）这个命题在中国哲学史上颇受关注，以唯物认知范式为坐标和方法的理解是一种主流的理解。

任继愈说："墨子认为判断事物的真假是非，第一，要有前人的经验作根据，这就是他所谓'上本之于古者圣王之事'（《非命上》）。……其次，要根据'百姓耳目之实'（《非命上》），就是根据个人直接经验以外的广大人民亲身的经验。第三，判断事物真假是非，要根据'废（发）以为行政，观其中国家百姓人民之利'（《非命上》），看它符合不符合国家人民之利。……墨子'三表法'出发点是唯物主义的，即要求认识从实际出发，判断是非应根据前人的经验、广大群众的经验和实际效果。墨子的'三表'都说明他的学说是唯物主义经验论的认识论。墨子的第一表和第二表说的是间接经验和直接经验，第三表虽说重视实际效果，但是墨子以国家百姓人民之利作为客观的标准。他还不能分清当时的'国家'和'人民'的利益不能完全一致。国家之利未必就是人民的利，有时反倒是人民之害。"② 在任继愈看来，"三表"的基本思想符合马克思主义哲

---

① 萧萐父、李锦全主编：《中国哲学史》（上卷），人民出版社1997年再版，第50页。
② 任继愈主编：《中国哲学史》第一册，人民出版社1996年再版，第111—112页。

学认识论原理,但它的局限也很明显,那就是过分夸大经验的可靠性,忽视理性认识的作用,也不能将国家利益与人民利益分别开来,这就可能导致以国家之利的名义代替人民之利。

张岂之认为此命题具有唯物主义认识论性质,他说:"第一条是推究来历,看言论与历史经验是否一致。墨子重视历史经验,但没有把历史经验绝对化。他说:'古之善者则诛之,今之善者则作之。'(《墨子·耕柱》)第二条是考察实际情形,看言论与百姓耳目见闻是否一致。……把平民百姓的经验引入认识论,作为真理的标准,这是认识史上的创举。第三条是检查言论的实际效用,依照理论制定刑罚教令加以实行,看它的社会效果如何。……'三表法'表现了唯物论认识论的特色。但它有几个缺点:一,片面夸大感性认识的作用,有忽视理性认识的倾向。……二,把真理问题叫作'是非利害之辩',混淆了是非与利害的区别。"[1] 就是说,"三表法"的第一表所蕴含的哲学思想是强调经验的重要性,帝王的言论对不对,看是否能在历史中找到相应的经验根据,但这个经验又要具体化,有好的经验和不好的经验;第二条所蕴含的哲学思想是强调感觉的重要性,帝王的言论是否正确,要看是否符合人民群众的所见所闻;第三条所蕴含的哲学思想是强调实际结果的重要性,帝王的言论是否有实际效用,要看它的实际社会效果。因此,"三表"内容是符合唯物主义认识论原理的。但也存在与唯物主义认识论原理相悖的地方,比如,夸大感性认识的作用,混淆认识论上是非与道德伦理上利害的差别。

萧萐父对"三表"的理解似乎更有针对性,他说:"'上本之于古者圣王之事',即是以历史记载中前人的间接经验为依据。……'圣王'并非历史的决定力量,但以历史经验的'事'作为检验的准则,是属于唯物主义的认识路线的。'下原察百姓耳目之实',即以广大群众的直接感觉经验为依据。'实'指广大群众耳闻目睹之'实'。……这里坚持了唯物主义反映论。'发以为刑政,观其中国家百姓人民之利',即考查某种言论、主张在实施过程中是否符合实际情况,给国家、人民带来好处。……这一条是从实际产生的社会效果出发的,包含了用行动检验认识

---

[1] 张岂之主编:《中国思想史》,西北大学出版社1989年版,第73—74页。

的思想，因而也是唯物主义的。"① 就是说，第一表符合唯物主义认识路线，第二表坚持了唯物主义反映论，第三表由于强调以"实际产生的社会效果"为检验言论的标准，因而也是唯物主义的。不过，萧萐父认为"三表"仍然存在很大局限，比如，"经验必须经过改造制作过程，通过去伪存真，由表及里，形成理性认识，才能判别是非。把感觉经验混同于理性认识，必然陷入片面性"②。

综合任继愈、张岂之、萧萐父的理解，可归纳如下：第一，肯定"三表"的唯物主义性质，因为不管是"事""实"，还是"用"，都具有物质性；第二，"三表"坚持了唯物主义反映论，即检验认识的三个标准都是经验或事实；第三，"三表"是经验层面的标准论，还不是实践层面的标准论，因而仍须完善；第四，"三表"忽视了理性认识，没有将理性认识作为检验认识是否正确的基本手段；第五，"三表"中的"上古圣王之事""百姓耳目之实""国家百姓人民之利"，其含义都是模糊而需要分判的，因为怎样的"事""实""利"对于某种认识真理性之检验会导致完全不同的结果。很清楚，"三表"被肯定的部分，是因为符合了唯物认知范式之基本原理，而其存在的经验主义、割裂感性与理性关系、形而上学性等局限，则是因为背离了唯物认知范式基本原理。

3. 格物致知

"格物致知"出自《礼记》："欲诚其意者，先致其知；致知在格物。"（《礼记·大学》）但这个命题在哲学史上被持续解释，因而这里考察在唯物认知范式理解下"格物致知"的情形，并不局限于《礼记》中的"格物致知"。

郭沫若说："'格'字，郑玄解为来，'物'解为事。'其知于善深则来善物，其知于恶深则来恶物。'善恶在知的前头，知在物的前头，结果是有了知然后才有物，这和原文的次序是相违背的。司马光讲'格'为扦格之格，谓格物为'格物欲'，索性跑进唯心论的泥沼里去了。朱熹讲'格'为至，是由来字义一转，谓格物为'穷至事物之理'。这和原文的次序很相合，用近代唯物论的眼光来看它，也很合乎真实。但'格'解

---

① 萧萐父、李锦全主编：《中国哲学史》（上卷），人民出版社1997年版，第92—93页。
② 同上书，第93页。

为至,终不免有些勉强。王阳明又解'格'为'惟大人为能格君心之非'的格,这是纠正的意思,因而把'物'解为意之用,'格物乃正意之不正以归正'。这于唯心论的泥沼,比司马光陷得更深。近人无意之间在把'格'字解为研究,'物'就是自然,如理化、博物等科旧时统之为'格致学',所采取的主要是朱熹的见解。这见解是相当正确的,但可惜别无其他依据,而于'格'字终觉费解,不容易说服一般的唯心论者。"[①] 从这个总结中可以看出,郭沫若对前人的解释都不满意,其批评司马光、王阳明的解释而肯定朱熹的解释,显示了他的唯物主义的哲学立场。可是,他认为朱熹的解释虽然正确却无依据,所以他必须提出自己的解释。郭沫若说:"我在《儒家八派的批判》里面提出了一个新的解释,是把'格'字读为假字。古书格假二字通用之例至多,'格物'者假物,假借于物之意。人心只是一张白纸,要假借于物才有知识,而知识也才能达到尽头。使知识达到尽头才是'致知',知识达到了尽头才是'知至'。"[②] 为了更清楚明白、更有说服力,他又将"借物"具体化。郭沫若说:"'离经辨志,敬业乐群,博习亲师,论学取友'便是'格物',都是有假于外物的。'知类通达',便是'物格而知至'。'强立而不反',便是'知至而意诚,意诚而心正'。这些是'修身'的事。'化民易俗,近者说服而远者怀之'便是'齐家,治国,平天下'的事了。这样和《大学》的'大学之道'相印证,于是'格物'的意义也就更加明了了。"[③] 显然,郭沫若意图将"格物"解释为"唯物主义范畴",为了实现这个目标,他引进了"通借法",而通假字是中国古书的用字习俗之一,"通假"就是"通用、借代",即用读音相同或者相近的字代替本字。那么,借的是什么物?致的是什么知?郭沫若进一步引用相近文献以阐明之。"离经辨志,敬业乐群,博习亲师,论学取友"是《礼记·学记》中的话,意思是入学一年后要考查学生读经断句的能力并辨别他的学习志趣,入学三年后要考查学生是否专心学业并与同学和乐相处,入学五年后要考查学生是否能广泛地学习并亲敬老师,入学七年后要考查学生谈论学问和结交什

[①] 郭沫若:《"格物"解》,载刘梦溪主编《郭沫若卷》,河北教育出版社1996年版,第722—723页。
[②] 同上书,第723页。
[③] 同上书,第723—724页。

么样的朋友。郭沫若将这些内容定义为"格物",即都是"假借于物"的。而"知类通达,强立而不反"也是《礼记·学记》的话,即认为"入学九年的学生已经可以触类旁通,有独立的见解而不违反师教",这叫"物格而知致"。这样,"格物"与"致知"便通过特殊的意境呈现了自身的意涵。郭沫若最后将"格物致知"置于"格物、致知、诚意、正心、修身、齐家、治国、平天下"八条目中进行贯通,以确定"格物致知"是"假物而有知识"义。可见,郭沫若关于"格物致知"的解释,通过运用文字语言、经籍文献、思想义理等"自我认知范式"要素,从而确认"格物致知"思维路线是"物在先、心在后",也从而避免陷入唯心论。这样,"格物致知"就成了道地的唯物论范畴了。郭氏的解释可谓石破天惊,"格""假"二字通用,释"格"为借,所以"格物"就是"借物","格物"即假借于物之意。在他看来,人心只是一张白纸,要假借于物才有知识,而知识也才能达到尽头,从而坚持了唯物认识论路线。郭沫若说:"到这时候便是'万物皆备于我'(《孟子》)了;故尔'反身而诚,乐莫大焉'(同上)。到这时候,也就是《中庸》所说的'能尽其性者,则能尽物之性'了。只是思、孟是由成功而言,《大学》是由入手而言,故尔有顺有逆。假使不是假物以致知,则孟子何必主张'博学而详说'呢?《中庸》的博学、审问、慎思、明辨、笃行,也就毫无着落了。"[①] 郭沫若释"格"为"借",不仅"超越"了前人的解释,而且坚持了唯物主义路线;并罗列相关案例以说明"借物致知"的可信性,从而坐实其唯物主义的立场。因而郭沫若的解释非常清晰地反映了其"即便不含有唯物论思想的命题,也要朝唯物论方向解释"的心理倾向。但释"格"为"借"也存在获取知识程序上的困难,那就是"借"不具有思考、研究的意涵,其"知"究竟是怎样"致"的呢?郭沫若没有告诉我们答案。

"格物致知"在朱熹理学中具有重要地位,侯外庐也以唯物认知范式展开了他的理解。侯外庐认为,朱熹所讲"格物"是"尽悟事物之理",他说:"朱熹释之为'至'为'尽',所以'格物'就是完成一事之极

[①] 郭沫若:《十批判书》,《郭沫若全集·历史篇》第二卷,人民出版社1982年版,第140页。

至，如为君完成为君之极至，为臣完成为臣之极至。朱熹设喻说：'格谓至也，所谓实行到那地头，如南剑人往建宁，须到得郡厅上方是，若只要到建阳境上，即不谓之至也。'如第二节所述，一事之极至即该事本然之'理'，格物即在于印证一个极至，因此，'格'不是研究的意思，而是尽悟的意思。朱熹所谓'格物'的真义，其主要内容是'穷天理、明人伦、讲圣言、通世故'，朱熹说：'所谓格物云者，或读书，讲明义理，或尚论古人，别其是非，或应接事物而处其当否，皆格物事也。'这里并没有涉及对客观事物的认识。"[1] 因而朱熹所要尽悟的事物之"理"，不是客观事物之理，而是读书，讲明义理，论古人，别其是非，或应接事物而处其当否，等等，因而朱熹的"格物"不是关于客观事物之认识的范畴。那么，朱熹的"致知"又有怎样的含义呢？侯外庐说："主体与客体的对置还可以转换为主体的自我省察，这就钻进唯心主义认识论的深处，他说的'致知'或'致吾之知'的道理也就更清楚了。朱熹说：'大凡道理皆是我自有之物，非从外得，所谓"知"者便只是知得我底道理，非是以我之"知"去知彼道理也。'这里就赤裸裸地表现为唯我主义的直观说。"[2] 也就是说，由于朱熹主张"道理皆是我自有之物"，因而他的"致知"不是对身外客观世界的认识，而是对自我的省察，这样便陷入唯心主义认识论。至于朱熹"格物致知"的目的，侯外庐认为是遵守儒家伦理道德，他说："'物格知致'的结果即表现为'为人君止于仁，为人臣止于敬'，即朱熹称之为'和'的阶级调和的安定状态。"[3] 就是说，朱熹"格物致知"所引导的实际目的就是"君止于仁，臣止于敬，各止其所"。因此，"朱熹所谓'格物致知'是'无人身的理性'本身的复归，'物'既非客观事物，'知'也不是对客观事物的认识，其体系是一种狡猾的僧侣哲学，但居然有人说它'是有唯物论精神的'，这就不仅是令人失笑而已，我们必须警惕这种说法的意图"[4]。可见，侯外庐解释的重心在"物"和"知"，其释"物"为读书、明理、论古人，因而不是客观事物之理；释

---

[1] 侯外庐、赵纪彬、杜国庠主编：《中国思想通史》第四卷（下册），人民出版社1960年版，第640—641页。
[2] 同上书，第642—643页。
[3] 同上书，第646页。
[4] 同上书，第647页。

"知"为儒家伦理道德,因而不是关于客观事物的知识;因此,朱熹"格物致知"在认识论上属于唯心主义,在道德上是为了维护封建伦理秩序。即便是"读书穷理",侯外庐认为也是反身向内的唯心主义直觉。

4. 尽心知性

"尽心知性"出自《孟子》:"尽其心者,知其性也。知其性,则知天矣。"(《孟子·尽心上》)那么,这个命题在唯物认知范式解释下的意涵是怎样的呢?由于此命题内含三个层次,而孟子又没有做具体论证,所以给解释者留下了巨大的发挥空间。

任继愈认为,孟子所讲的"尽心知性"不仅是抽象的,而且是先验的。他说:"孟子的抽象的人性论认为人们(不论什么阶级的人)的'心'理状态、思想感情都差不多的。尽心,就是说人们能够扩充(尽)自己的心(像恻隐之心,羞恶之心……),就能认识自己的本性,人的本性先天地包含仁、义、礼、智这些道德;人们如果相信这些道德品质(知其性)不是由外面灌入的,是由人的心中自动涌现出来的,那就是认识'天'了。这是说,只要发展、扩充了每个人的四端(心),即可知性(认知自己的善性),可以认识'天命'。"① 按照这个解释,"尽心"就是"人们能够扩充自己的善心","知性"就是"认识自己的本性","知天"就是"认识天命",但"知性""知天"都是"尽心"的逻辑结果,就是说,没有"尽心",就不会出现"知性"和"知天"。而之所以这三个环节是一体的,乃是因为孟子认为所有人都有同样的"心"。不过,"尽心"是"尽善心",因而属于道德修养范畴,而不是知识论问题,"尽心"可以认识"天命",如果"天命"是"人们看来无能为力的一切现象",那就等于说孟子是将这个"人无能为力的现象"置于道德品质范围之内的。

与任继愈将"尽心知性"解释为道德修养不同,萧萐父将"尽心知性"作为知识论命题来理解。他说:"这句话表述了他的'天人合一'思想,也表达了他的认识论。孟轲认为人的'心'是'天'给予的,天赋予人以思维能力,所谓'尽心'就是尽心官能思维的特点,去发现、扩充内心固有的善端(恻隐之心、羞恶之心、辞让之心、是非之心)。他所说的'知性',就是要理解人的本质特征,这是靠内省去完成的自我认

---

① 任继愈主编:《中国哲学史》第一册,人民出版社1996年再版,第155页。

识，即通过扩充心中的'善端'，使人的本性得以显现出来。对恻隐之心的自觉，见性之'仁'，对羞恶之心的自觉，见性之'义'。所以'尽心'就能知性。孟子所说的'知天'，就是要人们懂得天命，天不仅能决定人的命运，还有'仁、义、礼、智'等道德属性。人们通过对内心'善端'的自觉和扩大，就懂得体现'天'的道德属性的人的本性，从而也就通过'知性'而懂得'天命'了。总之，认识不是从物到感觉和思想，而是开始于对自己内心和本性的探索，最后达到'知天'的目的。'知天'是人生的最高境界，是认识的完成。"① 在这段话里，"尽心"被理解为"尽心官能思维的特点，去发现、扩充内心固有的善端"，"知性"被理解为"通过扩充心中的'善端'，使人的本性得以显现"，"知天"被理解为"通过对内心'善端'的自觉和扩大，就懂得体现'天'的道德属性的人的本性"。因此，"尽心知性"所走的不是从感觉到思想的路线，而是通过对内心和本性的探索达到知天的目的，而"知天"是认识的完成，因而只能是"唯心主义的认识路线"。

张岂之认为，由于孟子的心、性是一个东西，所以"尽心""知性"也是一回事，即都是仁、义、礼、智等封建道德。他说："孟子讲的心、性指善心、善性。心与性实际是一回事。尽心、知性是保持、发展善心、善性，实际也是一回事。他认为仁、义、礼、智等封建道德是人心固有的，不虑而知，不学而能，叫良知、良能。"② 在张岂之看来，"尽心""知性"就是保持、发展善心、善行，也就是保持、发展仁、义、礼、智等封建道德。而"知天"是一种颠倒了的现实主义，因为在孟子那里，"天命"虽然决定着"天下有道"或"天下无道"，但实际上"天命"不过是"人事"的代言，所以本质上还是强调、肯定人事的作用。张岂之说："孟子的知天是一种颠倒着的现实主义。他说天命主宰个人遭遇，实际上是给个人遭遇挂上天命的旗号；说天命决定着'天下有道'与'天下无道'，实际是给不同政治现状挂上天命的旗号。……表面讲天命主宰人事，实际上无异说：人事是什么样子，天命就是什么样子。这样，天命

---

① 萧萐父、李锦全主编：《中国哲学史》（上卷），人民出版社1997年再版，第147页。
② 张岂之主编：《中国思想史》，西北大学出版社1989年版，第105页。

只保留了权威的名字,实际起作用的还是人事。"① 因此说,孟子"尽心知性"一方面内含着强调人的主观能动性的思想;另一方面过分夸大了人的主观能动性,而且这种能动性只向内心用功,所以是片面的。张岂之说:"尽心、知性、知命作为孟子世界观的几个环链,其出发点和归宿都在于强调人的主观精神的作用,肯定人的作为,实际内容是'四德'、'五伦'的封建道德意识。把人的主观能动性提高到道德境界,主张人的积极有为的活动,这是孟子思想的特色,它对中国古代文化有着深远的影响。但是当他把这一点过分夸大,认为只要反求诸己,专心致志地向内心追求,就会得到一切,从而精神上获得极大的幸福和快乐,'万物皆备于我矣,反身而诚,乐莫大焉!'(《孟子·尽心上》)这就夸大了道德意识的作用。"② 可以看出,张岂之对于这个命题的解释是极为深刻的,他不仅揭示了此命题所蕴含的主观能动性,而且能辩证地理解"天命"的内涵,从而能够对此命题的主观能动性意涵作出较全面、较客观的评论。

5. 形质神用

"形质神用"出自《神灭论》:"形者神之质,神者形之用。是则形称其质,神言其用。形之与神,不得相异也。"(范缜《神灭论》)"形质神用"是中国哲学史上少有的涉及肉体与灵魂关系的命题。那么,在以唯物认知范式为坐标与方法的理解实践中,它所表达的是什么意涵呢?

侯外庐认为,"形质神用"属于唯物主义一元论命题。他说:"这种观点,无疑地是唯物的一元论。此所谓唯物的一元论,就是说只有形骸是基本的存在,人的精神和灵魂,只是形体所发生的一种作用,或从属于形体的一种性质,根本不能离开形体而独立存在。……根据上述唯物的一元论的命题,依逻辑推论,就可以说,宇宙间只有物质是基始的存在,精神则是物质的属性,或物质的作用,根本不能离开物质而独立存在。这样,就成了唯物主义的世界观。这种世界观,对于范缜的体系来说,是他的无神论的理论的基础。我们前面说,范缜的《神灭论》,不但是无神论著作,而且也是唯物主义文献,正是此义。"③ 就是说,"形质神用"的根本

---

① 张岂之主编:《中国思想史》,西北大学出版社1989年版,第107—108页。
② 同上书,第109页。
③ 侯外庐、赵纪彬、杜国庠主编:《中国思想通史》第三卷,人民出版社1957年版,第383页。

思想是将人的精神视为形体发生的一种作用，属于形体的一种性质，不能离开物质而存在，所以是唯物主义世界观，而这正是他的无神论基础。

冯契对"形质神用"做了更为细致、深入的解释，他认为范缜是运用唯物主义的"质用"统一原理来解决形神关系的。冯契说："《神灭论》讲质用统一，也就是'体用不二'的意思。它以为实体（体）即质料因（质），而作用（用）即实体的自己运动，或者说是质料（质性）的自然表现。范缜运用这样的观点来阐述'形神'关系问题，指出：一方面，形是质料因、实体，神是作用；'用'依存于'质'，精神不能离开形体而独立存在。这是第一性、第二性的关系。另一方面，'形神相即'，'形神不二'，精神就是特定的形体（人体）的自己运动、自然表现。这是辩证法思想。"① 就是说，范缜的"质用统一"不仅正确地解决了物质与精神谁先谁后的问题，而且将精神理解为特定形体的自我运动，从而具有了辩证法思想。正因为"形质神用"具有了这样的基本观点，其理论上便有积极的表现：其一，以"形神不二"的观点反对了形神分离的观点。冯契说："范缜用'形质神用'的观点说明'形神不二'，指出形与神并不是具有外在关系的两个东西，因而可合可分，而是'名殊体一'，根本不得相异。这样，范缜就反对了以为'形神'可以割裂、神可以离形而不灭的唯心论与二元论。"② 既然"形神不二"，那么，"神"就不能离开"形"而存在，从而批驳了神可以离形而不灭的唯心论与二元论。其二，"形质神用"正确说明了人类精神活动的生理基础。冯契说："范缜还用'形质神用'的观点来说明人的精神活动的生理基础。在生理学上，'质用'关系即是生理结构和功能（包括心理的功能）的关系。他把人的统一的精神活动分为两部分，一是感觉痛痒的'知'，即知觉；一是能判断是非的'虑'，即思维。他说'浅则为知，深则为虑'（《神灭论》），以为知觉属感官而思虑属心器。"③ 既然"神"是以形质为基础、为前提，而形质包括心理与生理，因而"形质神用"就意味着人的精神必须以生理和心理为基础。不过，这并不意味着"形质神用"命题没有缺陷，冯

---

① 冯契：《中国古代哲学的逻辑发展》（中），华东师范大学出版社1997年版，第238页。
② 同上。
③ 同上书，第241页。

契说:"他简单地把'形神'关系说成是精神依赖于肉体,而没有认识到意识从一开始就是社会实践的产物,因而不可彻底战胜唯心论。这是马克思以前的旧唯物主义者的共同的局限性。"① 就是说,"形质神用"论并没有思考到精神的社会实践根源。应该说,冯契的这一批评是准确、深刻的。当然,这个缺点并不能抹杀"形质神用"在中国哲学史上、无神论史上积极价值:"尽管如此,范缜对'形神'之辩所作的朴素唯物主义的总结,是中国古代哲学史上杰出的成就之一。一切唯心论、神学都有一个基本特征,认为精神可以脱离物质而独立存在,于是虚构出一个脱离现实的彼岸世界或精神本体,并把物质世界说成是精神的产物。"②

6. 万物一体

"万物一体"出自王阳明的《传习录》:"夫圣人之心,以天地万物为一体,其视天下之人,无外内远近,凡有血气,皆其昆弟赤子之亲,莫不欲安全而教养之,以遂其万物一体之念。"(《传习录·答顾东桥书》)那么,在以唯物认知范式为坐标与方法的理解实践中,将有怎样的意涵呈现呢?

张岱年说:"这些话中,也包含有要求统治集团对人民的生活予以照顾的意义。但他所谓'生民'、'斯民',主要还是指地主阶级成员而言。他标榜万物一体,主要是企图缓和各阶级之间的矛盾,以稳定封建统治秩序。王守仁讲万物一体,却又反对爱无差等。'惟是道理自有厚薄。比如身是一体,把手足捍头目,岂是偏要薄手足?其道理合如此。禽兽与草木同是爱的,把草木去养禽兽,又忍得。人与禽兽同是爱的,宰禽兽以养亲与供祭祀、燕宾客,心又忍得。……《大学》所谓厚薄,是良知上自然的条理,不可逾越。'(《传习录》下)其实这所谓'自然的条理'不过是地主阶级利益的反映而已。'把手足捍头目'一句更是明白地要求一般人民为统治者而牺牲。这种思想的阶级性是明显的。"③ 在张岱年看来,王阳明的"万物一体"是最高的道德标准,具有同情人民的意义;但王阳明的"斯民""生民"只是指统治阶级,因而标榜"万物一体"主要

---

① 冯契:《中国古代哲学的逻辑发展》(中),华东师范大学出版社1997年版,第241页。
② 同上。
③ 张岱年:《张岱年全集》第三卷,河北人民出版社1996年版,第373—374页。

是企图缓和各阶级之间的矛盾，以稳定封建统治秩序；而强调爱有差等，所谓"用手足捍头目"的意思就是牺牲老百姓利益以保护统治阶级利益。应该说，张岱年不仅理解到"万物一体"的普世性，也理解到它的特殊性，但无论是普世性还是特殊性，都是因为它的阶级性。张岱年不仅洞察到"万物一体"的阶级性，而且发现了这个命题的神秘主义性质，因而他提出了三项诘难："第一，我觉得与万物为一体，但万物并不觉得与我为一体。我的这种经验岂不只是主观的、虚幻的？第二，我觉得与万物为一体，我可以得到一种快乐。但于万物究有什么实益呢？万物之状态会因为我觉得与万物为一体而变得好一点吗？第三，我觉得与万物为一体，但万物中有许多不好的东西，秽恶可厌之物甚多；我既与万物为一体，则此类秽恶可厌之物亦在内，我假若想到我与这些不好的东西也合一，还好吗？……万物一体的境界，自也有好处，让人心境扩大，让人不为目前的小烦苦所缚所困，让人充满好生的仁意。然而此外更无了不得的什么。要之，一切神秘经验不足以为人生最高境界。"① 不过，张岱年这一分析并非十足的辩证唯物主义。我们说，王阳明的"万物一体"本来就是主体人的一种宇宙观，是主体对自我在认识、处理与自然万物关系时的一种主张，这并不是主观的、虚幻的；"万物一体"内含有宇宙万物是一生命有机体之观念，如能将此观念付诸实践，万物即可生态地存活；万物中的确有许多污秽的东西，但"万物一体"所讲是人与天地万物和谐、生态相处，人的生命与自然生命一体，并不是说将污秽可厌之物包容其中。强调爱有差等也是儒家本有的思想，如"老吾老以及人之老，幼吾幼以及人之幼"，因此，对于儒家而言，讲"万物一体"以倡导普遍的爱和爱有差等的思想是不矛盾的，因为普遍的爱与等同的爱是不一样的。此外，王阳明是哲学家、思想家，虽然他有阶级身份，但他关注社会问题不会完全从阶级利益出发，而会从全民利益出发，因为只有从全民利益出发才可能提出有助于提升社会的思想或观念，所以，王阳明的"斯民""生民"不能说只是指统治阶级，这样会将王阳明思想的普遍性特征、积极性意义狭隘化并消解掉。

任继愈的解释似乎走得更远，他将"万物一体"理解为彻头彻尾的

---

① 张岱山：《张岱年全集》第一卷，河北人民出版社1996年版，第81—82页。

阶级理论。他说:"所谓天下犹一家,中国犹一人,是说使人人做到父慈子孝,兄友弟恭,夫妇有别,君臣有义,不使一个人发生违背封建伦理教条的行为。他又说:'仁者以天地万物为一体,使有一物失所,便是吾仁有未尽处。'(《传习录》上)大人就是要把自己的仁推到天下每一个人,不使一人一物失所。……这些正是历代封建正统学者所强调的'亲亲仁民'的虚伪原则,并没有什么新内容,这里头没有什么平等精神或什么普遍的爱,它完全是为封建压迫的合理性提供理论根据的。"① 在任继愈的观念中,"万物一体"论是虚伪的,完全是为封建压迫的合理性服务的。任继愈还将"万物一体"论与镇压农民起义结合起来,认为对农民起义的镇压正是"万物一体之仁"的体现。任继愈说:"他(王阳明)对农民起义进行的残酷镇压也是成全他的'天地万物一体之仁',不使'一物失所'。因为站在地主阶级立场上看,农民起义是大不仁的。这些说明,他在哲学上的主观唯心主义,正是为政治上的反动统治服务的。"② 如此说来,"万物一体"是一彻头彻尾的统治阶级剥削被统治阶级的反动学说,哪来的人文关怀?

沈善洪、王凤贤对"万物一体"的理论基础持否定态度。王阳明说:"是故见孺子之入井,而必有怵惕恻隐之心焉,是其仁之与孺子而为一体也;孺子犹同类者也,见鸟兽之哀鸣觳觫而必有不忍之心焉,是其仁之与鸟兽而为一体也;鸟兽犹有知觉者也,见草木之摧折而必有悯恤之心焉,是其仁之与草木而为一体也;草木犹有生意者也,见瓦石之毁坏而必有顾惜之心焉,是其仁之与瓦石而为一体也。"(《大学问》)就是说,"仁"(恻隐之心)是万物一体的载体和基础。但沈善洪、王凤贤不能认同这种观点,他们说:"这真是愈说愈荒唐。'见瓦石之毁坏'而引起'顾惜之心'之类,不过是客体作用于认识主体所产生的一种感情作用,怎么谈得上主体和客体'一体'呢?只有虚构一个能统率万物的'仁'、'良知',来论证所谓的'万物一体'。"③ 就是说,恻隐、顾惜之心只是客体作用于认识主体产生的情感,根本不能成为"万物一体"的基础。因此,

---

① 任继愈主编:《中国哲学史》第三册,人民出版社1997年再版,第314—315页。
② 同上书,第315页。
③ 沈善洪、王凤贤:《王阳明哲学研究》,浙江人民出版社1981年版,第59页。

如果一定要说"仁"使万物成为一体,那就是蛮不讲理了。因而"万物一体"的性质只能是这样:"王阳明把一整套封建政治伦理原则,统统硬塞到整个宇宙中去了。这比张载在《西铭》中,把整个宇宙比附为一个大家庭的说法,要更为具体的多。但是,在错误前提下,愈是具体愈是荒谬。王阳明这样具体化的结果,使'万物一体'论的荒谬性,更加明显地暴露出来了。试想把'明明德'、'亲民'这类原则硬套到山川、草木等自然物上去,除了蒙昧主义,难道还能有其他解释吗?"[①] 这样,主观主义、自然主义、蒙昧主义、唯心主义等成了沈善洪、王凤贤慷慨地送给王阳明的四顶高帽子。

综合张岱年、任继愈、沈善洪等的理解,其要点有:"万物一体"主观上是为统治阶级服务的,客观上对人民有些益处;"万物一体"是镇压人民的工具,因为农民起义被视为"不仁";"仁"是主观对客观的反映,所以不能成为"万物一体"的基础;"万物一体"就是将政治伦理原则自然化,而成为蒙昧主义;等等。非常清楚,这些分析与结论都是唯物认知范式的应用,但很难说是成功的应用。

7. 知行合一

"知行合一"出自《传习录》:"知之真切笃实处即是行,行之明觉精察处即是知,知行功夫本不可离,只为后世学者分作两截用功,失却知行本体,故有合一并进之说,真知即所以为行,不行不足谓之知。"(《传习录中·答顾东桥书》)那么,在以唯物认知范式为坐标与方法的理解实践中,"知行合一"含义该是怎样的呢?

张岱年认为,王守仁的"知行合一"学说基本上是一种关于知行问题的唯心主义解释,但其中也包含了某些唯物主义的因素。张岱年将"知行合一"分为四层意义:"(一)行是知的条件。他认为行是达到取得知识的途径,行是知的基础。……(二)行是知的完成。他又认为行是认识的目的,是认识的终结。……(三)知、行是一事的两方面。……知、行只是一个过程,在这个过程中,切实用力的方面叫做行;认识理解的方面叫做知,两者是不可分的。(四)动机即是行为。王守仁断言知行

[①] 沈善洪、王凤贤:《王阳明哲学研究》,浙江人民出版社1981年版,第60页。

本来没有区别，动一念、起一意就是行为。"① 进而分析说："在知行合一的四层含义中，第一层与第二层的意义是包含了唯物主义的因素的。王守仁指出了行为对于认识的重要，认为只有'身亲履历'才能知'路歧之险夷'，只有'服劳奉养'才能知孝，只有'张弓挟矢'才能知射，这都是正确的说法。但王守仁知行合一学说的中心意义却在第四层意义。在这一层意义中，他模糊了行的含义，以为行不一定是身体的活动，一切思念活动都是行，这实际上等于抹煞了行。在这里，他所谓行，只是主观唯心主义所可能承认的行，即在'心外无事'、'心外无物'的前提下的所谓行。这样，他的知行合一学说，也就只能是唯心主义的观念了。"② 张岱年之所以认为第一、第二层意义包含了唯物主义因素，是因为这两层意义都强调了"行"是"知"的基础和目标，符合马克思主义认识论原理，而第四层意义"一念发动处便是行"，则明显混淆了知、行关系，收"行"以归"知"。不过，由于王阳明的本体论是"心外无物"，因而他的"知行合一"只能在"心"中进行，这也就意味着没有客观意义上的"知行合一"，而只有观念上的"知行合一"，所以从根本意义上说，王阳明的"知行合一"是唯心主义的。

在理解王阳明"知行合一"命题时，方克立比较注意结合"心即理"进行，他指出："王阳明的知行合一说即建立在'心即理'的基础上，是他的'心学'的一个组成部分。所以他说：'君子之学，惟求得其心，虽至于位天地，育万物，未有去于吾心之外也。……心外无事，心外无理，故心外无学'（《紫阳书院集序》），所谓知行合一，无非是在'吾心'之中'合一'，心外无知，心外无行。"③ 也就是说，"知行合一"论是根据"心即理"这一核心观念展开的，它的思想内涵与"心即理"相呼应，即"知行合一"是"心"中的合一。从内容上看，王阳明"知行合一"中的"知""行"不是认识论意义上的。方克立说："王阳明所说的'知'和'行'，都不是从一般意义上去了解，这在方法论上很重要。王阳明所说的'知'就是'良知'。……它是指天赋道德观念，具体说就是指

---

① 张岱年：《张岱年全集》第三卷，河北人民出版社1996年版，第370页。
② 同上书，第371页。
③ 方克立：《中国哲学史上的知行观》，人民出版社1982年版，第200页。

'孝'、'弟'、'忠'、'信'等封建道德规范，而不是一般认识论上的'知'的概念。王阳明所说的'行'，更不是一般所说的'行'或'实践'，而是所谓'致良知'即排除人心之私欲间隔，使纯乎天理的良知得以自然发用流行，以实现上述封建道德原则。"① 就是说，王阳明"知行合一"中的"知"和"行"是道德伦理意义上的"知"和"行"。从辩证法角度看，王阳明的"知行合一"混淆了知、行关系，抹杀知、行差别，因而所谓"合一"，只是形而上学的"合一"，不是辩证法的"合一"。方克立说："不论是混知为行，还是混行为知，都是抹煞知和行的界限，主观和客观的界限，否认它们之间的差别、矛盾和相互转化。王阳明的结论是：知即行，行即知，即知即行，即行即知。这种所谓'知行合一'，不是矛盾双方的对立统一，而是形而上学的等同或同一。"② 从认识与实践关系看，王阳明的"知行合一"取消了二者的差异，将"实践"融化于"认识"中。方克立说："这些都是强为分说知行，把它们当作观念上的不同层次，其实它们是一体相连、不可分离的，在内容上互相包含，在时间上无先后可分。二者本来就是一回事，'只说一个知，已自有行在；只说一个行，已自有知在'。混淆知和行的概念，抹煞二者质的区别，是王阳明论证'知行合一'的基本手法；而他的真正目的在于合行于知，销行归知，完全否定行的客观性及其在认识过程中的决定作用。"③ 为什么说"知行合一"混淆了"知"和"行"的概念、抹煞了二者质的区别呢？因为"知"是观念的，"行"是实践的，"知"是指导"行"的，"行"是实现"知"的，它们的内容、功能和性质完全不同。为什么说"知行合一"否定了"行"的客观性及其在认识过程中的决定作用呢？因为"行"被"知"化了，被观念化了，但"行"本来是认识活动中的主宰者。因此，王阳明的"知行合一"不仅在理论上是错误的，而且在实践上是反动的。方克立说："王阳明的知行合一说，作为一种维护和发扬封建道德的学说，它的内容是十分反动的。如果把这种理论说成是讲认识和实践的对立统一关系，那就根本错了。当然，这种理论也有它一般认

---

① 方克立：《中国哲学史上的知行观》，人民出版社1982年版，第205页。
② 同上书，第204—205页。
③ 同上书，第202页。

识论的意义，那就是以知为吾心先天固有之本体，以行为知的作用和产物，合行于知的彻底主观唯心主义的先验论。在认识的来源和真理的标准等问题上，它都没有讲出任何道理来，只是极端唯心主义的武断。"① 因而如果说"知行合一"有所谓理论意义，那仅限于"经验教训"。应该说，方克立的分析比较系统、比较深入，唯物认知范式应用得比较透彻。他认为，"知行合一"是内心的"知、行合一"，这是由王阳明"心外无物"的主观唯心论所决定的；王阳明混淆"知"与"行"，抹杀二者的差别，否认"行"的客观性；王阳明的"知"即"良知"，"行"即"致良知"，因而不是对立统一的"知行合一"，而是形而上学的"知行合一"；而由于王阳明的阶级身份，又决定了"知行合一"论在政治上的反动性，是服务于封建政治的，而在认识论上没有"主观见之于客观的东西"之内涵。无疑，这些结论都是在唯物认知范式指导下取得的。但显然，王阳明"知行合一"的哲学意蕴远不能以此为限。

8. 理势合一

"理势合一"出自王夫之《读四书大全说》："'小德役大德，小贤役大贤'，理也。理当然而然，则成乎势矣。'小役大，弱役强'，势也。势既然而不得不然，则即此为理矣。……言理势者，犹言理之势也，犹凡言理气者，谓理之气也。理本非一可执之物，不可得而见；气之条绪节文，乃理之可见者也。故其始之有理，即于气上见理；迨已得理，则自然成势，又只在势之必然处见理。"（《读四书大全说》卷九）那么，这个命题在以唯物认知范式为坐标和方法的理解实践中有怎样的意涵呢？

任继愈认为，王夫之的"势"，是历史发展的趋势，而"理"是历史发展的规律，因此，"理势合一"的提出表明王夫之试图寻找历史发展的规律。任继愈说："他（王夫之）试图寻找历史发展的不以人的意志为转移的规律，他把历史发展的趋势叫做'势'，把历史发展的规律叫做'理'，提出'在势之必然处见理'，'势既然而不得不然，则此为理矣'（《读四书大全说》卷九）历史发展有其必然的趋势和规律。他的历史观是一种发展观，是和复古主义相对立的。"② 任继愈显然认为这种历史观具有进

---

① 方克立：《中国哲学史上的知行观》，人民出版社 1982 年版，第 206 页。
② 任继愈主编：《中国哲学史》第四册，人民出版社 1996 年再版，第 66 页。

步意义。任继愈对王夫之"理势的统一为天"说也给予了肯定评价,认为历史人物的动机毕竟是偶然的,而这种偶然的作用也只有与历史发展的趋势相符合才能发生积极意义。任继愈说:"他(王夫之)所说的'天'不是唯心主义所说的有人格的'天',而是一种巨大的自然力量,一种不可抗拒的必然趋势。他说'势字精微,理字广大,合而名之曰天'(《读四书大全说》卷九),所谓'天'就是'势'和'理'的统一。所谓'天假其私以行其大公',就是认为历史发展的趋势是必然的,而某些历史人物的动机对历史的发展起了作用则是偶然的。"① 不过,王夫之虽然努力寻找主观动机背后的根本原因,但他并没有真正找到社会历史的动力,仍然没有接触到社会历史的本质。任继愈说:"王夫之的贡献在于他认为人的主观动机之后还有应当加以深究的别的动力,但是他并不能从历史本身去寻找这种动力,而是归结为'天'的力量,而这种力量是'存乎神之不测'的,这就是说'势'和'理'怎样具体体现于历史发展中的,他并没有找到。因此,他仍然没有接触到社会历史的本质。……他在自然观上是唯物主义的,而在历史领域仍然陷入唯心主义。"② 所谓在自然观上表现为唯物主义、在历史观上却陷入历史唯心主义的判断自是唯物认知范式的注脚。

张岂之首先肯定了"势"概念的进步意义,他说:"对于历史的进化,王夫之猜测到其中的内在的规律性,他称之为'势'。王夫之分析一些历史现象,如郡县制代替'封建'制、北宋的覆亡等等,都指出是'势之所趋'。这种用'势'来解释历史演变的观点,可以说是从古代进步思想家王充、刘知几、柳宗元等人身上继承而来。"③ 用"势"这种历史内在规定性解释历史的演变是历史观上的传承。对于"理",张岂之分析说:"王夫之所说的'理'有两层意思,其一是指社会历史本身的规律性,其二是指合乎规律的行动才是合理的。这里他对理学的批评,从自然观一直伸展到社会历史领域,认为历史是有规律可循的进化过程。这些地方,表现出他的历史观的合理因素。"④ 即认为王夫之的"理"既指社会

---

① 任继愈主编:《中国哲学史》第四册,人民出版社1996年再版,第67—68页。
② 同上书,第68—69页。
③ 张岂之主编:《中国思想史》,西北大学出版社1989年版,第885页。
④ 同上书,第886页。

发展规律性，又指合乎规律的行为，肯定历史有规律可循而不是杂乱无章的。不过，王夫之对社会历史的认识仍然是肤浅与混乱的，张岂之说："王夫之对于历史规律的看法，是猜测性的；同他对历史进化的看法一样，他认为历史的'不易之理'首先是'君臣之分'，与此相符者就成为'势之便'和'理之顺'。由此可见，王夫之虽然承认历史本身有其规律，它表现为历史的客观趋势，而且在某些问题的分析和说明上具有合理的因素，但他并不懂得什么才是历史的规律性，当他把封建主义的统治及其道德观念视为'不易之理'，便在实质上又走入了历史唯心论。"① 王夫之将封建主义统治及其道德观念视为不变的"理"，可见其在社会历史问题的认识上仍然是唯心主义的。

综合言之，任继愈、张岂之关于"理势合一"的理解约可归纳如下：第一，探讨了历史发展趋势与历史发展规律的关系，对于认识和把握历史规律具有积极意义；第二，通过"势"解释了社会历史演变的原因，推进了对社会历史变化发展根源的认识；第三，否定了个人意志和复古主义，强调了社会历史发展的客观性与进化性；第四，但王夫之将"不易之理"视为"君臣之分"，这说明王夫之对"势"与"理"内涵的认识并没有接触到社会历史的本质，在历史观上仍然表现为唯心主义。

9. 学而不思则罔，思而不学则殆

这个命题出自《论语》："学而不思则罔，思而不学则殆。"（《论语·为政》）那么，在以唯物认知范式为坐标与方法的理解实践中，这个命题会表现出怎样的意涵呢？

侯外庐指出："学与思在孔子知识论中是重要的部分，这里包含着唯心主义和唯物主义的二元论。"② 为什么说这个命题包含了唯心主义与唯物主义二元论呢？从"思"而言，"思是形而上学超乎感觉的体悟：'孔子曰：君子有九思，视思明，听思聪，色思温，貌思恭，言思忠，事思敬，疑思问，忿思难，见得思义。'（季氏）……视、听、说、貌，是属于感觉的东西，言、事、疑、忿、见得，是属于经验的东西，这两组东西

---

① 张岂之主编：《中国思想史》，西北大学出版社1989年版，第886页。
② 侯外庐、赵纪彬、杜国庠主编：《中国思想通史》第一卷，人民出版社1957年版，第163页。

和物质世界的接触，都首先要凭恃先天的'九思'范畴。所谓'默识'、'近思'在孔子学说中不单是指理智，而是理智与情操的统一，因而视听等九类的复杂的行为，就要服从于先天的范畴。这样讲来，孔子的认识论是唯心主义的"[1]。侯外庐从《论语》中摘取关于"思"的文献进行分析，认为在《论语》中，视、听、说等感觉，言、事、疑等经验，都服从于"思"，所以是唯心主义的。但从学看，则是唯物主义的。侯外庐说："什么是'学'的内容？第一，孔子是'博学多能'、'好古敏求'、'述而不作'、'十五志学'的人，从这一点讲他无疑地重视了后天的学。……第二，如果不从全面来考察，单就这些话而论，他的'学而时习之'的命题好像是唯物主义的。"[2] "学"是博学多能、好古敏求，都是后天的活动，当然是唯物主义的。因此，不能不研究孔子所学的内容。侯外庐说："这内容一句话讲来就是'学古'，分言之，是诗、书、礼、乐的制度与道理，尤其是道理。……'不学诗，无以言。不学礼，无以立。'（季氏）……这样看来，孔子虽然把'好学'提到重要的地位，但他说的学是'好古敏以求之'的东西，并且是根据西周的传统文化而求出道理的东西。他主张不但要学'往古'，而且肯定在学往古之中能知道现今。这显然不是唯物主义观点了。"[3] 既然孔子"学"的内容是"学古、好古、敏古"，而不是生活实践，不是客观事物，那当然不能说是唯物主义的。

不过，张岱年却认为这个命题具有唯物主义因素。他指出："在认识论方面，孔子曾经提出一些有唯物主义倾向的论点。他说明了'学'与'思'的相互联系，并且指出，学是比较根本的。'学'是学习与经验，其中包括感性认识与从别人学来的知识。'思'是思维，也即推理活动。孔子说过：'学而不思，就全无心得。思而不学，将困殆而无结果。'（《论语·为政》。原文是：'学而不思则罔，思而不学则殆。'）学问与思维是必须并用的，但是二者之中学是比较根本的。孔子更讲道：'我曾经整天不吃饭，整夜不睡眠，专心思维，结果毫无益处，不如学习啊！'

---

[1] 侯外庐、赵纪彬、杜国庠主编：《中国思想通史》第一卷，人民出版社1957年版，第164页。

[2] 同上书，第164—165页。

[3] 同上书，第165页。

(《论语·卫灵公》。原文是:'吾尝终日不食,终夜不寝,以思,无益。不如学也。')他根据亲身的经历,深切地说明了学的重要性。孔子肯定了学的重要,所以他注重'多见'、'多闻'(《论语·述而》)。'见'是直接的经验,'闻'是听取别人的言语议论。应该承认,孔子是看重感性认识的。他的学说对于唯物主义的认识论有一定的贡献。"① 在张岱年看来,"学"是经验,"思"是思维,因而它包含了感性认识与理性认识的关系,而主张"学"是基础性的,就是重视感性认识的基础意义,表明这个观念符合唯物主义认识论。

任继愈则完全从感性认识与理性认识的关系理解这个命题,他说:"如果只死记一些知识,而不通过思维过程加以消化,这样学来的东西只能是抽象的理解。如果只用思考,不注意吸取新的知识,那就会白费力气,毫无所得。孔子谈到自己学习的体会时说:'吾尝终日不食,终夜不寝,以思,无益,不如学也。'(《论语·卫灵公》)思与学有辩证的关系,两者之中,学是主导的,只有通过学习才可以避免许多可能发生的偏差。"② 在任继愈看来,这个命题内含有"二者互相依赖,'学'更为根本"的观念,从而正确地解决了感性认识与理性认识的关系,因而属于唯物主义认识论命题。

第二节 唯物认知范式与哲学特点和系统

唯物认知范式的应用,不仅表现在对中国传统哲学概念的认知和理解上,也不仅表现在对中国传统哲学命题的认知和理解上,而且表现在对中国传统哲学特征和系统的认知和理解上。那么,以唯物认知范式为坐标与方法的理解实践中,中国传统哲学的特征与系统有怎样的呈现呢?

一 唯物认知范式视域下的哲学特点

关于中国传统哲学特点的探讨,与西方哲学的进驻有着密切关联,西方哲学进驻中国之前,中国传统哲学之特点并没有成为问题。由于有了西

---

① 张岱年:《张岱年全集》第四卷,河北人民出版社1996年版,第15—16页。
② 任继愈主编:《中国哲学史》第一册,人民出版社1996年再版,第83页。

方哲学这个坐标，中国学者才发现中国传统哲学与西方哲学不同，于是便有了关于中国传统哲学特点的关注与讨论。像严复、王国维、胡适、熊十力、冯友兰等都是较早思考或探讨过中国传统哲学特点的思想家。作为西方哲学思潮之一的马克思主义哲学进入中国之后，也成为中国学者认知和理解中国传统哲学特点的参照与方法。这里罗列部分案例以资考察分析。

1. 内容意义上的特点

张岱年曾多次讨论到中国传统哲学的特点，比如在《中国古典哲学的几个特点》（1957）一文中，他将中国传统哲学的特点概括为四个方面："第一，本体与现象统一的观点；第二，生活与思想一致的传统；第三，在唯物主义方面，唯物主义与辩证观念相互结合的传统；第四，生死自然的观点与无神论在哲学发展中的深刻影响。"[1] 体用关系是哲学的一个基本问题，中国传统哲学是否讨论到了这一问题呢？张岱年做了肯定回答。道家讨论了这个问题，如《庄子·知北游》云："惛然若亡而存，油然不形是神，万物畜而不知，此之谓本根。"这就是"本根是无形无状的存在，是万物生存变化的基础"[2] 的意思。魏晋玄学讨论了这个问题，如何晏《道论》云："有之为有，恃无以生；事而为事，由无以成。"这就是"'无'是最根本的，而'有'是依靠'无'而存在"[3] 的意思。宋明理学也讨论了这个问题，如程颐说："至微者理也，至著者象也。体用一源，显微无间。"（《易传序》）程颐还说："至显者莫若事，至微者莫若理，而事理一致，微显一源。"（《遗书》卷二十五）张岱年的理解是："二程认为理是事物的根源，理是深微的，是体；事物是显著的，是用。而事与理、体与用，是相互统一的。"[4] 如朱熹说："盖自理而言，则即体而用在其中，所谓一源也。自象而言，则即显而微不能外，所谓无间也。"（《答汪尚书》）如王阳明说："即体而言，用在体；即用而言，体在用。是谓体用一源。"（《传习录》卷上）张岱年的理解是："程朱学派与王阳明所讲的'体用一源'，在本质上是唯心主义的思想。程朱以为'体'是理，王阳明以为'体'是心，都认为本体是非物质性的。然而他

---

[1] 张岱年：《张岱年全集》第五卷，河北人民出版社1996年版，第124页。
[2] 同上书，第125页。
[3] 同上。
[4] 同上书，第126页。

们都强调了本体与事物的密切联系。他们虽然以为本体是理或心,却又肯定了理或心与事物现象之间的联系。我们可以说,他们在这一点上对于唯物主义做了一定程度的让步。"① 王夫之也讨论了这个问题,王夫之说:"天下之用皆其有者也,吾从其用而知其体之有,岂待疑哉?用有以为功效,体有以为性情。体用胥有而相需以实。"(《周易外传》卷二)张岱年做了这样的理解:"王船山所谓体用与程朱及王阳明所谓体用,意义不同。王船山所谓体基本上就是我们今日所谓本质;他所谓用是本质的表现,也就是现象。"② 不难看出,根据张岱年的理解与分析,"本体与现象统一"不仅在道家庄子思想中有表现,在玄学家何晏、理学家朱熹、心学家王阳明、气学家王夫之等的思想中都有表现,当然可以认为是中国传统哲学的一个特点。难能可贵的是,张岱年不仅指出了王夫之的观点与程朱、王阳明的观点在性质上存在差别,而且揭示了它们内容的不同。这说明张岱年对唯物认知范式的应用不仅是非教条的,而且是深刻的。

"生活与思想的一致"何以成为中国传统哲学的特点呢?张岱年认为这个特点在中国传统哲学中也很普遍。比如,孔子说:"故君子名之必可言也,言之必可行也。君子于其言,无所苟而已矣。"(《论语·子路》)张岱年如此理解:"'可行'为言的标准,所谓'可行'的言论就是从现实生活中出发的,而不是全然脱离实际可能的空谈。"③ 墨子说:"言足以迁行者,常之,不足以迁行者,勿常。不足以迁行而常之,是荡口也。"(《墨子·贵义》)张岱年如此理解:"所谓'举行'即是提高行为,所谓'迁行'即是改善行为。一切言论都必须有改善提高行为的作用。"④ 就是说,中国传统哲学中"生活与思想的一致"也表现为"知行的统一",因而无论是程朱的"先知后行",还是王阳明的"知行合一",抑或王夫之的"行先知后",都承认知行一致。这表明朱熹、王阳明、王夫之都主张"生活与思想一致"的观点。张岱年进一步分析说:"古典哲学家所谓言,所谓知,所谓行,都有其阶级局限性。他们的行为基本上是维持统治阶级利益的行动,他们的生活是具有阶级特点的生活;他们的学说言论在基本

---

① 张岱年:《张岱年全集》第五卷,河北人民出版社1996年版,第127页。
② 同上。
③ 同上书,第129页。
④ 同上。

上反映了统治阶级的要求。然而，我们是否可以因此就否认其知行统一观点有积极的意义呢？显然不可以的。假如因为过去哲学家的学说观点具有阶级局限性就一律否认其中包含有价值的东西，那就要走向对于民族文化的虚无主义了。中国古典哲学家着重言的'可行'，于是就注重生活的实际；因为注意生活的实际，就有可能观察到民间的疾苦；于是在一定条件之下也就有可能突破统治阶级特殊利益的圈子，而能够领会到人民的一些迫切要求；于是就有可能提出一些相对地反映人民愿望的主张来。从这一点来说，言行一致与知行相关的观点就更有其深刻的积极意义了。"① 不能不说，张岱年对于"生活与思想的统一"特点的分析与理解不仅完全体现了唯物认知范式的原理与精神，而且将这种原理应用到了很高的境界。

"唯物主义与辩证观念相互结合的传统"何以成为中国传统哲学的特点？张岱年说："《老子》以'有物混成'的'道'为天地之所从出，建立了唯物主义的宇宙观，他所谓道的观念包含了存在与过程相互统一的辩证观点。老子更提出：'反者道之动'的学说，他敏锐地指陈了'有无相生，难易相成'、'物或损之而益，或益之而损'等等客观辩证规律。《易传》对于阴阳变化作了深刻的说明，以正反两方面的相互作用为变化的源泉；同时以太极（元气）两仪（天地）为世界的根源。《易传》中的宇宙观也既是辩证的，又是唯物主义的。……张载深刻地论证了世界的物质性，透辟地阐明了物质的自己运动，同时又指出了事物之间的相互联系，事物之间的对立与斗争。他把唯物主义与辩证学说都提到新的高度。王夫之继承并且发展了张载的学说，既敏锐地反驳了陆王学派'心外无物'的学说，又明确地批判了程朱学派'理在物先'的学说，同时更阐明了运动的绝对性以及变化日新的复杂情况，他对于唯物主义与辩证学说都作出了巨大的贡献。"② 在这个叙述中，张岱年认为老子哲学、《易传》哲学、张载哲学、王船山哲学都具有"唯物主义与辩证观念相互结合"的特点。而最能体现这一特点的是"气"范畴，张岱年说："中国哲学中关于气的学说都肯定气是运动变化的。唯物主义肯定气的自己运动，唯心

---

① 张岱年：《张岱年全集》第五卷，河北人民出版社1996年版，第130页。
② 同上书，第131页。

主义虽然不承认气是第一性，但在讲到气的时候，也承认气与运动的关系。这就是肯定物质与运动的密切联系，肯定运动是物质的本质。所以，气的范畴本身也是唯物主义与辩证思想的结合之一个表现。"① 由此看出，张岱年精于哲学观念或范畴内涵的分析，注意到哲学范畴或观念中唯物主义、辩证法要素及它们的关系。唯物论与辩证法是马克思主义哲学的基本主张，二者的结合是马克思主义哲学的基本结构。

"生死自然的观点与无神论在哲学发展中的深刻影响"也被张岱年视为中国传统哲学的特点，张岱年认为先秦儒家即有这个特点，张岱年说："孔子不看重生死问题，他认为生死是不足措意的，不必留心的。子路问死，孔子答道：'未知生，焉知死？'（《论语·先进》）孔子又讲过：'朝闻道，夕死可矣。'（《论语·里仁》）又说：'志士仁人，无求生以害仁，有杀身以成仁。'（《论语·卫灵公》）在他看来，实现道德理想，比维持生命更为重要。孔子反对追问死后的事情，他虽然没有明确地提出无神论，然而已经接近无神论了。"② 孔子视"道"为最高，生死在道之下，这是一种以"道"为追求的生死自然观，而且孔子对"神"不感兴趣，表现出无神的态度。道家的生死自然观最为典型，张岱年说："庄子谈论生死的推移道：'察其始，而本无生；非徒无生也，而本无形；非徒无形也，而本无气。杂乎芒芴之间，变而有气，气变而有形，形变而有生。今又变而之死，是相与为春秋冬夏四时行也。'在庄子看来，由无生而有生，由生而死，都是自然而然的过程。庄子也不承认灵魂不灭。'其形化，其心与之然，可不谓大哀乎？人之生也，固若是芒乎！其我独芒，而人亦有不芒者乎！'他是肯定形神俱化的。"③ 由此看出，庄子对生死的态度是自然主义的态度，并且主张无神论。张载生死自然的态度在儒家中是极具代表性的，张岱年说："《西铭》的结语说：'存吾顺事，没吾宁也。'生存时努力不懈，死则安然而死，无所畏怖，无所厌憎。把从生到死看作自然而必然的过程。这正是与佛家不同的态度……张横渠是一个唯物主义者，同时也是一个无神论者，他坚决地否认了宗教思想中所谓鬼神的存

---

① 张岱年：《张岱年全集》第五卷，河北人民出版社1996年版，第134页。
② 同上书，第134—135页。
③ 同上书，第135页。

在。在张横渠的哲学体系中，唯物主义与无神论是密切结合的。"① 就是说，张载也是一个无神论者，而且是建立在唯物论基础上的无神论。二程也主张生死自然，二程说："佛学只是以生死恐动人。……圣贤以生死为本分事，无可惧，故不论死生。佛之学为怕死生，故只管说不休。下俗之人固多惧，易以利动。至如禅学者，虽自曰异此，然要之只是此个意见，皆利心也。"（《程氏遗书》卷一）张岱年对此评论说："二程的哲学体系虽然是唯心主义的，但他们继承并且发挥了生死自然的观点，认为生死问题是不必考虑的。二程反对把生死问题当作一个重要的理论问题，这点表现了中国传统哲学的固有的态度。……二程提出了客观唯心主义的体系，但也容纳了无神论的成分。"② 二程思想也是无神论，但二程的无神论是与唯心主义相结合的。王阳明说："今看死的人，他这些精灵游散了，他的天地万物尚在何处？"（《传习录》卷下）张岱年解释说："这是认为，人死以后，他的精神没有了，他所认识的世界也随而消灭了。王阳明断言世界随人的意识的消逝而消逝，这是主观唯心主义的荒谬说法，但是他也承认人死神灭。所以，王阳明的思想中也含有无神论的成分。"③ 如上即是张岱年对"生死自然的观点与无神论在哲学发展中的深刻影响"之特点所作出的解释。这种解释不仅将中国传统哲学中的生死自然观进行了清晰的呈现，而且凸显了生死自然观的特点；不仅对中国传统哲学中的无神论进行了准确的叙述，而且揭示了无神论的不同面向；并对生死自然观与无神论的关系进行了分析，从而较完整、较深入地将"生死自然的观点与无神论在哲学发展中的深刻影响"之特点较完整、较深刻地呈现出来。

2. 形式意义上的特点

任继愈对中国传统哲学的特点也进行过思考与判断。他认为中国社会史决定了中国哲学的特点：（1）封建社会的哲学历史最长；（2）神学化了的儒学占有极大优势；（3）有光辉的唯物论和无神论传统。④ 不难理解，任继愈所谓"中国社会史给中国哲学史带来这些特点"的断语即是

---

① 张岱年：《张岱年全集》第五卷，河北人民出版社1996年版，第135—136页。
② 张岱年：《中国古典哲学的几个特点》，《张岱年全集》第五卷，河北人民出版社1996年版，第136页。
③ 同上书，第137页。
④ 任继愈主编：《中国哲学发展史》（先秦），人民出版社1983年版，第12—15页。

鲜明的唯物认知范式的思维方式。而从任继愈对此三个特点的分析看，其唯物认知范式的指导也尤为显明。为什么"封建社会的哲学历史最长"？任继愈认为，中国有文字记载的历史绝大部分是封建社会的历史，中国哲学虽然发生于奴隶社会，但其主要发展过程是在封建社会进行的，中国的封建制度具有典型性，封建时代的哲学最丰富、系统，成为中国哲学的重点，因此说"封建社会的哲学历史最长"。就是说，"封建社会的哲学历史最长"之为中国传统哲学特点，乃是因为中国历史中封建社会制度延续的历史最长，这当然是"社会存在决定社会意识"思维方式的反映。

为什么"神化了的儒学占有极大优势"？任继愈的分析是，由于中国封建社会是宗法制社会，而宗法制社会要求建立与之相应的意识形态，儒学发展为宗教是随着封建大一统帝国的建立和巩固逐步进行的，其中经历了两个重要时代，一个是汉武帝时代，董仲舒提出"罢黜百家，独尊儒术"，儒学成为汉代统治者要求的宗教；另一个是宋代，宋明理学适合统治者之需要，建立了以儒佛道三教合一、体系严密、规模庞大的宗教神学结构。这样，儒学便成为中国封建社会占统治地位的宗教，所以说"神化了的儒学占有极大优势"。任继愈的思考方式是，封建社会是需要宗教神学的，儒学正是随着封建大一统帝国的发展逐渐被神化而满足了封建宗法社会的要求的。也就是说，"神化了的儒学占有极大优势"乃是因为儒学符合了封建宗法社会的发展。这自然也是"社会存在决定社会意识"思维方式的反映。

为什么中国传统哲学"有光辉的唯物论和无神论传统"？任继愈列举了这样一些根据：一是中国古代社会比较有生气；二是中国古代的自然科学起步早；三是在中国封建社会，意识形态各部门都得到较充分的发展；四是精致而庞大的唯心主义体系的刺激与挑战。[①] 所谓"中国古代社会比较有生气"，是说比较有生气的社会存在滋养了"有光辉的唯物论和无神论传统"；所谓"中国古代的自然科学起步早"，是说自然科学对哲学学说产生的积极影响；所谓"在中国封建社会，意识形态各部门都得到较充分的发展"，是说中国传统哲学之"有光辉的唯物论和无神论传统"受到了较充分发展的诸种意识形态的影响；所谓"精致而庞大的唯心主义

---

① 任继愈主编：《中国哲学发展史》（先秦），人民出版社1983年版，第16—17页。

第二章　唯物认知范式与中国传统哲学

体系的刺激与挑战",即说唯物主义哲学是在与唯心主义哲学斗争中发生和成长的。不难看出,任继愈对中国传统哲学特点的分析与判断,无一不是在"唯物认知范式"指导下进行的,而且是如影随形,即其表述的任何特点都紧贴着唯物认知范式中之相应原理,而其中"社会存在决定社会意识"是最常用的思维模式。当然也有一些灵活的表现,比如认为"光辉的唯物论和无神论传统"是因为古代的自然科学进步,这就是马克思主义哲学强调的"哲学思想的自然科学来源",再如认为"光辉的唯物论和无神论传统"是因为"精致而庞大的唯心主义体系的刺激与挑战",这又体现了马克思主义哲学矛盾论原理。而其关于中国传统哲学特点的矛盾性表述,如一方面说是"神学化了的儒学占有极大优势";另一方面说是"有光辉的唯物论和无神论传统",说明以唯物认知范式理解和把握中国传统哲学特点不能停留在书本上,不能教条化。

在多年的研究实践中,冯契对中国传统哲学之特点也表达了自己的主张。他认为,中西哲学都是随着社会经济的发展而发展变化的,阶级斗争制约着哲学发展,所以必须运用阶级分析方法来考察中国哲学史上的斗争,思维与存在的关系问题是哲学根本问题,唯物主义与唯心主义的斗争贯穿于全部哲学史中。但西方哲学史和中国哲学史各有其特殊性,因而中国哲学之发展进程有其不同于西方的特点。冯契说:"中国古代哲学主要是封建时代的哲学,与欧洲相比,中国有着更为悠久的朴素唯物主义和朴素辩证法的传统,而像西方近代的机械唯物论哲学,在中国没有得到充分的发展。"① 所谓"中国有着更为悠久的朴素唯物主义和朴素辩证法的传统",是直接应用"唯物认知范式"获得的结论。因为所谓"朴素唯物主义和朴素辩证法"是分别对应辩证唯物主义和唯物辩证法而来,并且还有其社会历史根源——"中国特别长的和得到了较充分发展的封建社会的历史。"② 冯契肯定这是中国传统哲学的优点:"中国人却比较早地发展了朴素的辩证逻辑和朴素的辩证法自然观(气一元论),从而对逻辑思维能否把握宇宙发展法则这个认识论问题作了肯定的回答和多方面的考察,

---

① 冯契:《中国古代哲学的逻辑发展》(上),华东师范大学出版社1997年版,第39页。
② 同上。

这却是一个优点。"① 不过，冯契的头脑毕竟是非常理性与客观的，他对中国传统哲学的缺点也给予了揭示，比如在科学知识与逻辑思维上，中国传统哲学是偏弱的。他说："原子论思想和形式逻辑没有得到充分发展，这是中国传统哲学的一个弱点。"② 在人的自由问题上，冯契认为："中国传统哲学从人和自然的交互作用来探讨人的德性的形成过程，比较早地考察了伦理学上的自觉原则和美学上的意境理论，从而对理想人格如何培养这个认识论问题，提出了一些富有民族特色的合理见解。"③ 当然，中国传统哲学也有表现不好的地方。冯契说："中国古代哲学中有一个以'乐天安命'为自由、以'浑然与物同体'为最高'境界'的传统，那是非常腐朽的东西。"④ 冯契何以判断中国传统哲学"原子论思想和形式逻辑没有得到充分发展"？所谓原子论，即德谟克利特关于物质结构理论，认为万物的本原是原子和虚空，原子是一种最后的不可分割的物质微粒，它的基本属性是"充实性"，每个原子都是毫无空隙的。虚空的性质是空旷，原子得以在其间活动，它给原子提供了运动的条件。在马克思主义哲学中，原子论属于符合其唯物论原理的科学理论。所谓形式逻辑，就是指传统逻辑，狭义指演绎逻辑，广义还包括归纳逻辑。在马克思主义哲学中，形式逻辑是符合其认识论路线的。因此，其关于"原子论思想和形式逻辑没有得到充分发展，这是中国传统哲学的一个弱点"的判断，完全是"唯物认知范式"应用的结果。至于对以"乐天安命"为自由与以"浑然与物同体"为最高"境界"的批评，在马克思主义哲学中，"乐天安命"的人生观与唯物主义、辩证法思想是相悖的，是消极颓废的人生观，因为唯物辩证法用于理解人生，就应该是积极进取、健康向上的；同样，"浑然与物同体"则有混淆主观、客观关系之嫌，而且抹杀了人与自然的差别，抹杀了人与人的差别，即抹杀了阶级差别，当然是需要批评的。可见，冯契对于中国传统哲学特点的分析与判断，完全是以马克思主义哲学为理论依据的，但他的分析和理解表现出了很高的理论水准和哲学素养。

---

① 冯契：《中国古代哲学的逻辑发展》（上），华东师范大学出版社1997年版，第49页。
② 同上。
③ 同上书，第57页。
④ 同上。

3. 个体哲学的特点

以唯物认知范式为方法理解中国传统哲学特点，也表现在对个别哲学家哲学思想特点的理解上。

比如金隆德关于孔子哲学思想特点的理解："孔子的哲学思想，不论是表现出从感性的宗教唯心主义形式向理性的哲学唯心主义形式的转化，还是表现为从客观唯心主义向主观唯心主义的转化，都可以说它是先秦哲学发展的整个链条中的一个中间环节，这就是它区别于先秦其它哲学学派的特点。"① 那么，金隆德是怎样得出这样的结论的？他以孔子的"天命"观为例进行了分析。孔子说："道之将行也与，命也；道之将废也与，命也。"（《论语·宪问》）金隆德认为孔子虽然讲到"命"，却不去祈祷"命"，不去迷信人格神，因而在孔子看来命只是一种异己的机械的必然性，也就是认为"命"要靠自己把握："尽管孔子所讲的这种机械的必然性的'命'，与商周'天命'思想同属唯心主义范畴，然而商周'天命'思想是一种人格化的宗教唯心主义，而孔子讲的'命'在很大程度上已经转化为抽象的理性唯心主义形态了。"② 这就是说，孔子对"命"的态度已经是一种理性的态度，但仍然是唯心主义的。而关于"主观唯心主义"的判断，作者以"仁"为例进行分析："所谓'仁者爱人'，就是说对统治阶级内部的其他人要爱。所谓'克己复礼为仁'，就是要统治阶级克制自己，使其视听言动合乎周礼的规定。孔子站在奴隶主阶级的立场上，把当时新兴的封建制和已过时的奴隶制之间社会制度的矛盾，错误地看成是奴隶主之间君臣内部问题，以为周礼流于形式，日渐崩坏，僭越篡弑，到处发生，原因是人们思想上对周礼缺乏自觉性，是统治阶级内部缺少相爱的思想，他想用'仁'这种思想意识来补助'礼'，消除诸侯和大夫、陪臣的矛盾，这是十足的唯心史观，具有明显的主观唯心主义色彩。"③ 通过对统治阶级意识需求之考察来分析"仁"的内涵与性质，最后得出"仁"是主观的，也是唯心的，这种思路及其结论当然来自唯物认知范式。

---

① 金隆德：《试论孔子哲学思想的特点》，《中国哲学》第三辑，生活·读书·新知三联书店1980年版，第54页。
② 同上书，第52页。
③ 同上书，第54页。

再考察关于老子哲学特点的理解。王德敏认为《老子》哲学属于"唯物主义自然观"。那么，王德敏的这个观点是怎样获得的呢？首先，王德敏对"道"的性质进行了分析。他将老子的"道"与黑格尔的"绝对精神"进行了比较，说明"道"是物质的。他认为黑格尔的"绝对精神"是绝对主体，但《老子》的"道"不是："它'恒无欲也'，没有什么欲望；'万物归焉耳弗为主'，不是万物的主宰；……可见，《老子》把上帝拉下马以后，并没有再塑造新的上帝或其他超自然的精神力量。"①王德敏认为黑格尔的"绝对精神"与自然界是派生关系，精神在前，自然界在后，但《老子》的"道"同自然界的关系是这样的："混沌状的原始物质由无形到有形的变化过程，是'朴散则为器'的物质自身分化过程，……不是什么'外化'与'派生'，第一性与第二性的关系。"②王德敏认为黑格尔"绝对精神"是空洞没有任何规定性的存在，但《老子》的"道"是这样的："虽然'惟恍惟惚'却是'其中有物'的；它没有具体的形象，但可以称为'无状之状'、'无象之象'，或叫'大象'；……可见'道'的性状是有具体规定性的，它同自然界万物的性状没有什么本质的区别，它不是精神的，而是物质的东西。"③综合地看，以"无欲"证明"道"的无意识，以不能"外化"出自然界证明"道"的第一性，以含有具体物质证明"道"不空洞，都是唯物认知范式的贯彻。

不仅如此，王德敏还从《老子》中论述"道"的相关范畴证明《老子》自然观的唯物主义性质。其一，从"有名"与"无名"的统一看。《老子》云："道，可道，非常道；名，可名，非常名。无，名万物之始也。有，名万物之母也。"（《老子》一章）王德敏分析说："这是从宇宙起源方面说明'有'与'无'的关系。当宇宙之初，还处于混沌未分，素朴未定之时，一切都不可名状，此时'道恒无名'。但正是这'无名'阶段，却孕育着后来一切具体的'有名'之物。经过一段'窈'、'冥'、'恍'、'惚'的絪缊分化过程，终于'朴散则为器'，

---

① 王德敏：《略论〈老子〉的唯物主义自然观》，《中国哲学史论丛》第一辑，福建人民出版社1984年版，第39页。
② 同上书，第40页。
③ 同上。

便'始制有名'了。"① 这就是说,"无名"与"有名"是不可分割的,但都离不开"物"。

其二,从"有形"与"无形"的统一看。《老子》曰:"道之为物,惟恍惟惚。惚兮恍兮,其中有象;恍兮惚兮,其中有物。"(《老子》二十一章)又曰:"视之弗见,名曰夷;听之弗闻,名曰希。搏之弗得,名曰微。此三者,不可致诘,故混而为一。"(《老子》十四章)王德敏分析道:"这是说在恍惚无形之中包含着有形有象之物。这种有形无形密切结合的道是不可感觉的。……但是《老子》认为,'道'虽然不可感觉,却并不虚幻。"② 因为《老子》接着说:"一者,其上不攸,其下不忽。寻寻兮不可名也,复归于无物。是谓无状之状,无物之象,是谓惚恍。"(《老子》十四章)其中的"意思是往上追究,道并不虚幻,确实存在;往下追究,它化生万物,并不模糊,有形有象"③。

其三,从"实体"与"虚空"的统一看。《老子》曰:"三十辐共一毂,当其无,有车之用也。埏埴以为器,当其无,有器之用也。凿户牖以为室,当其无,有室之用也。故有之以为利,无之以为用。"(《老子》十一章)王德敏解释说:"任何宏观物体都是某种形状的实体与某种相应的虚空的统一,二者缺一不可,否则既无'利'也无'用'。……《老子》把虚空当作实体不可分割的客观存在,是从难以感觉到的相互作用方面来理解的。它说'视之不足见也,听之不足闻也,用之不可既也。'(《老子》三十五章)'不可既',就是不可穷尽。实体之间的作用不象实体那样能感觉到,但却是存在着,并且无穷无尽地连续存在着。这是一种杰出的思想。现代自然科学证明,绝对空虚的'真空'是没有的。'真空'不空,它具有连续性,虽然没有质量,在它上面却充满了引力、电磁等各种'场'。'场'就是实物之间的相互作用,它同物质实体一样都是客观实在。实物和场是自然界物质的两种基本形态。一切物质系统都是实物与场的统一,二者不可分离。《老子》关于实体与虚空统一的思想,是对自然界物质存在基本形态的直观的、模糊的猜测,但却包含着现代自然科学成

---

① 王德敏:《略论〈老子〉的唯物主义自然观》,《中国哲学史论丛》第一辑,福建人民出版社1984年版,第41页。
② 同上书,第42页。
③ 同上。

果的某种胚胎。"①

其四，从"物质"与"功能"的统一看。《老子》曰："含德之厚者，比于赤子。蜂虿虺蛇弗螫，攫鸟猛兽弗搏。骨弱筋柔，而握固。未知牝牡之合，而朘怒，精之至也。终日号，而不嗄，和之至也。知和曰常，知常曰明，益生曰祥，心使气曰强。"（《老子》五十五章）王德敏解释说："《老子》在这里用'精'、'精之至'、'和之至'、'心使气'等概念来说明'含德之厚'的得道之人，包含着物质与功能统一的深刻思想。'精'原指细米，后来泛指极细微的物质。……古人通过长期的生活实践，认为精乃是构成生命的最根本的物质，是生命的物质基础。那么，'精之至'是什么意思呢？在这里只能理解为精力充沛而表现出来的一种性能。这种性能是与生俱来的，自发的，而不是人为的，有意识的。所以下文说'心使气曰强'，即故意用心志支配本能叫逞强。由此可见，《老子》把'气'看作'精'固有的一种性能，这种性能的充分表现就是'精之至'。听任这种性能自然流露而毫不做作就是'和之至'。"② 在此基础上，王德敏继续说："所谓'含德之厚'的'德'，既包括物质实体的精，也包括物质功能的气，精多气旺，才能象赤子那样，才算'含德之厚'。所以《老子》特别强调'积德'，认为'重积德则无不克'（《老子》五十九章）。'德'是'道'在具体事物中的体现，即'得道'。精与气的统一就是物质与功能的统一。但是物质功能却是看不见、摸不着的，相对于物质实体之'有'来说，它又是一种'无'。"③ 应该说，王德敏的理解是颇有深度的，他全面、深入地论证了《老子》自然观的唯物主义性质，他调动了所能调动的要素帮助他证明这一观点的正确性。但他的论证根据仍然是唯物认知范式，即他的所有论证都是以唯物认知范式为根据的。

二 唯物认知范式视域下的哲学系统

唯物认知范式的应用，在研究、归纳中国传统哲学特点的同时，也被

---

① 王德敏：《略论〈老子〉的唯物主义自然观》，《中国哲学史论丛》第一辑，福建人民出版社1984年版，第43—44页。
② 同上书，第45页。
③ 同上书，第45—46页。

用于发掘和整理中国传统哲学的系统或体系，即根据马克思主义哲学原理，将中国传统哲学思想资源发掘、整理、研究出内容不尽相同、规模大小不一的哲学思想系统。张岱年就认为中国哲学应该建造自己的系统。他说："中国哲学既本无形式上的条理系统，我们是不是应该以条理系统的形式来表述之呢？有许多人反对给中国哲学加上系统的形式，认为有伤于中国哲学之本来面目，或者以为至多应以天、道、理、气、性、命、仁、义等题目顺次论述，而不必组为系统。其实，在现在来讲中国哲学，最要紧的工作却正在表出其系统。给中国哲学穿上系统的外衣，实际并无伤于其内容，至多不过如太史公作《史记》'分散数家之事'，然也无碍于其为信史。我们对于中国哲学加以分析，实乃是'因其固然'，依其原来隐含的分理，而加以解析，并非强加割裂。中国哲学实本有其内在的条理，不过不细心探求便不能发现之而已。"①中国传统思想缺乏形式上的系统，但中国传统哲学本来就有自己的内在理路，因而发掘和整理中国传统哲学的系统是必要的也是可能的。有了这种需求，中国学者便自觉地从事整理中国哲学的系统的工作。

1. 表现在思想上的系统

道家哲学思想资源是较早被发掘、整理成系统的哲学学说之一，这里考察李石岑对道家哲学系统的发掘与整理。

关于道家的宇宙观。李石岑认为，道家的宇宙观是一种自然主义，这种自然主义包括："一，'道'是自本自根，先天地而生的；二，'道'是有情有信，无为无形，可传而不可受，可得而不可见的；三，'道'是无所不在的；四，'道'是流转变动的。"②这就是道家的宇宙观体系。李石岑对此宇宙观的评论是："道家所谓'道'，所谓'无'，究竟是物质的呢，还是精神的呢？照前面的解释，它本是一个混沌的状态。庄、老自身已经声明这种状态是'未始有物'，是'无物之象'，当然不是物质的了。但是不是精神的呢？据庄、老的声明，它是'先天地而生'的，它是'可传而不可受，可得而不可见'的，它是'视之不见'，'听之不闻'，'搏之不得'的，然则这个'道'是不能刺激我们的感官而引起某种感觉

---

① 张岱年:《张岱年全集》第二卷，河北人民出版社1996年版，第4页。
② 李石岑:《中国哲学十讲》，广西师范大学出版社2010年版，第104页。

的。不能刺激我们的感官的'道',就成为'不可知'的'道',这就走到观念论的营垒去了。'道'不依存于物质,而物质却反依存于'道',依存于'无',是则'道'与'无'就不得不成为精神的了。"① 这是依照唯物认知范式之"物质与意识关系原理"对道家宇宙观的分析,由于"道"是"无物之象",又"先天地而生",而且是感官无法把握的,因此只能是观念论的、唯心论的。

关于道家辩证法。李石岑认为,道家辩证法是中国古代哲学中最丰富的,他将道家辩证法概括为:(一)道是动的,不是静的。如《庄子》的"道行之而成"(《齐物论》),《老子》的"大道氾兮,其可左右"(三十四章)。(二)动由于反。如《老子》的"反者道之动,弱者道之用"(四十章)。(三)两行之道。如《庄子》"欲是其所非,而非其所是,则莫若以明"(《齐物论》),如《老子》"常无,欲以观其妙;常有,欲以观其徼。此两者同,出而异名"(一章)② 可见,道家辩证法思想也有它的体系。李石岑说:"道家的辩证法是有可以相当注意的地方,因为它知道用辩证法观察自然界,观察人类社会,并观察人类的思维。它知道把宇宙观、认识论和辩证法看作一件东西,这是道家哲学强过其他各派哲学之处。不过它不知道从实践去充实它的辩证法,以致它的思想仅余一个空壳,以致走上论理的游戏、玄学的捉弄一途,而成为一种观念论的辩证法。这是表示它的最大缺点的地方。"③ 肯定道家有一套辩证法,而且应用于观察自然界、人类社会和人类思维,但道家的辩证法缺乏实践,所以仍然只是观念辩证法。

关于道家认识论。李石岑说:"道家的认识论,也有一种光辉的贡献,因为它能见到主观与客观的统一这层道理。不过它只能见到静的统一,不能见到动的统一。它只知客观出于主观,主观由于客观,却没有说明是主观同时就是客观,它认概念、思想不能全然与现实相吻合,否定绝对真理有认识的可能,因此走入相对论,不知绝对真理是可以认识的东西,不过因历史条件的限制而不能不有所期待。它更不知相对性中含有绝

---

① 李石岑:《中国哲学十讲》,广西师范大学出版社2010年版,第127—128页。
② 同上书,第113—121页。
③ 同上书,第128页。

对性,绝对真理即为相对真理的总和所组成。又他们好持不可知论的论调,《庄子》所谓'以明'、'因是',《老子》所谓'袭明',都是不可知论的思想的暴露。《庄子》里面这样的议论更多,于是由不可知论走入怀疑论、诡辩论,这些地方,都充分表现出他们的弱点。"① 李石岑首先肯定了道家认识论在主观与客观关系上的正确观点,但指出道家并没有正确处理主观客观关系,而且批评道家关于概念与事实关系上的错误观点,批评道家不懂绝对真理与相对真理关系的观点,批评道家有不可知论倾向,等等。无疑,李石岑对于道家认识论思想的理解与批评完全是以唯物认知范式为依据的。

综上,李石岑将道家哲学思想资源从宇宙观、辩证法、认识论三个方面展开了发掘与整理,使道家哲学表现为由宇宙观、辩证法、认识论构成的体系,尽管这个体系是可以商讨的。

郭象哲学系统在唯物认知范式下是怎样的?楼宇烈的理解给出了精彩答案。

关于郭象的"独化"思想。楼宇烈分析说:"他(郭象)把所谓'物各自生'推向绝对化,根本否定万物的个体生存需要一定的条件和根据,根本否定事物之间的依赖关系和因果关系。在一点上,郭象是走得非常远的。他认为,天地万物的生成、变化不仅不需要外部的条件,甚至也没有内部的原因。他说:'凡得之者,外不资于道,内不由于己,掘然自得而独化也。'(《大宗师注》)可见,郭象所谓'有',只是一个个独自突然发生和变化着的孤立的个体,无根无源,互不关联。不仅如此,这样的'有',就连它自身也不知道为什么一下子就冒了出来。这样的世界,只能是一个神秘莫测的世界。所以说,郭象的'独化'说,在论证天地万物生成和变化的问题上,虽然抛弃了'造物主',却陷入了神秘主义泥坑。"② 就是说,郭象虽然将事物变化看成是偶然的、杂乱无章的,但这并不利于其阶级要求,因而他必须强调有一种外在力量决定事物变化、发展,这就是"性"和"命",所谓"性之所能,不得不为也;性所不能,

---

① 李石岑:《中国哲学十讲》,广西师范大学出版社2010年版,第128页。
② 楼宇烈:《郭象哲学思想剖析》,《中国哲学》第一辑,生活·读书·新知三联书店1979年版,第178—179页。

不得强为"(《外物注》)。所谓"命非己制,故无所用其心也"(《秋水注》)。因而楼宇烈说:"(郭象)在分析事物的'迹'时,是强调偶然的,而当他分析事物的'所以迹'时,则强调必然了。在分析'迹'时,郭象强调事物的'自得'、'自有'、'自生',而当分析'所以迹'时,郭象把所有的'自得'、'自有'、'自生'统统纳入到'天理'、'性命'的必然规定中去了。上面已经讲到,郭象的哲学思想是以探求事物的'所以迹'为最高宗旨,最终归宿,而其所讲'所以迹',亦即'天理'、'性命',是一种不依个体主观意志为移易的外在力量。所以说,郭象哲学思想的实质,是一种'依乎天理',亦即以'天理'为最高原则的客观唯心主义体系。"①

关于郭象的辩证法思想。楼宇烈认为郭象"独化而足"的命题首先是根本否定事物的差别。他说:"郭象相对主义的特点与《庄子》恰恰相反,他是以'自足'来取消事物之间本性上的差别。所以《庄子》'以道观之,物无贵贱'一语的解释是:'各自足也'……这就是说,贵贱之间所以没有差别,不应当超出贵贱的地位去看,而应该从贵贱自身之中去看。如果贵者自足,不轻视贱者;贱者自足,不企求贵者,则贵贱之间的差别也就不存在了。"② 其次是否定事物的变化。楼宇烈说:"郭象在谈到事物的运动变化时,却把'变化日新,与时俱往'绝对化,片面夸大了事物运动过程中的中断性,而否定事物运动过程中的连续性。他说:'夫变化不可执而留也',……这就是说,运动不是连续的,过去的只存在于过去,不能延续到今天。"③

关于郭象的认识论。楼宇烈认为是"冥然自合"的蒙昧主义认识论。楼宇烈说:"郭象所谓的'冥然自合',实际上就是通过主观的修养,去消除主客观之间的差别与对立,从而'任'己之'性',去应物之'天理'、'性命',也就是说,使主体和客体关系成为一种神秘的直接相合的关系。这就是他说的:'弥贯万物而玄同彼我,泯然与天下为一'(《人间世注》)。由此可见,郭象在认识论上陷入了否定人的正常的认识,鼓吹

---

① 楼宇烈:《郭象哲学思想剖析》,《中国哲学》第一辑,生活·读书·新知三联书店1979年版,第183—184页。
② 同上书,第187—188页。
③ 同上书,第189—190页。

'冥然自合'的蒙昧主义、神秘主义的泥坑。"① 就是说，郭象否定了客观世界的可认识性，否定了人的主观能动作用，但并不是否定认识对象的存在，而是有他自己的认识对象，这就是以"不知为知"，也就是以"天理""性命"作为认识对象，而"天理""性命"作为认识对象只能"内不觉一身，外不识有天地"地"冥然自合"。

关于社会政治哲学。楼宇烈以郭象"各安其天性"命题进行了分析。郭象说："性分各自为者，皆在至理中来，故不可免也。"(《达生注》)楼宇烈指出，郭象是根据"本性与生俱来"的观念推出为统治阶级服务的政治哲学的："郭象认为人之贤与不贤并不是按照他的社会实际活动中的表现来判定的，而是'天性所受'的。因此，他说：'今贤人君子之致爵禄，非私取也，受之而已。'(《山木注》)意思是，君主、达官之所以位居显要，身受爵禄，均非私取，而受之于'天性'。同样，身为皂隶、奴仆也是由其所受之'天性'决定的。所以说：'大小之辩，各有阶级，不可相跂。'(《秋水注》)这就是说，等级上下都是天定的，它也就像'天之自高，地之自卑；首自在上，足自居下；岂有递者？'(《齐物论注》)这是赤裸裸的维护剥削阶级统治秩序的反动理论。"②

这样，楼宇烈根据唯物认知范式将郭象的哲学思想系统整理出来，这就是在变易观上的神秘主义的、形而上学的独化说，在宇宙观上的客观唯心主义，在认识论上的蒙昧主义，在社会政治哲学上的"大小俱足、各安其性"的阶级理论。

2. 表现在专题上的系统

马克思主义哲学一般被分为唯物论、辩证法、认识论、历史观四个部分，在这个基础上，可进一步分为思维与存在的关系、意识能动性、运动与静止、矛盾论、普遍联系、否定之否定、质量互变、认识与实践、真理观、社会存在决定社会意识、阶级分析等。在唯物认知范式应用实践中，中国传统哲学思想资源也多根据这些原理被整理成系统。

中国传统哲学究竟是唯心论系统，还是唯物论系统？学者们有不同的

---

① 楼宇烈：《郭象哲学思想剖析》，《中国哲学》第一辑，生活·读书·新知三联书店1979年版，第195页。

② 同上书，第196页。

理解。李石岑认为中国哲学大部分是观念论,而非唯物论。他说:"中国哲学大部分是观念论的。从先秦到清末,我们只能找到几个唯物论的倾向,不能找到真正唯物论的思想。就令是机械论的唯物论,亦殊不易寻求。就这一点,已足证明中国从先秦到清末为长期的封建社会而有余,因为封建社会所反映的哲学思想很少是唯物论的。……唯物论这个'物'字,包括的范围非常广阔。譬如要答复'什么是物质'这个问题,就很不容易。普列汉诺夫(Plekhanov)的定义这样写着:'物质就是独立于我们意识之外的而又作我们感觉源泉的东西。'用这个定义观察中国哲学,则唯物的成分就更少了。儒家言物的很少。孔子仅言人事,未尝涉及心物的问题,正和苏格拉底的地位相仿佛。孟子虽言物,所谓'耳目之官不思而蔽于物,物交物则引之而已矣',然而他对于物,并没有显明的界说。荀子论礼,似认定外物所及于内心的影响。……墨家亦很少谈物,仅在论知识或论名实异同之处而问及之。真正论到物的本身和万物的来源的,我以为只有道家。……'道行之而成,物谓之而然'这两句话,是道家哲学的纲领。道何以成?行之而成;物何以然?谓之而然。这即是说,行之之中见道,谓之之中见物。宇宙之流行,万象之流动变化即是道;人间的称谓,世俗的名言区别即是物。……新唯物论以为物的本身经过一度人的制造,便变成'我们的物'了。道家不然,道家以为物的本身,经过一度名言区别,便变成我们的物了。表似相同而实不同,便是道家缺乏实践一层工夫。道家以后,谈物的便很少了。宋儒明儒好言'格物',根本上是些名词的游戏,无非拿禅家的道理敷说一番,换上一些儒家的名词而已。所谓'无心外之物','无性外之物',这些说法,如何够得上唯物论之一驳呢?"[①] 李石岑的这段论述,就是将中国传统哲学理解为一个唯心论系统,从孔子到王阳明,不是观念至上的哲学家很少,因为他们所关注、所研究的不是"物",而是"心",或者"心"在先、"物"在后,所以,中国哲学史基本上是唯心论史或观念论史。当然,李石岑所概括的这个系统还比较的简略,也缺乏深入的分析,因而也存在较大讨论的空间。

张岱年更愿意将中国传统哲学理解为唯物论系统。他写有《中国唯

---

① 李石岑:《中国哲学十讲》,广西师范大学出版社2010年版,第24—26页。

物主义思想简史》(1957),对中国传统哲学史的"唯物论思想"进行了系统的发掘和整理。分为"先秦时代的唯物主义"、"汉代的唯物主义"、"魏晋时代的唯物主义"、"南北朝隋唐时代的唯物主义"、"宋明时代的唯物主义"、"明清之际至清代的唯物主义"。在先秦,发掘、整理了孔子、道家、《管子》、惠施、庄子、墨家、《易传》、荀子等哲学家或著作中的唯物论思想;在汉代,发掘、整理了扬雄、桓谭、王充等的唯物论思想;在魏晋隋唐,发掘、整理了范缜、柳宗元、刘禹锡等的唯物论思想;在宋明时期,发掘、整理了张载、周敦颐、陈亮、叶适、罗钦顺、王廷相等的唯物论思想;在明清时期,发掘、整理了王夫之、黄宗羲、顾炎武、颜元、李塨、戴震等的唯物论思想。具体而言,关于孔子唯物主义思想系统,张岱年是这样发掘、整理的:在宇宙观上,孔子不相信鬼神的存在,所以是无神论;在认识论上,孔子提出的"学而不思则罔,思而不学则殆"命题,是具有唯物主义倾向的观点;孔子关于"先富后教"的观点,则是"应该解决人民的物质生活问题,然后再进行教化。在这一思想中,包含有唯物主义成分"①。虽然可以明显感受到张岱年的发掘、整理有些勉强和艰难,但他还是将孔子哲学思想分析、整理成唯物论系统。

关于王夫之唯物论思想系统,张岱年从五个方面进行了分析和总结:一是从主体与客体关系上,王夫之有:"乃以俟用者为所,则必实有其体;以用乎俟用,而以可有功者为能,则必实有其用。体俟用,则因所以发能;用,用乎体,则能必副其所。"(《尚书引义》卷五)张岱年的解释是:"'所'是认识的对象,一定有它的实体;'能'是认识的主体,一定有它的作用。这两者的关系就是,对象引起了主体的认识作用,而主体的认识一定要符合那外在的对象。这就是说,主体与客体是有分别的。客体是不依靠主体的作用而独立存在的,而且主体的认识是客体引起的。"②因此,"王夫之明确地分析了认识活动与认识对象的关系,从而证明了客观世界的独立存在,它这样揭示了主观唯心主义的根本谬误"③。二是在"理""气"关系上,王夫之说:"天下惟器而已矣。道者器之道,器者不

---

① 张岱年:《张岱年全集》第四卷,河北人民出版社1996年版,第16页。
② 同上书,第80页。
③ 同上书,第81页。

可谓道之器也。"(《周易外传》卷五)张岱年解释说:"'天下惟器'的理论,深刻地说明了物质与规律的关系,从而批判了程朱把规律看成超物质的、抬高'理'的地位放在物质世界之上的客观唯心主义。"① 三是在物质世界常变认知上,张岱年认为王夫之提出了物质不灭的观点。王夫之说:"生非创有而死非消灭,阴阳自然之理也。"(《周易内传》卷五)张岱年解释说:"这就是说,特殊的物体虽然生存有毁坏,但是毁坏不是消灭,不过变成别的东西罢了。它所包含的原素还是存在着的。应该承认,王夫之对于物质不灭的说明,是非常明确的。明确地论证了物质不灭的永恒性,这是王夫之对唯物主义的重要贡献之三。"② 四是在知行关系上,王夫之说:"且夫知也者,固以行为功者也;行也者,不以知为功者也。行焉,可以得知之效也;知焉,未可以得行之效也。"(《尚书引义》卷三)张岱年解释说:"他(王夫之)指出,认识必须通过行为才能得到,行为却不需要通过认识。实际去行动,可以得到认识上的效果;仅仅求知,却不能够得到认识上的效果。……从唯物主义观点说明知行关系,这是王夫之对唯物主义的重要贡献之四。"③ 五是在方法论上,王夫之也表现出唯物主义色彩。张岱年将"由用以得体"(《周易外传》卷二)解释为:"研究宇宙观的问题,应该从观察现象开始,然后逐渐达到对于本体的认识。"④ 而将"即事以穷理"(《读春秋左氏传博议》)解释为:"应该就事实来研究规律,不应该先假定一些规律去限制事物。"⑤ 因而"(王夫之)从方法论上阐明了唯物主义观点"⑥。不过,在肯定王夫之唯物主义思想之余,张岱年指出:"王夫之的哲学思想中,也还有一些唯心主义残余,比如接受程朱'心中有理'的学说,所以他的唯物主义还不是彻底的。"⑦ 这样,张岱年将王夫之哲学思想按照唯物认知范式发掘、整理出一个系统,这个系统包括能所关系观、理气关系观、物质不灭观、知行关

---

① 张岱年:《张岱年全集》第四卷,河北人民出版社1996年版,第83页。
② 同上书,第84页。
③ 同上书,第84—85页。
④ 同上书,第85页。
⑤ 同上。
⑥ 同上。
⑦ 同上。

系观、方法论等方面。但张岱年也批评了王夫之唯物主义的不彻底性，这说明张岱年虽然是以唯物认知范式为模本以发掘、整理中国传统哲学思想资源，但并不是教条式的，而是辩证的、具体的。

曹德本以唯物认知范式为摹本从中国传统思想中发掘、整理出辩证法思想系统。曹德本认为，中国古代辩证法思想主要回答了三个方面的问题：一是关于联系的问题，具体包括"物物相依""相因相成""一万关系""天人关系"等内容；二是关于发展的问题，具体包括"阴阳大化""变化日新""吐故纳新""动静"等内容；三是关于矛盾的问题，具体包括"阴阳""两端""一分为二""合二而一""无独必有对"等内容。根据这样的概括，曹德本分别将中国传统哲学中的联系观、发展观、矛盾观等资源发掘、整理出来。在此基础上，他将中国古代辩证法思想的联系观归纳为"相依说""相成说""一万说""天人说"等四方面内容。就"相依说"言，他整理出老子说的"祸兮福之所倚，福兮祸之所伏"（《老子》五十八章）、《周易》的"二气感应以相与"（《周易·咸·象》）、张载的"物无孤立之理，非同异、屈伸、终始以发明之，则虽物非物也"（《正蒙·动物篇》）、王夫之的"阴阳不孤行于天地之间"（《周易外传·说卦传》）等。就"相成说"言，他整理出老子的"有无相生，难易相成"（《老子》二章）、庄子的"四时相代相生相杀"（《庄子·则阳》）、方以智的"则所谓相反相因者，相捄相胜而相成也"（《东西均·反因》）等。就"一万说"言，他整理出老子的"道生一，一生二，二生三，三生万物"（《老子》四十二章）、方以智的"一是多中之一，多是一中之多，一外无多，多外无一，此乃真一贯者也"（《一贯问答》）、王夫之的"万乃一之万"（《尚书引义·泰誓上》）等。就"天人说"言，他整理出了荀子的"天有其时，地有其财，人有其治，夫是之谓能参"（《荀子·天论》）、刘禹锡的"天，有形之大者也，人，动物之尤者也"（《天论》）、王夫之的"天之用在人，人之体无非天"（《张子正蒙注·乾称篇下》）等。

曹德本将中国古代辩证法思想的发展观归纳为"变易说""常道说""动静说""渐著说"等四方面内容。就"变易说"言，他整理出老子的"天下万物生于有，有生于无"（《老子》四十章）、《易传》的"天地变化，草木蕃"（《周易·坤·文言》）、二程的"生生相续，变易而不穷也"(《河南程氏经说》卷一)、王夫之的"气之聚散,物之死生,出而来,入而往,皆理势之自然,不能已止者也"(《张子正蒙注·太和篇》)等。就"常道说"言,他整理出庄子的"行小变而不失其大常也"(《庄子·田子方》)、荀子的"天行有常,不为尧存,不为桀亡。应之以治则吉,应之以乱则凶"(《荀子·天论》)、王夫之的"变而不失其常之谓常,变而失其常,非常矣"(《周易外传·系辞下》)等。就"动静说"言,他整理出了老子的"静为躁君"(《老子》二十六章)、《易传》的"动静有常"(《周易·系辞上》)、朱熹的"动极生静,亦非是又别有一个静来继此动,动极自然静,静极则自然动"(《朱子语类》卷九十四)、王夫之的"动静,无恒者也。一动则必一静矣,一静则必一动矣"(《尚书引义·大禹谟一》)等。就"渐著说"言,他整理出老子的"合抱之木,生于豪末;九层之台,起于累土;千里之行,始于足下"(《老子》六十四章)、《易传》的"善不积,不足以成名;恶不积,不足以灭身"(《周易·系辞下》)、张载的"变,言其著,化,言其渐"(《横渠易说·乾》)等。

曹德本将中国古代辩证法思想的矛盾观归纳"两端说""两一说""反复说""阴阳说"等四方面内容。就"两端说"言,他整理出史伯的"夫和实生物,同则不继。以他平他谓之和,故能丰长而物生之"(《国语·郑语》)、《易传》的"天地感,而万物化生"(《周易·咸卦·象传》)、张载的"天性,乾坤、阴阳也,二端故有感"(《正蒙·乾称篇》)、王夫之的"天下之变万,而要归于两端"(《老子衍》)等。就"两一说"言,他整理出老子的"一生二"(《老子》四十二章)、《易传》的"易有太极,是生两仪"(《周易·系辞上》)、王安石的"道,一也,而为说有二"(《道德经注》第一章)、张载的"两不立则一不可见,一不可见则两之用息"(《正蒙·太和篇》)、方以智的"有一必有二,二本于一"(《东西均·反因》)、王夫之的"非有一,则无两也"(《张子正蒙注·太和篇》)等。就"反复说"言,他整理出老子的"正复为奇,善复为妖"(《老子》五十八章)、王弼的"凡物极则反"(《周易注·大畜》)、王夫之的"极盛而迁,每于位亢势终之余,谢故以生新"(《周易外传·革》)等。就"阴阳说"言,他整理出老子的"万物负阴而抱阳"(《老子》四十二章)、《易传》的"一阴一阳之谓道"(《周易·系辞上》)、朱熹的"阳极生阴,阴极生阳"(《朱子语类》卷九十八)、王夫之的"阴阳未分,二气合一,絪缊太和之真体"(《张子正蒙注·太和篇》)等。① 这样,经过曹德本的努力,中国传统哲学中的辩证法思想资源被发掘了出来,并整理成一个内容具体、思想丰富、逻辑严密的系统。

3. 表现在教材上的系统

唯物认知范式在发掘、整理中国传统哲学系统上最为典型的应用,可能是将中国传统哲学整理成由马克思主义哲学理论组装的系统,在20世纪撰写的《中国哲学(思想)史》教材中,表现为这种系统的著作比比皆是。侯外庐等主编的《中国思想史》,任继愈主编的《中国哲学史》,孙叔平编著的《中国哲学史》,萧萐父、李锦全主编的《中国哲学史》,等等,都是这方面的代表性成果。这里以任继愈主编的《中国哲学史》(四卷本)和萧萐父、李锦全主编的《中国哲学史》(上下卷)为例进行具体说明。

任继愈主编的《中国哲学史》(四册)② 将中国哲学史分成八篇,每一篇的第一章介绍时代背景,接着介绍具体的哲学思潮或哲学学说。比如第二篇"中国封建社会确立时期(战国)哲学思想的发展",第一章介绍"封建社会确立时期的社会经济状况、阶级斗争和思想战线上的百家争鸣",具体包括:第一节,中国封建社会确立时期的基本特征及其社会经济发展的不平衡;第二节,战国时期社会生产的发展和自然科学水平的提高;第三节,封建社会确立时期(战国)的阶级关系和阶级斗争;第四节,思想战线上的百家争鸣。第二章是介绍墨子哲学思想,但它的标题是"在宗教外衣下墨子进步的社会观和唯物主义认识论",这一章具体分为五节,分别是:第一节,墨子和他的学派;第二节,"兼爱"、"非攻"、"尚贤"、"尚同"的政治思想;第三节,墨子的社会思想和历史观;第四节,唯物的经验论的认识论;第五节,"天志"、"明鬼"的宗教思想。我们再看该书的第七篇"封建社会没落时期(清代)的哲学思想",第一章介绍"清代政治、经济和思想斗争",具体包括:第一节,明末及清代的

---

① 曹德本:《中国古代辩证法思想探索》,吉林人民出版社1986年版。
② 此教材由人民出版社出版,1963年7月初版,1996年4月第5版,印数达389300册,因我手中的最近版本是1996年的,此后再版情况不了解。光再版5次,印数38万之巨,影响不言而喻。

阶级斗争和自然科学发展；第二节，明末及清代思想战线上的斗争。第四章介绍王夫之的哲学思想，其标题是"王夫之的唯物主义思想和朴素辩证法思想"，具体包括：第一节，唯物主义自然观；第二节，朴素辩证法思想；第三节，唯物主义认识论；第四节，历史观和人性论；第五节，社会政治思想；第六节，王夫之在中国哲学史上的地位。毫无疑问，任继愈主编的《中国哲学史》在体系上很完整，那么它是一个怎样的体系呢？每篇第一章介绍社会历史（政治经济文化）背景，这就是马克思主义哲学强调的意识是物质的反映、社会意识是社会存在的反映原理的落实。而具体到每个章节，无一不是按照唯物主义自然观、辩证法、认识论、社会历史观这四大内容展示一位哲学家的思想，即便偶尔对哲学家人性论内容的介绍，也仍然是以马克思主义哲学基本理论为根据进行分析的。尤其要注意的是，每章节的标题，都是定性标题，某某唯物主义自然观，某某唯心主义认识论，某某形而上学历史观，等等。这就是说，似乎还没有对某位哲学家思想展开研究，其哲学思想的性质已经定调了，这是观念先于史料的做派，虽然是唯物认知范式应用所致，但与马克思主义哲学基本原理是完全相悖的。

萧萐父、李锦全主编的《中国哲学史》（上下册）[①]全书分成六篇，比任继愈主编的减少了两篇。第一篇是"奴隶制时代（夏、殷、周至战国初期）哲学的产生和发展"，每篇在叙述具体章节之前，有个"绪言"，这个绪言相当于任继愈教材中社会历史文化背景介绍。比如本该第一篇绪言，内容包括奴隶制社会农业生产水平情况、经济发展状况、阶级制度的情况，以及在这个基础上产生的早期哲学观念。[②] 这个介绍自然是社会存在决定社会意识原理的注释，是从物质到精神的逻辑的体现。第一篇第五章讨论的是老子哲学，标题是"《老子》的唯心主义天道观和辩证发展观"。具体包括：第一节，以"道"为最高实体的宇宙观；第二节，"静观"、"玄览"的神秘主义认识论；第三节，"反者道之动"的辩证法思

[①] 此教材也由人民出版社出版，1982年12月初版，1997年第14次印刷，印数达125250册，也够惊人的。此后再版情况也不得而知。但仅凭此已证明其影响之大了。事实上，萧、李版《中国哲学史》和任继愈版《中国哲学史》并无大的差别，都是以马克思主义哲学为指导写出来的著作，足见这类哲学史教材的影响。

[②] 萧萐父、李锦全主编：《中国哲学史》（上卷），人民出版社1982年版，第19—30页。

想;第四节,《老子》哲学的历史地位。关于老子的历史观,则放在第四节第四个问题"复古倒退的社会历史观"。从宇宙观到历史观都有了,但都被分别贴上了唯物、唯心、辩证法、形而上学的标签。显然是教条化、模式化的写法。再看第四篇"封建社会后期阶段(北宋至明中叶)哲学的发展"。其绪言写有:封建经济关系的新发展、阶级结构的新特点、由封建经济关系和阶级结构引发的后期封建社会的社会矛盾运动,再谈到这个时期的哲学观念与哲学争论。无疑,这个绪言就是交代本篇的"社会存在",而绪言本身的叙述也完全遵循了"社会意识是社会存在反映原理"的逻辑。本篇第七章写王阳明的哲学思想,其标题为"王守仁对陆九渊主观唯心主义'心学'的发展"。具体包括:第一节,"心外无物"、"心外无理"的主观唯心主义世界观;第二节,"致良知"的主观唯心主义认识论;第三节,"知行合一"的主观唯心主义动机论;第四节,王守仁"心学"的历史地位。在这一章,就是作为"动机论"讨论的"知行合一",也要贴上"唯心主义"标签。可见,萧萐父、李锦全的《中国哲学史》也将中国传统哲学资源发掘、整理出一个系统。这个系统很严密,第一,每个哲学家的哲学思想都是马克思主义哲学指导下重构的系统,即都是按照唯物论、辩证法、认识论、历史观模式叙述和呈现,比如,《老子》哲学思想、王夫之哲学思想;第二,每个时代(每篇)的哲学,都是这个系统的复制与放大,而整个中国哲学史就是由这些小系统构成的大系统。绪言是系统,每一章是系统,每一篇是系统,整本书就是大系统。因此说,任继愈主编的《中国哲学史》,萧萐父、李锦全主编的《中国哲学史》,都将中国传统哲学思想发掘、整理成了系统,从而使中国传统哲学的内容、线索、特点等展示了出来,这是具有特殊的学术价值的事件。

但对于这个系统也要有所检讨:第一,这种叙述逻辑存在可以商讨的地方,比如,每章的标题是"某某唯心主义",这就意味着还没有研究和讨论,哲学家哲学思想的性质就被先验地规定了,这是与马克思主义哲学基本原理相悖的;第二,系统过分追求完整,因为马克思主义哲学已有基本的理论框架,所以无论是任继愈主编的《中国哲学史》,还是萧萐父、李锦全主编的《中国哲学史》,都刻意追求唯物论、辩证法、认识论、社会历史观四大框架的完整性,努力使哲学史在系统上显得丰满与厚实,但这与中国哲学史的实际情况是不符合的;第三,对于具体哲学命题、观念的解释，存在强物就我的现象，不是根据命题、观念本身的意涵去解释，而是根据作者需要去解释，从而使这个系统在学术上存在较大缺陷。

第三节 唯物认知范式应用之检讨

如上从概念、命题、特点和系统四个方面具体而深入地考察了唯物认知范式用于认知、理解和评论中国传统哲学的情形，这不仅能够帮助我们客观、准确地认识与把握以唯物认知范式认知和理解中国传统哲学时所发生的理论或学术意义，也可以帮助我们发现其中的问题，从而改正、丰富并完善唯物认知范式对于中国传统哲学的认知、理解和评论。

一 唯物地开掘了中国传统哲学资源

唯物认知范式的应用之于中国传统哲学的意义，对某些学者而言可能是难以启齿的事情，因为在他们的观念中，马克思主义哲学除了伤害中国哲学外一无是处。我们的考察与研究表明，唯物认知范式的应用广泛地、深入地开掘了中国传统哲学的资源。

1. 唯物地解释了中国传统哲学思想的原因

所谓"唯物地解释了中国传统哲学思想的原因"，就是指根据唯物认知范式的基本原理对中国传统哲学观念及其性质的原因进行了分析和解释。比如，侯外庐对孔子之"仁"具有国民与君子双重属性的分析。他认为这是阶级社会中的客观现象，因为在阶级社会里，"仁"是特殊的，但就一般道德原则而言又是普遍的，人人具有的。不过，由于所谓一般道德原则是表面的，阶级性才是本质的，"仁"概念必然反映阶级的需求，所以孔子的"仁"只能属于贵族道德。而"仁"之所以不能发展为国民的范畴，是因为国民道德在氏族贵族的道德桎梏里遭受了歪曲，不能遂行其应有的发展，不能取得其本格的内容。侯外庐之所以能对"仁"作出如此的判断，乃是由于他对孔子的"仁"做了"社会存在决定社会意识"的分析。为什么孟子提出不学而知、不虑而能的"良知"？侯外庐认为有着认识论的、阶级的原因。在认识论上，孟子为了使民众愚昧无知，便企图取消人们探索自然奥秘、求索社会知识的努力，所以才提出"不学而知，不虑而能"的"良知"。在社会历史观上，孟子为了混淆统治阶级与被统治阶级的"是非",使被统治阶级放弃自己争取生存权利的斗争而屈从于统治阶级的剥削,从而提出了一个超越阶级的"良知"。可见,侯外庐对孟子"良知"内容与性质原因的分析,完全是唯物认知范式的应用。孟子为什么提出"人性善"观点?在任继愈看来,这是出于统治阶级的需要,因为孟子将儒家道德伦理规定为人的本性,就意味着人们遵守儒家道德伦理是合乎自己的本性的,而遵守儒家道德伦理如服从君长、服从宗法制度正符合统治阶级的要求。为什么史伯会提出"和实生物"思想呢?任继愈认为这与西周末期社会阶级矛盾状况有关,由于周王的统治违反了相反相成的"和"原则才失败,所以警示思想家们重视"和"的价值,需要有容异的胸怀和肯定他人价值的心灵。显然,任继愈对孟子提出"人性善"和史伯提出"和实生物"之原因的分析,都是唯物认知范式的贯彻。那么,王阳明提出"万物一体"的原因是什么呢?张岱年分析说,"万物一体"就是强调"天下一家",各阶级的人没有差别,但事实上有等级、有差别、有剥削,因而这个命题是为统治阶级服务的;而且,王阳明高喊"万物一体",但并不否认其中的等级,他那个著名的"把手足捍头目"的比喻,就暴露出要求普通百姓为统治者牺牲的意图。可见,"万物一体"提出的阶级背景是十分明显的。同样地,李石岑判"观念论"或"唯心论"为中国传统哲学特点,以及张岱年关于"唯物论"是中国传统哲学主流的观点,也都是唯物认知范式应用的逻辑结论。

综上所述,唯物认知范式的确被广泛地用于分析、解释中国传统哲学思想发生的原因,从而为理解与评论中国传统哲学开辟了新的解释路径,尽管这种解释方式并非十全十美,甚至应用时容易走向教条化。

2. 唯物地呈现了中国传统哲学的义理

所谓"唯物地呈现了中国传统哲学的义理",就是指依照唯物认知范式对中国传统哲学的义理进行发掘与梳理,使中国传统哲学义理以"马克思主义哲学之面孔"呈现。中国传统思想自身本有义理,但经由唯物认知范式的"耕耘"之后,其义理脉络即呈现为另一种景观。张载"气论"范畴内含着怎样的义理脉络呢?张岱年指出,"气"作为张载哲学的核心范畴,首先表达的是宇宙万物的基本存在;作为宇宙万物本体的"气"并非静止不动的,而是时时刻刻在变的;"气"变化的源泉来自其内部的矛盾性;同时,"气"的变化不是杂乱无章的,而是有规律可循的。这就是张载的"气"论所内含的义理。在胡绳看来，思孟学派的"诚"也内含着独特的义理。他指出，"诚"是宇宙万物的本性，从而将人与物连为一体，因此，人只要将自己的本性发挥到极致，就能赞助天地化育万物，也能预见事物的未来；"诚"是"尽心""知性"，即"诚"具有主观性，因而将"诚"视为"天道"，即是将"天道"视为有人格、有意志的支配权力。这样，由作为万物本性或本体的"诚"到表现化生能力与认知能力的"诚"，再到成就"天道"人格意志的"诚"，构成了唯物认知范式视域下思孟学派"诚"之义理。老子"道"又内含了怎样的义理呢？侯外庐认为，作为万物根源的"道"不仅是唯物的，而且是二元论的，因为在"道"与万物之间有个"德"，这个"德"不仅显示"道"的实体性，也显示"道"的规律性；而法则性（规律）在老子哲学中表现得更为活跃，并强于实体性，从而使"道"的唯心主义性质加重。这就是说，作为万物本源的"道"与兼具实体性与规则性的"德"构成了老子哲学的本体，而老子哲学的性质与功用完全由"德"的表现来决定，"德"偏于实体性，则"道"属唯物本体；"德"偏于规则性，则"道"属唯心本体，并且以方法论形式呈现"道"。这就是老子"道"观念所蕴含的义理。张岂之分析了孟子"尽心知性"的义理，他认为孟子思想中的"心""性"是一个东西，都是仁、义、礼、智等封建道德，所以"尽心""知性"是一回事，就是保持、发展仁、义、礼、智等封建道德；但"知天"不同，"知天"是一种颠倒了的现实主义，即形式上是"天命"主宰个人遭遇或决定"天下有道"，但实际上只是托天命而言之，因为"知天"的本质是注重人事。因此，"尽心""知性""知天"作为孟子世界观的三个环链，其出发点和归宿都在于强调人的主观精神的作用，而其实际内容是封建道德意识。将"知心""知性"理解为人的主观精神，即是唯物认知范式中关于人的主观能动性理论，将"知天"理解为人事的体现，不仅继续表现出唯物认知范式中人有主观能动性理论，而且体现了辩证的思维方式，而批评其夸大了人的主观能动性，则是认为这个命题中没有看重"人的主观精神"。此即孟子"尽心知性"的义理。冯契认为，范缜"形质神用"所内含的义理在于：以"形"为"质"，以"神"为"用"，但二者又是统一的，"形"是第一性，"神"是第二性，"神"依赖于"形"，但"形"离不开"神"，因而是"形神相即"，而且

"神"是形的灵明，是形体的一种运动，因而"形质神用"否定了"神"可以离开"形"而独立存在的观念，也否定了二元论与唯心论；"质用关系"进一步延伸为正确理解生理结构和功能的关系。所以，"形质神用"体现了物质第一性、意识第二性原理，肯定了物质与意识相互依赖的关系原理，肯定了意识是物质的属性原理等，因而"形质神用"的"义理"无不是唯物认知范式的呈现。王阳明"知行合一"有怎样的义理呈现呢？方克立认为"知行合一"是与"心即理"相呼应、相贯通的，因而"知行合一"是"心"中的合一。而且，"知"与"行"都不是认识论意义上的概念，而是道德伦理概念与道德实践概念。这不仅体现了唯物认知范式的认识论，也体现了唯物认知范式的阶级分析方法。所谓抹杀了"知""行"界限和主、客观的界限，即没有贯彻知、行辩证关系，不能体现唯物认知范式的辩证法；所谓以"知"吞并了"行"，否定了"行"的客观性，即违背了唯物认知范式实践第一性认识论原理。无疑，方克立对于王阳明"知行合一"义理脉络的理解，完全是唯物认知范式原理的体现。

基于上述，我们大概可引申出这么几个特点：第一，依照唯物认知范式对中国传统哲学相关文献进行发掘和整理，呈现了与唯物认知范式内容一致的哲学义理；第二，以唯物认知范式为坐标，通过对中国传统哲学相关内容的诠释，将其往唯物认知范式方向引申；第三，以唯物认知范式为坐标，对中国传统哲学中与唯物认知范式不相符的观念进行了否定与批判，但这种批判与否定并不一定合理；第四，依照唯物认知范式所呈现出的中国传统哲学的义理，不能认为完全是中国传统哲学义理的忠实呈现，但它却是马克思主义哲学式义理，从而将中国传统哲学引向马克思主义哲学的方向。

3. 唯物地揭示了中国传统哲学的特点

所谓"唯物地揭示了中国传统哲学的特点"，就是指借助唯物认知范式对中国传统哲学进行分析，将中国传统哲学之特点揭示出来。

中国学者对于中国传统哲学特点的揭示，不仅有宏观、总体上的揭示，也有微观、个别性论说。作为哲学范畴的"良知"，其在哲学上的特点如何呢？在侯外庐看来，王阳明"良知"的特点表现为先验的、主观的、向内的、超阶级的四个方面。为什么？因为"良知"不学而知、不虑而能，即不需要经过后天的努力便可获得，因而是先验的；因为"良知"是"知",是精神实体,是善的知识或观念,因而是主观的;因为"良知"是内在于"心"的,"良知"是"心"的本体,是"心"的明觉精察,因而是向内的;"良知"是先验的善体或观念,它不因为任何人的喜怒哀乐而存亡,所以它又是超阶级、超主体的,不受任何人限制。同时,由于"良知"不是生产知识,也不是社会知识,甚至不是书本知识,因而具有神秘主义色彩。非常清楚,侯外庐关于"良知"特点的揭示与判断,处处都有唯物认知范式的烙印。张岱年将老子"道"的特点概括为:超越一切相对性的绝对;既具物质性又有精神性;自然而然,无意志、无情感、无人格;存在与过程之统一,唯物主义不彻底性等。为什么说"道"是超越一切相对性的绝对?因为"道"是不可言说的,是不可感觉的,是先于万物的,甚至是"上帝之先",因而这在唯物认知范式中只能理解为超越一切相对的绝对。为什么说"既具物质性又具精神性"?因为"道"虽然恍兮惚兮,但其中有物,虽然其中有物,但又无形无状,不能感知。为什么是"自然而然"?因为"道法自然",无为而无不为,"道"生物、养物、成物等,但不恃、不长、不有,任万物自然而为。为什么是"存在与过程之统一"?因为"道"不仅是一种存在,而且这种存在是运动的,"道"的运动还是有规律的,所以"道"是存在与过程的统一。为什么说其"唯物主义不彻底"?因为它在认识论方面表现为脱离感性认识的理性认识,在历史观方面表现为今不如昔的倒退复古论。可见,张岱年对老子"道论"特点的揭示也完全是唯物认知范式的应用。孟子思想中的"心"范畴有怎样的特点呢?冯契概括为"本原""第一性的东西"(与物质比较)、"主观唯心主义""荒谬的唯我论""神秘主义的幻觉"等。"心"在孟子哲学中是本原,是第一性的,即认为"心"先于物质而存在;既然主观的"心"是第一性,那么自然是主观唯心主义,不仅如此,孟子还将"心"夸大为"我",宇宙万物都在我心中,这就从主观唯心主义走向唯我主义。可见,冯契关于孟子"心"之特点的理解与判断,也完全是根据唯物认知范式获得的。遗憾的是,其将孟子的"心"完全理解为马克思主义哲学的对立面,使孟子"心"之特点主要表现为消极的面相。作为哲学命题的"三表"又有怎样的特点呢?张岂之指出,唯物主义经验认识论、夸大感性认识轻视理性认识、混淆是非与利害的区别是"三表"特点。由于"三表"中的"古者圣王之事""百姓耳目之实""国家百姓人民之利"没有一件是观念的,都属于经验,因而可判定为"唯物主义经验论";由于"三表"(事、实、利)都是属于感性元素,而且将这些感性元素作为判断某种认识是否真理的标准,完全没有考虑到理性认识的作用,因而可以说是夸大感性认识而轻视理性认识;"三表"中将认识上的真伪问题归于伦理上的利害问题,所以是混淆了是非与利害的区别。可见,张岂之对"三表"特点的分析也完全是唯物认知范式忠实的落实。任继愈将"封建社会的哲学历史最长"视为中国古代哲学的特点,他的理由是:中国有文字记载的历史绝大部分是封建社会的历史,中国哲学主要的发展过程是在封建社会进行的,而且封建时代的哲学最丰富、最系统,成为中国哲学的重点,因此说"封建社会的哲学历史最长"。也就是说,任继愈提供的证据是:中国历史中封建社会制度延续的历史最长,而封建社会时期的哲学最丰富最有系统,这显然是"社会存在决定社会意识"的思维方式。

可见,中国传统哲学特点的确被做了唯物认知范式的揭示。这种揭示表现为这样几个特点:第一,所揭示出的特点都具有鲜明的马克思主义哲学烙印,而且比较全面与深入;第二,所揭示出的特点比较多地表现为消极因素,即与唯物认知范式相悖的因素;第三,所揭示出的特点并不与中国传统哲学本有特质完全一致,甚至有矛盾的地方;第四,所揭示出的特点因为学者的马克思主义水平及其理论能力的差异而表现出不同;第五,所揭示出的特点反映出唯物认知范式的应用存在教条化、幼稚化的现象;第六,所揭示的中国传统哲学特点表现为鲜明的马克思主义哲学化倾向。

4. 唯物地评估了中国传统哲学的价值

所谓"唯物地评估了中国传统哲学的价值",就是指借助唯物认知范式对中国传统哲学进行理解,将中国传统哲学的价值予以揭示和评价。

张载的"气"有无哲学上的价值?张岱年将张载"气"哲学价值归纳为:"气"是客观的物质存在,以物质性的"气"作为万物的本原,从而否定了以精神或意识作为万物本原的唯心论;"气"是运动的,这就表明物质是运动的,而不是静止的,从而否定了运动与物质分离的思想,也否定了物质不动的形而上学观念;"气"的运动来自内在矛盾性,就是说,"气"的运动根源来自内部,这样就排斥了外因论。当然,张岱年也认为张载的"气"在哲学上还存在不足,那就是唯物主义思想不彻底。

任继愈对张载"气"哲学价值的分析更具体,他认为张载将"太虚"视为"气"是朴素唯物主义的进步,是对世界物质性认识的推进,因而丰富发展了元气本体论;张载言"气化有道",说明他有了"物质运动变化有规律"的思想;但张载"鬼神是二气之良能"的说法,说明他并没有区分精神与物质的性质差异,其唯物论是不彻底的。侯外庐肯定了"道"作为万物本原在思维方式上的进步,但由于"道"是不可言说的,是超越人类认识的彼岸的东西,因而是不可知的,也就是唯心主义的。张岱年则对"道"的哲学价值给予了高度肯定,他认为老子"道"的哲学提出了万物根源说,而且这个"根源"不是具体的物质,而是抽象的"道";因为确定了"道"的宇宙万物本源地位,所以上帝、神等的地位就被否定了;由于"道"不仅是运动的,而且这个运动还是有规律的,因而老子"道"的哲学有"存在与过程统一"的思想。这些在中国哲学史上都是具有特殊意义的。当然,"道"哲学在认识论上还很稚嫩,在社会历史的认识上还比较粗浅,这些表明老子"道"哲学价值的有限性。朱熹"格物致知"有怎样的哲学价值呢?侯外庐认为,"知"不是关于客观事物的认识,"理"也不是客观事物之理,因而其所谓"格物致知"只是对"自我"的认识,不会产生认识论上的意义。而由于朱熹"物格致知"的目标是"为人君止于仁,为人臣止于敬",因而其为统治阶级服务的性质非常显明。概言之,朱熹"格物致知"既无认识论上的意义,也无社会实践上的价值,而且是反唯物主义认识论的。方克立对朱熹"格物致知"命题的哲学价值也进行了分析。他认为由于朱熹的"物"含义混杂,混淆了物质现象与精神现象的界限,由于朱熹将"物""事"视为"理"的表现,"理"是根本的存在,因而朱熹的"格物"不是就事物本身进行研究;朱熹的"格物穷理"所"格"之"物"和所"穷"之"理",都是封建地主阶级道德,其并不注重研究客观事物,所以没有生产斗争和科学实验的价值;朱熹的"格物"注重渐修、积习的工夫,但这是领会、体验封建道德的工夫,因而由这种积累所达到的贯通、顿悟,并不是概括众多事物的科学抽象,而是封建伦理道德的觉悟。因此,朱熹"格物致知"不仅是唯心主义的先验论,而且取消了主体与客体的对立,抹杀了客观事物的存在。对于"和实生物"哲学上的价值,许多学者都进行了肯定。任继愈认为这个命题内含了多元差异观,从而将差异、多样性观点升华为处理自然界、人类社会中的问题的基本原则,同时是对单一性、同质性观点的否定,因此,这个命题不仅对于治理国家具有现实意义,而且在理论上构成了对以"天"代表的宗教迷信观念的否定,属于无神论唯物主义思想。萧萐父则认为,这个命题严格区分了"和"与"同"的含义,肯定多样性的"和",反对单一性的"同","和实生物"所蕴含的差异性、多样性、矛盾性思想,反映了事物的本性,而且实现了矛盾的均衡与统一,是对中国哲学史上辩证法的贡献。张岱年认为"万物一体"论的价值是用来缓和各阶级之间的矛盾、以稳定封建统治秩序的思想,虽然在维护统治阶级利益中劳动人民的利益顺带地被照顾到了,但也是维护统治阶级利益的结果。而且,"万物一体"是主观的,是神秘主义的,是王阳明一厢情愿的想法,根本不是什么人生最高境界。任继愈则认为"万物一体"论是一种彻头彻尾的阶级理论,根本没有什么平等精神或什么普遍的爱,完全是为封建压迫的合理性提供理论根据的。在哲学上表现为主观唯心主义,正是为政治上的反动统治服务的,是彻头彻尾的剥削被统治人民的反动学说。沈善洪、王凤贤对"万物一体"论的价值也持消极看法,他们认为"万物一体"论就是把封建政治伦理原则统统硬塞到整个宇宙中去,一方面使自然万物人格化、意志化、伦理化,另一方面使政治伦理原则自然化,这在认识论上、主客关系上是主观主义、自然主义、蒙昧主义和唯心主义,在实践上则是为统治阶级服务的工具。

可见,中国传统哲学的价值的确被做了"唯物的"评估,而且这种评估表现出这样几个特点:第一,对中国传统哲学所做的朴素唯物主义、朴素辩证法、形而上学认识论、唯心主义、主观唯心主义、客观唯心主义、唯心史观、抹杀阶级意识等的判断,都是以唯物认知范式为参照获得的;第二,唯物认知范式的认知和理解,似乎从思想内容上肯定中国传统哲学价值的不多,反而是比较多地从哲学性质角度消极地评价中国传统哲学,即较多地揭示了与唯物认知范式相悖的内容;第三,唯物认知范式较少地从哲学认识论、哲学思维方式、哲学理论等方面去发掘和分析中国传统哲学的价值,而较多地以唯物史观特别是阶级分析方法对某个概念或命题进行判断,并且消极性判断所占比重较大,一旦被做了阶级分析方法的处理,这个哲学概念或命题的哲学生命就有结束的危险,这说明中国学者在应用唯物认知范式理解中国传统哲学方面还不成熟;第四,同样用唯物认知范式理解一个概念或命题，不同学者所得出的结论差异很大，甚至完全不同，这反映出主体价值对认知实践进行了渗透，主体价值主宰了认知实践。

二　唯物地提升了中国传统哲学品质

显然，唯物认知范式对于中国传统哲学的认知和理解，并没有满足于发掘和呈现中国传统哲学资源，而是在认知和理解实践中，有着强烈的改造中国传统哲学的意识和清晰的提升中国传统哲学的目标。比如，朴素唯物主义、朴素辩证法、唯心认识论、循环历史观等名号的"赐予"，都意味着唯物认知范式的应用有着明确的改造和提升中国传统哲学的企图。那么，唯物认知范式是怎样实现它的企图的呢？

1. 唯物地扩大了中国传统哲学的问题视域

所谓"唯物地扩大了中国传统哲学的问题视域"，就是指在以唯物认知范式对中国传统哲学认知和理解的实践中，对中国传统哲学所讨论的问题加以扩充和引申，使中国传统哲学问题的视域得以拓宽。

儒家的"仁"究竟隐含了怎样的哲学问题？侯外庐认为其中包含着特殊性与普遍性问题，即有普遍的"仁"与特殊的"仁"之别，作为一般的道德律而言，它具有普遍性，但作为具体社会制度下的道德，它又是特殊的。这就是说，"仁"是内含着特殊意义与普遍意义张力的范畴，它要求从这两个方向去理解它的内涵，也要求从这两个方向去发展、评价它的性质，从而将"仁"置于概念的普遍性与特殊性语境中进行处理。而在宋明理学中，"仁"表达的意涵有了新的变化和发展，"仁"成了宇宙万物的本体，其性质被抽象化了，其地位被绝对化了。那么，唯物认知范式的理解对它的问题视域是否也有拓宽呢？张岱年指出，如果要弄清本体的"仁"与作为一般道德律的"仁"的关系，那就需要关注其形上性及其与形下性的关系；程朱的"仁"具有客观唯心论性质，陆王的"仁"具有主观唯心论性质，那该怎样理解"仁"观念中客观性与主观性的关系呢？"仁"作为客观的永恒不变的实体，是世界的根源，从而表现为一种泛道德主义学说，那这种学说反映了怎样的哲学问题？它会产生怎样的后果？可见，在以唯物认知范式理解"仁"的实践中，"仁"的问题视域的确被拓宽了。那么，唯物认知范式的理解是否也拓宽了"道"的哲学问题视域？侯外庐发现，"道"虽然是本体，但由于还有一个重要范畴"德"，而且这个"德"对于宇宙万物的产生是不可或缺的，从而存在一元、二元的问题。这就需要思考："道"之最高本体性与本体的二元性是怎样的关系？进而需要探讨哲学体系中的一元论、二元论，以及多元论交叉的复杂情况。张岱年特别注重老子哲学中的"自然"概念，他强调老子的"道"就是"自然"，而这个"自然"是中国古代唯物主义的特殊形式。这个观点意味着，唯物主义的形式或许是多样的，"自然"作为唯物主义的特殊形式内含着诸多需要探讨的问题。张岱年还注意到老子哲学所隐含的另一个重要问题，即"道"与运动的一致性问题，也即"存在与过程统一"问题。这就意味着需要探讨"道"哲学中的"存在与过程统一"有怎样的呈现及其原因等问题。思孟学派的"诚"无疑隐含了诸多深刻的哲学问题，李石岑的理解不仅对其中的哲学问题进行了开掘，而且进行了引申与扩充。他将"至"理解为"尽力表现"，将"诚"理解为人或事物的"本性"，因而"至诚"就是"尽力表现本性"。就是说，"至"具有主体性含义，而"至诚"的哲学意义就在"至"字，"至"与"不至"，"至"得怎样，都是人主体性的反映，因而李石岑的理解将人的主体性与人的本性结合起来，人的本性依赖于其主体性。胡绳更注重"诚"本身，他指出，"诚"反映了个人本性与天地本性的关系，所谓"尽己之性，则尽物之性"，就是将"己"与"物"通过"性"打通，并肯定它们之间的贯通性、一体性。这就是说，"诚"不仅是一种道德品质，而且内含了天人关系问题或主客关系问题。"人性善恶"自然隐含了诸多需要探讨的哲学问题，而且可从中引申出更多更深的哲学问题。傅云龙认为，荀子人性论中的"性"和"伪"是不同的，"性"是人与生俱来的生理本能、欲望，"伪"是社会伦理道德观念。这就将人的自然本质与社会属性进行了区分，并认为"无性则伪无所加，无伪则性不能自美"，从而既肯定了人性的可塑造性，又肯定了人的能动性。也就是说，这里隐含了人性内在主体性之开发与社会教化的关系。"形质神用"的哲学问题在唯物认知范式视域内也被拓宽。冯契认为，"形质神用"意味着"形""神"的统一性，而且在这个统一性中，"形"是第一性、"神"是第二性的，因而"形质神用"肯定了"形""神"不能分离、"神"因"形"而有。此外，这个命题也表明了人的精神活动是有生理基础的，因为在生理学上,"质用"关系即是生理结构和功能的关系,这就将精神与物质的关系推进到更为具体的领域,从而提示我们思考物质对于精神决定作用的具体而复杂形式。但冯契也指出,"形质神用"仅仅是在自然人层面上讨论"形神"关系问题,而疏于关注社会基础与人的意识之间的关系,因而"神"与社会存在的关系是需要进一步讨论的课题。"万物一体"的哲学问题同样被唯物认知范式所引申与拓宽,张岱年认为"万物一体"主要是企图缓和各阶级矛盾的,因而其内含着"爱有差等"观念。这就需要探讨:在追求"一体"的观念中仍然允许"差等"的存在,它们是怎样共存的?为什么可以共存?沈善洪认为以"仁"作为"万物一体"的基础是荒唐的,可是,"仁"作为万物一体的基础实际上是回答了万物的本原问题,因此,这就需要进一步思考"仁"之作为万物本原的可能性,以及由"仁"构成的"万物一体"的伦理意义与社会意义。不难看出,在唯物认知范式用于认知、理解中国传统哲学的实践中,中国传统哲学中的诸多问题,都得到了较大的引申和扩充。

2. 唯物地充实了中国传统哲学思想内容

所谓"唯物地充实了中国传统哲学思想内容",就是指在以唯物认知范式对中国传统哲学展开认知和理解的实践中,对中国传统哲学的内容进行了补充和添加,使中国传统哲学的内容得以丰富。

"三表"是关于认识之真理性标准的命题。按照墨子的思想,一种认识或言论是否正确就看它是否符合上古帝王做过的事情,是否符合老百姓耳目所见,是否符合国家、百姓的利益。张岂之肯定其唯物主义认识论性质,但认为需要补充"理性认识"在检验认识中的作用,所谓"片面夸大感性认识的作用,有忽视理性认识的倾向"。这点也得到了萧萐父的认同,他说:"经验必须经过改造制作过程,通过去伪存真、由表及里,形成理性认识,才能判别是非。把感觉经验混同于理性认识,必然陷入片面性。"[1] 萧萐父认为,补充"理性认识"还不够,还需要引入"实践"概念,因为"人的认识是随着实践的发展而向前发展的"[2]。方克立也认为

---

[1] 萧萐父、李锦全主编:《中国哲学史》上卷,人民出版社1997年版,第93页。
[2] 同上书,第94页。

"三表"必须引进"实践"以超越"经验论",他说:"他不了解人的认识的发展,是一个在实践的基础上,从感性认识而能动地发展到理性认识,又从理性认识而能动地指导革命实践的过程;他也不了解实践是检验真理的唯一标准的道理。"① 可见,"理性认识"与"实践"在唯物认知范式理解"三表"的实践中得到了引进。"格物致知"经由朱熹等儒家的解释,其内容已经得到了丰富和发展。那么,在唯物认知范式视域中是否也得到了丰富和发展呢?侯外庐认为,朱熹的"格物"只是"读书,明义理,论古人,别是非,或应接事物"等,因而没有涉及对客观事物的认识,即不是关于客观事物认识的范畴。朱熹的"致知"是"大凡道理皆是我自有之物,非从外得,所谓知者便可是知得我底道理,非是以我之知去知彼道理也",因而不是对身外客观世界的认识。因此,朱熹"格物致知"要在认识论上有所作为,必须将"物"与"知"的内容进行更换,更换为"客观事物的知识"和"身外世界的道理",从而在"封建伦理道德"基础上增添新的内容。方克立也认为朱熹的"知"不是客观事物的知识:"他(朱熹)说:'大凡道理,皆是我自有之物,非从外得。所谓知者,便只是知得我底的道理,非是以我之知去知彼道理也。'关于朱熹的知行学说的'知',这里作了明确无疑的结论:它是先验的、并非以客观物质世界为对象的、就其来源说是完全脱离人的社会实践的'吾心自有之知'。"② 因此,按照方克立的理解,朱熹"格物致知"的"知"应该增加"客观物质世界的知识"。王阳明"知行合一"的哲学内容是否也得到了丰富呢?张岱年指出,王阳明的"知行合一"是"在心中进行的",是主观的,不是客观的,因此,"知行合一"应该走出"心"外,必须转到物质上的"知行合一"。方克立认为,王阳明"知行合一"的"知"与"行"都不是认识论意义上的,"知"是封建伦理道德理论,"行"是封建伦理道德实践,因而"知"与"行"的内容都必须进行更换。"知"应该转换为关于世界万物的客观知识,"行"应该转换为人民群众的实践,而"知行合一"必须是在"行"即实践基础上的合一。这样,"知"与"行"的内容都得到了扩充,而"知行合一"也被赋予了

---

① 方克立:《中国哲学史上的知行观》,人民出版社1982年版,第50页。
② 同上书,第166—167页。

新的内容。可见，唯物认知范式的应用，的确扩充、丰富了"知行合一"的哲学内容。"天"的哲学意涵主要表现为本体，同时也有宗教意涵，即既有奖善惩恶的人格意志之意志之意涵，也有决定人命运的意涵。王充关于"天"的定义对这些观点具有否定性。侯外庐注意到王充"天"的特性，他指出，王充说"天"有体，即认为"天"是物质的，从而去掉了"天"的神性。这种理解意味着"天"丧失了人格、意志等主观属性，"天"也就不能成为哲学上的本原。既然"天"是"体"，那么"天"与万物一体，即无尊卑之分。这就意味着原来以"天"为中心构建的世界秩序需要重新建构。任继愈认为，"和实生物"表达了一种宇宙观，即认为宇宙万物由金、木、水、火、土五种物质构成；因此，"和实生物"即意味着多种物质的融合才能生物，"无"不能生物，"天"不能生物，从而意味着必须从物质的角度去理解宇宙，如此，有神论便被驱除。"和实生物"也是对多元、差异观的肯定，从而意味着宇宙万物、人文世界应有包容、自由的观念，而不是排斥、封闭的观念，进而上升为治理国家的哲学。"理势合一"属于历史哲学命题，任继愈认为这个命题讨论了历史发展规律和趋势的关系，但它们（社会历史发展的规律和趋势）是怎样合一的？它们背后的动力是什么？是神秘的力量？还是人的力量？就是说，"势"和"理"怎样具体体现于历史发展中？因此，社会历史规律与趋势的关系及它们背后的力量，仍然是船山历史观留下来的问题。张岂之指出，由于王夫之的"理"——"不易之理"的具体内容首先是"君臣之分"，因而这个"理"是特殊的，那么这种特殊的"理"能否成为真正的"势"？"理"与"势"的内涵如何确定，都是需要继续深入讨论的问题。借助唯物认知范式对中国传统哲学概念的解释，也表现为唯物史观向度的内容拓展。普通意义上的"理"，就是事物的条理、规则，但在中国传统哲学中，逐步发展、演变出伦理之理、本体之理，这本身即是需要关切的内容，而由于阶级的需要或主体的需要，伦理之理与本体之理融为一体，即将伦理之理绝对化、至上化，这种演变或变化，与主体的价值需求密切关联。因而"理"之伦理义与本体义及其相互关系，需要阶级分析方法的参与。张锡勤在解释陆、王之"心"概念时指出，"心"不仅是封建伦理道德，也是统治阶级的"意志"，封建伦理道德与精神意志本是一体的，如此便引申出新的内容："心"的自由意志义怎样表现？如何区分作为不同阶级的"自由意志义"？张岱年认为"万物一体"既有普世性也有阶级性，而从根本意义上说是阶级性的，即为了缓和阶级矛盾提出的理论。这意味着"万物一体"内含着处理人与人之间矛盾的智慧。任继愈则认为，"万物一体"是彻头彻尾的阶级理论，是为统治阶级镇压一切反抗的理论根据，并证明其镇压的合理性。顺着任继愈这个解释，就需要分析"万物一体"命题内含的阶级属性，以丰富其哲学内容。可见，在以唯物认知范式为坐标与方法的理解实践中，中国传统哲学内容的确得到了充实。

3. 唯物地丰富了中国传统哲学致思方法

所谓"唯物地丰富了中国传统哲学致思方法"，就是指在以唯物认知范式认知和理解中国传统哲学的实践中，对中国传统哲学的思维方法进行了改进和出新，使中国传统哲学的致思方法得以丰富和提升。

物质第一性，意识第二性，物质决定意识，这是唯物认知范式基本的思维方式。冯契认为，范缜的"形质神用"即是这种思维方式的表现，因为所谓"形质神用"，就是强调"形"是第一存在，"神"是"形"的派生物。但同时，"形"也不能离开"神"，所谓"形神相即"，又体现了这个命题的辩证思维。因此，"形质神用"所内含的致思方式就是"由物质或社会存在"角度分析、理解问题。侯外庐从"道""德""万物"三个层次理解老子哲学的宇宙论，"道"是最高层次，"德"在化生万物中具有不可替代的作用，但在抽象程度上低于"道"，有了"道"和"德"，才有万物的产生。在这个理解中，所贯彻的是抽象与具体关系的思维方式，亦隐含了"一"与"多"的关系。张岱年认为"气"范畴蕴含了对立统一的思维方式，他说："对立两方面的相互作用相互结合，就是运动变化的原因。广大的太虚以及每一个物体都包含对立的两方面，也就是包含阴阳两方面，所以变化是无穷无尽的。"[1] 既然"气"的运动变化来自其内部对立面的互动，从而产生了宇宙万物，那么，"对立统一"应该成为分析事物的方式方法。任继愈高度肯定"和实生物"所蕴含的多元思想，认为其体现了复杂性、联系性、矛盾性等思维方式，"和"是复杂的矛盾运动过程，经过不同的阶段才能达到"和"，既然是由多种物

---

[1] 张岱年：《张岱年全集》第四卷，河北人民出版社1996年版，第69页。

质的"和"才能生物,这就意味着其将事物视为联系的,五种物质之"和"才生物,意味着五种物质存在对立、相依、相斥、相吸等关系,所以必须是矛盾性思维。萧萐父将"和"与"同"进行比较,认为"和"是以一种元素与另一种元素相配合,求得矛盾的均衡与统一,而"同"是同质的元素相配合,因而"和实生物"所表现的是多样性、差异性思维,而"以同裨同"是单一性、同质化思维。前者是辩证法,后者是形而上学。唯物认知范式在认识论上的思维方式是:实践是认识的来源、认识发展的动力、认识的最终目的,检验认识正确与否的唯一标准,认识的路线是从物到感觉和思想,人的认识是主体对客体的反映,认识的根本任务是使感性认识上升到理性认识,透过现象抓住事物的本质。萧萐父认为,孟子的"尽心"就是尽用心官去发现、扩充内心固有的善端,"知性"就是要依靠内省去理解人的本质特征,"知天"就是通过对内心"善端"的自觉和扩大以获得"天道"。因此,孟子的认识不是从物到感觉和思想,而是开始于对自己内心和本性的探索,是通过对内心和本性的探索达到知天的目的。也就是说,"尽心知性"所内含的思维方式是反身向内、排斥感性、排斥理性、排斥外物的思维方式,这与唯物认知范式的思维方式是相悖的。张岂之认为,孟子的"知天"是一种颠倒了的现实主义,因为在孟子那里,"天命"虽然决定着"天下有道"或"天下无道",但实际上"天命"不过是"人事"的代言,所以本质上还是强调、肯定人事的作用。张岂之说:"孟子的'知天'是一种颠倒着的现实主义。他说天命主宰个人遭遇,实际上是给个人遭遇挂上天命的旗号;说天命决定着'天下有道'与'天下无道',实际上是给不同政治现状挂上天命的旗号。……表面讲天命主宰人事,实际上无异说:人事是什么样子,天命就是什么样子。这样,天命只保留了权威的名字,实际起作用的还是人事。"① 张岂之的分析既体现了社会存在决定社会意识的思维方式,也体现了辩证思维方式。张岱年认为,陆、王心学以"仁"作为万物本原,从而将统治阶级道德论证为人心所固有,足见阶级利益对"仁"内涵的影响,换言之,只有从阶级意识角度才能更为具体和准确地把握"仁"的内涵。傅云龙指出,孟子人性论抹杀了阶级差别而属于抽象人性论,他

---

① 张岂之主编:《中国思想史》,西北大学出版社1989年版,第105—106页。

说:"孟轲的人性本善的观点,由于它抹煞了阶级社会中人和人之间的阶级关系和阶级差别,纯然是一种抽象的人性论,所以具有极大的欺骗性。但是,孟轲提出的人性观点之目的和社会作用则又是具体的,是密切地为他所主张的社会制度服务的。在孟轲看来,仁义礼智这些善的本性,就是表现在人们服从于现实社会的君臣父子等社会伦理关系方面。"① 也就是说,只有从具体的阶级利益的角度才能准确理解孟子"性善论"的内涵。或者说,只有用阶级分析方法才能准确把握孟子"性善论"内涵。萧萐父认为,王充"去信取食"或"礼义之行在谷足"的思想,即合乎"社会存在决定社会意识"思维方式。他说:"即是说社会的物质生活状况决定社会的道德理想。虽然王充和他的前辈一样,离开社会生产方式和阶级关系来谈社会物质生活和社会观念的关系,还不可能对社会存在作出科学的规定,但不能否认,这里已有唯物史观的萌芽。"② 就是说,这个命题已内含了"社会存在决定社会意识"的思维方式。

总之,中国学者不仅将被理解的概念或命题所内含的思维方式揭示了出来,而且也直接将抽象与具体的思维方式移植到实际的学术研究中。可见,物质决定意识、对立统一、动态的而非静止的、联系的而非孤立的、实践的而非观念的、社会存在决定社会意识等马克思主义哲学思维方式,都在唯物认知范式用于认知和理解中国传统哲学的实践中被移植、被吸收而成为中国哲学的思维方式。

4. 唯物地否定了中国传统哲学中的消极观念

所谓"唯物地否定了中国传统哲学中的消极观念",就是指在以唯物认知范式认知和理解中国传统哲学的实践中,对中国传统哲学中与唯物认知范式相悖的观念进行了批判与否定,使中国传统哲学的内容得以沿着唯物主义哲学方向完善和进步。应该说,这方面的案例极为普遍。中国学者在认知、理解中国传统哲学实践中,对与唯物认知范式相悖的范畴、命题或观念都进行了否定与批判,这种否定与批判,意味着中国传统哲学的相关缺点被改正,而补入了马克思主义哲学的观点。

张岱年虽然对老子"道"的哲学多有肯定,但也批评老子在认识论

---

① 傅云龙:《中国哲学史上的人性问题》,求实出版社1982年版,第13页。
② 萧萐父、李锦全主编:《中国哲学史》上卷,人民出版社1997年版,第346页。

上和历史观上的不足。其认识论上的不足就是忽视了感性认识在认识世界、把握真理过程中的基础意义。这就意味着老子哲学在认识论领域必须补进感性认识。其历史观上的不足就是以远古落后的社会为人类理想社会，从而表现为一种倒退的历史观。这就意味着老子哲学在历史观领域必须补入进步史观。无疑，站在唯物认知范式的立场看，张岱年对老子哲学批评的同时也是发展。任继愈认为，孟子的性善论是先验的道德观念，也是抽象的人性论，因为人性"善"与"不善"并不是先天注定的，后天环境对人性的培养具有重大作用，因为人性"善"与"不善"还受到社会的影响，阶级利益往往对人性产生决定性作用。按照任继愈的理解，性善论纯是孟子为了维护统治阶级利益而虚构的一种理论，是欺骗人民群众的学说。因此，对人性善恶的理解，不能不关注后天的环境，不能不关注社会性因素。胡绳指出，思孟学派的"诚"观念中存在一些需要纠正的"缺点"。比如，将"诚"理解为能尽万物本性，而能尽万物本性者即为圣人，这种观念否定了人的努力；其次，说"诚"意味着天人合一，从而将知识视为天赋的，这种观念否定了追求真理的必要性；其三，说"至诚尽性"能预见未来不仅很神秘，而且很有欺骗性。既然批评"诚"有否定人主观努力的意涵，即意味着不能将"诚"视为天生的，而是需要后天努力的；既然批评"诚"有将知识视为天赋的意涵，即意味着追求真理仍然是需要勤奋实行的；既然批评"诚"预见未来是神秘主义，即意味着对事物未来的把握应该有脚踏实地的科学实验与缜密的分析。这样，胡绳就完成了对思孟学派"诚"观念唯物认知范式的改造与完善。冯契不仅高度肯定了"形质神用"的哲学价值，也深刻检讨了这个命题的缺陷。冯契指出，范缜分析、处理"形神关系"问题只局限于"形神"二者之间，其所谓"形"是狭义的物质即肉体，也就是说，范缜只是在"肉体"与"个人意识"范围内讨论"形神"关系，尽管这种讨论的方式与成果都是积极的，但由于范缜根本没有意识到影响"神"的因素并不仅仅是"肉体"，还有社会因素，因为人的意识（精神）从一开始就是社会实践的产物。冯契的这个批评指示了"形质神用"论提升的方向。任继愈指出，张载的"气"唯物论是不彻底的，因为张载还不能科学地区分精神与物质的性质差异，将"鬼神"视为"二气之良能"，这就是说，张载"气"论中"鬼神"仍然存在，因而他的唯物主义是不彻底的，只能是朴素唯物主义。这意味着张载"气"论中必须将"鬼神"驱除出去，从而成为彻底的唯物主义"气"论。王阳明的"良知"是先验的道德本体、道德品质、道德标准。但侯外庐指出，如果"良知"只是内在于人心的先验知识，即与客观事物毫无关系，与生产斗争、阶级斗争也毫无关系，因此，"良知"说否认了客体的存在，否认了生产实践，其在认识论上必然走向蒙昧主义。侯外庐的这个批评意味着，王阳明的"良知"说需要融入知识来源于生产实践、来自主体与客体的互动等唯物认知范式基本原理，即要求在传统"良知"说基础上，注意"良知"的后天培养，注重经验对于"良知"的意义，从而丰富了"良知"说内容。张岂之认为，王夫之的"理势合一"观念包含了对社会历史发展的深刻觉悟，但王夫之的"理"并非社会历史的内在规律，王夫之的"势"也不是合于王道的趋势，而其对"理势合一"的理解也没有接触到社会历史最本质的东西。就是说，如要推进"理势合一"论，就必须以唯物认知范式原理确定"理"与"势"的科学内涵，并在这个基础上辩证地处理二者的关系，从而构建一种超越王夫之"理势合一"式社会历史发展规律与发展趋势关系的理论。

无疑，在以唯物认知范式认知、理解中国传统哲学的实践中，被发现的诸种不足或局限都被揭示出来并给予了否定，对落后的哲学观念进行了补充，对错误的哲学观念进行了抛弃，从而使唯物认知范式中的相关原理与中国传统哲学融合，以实现中国传统哲学的马克思主义哲学化。当然，由于各种原因，唯物认知范式对于中国传统哲学的批评与否定并非都是正确的，有时甚至是完全的误读，因为中国传统哲学观念虽然在唯物认知范式视域下可定性为"毛病"，但就中国传统哲学自身而言却是"合情合理"，而且非常正确。

三 唯物认知范式应用之问题

唯物认知范式在 20 世纪中国学术史上可谓威风八面，它的足迹遍及所有人文社会科学领域。诚如上述，中国传统哲学是唯物认知范式影响至为深远的领域，并且取得了特殊学术成就。然而，唯物认知范式毕竟是一门学说、一种理论、一种方法，因而对多样的、复杂的、深邃的中国传统哲学思想而言，其能力虽然具有指导性，但也是有限的，这是一个方面；

另外，由于应用唯物认知范式的主体生命经历各异、学识高低不同、价值立场有别，从而导致应用唯物认知范式时发生偏差，进而导致对中国传统哲学的误读与伤害。如此便生出了检讨的任务。

1. "观点在先"的解释

所谓"观点在先"的解释，就是指在以唯物认知范式认知、理解和评价中国传统哲学的实践中，对尚未进行分析、研究的哲学概念或命题，事先给予唯物认知范式的定性，再根据这种定性对中国传统哲学的概念或命题进行理解、解释或评判。比如，张锡勤将王阳明"心学"定性为主观唯心主义。那么，这个判断是否准确呢？王阳明的确有"心外无物"的命题，可是这个命题并不是讨论"心"与"物"、主体与客体的关系，更不是主张以"心"吞并客观世界，即不是要论证"心"外的世界不存在，而是强调"宇宙万物在我心中"，进而强调"心对宇宙万物的责任"。由此看来，将王阳明"心学"定性为否定客观世界存在的主观唯心主义，就是因为理解者用"主观唯心主义"的观点取代了具体的分析研究。再如，方克立判"知行合一"为唯心主义的知行观、形而上学的知行关系观。依唯物认知范式，知行关系是建立在实践基础上的，方克立认为王阳明的"知行合一"是在"心"中进行的，所以是唯心主义的；依唯物认知范式，实践是第一位的，认识是第二位的，知识来源于实践，因而二者是在实践基础上的统一，方克立认为王阳明的"知行合一"是在"知识"上的统一，因而形而上学的。可见，方克立完全是根据唯物认知范式原理分析得出的结论。这本也无可厚非。问题是，王阳明明明说他提"知行合一"就在于提醒天下人不要只顾穷经而不践行①，就在于让人们懂得将"知"理解为"行"对于防范恶行的意义②，这不仅跟唯心主义与形而上

---

① "'知行合一'之说，专为近世学者分知、行为两事，必欲先用知之之功而后行，遂致终身不行，故不得已而为此补偏救弊之言。学者不能著实体履，而又牵至缠绕于言语之间，愈失而愈ించ矣。"（王阳明：《与道通书四》，《王阳明全集》下，上海古籍出版社1992年版，第1207页。）

② "先生曰：'此须识我立言宗旨。今人学问，只因知行分作两件，故有一念发动，虽是不善，然却未曾行，便不去禁止。我今说个'知行合一'，正要人晓得一念发动处，便即是行了。发动处有不善，就将这不善的念克倒了。须要彻根彻底，不使那一念不善潜伏在胸中。此是我立言宗旨。'"（王阳明：《传习录》下，《王阳明全集》上，上海古籍出版社1992年版，第96页。）

学没有任何关系，应该是反形而上学、反唯心主义的，因而我们只能说判"知行合一"为唯心主义的知行观、形而上学的知行关系观，属于"观点在先"的解释，没有正确应用唯物认知范式所致。再如李石岑判中国传统哲学特点为"观念论"（唯心论）。李石岑说："中国哲学大部分是观念论的。从先秦到清末，我们只能找到几个唯物论的倾向，不能找到真正唯物论的思想。就令是机械论的唯物论，亦殊不易寻求。就这一点，已足证明中国从先秦到清末为长期的封建社会而有余，因为封建社会所反映的哲学思想很少是唯物论的。"① 为了证明这个观点的正确性，李石岑先后引用了孔孟、宋儒为据。可是，《易传》《管子》、王充、杨泉、范缜、柳宗元、张载、罗钦顺、黄宗羲、王夫之等的哲学思想并不能以"观念论"定义之，而更多的哲学家既有"观念论"，也有"物质论"。因此，李石岑也是典型的"观点在先的解释"。至于中国哲学史教材的编写，"观点在先的解释"更为普遍。以任继愈主编的《中国哲学史》和萧萐父等主编的《中国哲学史》为例，其对每位哲学家哲学思想的介绍，都是"唯物论或唯心论、辩证法或形而上学、唯物主义认识论或唯心主义认识论、唯心主义历史观或唯物主义历史观"千篇一律的"四大块"模式，这给读者的印象是：根据已有的哲学观点解释、介绍哲学家思想。但这种解释往往是有悖哲学家思想实际情形的。

可见，在唯物认知范式认知和理解中国传统哲学的实践中的确存在"观点在先"的解释现象，而且它的危害也是显见的：其一，妨碍对中国传统哲学研究的深入，浅尝辄止；其二，对中国传统哲学内容进行偏颇甚至错误的理解；其三，对中国传统哲学的性质作片面的判断；其四，对中国传统哲学的意义进行错误的评价，从而影响人们对中国传统哲学的正确理解和把握。正如王阳明所说："大凡看人言语，若先有个意见，便有过当处。"②

2. "物质至上"的解释

所谓"物质至上"的解释，就是指在以唯物认知范式认知、理解和评价中国传统哲学的实践中，坚持以"物质基础"或"社会存在"为根

---

① 李石岑：《中国哲学十讲》，广西师范大学出版社2010年版，第24页。
② 王阳明：《传习录》上，《王阳明全集》上，上海古籍出版社1992年版，第35页。

本原则，大凡对中国传统哲学概念或命题的认知和理解，首先想到的是它的"物质基础"或"社会存在"，并将此原则贯彻始终而取代其他向度的解释。比如，郭沫若对"格物"的解释。郭沫若认为，历史上哲学家解释"格物"之"格"，朱熹是唯物论的，但没有根据；王阳明是唯心论的，不能接受。因而他自己要重新解释，经过多方引证，他将"格"释为"借"，"格物"就是"借物"。郭沫若说："我在《儒家八派的批判》里面提出了一个新的解释，是把'格'字读为假字。古书格假二字通用之例至多，'格物'者假物，假借于物之意。人心只是一张白纸，要假借于物才有知识，而知识也才能达到尽头。使知识达到尽头才是'致知'，知识达到了尽头才是'知至'。"① 可见，郭沫若为了使"格物致知"具有唯物性质，且有"根据"，的确是煞费苦心，即使不含有唯物主义思想的命题，也要努力朝唯物主义方向解释。任继愈对墨子的"三表"给予了肯定评价，因为他认为"三表"都具有唯物论性质，但又认为"三表"仍然不够彻底，因为"事""实""利"都是经验而不是实践，而且在国家之利与人民之利关系上没有区分，说明墨子在社会历史认识上也没有达到唯物史观的水平。可见，任继愈对"三表"的肯定与否定，都贯彻了"唯物至上"原则。王德敏判定《老子》哲学属"唯物主义自然观"。为了言之成理，他进行了多方面论证。他认为老子的"道"不是绝对精神，没有欲望；与具体事物关系是"物质自身分化"，不是由"道"派生；老子的"道"是"惟恍惟惚"但"其中有物"。这些论据都显示了"物质至上"的解释。不仅如此，王德敏还将"物质至上"原则加以深入贯彻。他指出，老子所谓"无"是指处于"混沌未分，素朴未定"之状，但孕育着后来一切具体的"有名"之物，老子所谓"无形"，正包含着"有形"；老子主张虚空与实体的统一，没有虚空就不会有实体，这就意味着虚空与实体是统一的存在。最为有趣的是对"含德之厚者，比于赤子"的解释，王德敏说："所谓'含德之厚'的'德'，既包括物质实体的精，也包括物质功能的气，精多气旺，才能像赤子那样，才算'含德之厚'。所以《老子》特别强调'积德'，认为'重积德则无不克'（《老子》五

---

① 郭沫若：《"格物"解》，《郭沫若全集》"历史篇"第二卷，人民出版社1982年版，第722—727页。

十九章)。'德'是'道'在具体事物中的体现,即'得道'。精与气的统一就是物质与功能的统一。但是物质功能却是看不见、摸不着的,相对于物质实体之'有'来说,它又是一种'无'。"① 这个解释的确很独特很有创意,并进一步论证了老子哲学的唯物性。但同时不难发现,解释者唯"物质"是尊,为了论证"道"的唯物性质,可谓"无所不用其极"。

张岱年对"理"的解释也表现出了鲜明的"物质至上"性。张岱年认为,在中国哲学史中,有所谓宇宙之理、伦理之理和本体之理。所谓宇宙之理,也叫自然之理,或物理,就是自然界、事物之中存在的"理"。所谓伦理之理,主要表现在宋明时期。所谓本体之理,即是宇宙万物的根据。虽然伦理之理、本体之理的存在都是客观事实,但张岱年对本体之理、人伦之理持否定态度。他说:"程朱的学说,在其理论的逻辑上认为,作为世界万物的最初根源的理也是人类行为的最高标准;但从其思想的本质来看,其实是把当时占统治地位的道德标准抬高了而说成是世界的最初根源。这也就是把封建统治阶级的道德绝对化永恒化,给以宇宙观的根据。这种学说在理论上为封建制度辩护。"② 这段话透露了张岱年否认伦理之理、本体之理的原因,即这两种"理"都把具有统治地位的道德标准抬高到宇宙的最初根源,从而论证封建统治阶级道德的绝对化和永恒化。因而他只承认"宇宙之理":"凡理莫不表现于事物,然理之表现有其界域,凡理不必表现于一切事物,而常常仅表现于一些事物。"③ 这样,"理"在他的哲学中只能是物质的属性,而不能有先在于内心之"理"、先于事物之"理"、先于时空的"理"。

可见,"物质至上"的解释在唯物认知范式应用之实践中也是很普遍的,其值得注意的是:第一,"物质至上"的解释不能为我们提供被解释对象的全部的、准确的含义;第二,"物质至上"的解释使被解释的中国传统哲学概念或命题显得僵化与贫乏;第三,导致中国传统哲学物质化、庸俗化;第四,对中国传统哲学的理解需要考虑"物质"以外的因素,否则会太单调、太肤浅,也无法获得对中国传统哲学全面、准确的理解;

---

① 王德敏:《略论〈老子〉的唯物主义自然观》,《中国哲学史论丛》第一辑,福建人民出版社1984年版,第46页。
② 张岱年:《张岱年全集》第五卷,河北人民出版社1996年版,第93页。
③ 张岱年:《张岱年全集》第三卷,河北人民出版社1996年版,第195页。

第五，可能误导人们对中国传统哲学特点与价值的理解和判断。

3. "唯阶级性"解释

所谓"唯阶级性"解释，就是指在使用唯物认知范式认知、理解和评价中国传统哲学的实践中，自始至终地应用和贯彻阶级分析方法，以之对中国传统哲学的范畴或命题进行理解和评价，从而使被理解的哲学概念或命题在含义和性质上刻上阶级的印痕。

在对"仁"的解释中，侯外庐较为彻底地应用了阶级分析方法。他指出，"仁"没有进入阶级社会时就是普遍性伦理道德，人人具有，但一旦进入阶级社会，"仁"便有了阶级性，被确定为统治阶级的道德，而被统治阶级是没有资格拥有"仁"的，因而"仁"与"不仁"成了区分不同阶级的标准。由于"仁"是统治阶级的道德，它是为统治阶级服务的，因而"仁"的意义是消极的。而张岱年对"仁"作了这样的分析：一方面要求贵族尊重一般人民的人格；另一方面又保持宗法关系及等级制度，使地位低下的庶民不能夺取地主阶级所得到的特殊权利。这是从奴隶制到封建制过渡时期地主阶级地位与态度的一种反映。地主阶级分子在向贵族争夺政治权力的斗争中，要联络一些庶民，又要保持自己的特殊地位，所以提出了差等之爱的"仁"的学说。根据这样的原则，张岱年指出，程、朱的"仁"虽然被抽象化绝对化了，不仅是人类道德的最高标准，而且是天地万物的最初根源，但仍然掩盖不了它的阶级性，因为作为本体的"仁"只是意味着为封建统治阶级服务的封建道德的基本原则绝对化永恒化了，企图把封建制度说成永恒不变的制度，巩固封建道德在人民中间的尊严与威信。而陆、王将"仁"与"心"等同，成为天地万物的最初根源，但天地万物只存在于心中，因而陆、王是把封建统治阶级的道德标准武断地说成为内心固有的倾向，使人们从内心里遵守封建道德标准的约束，仍然是为日趋反动的封建统治阶级服务的。这样，"仁"无论怎样变化，都逃脱不了为统治阶级服务的宿命。显然，侯外庐、张岱年关"仁"的解释与定性完全是阶级分析方法的贯彻。

在侯外庐看来，由于"良知"是封建的道德，因而是统治阶级的是非准则，所以"良知"不可能是人民的"是非"准则。因此，王阳明将"良知"说成是人人先天具有的道德准则或是非准则，那就意味着混淆人民的"是非"与统治阶级的"是非"，使人民在动听温柔的语言中接受统治阶级的剥削。张岱年指出,"良知"作为先验道德意识,实际内容是忠、孝等封建道德,因而所谓人人有良知,实际上就是把封建统治阶级的道德说成为各阶级的人之生来固有的东西,这就是让人认为封建道德不是强制的而是内发的,使人更容易接受封建道德的约束。而王阳明以灵活的"良知"代替那些烦琐礼节的教条,就是要求人们在实际行动上灵活运用,随机应变,从而成为维护封建秩序的有效方法。不难看出,侯外庐、张岱年关"良知"的解释与定性也完全是阶级分析方法的贯彻。

关于王阳明"万物一体"的解释。张岱年指出,王守仁讲"万物一体"是阶级性的表现,因为他讲"万物一体",却反对爱无差等。比如,"把手足捍头目"一句更是明显地要求一般人民为统治者牺牲,所以"万物一体"不过是地主阶级利益的反映而已。标榜"万物一体"主要是企图缓和各阶级之间的矛盾,以稳定封建统治秩序。任继愈的解释似乎走得更远,他将"万物一体"理解为彻头彻尾的阶级理论。所谓"天下犹一家,中国犹一人",是说使人人做到父慈子孝,兄友弟恭,夫妇有别,君臣有义,不使一个人发生违背封建伦理教条的行为。这些正是历代封建正统学者所强调的"亲亲仁民"的虚伪原则,它完全是为封建压迫的合理性提供理论根据的。任继愈还将"万物一体"论与镇压农民起义结合起来,认为对农民起义的镇压正是"万物一体之仁"的体现。对农民起义进行的残酷镇压也是成全他的"天地万物一体之仁",不使"一物失所",因为站在地主阶级立场上看,农民起义是大不仁的。因此,"万物一体"完全是一彻头彻尾的剥削被统治人民的反动学说。沈善洪、王凤贤认为,王阳明"万物一体"的性质只能是"把一整套封建政治伦理原则,统统硬塞到整个宇宙中去",其目的就是为统治阶级服务的。依张岱年、任继愈、沈善洪等的理解,无论是普世性还是特殊性,都是为"万物一体"的阶级性所规定的。

这里再举一例。孔子说:"唯女子与小人为难养也,近之则不孙,远之则怨。"(《论语·阳货》)李石岑解释说:"谓女子与小人之'难养',是明明白白地说地主阶级不容易畜养他们,但又何曾顾到他们之无以自养呢?实则照当时的情形说,正是地主阶级难养,并不是女子与小人难养,因为女子与小人是当时的生产者,是女子与小人养地主阶级,并不是地主阶级养女子与小人。正是孟子所谓'无野人莫养君子'的意思。养之而反被剥削，是地主阶级之难养，并不是女子与小人之难养。"① 那么，怎样看李石岑的解释呢？首先，判断"女子"与"小人"是生产者的根据是什么？其次，判断其中的"养"是"供养"的根据是什么？其三，判断孔子此言论代表地主阶级的根据是什么？可以说，孔子的原话中找不到任何根据，这就意味着李石岑的解释是主观的、唯阶级性的。而且，按照李石岑的理解，孔子讲这个话的具体场景、对象都变得不重要，从而也就不能真实地理解孔子这句话的本意。比如，孔子说女子与小人"近之则不孙，远之则怨"，就表明孔子所说的"养"绝不是供养，因为讲一个人"近之则不孙，远之则怨"，明明是说"不好相处"之意。而且，如果按阶级分析方法，女子中也有统治阶级，这就构成了"统治阶级供养统治阶级"的矛盾。因此，李石岑这种唯阶级性解释是主观的、不确切的。

可见，唯阶级性理解在唯物认知范式用于认知、理解和评价中国传统哲学的实践中表现得很普遍，但似乎存在如下需要检讨的问题：第一，哲学概念或命题的唯阶级性理解与判断，在很大程度上削减了概念或命题的内涵与意义；第二，唯阶级性理解与判断，在很大程度上造成了对哲学概念或命题的伤害，否定了它们本有的价值；第三，唯阶级性理解与判断只注重哲学概念或命题的阶级意义、特殊意义，而忽视其普遍意义，从而影响了对中国传统哲学思想的发展与继承；第四，唯阶级性理解必然导致误读、误解中国传统哲学，因为以阶级分析方法发掘、整理和解释出来的中国传统哲学，可能会背离中国传统哲学的本来面貌，从而影响人们正确认识和理解中国传统哲学。当然，如果不教条地应用唯物认知范式，也许很多片面或错误是可以避免的。

4. 怎样理解唯物认知范式解释中的消极现象

可见，以唯物认知范式为坐标和方法理解中国传统哲学的实践的确存在某些消极现象。由于导致这些消极现象的原因比较复杂，为了不伤及无辜，这里再做进一步分析。

其一，要避免唯物认知范式教条化使用。为什么在唯物认知范式应用中会出现"观点在先的解释""物质至上的解释""唯阶级性解释"三大

---

① 李石岑：《中国哲学十讲》，广西师范大学出版社2010年版，第32页。

片面倾向呢？根本原因还是教条化地使用唯物认知范式，即不能科学地认识唯物认知范式，不能正确地使用唯物认知范式。唯物认知范式强调物质在先、意识在后，强调事实先于理论，此原理内含的方法就是研究问题要从事实出发、从实际出发、从数据出发、从史料出发，而不是从意识出发、从观点出发、从愿望出发。可见，"观点在先的解释"与唯物认知范式基本原理并不相容。而之所以出现如此的解释实践，就是因为将"马克思主义理论是一切工作的指导思想"加以教条化了。"物质至上的解释"之教条化更为明显，因为马克思主义哲学虽然强调研究任何思想意识、学说理论，都必须分析它的物质基础，都必须将其与"社会存在"的关系研究清楚，但马克思主义哲学也强调意识的相对独立性、意识对社会存在的能动作用、意识的多元性与复杂性等，因而将一切研究对象自始至终地做"物化"研究，自然无法全面、准确把握研究对象的内容和性质。"唯阶级性解释"也是教条化所致。马克思主义哲学认为，任何社会意识形态都是有阶级性的，哲学家都必然地属于某个阶级，因而哲学家的学说思想就是替他那个阶级说的话，即有阶级性，而一般情况下，历史上的哲学家之家庭或多或少地都拥有一定的经济地位和政治地位，因而一定的属于剥削阶级或统治阶级，而统治阶级的思想学说都是为他们自己服务的，因而是落后的、腐朽的而必须批判和抛弃。用这个理论对哲学概念和命题进行解释，就是阶级分析方法的解释。但马克思主义哲学也承认，思想、学说有其独立性，与社会存在或阶级并不一定是"如影随形"的关系。因此，如果将一切哲学概念或命题都做阶级方法的分析，如果对哲学概念或命题自始至终都做阶级方法的处理，那么，就会出现误读中国传统哲学和损害中国传统哲学价值的情形。因此，"唯阶级性解释"也是应该力求避免的。

其二，要正确认识学理上容许的错误。在唯物认知范式用于认知、理解中国传统哲学的实践中，存在一些需要正确认识的"错误"，比如，中国传统哲学概念或命题被赋予马克思主义哲学内容，从而马克思主义哲学化了；再如，唯物认知范式对于中国传统哲学理解或解释的合法性在哪里？对于第一个问题，即如何正确认识中国传统哲学概念或命题的马克思主义哲学化，某些学者对此非常担忧，认为这将造成中国传统哲学意义的丧失。我们认为这种担忧虽然值得同情但是多余的，因为虽然中国传统哲学概念或命题在唯物认知范式之解释中马克思主义哲学化了，但其原始哲学文本仍然存在，就如将王阳明的"知行合一"理解为马克思主义哲学的"知行观"，从而被马克思主义哲学化，但这种解释并不意味着王阳明的"知行合一"命题原始意义的丧失。因为王阳明的"知行合一"作为一种被理解的文本资源并不会因为某人某次的理解而从此消失。所以，中国传统哲学的马克思主义哲学化，只是特殊群体对于中国传统哲学展开解释而形成了自己的哲学学说或观点而已。对于第二个问题，就是指唯物认知范式对于中国传统哲学解释的合法性问题，那么如何理解这个问题呢？唯物认知范式对于中国传统哲学展开的认知和理解，必然形成新的概念、命题或学说，即属于解释者的概念、命题或学说。比如张岱年对"万物一体"的理解，我们考察张岱年的解释是否合法，大概应基于这样几个因素：一是原始文本的比较，二是张岱年本人解释，三是时代实践需求。与原始文本比较，就是强调解释是否合乎原始文本的意涵，即是否客观的解释；张岱年本人是解释者，拥有解释权利与追求，即是否有创造性；哲学的解释或创造不能与时代实践毫无关联，时代实践才能将解释的意义加以升华。这三者构成了我们评价一种解释活动的要素体系。这样看来，我们不能因为张岱年对"万物一体"的解释与原始文本不合而否定之，但也不能怂恿解释者为所欲为，由于时代实践因素，解释者的解释并不一定就意味着对被理解概念或命题内涵的丰富与发展。因此，唯物认知范式对于中国传统哲学的理解是否成功，必须从多向度去考察。

其三，主体必须负起解释的责任。根据上述讨论发现，在以唯物认知范式理解中国传统哲学的实践中，其基本要素是主体（中国学者）加上学说（唯物认知范式），即中国学者用他人的学说来发掘、整理、分析和判断自己的传统资源，亦即所谓"自他之耀，回照故林"。那么，在这种学术实践中，如果出现消极后果，谁应该是主要责任者呢？在我们当下反思、检讨"以西释中"的学术实践中，相当部分学者将责任推给西方哲学学说，放在本章，就是推给唯物认知范式或马克思主义哲学。可是，是谁选择了西学或马克思主义哲学？又是谁将西学或马克思主义哲学用于认知和理解中国传统哲学呢？当然是那些焦躁不安而又自大自负的中国学者。因此，唯物认知范式的应用如果导致了某些消极后果，责任主体显然是那些豪情满怀的中国学者，而不是相对被动的唯物认知范式或马克思主义哲学。换言之，解释实践中所致消极后果的主要责任承担者不应是作为坐标的学说而应是解释主体。

5. 唯物认知范式应用中的"中哲"与"马哲"关系

唯物认知范式用于认知、理解和评价中国传统哲学的研究，为我们认识和把握中国传统哲学与马克思主义哲学的关系提供了重要依据。唯物认知范式在20世纪中国哲学史上是一客观存在，这一学术实践丰富和发展了中国传统哲学，但也对中国传统哲学产生了伤害。这就提出了一个课题：唯物认知范式究竟应怎样与中国传统哲学和平而创造性地相处？这里拟提出几点供参考。

第一，科学推进唯物认知范式在中国传统哲学研究中的应用。诚如上述，在20世纪中国哲学史上，唯物认知范式被广泛地、深入地用于认知、理解与评价中国传统哲学，这种学术实践不仅将中国传统哲学概念、范畴和观念的内涵唯物地呈现出来，而且将中国传统哲学的特点、系统也进行了唯物的发掘与揭示，并且在内容上唯物地丰富和发展了中国传统哲学。因此，如果中国传统哲学"唯物地理解与发展"需要继续且克服以往弊病的话，那么，科学地推进马克思主义哲学在中国传统哲学研究中的应用仍然是重要的学术任务。而所谓"科学地推进马克思主义哲学在中国传统哲学研究中的应用"，主要任务之一就是认清唯物认知范式在中国传统哲学研究中的限度。虽然唯物认知范式对于中国传统哲学的研究获得了巨大成就，表现出了指导作用和特殊价值，但这并不意味着唯物认知范式的解释力是万能的、无界的、没有限制的，恰恰相反，唯物认知范式的理解范围与理解能力都有先天的限制。也就是说，不过度使用唯物认知范式，不泛化使用唯物认知范式，不教条化使用唯物认知范式，做到有所为有所不为，合理地使用唯物认知范式是对中国传统哲学研究产生积极意义的意识保证。

第二，"中哲"与"马哲"应该相互学习、相互尊重。根据我们对于唯物认知范式用于认知和理解中国传统哲学实践的考察，马克思主义哲学对于中国传统哲学在内容、形式等方面都起到了改进作用，不仅对中国传统哲学的现代化产生了积极影响，而且丰富了中国传统哲学的内容，提升了中国传统哲学的品质，因此，中国传统哲学并不应该排斥马克思主义哲学，而应该在与马克思主义哲学的互动中，学习、吸收其有价值的哲学思想、哲学理论，以完善自身。而对于马克思主义哲学而言，也应该在认知和理解中国传统哲学的实践中发展、壮大自己的能力。唯物认知范式虽然是认知、理解和评论中国传统哲学的坐标与方法，但这并不意味着唯物认知范式是绝对的、普遍的标准，可以将中国传统哲学放在唯物认知范式这个模式里作肆无忌惮的判断，而应该是以参照和方法的身份去理解中国传统哲学内容，去衬托它的模样，并在认知、理解和评论中国传统哲学的实践中，吸收有益养料以丰富和发展自己。因为中国传统哲学是人类历史上少有的悠久而充满生命力的哲学传统，在哲学问题、哲学方法、哲学解释等方面有自己的特长和贡献。因此，唯物认知范式应以平等的心态去理解中国传统哲学，并积极地、智慧地学习中国哲学，在理解中丰富、提升自己。

第三，唯物认知范式必须努力实现与中国哲学的融合。唯物认知范式作为认知、理解和评论中国传统哲学的坐标与方法，它的前途是在认知、理解与评价中实现与中国传统哲学相融合。这个融合主要有三层意思：一是唯物认知范式在认知、理解和评价中国传统哲学的实践中感觉乏力时，应取的态度是顺应调适之，不要勉强解释。比如，对"良知"的理解，教条地以唯物认识论解释之就行不通，唯物认知范式对此概念的态度就应该是同情而适应。二是唯物认知范式在认知、理解和评价中国传统哲学时如果发现了冲突或矛盾，应该相互尊重，不能以吞并对方为目标，观点不一致，应和平共处。比如，对"心外无物"的理解，唯物认知范式的主张是"物质第一性，意识第二性"，物质世界存在于主观世界之前，这就与"心外无物"观念形成了冲突，唯物认知范式是不是要消灭这种观点呢？应该不需要，也不可能，而应该尊重这种学说而各美其美。三是唯物认知范式在认知、理解和评价中国传统哲学的实践中发现明显的错误时，应该提出改进的方向、充实的内容，以更新之。比如，对"理先气后、理本气末"的理解，作为规律、规则、观念的"理"，都只能在事物之中、事物之后，这就需要更正它、完善它。因此，唯物认知范式应用于中国传统哲学研究，应该是在认知、理解和评价中针对不同情况表现为适应的、尊重的、完善的三种态度与方式，这就给中国传统哲学应有的空间，形成唯物认知范式与中国传统哲学并存、合作的态势。

因此,唯物认知范式的应用不应该是主观地、盲目地、专制地对中国传统哲学指手画脚,不应该是任性地对中国传统哲学随意删改,而应该是取长补短,使双方都能得到和丰富与提升,以共同对付需要解释和解决的人类课题。

第三章 科学认知范式与中国传统哲学

诚如上述，自然科学传入中国的同时，其精神、思想、原理与方法也迅速成为中国学者研究中国传统学问的一种坐标和方法，正如梁启超所说："我们家里头这些史料，真算得世界第一个丰富矿穴。从前仅用土法开采，采不出什么来，现在我们懂得西法了，从外国运来许多开矿机器了。这种机器是什么，是科学方法。"[①] 亦如蔡元培所说："研究也者，非徒输入欧化，而必于欧化之中为更进之发明；非徒保存国粹，而必以科学方法，揭国粹之真相。"[②] 那么，科学认知范式在中国传统哲学研究中应用的具体情形如何呢？

第一节 科学认知范式与哲学概念和命题

在以科学认知范式为坐标与方法理解中国传统哲学的实践中，许多概念和命题都接受了科学认知范式的"严格检阅"，经受着科学认知范式严谨的"锤炼"与"洗礼"，为认知中国传统哲学的概念与命题提供了"科学的"视角。那么，科学认知范式在理解中国传统哲学概念和命题的实践中会呈现怎样的风采呢？

一 科学认知范式视域下的哲学概念

中国传统思想中是否存在蕴含着科学精神、原理、定律与方法的概

---

① 梁启超：《治国学的两条大路》，《梁启超哲学思想文选》，北京大学出版社1984年版，第421页。

② 蔡元培：《〈北京大学月刊〉发刊词》，载陈崧编《五四前后东西文化问题论文选》，中国社会科学出版社1985年版，第119页。

念？这个问题在近代自然科学引入中国之前并没有受到关注，更谈不上发掘与整理。但进入20世纪，由于近代自然科学在西方取得了耀眼成就，中国学者开始急切地、热情地关注、追逐自然科学，其表现之一，就是回到中国传统思想中寻找与自然科学精神、思想、原理和方法类似的概念。

1. 天

在唯物认知范式视域中，"天"被理解为最高主宰、神的意志、自然、物质等意涵，那么在科学认知范式视域中，"天"的意涵是怎样的呢？由于作为科学哲学概念或范畴的"天"都是具体存在于个别哲学家的思想世界中，因而学者们关于"天"的认知和理解都有明确的针对性。

《淮南子》有一段话是这样描述"天"的："天地未形，冯冯翼翼，洞洞漏漏，故曰太昭。道始于虚廓，虚廓生宇宙，宇宙生气。气有涯垠，清阳者薄靡而为天，重浊者凝滞而为地。清妙之合专易，重浊之凝竭难，故天先成而地后定。"（《淮南子·天文训》）李申将其解释为："其一说天地是从一团浑沦中逐渐生成的。其二说生成的机制是轻清上升而重浊下降。"[①] 即认为上段引文是一种天地生成说，而且表现了"当时人们所可能具有的重力学观念"[②]。

三国时期的杨泉对"天"有这样的论述："夫天，元气也，皓然而已，无他物焉。"（《物理论》）张岂之做了这样的理解："这里的'元气'不单纯是哲学概念，而且是物理的概念了。他又把天和地加以对照，进一步论证说：'夫地有形而天无体。譬如灰焉，烟在上，灰在下也。'（《物理论》）地有形而天无体，可以说是十分精确的科学概念。以烟和灰作譬喻，虽失之简略，但却是气体和固体两种不同的物质形态的形象化说法。从气体和尘埃云中经过凝集而生成天体和地球的星云假设，不也是通过物质形态的转化以说明宇宙的发展么？"[③] 就是说，杨泉的"烟在上，灰在下"的比喻，以说明"天"无体、"地"有形，即表明杨泉已用气体和固体两种不同的物质形态对"天""地"进行了解释，即通过物质形态的转化来说明宇宙的形成和发展，因而是物理学的概念。

[①] 李申：《中国古代哲学和自然科学》，中国社会科学出版社1993年版，第257页。

[②] 同上书，第258页。

[③] 张岂之主编：《中国儒学思想史》，陕西人民出版社1990年版，第290页。

周桂钿认为"浑天说"是与现代天文学理论相近的学说，他说："浑天说用一层天和附天而行的日月五星来解释天文现象。西方托勒密地心说用九层天以及本轮、均轮等来解释天文现象。二者各有特色。托勒密地心说已为现代科学抛弃，而浑天说与现代的球面天文学相近，它的合理性仍保存在球面天文学中。因此，与其说浑天说差一步没进到地心说，不如说地心说差一步没进到浑天说。浑天说确实有更多的合理性。"①

周桂钿还基于天文学理论对朱熹思想中的"天"进行了解释和评论。朱熹关于"天"的论述很多，比如："天包乎地，地特天中之一物尔。"（《理气上》，《朱子语类》卷一）"天文有半边在上面，须有半边在下面。"（《理气下》，《朱子语类》卷二）"地却是有空阙处。天却四方上下都周匝，无空阙逼塞满皆是天。地之四向底下却靠著那天。天包地，其气无不通。"（《理气上》，《朱子语类》卷一）周桂钿分析说："他从高山上无霜露谈到道教所谓高处有刚风，再论《离骚》中所说的'九天'。他说：'《离骚》有九天之说，注家妄解，云有九天。据某观之，只是九重。盖天运行有许多重数。（以手画图晕，自内绕出至外，其数九。）里面重数较软，至外面则渐硬。想到第九重，只成硬壳相似，那里转得又愈紧矣。'朱熹把最外面的一层天看作是'硬壳相似'的。这仍然是浑天家所说的天象鸡蛋壳。天壳和大地之间充满大气，象鸡蛋白那样。"② 因此，朱熹所说的"天"是有形质的。那么，朱熹的论述有哪些"科学性"呢？第一，朱熹用天气的急速旋转来解释地不下落的问题。周桂钿说："大气如何托举这块沉重的大地呢？前人不见详述，而朱熹对此颇有新见。他说：'天运不息，昼夜辗转，故地确在中间。……隤然不动。使天之运有一息停，则地须陷下。'天之气急速运转，托举着大地。"③ 第二，朱熹对"九天"作出了新解释。周桂钿说："朱熹认为九天是九重天，天象画轴那样，自内绕出，共九重，里层较软，往外，一重比一重硬，最外一重即第九重，象硬壳一样。最外层象硬壳的天虽然也是固体，却与大地不同。朱熹认为阴阳之气在急速旋转运动中，磨出的渣滓汇集在中间结成个地，

---

① 周桂钿：《中国传统哲学》，北京师范大学出版社1990年版，第17页。
② 周桂钿：《朱熹的宇宙论和天文观》，《福建论坛》1991年第5期。
③ 同上。

象一盆带杂质的水，水在旋转中，杂质就逐渐汇集于中央。这也许正是朱熹提出'地者，气之渣滓也'观点的经验基础。而天的最外层硬壳并不是气之渣滓结成的，而是最清的气结成的。"[1] 显然，朱熹关于"大气如何托举大地""九重天的结构"等的叙述虽然都限于经验，但都表现了"科学的精神"与"科学的思考"。

科学认知范式的应用，并不意味着仅仅是将被理解的概念或范畴的"科学元素"发掘和肯定，也意味着对被理解的概念或范畴非科学性、反科学性元素的发掘与否定。比如章太炎说："古者以天为积气。彼未尝有气也，果有气以生物邪？是则日星与地球，皆受气于天，天气必蒙于万物。其浸远天者，气亦浸薄矣。今自地体咫尺以上，累高而气益微，以是知其未尝有天也。……恒星皆日，日皆有地，地皆有蒙气，自蒙气中视物，溟滓若氛云之薄积。"[2] 这是对古代关于"天"的认识的批评。在章太炎看来，"天"不过是聚积在一起的气体，而气体来自地球，地球从太阳产生，太阳是恒星，宇宙由无数恒星组成，人与万物也从恒星产生，因而无所谓"天"和"天帝"。他还从字形上进行分析："惟天未尝有，故'无'之为字，从'天'，诎之以指事。天萃于气，气生于地，地生于日。"[3] 这样，章太炎就用天文学知识否定了传统哲学中"天"的意志性、神秘性、主宰性。

由此可知，作为理解"天"坐标和方法的科学认知范式是一把双刃剑，既可彰显其积极的内涵，也可揭露其消极的因素。

2. 气

唯物认知范式的理解比较关注"气"的物质性质或精神性质，并进一步指其为唯物的本原或唯心的本原。那么，科学认知范式对"气"的意涵有怎样的分析与判断呢？

严复是中国哲学史上较早以科学原理解释"气"的思想家。严复认为，进化是以"力"的存在为基础的，他说："力不可以尽散，散尽则物死，而天演不可见矣。"[4] 因此，"气"与"力"的沟通成为进化论与气化

---

[1] 周桂钿：《朱熹的宇宙论和天文观》，《福建论坛》1991年第5期。
[2] 《章太炎全集》（三），上海人民出版社1984年版，第17页。
[3] 同上书，第18页。
[4] 严复：《〈天演论〉按语》，《严复集》第五册，中华书局1986年版，第1328页。

论沟通的前提。而作为天演进化基础的"力",正是中国传统哲学中的"气"——"今世科学家所谓一气常住,古所谓气,今所谓力也。"① 这样,"气"便具备了与"力"在天演进化中的同样功用——"通天地人禽兽昆虫草木以为言,以求其会通之理,始于一气,演成万物。"② "气化"与"力化"亦可等而观之——"一气之转,物自为变。此近世学者所谓天演也。"③ 就是说,"气"的自我变化,即万物之变化,而这个观念与进化论是一致的。无疑,严复之所以能用进化论解释气化论,是因为他用物理学的"力"解释"气",这样就为中国传统哲学中的气化论提供了自然科学基础,从而有助于克服气化论的朴素性和猜测性。

何祚庥将"气"放在场理论中解释。他说:"自然科学里的'以太'只是作为传递物质间相互作用力的一种假想的介质而存在,'以太'和实物却仿佛是隔绝的。但张载和王夫之认为,'气'和'形'是相互转化的。因而他们所提出的'气',与其说接近于'以太',不如说更接近于现代科学所说的场。场的'聚''散'便形成实物,亦即激发成各种各样的粒子。当然,对于'气'也不能完全看成是现代科学的场。场是在大量的科学实验和生产实践基础上总结出来的科学概念。'元气'只是古代朴素唯物主义者在对宇宙运动的某些整体性质进行考察后提出的一种猜测。"④ 在何祚庥看来,"气"与场观念类似,而超越了"以太"观念,但"气"并不是科学实验的产物。

李申也用"场"理论解释"气"。王夫之说:"太虚之气,无同无异,妙合而为一,人之所受即此气也。故其为体,湛定而合一。"(《张子正蒙注·诚明篇》)李申认为,这表明"气有多种形态,而这多种形态的气都原本于一气"⑤。因而可以看出:"气这个概念所反映的物质存在的形态,已经显示出了和原子论的差别,而倾向于场论了。"⑥ 王夫之说:"阴阳二气充满太虚,此处更无他物,亦无间隙。天之象,地之形,皆其所范围

---

① 严复:《庄子评语》,《严复集》第四册,中华书局1986年版,第1136页。
② 严复:《原强》,《严复集》第一册,中华书局1986年版,第17页。
③ 严复:《庄子评语》,《严复集》第四册,中华书局1986年版,第1106页。
④ 何祚庥:《唯物主义的"元气"学说》,《中国科学》1975年第5期。
⑤ 李申:《"气"范畴研究》,《中国哲学》第十三辑,人民出版社1985年版,第41页。
⑥ 同上书,第42页。

也。"(《张子正蒙注·太和篇》)李申解释说:"这里使我们特别注意的是'无间隙'的说法。这就是说,气自身之中也是充满着的,或者说,气是一种连续性的物质存在。这一点,已经完全不同于原子论了。因为按照原子论的说法,不仅原子之间,而且原子自身各种粒子之间,其间隙要比这些粒子自身所占的空间要大的多,而这个间隙、即虚空的存在,正是原子论的必要条件。但场论却不同,每一有重物质周围都伴随着某种场,即使非电非磁,至少也有引力场。因此,象原子论那样的间隙和虚空是不存在的。"① 就是说,王夫之的"气"不仅构成了一切物的物质实体,而且还充满在这些物之中,并且和这些有形之物互相转化。王夫之说:"天气入乎地气之中而无不浃,犹火之暖气入水中也。性,阳之静也;气,阴阳之动也;形,阴之静也。气浃形中,性浃气中,气入形则性亦入形矣。形之撰,气也;形之理,则亦性也。形无非气之碍,形亦无非性之合也。"(《思问录·内篇》)李申解释说:"场论实质上也是承认场是充满一切的。因为场是能量的连续分布。而有形物不过是场亦即能的聚集,这里,能转化为质。这个质,与场并不隔绝,它只是场的一个'奇异点',是场中能量的聚集部分,毋宁说,它不过是场的一个特殊部分。这和气的内容是一致的:'气生形,形还生气,初无二也'。即是说,气和形,场和有重物,不过都是一回事。"② 王夫之说:"物各为一物,而神气之往来于虚者,原通一于絪缊之气,故施者不吝施,受者乐得其受,所以同声相应,同气相求,琥珀拾芥,磁石引铁,不知其所以然而感。圣人感人心而天下和平,亦惟其固有可感之性也。"(《张子正蒙注·动物篇》)李申解释说:"气接近场论的主要特点之一还在于气不仅是构成物的质料,而且是物与物相互作用的中介。超距作用是以原子论为基础的。而场概念,一开始就是为了研究电磁现象中物与物相互作用的介质而引入的。而起初,场也不过是作为一种介质存在着。这一点,也是气和场最接近的特点之一。"③ 李申认为,"气"与"场"还有另一共同特征,那就是都有阴阳的学说。王夫之说:"天地之化,人物之生,皆具阴阳二气。其中阳之

---

① 李申:《"气"范畴研究》,《中国哲学》第十三辑,人民出版社1985年版,第43页。
② 同上书,第44—45页。
③ 同上书,第45页。

性散,阴之性聚,阴抱阳而聚,阳不能安于聚必散,其散也阴亦与之均散而返于太虚。"(《张子正蒙注·参两篇》)李申解释说:"当我们把'气有阴阳'和现代场论的质、能问题相比较时,我们就会发现,它们在形式上如此惊人地对应着。气对应着统一场,阴阳对应着质能,质能可互相转化,阴阳也是如此。随着能的改变,质的量也一定改变,这说明,质能是始终同在的。而阴阳也是始终同在的。"① 可见,李申以"场"理论理解"气"的实践,使"气"所具有的"场"理论内涵完全呈现了出来,甚至毫不夸张地说是中国古代的"场"理论。

3. 道

我们看到,唯物认知范式的理解主要纠缠于"道"之唯心、唯物的定性,使"道"内含的"唯物性或唯心性思想"得以呈现。那么,科学认知范式视域下的"道"有怎样的意涵呢?

胡适对"道"有着浓厚的兴趣,花了较大的心思在这个概念上。胡适认为,老子的"道"是一种无从证实的假设。他说:"道家哲学假定'万物各异理,而道尽稽万物之理';理是成物之文,而道是万物之所以成;故说,'道,理之者也',这就是说,道即是一切理之理。这是一个极大的假设。《解老篇》也不讳这只是一个假设,故下文说:人希见生象也,而得死象之骨,案其图以想其生也。故诸人之所以意想者皆谓之'象'也。今道虽不可得闻见,圣人执其见功,以处(虚?)见其形,故曰'无状之状,无物之象'。……人见一块死象骨头而案图想象其全形,因为有图可案,故还可靠。地质学者得着古生物的一片骨头,而想象其全形,因为此生物久已绝种,无人曾见其全形,这便不能免错误了。然而这究竟还有块骨头作证据。哲学家见物物各有理,因而悬想一个'与天地俱生,至天地之消散也不死不衰'的道,这便是很大胆的假设,没有法子可以证实的了。至多只可以说,'执其见功,以虚见其形';或者说,'观其玄虚,用其周行,强字之曰道,然后可论。'悬想一切理必有一个不死不衰而无定理的原理,勉强叫他做'道',以便讨论而已。故道的观念只是一个极大胆的悬想,只是一个无从证实的假设。"② 就是说,作为

---

① 李申:《"气"范畴研究》,《中国哲学》第十三辑,人民出版社1985年版,第49页。
② 《胡适学术文集·中国哲学史(上)》,中华书局1998年版,第363—364页。

假设的"道",由于涵括了所有的"理",所以妨碍人们认识别的"理",从而阻碍了科学的进步和发展。他说:"然而他们忘了这'道'的观念不过是一个假设,他们把自己的假设认作了有真实的存在,遂以为已寻得了宇宙万物的最后原理,'万物各异理,而道总稽万物之理'的原理,有了这总稽万物之理的原理,便可以不必寻求那各个的理了。故道的观念在哲学史上有破除迷信的功用,而其结果也可以阻碍科学的发达。人人自谓知'道',而不用求知物物之'理',这是最大的害处。"[1] 那么,涵括了所有"理"的"道",是否意味着无须认识别的"理"呢?显然不是这样。因为"道"是"万理"的总称,仅仅是说这个"道"是千万个"理"的统一,并不是说有了这个"道",所有的"理"就没有存在的必要了,更不是说没有认识的必要。概言之,胡适将"道"理解为假设,即意味着将"道"视为科学的范畴,但又认为"道"包容了万理从而阻碍科学发达,这是从科学认识论角度否定"道",尽管这种否定并不一定准确。

胡孚琛也是以科学认知范式理解"道",他认为"道"是科学的原始公设,内含丰富且深刻的自然科学思想。《道德经》云:"道生一,一生二,二生三,三生万物。万物负阴而抱阳,冲气以为和。"(《道德经》四十二章)胡孚琛认为这段话内含了"全息原理""生化原理"和"中和原理"。他说:"这段话是道学文化的宇宙创生和演化图式,是道学文化新科学观的核心内容。它意思是说,宇宙间万事万物据其'全息原理'皆开端于一;而且万物都是阴阳互补的统一体,遵循阴极生阳、阳极反阴的'太极原理'。道以其'生化原理'化生万物;万物以'中和原理'皆具备道的特征。"[2] 他继续对这段话中的命题展开了分析。关于"道生一"的"一",胡孚琛说:"在道学中指元始先天一炁,是宇宙创生之始的一片混沌状态,即宇宙大爆炸之前的先天状态。元始先天一炁也称先天混沌一炁、先天祖气,它是宇宙初始状态下隐藏着的秩序,是产生宇宙根本节律的信息源。'一'是最初的宇宙蛋,是种子,是原型,是基因,是宇宙万事万物的全息的'模本'。"[3] 即谓"道"是宇宙大爆炸前的原型。

---

[1] 《胡适学术文集·中国哲学史(上)》,中华书局1998年版,第365页。

[2] 胡孚琛:《道学文化的新科学观》,载张炳玉主编《老子与当代社会》,甘肃人民出版社2008年版,第83页。

[3] 同上书,第83—84页。

关于"一生二"中的"二",胡孚琛说:"'二'即是量子场理论中的'零点场'(zero-point field)、'费米子真空'(fermion vacu-um)或'狄拉克海',也就是欧文拉兹洛描述的那种'量子虚空全息场',或称'挠场'。道学的'二'是各向同性的'标量场',而'三生万物'是'矢量场'。"① 即谓"道"是创生万物和推动万物进化的动力。关于"二生三"中的"三",胡孚琛认为是指有象、有气、有质的信息、能量、物质三大要素。他说:"物质是宇宙以粒子性存在的方式,它标志着部分与整体、个别与一般的区别。能量是宇宙以波动性存在的方式,它标志着运动和静止、间断和连续之间的区别。信息是宇宙以选择性存在的方式,它标志着有序和无序、方向性与合目的性。信息、物质、能量在宇宙量子真空零点能全息场中是潜在的虚信息、虚能量、虚物质。"② 即谓"道"涵括了信息、物质、能量三种宇宙存在的方式。而"三生万物"的意涵是指宇宙从无机界到有机界,从生物界到人,都是由信息、能量、物质三大基本要素组成的。胡孚琛说:"当量子虚空全息场的基态受到'激发',打破'虚无空灵'的虚时间和虚空间,标量场在涡旋中变为矢量场,能量和物质也脱离潜在的'虚'状态,信息则呈现为物质和能量的形式或结构。'三生万物'是宇宙大爆炸的起始点,宇宙由此从先天突变为后天,现实世界的万物由信息、能量、物质因缘和合而生。"③ 按照胡孚琛的理解,老子的"道"已内含了"全息原理""生化原理"和"中和原理"等重要科学思想,完全是一个具有丰富且深刻的自然科学概念。

4. 理

"理"之唯物认知范式的认知和理解,将"理"判为事物之理、时空之理,而批评伦理之理和本体之理。那么,科学认知范式视域下的"理"有怎样的含义呢?

王国维将"理"的内涵区分为"理由之理"和"理性之理"。所谓"理由之理"就是:"天下之物,绝无无理由而存在者。其存在也,必有所以存在之故,此即物之充足理由也。在知识界,则既有所与之前提,必

---

① 胡孚琛:《道学文化的新科学观》,载张炳玉主编《老子与当代社会》,甘肃人民出版社2008年版,第84页。
② 同上。
③ 同上书,第84—85页。

有所与之结论随之；在自然界，则既有所与之原因，必有所与之结果随之。然吾人若就外界之认识，而皆以判断表之，则一切自然界中之原因，即知识上之前提，一切结果，即其结论也。若视知识为自然之一部，则前提与结论之关系，亦得视为因果律之一种。"① 王国维认为陈惇所言"理"、吴澄所言"理"都属于"充足理由律"的理。他说："故陈北溪（淳）曰：'理有确然不易的意。'临川吴氏（澄）曰：'凡物必有所以然之故，亦必有所当然之则。所以然者理也，所当然者义也。'征之吾人日日之用语，所谓'万万无此理'、'理不应尔'者，皆指理由而言也。"② 所谓"理性之理"，王国维说："夫吾人之知识，分为二种：一直观的知识、一概念的知识也。直观的知识，自吾人之感性及悟性得之；而概念之知识，则理性之作用也。直观的知识，人与动物共之；概念之知识，则惟人类所独有。古人所以称人类为理性的动物，或合理的动物者，为此故也。……至叔本华出，始严立悟性与理性之区别。彼于《充足理由》之论文中，证明直观中已有悟性之作用存。吾人有悟性之作用，斯有直观之世界，有理性之作用而始有概念之世界。故所谓之作用而已。由此作用，吾人之事业，理性者，不过制造概念及分合已足以远胜于动物。至超感觉之能力，则吾人所未尝经验也。彼于其《意志及观念之世界》及《充足理由》之论文中辨之累千万言，然后'理性之概念'灿然复明于世。"③ 王国维认为叔本华关于"理性"的定义是最可接受的，因为"理性即制造概念及分合概念的作用"。而与"理性之理"相配的是："《孟子》曰：'心之所同然者，何也？谓理也，义也。'程子曰：'性即理也。'其对理之概念，虽于名学的价值外更赋以伦理学的价值，然就其视理为心之作用时观之，固指理性而言者也。"④ 可见，王国维关于"理"之"理由"和"理性"的解释，都是科学精神与思想的体现。

熊十力将"理"解释为具有自然科学意义之概念，是基于宋儒的"理"展开的。熊十力指出，在宋明儒那里，或者说"心即理"，或者说"物即理"，各执其偏。他说："关于理的问题，有两派的争论。一，宋代

---

① 王国维：《王国维学术经典集》（上），江西人民出版社1997年版，第21页。
② 同上书，第22页。
③ 同上书，第22—24页。
④ 同上书，第24页。

程伊川和朱元晦等，主张理是在物的。二，明代王阳明反对程朱，而说心即理。……所谓理者本无内外，一方面是于万物而见为众理燦著；一方面说吾心即是万理该备的物事，非可以理别异于心而另为一种法式，但为心上之所可具有，如案上能具有书物等也。唯真知心境本不二者，则知心境两方面，无一而非此理呈现，内外相泯，滞碍都捐。如果遍说理即心，是求理者将专求之于心，而不可征事物。这种流弊甚大，自不待言，我们不可离物而言理。如果遍说理在物，是心的方面本无所谓理，全由物投射得来，是心纯为被动的，纯为机械的，如何能裁制万物、得其符则？我们不可舍心而言理。二派皆不能无失，余故说理无内外。说理即心，亦应说理即物，庶无边执之过。"① 就是说，"心"和"物"都不过是"理"的呈现，从万物看，万理灿烂，从吾心看，万理皆备，所以，"理"无所谓内外；如果只说"心即理"，那就意味着离开事物求索"理"，这是不可能的；如果只说"物即理"，那就意味着"心"是被动的，"心"不可能规划万物、把握事物的律则。因此，既不能像陆、王那样偏执于"心即理"，也不能像程、朱那样偏执于"物即理"，而应将二者均加以肯定。因为这样一方面可以肯定"心"的先天认知能力，使"心"能够规划、把握事物之律则；另一方面可以确定"心"的认知对象，使"心"的先天认知能力有所施展。熊十力说："若如我义，理固即心，而亦即物。是以心知之行于物也，而见斯理之澈内外，通心物而无间焉。离心而言物，则此心何可寻物则耶？否认物，而偏言理即心，则但冥心于无用之地，而万物之理不待推征而自著。"② 显然，熊十力肯定"物即理"，就是要肯定"心"有作为之对象，肯定"心即理"，就是要肯定"心"本有理，而言"心""物"乃"理"之发用流行，就是以"理"贯通"心""物"，由"天理"开出"物理"，从而为探求"物理"开辟了路径，从而满足知识科学之要求。熊十力释"理"之发用流行"心""物"，以形成主、客张力，从而为科学的产生创造条件。无疑，熊十力如此诠释"理"完全是追求自然科学的企图所致，而其根据即是科学认知范式关于科学知识产生的基本原理。

---

① 熊十力：《熊十力全集》第三卷，湖北教育出版社2001年版，第44页。
② 熊十力：《熊十力全集》第八卷，湖北教育出版社2001年版，第354页。

5. 心

唯物认知范式视域下的传统哲学中的"心",是吞并客观世界的主观唯心主义。那么,科学认知范式视域中的"心"的意涵是否与其不同呢?

在中国传统哲学中,"心"之哲学意义主要表现在两个方面,一是本体意义之"心",为万物本原,所谓"在物为理,处物为义,在性为善,因所指而异其名,实皆吾之心也。心外无物,心外无事,心外无理,心外无义,心外无善"(《与王纯甫》)。一是认识意义之"心",为认识能力,所谓"心之官则思"(《孟子·告子上》)。严复对两种意义之"心"都进行了改造。基于经验论哲学,严复认为"心"乃主体之认知能力,而非认识对象,所谓"吾心之所觉,必证诸物之见象,而后得其符"[①]。这就否定了"心"的本原地位。基于近代心理学、生理学、医学成果,他指出人之"情感论思"非心所为,乃是由头脑所主宰的,所谓"一人之身,其情感论思,皆脑所主,群治进,民脑形愈大,襞积愈繁,通感愈速"[②]。从而否定了"心"主思维的错误观念。经由严复的解释,"心"由哲学范畴回归为心理学范畴、医学范畴和生理学范畴,这无疑是"心"作为范畴意义上的一次重大变革。

康有为认为,知觉运动、记忆构思、逻辑推理、情感理性等,都属脑的功能。他说:"心者,人体之精灵,凡知觉运动,存记构造,抽绎辨决,情感理义,皆是也,包大脑小脑而言。"[③] 所以不存在"心"主思考的现象。与康有为一样,谭嗣同也将"心"理解为心理活动,他说:"中国言心主思,西国则谓心不能思,而思特在大脑,脑分大小,大脑主悟,小脑主记及视听之属。脑气筋布满四肢百体之知觉运动。所谓心者,亦徒主变血之事而已。"[④] 就是说,只有脑才能思考,而且大脑小脑的分工不同,"心"主血气运变。

陆九渊是心学的创始人,他的"心"范畴究竟有怎样的意涵呢?燕国材的理解可供我们参考。陆九渊说:"人非木石,安得无心?心于五官最尊大。"(《与李宰》,《陆九渊集》卷十一)燕国材解释说:"陆九渊认

---

① 严复:《阳明先生集要三种序》,《严复集》第二册,中华书局1986年版,第238页。
② 严复:《〈天演论·导言〉按语》,《严复集》第五册,中华书局1986年版,第1352页。
③ 康有为:《孟子微》卷二,《孟子微·礼运注·中庸注》,中华书局1987年版,第43页。
④ 谭嗣同:《论全体学》,《谭嗣同全集》(下),中华书局1981年版,第403页。

为'心官'是人类思维活动赖以进行的物质实体。有没有心官，能不能进行思维活动，这是区别人与木石的标志。他不仅强调了'心官'进行思维活动的职能，也看到了'心官'对于耳目等感觉器官的制约性。"① "心"就是进行思维活动的器官。陆九渊说："此心之灵苟无壅蔽昧没，则痛痒无不知者。国之治忽，民之休戚，彝伦之叙，士大夫学问之是非，心术之邪正，接于耳目而冥于其心，则此心之灵，必有壅蔽昧没者矣。在物者亦在己之验也。何往而不可以致吾反求之功？"（《与郑溥之》，《陆九渊集》卷一三）燕国材解释说："陆九渊认为，人的耳、目和皮肤等是产生听觉、视觉和痛痒觉的物质器官，但仅有这些器官还不足以产生感觉，至少不能产生正常的感觉。例如，如果'心之灵'被'壅蔽昧没'，人们就不会有痛痒的知觉。现代心理学的研究证实了这个论断。以视觉为例，视觉是在物体通过光线，由人眼的折光系统（角膜、水样液、水晶体等）而落到视网膜上，引起了神经兴奋，并转入大脑皮层后产生的，可见，即使比较低级的心理活动，也有大脑皮层活动的参与。"② 所有的心理活动都离不开大脑。陆九渊说："其他体尽有形，惟心无形。"（《语录下》）燕国材解释说："心官之小，因为它寓于人的形体之内；惟心无形，乃由于心理活动纷繁富杂，超越时空，难以捉摸。这正是心理器官与心灵矛盾的统一，也正是人类心理的'广大无际，变通无方；倏焉而视，又倏焉而听，倏焉而言，倏焉而动，倏焉而至千里之外，又倏焉而穷九霄之上，不疾而速，不行而至，非神乎？不与天地同乎'（杨简：《二陆先生祠记》，《慈湖遗书》卷二）的原因所在。"③ 陆九渊说："心只是一个心，某之心，吾友之心，上而千百载圣贤之心，下而千百载，复有一圣贤，其心亦只如此。"（《语录下》，《陆九渊集》卷三十五）燕国材解释说："在陆九渊看来，人类心理活动或精神现象，虽然千种万般，有差异，不齐同，但其固有的'本心'却是同一的。……心理学告诉我们，人作为一个类的存在，必然具有若干共同的东西，否则就无心理规律可言，也无关于心理的学问。"④ 不难看出，燕国材将陆九渊的"心"范畴完全做

---

① 燕国材：《唐宋心理思想研究》，湖南人民出版社 1987 年版，第 359—360 页。
② 同上书，第 360 页。
③ 同上书，第 363 页。
④ 同上书，第 365 页。

了心理学的解释。可见，在科学认知范式视域中，"心"不再是哲学范畴、道德范畴，"心"也不是理性，没有逻辑推理功能，而是心理学、医学、神经范畴，中国传统哲学所赋予"心"的功能，实际上都是脑的功能。这样，传统哲学意义上的"心"，在内容与功能上都科学化了。

6. 阴阳

"阴阳"是中国传统哲学中一个重要范畴，在先秦诸多典籍中频繁出现，比如，"万物负阴而抱阳"（《道德经》四十二章）。再如，"阳伏而不能出，阴迫而不能蒸，于是有地震"（《国语·周语上》）。还有，"一阴一阳之谓道"（《周易·系辞上》）。而《易经》思想大厦完全是建立在阳爻与阴爻关系基础上的。那么，在科学认知范式视域下，"阴阳"可以做怎样的解释呢？

蒋维乔指出，"在《周易》和老子《道德经》中，常常看到阴阳两个字。……阴阳是相反的动力，好比现在科学上所说的阴电子和阳电子，从这两种电子，可以组成原子（Atom）。"[①] 在蒋维乔看来，"阴阳"正如科学上的阴电子与阳电子，而这两种电子可以组成原子。

而在熊舜时这里，"阴阳"中的科学原理与智慧得到了更为充分的解释。他说："随着现代科学技术的发展，阴阳学说也赋予自身新的内容。例如，在医学方面，1956年Sutherland发现了环——磷酸腺苷（cAMP），并建立了'第二信使学说'；1963年Price又发现了与之相对的环——磷酸鸟苷（cGMP）；1969年美国生物学家Nelson Goldberg就根据中医的阴阳理论，提出了细胞和分子水平上生物控制的'阴阳学说'。他认为cAMP属阴，cGMP属阳，两者是体内对立的双方调节系统，一般认为这是阴阳学说的物质基础。据有关单位的实验研究证明，cAMP与cGMP的相互作用，使细胞的功能相对稳定。如cAMP使心肌细胞活动加强、加快，cGMP使之减弱、减慢，两者相互作用的结果，使心肌细胞维持在一定的水平……目前细胞水平的阴阳调节问题已成为医学界研究的一大热门。现在国外有些科学家还把阴阳学说与现代科学结合起来进行研究。例如，加拿大Ling Y. Wei博士，根据《内经》、《易经》将阴阳学说用现代科学语言阐述为阴阳三定律：阴阳第一定律，就是在一个稳定系统中，阴

[①] 蒋维乔、杨大膺：《中国哲学史纲要》，知识产权出版社2014年版，第194页。

与阳是相互平秘的。其逆定理也是正确的,即如果阴与阳处于平秘状态,其系统是稳定的,如果阴阳处于非平秘状态,则它们所处的系统也是不稳定的。阴阳第二定律,就是阴阳均以对方为自己生存发展的条件,即阴阳互为根据,独阴或独阳均不能生存和发展。阴阳第三定律,就是在一定的条件下,阳可以变阴,阴也可以变为或产生出阳。并用物理学、化学、数学、原子结构、人体生理学,特别是用人体'内稳态的调节'以及'人体半导效应'等,证明阴阳定律具有坚固的科学基础。"[1] 按照熊舜时的理解,在现代医学、生物学等领域中都能找到阴阳思想的因素。

薄忠信则认为"阴阳"内含着量子力学的思想。他说:"在亚原子的层次上,我们可以找到许多对立概念统一的例子。一些在经典物理中,不少看来是对立的、无法相容的概念,在量子力学中实现了完美的统一。例如,粒子既是可分的又是不可分的,物质是连续的又是间断的。空间和时间这两个截然不同的概念在相对论中得到了统一。这种对立统一在物理学中最著名的例子就是粒子与波。物质在原子层次上具有两重性,在有些情况下,粒子性占主导地位,在有些情况下,波占主导地位,物质看来是以互不相容的方式来表现自己,粒子是波,波也是粒子。单从问题的叙述方式看,这多么像中国的阴阳论!两极之间的动态相互作用和动态统一,正是阴阳论的核心思想。物理学中的这些对立统一的思想,使人联想到中国古代的先天太极图。图以圆圈代表天象和宇宙,圆圈内两条阴阳鱼,头尾交接,妙合而凝,阴阳鱼表示阴阳两极的对立,又统一于宇宙之中,其中黑中的白圆圈和白中的黑圆圈,即阴阳鱼的鱼眼则显示'阴中含阳,阳中含阴'。这是阴阳互补思想的一种最形象的表述。而类似的互补思想在现代物理中被丹麦的尼尔斯·玻尔概括成为一个重要的原理,即互补原理。"[2] 按照薄忠信的理解,"阴阳"学说就是量子力学的先驱,即:"粒子既是可分的又是不可分的,物质是连续的又是间断的,物质在原子层次上具有两重性,在有些情况下,粒子性占主导地位,在有些情况下,波占主导地位,物质看来是以互不相容的方式来表现自己,粒子是波,波也是粒子。"科学论述与阴阳学说完全一致,而"阴中含阳,阳中含阴思想"

---

[1] 熊舜时:《阴阳学说与自然科学》,《思想战线》1984年第4期。

[2] 薄忠信:《阴阳探微》,《锦州师院学报》1992年第3期。

与"互补原理"如出一辙。

可见，在科学认知范式视域中，"阴阳"所内含的思想与现代医学、物理学、量子力学等的相关原理存在惊人的相似性。

7. 五行

"五行"出自《国语》："故先王以土与金木水火杂，以成百物。"（《国语·郑语》）"五行"在中国传统哲学中具有重要地位。那么，在科学认知范式视域中，"五行"的内涵是怎样的呢？

蒋维乔指出："在《尚书》里，也屡说五行，就是水、火、木、金、土五样东西。足见阴阳五行，我国古代早有人说起了，但在当时的阴阳五行，都不过指两种明显的物质要素。……至于五行呢？好比现在的元素（Element）。但在当时所说的元素，并不合于现在的科学，因为水、火、木、金、土这五样东西，站在科学上讲，实在还是由元素化合而成的，所以他们自身已是混合物（Compound），而不是元素。古人所以会把五行当做元素，大概是他们常常在任何物里，都可以看到这五种东西，或者全部，或者一部。宇宙间的物件，似乎没有一样不是五行做成，或者缺少五行的；同时又没有化学替他们分析，指示这五行中间，还有原子，因此就认为五行是形成万物的五种元素。……这都因为没有化学的帮助，所以只好拿这种比较不能再分析的东西做元素，而不能和现在科学家一般，拿氢、氧、氮、铁等八十余不可再分析的东西做元素。如果当时的人，也有化学，他们也会作更精密的分析，那就不会拿五行做元素了。可见古人并不一定是迷信，不过受了社会进化程序的限制，不能和现在比肩并论罢了，所以万不能拿我们现在的眼光，去毁谤古人。"[1] 这就是说，中国古代的"五行"还不能说是"元素"，因为"元素"是指自然界中基本的金属和非金属物质，它们只由一种原子组成，其原子中的每一核子具有同样数量的质子，用一般的化学方法不能使之分解，并且能构成一切物质，"五行"显然不具有这样的科学性。

冯契则对"五行"所蕴含的科学内容进行了详细的分析，他说："五行：一曰水，二曰火，三曰木，四曰金，五曰土。水曰润下，火曰炎上，木曰曲直，金曰从革，土爰稼穑。润下作咸，炎上作苦，曲直作酸，从革

---

[1] 蒋维乔、杨大膺：《中国哲学史纲要》，知识产权出版社2014年版，第194页。

作辛，稼穑作甘。显然，这里讲的水有润下之性，火有炎上之性，木可以揉曲直，金可以销熔而改变形状，土可以种庄稼等，是从生产实践和日常生活中概括出来的，或多或少具有科学性。而把润下与咸作为水的质的规定性，把炎上与苦作为火的质的规定性等等，实际上是把水、火、木、金、土看作五个范畴或类概念，用它们来区分和把握自然现象之网。这正是哲学思维的开始。总之，大约在殷周之际，原始的阴阳说和五行说就从'术数'中诞生了。这是同当时的生产和科学技术的状况相联系的。随着农业和畜牧业的发展，在天文和历谱的'术数'中，科学知识的成分增长了。……同时，除了和水、土关系十分密切的农牧业之外，殷周之际也有了酿酒、缫丝、绩麻以及炼铜和制作铜器的生产技术。这说明，人们已广泛利用水、火、木、金、土等物质材料于生产，并对它们的性能有了一定的了解。所以，在这时产生原始的五行说也决非是偶然的。"① 按照冯契的解释，"五行"说中关于水、火、木、金、土各自性质的论述，如把润下与咸作为水的质的规定性，把炎上与苦作为火的质的规定性等，"五行"说用水、火、木、金、土来区分和把握自然现象之网，"五行"说中所表现的水、火、木、金、土与农业、畜牧业、酿酒业、纺织业、铸造业等的关系，说明"五行"说内含有天文、历法、酿酒、制造等领域的科学知识。

徐道一从现代物理学的角度对"五行"的科学内涵进行了解释。他说："田新亚提出以高能态物质来概括生命物质和等离子态（气态、液态分子或磁化情况），相当于'木'。……如以卦象的阴阳代表静和动，可以推出与五行本义类似的意义：如果以动静表征能量的强弱，则金隐约的代表着强动的集结，或含有杂物的结合的物，而土则近乎代表毫无动能的聚集，或含杂物的混合物了。五行相生相克是两种不同的作用趋向，起促进作用的是生；含抑制作用的是克，这是一般公认的解释。田新亚把相生的作用归纳为不同的'质变'作用，属于化学及生物的；相克的所包含的是不同的'态变'或'量变过程'，属于物理的和机械的。"② 根据徐道一及其引述的田新亚的理解，"五行"蕴含着丰富、深邃的自然科学思

---

① 冯契：《中国古代哲学的逻辑发展》（上），华东师范大学出版社1997年版，第72—73页。
② 徐道一编著：《周易科学观》，地震出版社1992年版，第155页。

想，它包括："金"代表着强动的集结，"土"代表毫无动能的聚集等；而"五行"相生相克，"相生"的作用为不同的"质变"，属于化学及生物的；"相克"的不同的"态变"或"量变过程"，属于物理的和机械的。这个解释不仅揭示了"五行"所内含的深刻的自然科学思想，而且极富启示性。

8. 良知

在唯物认知范式视域中，"良知"被理解为先验论，因而是与生活实践、生产实践毫无关联的抽象观念。那么，在科学认知范式视域中，"良知"的意涵又是怎样的呢？

严复是中国哲学史上较早用自然科学理论理解和评价"良知"的。严复说："良知与元知绝异。"① 何谓"元知"？"元知"即是感性认识，所谓"人得是知也，有道焉。有经验而知者，有行而知者。经验知者，谓之元知，谓之觉性；行而知者谓之推知，谓之证悟。故元知为智慧之本始。一切知识皆由此推"②。作为一切智慧之本始的"元知"与行而知者之"推知"都不能混淆，先验的"良知"更不能与后天的"元知"相提并论。所以严复否认"良知"的存在。他说："盖呼威理所主，谓理如形学公论之所标者，根于人心所同然，而无形待于官骸之阅历察验者，此无异中土良知之义矣。而穆勒非之，以为与他理同，特所历有显晦、早暮、多寡之异；以其少成，遂若天性，其实非也。此其说洛克言之最详。学者读此，以反观中土之陆学，其精粗诚妄之间若观火矣。"③ 在严复看来，呼威理（呼倚威勒，William Whewell，英人，哲学家，生于1794年，卒于1866年）所谓"理"乃根于"人心所同然"，故为先验之知，与中国哲学中的"良知"无异。而这种"良知"是不存在的，他说："独至公论，无所设事。然无所设事矣，而遂谓其理之根于良知，不必外求于事物，则又不可也。公例无往不由内籀，不必形数公例而独不然也。于此见内外籀之相为表里，绝非二途。又以见智慧之生于一本，心体为白甘，而阅历为采和，无所谓良知者矣。"④ 在这里，严复将"良知"置换成"公

---

① 严复译：《穆勒名学·附语》，商务印书馆1981年版，第218页。
② 严复译：《穆勒名学·引论》，商务印书馆1981年版，第5页。
③ 严复：《〈穆勒名学〉按语》，《严复集》第四册，中华书局1986年版，第1049页。
④ 同上书，第1050页。

例",而根据归纳法,"公例"无不从归纳中来,即需求诸具体的物事,而"良知"不在此列。诚然,作为知识论上的"公理","良知"肯定只能从经验中来,也肯定只能从感官中来,所以严复的"理论"是没有问题的。但是,中国哲学中的"良知"并不能从经验知识的角度去理解,因为中国哲学中的"良知"就是先天存于人心的善性,孟子讲得很具体,就是恻隐之心、羞恶之心、辞让之心、是非之心,就是仁、义、礼、智,是不学而能、不虑而知的,是对人本性的一种规定,而且由此规定鼓励人行善的根据和勇气,它与认识上的真理完全不是一回事。

孙中山(1866—1925)则引用当时流行的细胞学说对"良知"进行解释。他说:"据最近科学家所考得者,则造成人类及动植物者,乃生物之元子为之也。生物之元子,学者多译之为'细胞',而作者今特创名之曰'生元',盖取生物元始之意也。生元者何物也?曰:其为物也,精矣、微矣、神矣、妙矣,不可思议者矣!按今日科学所能窥者,则生元之为物也,乃有知觉灵明者也,乃有动作思为者也,乃有主意计划者也。人身结构之精妙神奇者,生元为之也;人性之聪明知觉者,生元发之也;动植物状态之奇奇怪怪不可思议者,生元之构造物也。生元之构造人类及万物也,亦犹乎人类之构造屋宇、舟车、城市、桥梁等物也;空中之飞鸟,即生元所造之飞行机也;水中之鳞介,即生元所造之潜航艇也。孟子所谓'良知良能'者非他,即生元之知、生元之能而已。自圭哇里氏发明'生元有知'之理而后,则前时之哲学家所不能明者,科学家所不能解者,进化论所不能通者,心理学所不能道者,今皆可由此而豁然贯通,另辟一新天地为学问之试验场矣。"[①] 法国生物学家圭哇里(Carrel)认为,细胞如同蚂蚁、蜜蜂一样,带着与生俱来的机能,称为"预先的知识"。孙中山赞同圭哇里的科学成果,认为孟子的"良知良能"跟"细胞有知"说是一回事。孙中山的理解似乎论证了"良知"的合理性,实际上是对"良知"本有内涵的彻底否定。

9. 力

"力"出自《墨经》:"力,刑之所以奋也。"(《墨子·经上》)而《经说上》的解释是:"力:重之谓,下、舆(举),重奋也。"(《墨子·

---

① 孙中山:《心理建设》,《孙中山选集》,人民出版社1981年版,第121—122页。

经说上》）学者们对其中的"力"概念进行了科学向度的理解。

方孝博用"奋"理解"力"。他说："《广雅·释诂》：'奋'，动也。''奋'与'动'意虽近而实有甚大区别。'动'是'运动'，是相对于静止说的；'奋'则是'运动的变化'，就是由静止状态变为运动状态，或由等速直线运动状态变为加速直线运动或曲线运动状态。常言'奋飞'，'振奋'，'奋起'，都足以证明'奋'字含义是与'动'不完全相同的。如果把这些应该用'奋'字的地方都换成'动'字，那就意义全非，甚至不词，本条经文亦正如此。拿物理学术语来说，'奋'就是具有加速度的运动。'力，刑之所以奋也'，意谓'力'才是物体运动状态发生变化的原因，也就是物体获得加速度的原因，此处墨经作者用'奋'字而不用'动'字，说明他对这个自然现象中客观的内在联系有异常深入的观察与理解，通过了巨大的脑力劳动，才选用了这一个'奋'字，含义非常深刻，不是偶然的。"① 由于"奋"是由等速直线运动状态变为加速直线运动或曲线运动状态，即"奋"是具有加速度的运动，而"力"是物体所以"奋"的原因，即"力"是物体运动状态发生变化的原因，即物体获得加速度的原因。可见，"力"是一个具有物理学、力学内涵的概念。

邢兆良指出，"力"是物体从静止状态到运动状态转变的原因，这个判断可由重物下坠的落体运动和重物本身重力的关系加以说明。他说："墨子关于力和物体运动状态的关系的认识，'力，刑之所以奋也。''力：重之谓，下、舆（举），重奋也。'墨子是用运动状态的变化来定义力的内涵。《广雅·释诂》云：'奋，动也。'梁启超将'奋'理解为'动'，有点失于字面的理解，方孝博将'奋'理解为具有加速度的运动，未免有点使古人现代化了。在科学发展的早期阶段对运动和加速度的认识往往是混在一起的，直到近代才确定了加速度的概念，使其成为近代力学和运动学的一个基本概念。墨子在这条经和经说中，将力和物体的运动联系起来，将力看成是使物体从静止状态到运动状态转变的一个原因，并以重物下坠的落体运动和重物本身重力的关系为例子加以说明。在古代，人们在生产和生活实践中经常看到重物下降的速度比轻物下降得快，如铁比羽

---

① 方孝博：《墨经中的数学与物理学》，中国社会科学出版社1983年版，第51页。

毛、纸片下降得快，古代人将这种状况归结为物体本身的重量，因为他们还没有能了解空气浮力对落体运动的作用。物体运动状态的变化涉及到空间和时间，如重物下落所经过的距离和所用的时间。墨子认为力是使物体运动状况发生变化的原因。"①邢兆良通过对"力""奋""形""重"等概念及其关系的分析，认为"力"的确是使物体从静止状态到运动状态转变的一个原因，而否认"力"是使物体具有加速度的原因。但无论如何，"力"蕴含有物理学、力学相关原理则是没有疑义的。

董英哲对"力"概念的自然科学内涵也进行了详细的分析："在力学方面，《墨经》首先给'力'下了定义。《经上》说：'力，刑之所以奋也。'《经说上》解释道：'力：重之谓，下、舆（举），重奋也。'孙诒让在《墨子闲诂》中指出：'舆'疑当作'举'，言凡重者必就下，有力则能举重以奋也。……16世纪以前，欧洲的学者都认为力是维持物体运动的原因。到了伽利略时代，许多实验事实证明力不是维持物体运动的原因，而是改变物体运动状态的原因。《墨经》早在二千多年前，就认识到这一点。所以，《经上》给'力'下了这样一个定义：'刑之所以奋也'。'刑'、'形'二字，古常通用。在这里，'形'指有形体可见的物体。'奋'是物体运动状态的变化，如'举重'。'重'是物体的重量。'重之情下'是说物体重量的本性是下堕的。其所以如此，是物体受重力的作用，向下作自由下落运动。'举重'则是克服重力，由下而上地改变物体的运动状态，这就是'奋'。《墨经》以'奋'来说明力的作用，含义是很深刻的。"②董英哲指出，欧洲科学实验事实，证明"力"是改变物体运动状态的原因，而中国的《墨经》在两千多年前就提出了相同思想，即"力"是改变物体运动状态的原因。

范竹增认为，不管运动有几种，改变物体运动状态的只有"力"。他说："《墨经》从自然科学的角度，把运动分为三种形式：一是物体的位移，'动，或（域）徙也'（《经上》）；二是转动，'动，偏际徙'（《经说上》）；三是圆周运动，'儇，积秖'（《经上》）。这三种运动都是机械运动。与运动相联系，《墨经》提出了'力'的概念。《经上》：'力，刑

---

① 邢兆良：《墨子评传》，南京大学出版社1993年版，第179—180页。
② 董英哲：《中国科学思想史》，陕西人民出版社1990年版，第75—76页。

之所以奋也。'《经说上》：'力：重之谓，下、舆（举），重奋也。''刑'通'形'，就是物体。'重'即重量，也就是重力。'舆'即'举'。'奋'是运动的变化。意思是说，力是物体运动状态变化的原因。重力就是一种力，物体下落或将物体上举用力都是重力作用的结果。《墨经》提出'力'的概念，说明已知地球的引力，把'力'看作是改变物体运动状态的原因，这都是科学上的光辉成就。"①

总之，在方孝博、邢兆良、董英哲、范竹增等人看来，"力"就是一个内含了丰富的物理学、力学原理的概念。

二　科学认知范式视域下的哲学命题

如上考察的是科学认知范式用于认知和理解中国传统哲学概念的情形，从而将部分中国传统哲学概念中蕴含的科学精神、思想、原理与方法等内容显发出来。如下将考察科学认知范式用于认知、理解中国传统哲学命题的情形。

1. 乾坤立易

"乾坤立易"出自《周易》："乾坤，其《易》之蕴邪！乾坤成列而《易》立乎其中矣。乾坤毁则无以见《易》，《易》不可见，则乾坤或几乎息矣！"（《周易·系辞上》）乾、坤是中国传统哲学中表达矛盾思想的一对范畴。那么，在科学认知范式视域中，它会有怎样的含义呢？

严复认为，乾坤的对立依赖关系与自然科学中的质、力关系具有相同意义。他说："大宇之内，质力相推，非质无以见力，非力无以呈质，凡力皆乾也，凡质皆坤也。"② 仅就矛盾关系言，这种比较沟通是有合法性也是具有启发性的，由质、力关系理解乾、坤关系，赋予乾、坤这对哲学范畴以新的内涵和意义。但乾、坤之对立是一种主辅式对立，乾即阳即尊，坤即阴即卑。因此，严复将乾、坤矛盾关系理解为质、力矛盾关系，可以说是由自然科学上对乾、坤矛盾理论等级倾向的一种修正。但从另一方面看，中国哲学中"没有变易矛盾亦即停止"的观点与物理学上的热力均平的观点是相互发明的，所谓"'《易》不可见，则乾坤或几乎息'

---

① 范竹增：《〈墨经〉自然科学知识中的哲学思想》，《苏州大学学报》1987年第2期。
② 严复：《天演论·自序》，《严复集》第五册，中华书局1986年版，第1320页。

之旨，尤与'热力平均，天地乃毁'之言相发明也"①。就是说，矛盾的存在以变化为标志，变化却要以矛盾为基础，没有差别就没有矛盾。这是近代自然科学与古代中国易哲学中的共同智慧。在这里，严复用物理学上的力与物质关系解释乾坤关系，用热力学第二定律"热力平均，天地乃毁"解释乾坤矛盾与变化关系，都是科学认知范式的应用。

但熊十力对此持谨慎态度。他说："《易》者象也，其辞非直抒一义，而假象以寓无尽之意。故学《易》者，若果通象，则必不拘一例以求之。而可从多方面去理会，亦必各有义界而观念不致相混。如科学上质力之观念，固可假《系辞传》中翕辟二词以言之，但只是借用，而与《系辞传》本义不必相符。……若夫科学上质力之观念，《大易》亦可赅摄。《易纬》太易含三始。气之始，《新论》所谓翕与辟也。气者，用义，余已言之。大用流行，即有翕辟二方面，义详新论。形始，余以动势迅疾解之，已见前文。此与科学上能力之观念相通。质始，便与科学上物质观念略近。"②在熊十力看来，表述或理解中国传统哲学可借用科学原理和方法，但必须注意它们含义的差异；另外，科学上的质、力可为《易》所统摄，所以用物理学上物质与力关系原理解释乾坤之翕辟变化也是可以的。熊十力说："科学上之质力，亦可以阴阳言之。易之阴阳二名，本无处不可应用。如以乾坤言，则乾阳而坤阴也，以翕辟言，则辟阳而翕阴也。以心物言，则心阳而物阴也。此皆就哲学上言之。若就科学上所谓质力言，则不妨说力阳而质阴。然就科学言之，科学所谓能力，实亦属阴，而不得属阳。唯心或神说为阳耳。就人生论言之，如理为阳，而欲为阴也。善为阳，而恶为阴也。如上所举，已示方隅。阴阳二名，皆最大之公名。唯视所表，而定其义。义各有据，不要混淆。此治易者所不可不知。"③ 就是说，阴阳乃最大公约数，可涵括所有矛盾对立之范畴，因而可理解为科学上的"质力"，但每对具体的范畴之含义是不同的，解释者必须谨慎。孔子进化思想包括两方面内容：一是进化的动力，二是进化的形式。就动力言，胡适说："大概孔子以为一切变化都是由于两种能力：一种刚而动，

---

① 严复：《天演论·自序》，《严复集》第五册，中华书局1986年版，第1320页。
② 熊十力：《熊十力全集》第三卷，湖北教育出版社2001年版，第944—945页。
③ 同上书，第945页。

一种柔而静,这两种能力相摩相推,于是生出种种变化来。这刚而动的便是乾,柔而静的便是坤。诸君读过西方科学史,知道'动'、'力'这些观念于科学的进化极有关系。近代的物理学起于力学(mechanics),而力学所研究的大都是关于动(dynamics)、静(statics)等现象。孔子把'动静'作变化的原因,可算得为中国古代科学打下一基础。后来战国时代的科学大家如公输般、墨翟都出在鲁国,或是孔子的学说的影响,也未可知呢。"① 就是说,作为一切变化原因的乾坤对立,类似于近代物理学中的动静原理,胡适由此坚信孔子为中国古代科学奠定了一个基础。

2. 有生于无

"有生于无"出自《道德经》:"天下万物生于有,有生于无。"(《道德经》三十四章)赵定理认为,"有生于无"即"此有为有形之物质,和无为无形之能量。无者,不是什么皆无之无"②。那么,这个"有生于无"究竟蕴含了哪些自然科学道理呢?赵定理说:"当今物理学言空,已证实真空非空。那么真空中有什么呢?按今物理学场论说,万物皆是一场源。场源在其周围形成一个与距离有关的场能 E 正比于 $\frac{1}{r^2}$。带电体有电场能,磁性体有磁场能,中性体有物质场能。这个'有生于无'的有,为有形的物质,无可对应于无形的能量。物与物的相互作用,存在有形的碰撞,也有无形的场能交换。所以这个'有生于无',用物理学去说,可对应的说成为有形的物质,生于无形的能量。"③ 赵定理认为,"有生于无"不仅与物理学原理对应,而且在物理学领域也有它的"有生于无",这就是大爆炸论,即在物理学奇点处,产生大爆炸,生出时间、空间和万物。他引用《上帝与新物理学·创世》说:"'空间原来竟是从无中生出来的。''时间本身也是从大爆炸之时起始的。''空间与时间分不开的,于是,空间能伸缩,时间也能伸缩。大爆炸代表着空间的创生,同样,也代表着时间的创生。'书中还说,'物理学家把空间看成是一种能伸缩的媒

---

① 胡适:《先秦诸子进化论》,《胡适学术文集·中国哲学史(上)》,中华书局1998年版,第580页。
② 赵定理:《中华自然哲学的数理原理》,光明日报出版社2003年版,第119页。
③ 同上书,第120页。

介，而不是空空如也的无。'"① 因此说："由上面的描述可见，空间是一种媒介，因而有物质。所以从大爆炸学说角度看，时间、空间、万物，皆由大爆炸后产生。"②

董光璧也将"有生于无"放到现代物理学中讨论，认为"道"类似于量子场基态，而"有生于无"恰似"粒子产生于真空"。他说："量子场基态是一切激发态的自然背景。'有'与'无'的关系在量子场论中，就是粒子和真空的关系，激发态和基态的关系。一方面粒子是由基态（真空）激发产生的，另一方面被产生的粒子同基态中的虚粒子云和凝集态发生相互作用。"③ 依董光璧的解释，"道"蕴含着深刻的自然科学内涵——粒子（激发态）产生自真空（基态）犹如"有生于无"。也就是说，"有生于无"命题蕴含着自然科学思想，值得珍惜和重视。

申斌对"有生于无"类似现代物理学的"粒子产生于真空"坚信不疑，他说："宇宙来自于'真空'，整个宇宙是'一无所有'的另一种表示。宇宙怎么与'无'等同呢？如果我们将宇宙中全部能量都加起来，它正好为零，零与无同义。这种认识与在《周易》理论基础上发展起来的老子《道德经》所说的'天下万物生于有，有生于无'也十分相似。现代物理学中所讲的'真空'，并非空无一物；老子所说的'无'也非什么真无。相反，它们认为真空就是全部物理，'无'就是本源，相当于宇宙形成时大爆炸学说的'奇点'，也是爱因斯坦的宇宙起点。"④ 这样说来，"有生于无"对于中国学者而言，是一蕴含了深刻物理学原理的命题。

3. 格物致知

在唯物认知范式视域下，"格物致知"被理解为认识论命题，学者们对"物"与"知"的内涵进行了唯物主义的分析，虽也肯定了其认识秩序上的意义，但批评了其唯心主义性质。这里考察其在科学认知范式视域中的意涵。

严复用赫胥黎的话委婉地批评了中国哲学以书本为求知内容和方法的

---

① 赵定理：《中华自然哲学的数理原理》，光明日报出版社2003年版，第122页。
② 同上。
③ 董光璧：《当代新道家》，华夏出版社1992年版，第87页。
④ 申斌：《〈周易〉的现代物理内涵》，载丘亮辉、徐道一等主编《周易与自然科学研究》，中州古籍出版社1992年版，第213页。

缺点。他说:"赫胥黎言'能观物观心者,读大地原本书;徒向书册记载中求者,为读第二手书矣'。读第二手者,不独因人作计,终当后人;且人心见解不同,常常有误,而我信之,从而误矣,此格物家所最忌者。而政治道德家,因不自用心而为古人所蒙,经颠倒拂乱而后悟者,不知凡几。诸公若问中西二学之不同,即此而是。"① 就是说,以书本为知识唯一来源,不仅不能获得可靠的知识,而且由于书本主观性太强,可能导致谬误流传。而朱熹的"格物致知"就是以书本知识为尚,严复批评说:"宋儒朱子,以读书穷理解格物致知。察其语意于内外籀原未偏废。盖读书是求多闻。多闻者,多得古人所流传公例也。穷理是求新知,新知必即物求之。故补传云:在即物以穷其理,至于豁然贯通。既贯通,自然新知以出,新例以立。且所立新例,间有与古人所已立者龃龉不合,假吾所立,反复研证,果得物理之真,则旧例不能以古遂可专制。"② 就是说,读书是博闻多见,即是多获得古人所传之公例;求理是求新知,即是通过接触具体事物获得新的知识。但求新知的过程必然会形成新的公例,而新的公例可能与多闻获得的旧的公例发生矛盾,如果这个新的公例通过验证是真理性认识,那么应该放弃旧的公例而迎受新的公例,不能食古不化。可以看出,严复通过对"读书"和"穷理"的解释,改变了"格物致知"的内容,使之从道德伦理命题转变为科学知识命题,将新的知识对象引入主体认识范围,并成为客体对象和知识的来源。

与严复不同,胡适发现"格物致知"内含着丰富的科学精神与科学原理。他说:"十二世纪中,朱熹学派曾特别注重对于知识采取唯理主义的态度。这一派的口号是:'致知在格物。'主张'今日格一物,明日格一物','主于用力之久,而一旦豁然贯通焉,则众物之表里精粗无不到,而吾心之全体大用无不明矣。'这种严格唯理主义者的精神及方法论,在中国思想里,就产生新的唯理主义。可是因为没有对于自然本身实验及处理的传统和技术,终至于,这种科学的思想,并没有能够产生一种自然科学,可是它的精神,却渐渐在历史及哲学的研究中被觉察出来了。过去三百年,它曾经在对于古典著作的研究方面,产生了一个科学的方法论。他

---

① 严复:《西学门径功用》,《严复集》第一册,中华书局1986年版,第93页。
② [英] 耶方斯:《名学浅说》,严复译,商务印书馆1981年版,第64页"夹注"。

曾经展开了对于书本的批评,'高级'的批评,以及对于古代著述的哲学态度。那些图谋推翻传统注疏的学者们,现在却选了一个新的工具,这就是一个新的方法论。这样,他们可以凭借历史的证据及演绎的推理法,去扫除一切主观的解释和传统的权威。固有的唯理主义,现在变成科学性的了。而理智自由的精神,也就寻到了一个有力的武器。"① 在这里,"格物致知"被理解为一种唯理主义主张、一种理性主义精神,尽管没有因其产生自然科学,但对去除主观论和传统的权威产生了积极性影响,并成为理智自由主义的武器。所以胡适对此命题给予了较高的评价:"平心而论,宋儒的格物说,究竟可算得是含有一点归纳的精神。'即凡天下之物,莫不因其已知之理而益穷之'一句话里,的确含有科学的基础。朱子一生有时颇能做一点实地的观察。"② 张岂之认为,由于朱熹的"理"是指具体事物之"则",所以就是规律。那么与这种"理"相联系的"格物致知"自然包含着自然科学的因素。他说:"朱熹指出,'穷理'必须'即事即物',才能'见得此理,然后与己有益'(《朱子语类》卷七十五)。他主张通过'格物'去穷'天地鬼神日月阴阳草木鸟兽之理'(《朱子语类》卷十五),也是通过研究事物去认识其本性的。这种'格物'、'穷理'又加深了他对自然现象的辩证认识,从而在丰富的自然科学知识之基础上形成了辩证思维。如说:'天下万物之理,无独必有对','皆是自然而然,非有安排也'(《朱子语类》卷六十二)。他阐发道:'一便对二,形而上便对形而下,然就一言之,一中又自有对。且如眼前一物便有背有面,有上有下,有内有外,二又各自为对。虽说无独必有对,然独中又自有对,且如碁盘路,两两相对。'(《朱子语类》卷九十五)他还用人的呼吸活动,从科学上加以论证:'如人嘘吸,若嘘而不吸,则须绝;吸而不嘘,亦必拥滞著不得。嘘者,所以为吸之基。'(《朱子语类》卷十二)由此可见,他的辩证思维也是有自然科学基础的。这一切都说明,自然科学犹如一个杠杆,推动着理学的形成和发展。"③ 从这个分析中看出,朱熹的"格物致知"强调通过接触自然界万物去获得

---

① 胡适:《中国思想史纲要》,《胡适学术文集·中国哲学史(上)》,中华书局1998年版,第520页。
② 葛懋春等编:《胡适哲学思想资料》(上),华东师范大学出版社1981年版,第187页。
③ 张岂之主编:《中国儒学思想史》,陕西人民出版社1990年版,第405—407页。

科学知识,这就是科学方法,不仅如此,这种科学方法在具体应用中还表现为对事物矛盾、呼吸现象等进行科学论证。

4. 天人相分

"天人相分"出自《荀子》:"天行有常,不为尧存,不为桀亡。应之以理则吉,应之以乱则凶。强本而节用,则天不能贫;养备而动时,则天不能病;修道而不贰,则天不能祸。……故明于天人之分,则可谓至人矣。"(《荀子·天论》)当人们纷纷将中国没有出现自然科学的原因归为"天人合一"时,冯友兰认为这个命题区分了自然界与人类的主客关系,他说:"(荀子)把'天'和'人'的界限严格地划分开来;这就把自然和社会、物质和精神、客观和主观的界限,严格地划分开来;这样划分的一个主要的涵义,就是承认,自然、物质世界是独立于人的主观意识而存在的,也就是说,自然、物质和客观世界是第一位的,社会、精神和主观世界是第二位的。"① 既然"天人相分"肯定自然与人之间的张力,就等于人可以利用这个张力发挥自己的能动性,去思考、钻研、探索自然界的奥秘,从而形成科学的认识,因而冯友兰指出荀子的"天人相分"含有培根的"人力"思想。他说:"依荀子的理想,他要用征服自然,来代替复归自然:'大天而思之,孰与物畜而制之!从天而颂之,孰与制天命而用之!'这近似培根关于人力的观点。"②

张岂之指出,荀子的"天","是物质自然界,它具有客观现实性,由物质所构成;物质在不停地运动变化,这种运动变化虽然被称为'神',但'神'是物质的功能,并非'上帝'的作用"③。而荀子的"人","就是能够认识和正确运用自然规律的人"④。因而"荀子的'明于天人之分',是对人和自然关系在理论上的深刻认识。……比较正确地解决了人和自然的关系问题"⑤。荀子将"人"视为自然界的一部分,人是自然界长期演化的结果,有了形体后又有了精神,所谓"形具而神生",但人并不是依赖于自然界的奴隶,而是主人,

---

① 冯友兰:《三松堂全集》第七卷,河南人民出版社2001年版,第484页。
② 冯友兰:《三松堂学术文集》,北京大学出版社1984年版,第37页。
③ 张岂之主编:《中国儒学思想史》,陕西人民出版社1990年版,第106页。
④ 同上书,第109页。
⑤ 同上书,第108页。

人可以认知、利用、改造自然。可见，荀子的"天人相分"内含丰富的自然科学道理，之所以如此，是因为战国时期自然科学很发达，当时的农业、气象、天文、医学、数学等自然科学知识，都成为荀子"天人相分"思想的基础。① 就是说，"天人相分"将"自然"与"人"进行了主客区分，并对"人"由自然演化最终成为独立于自然而可以认识自然、改造自然、征服自然的过程进行了科学说明，从而揭示了荀子"天人相分"内含的科学思想内容。非常遗憾的是，荀子"天人相分"主张从来就没有成为中国哲学思想史中天人关系的主导，反而逐渐式微——"荀子的学说，和秦王朝一样，很快地而且永远地消亡了。"②

5. 种有几

"种有几"出自《庄子》："种有几，得水则为继；得水土之际则为蛙蟆之衣，生于陵屯则为陵舄，陵舄得郁栖则为乌足；乌足之根为蛴螬，其叶为胡蝶。胡蝶，胥也；化而为虫，生于灶下，其状若脱，其名为鸲掇。鸲掇千日为鸟，其名为乾余骨。乾余骨之沫为斯弥，斯弥为食醯，颐辂生乎食醯，黄軦生乎九猷，瞀芮生乎腐蠸；羊奚比乎不笋，久竹生青宁；青宁生程，程生马，马生人，人又反入于机。万物皆出于机，皆入于机。"（《庄子·至乐》）这个命题也颇受学者们关注，而且大多从自然科学角度理解这个命题。

胡适认为这个命题含有进化论思想，主要表现在：第一，生物学精子说。胡适说："'种有几'的'几'字，乃是几微之几，并非几何之几。末三句'人反入于机，万物皆出于机，皆入于机'三个'机'字都是'几'字之误。……这个'几'究竟是何物？《说文》云：'幾，微也，从丝从戍。'又说'丝，微也，从二幺。'又说'幺，小也，像子初生之形。'又曰'虮，虱子也。'如今敝处（徽州）的俗话尚叫虱子作虱虮，蚕子作蚕虮。'种有几'的'几'字便是种子，便是原子，便是近人所说的'精子'（germ）。'万物皆出于几，皆入于几'正合近世生物学家

---

① 张岂之主编：《中国儒学思想史》，陕西人民出版社1990年版，第110—111页。
② 冯友兰：《三松堂学术文集》，北京大学出版社1984年版，第37页。

'精子'之说。"① 第二，物种不断进化思想。胡适认为，《庄子》含有"从低级到高级的次序，每一新的阶段都是前面阶段的否定和超越"的观念。对于"种有几……程生马，马生人"一段，胡适的评论是："错误极多，不易懂得；但其大意无非是上文所引'万物皆种也，以不同形相禅'的意思。仔细看来，这一段竟可作一篇'人种由来'（Descenb of Man）读。你看他把一切生物都排成一部族谱，从极下等的微生物，到最高等的'人'，一步一步的进化。这种议论与近世的生物进化论相同，正不用我们穿凿傅会。"② 就是说《庄子》已思考物种来源的问题，并且认为物种来自极小的微生物。第三，适者生存思想。《庄子》说："民湿寝则腰疾偏死，鳅然乎哉？木处则惴栗恂惧，猿猴然乎哉？三者孰知正处？民食刍豢，麋鹿食荐，蝍蛆甘带，鸱鸦耆鼠，四者孰知正味？"（《齐物论》）又说："梁丽可以冲城而不可以窒穴，言殊器也；骐骥骅骝一日而驰千里，捕鼠不如狸狌，言殊技也；鸱鸺夜撮蚤，察毫末，昼出瞋目而不见丘山，言殊性也。"（《秋水》）胡适解释说："这两节说万物所处境地不同，生存之道也不同，总以能适合境地为要。细看上文'种有几'一节，其中说种子得水便成什么；得水土之际便成什么；生于陵屯便成什么；生于灶下便成什么，其中含有'体合'（Adaptation）和适者生存的理想。"③ 这是将庄子的进化论视为近人的"适者生存"之说。总之，"种有几"不仅含有进化论思想，也含有生物学思想，体现了中国古代在生物学、物种进化理论上的水平。

　　蒋维乔则对"种有几"的科学内涵进行了更为详细、更为深入的分析，他说："庄子又从这些理论创立了那第二种物化的齐生死说。他认吾人的死，并不像平常人的见解，说'死是澌灭'那样可怕，以为人生人死，不过是物的变化而已。所谓物化，即是由甲物变成乙物，所以人虽死，其实质并没有消灭，或者离开我们的宇宙，而到另一个地方去，永不会回到我们的宇宙里来了！他这种话，很合现在物理学上物质不灭的原理。但物化有两层意义：第一、所谓甲物化乙物，是本物的屈伸，例如人

---

① 胡适：《先秦诸子进化论》，《胡适学术文集·中国哲学史（上）》，中华书局1998年版，第584—585页。
② 同上书，第585页。
③ 同上书，第585—586页。

生是由'几'变成人,人死是由人变成'几'。第二、所谓甲物化乙物,是此物变化成他物。例如蝶变化为人,或人变化为蝶。关于第一层,可以用上面所述的万物皆入于机皆出于机的话来证明。第二层可以引他说的:'昔者庄周梦为胡蝶,栩栩然胡蝶也。自喻适志与!不知周也。俄然觉,则蘧蘧然周也。不知周之梦为胡蝶与?胡蝶之梦为周与?周与胡蝶则必有分矣。此之谓物化。'(《齐物论》)这段话,自来读者都以为是寓言,其实何尝是寓言呢?不过他用了寓言的方式说出来罢了,为什么呢?因为胡蝶与人,实在有互相变化的可能。若在两者都活着的外形来说,当然是绝对不相同的东西——即庄子所谓'周与胡蝶则必有有分矣',决不可互为变化的,但到了两者都死了以后——皆入于机的时候,那么人与蝶均化为'机'而同为一物了。在这个时候,就有互为变化的机会了。所以根据道常而不变,或物质不生不灭的原理来说,当两者死了以后,各化为机,或原生质。再反乎为道或原子的时候,彼此都是浮沉在宇宙的中间,但道或原子,既是不生不灭的,那么它在宇宙间,自然是有限数的。道或原子,既有限数,决不能在从某物分解出来以后,就停止它的工作,不去组织别的物体了——果然如此,那么宇宙必定有一天完全成了道或原子的世界,而无物体了。并且原子有爱力的联络,道也有德的联络,所以道或原子必要再去做组成新物的工作的。那么从蝶或人身上分解出来的原子,重新去组成原生质或'几'自属可能,但是到现在还没有一种定律,说从人身分解出来某原子,只能和人身上的另一种原子组合,不能和其他身上分解出来的原子组合,结果还要回转人的身上去组织人体,不能跑到别的东西身上去组织物体,那么从人身上分解出来的原子,就有和其他的身上分解出来的原子相结合的可能,并且也可去组织他种生物了。所以由蝶身上分解出来的原子,它当然可潜和人身中分解出来的原子组织新人的原生质,再成细胞而肢体,而五官,而整个的人身。这样一来,岂不是死了的蝶化了人吗?反过来说,不是死了的人,化了蝶吗?所以庄子说蝶为人,人为蝶,此之谓物化。这种话,很合科学原理的,岂可以拿普通的寓言目它呢?"[1]

从蒋维乔解释看出,"种有几"命题至少含有如下思想:第一是生物学思想,因为《庄子》论述了物种来源的生物学原因,而且论及生物的变成

---

[1] 蒋维乔、杨大膺:《中国哲学史纲要》,知识产权出版社2014年版,第26—28页。

的过程。第二是进化论思想，因为《庄子》论及物种演化及其由低级到高级的复杂过程，论及物种生存法则。第三是物质不灭论，论及万物之间的相互转变情形。第四是原子论，论及万物皆由最微小粒子为基础。第五是环境理论，论述了万物的生存与发展，环境具有关键意义。因而蒋维乔总结说："他（庄子）所说的'种有几'，以及'万物皆出于机皆入于机'就可以证明上面所举第一、第二两点是不错的。因为物种既由（种有几的'有'字，应作由字解，即物种由几而成，非自空而成也。）'几'而成，那么物当然不是出于神的创造，或是凭空掉下来的。并且这'几'是物种最根本的东西，恰当现代生物学所说的原生质。他又说：'得水则为继，得水土之际，则为蛙蟆之衣……'这岂不是可以证明上面所举第三点的话不错吗？因为人的生成，既不是由'几'突然成功的，而是要经过许多次变化才成的，那么人的成为人，是渐化而成，就无可怀疑了。所以庄子的人由马而生的话，虽没有达尔文的人由猿猴变成的话，那样精确，但是在原理方面，却不见得有多大的错误。至于'得水为继，得水土之际，为蛙蟆之衣'，从此又可以证明生物所以能渐变而向前进化，完全是环境的影响。要不然，为什么'几'化为蛙蟆之衣，要得水土之际，才可以生长，在水中或土中就不能生长呢？"①

6. 体有端

"体有端"出自《墨经》："体：若二之一，尺之端也。"（《墨子·经说上》）这是解释命题"体，分于兼也"（《墨子·经上》）而引出的概念，因而与这两段文字都有关。我们先看方孝博的解释。他说："墨经言'尺'，相当于几何学的'线'；而'端'相当于'点'。'二'是两个'一'的合并，'线'是许多'点'的集合，这就是'兼'与'体'的关系的例证，所以说'若二之一，尺之端也'。然而只说'体分于兼'，不说体分于全，又有深意。'一'是'二'的部分，但'二'并不是全体；'点'是'线'的部分，也不说'线'就是全体。空间和时间是无穷限的，所谓'全体'，只可能有相对的意义。"② 这是说，"端"就是"点"，但它是"线"的部分，而不是全体，所以只有相对意义。

---

① 蒋维乔、杨大膺：《中国哲学史纲要》，知识产权出版社2014年版，第25页。
② 方孝博：《墨经中的数学与物理学》，中国社会科学出版社1983年版，第2页。

邢兆良认为，对"端"的理解要结合几条有关的经、经说，进行综合分析，才能比较全面，才能符合墨子思想的原意。比如，"非半弗斱，则不动，说在端"（《墨子·经下》），"体也，若有端"（《墨子·经说上》），"体，分于兼也"（《墨子·经上》），"体：若二之一，尺之端也"（《墨子·经说上》），"间：谓夹者也。尺前于区穴而后于端，不夹于端与区内"（《墨子·经说上》），等等。邢兆良分析说："首先，端分于体，体分于兼。这说明端、体、兼在层次上存在一种大小包含的意义，即端、体、兼是在空间尺度上具有不同大小尺度的物质形态。其次，'端'是可以独立存在'有'的一种基本形态，其基本特征是一种不可度量的基本元。'前则中无为半犹端也'，'前后取则端中也'，不管如何分割，是单向往前分割，还是从前后两端往中分割，分割到最后，'毋与非半不可斱'，亦即分割到物体存在的最小单位，这类似于内部不可再分的绝对刚性的原子。'端'的这种不可再分割的特性表明，它是构成物体的最小基元。无数的'端'通过不同的组合才构成自然万物——'体'。'兼'在墨子看来是一种无穷的存在，这种无穷的存在是由无数的独立存在的物体所组成，所谓体分于兼。第三，'端'作为物质构成的基元，是从本原的角度表明了自然界物质的客观存在性。同时，端也有作为数学上几何点的涵义。墨子用端、尺、区、体的概念，从点、线、面、体的几何角度来理解物体存在的形状。《经说上》说：'穷。或不容尺，有穷。莫不容尺，无穷也。'这里'或'是古'域'字，即区域，尺就是线。这条经说是从用线能否穷尽区域来定义有穷和无穷。墨子关于点、线、面、体的几何关系的认识是对端、体、兼结构层次认识的一种数学抽象。"[①] 按照邢兆良的理解，"端"是一种物质形态，这种物质形态是不可度量的，即不可再分的原子，而从几何学上看，"端"又是"点"，"点"正是对"端"的数学抽象。由此看来，"端"蕴含着丰富的物理学、数学等自然科学原理。

冯契则认为"端"具有原子论思想，他说："中国古代也有类似原子论的思想。例如，《墨辩》说：'非半弗斱则不动，说在端。'这个'端'就是指不可分割的物质粒子。《庄子·天下》篇里记载着辩者的论题：

[①] 邢兆良：《墨子评传》，南京大学出版社1993年版，第174—175页。

'一尺之棰，日取其半，万世不竭。'《墨辩》反对这种物质无限可分的思想，以为一尺之棰，日取其半，达到一定阶段，便不能再取半（即'非半'）于是就不能所（'弗斱'），亦即所不动了，这就达到了'端'。《墨辩》从经验科学的观点，肯定具有一定特性的物体是由不可分割的粒子（端）构成的。不过，《墨辩》的原子论思想在中国古代哲学和科学中没有得到进一步发展，就如同它的形式逻辑没有得到发展一样。"①

郭金彬也认为"端"就是最小的粒子，他说："《墨经》此条文（'端，体之无序而最前者也。'《墨子·经上》）及其《经说》的意思：端是组成实体物质的一种极微（'无厚'）的、最原始的质点（'最前者'），因为分物到了最后，已无内部间隙，不可再分割，只剩下这个端了，端处于物质最前方，再也找不到和它有次序先后的物质。墨家认为，'端'是构成物质世界的不可再分的最小微粒，是世界的本原。这种思想，还在《墨经》的其他条文中得到体现。如《墨子·经上》曰：'体分于兼也。'《经说上》：'体：若二之一，尺之端也。'其意为：体是一部分，是从兼（全部）分出来而得到的，就像端是从尺分出来而得到的一样。"②

不难看出，对于方孝博、邢兆良、冯契、郭金彬而言，"体有端"就是一个内含着丰富的自然科学原理的命题。

7. 久弥异时，宇弥异所

"久弥异时，宇弥异所"出自《墨经》："久，弥异时也。宇，弥异所也。"（《墨子·经上》）方孝博认为，用"异时"和"异所"较准确地表达了时间与空间概念，所以，"久"就是时间，而"宇"便是空间。他说："'弥'这一个字可以形容时间的悠久无极，又可以形容空间的广漠无垠。《墨经》作者用这一个字同时来定义'久'与'宇'，就巧妙地表明了时间和空间的一个共同性——无穷。但'久'与'宇'有其共同性，又有其不相同的各自的特性，必须同时加以表明。时间的概念是从一件事物的变化过程中有先后次序而形成的，空间的概念是从一个物体的运动过程中有位置的迁移而形成的。所以《墨经》用'异时'定义'久'，用

---

① 冯契：《中国古代哲学的逻辑发展》（上），华东师范大学出版社1997年版，第49页。
② 郭金彬：《中国传统科学思想史论》，知识出版社1993年版，第97页。

'异所'定义'宇'。'所'就是处所，也就是地点的意思。只有从'异时'才能体验时间，只有从'异所'才能体验空间。"① 照方孝伯的理解，"久弥异时""宇弥异所"这两个命题清楚地表述了"时间"和"空间"这两个命题的内涵。

董英哲指出，这两个命题其实还揭示了时间与空间的同一性与差异性，同一性就是"无限"，差异性就是"有限"，因而这个命题也内含了"时空的无限性和有限性是绝对和相对的辩证统一"的思想。他说："在先秦的典籍中，象《墨经》那样对时间和空间的实质及其关系作出系统严密的科学论证，的确是很少见的。《经上》说：'久，弥异时也。宇，弥异所也。'《经说上》解释道：'久，古今旦莫。宇，东西家南北。''久'与'宙'古音相通，所以'久'就是'宙'。'久'、'宇'并举，就是时空并举。'所'即处所，有地点之意。'莫'是古'暮'字，即晚上。'家'是居住的地方，东西与南北因家而后定。在《墨经》中，'久'是所有不同具体时间的概括，它包括过去、现在、白天、晚上，'宇'是所有不同处所的概括，它包括东西南北。从这个定义中可以看出，时间和空间既有同一性，又有差异性。差异性表明，时间的概念是从一事物的运动过程中有先后的顺序而形成的，空间的概念是从一事物的运动过程中有位置的迁移而形成的。二者虽有区别，但又是同一的。无限，就是时间和空间的同一性所在。'弥异时'和'弥异所'的'弥'字，既形容时间的悠久无极，又形容空间的广漠无垠，巧妙地表明了二者的同一性——无限。但是，这种无限性是就整个宇宙而言的。若从各种具体的物质运动来看，那么，时间和空间又都是有限的。有限是相对的部分，如时间的古今旦暮和空间的东西南北。无限则是绝对的整体，它包括了古今旦暮和东西南北。无限由有限所构成，有限又体现着无限。所以，时空的无限性和有限性是绝对和相对的辩证统一。"② 在董英哲看来，时间与空间的同一性就是"无限"，而"弥异时"是所有不同具体时间的概括，"弥异所"是所有不同处所的概括，从而表现出"无限"这个同一性；时间与空间的差异性就是"有限"，而"异时"古今旦暮、"异所"东西南

---

① 方孝博：《〈墨经〉中的数学与物理学》，中国社会科学出版社1983年版，第31页。
② 董英哲：《中国科学思想史》，陕西人民出版社1990年版，第65页。

北都是具体的,从而表现出"有限"这个差异性;因此说,"久弥异时,宇弥异所"内含了时间与空间是同一性与差异性的统一之内涵。

邢兆良则认为,墨子的贡献主要是从时空与物体运动相关联的角度说明自然万物的存在方式。他说:"自然物体的存在方式是以一定的时空形式来表现的。墨子指出,时间是'弥异时也',就是'古今旦暮';空间是'弥异所也',就是'东西家南北'。墨子关于时空的认识已有纯粹延续性的时间概念和广延性的空间概念,是从外延特征上加以定义,具有可测量性的,实践的可把握特征。如果说墨子用'端'来表述物体存在的最小空间单位,那么墨子提出的'始'概念则刻画了事物存在和变化的最小时间单位,墨子从时空的基元来认识有限物体的时空存在,并进一步去理解和推断时空无限形式存在的合理性和可能性。'始,当时也。'……作为运动时间的开始,也可作为描述物体运动的任何瞬间刹那。这样,对时间与物体一般运动的联系的分析有了一个出发点。物体的运动或静止涉及到时间的流逝和空间位置的变化。'宇或徙,说在长宇久。''宇,徙而有处。宇南北,在旦有在莫,宇徙久。'这说明,墨子认为物体的运动是一种空间位置的移动,但一定伴随着时间的流逝,从南到北的空间连续变动和从早到晚的时间连续进行是相统一的。'动,或徙也。''行修以久','止,以久也'。墨子认为物体的运动或静止是以时空变化的形式表现的,物体运动既是一种空间位置的变化,同时也标志了时间的流逝,物体静止不动说明空间位置虽然没有动,但时间仍在流逝。"[①]就是说,这个命题不仅包含了用时空形式表现物体的存在方式的原理,而且说明了物体的运动或静止与时间的流逝和空间位置的变化之间的关联,因而这个命题表明墨子有了纯粹延续性的时间概念和广延性的空间概念。应该说,邢兆良的理解更深入一步,而且也更具"科学特色"。

但正如冯友兰指出的,这个命题所内含的科学思想仍然属于"萌芽"状态,他说:"墨子书有几篇谈的是现在叫做逻辑或定义的问题。如果不是墨子本人的著作,也一定是墨子门人的著作。其中许多定义,在今天也还是有趣的、科学的。例如:'宇,弥异所也。久,弥异时也。故,所得而后成也。圜,一中同长也。力,刑之所以奋也。'(《墨子·经上》)类

[①] 邢兆良:《墨子评传》,南京大学出版社1993年版,第176—177页。

此者另外还有许多，似乎都是科学的萌芽。实际上墨子制造守城器械是很有名的，墨子书有几篇专讲这个。"①

8. 景不徙，说在改为

"景不徙，说在改为"出自《墨经》："景不徙，说在改为。"（《墨子·经上》）《经说下》："景：光至景亡，若在，尽古息。"（《墨子·经说下》）这个命题也被做了科学认知范式的理解。

方孝博认为这个命题内含有光学思想："说明光和影之间的关系，分析所谓阴影移徙的物理实质。'景'即古'影'字。阴影的形成有两个前提：（1）有一发光的光源；（2）有一物体。如果光源'在'，物体亦'在'，而且都静止不动，则物体的阴影亦必永远停息（'尽古息'），没有什么变化可言。反之，如果物体静止而光源移动，或光源静止而物体移动，就会看到物体的阴影在发生变动，似乎阴影也在移'徙'了。《墨经》作者深刻地分析了这个现象的物理实质，指出阴影并没有移'徙'（'影不徙'），而是在'改为'（'说在改为'），就是新影不断地在生成，旧影不断地在消亡，这个变化过程很迅速，人们就产生一种错觉，认为是影在移徙了。光照射到的地方，阴影立即消亡（'光至，景亡'），光被物体遮断的地方，阴影立即产生（光断影生），《经说》只说这前一句，而后一句也就不言自明了。"②也就是说，这个命题说明了阴影形成的两个前提，并在此基础上分析了"影"的变化与物体运动的关系，认为"影"不存在"徙"的问题，人们之所以认为"影"在不断变化，实际上是以物体变化来判断的。

董英哲认为，《墨经》根据光的直线传播原理说明了光源、物体和影子的关系。他说："影子的形成有两个前提：一是光源，二是物体。如果物体静止有光源移动，或光源静止而物体移动，就会看到物体的影子也在移动。其实不然，《墨经》分析了这种物理现象的实质。《经下》指出：'景不徙，说在改为。'《经说下》解释道：'光至，景亡；若在，尽古息。'也就是说，影子并没有移动，而是在'改为'，即改换——新影不

---

① 冯友兰：《为什么中国没有科学》，《三松堂全集》第十一卷，河南人民出版社2001年版，第42页。

② 方孝博：《墨经中的数学与物理学》，中国社会科学出版社1983年版，第77—78页。

断地在生成，旧影子不断地消亡。这个新旧改换的过程很迅速，人们就会产生一种错觉，误认为是影子在移动。例如当鸟在飞翔时，人们看见鸟的影子也在移动，这主要是人眼的'视觉暂留'之效应所致。当物体前进时，新影生于前，旧影立即亡于后。但旧影在人眼中所产生的感觉并不能立即消失，而有短时间的保持，其时间约为几十分之一秒（随光的强度而定）。所以人眼对于新影的感觉已生，旧影的感觉尚未消失；但旧影与新影在人眼中网膜上形成的位置显然不同，这就使人感觉到鸟影是从旧位置移到新位置，新与旧之间发生了不能割断的联系。《墨经》深明此理，故有'景不徒'和'改为'之论。所谓'光至，景亡'，是说光线照射到的地方，影子就立即消亡。言下之意，光线被遮断的地方，影子就立即产生。这是一个此影生而彼影亡的新旧改换过程，并不是影子在移动。所谓'若在，尽古息'，是说既有光源又有物体，而且都静止不动，那么，物体的影子也永远停息，不会有什么变化。这就全面地论证了光源、物体和影子的关系，尤其是对影子动与不动、新旧更替的分析是很辩证的。"[1] 董英哲的理解与方孝博的理解基本相同，只是董英哲的解释更加通俗。

相比之下，郭金彬的理解更为深入。他说："其意是说在前一瞬间，光被运动的物体遮挡住而出现影子的地方，后一瞬间就被光照射到，影子便消失了；而后一瞬间光被物体遮挡又出现了新的影子，这个影子已不是前一瞬间的影子了。然而影子看起来却在移动，那只是旧影不断消失，新影不断产生的结果。这种对运动着的物体的影子动与不动关系的辩证阐述，可以看出墨家对光、物、影考察时所进行的理论思维，是相当深刻的。他们揭示影在某一特定的瞬间是不动的秘密，首先依靠一个基本的原理，即光线传播原理，从这个原理出发，才能把物影的动、静辩证关系加以阐述。"[2] 在郭金彬看来，这个命题反映了墨家考察光、物、影三者关系时所表现的理论思维，其所以能准确地阐述物影的动、静辩证关系，证明其内含了光线传播原理。

9. 景二，说在重

"景二，说在重"出自《墨经》："景二，说在重。"（《墨子·经下》）

---

[1] 董英哲：《中国科学思想史》，陕西人民出版社1990年版，第72—73页。
[2] 郭金彬：《中国传统科学思维史论》，知识出版社1993年版，第134页。

这个命题是关于光学知识的，中国学者也都是从光学角度理解这个命题。

方孝博认为，这个命题"说明重影的现象及其原理，也就是区别了本影和半影。本条中的'景'仍指阴影。两个阴影相互重叠的区域，叫做重影。重影的产生，必因两个光源的存在，从两个光源发出的光使一个物体在壁上形成两个阴影。在适当的条件下，这两个阴影可以有一部分互相重叠，形成更为深暗的重影。在光学上这个重叠部分叫做物体的本影，而本影的周围仅由某一个光源所构成的阴影，其暗度较浅者，叫做半影。这就是《经》言'景二，说在重'的含义。《经说》进一步指出所以形成重影的原因，是由于有'二光'的存在。而光所成阴影驾着'一光'，这个'一光'就指重影。所以说'二光夹一光，一光者景也'"[①]。就是说，这个命题对重影、本影、半影及其原因的解释，完全符合光学原理。

邢兆良对这个命题的科学意涵做了较为详细的解释，他说："墨子对重影这个比较复杂的几何光学现象的描述就相当正确。'景二，说在重。'这里的景是指阴影，阴影的产生与光源有关，这里是说一个物体产生了两个阴影，这两个阴影有可能重叠，也有可能不重叠，也有可能部分重叠。这重叠的部分就是更深暗的重影。这条经文是对重影的描述。《经说》进一步探究了产生重影的原因，'景。二光夹一光，一光者景也。'产生重影，首先必定存在着两个光源。其次，这两个光源发出的光线有一部分重合照到物体上。只有具备了这两个条件，才会产生重影。在光学上这重影叫做物体的本影，而两个光源不重叠的地方所形成的阴影，暗度就较重影为浅，在光学上叫做半影。墨子从重影现象的描述到对其产生原因的分析，完成了对重影这一比较复杂的几何光学现象的研究。"[②] 在这个理解中，邢兆良认为墨子将阴影分为本影、半影，是有其光学原理根据的，而关于本影、半影形成的分析，则蕴含了几何光学理论。

董英哲特别对"景二"进行了解释，他说："《墨经》还解释了重影现象，区别了本影和半影。《经下》说：'景二，说在重。'《经说下》解释道：'二光夹一光，一光者景也。'……两个光源同时照射一个物体，在壁上形成两个影子。两个影子相互重叠的部分，在光学上叫做物体的本

---

① 方孝博：《墨经中的数学与物理学》，中国社会科学出版社1983年版，第79—80页。
② 邢兆良：《墨子评传》，南京大学出版社1993年版，第180—181页。

影。而本影的周围仅由一个光源所形成的部分影子，在光学上叫做半影。半影和本影就谓之'景二'，'景二'是由两个影子部分重叠所致。为什么两个影子会部分重叠呢？因为有两个光源存在，它们发出的两束光交插在一起，就形成了'二光夹一光'的状况。这交插在一起的光被物体遮挡，就出现了两个影子部分重叠的现象。"① 按照董英哲的理解，"景二"就是指两个影子部分重叠，在光学上叫作"重影"，也就是本影与半影，而之所以形成"重影"，是因为两个光源发出来的光束交织在一起，即所谓"二光夹一光"。概言之，墨家"景二，说在重"命题内含有丰富且深刻的光学思想。

冯友兰对这个命题也给予了特别的关注，他说："《经下》和《经说下》中有依次连续的八条，论述关于影和反射镜的理论，形成一个相当完整的光学系统。这是极其珍贵的古代科学史料。例如，《经下》有讲'倒影'一节；《经说》：'光之人，照若射。下者之入也高，高者之入也下。足蔽下光，故成景于上；首蔽上光，故成景于下。'照这段所讲的，作《墨经》的人，必已作过一种实验，使人影从一小孔中反映在屋子里。在这种情况下，屋子里的人影，就是个倒影。为甚么是倒影？因为'光之人，照若射'。这里的'之'字作'往'或'到'解，意思是说，光到人身上，如箭射出来，是照直线进行的。下面的光倒是照在高的地方，即人的上部；上面的光倒是照在低的地方，即人的下部。脚遮蔽了下面的光，所以成影于上；头遮蔽上面的光，所以成影于下，于是就成为倒影了。"②

关于以科学方法认知、理解《墨子》思想的情形，当年胡适有个生动的描述，胡适说："《墨子》的《经上下》、《经说上下》、《大取》、《小取》六篇，从鲁胜以后，几乎无人研究。到了近几十年之中，有些人懂得几何算学了，方才知道那几篇里有几何算学的道理。后来有些人懂得光学力学了，方才知道这几篇里又有光学力学的道理。后来有些人懂得印度的名学心理学了，方才知道这几篇里又有不少知识论的道理。到了今日，这几篇两千年没人过问的书，竟成中国古代的第一部奇书了！我做这部哲

---

① 董英哲：《中国科学思想史》，陕西人民出版社1990年版，第73页。
② 冯友兰：《三松堂全集》第八卷，河北人民出版社2001年版，第482页。

学史的最大奢望,在于把各家的哲学融会贯通,要使他们各成有头绪条理的学说。我所用的比较参证的材料,便是西洋的哲学。但是我虽用西洋哲学作参考资料,并不以为中国古代也有某种学说,便可以自夸自喜。做历史的人,千万不可存一毫主观的成见。须知东西的学术思想的互相印证,互相发明,至多不过可以见得人类的官能心理大概相同,故遇着大同小异的境地时势,便会产生大同小异的思想学派。东家所有,西家所无,只因为时势境地不同。西家未必不如东家,东家也不配夸炫于西家。何况东西所同有,谁也不配夸张自豪。故本书的主张,但以为我们若想贯通整理中国哲学史的史料,不可不借用别系的哲学,作一种解释学术的工具。"①胡适对于以科学方法理解中国传统哲学的思潮是非常理性的,他虽然不否然因为西方传过来的几何学、算学对于理解《墨经》中科学思想、知识论的意义,但还是希望学者能将各家哲学融会贯通,使它们成为有头绪的学说,更不能因为以西方哲学为武器窥测到中国古代也有某种哲学而沾沾自喜。

第二节 科学认知范式与哲学特点和精神

中国学者不仅将科学认知范式应用于哲学概念和哲学命题的理解上,也应用于哲学特点和哲学精神的理解上。本节即考察在以科学认知范式为坐标和方法的理解实践中,中国传统哲学的特点与精神之样态。

一 科学认知范式视域下的哲学特点

19世纪末以来,由于西方哲学的进入而使关于中国传统哲学特点的讨论愈加深入与丰富,科学认知范式即是学者们用于认知、理解和评价中国传统哲学特点的一个重要坐标与方法。那么,科学认知范式视域下的中国传统哲学特点究竟是怎样的呢?

1. "以人为本"的文化基调

如上所说,科学以自然界及其奥秘为思考内容和研究对象,因而它生

---

① 胡适:《中国哲学大纲》,《胡适学术文集·中国哲学史(上)》,中华书局1998年版,第28页。

长的文化环境绝不能是以人为中心,不能将人作为文化的基调而置自然于不顾。但中国文化、中国哲学正是以人为中心的文化、以人为中心的哲学。这也为中国学者所发现所认知。

钱穆说:"中国传统文化可称为人本文化,以其一切以人为本。人间众事,是非得失,不衡量以人为心,则何由而判。故曰,虚灵不昧,此理具足。万物各有理,岂能具足于人心。西方科学家各就物处求理,尽可与人无关。如生物学研究一切生物之理,钻寻无微不至,然与人生之理,则有相距甚远、缈不相关者。人生当何去何从,生物学家转置一旁,不加理会。亦可谓有得于物性,却无得于人性。"[1] 在钱穆看来,西方文化、西方哲学倾向于以"物"为中心,而人生相对处于次要地位,中国哲学相反,中国属于以人为本的文化,中国哲学关注人自身的问题,对身外的自然界不感兴趣,所以中国不会发展出西方那样的科学。

中国哲学的人本主义特点也为胡适所认同,而人本主义决定了中国哲学中不能形成科学思想萌芽:"荀子哲学的另一个因素,给科学的发展造成了极大的损害,它包含在他的哲学理论的狭窄的人本主义概念中。我们已经指出,他的人本主义对挽救哲学曾经作出很大贡献,使它不至于陷于以列子和庄子这样的思想家为代表的道家学派的宿命论和出世哲学。但是,由于它过分夸大人定胜天,这样他实际上就把自然科学从哲学领域中排挤出去了。他这样的说法固然很对:'大天而思之,孰与物畜而制之?从天而颂之,孰与制天命而用之?'但是,他这样的说法却是非常有害的:'愿于物之所以生,孰与有物之所以成?故错人而思天,则失万物之情。'这意思是说,人类需要研究的是人,而那种要了解'物之所以存在'和'思物而物之'的企图——这些问题似乎对于人没有直接关系——是要加以劝阻的。(《荀子·儒效》)"[2] 对于荀子的"天人相分"论,一般都肯定其天人相分的观点对于科学发生的价值,因为其中蕴含了人与自然的张力。但胡适发现荀子"天人相分"观念中隐含的核心思想仍然是"以人为本",荀子认为将"人"弃之不顾是对万物之情的最大、

---

[1] 钱穆:《宋代理学三书随劄》,生活·读书·新知三联书店2002年版,第2页。
[2] 胡适:《先秦名学史》,《胡适学术文集·中国哲学史(下)》,中华书局1998年版,第902—903页。

最痛心的丧失。因此,荀子所关心的是"人"的问题,奴役"天"、规划'天'、制天命等,都是以"人"为中心的。这样也就好理解为什么荀子会有"民分使群"的主张,会有"隆礼重法"的抱负。比如,荀子说:"若夫非分是非,非治曲直,非辨治乱,非治人道;虽能之,无益于人;不能,无损于人。……此乱世奸人之说也。"(《荀子·解蔽》)胡适的这个分析进一步确认了荀子哲学的"人本主义"特色。

如果说荀子把哲学限于人的"事务"和关系的领域,那么王阳明则有过之而无不及。胡适说:"王阳明主张'格物'只能在身心上做。即使宋学探求事事物物之理,也只是研究'诚意'以'正心'。他们对自然客体的研究提不出科学的方法,也把自己局限于伦理与政治哲学的问题之中。因此,在近代中国哲学的这两个伟大时期中,都没有对科学的发展作出任何贡献。可能还有许多其他原因足以说明中国之所以缺乏科学研究,但可以毫不夸张地说,哲学方法的性质是其中最重要的原因之一。"[1] 也就是说,王阳明更将研究人推向研究"人心",所以其精力投向如何纠正"心"的事业上,从而完全搁置了对自然界的研究。

在张善博看来,与西方哲学所建立注力于自然的知识构建相比,中国哲学所设立的"圣架"(先秦诸子设立的具有神性、永久性、高层次性观念架构)观念,本质上就是以"人"为中心或目标的学说。他说:"中国古人开始侧重的是人自身的修养而非人之外的客观物质世界。诸子学说之所以能被后人奉为圣说,是因为他们最先为人们提供了一套完整的行为准则、价值观念及政治筹策技巧等,而这些是可行的、有效的,并能作为合情合理的东西被人们接受。在诸子学说中,除了墨子之外,其他思想家都侧重于非科学类的探究。在诸子百家中占据优势地位的儒家推崇道德、伦理及政治,倡导格物、致知、诚意、正心、修身、齐家、治国、平天下,宣扬'内圣外王'、'仁内义外'的价值观念。因此,构成中国古代观念圈之'神性核心'的'圣说'主要体现为儒家的政治伦理学说。"[2] 而儒家政治伦理学说所关注、所研究的对象就是"人",即以人为中心,因而

---

[1] 胡适:《先秦名学史》,《胡适学术文集·中国哲学史(下)》,中华书局1998年版,第773页。

[2] 张善博:《追求科学的精神》,广西人民出版社1996年版,第245页。

属于"非科学类研究"。

质言之,按照钱穆、胡适、王善博的考察与分析,中国传统哲学表现的是"以人为本"的文化基调,而"以人为本"意味着"自然"的搁置。当然,我们不能因此说西方哲学不关心人,不研究人。

2. "天人不分"的主客关系

中国哲学在主客关系上的态度究竟是主客两分,还是主客合一?依科学认知范式的考察,答案只能是"主客合一"。虽然荀子倡导"天人相分"观念,但它从来没有成为中国哲学中的主流思想。

胡适认为,由于中国哲学以伦理、政治等为研究对象,从而导致它的学问方向反身向内,所谓"格物",所谓"致良知",都是向内用功,关注人心的问题,对于人之外的自然界从不用心,也毫无兴趣。他说:"儒学已长久失去它的生命力,宋明的新学派用两种不属于儒家的逻辑方法去解释死去很久的儒学,并想以此复兴儒学,这两种方法就是:宋学的格物致知;王阳明的致良知。我一方面充分地认识到王阳明学派的价值,同时也不得不认为他的逻辑理论是与科学的程序和精神不两立的。而宋代哲学家对'格物'的解释虽然是对的,但是他们的逻辑方法却是没有效果的,因为:(1)缺乏实验的程序,(2)忽视了心在格物中积极的、指导的作用,(3)最不幸的是把'物'的意义解释为'事'。"[①] 程朱的"格物"与王阳明的"致良知"是宋明哲学的两大方法,但胡适认为这两大方法都没有表现"天人相分"的科学精神和科学思想。因为无论是程朱的"格物",还是阳明的"致良知",都是在心性上用功,而所"格"的对象又是政治、伦理,因而不会有实验的程序,不会有"心"对"格物"的指导作用,更没有客观的认识对象。概言之,在宋儒的"格物"或"致良知"观念中,不再有主客的对立,不再有天人的张力。

熊十力认为,中国多数哲学家兴趣点都在反身向内,以尽心至性工夫消解主客的矛盾,进而取消了二者的对峙关系。熊十力说:"中土哲人,其操术皆善反,孔子言反求与默识,孟子言'万物皆备于我',则以反身而诚得之。张子曰:'善反,则天地之性存焉。'庄子云自明自见,亦此

[①] 《胡适学术文集·中国哲学史(下)》,中华书局1998年版,第774—775页。

旨也。"① 就是说，与西方哲学宇宙人生两分的旨趣比较，中国哲学更倾向于宇宙人生合一的主张，更倾向于以默识的方法理解世界、处理人与自然的关系。孔子主张反身与默识，孟子言万物皆在我心中，张载提倡善反才能回到天地之性，庄子所谓自明自见、内外一体，无不如此。

冯友兰认为，中国哲学中没有主、客二分观念，人与自然是浑然相处的。他说："中国哲学亦未以第一节所述之知识问题（狭义的）为哲学中之重要问题。其所以，固由于中国哲学家之不喜为知识而求知识，然亦以中国哲学迄未显著的将个人与宇宙分而为二也。西洋近代史中，一最重要的事，即是'我'之自觉。'我'已自觉之后，'我'之世界即中分为二：'我'与'非我'。'我'是主观的，'我'以外之客观的世界，皆'非我'也。'我'及'非我'既分，于是主观客观之间，乃有不可逾之鸿沟，于是'我'如何能知'非我'之问题，乃随之而生，于是知识论乃成为西洋哲学中之一重要部分。在中国人之思想中，迄未显著的有'我'之自觉，故亦未显著的将'我'与'非我'分开，故知识问题（狭义的）未成为中国哲学上之大问题。"② 这里说得很清楚，由于中国哲学从未将个人与宇宙分为二，"我"不能独立出来，不能解放出来，从而也就没有"非我"，这样主客之间、天人之间就不能萌发西方哲学中所发生的"我"对"非我"的好奇与认识的冲动。换言之，科学发生的基本模式在中国哲学中都不曾建立，怎么会有进一步的科学学说和原理的需求？冯友兰说："正因为中国的理想是取享受而舍力量，所以中国不需要科学，即使依培根所说，科学出力量。我刚才说过，中国哲学家不需要科学的确实性，因为他们希望知道的只是他们自己；同样地，他们不需要科学的力量，因为他们希望征服的只是他们自己。在他们看来，智慧的内容不是理智的知识，智慧的功能不是增加物质财富。在道家看来，物质财富只能带来人心的混乱。在儒家看来，它虽然不像道家说的那么坏，可是也绝不是人类幸福中最本质的东西。那么，科学还有什么用呢？"③ 既然天人一体、主客不分，那么科学的确实性与科学的力量对中国人而言纯属是

---

① 熊十力：《熊十力全集》第二卷，湖北教育出版社2001年版，第296页。
② 冯友兰：《三松堂全集》第二卷，河南人民出版社2000年版，第250—251页。
③ 冯友兰：《三松堂学术文集》，北京大学出版社1984年版，第41页。

多余的。

张岱年将中国哲学的特点准确地概括为"一天人",他说:"中国大部分哲学家认为天是人的根本,又是人的理想;是自然的规律,亦即当然的准衡。而天人之间的联系者,多数哲学家认为即是性,人受性于天,而人的理想即在于尽性;性即本根,亦即道德原则,而道德原则乃出于本根。此种倾向在宋明道学最甚。邵子说:'学不际天人,不足以谓之学。'(《观物外篇》)程明道说:'天人本无二,不必言合。'(《语录》)程伊川说:'道未始有天人之别,但在天则为天道,在人则为人道。'(《语录》)天与人,本来一体。天道与人道,只是一道。天人既无二,于是亦不必分别我与非我。我与非我原是一体,不必且不应将我与非我分开。于是内外之对立消弭,而人与自然,融为一片。西洋人研究宇宙,是将宇宙视为外在的而研究之;中国人则不认宇宙为外在的,而认为宇宙本根与心性相通,研究宇宙亦即是研究自己。中国哲人的宇宙论实乃以不分内外物我天人为其根本见地。"[①] 张岱年指出,中国哲学将"天"视为"人"的根本,而把"天"与"人"联系起来的是"性",人受"性"于"天",因而"人"与"天"的关系通过"性"解决,而"性"又是道德原则,道德原则来自"性",因而"人尽性"便成为处理天人关系的方式。这种方式即意味着天人一体,"我"与"非我"一体,宇宙在我心中。因此,中国哲学不像西方哲学那样将宇宙作为一个外在对象来研究,而是作为内在德性来研究,因为研究"心"就是研究宇宙,研究"我"就是研究"非我"。可见,依照科学认知范式,中国哲学在主客关系上的态度就是"主客不分"。

3. "满足日用"的价值取向

科学需要好奇的心理,需要为理论而理论,需要考虑与日常生活看似无关系的现象,需要探索没有任何实用价值的问题。而从另一方面看,正是不断增长的日用需求推动了科学的发生与成长。

熊十力就认为,中国哲学之能成为科学发生的契机和土壤就在于其对日用生活的需求。他说:"儒家言正德、利用、厚生,见于《书》者也。言制器利用,见于《易》者也。言人之所欲多者,其可用必多,见于

[①] 张岱年:《张岱年全集》第二卷,河北人民出版社1996年版,第7页。

《吕览》者也（《吕览》虽杂，但儒家的成分较多）。孟子寡欲之说，寡其不正之欲耳，戒其纵欲以累心者耳，与释道主绝欲者迥殊。此等精神，与科学不相违戾，又不待言。……儒家言经济，《论语》则有'不患寡而患不均'之义。《大学》言理财，归之平天下。"① 在熊十力看来，科学研究的动机源自生活需要，而中国哲学正是一种以满足日用需求为目标的学说。《尚书》关心的利用、厚生问题，《易》讨论的制器问题，《论语》讨论的财富分配问题，《大学》讨论的理财问题，等等，无不是日用问题。也就是说，由科学发生之原因看，中国哲学表现出"满足日用"的特点。

不过，在另一些学者看来，近代自然科学之所以没有在中国发生，中国哲学"满足日用"的价值取向是其原因之一。冯友兰说："中国哲学家还把哲学看作极其严肃的东西。它不只是知识，它是要做到的。新儒家的哲学家朱熹说，圣人并不说出道德是什么样子，仅只要求你实践它；就像他不说出糖怎样甜，只要你尝它。在这个意义上，我们可以说，中国哲学家爱的是知觉的确实，不是概念的确实，因此他们不想也没有把他们具体的所见翻成科学的形式。总之一句话，中国没有科学，是因为在一切哲学中，中国哲学是最讲人伦日用的。"② 就是说，中国哲学的价值取向是：只对事物本身感兴趣，而对事物的缘由没有兴趣，满足于"知其然"，对"所以然"则不甚了了，满足于人伦日用的享受，所以不会出现将感觉所知化成理性所知的事情，也就不会产生科学。

唐君毅将人对自然的态度分为三种，但只有"视之为客观所对，而对之惊奇，求加以了解的态度"才有益于科学的生长。他说："人对自然物，简单说有三种态度。一种是利用厚生的态度。一种是加以欣赏或以之表现人之情感德性之审美的艺术态度。一种是视之为客观所对，而对之惊奇，求加以了解的态度。只有第三种态度，可产生纯粹的客观的自然思想。而此则是希腊之科学与自然哲学之所自始。这个态度所生之思想是直倾向自然，而初是趋于忘掉人自己的。据说希腊之第一个科学家兼哲学家

---

① 熊十力：《熊十力全集》第二卷，湖北教育出版社2001年版，第304页。
② 冯友兰：《为什么中国没有科学》，《三松堂全集》第十一卷，河南人民出版社2001年版，第51页。

泰利士,曾仰观天象而掉落井里。又说有一哲学家看了天上太阳,于是想道:如果他能到太阳中去,而知太阳之构造,虽葬身烈焰,亦所不惜。这才是真倾向于对非人文的自然的思想,而不惜姑忘掉人自己的精神态度。这种态度,正是中国古代人所缺乏的。"① 照这个分析,中国哲学只属"功利哲学"或"实用哲学",因为中国哲学满足于"利用厚生",这个价值取向决定了中国哲学中不会有"视之为客观所对,而对之惊奇,求加以了解的态度",因而也就不能产生自然科学。

张岱年同样关注到中国传统哲学是以生活实践为依归的学问,他说:"中国哲人,因思想理论以生活实践为依归,所以特别注重人生实相之探求、生活准则之论究,未尝将我与非我分开。因而我如何能知非我,根本不成问题,亦不怀疑外界的实在,故根本不感觉知论之必要。西洋以分别我与非我为'我之自觉',中国哲人则以融合我与非我为'我之自觉'。分别我与非我,故知论特别发达;融合我与非我,则知外物即等于自觉,而实无问题。因而中国哲人虽亦言及知识与致知之方,但未尝专门研究之。"② 就是说,"生活实践"是中国哲学的出发点和落脚点,与"生活实践"关联的人生状况、生活准则、生活秩序、生活理想等,正是中国哲学关心与研究的问题。可以想见,一种只专心于对人生百态的探求和对人生活准则的建构、将精力耗在人人关系处理上的哲学,怎么会有功夫养成对人之外世界的好奇与怀疑?怎么会形成探索自然界的科学知识?

而王善博对中国文化"满足日用"的价值取向做了更为具体的分析,他举例说:"在古代最为人们推崇的'天文学'则几乎为制定历法和观测天象占去其全部内容。这些被用于农田耕作,或为皇帝的统治服务,如'天垂象,见吉凶'、'奉天承运'。……先秦诸子在算术、天文、地理、力学、光学、医学(草药学、针灸)、农业、制陶、漆器、炼丹等方面的探究都是从日常生活中得出的,即这些研究从日常生活的思考中开始,并最终在于对日常生活有所裨益。他们这种发于日常生活又归于日常生活的科学探究虽然面向日常生活但却成为后世所遵循的超凡入圣的金科玉律。因此,先秦诸子的科学思想可能对后来科学研究形成三种影响:一是限于

---

① 唐君毅:《中国人文精神之发展》,广西师范大学出版社2005年版,第4—5页。
② 张岱年:《张岱年全集》第二卷,河北人民出版社1996年版,第8页。

日常生活，二是关注于技艺性的术，三是他们的科学思想被奉若神明。"①由于中国哲学"圣架"观念下的价值诉求就是政治伦理，就是日用庸常，此文化特性不能不表现在科学上，因而王善博所揭示的算术、天文、地理、力学、光学、医学等自然科学的"日用"追求，只是更具体地、更感性地将中国传统哲学之"满足日用"呈现出现而已。

概言之，科学认知范式虽然帮助我们认识到"满足日用的价值取向"是中国传统哲学的特点，但更需要我们思考的可能是：科学思想在中国的种植与发扬，应如何调整"满足日用"的价值取向。

4."万物相涵"的宇宙观

科学发生需要相配的世界观或宇宙观，这个宇宙观能够诱发人们对自然界的好奇，能够引导人们对宇宙世界丰富的想象。但中国哲学中似乎没有这样的宇宙观。

张东荪根据对《易》的分析，认为中国哲学的宇宙观是"相涵关系"的宇宙观，所谓"相涵关系"，就是指"象"与"物"、"物"与"物"之间彼此是相互包含的。比如，金、木、水、火、土五行就是相涵关系，阴阳二气也是相涵关系，天人也是相涵关系，等等。这种相涵关系的主要内涵是象征，比如，六鹢退飞，象征国家可能有灾祸等，换言之，国家出现灾祸必有神秘的自然现象预先出现。所以张东荪认为，中国哲学中"万物相涵"的世界观只会将人引向神秘主义，而不会引向科学。他说："中国古代思想是以象在先而物在后，这一点和希腊的柏拉图相同。不过柏拉图把他的所谓 oidos，idea 发展为'方式'，为'法则'，为'原理'，为'模型'；乃成为固定的，静止的，永恒的了。而在中国则'象'本身却不会像柏拉图那样变为条理。只能成为一种'征候'用以指示变化（即消息盈虚）。其结果中国遂只有一个相涵关系的宇宙观，这个宇宙如万花镜一样，一点一转，其余皆随之而变；而柏拉图的思想却产生一个固定的原理与法则的世界潜存于现象的世界之背后。西方人的心思为亚里斯多德的名学所支配。西方人的科学却为柏拉图的理型说所支配。中国人科学思想不发达并不是由于中国人缺少对自然现象的研究热心，乃是平素没有一种启发或助长科学研究的宇宙观潜伏于人心中。须知西方的科学完全

---

① 王善博：《追求科学的精神》，广西人民出版社1996年版，第245—246页。

是西方哲学所唆使的。所以我以为介绍西方哲学于中国只有助长中国人于研究科学时所可有的想象力。"① 就是说，中国之所以没有发生近代自然科学，乃是因为中国在哲学上缺乏一种启发人们的宇宙观，中国哲学上的宇宙观是以"象"在先的象征主义，这种宇宙观中没有现象背后的原理或模型，所以不会引发人们对自然万象的兴趣。

魏元珪也认为《周易》宇宙观是一种"万物相涵的宇宙观"。他说："太阳固为太阳系之母系统，但对银河系而言，却仍为子系统，《易经》亦以太极或乾元为母系统，二仪（阴阳）则为其所涵摄的子系统，而阴阳复为四象八卦之母系统。就每卦而言，对六爻则为母系统，而各爻则为其子系统。六十四卦统摄各卦，而亦为各重卦之繁衍，彼此间互为母子的关系。每卦阴阳对立的双方为一基本矛盾，但母系统与子系统之间，并不是'实体'关系，而是相互涵摄与联系的关系，更是对立间互补的关系。"② 这就说，《周易》将整个世界看成一个由基本矛盾关系所规定的多层次的系统整体，其最基本的正反配对是阴阳，六十四卦之间相生相克、相反相成，从而形成了概括天地间万事万物的观念体系。而其中最核心的关系就是"相涵"关系。也就是说，《周易》无"实体"观念，太极或乾元只是生生之能力，层层繁衍，彼此相递，相互涵摄，相互依傍，相互倚立，上一层次与下一层次是相互摄受的关系，从而形成了一种"万物相涵"的宇宙观。魏元珪说："《周易》的卦象结构，与卦义的演释，都是从整体上去把握世界，去观察一切繁衍与变化，正合乎宇宙现象中的层层相涵、层层相摄的整体系统。"③ 这种宇宙观使《周易》成为一种统驭万有的学问："宇宙是一大整体，所有信息有其统一律，各门科学实际上属于同一个科学整体。各别学科之研究，只是从不同方面，从不同层次去研究其整体的某一部分，要之，皆不离系统整体的知识，皆可导出整个体系，而且，从任何一门学科皆可导出其他所有学科之信息，因为宇宙万象息息相涵，整体与部分相摄，所以一学科之信息，同在他学科中，部分的信息在整体中，整体的信息亦同在部分中，部分与整体密不可分，《周

---

① 张东荪：《知识与文化》，岳麓书社 2011 年版，第 194—195 页。
② 魏元珪：《从当代系统论、信息论、协同学看易学原理》，《周易研究》2000 年第 3 期。
③ 同上。

易》便是统驭万有奥秘的学问。"① 有趣的是，虽然魏元珪也认定《周易》宇宙观的特点是"万物相涵"，但并不认为这种"万物相涵的宇宙观"会阻碍自然科学的发生，这与张东荪的理解和判断形成了对比。

董英哲关于这种宇宙观后果的考察，或许可以深化我们对张东荪与魏元珪差异的认识。他说，"徐光启以数学为事例说明这个道理。他指出：'算数之学特废于近世数百年间尔！废之缘有二：其一为名理之儒土苴天下之实事，其一为妖妄之术谬言数有神理，能知来藏往，靡所不效。卒于神者无一效，而实者亡一存……'（《徐光启集》卷二，《刻同文算指序》）这里所谓的'近世数百年间'，是指宋代以来每况愈下的后期封建社会；所谓'名理之儒'，是指那些热衷于论证封建统治的合理性和阐扬圣人的微言大义，脱离社会实践而空谈心性的程朱理学家们；所谓'谬言有神理'的'妖妄之术'，是指宋代邵雍的先天象数学。徐光启认为'算数之学特废于近世数百年间尔'，这是不完全符合事实的，应作具体地分析。大家知道，宋元时期的数学发展是比较快的，但它同时也遇到了障碍，从明代开始步伐缓慢下来，逐渐接近尾声，甚至日益荒废，其直接的原因，就在于宋明理学和象数神秘主义的影响。"② 所谓"妖妄之术谬言有神理，能知来藏往"，正是所谓"万物相涵"的宇宙观之具体表现，人们热衷于人间故事与神秘现象关联的猜测，并将这种魔术用于论证封建统治的合理性和阐扬圣人的微言大义，从而使"方法"（妖妄之术）与"结果"（论证封建统治合理合法）也"相涵"起来，科学的地盘也就找不着了，但我们由此认识到中国传统哲学宇宙观具有"万物相涵"性。

5. "心为终始"的致思方式

科学认知范式告诉我们，科学的产生必须以"向物"为致思方式，就是要在"物"上动脑筋，而不是在"心"上浪费时间。

冯友兰指出，能否产生科学，与哲学上的致思路向有密切关系，西方是外向的，中国是内向的；西方强调我们有什么，中国强调我们是什么；这就是中国没能产生自然科学的原因之一。他说："柏格森在《心力》中说，欧洲发现了科学方法，是因为现代欧洲科学从物出发。正是从物的科

---

① 魏元珪：《从当代系统论、信息论、协同学看易学原理》，《周易研究》2000 年第 3 期。
② 董英哲：《中国科学思想史》，陕西人民出版社 1990 年版，第 521 页。

学，欧洲才养成精确，严密，苦求证明，区分哪是只有可能的，哪是确实存在的，这样的习惯。'所以科学如果应用的第一个实例就是心，就很可能也不确实，含含糊糊，不论它取得多大的进展也是如此；或许它就永远不能分清哪些只是似乎不错的，哪些是一定要明确地接受的。'（柏格森：《心力》，H. W. 卡尔英译本，纽约1920年版，一○二页）可见中国所以未曾发现科学方法，是因为中国思想从心出发，从各人自己的心出发。"①冯友兰借用柏格森的观点说，如果一种哲学的思考是从"心"出发，必发生含糊不确实的认识与判断，科学也就从中溜走了。在冯友兰看来，这种情况表现在中国所有哲学学派身上，不论是儒家墨家，还是佛教道家，都是面向心灵的，都追求人生的幸福，都不将自然界作为关心的对象。他说："但是中国，自从她的民族思想中'人为'路线消亡之后，就以全部精神力量致力于另一条路线，这就是，直接地在人心之内寻求善和幸福。换言之，中世纪基督教的欧洲力求认识上帝，为得到他的帮助而祈祷；希腊则力求，现代欧洲正在力求，认识自然，征服自然，控制自然；但是中国力求认识在我们自己内部的东西，在心内寻求永久的和平。"② 中国哲学之所以如此在"心"上用力，就在于它的目标是认识和控制心灵，是追求永远的内心和平。冯友兰说："中国哲学史的这个时期，与欧洲史上现代科学发展的这个时期，几乎完全类似，类似之处在于，其成果越来越是技术的，具有经验的基础和应用的方面。唯一的，但是重要的不同之处是，欧洲技术发展是认识和控制物质，而中国技术发展是认识和控制心灵。"③

方东美认为，由于中国哲学对"物"了无兴趣，而对"心"非常迷恋，因而专注于滋润"心"的道德性命学说。他说："纯粹科学方面之求知兴趣，遂为实践道德方面之成善理想所取代。纯粹知识原理，其重要性竟逊乎经院式之教笺，由熟习典籍文献而得者。圣人所立常理垂训，尽在其中。此种兴趣转向，显然导致经院主义之建立，而牺牲并为精确科学与纯正哲学所必具之客观知识矣。据朱熹观之，学者要务，唯在以圣贤为榜

---

① 冯友兰：《为什么中国没有科学》，《三松堂全集》第十一卷，河南人民出版社2001年版，第51页。

② 同上书，第50页。

③ 同上。

样,直欲变作圣贤一般耳。"① 就是说,朱熹的兴趣主要在道德修养和实践方面,因而精力主要放在典籍中记载的圣人常理垂训,因此作为精确科学与纯正哲学必备之一的客观知识便被遗弃。不难看出,方东美对朱熹哲学在客观知识方面的欠缺是不满意的。

胡适则明确批评这种致思方式已将中国引向迷途,并宣告这种致思方式在科学上的毫无出息。他说:"不幸这种向外的寻求一变而成为向内的冥想,幼稚的物理试探一变而为暮气的出世哲学,这才是走上万劫不复的死路上去了。试问'恬然无思,淡然无虑','不学而知,不为而成','形若槁木,心若死灰,忘其五藏,损其形骸','存而若亡,生而若死',——试问这种理想能带我们走到哪里去?为什么不做活泼泼的人,却要歆羡那'存而若亡,生而若死'的槁木死灰境界?为什么不住这现实的人世界却要梦想'休息于无委曲之隅,而游遨于无形埒之野','上游于霄霓之野,下出于无垠之门?'故这种暮气的出世哲学的完成,乃是中国民族的思想大踏步走入中古世界的信号。"② 在胡适看来,道家知识上不思、不学,生存态度上视存如亡、视生如死,对身外世界之好奇心理消亡,感觉上没有任何获取的欲望,从而没有向外的格物和求索的冲动,而只有向内的禅思冥想,自然产生不了科学的方法。

这样看来,以科学认知范式判断,中国传统哲学"心为终始"的致思方式成了阻碍科学发生的原因之一。

6. "绝圣弃智"的知识态度

余英时将"反智论"分为两种:"一是对'智性'本身的憎恨和怀疑,认为'智性'以及由'智性'而来的知识学问对人生皆有害而无益。……反智论的另一方面则是对代表'智性'的知识分子表现一种轻鄙以至敌视。"③ 这里所谓"反智"只在第一种意义上使用。人所共知,科学的发生与发展,自然不能允许"反智论"的存在,自然不能允许反知识的理论或观念的存在。然而,基于科学认知范式的考察,中国学者很

---

① 方东美:《中国哲学精神及其发展》(下册),台湾黎明文化事业股份有限公司2006年版,第102—103页。

② 胡适:《中国中古思想史长编》,《胡适学术文集·中国哲学史(上)》,中华书局1998年版,第393页。

③ 余英时:《中国思想传统的现代诠释》,江苏人民出版社1998年版,第61—62页。

遗憾地发现,在中国哲学史上,"反智论"的存在不仅普遍,而且比较严重。

熊十力是比较早揭示出中国哲学中"反智论"的学者,他说:"中西学者皆有反理智一派。中土如老庄即是也;老云'绝圣弃智',此所谓圣智,即指理智与知识。"① 这就是说,老庄哲学主张"绝圣弃智",说明道家是反理性、反知识的。一种哲学拒绝理性,憎恨知识,怎么可能发生科学思想呢?

孔子儒家一般被认为是主智的,肯定知识的,但蔡尚思认为,儒家哲学中隐藏着反自然科学的主张。他说:"《论语》、《孟子》、《易传》、《礼记》那些儒家重要经典,既然只知注重人伦,未稍涉及物理;而被近人尊称为戡天主义的荀子,实也明白地说:'道,……非天之道,非地之道;人之所以道也。'使孔学成为国教的董仲舒也同样的认定:'能说鸟兽之类者,非圣人所欲说也。圣人所欲说,在于仁义而理之。……不然,傅于众辞,观于众物,说不急之言而以乱后进者,君子之所甚恶也。奚大以为哉?'(《春秋繁露·重政》)梁启超先生说得好:'儒家舍人生哲学外无学问,舍人格主义外无人生哲学也。'(《先秦政治思想史》)中国所以没有自然科学,有也不会怎样发达,孔学要负一部分责任的。"② 在蔡尚思看来,儒家经典所表现出来的思想,对人伦重视而且有许多智慧,但对自然物理很少涉及,即便是具有"天人相分"观念的荀子,也仍以"人道"为中心。因此,中国没有产生自然科学,跟孔子儒学对知识的轻视有关,儒家需负一定责任。

张岱年认为,人类生存于自然界,必须对于自然界有正确的认识,对于自然现象的正确认识即是自然科学知识,但儒家显然轻视对自然界的研究,对求自然之奥秘缺乏兴趣。他说:"儒家不重视对于自然的研究,孔子指斥请学稼学圃的樊迟为小人,孔子弟子子夏说:'虽小道必有可观者焉,致远恐泥,是以君子不为也。'朱熹注:'小道,如农圃医卜之属。'孔门鄙视农稼,实乃一个严重的缺点。荀子主张利用自然,但又认为对于万物的研究是'无用之辩、不急之察',而宣称'唯圣人为不求知天'

---

① 熊十力:《熊十力全集》第四卷,湖北教育出版社2001年版,第440页。
② 蔡尚思:《中国传统思想总批判》,湖南人民出版社1982年版,第86页。

(《天论》),认为君子应该'其于天地万物也,不务说其所以然,而致善用其材'(《君道》)。把对于万物'说其所以然'与'致善用其材'对立起来。事实上,考察天地万物的'所以然'乃是'善用其材'的必要条件。在儒家学说的影响之下,中国没有产生自己的哥白尼、伽利略、牛顿,这实在是千古憾事。"[1] 在这里,张岱年对儒家鄙视科学的"案例"进行了分析,儒家轻视生产劳动、儒家认为研究万物无用、儒家不主张求索自然界的奥秘等,虽然不能简单地归于"反智论",但这种轻视科学知识的行为,显然是不利于科学观念生长的。

余英时认为老庄都有反智思想,关于老子,余英时说:"老子的反智言论中有很多是直接针对着政治而发的。让我们举几条比较重要的例子:'是以圣人之治也,虚其心,实其腹;弱其志,强其骨。恒使民无知无欲也,使夫知不敢,弗为而已,则无不治矣。''绝圣弃知,民利百倍。''民多智慧,而邪事滋起。'……老子在此是公开地主张'愚民',因为他深切地了解,人民一旦有了充分的知识就没有办法控制了。"[2] 关于庄子,余英时说:"他(庄子)以'堕肢体,黜聪明,离形去知'为'坐忘'(《大宗师》),这显然是反智性的。他又说:'庸讵知吾所谓知之非不知邪?庸讵知吾所谓不知之非知邪?'(《齐物论》)这便陷入一种相对主义的不可知论中去了。但是他在'不知'之外又说'知',则仍未全弃'知',不过要超越'知'罢了。所以庄子的基本立场可以说是一种'超越的反智论'。"[3] 显然,余英时是从政治角度考察、分析和评论道家"反智论"的,他认为老子是把"反智论"作为政治工具,而政治又强化了"反智论"。因此,余英时没有进一步从科学知识角度去分析、研究老庄"反智论"的内容与危害。但必须指出,不管是老子的"政治反智论",还是庄子的"超越反智论",它们对知识、对科学的仇恨或鄙视是一致的,从这个意义上说,老庄的"反智论"无疑成了阻碍科学在中国生长的重要的观念原因。

7. "玄谈臆想"的议论风格

哲学在议论天下事象时,是实事求是,还是蹈虚踏空?是据实求证,

---

[1] 张岱年:《张岱年全集》第七卷,河北人民出版社1996年版,第548—549页。
[2] 余英时:《中国思想传统的现代诠释》,江苏人民出版社1998年版,第69—70页。
[3] 同上书,第69页。

还是玄测臆想？依科学认知范式判断，中国传统哲学的议论风格偏向玄谈、臆测。哲学对物事要做评估，对学说要做评论，对结论要做检测，我们概括为"议论风格"。以自然科学立场看，中国哲学的议论风格表现为玄虚之论、臆造之言比较多些。

严复浸润西方思想文化多年，有切身的感受和理解，认为与西方相比，中国哲学臆造之风较盛。他说："西学之所以翔实，天函日启，民智滋开，而一切皆归于有用者，正以此耳。旧学之所以多无补者，其外籀非不为也，为之又未尝不如法也，第其所本者大抵心成之说，持之似有故，言之似成理，媛姝者以古训而严之，初何尝取公例而一考其所推者之诚妄乎？此学术之所以多诬，而国计民生之所以病也。无他，其例之立根于臆造，而非实测之所会通故也。"① 就是说，中国古代也有演绎法，但由于这种演绎法的基础不是建立在事实基础之上，因而容易走向玄谈，流于空疏，于国计民生有害无益。他举例说："夫陆王之学，质而言之，则直师心自用而已。自以为不出户可以知天下，而天下事与其所谓知者，果相合否？不径庭否？不复问也。自以为闭门造车，出而合辙，而门外之辙与其所造之车，果相合否？"② 就是说，陆王心学以"心"为法，不问"心"外世界色彩，不问"心"外世界的变化，光凭"心"发表议论，逞意、必、固、我之气，唯我独尊，唯"心"是从。这种风格是令人忧虑的。严复说："不实验于事物，而师心自用，抑笃信其古人之说者，可惧也夫。"③

熊十力并不否认中国传统哲学中有实证精神和科学观念，但他不能容忍中国哲学在议论风格上表现出来的玄谈、臆想、空疏等缺陷。他说："凡哲学家立说，以经验界之知识为依据者，若注重质测之术，以矫空想之弊，则虽不足以深穷万化之原，而于物理世界必多所发明，即可由此以发展科学，西洋哲学大概有此长。中国之学，超物而达于神化，非知识的。若其不务质测而好逞空想，则将本经验界之见地，而应用到玄学上去，悬空构画，以组成一套严密的理论，而说宇宙人生如是如是。"④ 就

---

① 严复：《〈穆勒名学〉按语》，《严复集》第四册，中华书局1986年版，第1047页。
② 严复：《救亡决论》，《严复集》第一册，中华书局1986年版，第44页。
③ 严复：《〈穆勒名学〉按语》，《严复集》第四册，中华书局1986年版，第1032页。
④ 《熊十力全集》第三卷，湖北教育出版社2001年版，第485页。

是说，西方哲学以经验界知识为根据，注重实验之术，所以于物理世界必多所发明，但中国哲学不同，中国哲学既不以知识为根据，也不注重实验，反而好空想、喜玄谈，于科学进步、人生丰华都不利。

在获得真知的程序上，张岱年认为中国哲学注重的是神秘的觉悟与缺乏根据的推理，而轻视理论的说明、逻辑的论证。他说："重了悟而不重论证。中国哲学不注重形式上的细密论证，亦无形式上的条理系统。中国思想家认为经验上的贯通与实践上的契合，就是真的证明。能解释生活经验，并在实践上使人得到一种受用，便已足够；而不必更作文字上细微的推敲。可以说中国哲学只重生活上的实证，或内心之神秘的冥证，而不注重逻辑的论证。体验久久，忽有所悟，以前许多疑难涣然消释，日常的经验乃得到贯通，如此即是有所得。中国思想家的习惯，即直接将此所悟所得写出，而不更仔细证明之。所以中国哲学家的文章常是断片的。"[1] 在张岱年看来，中国哲学既不注重形式上的细密论证，也没有形式上的条理系统，它满足于生活经验的解释，对于经验无法说明的现象，则诉诸内心的神秘冥证与没有任何科学知识根据的推演，所以其议论不能不陷于空疏妄谈。

总之，依科学认知范式，中国哲学欠缺科学所要求的实验、实证，非但欠缺这些"科学元素"，而且被玄谈、空疏、臆造等"非科学元素"所挤占，因此说，科学认知范式这面魔镜，使中国哲学中的"妖"现了原形，只有驱逐这些"妖"，中国哲学才能回到人间。这应该是中国哲学者以科学认知范式认知、理解和评价中国传统哲学的初衷之一。

显然，对某些中国学者而言，科学没有发生于中国是有其复杂深刻原因的，这就是："以人为本"的文化的基调而疏于思索自然，"天人不分"的天人关系而取消主体客体的张力，"满足日用"的价值取向而轻视纯粹理性，"万物相涵"的宇宙观而忽略了实体思维，"心为终始"的致思方式而绝缘于物事，"绝圣弃智"的知识态度而阻断了知识的来源，"玄谈臆想"的议论风格而无心于实证实验。质言之，在中国传统哲学的"实行层面"找不到科学的位置，而这正是以科学认知范式为坐标所照射出的中国传统哲学特点。

---

[1] 张岱年：《张岱年全集》第二卷，河北人民出版社1996年版，第8—9页。

二 中国传统哲学中的科学精神

我们看到,科学认知范式视域下的中国哲学特点似乎都有"反科学性质",即是将中国传统哲学中与科学认知范式精神、原理、方法等相悖的内容揭示了出来。那么,这是不是意味着中国传统哲学中没有科学精神呢?熊十力表示不能赞同,他认为儒家思想蕴含着科学精神:"今欲移植西洋科学于中国,必于中国固有哲学,若儒家正统思想及晚周诸子、宋明诸子乃至西洋哲学、印度哲学,参稽互究,舍短融长,将使儒家正统思想有吸纳众流与温故知新之盛美,乃可为中国科学思想植其根荄。"[①] 就是说,儒家思想不仅不与科学相悖,反而完全可以成为迎接西方科学思想的土壤,因为中国哲学中蕴含着科学精神。那么,中国传统哲学中究竟有怎样的科学精神呢?

1. 亲为与经验

科学强调身体力行、亲自实验,注重经验的价值。中国学者认为,中国传统哲学在这方面也有较好的表现。

在熊十力看来,孔子强调每件事都应该亲自过问、亲自考察、亲自作为的主张,就属科学精神。他说:"儒家不反对知识,此等精神根本与科学相得。《论语》记'子入太庙,每事问'。足见其平时无在不存每事问的精神。吾以为科学成功,特别在此。事理本在目前,行而不著,习焉不察,则一切混沌过去。如壶水膨涨,苹果坠地,古今妇孺所恒见而不问者。至奈端瓦特诸公,乃始肯问焉,而得有绝大发明。故尝谓科学成功,只是个'每事问'。孔子此等精神,即是科学精神。"[②] 也就是说,"每事问"精神就属于科学精神,它不仅不反对科学知识,而且完全与科学无碍。

胡适认为墨学注重经验也是科学精神与修养的表现。他说:"中国的学派只有'别墨'这一派研究物的所以然之故。根据同异有无的道理,设为效、辟、侔、援、推各种方法。墨家名学的方法,不但可为论辩之用,实有科学的精神,可算得'科学的方法'。试看《墨辩》所记各种科

[①] 熊十力:《熊十力全集》第四卷,湖北教育出版社2001年版,第560页。
[②] 熊十力:《熊十力全集》第二卷,湖北教育出版社2001年版,第303页。

学的议论，可以想见这种科学的方法应用。这是墨家名学的第二种贡献。墨家论知识，注重经验，注重推论。看《墨辩》中论光学和力学的诸条，可见墨家学者真能作许多实地试验。这是真正科学的精神，是墨学的第三种贡献。"① 就是说，后期墨家探讨的是事物所以如此的原因，为了展开这种探讨，提出了多种逻辑学的方法，如效、辟、侔、援、推等，这反映出了科学精神；而且，墨学讨论知识问题注重经验和推论，无疑也是科学精神的体现。

胡适对朱熹哲学中的科学精神也给予了关注，他指出，"格物"说便是程朱一派的方法论，有两点值得注意："（1）他们把'格'字作'至'字解，朱子用的'即'字，也是'到'的意思。'即物而穷其理'是自己去到事物上寻出物的道理来。这便是归纳的精神。（2）'即凡天下之物，莫不因其已知之理而益穷之，以求至乎其极。'这是很伟大的希望。科学的目的，也不过如此。小程子也说，'语其大至天地之高厚，语其小至一物之所以然，学者皆当理会。'倘宋代的学者真能抱着这个目的做去，也许做出一些科学的成绩。"② 胡适认为，朱熹将"格"解释为"至"，即有"到事物上寻道理"的意思，这属于归纳精神，而朱熹讲"根据已知之理穷求宇宙万物之理"，既是科学的推理，更是科学的理想。

无疑，熊十力之所以肯定孔子的"每事问"，胡适之所以赞扬后期墨家的经验推理，之所以对朱熹"格物致知"表示认同，都是因为这些命题蕴含着自然科学精神、思想或方法。

2. 事实与实证

科学要求一切以事实说话，言论、学说、结论等都需要验证方为可信而接受。那么，中国传统哲学中有无这种精神呢？借助科学认知范式，中国学者得出了肯定的答案。

钱穆指出，重视事实与验证，确认天为不可知之境界，是中国思想上的两项主要态度。前者如《中庸》中的"言顾行，行顾言"，《论语》中的"人能弘道，非道弘人"等，都是一种重视事实、实践和证验的精神；

---

① 胡适：《中国哲学史大纲》，《胡适学术文集·中国哲学史（上）》，中华书局1998年版，第155页。
② 胡适：《清代学者治学的方法》，《胡适哲学思想资料选》（上），华东师范大学出版社1981年版，第186页。

后者如天人合一观，主张由人见天或由物见天，但天是不可知之境界，正如孟子说"莫之为而为者谓之天"。钱穆认为，这两项态度或精神都与西方现代科学精神接近。重视实事求是、重视证验和证据，这表明中国思想中的第一项态度有价值；在科学研究中，科学知识由纯理智推演，形成一个体系，此体系又逐步推扩改进，但不管如何推进，科学知识外总有一个最高限度，此限度之外即是不可知之境界，这表明中国思想中的第二项态度也是有价值的；这样，中国人的思想态度与道德精神由此获得了与西方现代科学精神并存的资格。①

熊十力指出，儒家哲学基本精神之一就是不离"现实"，他说："中国科学思想，自伏羲画八卦，已启萌芽；至孔子作六经，天道、物理、人事皆备焉。《中庸》赞之曰：'致广大，尽精微。'又曰'大哉圣人之道，洋洋乎发育万物，峻极于天'云云。……今所欲明者，孔子首倡导科学，实从其内圣学中体用不二之根本原理而来，唯其洞见即根源即现象，即真实即变异，即无对即有对，既非无源之论，亦不向现象以外寻求根源。因此，不离现实以皈仰天帝，不离现实以返虚无，不离现实以趣寂灭，此科学思想所由兴也。"② 在熊十力看来，伏羲画八卦，孔子作六经，无不含有重视事实与验证的精神，而儒家内圣外王所秉承的体用不二之理，即本体即现象，即无即有，完全是以"现实"为根本的科学思想的种子。熊十力的这个思考很值得关注，以往都将孔子的内圣学视为与自然科学绝缘的，而依熊十力的理解，孔子内圣学中的"体用不二"原理，正是科学思想发芽之机。

在冯友兰看来，王充、道教思想中都有注重事实与验证的科学精神。他说："'窃天地之机'，'夺取阴阳造化机'，'役使万物'，以为吾用，以达吾之目的。此其注重权力之意，亦可谓为有科学精神。尝谓科学有二方面，一方面注重确切，一方面注重权力。惟对事物有确切之知识，故能有统治之之权力。道教欲统治天然，而对于天然，无确切的知识（虽彼自以为有确切的知识）。故其对于宇宙事物之解释，不免为神话；其所用

---

① 钱穆：《中国文化与科学》，载胡道静编《国学大师论国学》（上），东方出版中心1998年版，第122—124页。

② 熊十力：《熊十力全集》第七卷，湖北教育出版社2001年版，第201—202页。

以统治事物之方法，不免为魔术。然魔术尝为科学之先驱矣。Alcemy 为化学之先驱，而道教中炼外丹者，所讲黄白之术（即炼别种物质为金银之术），即中国之 Alcemy 也。桑戴延那谓科学与神话之分，不在其价值，亦非科学之研究需要较大的天才。科学与神话之分，在于神话归结于不可实验之观念；而科学则归结于规律或概念，此规律或概念，可于吾人经验中实验之。（G. Santayana：Reason in Science，页八至九）王充以为吾人之知识，必须在吾人之经验中能实验者方真；吾人谓王充为有科学精神者以此。王充之学说，与阴阳家立于反对地位；然吾人不妨谓其同有科学精神。盖一则注重确切；一则注重权力也。"① 冯友兰认为，"权力"与"确切"是自然科学两项基本要素，而这两项元素都存在于中国传统哲学中。所谓"确切"，即任何物事、观念都需要验证，而这正是王充哲学所具有的精神；所谓"权力"，即统治、驾驭事物，而这正是道教所具有的精神。换言之，王充强调知识必须在经验中检验，阴阳家注重统领万物，表明二者思想中都蕴含着科学精神。

借助钱穆、熊十力、冯友兰等的理解，我们得以认识中国哲学重视事实与验证的精神。

3. 怀疑与灵感

科学的发明创造既需要怀疑精神，也需要培育灵感，没有怀疑精神，不会有科学的创造，不能培育灵感，不会有科学的发明。那么，中国哲学中有无怀疑精神？又怎样培育科学灵感？中国哲学缺乏怀疑精神吗？

胡适的回答是否定的。他认为孔子、孟子都是具有怀疑精神的思想家，他说："儒家传统里一个很可注意的特点是有意奖励独立思想，鼓励怀疑。孔子说到他的最高才的弟子颜回，曾这样说：'回也，非助我者也，于吾言无所不说（悦）。'然而他又说过：'吾与回言终日，不违如愚。退而省其私，亦足以发。'孔子分明不喜欢那些对他说的话样样都满意的听话弟子。他要奖励他们怀疑，奖励他们提出反对意见。这个怀疑问题的精神到了孟子最表现得明白了。他公然说：'尽信书不如无书'，公然说他看《武成》一篇只'取其二三策'。孟子又认为要懂得《诗经》，

---

① 冯友兰：《三松堂全集》第三卷，河南人民出版社 2001 年版，第 263 页。

必须先有一个自由独立的态度。"① 在这里，孔子肯定颜回的"退而省其私"，孟子倡导的"尽信书不如无书"都被胡适当作怀疑精神加以肯定。不惟如此，胡适发现汉代王充也是极具怀疑精神的哲学家，他说："我说他的故事，只是要表明中国哲学的经典时代的大胆怀疑和看重知识上的诚实的精神如何埋没了几百年还能够重新起来推动那种战斗：用人的理智反对无知和虚妄、诈伪，用创造性的怀疑和建设性的批评反对迷信，反对狂妄的权威。大胆的怀疑追问，没有恐惧也没有偏好，正是科学的精神。'虚浮之事，辄立证验'，正是科学的手段。"② 在胡适看来，王充的"疾虚妄"就是对天人感应论的怀疑和批判，就是对鬼神论的怀疑与批判，就是对谶纬迷信的怀疑和批判，正是这种怀疑与批判，体现了科学精神，武装了王充的哲学思想。对于崇尚"大胆假设，小心求证"的胡适而言，中国传统思想中的怀疑精神是非常宝贵的财富。他说："我已经把我所看到的近八百年中国思想界的科学精神与方法的发达史大概说了一遍。这部历史开端在十一世纪，本来有一个很高大的理想，要把人的知识推到极广，要研究宇宙万物的理或定律。那个大理想没有法子不缩到书本的研究——耐心而大胆地研究构成中国经学传统'典册'的有数几部大书。一种以怀疑和解决怀疑做基础的新精神和新方法渐渐发展起来了。这种精神就是对于牵涉到经典的问题也有道德的勇气去怀疑，就是对于一份虚心，对于不受成见影响的，冷静的追求真理，肯认真坚持。这个方法就是考据或考证的方法。"③ 因此，对这种"以怀疑和解决怀疑做基础的新精神和新方法"的传承与弘扬，正是中国学者的责任与使命。

对熊十力而言，中国哲学中不仅有怀疑精神，而且有培育科学灵感的文化，他说："民国八九年间，胡君适之提倡科学方法，用意固善。然学者尚不知涵养敏锐之观察力，不知理道无穷，随在触悟，惟恃吾人活泼无碍之灵感。则虽与之谈科学方法，又恶能运用此方法乎？吾国人早失灵感，急宜有哲学修养以苏复之。哲学之深于灵感者，无过大《易》。易者象也。其所观万化、通万理者，一由乎取象。取象者，灵感之妙也。随感

---

① 胡适：《中国哲学里的科学精神与方法》，《胡适学术文集·中国哲学史（上）》，中华书局1998年版，第554页。
② 同上书，第559页。
③ 同上书，第570页。

所触,至理跃如呈现。六通四辟,大小精粗,其运无乎不在。易道'范围天地之化而不过,曲成万物而不遗'者,唯其本之灵感故也。学者玩《易》而自涵养其灵感,斯不至顽钝如木石,而可与言格物穷理之事矣。中国古代哲人,其为学也,非徒以习书册、治理论、玩文辞为务,要在自养其神明,以与天地万物相流通。灵思妙感,随处触发,无有闭碍而已。此非深于《易》者不能知。余潜玩旧学,归本于《易》,乃知中国科学思想自有根荄在。奈何欲向外求科学,而竟自伐其根荄耶?科学不可无根生长,当于中国哲学觅其根荄。"[1] 就是说,中国未能发展出近代科学,与缺乏科学灵感有关,而之所以缺乏科学灵感,乃是没有发扬中国哲学中有助于激发科学灵感的文化与精神。而《周易》中的卦爻学说、取象观念等正是有助于涵养和激发科学灵感的最理想的哲学与文化。熊十力甚至由此结论说,大凡提倡科学而摒弃哲学的主张者,不独于哲学无知,于科学同样无知。

4. 考据与分析

科学不主张对事件、结论随便发表意见,而主张调查研究,寻找证据,展开缜密条理的分析。中国哲学是否重视考察证据、调查研究和严格的分析呢?借助科学认知范式,中国学者对这个问题给出了自己的答案。

熊十力指出,传统哲学中的考据方法隐含有科学精神。他说:"考据者,依古文籍而欲从事于某种之考覆,必博搜证据,而后下断案。此其方面甚多,如名物度数等等,各画范围而专攻焉。其类别亦难悉举。此等学者为学之态度,皆注重客观事实,隐然有科学家精神。"[2] 就是说,中国古代的考据就是广泛地搜集证据,再进行综合辨正、分析,这自然是基于事实、注重分析的科学精神。甚至于老子的"为学",也是科学精神的表现。熊十力说:"为学与为道对言,此则学字别有所指,与本原之学即为道之学,涵养自别。凡即物穷理,本诸实测而为推论,运其思维而尽精微,精练以成为有系统的知识者,是老子之所谓学也。西洋科学正如是,吾国古者百家,亦皆此等学问,惜乎秦以后尽失之耳!学,则致力乎宇宙

---

[1] 熊十力:《熊十力全集》第四卷,湖北教育出版社2001年版,第563—564页。
[2] 同上书,第282—283页。

之散殊方面而求其理则，此则聚古今人类之智，发见不尽，而况一人乎？此真是日益也，积世积人，日有所益。至于一人之知，前前后后，日知所亡，月无忘所其能，日益之功，老死不容休歇，孔子所谓死而后已也。"① 在熊十力看来，老子的"为学"就是"本诸实测而为推论，运其思维而尽精微，精练以成为有系统的知识"之方法，这种强调实证、穷索、分析的方法无疑与科学精神、思想和方法是相符合的。

胡适发现戴震哲学中不仅有考证精神，更有分析精神，他说："戴氏做学问的方法所以能有大成绩，正靠他凡事'必就事物剖析至微'。他曾对姚姬传说：'寻求而获，有十分之见，有未至十分之见。所谓十分之见，必征之古而靡不条贯，合诸道而不留余议，巨细毕究，本末兼察。'他要人把那从剖析推求得来的见解，再用演绎的法子应用到古今的事实上去（他所谓'道'只是日用事为），若能条理贯通，不留余议，方才是实证的真理，方才是十分之见。这真是科学家的态度与精神。"② 以具体的物事为研究对象，应之以考据、分析之方法；秉持怀疑和独立精神，不盲从不迷信；凡事需要证实；这三条无一不是科学精神的基本要素。因此，戴震哲学属于具有科学精神的哲学。胡适说："戴氏是一个科学家，他长于算学，精于考据，他的治学方法最精密，故能用这个时代的科学精神到哲学上去，教人处处用心知之明去剖析事物，寻求事情的分理条则。他的哲学是科学精神的哲学：'闻见不可不广，务在能明于心。一事豁然使无余蕴，更一事而亦如是。久之，心知之明进于圣智，虽未学之事，岂足以穷其智哉？'这才是宋儒'今日格一物，明日格一物'的真意义。宋儒的毛病在于妄想那'一旦豁然贯通焉'的最高境界。戴氏却只要人从一事一物里训练那心知之明，使他渐渐进于圣智。"③ 胡适认为，在戴震这里，"格物致知"是"一事一物里训练那心知之明，使他渐渐进于圣智"，此合乎科学研究的步骤与程序，而在宋儒那里，"格物致知"是追求"一旦豁然贯通"，此与科学研究的步骤相悖。这样，戴震哲学中的科学精神即被清晰地呈现出来。

---

① 熊十力：《熊十力全集》第五卷，湖北教育出版社2001年版，第45页。
② 《胡适学术文集·中国哲学史（下）》，中华书局1998年版，第1107页。
③ 胡适：《几个反理学的思想家》，《胡适学术文集·中国哲学史（下）》，中华书局1998年版，第1165页。

对冯友兰而言，除了关注墨子哲学中的经验、验证思想之外，墨家建立在经验基础上的分析推理精神也很值得重视。他说："墨子哲学中有一种很强的进步感、未来感。墨子书中有一段说：'彭轻生子曰：往者可知，来者不可知。子墨子曰：藉而亲在百里之外，则遇难焉，期以一日也，及之则生，不及则死。今有固车良马于此，又有奴马四隅之轮于此，使子择焉，子将何乘？对曰：乘良马固车，可以速至。子墨子曰：焉在不知来？'（《墨子·鲁问》）这的确是一个很好的鉴往知来的例证。这种精神是科学的。"① 这段话提供的命题是"鉴往知来"，就是立足于经验预见未来，冯友兰引用了"择良马或奴马"的故事说明"鉴往知来"包含了经验、分析、预见等环节，其科学精神十分明显。

不过，对于"考据"与科学精神的关系，还有待进一步的分析与评估。比如熊十力说："吾国考据之业不能发展为科学者，以其但依古文籍所记录之事物而汇详之、博征之，不知于亲所经验之自然界去观察，此所以但成为考古学之一种，毕竟不能发展为科学也。又不知措意于社会、政治与文化等方面之大问题，而但为零碎事件之搜考。学者相习成风而成为无头脑之人。前清、汉学家已有此病，今则更成牢不可破之习矣。"② 就是说，考据方法之所以最终不能发展为科学，就在于它的对象只是书本，不能直接接触大自然，也不能思考社会、政治与文化等领域的大问题，因而导致思维所蔽、视野所限。张东荪则认为，中国的"考据"对象是"前言往行"，也就是历史上的问题，处理以往言行的关系，而不是处理自然界中的问题，不是对自然界现象的探索与研究，因而只能算是历史研究法。张东荪说："论到考据法其发源仍在宋代，其所以必须要有考据的缘故乃是由于中国人所注重的只是前言往行。对于前言往行如发见其间有矛盾必想法去加以订正。因为这些前言往行都是后世所要取法的，故不能不使其正当而确实。所谓前言往行就是历史，因此考据法只是历史研究法。决不能和西方的科学方法相提并论。在西方不屑说归纳法，即演绎法，从其由来而观，亦必见其为原是科学作对象的。亚里斯多德在他的

---

① 冯友兰：《为什么中国没有科学》，《三松堂全集》第十一卷，河南人民出版2001年版，第42页。

② 熊十力：《熊十力全集》第四卷，湖北教育出版社2001年版，第283页。

Analytica Posteriori 就显明地讲出来。至于归纳法由培根（F. Bacon）所发明的，更是只对付自然界的物理。所以中国的考据法与西方的科学方法在对象上根本不同。一是想对付自然界的实在物；一是要整理历史界的已往的事。"[①] 熊十力、张东荪的如此识见，为我们全面准确理解"考据"的科学意涵提供了有益帮助。

总之，以科学认知范式理解中国传统哲学，其中的科学精神便可从纷杂的文献中逐渐进入人们的视野，使人们得以全面理解中国传统哲学内容的同时，也获得激励和鼓舞。而由学术的角度看，其或可隐含着如下进一步思考的课题：其一，中国传统哲学中的诸多概念或命题蕴含着丰富且深刻的科学精神，那么，中国传统哲学与科学精神究竟是怎样一种关系？是相融的？还是相斥的？科学精神在中国传统哲学中所起的作用是什么？在多大程度上发挥了它的作用？其二，中国传统统哲学既然客观地内含有科学精神，为什么这种科学精神没有转化为科学理论？为什么没有演化为推动中国科学发展的力量？从而我们今天的自然科学的哲学基础如何？它需要怎样的哲学滋润和培育？其三，虽然中国学者基于科学认知范式对中国传统哲学中的科学精神做了积极性发掘与判断，但这并不能诱导我们盲目地断定中国传统哲学中不存在与科学精神相悖的元素，而这也是需要我们进一步深入思考并应该理性地回应的课题。其四，科学认知范式既积极地发掘、肯定了中国传统哲学中的科学精神，也消极地否定了中国传统哲学中的非科学精神。科学认知范式用于认知和理解中国传统哲学，即是对中国传统哲学有无科学精神进行权威解释与判断，从而成为丰富和发展中国传统哲学的方向与标准。

三 中国哲学特性与科学方法的限制

虽然中国学者从事于以科学认知范式理解中国传统哲学的实践并充满期待，而且基本上获得了他们想要的结果：发掘了中国传统哲学的科学思想资源，揭示了中国传统哲学科学向度的特点，分析了中国未能产生自然科学的哲学的、文化的原因等，但他们并没有盲目自信，他们对这种认知实践充满理性思考，充满着自我批评与发省，而科学认知范式理解中国传

[①] 张东荪：《知识与文化》，岳麓书社 2011 年版，第 122 页。

统哲学的适当性正是他们自觉反省的一个重要问题,诚如方东美说:"科学追求真理虽然也是令人向往,但若一旦逾位越界,连哲学都被科学化,便深具排他性,只能处理一些干枯与抽象的事体,反把人生种种活泼机趣都剥落殆尽,这也是同样的危险,因此,哲学一旦成为神学的婢女,作为护教之用,或者成为科学的附庸,不谈价值问题,则其昏念虚妄必会戕害理性的伟大作用,而无法形成雄健的思想体系。"[1] 那么,中国学者做了怎样的反省呢?

1. 谨慎中国哲学数量化

所谓"谨慎中国哲学数量化",就是指不能简单地将中国传统哲学当作一组数字进行分析和研究,更不能将中国传统哲学统统做数量化理解。而自然科学方法强调研究对象的数量化、数字化。随着自然科学方法在学术研究中应用的普及化,数学方法被广泛地引入中国传统哲学研究。

但方东美认为,人文学科诸如哲学、宗教、道德、文学、艺术等,都具有人文性、精神性、价值性,不能将它们视为物质而进行数字化、物理化、材料化研究。他说:"假使由西方各种哲学与宗教看来,显然在宇宙中仍有许多不同的精神领域,如道德、艺术、宗教的领域,而构成这些领域的主要因素也都是精神现象;然而由近代的物质科学看来,其方法不是数学抽象法,就是物理实验法,由之而来的结果是:构成宇宙之基本条件都是数量现象,甚至把性质数量化之后,再化为单纯系统,已有的given data(现成材料)不够,则设法产生新的 data,透过冷板的实验在原有速效上,追求新事实,在构成的新事实中追求新条件,这新条件又必须是科学仪器、科学心灵所能把握的物质事实,于是形成近代科学家的偏见,好像他们所把握的自然理性就是超然的主宰理性,拿这自然理性就可以把握一切事件的真相,凡不能由此把握的便视之为幻相;……于是像宗教不能化成数量条件,他们就要否定;艺术上的美亦不能化成数量条件(近代的抽象画并不代表一切艺术),他们就要回过头到自己主观的心理状态或主观的变态心理里面去追求,结果把真正存在于自然界的美或超自然界的美抹煞掉了;也有许多谈伦理学的,把伦理学中善的动机根本去掉,化成一堆现象,而这堆现象可以透过分析的文字、中立的文字来加以描绘,可

---

[1] 方东美:《中国人生哲学》,台湾黎明文化事业股份有限公司2006年版,第140页。

惜那已经不是善了，而是中性的事实。在这种情形下，近代科学之长足进步，应用到哲学上采取的是部分分析而非彻底分析，抽象的分析而非具体的了解，再加上透过错误的态度，就是对一切神圣的价值、真善美的价值都采取中立主义。结果一切价值几乎都不能谈。"① 在方东美看来，如果宗教不能化成数量条件就被否定、艺术上的美不能化成数量条件就被否定、道德不能化成数量条件就被否定、哲学不能化成数量条件就被否定，那人文科学必将灭种，更不要谈什么"善""价值"之类。中国传统哲学当属不能化成数量的"怪物"，难道也要被否定吗？

熊十力认为应该否定的不是人文科学，不是中国哲学，而是数字化方法。他说："去年在浙大，闻无锡有一西洋留学者，以数学谈《大易》，著一书自命空前。吾不待看而敢断其谬。如罗素以数理来演六十四卦，当然可成一说，吾敢断言仍是空洞形式，即解析事物相互间之关系而已，必于易道不究其源，于人生更无关，于宇宙万化不得其真。此非武断也。形式与数理逻辑之于《易》又不必论。今之儒学要究明真际，穷神知化，尽性至命，使人有以实现天德、立人极、富有日新，而完成天地万物一体之发展，彼名数形式可语是乎！"② 由这段话可以看出，熊十力虽然没有否认形式逻辑、数理逻辑在研究中国传统哲学中的作用，但对以数理逻辑解释《易》的做法进行了合理的否定，因为这样的解释行为必使《易》思想空壳化，用数理搭起来的《易》是不能表达《易》之穷神知化、尽性至命思想的。因此，数学方法在中国传统哲学研究中的角色虽然不能完全否定，但必须慎重其事。

牟宗三也强调中国传统哲学中的概念、命题都是人文表达，都是精神的凝结，若是将其进行数学的理解与研究，那么它们的本义将丧失殆尽。牟宗三说："《坤·文言》里面讲'直其正也，方其义也。君子敬以直内，义以方外，敬义立而德不孤。直方大。不习，无不利。'有人就把'直方大'的直说成是几何学上的直线，方是 square，大是无限的空间（infinite space），他就是不从道德方面讲。但是在'直方大'上面明明说的是

---

① 方东美：《原始儒家道家哲学》，台湾黎明文化事业股份有限公司 2006 年版，第 58—60 页。

② 熊十力：《熊十力全集》第八卷，湖北教育出版社 2001 年版，第 602 页。

'敬以直内，义以方外'，这明明是道德，你怎么可以把它讲成几何学呢？"① 就是说，如果将"直""方""大"三个概念分别理解为"直线""square""无限的空间"（infinite space），即作数量化理解，那么"直""方""大"之道德内涵即被残忍地肢解了，其"内圣外王"之深刻内涵也将不见踪影。

因此，简单地将中国传统哲学的概念、命题等做数字化处理和研究，必将对中国传统哲学产生伤害。

2. 谨慎中国哲学心理化

所谓"谨慎中国哲学心理化"，就是指不能简单地将中国传统哲学视为心理现象，然后采用心理学方法进行分析和研究，而自然科学方法强调研究对象的心理特性。不过，对于心理化处理中国传统哲学的现象，中国学者不仅态度谨慎，而且提出了一些对策和批评。

张东荪以人格为例，强调心理学方法应用的困难，他说："这样的自然科学方法与态度（普通心理学）用于研究人格，是不合适的。因为人格总是一个'复合体'（complex）。其中至少有一个核心是特别的。纵使把核心亦抽象起来，然而此核心与其周围各成分的结合亦必是独特的，所以独特性（uniqueness）一词是表现人格所不可少的。"② 就是说，"人格"不仅是一种"复合体"，更重要的是在这种"复合体"中存在特别的核心，这个核心是难以用心理学方法把握的。质言之，用心理学方法去分析研究"人格"虽然不能完全否定其价值，但并不能揭示、把握"人格"的本质。

贺麟对张东荪的主张有积极的呼应，他发现心理学方法对于"自由意志"等现象的研究不能获得准确的、有价值的结论。贺麟说："意志自由乃是关于全人格的问题，用几何学方法、实验方法得来的关于人的行为的定律，即使确切不移，但总是抽象的部分的、部分的抽象的科学定律，不能支配全人格的道德活动。而且人之意志自由与否乃内心的道德问题，必自己直觉内省方能知道，或自己的知己朋友用同情态度来了解他、体贴他，方可知其大概，用理智从外面去分析研究，如医生之验体温，那

---

① 牟宗三：《中国哲学十九讲》，上海古籍出版社2007年版，第79页。
② 张东荪：《理性与民主》，岳麓书社2010年版，第71页。

是不能知道的。"①

而唐君毅对具有个体性、复合性、主观性、直觉性、单一性等特点的中国传统哲学被心理学解释表示严重关切。他说："所谓科学态度、科学方法之应用，与科学知识技术之传入，使中国之学术文化发生之解体作用。科学的态度是怀疑，是要问'为什么'。然'为的什么'复有他的'为什么'，可一直问到使人自认为对于他所知的东西不知道为止。……譬如中国人自来是相信'人之初性本善'的。科学的态度问，'初'是什么时候？生前吗？什么是性？是心理学上的什么东西？本能吗？冲动吗？理性吗？什么是'善'？善之定义如何？是快乐吗？是社会福利吗？是必然不可定义的吗？这一问，我们都可以说，除了少数有真知灼见，他自己早已经过这些问题的思想家，一般中国的读书人，亦就茫然了。于是亦只好自认不知道所原以为知道的道理。"② 这就是说，如果将中国传统哲学中的概念、命题和观念诸如"性""善""人之初"等都当作心理现象去分析、去研究，那么，中国传统哲学中无数独特的人文元素诸如风俗习惯、个人性情、价值观念、道德性命都将遭到伤害和抛弃。可以想象，如果中国传统哲学中的"为仁由己""求放心""尽心知性""知几"等概念或命题都用心理学方法、几何学方法或实验方法去解释，那么这些概念或命题的本来意涵不仅得不到彰显，反而会被消解或遗弃。

3. 谨慎中国哲学知识化

所谓"谨慎中国哲学知识化"，就是指不能简单地将中国传统哲学当作科学知识来处理，而自然科学方法强调研究对象的知识性。必须说明，中国传统哲学肯定也是一套知识，是一套关于中国古代哲学思想的知识，但这并不意味着要从知识角度去理解它。而且，若是从知识角度理解它，虽然迁就了自然科学的"意愿"，却将中国传统哲学降格为普通知识，更为重要的是，中国哲学知识是关于道德性命的知识，中国传统哲学蕴藏着丰厚的人文精神、人文思想内涵，如果做知识化理解，都可能被消解。因此，知识化理解中国传统哲学现象不能不引起学者们的强烈关注。

---

① 贺麟：《论意志自由》，《贺麟选集》，吉林人民出版社 2005 年版，第 313 页。
② 唐君毅：《中国人文精神之发展》，广西师范大学出版社 2005 年版，第 93—94 页。

方东美指出，中国传统哲学当然属于人文科学范畴，因而科学方法之于中国传统哲学的理解和分析，必须谨慎再谨慎。方东美说："在中国哲学上面，很少从知识论上面把世界的客体，化成观念的系统；然后从观念的系统所形成的知识去笼罩一个世界。这个叫做 idealism（观念论）。这个 idealism 叫做 epistemological idealism（知识论的观念论）。在中国很缺乏这一类的东西！——所谓 Epistemological idealism 很少很少，而大部分都是要把人的生命展开来去契合宇宙——表现'天人合德'，'天人合一'，'天人不二'。这一种说法都是要把哲学体系展开来去证明人与世界可以化为同体。这个用哲学上面的专门名词来说，叫做 cosmic identification。所以，中国把这个世界不是当作一个数量的世界，可以拿科学的方法、知识、技术去了解、控制、操纵这么一个现实的领域——自然界。它总是把人的理智的要求、情绪的要求、意欲的要求，融通洽化，使之成为一个理想，而这个理想总要把它展开来在广大的宇宙的里面做一个适当的和谐安排，并且还要把人的生命也投到那个广大和谐的客体系统里面去。从这一点上面看起来，中国的哲学总是要把这个世界点化了，使现实成为一个理想的境界，要同那一个理想化的世界取得适当的联系、配合、和谐，要适应它。"[1] 就是说，中国传统哲学中没有西方哲学中的那种知识观念论系统，不是数量化的世界，而是一种"天人合一""天人合德"的生命系统，是一整全的、圆融的世界。中国哲学就是使自然成为理想，使理想成为自然，其所成就的是一种精神生命与物质生命融为一体的境界。因此，理解中国传统哲学是不能走知识论途径的，尽管这个途径可用于了解战国时代的名家或墨家。他说："近代西洋哲学中，哲学的发展是依循逻辑科学方法所指点的路径，再去认识主观世界或客观世界，重点在知识论上面。但是由这种途径想了解中国哲学，只能了解战国时代的刑名家（惠施、公孙龙）或墨家（别墨一派）而已，但是这些思想在以后就已经不行了。所以我在此不采取逻辑与知识论的途径。还有一点：在中国人的生活中，自远古以来皆以'正德、利用、厚生'为政治理想的一条路。但是也有些思想家只知道'利用、厚生'，而忘记了出发点的'正德'，成了'缺德'。比如战国末年法家刻薄寡恩的思想便是这种。这种法家的

---

[1] 方东美：《方东美先生演讲集》，台湾黎明文化事业股份有限公司2006年版，第153页。

途径中国人不能赞成。所以后来王安石的变法不能成功,我也不取用这种方法来探讨中国哲学。"①

中国传统哲学具有与西方哲学完全不同的特点,特别是中国传统哲学的伦理道德化倾向,属于生命的学问,核心观念是宇宙万物浑然一体,生生相续,充满生机。因而它不能被知识化处理,不能从知识论的角度来理解中国传统哲学。牟宗三指出,在中国哲学中,了解德性的态度不是知识的态度,而是生活的态度或生活的方式,比如问孔子什么是仁,他不是给你下个定义,而是举生活中的例子。他说:"可见仁不是个知识的概念,不是科学上的观念。这不是很深刻吗?这样一指点,你要了解仁这个观念,照孔子的方法,就要培养如何使我们的心不麻木,不要没有感觉。这和现代人不同,现在的学问多是使人对自己的生命没有感觉。从上面所讲的,我们可以知道虽然苏格拉底也和孔子一样重视德性,可是在不同的文化背景的开端下,即使是像苏格拉底这样的大哲学家,他拿知识的态度来讲仁,结果是不中肯。所以西方讲道德,就在这个地方差。希腊的贡献不在这方面,而是在哲学、在科学。"② 应该说,牟宗三的分析不仅在很大程度上凸显了中国哲学与西方哲学的差别,更重要的是让我们对中国哲学特性有了更深入的理解。因此,由于"仁"不具有知识方面的信息与内容,而是一种道德的精神和品质,所以不能将其当作知识概念去理解,而勉强做这样的理解,不仅不能接触到"仁"概念的精髓,而且虚化"仁"的内涵。正如劳思光曾经指出的:"用常识解释哲学,无论如何是不会接触到真问题。"③ 可见,"知识化"对待中国传统哲学,并展开知识化理解和研究,必将导致中国传统哲学丰富、深刻人文内涵的丧失。

4. 谨慎中国哲学生物化

所谓"谨慎中国哲学生物化",就是指不能简单地将中国传统哲学当作生物现象去理解、分析和研究。不过,由于生物地、进化地研究中国传统哲学非常普遍、非常泛滥,也引起学者们的关注与忧虑。

熊十力就不认为进化论、生物学可以完整地、准确地解释中国传统哲

---

① 方东美:《原始儒家道家哲学》,台湾黎明文化事业股份有限公司2006年版,第48—49页。
② 牟宗三:《中国哲学十九讲》,上海古籍出版社2007年版,第47页。
③ 劳思光:《新编中国哲学史》,广西师范大学出版社2005年版,第2页。

学，他说："进化论创自达尔文，然后之谈进化者，犹以达氏为堆集论，而以生源动力、创造不息明进化，此实合于吾《大易》之旨。吾言进化，义主《大易》。循环者，俗计万象周而复始，所谓重规叠矩是也，此亦说得过于死煞。吾谓循环，事象推迁，有若一往一复而已。虽万化之情，往必有复，然后之往复持较前期，自不必质量相等。"①虽然进化论对于理解《周易》并不见得很消极，但其中毕竟还是存在差异，所以对于达尔文进化论的引用，一定要谨慎待之。熊十力说："此中潜能，即谓生化势能，乃生物所禀之以为性者，切勿误会为本能。盖生化势能，即是宇宙大生命，万物莫不禀此而生。本能则是生物由适应环境之努力而习成者。习惯之势力，储蓄既久，成为种族经验。如鼠生而畏猫是也。故本能亦与生俱有，然若谓本能即是此中所云潜能，则大误矣。达尔文虽知生物之战胜环境，由其自身之努力，然实不了生命。柏格森、杜里舒诸氏，于生命颇有体验，但所体验者，生类从无始来，一切习气之潜跃者而已。此意略见《新论》中卷《功能》章。彼等终不识乾元性海也。其所云生之冲动，非天德之健也。是习，而非性也。"②熊十力并不否认用进化论理解《周易》的特殊性及其意义，但必须慎重应用，既不能简单地用达尔文进化论解释中国传统哲学，也不能随意地用柏格森、杜里舒哲学来解释中国传统哲学。因为他们所讲的"性"与《周易》所讲的"性"在性质上存在根本性差别。因此，若依达尔文进化论与柏格森生命哲学解释，《易》所谓"性"就变成了生物所秉之"性"，便成为可以物质化研究的对象。因此说，进化论对《易》中"性"的理解，只会离"性"的真正内涵越来越远，因为这种解释是立足于生物角度试图诠解"性"。

而在唐君毅看来，由于生物学方法、心理学方法将人当作动物来处理，而不能认识到人与动物的差别，因为它触及人的本性等深层次问题。他说："本书反对一切以看一般生物眼光看人之思想。如弗洛特之只从性欲之眼光看人，与尼采、亚德勒之偏从人之求权力之眼光看人，巴洛夫与一些行为主义心理学者之只从交替反应之眼光看人，虽然都可对人性有所

---

① 熊十力：《熊十力全集》第四卷，湖北教育出版社2001年版，第41页。
② 熊十力：《熊十力全集》第三卷，湖北教育出版社2001年版，第956—957页。

发现，然而在根本上，都是不能认识人性之本，而未把人真当作人的。"①就是说，由于人与动物之间存在的本质性差别，无论是弗洛伊德精神分析学，还是尼采权力意志论，抑或巴甫洛夫条件反射学说，都不能从根本上认识人。而人文学科的体验、个体等特征，对于科学方法具有排斥性。唐君毅说："关于宗教艺术道德生活之真理，并不是那种生活之自身。科学所得的关于那些生活之真理，只是那些生活之共相，只是那些生活与其他东西或其他生活之因果关系等。但对一种生活之共相，与因果关系，加以抽象了解，同时即使我们多少不免看轻对那种生活本身之具体的体验。所以科学家研究'生活'之所得，常并非他所研究的'生活'，而只是他个人之科学研究的生活。"② 就是说，科学虽然可以解释人文现象，但所得到的是共相，是超越个体、个性的共相。在科学那里，你看不到具体的、有血有肉的人，看不到真实的生活，当然更看不到丰富多彩的人性和文化。所以，由于科学对人文现象的解释是一种追求普遍性的解释，它会不自觉地忽略个性与特殊，从而抹杀多元性存在。

牟宗三指出，中国哲学中的"五伦"并不能简单地将其视为生物学、社会学的观念，若是以生物学方法理解它，即会抹杀它的深刻意涵。牟宗三说："伦之所以是伦，皆因后面有一定的道理使它如此，而这一定的道理也不是生物学或社会学的道理。皆是道德的天理一定如此，所以其所成之伦常也都是不变的真理。圣人制礼尽伦，为天地立心，为生民立命，有其严肃的意义。"③ 牟宗三认为"五伦"有其"严肃的意义"，可能不是用生物学方法所能够领悟到的。

张岱年通过对胡适的批评表达了他对以进化论理解中国哲学的忧虑，他说："胡氏好用西洋的学说来解说中国的思想，有时便令人'醒'，有时便'不切'。如此书把《淮南》所讲的君逸臣劳，用众智役众力的无为的法治的专制政治，认为有民治主义的意味；又把《原道训》《修务训》中的一些话，认为是讲适应环境的道理，并谓'可以得一种很有现代性的进化论'，我都觉其牵强。这样一来，结果将会埋没了真正的民治主义

---

① 唐君毅：《人文精神之重建》（二），广西师范大学出版社2005年版，第482页。
② 唐君毅：《人文精神之重建》（一），广西师范大学出版社2005年版，第26页。
③ 牟宗三：《中国哲学的特质》，上海古籍出版社2007年版，第86页。

的精神,曲解了近代进化论的精旨的。"① 在张岱年看来,以进化论理解中国传统哲学不仅牵强附会,而且会导致对中国哲学思想的误读。

可见,中国学者虽然高看科学方法,虽然应用科学方法于中国传统哲学研究,但他们也普遍认识到科学方法对于中国哲学而言并非"门当户对"的,并不是完全契合的,因而他们呼吁不能滥用科学方法,而应照顾中国哲学的特殊性。王国维曾经指出:"泰西之伦理,皆出自科学,惟骛理论,不问实行之如何。泰东之伦理,则重修德之实行,不问理论之如何。此为实行的,彼为思辨的也。是由于东西地理及人种关系之异,又其道德思想之根本与道德的生活之状态亦异,故有此差别也。夫中国一切学问中,实以伦理学为最重,而其伦理学又倾于实践,故理论之一面不免索莫。然吾人欲就东洋伦理根本之儒教,完全第一流之道德家孔子之说,于知识上研究之,亦非全不可能也。然儒家之伦理说以行为主,即最实践者,故欲以科学之方法研究之,自极困难。"② 这是说,中国哲学具有伦理特性,具有实行性特征,因而应用科学方法研究不是不可能,但必须考虑到中国传统哲学的伦理特质、实行特征。而唐君毅认为必须自觉到科学解释中国传统哲学的限制,他说:"现在我说的科学的限制,是要先从科学的精神态度上去说。我们首须知科学的精神态度,与人类其他文化活动的精神态度,如宗教的精神态度、艺术文学的精神态度、道德的精神态度,在开始点便是不同的。科学可以研究文学,而创造一科学的文艺批评论,但科学不是文艺。此犹如一诗人可作首诗来赞美科学与科学家,此诗仍然不是科学。仿此,科学家可以对人类之风俗、伦理、道德、宗教做科学的研究,但此科学的研究本身不是道德,不是宗教。至于科学家之以大公无私之心,祈祷上帝,坚其信心,去研究道德宗教,则他之此心是宗教心,但此不是科学。由此种科学的精神态度,与其他人文活动的精神态度之不同,便可确定科学的精神态度之原始的限制。此种限制,与科学的精神态度之成为科学的精神态度俱始,亦与科学一名之或立俱始。这是科学之先天的必然的限制。"③ 张东荪甚至对"科学方法"进行了分类,他认

---

① 张岱年:《张岱年全集》第一卷,河北人民出版社 1997 年版,第 305 页。
② 王国维:《孔子之学说》,《王国维哲学美学论文辑佚》,华东师范大学出版社 1993 年版,第 24 页。
③ 唐君毅:《人文精神之重建》,广西师范大学出版社 2005 年版,第 97 页。

为学界使用的自然科学方法有两种，一种是自然科学的科学方法，另一种是历史科学的科学方法。而这两种科学方法是有同有异的，同在前半段，在前半同是搜集事例以作材料，设立臆说试为解释，用正确的观察，取分析的态度；异在后半段，因为在后半则自然科学的方法注重于实验。所谓实验乃是志在于"证实"，这是历史科学方法所不具备的。从这个意义上讲，自然科学方法对于中国传统哲学的作用只在于搜集事例以作材料，设立臆说试为解释，用正确的观察，取分析的态度，就不能再发生怎样的作用了。他说："自然科学上的却总得诉诸'证实'。凡可证实的决不容再有疑问——除非其证实是不完全的。因此我们应得明白现在一班国学家自命采取科学方法乃是一种儱侗之言。真正的狭义的科学方法是无由用于国学上的。我们正不必因为所用的并非科学方法而短气。老实说，凡一种学其对象不同，则其方法当然有若干差别。治国学并不因为用科学方法而增高其确实，自然亦可不因为不用科学方法而减却价值。"[①] 照张东荪的立场，自然科学方法显然无益于中国传统哲学研究，并提出了"方法因对象而有异"的主张。而牟宗三对科学方法的解释性质与能力做了精准的判断，他说："通过经验的实验对于我们眼前人类知识的程度说，我们知道世界由原则构成，这是科学的解释，所以，科学的解释永远是暂时的。从知识的程度上讲，只能知道宇宙是如此如此，这是主观的肯断。我们的认知能力是很粗的。从我们认知的机能的能力上，我们只能试验到眼前的暂时的。……这种解释叫科学的解释。"[②] 依此而论，科学认知范式当是有限的、相对的，从而可转移的。综上所述，中国学者在以科学认知范式理解中国传统哲学的实践中逐渐形成了正确处理科学方法与中国传统哲学关系的自觉意识。

第三节　科学认知范式应用之检讨

如上考察表明，中国传统哲学中的概念、命题及观念所内含的科学知识、原理、定律、精神及方法等得到了具体、深入和全面的发掘与整理，

[①] 张东荪：《知识与文化》，岳麓书社2011年版，第183—184页。
[②] 牟宗三：《周易哲学演讲录》，华东师范大学出版社2004年版，第63页。

并且"科学地"呈现了中国传统哲学之内容、特点与精神。不过,以科学认知范式认知、理解和评价中国传统哲学不仅是一种客观事实,而且是一种充满问题与挑战的学术实践,这些问题与挑战需要我们在上述考察与研究的基础上做进一步的讨论。

一 科学思想资源的发掘和整理

科学认知范式的应用究竟给中国传统哲学带来了什么?熊十力说得好:"今西洋科学输入,将使儒家精神,从此昭苏,而可妄疑其相扞格耶?"[①] 这是说,应用科学方法发掘儒家思想,可使儒家思想中的科学元素苏醒并呈现。那么,这种说法可不可靠呢?基于上述考察与研究,回答是肯定的,即科学认知范式的应用,不仅将中国传统思想中的科学精神、科学原理、科学方法等发掘出来,而且从科学的角度分析了中国传统哲学的特点,揭示了中国传统哲学的精神。

1. 科学地呈现了中国传统哲学的义理

所谓"科学地呈现了中国传统哲学义理",就是指依照科学认知范式对中国传统哲学的义理进行了发掘与梳理,并加以呈现。那么,其具体呈现的情形如何呢?"有生于无"命题是否内含了科学思想义理?这在董光璧看来不是问题。依量子力学理论,量子场基态是一切激发态的自然背景,而"有"与"无"的关系在量子场论中就是粒子和真空的关系,就是激发态和基态的关系。这就是"有生于无"所内含的科学思想义理。薄忠信认为"阴阳"学说就是量子力学的先驱,即"粒子既是可分的又是不可分的,物质是连续的又是间断的,粒子是波,波也是粒子"等科学原理与阴阳学说完全一致,而"阴中含阳,阳中含阴"思想与"互补原理"又如出一辙。这里呈现的是"阴阳"学说中的科学思想义理。"种有几"是否内含了科学思想义理?蒋维乔对此进行了深入的分析和积极的回应。他认为这个命题内含生物学思想,不仅论述了物种来源的生物学原因,而且论及生物变成的过程;内含进化论思想,因为它论及物种演化及其由低级到高级的复杂过程,也论及物种生存法则;内含物质不灭论,因为它论及万物之间的相互转变情形;内含原子论思想,因为它论及万物

---

① 熊十力:《熊十力全集》第二卷,湖北教育出版社2001年版,第304页。

皆由最微小粒子为基础；甚至内含环境理论，因为它论述了环境对于万物的生存与发展具有关键意义。可见，蒋维乔的解释、较全面、深入地呈现了"种有几"中的科学思想义理，虽然是宏观的、轮廓式的。

邢兆良关于"体有端"的解释将其中的科学思想义理作了清晰的呈现，他认为"端"是可以独立存在的一种基本物质形态，其基本特征是一种不可度量的基本元，所谓"前则中无为半犹端也"，所谓"前后取则端中也"，即是说不管如何分割，分割到最后，都是物体存在的最小单位，这类似于内部不可再分的绝对刚性的原子；而且，"端"也有几何学的含义，其中关于点、线、面、体的几何关系的认识是对端、体、兼结构层次认识的一种数学抽象。这就是"体有端"中的科学思想义理。

朱熹的"格物致知"是否蕴含了科学思想义理？这对胡适而言并不是问题，因为所谓"今日格一物，明日格一物"隐含了"持续广泛地接触事物"之科学意义上的感知义理，所谓"主于用力之久，而一旦豁然贯通焉，则众物之表里精粗无不到，而吾心之全体大用无不明矣"隐含了"由表到里、由粗到精"的科学意义上的思维义理，所谓"即凡天下之物，莫不因其已知之理而益穷之"隐含了"公理推知万物"的科学意义上的理性义理。如此便将朱熹"格物致知"所蕴含的科学思想义理较完整地呈现了出来。

王夫之"气论"中有无科学思想义理呢？李申认为王夫之的"气"反映了物质存在的形态，并显示了和原子论的差别，已经倾向于场论，因为在王夫之思想中，"气"不仅构成一切物的物质实体，而且充满于所有物之中，并且和有形之物互相转化，是一种连续性的物质存在。而从"场论"看，其实质上就是承认"场"是充满一切的，是能量的连续分布，而有形物不过是"场"亦即"能"的聚集，"能"转化为"质"，因而这个"质"与"场"并不隔绝，它只是"场"中能量的聚集部分。这样，李申的理解就将王夫之"气论"所含的"场义理"发掘了出来。可见，在以科学认知范式认知、理解中国传统哲学的实践中，借助科学认知范式中的科学思想、原理与方法对中国传统思想资源中的科学思想的义理进行了发掘并呈现，从而在丰富中国传统科学思想内容的同时，构建了新的科学思想义理。

2. 科学地揭示了中国传统哲学的特点

所谓"科学地揭示了中国传统哲学的特点",就是指依照科学认知范式对中国传统哲学的特点进行揭示。那么,其具体揭示的情形怎样呢?

关于中国传统哲学研究的内容。钱穆、胡适都认为,中国哲学中不能形成科学思想萌芽在于其"以人为本"的人本主义,由于哲学的思考与兴趣局限于人身,而对身外自然界毫不关心,自然不可能发生关于自然奥秘与规律的思考和学说。而这说明中国传统哲学的特点是"以人为本"。

从价值取向上分析中国传统哲学为什么没有发生科学,冯友兰、唐君毅、张岱年等的结论是中国传统哲学以"满足日用"为价值取向,中国传统哲学的价值追求,无论是内圣,还是外王,都是为了满足日用生活,与日用生活无关的学问、事业,都会遭到冷落和否定。

从宇宙观上看中国传统哲学为什么没有发生科学,张东荪认为是因为中国传统哲学属于"万物相涵"的宇宙观。所谓"万物相涵",就是指"象"与"物"、"物"与"物"之间彼此是相互包含的,比如,国家出现灾祸或吉祥,都有神秘的自然现象来预示。就是说,中国哲学的宇宙观满足于象征意义,而不追究"所以然",因而不会产生潜存于现象世界背后的原理或法则。这个分析就从科学发生所需要的宇宙观角度呈现了中国传统哲学的特点。

从致思方式分析中国哲学为什么没有产生科学,冯友兰、方东美、胡适等的答案是,因为中国传统哲学是以"心"为主轴展开思考的,开始于"心",终结于"心",因而其致思方式是反身向内的,成为向内的冥想,从而堵绝了面向宇宙及其奥秘思考的通道,消解了纯粹科学方面之求知兴趣,其发展技术也是为了认识和控制心灵,而在以"心"作为所有思维活动唯一目标的情形下,怎么可能有对天地的追问?有对宇宙的好奇?这样,以科学认知范式探求中国传统哲学不能产生科学思维方式的原因,使"心为终始"的致思方式凸显了出来。

从知识态度分析中国传统哲学没有产生科学的原因,熊十力、蔡尚思、张岱年等认为,中国传统哲学总体上是反智的,道家反对智识,儒家轻视智识,一种哲学对智识毫无兴趣,反而主张蒙昧主义,放弃对科学知识的寻找与获得,怎么可能产生对自然科学的追求?既然中国传统哲学的知识态度是反智或轻智的,怎么可能希望从这种哲学里萌发自然科学?而由此我们认识到,中国传统哲学的知识态度是"轻智型的"。

在议事风格上,依科学认知范式,议论物事、品评人物等,都必须实事求是,都应该有可靠的证据,而不能故弄玄虚、主观臆造。而严复、熊十力、张岱年等发现,中国传统哲学既不注重形式上的细密论证,也没有形式上的条理系统,仅满足于生活经验的解释,对于经验无法说明的现象,则诉诸内心的神秘冥证与没有任何科学知识根据的推演,诚如熊十力说:"中国之学,超物而达于神化,非知识的。若其不务质测而好逞空想,则将本之经验界之见地,而应用到玄学上去,悬空构画,以组成一套严密的理论,而说宇宙人生如是如是。"[1]

可见,科学认知范式的应用,的确科学地揭示了中国传统哲学的特点,那么,这种揭示有怎样的启示呢?首先,有助于全面认识中国哲学。由于按照科学认知范式的主张,哲学研究的对象或内容必须包括自然界及其奥秘,哲学所主张的主客关系必须承认主客两分,哲学所运用的思维方式必须有理性逻辑思维,哲学议论事象必须是实事求证。因此,如果中国传统哲学的表现与此相反,中国传统哲学的特点也就基本上可以确定了。其次,有助于更新、丰富中国传统哲学的特点。中国传统哲学的特点是在漫长的历史长河中逐渐形成的,即不是一蹴而就的,这就意味着中国传统哲学的特点具有在动态中生长、丰满的特性。从这个意义上说,以科学认知范式为坐标所揭示的中国传统哲学特点,同时也是提示中国传统哲学在特性上必有需要更新、完善之处。最后,科学认知范式关于中国传统哲学特点的判断是相对的。虽然科学认知范式对于认识、丰富中国传统哲学特点有着独特的价值,但这并不意味着其关于中国传统哲学特点的结论具有绝对意义。因为第一,在科学之外,尚有其他坐标与方法可为认识和理解中国传统哲学特点提供服务,而且这种服务的结论同样是有助于中国传统哲学的更新与完善的,如人文认知范式的应用,即有此效果;第二,应用科学认知范式分析所获得的结论也不全然合理,如关于议论风格"玄谈臆想"的判断,如关于"绝圣弃智"的评价,并不完全符合中国传统哲学的本貌。因此,科学认知范式的效应是需要我们谨慎对待的。

---

[1] 熊十力:《熊十力全集》第三卷,湖北教育出版社2001年版,第485页。

3. 科学地评估了中国传统哲学的精神

所谓"科学地评估了中国传统哲学的精神",就是指依照科学认知范式对中国传统哲学的精神进行评估。那么,其具体评估的情形又怎样呢?理性、理由当属科学精神范畴。对于宇宙万象的原因进行追问,对事象及其原因进行理性分析,这都是科学精神。王国维认为陈淳和吴澄所言之"理"都具有"充足理由律"之义,而孟子和二程的"理"都具有"理性"之义,因而他们的"理"都蕴含着科学精神。与事物直接接触,对现象进行归纳,这都是科学研究的基本要求,属科学精神。胡适认为,朱熹的"格物致知"之"格物"即要求与事物接触,而"致知"即要求对获得的知识进行归纳,因而朱熹的"格物致知"内含了理性主义精神和归纳精神。胡适还指出,朱熹将"格"解释为"至",即有"到事物上寻道理"的意思,这也属于归纳精神,而朱熹讲"根据已知之理穷求宇宙万物之理",既是科学的推理,也是科学的理想。亲力亲为,以亲身经历为最可信的根据,这当然是科学精神所要求。熊十力认为,孔子强调对每件事都应该亲自过问("每事问")、亲自考察、亲自作为的主张,就属于科学精神。科学看重经验,重视经验对于判断的意义,所以经验实际上是科学精神的重要组成部分。胡适认为,后期墨家注重经验,其讨论知识的获得,其对推论程序的要求,无不建立在经验基础之上,比如《墨辩》中关于光学和力学的讨论,都以丰富的试验为基础,当然是真正科学的精神。科学对于任何观点和结论都主张实证,不能验证的一概否定。钱穆认为《中庸》中的"言顾行,行顾言"即含有"言行一致"的思想,"言"的正确与否需要用"行"验证,所以是实证精神的表现。另外,科学有所谓"不可知之境界"或"不可知之精神",而《论语》中的"人能弘道,非道弘人",即是主张由人见天或由物见天,但天是不可知之境界,因而也是科学精神的表现。冯友兰认为,科学精神有两个重要因素,一是注重确切,二是注重权力,前者在王充思想中具备,后者在道教思想中蕴含。道教所谓"窃天地之机""夺取阴阳造化机""役使万物"等都显示了统治、驾驭事物的"权力"精神,而王充"以吾人之知识必在经验中能实验者方真"的主张即是"确切"精神的表现。因此,冯友兰的理解就将王充、道教思想中的科学精神揭示了出来。实事求是科学精神,主张所作所为都是客观的存在,没有任何虚假。熊十力指出,伏羲画八卦,孔子作六经,无不含有重视事实与验证的精神,而儒家内圣外王所秉承的体用不二之理,即本体即现象,即无即有,完全是以"现实"为根本的科学思想的种子。怀疑是科学的根本精神之一,无怀疑不成科学。胡适、熊十力都不否认中国传统哲学中的怀疑精神。胡适认为,颜回的"退而省其私",孟子的"尽信书不如无书",王充的"疾虚妄",都蕴含了怀疑精神,都是中国传统哲学中怀疑精神的杰出表现。熊十力指出,中国哲学中不仅有怀疑精神,而且有培育科学灵感的文化,其中《周易》是最能诱发人的科学灵感的,"象"原理即是可以使人"灵思妙感,随处触发,无有闭碍"可以促成科学生长的根荄。"考据"也蕴含着科学精神,熊十力指出,中国古代的考据就是广泛地搜集证据,再进行综合辨正、分析,这自然是基于事实、注重分析的科学精神。胡适对"考据"大加赞扬,就是因为在他看来,"考据"必须征引古代所有相关文献并将它们加以统贯,使之与公理相合而不留下任何余议,事无巨细,悉数考验,物无大小,本末兼察,如此才确认为实证的真理。这样的考据,自然是科学精神的呈现。胡适说:"汉学家的长处就在他们有假设通则的能力。因为有假设的能力,又能处处求证证据来证实假设的是非,所以汉学家的训诂学有科学的价值。"[1]

综合言之,科学认知范式的应用,使中国传统思想中的科学性质的义理、特点、精神等资源得到了较为系统、深入的发掘。而这种发掘也表现出几个鲜明的特点:一是直接对应式。就是将自然科学原理与某个哲学概念或命题进行直接比照,以直接说明此概念或命题具有相应的科学精神、原理或方法,比如,以"场"释"气",认为中国传统哲学的"气"与物理学中的"场"理论具有一致性。二是解释赋义式。就是借助科学精神、原理、定律和方法对被理解的哲学范畴或命题展开解释,从被解释的概念或命题中找出科学因素。比如,以"粒子生于真空"释"有生于无",以量子力学释"阴阳",都需要对"有生于无""阴阳"进行科学原理的分析。三是否定理解式。就是根据科学精神、原理和方法揭示哲学概念、或命题与科学相悖之处,从而否定它们的科学性。比如"心",由

---

[1] 胡适:《清代学者治学的方法》,《胡适哲学思想资料选》(上),华东师范大学出版社1981年版,第201页。

于中国哲学中的"心"不是知识"心",而是道德心,因而必须用生物学、心理学、医学的原理解释并改造,将"道德心"转换为"知识心"。再如"良知",依科学认知范式,世界上根本不存在所谓"良知",因为它不能被科学实验所证明。四是以实显虚式。即用科学理论对被理解的哲学概念、命题和观念进行分析和解释,将其所内含的科学元素发掘出来,但并不意味着被解释的概念或命题就是一个科学的概念或命题,就有科学性,就含有相应的科学思想内容,仅仅是对其进行科学的理解和分析而已。比如"天人相分",从科学的角度看,"天人相分"主张人与自然存在张力,人需要依靠处理与自然的张力发挥自己的想象,去认识、改造自然,因而这个命题隐含着发生科学的前提,这是"实",但这个比较与解释并不意味着"天人相分"自身有"科学思想内容",这是"虚"。概言之,科学认知范式应用于中国传统哲学研究,不仅积极地开掘了中国传统思想中的科学精神、原理、定律和方法资源,而且消极地揭示了中国传统思想中科学资源的不足,同时探讨了近代科学没有发生的原因,从而帮助人们建立起正确的中国传统科学思想意识。这或许就是熊十力在西方科学滚滚浪潮面前不自卑、不恐惧的原因。熊十力说:"及余年四十以后始自悔其浅妄。请先言科学。数学为各科基本。伏羲画八卦在鸿古时代,世代太远,称曰鸿古。而汉人言八卦与九章相表里,今之通数学者莫能否认其说。夫九章算术造诣已深,而见于鸿古期岂不奇哉?指南针作者,有云黄帝,有云周公,或黄帝首创,周公继述,二说皆不无根。若非明于电磁断不能有此创制,安得谓黄帝、周公全无格物之术乎?……此皆就鸿古以至战国略征数事,可证中国古代无科学思想之说纯是妄自菲薄,毫无事实根据。"[①]

二 提升中国传统哲学的品质

科学认知范式的应用,意味着科学认知范式所内含的科学精神、科学原理、科学方法等在理解中国传统哲学的过程中被输入中国思想的血液里,丰富中国传统哲学的内容、优化中国传统哲学的精神、更新中国传统哲学的形式、强大中国传统哲学的力量,从而提升中国传统哲学的品质。

[①] 熊十力:《熊十力全集》第六卷,湖北教育出版社2001年版,第330—331页。

1. 科学地扩大了中国传统哲学的问题视域

所谓"科学地扩大了中国传统哲学的问题视域",就是指以科学认知范式认知和理解中国传统哲学的实践中,在中国哲学原有问题的基础上,引申或拓展出新的问题。这种情形应该说是很普遍的。何祚庥认为,张载和王夫之的"气论"中,"气"和"形"是相互转化的,因而其中隐含了"场的'聚'、'散'形成实物"的思想,也就是物质与空间可以转换的思想。这就意味着在张载、王夫之的"气论"基础上可引申出新的哲学问题。李申发现"气有阴阳"隐含了"场"与"质能"关系的思想,"气"就是统一场,阴阳是"质能"。这就意味着可以由"质能"关系理解阴阳关系,可从"质能"与"场"的关系理解阴阳与"气"关系,如此便令我们期待"气有阴阳"基础上的"场"与"质能"关系的讨论。熊十力基于开出科学与民主的时代课题,在宋明儒关于"理"论述的基础上,引申出其欲获得的结论。程、朱主"物即理",陆、王主"心即理",熊十力认为这两者皆有偏,因为"物即理"必导致主体认知能力的闲置,而"心即理"必导致客体对象的缺失,从而不能形成主客认知模式,只有将两者结合起来,"理即心即物",如此才构成知识论意义上的主客对峙,才能形成主体对客体认知的模式。因为说"心即理",即意味着可因事物求索"理",说"物即理",即意味着可规划万物,可把握事物的律则。可见,熊十力肯定"物即理",就是为主体的作为设置对象,肯定"心即理",就是为主体的作为创造条件,而将"心""物"视为"理"的发用流行,就是以"理"贯通"心""物",由"天理"开出"物理",从而为探求"物理"开辟了路径,从而满足了知识科学之要求。这样,熊十力在宋明儒关于"理"主张的基础上,引申为科学意义上的主客关系,这肯定是宋明儒不曾预料到的。陆九渊心学中的"心"是道德心,是本心,这是其本义。但燕国材在对"心"理解时引申出了诸多新的问题。燕国材认为陆九渊的"心官"是人类思维活动赖以进行的物质实体,"心官"不仅进行思维活动,而且具有对耳目等感觉器官的制约性,从而表现出"心理规律"的思想。可见,依照燕国材的解释,必须在道德心、本心之外寻找与陆九渊的"心"相关的心理学问题。薄忠信则认为,量子力学中的粒子既可分又不可分,物质连续又间断,物质在原子层次上具有两重性,在不同的情况下,粒子与波的主导地位互换,物质以互不相容的方式表现自己，粒子是波，波也是粒子，而中国传统哲学中的阴阳命题正蕴含了这样的原理。这就是说，从阴阳学说中可以开出粒子与波的关系问题。徐道一认为金与土分别代表了强动的集结和毫无动能的聚集，而"五行"相生相克也隐含了进一步思考的空间，"相生"是一种"质变"，属于化学及生物的，"相克"是一种"量变"，属于物理的和机械的。这个理解已将"五行"的科学内涵大大扩充了，从而拓展了问题的空间。严复对"乾坤立易"的理解也引申出了新的问题，因为他认为乾坤关系类似于物理学上的质力关系，并指出"易不可见，则乾坤或几乎息"与"热力平均，天地乃毁"物理学原理完全一致，这意味着，严复的理解提示我们"乾坤立易"内含了可进一步开拓的科学思想上的问题。依胡适、张岱之的理解，朱熹的"格物致知"可引申出接触事物与获得知识的关系、归纳与演绎的关系、积累与顿悟的关系等问题，就是说，在研究朱熹"格物致知"的时候，这些朱熹并没有说清楚或根本没有思考过的问题，需要我们继续去说去思考。根据方孝博的理解，"端"是组成实体物质的一种极微的、最原始的质点，因为分到了最后，已无内部间隙，不可再分割，只剩下这个"端"了，端处于物质最前方，再也找不到和它有次序先后的物质，因此，"端"是构成物质世界的不可再分的最小微粒，是世界的本原。这样的理解就给了人们很大想象空间："端"是宇宙万物的本原，那么，它是物质的还是精神的？它小到什么程度？它与中国哲学中的其他本原范畴如"道""气""理"是什么关系？等等，都是需要进一步研究的新课题。关于"久弥异时、宇弥异所"命题，董英哲指出这个命题揭示了时间与空间的同一性与差异性，同一性就是"无限"，差异性就是"有限"，因而这个命题也内含了"时空的无限性和有限性是绝对和相对的辩证统一"的思想。时空的无限性与有限性，正是"久弥异时、宇弥异所"所隐含的问题。这个理解显然也是需要做进一步讨论的课题。总之，在科学认知范式应用于认知、理解中国传统哲学的实践中，的确从科学的向度引申出了诸多新的课题，从而对中国传统哲学的问题视域进行了极大的拓展。

2. 科学地充实了中国传统哲学的思想内容

所谓"科学地充实了中国传统哲学的思想内容"，就是指在以科学认知范式认知和理解中国传统哲学的实践中，将科学原理、科学思想、科学方法和科学成果等融入中国传统哲学，从而使中国传统哲学的内容得以充实。那么，中国传统哲学内容是怎样被"科学地"充实的呢？在严复看来，《周易》中"乾坤的对立矛盾才有《易》道变化"与"有《易》道变化才有乾坤矛盾对立"的思想，类似于物理学中"质""力"关系原理，因而可将物理学中"质""力"关系原理接引进来。李申非常关注王夫之"气论"与科学的关系，他认为在王夫之的"气论"中，"气"是一种连续性的物质存在，阴阳之间没有间隙，而"气"与阴阳的关系，类似于"场"与"质能"的关系，因而王夫之的"气论"正蕴含了物理学"场"论的思想，从而可与"场"论相融为一体。也就是说，物理学中关于"场"的基本原理和思想，诸如"物理量在空间的分布和变化规律"的思想、"场与质能关系"的思想与王夫之的"气"论相契而可引入。在蒋维乔看来，"阴阳"正如科学上的阴电子与阳电子，这两种电子可以组成原子。而熊舜时指出，根据美国生物学家纳尔逊·哥德堡（Nelson Goldberg）的研究成果，中国哲学的"阴阳"理论，启发他提出细胞和分子水平上生物控制的"阴阳学说"，而此医学上的发明自然可以成为"阴阳"思想的科学证明。薄忠信认为，在"阴阳"学说基础上可以顺畅地接纳量子力学理论和"互补原理"。赵定理认为，"有生于无"的意涵是"有形之物质生于无形之能量"，因而以之可接引物理学领域"万物皆是一场源"思想，场源在其周围形成不同的场能，带电体有电场能、磁性体有磁场能、中性体有物质场能等，也就是物质生于无形的能量；也可接引"大爆炸论"，即"空间原来是从无中生出来的，时间本身也是从大爆炸之时起始的，空间与时间分不开的，空间能伸缩，时间也能伸缩。这样，大爆炸代表着空间的创生，也代表着时间的创生"。董光璧则认为，"有生于无"恰似"粒子产生于真空"，因而可接引量子力学"粒子产生于真空"原理。申斌更为具体地分析了"有生于无"的内涵，认为老子说的"无"并非空无一物，这与现代物理学中所讲的"真空"是一个意思，而且，"无"是万物的本源，这又与现代物理学"真空即全部物理"是一致的，因而现代物理学"真空"理论正可丰富传统哲学在这方面的内容。胡孚琛将"道生一"的"一"理解为宇宙的种子，是宇宙大爆炸前的原型，将"一生二"中的"二"理解为量子场理论中的"零点场"，是创生万物和推动万物进化的动力，将"二生三"中的"三"理解为信息、能量、物质三大要素，即宇宙的三种存在方式。这样就将"全息原理""生化原理"和"中和原理"引入中国哲学。蒋维乔对"种有几"的科学意涵进行了详细且深入的分析，认为可接引的科学思想包括生物学思想、进化论思想、物质不灭论、原子论和环境理论等，这种理解当然极大地充实了中国传统哲学内容。邢兆良指出，"端"是一种不可度量的物质形态，即不可再分的原子，而从几何学上看，"端"又是"点"，"点"正是对"端"的数学抽象。这就是说，以"端"概念为基础可以接引物理学中的原子论思想和数学中的点、线、面、体的几何思想。邢兆良也对"景二，说在重"命题接引科学思想的可能性进行了考察，认为这个命题对阴影的产生与光源的关系进行了探讨：一个物体产生了两个阴影，这两个阴影有可能重叠，也有可能不重叠，也有可能部分重叠，这重叠的部分就是更深暗的重影，而根据这个意涵可以接引将阴影分为本影、半影、重影、物体、光等相互关系的光学原理。郭金彬通过对"景不徙，说在改为"的分析，认为这个命题讨论了光、物体、影子、时间四者的关系，而这种综合了光、物、影、时间四者关系的思想完全可接引"现代光线传播原理"。显然，在科学认知范式用于认知、理解中国传统哲学的实践中，诸多科学思想、定理和方法等被引入中国传统哲学思想中而融为一体，从而丰富着中国传统哲学的思想内容。

3. 科学地丰富了中国传统哲学的致思形式

所谓"科学地丰富了中国传统哲学的致思方式"，就是指在以科学认知范式认知和理解中国传统哲学的实践中，将科学思维方式融入中国传统哲学，从而使中国传统哲学在致思方法上得到补充和丰富。在科学认知范式应用于认知和理解中国传统哲学的实践中，科学思维方式被用于认知、理解中国传统哲学的同时也被融入中国传统哲学中。请陈其详。科学强调概念或范畴的确切、明晰，有明确的内涵，但中国传统哲学中的概念或范畴界限不清、含义混乱，严复举"气"为例，这个概念可表达无数的含义，比如厉气、淫气、正气、余气、邪气等，足见思维方式上的模糊、笼统与混乱。因此，对概念或范畴的含义应有明确的界定。严复深受西方经验论影响，认为不学而知、不虑而能的"良知"是不存在的，而若有所谓的"公例之知"，必须是由对丰富事物的知识归纳而来，必须是从经验中获得。就是说，严复基于对"良知"来源路径的否定，将归纳方法确立为获得知识的根本途径。熊十力以儒家"与天地合其德,与日月合其明"、老子的"返朴"、庄子的"逍遥游"等来说明中国哲学的非分析、浑然、猜测的性质,而主张引入分析的思维方式。张岱年认同熊十力的主张,他对中国传统哲学在思维方式上的模糊性、笼统性有清醒的认识,并名其为"直觉",比如,老子的"涤除玄览",庄子的"坐忘",张载的"体物",朱熹的"置心物中"等,都主动地消除了物我区别,都是模糊不清的直觉。质言之,中国哲学既不注重形式上的细密论证,也缺乏形式上的条理系统,仅满足于生活经验的解释,若经验不足以说明的现象,便诉诸内心的神秘冥证与没有任何科学知识根据的推演,所以其议论难避空疏妄谈之嫌,因而必须引入科学理性、科学分析、质测之术等以补充之。胡适认为,科学认识方法是从物到"理"、从每个具体的"理"到万事万物的"理",从万事万物的"理"到"总理"(道);但老子的"道"是先于事物预设的,从而先天地涵盖了"万理",这就意味着认识、把握了"道",就无须认识"万理",也即意味着无须遵循从"物"到"理"、到"万理"、到"道"的认识程序,而这是与科学认识方法相悖的。可见,胡适通过对老子"道"形成路径的否定,将从具体到抽象的科学思维方式融入进来。冯契根据对"五行"内涵与性质的分析,认为水、火、木、金、土是被用来区分和把握自然现象之网的,因而实际上是五个范畴或类概念,即"五行"是经由从具体到抽象的科学思维过程而确立的。张东荪认为"考据"不是处理自然界中的问题,也不是对自然界现象的探索与研究,不能算是科学研究法,因而是不能与西方的科学方法相提并论的。原因在于,西方的研究对象是"自然界的物理",而中国的"考据"对象是整理历史中发生过的事情。这是强调研究对象不同对思维方式会有实质性影响。方东美指出,由于中国传统哲学的兴趣在人不在物,因而其必然牺牲精确科学所必具之客观知识。而胡适明确批评"以心为终始"的致思方式已将中国引向迷途,因为它是向内的冥想,它将宇宙万物万象弃之不顾,整天沉迷于内心世界,怎么可能发展出客观的科学知识?因此,中国传统哲学必须将自己的思考对象扩张到瞬变广袤的自然界,这不仅可以直接移入科学思维方法,也可将许多传统思维方法进行转换,实现方法意义上的革命。不过,胡适也发现、肯定了中国传统哲学中的科学元素。他对"格物致知"所内含的科学思维方式进行了肯定与凸显,在他看来，朱熹"致知在格物""今日格一物，明日格一物"等命题，蕴含有唯理主义精神和方法论，而"即凡天下之物，莫不因其已知之理而益穷之"则含有归纳的精神。这样，科学理性分析、归纳方法便通过胡适的理解在肯定朱熹相关思维方式时融入了中国传统哲学。但胡适也指出，宋学的"格物致知"、王阳明的"致良知"都还没能达到真正科学思维的要求，因为它们不仅缺乏实验的程序，而且忽视了理性指导的作用，更没有真正客观的"事物"。从这个意义上说，理性主义方法与归纳法的引入显得尤为紧迫。胡适认为孔子、孟子都是具有怀疑精神的思想家，如孔子说的"吾与回言终日，不违如愚，退而省其私，亦足以发"，又如孟子说的"尽信书不如无书"，都显示了一种怀疑精神，甚至汉代的王充也是极具怀疑精神的，如王充说的"虚浮之事，辄立证验"，即体现了怀疑精神。按照胡适的解释，科学怀疑思维正可与中国传统哲学中的怀疑思想相结合。胡适还发现戴震为学方法与科学方法非常合拍。比如，"必就事物剖析至微"，对事物分析研究必须无微不至，比如"寻求而获，有十分之见，有未至十分之见。所谓十分之见，必征之古而靡不条贯，合诸道而不留余议，巨细毕究，本末兼察"，强调研究过程必须是从全面的分析到合理演绎再到实验求证的过程；比如"一事一物里训练那心知之明，使他渐渐进于圣智"，主张大彻大悟的获得来自对一事一物的耐心琢磨、思考、体悟这种科学研究的步骤与程序。不难看出，胡适通过对戴震相关命题的理解，相应的科学思维方法都得到了推崇和吸收。可见，在科学认知范式的应用实践中，科学致思方式被程度不同地引进到中国传统哲学中，从而丰富着中国传统哲学的致思方式，这种丰富具体表现为这样一些形式：通过否定传统哲学中的消极的致思方式以引入科学思维方式；通过发掘、肯定传统哲学的致思方式，使科学致思方法与之结合；通过改造传统哲学的义理架构，以使科学致思方式进驻并"主持工作"。

如上考察表明，科学认知范式的应用，以科学认知范式为坐标，通过对中国传统哲学概念、命题的分析与解释，根据被解释概念、命题的内容与性质，与科学认知范式相关思想、原理或方法进行对接，寻找其可以引申出的科学哲学问题，从而拓展了中国传统哲学问题的空间，这是其一；其二，通过对中国传统哲学概念、命题的分析与理解，根据被解释概念、命题的内容与性质，与科学认知范式相关思想、原理或方法进行比照，寻找可以接引的科学哲学思想内容,从而丰富了中国传统哲学的思想内容;其三,通过对中国传统哲学概念、命题的分析与理解,根据被解释概念、命题的内容与性质,与科学认知范式相关思维方式进行比照,寻找可以引入的科学哲学思维方式,从而改造、丰富了中国传统哲学的思维方式。因此说,科学认知范式的应用,对于中国传统哲学的意义是非凡的。它为中国传统哲学引进、培育了科学思想的种子,它为中国传统哲学开拓了思索空间,它为中国传统哲学提升了学术表达品质,它为中国传统哲学增加、完善了思维方法。概言之,它让中国哲学在内容上更加丰富,在形式上更加精致,在力量上更加强大,不能不说,科学认知范式极大地提升了中国传统哲学品质。正如牟宗三所说:"在知识方面,中国哲学传统虽言闻见之知,但究竟没有开出科学,也没有正式的知识论,故中国对此方面是消极的。消极的就要看西方能给我们多少贡献,使我们在这方面更充实,而积极地开出科学知识与对这方面的发展。这样中西哲学的会通,才能使两方更充实,更向前发展。"[①] 因此,科学认知范式用于认知、理解中国传统哲学,其成果是值得肯定的。

三 科学认知范式应用之思考

无疑,科学认知范式对于中国传统哲学的认知和理解取得了丰硕成果,不仅发掘、整理了中国传统思想中的自然科学精神、原理、定律和方法等方面的资源,而且科学地揭示了中国传统哲学的特点,不仅分析了中国传统哲学不能发展出科学的原因,而且探讨了科学认知范式用于认知和理解中国传统哲学需要注意的问题。不过,科学认知范式的应用,也存在一些需要注意的问题,这些问题的自觉与解决有助于科学认知范式在认知和理解中国传统哲学的实践中获得更为积极的成果。

1. 解释过程的简单化

所谓"解释过程的简单化",主要是指科学认知范式被用于认知、理解中国传统哲学的实践中存在理解表面化、肤浅化现象。这种表面化、肤浅化现象主要表现为三个方面:一是对被认知、理解的中国传统哲学范畴或命题缺乏深入的分析与把握,便生硬、勉强地指其具有某种自然科学精

[①] 牟宗三:《中西哲学之会通十四讲》,上海古籍出版社2007年版,第66—67页。

神、定律、原理或方法。比如，严复将"气"比之力学中的"力"。而"力"是力学中的基本概念之一，具有丰富的内涵，"力"是使物体获得加速度或形变的外因，在动力学中它等于物体的质量与加速度的乘积，"力"也是物体（物质）与物体（物质）之间相互作用的原因，"力"的三要素是大小、方向、作用等。但严复对"气"的内涵缺乏分析和揭示，这种解释就显得生硬和勉强。再如，将"自强不息"与"能量守恒定律"等同，严复说："至于全力不增减之说，则有自强不息为之先。"① 就是说，"自强不息"与"能量守恒定律"具有同样的含义，而且比"能量守恒定律"提出得更早。我们知道，"自强不息"是强调人类应该像自然万物那样生生不息，不断向上，朝气蓬勃，精神抖擞，创造生命，遗憾的是，严复对"自强不息"意涵没有做更为具体、深入的解释，如果说"自强不息"内含"能量守恒"的意涵，那应该提供有说服力的分析，提供可信的根据。既然没有，那只能说这种理解和判断是猜测性的，是比较牵强的。再如董光璧、申斌认为"有生于无"就是"粒子产生于真空"，"道"类似于量子场基态，所以"有"与"无"的关系在量子场论中，就是粒子和真空的关系、激发态和基态的关系。这种理解当然不能否认其启发性，问题是，董光璧、申斌都没有对"有生于无"的意涵进行更为深入的、令人信服的分析与解释。因此，其阐述的是量子力学的相关原理，但没有告诉人们其类似甚至等同量子力学原理的义理根据，所以也显得勉强。

二是将被认知、理解的中国传统哲学概念或命题物质化、数字化，在物质化、数字化基础上进行认知、理解和判断。比如，对"道"的理解，胡适将"道"理解为科学上的"假设"，但"道"何以为"假设"，胡适对这个关键问题的解释是很模糊的。我们说，物质化、数量化解释也许是可以的，但不能因为物质化的向度而取消其他或许是更贴近老子"道"的解释。再如对"格物致知"的解释，科学认知范式的进入，第一件事就是将"物"与"知"确定为物质化的东西，即"物"必须是事物，"知"必须是关于事物的知识，实现了这样的转换后，这个命题才具有知识论的意义。可是，中国传统哲学中的"格物致知"的"物"本是道德

---

① 严复：《天演论·自序》，《严复集》第五册，中华书局1986年版，第1320页。

性命,"知"是关于道德性命的知识,因而对于这种物质化的解释必须予以警惕。方东美曾批评物质化解释中国传统哲学会导致"一切性质不能化为数量的,就视为幻相;一切价值不能根据近代科学方法处理的也视为幻相,于是乎近代的物质科学思想一转变到抽象精确的阶段时,马上产生思想上的严重错误"① 之后果。我们无条件赞同这个警告。物质化中国哲学可能给研究过程带来方便,但却会给研究结论带来困难、甚至错误。因此,科学认知范式对于中国传统哲学的物质化、数字化要求,并不是可以放任自流的。

三是将科学认知范式的内容等同于被认知、理解的概念或命题。这种现象也比较普遍。比如,赵定理认为"有生于无"内含着"大爆炸论",即在物理学奇点处产生大爆炸,生出时间、空间和万物。这就是说"有生于无"命题有其科学价值。可是,"有生于无"四字何以有这种理论内涵呢?我们不得而知,这就是将科学认知范式中的学说直接等同于被认知、理解的命题。再如,钱穆认为"行顾言,言顾行"具有注重实践的科学精神和科学思想,可是,这个命题与科学精神、科学思想的密切关联在哪里并没有交代清楚。或许"行顾言,言顾行"仅仅是日常行为中的一句劝语,并没有任何"科学性",或许就是一句口头禅,强调说话与行为需要相互照应,因此,这种直接指认其具有科学精神、原理或方法的做法,的确显得有些肤浅。再如,胡适认为"考据"含有科学精神、科学方法,但熊十力、张东荪都不认同,因为按照熊十力、张东荪的分析,"考据"所依据的古文籍所记录之事物,也就是历史上的"前言往行",因而最多也是历史研究方法,而不算是科学方法。这说明胡适有强"考据"为科学方法的嫌疑。将科学认知范式中的科学方法大方地许配给"考据",不仅不恰当,反而闹笑话。无疑,科学认知范式的运用同时也贯注了一种对概念或命题价值的肯定,即:具有"科学性"的概念即是有价值的概念,反之,则是没有价值的概念。按照科学认知范式的逻辑,凡是与科学认知范式中的精神、原理、定律和方法等相符的哲学概念或命题便是有价值的。但事实上并非如此,因为理解的方式、坐标与被认知、理解的结果并不直接同一,而科学认知范式应用者只顾为他们的"伟大

---

① 方东美:《原始儒家道家哲学》,台湾黎明文化事业股份有限公司2006年版,第59页。

发现"而欢呼，却不能理性地检讨认知、理解的结论或结果。因此，认知、理解所表现出的价值诉求虽然不可避免，但这种倾向显然值得我们注意，因为"科学性"不能等同于价值性。所以，科学认知范式应用的主要目标虽是发掘、整理中国传统哲学中的科学思想资源，并不必然地进一步确认"科学性"即"现实性"，即是有价值的。概言之，科学认知范式简单化就是没有对被认知、理解的概念进行全面、深入的分析，就是将被认知的概念或命题物质化处理，就是直接将科学认知范式所具有的精神、原理、方法直接等同于被认知、理解的对象。因此，在应用科学认知范式理解中国传统哲学的时候，必须避免简单化倾向。

2. 解释对象的相契性

科学认知范式用于认知、理解中国传统哲学，除了认知主体之外，还有两个基本要素，一个是认知、理解和评价的坐标，另一个是认知、理解和评价的对象。在本节中，前者是科学认知范式，后者是中国传统哲学，因而所谓主客相契，即是要求科学认知范式与中国传统哲学概念、命题或观念的相契。但考之过去百余年科学认知范式应用实践，不相契的理解并不少见。因此，科学认知范式的应用如何收到积极的效果而又不伤害中国哲学，哪怕是皮肉之伤，都提醒我们需要认真对待。在科学认知范式被用于认知、理解中国传统哲学的实践中，与被认知、理解的中国传统哲学概念、命题不相应的情形多样而复杂，这里指出其中的三点。

一是与中国古代哲学绝大多数内容不符。本章考察表明，科学认知范式的应用，对于中国传统科学思想资源的发掘、对于中国传统哲学思想的丰富都产生了积极作用。但我们注意到，科学认知范式对于中国传统哲学的认知存在很大的限制，其原因就是：首先，在中国传统哲学中，涉及自然科学内容的著作与哲学家非常少，像《周易》、后期墨家、王充、杨泉、朱熹、方以智、戴震等著作或哲学家思想中含有自然科学思想，但在其他著作和哲学家思想中较少涉及自然科学内容，或根本不涉及自然科学。其次，在中国传统哲学中，关于科学思想的概念、命题也很少，本章所列并不多，而有的概念或命题还是两可的，比如"道"，有的是很牵强的；比如"理"，它们在中国传统哲学中并不具备严格意义上的科学哲学范畴的要求。因而总体上说，在中国传统思想中，寻找与科学认知范式原理、定律和方法相配的思想并不是件容易的事情。这都说明我们用科学认知范式认知、理解中国传统哲学是受到极大限制的，如牟宗三说："讲中国思想的，看中了墨子，想在墨子里翻筋斗，其他皆不能讲。既无兴趣，也无了解。原来中国学术思想中，合乎西方哲学系统的微乎其微，当时人心目中认为只有墨子较为接近美国的实验主义。实则墨学的真精神，彼等亦不能了了，彼等又大讲《墨辩》，盖因此篇实含有一点粗浅的物理学的知识，又含有一点名学与知识论。虽然这些理论都极为粗浅，而又语焉不详，不甚可解，但在先秦诸子思想中，单单这些已经足够吸引那些浅尝西方科学哲学的中国学者。因此，研究墨子，其实是《墨辩》，一时蔚为风气。钻研于单词碎义之中，校正训诂，转相比附。实则从这里并发现不出真正科学的精神与逻辑的规模。"[1] 因此，在使用科学认知范式认知、理解中国传统哲学时，必须要有大局观，要有清醒意识。

二是与道德性命不符。中国传统哲学是关于道德性命的学说，关于自然世界奥秘、规律的思考非常少，所形成的学说更少，这就可能导致科学认知范式与被认知、理解的概念或命题的本义不符。比如，燕国材对陆九渊"心"的理解与陆九渊的本义应该是有距离的。他认为陆九渊的"惟心无形"的意涵是："由于心理活动纷繁富杂，超越时空，难以捉摸。这正是心理器官与心灵矛盾的统一，也正是人类心理的广大无际，变通无方"，将"心无形"理解为心理活动的"超越时空，难以捉摸"，但在陆九渊那里，"心无形"绝不是心理活动的描述，而是道德本心的形上性、超时空性、无时不在性、绝对性、至上性。他又将"心只是一个心，某之心，吾友之心，上而千百载圣贤之心，下而千百载复又一圣贤，其心亦只如此"理解为"人具有的共同的东西"，是心理规律的基础。这种解释仍然是心理学的解释，与陆九渊的"道体义"显然是不相契的。因为这里讲的"心"就是"本心"，是道德本体，人人具有，先天已具，若是心理学的"心"，则是可以分析的。因此，燕国材的理解是不相契的。严复受经验论影响，认为世界上不存在先天的知识，因而"不学而能、不学而知"的"良知"是不存在的。他指出，如果"良知"是"公例"的话，那必须从归纳中来，即需要求诸具体的物事，而"良知"不在此列，因而"良知"是不存在的。孙中山则将"良知"理解为"生元之知、生

---

[1] 牟宗三：《中国哲学的特质》，上海古籍出版社2007年版，第2页。

元之能",即是细胞进化到一定阶段的结果。这种解释也是对"良知"的误解,因为孟子的"良知"就是指人的道德本能,每个人有善体,这个善体就是"良知",它与经验知识没有关系。可见,严复、孙中山对"良知"的理解都是不相契的,因为他们都是基于科学认知范式进行的理解。"直方大"究竟是道德命题?还是科学命题?在科学主义盛行的背景下,有人将"直"说成是几何学上的直线,"方"是 square,"大"是无限的空间(infinite space)。牟宗三批评说,"直方大"明明说的是"敬以直内,义以方外",明明是道德,你怎么可以把它讲成几何学呢?也就是说,以科学认知范式理解"直方大"必然是相逆的。因此,科学认知范式与中国传统哲学中道德性命类的概念或命题是完全不相契的。

三是中国传统哲学中或许有少量的与自然科学有关联的概念、命题和思想观念,但非常有限,不能过度诠释,一旦过度诠释,便走相反面。对或许蕴含有自然科学思想的概念或命题,也不能解释过度,不能简单地将其等同于自然科学原理、定律和方法。比如,"种有几",胡适认为是生物学精子说。他说:"'种有几'的'几'字便是种子,便是原子,便是近人所说的'精子'(germ)。'万物皆出于几,皆入于几'正合近世生物学家'精子'之说。"[1]但生物学关于"精子"的理论,涉及精子的发育、结构、类型、功能、运动等内容,"种有几"最多也是猜测,因而不能简单地等同于生物学精子说。蒋维乔认为"种有几"讨论了万物皆由最微小粒子为基础,所以具有原子论思想。可是,原子论之形成及其内容并不简单,原子论认为万物的本原是原子和虚空,原子是一种最后的不可分割的物质微粒,它的基本属性是"充实性",每个原子都是毫无空隙的,虚空的性质是空旷,原子得以在其间活动,它给原子提供了运动的条件。具体言之则是:一切元素都由不可再分的微粒构成,这种微粒叫作原子;原子在一切化学变化中都保持它的不可再分性;同一元素的原子,各方面的性质,特别是重量,都完全相同;不同元素的原子重量不同,原子的相对重量是每一种元素的特征性质;不同元素的原子是以简单的整数比相化合。因而也不能将"种有几"简单地贴上"原子论"的标签。再如

---

[1] 胡适:《先秦诸子进化论》,《胡适学术文集·中国哲学史(上)》,中华书局 1998 年版,第 585 页。

申斌认为《周易》的"易有太极，是生两仪"思想与物理学"大爆炸学说"一致，卦象符号系统与卦爻辞文字系统与波粒二象性是一致的，阴阳互补性与测不准原理是一致的，《周易》理论与耗散结构理论是一致的，也与协同论是一致的。按照申斌的理解，中国在《周易》时代就已拥有发达的物理学了，这显然是毫无事实根据的自我慰藉。所以牟宗三很早对这种现象提出过批评："他们一定要把中国的学问讲成是科学，好像把它讲成是科学就可以得到保险一样，这是不对的。而且这正好把中国的这些道理都搞坏了，因为它根本就不属于科学这个范围，你为什么要乱比附呢？比如有人说《易经》里面有相对论，其实《易经》里面哪里有相对论呢？这就是瞎比附。你说《易经》里面有相对论，这就表示你既不懂相对论也不懂《易经》。"[①] 可见，用科学认知范式进行瞎比附行为不仅有悖中国传统哲学事实的，也是不得人心的。

概言之，科学认知范式虽然有其独特的魔力，但仍然是有限度的，必须在允许的条件下发挥它的魔力。贺麟说："一个崇奉孔孟的人，尽可精通自然科学，他所了解的孔孟精神与科学精神，尽可毫不冲突，但他用不着附会科学原则以曲解孔孟的学说，把孔子说成是一个自然科学家。譬如，有人根据优生学的道理，认为儒家所主张的早婚是合乎科学的。或又根据心理学的事实，以证明纳妾制度也有心理学根据。……亦复有应用物理学、化学的概念，以解释《易经》的太极阴阳之说的。诸如此类假借自然科学以为儒家辩护的办法，结果会陷于非科学、非儒学。这都是与新儒家思想真正发展无关的。我们要能看出儒家思想与科学的息息相关处，但又要能看到两者的分界处。"[②] 在贺麟看来，儒家学问属于道德性命之学，若是以优生学解释儒家的早婚主张、以心理学解释儒家的纳妾制度、以物理学或化学解释《易经》中的阴阳观念，不仅会闹笑话，而且必然会伤害儒家思想。概言之，在科学认知范式用于认知、理解中国传统哲学而获得一定成就并春风得意的时候，对于科学认知范式应用的限度必须有清醒的认识和谨慎的态度。

3. 解释结论的相对性

所谓"解释结论的相对性"，是指在关注科学认知范式对中国传统哲

[①] 牟宗三：《中国哲学十九讲》，上海古籍出版社2007年版，第26页。
[②] 贺麟：《儒家思想的新开展》，《贺麟选集》，吉林人民出版社2005年版，第133页。

学的误读与伤害的同时，也不能绝对否定科学认知范式的作用和价值。其一，科学认知范式对某个概念或命题进行解释并不意味着此概念或命题的性质就彻底丧失了，就不再有原来的文本。事实上，就个别的解释实践言，被理解的概念或命题或会遭到误读与伤害，但这种误读与伤害是相对的，因为这种误读与伤害并不意味着被理解的概念或命题丧失了，也不意味着所有读者都被误导了，因为文本可以复制，解释也可重复和交叉，因此，不能因为科学认知范式存在误读与伤害的情形，就否定科学认知范式的价值。比如，对"道"的理解，虽然理解为量子力学原理并不合乎"道"的本有意涵，但这种理解并不能从根本上垄断"道"的意义，更不能摧毁"道"的意义，其作为可解释的概念仍然存在，其他主体仍可做其他方向的解释。再如，对"阴阳"的解释，阴阳概念本来就没有"互补原理"的自觉，这种理解并不是"阴阳"概念的最贴切的解释，但这并不意味着"阴阳"概念其他方向的解释就绝断了。因此，科学认知范式对中国传统哲学的理解，虽然存在与中国传统哲学本义不相符的科学化倾向，从而造成对中国传统哲学概念或命题的误读、误解，但这并不意味着中国传统哲学概念或命题前途的断送。

其二，科学认知范式对传统哲学价值或精神的伤害是相对的。因为科学认知范式的理解只是众多解释的一种，只是从科学的角度解释哲学概念或命题，它并不排斥其他方法如唯物认知范式、人文认知范式的解释，而且，这种解释也是可以重复的、交叉的，因而健康的态度是宽容并尊重这些解释，正是这种解释的宽容性，给最好的、最有价值的、最可能被人们选择的解释创造机会，这就是所谓的"解释的人民性"。比如，对"心"的解释，将陆九渊的"心"解释为心理学的"心"肯定是不相契的；而将"良知"改变为通过感觉获得的知识或公理，也是与孟子、阳明的"良知"完全不符的。即便如此，这种理解也不意味着陆九渊的"心"、孟子的"良知"不复存在，因为记录"心"与"良知"的文本仍然存在，仍然存在其他向度关于"心""良知"的解释，更重要的，是它作为人之内在善体的存在。因此，科学认知范式对于传统哲学概念或命题的解释结论是相对的，这种相对性理解不仅是科学的，而且是人文的。所以，科学认知范式在被用于认知、理解中国传统哲学实践中所出现的消极现象，必须给予客观的分析与评判。

其三，科学认知范式应用于中国传统哲学的实践中需要注意的问题。比如，科学认知范式在解释中国传统哲学概念或命题时，不同学者的理解会出现矛盾的现象，同是以科学认知范式对同一个概念或命题进行认知和理解，但所得出的结论却相反。比如，胡适与张东荪对"考据"的理解，胡适认为其中有科学精神、科学理性，张东荪则认为至多算是"历史方法"。比如，将"绝圣弃智"作为中国传统哲学不能发展出科学原因之一，但显然，"绝圣弃智"只是道家的基本主张和理念，不能代表中国传统哲学的整体。另外，在我们考察、分析科学认知范式对中国传统哲学理解的实践中，科学精神、科学思想、科学原理、科学方法、科学成果等都被用作认知、理解和评价中国传统哲学的坐标，然而，无论是科学认知范式正面地输送"科学精华"给中国传统哲学，还是消极地否定中国传统哲学以补充"科学元素"，其对中国传统哲学的"气质"的作用或意义是怎样的？应给予怎样的评价？虽然本章已讨论过这个问题，但还是不得不再次提及，这不仅因为中国传统哲学性质的特殊性，更因为哲学与科学的差异性。因此，在科学认知范式应用于认知、理解和评价中国传统哲学的实践中，中国传统哲学的"科学向度"的可能性与合法性，也许是值得我们进一步深入思考的课题。

第四章 人文认知范式与中国传统哲学

如前所述,在西方哲学输入中国的大潮中,除了马克思主义思潮、科学主义思潮之外,另一种强劲的思潮就是人文主义。人文主义与马克思主义、科学主义一样,并不是来中国旅游和休闲的,它照样有着强烈的使命。而在中国学者眼里,人文主义不仅是一种精神,更是一种方法。那么,人文认知范式应用于理解和评价中国传统哲学的具体情形究竟如何呢?其对中国传统哲学表现了怎样的意义?又给我们留下了哪些有益的启示?

第一节 人文认知范式与哲学概念和命题

在20世纪中国哲学史中,作为理解中国传统哲学的坐标与方法,不仅有唯物认知范式,不仅有科学认知范式,而且有人文认知范式。在以人文认知范式为坐标与方法理解中国传统哲学的实践中,许多概念和命题也接受了人文认知范式的"严格检阅",经受着人文认知范式热情的"锤炼"与"洗礼",人文主义为认知中国传统哲学中概念与命题提供了"人文的"视角。因而我们期待领略人文认知范式在理解中国传统哲学概念和命题的实践中呈现的风采。

一 人文认知范式视域下的哲学概念

中国传统思想中是否存在蕴含着人文精神、人文思想、人文方法的概念?这个问题在西方人文主义引入中国之前,并没有受到关注,更谈不上发掘与整理。但进入20世纪,由于西方人文主义的特殊精神与气象受到了中国学者的青睐,他们急切地、热情地关注、追求人文主义,其表现之一,就是回到中国传统思想中寻找与人文主义精神、人文主义思想、人文主义方法类似的内容。

1. 天命

"天命"是中国传统哲学中的基本范畴之一,几乎所有哲学学派都会讨论"天命",但在不同学派或哲学家思想中,"天命"的内涵不尽相同,因而考察以人文认知范式为坐标与方法来理解"天命"必须是有针对性的。

王国维认为,人本来有意志自由,所以人的命运因人之作为而表现不同,但每个人都生活在特定的时代,而且有地位、身份、才识、技艺等方面的差异,同时受到自然环境的影响,这些都是决定人运命的因素,相应地,便导致某种命运的产生。孔子的"命论"正是这种理论的表现:"孔子欲遵道理,即顺自然之理法,实行吾意志之可成则为善,不可能则守其分,可以进则进,可以退则退,可以行则行,可以止则止……此孔子之'任天主义'也。"① 依此解释,所谓自由意志论,就是指人间意志本是自由的,不受运命的规定和限制,任人主张;所谓宿命论,就是认为宇宙万物都是天所命令者,并且都受天的限制,人虽有意志,决不能自由。王国维据此认为,孔子的"命论"既不是自由意志论,也不是宿命论,而是在"自由意志说"与"宿命论"之间选择"有命说"——"盖孔子明知道德为善,遵之行之,人人必受幸福。然世有盛衰,社会有污隆,行道德者不必获福,故依道德以立命安心。此孔子所以执'自由意志说'与'宿命论'之中庸,即所谓'有命说'是也。"② 为什么孔子的"命论"是"有命说"而非"宿命说"? 王国维针对常常被人质疑的"死生有命,富贵在天"(《论语·颜渊》)作出了解释,他认为这句话无非是说,顺当生之道则生,顺当死之道则死;顺道而得富贵则善,不得则从吾所好而安命,所讲的是循自然之法。这与宿命论所主张的"死生、富贵皆由先天决定"那种完全否定人之主观能动性的观点是不能画等号的。因此,孔子的"宿命说"既不是"极端宿命说",亦不是"极端之自由说"——

---

① 王国维:《孔子之学说》,《王国维哲学美学论文辑佚》,华东师范大学出版社1993年版,第35页。

② 同上。

"比较前所言，则孔子之说，既非极端之宿命说，亦非极端之自由说，盖居于此二者之间，尽吾人力，即顺自然理法之道以行动云为者也。即可进则进，若不能则已，安吾素以乐吾道，极平和之说也。然而后世腐儒等，不能知生生的进化，唯以保守的解释之，亦非夫子之旨也。"① 可见，王国维由孔子关于"命"的论述中发掘出积极向上的抗命精神，并对孔子身后某些儒家消极、颓废的解释提出了批评。既然孔子的"天命"不是取消人的主体性的"宿命论"，也不是肆意妄为的"自由意志论"，而是在掌握自然规律的基础上以"仁"为最高追求，置死生、穷达、荣枯、盛衰等于不顾，其道德实践价值由此而彰："孔子之命，即任天主义。深信自然之理，养绝对之观念，遵一切道理之动静，不问死生、穷达、荣枯、盛衰等，纯反于惯惯之功利快乐主义，故于道德实践上大有价值也。"② 由此可见，王国维以超人的悟性和真诚的生命将深藏于孔子"命论"中之人文精神发掘了出来。

如果说王国维的理解重在揭示"天命"性质的话，那么牟宗三的理解重在阐发"天命"的内涵。牟宗三认为，"天"之降命必须依托"道德"层层下贯才能完成。他说："天的降命则由人的道德决定，此与西方宗教意识中的上帝大异。在中国思想中，天命、天道乃通过忧患意识所生的'敬'而步步下贯，贯注到人的身上，便作为人的主体。因此，在'敬'之中，我们的主体并未投注到上帝那里去，我们所作的不是自我否定，而是自我肯定（Self affirmation）。仿佛在敬的过程中，天命、天道愈往下贯，我们的主体愈得肯定，所以天命、天道愈往下贯，愈显得自我肯定之有价值。"③ 即是说，作为宇宙最高主宰的"天"，它的"降命"是由人的道德决定的，即通过"敬"步步下贯，贯注到人的身上而作为人的主体，所以这个"敬"充分体现了"天命"肯定人主体性的内涵。而当"天命"下降为人之本体，即意味着形而上的、体现价值的、真实无妄的主体的形成。牟宗三说："天命与天道既下降而为人之本体，则人的'真实的主体性'（Real subjectivity）立即形成。当然，这主体不是生物学

---

① 王国维：《孔子之学说》，《王国维哲学美学论文辑佚》，华东师范大学出版社1993年版，第36页。
② 同上。
③ 牟宗三：《中国哲学的特质》，上海古籍出版社2007年版，第15页。

或心理学上所谓的主体,即是说,它不是形而下的,不是'有身之患'的身,不是苦罪根源的臭皮囊,而是形而上的、体现价值的、真实无妄的主体。孔子所说的'仁',孟子所说的'性善',都由此真实主体而导出。"① 就是说,"天命"下降为人之本体,即是人的"真实的主体性"的形成;而且,这种主体是体现价值的、真实无妄的主体,而不是生物学或心理学的主体,儒家的"仁""性善"等极富人文内涵的范畴都由此本体直接导出。既然"天命"需要借助"敬德"下贯到主体身上,那么,"天命"意义之肯定在于"敬德"之功能,也在于人的本体。牟宗三说:"通过'敬德'、'明德'表示并且决定'天命'、'天道'的意义,那是一个道德秩序(Moral order),相当于希腊哲学中的公正(Justice)。然而后者的含义远不及前者的丰富深远。比如,孟子的民本思想,引《尚书》'天视自我民视,天听自我民听'为论据。的确,这两句的意义非常丰富,天没有眼耳等感官,天的视听言动是由人民体现的。换言之,统治者须要看人民,人民说你好,那么表示天亦认为你好,人民说你坏,那么自然天亦认为你坏。因此人民的革命表示统治者的腐败,在统治者的方面来说,是自革其天命。天命的层层下贯于人民,表示一个道德的秩序。人民在敬德和明德之中,得以正视和肯定天道和天命的意义。天道与天命不单在人的'敬之功能'(Function of reverence)中肯定,更在人的'本体'(Substance)中肯定。"② 就是说,"天命"本质上是人民之"命",即"天"的奖惩完全根据人民的意志而行,如果有人不尊天命,也就是不尊重人民的意志,即他拒绝天命,也就形成不了道德的主体性,相反,如果他能接受天命,就意味着接受了人民的意志,就意味着他因接受天命而成为道德的主体,天命也就下贯到他的身上。这就是天道下贯到主体及其效应之秩序。因此,"天命"的意义自是由"敬德"之功能来肯定,尤其由人的本体来肯定。不能不说,在牟宗三的理解中,"天命"的人文内涵不仅被活泼地呈现出来,而且充满着道义正气,即此理解中的人文内涵表现了鲜明的中国特色。

徐复观则以"仁"释"天命",他说:"天是伟大而崇高的客体,性

---

① 牟宗三:《中国哲学的特质》,上海古籍出版社2007年版,第17页。
② 同上书,第16—17页。

是内在于人的生命之中的主体。若按照传统的宗教意识,天可以从上面,从外面,给人的生活行为以规定;此时作为生命主体的人性,是处于被动的消极状态。但在孔子,则天是从自己的性中转出来;天的要求,成为主体之性的要求;所以孔子才能说'我欲仁,斯仁至矣'这类的话。对仁作决定的是我而不是'天'。对于孔子而言,仁以外无所谓天道。他的'天生德于予'的信心,实乃建立于'我欲仁,斯仁至矣'之上。性与天道的贯通合一,实际是仁在自我实现中所达到的一种境界;而'我欲仁,斯仁至矣'的仁,必须是出于人的性,而非出于天,否则'我'便没有这样大的决定力量。"① 在徐复观看来,"天"开始是从外面影响人、关怀人,但自孔子将"天命"归结为"人性"之后,"天"的要求便转换成人的要求,"天"的功能便由"仁"取代,成为弘扬人的主体性、关爱人的生命之伟大观念。

2. 道

在唯物认知范式视域中,"道"的性质或唯物或唯心;在科学认知范式视域中,"道"则被理解为物理学或天文学的某条定律。那么,在人文认知范式视域中,"道"的意涵又有怎样的呈现呢?

方东美认为,"道"是老子哲学体系中的最高范畴,可从四个方面领会它的意思:"(1)就'道体'而言,'道'乃是无限的真实存在实体(真几或本体)。……(2)就'道用'而言,无限伟大之'道',即是周溥万物,遍在一切之'用(或功能)',而取之不尽,用之不竭者。……(3)就'道相'而言,道之属性与涵德,可分两类,属于天然者,与于人为者。前者涵一切天德,属于道,只合就永恒面而观之。……(4)就'道征'而言,凡此种高明至德,显发之而为天德,原属道。而圣人者,道之具体而微者也,乃道体之当下呈现,是谓'道成肉身'。作为理想人格极致之圣人,凭借高尚精神,与对价值界之无限追求与向往,超越一切限制与弱点,故能慷慨无私,淑世济人,而赢得举世之尊敬与爱戴。惟其能够舍己利人,其己身之价值乃愈丰富,'既以予人,己愈有'。惟其能够如此,其己身之存在愈益充实,'是以圣人常善救人,故人无弃人;常善救物,故物无弃物'。由于老子之教,使吾人觉悟到,尽性之道

---

① 徐复观:《徐复观文集》第三卷,湖北人民出版社 2002 年版,第 99 页。

端在勤做圣贤功夫。而人之天职即在于孜孜努力、精勤不懈,俾其实现。故凡能有以挺然自立于天壤之间者,其所必具之条件,即内圣之精神修养功夫也。"① 所谓"道体"就是无限的真实存在本体,这个无限真实的"道体"必须"遍在一切",以体现其价值,这就是"道用";这个无限真实的"道体"之属性与涵德,可分为"天然"与"人为"两种,即所谓"道相";这个无限真实的"道体"之"高明至德"必须体现在人的精神里,这叫"道成肉身",获得并内化了"道体"之"高明至德"者自然就是圣人。换言之,圣人即是"道体"的当下呈现,其可超越一切限制和弱点,慷慨无私,淑世济人。可见,在方东美笔下,由"道体"到"道用",由"道用"到"道相",由"道相"到"道征",所展示的是"道"从自然到人文、从本体到末用、从形上到形下的发展过程,是本体之大德具体化、存在化的过程。"道"之大德落实,即是圣人的出现;而由"道体"之大德到成就圣人,却需要孜孜努力、精勤不懈的圣贤工夫。因而,"道"既是万物开始,又是万物归终——"致虚极,守静笃。万物并作,吾以观复。夫物芸芸,各复归其根。归根曰静,静曰复命。复命曰常,知常曰明。不知常,妄作凶。知常容,容乃公,公乃全,全乃天,天乃道,道乃久,没身不殆。"(《老子》十六章)方东美引申说:"道为命运的最后归趋,万物一切的创造活动在精力发挥殆尽之后,无不复归于道,藉得安息,以涵泳于永恒之法相中,成就于不朽之精神内。自永恒观之,万物一切,最后莫不归于大公、平静、崇高、自然……一是以道为依归,道即不朽。"② 因此,"道"不应该成为循环、守旧、消极的代名词,而是创造生命的源泉与运动,"道"凝集了所有优秀品质。不难看出,方东美从宇宙本体的高度定位,分析"道"价值落实的路径,判断"道"之理想世界内涵,从而展示并肯定"道"之毫无偏私的关怀精神。

陈鼓应在很大程度上继承了方东美的理解方向,但更为具体。他认为"道"的人文主义思想主要表现在三个方面:其一道是人事价值的根据。

---

① 方东美:《原始儒家道家哲学》,台湾黎明文化事业股份有限公司2006年版,第218—221页。

② 同上书,第273页。

陈鼓应说:"'道'作为万物的本根意涵对于老庄而言,不只是具有生成之根源义,更意味着道是人事价值的根源。亦即人间的一切制度、君王的行事作为,皆以道作为价值的依据,例如《老子》五十一章言:'道生之,德畜之,物行之,势成之,是以万物莫不尊道而贵德。'老子所谓的德,即是指道内在于事物的价值依据。……正是作为价值的根源这一点,体现出道的本根性所具有的人文意义。"[1] 就是说,"道"不仅是万物本原,更是善的源头,因而人间万事万物之价值根据都来自"道"。其二道是无为创生的方式。陈鼓应认为,"道"不主宰、不干涉万物生长的特质,正体现了一种不干涉百姓,让百姓以其自然之性生存活动的政治思想,这种政治思想正是老子无为思想的体现,也是道的创生性所含蕴的价值。《老子》言:"道常无为,而无不为。侯王若能守之,万物将自化。"(《老子》三十七章)陈鼓应分析说:"这里指出君王应依据道不干涉、不主宰的无为特质,'以百姓心为心',让百姓得以顺其自性而生活。另外老子于五十七章亦言:'我无为而民自化,我好静而民自富,我无欲而民自朴。''无为'、'好静'、'无事'、'无欲'皆意指君王不以己意主导人民的无为思想,而'自化'、'自正'、'自富'、'自朴'则意指人民得以展现其生命之本真。在老子的思想中,道创生万物实际上是让万物自行生长发展,这种开放性也正是老子所谓的'玄德'。而道任万物自行发展的特质,乃延伸至政治上君王让百姓得以实现其生命之本然。这种不加干涉、不加主宰的开放性,正是道的创生性所体现出的人文意涵。"[2] 在陈鼓应看来,"道"创生万物体现了"无为"的态度,任万物自行生长、发展而不干涉限制,这正是"道"的创生性所体现出的人文意涵。其三道是生命实践的境界。陈鼓应指出,道家之"道"都具有作为人最终实践的生命境界意义,这种境界指向天人合一的精神。陈鼓应说:"老子的'人法地,地法天,天法道,道法自然。'(第二十五章)正体现人取法于道并以实践道的内涵为生命实践的最终境界。对于庄子而言,生命的实践在于达到如大鹏展翅般的逍遥。这需要生命的层层转换。无论《人间世》'心斋'的从'无听之以耳'到'无听之以心'再到'听之以气'的层

---

[1] 陈鼓应:《道家的人文精神》,中华书局2012年版,第106—107页。
[2] 同上书,第108页。

层转化，还是《大宗师》中'坐忘'的层层'忘'，或是女偶层层'外'的工夫，这些都是让生命最终达至逍遥境界，亦即道德境界。然而庄子道德境界不是远离人间，不是高高在上作为信仰的崇高对象或思辨探求的绝对真理，而是可以在真实生活中实践而出的真实境界。《天下》在论及庄子的境界时言：'独与天地精神往来而不敖倪于万物，不遣是非，以与世俗处。'正呈现出庄子境界之论中的人文精神。"[1] 就是说，"道"是生命实践的境界，无论是老子的"道法自然"，还是庄子的"心斋""坐忘"，都是追求生命的最高境界——逍遥境界。换言之，老子、庄子关于"道"的描述虽然玄妙莫测，但不仅没有远离人间，反而是对人间的深切忧虑与关怀。总之，对陈鼓应而言，"道"不仅是万物价值的根源，不仅是无为创生的方式，更是生命实践的境界，"道"之丰富、深刻的人文内涵也由此绽放。

3. 诚

在唯物认知范式视域中，"诚"被理解为主观唯心主义、神秘主义，给我们呈现的是一张可恶的面孔。那么，在人文认知范式视域中，"仁"能否给我们一张"阳光帅气"的面孔呢？我们拭目以待。

王国维认为，子思提出的"诚"，本是用来形容孔子的"仁"的，但明显有了子思的印记。王国维说："孔子之'仁'，伦理的概念也，圣人之本能也。……子思以'诚'之一字形容之，更进而以'诚'为各人之本性。苟人率其性而行，则行而无不正。故曰：'天命之谓性，率性之谓道。'（《中庸》）是以彝伦存于人之天性中。后世儒教哲学之根本全在于此。然《中庸》于思索之途径，不止于此。以为人之性质之动而合于彝伦也，恰如鸢之飞，鱼之跃，此等皆自然而能然者。寻其所以然之源，则由于'诚'之发现。故一切万物，'诚'而已矣，故曰：'诚者物之终始，不诚无物。'而'诚'者是一而非二，有性而无量。自其为万物之根本观之，与叔本华之'意志'相似，故曰：'洋洋乎发育万物，峻极于天。'而诚又非盲目的活动，而有智力的成分者也，故曰：'至诚之道，可以前知。国家将兴，必有祯祥；国家将亡，必有妖孽。见乎蓍龟，动乎四体，祸福将至，善必先知之，不善必先知之，故至诚如神。'诚，绝对也，不

---

[1] 陈鼓应：《道家的人文精神》，中华书局2012年版，第110—111页。

变也，无始终也，常活动也，故曰：'故至诚无息，不息则久，久则征，征则悠远，悠远则博厚，博厚则高明。'而诚者一切万物之本性，又人之本性也。"① 这样看来，王国维所理解的"诚"有三层含义：一是万物之本性、本体，即认为"诚"的道德内涵借助本体的规定而为万物之性，因此人若因"诚"而行，便无不正；二是一种智力活动，即认为"诚"具有预知未来的能力，可以预见国家的兴亡、祸福的起灭；三是一种永不停息的生命活动，即认为"诚"是生生不息的生命，从作万物本根的角度看，"诚"与叔本华的"意志"相似，具有发育万物之功能。总之，在子思这里，"诚"在伦理意义基础上增加了宇宙根本义，并成为物之本性，伦理的"诚"与哲学的"诚"合而为一了，"诚"被发展为内含道德关怀的本体。王国维说："由此观之，子思以有伦理的意义之诚，为宇宙之根本主义，因之为各物之本性。故自子思目中观之，伦理的法则与物理的法则、生理的法则，皆同一也。自其发现之方面言之，虽千差万别，然求其根本，则无出于诚之外者。"②

与王国维专注于"诚"之文本意义之显发不同，贺麟更倾向于由人文学科的视角去理解、阐发"诚"。贺麟说："所谓诚，亦不仅是诚恳、诚实、诚信的道德意义。在儒家思想中，诚的主要意思是指真实无妄之理或道而言。所谓诚，即是指实理、实体、实在或本体而言。中庸所谓'不诚无物'，孟子所谓'万物皆备于我矣，反身而诚'，皆寓有极深的哲学意蕴。诚不仅是说话不欺，复包含有真实无妄、行健不息之意。'逝者如斯夫，不舍昼夜'，就是孔子借川流之不息以指出宇宙之行健不息的诚，也就是指出道体的流行。其次，诚亦是儒家思想中最富于宗教意味的字眼。诚即是宗教上的信仰。所谓至诚可以动天地泣鬼神。精诚所至，金石亦开。至诚可以通神，至诚可以前知。诚不仅可以感动人，而且可以感动物，可以祀神，乃是贯通天人物的宗教精神。就艺术方面言，思无邪或无邪思的诗教即是诚。诚亦是诚挚纯真的感情。艺术天才无他长，即能保持其诚、发挥其诚而已。艺术家之忠于艺术而不外骛亦是诚。"③ 就是说，

---

① 王国维：《子思之学说》，《王国维哲学美学论文辑佚》，华东师范大学出版社1993年版，第74页。
② 同上。
③ 贺麟：《儒家思想的新开展》，《贺麟选集》，吉林人民出版社2005年版，第135页。

从哲学方面看,"诚"是实理、实体、实在或本体,作为本体的"诚"具有真实无妄、健行不息等意涵;从宗教方面看,"诚"是一种信仰,虔诚之情可以感动上帝,内含一种宗教精神;从诗教艺术方面看,"诚""无邪思",是诚挚的情感,表现为对艺术的忠诚。换言之,"诚"在哲学上是宇宙万物的本体,在宗教上是对所有生命的关怀,在诗教艺术上是人品质的教化与提升,因此,"诚"之人文意义不仅可由哲学体现与落实,也可由宗教、艺术体现与落实。

4. 仁

"仁"虽然是儒家的核心观念,但在不同儒家学者思想中的内涵并不完全相同,因而考察以人文认知范式认知、理解和评价"仁"的情形,必须根据学者们具体的认知和理解实践进行。

王国维将孔子的"仁"理解为平等、圆满、生生、绝对之观念。他说:"夫'仁'为平等、圆满、生生、绝对的之观念。自客观的观之,即为天道,即自然理也,实在也。自主观的解之,即具于吾性中者也。其解虽有异,至究竟则必须此两者合而为一,始能至无差别绝对之域。故仁之观念为生生之理,普遍于万物,不能为之立定义也。"① 就是说,从客观的角度看,"仁"是自然之理;从主观的角度看,"仁"是民人之性,从而成为贯通天道与人道之血脉,因而"仁"是创生万物的源泉。那么,怎样才能达到平等、圆满、生生、绝对之"仁"境界呢?王国维说:"至其绝对的仁,则非聪明睿知之圣人,不易达此境。欲进此境,必先实践社会的仁。社会的仁,忠恕是也。故欲进绝对之境,不可不自差别之境进也。故仁自其内包观之,则为心之德,而包括一切诸德;然自其外延观之,则抽象的概念而普通(遍)的形式也。此形式虽不变,其内容则因时与处而殊。故自特别观之,则名特别之仁;自普遍观之,则名普遍之仁。普遍之仁,为平等之观念,包括其他之礼义智信等。特别之仁为特别的狭义之仁,如'智仁勇'之仁是也。"② 就是说,"平等圆满之仁"是普遍的、抽象的,因而要实现这个普遍的"仁",必须经由社会的"仁",

---

① 王国维:《孔子之学说》,《王国维哲学美学论文辑佚》,华东师范大学1993年版,第39页。

② 同上书,第41页。

社会的"仁"就是"忠恕",是具体的。也就是说,实现普遍的"仁"(平等之理想),必须经由层级递进,而作为达到平等"仁"的层级即是特殊的"仁",它包括"智仁勇"等。可见,无论是就内涵上讲,还是从实现方式上,王国维理解的"仁"都是人文主义的。

与王国维相比,熊十力比较关注"仁"的"自由"义。他说:"自由者,非猖狂纵欲,以非理非法破坏一切纪纲可谓自由也;非颓然放肆,不自奋、不自制可谓自由也。西人有言,人得自由,而必以他人之自由为界,此当然之理也。然最精之义,则莫如吾夫子所谓'我欲仁,斯仁至矣'。言自由者,至此而极矣。夫人而不仁,即非人也;欲仁而仁斯至,自由孰大于是,而人顾不争此自由何耶?"[①] 在熊十力看来,"自由"不是非理性的、无视社会规范的为所欲为,也不是放任自流,而是要以不影响他人自由为前提。照这样的标准,最能表达和体现"自由"精神的是儒家的"仁"。

唐君毅将自由分为八种,这八种包括欲望之自由、立异之自由、保持选择可能之自由、自由权利之自由、社会群体之自由等,而孔子"为仁由己"是最高层次,它包括所有自由,因而自由权利之自由也在其中。唐君毅说:"由己即是由自。孔子首提由己之义。故孔子为中国自由之父。而我们分析各种自由之义,我们亦已见其非归宗于'为仁由己'之自由为人类最高之自由不可。"[②] 为什么说孔子的"仁"包括了"自由权利"观念呢?因为孔子的"仁心"肯定各方面人文之价值,不仅重视个人实现价值的自由,而且是一涵盖个人、国家、社会、天下的超越之心。唐君毅说:"仁心即为个人内在所具之一有普遍性而超越的涵盖其他个人,与家国天下,并情通万物的心。人人可在有一念之仁时,反躬体验,当下实证。……孔子只言'知我者其天乎',默契此中天心人心之合一。董仲舒指出天心一名,宋明儒者以此而言天理良知本心。此皆是既超越而内在,既属个人,而又属于客观宇宙之实在。其中精微广大之义,属专门之哲学,非今之所及。西方所谓上帝,如不自如此之仁心透入,亦毕竟挂空无实。而有此仁心以通天人与人我,涵盖自然与他人及社会,则社会中

[①] 熊十力:《熊十力全集》第四卷,湖北教育出版社2001年版,第367页。
[②] 唐君毅:《人文精神之重建》(二),广西师范大学出版社2005年版,第276页。

各个人之自然权利,亦得依各个人相互之仁心之护持,而有最后保证矣。"① 由于这种超越之心的内容是对所有文化价值的肯定,因而也自然成为权利自由价值的肯定与护持,唐君毅说:"孔子之精神,即兼具对于各方面之人文价值之肯定,重视个人之内在的实现价值之自由,并亦在个人中,认识一具普遍性而超越的涵盖其他个人与国家社会人群之心性。"② 不过,这并不意味着孔子"仁"之自由是完美的,唐君毅说:"孔子思想中并无西方近代之自由权利之观念。中国过去历史文化中,亦缺一君民共认的宪法,以规定君主与政府之权限,兼保障人权。因缺此,故人民虽实际上甚自由,然其自由亦可随时能被执政者所侵犯。如被侵犯,人民毕竟不能本人权尊严之自觉,以加以反抗。我们必须肯定西方之人权观念之价值。我们须承认,在一定范围内有目标的集体的争人权,实是表现正义之一道。尚礼虽比尚法更高,然中国过去只有祖训与六经之教、官职之法与刑律,莫有共认为超临于君主与政府上之国家大法,以确定的保障人权,毕竟有所不足。"③ 因此,对于儒家而言,"自由"仍然是需要丰富发展的课题。但从终极意义上讲,孔子"仁心"不仅是西方自由权利观念的保证,而且完全可以容受西方的自由理念。唐君毅说:"西方之自由权利理论,最后必须归于以自由权利之意义,在于促进人之经济学术宗教等文化活动,而使人得实现各种真美善之文化价值。个人之自由权利之保证,初看在法律舆论;而进一步看,则在他人或社会对于个人之自由权利之承认尊重。"④

在牟宗三看来,"仁"就是真实生命。他说:"仁以感通为性,以润物为用。感通是生命(精神方面)的层层扩大,而且扩大的过程没有止境,所以感通必以与宇宙万物为一体为终极,也就是说,以'与天地合德、与日月合明、与四时合序、与鬼神合吉凶'为极点。润物是在感通的过程中予人以温暖,并且甚至能够引发他人的生命。这样的润泽作用,正好比甘霖对于草木的润泽。仁的作用既然如此深远广大,我们不妨说仁

---

① 唐君毅:《人文精神之重建》(二),广西师范大学出版社2005年版,第307页。
② 同上书,第305页。
③ 同上书,第301页。
④ 同上书,第304页。

代表真实的生命（Real life）；既是真实的生命，必是我们真实的本体（Real substance）；真实的本体当然又是真正的主体（Real subject），而真正的主体就是真我（Real self）。至此，仁的意义与价值已是昭然若揭。"① 就是说，"仁"通过"感通"和"润物"两种方式来实现自我价值或释放自我能量。"感通"是精神生命的扩大，这种扩大没有止境，所以最后与宇宙万物为一体；"润物"则是在感通过程中给人以温暖，甚至引发他人的生命。既然"仁"的作用实际上是成就生命、养育生命，自然可谓真实的生命，而这个真实的生命与天道是相契的，这样，天道便有了落脚点，便成为含有生命内容的范畴。也就是说，"仁"是天道的内在化、具体化，所以"仁"也是真实本体。既然"仁"具有感通、润物的作用，并以此成就生命、发皇生命，那么，"仁"自然就是创生的力量，是创造性本身。牟宗三说："以我这几年来的体悟，孔子的仁，就是'创造性本身'。孔子在《论语》中讲来讲去，对于仁有种种表示。假若我们能综括起来，善于体会其意义，则他那些话头只在透露这'创造性本身'。谁能代表这创造性本身？在西方依基督教来说，只有上帝。孔子看仁为宇宙万物之最后的本体，它不是附着于某一物上的活动力。这'创造性本身'，后来又说为'生命之真几'。"② 孔子创立"仁"这个内在的根以遥契天道，从此"性"与"天道"便不至于挂空或悬空地讲论。

在这里，"仁"无论是理解为平等、圆满、生生、绝对之观念，还是理解为"自由"，抑或理解为"真实生命"，都是人文主义的。

5. 理

在唯物认知范式视域中，"理"被理解为客观唯心主义；在科学认知范式视域中，"理"被理解为"理性"或"理由"。当然，这两种理解也是针对不同哲学家的"理"而言的。那么，在人文认知范式视域中，"理"会有怎样的意涵呢？

王国维曾将"理"解释为理性之理和理由之理，而且肯定"理"主要属于知识论范畴。但他并不否认"理"的伦理内涵，他说："'理'之有伦理学上之意义，自《乐记》始。《记》曰：'人生而静，天之性也。

---

① 牟宗三：《中国哲学的特质》，上海古籍出版社2007年版，第30页。
② 同上书，第88页。

感于物而动,性之欲也。物至知知,然后好恶形焉。好恶无节于内,知诱于外,不能反躬,天理灭矣。夫物之感人无穷,而人之好恶无节,则是物至而人化物也。人化物也者,灭天理而穷人欲者也。'此天理对人欲而言,确有伦理上之意义。"① 就是说,作为与"欲"相对的范畴,"理"是对"欲"的节制与引导,使"欲"不至膨胀而导致人之物化,直至伤害社会。这样的"理"当然属于伦理的"理"。王国维指出,《乐记》中的"理"与孟子讲的"大体"具有同样的意涵:"然则所谓'天理'果何物欤?案《乐记》之意,与《孟子》小体大体之说极相似。……今援《孟子》之说以解之曰:'耳目之官不思,而蔽于物,物交物则引之而已矣。心之官则思,思则得之,不思则不得也。此天之所与我者,先立乎其大者,则其小者不能夺也。'由此观之,人所以引于物者,乃由不思之故。而思(定概念之关系)者,正理性之作用也。然则《乐记》之所谓'天理',固指理性言之,然理性者,知力之一种。故理性之作用,但关于真伪,而不关于善恶。然在古代,真与善之二概念之不相区别,故无足怪也。"② 在孟子这里,"理"即"大体",这个"大体"是对"小体"(感官欲望)的控制和引导,自然有它的理性意义,但这个"理性"的功用与目标是制欲向善,因而是"道德理性",所以孟子的"大体"仍然是伦理意义之"理"。不过只有到了宋代以后,"理"之伦理意义才表现得完整,如二程说:"人心莫不有知,惟蔽于人欲,则亡天理矣。"(《河南程氏遗书》卷十一)王国维评论道:"于是'理'之一字,于形而上学之价值(实在)外,兼有伦理学上之价值(善)。"③ 虽然此时的"理"有了形而上学的意义,但伦理价值更为凸显。特别是朱熹、戴震的相关论述,尤可体会到"理"伦理学意义之厚度。他说:"惟朱子与国朝婺源戴氏之说,颇有可味者。朱子曰:'有个天理,便有个人欲。盖缘这个天理,须有个安顿处,才安顿得不恰好,便有人欲出来。'又曰:'天理人欲,分数有多少。天理本多,人欲也便是天理里面做出来。虽是人欲,人欲中自有天理。'戴东原氏之意与朱子同,而颠倒其次序而言之曰:'理

---

① 王国维:《释理》,《王国维学术经典集》(上),江西人民出版社 1997 年版,第 29 页。
② 同上。
③ 同上。

也者，情之不爽失也。'又曰：'天理云者，言乎自然之分理也。自然之分理，以我之情，絜人之情而无不得其平是也。'朱子所谓'安顿得好'，与戴氏所谓'絜人之情而无不得其平'者，则其视理也，殆以'义'字、'正'字、'恕'字解之。于是'理'之一语，又有伦理学上之价值。其所异者，惟朱子以理为人所本有，而安顿之不恰好者，则谓之欲；戴氏以欲为人所本有，而安顿之使无爽失者理也。"① 如此，自宋以降，"理""欲"二字便成为伦理学上对立的两大概念，而"理"所代表的就是"善"，是对"欲"的监督与控制，从而对人"心"的安顿扮演着积极的角色。

与王国维发掘、肯定"理"之伦理学意义不同，胡适发现了"理"的平等含义。胡适说："'君之视臣如手足，则臣视君如腹心。君之视臣为犬马，则臣视君如国人。君之视臣如土芥，则臣视君如寇仇。'从这类的讨论中，我们不禁要觉察到人文主义的精神、合理的精神以及自由政治批判的精神。这种精神，就使孟子成为人类历史上民主政治的最早也许是最大的哲学家。"② "君之视臣如手足，则臣视君如腹心；君之视臣为犬马，则臣视君如国人；君之视臣如土芥，则臣视君如寇仇。"这段话放在宋明儒学中也就是"理"，而胡适从这个"理"中觉悟到了人文主义精神、合理精神以及自由政治批判精神。顺着这样的思路，宋明儒学中的"理"自然可获得积极意义的理解。胡适说："宋儒之学，以天理为根本观念。大程子说：'吾学虽有所传授，天理二字却是自家体会出来。'程子以下，一班哲学家把理看作'不生不灭'，看作'如有物焉，得于天而具于心'（朱子说：'理在人心，是谓之性。心是神明之合，为一身之主宰。性便是许多道理，得之天而具于心者。'）。于是这个人静坐冥想出来的，也自命为天理；那个人读书傅会出来的，也自命为天理。因此宋明的道家又称为理学。理学的运动，在历史上有两个方面，第一是好的方面。学者提倡理性，以为人人可以体会天理，理附着于人性之中；虽贫富贵贱不同，而同为有理性的人，即是平等。这种学派深入人心之后，不知不觉

---

① 王国维：《释理》，《王国维学术经典集》（上），江西人民出版社1997年版，第29—30页。
② 胡适：《中国思想史纲要》，《胡适学术文集·中国哲学史（上）》，中华书局1998年版，第518页。

地使个人的价值抬高，使个人觉得只要有理可说，富贵利禄都不足羡慕，威武刑戮都不足畏惧。理既是不生不灭的，暂时的失败和压制终不能永远把天理埋没了，天理终有大白于天下的一日。我们试看这八百年的政治史，便知道这八百年里的智识阶级对政府的奋斗，无一次不是揭着'理'字的大旗来和政府的威权作战。"① 对胡适而言，"理"负载了宋明儒家的信念，这个信念就是人人平等，肯定人的价值。因而这个"理"也就成了新儒家反抗专制的武器，胡适说："天地间唯理与势最尊，理又尊之尊也。庙堂之上言理，则天子不得以势相夺。即相夺，而理则常伸于天下万世。（吕坤：《语录》，焦循《理说》引）我们试想程子、朱子是曾被禁锢的，方孝孺是灭族的，王阳明是廷杖后贬逐的，高攀龙是自杀的，——就可以知道理学家在争自由的奋斗史上占的重要地位了。在这一方面，我们不能不颂赞理学运动的光荣。"② 不过，"理"也有反人文的方面，胡适说："理学家把他们冥想出来的臆说认为天理而强人服从。他们一面说存天理，一面又说去人欲。他们认人的情欲为仇敌，所以定下许多不近人情的礼教，用理来杀人，吃人。譬如一个人说'饿死事极小，失节事极大'，这分明是一个人的私见，然而八百年来竟成为天理，竟害死了无数无数的妇人女子。……八百年来，'理学先生'一个名词竟成为不近人情的别名。理与势战时，理还可以得人的同情；而理与势携手时，势力借理之名，行私利之实，理就成了势力的护身符，那些贞屈含冤的幼者弱者就无处申诉了。八百年来，一个理字遂渐渐成了父母压儿子，公婆压媳妇，男子压女子，君主压百姓的唯一武器；渐渐造成了一个不人道、不近人情、没有生气的中国。"③ "理"之对人欲的禁止，"理"之等级意识，都表现出了反人文性的特质。可见，胡适不仅发掘了"理"所内含的人文主义思想元素，而且分析了"理"与人文主义精神相悖的一面，从而使"理"的人文内涵得以更全面的呈现。

6. 心

在唯物认知范式视域中，"心"被理解为主观唯心论或主观唯意志主

---

① 胡适：《戴东原哲学》，《胡适学术文集·中国哲学史（下）》，中华书局1998年版，第1025页。

② 同上书，第1026页。

③ 同上。

义；在科学认知范式视域中，"心"被理解为脑神经组织和思维活动的器官。这都是针对陆九渊、王阳明的"心"而获得的结论。那么，在人文认知范式视域中，陆、王的"心"又有怎样的意涵呢？

唐君毅认为，人若自躯壳起念，不仅使人千方百计维持此一躯壳，而自私纵欲，而且使人自身观心而不能自心观心，从而不识心之所以为心。而陆九渊的"心"即是"心""理"无间、"心""物"无间、"心""事"无间，是本心的呈现，是"心"的自我照察与监督。他说："此实洞明'心'与'理'及'心所接之宇宙万物'与'对万物所为之事'之合一之无间之言也。象山此种言心与理合一、心与宇宙合一、及宇宙内事与己分内事合一之言，唯待吾人之直接就本心之呈现以观此心，乃能直下契合。"① 因而陆九渊的"心"就是要觉悟"心与理合一、心与宇宙合一及宇宙内事与己分内事合一"之义，从而发挥"戒除人自躯壳起念"之功能，唐君毅说："吾人实不当本此心之有未真呈现其自己之本心之时，以观此心之所以为心，则亦不当以身观心；而唯当自心能自呈现其本心，以为身之主之时，以观此心。在心自呈其现本心，以为身之主时，即此心同时自见其为清明在躬，志气如神，而为性理所充实之时。"② 也就是说，唐君毅通过对陆九渊关于"心"与"理""物""事"关系主张的分析，揭示"心"之破除躯壳之念的力量，亦即破除私欲的力量。

方东美认为阳明的"心"是"价值的最高统会"，他说："心也者，价值之统会也。至善者，充分发显于天命之性，其灵昭不昧者，是乃心之本体，而即所谓直觉、良知也。故径由自明其明德，至善即当下呈现于人心内在之最精微深处。"③ 而作为"价值的最高统会"，既是克己守理而不为物所役的，也是明明德于事物而不离生活的。方东美说："固充分呈现于吾心，同时，亦呈露于遍在万有之'心体'，而为一切万有之所同具者。斯义预涵两大要旨：一，人心存乎天理，专一守己，而非逐物，故能不役于外物；二，确信'至善是心之本体，只是明明德而至精至一处便

---

① 唐君毅：《中国哲学原论·导论篇》，中国社会科学出版社2005年版，第314页。
② 同上书，第315页。
③ 方东美：《中国哲学精神及其发展》（下），台湾黎明文化事业股份有限公司2006年版，第139页。

是，然亦未尝离事物'。是为存在与价值合一，性天不二。"①

阳明说："何谓身？心之形体，运用之谓也。何谓心？身之灵明，主宰之谓也。何谓修身？为善而去恶之谓也。吾身自能为善而去恶乎？必其灵明主宰者欲为善而去恶，然后其形体运用者始能为善而去恶也。故欲修其身者，必在于先正其心也。"（《大学问》）根据这段文字，劳思光将阳明的"心"理解为"道德自觉能力"：""吾身'是一形体，为'吾心'所运用，而'吾心'是灵明而能主宰者。再以'为善而去恶'说'修'字，于是所谓'修身'者，是'吾心'使'吾身'为善去恶，并非'吾身'自己为善去恶；此处初步透露阳明对自觉能力的肯定。"② 就是说，由"心"与"修身"关系看，"心"既是"身的主宰"，也是"使身为善而去恶者"，换言之，"心"是使能够"为善去恶"的主体力量。

陈来认为，若依康德道德哲学，阳明的"心"首先是一个道德主体概念。他说："源于孟子的这个本心观念，是指完全独立于感性欲念，没有任何感性欲望染乎其间的先验的主体，整个孟学，从孟子到王阳明，都是极力肯定、保护这一基本观念。这样一个观念，由于排斥了感性，显然是一个接近理性的观念，这个理性观念着眼于道德领域，所以实际上是一个近于康德所谓'纯粹实践理性'的观念。换言之，在伦理学上，本心是近于康德伦理学中的'道德主体'的观念。……既然阳明哲学中的心主要是指道德主体，用康德的话来说，心就主要不是理论理性，而是实践理性。……心既然是实践理性，它就不以'认识'为目的，而以求得至善为责任，它的任务是确定实践原理究竟是由主体以内的决定原理来决定，还是以主体以外的决定原理来决定。"③ 虽然这个解释显得较为复杂，但无论是"没有任何感性欲望染乎其间的先验的主体"，还是"排斥感性，显然是一个接近理性的观念"；无论是"这个理性观念着眼于道德领域，所以实际上是一个近于康德所谓'纯粹实践理性'的观念"，还是"心既然是实践理性……以求得至善为责任"；直至"它的任务是确定实践原理由主体以内的决定原理来决定"，都反映了阳明的"心"具有道德

---

① 方东美：《中国哲学精神及其发展》（下），台湾黎明文化事业股份有限公司2006年版，第136页。
② 劳思光：《新编中国哲学史》三卷上，广西师范大学出版社2005年版，第322页。
③ 陈来：《有无之境——王阳明哲学的精神》，人民出版社1997年版，第34—35页。

性、主体性、自觉性,即是人自我完善的道德力量之源泉。

概言之,无论是唐君毅理解为"戒除人自躯壳起念"之功能,还是方东美理解为"价值的最高统会",无论是劳思光理解为"为善去恶"的主体力量,还是陈来理解为"主体以内的决定原理",都是"心"之人文主义精神的体现。

7. 和

"和"在中国传统哲学中有其特殊的地位,无论哪个学派都会讨论"和",尤其是儒家,对"和"概念有许多精辟的论述。比如,"和实生物,同则不继",比如"君子和而不同,小人同而不和",等等。那么,在人文认知范式视域中,"和"会呈现怎样的意涵呢?

张立文认为,"和"就是综合、融合不同的观点和意见,他说:"鼓励从各个不同的角度及层面提出各种不同、冲突的意见,而后加以综合、融合,使方案、设想得以完善,这就是'和'。这样政令不违礼制,人民也不会违犯政令,政明民和,社会健康无病。"[①]具体言之则是:"'和而不同'是尊重各种不同意见和利益,不因不同意见、政见而结党营私,危害自己、国家和人民。一个家庭内有大人小孩、男人女人不同,一个国家有地方与中央、众多民族的不同,'和'就是要尊重其各不相同,各得其所地和睦相处。"[②] 在这里,张立文所理解的"和"就是多元性、包容性,就是对不同声音、不同利益的宽容与支持。

赵馥洁将"和"当作价值范畴来理解,他说:"儒家的'和'意义是多方面的,就价值评价标准而言,是指人们在进行价值评价时应采取基本原则一致、小的分歧允许的态度。因为'和'的本义就是指不同东西的和谐和统一。它一方面与背离统一原则的'争'相对,所谓'和而不争',另方面与排斥差异因素的'同'相对,所谓'和而不同'。儒家以'和'为评价标准统一的方式,其中贯穿着两点重要原则,一是多种评价标准统一中必须有一种标准处于统治地位,发挥主导作用,这种居统治地位起主导作用的标准就是儒家所主张的价值标准,具体地说就是'三纲

---

① 张立文:《"自己讲"、"讲自己"——中国哲学的重建与传统现代的度越》,北京师范大学出版社2007年版,第105页。

② 同上。

五常'等等,因此,'和'并不是让各种评价标准平分秋色,平起平坐,对其一视同仁,而是要其他标准服从于、受制于儒家标准。二是在坚持基本评价标准一致的前提下,承认和允许其他的评价标准的存在。因此,'和'并不是把一种标准极端化、单一化,而是在基本原则不受动摇的前提下,对其他评价标准采取宽容态度。"① 因此,"儒家所谓'和',不是不承认矛盾对立,而是主张存异求和,在多样性的矛盾差异中实现统一;也不是绝对地排斥斗争,而是主张争之以礼,在和谐有序的关系中开展竞争"②。概言之,就作为价值标准而言,"和"所体现的是对差异的肯定,是对不同价值的包容。

张岂之则认为"和"经由孔子改造而成为人学概念,他说:"孔子继承了'和'、'同'两个概念,将它们改造成为人学概念。他说:'君子和而不同,小人同而不和。'(《论语·子路》)君子有自己的见解,不盲从附和;小人则盲从附和,没有自己的见解。孔子赞赏能够真实表达自己的意见、能够坚持自己看法的人。"③ "和而不同"是指君子,"同而不和"是指小人,君子有自己独立的见解,小人反是,因而"和"便成为衡量人善恶的一种尺码,从而成为关于"人"的观念。

8. 絜矩

"忠恕"出自《论语》:"夫子之道,忠恕而已矣。"(《论语·里仁》)"絜矩"出自《大学》:"所恶于上,毋以使下;所恶于下,毋以事上;所恶于前,毋以先后;所恶于后,毋以从前;所恶于右,毋以交于左;所恶于左,毋以交于右;此之谓絜矩之道。"(《大学》第十一章)由于学者习惯将"絜矩""忠恕"视为相似内容的概念,而它们的内涵又被理解为"自由",因而这里将"絜矩""忠恕"放在人文认知范式视域下一并考察。在中国哲学史上,"絜矩"的意思是协调人与人关系时应执行的礼节,所谓"絜,犹结也,挈也;絜矩,法也。君子有挈法之道,谓常执而行之,动而不失之。"(郑玄:《论语注》)那么,中国学者是怎样理解"恕"和"絜矩"的呢?

---

① 赵馥洁:《中国传统哲学价值论》,人民出版社2009年版,第38页。
② 同上书,第452页。
③ 张岂之:《中国思想学说史》,广西师范大学出版社2008年版,第235页。

严复说:"中国理道与西法自由最相似者,曰恕,曰絜矩。然谓之相似则可,谓之真同则大不可也。何则?中国恕与絜矩,专以待人及物而言。而西人自由,则于及物之中,而实寓所以存我者也。"① 就是说,在中国传统哲学中,与西方"自由"观念最为接近者就是"恕"和"絜矩"。但仅仅是"相似"而非真同,为什么呢?因为中国的"恕"和"絜矩"不过是待人接物之方而已,而西方"自由"则是于所有事件之中对人的言论、权利、价值、生命的肯定,换言之,西方的"自由"意味着每个人的言论行为是自我的主张。严复说:"斯宾塞《伦理学说公》(*Justice in Plinciple of Ethic*)一篇,言人道所以必得自由者,盖不自由则善恶功罪,皆非己出,而仅有幸不幸可言,而民德亦无由演进。"② 没有"自由"的道德不仅事实上取消了道德上的功罪善恶的根据,甚至无助于民德的进化。因此,只有赋予人以自由,才有履行责任的义务。严复说:"必善恶由我主张,而后为善有其可赏,为恶有其可诛。"③ 严复虽然点出了"恕"和"絜矩"与西方自由的相似性,但他也清楚中国哲学中的"恕"和"絜矩"并没有西方的"自由"那样丰富且深刻的内涵。

唐君毅认为,我之过失行为是因为与他人之情不相合,因此可从阻碍他人之情来思考应怎样改正过失,而我之善行若受阻于他人,则应该由他人的过失来理解我的善行并肯定之。这就是说,若使人我共同明心复性以求善,就必须从双方立场来检讨,而这就是儒家"忠恕之道"或"絜矩之道"的意涵。他说:"吾人欲免于过失之道,最好即是吾人能先设身处地,居于他人之位,以设想吾对之之行为,是否彼所堪受愿受。同时由他人对我之某一行为,乃我所不堪受不愿受,而恶之之处,念吾之不当再以同样之行为施诸他人。此之谓'己所不欲,勿施于人'、'我不欲人加诸我也,吾亦欲毋加诸人'之恕道,亦'所恶于上,毋以使下;所恶于下,毋以事上;所恶于前,毋以先后;所'恶于后,毋以从前;所恶于右,毋以交于左;所恶于左,毋以交于右'之谓絜矩之道。"④ 唐君毅说得清楚明白,所谓"絜矩之道"就是要求:任何人若要免于过失,最好都能

---

① 严复:《论世变之亟》,《严复集》第一册,中华书局1986年版,第3页。
② 严复:《〈群己权界论〉译凡例》,《严复集》第一册,中华书局1986年版,第133页。
③ 同上书,第135页。
④ 唐君毅:《中国文化之精神价值》,广西师范大学出版社2005年版,第164页。

以被伤害人的身份设身处地地去想，以取消伤害他人的行为。那么，这种"恕道"或"絜矩之道"会带来怎样的效果呢？唐君毅说："由恕道或絜矩之道而吾人之存心，即一方直接超越我之自己，而透入对方；以人之情勘定自己之情，以己之情度人之情，以自拔于罪恶过失之外。同时亦即对社会上他人之罪恶过失之流行及于我者，一一加以截断，而转化之，为我行善之资。故此恕道，即成为人之求明心复性之切实下手工夫，亦人之求拔除人类社会罪恶，最切近而人人可行之道。"① 也就是说，"絜矩之道"照顾彼此的关怀精神与方式可以促使人们共同提升。

　　徐克谦从个人主义立场对"忠恕""絜矩"进行了解释，他说："儒家要求人们以忠恕之道或絜矩之道来正确处理自我与他人的关系。所谓'忠恕'、'絜矩'其实也就是要求个人与个人之间要根据相互结成的社会关系互相负责、互相承诺，例如'父慈子孝'、'君仁臣忠'、'夫敬妇顺'、'朋友有信'、'富无骄'、'贫无谄'等。而其最概括的表述，就是'己所不欲，勿施于人'。这可以说是儒家个人主义最基本的道德原则，也是儒家个人主义的理想：承认他人跟自己一样都是独立的个体的人，每个人都不强迫他人的意志，故每个人自己的意志也不被强迫；每个人都不损害他人，故每个人也不受损害。更积极一步，则是'己欲立而立人，己欲达而达人'，每个人都从自己'欲立'、'欲达'愿望出发，与他人合作，互相帮助，互相负责，在帮助别人'立'与'达'的过程中，更有效地成就自己的'立'与'达'。这种相互负责的关系既没有片面要求个人牺牲自我，或绝对服从某个虚幻的集体，同时也不容许个人不顾他人为所欲为、不负责任。"② 徐克谦通过与杨墨学说比较，凸显了儒家个人主义的人文意义，指出："早期儒家关于个人与群体关系的观念与杨朱、墨翟的学说形成了对照。杨朱的'为我'将个人从群体与社会分离隔绝，陷于自我封闭；墨家的'兼爱'蔑视个体的权利，要求绝对无私，完全利他，彻底奉献。这两者在孟子看来都是走极端。儒家认为离开了每一个具体的个人和每一个具体的家庭，就没有社会，也就没有群体。所以儒家并不要求人们完全抛弃个人的私人生活去为群体、社会、国家做贡献。相

---

① 唐君毅：《中国文化之精神价值》，广西师范大学出版社2005年版，第164页。
② 徐克谦：《论先秦儒家的个人主义精神》，《齐鲁学刊》2005年第5期。

反，儒家甚至认为基于个人心性需求的私人生活、家庭生活的完善，乃是社会国家稳定完善的基础。所以儒家始终把家庭私情置于很重要的地位，虽提倡天下为公，但并不主张彻底大公无私。"① 在徐克谦看来，"忠恕""絜矩"所关注的是全面的个人与集体的关系，肯定个人在集体中之权利甚至是强调个体的权利是集体兴旺发达的基础。

总体上看，无论是严复的"自由"向度的理解，还是唐君毅"照顾彼此之关怀精神"的理解，抑或徐克谦"个人价值优先"的理解，都是对"忠恕"或"絜矩"人文内涵的凸显。

9. 良知

在唯物认知范式视域中，"良知"被理解为唯心主义的、先验的道德观念；在科学认知范式视域中，"良知"被理解为虚幻的概念而遭到否定，因为"良知"无法通过实验证明。那么，人文认知范式视域中的"良知"会是怎样的意涵呢？

方东美认为，王阳明的"良知"是形而上之直观睿知，此直观睿知发为道德慧见，表现为精察灵明之功，并形成精神力量。他说："良知固不离感官理智，然却既非感官知觉，亦非理智知识。世人恒有智巧精明万分者，特其理智知识方面之精明巧慧，适足以呈现另一种型态之愚不可及。阳明释良知曰：'心之本体，即是天理也；天理之昭明灵觉，即所谓良知也。'无已，余尝以'良心之智慧'（Conscientious Wisdom）一辞诠释之：意指形而上之直观睿知，发为道德慧见，精察灵明，形成精神力量，足以于行动世界，应机处世，无往而不自得，如猫之捕鼠，'一眼看着，一耳听着'，视听、言动、心意等，全神贯注，刹那之间……而真能'上下与天地精神同流'矣。圣人只是顺其良知之发用流行，藉以体认天地万物俱在良知发用流行之中，'何尝又有一物超于良知之外，能作得障碍？'"② 也就是说，"良知"非感觉非理性，而是一种由形而上学的睿智转进的道德智慧，其行动无时空限制，其力量无穷无尽，其精神专心一致，因此，圣人可以根据"良知"的发用流行体认天地万物之情状。

---

① 徐克谦：《论先秦儒家的个人主义精神》，《齐鲁学刊》2005 年第 5 期。
② 方东美：《中国哲学精神及其发展》（下册），台湾黎明文化事业股份有限公司 2006 年版，第 147 页。

牟宗三将孟子、象山、阳明一系视为儒学的正宗，因而对这一派的核心观念"良知"（良心）有深切关注和独到的评论。他说："孟子这样言良知只是就人之幼时与长时而指点，其真实的意指却是在言人之知仁知义之本心。本心能自发地知仁知义，此就是人之良知。推而广之，不但是知仁知义是良知，知礼知是非（道德上的是非）亦是良知。阳明即依此义而把良知提升上来以之代表本心，以之综括孟子所言四端之心。"① 如果说孟子的"四心"是道德元素、道德品质，那么王阳明的"良心"没有任何改变。牟宗三说："良知不只是一个光板的镜照之心，而且因其真诚恻怛而是有道德内容者。此即阳明之所以终属儒家而不同于佛老者。"② 也就是说，"良知"不是被动的，它具有觉察过失、照亮黑暗的能力，牟宗三说："良知是天理之自然而明觉处，则天理虽客观而亦主观；天理是良知之必然而不可移处，则良知虽主观而亦客观。"③ "良知"与"天理"是一，"良知"因为以"天理"为体，所以具有客观性质，此客观性质有助于"良知"影响的强制性与必然性。因此，"良知"不能理解为自然习性，也不能理解为自然本能，而是道德实践的根据，是一切存在之存有论根据，是超越的道德本体。牟宗三说："若谓孟子所说之良知良能，由孩提之童而指点者，乃是自然之习性，或自然之本能，则大悖。此定如康德所说，乃是超越的道德本心。"④ 而这种超越的道德本体以决定是非为本质内容（心无体，以天地万物感应之是非为体），因而"当下即是"。牟宗三说："王阳明所说的良知，本身即是一种呈现。又如孟子所说之'四端之心'，它也是当下即可呈现的；所以王学中的王龙溪喜欢说'当下良知'。如果良知只是一种设准、一种假定，而不能当下呈现，那么讲一大套道德法则，根本就毫无影响力可言。"⑤ 概言之，"良知"的内容是超越的道德本体，"良知"的性质是善，"良知"的功能是判断是非善恶，"良知"的实现方式是当下即是。应该说，牟宗三对"良知"的这些"定义"充分显示了"良知"的人文气质。

---

① 牟宗三：《从陆象山到刘蕺山》，上海古籍出版社2001年版，第152—153页。
② 同上书，第153页。
③ 同上书，第155页。
④ 同上。
⑤ 牟宗三：《中国哲学十九讲》，上海古籍出版社1997年版，第286页。

陈来主要从道德伦理向度展示了"良知"的人文意涵。王阳明说:"尔那一点良知,是尔自家的准则。尔意念着处,他是便知是,非便知非,更瞒他一些不得。"(《王阳明全集》卷三)陈来认为,这说明"良知"不仅是"是非"的标准,也是对意念的监督。王阳明说:"良知只是个是非之心。是非只是个好恶,只好恶就尽了是非,只是非就尽了万变。"(《传习录》下)陈来由此判断"良知"是道德理性与道德情感的统一,他说:"良知作为先天原则,不仅表现为'知是知非'或'知善知恶',还表现为'好善恶恶',既是道德理性原则,又是道德情感原则。良知不仅指示我们何者为是何者为非,而且使我们'好'所是而'恶'所不是,它是道德意识与道德情感的统一。"① 也就是说,"良知"之于道德意识与道德情感都具监督作用,从而成为监视人们意念活动的内在评价体系——"凡意念之发,吾心之良知无有不自知者。其善欤惟吾心之良知自知之,不善欤亦吾心之良知自知之。"(《大学问》)陈来认为,"良知"不仅是是非善恶的标准,不仅是监督意念的岗哨,而且是一种心理体验——"问:'据人心所知,多有误欲作理,认贼作子处,何处乃见良知?'先生曰:'尔以为如何?'曰:'心所安处,才是良知。'曰:'固是,但要省察,恐非有所安而安者。'"② 陈来解释说:"良知在意识结构中的作用,不仅对意念的是非善恶进行判断和评价,而且体现为一定的心理、情感的体验,以强化对人的监督和指导。合于道德法则的思想和行为引起欣慰,违反道德法则的思想和行为则引起羞愧和不安。"③ 这就是说,"良知"的意义不仅是是非准则,不仅是监督裁判,而且是让人反省与检讨的内在力量,在精神上、心理上引导或强制人自觉向善。

总之,"良知"是一个哲学概念而非科学概念,张君劢说:"有些近代心理学派可能将良能或良知解释为本能。可是,在王阳明的思想体系里,良知是个哲学概念,包含意识生活的三方面:知、情、意。"④ 因而不能以科学知识否定之。

---

① 陈来:《有无之境——王阳明哲学的精神》,人民出版社1991年版,第167页。
② 《传习录拾遗》,《王阳明全集》(下),上海古籍出版社1992年版,第1169页。
③ 陈来:《有无之境——王阳明哲学的精神》,人民出版社1991年版,第176页。
④ 张君劢:《新儒家思想史》,中国人民大学出版社2006年版,第269页。

10. 礼

在中国传统哲学中,"礼"既是一个概念,也是一种制度,在儒家经籍中有许多论述,而不同地方的论述内涵不尽一致,因而学者们的理解也是具体的。如下考察以人文认知范式为坐标理解"礼"的情形。

冯友兰认为,"礼"具有丰富深厚的人文主义内涵,他说:"儒家对于不死之问题之注意,可于其对于婚礼之理论见之。儒家对于婚姻之意见,完全注意于其生物学的功用。《礼记》云:'昏礼者,将合二姓之好,上以事宗庙,下以继后世也。故君子重之。'(《昏义》)"① 就是说,儒家对于死的态度可以由婚礼去考察,儒家之所以重视婚礼,在于传宗接代,在于生命的延续。冯友兰说:"结婚生子,造'新吾'以代'故吾',以使人得生物学的不死。本来男女会合,其真正目的,即在于生殖。至于由此而发生之爱情与快感,乃系一种附带的心理情形,自生物学的眼光视之,实无关重要,故儒家亦不重视之。儒家论夫妇之关系时,但言夫妇有别,从未言夫妇有爱也。凡人皆有死,而人多畏死。于是种种迷信生焉。许多宗教,皆以灵魂不死相号召。儒家,至少一部分的儒家,既不主灵魂不死,乃特注重于使人得生物学的不死,及理想的不死之道。旧社会中,人及暮年,既为子娶妻生子,以为自己生命已有寄托,即安然以俟死,更不计死后灵魂之有无,此实儒家思想所养成之精神也。由上所讨论,可知儒家之思想乃人文主义的(Humanistic),积极主义的(Positivistic),并不需渺茫虚幻之假定,而一切根据于事实,此所谓中庸之道也。"② 由于死亡是所有人的宿命,但人人都恐惧死亡,因而希望通过生子实现生命的延续。既然婚礼对儒家而言可以免去人对死亡的恐惧,这就说明儒家的"礼"蕴含了深厚的人文关怀。

唐君毅对"礼"极为赞颂,也对"礼"的人文主义内涵做了精彩的解释。他认为"礼"是尊让、权利之平等。唐君毅说:"礼之精神,包含先承认他人之价值;先承认他人之价值,即先承认他人之权利。故礼与让连。辞让之心,人皆有之。人如果不对于一些权利,至少本一消极的辞让之心,而不加争夺,则人与人互争互夺之结果,即无一人之权利可保持。

---

① 冯友兰:《三松堂全集》第十一卷,河南人民出版社2001年版,第164页。
② 同上书,第164—165页。

而保障人我权利平等之法律，亦无据而立。纵有法律，亦将日日时时有人犯法，而监狱必有人满之患。而孔子之重礼，则是要特别发展人之积极的辞让之心，故教人尊人卑己，先人后己。此即可培养一种对他人之权利，自动先加以承认尊重之态度。此比起立法以消极的保障他人与我之权利之平等，使不相害，正是一更高的精神，此乃人之所以积极的互相护持其权利之一道也。礼之辞让，首为让权利。而最高者为让德。让德者，将己之功德，让与我自己以外之他人。"① 就是说，承认他人的价值，承认他人的权利，"礼让"可以减杀争夺，从而保护人人本有之权利，也是保障人权法律的根据。因此，"礼让"教人尊人卑己，从而积极地肯定人之价值和权利，与法律比是更高的精神。这就是"礼"的人文精神。他认为"礼让"是对人格的尊重。唐君毅说："西方之理想主义哲人，恒只知对于人与我之人格尊严，同加肯定之谓道德，并恒以为有法律保障个人之权利，即可使人人有从事文化活动，实现文化价值之自由。但是他们恒不知，先尊人而卑己之礼让之德，乃与人类原始向上心情最相应之德。唯有礼让之精神，可升举他人之人格之价值。人互尊礼让，以互升举其人格之价值，而后人文社会，乃日进于高明。此孔子礼教之精义。康德、黑格尔之徒，言国家社会之组织，仍止于公平之立法，而不知重中国之礼教。则其所以促进人文社会之进步，与护持人之自由权利之道，尚有一间未达也。"② 在唐君毅看来，由于"礼"所包含的"尊人而卑己之礼让之德"，符合人类原始向上之心情，因而可以升举他人之人格之价值，从而促进人文社会日进于高明。可以说，唐君毅的解释让我们亲切地感受到"礼"之充满人情的关怀与温暖。

郭沫若也将"礼"视为充满人文精神的概念和制度，他说："孔子在春秋末年强调礼制，可以从两点来批判他，一层在礼的形式中吹进了一番新的精神，二层是把'不下庶人'的东西下到庶人来了，至少在精神方面。'礼云礼云，玉帛云乎哉！乐云乐云，钟鼓云乎哉！'他并没有专重钟鼓玉帛等礼乐之外形。'人而不仁如礼何！人而不仁如乐何！'他是把仁道的新精神灌注在旧形式里面去了。'礼与其奢也宁俭，丧与其易

---

① 唐君毅：《人文精神之重建》（二），广西师范大学出版社2005年版，第309页。
② 同上书，第310页。

（治）也宁戚.'（《论语·八佾》）'能以礼让为国乎，何有？不能以礼让为国，如礼何？'（《论语·里仁》）'先进于礼乐，野人也；后进于礼乐，君子也。如用之，则吾从先进.'（《论语·先进》）这些是表现着他的进步精神。野人就是农夫，他们所行的礼和乐虽然是非常素朴，然而是极端精诚。把精神灌注上去，把形式普及下来，重文兼重质，使得文质彬彬，不野不史（'质胜文则野，文胜质则史'），那倒是他所怀抱的理想。这应该也就是他的礼乐并重的根据吧。礼偏于文，乐近于质，他把这两者交织起来，以作为人类政治生活的韧带，这层是他的政治哲理的一个特色，我们是不能否认的。'礼乐不兴则刑罚不中，刑罚不中则民无所措手足'，他是把人文主义推重到了极端了。"[①] 就是说，"礼"在孔子思想中融入了"仁"的内容，"礼"不再仅仅是限制人的规范形式，而转换成"人而不仁如礼何！人而不仁如乐何！"，将仁道的新精神灌注在旧形式里面去了，而且"礼"也下落到普通百姓，虽然非常素朴，然而极端精诚，并能提升人民的素养。由郭沫若的解释看出，"礼"之所以表现为人文精神与人文关怀，一在于融入了"仁爱"，二在于推行于普通百姓之中。

11. 自然

"自然"出自《老子》："功成事遂，百姓皆谓：'我自然'。"（《老子》十七章）"希言自然。故飘风不终朝，骤雨不终日。孰为此者？天地。"（《老子》二十三章）"域中有四大，而人居其一焉。人法地，地法天，天法道，道法自然。"（《老子》二十五章）无疑，在老学研究史上，"自然"被做过各式各样的解释，被赋予不同的含义。那么，在人文认知范式视域中，"自然"的意涵是怎样的呢？

刘笑敢认为，道家的"自然"是一种"人文自然"，这种"人文自然"表现为三个层次：第一，"自然"表达了老子对人类以及人与自然宇宙关系的终极状态的关切。刘笑敢说："老子之自然则是事物存在的一种状态，当我们谈到自然时，可以指自然界的情况，但在更多的情况下，特别是在老子哲学中，自然显然是指与人类以及人类社会有关的状态。道家讲自然，其关心的焦点并不是大自然，而是人类社会的生存状态。所以我

[①] 郭沫若：《十批判书》，《郭沫若全集·历史篇》第二卷，人民出版社1982年版，第96—97页。

们要强调《老子》所讲之自然是人文之自然,而不是自然界之自然。"① 就是说,在老子的语境中,"自然"不属于自然界的自然,而是指与人类以及人类社会有关的状态,这也代表了"自然"的最高价值。其次,"自然"体现了老子对人类群体社会的关切。刘笑敢说:"老子所说的'百姓皆谓我自然'中的自然不是大自然,不是没有人类文明的野蛮状态。人文自然的提法就能比较准确地揭示出老子之自然所涉及的是人类社会的生存状态问题,而不是自然界或没有文明的野蛮状态。"② 由"我自然"可以发现老子的"自然"也是对人群社会的关切,而不是指野蛮状态,这是"自然"价值的第二个层次。第三,"自然"代表了老子对个体生命的关切。刘笑敢说:"我们今天讲到'为'往往包括一切行为,似乎'辅'也是一种'为','无为'就否定了一切作为,圣人就是什么事都不作。但是这显然不是老子的本意。老子显然没有把'辅'当作普通的'弗能为'的'为'而否定掉,也就是说,'无为'的概念并不是要否定一切作为。'辅万物之自然'是圣人的特殊的行为方式,不是一般人的行为方式。'弗能为'和'无为'否定的只是一般人的通常的行为及其行为方式。这里'辅万物之自然'的说法再次说明老子之自然不是什么事都不做,不是没有人类文明的野蛮状态。"③ 在刘笑敢看来,首先是"辅万物",其次"辅万物"是主动的、自发的,不是被迫的,因而可以理解为对个体生命的关切。这样,上述三层次构成了所谓"人文自然原则"。但刘笑敢指出,正义原则虽好,但也存在问题,用什么来解决"正义原则"存在的问题呢?刘笑敢认为人文自然原则可以超越并补充正义等普世价值原则。他说:"强调人文自然的原则高于正义的原则,实际上就是强调人类社会的个体的、群体的、总体的自然和平的发展的原则高于任何正义、正确、以及神圣的等等原则,限制和防止高尚的或卑鄙的领袖人物利用任何美丽的口号破坏人类社会的自然而然的秩序并制造灾难。这里所说的'高于'二字不是替代意义的,也不是'压制'意义的,而是意味着价值的兼容性和超越性,具有补充普世价值并调节多种普世价值之相互作用的

---

① 刘笑敢:《人文自然对正义原则的兼容与补充》,《开放时代》2005 年第 3 期。
② 同上。
③ 同上。

功能。是给各种必要的普世价值提供一种润滑机制,减少不同价值或社会机制之间不必要的摩擦和冲突。这当然不是反对正义、正确或神圣的原则本身,也不是不辨是非的糊涂主义,而是提倡在一切正确的价值和原则之外、之上,还应该考虑到人类的最佳的生存状态,积极地去创造、维护这种状态,至少不要破坏这种状态。这可以避免或减少正面价值的不恰当发展和应用所造成的灾难,限制或避免领袖人物——无论是英雄还是野心家——在正义或神圣等旗帜下将社会推向灾难性深渊。这是人类的长远的整体利益所在。"① 这样,在刘笑敢的理解中,老子的"自然"不仅是人文原则,而且是具有积极价值和强大行动力的原则,它有助于宇宙万物关系的和谐与向上。

刘香莲则从四个方面揭示了"自然"的人文主义意涵。其一,"自然"是"自己如此"的一种状态。她说:"老子把'自然'视为'道'之内在法则、根本的存在方式,肯定'道'的本性就是纯任自然。他强调宇宙、世界、万物完全是按照自然的法则,自己如此的方式存在和运行的。"② 就是说,老子所讲"自然"即谓宇宙万物皆是自然的,人亦应当顺其本来的自然,不可有意作为,如此可以抑制住罪恶和痛苦。其二,"自然"是一种内在本性。她说:"肯定'自然'作为内心本性并加以保持和发展的思想,是老子人文思想的一重含义。人也必须按照符合本性的生活方式生活,实现其自身之价值。若是忘却本性之存在,势必造成人为物役、心为行役、不知反省自身之存在价值,轻易地于日常生活之中迷失了自我,找不到存在之根。"③ 即是说,"自然"必须尊重内心,必须顺应本性,这样就不会被物所役,不会为名所困。其三,"自然"就是真实、质朴的品质。她说:"照老子之观点,最真实的东西就是最自然质朴无华的东西,生命自由地展示着自己的本质,呈现出一种'真'的精神状态,也即老子所谓的'质真若渝'、'无知守真,顺自然也'。"④ 就是说,"自然"意味着去却伪饰,回到本真,人人是他自己本来的样子。其四,"自然"也指一种理想的状态或理想的境界。她说:"在这种自然的理想状态

---

① 刘笑敢:《人文自然对正义原则的兼容与补充》,《开放时代》2005 年第 3 期。
② 刘香莲:《浅谈老子"自然"概念的人文内涵》,《哈尔滨学院学报》2012 年第 3 期。
③ 同上。
④ 同上。

之中，宇宙、世界、社会和个人是一个有机的统一体，物尽其宜，是一种整体的和谐状态。"① 这种境界，万物一体，和谐共存，物尽其性，人尽其才，如此，"自然"之人文义出神入化了。如果说刘笑敢之于"自然"的人文义理解更具形上性，那么刘香莲之于"自然"的人文义理解更具操作性。

二 人文认知范式视域下的哲学命题

如上考察的是人文认知范式用于认知和理解中国传统哲学概念的情形，从而将中国传统哲学概念中蕴含的人文精神、人文思想、人文方法进行了开采与显发。如下将考察人文认知范式用于认知、理解中国传统哲学命题的情形。

1. 克己复礼

"克己复礼"出自《论语》："克己复礼为仁。一日克己复礼，天下归仁焉。"（《论语·颜渊》）这个命题在中国哲学史上受到很高的关注并被持续地解释，而且解释的方式与结论多种多样。那么，在人文认知范式视域中它有怎样的意涵呢？

王国维认为，孔子的"克己说"与斯多葛派或康德的学说相符合，是一种"合乎情、入乎理"的学说，所以具有伦理实践价值。他说："今若必欲论孔子，则孔子为唱理性之直觉论者，自其克己严肃处观之，实与希腊斯特亚学派（斯多葛派）及德之康德之说有所符合。盖孔子之说合乎情、入乎理之圆满说也，伦理之价值即在于此。"② 但这种"伦理实践之价值"之所以不像犬儒学派那样"无情"（极端克己），就是因为它能够以"中庸"处之。王国维说："此说在励精苦学，修吾之行，以练习刚健不屈之意志而实践之。至其归著，则仍在复中庸之礼，以达于仁。夫一切克己说，皆在严肃端正，锻炼个人，虽于道德实行之点，迥非俗所能比拟，然于情之一面，弃而不顾，故往往不免失之过甚，如西尼克则此弊尤甚，独孔子能以中庸防此弊耳。"③ 就是说，孔子的"克己"之所以与其

---

① 刘香莲：《浅谈老子"自然"概念的人文内涵》，《哈尔滨学院学报》2012年第3期。
② 王国维：《孔子之学说》，《王国维哲学美学论文辑佚》，华东师范大学出版社1993年版，第43页。
③ 同上书，第53页。

他伦理学派的"克己"不同，是因为它不是建立在对人情的扼杀基础上的冷冰冰的条文，而非常注意规则与性情的协调。可见，王国维不仅显发了"克己"的道德价值，而且对"克己"的理性与情感要素进行了分析与肯定。

熊十力认为"克己"与"复礼"是一回事，因为人的言行没有遵守"礼"，才提出要"克己"。他说："人方越乎礼，即此便是己，克己则已复于礼矣。故克己复礼是一回事，却分做两层来说，意义才完足。下文请问其目，并没有分别是克己之目，抑是复礼之目。可见克复是一回事，不可打做两截了。……伊川说，须是克尽己私，皆归于礼，方始是仁。实则克之义为胜，元来不含尽义。朱子语录：圣人下个克字，譬如相杀相似，定要克胜得他。此云相杀，便与伊川言尽者同。己字，朱子训为身之私欲，伊川说为私意。愚谓意欲未即是私，必意欲为习所移物所引而流于邪僻，方是私意私欲。记者词虽略，然证以下文非礼勿视等言，则可反会得非礼之视听言动，便是意欲为习移物引而流于邪僻，只此叫做私意私欲，只此谓之己。克己者，只是此心恒时操存而不放逸，有以克胜乎这个己，令他不得乘隙而起，故名克己。"① 就是说，程颐、朱熹都没有正确解释这个命题，程颐释"克"为"尽"，释"己"为"私意"；朱熹释"克"为"相杀"，释"己"为"私欲"。熊十力认为都不妥。因为照程颐、朱熹的解释，就是要将"己"的根苗"克杀净尽"，或者说"除欲根"。但这是不可能的。熊十力指出，根据孔子"非礼勿视，非礼勿听，非礼勿言，非礼勿动"的思想，"克"只能取"胜"义，而"己"则是指"意欲为习移物引而流于邪僻"，因而"克己"就是要求人进行操存，把控自己，不要流向"非礼"。释"克"为"胜"，而非斩尽杀绝，其中就有以教化涵养代替刑训惩罚义，而将"己"释为"意欲为习移物引而流于邪僻"，则意味着"克己"只是变化气质、改过迁善。因此，熊十力的解释更符合孔子的本意，也充溢着人文主义精神。由此推进，"克己"的源泉在哪里？"克己"在于"立本心"，在于尽显人的内在善力，而那个内在善力就是"天理"，就是"本心"，因此，"复礼"就是"复理"。熊十力说："儒者言克己，若不反求天理之心（天理之心即是本心或本体）。将

---

① 熊十力：《熊十力全集》第一卷，湖北教育出版社2001年版，第635—636页。

仗谁去克得己来?《论语》记颜渊问仁,子曰:'克己复礼。'从来注家多未得圣意,王船山却善会。船山以为必先复礼,才克得己(先字非时间义)。礼即天理。通常说礼,盖就节文或仪则而言。此中之礼,决非节文仪则之谓。注家于此每不辨,如何识圣意?没有天理为主中,凭谁去察识己私?凭谁去克?大本不立,而能克去己私巨敌,无是事也。"① 就是说人若要避免"意欲为习移物引而流于邪僻",必须寻求内在于心的"天理",因为只有"天理"才能察识己私,才能"克己",因而"克己"即"复礼"。这样,熊十力将"克己"诉诸人内在本心(天理)的挺立,从而"礼"转换成"天理",这种理解不仅完全改变了"克己复礼"之限制性、规范性意义,反而注入了人的主体精神,从而将"克己复礼"解释为肯定人的能力与价值的命题。

徐复观对"克己复礼"的解释可谓别出心裁。他说:"'己'是自然的、生理的生命。'克己'是在自反自觉中突破自然的生理的生命之制约。'礼'在孔子已转化而为人所固有的德性及德性的表征。'复礼'是恢复人所固有的德性以显露人之所以为人的价值。'天下归仁'是说一个人由"克己"而恢复了自己的德性,亦即是恢复了仁以后,天下同时即含摄于我之仁中。'我'与'天下'原为一体,但被我的自然的生命所隔断了。现在既由自反自觉而突破了自然的生命(克己)以恢复了作为人之根源的德性——仁,则与'我'限隔了的'天下',依然回到(归)我的仁内,天下与我复合而为一了。'为仁由己,而由人乎哉'是说明一个人的实现仁,是要经过自反自觉的向内的实践,并非有待于外在的条件。"② 在徐复观看来,人与天地万物本为一体("仁"),但由于自然生命("己")而被隔断,即因为"己"而不能"仁",因而需要"克己",即突破自然生命。因此,如要回到天人一体的超越境界,如要实现人的生命提升,就必须通过净化或克服自然生命,即"克己"来完成。可见,徐复观将"克己复礼为仁"做贯通的理解,以"仁"为中心,而"仁"即天地万物一体,因而"克己复礼"只是达到"仁"的工具或方式,换言之,"克己复礼"的人文意义由"仁"赋予并提升。

---

① 熊十力:《熊十力全集》第三卷,湖北教育出版社2001年版,第416页。
② 徐复观:《学术与政治之间》,华东师范大学出版社2009年版,第141页。

冯友兰将"己"理解为"自我中心之念",只有克服了这个"自我中心的念头"才能回到"礼",才能通于"仁"。他说:"在一般情况下,人总是不自觉地以自己为中心;一切行为都从自己的利益出发。他总是要求别人怎样怎样地好好地待他;可是他却不这样去待别人。他总不愿意别人怎样怎样地待他不好,可是他却是这样地待别人。这样的行为或思想违反'忠恕之道'。要纠正这种行为或思想就要'克己',就是要战胜自己,遇事在想到自己利益的时候想到别人。"① "克己"既然要战胜自己,遇事在想到自己利益的时候想到别人,此"克己"自是"仁"内涵的一部分。他说:"所以'克己'是仁的内容的一个主要方面。……专从'克己'这一方面看,孔子讲'忠恕之道',在人与人的关系上,是一个很大的进步。这表示,孔子认为自己跟别人是平等的。这也就含有一种意义,认为人与人之间,从一定的角度看,有一定的平等的关系。因为这里所说的'己'是泛指,不是专指孔子自己。"② 因此,"克己"不仅要求每个人平等地对待他人,也要求每个人"管好自己",努力实现忠恕之道。冯友兰说:"这样一讲,人与人之间的平等关系,就仅仅剩下了一点,就是说,每个人都应该在他的所处固定的地位上和框子中,实行'能近取譬'的'忠恕之道',实行'克己'。在这一点上,每个人都是平等的,这就是孔子所说的'克己复礼为仁'的全部意义。"③ 由于"己"是"自我中心的念头",因而它会阻碍善待他人,所以若要善待他人,就必须消灭"自我中心的念头",即"克己"。若人人能"克己",即人人善待对方,从而落实了"平等义",也即"忠恕之道"。不难看出,冯友兰更多地将"克己"理解为规范性的"自律",而"自律"的理想是"仁"或"忠恕",也就是"平等"。所以说,冯友兰的这种理解,从过程到目标都显示了其人文主义意涵。

2. 道法自然

"道法自然"出自《老子》:"道大,天大,地大,人亦大,域中有四大,而王居其一焉。人法地,地法天,天法道,道法自然。"(《老子》二

---

① 冯友兰:《三松堂全集》第十二卷,河南人民出版社2001年版,第307—308页。
② 同上书,第308页。
③ 同上书,第312。

十五章）这个命题普遍地被以人文主义的视角去理解。

陈鼓应指出,"道法自然"即"道"遵行自然乃是遵行自己存在的活动方式,依据其自身存在的方式自由运行,这正是体现"道"的自发精神。《老子》曰:"道之尊,德之贵,夫莫之命而常自然,故道生之,德畜之,长之育之,亭之毒之,养之覆之,生而不有,为而不恃,长而不宰,是谓玄德。"(《老子》五十一章)陈鼓应认为这段话内具三个重要的哲学意涵:"第一,道与德之所以尊贵是由于道对这世界发挥了创造的功能,德则尽其畜养的功能;第二,老子尊道的同时又提出贵德的思想,'贵德'是重视个体意识的体现,此德具有'生而不有,为而不恃,长而不宰'的精神,老子称赞它为'玄德'——个体深远的独特性;第三,老子明确提到道的'莫之命'——对万物不加干涉而任其自为,道之'莫之命'的精神和西方宗教哲学上的'绝对命令'形成强烈的对比,也更加张显了道家的人文精神。"[①] 就是说,老子要人效法地的厚重、天的高远,以及道的自主自为的精神,因而"道法自然"所主张的哲学是自由的哲学,提高了人的地位。陈鼓应说:"即道遵循自然,乃是遵循自己存在的活动方式,依据其自身存在的方式自由运行,正体现了道的自发精神。但是,'道法自然'并不仅仅表现为一种个体的自足、自发与自为,也呈现出道作为整体与个体之间的相互会通。人法地的厚重、天的高远,法道的自发精神,在这里,自然可以理解为发挥个物的自性,而道就是整全,具有一种普遍性和共通性。"[②] 因此,"道法自然"就是"个体的自足、自发与自为",就是"自由",就是"每个人都有其自身特定的方式",并且应得到肯定,同时体现了整体与个体之间相互往来的和谐关系。

朱哲的理解与陈鼓应相呼应,他指出,"道法自然"是一种天人和谐论,而且以保持天人各自之本然状态和必然发展趋势为目标。他说:"先秦道家'道法自然'说就是一种主张天、地、人彼此同大,相与为徒,共同遵循'自然'法则的天人和谐论。这里的'和'不是一团和气的'和',而是'和而不同'。'道法自然'的天人和谐论正是在承认并保持

[①] 陈鼓应:《道家的人文精神》,中华书局2012年版,第122—123页。
[②] 同上书,第96页。

天人各自本然状态和必然发展趋势的前提上的'和''合'论。'道法自然'作为道家核心命题之一，关键在'自然'这一范畴。如前面所述，道家的'自然'范畴不是一个实体概念，'自然'范畴是对天、地、人等一切事物的本然状态、通常状态和发展趋势的一种确认，'自然'一词究其词义就是自来如此、自然如此、自己如此。'自来如此'是就其历史发展的由来说的；'自然如此'是就其将来发展的趋势说的；'自己如此'是区别人我彼此而说的。"① 因此，"道法自然"具有保护事物的独特性，承认事物的差异性，以及保护每一个体的生存权利和生存空间的深刻含义。朱哲说："先秦道家'自然论'在天人关系上伸展开来就是'万物将自宾'（《老子·第三十二章》），人承认并维护这种'自宾'、'自化'、'自定'就是'辅万物之自然'（《老子·第六十四章》），就是合于道的行为。这种'道法自然'的和谐论正是要确保万物各自的历史由来、现实状态和发展趋势，就是要保护每一事物的独特性，承认事物的差异性，就是要保护每一个体的生存权利和生存空间。"② 如此看来，"道法自然"是一个极富人性的命题。

黄克剑则立足于"道"的批判精神来理解其人文内涵。他认为，"道"以"自然"引导人，由于"道"就是自己如此、自是其是、自然而然，因而它只在唤醒人的生命的"真趣"，因而"道法自然"就是要求人们恢复被文物典章、礼仪制度、风俗时尚所消解或泯除的本真。他说："从价值导向看'道'之所'导'（导引），老子的'道'最深微、最亲切的旨趣就在于顺应'自然'而不刻意、造作。《老子》二十五章有这样一个说法：'道大，天大，地大，人亦大，域中有四大，而王居其一焉。人法地，地法天，天法道，道法自然。……说的是人、地、天都以'道'为法，而'道'以'自然'为法，'道'之所'导'不过'自然'而已。这里所说的'自然'不是一般人心目中那种成形见体的自然界的万事万物，而是显现于万事万物之益然生机的某种动势和天趣，换句话说，这所谓'自然'，是指森然万象自己如此、自是其是、自然而然。……'自然'之'道'不像古希腊哲学中的'逻各斯'那样把一种势所必至的命

---

① 朱哲：《先秦道家哲学研究》，上海人民出版社2000年版，第127页。
② 同上书，第128页。

运——所谓'不可挽回的必然'——强加于宇宙万物和人，它没有那种一匡天下的咄咄逼人的霸气，它对于万物和人并不意味着一种强制性的他律。'道'导人以'自然'只在唤醒人的那份生命的'真趣'，在老子看来，这生命的'真趣'正越来越被人自己造就的文物典章、礼仪制度、风俗时尚所消解或泯除。先秦诸子从老子讲起是顺理成章的，'道法自然'所启示给人们的是任何有价值的人文探索都不能没有的'自然'的起点。"① 在黄克剑看来，"自然"就是显现于万事万物中的盎然生机的动势和真趣，是原始、纯朴、本真的状态，因此，"道法自然"就是引导人在方式上简易，在目标上素朴，拒绝外在约束，摆脱人为控制，完全回到如是如是之状态。

3. 尚力非命

"尚力"出自《墨子》："赖其力则生，不赖其力则不生。"（《墨子·非乐上》）"非命"也出自《墨子》："自古以及今，生民以来者，亦尝见命之物、闻命之声者乎？则未尝有也。"（《墨子·非命中》）"尚力""非命"构成了墨家积极向上的精神，在哲学史上受到关注与肯定。那么，由人文认知范式去理解，其有怎样的意涵呢？

韦政通认为，墨子之"非命"是其经验论的基础，而其经验论所内含的就是否定神秘力量的人文思想。他说："孔子虽不是宿命论者，可是他也没有像墨子自觉地对它提出批评，而非命实是建设一个人文世界必不可少的节目，因为它直接威胁到人本主义的信念。由非命的思想不禁使我们想到，由墨子第二、第三表出发的一切论证实是先秦人文运动的新发展。就先秦儒家内部的演变看，荀子是人文思想发展的一个高峰，荀子的哲学曾受到墨子很大的影响，因为荀子思想中的经验论的方法在孔、孟传统里是没有的。"② 即是说，"非命"就是否定宿命论和命定论，强调主体对自我命运的把握，因而是人文世界不可少的节目。

冯契认为，"非命"所内含的尚力精神、脱兽思想不仅形成了对天命思想的否定，而且对人之实践活动产生了积极影响。他说："在这里，墨子把君子和贱人都看作是出'力'的，这并不正确，但他拿人和禽兽比

---

① 黄克剑：《由"命"而"道"——先秦诸子十讲》，线装书局 2006 年版，第 47—49 页。
② 韦政通：《中国思想史》（上），上海书店 2003 年版，第 76—77 页。

较，指出人必须耕田、织布，才能生活，却触及到了人的本质特征（劳动），同时，也说明他代表的阶层很重视物质生产，对社会寄生虫是非常厌恶的。墨子还运用'三表'对'非命'作了有力的论证：根据实践经验，如果相信'天命不可损益'，人的智力不能有所作为，那么官吏们便不努力办事，农夫妇女便不努力耕织，结果就造成国家的'贫且乱'。而从历史事实来看，同样的时世，同样的人民，'在于桀纣，则天下乱；在于汤武，则天下治。岂可谓有命哉？'这些论证都是有说服力的。墨子的'非命'思想，批判了由孔子沿袭而来的传统的天命论，是奴隶制向封建制大变革时代的一种进步。"① 由冯契的理解可以看到，"非命"内含着实证精神，因而否定了命定论与神秘力量，"尚力"则肯定人的主体性，赞颂人类力量的伟大，主张人类依靠自身力量掌握命运。

萧萐父认为，这个命题强调"人必须劳动才能生活"这一触及了人的本质特征的深刻思想。他说："用'尚力'来非命，反映了当时从事生产劳动者的思想。奴隶制解体过程中的小生产者在生产实践中认识到了人们自己的努力对于决定自己的命运好坏的作用。主张强力，必然非命，这种思想恰好表达了劳动人民要以自己的努力冲决传统的天命思想束缚的一种愿望和要求。强力思想的提出，正是人类对自身力量认识深化的结果。"② 人类自身蕴含强大力量，但并不意味着人类能够认识到这点并将这种力量发挥出来，而"尚力"思想正启发了人们对主体力量的觉悟，并鼓励人们尽情地将这种力量发挥出来，以创造美好的生活。"非命"是"尚力"的逻辑推理，崇尚人自身的力量，就意味着否定天命。萧萐父说："墨翟对'命定论'产生的社会根源和社会后果的分析是比较中肯的，尤其是否定'命'，提倡'强力而为'，把决定社会发展和人的贫富贵贱的力量，从神秘主义的'命'理还原到社会现实中来。这些都是他世界观中最积极的和合理的基本内核。'非命论'反映了奴隶制瓦解中部分百工、百姓等自由民一度兴起时的思想要求，对于动摇'命定论'的统治地位，使当时人们从传统的'命'的束缚中解放出来，对以后中国

---

① 冯契：《中国古代哲学的逻辑发展》（上册），《冯契文集》第四卷，华东师范大学出版社1997年版，第120—121页。

② 萧萐父、李锦全主编：《中国哲学史》（上），人民出版社1997年版，第95页。

无神论思想的发展等，都起了积极影响。"① 否定"天命"的神秘力量，否定"天命"对人命运的主宰，使人们从"命"的神秘力量的束缚中解放出来，这正是墨家"非命"的人文意义。

赵馥洁认为，墨子"尚力"思想发现并肯定了"力"在创造价值中的作用，一，力是确立人的价值的根据——"墨子提出了（人）贵在'力'的卓见，把劳动提到了确定人的价值的高度。"② 二，力是创造经济价值的源泉——"在墨子看来，只要劳动者强力从事生产，'不敢怠倦'，就会创造出足够国家和民众需要的经济价值；反之，如果'农夫息乎耕稼树艺，妇人息乎纺绩织纴，则天下衣食之财，将必不足矣。'（《非命下》）"③ 三，力是创造政治价值的基础——"墨家追求的功利价值，表现在政治领域就是'富其国家，众其人民，治其刑政，定其社稷'（《尚同中》），从而实现'天下兼相爱'的美好理想。"④ 在赵馥洁看来，"尚力"不仅是人的价值根据，也是创造经济价值和政治价值的根本力量，因此，如果人的价值、经济价值和政治价值是人文价值的基本内容，那么，"尚力"就是人文价值的创造性源泉。而从"尚力"之内容本身看，它是对人自身力量的发掘与彰显，是对人的关怀。赵馥洁说："墨家所谓的'强力'，不仅包括体力劳动，而且还包括脑力劳动；不仅包括人类改造自然的生产劳动，而且包括管理国家和治理社会的活动；不仅包括人为改变生活条件所作的努力，还包括人为改变社会地位而下的功夫。总之，人们所追求的各类价值，都是通过强力劳动创造的。"⑤ 可见，赵馥洁从创造价值的角度肯定"非命""尚力"的人文意义，将其人文精神提升到了新高度。

4. 民贵君轻

"民贵君轻"出自《孟子》："民为贵，社稷次之，君为轻。"（《孟子·尽心上》）这个命题涉及君民关系，因而一直受到关注与解释。这里考察其在人文认知范式视域下被理解的情形。

---

① 萧萐父、李锦全主编：《中国哲学史》（上），人民出版社1997年版，第96页。
② 赵馥洁：《中国传统哲学价值论》，人民出版社2009年版，第121页。
③ 同上书，第122页。
④ 同上。
⑤ 同上书，第127页。

萧公权认为孟子已有"人民为主体"的思想。他说:"夫君长之得位于丘民,诸侯社稷均可变置,一国之中永存而不得动摇者惟有人民而已。是孟子不仅以人民为政治之目的,亦且以之为主体。"① 这个"民为主体"的思想具体表现在以民心向背作为政权转移与政策取舍的根据。萧公权说:"孟子贵民,故极重视民意,而认民心之向背为政权转移及政策取舍之最后标准。得乎丘民者为天子,失民心者失天下。……故不独于君主废立之际,民心可以从违示去取,即在平时,国之要政亦应取鉴于舆情。……孟子寄权于民,故认政府有绝对养民安国之义务,而人民无绝对服从政府之义务。若政府失职,则民可不忠。"② 因此,政府的义务是养民安国,如若不然,人民可以抛弃它。然而萧公权也认识到,孟子的"民贵君轻"思想还远没有达到近代民主思想的高度。他说:"孟子民贵之说,与近代之民权有别,不可混同。简言之,民权思想必含民享、民有、民治之三观念。故人民不只为政治之目的,国家之主体,还必须具有自动参预国政之权利。以此衡之,则孟子之贵民,不过由民享达于民有。民治之原则与制度皆为其所未闻,故在孟子之思想中民意仅能作被动之表现,治权专操于'劳心'之阶级。暴君必待天吏而后可诛,则人民除取不亲上死长之消极抵抗以外,并无以革命倾暴政之权利。"③ 就是说,虽然"民贵君轻"不乏民主思想的内涵,而且有非常重要的意义,但与民治原则和制度相比,还有很长的路要走。

张岱年注意到"民贵君轻"命题所反映的君民地位互换现象,这种互换正将民本精神与思想呈现出来。他说:"孟子则提出了'民为贵,社稷次之,君为轻'。他为什么说'民为贵'呢?过去人们总是要贬低孟子这句话,我认为这'民为贵'是句非常重要的话。孟子认为国君是可以改变的,君主不好就可以把他换一换。社稷是指当时国家的庙宇、祭坛。孟子认为社稷如果不怎么样,也可以换一换。国家里有一样是不能换的,这就是人民。你不可能把国家里的人民不要了,再换一批,所以孟子讲'民为贵',这可以说是民本思想。孟子还有一段话也可以说是比较明显

---

① 萧公权:《中国政治思想史》,辽宁教育出版社1998年版,第85页。
② 同上书,第85—86页。
③ 同上书,第87页。

的民主思想。他对齐宣王说：'左右皆曰贤，未可也；诸大夫皆曰贤，未可也；国人皆曰贤，然后察之，见贤焉，然后用之。'（《梁惠王下》）又说：'左右皆曰不可，勿听；诸大夫皆曰不可，勿听；国人皆曰不可，然后察之，见不可焉，然后去之。'（同上）孟子这句话过去都未能重视。但这句话非常重要，孟子这句话可以叫国人的民主。即什么事都听从国人的意见。国人不包括奴隶，可以说是平民，至少是城市里的平民吧。他这种国人民主，也是一种民主。"① 就是说，"民贵君轻"强调人民的根本意义，因为君主是可以替换的，祭坛也是可以替换的，只有人民不能替换，因而这是以民为本的思想。而且，孟子还在民本思想基础上发展了民主思想，当选用一个人的标准和根据不是身边的大臣，不是诸位大夫，而是全国人民或城市市民，那么这就是民主思想。

乔根锁指出，"民贵君轻"强调了人心向背对国家的重要性，揭示了"民意"的根本意义，从而表现出对民众生命的关心与肯定。他说："孟子认为人皆有不忍人之心，有不忍人之心就会有不忍人之政，这就是仁政。仁政学说的政治内容是著名的'民贵君轻'论。孟子说：'民为贵，社稷次之，君为轻。'（《孟子·尽心下》）这是说，民众与民心对君主的统治和国家的兴亡具有决定意义，君主个人的价值取决于民众的需要。他认为：'桀纣之失天下也，失其民也。失其民者，失其心也。'（《孟子·离娄下》）历史上的亡国之君都是因为失去了民心。相反，'得乎丘民而为天下'，'得天下有道，得其民，斯得天下矣；得其民有道，得其心，斯得民矣'（《孟子·离娄上》）。无论谁想为统治者，必须获得民心，所以统治者必须实行仁政，把取得民众的拥护当作最重要的事情。民贵君轻的理论根植于孟子对劳动人民深切同情的基础之上，他对连年的战争，无已的徭役，经常的灾荒给人民带来的痛苦有着深刻了解。"② 在乔根锁看来，"民贵君轻"思想是对殷周以来长期形成的君权神授思想的反叛，具有否定国君绝对权威的意义，强调人民群众在社会发展中的力量和作用，提升了人民群众的社会地位。

---

① 张岱年：《黄梨洲与中国古代的民主思想》，《张岱年全集》第六卷，河北人民出版社1996年版，第240页。
② 乔根锁：《论中国先秦儒家哲学中的人文主义思想》，《西藏民族学院学报》1998年第2期。

5. 道通为一

"道通为一"出自《庄子》:"故为是举莛与楹、厉与西施、恢恑憰怪,道通为一。"(《庄子·齐物论》)那么,此命题在人文认知范式视域中所呈现的是怎样的意涵呢?

差别与等级是宇宙世界本有之象,儒家格外重视差别与等级。不过,将宇宙万物进行差别或等级的区分,在《庄子》看来是有违万物本性的。韦政通似乎也肯定《庄子》的主张,他说:"所谓齐物,即万物平等、万物一体之义,这方面思想,含有一种普遍尊重生命的伟大伦理精神。孟子强调人兽之辨,对提高人类的尊严很有贡献,但也因此重视万物之间的不同等级。……庄子的《齐物论》其旨就在打破这种区别,要人了解宇宙万物是平等的,一体相关的,一切人为的区分都纯是主观的,人类没有权利可以任意去摧残其他的生物。庄子说:'故为是举莛与楹,厉与西施,恢恑憰怪,道通为一'。又说:'以道观之,何贵何贱?'贵与贱,美与丑,大与小,这些差别都是主观的认定,通过'道'的标准来看这些区别根本不存在。道即在万物之中,使万物各有其自性,它们由是而生,由是而成,由是而毁,这一切皆自然而然。"[①] 照韦政通的理解,庄子的"道通为一"思想,是对"将人类人为划分等级、区分贵贱"的否定,从而是对宇宙万物生命的价值与权利的肯定,是对被人类破坏了的自然秩序的重建。

冯友兰认为,如果强调人与人、物与物之间的差异,要求不善者向善者学习、看齐,这样就没有绝对的自由与平等,因此,由于"道通为一"主张万物无差别、无等级,因而在一定程度上有助于人顺其性而获得幸福。他说:"盖惟人皆有绝对的自由,乃可皆顺其自然之性而得幸福也。主张绝对的自由者,必主张绝对的平等,盖若承认人与人、物与物间,有若何彼善于此,或此善于彼者,则善者应改造不善者使归于善,而即亦不能主张凡物皆应有绝对的自由矣。庄学以为人与物皆应有绝对的自由,故亦以为凡天下之物,皆无不好,凡天下之意见,皆无不对。"[②] 因此,必须超越有限的、相对的观点,站在"道"的高度观万物,便可进入"万

---

① 韦政通:《中国思想史》(上),上海书店 2003 年版,第 126 页。
② 冯友兰:《中国哲学史》(上),华东师范大学出版社 2000 年版,第 175—176 页。

物与我为一"的境界。冯友兰说:"世俗以人在政治上社会上之阶级,分别贵贱,是'贵贱不在己'也。就物之本身言,则皆'自贵而相贱',如《逍遥游》所说小鸟之笑大鹏是也。然此皆依有限之观点,以观物也。若能超越有限,自无限之观点以观物,即所谓'以道观之'也。以道之观点观物,即见物无不齐矣。若更能与道合一,则不作一切分别,而达'万物与我为一'之境界。"① 因此,在冯友兰的观念中,"道通为一"就是超越有限、消除差别,就是肯定人的自由,就是追求平等。

陈鼓应则认为"道通为一"表达了庄子对于个体性与整体性关系的思考,他说:"道生万物,赋予万物以形体,但个体生命又能以其各自的殊异性而为其性之内容,所以庄子对性的解说既肯定了人性中之共性,也强调其中的殊异性,正如其在《则阳》篇中所说'万物殊理','道者为之公',每个事物在宇宙中都有其存在的特殊性,但正是道才让所有事物有了一种共通性。在庄子看来,宇宙间一切物象,生意盎然,各呈其能。然而个体存在显现出无比的差异性、对立性,又如何相互会通融合呢?因而阐扬个体生命价值的同时,个体间的相互交汇而互为主体,便是庄子进一步要思考的重要问题。以此,肯定个体生命的生存意义与价值论述之后,庄子便接着论及个体的多样性与大道的整全性关系。他在《齐物论》中详细讨论了这一问题,'恢诡谲怪,道通为一',是说众多个体生命在宇宙大生命中相互会通;'知通为一而寓诸庸',是说在宇宙大生命中,让无数的个体生命得以发挥各自独特的功能,而共同汇聚成为一个多彩的世界。"② 就是说,庄子的"道通为一"思想一方面肯定了每个事物的特殊性存在;另一方面强调了每个事物的"特殊存在"乃是"道"所赋予的,或者差异性即在"道"的整体性之中,因而肯定了每个个体生命有其存在之意义,并可释放出其生命价值。而就当今世界而言,"'道通为一'正是要不同族群,彼此之间能在同情了解的基础上进行对话与沟通"③。这有助于化解矛盾与冲突。因此陈鼓应对庄子之人文精神给予了充分的肯定和热情的赞扬:"在庄子哲学的园地中,主体精神境界的提升

---

① 冯友兰:《中国哲学史》(上),华东师范大学出版社2000年版,第178—179页。
② 陈鼓应:《道家的人文精神》,中华书局2012年版,第98—99页。
③ 同上书,第126页。

及宇宙生命普遍流行的境界,大大地丰富了中国古代的人文世界。"①

6. 化性起伪

"化性起伪"出自《荀子》:"人之性恶,其善者伪也。"(《荀子·性恶》)又:"故圣人化性而起伪,伪起而生礼义,礼义生而制法度。"(《荀子·性恶》)关于这个命题的解释历来见仁见智,那么,在人文认知范式视域中其将表现出怎样的意涵呢?

韦政通认为,"化性起伪"中的"性"不是先天的,而是后天的,即是文明带来的恶果,因而只有靠文明的办法解决。他说:"'化性起伪'中的'性'与'伪'是对决的,这个性不是自然或本能的性,自然或本能的性是不能化的。可化的性,是经由'顺是'发展以后的性,这是文明带来的恶果,所以必须用文明的方式去消治它。消治的程序,可以透过两个问题来了解。礼义只是一套客观存在的工具,要发挥它的治性的功能,第一个问题是,谁来运作?第二个问题是,如何运作?针对第一个问题,荀子是归于圣人或君子,但他所说的圣人与君子不由'德'来规定,而由'伪'来规定:'故圣人之所以同于众,其不异于众者,性也,所以异而过于众者,伪也。''伪者,文理隆盛也。'圣人既是礼义的创制者,又是礼义的运作者,创制靠智,运作靠才,所以圣人不是依据人格直接去教化众人,而是凭借其才能和长期积学的工夫所成之礼义。"② 就是说,按照"化性起伪"之意涵,荀子提出了解决办法,一是"谁来化",二是"怎样化"。荀子提出由圣人君子来化,而且圣人君子不是靠"德"来化,而是靠"伪"来化;所谓"伪",就是"隆礼重法",就是靠后天的积学、才识去化。韦政通说:"化性需要靠两种力量,一种是习俗,依荀子的意思,应该是礼义为中心的习俗;一种是靠个人的积学,经由积学的工夫,使礼义内化,成为生活习惯的一部分,由这两种方式互相作用下,然后能见化性之功。孟子的内省工夫,只有少数立志为圣贤者可以切实实行,荀子的方法,对所有的人都有效。"③ 显然,"化性"问题即是人文的关切,而主张通过才能与积学工夫所成之礼义进行教化,无疑是人文精神

---

① 陈鼓应:《道家的人文精神》,中华书局2012年版,第146页。
② 韦政通:《中国思想史》(上),上海书店2003年版,第221页。
③ 同上书,第222页。

的体现。总之,按照韦政通的理解,无论是手段、过程,还是目标,"化性起伪"都表现为人文主义运动。

傅云龙则认为"化性起伪"在很大程度上触及了人的本质。他说:"荀况据此而把'性'和'伪',即人与生俱来的生理本能、欲望和社会伦理道德观念区别了开来。因此,他明确指出,'性'是'不可学、不可事'的'天之就';而'伪'则是'可学而能,可事而成'的后天得来的东西。"[①] 即是说,这个命题对人的生理本能与社会伦理进行了区分,而注重后天教化的意义。这就意味着应将人的自然属性和人的社会伦理道德属性结合起来讨论人性问题。傅云龙说:"一方面承认人的自然资质的作用,另一方面又肯定人的社会伦理道德是后天形成的,要把人的自然属性和人的社会伦理道德属性联系起来(性伪合)去考察所谓人性的问题,应该说是比较深刻的。"[②] 将人性视为后天的、可以教化的,从而为人文化努力提供了根据。他说:"荀况在这里所主要强调的是想以此来说明人性不是先天的,固定不变的,而是经过后天的努力可以改变的。这种看法,则又是可取的。同时,荀况所谓的'注错习俗,所以化性'的主张,又恰恰是为他所提倡的礼治、法治提供理论根据的。"[③] 所以,"化性起伪"对人性的培养与改造具有特殊的价值,傅云龙说:"由于他(荀子)提出了'性'与'伪'的概念,并指出了它们之间的区别和联系,既反驳了孟轲的先验道德论的人性说,又从人的自然本质和人的社会属性的联系上比较深入地探讨了人性问题,这就多少避免了片面性,并把这一问题的讨论向前推进了一步。"[④] 也就是说,"化性起伪"实际上内含了荀子肯定人的主体精神之思想。

杨国荣将"化性起伪"理解为一种工夫。他认为,由于荀子主张自我的本善形态(原始形态)并不具有善的品格,因而便存在化解本然的我与理想的我之间的对立与紧张之任务,或者说,将本然的我提升到理想的我之任务,"化性起伪"正是完成这一任务的工夫。杨国荣说:"伪即广义的后天作用,包括外在影响与内在努力。所谓化性起伪,也就是

[①] 傅云龙:《中国哲学史上的人性问题》,求实出版社1982年版,第15页。
[②] 同上书,第16页。
[③] 同上。
[④] 同上书,第17页。

通过社会的影响与个体自身的作用,以整治本恶之性,使之合乎礼义,而礼义即构成了理想人格内在德性的主要内容。这里蕴含着如下观念:即德性并非先天的禀赋,而是形成于后天的化性过程;从本然的我到理想的我之过渡,同时即表现为德性的形成过程。就其以恶为人的先天本性而言,荀子似乎并未完全摆脱先验论;但就其以化性起伪为礼义形成的前提而言,荀子无疑又表现出扬弃先验论的趋向。正是后者,使荀子对本然之我与理想之我的区分具有不可忽视的理论意义。"[1] 由此看出,"化性起伪"意味着:第一,人的存在可分为本然的我与理想的我;第二,因而需要将"本然的我"转换至"理想的我"的工夫;第三,所谓"工夫"就是"隆礼重法",就是制度的设计与运用;第四,人经由礼义教化而完成从"本然的我"到"现实的我"的转变,就是"化性起伪"的完成。其中的教化过程、手段与目标同样充分显示了人文精神。

7. 继善成性

"继善成性"出自《周易》:"一阴一阳之谓道,继之者善也,成之者性也。"(《周易·系辞上》)关于这个命题的解释也是层出不穷、千姿百态。这里考察其在人文认知范式视域下呈现的意涵。

徐复观认为,理解"继善成性"的意涵,必须根据《周易》关于乾(阳)、坤(阴)关系的论述去展开。他说:"'继之者善也'的'继之'的'之'字,我以为指的是由上文一阴一阳的变化而来的生生不息。一阴一阳的结果便是生育万物,所以继之而起的,便是生生不息的作用。一阴一阳的变化,与生生不息,照理论说,是同时的,也可以说是一件事。但为了表示创生的顺序,所以用时间性的'继'字。此生生不息的继续,用另一语言表达,即所谓'显诸仁',即天地仁德的显露。既是仁德的显露,便自然是'善'的,所以便说'继之者善也'。作《易传》的人,若不点破此一句,则宇宙的生生不息,可能只是某种势力的盲目冲动;由盲目冲动的结果所形成的万物,自然也是一种盲目冲动的浑沌世界。作《易传》的人,有'继之者善也'这一句的点醒,便顿觉宇宙间一切皆朗澈和谐,所生生者不仅是物质,而实际也是价值。'继之者善也'的

---

[1] 杨国荣:《善的历程》,上海人民出版社1994年版,第117页。

'善',在此处还是形而上的性质。此形而上性质之善的性格是'仁',是'生生',所以其本身即要求具体实现于所生的万物生命之中。'成之者性也'的'成',乃成就之成,即具体实现之意。'成之者'的'之',正指的是'继之者善也'的善。善实现于万物之中,即成为万物在生命中的性,所以便说'成之者性也'。这里的'性',恐怕是泛指万物之性而言;有如《乾·彖传》所说'各正性命'的性。但仅人对自己的性,能有其自觉,故自然而然地侧重到人之性的上面。性既是'继之者善也'的善的实现,则性当然也是善的。不过这个善,实系于乾元天道同体,其本身乃是一种无限的存在;在人生命中的呈现,必须随人所能自觉的程度、方向,而异其名。"① 就是说,《易》所论乾坤之道,即展示天地之德,"继善成性"就是继天地之德,此天地之德就是宇宙生命的生生不息,因此,"继善成性"将宇宙生命的发用流行进行了清晰的呈现,从而由天道升为人道,由物质升为价值,成就万物的生命与价值,因此,"善"与乾元同体,是一无限的存在。其中的关键是"继善"显示了价值,从而超越本然的、浑沌的世界,而且要求将"善"具体实现于万物的生命中。这样,在徐复观的理解中,"继善成性"纯是充满人文精神的命题。

韩强将"继善成性"看成是由《易》之生命的、动态的系统推导出来,他说:"《易传》反复强调'生生之谓易''天地之大德曰生',因此这又是一个动态的系统,由此推导出天人合一的'继善成性'论。……一阴一阳的对立变化就是道,阴阳的往来相继就是善,阴阳相辅相成就是性。易的生生变化在天地之中,能成就而不伤性就是道义之门。……《易传》把乾元作为万物的开始,把坤元作为'万物资生'(《坤·彖传》)。从天道上说,乾元是善之首,'亨'是万物生长,'利'是天利之物,'贞'是天之正(规律)。因此,利万物而有规律是天的'性情'。从人道上说,乾元是善之首,君子效法元亨利贞而有仁义礼智四德(《乾·文言》)。这种'继善成性'论要比《中庸》的'天命之谓性'更加开阔。不是简单地说天赋予人的叫'性',而是说圣人、君子效法天地阴阳变化过程的元亨利贞而有仁义礼智四德。这样就把自然规律与伦理

---

① 徐复观:《徐复观文集》第三卷,湖北人民出版社2002年版,第190—191页。

规范合而为一，抽象为天人的共同本性。"① 显然，韩强顺应了由天道到人道这一中国传统哲学的基本进路，认为"继善成性"就是指圣人或君子效法天地阴阳变化而成就仁义礼智，因而体现了自然规律与伦理规范的合一。就是说，"继善成性"是在天人有机的动态的系统中将自然的"善"转换为人间的"善"，因而是道德、文明、人文世界的建造实践。

李景林认为"继善成性"是从乾阳坤阴之"生"和"成"的功能言"性"，他分析说："《乾·文言传》释乾元之义：'元者，善之长也。'又：'乾元者，始而亨者也，利贞者，性情也。'（《乾·彖传》）：'大哉乾元，万物资始，乃统天。'乾卦四德，《传》特重'元'。《彖传》以元'统天'，是重乾阳为生物之始。故言'大哉乾元，万物资始。'《易》道贵生生之德。《系辞传上》：'日新之谓盛德，生生之谓易'；《系辞传下》：'天地之大德曰生。'乾元为生物之始，故云'元者善之长也。'由此可见，'继之者善'，即承天道（'一阴一阳之谓道'）生生之德而言。'天地之大德曰生'，是'善'；但这善非预成的抽象体，而是体现于乾元生物之始，从物的角度说，正是'继之者善也'。何谓'成之者性'？《乾·彖传》所说'乾道变化，各正性命，保合大和，乃利贞'，可以说就是'成之者性'的注脚。'利贞'，言物之成就。物之成就，乃禀天道而各具其性命。《乾·彖传》以'利贞'为物之成性，《文言传》亦如之。上引《文言传》'利贞者，性情也'，即其证。就乾道'元亨利贞'所言物之终始过程说，乾道亦包含事物之'成性'阶段。但就阴、阳区分而言，乾阳的显性特征为主创始；坤阴的显性特征则是主柔、止、收敛而成物。'成之者性'，上承'一阴一阳之谓道'，显从坤之成物的功能上讲。不过，乾卦言物之终始之道，已包含了坤阴成物之德在内了。"② 就是说，所谓"继善"就是承天道生生之德；所谓"成性"，就是"各正性命"，成就万物自己；因而"成物之德"已在"继善"之中。而由"显诸仁，藏诸用"看，就更为清楚。李景林说："显指万物生成继善成性而言。仁即上所言天地生生之德；用即物之生成。阴阳合一之道，为万物存有之价值本原，固为'善'，然此'善'非抽象预设的'善的理念'（如柏拉

---

① 韩强：《儒家心性论》，经济科学出版社1998年版，第45页。
② 李景林：《教养的本原》，辽宁人民出版社1998年版，第71页。

图),而是动态地显现和包蕴(藏)于此亹亹'继善成性'的全体大用中。"① 因此,"善"即阴阳合一之道,是万物存有之价值本原,但这个善不是抽象的,它是动态地呈现并蕴含在"继善成性"的全体大用之中。可见,李景林也是将"继善成性"理解为"继天地生生之德而成就人之善性",由于此"善"为天人共有,所以是宇宙万物的价值本原。

8. 敬鬼神而远之

"敬鬼神而远之"出自《论语》:"孔子说:'务民之义,敬鬼神而远之,可谓知矣。'"(《论语·雍也》)关于这个命题的理解,历来众说纷纭,有认为是无神论,有认为是有神论,也有人认为是孔子在人与鬼神之间划了一条界线,既不否定其有,又不跟它发生来往。那么,"敬鬼神而远之"究竟反映了孔子怎样的思想呢?

胡适认为这个命题表现了孔子的人本思想,他说:"儒家一向是人本主义者,对这种哲学(庄子否定人的意志与努力的哲学)是决不会同意的。荀子是忠于孔子的。孔子曾经说过:'未能事人,焉能事鬼?'荀子则更进一步,他说:'唯圣人不求知天(或自然)。'(《荀子·天论》)'故君子敬其在己者,而不慕其在天者。小人错其在己者,而慕其在天者。君子敬其在己者,而不慕其在天者,是以日进也。小人错其在己者,而慕其在天者,是以日退也。'(《荀子·天论》)"② 可见,相较于鬼而言,孔子选择事奉人;相较于天而言,荀子选择敬己;如此,神与人、天与人在孔子、荀子思想中的地位已一目了然。胡适进一步指出,"远鬼神"所表现出的是一种积极的人生态度,是孔子思想中的人文主义精神。他说:"其所以成为人文主义的,是为了它始终而且明显的注意人类的生活,人类的行为,以及人类的社会。举例说来,当孔子被人问应当如何事鬼神时,他就说:'未能事人,焉能事鬼?'他又被问关于死的意见时,他就说:'未知生,焉知死?'这种对于人生的执着,就成了一个特点,使中国古代思想与印度、波斯、甚至伊色利(Israel)的古代思想,截然不同了。中国古典时期的思想家,主要的是道德哲学家、教育哲学家、社

---

① 李景林:《教养的本原》,辽宁人民出版社1998年版,第72页。
② 胡适:《先秦名学史》,《胡适学术文集·中国哲学史(下)》,中华书局1998年版,第889页。

会哲学家以及政治哲学家。古代中国曾建立一个伟大的文明,而且又产生了许多关于人性,关于道德行为,关于法律及政治组织的种种成熟的学说,但对含有'乐园'意义的'天堂',看作'末日裁判'地方的'地狱',则一无所知,并且对于生死问题,也从来没有耽于玄思默想过。"① 的确,孔子对于生的关心甚于死,孔子对所谓来生尤其不感兴趣,不过,孔子之人文主义思想远不止于此。孔子对鬼神的搁置主张,孔子积极入世的人生态度,都表现出不被鬼神观念所束缚的精神面貌,是对人间世事的关心和积极参与,所有这些都显示出孔子现实的人文主义态度。

乔根锁认为,孔子是中国思想史上第一个真正从人的角度探讨人的地位、价值和尊严的人,他说:"孔孟对天命与鬼神采取了现实主义态度,把自己哲学的立足点放在人事方面。《论语》记载:'子不语怪、力、乱、神'(注:《论语·述而》),'敬鬼神而远之'(注:《论语·雍也》),'未知生,焉知死'(注:《论语·先进》),表明孔子对当时占统治地位的天命鬼神多采取回避与怀疑的态度。其实,孔子对天命的认识也有一个发展过程,晚年的孔子,把天命当作自然界或现实社会的一种客观必然性,五十而知天命里的天命已经包含了掌握客观规律的思想内容了。孟子也提天命,但孟子的天命已不包含神学色彩了,他所谓的天完全是道德之天,并且也有规律之天的意思。孔孟对神学世界观的否定,必然导致对人事进行肯定,神不是人的本质,那么人必定是自己的最高本质。孔子的仁学,孟子的性善论,都是在哲学意义上对人的肯定,从而确立了人的主体地位。"② 在这里,乔根锁通过对孔子天命论的考察,寻找孔子人本思想形成的过程,认为孔子的天命论存在一个由必然到自由的过程,到了自由阶段,天命必须由主体精神去表现和落实,人本思想也逐渐凸显。而作为孔子继承者的孟子,其思想中的"神"基本遁迹,完全是人本思想的张扬。因此,依乔根锁的分析,"敬鬼神而远之"正是孔子天命论演变中表现出来的否定鬼神而重视人事的人本观念,肯定了人的价值,捍卫了人的尊严,人不再是鬼神的奴隶,人摆脱了鬼神的束缚而获得了解放。

---

① 胡适:《中国思想史纲要》,《胡适学术文集·中国哲学史(上)》,中华书局1998年版,第516页。

② 乔根锁:《论中国先秦儒家哲学中的人文主义思想》,《西藏民族学院学报》1998年第2期。

9. 天人合一

"天人合一"是中国哲学史上的重要命题，其表现形式则多种多样，如天人一体、天人合德、人法天道、天人感应等。因此，考察"天人合一"被人文认知范式理解的情形，必须根据学者们具体的认知实践展开。

刘述先认为，"天人合一"命题可由四个方面理解：一，由神秘符示看，"天人合一"强调天人之间有着一种神秘的关联性。他说："人事与天文互为表里，自然与超自然之间没有罅缝，故此占卜变成了重要手段，给人们指导，作出的决定可以影响到一国一族的命运。……对于现代人最大的威胁仍是生存的无意义，人与自然的关系根本切断，在世界变成了一个漂泊的异乡人，存在主义者所描绘的精神上的焦虑变成了无可避免的结果。正如康德所指出的，我们不能够证明自然界中有任何目的，然而对于天上的星辰与人间的道德律，仍然不能不产生衷心敬畏的感觉。生命是神圣的，这是一个不能证明的神话，却是一个现代人不能不要的已经打破的神话（broken myth）。它不能与蒙昧的迷信混为一谈，天人之间终必要保持某种神秘的关连，否则就会陷于一种难以超拔的困境之内。"① 这是从宗教角度肯定"天人合一"的意义，人与天之间必须保持某种神秘性，保存人对"天"的敬畏，从而使人的心灵得到慰藉。第二，由理性、自然的符示看，"天人合一"说明人能够认识自然并展开研究工作。他说："我们必须预设，人心在某种程度下能够了解大自然的运作，否则整个科学的殿堂就会垮了下来。……然而我们仍然相信，我们对于自然能够作出一般性的论述以及合理的预测。科学家能够提出假设，设计实验，以谋求某种程度的经验的征验。……某种意义下的天（客）人（主）合一乃是人们在从事科学活动时工作的预设，否则就不能够期待科学的探究获致任何结果。"② 这是从理性角度肯定"天人合一"对于人类认识、把握大自然的变化及其规律，因此，"天人合一"就是人类在从事科学活动时工作的预设。第三，由宇宙符示层面看，可以建构一套普遍和谐、生生不已的哲学。他说："一方面人不能把自己的价值强加在自然之上，另一方面应然与实然确有一定的差距，不可以把两方面混为一谈，这些错误是必须避

---

① 刘述先：《儒家思想与现代化》，中国广播电视出版社1993年版，第504—505页。
② 同上书，第505—506页。

免的。但人生于自然之内，只有吸收自然的养分才能维持自己的生存，这些是无法否认的明显的事实，不能不预设人与自然之间有着某种统一的架构。《周易》自始至终就以一种直观的方式，描写价值通过层创进化的过程不断创生的事实，不能不说是包含了很深的智慧。"① 这是由宇宙论角度看，"天人合一"意味着人与自然在价值上是贯通的，人与自然是个统一体，这个统一体充满和谐与生机。第四，由道德、形上的符示看，"天人合一"是建立终极关怀的源泉。他说："孔子说'人能弘道，非道弘人'。程伊川有一段语录更值得我们咀嚼，扬雄曾说：'观乎天地，以见圣人。'伊川却说：'不然，观乎圣人，以见天地。'扬雄明显是有一宇宙论的进路，但伊川更翻上一层，取一道德形上学的进路。人内在有一创造性的根源，由这才可以了解《中庸》所谓'天命之谓性'的深刻含义：天就内在于人之中。人把自己内在的德性发扬出来，就是阐明天道的一种方式。故实际人虽有限，却通于无限，而可以与天地参。世界外在的境遇不可能由人来控制，但人能够率性、依道而行，此生也就没有遗憾。孔子说出'朝闻道，夕死可矣！'这样的话，正表示他在这方面有了非常深刻的体会。这样子体证天人合一，正是中国文化所孕育的最深刻的智慧。中国式的人文主义不把人与天切断，而天恰正是整个自然内部创生不已的根源，而建立了一种内在超越的思想的型态。"② 这是由道德形上学角度看，"天人合一"的意涵是"天"内在于人性之中，人发扬自己的内在德性以显豁天道，这也意味着人虽有限，但可通无限，个体生命与天道直接打通并融为一体，所以"天"是自然内部创生不已的源泉，这也正是中国人文主义的特点。刘述先关于"天人合一"的理解，从宗教、理性、宇宙论、道德形上学四个角度揭示其内涵，在宗教上，虽然神秘，但这种神秘正是人与天之关系所需要的；在理性上，是人认识、把握自然的预设或心理前提；在宇宙论上，是生生不息的生命统一体；在道德形上学上，是建立终极关怀的源泉，如此构成一幅美丽的人文主义思想图画。

汤一介则基于当代人类遭遇的生态困境，阐发了"天人合一"的意涵。他认为"天人合一"至少有四种积极意义：其一是不能把"人"和

---

① 刘述先：《儒家思想与现代化》，中国广播电视出版社1993年版，第507页。
② 同上书，第508页。

"天"看成对立物。他说:"这是由于'人'是'天'的一部分,'人之始生,得之于天'。作为'天'的一部分的'人',保护'天'应该是'人'的责任,破坏'天'就是对'人'自身的破坏,'人'就要受到惩罚。因此,'人'不仅应'知天'(知道'天道'的规律),而且应该'畏天'(对'天'应有所敬畏)。"[1] 其二是不能把"天"和"人"的关系看成是一种外在关系。他说:"这是因为'天即人,人即天','天'和'人'是相即不离的。'人'离不开'天',离开'天'则'人'无法生存;'天'离不开'人',离开'人'则'天'的活泼泼的气象无以彰显。这种存在于'天'和'人'之间的内在关系正是中国哲学的特点。"[2] 如果"人"与"天"是一种外在关系(即它们是相离而不相干的),那么"人"就不能生存,而"天"必将寂灭。其三是"天"和"人"之所以有着相即不离的内在关系在于"仁"。他说:"'天'有生长养育万物的功能,这是'天'的'仁'的表现。'人'既为'天'所生,又与'天'有着相即不离的内在关系,那么'人'之本性就不能不'仁',故有'爱人利物之心'。"[3] 可见,由于"天"和"人"都以"仁"为性,所以就有了合一的基础。其四是"天人合一"不仅包含着"人"应如何认识"天",同样也包含"人"应该尊敬"天"。他说:"'天'和'人'存在着一种超越的内在关系;'天人合一'不仅是'人'对'天'的认知,而且是'人'应追求的一种人生境界。因为'天'不仅是自然意义上的'天',而且也是神圣意义上的'天','人'就其内在要求上说,以求达到'同于天'的超越境界。就这个意义上说,'人'和'天'不仅不是对立的,而且'人'应该与'天'和谐共存,以实现其自身的超越。"[4] 也就是说,"天人合一"表达着"人"与"天"具有内在相即不离的有机联系,在这种有机联系中,"天"不仅是"人"认识的对象,也是超越的对象,"人"则通过对"天"的认知与敬畏,而实现了自我超越。不难看出,在汤一介的理解中,"天人合一"的人文意义得到了充分发扬。

---

[1] 汤一介:《论"天人合一"》,《我的哲学之路》,新华出版社2006年版,第45页。
[2] 同上书,第46页。
[3] 同上。
[4] 同上书,第47页。

第二节 人文认知范式与哲学特点和系统

中国学者以人文认知范式认知、理解中国传统哲学的实践,并没有局限于概念和命题,他们也以人文知范式为坐标和方法揭示了中国传统哲学的特点,分析了中国传统哲学的系统,梳理了中国传统哲学的脉络。

一 人文认知范式视域下的哲学特点

唯物认知范式对于中国传统哲学特点的理解更多地从社会存在入手,倾向于对中国哲学做观念论或物质论的判断;科学认知范式对于中国传统哲学特点的理解更多地从实证、实验入手,倾向于对中国传统哲学做能否被确证的判断。那么,人文认知范式对于中国传统哲学特点的认知和理解,其具体情形是怎样的呢?

1. 研究内容上的道德性命

大凡哲学都有其思考对象、研究内容,中国传统哲学当然不能例外。那么,中国传统哲学的思考对象与研究内容是什么呢?

在熊十力看来,相比于科学关注自然世界、研究宇宙之奥秘,中国哲学非常鲜明地以人的精神生命为研究对象。他说:"吾国先哲,重在向里用功,虽不废格物,而毕竟以反己为本。如孟子所谓'君子深造之以道,欲其自得之也',又言'万物皆备于我';程子言'学要鞭辟近里切著己',此皆承孔子'古之学者为己'之精神而来。老庄虚静之旨,其为用力于内不待言,此皆与西人异趣者。西人远在希腊时代即猛力向外追求,虽于穷神知化有所未及,而科学上种种发明,非此无以得之也。今谓中西人生态度须及时予以调和,始得免于缺憾。中土圣哲反己之学,足以尽性至命,斯道如日月经天,何容轻议?至于物理世界,则格物之学,西人所发皇者,正吾人今日所当抱取,又何可忽乎?"[①] 就是说,中国哲学虽然也讲"格物",但其所谓"格物"是反身向内的,是"万物皆备于我",是在道德性命上用功,这与西方哲学向外求索、以自然界奥秘和规律为研究对象的取向完全不同。西方哲学是以物理世界为思考对象的"格物"

---

① 熊十力:《熊十力全集》第四卷,湖北教育出版社2001年版,第439页。

之学，正是中国哲学所欠缺而需要学习的。

方东美将中国的人文主义理解为精巧而纯正的哲学系统，他说："中国的人文主义，乃是精巧而纯正的哲学系统，它明确宣称'人'乃是宇宙间各种活动的创造者及参与者，其生命气象顶天立地，足以浩然与宇宙同流，进而参赞化育，止于至善。"① 那么，这种精巧而纯正的人文主义哲学以什么为研究内容呢？方东美认为是以生命作为研究内容，他说："在东方的哲学里面，尤其在中国哲学，如宋儒小程子说：'有有德之言，有造道之言。'换句话说，有德之言是圣人之言，造道之言是贤人之言。在中国哲学不是只把思想与观念系统表达出来就达到它的目的。中国哲学的中心是集中在生命，任何思想体系都是生命精神的发泄。这一个生命精神一定要根据这位思想家的性情品格，才能够把他的真相全盘揭露出来！这主要的固然是中国各家的哲学，从大体上看，多多少少地带有人本主义。而一个学术的思想系统离不掉人在生活上面所显现的精神！假使这一个观点是正确的话，在中国各派哲学中，后面都有一个活生生的人格在那儿呼之欲出！道家、儒家、佛家、新儒家均如此。因为他们的立言都要把他们的生命精神忠实地表达出来，把那个支配生命精神方面的人格显现出来。所以在中国思想上面，一字一句都要引归身心，他不是说空话的！这同西方哲学对比起来是一个很大的差别。"②

为什么说中国哲学的中心都集中在生命上呢？因为中国哲学中的所有思想体系都是生命精神的发泄，每个哲学学派的哲学中都站着活生生的人，每位哲学家著书立说都忠实地表达着他们的生命精神，因此可以断定中国的任何哲学思想体系是生命精神的浓缩与释放。因此，中国哲学当然可定义为生命哲学。方东美说："中国的哲学从春秋时代便集中在一个以生命为中心的哲学上，是一套生命哲学，这生命不仅是动植物和人类所有，甚至于在中国人的幻想中不曾承认有死的物质的机械秩序。所谓的原初存在，乃是生命的存在。如果用抽象法将生命中高级的宗教道德艺术精神化除的话，所余只是一个赤裸裸的物质存在而已。因此从中国人看来，希腊哲学的发展，是一个抽象法的结果。而中国向来是从人的生命来体验

---

① 方东美：《中国人生哲学》，台湾黎明文化事业股份有限公司 2006 年版，第 141 页。
② 方东美：《方东美先生演讲集》，台湾黎明文化事业股份有限公司 2006 年版，第 127 页。

物的生命，再体验整个宇宙的生命。则中国的本体论是一个以生命为中心的本体论，把一切集中在生命上，而生命的活动依据道德的理想，艺术的理想，价值的理想，持以完成在生命的创造活动中，因此《周易》的《系辞大传》中，不仅仅形成一个本体论系统，而更形成以价值为中心的本体论系统。"① 在方东美看来，中国哲学之所以为生命哲学，也因为中国哲学通过人的生命体验物的生命，并扩至宇宙生命，将宇宙万物视为生命的有机体，进而使中国哲学本体论成为以生命为中心的本体论，中国哲学的创造性也正源于其生命性。

徐复观通过对"礼"的分析以判断中国哲学的人文特性，他说："人文精神，是通过'礼'而实现。礼的重要作用之一，便是把人的生命、生活加以庄严化。人出生时、成年时、结婚时，有各种礼节。每一样重要的行为，都有一种礼节，目的在把行为的意义通过一种形式表达出来，而使行为庄严化。行为之庄严化就是表示生命的庄严化。中国很早便有'尊生'的思想，所以王船山便以'尊生''大有''率性'，说明中国文化的特色。西方的宗教思想中、哲学思想中，很长的时间，没有尊生的观念。"② 就是说，根据"礼"的形式与内容，人的生命在人生的各个阶段都有恰当的"礼遇"，都能表现其庄严，因而由"礼"便可看出中国哲学是肯定、赞美生命的，即中国哲学是思考、研究、关怀生命的学问。牟宗三将人文主义的基本精神归纳为："消极方面是反物化反僵化，积极方面便是价值观念之开发。"③

根据这样的理念，牟宗三对中国传统哲学特点做了深刻的讨论，提出了非常精辟的见解。他说："它（中国哲学）是以'生命'为中心，由此展开他们的教训、智慧、学问与修行。这是独立的一套，很难吞没消解于西方式的独立哲学中，亦很难吞没消解于西方式的独立宗教中。但是它有一种智慧，它可以消融西方式的宗教而不见其有碍，它亦可以消融西方式的哲学而不见其有碍。"④ 就是说，由于中国哲学以"生命"为开端、为中心，因而其教训、智慧、学问与修行等工作也都围绕"生命"展开；

---

① 方东美：《原始儒家道家哲学》，台湾黎明文化事业股份有限公司2006年版，第208页。
② 徐复观：《徐复观文集》第一卷，湖北人民出版社2002年版，第175页。
③ 牟宗三：《道德的理想主义》，台湾学生书局2000年版，第152页。
④ 牟宗三：《中国哲学的特质》，上海古籍出版社2007年版，第5页。

而且西方哲学不能消融它,但它可以消融西方哲学与宗教。也由于中国哲学的开端是"生命",主要课题是"生命",因而中国哲学的工作就是运转人的生命、安顿人的生命。牟宗三说:"中国哲学,从它那个通孔所发展出来的主要课题是生命,就是我们所说的生命的学问。它是以生命为它的对象,主要的用心在于如何来调节我们的生命,来运转我们的生命、安顿我们的生命。这就不同于希腊那些自然哲学家,他们的对象是自然,是以自然界作为主要课题。"[1] 而且,中国哲学将"生命"作为思考、研究中心的特点也体现在哲学概念与命题的内容与性质上。牟宗三将真理分为内容真理和外延真理两种,这两种真理都具有普遍性,但它们是有差别的,内容真理是具体的普遍性,外延真理是抽象的普遍性。他说:"内容真理和外延真理都是真理,都具有普遍性。内容真理具有内容的普遍性,外延真理具有外延的普遍性。两者虽然都有普遍性,但这两种普遍性还是有差别的。否则为何同是普遍性却一个叫内容的普遍性而另一个叫外延的普遍性呢?那到底区别在哪里呢?我们可以说,外延的普遍性是抽象的普遍性(abstract universality),而内容的普遍性是具体的普遍性(concrete universality)。就用这两个名词把它们分别开来。"[2] 牟宗三如此区分的意思是,概念都有普遍性,但不是所有概念的普遍性都是抽象的,只有科学的概念才是抽象的普遍性。西方哲学以科学为开端,所以西方哲学的概念应该是抽象的普遍性。中国哲学恰恰相反。牟宗三说:"诗都已经如此,更何况是佛家、道家以及儒家孔、孟、《中庸》、《易传》所讲的那些话,那就更有普遍性了。但是虽然更有普遍性,它这种普遍性还是内容的普遍性,而不是外延的普遍性,不是科学。"[3] 即谓中国哲学中的概念或命题虽有普遍性却不是外延的普遍性,也即说中国哲学中的概念或命题不是科学的形式。在牟宗三看来,通过生命表现的"内容的普遍性"是哲学真理,即所谓普遍性在特殊性的限制中表现出来,而无须通过生命表现的"外延的普遍性"是科学真理,它不需要在特殊性的限制中表现自己。牟宗三说:"普遍性是由观念、概念来了解,但观念是要表现的,要通过生

---

[1] 牟宗三:《中国哲学十九讲》,上海古籍出版社2007年版,第14页。
[2] 同上书,第31页。
[3] 同上书,第26页。

命来表现的,这就是普遍性在特殊性的限制中体现或表现出来,这种真理是哲学的真理。而科学的真理则不管由什么人皆可以研究,研究科学的人虽然不同,但我们不能说科学的普遍真理通过特殊的生命来表现而有不同。"[1] 牟宗三将真理分为哲学真理和科学真理,并认为哲学真理的普遍性只在特殊性的限制中表现出来,中国哲学即是"内容的普遍性",而西方哲学真理是科学真理,属"外延的普遍性"。可见,牟宗三通过对真理类型的划分,将中国哲学判定为"内容的真理",这一方面深刻揭示了中国传统哲学反物化、开发价值观之特质;另一方面极大地深化了对中国传统哲学人文特质的理解,同时是牟宗三对中国传统哲学人文精神、人文思想的丰富与发展。而透过其关于中国哲学属"内容的普遍性"之分析,使关于中国哲学生命特性的理解走向深入。

概言之,中国学者的确从人文主义角度发掘、解释了中国传统哲学的特点,而这种解释表现为逐步深化的过程,即由人到生命、到道德性命,再到内容真理;由于中国传统哲学关注、思考的对象是道德性命,从而规定着此思考所获得之认识成果的真理性质,即"内容真理"的判断完全是基于中国传统哲学深耕道德性命之特质使然。而且,中国传统哲学在思考道德性命的实践中所表现出的对生命肯定、礼赞之价值取向,可与人文主义主张交相辉映。

2. 宇宙观上的生机整体

如果说中国传统哲学关注的是人的生命、研究的是道德性命,那么其所形成的宇宙观应该具有生机性、生态性和整体性。中国学者的思考逻辑正是如此。

方东美认为,机体主义是中国传统哲学的根本特点,他说:"余尝以'机体主义'一辞,解说中国哲学之主流及其精神特色,视为一切思想形态之核心。此思想形态,就其发挥为种种旁通统贯之整体、或表现为种种完整立体式之结构统一而言,恒深蕴乎中国各派第一流哲人之胸中,可谓千圣一脉,久远传承。其说摒弃截然二分法为方法,更否认硬性二元论为真理,同时,更进而否认:一、可将人物相互对峙,视为绝对孤立之系统;二、可将刚健活跃之人性与宇宙全体化作停滞不前而又意蕴贫乏之封

---

[1] 牟宗三:《中西哲学之会通十四讲》,上海古籍出版社2007年版,第4页。

闭系统。机体主义，积极言之，旨在融贯万有，囊括一切，使举凡有关实有、存在、生命、与价值等之丰富性与充实性皆相与浃而俱化，悉统摄于一在本质上彼是相因、交融互摄，价值交流之广大和谐系统，而一以贯之。"① 这就是说，中国哲学的机体主义否定以二分法为方法、否定以二元论为真理，而视人与物为相互流动的统一体，视刚健活跃之人性与宇宙全体为开放的系统，它融贯万有、囊括一切、广大和谐。而且，这种机体主义存在于中国哲学各派第一流哲人之胸中，千圣一脉，久远传承。比如程颢的哲学就是一种机体主义哲学，方东美说："明道旨在建立一套机体主义哲学，故力避掉入任何穷索致伪之陷阱耳。其哲学枢要，厥为万物一体论，倡'天人无间断'。所持理由如次：（一）民受天地之中以生，其性禀则受命于天。（二）'中者、天下之大本，天地之间，亭亭当当、直上直下正理；出则不是，唯敬而无失最尽。'（三）'圣人致公心，尽天地万物之理，各当其分。'（四）'圣人之神化，上下与天地同流。'"② 王阳明心学更是一种机体主义哲学。方东美说："此种机体主义之哲学观，早期中国思想家往往视为哲学推理之结论，然却成为王阳明思想所凭藉之重要起点。由于'身、心、意、知、物，只是一件'，浑然一体，而不可分，'机体主义'遂成为一极复杂之概念，容有种种不同角度、不同层次之解释，诸如实有之统一、存在之统一、生命之统一、价值之统一等，均需凭藉种种本体论、宇宙论、与哲学人性论等诸理论系统始能一一阐释妥当。"③ 方东美还以"价值之统一"为例阐述阳明心学的机体主义特色。他说："西方大哲柏拉图（Plato）在了解真、善、美之绝对本质之后，其所瘠瘵以求者，厥为价值理想之最高统会，藉以解决'本体与现象、睿智与感官、上下两界间之'分离问题（The Problem of Chorismos），而苦于百思不得其解，至为困惑。然而，阳明却由于确信良知直观睿见之普遍妥当有效性，真实无妄，对此问题，便能当下明白，了然于心。对阳明而言，价值之最高统会，实内在于心灵本觉，不假外求。阳明此处，自是专就圣人而为言。盖藉良知发用，圣人遂能在精神上超脱任何障碍。'圣人

---

① 方东美：《中国哲学精神及其发展》（下册），台湾黎明文化事业股份有限公司2006年版，第135页。
② 同上书，第65页。
③ 同上书，第135页。

只是顺乎良知之发用流行。''天地万物,俱在我的良知发用流行之中,何尝又有一物作得障碍?'"① 在方东美看来,柏拉图不能解决本体与现象、睿智与感官、上下两界等的融通问题,但阳明心学可以解决此问题,因为阳明心学将价值的最高统会处安排在心灵本觉,如此只须发明本心,圣人便可在精神上实现超脱,达到本体与现象、睿智与感官、上下两界浑然一体之妙境。他说:"中国先哲所观照的宇宙不是物质的机械系统,而是一个大生机。在这种宇宙里面,我们可以发现旁通统贯的生命,它的意义是精神的,它的价值是向善的,惟其是精神的,所以生命本身自有创造才能,不致为他力所迫胁而沉沦,惟其是向善的,所以生命前途自有远大希望,不致为魔障所锢蔽而陷溺。我们的宇宙是广大悉备的生命领域,我们的环境是浑浩周遍的价值园地。"② 可见,中国哲学中的宇宙是一个生命系统,这个生命系统的意义是精神的、价值是向善的;因此,在人生领域是创造的、开放的,是积健为雄的,是以追求德业为目标的;而这种生命是日新又新、生生相续的。概言之,中国哲学的生机性不仅是横向的、空间的宇宙生命的统一,更是纵向的、时间的万物生命的生生不已。

蒙培元对中国哲学"生机整体"之特征完全认同,他以《易经》哲学为例进行了深入分析。他说:"在《易经》中,六十四卦作为象征性符号,从不同方面体现了这种生命意义,并且构成一个包括人与自然在内的有机整体。而每一卦不过是有机整体中的一个要素,同时却包含着人和自然界的两个方面,二者不仅是对应的,而且是统一的。这种思想从原始八卦中已经看得很清楚。乾、坤、震、巽、坎、离、艮、兑八个卦,分别代表自然界的八种事物或现象,这八种现象与人的生命有密切联系,在某种意义上被看作是生命的来源或不可缺少的条件,实际上代表着生命的整体。"③ 这就是说,《易经》六十四卦作为象征性符号,所构成的就是一个包括人与自然在内的有机整体,每卦是这个有机整体的要素,每卦所包含的人与自然两方面既是对应的,也是统一的。因此,无论是卦还是爻,所内含的都是宇宙万物的有机联系,都是"天人合一"的有机整体,而卦

---

① 方东美:《中国哲学精神及其发展》(下册),台湾黎明文化事业股份有限公司2006年版,第136页。

② 方东美:《中国人生哲学》,台湾黎明文化事业股份有限公司2006年版,第86页。

③ 蒙培元:《心灵超越与境界》,人民出版社1998年版,第113页。

爻的演绎，所反映的是宇宙生命的变化过程。蒙培元说："无论何卦，也无论何爻，都从不同角度、不同方面表现出天与人之间的有机联系及生命过程，整个《易经》六十四卦、及其三百八十四爻，便构成了'天人合一'的有机整体，成为中国哲学'天人合一'论的源头。在这一整体中，自然界是一个不断变化着的生命过程，人则是这一过程的生命主体。人与自然界在双向交流和互相感应的过程中，既是互相对应的，又是和谐统一的。这种和谐，就是生命的重要原则。因此，从根本上讲，《易经》思想不是本体论的，而是整体论的，不是机械论的，而是生机论的。"① 因此，"有机整体"正是中国哲学的人文主义特色，蒙培元说："人既是社会主体、历史主体，又是自身存在的价值主体。它可以分为内在性与外在性两方面，前者指人的自我实现、自我完成的内在的潜力及其价值取向，后者指人的社会角色及其活动等，二者互为条件、互相作用。就人的根本存在而言，其核心则是内在方面。如果丢弃了内在方面，只限于外在化甚至工具化的方面，那么，更深层的问题就被忽视了，人本身的问题就被忽视了，甚至变成一般的'物'，同一般的对象没有区别，一句话，人的存在、价值和尊严被遗忘了。中国文化启示于今人的，恰恰是在这个方面。"② 就是说，中国哲学的"有机整体"虽然包括内在性与外在性两方面，但其更注重人的内在性，就是希望通过对人素养的提升，避免物化，成就人格，而这正是中国哲学的根本任务。

吴怡认为，中国传统哲学对宇宙世界的看法，就是生命的、生机的、整体的，他说："在《易经·系辞上》虽然曾说：'形而上者谓之道，形而下者谓之器'。但在中国思想里，形上形下却不是断然的两截；而是道中有器，器中有道。不过道和器如何能相含相摄，这里面却有一个媒介，就是人。由于人的上达与下注，便沟通了道和器。而这个上达与下注的作用，便是中国哲学里天人合一、物我同体的境界了。"③ 这就是说，《易》所谓形上形下不是分离的，而是你中有我、我中有你的，而人是实现这一境界的关键，有了人的上下贯通，才能实现物我同体。但需要注意的是，

---

① 蒙培元：《心灵超越与境界》，人民出版社1998年版，第116—117页。

② 同上。

③ 吴怡：《中国哲学的生命和方法》，台湾东大图书公司1984年版，第5页。

中国哲学中的"物"不是无生命的质料，而是有灵性的、有精神的生命。他说："中国哲学家眼中的'物'，绝不是一个粗糙的质料，一个没有生命的形体；而是有精神，有性灵的。道生眼中的顽石能点头，濂溪不除庭前杂草，是为了'与自家意思一般'，可见他们并没有轻贱物，舍弃物，而是把物提升上来，与人活在一个境界中。所以庄子高唱：'天地与我并生，而万物与我为一'，而要齐物，而要物化。至于儒家们，也是口口声声'仁民爱物'，'民胞物与'，要我们把物看成同类，看成同体。既然天人合一，物我同体，因此天、人、物便不是相互对立，彼此排斥的。因为天有天道，即天命；人有人道，即人性；物有物道，即物理。由于这个道的作用，便使他们连成了一贯，浑成了一体，而洋溢出境界之美。"① 因而中国哲学就是要求将物看成同类，在天、地、人之间贯注着"道"，所以是有机的整体。

郭齐勇认为，儒家思想中的人文精神即表现为与自然的和睦相处。他说："儒家人文精神强调天地人'三才之道'并行不悖，并育而不相害，且成就了一个人与宇宙的大系统。'《易》之为书也，广大悉备。有天道焉，有人道焉，有地道焉。'（《周易·系辞下传》）《周易》称天、地、人或天道、地道、人道为'三才'，其'三才共建'和'三才之道'，就是把宇宙万物归纳成不同层次而互相制约的三大系统，三大系统构成为一个统一的整体。也就是说，天、地、人不是各自独立、相互对峙的，它们彼此之间有着不可分割的联系，同处于一个'生生不息'的变化之流中。……这表明，中国的人文精神不与自然相对立，不会导致一种人类中心主义以及对自然的宰制、占有或无视动物、植物的存在；相反，它讲求的是与自然的协调。"② 郭齐勇通过对儒家天人关系观的分析与解释，认为儒家强调天、地、人三才的一体，三者循环互动，生生不已，将人视为自然的一分子，人与自然生命攸关，所以儒家的人文主义不主张人与自然的对立，而是互为存在基础的有机统一体。总体上看，以人文认知范式理解中国传统哲学的宇宙观必然是生机整体，而这种生机整体性又具体表现为万物一体的、刚健活泼的、开放流行的、和谐有序的、融贯万有的、精

---

① 吴怡：《中国哲学的生命和方法》，台湾东大图书公司1984年版，第6—7页。
② 郭齐勇：《中国儒学之精神》，复旦大学出版社2009年版，第78—79页。

神的而非物化的等特质。

3. 思维方法上的直觉主义

随着人文主义思潮进入中国思想领域的脚步逐渐加快、涉入领域逐渐扩大，中国学者对直觉方法的认识也逐渐全面、准确。

梁漱溟说："宇宙的本体不是固定的静体，是'生命'、是'绵延'，宇宙现象则在生活中之所现，为感觉与理智所认取而有似静体的，要认识本体非感觉理智所能办，必方生活的直觉才行，直觉时即生活时，浑融为一，没有主客观的，可以称绝对。直觉所得自不能不用语言文字表出来，然一纳入理智的形式即全不对，所以讲形而上学要用流动的观念，不要用明晰固定的概念。……直觉是主观的，情感的，绝不是无私的、离却主观的，如何能得真呢？所以直觉实为非量如前已说。我们必要静观无私的才敢信任。"① 此谓"直觉"具有当下的、主观的、流动的等特性。

贺麟说："所谓直觉是一种经验，广义言之，生活的态度，精神的境界，神契的经验，灵感的启示，知识方面突然的当下的顿悟或触机，均包括在内。所谓直觉是一种方法，意思是谓直觉是一种帮助我们认识真理、把握实在的功能或技术。"② 此谓"直觉"具有生活的态度、精神的境界、神契的经验、灵感的启示、知识方面突然的当下顿悟等面相。

张岱年说："直觉法即直接冥会实体，或谓入于实体中而觉之，不假耳目，不假推论，而直会实体之真相。"③ 此谓"直觉"超越感官、理性之冥会。

那么，中国传统哲学在思维上是否属于直觉方法呢？答案是肯定的。梁漱溟对于中国哲学的理解深受柏格森影响，他说："给我启发最大，使我得门而入的，是明儒王心斋先生；他最称颂自然，我更由此而对儒家的意思有所理会。开始理会甚粗浅，但无粗浅则不能入门。后来再与西洋思想印证，觉得最能发挥尽致，使我深感兴趣的是生命派哲学，其主要代表

---

① 梁漱溟：《东西文化及其哲学》，《梁漱溟全集》第一卷，山东人民出版社1989年版，第406页。

② 贺麟：《宋儒的思想方法》，《贺麟选集》，吉林人民出版社2005年版，第63页。

③ 张岱年：《张岱年全集》第三卷，河北人民出版社1996年版，第29页。

者为柏格森。……柏氏说理最痛快、透彻、聪明。"① 这就是说,让他对儒家思想产生觉悟的是柏格森生命哲学,而其所觉悟到的内容便是直觉方法。梁漱溟说:"东方学术的根本,就在拿人的聪明回头来用在生命本身上。此功夫则以儒家为最彻底,他就是专门去开发你当下的自觉,并无另外的反观内观,他让当下自觉更开大。当下自觉,就是当下的是非好恶痛痒,让这些在当下更切实明白开朗有力,喜欢这个就喜欢这个,不喜欢这个就不喜欢这个,如恶恶臭,如好好色,毫无半点虚假。道家有所观的东西,儒家则只是教你当下不马虎,此即王阳明先生之所谓致良知,亦即真诚之诚,此非反观,而实是反观之最彻底最深者。"② 就是说,依柏格森生命哲学看,中国哲学的方法即是当下如此、非理智思辨、无主客之别的直觉方法。

王国维也以人文认知范式为参照对中国传统哲学思维方式展开了考察与分析。王国维认为儒家学说属于直觉论。他说:"就人间行为之判断,于西洋有动机论、结果论二派。动机论者,行为之善惟在动机之纯正耳,结果之如何,非所顾也。结果论者,日日行为之结果善,则其行为亦善,动机之如何,可不问也。前者为直觉派,后者为功利派。儒学直觉派也。"③ 所谓直觉论,就是以动机为行为善恶之标准而不考虑结果如何,儒家思想正是重动机而轻结果的。这个特点在孔子那里表现得很充分。王国维说:"故孔子恰如康德为动机论者,动机纯正则其结果之善恶如何可不顾。故《论语》曰:'志士仁人,无求生以害仁,有杀身以成仁。'(《卫灵公》)又'殷有三仁。'(《微子》)仁,动机也。苟能行仁,则其结果如何可不顾。是所以谓直觉说也。"④ 所谓"杀身成仁",就是主张"行仁为尚,结果不计",故是典型的动机论。并且,孔子的直觉是理性之直觉,他说:"更进一步,则《季氏》'生而知之者上也',《雍也》'人之生也直,而罔之生也幸而免'之说,皆可以证明。第一,备言人能直觉辨别是非善恶;但非谓常人,谓睿智之圣人也。第二条,程子解

---

① 梁漱溟:《中西学术之不同》,《梁漱溟先生论儒佛道》,广西师范大学出版社2004年版,第12页。
② 同上书,第23页。
③ 王国维:《王国维哲学美学论文辑佚》,华东师范大学出版社1993年版,第41页。
④ 同上书,第47页。

'直'为'理',而杨龟山以之为'情'。但孔子以为理与情并重,又因时与地而异。其'直'之解释,如'斯民也,三代之所以直道而行也'(《卫灵公》)之解"直"为理,答叶公之问之'直',则情也。故'人之生也直'之'直',解之为'理',或稍妥也。以上可知孔子为'贵理性之直觉派'也。"① 就是说,孔子虽然重动机轻结果,但其直觉辨是非善恶由睿智的圣人把握,而且有注家将"直"释为"理",因此,孔子的直觉属于"贵理性之直觉"。王国维通过对孟子"义"的分析,断定孟子的思维方式也是直觉的。他说:"孟子以义为直觉的,即离却一切理由条件,而绝对的督责吾人之命令。以此点言,则孟子之于伦理上似有直觉论派之面目焉。曰:'行一不义,杀一不辜,而得天下,皆不为也。'(《公孙丑》上)'古之人未尝不欲仕也,又恶由其道,不由其道而住〔往〕者,与钻穴隙之类也。'(《滕文公》下)'非礼之礼,非义之义大人弗为。'(《离娄》下)……由此等思想考之,则孟子之所谓'义',其视为直觉的,绝对的,而强人以实行之之道德上规则或义务,益昭然无可疑已。"② 就是说,孟子的"义"是不讲条件的、绝对的,其强迫人践行的特质使其"直觉主义"愈为鲜明。不过,由于孟子常常需要处理仁、义、忠、孝等独立于直觉原理的关系,而需要确立一个最高且适时标准,从而影响其直觉主义的品质,王国维说:"孟子于大体上似属直觉说,然亦稍加以立极论之思想。(立极论者谓立一究竟之标准以为一切义务之根据。)彼以不杀人为仁,然有时亦以杀人为合于天理者,则彼之非严义之直觉论者,不可争也。"③ 即孟子的"直觉"不是典型意义上的直觉。

贺麟考察、分析了心学家陆九渊与理学家朱熹在哲学思维方式上的异同。贺麟认为,由于陆九渊认识到沉湎书籍、迷于文字对于悟道的障碍,因而他的"不读书"非但不能被批评,反而是一种特殊的悟道方法。这种悟道方法就是"回复本心"法,贺麟说:"象山也未尝不读书,不过他读书是看古人是否先得我心之已然,契合自己的本心。他未尝不著书,但著书只是出于自然,并非勉强,且不以传注为业。他也未尝不讲论,但讲

---

① 王国维:《王国维哲学美学论文辑佚》,华东师范大学出版社1993年版,第47页。
② 同上书,第83—84页。
③ 同上书,第86页。

论只是启发人自己的思想，发明人的本心，教人自己发省。因此象山的直觉方法的积极方面，可用'回复本心'四字来包括。本心是他的本体，回复本心即是他的方法。他根本认为'此心本灵，此理本明，此性本善。'此'心即是理，性即是理'；'人同此心，心同此理'。所谓格物穷理，即是回复本心。回复本心在陆王方法中也有两面，一是教人反省他自己的本心，注重在启发他人，唤醒他人，使之回复到他有的先天理性，有似苏格拉底的接生法；一是自己反省自己的本心，自己体认自己的真我，自己把握自己的真生命，有似柏格森所谓自己与自己表同情。"① 就是说，"回复本心"有两种表现形式，一是让人反省自己的本心，一是自己反省自己的本心，它们的共同点就是体悟，自己体认本心。若要更具体更形象的例子，所谓指点、提醒、棒喝都属此类，贺麟说："絜斋遇象山曰：'君今日所听扇讼，彼扇讼者有一是一非，若见得孰是孰非，即决定为某甲是，某乙非，非本心而何？'先生闻之，忽觉此心澄然清明，亟问曰：'止如是耶？'象山厉声答曰：'更何有也！'先生退，拱坐达旦，质明，纳拜，遂称弟子。"② 在这个例子中，陆九渊通过扇讼以点拨絜斋什么是本心，生动形象，亲切可信，而且效果极佳，没有知识论证，没有逻辑推理，没有理论说教。贺麟认为陆九渊这种直指人心的方法，与苏格拉底接生法一样，属于反省式的直觉法。

与陆九渊比较，朱熹的哲学方法似乎与直觉主义方法相距甚远，但贺麟认为朱子的哲学方法也是直觉方法。他说："朱子《大学章句集注》，采程子之说，训'格'为'至'，释'格物'为'穷至事物之理，欲其极处无不到也'，其意亦是用'虚心涵泳，切己体察'的工夫，以穷究事物之理，而至乎其根本极则，贯通而无蔽碍，以达到'用力之久，而豁然贯通焉，则众物之表里精粗无不到，而吾心之全体大用无不明'的最后的直觉境界。盖训格物为至物，即含有：一、与物有亲切的接触，而无隔阂；二、深入物之中心，透视物之本质，非徒观察其表面而止；三、与物为一，物我无间之意。但朱子复力言虽训格物为至物，但至物既非神秘的与物相接，亦非空泛的与物同体之意，'盖泛言同体，使人含糊昏缓而

---

① 贺麟：《宋儒的思想方法》，《贺麟选集》，吉林人民出版社2005年版，第68页。
② 同上书，第69页。

无警切之功,其弊或至于认物为己',而神秘的与物相接,'则或徒接而不求其理,或粗求而不究其极,是以虽与物接而不能知其理之所以然与其所当然也'。所以朱子虽言至物,虽向外探求,而不陷于狭义的神秘主义与粗疏的感觉主义,即因他能用虚心涵泳切己体察的工夫以穷至事物之理故也。盖朱子格物的工夫所欲达到的非与物相接或与物一体的先理智的神秘的感性的直觉境界,而乃是欲达到心与理一的后理智的理性的直觉境界。于此更足以见得朱子的直觉法的高明、精到而且平实。"① 在贺麟看来,从朱熹训"格物"为"至物"看,其"格物"既非神秘地与物相接之意,因为与物有亲切的接触;亦非空泛地与物同体之意,因为需透视事物的本质而实现物我无间;因此朱熹的"格物"并不陷于神秘主义,也不陷于感觉主义,而是用虚心涵泳切己体察的工夫以穷至事物之理,所以朱熹所达到的不是"与物一体"的先理智的神秘的感性直觉境界,而是达到"心与理一"的后理智的理性的直觉境界。因而朱熹的格物不是科学方法,而是直觉方法。不过,虽然朱子与象山都属直觉方法,但在内容上与象山还是有些不同。贺麟说:"朱子所说的读书法,大体上即足以代表他格物穷理的思想方法,且足以代表朱学之有异于其他学派之处,盖朱的方法之所以是体验'经训史册'或文化的结晶的直觉方法,而非用实验观察、数学方式,以驾驭自然的科学方法在此;朱子虽与汉学家同样注重读书而其用涵泳体察的直觉以探究经籍的义理,而由以异于从考据经典中的名物训诂的考据方法亦在此;朱子虽与陆王同注重义理心性之学,同采用直觉方法,而其偏重向外透视体认的直觉法,有以异于象山之偏重向内反省本心的直觉法,亦在于此。"② 根据贺麟的分析,朱熹的方法是一种体验"经训史册"或文化的结晶的直觉方法,因而属于向外透视的直觉法。而从用词上看,也表明朱熹的哲学方法是直觉方法,贺麟说:"宋儒,特别朱子,最喜欢用'理会'二字。大约系'深沉潜思''优游玩索'之意。若单就字面,将'理会'二字直解成'用理智去心领神会'之意,则意思实与柏格森所谓'理智同情',最为接近。至朱子所谓:'入道之门,是将自家身体入那道理中去,渐渐相亲,久之与己为一。而

---

① 贺麟:《宋儒的思想方法》,《贺麟选集》,吉林人民出版社2005年版,第76—77页。
② 同上书,第79页。

今人道理在这里,自家身在外面,全不曾相干涉'(语录卷八)等语,则略近柏格森深入物内与物为一而不可站在外面观看之旨。"① "体会"即体验、觉悟、领会,渐久而"入物内与物为一"之境界,可谓典型的中国式直觉方法。

对于中国哲学方法的直觉主义特质,张岱年不仅是认同的,而且有专门的分析。这里选择若干案例以考察具体其情形。老庄哲学方法是否直觉方法呢?

张岱年说:"在古代称之为'玄览'或'体'(即'体认'、'体会'之体)。老子云:'涤除玄览,能无疵乎?'(十章)又说:'不窥牖,见天道。'(四十七章)所谓'玄览',所谓'见天道',都是指对于天道的直觉。这直觉超乎一般感觉经验。庄子不但要求超越感官经验,更要求超越理性思维,宣称'无思无虑始知道'(《庄子·知北游》)。忘耳目、超思维,这种境界,称为坐忘。'堕肢体,黜聪明,离形去知,同于大通,此谓坐忘。'(同书《大宗师》)惟有忘却自己,与最高的道('大通')合而为一,才能达到最高的认识。"② 就是说,老子的直觉方法是超乎一般感觉经验的,而庄子的直觉方法不仅超越感觉经验,甚至超越理性思维。张载的哲学方法、朱熹的哲学方法是否直觉方法呢? 张岱年说:"张载讲'体物',他说:'大其心则能体天下之物,……其视天下无一物非我。'(《正蒙·大心》)体物即消除了物我的对立,超越自我,以天地万物为我,这样来认识天下之物。朱熹解释所谓'体天下之物'的'体'字说,'此是置心在物中,究见其理'(《朱子语类》卷九十八)。所谓'置心物中'正是近代所谓直觉之义。"③ 就是说,张载"体物"即朱熹讲的"置心物中","置心物中"即直觉之法,这种直觉方法之最大特点是消除物我的对立。陆象山的哲学方法是否直觉方法呢? 张岱年说:"象山的方法,纯然是一种直觉法。这种直觉法,又与程朱的方法中之直觉法不同。程朱的直觉法是'即物'的,象山的直觉法则是向内的,反求于心的。象山实即是以内省为达到宇宙本根及人生准则之理的方法。这种观

---

① 贺麟:《宋儒的思想方法》,《贺麟选集》,吉林人民出版社2005年版,第78页。
② 张岱年:《张岱年全集》第六卷,河北人民出版社1996年版,第416页。
③ 同上。

点完全是反科学的。象山又尝云：此理塞宇宙，古先圣贤，常在目前，盖他不曾用私智。'不识不知，顺帝之则'：此理岂容识知哉？'吾有知乎哉'？此理岂容有知哉？（《与张辅之》）此种完全不要理智的态度，是象山的特色。于此更可见象山专以直觉为方法。程朱的方法，是参用直觉与理智的，象山的方法则是纯然直觉。"① 就是说，象山的直觉方法是反身向内的，希望通过内省达到对宇宙本根及人生准则之理的把握，因而根本不需要理性，不需要知识，表现出反科学性。

令我们非常惊喜的是，中国学者虽然借助人文认知范式分析、判定中国传统哲学的思维方法是直觉主义的，但并没有满足于此，而是在人文认知范式启示下，继续对不同哲学家直觉主义思维方式之内容、特点及其异同展开了富有启示性的讨论与判断，这对于准确把握中国传统哲学思维方式的特征，对于改善中国传统哲学思维方式都具有实际的意义。

4. 人神关系上的相融相济

人文主义，崇尚理性反对愚昧、肯定人否定神是其基本主张。不过，中国哲学在人神关系上，虽然对神敬而远之，但并不否定神，而且，宗教信仰实际上一直是中国传统哲学思想中的基本要素，这正是中国传统哲学在人神关系上表现出来的特点。徐复观即指出了这一特点。他说："中国的人文精神，在以人为中心这一点上，固然与西方的人文主义相同；但在内容上，却相同的很少，而不可轻相比附。中国的人文精神，并非突然出现，而系经过长期孕育，尤其是经过了神权的精神解放而来的。"② 这就是说，虽然中国的人文主义是从神权中解放出来的，但并不意味着神权的式微或否定。这是因为："（一）在古代，任何一个民族与神都会发生交涉，在中国，也是一样。但西周初年，首先出现人的祸福是由自己的行为所决定的论调。人的精神，从神的手上解脱出来，于是人用心的重点不是神，而是人的行为。（二）神为人而存在。西方在文艺复兴以前，都是认为人是为神而存在的，国家政治只是为我们进到天国的踏脚石。在中国春秋时代，已经出现神是为人而存在的思想，'民，神之主也。'统治阶级

---

① 张岱年：《张岱年全集》第二卷，河北人民出版社1996年版，第580页。
② 徐复观：《徐复观文集》第三卷，湖北人民出版社2002年版，第27页。

总认为它是代表神的。神为人而存在，统治阶级也成为为人而存在。"① 就是说，在西周初年，"人"与"神"的位置开始发生变化，用心的重点是人不是神。而到春秋时期，"神"与"人"关系再次发生变化，"神"由"主"转换至"从"的位置，人则由"从"转换至"主"的位置，这样的结果是："神"为人而存在，"神"服务于人。既然"神"服务于人，说明"神"仍然存在并扮演着其特殊角色。

唐君毅认为，儒者崇尚气节，以从容就义为最高理想，如果没有绝对的信仰是不可能做到的。不过，儒学之为宗教有自己的特点，那就是人文宗教。他说："唯依孔子之教，乃真可由其于天于神无所求之报本复始精神，而摄天心于人心；转天神之恩我，以推恩于世界，而人德可齐天德，由此而后可以见人与天之俱尊。人德齐天，而知人之善性亦齐于天，然后有天命即性之性善论，尽心知性即知天、存心养性即事天之孟子之学。此儒家之教包含宗教精神于其内，既承天道以极高明，而归极于立人道，以致广大、道中庸之人文精神所自生。故谓儒家是宗教者固非，而谓儒家反宗教、非宗教，无天无神无帝者尤非。儒家骨髓，实唯是上所谓'融宗教于人文，合天人之道而知其同为仁道，乃以人承天，而使人知人德可同于天德，人性即天命，而皆至善，于人之仁心与善性，见天心神性之所存，人至诚而可成圣如神如帝'之人文宗教也。"② 在唐君毅看来，由于儒家将天心收归到人心，因而天神将恩典施于人，人便将此恩典施于他人，这样，人德与天德齐一，人就能获得像天一样的尊严。而人尽心养性就是事天，事天即是执行宗教仪式，而事天是为了获得天恩以施于百姓，因而其人文主义内具宗教性，即所谓人文教。中国哲学对于善的确定与落实，都必须与天关联，没有天不行，天是价值的源头，是一切的根据。这就是儒学人文主义的特点。而且在唐君毅看来，因为孔子精神的影响，中国哲学普遍表现为对宗教的容纳，或将宗教融于道德伦理的实践中。唐君毅说："原始之宗教既经孔子之融化，乃本人德可齐于天之思想，再与庄子游于天地之思想相与合流；而渐有与天地比寿，与日月齐光之神仙思想。而后之佛学之所以为中国人所喜，亦因佛学始于不信超绝之梵天，而

---

① 徐复观：《徐复观文集》第一卷，湖北人民出版社2002年版，第175页。
② 唐君毅：《中国文化之精神价值》，广西师范大学出版社2005年版，第39页。

信任人皆可成佛,而如神,如梵天,如上帝。则中国以后道佛之宗教精神,亦孔子天人合德之思想之所开,人诚信天人合德,而人德可齐天,则人之敬圣贤之心,敬亲之心,亦可同于敬天之心。此即后来之宗教精神所以于天帝崇拜之外,尤重对圣贤祖先之崇拜之故。"① 按照唐君毅的理解,无论是庄子,还是佛教,都具有天人贯通的特点,都具有通过人的德行以尽天道而实现善的特点,其宗教性虔诚、敬畏、大爱统统表现在人的道德修行与实践中,因而中国哲学的人文主义不仅不排斥宗教,反而将宗教作为人文主义的基本要素。

牟宗三对于中国哲学中人神关系有着清晰的认识和理解,他说:"人文教之所以为教,落下来为日常生活之轨道,提上去肯定一超越而普遍之道德精神实体。此实体通过祭天、祭祖、祭圣贤而成为一有宗教意义之'神性之实','价值之源'。基督教中之上帝,因耶稣一项而成为一崇拜之对象,故与人文世界为隔;而人文教中之实体,则因天、祖、圣贤三项所成之整个系统而成为一有宗教意义之崇敬对象,故与人文世界不隔:此其所以为人文教也,如何不可成一高级圆满之宗教?"② 就是说,宗教可分为两种,一种是与人文世界绝缘的,比如基督教,另一种是与人文世界贯通的,比如儒教。而与人文世界贯通的学说即可称为"人文教"。儒教的特点就是:下落可以成为日常生活的规则,上提可以成为超越普遍的精神实体,此精神实体即是有宗教意义的价值源头,它通过祭天、祭祖、祭圣等礼仪形式表现出来。因此,中国哲学属于典型的"人文教"。牟宗三说:"周公制礼作乐,定日常生活的轨道,孔子在这里说明其意义,点醒其价值,就是指导精神生活之途径。孔子开精神生活的途径,是不离作为日常生活轨道的礼乐与五伦的。他从此指点精神生活之途径,从此开辟精神生活之领域。故程伊川作《明道先生行状》云:'尽性至命,必本于孝弟。穷神知化,由通于礼乐。'但是基督教与佛教却不就这日常生活轨道开其精神生活的途径。中国人重伦常,重礼乐教化,故吉、凶、嘉、军、宾都包括在日常生活轨道之内,并没有在这些轨道之外,另开一个宗教式

---

① 唐君毅:《中国文化之精神价值》,广西师范大学出版社2005年版,第42—43页。
② 牟宗三:《中国哲学的特质》,上海古籍出版社2007年版,第132页。

的日常生活轨道,故无特殊的宗教仪式。"① 就是说,周公制礼作乐确定了日常生活的轨道,而孔子点醒了它的价值以开出精神生活的途径,即是人文与宗教的融合,而吉、凶、嘉、军、宾等具有宗教内涵的礼乐仪式,无不包括在日常生活轨道之内。质言之,宗教精神完全融于儒家伦理教化之中,宗教信仰是通过具体的伦理规范的执行体现的,神可以尽情地与人共舞。

刘述先也明确肯定中国哲学中的人文主义是含摄宗教的。他说:"中国的人文精神是中国文化的特殊产物,它宣扬的中庸之道,恰正是西方文化最缺少的东西。它不必像西方基督教超人文的精神,必须要在另一个世界才能找到生命的意义。在另一方面也不必像西方现代的寡头人文主义那样,硬要把自己和社会人群、宇宙天道整个切开,变成一个孤零零的个体,既没有生前也没有死后的安慰。中国的人文精神是一种最合乎常识,最合情合理的生命体验,它又不只是少数知识分子的事。《中庸》说得好,天地之道造端乎夫妇,然而,极其至也,却又圣人有所不能。儒家的东西就好像家常便饭,平淡无奇。然而阳明却指出,平地比高山更伟大,这是真能把握到儒家的根本精神。百姓日用而不知,正好像阳光、空气和水一样,没有了它们一天日子都过不下去。而人生虽不能不预设道的流行,在现实上则又往往容易脱离中庸的理想,一走向极端,立刻百病丛生。如果我们能够紧紧地把握住儒家的根本智慧与理想,就能够对现实社会文化的发展,提出鞭辟入里的批评。"② 在刘述先看来,中国哲学的人文精神具有"中庸之道"的特点,这有两层含义:一是中国哲学上下贯通,即天道人道贯通;二是中国哲学与日常生活打成一片,不像西方哲学高高在上、孤立清高,与日常生活老死不相往来。所以,中国哲学中的人文主义是既具宗教超越性又具日用庸常性的人文主义,它是包容宗教的人文主义。概言之,中国人文精神有两点值得注意:其一是中国哲学寻找生命的意义无须到彼岸,此岸即可找到生命的意义;其二是中国人文精神不是与社会人群、宇宙天道隔开的,而是融为一体的。因此,中国的人文主义是现实的、世俗的、朴实的人文主义。这个特点在中国诸种祭祀礼仪中

---

① 牟宗三:《中国哲学的特质》,上海古籍出版社2007年版,第87页。
② 刘述先:《儒家思想与现代化》,中国广播电视出版社1992年版,第202—203页。

表现得尤为清晰与突出。刘述先说:"儒化家庭祭祖,历代帝王祭天,似也不乏其宗教层面。吾人自当更进一步追问,由纯哲学的观点省察,依据儒家内在的义理结构,究竟是否必须肯定'超越'之存在。如果答案是肯定的,则儒家祭祀固不止只有实用式教化的意义,而自有其深刻的宗教理趣。"① 就是说,儒学不仅在技术操作层面上具有宗教性,在精神超越层面上同样具有宗教性。

郭齐勇通过对儒学天命观的考察以研判其中的神与人的关系,他说:"孔子保留了对'天'、'天命'的信仰与敬畏,肯定了"天"的超越性、神秘性。据孟子说,孔子赞美《诗经·大雅·烝民》篇的'天生烝民,有物有则,民之秉彝,好是懿德'为'知道'之诗(《孟子·告子上》),肯定天生育了众民,是人的源泉,认为人所秉执的常道是趋向美好的道德,即天赋予了人以善良的天性。孔子肯定个人所具有的宗教性的要求,又进一步把宗教与道德结合起来。孔子和儒家的积极有为的弘道精神、担当意识,超越生死的洒脱态度,朝闻夕死、救民于水火、杀身成仁、舍生取义的品德,均源于这种信仰、信念。或者我们可以说,儒家人文的背后,恰恰是宗教精神信念在支撑着!……足见儒家人文精神不仅不排斥宗教,反而涵盖了宗教,可以与宗教相融通。"② 由郭齐勇的分析可以看出,孔子思想中保留了天命观念,而这个天命观念就是孔子的宗教观念,孔子视道德为天命所赋,因而道德意识源于宗教信念,在世精神由宗教信念支撑,因而孔子的人文精神不排斥宗教。

总之,中国传统哲学中的人神关系表现为相融相济特性,即中国哲学人文主义不把神作为敌人,不把宗教作为否定的对象,这正是徐复观、唐君毅、牟宗三、刘述先、郭齐勇等在认知和理解中国传统哲学的实践中所获得的结论。唐君毅说:"我们今日承中国之人文思想,以论我们对文化之态度,亦不须从反神反宗教之精神开始。西方现代所需之新人文主义,亦决不能如文艺复兴以来之人文运动,持人与神相对之态度。反宗教是不必须的。不仅不必须,而且从整个西洋文化之保存与发展看,西方之宗教

---

① 刘述先:《儒家思想与现代化》,中国国际广播出版社1992年版,第51页。
② 郭齐勇:《中国儒学之精神》,复旦大学出版社2009年版,第76—77页。

精神是应当保持的、加以发扬的。如说已衰亡，便应使之再生。"① 就是说，广义的人文思想包括人之一切文化，宗教也包括在内。不难看出，唐君毅对人文主义有着强烈的"造道"愿景。

如上从研究内容、宇宙观、思维方式、人神关系四个方面考察了人文认知范式用于认知和理解中国传统哲学的情形。在这种认知、理解的实践中，我们除了分享到中国传统哲学中的人文主义思想被比较全面地、比较深刻地开显外，还可以继续以下有价值的思考。其一，丰富了对中国传统哲学特点的认识。人所共知，关于中国传统哲学的特点学界已有多种判断，比如唯物认知范式的判断、科学认知范式的判断，但相关的判断因为视角的限制似仍有拓展、深化的空间。就研究对象言，也有视中国传统哲学之研究对象为人的观点，但并没有深入到道德性命，更没有深入到"内容真理"的论说；就宇宙观言，也有视中国传统哲学宇宙观为有机整体的观点，但并没有将有机整体触及"刚健活泼、开放流行、和谐有序、融贯万有、精神而非物化"等特性；就思维方式言，也有视中国传统哲学之思维方式为直觉主义的观点，但并没有揭示孔子的"贵理性之直觉"、孟子的"非严义之直觉"、陆九渊的"反省式直觉"、朱熹的"体验'经训史册'的结晶而向外透视"的直觉、老子的超越感觉经验的直觉、庄子超越理性思维的直觉、张载消除物我对立的直觉等具体形式；就人神关系言，则揭示了中国传统哲学中人神相融相济的微妙关系，从而纠正了将"无神论"视为中国传统哲学基本特质的片面观点。可以说，在人文认知范式的观照下，关于中国传统哲学特点的认识得到了实质性丰富。

其二，深化了对中国传统人文思想的理解。之所以作这样的判断，不仅在于人文主义的视角对相应具有人文主义思想的概念和命题的发明，而且在于由人文主义视角对中国传统哲学中人文主义内涵的深入分析和把握。比如，在研究内容上从人到道德性命再到"内容真理"，所谓"内容真理"就是指哲学概念或命题道德意义的具体性与实践性，这就从哲学研究内容上深化了对中国传统人文主义的理解。在宇宙观上将生机整体延伸至刚健活泼、开放流行、和谐有序、融贯万有、精神而非物化的等特

---

① 唐君毅：《人文精神之重建》（一），广西师范大学出版社2005年版，第4页。

性，从而呈现出中国传统哲学宇宙观的生命性，这就从宇宙观上深化了对中国传统人文主义的理解。在思维方式上将孔子、孟子、老子、庄子、张载、朱熹、陆九渊各自的直觉思维方式之内容、特点予以呈现，从而揭示出中国传统哲学直觉思维的多样性，这就从思维方式上深化了对中国传统人文主义的理解。在人神关系上分析了神人共存的状况、原因及其意义，在中国传统哲学中，神并不必然与人对立，完全可以成为人的朋友，完全可以成为人成就生命的力量，这就将神的本质揭示了出来，这个本质就是人文关怀。而将"礼"理解为"通过对人的行为进行规范以显示其价值和尊严"，不仅是对"以礼杀人"片面认识的否定，而且是使"礼"本有的人文关怀意义得以重现。无疑，这些分析与判断不仅有助于全面、深入和准确地理解中国传统哲学中的人文主义思想，而且在广度与深度上实现了对中国传统人文主义思想内容的扩充。因此，相对于那些片面的理解，相对于那些肤浅的理解，本书所呈现的以人文认知范式为坐标和方法而形成的理解无疑得到了极大深化。

其三，展示了融合中西人文主义的气象。在西方人文主义传统中，其哲学的对象主要是自然或"神"，而中国哲学的对象是人，是道德性命。这就是说，如果以自然或神为对象的哲学是不完善的，那么可以补之人、道德性命、内容真理等内容。在西方人文主义传统中，其宇宙观主要是机械的、分析的、物化的、二元的，但中国传统哲学的宇宙观是有机的、整体的、活泼的、一元的、精神的，这就是说，如果机械的、分析的、物化的、二元的宇宙观存在不足，那么可以补之有机、整体、活泼、一元、精神等内容。在西方人文主义传统中，其哲学思维方式以直觉为主体，但中国传统哲学中的直觉思维方式却是丰富多彩而各具特色的，如果说西方哲学中的直觉思维方式较为单调，那么可以补之孔子的"贵理性之直觉"、孟子的"非严义之直觉"、陆九渊的"反省式直觉"、朱熹的"体验'经训史册'的结晶而向外透视"的直觉、老子的"超越感觉经验"的直觉、庄子的"超越理性思维"的直觉、张载的"消除物我对立"的直觉。在西方人文主义传统中，其人神关系是对立的，而且表现出"排神"倾向，但中国传统哲学中的人神关系是相融相济的，神成为人的重要伙伴，神的责任是为人服务，因而如果驱神排神在处理人神关系上不算是明智选择的话，那么可以补之中国传统哲学中"人神相融相济"的传统。尤为值得注意的是,将"礼"置于人文认知范式而获得"通过对人的行为进行规范以显示其价值和尊严"之认识,启发我们认真思考一向被视为束缚人性的规范与制度所内含的人文意义。

总之,虽然西方人文认知范式是理解中国传统哲学的坐标与方法,但在具体的认知和理解实践中,中国学者并没有唯西是从,而是根据他们所处时代的价值诉求和中西哲学中的人文主义思想的特点,对中西哲学中的人文主义思想进行取长补短、综合融通,在拓宽优化中西方人文主义内容的同时,展示了融合中西人文主义思想的气象。

二 人文认知范式视域下的哲学系统

人文认知范式的应用,不仅发掘、呈现了中国传统哲学概念、命题的人文意涵,不仅揭示了中国传统哲学的特点,而且对中国传统哲学中人文主义思想的结构、体系进行了发掘和整理。

1. 传统哲学中的人文思想结构

中国古代人文思想有没有体系结构?如果有,是怎样的体系结构?唐君毅对此进行了深入的探讨。他认为,人文思想是普遍存在的,但不是所有的思想都可以允诺为人文思想,即人文思想可按性质区分为不同的层次结构。根据这样的观念,唐君毅对人文思想进行了分类。他说:"从一方面说,一切学术思想,都是人的思想,一切文化,都是人创造的。因而一切文化之精神,都是人文精神。讨论任何种之学术思想,都是讨论一种人文中之思想。但是,这样说,则人文思想、人文精神一名之含义,无所对照,而彰显不出。我们当说,在人的人文思想人文精神以外,尚有人的非人文、超人文或次人文、反人文的思想或精神。我所谓'非人文的思想',是指对人以外的所经验对象,或所理解对象,如人外的自然、抽象的形数关系等的思想,此即如自然科学数学中所包括之思想。我所谓'超人文的思想',是指对人以上的一般经验理解所不及的超越存在,如天道、神灵、仙佛、上帝、天使之思想。我所谓'次人文的思想',是指对于人性、人伦、人道、人格、人的文化与文化的历史之存在与其价值,未能全幅加以肯定尊重,或忽略人性、人伦、人道、人格、人文与其历史之某一方面之存在与价值的思想。我所谓'反人文的思想',是指对人性、人伦、人道、人格及人之文化历史之存在与价值,不仅加以忽略,而且加以抹杀曲解，使人同化于人以外、人以下之自然生物、矿物，或使人入于如基督教所谓魔鬼之手，使人沦至佛家所谓饿鬼道、地狱道之思想。由上，故知我们所谓人文的思想，即指对于人性、人伦、人道、人格、人之文化及其历史之存在与其价值，愿意全幅加以肯定尊重，不有意加以忽略，更决不加以抹杀曲解，以免于同于人以外、人以下之自然物等的思想。"① 在唐君毅看来，大凡人创造的文化都具有人文精神，但在人的人文思想之外、人文精神之外，尚有非人文的、超人文的、次人文的、反人文的思想，这样就可以区分和确定真正的人文思想、人文精神。

他说："人文的思想与非人文的思想或超人文的思想之不同处，在人文的思想之发自人，而其对象亦是人或属人的东西。非人文的思想与超人文的思想之对象，则为非人或超人。人与非人或超人，可以同时存在。故人文的思想，与非人文或超人文思想，亦可同时存在，而二者之关系，是一逻辑上之相容之关系。但是在人去反省他对自然神灵等非人或超人之存在的思想时，人同时可自觉此思想，亦是属于人的，是人的科学思想、宗教思想。则人可思想：他自己对于非人超人的思想何以会发生？此思想对人有何影响？会把人带到哪里去？当此非人文、超人文的思想本身，成人之思想的对象时，则非人文的超人文的思想，亦即包含在人之人文的思想之内。因而在人之人文的思想中，亦当求肯定尊重非人文或超人文之思想或学术之价值。否则人之人文的思想，亦不能圆满完成，而成次人文的思想。由此而人的人文的思想，对人之非人文、超人文的思想之逻辑关系，又可是前者包含后者，前者亦依赖于后者的关系。一切次人文的思想与人文思想的关系，亦都是后者包含前者之关系。此乃由全体之思想包含片面之思想。其理易明，不须多说。至于人文的思想与反人文的思想，则从逻辑上看，二者是不相容的矛盾关系。如人文的思想为真，则反人文思想为妄。如反人文思想为真，则人文思想为妄。故讲人文思想，则必须反反人文思想。但是反人文思想，亦是人的思想。从学术史上看，人文思想之兴盛，恒由超人文、非人文、次人文的思想之先行，亦恒由反人文思想之先行。于是人之反省其人文思想，亦须反省：反人文思想之何以发生。此反省本身，仍是人之人文思想中应有之一部。由此而人之最高的人文思想

---

① 唐君毅：《中国人文精神之发展》，广西师范大学出版社2005年版，第1—2页。

中，必须一方包括反'反人文思想'之思想，另一方又必须包括，对反人文思想何以发生加以说明的思想。"① 唐君毅认为，人文思想与非人文的思想或超人文的思想之对象不同，人文思想的对象是人，非人文或超人文的对象是非人或超人；但由于人与非人或超人可以同时存在，因而人文思想与非人文思想或超人文思想可以同时存在，因而在人之人文的思想中，亦当求肯定尊重非人文或超人文之思想或学术的价值，因为不这样，人文思想就不能完成，因此说，人文思想既包含非人文、超人文的思想，又依赖非人文、超人文的思想。就人文思想与反人文思想而言，它们是对立的，因而必须反对反人文思想，但人文思想、超人文思想、次人文思想的发生，乃是因为反人文思想，这样，人又必须反省反人文思想何以发生，从而使反人文思想成为人文思想的一部分。概言之，人文思想虽然可以划分为几个内容、特点、性质不同的类型，但它们彼此是含摄的，甚至是促进的。因此，要讨论、把握中国人文思想的发展与演变，必须分析、研究人文思想与超人文思想、次人文思想、反人文思想的关系。他说："我们了解人文思想与非人文、超人文、次人文及反人文思想之分别与关系，才可讨论中国人文思想之发展。人文思想之发展，一方由人对于人文本身，逐渐加深加广的思想，同时亦即由人文思想与非人文、超人文、反人文等思想，互相发生关系，而相依相涵或相反相成以发展。在此发展历程中，我们可以看见非人文的思想之扩大人文思想的领域，超人文的思想之提升人文的思想，次人文的思想之融会于人文的思想，及人文的思想之不断以新形态出现，以反反人文之思想。此相续不断的人文思想发展历程中，便显出一种人类精神的向往。这种精神，我们称之为人文精神。"②

那么，先秦诸子人文思想的特点与关系怎样呢？唐君毅对此进行了分析判断，他说："孔子之教，于人文二字中，重'人'过于重其所表现于外之礼乐之仪'文'，而要人先自觉人之所以成为人之内心之德，使人自身先堪为礼乐之仪文所依赖之质地。这才是孔子一生讲学之精神所在，亦是孔子人文思想之核心所在。……我们说墨子之思想，是次人文的。这是因为墨子承认人民的经济生活之重要，尚贤尚同的政治社会组织之重要，

---

① 唐君毅：《中国人文精神之发展》，广西师范大学出版社2005年版，第2—3页。
② 同上书，第3页。

亦承认兼爱的道德，无攻伐的国际和平之重要。但他忽略礼乐之重要，儒家所重之孝悌之重要。他主节葬非乐以非儒，他不能对全面人文之价值，皆加以肯定。这即使他之思想，只成次人文的。而他之重天志与明鬼，则又似为一超人文思想。不过其动机仍为实用的，故不能真发展为宗教。他之以利害为是非善恶之准绳，则尚可使他之思想成反人文的。……'天地生君子，君子理天地'，而后'自然之世界为人文世界所主宰'。此乃庄子之'以天为宗'，尚自然而薄人文的超人文思想一倒转。……先秦思想中之'反人文的思想'，乃法家由商鞅至韩非之思想。这种思想与墨子、庄子等思想之所由起，都是由于周之文敝。墨子鉴于礼乐之为王公大人奢侈品，而非礼乐。庄子鉴于礼法之束缚人性命之情，鉴于人之立功立名之心，使人失去自己，而要与造物者游，以成天人。商鞅、韩非、李斯，则由要富国强兵，而反封建反宗法，以及一切维系封建宗法制度之礼乐、仁义、孝悌等由周传下之文化；亦反对当时一切驰骋谈辩以取富贵之游士，而连带反对儒、墨、道之学术思想。……他们视富国，只是'抟力'，强兵而向外攻战，只是'杀力'。要杀力必须抟力，已'抟力'又必须'杀力'。故必须兼重耕战或富国强兵，求富强而又以'权为君之所独制'，'其行制也天，其用人也鬼'，这即成一纯粹之反人文的思想。"①不难看出，唐君毅除了将孔子儒家、墨子墨家、老庄道家、韩非法家分别归为人文思想、次人文思想、超人文思想、反人文思想之外，还对它们形成的原因、彼此关系展开了分析，甚至就哲学家思想内部的人文思想结构进行了探讨。

　　总之，唐君毅以西方人文主义为坐标对人文思想进行了非常个性化的定义，再根据这个新的定义分析中国传统思想中人文思想的情形，提出了"人文思想、超人文思想、次人文思想、反人文思想"的新概念，进而就先秦各学派的思想性质以人文主义之视角进行了分别与归类，从而凸显了儒家人文思想，并由此整理、呈现出中国人文思想史的架构。与此同时，唐君毅对诸种人文思想的关系进行了探讨，这有助于处理诸种人文思想的关系，从而推动了中国人文思想的进步。而其由人文认知范式的应用所获得的结论，说明人文认知范式并不仅是从积极的方向发掘、阐发中国传统

---

　　① 唐君毅：《中国人文精神之发展》，广西师范大学出版社2005年版，第9—11页。

哲学中的人文主义思想，也从消极的方向分析、检讨了中国传统哲学中非人文主义之思想和学说。

如果说唐君毅关于先秦诸子人文思想的思考是立体式的，那么陈鼓应的理解是平面式的。陈鼓应说："孔子继承周公旦'尊尊'、'亲亲'以及'敬德保民'的宗法伦理思想，倡导个人道德的自励及社群道德行为的发扬，孟子又继承孔子的人伦思路，而在激发人的道德力量上，更是沛然莫之能御。'尊尊'、'亲亲'，作为支撑宗法封建社会的两大支柱，在社会层面，用以维系人心，使人际关系和睦相处，但在政治层面，则产生许多不合时宜的流弊，礼制（即宗法封建制度）主要包括分封制、世袭制及等级制。孔孟基本上是维护旧制，孔子主张'故旧不遗'（《论语·泰伯》），孟子也要保存'世臣'、'世禄'，宗法'亲亲'政治早已造成'少德而多宠'（《国语·周语上》）的现象。儒墨在阶级立场上确有着显著的差别，这就引起代表'国中之众，四鄙之萌人'、'农与工肆之人'的利益和愿望的墨派对儒家的思想保守性及其维护既得利益阶级的不合理性提出强烈的质疑。"①陈鼓应认为，孔子、孟子的人文思想主要表现在文化上和道德上，注重宗法伦理，提倡道德主体性，强调人对道德的自觉，等等，但孔子、孟子的人文思想一方面相对保守，另一方面成为既得利益的代言人。

关于墨子的人文思想，陈鼓应说："墨子指陈贵族血缘政治的弊端：'王公大人骨肉之亲，无故富贵，面目美好者，则举之。'（《尚贤下》，下引同）'立便嬖以为左右，置宗族父兄故旧以为正长。'贵族专政凭着'骨肉之亲'就无端享受富贵，由这群人来主持经国大计，那就好比'瘖者而使为行人，聋者而使为乐师'。朝政上充塞着智能上的'蘉瘖聋瞽'者，目睹这种'亲而不善'的政治现象，墨子提出尚贤使能的主张。他在'尚贤'的理论中，提出'官无常贵，民无终贱'这一划时代的口号。墨子痛陈统治阶级'竭天下百姓之财用'（《非攻下》）、'亏夺民衣食之财'（《非乐上》）、'上不厌其乐，下不堪其苦'（《七患》）。放眼看我们生活的周遭，时至今日，'皇亲国戚'犹利用特权进行种种内线交易来搜刮民财，使权力核心沦为贪腐中。这情景不能不令人感叹'世风日下'！墨子的揭弊精神中激荡着人道主义的呼声，而'兼爱'、'非攻'的学说，尤具有现代意义，

---

① 陈鼓应：《道家的人文精神》，中华书局2012年版，第146—147页。

墨子谴责霸权以强凌弱，频频发动残民的战争，'入其国家边境……堕其城郭……劲杀其万民，覆其老弱'（《非攻下》），'杀人多必数于万，寡必数于千'（《非攻中》）。这幅惨景有如当今霸强入侵中东发动海湾战争的写照。墨家打破'礼不下庶人'的局限，从维护'万民之利'的立场，扩大其爱物利人的社会基础，使得墨家人文精神所发出的光芒，在人道主义、民本思想及其倡导的博爱精神上，远胜于儒家。"[①] 在陈鼓应看来，墨子的人文思想丰富而深刻。一是对血亲政治展开了猛烈的批判，批判血亲政治任人唯亲，无功受禄，从而提出"尚贤"主张；二是批判统治阶级搜刮民财民膏，贪腐成性，奢侈无度，从而提出"节用"的主张；三是反对战争，批判以强凌弱，提出"兼爱"的主张。因此，墨子的人文思想闪烁着万丈光芒，其人道主义、民本思想、博爱精神远胜儒家。无疑，墨子人文思想高远而独特，但这种伟大的人文精神与思想为什么没有得到传承与普及呢？这或许是需要我们认真反思的。

关于法家人文思想，陈鼓应认为法家人文思想也是由西周传承而来，但与儒家走的路子不同。他说："法家思想的产生，有它时代的必然性。氏族社会组织已扩大为国家的社会组织。西周的礼制乃适应血缘关系为基础的氏族封建社会，但到战国时代，社会结构发生巨大变动，法制的普遍有效的实施，乃用以代替人治的礼制来维系人际关系及权力机构的运行。以此观之，法家与儒家在思想上多所对立，实代表着氏族社会与国家社会之厉行人治与法治之争。从史实来看，无论道、墨、法诸家无不对儒家德治主义之局限于权贵政治血缘之亲的相互施惠现象多所抨击，而法家之士尤多指责，如商鞅明确指出'亲亲而爱私'，'亲亲者，以私为道也'（《商君书·开塞》），儒家'亲亲为仁'在政治上常易流为权贵间私德之相授受。因而，在由氏族社会进入国家社会之后，宗法伦理所习以为常的'私德'和社群利益所维护的'公德'，就在漫长的历史中随着人治与法治的起伏相互纠结与冲突。历代士人对儒家倡导的亲族'私德'多所肯定而对法家提倡的社会'公德'常缺乏同情地了解，这在学界中是普遍存在的现象。不过，无论如何法家所标举的法治精神，仍是人文世界中重要的文化资产，例如法家变古的思想（《韩非·五蠹》），主张'必因人情'以立法，'去私

---

① 陈鼓应：《道家的人文精神》，中华书局2012年版，第147—148页。

曲就公法'(《有度》),倡'公利'(《八说》)、'明于公私之分'(《饰邪》),而'法不阿贵'、'刑过不避大臣'(《有度》),尤合于当今政治社会。法家则将人文思想建立在法治基础上,打破'刑不上大夫'的特权庇护观念。人文寓于法治的精神,成为当今最具时代性的文化资产。"① 根据陈鼓应的理解,法家代表的是法治,而儒家代表的是人治,法家对儒家德治限于权贵的思想进行了抨击,主张德治的全民化,法家提倡维护社群利益的"公德",法家提出的"变古""因人情立法""去私曲就公法""明于公私之分""法不阿贵""刑过不避大臣"等主张,不仅充溢着人文主义精神,而且对于当今政治社会也有现实的意义。可见,在陈鼓应这里,先秦诸子人文思想不存在所谓超人文、次人文、反人文的问题,而是各有侧重,内容与特点不尽相同,如果存在性质上的差异,那也是各有千秋,而在一定程度上,法家人文思想是对儒家人文思想的突破。

2. 先秦经典中的人文思想脉络

如果说唐君毅是基于人文思想性质分析了先秦诸子的人文思想结构系统,那么韦政通主要是基于人文认知范式对先秦主要经典中的人文思想进行发掘与整理,使之先后相续的脉络得以呈现。

关于《诗经》中的人文思想。韦政通认为,《诗经》中的人文思想主要表现在天神权威坠落的一面。他说:"《诗经》中所谓变风、变雅的诗,就正是西周两位著名的暴君厉王(公元前878—前842年)、幽王(公元前781—前771年)时代的诗。厉王时代的诗,徐复观先生认为已开始对天的善意与权威发生了怀疑,但对之仍存有敬戒之心,还留有余地。如《诗·板》篇,前面说了'上帝板板'(《释训》:板板,僻也),'天之方难'、'天之方蹶'、'天之方虐'等等仍归结于'敬天之怒'、'敬天之渝(变)'。此外,对天明显表示怀疑的,如《荡》篇:'疾威上帝,其命多辟(邪)',又《抑》篇'天方艰难,曰丧厥国,取譬不远,昊天不忒'。厉王是因国人暴动被赶下台去的,这件事史无前例,在当时必引起很大的震撼。有君时,君太暴虐,君被驱逐,国家无主,人民心里头必定惶惶然,一肚子闷气只有对天发泄。六十多年后,到了幽王时代,诗人们对天的态度已不只是怀疑、抱怨,而是无情的攻击了。如《节南山》篇'天

---

① 陈鼓应:《道家的人文精神》,中华书局2012年版,第149—150页。

方荐瘥（荐、重复，瘥、灾难），丧（祸）乱弘多；民言无嘉，憯（竟然）莫惩嗟（惩、悔改，嗟：伤痛)！''昊天不傭（保佑），降此鞠讻（大祸乱）！昊天不惠，降此大戾！''昊天不平，我王不宁。'《雨无正》篇：'浩浩昊天，不骏（大）其德。降丧饥馑，斩伐四国。昊天疾威，弗虑弗图。'《小旻》篇：'旻（幽远）天疾威，敷于下土，谋犹回（邪僻）遹（诡诈），何日斯沮（停止)？'当然，这一类的诗在《诗经》里只占一很小的部分，所代表的意义也只是少数先知式的诗人要求从天神的权威中解放出来，无意中为人文思想的滋长，扫除了最大的障碍。"① 基于《诗经》在两个不同时代（厉王时代、幽王时代）的不同表现的考察，韦政通发现，人们开始是对"天"表示怀疑，接着是攻击与否定，这说明"天"的威严在人们心中逐渐动摇，人们开始更相信自己。因此，《诗经》表现出的人文思想实际上就是一个驱神祛魅的过程，也是人的主体性逐渐兴起的过程，从而成为人文思想滋长的土壤。

关于《尚书》中的人文思想。韦政通认为，《尚书》的人文思想主要表现在脱离了天神的纠缠，直接肯定了人自身的价值，清晰地表现出道德的自我意识，开始出现重视民意和贵民、爱民的思想，从而成为中国民本式的民主思想的先驱。他从五个方面进行了阐述：第一，重人的精神。他列举的文献有："天不可信，我道惟宁王德延"（《尚书·君奭篇》），"呜呼！君，已曰时我，我亦不敢宁于上帝命，……越我民罔尤违，惟人"（《尚书·君奭篇》）。韦政通解释说："这就不限于《诗经》对天的怀疑、抱怨了。'天不可信'，已开始对天神采否定的态度，后来在儒家的人文运动中，在荀子以前，都没有出现过如此坚定的态度。不信天，信人，相信靠人王的德就能延续王命，正说明天人之消长。"② 第二，道德责任感的自觉。他列举的文献有："王敬所作，不可不敬德"（《尚书·召诰篇》），"呜呼！天亦哀于四方民，其眷命用懋，王其疾敬德"（《尚书·召诰篇》）。韦政通解释说："这种思想，与前述周初在王权的基础上引发出来的道德意识，极为符合，初期的人文思想，确是在这样的心态中培养

---

① 韦政通：《中国思想史》（上），上海书店2003年版，第31—32页。
② 同上书，第32页。

出来的。"① 第三，爱民、贵民。他列举的文献有："汝无侮老成人，无弱孤有幼，各长于厥居"（《尚书·盘庚篇》），《皋陶谟》"皋陶曰：都！在知人，在安民！……安民则惠，黎民怀之"（《尚书·皋陶谟》），"古我前后，罔不惟民之（是）承（敬）"（《尚书·盘庚篇》）。韦政通解释说："这是后来儒家政治思想最重要的部分，也是中国政治智慧中最光辉的传统。'民惟邦本，本固邦宁'虽出于伪《古文尚书·五子之歌》中，却是万世不易之理。"② 第四，重视民意。他列举的文献有："汝则有大疑，谋及乃心，谋及卿士，谋及庶人"（《尚书·洪范》），"庶民惟星，星有好风，星有好雨。日月之行，则有冬有夏，月之从星，则以风雨"（《尚书·洪范》），"人无于水监（同鉴），当于民监"（《尚书·酒诰》），"天畏棐（匪）忱（信），民情大可见"（《尚书·康诰》）。韦政通解释说："在观念上，这比爱民贵民的思想又跨进一步；爱之贵之者是君王，人民仍处于被动状态，能表达民意，人民可由被动的地位转入主动。可惜中国几千年终始没有出现能使这个观念付诸制度化实践的历史条件。"③ 第五，以民意代天意。他列举的文献有："天聪明，自我民聪明，天明畏，自我民明威"（《尚书·皋陶谟》），"天视自我民视，天听自我民听"（《尚书·皋陶谟》）。韦政通解释说："初期人文思想的演进是一个天人消长的过程，这里以人取代天的想法，正是消长中必有的发展。"④ 这样，韦政通通过对所列文献的理解与分析，认为重视人（王）的精神、强调道德的责任感与自觉、提倡爱民贵民的民本意识、注重百姓的意见与要求、以民意代天意等元素，使《尚书》的人文思想熠熠生辉。但韦政通也遗憾地表示，中国古代注重民意的思想从来没有出现被制度化、实践化的条件。

关于《左传》的人文思想。韦政通认为《左传》在继承《诗经》《尚书》人文思想的基础上，有所丰富和发展，其中最值得关注的是对"天神"出现了负面的评论和提出"革命"思想。在继承方面的表现为："1）贵民、爱民。《左传》文公六年：'闰以正时，时以作事，事以厚生，生民之道，于是乎在矣；不告闰朔，弃时政也，何以为民？'《尚书》所

---

① 韦政通：《中国思想史》（上），上海书店 2003 年版，第 32 页。
② 同上书，第 33 页。
③ 同上。
④ 同上。

说'天聪明，自我民聪明'，'民'不一定包括农民。《左传》这一条里的'民'已确定是指农民，这样'厚生'的意义也就很广。2）民贵君轻。襄公十四年：'天之爱民甚矣，岂其使一人肆于民上，以从其淫，而弃天地之性？必不然矣。'这一条可视为孟子民贵君轻说的先驱。3）重视民意。襄公十年：'子产曰：'众怒难犯，专欲难成，合二难以安国，危之道也，不如焚书以安众；不得所欲，众亦得安，不亦可乎？'庄公三十二年：'史嚚曰：虢其亡乎！吾闻之，国将兴，听于民；将亡，听于神。神，聪明正直而壹者也，依人而行，虢多凉德，其何土之能得。'"①在丰富、发展方面的表现，韦政通说："以《左传》和《诗》、《书》相比，人文思想又有进展，对天神不仅以为不可信，且由人赋予价值判断，说神是'不善'、是'奸'，如昭公元年：'后帝不臧（善）。'又宣公三年：'使民知神奸。'这样神不仅不具有控制人祸福的权威，且有堕落为人欲望工具之虑。所谓'灵鬼神不则不祀'（僖公二十六年）。此外，大部分的人文思想仍与《尚书》相同，但有很突出的一点就是主张革命。……襄公十四年：'夫君，神之主也而民之望也。若困民之主，匮神乏祀，百姓绝望，社稷无主，将安用之，弗去何为？天生民而立之君，使司牧之，勿使失性；有君而为之贰，使师保之，勿使过度；……善则赏之，过则匡之，患则救之，失则革之。'从西周厉王失国，到春秋时代类似的事件不断发生，革命思想的客观条件早已形成，但在文献上出现这是首次。《易》'象传'和孟、荀都有革命思想，只有孟子明说有权革命者不是一般老百姓，而是'贵戚之卿'。"② 另外，《左传》中的不朽论也值得关注，韦政通说："襄公二十四年：'太上有立德，其次有立功，其次有立言；虽久不废，此之谓不朽。'叔孙豹说这话时在公元前547年，孔子方四岁。他论不朽，与灵魂信仰完全无关，不含有任何宗教的色彩，纯是就有功于社会国家者而言。这是人本主义的不朽论，人类如必欲满足不朽的愿望，惟此可求，亦惟此当求。"③ 如此，韦政通将《左传》中的人文思想进行了较完整的展示，《左传》不仅继承了《诗经》《尚书》中的

---

① 韦政通：《中国思想史》（上），上海书店2003年版，第33—34页。
② 同上。
③ 同上书，第34页。

人文思想，而且发展出新的人文思想，比如革命论、不朽论等。

总之，透过韦政通对于《诗经》《尚书》《左传》中人文思想的发掘和整理，由于其叙述的方式是时间式的，从而将先秦诸子以前之人文思想的脉络、体系较为完整、较为清晰地呈现了出来。这种呈现不仅让我们体验到中国古代人文思想的发生、成长过程，也让我们感受到了中国古代人文思想的厚度。

陈鼓应也关注了诸子以前的人文思想。他认为，先秦诸子是中国人文主义精神与思想的摇篮，而先秦诸子的人文精神与思想正是西周人文思想的传承。因而首先应对西周人文思想萌芽进行发掘和整理。关于周初天命观中的人文精神。他说："周克殷，继承文化较高的殷礼，以周公为代表的王族，警惕天命无常（《诗·文王》：'天命靡常。'），上天难以信赖，维持王业是不容易的（《大明》：'天难斯忱，不易维王。'）。周公的思想主要见于《尚书》，《诗》、《书》同调，反映周公感悟到殷亡之鉴（《书·召诰》：'监于有殷。'），深刻体会到天命给予政权是有条件的，这条件就在于'敬德保民'，因而他一方面呼吁统治者应加强道德修养，同时强调维持王业要在'保民'（《书·梓材》）。而保民在于慎刑、用贤、上下勤恤。如此，天命给与的条件固然规范了为政的内容，反过来也规范了上天的性格，《周书·泰誓》所谓：'天视自我民视，天听自我民听。'（《孟子·万章上》引）天意乃得由民意而表现，则天意的内容，也受到民意而规定了。周公天命观所表现的人文精神，可以用《尚书》中这两句话来概括——'天不可信'（《君奭》）、'民情大可见'《康诰》。其天命论中以见'民情'最为紧要，这是三千年前的周公给后人留下最珍贵的一项人文资产。"① 陈鼓应认为，西周前期之人文思想主要表现为对人神关系的处理上，从对天命与政权的关系体察到保民的重要，由保民提出敬德的要求，而保民在于慎刑、用贤、上下勤恤，也即是敬德，由此进一步发展出"听天命即听民意"的民本思想，这样，人民的意愿与生命才会被关注与关心。

关于西周末年以降人本思想的出现。陈鼓应指出，周代人本思想的出现，与天神威权的失坠密切关联，而周人天帝信仰的起伏，与政治社会的

---

① 陈鼓应：《道家的人文精神》，中华书局2012年版，第142页。

盛衰治乱有着密切不可分的关系，这种情景在《诗经》的众多诗篇中被不断播放。他说："西周盛世时期，犹称颂上帝的伟大（《皇矣》：'皇矣上帝，临下有赫。'）。但到周室末期，祸乱频仍，民困日逼，上帝遂被谴责为反覆无常（《菀柳》：'上帝甚蹈。'）。厉幽时代的上帝，在人民心中，疾威暴虐（《荡》：'疾威上帝。'），实即是对人王形象的写照（如《十月之交》讽刺幽王曰：'下民之孽，匪降自天。噂沓背憎，职竞由人。'）。周室东迁之后，神权之式微与王权之衰落成正比，神人的主从关系也起了颠覆性的变化。"① 在这种背景下，人文思想应运而生。陈鼓应列举三大案例："（1）季梁提出民为神之主的观点。春秋初年，隋国大夫季梁在民神关系上提出突破性的新观点。他说：'所谓道，忠于民而信于神也。上思利民，忠也；祝史正辞，信也。'（《左传·桓公六年》）季梁以'忠'、'信'作为道（人道）的主要内容，这和老子以'忠信'作为'礼'的主要内涵是相通的，不过季梁所提出的'信'是出于对'祝史矫举以祭'有感而发的。季梁论祀神的一段话提出两个十分重要的论点：一是以利民为忠，二是以民为主，神为从。他的话是这样说的：'上思利民，忠也'；'夫民，神之主也。'后代儒道两家对'忠'的对象就有着不同方向的发展，由士而仕的儒者多朝忠君的方向作宣扬，道家则着眼于利民的方向来思考。在古代思想史上，季梁是第一位以'利民'为'忠'的在朝之士，这项政治伦理很具有现代意义。而以'民'为'神之主'的观点，亦为古代人本思想放出的第一道曙光。（2）史嚚提出'神，依人而行'的观点。公元前662年，虢国盛传神灵下降。史嚚评论说：'国将兴，听于民；将亡，听于神。神……依人而行。'史嚚虽然不是无神论者，但却否定了神灵的主宰作用，这和季梁以民为神之主的观点是一致的。史嚚和季梁都表达了扫除神威的笼罩而走向以民意为归的意向，他们所显示的重民轻神思想，都是先秦诸子人文精神的思想渊源。（3）子产天人相分的思想。公元前524年，郑国等多处发生火灾，大夫裨灶建议献国宝禳灾，子产反对当时的灾变迷信活动，他认为天道神意渺茫不可信，社会人事却是切近的，这两者并不相联。子产从天人相分的观点，反对舍弃社会人事而求助于天神，为此他说出了这样的名言：'天道远，人道迩，

---

① 陈鼓应：《道家的人文精神》，中华书局2012年版，第143页。

非所及也.'(《左传·昭公十八年》)以上论述显示出西周末至春秋时代,神权下坠与人本思想兴起的趋向。这段人本思想及人文精神演进的历史,可以说明孔子'敬鬼神而远之'言论的出现,由来有自;也可看出老子之道所以置于'象帝之先'的思想路痕。"① 依陈鼓应的考察与分析,西周至春秋前期所发生的三次重大思想振动,即"民为神之主"的观点、"神依人而行"的观点和"天人相分"的思想,将跃动于西周末年的人本主义思想生动而具体地呈现了出来,从而深化了对诸子之前人文思想脉络与内容的理解。

3. **儒学人文思想层次**

儒学即是一人文主义学说,这应该没有问题。而人文主义内容大体上可分为人文精神、人文思想、人文方法等。那么,儒家人文思想能否找到它的层次性?张岱年给予了肯定回答。他说:"人文主义的内容包括:肯定现世人生的意义,要求享受人世的欢乐;提出个性解放,要求个性自由;相信人力的伟大,称颂人性的完美和崇高;推崇人的感性经验和理性思维,主张运用人的知识来造福人生。"② 那么,中国传统哲学中的人文主义有无这些内容呢?张岱年说:"'人文'是中国固有的名词。《周易·贲卦·彖传》:'观乎天文,以察时变;观乎人文,以化成天下。''人文主义'却是一个翻译名词。在西方思想史上,所谓人文主义主要指文艺复兴时期反对宗教神学的思潮。从严格意义来讲,中国上古时代和中古时代不可能具有与西方近代'人文主义'相同的思想。但是,在中国古代存在着'以人为中心'的思想。这种'以人为中心'的思想,从广泛的意义来说,亦可称为人文主义。多年以来,许多研究中国思想史的学者,将儒家关于人的学说称为人文主义,还是有一定理由的。这所谓人文主义是广义的人文主义。"③ 张岱年说得很明白,即中国传统哲学中虽有"人文"二字,但没有西方近代人文主义式的思想。不过,中国古代"以人为中心"的思想亦可称为人文主义。他明确指出:"从孔子开始,儒家哲学主要研究'人'的问题。儒家肯定人的价值,肯定人的现实生活的重

---

① 陈鼓应:《道家的人文精神》,中华书局2012年版,第143—145页。
② 张岱年、程宜山:《中国文化与文化论争》,中国人民大学出版社1990年版,第238页。
③ 张岱年:《张岱年全集》第六卷,河北人民出版社1996年版,第548页。

要性,在人的本性或实际生活中寻求道德的根据,而不诉诸神的意志,强调人生的目的不是死后的永生,而是现实生活的合理化。儒家的这些理论观点,虽然具有时代的局限,但是确实具有较高的理论价值。"① 这就是说,儒家学说就是一种人文主义,因为儒家肯定人的价值,肯定人在现实生活中的重要性,在实际生活或人的本性中寻求道德的根据,不诉诸神的意志,强调人生的目的不是死后的永生,而是现实生活的合理化,这些都是人文主义思想因素。

那么,儒学肯定人的价值有什么具体表现呢? 张岱年罗列了多种文献以为证明。首先,儒家肯定人有独立的意志,而鸟兽没有。他说:"人与鸟兽不同之点何在? 孔子以为人具有独立的意志。他说: '三军可夺帅也,匹夫不可夺志也。'(《论语·子罕》)"② 人与鸟兽不同是因人有独立的意志。其二,儒家肯定人具有道德意识,而禽兽没有。他说:"孟子以为,这在于人具有天赋的内在价值,他称之为'良贵'。他说:'人人有贵于己者。'(《孟子·告子上》)这人人固有的'贵'不是别人所赐予的,而是人人身上本来具有的,其内容即是'仁义忠信'的道德意识。孟子认为,人是具有道德意识的,所以与禽兽不同。"③ 人因有道德意识而贵于禽兽。其三,儒家肯定人的生命的价值。他说:"孟子讨论了生命的价值的问题,他肯定生命是有价值的,是人所企求的,但是认为有比生命更高的价值。……他说:'生亦我所欲,所欲有甚于生者,故不为苟得也。死亦我所恶,所恶有甚于死者,故患有所不辟也。'人所厌恶的,有甚于死者。……所谓'所恶有甚于死者',即是人格的屈辱。而所谓'所欲有甚于生者',即是人格的尊严。这比生命更高的价值,孟子称之为'义'(道德)。所谓义即人与人相互尊重,既坚持自己的独立人格,也承认别人的独立人格。"④ 儒家肯定的生命价值包括肉体生命与精神生命,而在二者冲突的情形下,儒家更注重精神生命的价值。其四,儒家有"人是天地中心"的思想。他说:"《礼记》的《礼运》篇说:'故人者,天地之心也,五行之端也,食味、别声、被色而生者也。'所谓'心'是

---

① 张岱年:《张岱年全集》第六卷,河北人民出版社1996年版,第548页。
② 同上书,第549页。
③ 同上。
④ 同上。

有知觉、能思维的器官。以人为'天地之心'即认为人是天地之间能知能觉而有思维的中心，人是天地的思维器官。这是一个深刻的观点，可以称为人类中心论。"① 其五，儒家具有无神的思想。他说："宋代理学家张载著《西铭》，其中最重要的四句是：'民吾同胞，物吾与也。''存吾顺事，没吾宁也。'意谓应有广大的胸怀，既爱民，亦爱物；在生存之时应努力有所作为，而以死为安息。……既已衰老，则愿安然死去，无所留恋。这是宋明理学对于生死问题的基本观点。儒家重视现实生活，不肯定灵魂的不灭，否认所谓来世幸福的宗教信仰，确实表现了人文主义的精神。"②

概言之，张岱年所理解的儒家人文主义思想就是指：肯定人的独立的意志、肯定人具有道德意识、肯定有人格的尊严、肯定人有理性、肯定人生价值、重视现实生活、否定灵魂的不灭的宗教观念。正如张岱年的总结："中国古典哲学以人的问题为研究的中心，当然具有'人'的观念。由于中国在历史上没有进入西方近代那样的资本主义时代，所以中国哲学中的'人'的观念与西方近代哲学中的'人'的观念有所不同，然而还是有比较明确的人的观念。儒家、墨家、道家、法家各自提出了彼此不同的关于人的见解。关于人的本质、人的意志自由、人的价值以及人际关系，都进行过讨论和争辩。如果有人认为中国传统哲学中没有'人'的观念，那不是出于殖民地的民族自卑心理，就是由于对于历史事实的无知。我认为，中国古典哲学中确实有关于'人的尊严''独立人格'等关于人的主体性的思想。虽然没有这些名词，但还是有类似的观点。但是，也应承认，儒家虽然重视'个人尊严'，但对于'个性自由'谈的很少；道家向往'个人自由'，但所追求的乃是虚幻的精神自由。近代西方所倡导的'个性自由'是中国传统哲学所缺乏的。西学东渐以来，西方的'个性自由'思想早已传入中国。中国人民的'人'的观念，近半个世纪以来，经历了曲折迂回的过程。我们现在的理论任务是，反思中国传统哲学的得失，汲取西方哲学的经验，建立符合时代要求的新的关于人的学

---

① 张岱年：《张岱年全集》第六卷，河北人民出版社1996年版，第550页。
② 同上书，第553页。

说。"① 就是说，中国传统哲学中涉及人的本质、人的意志自由、人的价值以及人际关系等思想，特别是"人的尊严""独立人格"等关于人的主体性的思想，都是极具特点的人文主义思想。不过张岱年也认识到，儒家人文思想虽然重视"个人尊严"，但"人性自由"谈得很少，而且注重等级。张岱年说："儒家在承认每一个人具有贵于禽兽的价值的同时，又强调人与人之间有上下贵贱的等级区分，认为受统治的黎民百姓应该为统治阶级服务，事实上一般人民的价值并没有被肯定下来。这是儒家的历史局限。"② 可见，张岱年根据自己确定的人文主义定义，对儒家人文主义思想进行了较为系统的发掘与整理，从而使儒家人文主义思想体系呈现出来，与此同时，张岱年对儒家人文主义思想的缺陷也给予了一定程度的揭示，从而为更全面认识和更新儒家人文主义思想提供了参考。值得注意的是，张岱年清楚地认识到儒家人文主义与西方人文主义的差别，在具体阐述儒家人文主义思想时也超出了西方人文主义的范围，这说明中国人文主义是不能被西方人文主义所笼罩的。

张立文则通过几个核心观念概括与呈现了儒家人文精神。这几个观念是包括：一是忧患精神。张立文认为，儒家忧国忧民的忧患意识是对国家生存和人民生命的关怀，是对个体和整个人类生命存在的命运、未来变化的责任和使命意识的表征。他说："孔子讲'士志于道'，正是这些道德价值理念的维护者，肩负起拯救社会无序的宏愿，激发起无限忧道忧民的悲情。……'君子忧道不忧贫'，孔子所忧患的是圣人之道不行、不传，即内圣外王之忧患，而不是忧患人的贫穷和生命。这种忧患意识的价值导向，为后世所效法。王充赞扬说：'孔子仁圣之人，忧世悯民。'这种忧患的积极入世品格和承担的实践，使忧世悯民精神得以提升，而与仁相融合。"③

二是乐道精神。张立文认为乐道精神是以求道、得道为快乐的精神，它意味着牺牲精神。他说："乐道精神在孔子的求道历程中得到充分体现，他'发愤忘食，乐以忘忧，不知老之将至云尔'。一生孜孜追求，发

---

① 张岱年：《张岱年全集》第六卷，河北人民出版社1996年版，第404页。
② 同上书，第550页。
③ 张立文：《圣境——儒学与中国文化》，人民出版社2005年版，第33—34页。

愤忘食求道,而忧道之不可得,一旦得道,乐而忘忧,这种乐道精神,是得道时的美的精神满足。为获得道的精神满足,颜回宁可放弃富裕的物质生活……后来孟子发挥这种乐道精神说:'得志与民由之,不得志独行其道。富贵不能淫,贫贱不能移,威武不能屈,此之谓大丈夫。'这是讲应怎样坚持自己的信念和原则,不被富贵、贫贱、威武所迷惑、动摇、屈服,而放弃自己的信念和原则,即不放弃求道、得道之乐。"① 以求道为乐,其人格精神、远大志向不为富贵、贫贱、威武所动。

三是和合精神。张立文认为"和合"是儒学对人的生存、意义及可能世界的思考活动。他说:"儒学和合精神是其价值理想,既是宇宙精神,又是道德精神,是天道与人道、即天人合一的精神,是人与社会、人与人、人的心灵冲突融合而和合的精神。和合是天地万物存有的根据或原因;是存有的方式;是动态的、开放的过程;是心情宁静安详,心绪和平恬淡,心灵充实愉悦的境界。其目的是达到人和而天和,人合而天合,人乐而天乐的天人和乐的和合境界。"② "和合"是儒家的根本精神,集宇宙、道德、价值为一体,也是万物存在的根源,是动态、开放的过程,是天人和乐的境界。

四是人本精神。张立文说:"中国古代人本是指以人为根本,肯定人在自然社会中的地位、作用和价值,并以此为中心,解释一切问题;在解释一切问题中体现的人在世界中的地位、作用和价值,便构成一种人本精神。……儒学创始者孔子的人本精神不仅在把人当作人看,尊重人格,而且重如何做人,怎样做人,关怀人的内在道德修养。在孔子仁学中,充分体现了人本精神。他所说的人,是具有人格的人,而不是其他外在要素的附属品或派生者。"③ 儒家的人本精神就是尊重人、关怀人,肯定人的价值,鼓励人追求现实的幸福。

五是笃行精神。张立文认为笃行凸显了儒学入世品格和刚健精神,是儒学积极投身现实社会,奋发进取,自强不息,追求自己理想价值实现的精神。他说:"孔子既重视认知主体和知识的来源问题的探讨,又强调行

---

① 张立文:《圣境——儒学与中国文化》,人民出版社2005年版,第37页。
② 同上书,第48—49页。
③ 同上书,第49页。

的价值,讲求学与行、言与行的一致、融合。……孔子反对光说不做,言与行脱节,主张言行一致,……听言观行,重视对行为的考察,'君子不以言举人',这是选拔人才的重要原则,否则能说会道者,阿谀奉承者会被选拔上来,而埋头苦干者,能干实干者就会被冷落。孔子看到了言与行、知与行的冲突分裂,主张转知为行,知行统一的笃行精神。"① 就是说,儒家注重"行"的意义,主张学行一致、知行一致、言行一致,考察人以行为准,检验理论以行为标准,以经世致用为精神。

张立文将上述五大精神理解、确定为儒家的人文精神,并高度肯定其价值,他说:"儒学的忧患意识、乐道精神、和合精神、人本精神、笃行精神是中国人文精神的体现。而且,这五大精神是主体人对于自然环境的恶劣变化,社会环境的腐败、凶险,人际关系的错综复杂,心灵环境的烦躁不安等的思考和回应,是对人的生命的尊严、价值、意义的重建,是人对价值理想的终极追求。"② 可以说,张立文的"五大精神说"也可视为儒家人文思想的结构体系,它不仅提示了理解、把握儒家人文思想的向度,而且展示了儒家人文思想的蓬勃生命力及其现实意义。

4. 道家人文思想体系

陈鼓应自然不会同意唐君毅将道家划为超人文思想,而且他对儒家、墨家、法家的人文思想也有独到且清晰的理解与判断。那么,他对于自己倾毕生之力研究的道家的人文思想有怎样的思考和判断呢?陈鼓应说:"揭开中国哲学序幕的老子,在道物关系的重要议题中,将文化上的人文思想引进哲学的领域,他从现象界进而探讨万物的本原与本根之道,并以'道'来丰富'物'的内涵。老子还提出'为学'与'为道'的两个途径,用以说明知识累积越多,对外在世界的认识越清楚('为学日益'),而主体修养则宜逐步减损一己主观的成见与贪欲('为道日损')。但'为学'与'为道'的关系,在老子的思维中似乎成为难以衔接的两橛。到了庄子,提出道物不相离的主张(《知北游》云,道'无所不在'、'无乎逃物'。),庄子运用许多生动的寓言(如《养生主》'庖丁解牛'、《达生》'佝偻承蜩'、'梓庆为鐻'等寓言),描述人凭借专精的技艺可以呈

---

① 张立文:《圣境——儒学与中国文化》,人民出版社2005年版,第54—55页。

② 同上书,第58页。

现道境。这样将'为学'与'为道'的两橛状态联系起来，成为一条通向主体最高境界的通道。在庄子哲学的园地中，主体精神意境的提升及宇宙生命普遍流行的境界，大大地丰富了中国古代的人文世界。"[1] 即是说，老庄将人文思想引进到哲学，从而由对万物本原的探讨展现人文精神，特别是庄子那里表现得尤为清楚，庄子将"为学"与"为道"有机地联系起来，"为学"可以成就"道"的境界或者就是"道"本身，这样，主体精神就被提升到宇宙生命普遍流行的境界，也就是老庄的人文精神境界。

那么，道家人文精神、人文思想有怎样的具体表现呢？陈鼓应先后做过多次论述，但中心思想不外乎如下几点。其一是宽容胸怀。陈鼓应说："老子倡导'容''公'的精神，他说：懂得守住常道才能包容一切，包容一切才能廓然大公，廓然大公才能周遍万物。他又说：圣人不固执己见，以百姓的意见为意见。善良的人，我善待他；不善良的人，我也用善心对待他，这样可使人人向善。守信的人，我信任他；不守信的人，我也用信心对待他，这样可使人人守信。这些话流露出老子对百姓广大的同情心与爱心。"[2] 在陈鼓应看来，老子思想中具有包容一切的胸怀，于人而论，不分贵贱，不分善恶，不分诚诈，都给予包容，而且广纳所有人的意见，从而体现宽容谦纳之精神。而且，老子思想中有一种逆向思维，这种逆向思维从事物的显相透视到隐相，从表层结构注视到深层结构，为人们打开了一扇前所未有的多维视角的思想领域。这种多维视角表现在心境上就是宽广的胸怀，这在庄子那里照样得到了传承与体现。陈鼓应说："老子的逆向思维和双向思考，在《庄子》中得到更进一步的发挥。例如《齐物论》说：'物无非彼，物无非是。自彼则不见，自是则知之。故曰彼出于是，是亦因彼。彼是方生之说也。'庄子认为任何事物都是具有相互依涵的双向关系，在反对独断论和绝对主义的基础上，更广泛地突出老子的相对性思想。……庄子延续老子'容''公'的精神，而倡言'万窍怒号'、'吹万不同'，持'莫若以明'的开放心胸，对百家异说采取兼容

---

[1] 陈鼓应：《道家的人文精神》，中华书局2012年版，第145—146页。
[2] 同上书，第116—117页。

并蓄的态度。"① 就是说，庄子的相对思想实际上是对独断论与绝对主义的否定，因而也表现为一种开放与包容。质言之，老庄思想实际上具有一种包容多元、宽容差异的品质。

其二是个性尊重。陈鼓应认为，老庄思想容异性的推进，便是对个性自觉和独立精神的尊重。《老子》说："道大，天大，地大，人亦大。域中有四大，而王居其一焉。人法地，地法天，天法道，道法自然。"（《老子》二十五章）陈鼓应认为这段话表达了两个重要的意涵："首先，老子将人的地位提升到宇宙中的四大之一，在思想史上这是史无前例的；其次，老子要人效法地的厚重、天的高远以及道的自主自为的精神。这两层意义和西方宗教高扬上帝的绝对威权以及视人为其被造物相对比，更加突显出老子在人文思想发展史上的特殊意义。"② 即是说，老子将人的地位提升到与天地平级的高度，而且要求人效法天、地、道的自主精神，这都充分表现了对人之个性的肯定与尊重。殊为难得者，老子对人个性的尊重是具体的、实际的。《老子》说："道之尊，德之贵，夫莫之命而常自然。故道生之，德畜之；长之育之；亭之毒之；养之覆之。生而不有，为而不恃，长而不宰，是谓玄德。"（《老子》五十一章）陈鼓应认为这段话含有三点重要的哲学意涵，体现了对人个性的尊重，他说："第一，道与德之所以尊贵是由于道对这世界发挥了创造的功能，德则尽其畜养的功能。第二，老子尊道的同时，又提出贵德的思想，'贵德'是重视个体意识的体现，此德具有'生而不有、为而不恃、长而不宰'的精神，老子称赞它为'玄德'——个体深远的独特性。第三，老子明确提到道的'莫之命'——对万物不加干涉而任其自为。道之'莫之命'的精神和西方宗教哲学上的'绝对命令'形成强烈的对比，也更加张显了道家的人文精神。"③ 可喜的是，这样的思想在庄子思想中也得到了体现。陈鼓应说："庄子强调道的'自本自根'（《大宗师》），又倡言'物固自生'（《在宥》）、'物固自化'（《秋水篇》）。《庄子》对于万物的自性、个体的殊异的发挥格外突出，如《田子方》：'天之自高，地之自厚，日月之自明'；

---

① 陈鼓应：《道家的人文精神》，中华书局2012年版，第118页。
② 同上书，第122页。
③ 同上书，第122—123页。

《秋水》篇中河伯与海若第四次的对话中强调各物的'殊性'、'殊技';最著名的莫过于《至乐》篇中'鲁侯养鸟'的寓言,再次地阐扬尊重个体的差异。道家从个性的尊重到主体性的建立,而至于倡导互为主体,这些主张在庄子的思想中格外地被显扬。"① 就是说,庄子的"自本自根""物固自生""天之自高""日月之自明"等命题,都表达了庄子对万物个性的肯定与尊重,这其中当然包括对人个性的肯定与尊重。质言之,老子、庄子都对个性自觉与独立精神有清醒的认识并加以肯定,此正是其人文精神的重要内容。

其三是齐物精神。陈鼓应认为庄子思想中内具"齐物精神",那么,什么是"齐物精神呢"?陈鼓应说:"《齐物论》的主题在于阐发万物平等的思想。从远古到现代,'自由''平等'一直是人类向往的美好情景,庄子说'以道观之,物无贵贱'(《秋水》),而'物无贵贱'的提出是为了打破人间政治、社会中等级差异的观念,这一理想在长期的专制政体与宗法封建制度的历史进程中,一直是激荡人心的。"② 也就是说,"齐物精神"就是一种平等精神,就是打破等级的理念,就是人人平等的理想。陈鼓应说:"《齐物论》开篇忽然凸出'天籁'、'地籁'、'人籁'的议题,三籁之旨,正是寓'齐'于'不齐'。三籁中庄子虚写天人之音('天籁'、'人籁')而实写大地'万窍怒号'。此中庄子依托于地籁的'万窍怒号'与天籁的'吹万不同',形象化地影绘人间议论的蜂拥而出,庄子认为只要出自于开阔的胸怀,无论是谁发出的言论都有他的视角意义,而不齐的物论都有其特殊的价值。《齐物论》中有这几句表达其主题思想的话:'物固有所然,物固有所可。无物不然,无物不可。'这正是齐物精神的表述——肯定每个个体生命都有他的存在意义,都可释放出他的生命价值。"③ 在庄子看来,宇宙中的万物,多元并生,精彩纷呈,各显其异,各展其美,生意盎然,它们并行不悖,相立互尊。庄子从对物本性的尊重开发出对人平等的诉求。

其四是异质对话。陈鼓应认为,道家人文思想还表现为提倡异质对

---

① 陈鼓应:《道家的人文精神》,中华书局2012年版,第123页。
② 同上书,第124页。
③ 同上书,第125页。

话。多元、独立性不应仅表现在肯定态度上，还应表现在行动上，因而要进行对话，将肯定、包容理念落实。陈鼓应说："作为一切存在基础和宇宙秩序的'道'，创始于老子，经由《庄子》扩而充之，有着两个重要面向的发展，其一，将老子客观实体意义的'道'提升为主体的精神境界；其二，将老子'玄之又玄'的形上之道，普化到人间，落实于人心。在《知北游》东郭子问道的对话中，庄子宣称'道'无所不在，并提出'道物无际'的学说。'道无所不在'的提法，对后代产生了深远的影响，如佛教'草木成佛'说、道教'一切含识，皆有道性'说以及禅宗'担水砍柴，无非妙道'、泰州心学'百姓日用是道'等名言，皆导源于庄子。"① 既然"道物无际"，也就是说，"道"应该充塞宇宙，推倒物物之间的所有藩篱，实现对话与沟通，因此"道物无际"正是推行"异质对话"的观念基础。而这种观念正是道家人文精神的又一体现。陈鼓应说："在中西文化中，最能够在异质文化间进行对话的，莫过于庄子。《庄子》一书可以看到它不停地运用异质性的对话来表达人间哲理。在中国异质文化交流的历史上，庄子的思想曾经起过良好的作用。……今天，我们遇到了比佛、儒更具有强烈异质色彩的西方文化，中西对话的工作，需要儒释道共同来承担。而在承担之中，庄子思想最具关键性，因为他那开阔的心胸和审美的心境是我们的这个世界最为欠缺的，他所具有的宇宙视野最能和全球化视域相对应，而他所倡导的自由精神和齐物思想则最具现代性的意义。"② 基于对西方哲学的回应，切实展开有成效的中西哲学对话，陈鼓应认为道家"道物无际"之观念可以大有作为。

不难看出，陈鼓应对于道家人文思想的发掘与理解表现出鲜明的时代性，他将道家人文思想归为宽容胸怀、个性尊重、齐物精神与异质对话四个方面，这些概括显然不仅是对道家人文精神的准确、深入的发掘，而且与时代课题密切关联。所谓宽容胸怀，就是包容异己；所谓个性尊重，就是高扬个性；所谓齐物精神，就是提倡平等；所谓异质对话，就是美人美己；因此说，陈鼓应对于道家思想人文精神的发掘与理解，与其说是文献的整理与阅读，不如说是发展与开新。

---

① 陈鼓应：《道家的人文精神》，中华书局2012年版，第128页。
② 同上书，第132—133页。

如上即是以人文认知范式为坐标和方法对中国传统哲学中的人文主义精神和思想的体系结构展开了发掘与整理，无论是唐君毅还是张岱年，无论是韦政通还是陈鼓应，抑或张立文，虽然视角不尽相同，表述风格各异，诉求也不完全一致，但有一点是相同的，那就是他们所呈现出来的都是成系统的人文主义思想。而在他们的体系性叙述与分析中，中国传统哲学中人文思想的丰富性、深刻性、复杂性、特殊性也程度不同地被呈现了出来。因此，人文认知范式对于中国传统人文主义思想资源的体系性发掘表现了它的独到价值。

第三节　人文认知范式应用之检讨

可见，在过去百余年中国传统哲学研究中，人文主义认知范式被广泛地、深入地应用着，这种学术实践对于中国传统哲学中人文主义精神和思想的呈现，对于中国传统哲学中人文主义思想特点的揭示，对于中国传统哲学中人文主义思想结构与体系的呈现，做了极为有意义的工作。那么，这种特殊的学术实践有怎样的学术意义呢？又有哪些需要检讨的问题呢？

一　人文思想资源的发掘与整理

人文认知范式在中国传统哲学研究中的应用，最为基本的贡献就是发掘、整理和豁显了中国传统哲学中的人文思想资源。中国传统思想文化无疑蕴含着丰富且深刻的人文主义资源，但在西方人文主义思潮进入中国之前，中国人文思想从未显山露水，中国人文主义精神、思想、方法与成果等没有得到开发，也就不存在发展、弘扬和实践中国人文主义的自觉。但自从西方人文主义思潮被引进到中国思想界之后，这一切都发生了变化。

1. 人文地呈现了传统哲学义理

所谓"人文地呈现了中国传统哲学义理"，就是依照人文认知范式对中国传统哲学中具有人文主义意涵的义理进行发掘和理解，并加以呈现。

王国维分析说，孔子一方面认为人遵道德而行才能获得幸福；但另一方面发现遵循道德者未必幸福，因而主张按照道德立命安心，这说明孔子思想中既没有自由意志论，也不存在消极悲观宿命论，而是介于二者之间的"有命说"。这种"有命说"既不取消人的主体性，也不肆意妄为，而是在掌握自然规律的基础上，以"仁"为最高追求，置死生、穷达、盛衰于不顾的"任天主义"。无疑，王国维的这个解释是对孔子"天命论"内含的人文义理清晰且深刻的呈现。方东美指出，老子"道"的意涵表现为四个层次：其一是"道体"，即无限真实存在的本体；其二是"道用"，这个无限真实的"道体"必须"遍在一切"以体现其价值；其三是"道相"，这个无限真实的"道体"之属性与涵德，可分为"天然"与"人为"两种；其四是"道征"，这个无限真实的"道体"之"高明至德"必须体现在人的精神里，这叫"道成肉身"，获得并内化了"道体"之"高明至德"者就是圣人，换言之，圣人即是"道体"的当下呈现。这样，"道"的人文义理透过其价值释放的层次表现了出来。钱逊认为"和"有三方面意涵：其一是"和实生物"，这是对宇宙万物本质及其存在形式的根本认识。其二是"和为贵"，以"和"为人道追求的最高目标，是由此而来的根本价值追求。其三是"和而不同"，从对世界的认识方面说，是"和实生物"的另一种表述；从人们处事的方面说，则是由前两者所引申出的待人处事的根本态度。也就是说，"和"是宇宙观、价值观、处事原则三者的统一；而表现在宇宙观、价值观、处事原则上的"和"，既是"多元的统一"，也是"整体与局部"的统一。这个分析就将"和"所内含的人文思想义理呈现了出来。"良知"以孟子、王阳明为代表，那么，"良知"的人文义理是怎样的呢？牟宗三的分析给予了回答。他认为，"良知"首先是人之知仁知义之本心，并且有具体的道德内容，"良知"也是天理之自然明觉处，以"天理"为体，与"天理"为一，因而具有客观性质；"良知"也是道德实践的根据，是一切存在之存有论根据，是超越的道德本体。这样，"良知"俨然是由道德理性、道德内容、道德自觉、道德本体构成的一复杂丰富的义理系统。在刘笑敢看来，老子哲学中的"自然"具有深厚的人文内涵，这种人文内涵可从三个方面考察：一是表达了老子对人类以及人与自然宇宙关系的终极状态的关切；二是体现了老子对人类群体社会的关切；三是代表了老子对个体生命的关切。此三层正是老子"自然"所蕴含的人文义理。刘香莲则认为"自然"的人文主义意涵可概括为四个相互联系的方面：其一是"自己如此"的状态，其二是一种内在本性，其三是真实、质朴的品质，其四是一种理想的状态或境界。或可说，这是"自然"人文思想义理的另一种形式的呈现。赵馥洁从创造价值的角度将墨子"尚力非命"的人文思想义理进行了呈现：一是确立了人的价值的根据，二是创造经济价值的源泉，三是创造政治价值的基础。在赵馥洁看来，"尚力"不仅是人的价值的根据，而且是创造经济价值和政治价值的根本力量，因此，如果人的价值、经济价值和政治价值是人文价值的基本内容，那么，"尚力"就是人文价值的创造源泉。在这里，我们幸运地感受到了"尚力非命"的人文思想义理之力量与气象。刘述先将"天人合一"之人文意涵表述为四个层次：一是由神秘符示看，"天人合一"强调天人之间有着一种神秘的关联性；二是由理性、自然的符示看，"天人合一"说明人能够认识自然并展开研究工作；三是由宇宙符示层面看，"天人合一"可以建构一套普遍和谐、生生不已的哲学；四是由道德、形上的符示看，"天人合一"是建立终极关怀的源泉。这样，刘述先的解释让我们欣赏到"天人合一"所蕴含的深邃而美艳的人文思想义理图画。

可见，人文认知范式的应用的确人文地揭示了中国传统哲学中的义理，即将那些具有人文意义的思想脉络、内在结构加以呈现。这里所呈现的人文义理虽然受到西方人文主义思想的启发，但其底色是中国的。

2. 人文地揭示了传统哲学特点

所谓"人文地揭示了中国传统哲学特点"，就是依照人文认知范式对中国传统哲学中具有人文主义意涵的特点进行发掘和理解，并加以呈现。

其一是研究内容上的特点。熊十力通过对"格物"内容的分析，指出其内容是道德性命，其工夫是反身向内，是"万物皆备于我"，因而判定中国哲学以人的精神生命为研究对象。方东美更为直接地指出，中国哲学的中心集中在生命，任何思想体系都是生命精神的发泄，因为就中国各派哲学而言，其哲学后面都有一个活生生的人格；而就每位哲学家言，他们的立言都是要把他们的生命精神忠实地表达出来，把那个支配生命精神的人格显现出来。牟宗三不仅明确揭示了中国哲学就是以生命为开端、为中心的哲学，而且通过对中国传统哲学概念的分析，使这个特点愈加鲜明。他将真理分为哲学真理和科学真理，认为哲学真理的普遍性只在特殊性的限制中表现出来，中国哲学即是这样的"内容的普遍性"真理。这个判断一方面深刻揭示了中国传统哲学反物化、开发价值观之特质，另一方面深化了对中国传统哲学人文特质的理解与把握，同时透过其关于中国哲学概念或命题属于"内容的普遍性"之分析，更加深了对中国哲学生命特性的理解。徐复观认为，就"礼"的形式与内容言，意味着人的生命在人生的各个阶段都有恰当的"礼遇"，都能表现其庄严，因而由"礼"便可看出中国哲学是肯定、赞美生命的，即中国哲学是思考、研究、关怀生命的学问。

其二是宇宙观上的特点。如果说中国传统哲学研究的对象是生命，是道德性命，那么其所形成的宇宙观应该具有生机性、生态性和整体性。方东美认为，中国哲学的机体主义视人与物为相互流动的统一体，视刚健活跃之人性与宇宙全体为开放的系统，它融贯万有、囊括一切、广大和谐。而且，这种生命是日新又新、生生相续、于穆不已的。蒙培元完全认同中国哲学的"生机整体"性，认为《易经》六十四卦所构成的就是一个包括人与自然在内的有机整体，每卦是这个有机整体的要素，每卦所包含的人与自然两个方面既是对应的，也是统一的，因此，无论是卦还是爻，所内含的都是宇宙万物的有机联系，都是"天人合一"的有机整体，而卦爻的演绎，所反映的是宇宙生命的变化过程。吴怡也以《易》为例说明中国哲学宇宙观是生命的、生机的、整体的，认为《易》所谓形上形下不是分离的，而是你中有我、我中有你的，因而中国哲学就是要求将物看成同类，在天、地、人之间贯注着"道"，所以是有机的整体。

其三是思维方法上的特点。梁漱溟说让他对儒家思想产生觉悟的是柏格森生命哲学，而其所觉悟到的内容之一便是直觉方法，中国哲学的基本方法也正是直觉主义。就是说，依柏格森生命哲学看，中国哲学的方法即是当下如此、非理智思辨、无主客之别的直觉方法。王国维认为孔子虽然重动机轻结果，但主张直觉辨是非善恶由睿智的圣人把握，而且"直"可释为"理"，因此，孔子的直觉属于"贵理性之直觉"；孟子的思维方式也是直觉的，因为孟子的"义"是不讲条件的、绝对的，其强迫人践行的特质使其"直觉主义"更加鲜明，但由于孟子建立了最高标准以为一切义务的根据，从而使其直觉论性质发生改变，即孟子的"直觉"不是典型意义上的直觉。贺麟认为朱子哲学方法就是直觉方法，从朱熹训"格物"为"至物"看，其"格物"既非神秘地与物相接之意，因为与物有亲切的接触；亦非空泛地与物同体之意，因为需透视事物的本质而实现物我无间；因而朱熹的"格物"是一种直觉方法。张岱年认为，老子的直觉方法是超乎一般感觉经验的，而庄子的直觉方法不仅超越感觉经验，甚至超越理性思维；张载的"体物"就是消除物我的对立；陆象山的方法是反身向内的，希望通过内省达到宇宙本根及人生准则之理，因而具有反科学性。

其四是人神关系上的特点。中国哲学在人神关系上是怎样的态度呢？徐复观基于对西周至春秋时期文献的分析，发现"肯定人不否定神，神服务于人"正是那个时代之哲学所表现出来的人神关系特点。唐君毅认为，就儒家言，人尽心养性就是事天，事天即是执行宗教仪式，而事天是为了获得天恩以施于百姓，因而其人文主义内具宗教性。此外，无论是道家还是佛教，都具有天人贯通的特点，都具有通过人的德行以尽天道而实现善的特点，其宗教性虔诚、敬畏、大爱统统表现在人的道德修行与实践中。因此，中国哲学的人文主义不仅不排斥宗教，反而将宗教作为人文主义的基本要素。牟宗三对中国哲学中之人神关系有着清晰的认识和判断，他认为宗教可分为两种，一种是与人文世界绝缘的，比如基督教；另一种是与人文世界贯通的，比如儒教，而与人文世界贯通的学说即可称为"人文教"。儒教的特点就是下落可以成为日常生活的规则，上提可以成为超越普遍的精神实体，此精神实体即是有宗教意义的价值源头，它通过祭天、祭祖、祭圣等礼仪形式表现出来。这就是说，宗教精神完全融于儒家伦理教化之中，中国哲学之人文主义是与宗教融为一体的。因此，中国哲学属于典型的"人文教"。在刘述先看来，中国哲学的人文精神具有"中庸之道"的特点，这有两层含义：一是中国哲学上下贯通，即天道人道贯通；二是中国哲学与日常生活打成一片，不像西方哲学高高在上、孤立清高，与日常生活离得很远。所以，中国哲学中的人文主义是既有宗教超越性，又有日用庸常性的人文主义，它是包容宗教的人文主义。

可见，人文认知范式的应用的确人文地揭示了中国传统哲学的特点，从而深化、完善了对中国传统哲学特点的认识。尤为可贵的是，王国维、贺麟对中国哲学思维方式直觉主义特点的揭示，徐复观、牟宗三关于中国哲学内容生命性特点的把握及对中国哲学人神关系中神服务于人特点的分析等，都极大深化了对中国传统哲学特点的认识。

3. 人文地梳理了传统哲学系统

所谓"人文地梳理了传统哲学系统"，就是指依照人文认知范式对中国传统哲学中具有人文主义意涵的思想系统与结构进行发掘和理解，并加以呈现。

唐君毅从性质上将人文思想分为人文、非人文、超人文、次人文、反人文五个层次，按照这个划分，他又将儒家、道家、墨家、法家分别判定为人文的思想、超人文的思想、次人文的思想和反人文的思想，儒、道、墨、法是中国传统哲学中的基本学派，因而唐氏的划分实际上就是对中国传统哲学中人文思想层次的确定。不仅如此，唐君毅还根据这套原则对每位哲学家的人文思想的层次或元素进行了区分。比如，他认为墨家思想中既有次人文思想，也有超人文思想，甚至有反人文思想。这就将中国传统哲学中人文思想的层次性理解得更为具体和深入了。韦政通借助对先秦诸子人文思想形成脉络的考察和内容的分析，使其呈现为一种体系。韦政通认为，《诗经》中的人文思想主要表现在天神权威坠落；《尚书》的人文思想主要表现在脱离了天神的纠缠，直接肯定了人自身的价值；《左传》则在继承《诗经》《尚书》人文思想的基础上有所丰富和发展，其中最值得关注的是对"天神"负面的评论和提出"革命"思想。值得肯定的是，韦政通还就每部典籍中的人文思想进行了归纳与彰显，比如，他将《尚书》中的人文思想归纳为：重人的精神、道德责任感的自觉、爱民贵民、重视民意、以民意代天意等；再如，他将《左传》中的人文思想归纳为：贵民爱民、民贵君轻、重视民意等。韦政通的梳理与分析，使先秦人文思想在时间上与空间上表现为体系性，既有时间上的发展脉络，也有空间上的内容增补。张岱年认为，若从肯定人的价值角度看，儒家人文思想可分为五个层次：一为肯定人有独立的意志，而鸟兽没有；二为肯定人具有道德意识，而禽兽没有；三为肯定人生命的价值；四为有"人是天地中心"的思想；五为具有无神的思想。这样，肯定人价值向度的儒家人文思想便被揭示了出来。值得注意的是，张岱年在具体阐述儒家人文主义思想时超出了西方人文主义的范围，这说明西方人文主义是无法笼罩中国丰富的人文主义内容的。张立文通过五个核心观念的论述呈现儒家的人文思想体系，即忧患精神、乐道精神、和合精神、人本精神、笃行精神。这样，儒家的人文精神就表现为由此五种精神构建的体系。在陈鼓应这里，道家的人文思想层次性表现为另一种面相：其一是宽容胸怀，即道家思想具有包容多元、宽容差异的品质；其二是个性尊重，即道家思想对人个性的肯定与尊重；其三是齐物精神，即道家从对物本性的尊重开发出对人平等的诉求；其四是异质对话，即道家提倡异质对话，不仅肯定多元与对立，还应表现为对话。

总之，中国学者的确以人文认知范式为参照对中国传统哲学中的人文思想的脉络、层次与结构进行了初步的探讨，并使其层次性与体系性得以呈现，这种层次性与体系性之呈现，使中国传统哲学中的人文思想形成的脉络、内容、特点乃至不足都有所表现。因此说，人文认知范式对于中国传统人文思想体系的揭示，不仅告诉我们可以体系化地认识和理解中国传统人文主义思想，而且深化了我们对于中国传统哲学中人文主义的认识与理解。

4. 人文地彰显了传统哲学精神

所谓"人文地彰显了传统哲学精神"，就是指依照人文认知范式对中国传统哲学中的人文主义精神进行发掘和理解，并加以呈现。人文认知范式应用的重要意义，也表现在对中国传统哲学中人文精神的发掘、理解和呈现。

王国维将"诚"的精神理解为不停息的精神，他认为"至诚无息"表明"诚"是一种永不停息的生命活动，"诚"具有发育万物之功能，是生生不息的生命，从而表现为永不停息的精神。贺麟也关注到"诚"的永不停息精神，他认为"诚"包含行健不息之意，"逝者如斯夫，不舍昼夜"就是孔子借川流之不息以指出宇宙之行健不息的诚。牟宗三认为孔子虽然对"仁"有种种表示，但综括起来以体会其意义，就能发现他那些话头只在透露"创造性本身"义，即是一种"化育万物"的精神，因为孔子将"仁"视为宇宙万物的本体，而且是独立并充满着活动力的，与基督教的上帝类似。胡适指出，既然"君之视臣如手足，则臣视君如腹心；君之视臣为犬马，则臣视君如国人；君之视臣如土芥，则臣视君如寇仇"就是"理"，既然"虽贫富贵贱不同，而同为理性的人，即是平等"就是"理"，这当然说明"理"负载了人人平等、肯定个人价值之公正精神。张立文认为中国哲学中的"和"具有宽容精神，"和而不同"即尊重各种不同意见和利益，不因不同意见、政见而结党营私，危害自己、国家和人民，因而"和"就是多元性、包容性，就是对不同声音、不同利益的宽容。唐君毅认为"礼"是一种守约精神，因为"礼"要求承认他人的价值，承认他人的权利；"礼"是一种贵生精神，因为"礼"主张的"让"可以减杀争夺，从而保护人本有的权利；"礼"是一种成人精神，因为"礼"主张成就他人，帮助他人实现梦想。总之，"礼"教人尊人卑己，积极地肯定人之价值和权利，升举他人之人格之价值，从而促进人文社会日进于高明，这就是"礼"的人文精神。韦政通认为"非命"就是对宿命论和命定论的否定，它强调主体对自我命运的把握，就是主体精神的高扬。冯契认为"非命"内含着实证精神，因而否定命定论与神秘力量；"尚力"内含着主体精神，因而赞颂人类力量的伟大，主张人类依靠自身力量掌握命运；因此，"尚力非命"不仅形成了对天命思想的否定，而且对人类实践活动产生了积极影响。萧萐父则认为"尚力"思想启发了人们对主体力量的觉悟，并鼓励人们尽情将主体力量发挥出来，以创造美好的生活，而"非命"是"尚力"的逻辑推理，崇尚人自身的力量，否定天命对人命运的主宰，使人们从"命"的神秘力量束缚中解放出来。赵馥洁发现"尚力"就是价值创造，不仅是人的价值的根据，而且是创造经济的价值和政治价值的根本力量，因而如果人的价值、经济价值和政治价值是人文价值基本内容，那么"尚力"就是人文价值的创造源泉。韦政通认为"道通为一"是对将人类人为划分等级、区分贵贱的否定，从而是对宇宙万物生命的价值与权利的肯定，是对被人类破坏了的自然秩序的重建。冯友兰指出，"道通为一"主张万物无差别、无等级，即必须超越有限的、相对的藩篱，站在"道"的高度观万物，才可进入"万物与我为一"的境界，其现实意义就是超越有限、消除差别，就是肯定人的自由，就是追求平等，鼓励人顺其性而获得幸福。陈鼓应则认为"道通为一"表达了庄子对于个体性与整体性关系的思考，一方面肯定每个事物的特殊性存在；另一方面强调每个事物的"特殊存在"乃是"道"所赋予的，或者差异性即在"道"的整体性之中，因而肯定了每个个体生命有其存在意义，并可释放出其生命价值。"人皆可以为尧舜"寓有怎样的人文精神呢？熊十力说："平等者，非谓无尊卑上下也。天伦之地，亲尊而子卑，兄尊而弟卑。社会上有先觉先进与后觉后进之分，其尊卑亦秩然也。政界上有上级下级，其统属亦不容紊也。然则平等之义安在耶？曰：以法治言之，在法律上一切平等，国家不得以非法侵犯其人民之思想、言论等自由，而况其他乎？以性分言之，人类天性本无差别，故佛说一切众生皆得成佛,孔子曰'当仁不让于师',孟子曰'人皆可以为尧舜',此皆平等义。"① 就是说,"人皆可以为尧舜"自然含有"性分上"的"平等"义。与熊十力相比,冯友兰的理解更具人文精神,冯友兰说:"'人是人'的第一种解释,就是说,人有独立的人格,自由的意志,凡人都是彼此平等,决不能拿任何人作工具。这是讲民主政治应有的常识,也是应持的态度。在中国哲学史上,儒家道家都具有这种见解,孟子说'人皆可以为尧舜',又说'尧舜与人同耳'。这些话实在含有人人平等的意思。人人都可以为尧舜,尧舜和一般人相同,这是最平等的思想。"② 在冯友兰看来,"将人当人看"是基本的权利,而"人皆可以为尧舜"即内含"人人平等"的思想,因为这个命题中包含着"不把别人当作工具"的思想,从而表现出民主、平等精神。综上,永不停息成长、创造生命、守约、尊重人、主体性、平等、民主等人文精神都得到了豁显,其中既有中国特色的人文精神,也有受西方人文主义启发而显发迪人文精神,这种发掘对于丰富和发展中国传统哲学中的人文精神产生了积极影响。

二 中国传统哲学品质的提升

人文认知范式的应用,意味着人文认知范式所内含的人文精神、思想和方法等在理解中国传统哲学的过程中被输入中国思想的血液里,以丰富中国传统哲学的内容、优化中国传统哲学的精神、强大中国传统哲学的力量、更新中国传统哲学的形式,从而提升着中国传统哲学的人文品质。那么,其具体情形如何呢?

1. 人文地拓宽了传统哲学论域

正如我们所讨论的,中国传统哲学自有其人文传统,但在以人文认知范式对中国传统哲学进行认知和理解的实践中,发现中国传统哲学中的人文思想仍然存在许多需要充实的地方。比如,关于"絜矩",严复认为"絜矩"是中国传统伦理思想中与西方"自由"观念最为接近者,但因为"絜矩"只是待人接物的方式,而西方"自由"是于所有事件之中对人的

---

① 熊十力:《熊十力全集》第四卷,湖北教育出版社2001年版,第367页。
② 冯友兰:《三松堂全集》第十一卷,河南人民出版社2001年版,第564页。

言论、权利、价值、生命的肯定，换言之，西方的"自由"意味着每个人的言论行为是自我的主张。唐君毅也不认为"絜矩"可与"自由"并论。因为"絜矩"的基本意涵是：任何人若要免于过失，最好都能以被伤害人的身份设身处地地去想，以取消伤害他人的行为。可见，"絜矩"只是照顾彼此的关怀精神与方式，因而不能与西方自由观念同日而语。虽然"絜矩"不能与西方"自由"同日而语，但严复、唐君毅的理解不仅检讨了"絜矩"的内涵与特点，而且明示了"絜矩"努力的方向。

关于"民贵君轻"，萧公权肯定"民贵君轻"表现在以民心向背作为政权转移与政策取舍的根据，但认为"民贵君轻"思想还没有达到近代民主思想的高度，虽然"民贵君轻"不乏民主思想的内涵，而且有非常重要的意义，但与民治原则和制度相比，还有很长的路要走。张岱年认为，"民贵君轻"所反映的君民地位互换现象，是民本精神与思想的体现。既然君主是可以替换的，祭坛也是可以替换的，只有人民不能替换，因而是以民为本的思想，凸显了人民的主体性。而且，在民本思想基础上发展了一定程度的民主思想，即当选用一个人的标准和根据不是身边的大臣，不是诸位大夫，而是全国人民或城市市民，这就是民主思想。在这里，萧公权与张岱年的答案不尽相同，依萧公权的理解，"民贵君轻"虽有重民的民本思想，但与民主思想还有很大的距离；而依张岱年的理解，"民贵君轻"不仅凸显了人民的主体性，而且在选举上表现出了一定程度的民主思想。如此便生出了问题："民贵君轻"究竟内含民主思想否？其所内含的民主思想与西方民主思想究竟存在哪些异同？它们是一体而可以伸展的吗？或者它们仍然存在某些根本性之需要调适的问题？

关于中国哲学中的"自然"概念，刘笑敢认为"自然"所代表的是人文自然原则，这种人文自然原则不仅是对个体生命的关怀，也可以超越并补充正义等普世价值原则。因为强调人文自然的原则高于正义的原则，实际上就是强调人类社会的个体的、群体的、总体的自然和平的发展的原则高于任何正义、正确、神圣等原则，限制和防止高尚的或卑鄙的领袖人物利用任何美丽的口号破坏人类社会的自然而然的秩序并制造灾难，也是给各种必要的普世价值提供一种润滑机制，减少不同价值或社会机制之间不必要的摩擦和冲突。刘笑敢的理解不仅具有深厚的历史感与强烈的现实感，而且揭示了"自然"人文价值的特殊性，从而拓宽着对人文思想理解的思路。

韦政通认为先秦人文思想虽然丰富且美好，但缺乏相应的制度建设以落实这些人文思想或理念，这就揭示出中国传统人文思想存在的严重缺陷，从而也是今后需要解决的重大课题。唐君毅从"性质"的角度将人文思想分为不同类型，这是非常有创意的观念。他提出了人文思想的性质差异问题，而且认为同一哲学家思想中存在不同性质的人文思想，从而启发了人们思考人文思想的相对性问题、发展方式问题，以及人文思想内容的成分结构问题。总之，唐君毅以"性质"为标准对于人文思想层次、结构的讨论，提出了诸多需要进一步思考的话题。陈鼓应对孔子、孟子的人文思想进行了揭示与肯定，但通过与墨家人文思想、道家人文思想、法家人文思想的比较，揭示了儒家人文思想存在的问题。比如，与墨子对血亲政治的批判比较，儒家更倾向血亲政治；与墨家推崇"尚贤"比较，儒家更倾向任人唯亲；与墨家提出"节用"比较，儒家崇尚奢华。而与法家比较，法家代表法治，而儒家代表人治；法家提倡维护社群利益的"公德"，而儒家注重"私德"；法家提出"去私曲就公法""明于公私之分""法不阿贵""刑过不避大臣"等主张，而儒家偏于亲情大于法理。无疑，陈鼓应关于儒、墨、法三家人文思想的比较，非常客观且清晰地指明了儒家人文思想努力的方向。

2. 人文地开发了传统哲学资源

所谓"人文地开发了传统哲学思想"，就是借助人文认知范式将中国传统哲学中本有的人文思想显发出来。自然，这种显发具有双重性，即一方面将中国传统人文思想具有积极意义的元素加以显发，另一方面对人文思想方面存在的问题也加以揭露。

王国维将孔子之"命"理解为积极向上的抗命精神，它既不是取消人的主体性的"宿命论"，也不是肆意妄为的"自由意志论"，而是在掌握自然规律基础上以"仁"为最高追求，置死生、穷达、荣枯、盛衰等于不顾的"任天主义"。牟宗三认为"天命"本质上是人民之"命"，即"天"的奖惩完全根据人民的意志而行，如果有人不尊天命，也就是不尊重人民的意志，即他拒绝天命，也就形成不了道德主体性；相反，如果他能接受天命，就意味着接受了人民的意志，就意味着他因接受天命而成为道德的主体，天命也就下贯到他的身上。这就是天道下贯到主体及其效应之秩序。因此,"天命"的意义是由"敬德"之功能来肯定,尤其由人的本体来肯定。显然,王国维对孔子"命"的理解与牟宗三对"天命"的解释,都显发了各自内含的人文精神与思想。王国维认为,从普遍角度看,孔子的"仁"即为人人具有,与义、礼、智、信一样普遍,"仁"的这种普遍性即其"平等"义。熊十力则开发了"仁"的"自由"义,他认为"我欲仁,斯仁至矣"是自由的最高境界,行"仁"就是践德,一个人自觉实践道德,这是"自由"的最高境界。也就是说,在熊十力这里,"自由"表现为主体对道德践履的自觉性,不过这种"自由"与西方的"自由"已有很大差别了。王国维认为,孔子的"克己说"是一种"合乎情、入乎理"的学说,所以具有伦理实践价值,但这种"伦理实践之价值"之所以不像犬儒学派那样"无情"(极端克己),就是因为贯彻了"中庸"之道,从而不是建立在对人情的扼杀基础上的冷冰冰的条文,而是注意规则与性情的协调。不难发现,王国维的理解不仅显发了"克己"的道德价值,而且对"克己"中的理性与情感元素进行了分析与肯定。熊十力认为"克"就是"胜",而非斩尽杀绝,其中就有以教化涵养代替刑训惩罚义,而"己"就是"意欲习气",则意味着"克己"是变化气质、改过迁善。由此推进,"克己"在于"立本心",在于尽显人的内在善力,而那个内在善力就是"天理",就是"本心",因此,"复礼"就是"复理"。这样,熊十力将"克己"诉诸人内在本心(天理)的挺立,从而使"礼"转换成"天理",这种理解不仅完全改变了"克己复礼"之限制性、规范性意义,而且注入了主体精神,从而将"克己复礼"转换为肯定人之能力与价值的命题。在徐复观看来,人与天地万物本为一体("仁"),但由于自然生命("己")而被隔断,即因为"己"而不能"仁",因而需要"克己",即突破自然生命限制。因此,如要回到天人一体的超越境界,如要实现生命的提升,就必须通过净化或克服自然生命,即"克己"来完成。因此,"克己"因以"仁"为目标而表现出其人文精神。

冯友兰认为儒家之所以重视婚礼,在于传宗接代,在于生命的延续,因此儒家特别注重使人获得生物学的不死及理想的不死之道,可见儒家思想是极人文主义的。郭沫若认为由于融入了"仁"的内容,因而孔子的"礼"不再仅仅是限制人的规范形式,而转换成"人而不仁如礼何!人而不仁如乐何！"，将仁道的新精神灌注在旧形式里面去了，同时，"礼"也下落到普通百姓以提升人民的素养，孔子的"礼"之人文意义由是而显，与"礼"相近的"理"之人文内涵也得到了显发。唐君毅认为，孔子之重"礼"是要特别发展人之积极的辞让之心，而"礼"之辞让，首为让权利，而最高者为让德，让德就是将自己的功德让予我自己以外的人，因此，"礼"教人尊人卑己，先人后己。这样可以培养一种对他人之权利自动先加以承认尊重之态度，从而将"礼"内含的"让"之精神做了充分的显发。王国维指出，大凡人有情欲与私利，而人若控制不好情欲与私利，则必导致对人性命的伤害，因而必须对情欲与私利加以引导和控制，而"理"就是执行此任务。也就是说，"理"的人文意义由其对"利欲"的引导与控制表现出来。

陈鼓应认为"道法自然"蕴含的人文思想包括三个方面：一是效法地的厚重、天的高远，以及道的自主自为的精神；二是重视个体意识的体现，具有"生而不有，为而不恃，长而不宰"的精神；三是对万物不加干涉而任其自为。总之，"道法自然"所倡导的是自由哲学，主张提高人的地位，倡扬个体意识，遵循每个人的自由，肯定每个人存在的方式。贺麟认为"诚"之人文内涵可由三个方面去把握：作为本体的"诚"，表示真实无妄、健行不息之意涵；作为宗教的"诚"，是一种信仰，表示虔诚之情，内含着宗教精神；作为诗教艺术的"诚"，表示诚挚的情感，即对艺术的忠诚。换言之，"诚"之人文义可由哲学的本体、宗教的关怀、诗歌艺术的教化等体现与落实。徐复观指出，《易》所论乾坤之道，即展示天地之德，"继善成性"就是继天地之德，此天地之德就是宇宙生命的生生不息，因此，"继善成性"将宇宙生命的发用流行进行了清晰的呈现，从天道升为人道，物质升为价值，最终成就万物的生命与价值。这样的"继善成性"纯是满满的人文精神。韦政通分析说，荀子提出由圣人君子来化，而且圣人君子不是靠"德"来化，而是靠"伪"来化；所谓"伪"，就是"隆礼重法"，就是靠后天的积学、才识去化。显然，"化性"问题即是人文的关切，而主张通过才能与积学工夫所成礼义进行教化，更是人文精神的体现。因而依韦政通的理解，无论是手段、过程，还是目标，"化性起伪"都是充溢着人文主义精神的。基于当代人类遭遇的生态困境，汤一介认为"天人合一"至少有四种积极意义：一是不能把

"人"和"天"看成对立物,二是不能把"天"和"人"的关系看成是一种外在关系,三是"天"和"人"之所以有着相即不离的内在关系在于"仁";四是"天人合一"不仅包含着"人"应如何认识"天",同样也包含"人"应该尊敬"天"。可见,在汤一介的理解中,"天人合一"的人文意义得到了充分发扬。

可见,人文认知范式的应用,使中国传统哲学中的人文思想得到了较充实和的显发,这种显发虽然不能避免西方人文主义思想的刺激,但其中国特色非常鲜明。就是说,这里被显发出来的人文思想,无论是内容还是形式都具有浓厚的中国特色,都被深深地刻上了中国烙印,从而在很大程度上超出了西方人文主义思想的窠臼。这或许可认为是人文认知范式应用的重大贡献之一。

3. 人文地充实了传统哲学思想

所谓"人文地充实了传统哲学思想",就是指在以人文认知范式理解中国传统哲学的实践中,广泛地消化吸收了西方人文主义思想以充实中国传统人文思想的内容。人文认知范式应用于中国传统哲学研究,不仅是从人文主义思想的角度拓宽了问题的视域,也不仅是显发了中国传统哲学中本有的人文思想,而且消化吸收了西方人文主义思想,以充实中国传统人文思想。无疑,在20世纪人文认知范式应用实践中,这样的案例司空见惯。

唐君毅认为,中国古代的确没有西方文化中的自由权利之自由,而且也没有相应的法律制度保护个人的自由权利。唐君毅说:"至于因此而谓中国先哲之学术思想,有意抹杀个人权利,或谓儒家主君权至上,主张个人约束于封建关系中,以至谓儒家思想乃反个人自由之思想,类似极权主义者,则真理全在反面。孔子思想决无与个人自由不相容之处。而从另一方面看,孔子与后儒之思想,皆可是西方个人权利之理论之最后的保证。不过,孔子与后儒,以礼教为主,所以忽略了保障人权之法律而已。"[①] 但是,孔子"仁"之自由绝不与西方自由权利之自由相矛盾,绝不反对个人自由,绝不扼杀个人权利,因为孔子"仁心"涵盖、肯定了一切文化价值。唐君毅说:"孔子之精神,所以能涵盖这许多概念,亦无

---

① 唐君毅:《人文精神之重建》(二),广西师范大学出版社2005年版,第302页。

他，亦即因仁心原是成就各方面，要使各种现实的可能的人生价值文化价值，都充量实现的。"① 可见，唐君毅通过对"自由"内涵的丰富，通过对孔子"仁心"内涵的疏解，一方面指出了孔子"仁"自由的不足；另一方面揭示了"仁心"的深刻内涵，由其对一切人文价值的涵盖之特质，展示了对"自由权利"与保护自由权利法律制度容受的前景，从而实现儒家在观念与实践上的突破。冯友兰认为，由于"己"是"自我中心的念头"，因而它会阻碍善待他人，所以若要善待他人，就必须消灭"自我中心的念头"，即"克己"。若人人能"克己"，即人人善待对方，从而落实了"平等义"，也即"忠恕之道"。不难看出，冯友兰更多地将"克己"理解为主体性的"自律"，而"自律"的理想是"仁"或"忠恕"，也就是"平等"。徐克谦认为"絜矩"就是要求个人与个人之间根据相互结成的社会关系互相负责、互相承诺。"己所不欲，勿施于人"承认他人跟自己一样都是独立的个体的人，每个人都不强迫他人的意志，因而每个人自己的意志也不被强迫；每个人都不损害他人，因而每个人也不受损害；而"己欲立而立人，己欲达而达人"要求每个人都从自己"欲立""欲达"之愿望出发，与他人合作，互相帮助，互相负责，在帮助别人"立"与"达"的过程中，更有效地成就自己的"立"与"达"。这种相互负责的关系既没有片面要求个人牺牲自我，或绝对服从某个虚幻的集体，同时也不容许个人不顾他人为所欲为、不负责任。因此，儒家并不要求人们完全抛弃个人的私人生活去为群体、社会、国家做贡献；相反，儒家主张基于个人心性需求的私人生活、家庭生活的完善，乃是社会国家稳定完善的基础。这样，"絜矩"所关注的是全面的个人与集体的关系，肯定个人在集体中的权利，甚至是强调个体的权利是集体兴旺发达的基础。胡适指出，"君之视臣如手足，则臣视君如腹心"之"理"，即意味着君不能肆意污辱臣，臣也不能肆意辱骂君，他们的人格无贵贱之分。因此，按照这个"理"，君臣关系是相互尊重的平等关系。这是其一。而且，宋儒崇尚"理"或"天理"，也就是崇尚理性，而理性即人性，人可有物质上的贫富之别，但都是理性之人，都可以通过理性去思考去作为，去释放自己的性情与价值，这就意味着对个人价值的肯定，并进一步走向反对等

---

① 唐君毅：《人文精神之重建》（二），广西师范大学出版社 2005 年版，第 313 页。

级、反对极权。冯友兰将"道通为一"理解为"万物无差别、无等级",而所谓差别、等级,就是有限,就是相对,因而拥有了"道通为一"观念就是对有限与相对的超越,就是肯定人的自由,就是追求平等,每个人也就能顺其性而获得幸福。换言之,庄子"道通为一"之境界是以平等、自由的获得为目标的。韦政通认为"道通为一"是对分人类为不同等级、贵贱观念的否定,从而是对宇宙万物生命的价值与权利的肯定,是对被人类破坏了的自然秩序的重建,所以含有一种普遍尊重生命的伟大伦理精神。陈鼓应分析说,"道通为一"表达了庄子对于个体性与整体性关系的思考,一方面肯定每个事物的特殊性存在;另一方面强调每个事物的"特殊存在"乃是"道"所赋予的,或者差异性即在"道"的整体性之中,因而肯定了每个个体生命有其存在意义,并可释放出其价值。概言之,"道通为一"内含了平等、自由、保护个性、尊重个体生命价值等思想。贺麟认为,人的意志不自由之原因是"心"为物所役,由于为物所诱,"心"不守"舍",四处乱窜,此即"放心",此即良知丧失。因而"求放心"就成为使人重获自由的前提,就是使人成为他自己的前提。贺麟说:"意志之所以不自由,其主要原因,即由于心放在外,心为物役。换言之,心为外物的奴隶。求放心就是消极地使意志不为奴隶的功夫。大概心放在外,一方面好像是神不守舍,我们自己的心飞越在外边,而一方面实是外间的东西,或别人的思想意见钻进我们自己的心里,霸占住我们的脑筋,使我们不能自己做主,意志不自由。"①可是,怎样"求放心"呢?贺麟说:"所以欲求放心,知的方面,必须随时提醒自己超经验的真我,行使自己的先天的知识范畴,以组织感官的材料而形成真知识;行的方面,必须本着自己与人格俱来的意志自由的本性,于复杂的意念与欲望中决择其能发展自性,实现真我者而行。换言之,自己每得一知识,不是被动的接收外界的刺激,而乃是自己精心组织而成,自己每一个动作,不是受外物之引诱,徇情欲的倾向而被动,乃是经过自己决定签字而出发,认为足以代表真我的。自己为自己的知识之组织者,自己为自己的行为的主动者,就是求放心。"② 这样,"求放心"主

---

① 贺麟:《论意志自由》,《贺麟选集》,吉林人民出版社2005年版,第113页。
② 同上。

要做两件事：一是在获得知识的方面是自主的，自己为自己的知识之组织者；二是在行的方面也是自主的，自己为自己的行为的主动者。换言之，做到这两点就意味着"心"的收回，就意味着人成为自己的主宰，就意味着有了意志自由。

总之，在人文认知范式的应用实践中，通过对中国传统哲学中概念或命题的解释，引进、吸收了平等、自由、权利、个人主义、理性等观念，同时揭示了中国传统哲学中人文思想的不足，批评了中国传统人文思想存在的问题。这种抑短显长的学术行为，既保护了中国传统人文思想的特色，又融入了新的血液，是中国人文思想的再造。方东美说："实在说来，人文主义便形成哲学思想中唯一可以积健为雄的途径，至少对中国思想家来说，它至今仍是不折不扣的'哲学'，诚如美国哲学家罗易士（Royce）所说，'哲学乃是一种向往，促使日渐严重的人生问题走向合理价值，当你对现世切实反省时，便已在从事哲学思考，当然，你的工作，第一步是求生存，然而生命另外还包括了激情、信仰、怀疑与勇气等等，极其复杂诡谲。所谓哲学，就是对所有这些事体的意义与应用，从事批判性的探讨。'"① 依方东美的意思，人文主义是可以大大提升中国哲学品质并促使中国哲学向上的思想元素，而我们关于人文认知范式人文地充实了中国传统哲学人文思想的考察，正印证了方东美识见的深邃性。

三 人文认知范式应用之思考

如上讨论表明，人文认知范式的应用不仅开发了中国传统哲学中的人文思想资源，而且从人文主义思想角度提升了中国传统哲学的品质。那么，为什么人文认知范式的应用能够获得这些积极效应呢？而在获得这些积极效应的同时，是否尚有需要检讨的问题？如下拟对这些问题做延伸性思考。

1. 理解的相契性

人文认知范式的应用之所以能够客观地开发中国传统哲学中的人文思想资源，之所以能够从人文主义角度提升中国传统哲学的品质，乃是因为人文认知范式与中国传统哲学相契。20世纪以降，认知、理解和评价中

---

① 方东美：《中国人生哲学》，台湾黎明文化事业股份有限公司2006年版，第140—141页。

国传统哲学的学术实践从未停息,其中也涌现了各式各样的认知、理解和评价中国传统哲学的方法,如唯物认知范式、科学认知范式、逻辑认知范式等。它们虽然都可以在认知、理解和评价中国传统哲学的实践中发挥独特的作用,但最合适的方法恐怕还是人文认知范式。为什么呢?由性质看,中国传统哲学与人文认知范式相契。

关于人文认知范式的性质,唐君毅说:"我们所谓人文,乃应取中国古代所谓人文化成之本义。'人文化成',则一切人之文化皆在内,宗教亦在内。中国儒家所谓人,不与天相对。用今语释之,即不与神相对。中国之人文思想,自来不反天而只赞天。"① 这是说"人文"涵盖一切人之文化,也包括宗教。徐复观说:"中国人文主义和西方十五世纪、十六世纪这个短时期的人文主义,在以人为主体这一点上是相同外,内容则并不相同。"② 这是说在"以人为主体"上,中国的人文主义与西方的人文主义具有相同性,但在内容上有很大不同。张岱年说:"'人文主义'却是一个翻译名词。在西方思想史上,所谓人文主义主要指文艺复兴时期反对宗教神学的思潮。从严格意义来讲,中国上古时代和中古时代不可能具有与西方近代'人文主义'相同的思想。但是,在中国古代存在着'以人为中心'的思想。这种'以人为中心'的思想,从广泛的意义来说,亦可称为人文主义。"③ 就是说,中国古代"以人为中心的思想"可以理解为人文主义。可见,中国学者心目中的人文主义,既包括由西方引入的人文主义思想,也包括中国学者因受西方人文主义启发或刺激而新生长出的人文主义思想。

那么,从方法意义上说,人文认知范式有怎样的特点呢?方东美所主张的人文主义方法是"机体主义",这种机体主义基本内容是:"机体主义,作为一种思想模式而论,约有两种特色。自其消极方面而言之,(1)否认可将人物对峙,视为绝对孤立系统;(2)否认可将宇宙大千世界化为意蕴贫乏之机械秩序,视为纯由诸种基本元素所辐辏拼列而成者;(3)否认可将变动不居之宇宙本身压缩成为一套紧密之封闭系统,视为毫无再可

---

① 唐君毅:《人文精神之重建》(一),广西师范大学出版社2005年版,第4页。
② 徐复观:《徐复观文集》第一卷,湖北人民出版社2002年版,第174页。
③ 张岱年:《张岱年全集》第六卷,河北人民出版社1996年版,第548页。

发展之余地、亦无创进不息、生生不已之可能。自其积极方面而言之，机体主义旨在：统摄万有，包举万象，而一以贯之；当其观照万物也，无不自其丰富性与充实性之全貌着眼，故能'统之有宗、会之有元'，而不落于抽象与空疏。宇宙万象，赜然纷呈，然克就吾人体验所得，发现处处皆有机体统一之迹象可寻，诸如本体之统一，存在之统一，生命之统一，乃至价值之统一。"① 而潘光旦通过对人文主义方法与科学主义方法的比较凸显了人文方法的胜场：蔽于分而不知合；蔽于知与用而不知其更高的价值；蔽于一尊而不知生活之多元；蔽于物而不知人；蔽于今而不知古；而这些"蔽"全是由科学主义方法推极所至，但人文主义方法可以除去这五种"蔽"。② 按照潘光旦的说法，人文主义方法的特点包括人优先于物、注重综合、强调精神价值、崇尚多元、重视传统等。综合以上涉及人文主义内容与特点的论述似可获得的结论是：人文认知范式的基本特点表现为"人本""生命""有机""整体"等，因而反对支离地、物质地、机械地和静止地研究人、事和文献。那么，中国传统哲学的性质与人文认知范式的性质是否相契呢？我们知道，中国哲学是关于人的学问，关心人的生命，肯定人的价值，肯定人追求现世幸福，远鬼神，注重道德修养，提出了系统的教化理论和修行方法，中国哲学具有丰富深厚的人文精神，如自强不息、厚德载物、生生之德、万物一体等。因此，中国传统哲学与人文认知范式在性质上是高度相契的。

由解释实践看，人文认知范式对于中国传统哲学概念、命题和观念的解释，基本上都是相应而可以接受的。比如，方东美对老子"道"的解释，认为"道"是通过"道体""道用""道相""道征"展示从自然到人文、本体到末用、形上到形下的发展过程，是本体之大德具体化、存在化的过程，这应该比将"道"解释为唯心主义或唯物主义更靠谱。唐君毅认为"礼"是尊让、权利之平等，包含先承认他人之价值，这比将"礼"解释为"吃人的礼教"更可信。刘笑敢认为"自然"表达了老子对人类以及人与自然宇宙关系的终极状态的关切、对人类群体社会的关

---

① 方东美：《生命理想与文化类型》，中国广播电视出版社1993年版，第190—191页。
② 潘光旦：《人文科学必须东山再起》，载钟离蒙、杨凤麟主编《中国现代哲学史资料汇编》第四集第四册，辽宁大学哲学系1982年版，第66页。

切、对个体生命的关切,这比将"自然"解释成"朴素唯物主义"更符合本义。牟宗三认为"正方大"就是"敬以直内,义以方外",讲的是道德性命,这比解释为"正方形、长方形、广场"更合情理。刘述先从"神秘符示""理性与自然的符示""宇宙符示""道德和形上的符示"四个方面展示了"天人合一"的人文思想内涵——在宗教上,是人与自然之间所需要的神秘;在理性上,是人心认识把握自然的预设;在宇宙论上,是生生不息的生命统一体;在道德形上学上,是建立终极关怀的源泉,这种解释全面、深刻地呈现了"天人合一"的人文主义内涵。劳思光将王阳明的"良知"理解为一种价值判断能力,"良知"是价值判断的根源,是有能力意义的道德范畴,这比将"良知"解释为一种知识或先验论更积极。韦政通将"化性起伪"理解为依靠圣人的才智将后天的"恶"化解以归于"礼",从而达到对人性改造的目的,这种解释比粗暴地将其判定为"统治阶级的意识"更值得敬佩。如此,我们不能不说人文认知范式是认知、理解和评价中国传统哲学最相契、最可能收获积极成果的方法。这或许是熊十力强调研究中国哲学必须用修养方法的原因,他说:"治中国哲学必须用修养的方法,如诚敬,乃至思维等等。孔孟恒言敬、言诚。程子《识仁》篇云:以诚敬存之。朱子所谓涵养,即诚敬也。孔孟并言思。孟云:不思即蔽于物。甚精。孔云思不出位者,此犹佛家所谓思现观,不流于虚妄分别,不涉戏论。是谓思现观,是谓思不出位。"①所谓"修养方法",不是唯物的方法,也不是科学的方法,它崇尚主体自觉性,注重人的自我教化,强调道德性命的提升,这当然属于人文主义方法,而且是与中国哲学相契的方法。陈来说:"对同一对象,可以采取不同的方式或方法去把握,像传统所谓客观唯心主义到主观唯心主义的提法也未尝不可以在多元的诠释中继续展示其有用性。而对于我们来说,着眼点始终在强调,中国哲学本来不是希腊意义上的哲学,因而用古典西方理性主义不能完全了解中国哲学的价值与智慧,我们只有从人生体验、精神境界及存在主义讨论的人的生存情境等方面,才能全面理解中国文化和中国哲学的意义。"②或可说,人文认知范式用于认知、理解中国哲学及其

---

① 熊十力:《熊十力全集》第二卷,湖北教育出版社2001年版,第311页。
② 陈来:《有无之境——王阳明哲学的精神》,人民出版社1997年版,第18页。

有效性已成为现代中国哲学研究者的真切体验。

2. 理解的意向性

虽然人文认知范式是适合中国传统哲学特质的理解方式，但并不意味着人文认知范式应用中不存在需要注意的问题，其中存在的"意向性理解"现象即是需要检讨的问题。所谓"意向性理解"，就是指在人文认知范式的应用实践中，理解者以人文认知范式内容为摹本，到中国传统哲学中寻找具有类似内容的概念或命题，当寻找的愿望落空时，便将其所希望的人文主义思想内容来补充这一缺憾。如严复希望"絜矩"即"平等"，熊十力希望"仁"即"自由"，陈鼓应希望"道通为一"即"自由权利"，刘笑敢希望"自然"即是对个体生命的尊重与保护，冯友兰希望"克己复礼"即"平等"，等等，都表现为"意向性理解"。由于这种意向性理解主要源自现实需求和解释者的哲学想象或哲学理想，因而它并不都是被理解概念或命题所本有的，尽管理解者的逻辑使其意向者诸如平等、自由、权利等似乎毫无障碍地成为中国思想系统中的人文元素，但实际上并非确定性存在。比如"道通为一"。庄子说："物固有所然，物固有所可。无物不然，无物不可。故为是举莛与楹，厉与西施，恢诡谲怪，道通为一。"（《庄子·齐物论》）就是说，事物的是与非、可与不可，都是相对而言的，细小而脆弱的"莛"与粗大而刚强的"楹"、美丽的西施与丑陋的女人、"恢""诡""谲""怪"四种心态，从本体意义上讲是没有差别的。因而其核心思想是强调"万事万物虽然各有殊相，但就原始要终言之则毫无差别"之道理。因而此是由本质的同一性否认现象的差异性的观点。当然，其中也涉及整体性与个体性的区分，但显然与朱子的"理一分殊"不具有同样的意涵，即这里的"道"并不是作为万物的根据而存在，而仅仅是"角度"或"坐标"，而且企图以此"坐标"否定个体性。而依陈鼓应的解释，"道通为一"体现了庄子对个体性与整体性关系的思考，一方面肯定每个事物的特殊性存在；另一方面强调差异性在"道"的整体性之中，因而肯定了每个个体生命有其存在意义。可见，这个解释表现出了强烈的"意向性"。再如"求放心"，在孟子思想里主要是一种道德修养方式。孟子认为，人心本善，但本善之心可能为物欲所蔽所夺，良心为物欲所蔽所夺即是"放心"，因此"求放心"在孟子这里就是寻找丢失了的"本心"或"良心"。如何"求放心"？孟子提出的主要工夫有"立大体""反身而诚"等，所以，孟子"求放心"基本上是一种道德修养工夫。反观贺麟的解释，他认为人的意志不自由，就在于"心"为物所奴役，便丢失在外，这就是"放心"。因此，"求放心"就是摆脱外物的拘役，以实现在知识上和行动上的自主，如此也就意志自由了。可见，贺麟实际上是用西方近代道德理论解释"求放心"，强调先天知识对于道德的意义、意志自由对于道德的意义等，从而丰富了"求放心"之道德内涵，并使"求放心"的内容发生了根本性变化。不过，贺麟的解释是一种改造性的解释，而且带有浓厚的知识论倾向。因而"意向性理解"会遭遇客观性质疑。然而由此便否定了此种理解现象也是欠妥的，认为这是一种简单加法更是大错特错的。因为这种理解并不违背解释学原则，也不忤逆思想史发展的逻辑。此种意向性理解是在被理解文本与参考坐标之间寻找合适的桥梁，以填补参考坐标与被理解文本之间的空隙，因而它具有不确定性、选择性、潜在性等特点。而使这种不确定性变为确定性、潜在性变为现实性，以进入中国思想的范畴系统并最终成为中国人文思想的组成部分，尚须日后的思想与实践的双重回应。因此，对于意向性理解现象，我们仍然是需要谨慎待之，不仅在观念上使人们明白其特点，而且在实践中使人相信其意义。

3. 理解的"泛人文"性

人文认知范式被用于认知和理解中国传统哲学，是为了发掘中国传统哲学中的人文精神、思想与方法，揭示中国传统人文思想的特点，它可以用于中国传统哲学中的所有概念、命题和观念，但这决不意味着人文认知范式的应用都会成功。相反，有相当部分的概念、命题或观念并不与人文认知范式相适应，此种情境下，理解主体仍然慷慨而任性地将人文认知范式用于任何对象并引起不适，此即"理解的'泛人文'现象"。

比如，刘笑敢将"自然"理解为老子对人类以及人与自然宇宙的关系的终极状态的关切、老子对人类群体社会的关切、对个人生命的关切。胡适将"理"理解为平等，理解为崇尚理性，理解为反对极权。冯友兰将"道通为一"理解为肯定人的自由，理解为鼓励人顺其性追求平等和幸福。徐复观将"克己复礼"理解为在自反自觉中突破自然的、生理的生命之制约，而不是理解为对人性的抑制。刘述先将"天人合一"理解为强调天人之间有着一种神秘的关联性，人能够认识自然并展开研究工作的前提，可由以建构一套普遍和谐、生生不已的哲学，建立终极关怀的源泉。等等。可见，中国传统哲学中那些并不完全确定具有人文主义内涵的概念或命题，也都被理解为具有人文主义精神、人文主义思想，从而表现为"泛人文理解"现象。

不仅如此，中国学者还强调宇宙万物、所有文化价值，若无中国的"良知"或"仁心"，都可能被物欲所诱惑而下坠。方东美、贺麟、唐君毅、牟宗三都表达过类似的主张。如唐君毅说："仁心即为个人内在所具之一有普遍性而超越的涵盖其他个人，与家国天下，并情通万物之心。人人可在有一念之仁时，反躬体验，当下实证。……对此仁心，我只能恭敬奉持，私占不得。即可视如客观之天心之显示。孔子只言'知我者其天乎'，默契此中天心人心之合一。董仲舒指出天心一名，宋明儒者以此而言天理良知本心。此皆是既超越而内在，既属个人，而又属于客观宇宙之实在。……西方所谓上帝，如不自如此之仁心透入，亦毕竟挂空无实。而有此仁心以通天人与人我，涵盖自然与他人及社会，则社会中各个人之自然权利，亦得依各个人相互之仁心之护持，而有最后保证矣。"① 这就是说，"仁心"遍在而且容纳一切，自然万物抑或人文万品，无不为"仁心"所浸染所充实，广袤宇宙中"仁心"流行。又如贺麟说："仁为天地之心，仁为天地生生不已之生机，仁为自然万物的本性。仁为万物一体、生意一般的有机关系和神契境界。简言之，哲学上可以说是有仁的宇宙观，仁的本体论。离仁而言本体，离仁而言宇宙，非陷于死气沉沉的机械论，即流于漆黑一团的虚无论。"② 有了"仁"这个本体，天地才有生生不已之生机，"仁"即万物一体、生意一般的有机关系和神契境界，所以"仁"是一种宇宙观，也是一种本体论。事实上，在中国哲学史上，"仁""良知"都有过被泛化的情形，即所谓"无情有性"，所谓"仁者浑然以万物为一体"，但理性的朱熹也表示过警惕和担忧，他批评说："彼谓物我为一者，可以见仁之无不爱矣，而非仁之所以为体之真也；彼谓心有知觉者，可以见仁之包乎智矣，而非仁之所以得名之实也。观孔子答子贡博施济众之问，与程子所谓'觉不可以训仁'者，则可见矣。子尚安得复

---

① 唐君毅：《人文精神之重建》（二），广西师范大学出版社2005年版，第307页。
② 贺麟：《儒家思想的新开展》，《贺麟选集》，吉林人民出版社2005年版，第134页。

以此而论仁哉？抑泛言同体者，使人含糊昏缓而无警切之功，其弊或至于认物为己者有之矣；专言知觉者，使人张皇迫躁而无沉潜之味，其弊或至于认欲为理者有之矣。一忘一助，二者盖胥失之。而知觉之云者，于圣门所示'乐山'、'能守'之气象，尤不相似。子尚安得以此而论仁哉！"（《仁说》）朱熹的批评虽然尚未达到现代认识水平，但它的确说明，将所有哲学概念、命题和观念都人文化处理的"泛人文理解"，一方面不符合实际情况；另一方面使学术研究受到人为的限制，因而是必须引起注意的问题。

因此，尽管不能否定"泛人文理解"的解释学合法性，但人文认知范式也是不能任性的，诚如刘述先说："儒家自有其义理结构，不能用西方现成的思想范畴加以范围。"①

4. 人文认知范式之应用特点

上述讨论表明，人文认知范式被用于认知和理解中国传统哲学的实践中，不仅呈现了中国传统人文思想的多样性、特殊性，而且使中国传统哲学中的人文思想在内容和性质上都得到了改善，从而丰富和发展了中国传统哲学。不过，这种成绩的取得也展示了人文认知范式的应用特点。

其一，赞其所有。即肯定中国传统哲学中本有的人文精神和思想。如熊十力认为孔子"仁"所具有的主体精神、关怀精神、人格尊严等；再如萧萐父肯定墨子"尚力非命"所具有的崇尚人的力量、否定天命鬼神的思想。在人文认知范式的认知和理解的实践中，像这样肯定与发扬中国传统哲学所本有的人文精神、人文思想的现象是普遍的。

其二，补其所无。即补充中国传统哲学中所空缺的人文精神、人文思想和人文方法。比如，严复通过对"絜矩"的理解以引入"自由"观念，陈鼓应通过对"道通为一"的理解以引入"个人权利"意识，唐君毅通过对"仁"的理解以引入"自由权利"理念，胡适通过对"理"的理解以引入"平等"观念，张东荪通过对"民贵君轻"的理解以引入"民主"观念，等等。可见，在人文认知范式认知和理解的实践中，有丰富的人文精神、人文思想被引入中国传统哲学以补充其内容。

其三，圆其所缺。即完善中国传统哲学中亏缺的人文精神、人文思

---

① 刘述先：《儒家思想与现代化》，中国广播电视出版社1993年版，第53页。

想。比如，萧公权认为孟子已有"人民为主体"的思想，但却没有西方民主思想；贺麟将"求放心"理解为"意志自由"，但并无西方的"自由"观念；胡适认为孔子之"远鬼神"表现出怀疑鬼神的思想，但其无神论是不彻底的，孔子仍然相信天命的存在，仍然不否定鬼神的存在，因而孔子需要从"远鬼神"迈向"无鬼神"。朱义禄认为，"人皆可以为尧舜"只是"儒家关于理想人格平等化的表述"，因而这个命题只意味着道德原则上的平等，而不是事实上的平等。他说："圣人与'涂之人'、'众'在人格上的平等，只是道德理想上的原则平等，而不是社会事实上的平等。……原则上的平等决不能替代事实上的平等。"① 在朱义禄看来，由于封建等级制度的限制，这个命题难以成为事实上的平等，因而必须废除封建制度，以使这种平等的理念得到实现。这些案例说明，在人文认知范式应用实践中，完善中国传统哲学中亏缺的人文精神、人文思想是十分必要的。

其四，去其所弊。即对中国传统哲学中有害于人文主义思想的因素进行清除。比如，唐君毅认为法家是反人文的，必须清除法家的反人文思想与文化。胡适认为"理"有反人文之一面，因为"天理"强迫人服从，天理成为情欲的仇敌，以"理"来杀人，一个"理"字成了父母压儿子、公婆压媳妇、男子压女子、君主压百姓的武器，从而造成了一个不人道、不近人情、没有生气的中国。因此，必须清除"理"之背离人文主义精神的一面。陈鼓应通过与墨家、法家比较，认为儒家思想中存在背离、伤害人文主义的因素。儒家讲究血亲政治，儒家讲人治、主张等级，儒家重亲情，因而儒家必须对照墨家、法家的人文精神、人文思想清除那些有毒之物。张岱年对儒家人文思想的不足也进行了客观的分析，认为儒家虽然重视"个人尊严"，但对"个性自由"谈得很少；道家向往"个人自由"，但所追求的是虚幻的精神自由；因此，近代西方的"个性自由"是中国传统哲学所缺乏的，而且儒家肯定等级的存在，强调人的贵贱贫富的合理性，因而个人的价值往往被忽视或抹杀。这就意味着儒家思想中"共性优先于个性"、轻视或抹杀民众权利和价值的思想观念应该被清除。

---

① 朱义禄：《儒家理想人格与中国文化》，辽宁教育出版社1991年版，第190页。

可见，在人文认知范式应用实践中，正是"赞其所有"以继承弘扬中国传统哲学中本有的人文精神和思想、"补其所无"以引入中国传统哲学中所空缺的人文精神和思想、"圆其所缺"以完善中国传统哲学中亏缺的人文精神和人文思想、"去其所弊"以消除中国传统哲学中背离或伤害人文精神和人文思想的因素，正是经由如此复杂多向的思考和研究实践，中国传统哲学中的人文精神和人文思想得到了规模宏阔而内容深刻的更新、丰富和发展。最后必须特别指出的是，在人文认知范式用于认知和理解中国传统哲学的实践中，在很多情况下，人文主义思想与方法并不都"现实地"参与，而是表现为人文主义精神与气象，即人文认知范式应用所获的成果，都远远超出了西方人文主义范畴，这些超出的部分正是中国传统人文主义之思想及其特性。刘述先说："由外而言，则宇宙有物有则，有一洪蒙生力默运其间，成就一切存在价值。人得其秀而最灵，故可自觉参与造化历程。由内而言，人如能超越自己的本能习染生命，自然有一新的精神生命相应，把握寂感真几，在体证上有不容疑者在。故中国的人文主义实表现一特殊形态。天人之间关系非一非二。天地无心以成化，而圣王则富深厚忧患意识，故不一。然人道之实现至其极，孟子所谓的'践形'，则上下与天地同流，内在无所亏欠，故不二。由此可见，儒家之义理结构是表现一'超越'与'内在'之辩证关系。对'内在'之体验不离超越，对'超越'之体验也不离'内在'。以此'超越'之成分对儒家思想实有其内在必然性。无超越体验相辅之，寡头人文主义则必陷于现实功利之态度。但依超越义理以变化气质而体现人之存在价值，实为儒家最重要之修养功夫。"[1] 在刘述先看来，这种不同于西方人文主义的中国人文主义正可以辅助西方人文主义之不足。

---

[1] 刘述先：《儒家思想与现代化》，中国国际广播出版社1993年版，第59页。

第五章　逻辑认知范式与中国传统哲学

谢幼伟说："民初之言新文化者。如陈（独秀），胡（适）诸子，皆喜谈'赛恩斯'与'德谟克拉西'，谓中国所需要者乃此二物。语虽无误，然对此二物之如何植根于中国，则陈胡诸子，除对旧文化作彻底之破坏外，未闻有所言。实则，谋'赛恩斯'与'德谟克拉西'之移植，所最需要者，莫过逻辑。"[①] 就是说，逻辑是科学与民主的根基，因而在科学与民主引入的同时，逻辑学说更应优先引入。事实正如第一章所论，逻辑学原理、定律和方法等的确被用于认知、理解和评价中国传统哲学。

第一节　逻辑认知范式与哲学概念和命题

在20世纪中国哲学史中，用于理解和评价中国传统哲学的坐标与方法，不仅有唯物认知范式，不仅有科学认知范式，不仅有人文认知范式，而且有逻辑认知范式。在以逻辑认知范式为坐标与方法理解中国传统哲学的实践中，许多概念和命题也接受了逻辑认知范式的"严格检阅"，经受着逻辑认知范式谨慎"锤炼"与"洗礼"，为认知中国传统哲学概念与命题提供了逻辑的视角。因而我们期待逻辑认知范式在理解中国传统哲学的实践中呈现出风采。

一　逻辑认知范式视域下的哲学概念

冯契说："运用'类'、'故'、'理'的范畴来揭示'性与天道'，是哲学家们在实际上进行着的逻辑思维。但只有对逻辑思维过程本身进行反

[①] 谢幼伟：《现代哲学名著述评》，山东人民出版社1997年版，第89页。

思，把'类'、'故'、'理'这些范畴作为思维形式（概念、判断、推理以及方法）的基本范畴来进行考察，才有真正的逻辑学。"① 如下即以"类""故""理"等概念为例，考察逻辑认知范式对中国传统哲学概念认知、理解的具体情形。

1. 类

"类"出自《墨子》："夫辞以类行者也，立辞而不明于其类，则必困矣。"（《墨子·大取》）"类"在其他典籍中也有出现，如："夫谓非其有而取之者盗也，充类至义之尽也"（《孟子·万章下》）；"本乎天者亲上，本乎地者亲下，各从其类也"（《易传·文言》）；"物类之起，必有所始。荣辱之来，必象其德。……草木畴生，禽兽群焉，物各从其类也"（《荀子·劝学》）等。由于这里只讨论墨家学派的"类"，故不及其他。那么，墨家学派中的"类"有怎样的逻辑含义呢？

侯外庐认为，"类"是墨子"明是非、审治乱、别异同、察名实"等方法的基础，他说："在中国古代的自然科学上虽有分类的学问，但它没有和哲学相联在一起。到了墨子，'类'概念才成为逻辑学的概念。例如：《非攻下篇》两言'子未察吾言之类'……这就是说，依据'类'的概念，使他有了明是非、审治乱、别异同、察名实的方法，……墨子的逻辑思想即是依据着类概念的类推法，而这一方法就是墨子所到处运用的辩诘术的灵魂。……墨子在类概念的运用中，显然有形式逻辑学家的'矛盾律'思想，以发现概念的矛盾为错误的证明。……墨子依据于'知类'的逻辑，使其推理方法，走入了归纳法的途径。"② 就是说，"类"在墨子思想中已成为逻辑学概念，墨子也熟练而普遍地应用这一方法，墨子的"类推"不仅含有形式逻辑中的矛盾律法则，而且表现出归纳性思维，因而成为其思想的灵魂。因而侯外庐给予了高度评价："在中国逻辑史上，墨子首先提起了'类'概念，并在'知类'、'察类'的水准上从事于思维规律的研究，其功殊不可泯！"③

冯契认为墨子的"类"是以共同属性为前提的，因而属性不同的事

---

① 冯契：《中国传统哲学的逻辑发展》（上），华东师范大学出版社1997年版，第256页。
② 侯外庐、赵纪彬、杜国庠主编：《中国思想通史》第一卷，人民出版社1957年版，第239—241页。
③ 同上书，第243页。

物不能视为"类"。他说:"《经上》和《经说上》的这两段话(即《经说上》同:二名一实,重同也。不外于兼,体同也。俱处于室,合同也。有以同,类同也。《经上》异:二、不体、不合、不类。)中讲了四种'同'('重同'、'体同'、'合同'、'类同')和四种'异'('二'、'不体'、'不合'、'不类')。《大取》篇还举出了其他几种同和异。但这里面最重要的是'类同'和'不类'、'体同'和'不体'。'类同'是指'有以同'。就是说,不同的个体,凡有相同的属性,即属同类;如果没有这种属性的个体,则与之'不类'。'体同'是指'不外于兼'。就是说,各部分(体)相连接而构成一个整体(兼),称为'体同';如果没有这种连属关系,就叫'不体'。"① 就是说,后期墨家关于"体同"与"类同"的区分,说明其对"类"的标准有清醒的认识,即有相同属性的个体或事物才属同类,而"体同"者不类。

温公颐则认为墨家的"类"是与"同异""有无"联系在一起的。他说:"墨家的辩学对'类'的认识与分析,是与同、异和有、无的认识联系在一起的。笼统地说,'类'是事物间同异关系的概括。但是,事物间的同异关系有许多种,'类'并不指一切同异关系。……'类'概括的是'类同'与'不类'。依据《经说上》的解释,'类同'是'有以同','不类'是'不有同'。所谓'有以同'和'不有同'是说,事物的一些属性只为某类事物所普遍具有,该类事物以外的其他事物普遍不具有,即'偏有偏无有'(《经说下》)。"② 就是说,从"同异"看,是指"类同"与"不类",但不包括所有的同异关系;从"有无"看,是指"偏有偏无有",即事物属性只为某类事物所有,而此类事物之外则没有;因此,"类"是事物同异关系的概括,而决定同异的是事物的属性。

周云之由"类"在《墨经》逻辑学说中的地位析其意涵、估其价值。其一,揭示了"类同"区别于其他之同的特殊性质。周云之说:"'同'有重同、体同、合同、类同之别。所谓'类同'必须是事物性质(属性)上的'有以同',而不是指二名一实之'重同'或同属于兼之'体同',也不是指俱处于室的'合同',自然更不是指具同、连同、丘同、鲋同以

---

① 冯契:《中国传统哲学的逻辑发展》(上),华东师范大学出版社1997年版,第257页。
② 温公颐、崔清田主编:《中国逻辑思想史教程》,南开大学出版社2001年版,第132页。

及同根之同等。"① 为什么说"类同"必须是指事物属性的"有以同"呢？所谓"类同"，"是因为其'法'（共同性质或共同规律）相同。物虽有木和石等区别，但如果都具有'方'之共同性质就可归入（称做）'方类之物'。因此，凡类同者必须是具有共同之性质也。……《墨经》把同类之同确定为同法之同，是'类'概念发展的一个飞跃，从而使'类'概念真正成为一个哲学上反映共同性质、逻辑上揭示特有属性之科学概念"②。其二，揭示了异类之"异"的本质，从而使"类"概念更加完整、丰富。周云之说："（《墨经》）明确地把'不类'（即"不同类"或"异类"）与'二'（即"不一"或"不重"）、'不体'、'不合'之异相区别，而且'不类'之异是指'不有同'之异，这个'不有同'正是与同类之'有以同'相对而言的，'不有同'即是指属性之不有同或有不同。前面说到，《墨经》提出了'偏有偏无'的划分原则，其中深刻揭示了类之同异的根据，必须是共同本质或特有属性之同或异，类之同就是共同本质或特有属性之同，类之异就是共同本质或特有属性之异。因此，这个'有不同'，也就是指'法'之不同或有异。正是由于《墨经》建立了类同、类异的科学思想，才使'类'概念真正成为逻辑推理乃至整个名辩逻辑理论的基础与根据。"③ 显然，周云之更为具体、深入地分析了墨家"类"的内涵与性质，从容且客观地肯定了其在中国古代逻辑学上的价值。

2. 故

"故"出自《墨子》："夫辞，以故生，……立辞而不明于其所生，妄也。"（《墨子·大取》）又："故，所得而后成也。"（《墨子·经上》）又："故，小故，有之不必然，无之必不然。体也，若有端。大故，有之必无然。若见之成见也。"（《经说上》）当然，《荀子》《易传》等文献中也有关于"故"的论述，这里只考察墨家学派的"故"被认知、理解的情形。

侯外庐指出，"故"在墨子思想中开始用于表达原因——"仁人以其

---

① 周云之主编：《中国逻辑史》，山西教育出版社 2004 年版，第 137 页。
② 同上书，第 138 页。
③ 同上书，第 138—139 页。

取舍是非之理相告，无故从有故也，弗知从有知也。"(《非儒下》)自是，"故"遂成了先秦逻辑史上的重要范畴，在后期墨家思想中充分地表现了出来。侯外庐说："就事物来说，它是形成事物变化发展的原因，就'立辞'来说，它是构成立论的道理。……到了后期墨家的《墨经》理，这'故'的概念，更有了发展，不但把'故'分成'大故'与'小故'，而且联贯地说明其在认识进程里的作用与价值。……一切事物的所以然，一定有若干的'故'。仅为故的一部分而无决定性的故，叫做'小故'，诸故中起决定作用的才叫'大故'。"[1] 也就是说，"故"作为逻辑学概念，是用来表达立论的道理，并由立论的多少与影响的程度而分为"小故"和"大故"。"小故"意味着不必如此，而"大故"意味着必定如此。

而在冯契看来，"故"是论断成立的根据。他说："从逻辑上讲，'故'是论断的根据。'所得而后成'，就是论断得以成立的根据或理由。'小故'指必要条件，但不充足。例如尺（直线）必有两端，无端必无尺，但有端不必有尺。'小故'只是'故'的一部分，所以说'体也'。而'大故'则是指充足而必要的条件，例如'见之成见'的条件齐备（眼在有光的情况下接触外物），就一定见物。《墨经》说'以说出故'，认为推理就是要提出'故'来作立论根据。"[2] 就是说，"故"是论断成立的理由与根据，"小故"是"小理由"，是必要条件；"大故"是充分条件。

温公颐则认为作为事物根据的"故"具有两方面的含义，他说："'故'是成事的根据。作为根据，可有两方面含义，即事物的根据与谈辩的根据。事物的'故'，是事物成立于存在的原因，即《经上》所说'物之所以然'。'辞以故生'和'以说出故'中的'故'，是谈说论辩的'故'，指'辞'得以提出和确立的理由。谈辩的'故'有重要作用。首先，有了'故'才能有立辞的根据，也才能完成'说'的使命（出故）。其次，'故'可以使人通晓'所以然'的道理，实现'说，所以明也'的功用。再次，'故'是判别谈辩谬误的依据。"[3] 这里主要强调了谈辩的

---

[1] 侯外庐、赵纪彬、杜国庠主编：《中国思想通史》第一卷，人民出版社1957年版，第505页。

[2] 冯契：《中国传统哲学的逻辑发展》（上），华东师范大学出版社1997年版，第262页。

[3] 温公颐、崔清田主编：《中国逻辑思想史教程》，南开大学出版社2001年版，第131页。

"故"之作用，即对于维护谈辩合乎逻辑的意义。

周云之的理解更具综合性与深入性，他说："《小取》篇所言'以说出故'与《经上》所言'故，所以明也'，'故'都是统指推理的前提和论据。《经上》还指出：'法同则观其同，巧转则求其故。'这个'故'也是指推出结论的前提和论据。例如：凡猫都能捕鼠；盲猫是猫；所以，盲猫能捕鼠。我们知道，从推理形式上说，这个三段论是有效的，符合'法同则观其同'的原则，但它的结论却是错误的（'巧转'）。这里的原因不在形式，而在其前提（故）本身不正确，即例中的大、小前提表述不严格，应当是：'凡五官正常的猫都能捕鼠'，'盲猫不是五官正常的猫'，这就可以推出'盲猫不能捕鼠'的正确结论。所以，'故'可以泛指推理中的前提或论据。《经上》和《经说上》第一条说：'故，所得而后成也。''故：小故，有之不必然，无之必不然。……大故，有之必然，无之必不然。'这里的'故'又是指假言命题或假言推理中的条件或前件。'小故'即指必要条件，'大故'即指充分必要条件。《经说上》又提出了'取此择彼，问故观宜'的思想，这里的'故'又是指或取此或择彼之'故'，即指选言命题或选言推理中所指的不相容选言肢。这说明，'故'在《墨经》中是一个多义词，但作为推理范畴的'故'，它可以指直言推理中的前提、论据，又可指假言命题和假言推理中的条件、前件，还可以指选言命题和选言推理中的选言肢。所以，'故'确实是'说'式（演绎）推理中的最重要、最基本的范畴之一，不搞清楚'故'的含义，就无法理解说式推论的性质。"[①] 在周云之这里，除继承了前人解释成果之外，更为明确地阐明了三点：其一，"故"是推理的前提和论据；其二，"故"是假言命题或假言推理中的条件或前件；其三，"故"指选言命题和选言推理中的选言肢。如此，"故"之丰富的逻辑意涵便被揭示出来了。

3. 理

"理"出自《墨子》："夫辞，……以理长。"（《墨子·大取》）另外，《荀子》也有所谓"言之成理"（《荀子·非十二子》）。而到宋明时期，"理"成为哲学最高范畴。这里仅考察学者对墨家学派"理"的解释。

---

① 周云之主编：《中国逻辑史》，山西教育出版社2004年版，第135—136页。

冯契认为,"以理长",就是按正确的推理的形式和逻辑规则来进行思维与辩论,后期墨家不仅探讨了许多推理形式,而且接触到了逻辑思维的基本规律。比如《墨经》说:"彼:正名者彼此。彼此,可。彼彼止于彼,此此止于此。彼此,不可。彼且此也。彼此亦可。彼此止于彼此,若是而彼此,则彼亦且此此也。"(《墨经·经说下》)冯契解释说:"正名就是要分彼此;以'彼'谓彼而止于彼,以'此'谓此而止于此,则彼此可以正名。如果'彼'将用来称此,'此'亦可以称彼,那便不是正名。这和公孙龙《名实篇》的说法是一致的,都认为名和实要有一一对应关系。这种对应关系正是形式逻辑的同一律的基础和实质。"① 在冯契看来,所谓"以理长",就是"以'彼'谓彼而止于彼,以'此'谓此而止于此",这种对应关系正是形式逻辑的同一律的基础和实质。再如《墨经》说:"彼,不可两不可也。"(《墨经·经上》)又说:"辩:或谓之牛,或谓之非牛,是争彼也。是不俱当。不俱当,必或不当。不当若犬。"(《墨经·经说上》)冯契解释说:"'彼'是指第三者,是争论的一个命题。如对'牛'这个命题,有人肯定('谓之牛'),有人否定('谓之非牛'),二者矛盾,这就是'争彼'。在争辩时,对矛盾命题的双方不能'两可',也不能'两不可';在肯定与否定之中,两者必居其一。这包含着排中律的思想。而两个矛盾命题也不能'俱当',这就又包含着矛盾律的思想。"② 由于"争彼"的矛盾双方不能都肯定或否定,二者必居其一,从而表现出排中律思想,但两个矛盾命题不都是合理的,从而表现出矛盾律思想。

周云之认为,"理"在《墨经》中是逻辑推理的基本范畴。《墨经》说:"论诽:诽之可不可。以理之可诽,虽多诽,其诽是也;其理不可诽,虽少诽,非也。"(《墨经·经说下》)周云之解释说:"此说批评之对与不对,不在批评之言的多少,而在是否真有道理,合乎道理之诽(批评)即为是,不符合道理之诽(批评)即为非。这个'理'就是指客观事物之理,是指反映事物客观规律性之真理。而《经说上》所说的'观为穷知而悬于欲之理',即是说人之犯错误,皆是因为既穷于知(无

---

① 冯契:《中国传统哲学的逻辑发展》(上),华东师范大学出版社1997年版,第264页。
② 同上书,第265页。

知）又悬于欲（任欲而强行）的缘故。这个'理'也是指一种客观规律之理。《大取》篇还把'道'和'理'视为等同的。何谓'以理长'呢？就是'今人非道无所行，虽有强股肱而不明于其道，其困也可立而待也'。'道'就是道路、方向、规律，人离开了'道'就无法行动，虽有强壮的体力也难于找到前进的方向。所以，人们常把'道'和'理'连用为'道理'。大凡演绎（间接）推理都是由一般而推及特殊的，这个一般就是指事物的客观法则，即'理'。正是根据这一般法则之'理'，人们才能进行类的演绎。……'理'就是间接推论中的大前提或假言命题或选言命题，是进行直言、假言、选言推理的第一个前提或基本论据，所以'理'无疑是我们讨论演绎（间接）之'说'式推论的基本范畴。"①就是说，"理"是反映事物客观规律性之真理，也就是道理，而所有演绎（间接）推理都是由一般而推及特殊的，这个一般就是指事物的客观法则，也就是"理"，因此，"理"就是间接推论中的大前提或假言命题或选言命题，是进行直言、假言、选言推理的第一个前提或基本论据，所以"理"是讨论演绎（间接）之"说"式推论的基本范畴。

温公颐则认为，叙述要有规律、准则和条理，这个规律、准则和条理就是"理"，他说："'理'作为中国传统哲学用语，有规律、准则、条理之义。结合《小取》的说明及上述'理'与'法'的释义，'夫辞……以理长'可以理解为，立辞的过程要依据一定的准则进行推论。仅仅有了'辞'和'故'，对于立'辞'还是不够的。'故'与所立'辞'的联结要以一定的准则为依据。依据这些准则进行推论，实现'故'与'辞'的联结，就是'以理长'。"② 只有根据规律、准则进行推论，才能实现原因与论说的联结，而这个规律、准则就是"理"。

如上即是以逻辑认知范式理解"类""故""理"三个概念的大致情形，此三概念的逻辑内涵、特性都被呈现了出来，而三者连在一起，其逻辑内涵更为显明。冯契说："《墨经》已接触到形式逻辑的基本思维规律：同一律、排中律和矛盾律。总起来看，墨辩在朴素唯物主义的基础上，建立了中国古典的形式逻辑体系，达到了很高的水平。虽然《墨经》基本

---

① 周云之主编：《中国逻辑史》，山西教育出版社2004年版，第136—137页。
② 温公颐、崔清田主编：《中国逻辑思想史教程》，南开大学出版社2001年版，第132页。

上是从形式逻辑的观点来考察'类'、'故'、'理'范畴的，但是也应看到在某些方面，已突破了形式逻辑的界限。例如《墨经》在'同'和'异'的关系问题上，指出：'同，异而俱于之一也。'（《经上》）认为相异的事物在某一点上相共（俱），即称为'同'。这样用'异'来给'同'下定义，就包含着辩证法因素。"[1] 在冯契看来，"类""故""理"三个概念不仅内含了同一律、排中律和矛盾律等形式逻辑的基本规律，而且已突破了形式逻辑的界限并达到了辩证逻辑的高度。

而周云之的评论更为"专业"："《墨经》中揭示了由'故'、'理'、'类'三物（三个论据）组成的立辞（论证）过程，这里自然没有提出像亚氏三段论式那样明确的推理形式，甚至也没有提出像因明三支论式那样用自然语言表达的比较固定的推理方式。所以在形式化的程度上，《墨经》不仅远远不及三段论式，也不及三支论式。但《墨经》确实讨论了作为'立辞'（论证）三物的论据性质和关系，这三物中的'故'和'理'就相当于或相似于（不是等同于）三段论式中的'小前提'和'大前提'。这三物中的'故'、'理'、'类'又相当于三支论式中的'因'、'喻体'和'喻依'。由此我们可以分析出，《墨经》所论的'立辞'三物，就是论据和论题（结论）之间的推理形式关系，而且就相当于或接近于三段论式（演绎性质）的形式推理过程和三支论式（演绎加归纳）的形式推理过程。我们认为，这正是科学分析和历史分析相结合的结果。如果硬要用'大前提'、'小前提'或'因'、'喻体'、'喻依'等概念或三段论式、三支论式的具体形式去苛求于中国古代之《墨经》，自然也就没有什么推理形式之思想可言了。这样，《墨经》中提出的'或'、'假'、'效'、'譬'、'侔'、'援'、'推'等也都无法被理解为关于推理形式（方式）的学说了。"[2] 按照周云之的判断，《墨经》既不及三段论式，也不及三支论式，但《墨经》讨论了作为"立辞"（论证）三物的论据性质和关系，这三物中的"故"和"理"就相当于三段论式中的"小前提"和"大前提"，又相当于三支论式中的"因""喻"和"喻依"，因此《墨经》所论的"立辞"三物，就是论据和论题（结论）

---

[1] 冯契：《中国传统哲学的逻辑发展》（上），华东师范大学出版社1997年版，第265页。

[2] 周云之主编：《中国逻辑史》，山西教育出版社2004年版，第42—43页。

之间的推理形式关系，而且相当于或接近于三段论式的形式推理过程和三支论式的形式推理过程。

4. 或

"或"出自《墨子》："或也者，不尽也。"（《墨经·小取》）那么，"或"有怎样的逻辑含义呢？赵纪彬认为，"或"所内含的是"不必然"的意思，因为事物性质会遭遇"不全如此"的场合。他说："这是说遇有事物的性质不尽然的场合，例如马不尽是白马，我们的推理只能是或然的推理，不能是必然的推理。"① 虞愚的理解与赵纪彬类似，他说："吾人对于某事物未能断定，多以或然判断出之，如云'某甲或有嗜好'，'某乙或有病'亦即不尽也。"② 郭湛波则从字义上进行解释，认为"或"是指一部分，因而在逻辑上是"特称命题"。他说："'或'即古域字，有限于一部分之意，即论理学上所讲的'特称命题'。例如说'有些马是白的'，白只是马色的一部分，故'不尽'。"③ 蒋维乔、杨大膺也从字义上进行理解："所谓'或'，是不尽然的意思，'或'是古'域'字，域于一方，义不周遍，所以不尽。《经上》说：'尽，莫不然也。'凡立一说，倘是意义周遍，大众都可承认，那么辩论无从而起；惟其或是或非，怀疑不决，就有辩的必要了。墨子定这'或'为辩的第一方式，所以《小取》篇说：'或也者，不尽然也。'"④ 张纯一的理解似乎更进一步，他认为"或"除了指不周全、永远是全部中的一部分之外，还包含特称肯定与特称否定两部分内容。他说："此言辞义不周与不实，首当明辨者二。'或然者'，不尽然也，即义不周遍，特称之辞。质言之，凡言或者，其质必为全部中之一部分，若认为全部，则误矣。例如后文云：马成白者，即马不尽白，是为特称肯定辞；反之马或非白，即是特称否定辞。"⑤ 任继愈则径指其为形式逻辑的选言判断，他说："'尽'是指一概念所含对象的全部，即一类事物的全称，这类命题主词的外延尽包含在谓词的外延之中。'或'是指特称命题和选言命题，主词的外延只有一部分包括在谓词的外延中。

---

① 赵纪彬：《中国哲学思想》，中华书局1948年版，第91页。
② 虞愚：《中国名学》，上海书店1992年版，第92页。
③ 郭湛波：《先秦辩学史》，上海古籍出版社2015年版，第106页。
④ 蒋维乔、杨大膺：《中国哲学史纲要》，知识产权出版社2014年版，第161页。
⑤ 张纯一：《墨子集解》，成都古籍书店1988年版，第405页。

'不尽然',是说不完全是这样。这种形式的命题相当于形式逻辑的选言判断。"①周云之认同任继愈"'或'是选言判断"的理解,但做了更为细致、更为深入的说明。他说:"'或'作为量词代表非全体的部分(包括一个),这就是指'有些是'和'有些不是',这就在逻辑上相当于'或是或不是'。例如,有些马是'白马',就蕴含着有些马不是'白马',因此就所有的马或任何一匹马而言,都可以表述为'或是白马,或不是白马'的选言命题。《墨辩》也常常是用'或'来表述选言命题的。如'时或有久,或无久';'其体或去或存';'或谓之牛,或谓之非牛'(《经说上》)等等。所以《墨辩》的'或'既代表特称(非全称)量词,又代表选言命题。应当承认,选言命题和选言推理也是密切相关的,明确了选言命题的逻辑关系,也就明确了选言推理的逻辑关系。如果选言命题是不相容的性质,那么由此就构成了不相容的选言推理。所以,《墨辩》中把'或'作为一种论式提出,主要是指选言推理,其中就包括了对选言命题的承认和理解。"②就是说,"或"既代表特称量词,又代表选言命题,而作为一种论式,属于选言推理,同时包含了对选言命题的承认。但周云之对"或"之逻辑意义也提出了批评。他说:"《墨经》把选言关系仅仅理解为不相容关系是不实际和不科学的。人们在日常生活与自然语言中早就在用'或'以表达具有相容关系的选言命题(如'黄刚或是董事长或是总经理','刘明或是歌星或是影星')。但自然语言的'或'又无法从逻辑上区分相容与不相容关系。所以,现代逻辑将'或($\vee$)'的选言关系仅仅限定为相容关系($p \vee q$),而用合取式 $[(p \vee q) \wedge ?(p \wedge q)]$ 表示不相容选言关系,这就明确区分了自然语言中难以辨别的相容与不相容两种选言关系。不过,对两千年前的先秦思想家是不能太苛求的。所以,为了照顾到传统逻辑的性质和自然语言的习惯,我们仍然只能把由'或'表示的不相容选言关系作为选言命题对待。总不能把由'或'表述的不相容选言命题称做联言命题(合取式)吧?"③即谓依现代逻辑原理,无论是用"或"表示特称量项的性质,还是用"不尽也"来定义选言的

---

① 任继愈主编:《中国哲学史》(第一册),人民出版社1996年版,第202页。
② 周云之:《试论先秦名辩逻辑在理论上的主要贡献》,《社会科学战线》1988年第3期。
③ 周云之主编:《中国逻辑史》,山西教育出版社2004年版,第126页。

"或"都是不严格、不准确的。

5. 假

"假"出自《墨子》："假者，今不然也。"(《墨经·小取》)那么，"假"有怎样的逻辑含义呢？林仲达认为，由"假"可以看出《墨辩》论式与西洋逻辑的三段论式有相似之处，他说："大前提——'假，必非也而后假'，小前提——'狗，假虎也'，结论——'狗，非虎也。'"①而虞愚明确指出，"假"就是逻辑上的"假言判断"，他说："'假也者，今不然也。'……在逻辑谓之'假言判断'，……非目前之事实，先假设其如此，故曰今不然也。"②任继愈也认为"假"是假言判断，他说："'假'就是假设，是指假设现在不存在的情况，'今不然'，就是目前的实际情况并不如此。相当于假言判断。"③冯友兰则认为"假"是指虚拟条件下的情形，他说："吾人对于事物，可虚拟条件而断其在此条件下当有如何情形。如孔子曰：'如有用我者，期月而已可矣；三年有成。''如有用我者'，非孔子为此言时之事实，乃孔子所虚拟之条件，所谓'今不然也'。"④郭湛波认为，所谓"虚拟条件"就是假设，他说："'假'即假设，即论理学的假言命题。"⑤蒋维乔、杨大膺也认为"假"就是假设，他说："所谓假，是假设的意思。《经下》说：'假必悖，说在不然。''悖'字意义，与'非'字同，是说目前并没有这种事实，姑假设一个条件而为辩论的。例如孔子说：'如有用我者，期月而已可也，三年有成。'是目前并没有用孔子的事实，不过设有这种希望，完全是假设的，所以《小取》篇说：'假者，今不然也。'"⑥周云之的分析似乎更加全面、深入些，他指出："《墨辩》对假言命题与假言推理的性质和种类曾提出相当科学的概括。《小取》篇曰：'假也者，今不然也。'这里的'假'不是真假的'假'，而是'今不然也'之'假'，即指尚未成为现实时一种假设或假定。因此，'假'是指一种区别于实然（直言）的一种假言判断

---

① 林仲达：《论理学纲要》，中华书局1936年版，第82页。
② 虞愚：《墨家论理学的新体系》，《民族杂志》1935年第3卷第2期。
③ 任继愈主编：《中国哲学史》第一册，人民出版社1996年版，第202页。
④ 冯友兰：《中国哲学史》上册，华东师范大学出版社2000年版，第197—198页。
⑤ 郭湛波：《先秦辩学史》，上海古籍出版社2015年版，第106页。
⑥ 蒋维乔、杨大膺：《中国哲学史纲要》，知识产权出版社2014年版，第161页。

（命题）。《经上》、《经说上》还把假言命题的条件称为'故'，并提出'大故'和'小故'两种条件性质。'故，所得而后成也。''故，小故，有之不必然，无之必不然，……大故，有之必然，无之必不然。'这里的'故'既可指演绎推理的前提，实际上也相当于'有之必然'的充分条件。'小故'就是指'有之不必然，无之必不然'的必要（而不充分）的条件。'大故'就是指'有之必然，无之必不然'的充分必要条件。无可否认，《墨辩》对必要条件和充分必要条件两种假言性质的揭示是非常科学的。应当指出，这里的'今不然也'虽只主要揭示了假言命题的前后件关系，但假言推理只是根据假言命题的条件关系而展开的一种推理形式。即：如果理解了假言命题前后件之间具有充分必要的条件关系，也就明确了这种充分必要条件假言推理的逻辑关系，即具备了前件就可推知后件；不具备前件就推不出后件。所以，《墨辩》是把'假'作为一种推理论式提出的。'假'既代表假言命题，又代表假言推理。假言命题分为'大故'和'小故'两种，假言推理也就分为'大故'和'小故'两种。"① 在周云之看来，《墨经》中的"假"是一种区别于实然的一种假言判断，而这种假言命题需要满足两个条件，即所谓"大故"和"小故"，并揭示了假言命题的前后件关系，不具备前件就推不出后件，反之，亦然。

  从逻辑学上说，"或"与"假"都是《墨经》中的重要概念。我们的考察表明，中国学者基本上对这两个概念都做了逻辑学的理解。不过，对于这两个概念在逻辑学上的性质也有不同意见。比如唐君毅说："以《小取》篇所论为并立之辩之七法之说，其最不可通者，在'或'与'假'，根本不能分别独立，以各成辩之一法。如'或'为'特称命题'，或'或然命题'，'假'为'假然命题'；则一命题之举出，岂即足成为论辩之一法？此不同命题之分别举出，又岂即为不同论辩之法？如'有人为学者'为特称命题，'人是男或女'为或然命题，'如天雨则地湿'为假然命题。今只举出数命题，或可勉强称为各是一论，然要不可称为辩，更不可谓为不同之辩论之法。而墨子《小取》篇，乃明以辩为论题者。复次，就《小取》篇之谓'或不尽也'，'假也者今不然也'二语，

---

  ① 周云之：《试论先秦名辩逻辑在理论上的主要贡献》，《社会科学战线》1988年第3期。

亦明不足证'或'为'特称命题'，或'或然命题'，及'假'为'假然命题'。故胡适氏继又于其《小取》篇新诂，谓'假'为虚拟条件，而想像其结果之妄想，以'或'为'疑'，疑为辩说之所由起，而非辩之一法。其说固稍进矣。然虚拟条件而想像其结果，实不必为妄想，且可为人之思维之一法。顾可为人之思维之一法者，却又可不与辩论之事直接相干，仍不必即为辩之一法。谓或为疑，乃本于《易传》'或之者疑之也'之言。疑若只是个人思想中之事，诚如其言，不能为辩之一法。然如'或'为'疑'，非辩之一法，则七法并立之说破，而此疑若只是个人思想中之事，亦非与辩论之事直接相干者。《小取》此文，既为专以论'辩'为事者，又何必先及于此个人思想中之'疑'乎？"① 唐君毅所要申辩的是："或""假"都不能独立成为辩论的方法，因为都属于个人思维方法，是个人思想中之事，所以不应简单地将"或""假"视为独立的逻辑方法。无疑，唐君毅的分析对准确理解"假"的逻辑意涵是有积极意义的。

6. 效

"效"出自《墨子》："效者，为之法也。所效者，所以为之法也。故中效则是也；不中效则非也；此效也。"（《墨子·小取》）那么，"效"有怎样的逻辑含义呢？虞愚认为，"效"就是法则，是推理的根据。他说："效即法则，推理循其应守之法则而无误，谓之效。其法则即谓所效。能与推理诸法则相应，则为中效；反之，则不中效也。"② 又说："效即法则，此言立辩必有应守之法则使人有所遵循，谓之效。其法则即谓所效，能与推理如如相应则为中效；反之，则不中效也。"③ 张纯一认为"效"是逻辑学的一定程式，他说："'效者'，论理学一定之程式。如故、理、类三法，或因明论、或三段论式皆是，故曰'为之法也'。……中效则是者，抒意能入正理，破似立真也；不中效则非者，立辞因不定，违宗资敌也，此效之大用。明《小取》一篇，为立辩之成法。今墨者串习，不难圆成自宗，摧伏敌论也。"④ 因此，照着法则做去便是"效"。郭湛波

---

① 唐君毅：《中国哲学原论·导论篇》，中国社会科学出版社 2005 年版，第 108 页。
② 虞愚：《中国名学》，上海书店 1992 年版，第 92 页。
③ 虞愚：《墨家论理学的新体系》，《民族杂志》1935 年第 3 卷第 2 期。
④ 张纯一：《墨子集解》，成都古籍书店 1988 年版，第 405 页。

说:"'效'是'效法'的效。……'法'即是法则,照着法则做去,便是'效'。与法则相不合的,就是'不中效'。"① 因而"效"就是"仿效"。蒋维乔、杨大膺说:"所谓'效',有仿效的意思,和论理学的演绎相当。换句话,就是借他种事物成形的方法,做出这种事物来,也就是辩论上求出的结论,与'推'的意义,稍微相同。但'推'以理为根据,'效'则以法为根据,'推'可以用简单的辞句说出,'效'则必用完全的三段论式表出。《小取》篇说:'效者,为之法也;所效者,所以为之法也。故中效,则是也;不中效,则非也,此效也。'这里所说的'法'、'故'、'效',就是论理学的三段论法,也和印度因明学的三支相同。'法'就是三段论式的大前提,'故'就是小前提,'效'就是结论。"② 冯友兰的理解与郭湛波基本一致,他说:"法为公式,对于一类事物之公式,可适用于此一类之任何个体。如方物之类,有方木方石,木石虽异,然不害其为方也。引申之,凡仿效一物而能成类此之物,则所效者为'法',而仿效所成之物为'效'。譬之为圆,或以意象中之圆,或以作圆之规,或以已成之圆,皆可为为圆之法。法定则效此法者皆成圆形。'故中效'之故,即上文'以说出故'之故。故即是成事之原因立论之理由。欲知所出之故,是否为真故,是否为'有之必然,无之必不然'之故,莫如用此'故'作'法',观其是否'中效'。'中效'者,谓效之而亦然也。能证明其为'所若而然'之法,然后知其即是'所得而后成'之故。故曰'故中效则是也,不中效则非也。'(自'凡仿效一物'以下至此,选录胡适之先生《小取篇新诂》)墨子谓'言有三表'。此所说与墨子所说之第三表相同,不过此不专就政治上社会上诸理论言耳。"③ 此即说,"效"就是效法一种观念(抽象)的方法,并根据普遍原则(故)作为大前提,进行演绎推论。任继愈也认同"效"是效法,他说:"'效'就是效法摹仿,'法'就是公式或标准,《经上》'法,所若而然也。''所效者'是指效法摹仿的样式或范本。'所以为之法'就是把这个效法摹仿的样式或范本当作公式或标准去进行推理。《经下》说:'一法者之

---

① 郭湛波:《先秦辩学史》,上海古籍出版社2015年版,第106页。
② 蒋维乔、杨大膺:《中国哲学史纲要》,知识产权出版社2014年版,第161页。
③ 冯友兰:《中国哲学史》上册,华东师范大学出版社2000年版,第198页。

相与也尽类，若方之相合也。'即是说一类事物的公式，可以适用于这一类事物的任何个体。例如'方'作为公式，则适合于所有的方物。《经说下》解释说：'一方尽类，俱有法而异。或木或石，不害其方之相合也。尽类犹方也，物俱然。'这是说，所有的方的东西都可归入方物一类，如方木方石虽然性质不同，但不妨害它们都是方物。如以方、圆为法，推论的结果，如果'所若而然'，就是'中效'，这个判断就是有效的。反之，如果'不中效'，这个判断就是无效的。"①"效"就是摹仿，"法"就是"法式"或"标准"，将样式或范本当做公式去推理，并做到"所若而然"，这就是"中效"，就是有效的推理或判断。

如上所论，学者大都将"效"理解为"仿效"，所谓"仿效"即"效法"，"效法"即是根据逻辑法则推理，因而"效"自是逻辑意义的概念。但唐君毅有不同的看法，他说："'效者，为之法也'，此'法'字亦为《墨辩》中之一专门之名辞。按《经说下》曰：'一法者之相与也，尽类，若方之相合也。'又《经说下》曰：'一方尽类，俱有法而异，或木或石，不害其方之相合也。尽类，犹方也。'是见《墨辩》中所谓法，实近乎西方哲学中，所谓理型、公式、概念、或原则之类。而《小取》篇此节之全文为'效也者，为之法也。所效者，所以为之法也。故中效，则是也；不中效，则非也。此效也'；故时贤之释此段文者，多以此所谓效，乃效一抽象普遍之法，或依'故'做法，形成一抽象普遍之原则，视为大前提，以作一演绎推论之谓。然吾于此后说，则不能无疑。其中毫厘千里之辨，亦有可得而言者。"②基于这样的质疑，唐君毅对"效"的逻辑意义进行了更为具体、更为深入的分析。他说："谓'效'为演绎法，'推'为归纳法，或以'所效'相当于主词，'效'相当于宾词，以'推'为因明中之喻体（相当于逻辑中之大前提）及以譬、侔、援、推，各为一论辩法者，亦皆同于原文无的据，且与《小取》篇后文所举之论辩之例证，多无所应合。按《小取》篇于释此七事后，即继以言'譬侔援推之辞'之'行而异，转而危，远而失，流而离本'，而归于谓'言之多方、殊类'，并举物之或'是而然'，或'是而不然'……或'一周一

---

① 任继愈主编：《中国哲学史》第一册，人民出版社1996年版，第203页。
② 唐君毅：《中国哲学原论·导论篇》，中国社会科学出版社2005年版，第111—112页。

不周',或'一是一非'者为例。以文义观之,此所举以为例者,应即辟侔援推之辞之'行而异,转而危,远而失,流而离本'者。然此所举以为例者,自'白马,马也;乘白马,乘马也'以下,从无明白依演绎法归纳法之形式之推论,亦未尝分别为譬侔援推四者举例。然则吾人果何所据,以谓其所举之例,某属于效,某属于侔,某属于推,……或某为演绎法之例,某为归纳法之例乎?吾人岂不可谓其所举之例,乃兼通于譬侔援推之义者乎?"① 唐君毅的意思是,"效"不一定就是演绎法,"推"也不一定就是归纳法,而譬、侔、援、推亦皆不能视为一论辩法,因为这在原文中没有证据,而且与《小取》所举论辩之例证,亦多无所应合,因此并不能简单地将"效"理解为演绎法。

7. 辟

"辟"出自《墨子》:"辟也者,举也而以明之也。"(《墨子·小取》)那么,"辟"有怎样的逻辑意义呢?冯友兰认为,有些事物直接告诉人还不能明白,需要用个比喻才让他明白,这就是"辟",因而"辟"就是举出别的事物以彰明此事物。他说:"辟也者,举也物而以明之也。孙诒让云:王云'也与他同。举他物以明此物谓之譬。'《潜夫论·释难篇》云:'夫譬喻也者,生于直告之不明,故假物之然否以彰之。'《荀子·非相篇》云:'谈说之术,分别以喻之,譬称以明之。'"② 需要特别说明一下,为了弄清"辟"的逻辑含义,冯友兰征引了诸多文献,这表明逻辑认知范式与自我认知范式是可以相互帮助的。虞愚认为,"辟"的含义有:"一、举他物以明此物正譬之义;二、他字本作'它',古写如'也'字,极易互混,《墨子》书中,不少此例也。……譬喻最大功用,则在以其所知喻其所不知而使之知也。因明三支之中喻 Example(Udaharana)居其一,亦可见在推理上地位之重要矣。"③ 辟最大的价值就是使不明白的人明白,有着重要的推理地位,他说:"譬喻最大之功用,则在以其所知喻其所不知而使知之也。"④ 既然"辟"是"举他物明此物",这就是以所知明所不知的类比推理。赵纪彬说:"这是说以所知喻所不知的类比推

---

① 唐君毅:《中国哲学原论·导论篇》,中国社会科学出版社2005年版,第108—109页。
② 冯友兰:《中国哲学史》上册,华东师范大学出版社2000年版,第198页。
③ 虞愚:《墨家论理学的新体系》,《民族杂志》第3卷第2期,1935年。
④ 虞愚:《中国名学》,上海书店1992年版,第93页。

理。但是,《墨经》已经有了'异类不比'的原则,所以也是发展了墨子的类比方法。"① 而从修辞方法上讲,"辟"也可认为是一种比喻。蒋维乔、杨大膺说:"所谓'辟',就是譬喻,借彼明此的意思,与因明学的'喻'相当。《小取》篇说:'辟也者,举也物而以明之也。'这里是说'辟',是举他物来说明此物,辩论时借以晓喻他人的。'辟'的用处很大,如墨子说:'入人园圃,窃其桃李,……至攘人犬豕鸡豚者,其不义又甚于入人园圃窃桃李。……当此,天下之君子皆知而非之,谓之不义。今至大为攻国,则弗知非,从而誉之,谓之义。此可谓知义与不义之别乎?'(《非攻篇上》)就是'辟'的好例。"② 郭湛波也持"辟"为譬喻的意涵,他说:"墨辩引喻最多,如'若目'、'若眂'、'若见'、'若明'……'辟'的用处,就在所以使人知之。"③ 任继愈也认同此解,他说:"'辟'就是譬喻,即借用具体的事或具体的物以说明一件事情或某个道理,这是辩论中常用的方法。例如墨子说:'执无鬼而学祭祀,是犹无客而学客礼,是犹无鱼而为鱼罟也。'(《墨子·公孟》)这就是用举例譬喻的方法和论敌争辩。"④ 萧萐父、李锦全仍然将"辟"视为譬喻,他们说:"'辟'(譬)是比喻,相当于类比法。即通过比喻来进行推理,用已知的具体事物来使人明了未知事物的情况。所以说'举他物而以明之也'。"⑤ 可见,释"辟"为比喻义为多数学者所认同。不过,张纯一认为比喻有正向的也有反向的,他说:"凡言若者,皆正譬。言不若者,皆反譬之例。"⑥ 无疑,张纯一的诠释丰富了对"辟"逻辑意涵的理解。

8. 侔

"侔"出自《墨子》:"侔也者,比辞而俱行也。"(《墨子·小取》)那么,"侔"有怎样的逻辑含义呢? 虞愚认为,"侔"就是用别的判断比较这个判断,用于以辞抒意。他说:"侔是以彼判断比较此判断,用之于以辞抒意。……楚人乃人之一部分,对人不周延,故不能将楚人与凡人并

---

① 赵纪彬:《中国哲学思想》,中华书局 1948 年版,第 92 页。
② 蒋维乔、杨大膺:《中国哲学史纲要》,知识产权出版社 2014 年版,第 162—163 页。
③ 郭湛波:《先秦辩学史》,上海古籍出版社 2015 年版,第 107 页。
④ 任继愈主编:《中国哲学史》第一册,人民出版社 1996 年版,第 203 页。
⑤ 萧萐父、李锦全主编:《中国哲学史》(上卷),人民出版社 1982 年版,第 197 页。
⑥ 张纯一:《墨子集解》,成都古籍书店 1988 年版,第 405 页。

称;白马亦马中之一种,对马亦不周延,亦不能白马与一切马并称。彼此之辞皆中效,即是'比辞而俱行'也。"①郭湛波的理解与虞愚基本一致,他说:"'侔'……这也是'使人知'的方法,不过'侔'是这种辞说明那种辞。"②

但赵纪彬的理解与虞愚、郭湛波有些不同,他认为"侔"就是指两个相同的命题之间的互训,以求贯通的推理方法,他说:"'侔'和'辟'相近,不过,'辟'是举他物以推如此物,'侔'则是用此辞以推知彼辞。也就是两个相同的命题,彼此互训,以求贯通的推理方法。"③张纯一的理解则与赵纪彬类似,他说:"彼此互明,圆彰宗趣,例如《法仪篇》云:爱人利人,以得福者有矣;恶入贼人,以得祸者亦有矣。是为双关体归纳法。"④冯友兰认为"侔"是用此辞比较彼辞,他说:"'侔'是以此辞比较彼辞。例如《公孙龙子·迹府篇》载公孙龙谓孔穿曰:龙闻楚王……丧其弓,左右请求之,王曰:'止。楚王遗弓,楚人得之,又何求乎?'仲尼闻之曰'……亦曰"人亡弓,人得之"而已,何必楚?'若此仲尼异'楚人'与所谓'人'。夫是仲尼异'楚人'与所谓'人',而非龙异'白马'于所谓'马',悖。(《公孙龙子》卷上)此即是'比辞而俱行'也。"⑤

任继愈则将"侔"理解为直接推论,他说:"'侔'是齐等的意思。即用同样的东西直接说明论点,如从'白马是马',推出'乘白马是乘马';从'车,木也',推出'乘车非乘木也'。这种方法大体相当于直接推论。"⑥萧萐父、李锦全认同"侔"是直接推理的说法,他说:"'侔'相当直接推理的附比法。'侔'原有相等的意思,但并非列举具体事物作比喻,而是用同类的命题来进行直接对比。所以'侔'的主要形式是对原判断项加附比辞,从而构成一个直接推理形式。如说:'白马,马也;乘白马,乘马也。'(《小取》)在'白马,马也'这个判断加附'乘',

---

① 虞愚:《中国名学》,上海书店1992年版,第93—94页。
② 郭湛波:《先秦辩学史》,上海古籍出版社2015年版,第107页。
③ 赵纪彬:《中国哲学思想》,中华书局1948年版,第92页。
④ 张纯一:《墨子集解》,成都古籍书店1988年版,第405页。
⑤ 冯友兰:《中国哲学史》上册,华东师范大学出版社2000年版,第198—199页。
⑥ 任继愈主编:《中国哲学史》第一册,人民出版社1996年版,第203页。

就直接推出'乘白马,乘马也'这个结论。"①

　　蒋维乔、杨大膺将"侔"与"辟"作一比较,认为二者都是让人明白事理,但差别是"辟"是用彼辞明此辞,而"侔"是以此辞明彼辞。他们说:"所谓'侔',就是齐等的意思。用齐等的辞,相比而行,'侔'与'辟'都是用以晓喻他人的,不过'辟'以彼物说明此物,'侔'是以此辞比类彼词,所以不同。《小取》篇说:'侔也者,比辞而俱行者也。'这里说'侔',是用齐等的主词宾词相比俱行,其义自见,不必再加说明,如《吕氏春秋·功名篇》云:'水泉深,则鱼鳖归之;树木盛,则飞鸟归之;庶草茂,则禽兽归之;人主贤,则豪杰归之。'前三句都是宾词,后一句是主词,不必说明以彼比此,而意思已自然明瞭。"②

　　与上述学者重在指论的理解相比,周云之偏重分析,从而使他的理解更具有逻辑味。他说:"《大取》篇还提出了一种'不是而不然也'的'侔'式推论;这也就是《小取》篇中所表述的'人之鬼,非人也;……祭人之鬼,非祭人也。'这是由一个直言否定命题推出一个否定的关系命题,此乃是一种否定式复杂概念推理。这说明,《墨辩》所论的'侔'式推论是一种比一般附性法(由真言命题推出直言命题)更为复杂的直接推理。不过附性法和'侔'式概念推理具有相似的推理形式和相同的逻辑规则。因此,'侔'式推论也包括着对附性法的理解。"③显然,这个理解明显更深了一层,其将"侔"式推论的深刻内涵给予了揭示。

　　9. 援

　　"援"出自《墨子》:"援也者,曰'子然',我奚独不可以然也?"(《墨子·小取》)那么,"援"有怎样的逻辑意涵呢?

　　冯友兰认为,"援"就是举例,他说:"'援'即今人所谓'援例'。上所引公孙龙之言,亦有援例之意。"④ 虞愚认为,"援"就是他人可举之例,我也可以举之。他说:"援即借众以为然之有力确证,使己说能立,而敌莫之能破,即今人所谓'援例',多用之于'以说出故'。盖凡物之'然'必有其所以然者在,知其所以然之道,不惟他人有之而然,即我有

---

①　萧萐父、李锦全主编:《中国哲学史》(上卷),人民出版社1982年版,第197页。
②　蒋维乔、杨大膺:《中国哲学史纲要》,知识产权出版社2014年版,第1163页。
③　周云之:《试论先秦名辩逻辑在理论上的主要贡献》,《社会科学战线》1988年第3期。
④　冯友兰:《中国哲学史》,华东师范大学出版社2000年版,第199页。

之亦莫不然也。……援之功用，端在以所以然之'然'正所未然，不以所未然疑其所以然之'然'也。"① 这样说来，冯友兰、虞愚都将"援"理解为"举例"。蒋维乔、杨大膺指出，"援"就是引彼例说明此例，并且很有力量。他们说："所谓'援'，就是援引，引彼以例此的意思。'援'的用处，与'辟'、'侔'二者，同是用甲事物说明乙事物，然'援'是援引古事，或援引定例，比'辟'、'侔'更有力量。这有力的论证一经提出，是不可动摇的。《小取》篇说：'援也者，曰子然，我奚独不可以然也？'这里'子然'二字，是说众所共许。提出众所共许的例证，叫人明白我所说的宗旨，也是一样。如墨子主张兼爱，反对的人很多，墨子就先援引先圣王禹、汤、文、武已行过的兼爱事实为证，以折服反对的人，就是用'援'的例。"②

赵纪彬则认为"援"主要是一种推理方法，他说："这是根据已成的实例，以推知将成的事物。也就是一种援例推理方法。"③ 张纯一也将"援"理解为一种推理方法。他说："此借众以为然。既众所共许之有力确证，援用之，使众明知我之宗旨，与众所共许者，实为同类，于是己说成立，而敌莫能破。例如墨家以兼爱为宗，因当时非兼者众。乃援先圣王禹汤文武已亲行兼。谓墨子不过取法焉，以塞敌口。盖时无古今，苟兼爱则天下无不利，是为契合的归纳法。"④ 就是说，"援"是借助众人共同默许以证己说。任继愈认为"援"是类比推理的前提，他说："'援是援引前例或对方所说的话作为类比推理的前提。如它以'恶多盗，非恶多人也，欲无盗非欲无人也，世相与共是之'为例，而推论出'杀盗非杀人也'（《墨子·小取》），这就是'援'的方法。但是他的结论是不正确的，这是因为他仅仅注意到'盗'与'人'两个名词的差异，从而否认了盗是人，而没有看到'盗'与'人'两个概念的内涵与外延有差异性与共同性两个方面，人的外延包含了盗，所以荀子批评它是'惑于用名以乱名'。"⑤ 萧萐父、李锦全则认为"援"相当于间接推理，他们说：

---

① 虞愚：《墨家论理学的新体系》，《民族杂志》第3卷第2期，1935年。
② 蒋维乔、杨大膺：《中国哲学史纲要》，知识产权出版社2014年版，第163页。
③ 赵纪彬：《中国哲学思想》，中华书局1948年版，第92页。
④ 张纯一：《墨子集解》，成都古籍书店1988年版，第406页。
⑤ 任继愈主编：《中国哲学史》第一册，人民出版社1996年版，第203—204页。

"'援'相当于间接推理的类比法。既然你这样说,为什么我就不能这样说呢?援引对方的论点来证明自己的观点,在古代的辩论中也是一种常用的推理形式,不过应用这种类比法的范围是有限的,在引用对方和自己的论据作为前提,并进行推论时,必要条件及类比双方所论问题的性质应该相同,否则便失去可比性。"[1]胡适对"辟""侔""援"进行了比较分析,认为三者都是由个体推到个体,而差别在于"辟"与"侔"是由已知说明未知,而"援"是由已知事物推出未知事物,可发明新知识。他说:"辟,侔,援三者同是由个体事物推到个体事物。然其间有根本区别。辟与侔仅用已知之事物说明他事物。此他事物在听者虽为未知,而在设譬之人则为已知。故此两法实不能发明新知识,但可以使人了解我所已知之事物耳。援之法则由已知之事物推知未知之事物,苟用之得其道,其效乃等于归纳法。"[2]

综上所述,学者们关于"援"的理解虽然不尽相同,但都是在逻辑范畴内讨论"援"的意涵,基本上都视"援"为一种推理方法。

10. 推

"推"出自《墨子》:"推也者,以其所不取之同于其所取者,予之也。"(《墨子·小取》)那么,"推"有怎样的逻辑含义呢?胡适认为,"推"就是归纳法,他说:"此所谓'推',即今名学书所谓归纳法。归纳之通则曰,'已观察若干个体事物,知具如此,遂以为凡与所已观察之诸例同类者,亦必如此。'其所观察之诸例即是'其所取者'。其所未观察之同类事物即是'其所未取者'。取即是举例,予即是判断。今谓'其所求取'之事物乃与'其所已取者'相同,由此使下一判断,说'凡类此者皆如此'。此即是'推'。"[3] 所谓"推",就是由已知若干个体事物如此,推知类似已知事物必亦如此。赵纪彬解释为以"所取"推知"所不取",他说:"这是说遇有'所不取'的事物和'所取'的事物为同类,我们就可以根据'所取'以推知'所不取'。"[4]蒋维乔、杨大膺的理解与胡适、赵纪彬一致,他们说:"所谓'推',就是推论,如由许多已知

---

[1] 萧萐父、李锦全主编:《中国哲学史》(上卷),人民出版社1982年版,第197页。
[2] 《胡适学术文集·中国哲学史(下)》,中华书局1998年版,第690页。
[3] 同上。
[4] 赵纪彬:《中国哲学思想》,中华书局1948年版,第92页。

的事例，推论到一个未知的事实；或由一个大原理，大原则，推论到许多未知的事实。前者为归纳的推论法，后者为演绎的推论法。"①就是说，"推"即由许多已知的事例推知未知的事例。冯友兰用生动的例子说明这个道理，他说："'也者同也'，'也者异也'，上两也字皆当作'他'字。譬如吾人谓凡人皆死。人若询其理由，吾人当谓，因见过去之人皆死，现在之人及将来之人与过去之人同类，故可'推'知现在及将来之人，亦须死也。吾人已观察若干个体的事物，知其如此，遂以为凡与所已观察之诸例同类者，亦必如此。其所已观察之诸例，即是'其所取者'。其所未观察之同类事物，即是'其所不取'。因其'所不取'之事物与其'所取者'相同。故可下一断语，谓凡类此者皆如此。此即所谓'以类取，以类予'也。"②质言之，"推"就是根据已知推知未知。

不过，有学者指出"推"不仅有归纳义，也有演绎义。如萧萐父、李锦全也认为"推"相当于间接推理的归纳法和演绎法，他们说："'推'是比较复杂的推理形式，相当于间接推理的归纳法和演绎法。作为归纳的间接推理如：马，四足；牛，四足；羊，四足。马、牛、羊皆为四足兽，故四足兽有四足。这里，马、牛、羊皆为"所不取"，四足兽为'其所取'。以'所不取'同于'其所取'后给予判断，则推出'四足兽有四足'的结论。作为演绎的间接推理，则如：凡四足兽皆有四足。马为四足兽，故马有四足。这组四足兽为'所不取'，马为'其所取'。以'所不取'同于'其所取'后给予判断，则推出'马有四足'的结论。"③基于上述解释，"推"不仅有归纳推理意涵，也有演绎推理意涵，"推"是一个逻辑概念。

如上即是以逻辑认知范式认知和理解"效""辟""侔""援""或""假""推"等概念的情形，它告诉我们，这些概念或范畴无不具有逻辑意涵。而综合地分析，它们的逻辑含义似乎更为鲜明、饱满，比如王章焕说："以上七种'辩'之方法，'或'与'假'系有待之辞，未其重要。'效'由通则推到个体，由全类推到各种，可谓演绎的论辩。'辟'与

---

① 蒋维乔、杨大膺：《中国哲学史纲要》，知识产权出版社2014年版，第163页。
② 冯友兰：《中国哲学史》上册，华东师范大学出版社2000年版，第199页。
③ 萧萐父、李锦全主编：《中国哲学史》（上卷），人民出版社1982年版，第197—198页。

'侔'皆以此个体说明别的个体。'援'由个体推知别的个体。'推'由个体推知通则。此四种（辟、侔、援、推）皆以个体之事物为推论之起点，故皆可称为归纳的论辩，而其功用尤以'推'为最重要。"① 而任继愈的评价是："墨经接触到'矛盾律'和'排中律'的问题，《经说上》说：'是不俱当，必或不当'，是说两个是非矛盾的论题，不可能都是正确的，其中必有一个是不正确的。又说：'彼，不可两不可也。'（《墨子·经上》）是说一对矛盾的命题，不可以两个同时是假的。墨经在逻辑方面虽然也有个别的错误，如后来荀子所指出的，但是它对中国古代逻辑的发展作出的贡献是主要的。"②

但也有学者指出《墨经》逻辑思想的局限性，如冯契说："《墨经》的形式逻辑也具有某些局限性。例如关于论式方面，不免流于简略，还谈不上周密。还有个别论题，近乎诡辩，如'杀盗非杀人'等，后来遭到了荀子的批评。尽管有这些缺点，从整体上看，《墨经》的形式逻辑体系完全可以与古希腊的逻辑和印度的因明相媲美。"③ 张之锐也提醒不能将《墨经》逻辑思想抬得太高，他说："譬牟援推四法，不过辩论时用之，以期晓喻他人，使难知者易知而已，尚说不到推理的方式，或演绎、或归纳上去。……大抵名学推理之法，以辩别同异为最要。离坚白者，所以求异也；合同异者，所以求同也。故推理之方式，约言之，不外求同，求异及同异交得三者而已。三者之法明，而后辟侔援推，用之始不至错误。"④ 唐君毅则认为，墨者之逻辑思想终未了解一切推论中所隐涵的原则皆宜有明显的形式化的表达之义，所以不如西方逻辑与印度因明学说，他说："综上所论，故知《小取》篇之中心问题，实不在建立逻辑上之推论形式，而唯在述论辩历程中之或、假、效、辟、侔、援、推之七事。此中之要点，则在'立辞必明于其类'，辞之相类者，亦即依相同之'故'而立者。凡依相同之故而立之辞，则此然彼亦然，承认其一，即当承认其二，

---

① 王章焕：《论理学大全》，商务印书馆 1930 年版，第 371—372 页。
② 任继愈主编：《中国哲学史》第一册，人民出版社 1996 年版，第 204 页。
③ 冯契：《中国传统哲学的逻辑发展》（上），华东师范大学出版社 1997 年版，第 266—267 页。
④ 张之锐：《墨子〈大取篇〉释义》，参见周云之主编《中国逻辑史资料选》（现代卷下），甘肃人民出版社 1991 年版，第 26 页。

而取其一，即当效之以取其二，是之谓以类行。而人之心术之大患，则在于辞之相类者，不明其为相类；恒承认己之一，而不承认他人或其他之二。乃于'窃人桃李''攘人犬豕鸡豚'等，亏人自利之事，则知非之，而于攻国之亏人自利，则不知非；于'恶多盗非恶多人，欲无盗非欲无人'则是之，于'杀人，不爱盗非不爱人'则非之。此皆蔽其于'己之内'之一，而不能以类行，以通达于'其外之他人或其他'之二，所谓'内胶外闭'是也。由此而有辩中之七事，以解此胶闭，以使人之立辞，皆明于其类。然辞有相类相侔，而实非相类相侔者，此即由其所指异义，实乃依于不同之故而立，原为殊类者。由此而有《小取》篇后一半篇之杂取诸似相类而实非相类之辞，而并举之；以见凡异故者，其辞之形式虽相类，亦实为殊类，因而人亦不当于此取其一以取其二；此即《小取》篇论辩之宗趣也。"①

应该说，中国学者关于或、假、效、辟、侔、援、推等概念的逻辑认知范式的理解，不仅使其逻辑意涵得以凸显，而且揭示了需要注意的问题。

11. 五诺

"五诺"出自《墨经》："诺：论、诚、员、止也。相从，相去，先知，是，可，五也。……正五诺，皆人于知有说；过五诺，若负，无知无说，用五诺，若自然矣。"（《墨经·经说上》）那么，"五诺"含有怎样的逻辑思想呢？

张家龙认为，"五诺"是《墨经》提出的回答问题的方式。他说："《墨经》总结出五种回答问题的方式，即'五诺'：诺，不一利用。（《墨经·经上》）相从，相合，无知，是，可，五也。就是说，要求回答问题的情况不同，回答问题的方式也要不同。'诺'有不同的用法，在论辩过程中，放弃了自己的意见而同意了对方的意见，是'相从'之诺。如果论辩双方的观念完全一致，可用'相合'之诺表示。如果对对方观念既不能肯定也不能否定，这是'无知'之诺。如对对方观点加以肯定，就用'是'之诺。如果表示对方所说的可行，用'可'之诺。"② 这些回

---

① 唐君毅：《中国哲学原论·导论篇》，中国社会科学出版社2005年版，第130—131页。
② 张家龙、刘培育等：《逻辑学思想史》，湖南教育出版社2004年版，第124页。

答问题的方式也许不一定正确，但"《墨经》作者在两千年前试图总结人们论辩中的各种不同的回答问题的方式，则是有意义的"①。

颜青山则认为"诺"是探讨语句真理性程度的概念，反映陈述与实在之间的关系。他说："墨子把语句的真理性分为四种情形：诒诺，语句表面有意义而实为不正确，没有实在与之符合；诚诺，名实一致、表里如一；员诺，符合实在但有增益补充部分，有主观构建部分；止诺，部分符合。可见墨子的真理观是符合论，止诺和员诺分别从正负两个方向向诚诺收敛。探索真理的方法有五种：正确反映，歪曲反映，先天形式，充分肯定已有知识，姑且认同某一现象。"② 就是说，诒诺、诚诺、员诺、止诺等所讨论的具体内容不尽一致，但都是对语句真理表现形式的讨论，"相从""相去""先知""是""可"则是探索真理的五种方法。为了更清晰、准确理解"诺"的真理概念属性，颜青山配以"唯"概念进一步分析。颜青山说："墨子关于诺的定义是：'诺，不一利用。'（《经上》：不是一种便利权宜的用法）这种定义说明此概念的真理性。在诸子百家中唯与诺是常连在一起使用的，在《墨子》中，'唯诺'是指认识，指语句与对象或事件的符合程度。'唯吾谓非名也，则不可。说在仮。'（《经下》：用对象来符合我的错误名称（语句）是不行的，因为彼此有相反的一面）墨子进一步解说道：'惟，谓是霍，可，而犹之非夫霍也。谓彼是是也，不可，谓者毋惟乎其谓，彼犹惟乎其谓，则吾谓不行；彼若不惟其谓，则不行也。'（《墨子·经说下》）这段话的意思是：说这只是鹤，可以，而犹同否定那只也是鹤。说那个对象就是这个对象，不可。在说话者没有指云情况下，如果有对象与语句相符，那么我们的语句不行；对象如果与所说语句相符，那么就不是这个对象了。这里谈论的都是'彼此'与'谓'的关系，并未涉及对话者之间的'谓'关系，即语句与实在的关系。可见诺是一个'真理性'概念。"③ 由此看出，"诺"所讨论的是语句与实在的关系，就是语言的真理性问题，而不是答问关系。颜青山指出，根据西方语用学理论，"指号在各种不同的语言和超语言背景中使

---

① 张家龙、刘培育等：《逻辑学思想史》，湖南教育出版社2004年版，第125页。
② 颜青山：《〈墨经〉中的语言逻辑》，《自然辩证法研究》1994年第2期。
③ 同上。

用，随着背景变化，指号对解释者即接受者的影响也改变。当只考虑时间作为语境因素时，逻辑语用学就等同于时态逻辑，当考虑人和实在间的认识关系作为语境因素时就形成了认识逻辑，当考虑可能世界时，它就是模态逻辑，当考虑道德价值时就是伦理逻辑"①。而《墨经》是以日常分析为主的，其中充满关于语用学的论述，因而从《墨经》中发掘其语用学的成分，其现实意义是十分巨大的。在时态逻辑方面，他说："墨子考虑的是时间对实在变化的逻辑影响，如'马'与'驹'是同一实在在不同时间相中语义表现，墨子写道：'语经也：非白马焉，执驹焉，说求之舞，说非也。'（《大取》）又如：'且夫读书，非读书也；好读书，好书也。且斗鸡，非斗鸡也；好斗鸡，好鸡也。'（《小取》）空间变化的逻辑贡献，即整体与部分。"② 在伦理逻辑方面，他说："即伦理道德规范对逻辑的贡献：'获之亲，人也；获事其亲，非事人也。其弟，美人也；爱弟，非爱美人也……盗人，人也；爱盗非爱人也；不爱盗，非不爱人也；杀盗，非杀人也……爱人，待周爱人而后为爱人。不爱人，不待周不爱人；不周爱，因为不爱人矣。'（《小取》）很显然，'事'和'爱'是一个与伦理规范有关的动词，受规范影响，因此它们不能象'乘'（车）一样具有逻辑的普遍性：'乘马，不待周乘马然后为乘马也；有乘于马，因为乘马矣。'"③ 颜青山不仅揭示、归纳了《墨经》中的语言逻辑内容，并对其特点进行了分析与判断，他说："在墨子的'语用学'中，语用问题常常与动词问题联系起来，如'爱'与'乘'，'且'与'好'，这似乎是一种有别于名词逻辑的动词逻辑，这一点与英国著名日常语言分析学家吉尔伯特·赖尔（G. Ryle）关于语言意义的动词化理论是不谋而合的，赖尔强调，思维动词具有副词性特征，这在于它依附行为动词而与之结成一体；一个独立行为动词可以赋予多重副词性，或者说精致化的副词性。不同的是，墨子中动词的副词性不是某种精致化的量的倾向，而是与名词之间的关系规范问题，是质的倾向。"④ 这样，"五诺"的语言逻辑内涵及其特点便得以呈现。

---

① 颜青山：《〈墨经〉中的语言逻辑》，《自然辩证法研究》1994年第2期。
② 同上。
③ 同上。
④ 同上。

12. 效验

"效验"出自《论衡》:"凡论事者,违实不引效验,则虽甘义繁说,众不见信。"(《论衡·知实篇》)"效验"的逻辑意涵也得到了较广、较深的发挥。汪奠基说:"'事莫明于有效,论莫定于有证。'(《论衡·薄葬》)这就是说逻辑认识的活动,既要根据明白的'事效',又要得到逻辑的'论证'。《论衡》书中所谓'引事物以验其行',即讲事效;所谓'考论虚实',即探求实证。王充的意思是逻辑的认识必须让有效的真实性同逻辑论证的正确性统一起来。"① 即是说,作为逻辑认识活动的"效验"既要有事实,又要有实证,强调逻辑认识活动的实践性。汪奠基说:"王充效验之说,正是要求实践的逻辑活动。他认为宇宙现象有可知的与不可知的两种情况,凡是能由科学找到效验的,就是可知的;反之,不能求出效验的,就是不可知的。"② 周云之则将"效验"概括为论证逻辑,这个论证逻辑与形式逻辑之论证原则基本上是一致的。他指出,"第一,论题要正确(言贵是),且要明确(指可睹),不能'错谬纷乱'和论旨不明('隐闭意旨')。第二,论证要有论据('引证验'),且根据必须真实('事尚然'),不能违反客观的真实和提不出论据('违实不引效验')。第三,要能从论据合乎逻辑地证明论题(立证验),不能犯'徒取其名,未必有实'(即取其名而不取其实、虚名)和'饰貌以强类'(即以事物表面上的相似而实质并不相同去进行推类),以及'调辞以务似'(即用一些虚诞的言辞作出似是而非的论断)等错误。"③ 周云之指出,论证逻辑讲究步骤,而这个步骤包括多种类型的归纳法:"简单枚举归纳法、典型实例归纳法以及探求现象间因果联系等方法。"④ 因此,"效验"具有较高的逻辑价值:"王充对归纳推论作了较为深刻的阐述,对论证理论作了较为系统的分析,并自觉地运用各种逻辑论证方法。"⑤ 汪奠基、周云之关于"效验"的逻辑学理解,其意义显然不仅在于对"效验"本身逻辑意涵的发掘,更在于提示我们对于中国传统哲学中的任何概念或命

---

① 汪奠基:《中国逻辑思想史》,武汉大学出版社2012年版,第210页。
② 同上书,第210—211页。
③ 周云之主编:《中国逻辑史》,山西教育出版社2004年版,第235页。
④ 同上。
⑤ 同上书,第239页。

题都应该有"逻辑"的理解意识。

二 逻辑认知范式视域下的哲学命题

考之20世纪以逻辑认知范式理解中国传统哲学的历史，不仅有许多概念或范畴被逻辑地认知和理解，也有许命题被逻辑地认知和理解。如下即考察以逻辑认知范式理解中国传统哲学命题的情形。

1. 以名举实

"以名举实"出自《墨子》："以名举实。"（《墨经·小取》）那么，"以名举实"有怎样的逻辑含义呢？梁启超认为，"'以名举实'三句，是演绎法的要件。"① 为什么是演绎法的要件？梁启超说："论理学家谓，'思惟作用'有三种形式，一曰概念，二曰判断，三曰推论。《小取》篇所说正与相同。（一）概念 concept ＝ 以名举实；（二）判断 Judgment ＝ 以辞抒意；（三）推论 Inference ＝ 以说出故。"② 就是说，根据逻辑学原理，"以名举实"是属于表述概念的命题，是逻辑思维的第一个阶段。赵纪彬认为，这个命题就是强调概念与事实真相一致。他说："以名举实，这是墨家的概念论的根本规定。意思是说人类的概念应该和事物的真象相一致。这种一致，《经说上》谓之'名实耦，合也。'这种'合'，就是使人类的概念成为实现意志，指导实践的方法的基础，所以接着又说：'志，行，为也。'只有概念和事物相一致，才能在实践上发生指导的力量，所以又说'名实合为'。反之，如果概念和事物的真象不符合，当然也就不能成为指导实践的方法。"③ 在赵纪彬看来，"以名举实"就是强调概念与事实相符，与事实相符的概念才能成为指导实践的方法，才能对实践发生积极的指导作用。郭湛波也认为，"以名举实"是逻辑学命题，这个命题强调名实相符，他说："'以名举实'，……就是论理学所讲的'概念'。……'名'是'所以谓'，'实'就是'所谓'，'以名举实'就是'以名拟实'，有实必有名，但名与实不同，名是空言，实即实体。"④ 蒋维乔、杨大膺则认为，"以名举实"是用文字表示事物特点与实状，他们

---

① 梁启超：《墨子学案》，中华书局1936年版，第43页。

② 同上。

③ 赵纪彬：《中国哲学思想》，中华书局1948年版，第90页。

④ 郭湛波：《先秦辩学史》，上海古籍出版社2015年版，第102页。

说:"这就是在辩论的时候,必定先用文名,把实拟举出来。倘然不先把文名将实举出,那么辩论就根本不能成立了。所说的名,在心理学上是概念,在论理学上就是名词(Term)。例如'牛、马',两个名词,牛字象牛的一头两角和尾的形状,马字象马头、领鬃、尾和四足的形状。人们看见牛马,注意到它的特点,就是概念;再拿文字表示这个特点,摹拟它的实状,就成为名词。凡一切的名词,都是这样,所以说以名举实。"① 在蒋维乔等看来,"以名举实"意味着一切名词都是用来表示对象的特点与现状的,否则就不是名词。张纯一认为,做到名与实相符,不仅能自悟,还能悟他,因而"以名举实"是建立逻辑辩论三大纲领之一。他说:"实者,法自相也。得法自相,相符不违,境属现量。如实制名,成真比量。即《经说上》云:'名实耦,合也。'是为真知。由是比事属辞,可无差误。设名与实离,用名以乱实,即不能自悟悟他矣。……案为无未尝有,无为自有而无。则举无之名,即知其实为未尝有。举无之名,即知其实为自由而无。故循名核实,其真谛在能以名举实,是为立辩第三纲要。"② 崔清田指出,"名"是代表概念的,而概念是用于反映客观事物本质的,因而"以名举实"就是用"名"(概念)反映客观事物的本质。他说:"名是《小取》提出的第一个思维形式,相当于概念。名,在我国古代兼有名称、语词或概念的两重含义。《小取》中'以名举实'之名,代表概念。……所以'以名举实'含有反映客观事物本质的意思,名是代表概念的。"③ 如上考察表明,中国学者将"以名举实"视为逻辑学的基础,因为逻辑学的展开,首先需要有概念或名词对于事物的反映与陈述。

2. 以辞抒意

"以辞抒意"出自《墨子》:"以辞抒意。"(《墨经·小取》)那么,"以辞抒意"有怎样的逻辑含义呢?虞愚说:"所谓'以辞抒意',即逻辑所谓'判断',……以辞抒意者,即以命题的形式,表示所联系之判断也。……'彼彼止于彼,此此止于此'者,即逻辑上之特称肯定判断也。"④ 蒋维乔、杨大膺说:"(以辞抒意)所说的'辞',就是连缀几个

---

① 蒋维乔、杨大膺:《中国哲学史纲要》,知识产权出版社2014年版,第158页。
② 张纯一:《墨子集解》,成都古籍书店1988年版,第403页。
③ 崔清田:《〈小取〉逻辑思想浅析》,《南开学报》1982年第4期。
④ 虞愚:《墨家论理学的新体系》,《民族杂志》第3卷第2期,1935年。

名词而成的。从辞中可以表达出名的意谓（Meaning），在心理学上叫做判断，在论理学上叫做辞，也叫命题（Preposition）。辩论时候，如果只有名没有辞，就无从表出'名'的意思，例如单说'牛'或单说'马'就无所谓辩论。若说'牛动物也'连缀'牛'和动物两个名词而成为辞，就可表现出立论者的思了，所以说'以辞抒意'。"① 也就是说，有了"以辞抒意"才会有辩论的发生。赵纪彬认为，"辞"是命题，命题是判断的形式，因而"以辞抒意"就是用判断的形式表达主观意志的逻辑方法。他说："以辞抒意，这是墨家逻辑思想上的判断论。此所谓'辞'，就是命题；而命题则是判断的形式。合两个概念构成一个判断，并在'以名举实'的前提之下，使判断成为实现主观意志的方法，所以说'以辞抒意'。判断既是实现意志的方法，逻辑的功能，例如'审治乱，处利害，决嫌疑'等等，当然也就可以实现。"② 张纯一指出，"辞"有"良"与"不良"之分，只有真能立之辞，才能触类旁通，成为逻辑辩论的第四纲领。他说："立辞而不明于其所生，妄也。既摹略万物之然，又论求群言之比，然后核实立名，因而缀名成辞，其辞必加法自相，相符无违，斯为真能立之辞。以此抒写意指，始可触类旁通而无过，此立辩第四纲要。"③ 崔清田通过对"辞""抒"古意的解释，指出"以辞抒意"就是展开、呈现思想的一种形式。他说："古辞字有裁断的意思。《说文》：'辞，讼也。从两、从辛。两、辛犹理辜也'。'辜'即'罪'（见《说文》），'理'即'治'（见钱大昭著《说文统释》）。所以，'理辜'就是对罪行裁断。辞有断定的意思。其次，辞的作用是'以辞抒意'。《说文》段玉裁注：'汲出谓之抒'。可见，'抒'含有展现的意思。'以辞抒意'是说，辞是展开呈现思想的一种思维形式。在思维活动中，概念反映客观事物的本质，但概念并没有把它的内容展现出来，只有用概念组成判断，才能把凝聚在概念中的思想展开呈现出来，辞所起的正是判断的作用，辞即判断。"④ 崔清田通过字义考证，揭示"辞"有断定的意思，而"抒"有展现的意思，因而"以辞抒意"就是应用判断（辞）呈现思想的一种

---

① 蒋维乔、杨大膺：《中国哲学史纲要》，知识产权出版社2014年版，第158—159页。
② 赵纪彬：《中国哲学思想》，中华书局1948年版，第90页。
③ 张纯一：《墨子集解》，成都古籍书店1988年版，第403—404页。
④ 崔清田：《〈小取〉逻辑思想浅析》，《南开学报》1982年第4期。

思维形式。

3. 以说出故

"以说出故"出自《墨子》:"以说出故。"(《墨经·小取》)那么,"以说出故"有怎样的逻辑含义呢？赵纪彬认为,"故"是事物所以形成的原因,而"说"就是推理。他说:"以说出故,这是墨家的推理论。《经说上》云:'方不障,说也。'可知所谓'说知',也就是从推理论而得的知识。但是,墨家的推理,不是离开事物作概念的游戏,而是更深一层来把握事物所以形成自己的原因。这原因,《墨经》谓之'故'。'故'的概念为墨子所发现,在《墨经》作者这里,又得到新的发展。《经上》云:'故,所得而后成也。'这就是说,'故'是事物所以形成自己的原因。这原因又分两种。《经说上》云:'故,小故有之不必然,无之必不然。……大故有之必然,无之必不然。'这里的'小故'就是条件,'大故'就是根据。只有条件不必能形成事物,没有条件,事物也绝不能形成。所以说'有之不必然,无之必不然。'有了根据,事物迟早必然成立,没有根据,一定不能成立。所以说'有之必然,无之必不然。'从'故'里面,又分出了'大故'和'小故',这是《墨经》作者对于墨子思想的发展。《墨经》作者以为事物的原因,不在于事物的表面,而在于事物的内部,所以要发现原因,就需要推理。"① 因此,"以说出故",就是通过推理寻找事物的原因。

谭戒甫认为,"说"就是"所以明"之意,"故"就是事物的原因,一个事物的原因被说清楚了,那么也就"所以明"了。他说:"说,即《上经》第七十三条'说所以明也'及《下经》各条'说在……'之说。故,即《上经》第三十二条'言出举也'及'言也者,诸口能之出名者也'之放。盖凡立一辞,苟闻者意有未达,持以质问；则立者须说以明之,而其所出者即故也。例如《下经》第六条'异类不比。说在量。'其'说在量'三字之一言为说,而其所达之义为故。自此故出,而后'异类不比'之一辞始定。按'说'可当因明三支式之'因'。"② 因此,"以说出故"在《墨经》中的意涵,应该是阐述命题的原因,使之成立。虞愚

---

① 赵纪彬:《中国哲学思想》,中华书局1948年版,第90—91页。
② 谭戒甫:《墨辩发微》,科学出版社1958年版,第249页。

与谭戒甫的观点类似，他说："以说出故者，即以二辞或三辞而推论其原因与结果也。在逻辑称谓'推理'。……'故'当英语之（Cause）。亦即因明三支中之'因支'Reason or Middle term（Hetu）。示其言之所足立之理由，亦即逻辑之'小前提'（Minor Premise）也。"①

郭湛波认为，"以说出故"就是逻辑上的演绎推理，他说："墨辩所谓'故'，即因明三支法所谓'因'。……《墨经》说：'说，所以明也。'（《经》）'以说出故'，就是说出事物所以然之原因。就是论理学上所谓演绎推理。墨辩推理的方式与因明三支法同。"②

蒋维乔、杨大膺认为，"说"就是将多个"辞"连缀在一起，以表达所论辩的主张，他们说："'说'，就是连缀几个'辞'而成的一种论式，可以表出所辩的主张，在心理学上叫做'推理'，在论理上叫做'说'，也叫三段论式。如果只有'辞'而不连缀成'说'，那么只能表出'名'的意思，而不能表出辩的主张。例如'凡含炭素的物，皆可燃。金刚石含炭素者也，故金刚石为可燃物'，这就是连缀三个'辞'——命题——而成的三段论式——说。世人都看见金刚石是火不能烧的东西，我们要主张它是可燃物，必定要有确凿的理由，于是找出含炭素的证据来，推论到金刚石的可燃，这个结论，就不可动摇，可表出'辩'的主张了，这就是'以说出故'。这里的'说'字，就是英文的Syllogism，其中含有由此推到彼的意思，推论以后，是非就明白了，所以《经上》说：'说，所以明也。'至于'故'字，就是辩的结果，恰与故金刚为可燃物的'故'字相当。这个'说'字和'名'、'辞'二字，同为名词，不是动词。'出'字和'举'、'抒'二字，同为动词，不是副词，读者应该特别注意。"③因此，"说"就是推论，"故"就是结果，"说"在逻辑推理环节具有关键作用。

与上面的理解比较，崔清田分析得较为细致。他说："'说'是《小取》提出的第三个思维形式，指推理和论证。'以说出故'，指出了'说'是'出故'的思维形式。什么是故？《经上》1条就给了说明：'故，所

---

① 虞愚：《墨家论理学的新体系》，《民族杂志》第3卷第2期，1935年。
② 郭湛波：《先秦辩学史》，上海古籍出版社2015年版，第103页。
③ 蒋维乔、杨大膺：《中国哲学史纲要》，知识产权出版社2014年版，第158—159页。

得而后成也'。《经说上》78 条也说:'故也,必待所为之成也'。这都是讲,'故'的本义是事物的根据。有了'故'事物才成为事物,才有事物的存在。加以引申,'故'指立论的根据,'以说出故'的'故',即指立论的理由。'说'既然在思维活动中,能提供前提和论据当然是指推理和论证。'说'的具体内容在《墨经》中有所说明。隔墙见角知有牛,墙不为障,这是推理。《墨经》称这种推理的过程为'说'。《经说上》81 条:'方不䧢(障)说也。'说出理由,使人明自立论的依据,这是论证。《墨经》也称这种论证过程为'说'。《经上》73 条:'说,所以明也。'可见,《墨经》的'说'就是推理或论证。"① 在崔清田看来,"说"是推理的程序,"故"是立论的根据,因而"以说出故"就是通过推理明白或确立立论的根据。可见,学者们大体上都将"以说出故"理解为"说明某个道理的事实根据和原因的推理"。

"以名举实,以辞抒意,以说出故"实际上是具有内在逻辑的三个环节,因而学者们往往对它们做统一的理解。这里列述几个统一理解的案例。王章焕对这三个命题的逻辑内涵做了具体的分析,他说:"在文法上与论理学上,'实'为主词或主辞,'名'为表词或宾辞。合'名'与'实'乃称为'辞',亦曰'命题'或'判断'。若仅有'名'或'实',固难达意,然在辩论上,虽已成'辞',而不能说明其理由者,仍不能视为完全之言论。此理由即名谓'故',明'故'之辞,乃谓之'说'。在论理学上谓之'前提'。"② 而鲁大东认为,这三个命题就是论辩的方法,他说:"《小取》篇云:'以名举实,以辞抒意,以说出故。'是论辩之应用方法也。盖名者,实之称谓也,端赖言以举之;辞者,意之表现也,必依言以抒之;说者,故之明训也,须托言以出之。故夫言者,实辩学中唯一之工具也。"③ 杜国庠判定此三个命题就是逻辑运思的三个阶段,他说:"《小取》篇说:'以名举实,以辞抒意,以说出故。'大体说来,相当于逻辑的形成概念,构成判断,组成推论的三个阶段(如果加上实践的检证,就等于整个认识过程)。墨家重实际,不拘于形式,只要确实能够举

---

① 崔清田:《〈小取〉逻辑思想浅析》,《南开学报》1982 年第 4 期。
② 王章焕:《论理学大全》,商务印书馆 1930 年版,第 369—370 页。
③ 鲁大东:《墨辩新注》,中华书局 1936 年版,第 12 页。

实、抒意、出故，而且'故'能'中效'，便谓之'是'。——这种不拘形式的方法，与其说是墨家辞辩的缺点，毋宁说是它的优点，因此可以省却许多腐心于烦琐格式的精神。"① 崔清田则肯定了此三个命题的逻辑学意义，他说："《小取》在'以名举实'，'以辞抒意'和'以说出故'中，明确提出了概念、判断和推理这三种思维形式，并分别做了说明。这在逻辑发展史上有重要意义。黑格尔在评价亚里斯多德时曾说：'认识并规定了我们的思维所采取的这些形式'和'把思维这个贯穿一切的线索——思维形式——加以确定并提高到意识里来'，是亚里斯多德的'不朽功绩'。我们同样可以说，《小取》在思维形式的明确提出和确定上，也做出了'不朽的功绩'，足以与古希腊的亚里斯多德相媲美，而毫无逊色。"② 概言之，有了"以名举实，以辞抒意，以说出故"三个彼此关联的命题，《墨辩》才可认为是比较完整的逻辑学说。

4. 以类取，以类予

"以类取，以类予"出自《墨子》："以类取，以类予。"（《墨经·小取》）"以类取，以类予"逻辑的含义已出现过许多解释。梁启超认为，"以类取"是归纳法的要件，"以类予"是演绎法的要件。他说："'推也者，以其所不取之同于所取者予之也，是犹谓他者同也，吾岂谓他者异也？夫物有以同而不率遂同。'《经说》云：'有以同，类同也。'此文说'物有以同而不率遂同'者，谓不必全部分皆同。只要将'有以同'的部分分出'类'来，就可以'推'了。推的方法，是'以类取以类予。'取是举例，予是断定。何谓以类取？看见玻璃杯在这种条件之下结露，玻璃窗、墨盒、树叶，都是在这种条件之下结露，凡属同条件的都引来做例证，便是'以类取'。何谓以类予？把同类的现象，总括起来，下一个断案，说道：'凡传热难散热易本体比周围空气较冷的东西和那含水分太多遇冷物变成液体的空气相接触一定要结露。'便是'以类予'。"③ 按照梁启超的理解，"以类取"，就是凡属同条件的都引来做例证，"以类予"则是把同类的现象总括起来，下一个断案。前者属归纳法，后者属演绎法。

---

① 杜国庠：《先秦诸子的若干研究》，生活·读书·新知三联书店1961年版，第164页。
② 崔清田：《〈小取〉逻辑思想浅析》，《南开学报》1982年第4期。
③ 梁启超：《墨子学案》，中华书局1936年版，第64页。

谭戒甫的理解显得很有学理性，他说："取，即《经上》第九十四条'法取同'及第九十五条'取此择彼'之取。予，即《说文》'予，相推予也'之义。以类予者，谓以类为推也。例如《经上》第五条：'知，接也。'《说》云：'知也者以其知过物而能貌之。若见。'此之论'知'，取'若见'以为譬者，以'见'、'知'皆具有'过物能貌'之一法，则'知'与'见'为同类，故取'见'以喻'知'：此即谓之'以类取'。又'见'既有'过物能貌'之性，则'见'者'接'也；因而推得'知'亦有'过物能貌'之性，则'知'亦'接'也。此即谓之'以类予'。"[1] 他先从文字上对"取""予"进行了解释，"取"即取此择彼，"予"即以类相推之义。再根据《墨经》所说，以同类喻物，谓之"以类取"；最后根据同物共有之性，有此物推得他物，则谓之"以类予"。

王章焕通过在概念、判断、推理环节中的地位说明这个命题的含义与价值，他说："至'以类取，以类予'二语，又是'以名举实，以辞抒意，以说出故'之根本方法。'取'是举例。'予'是断定。'类'是相似。一切推论上之举例与判断，皆以'类'字作根本。"[2] "取"是举例，"予"是断定，即言一切推论上的举例与判断，都以"类"为根据，都以此命题为根据。

虞愚认为，中国论理学即指"名学"而言，中国名学材料散见诸子百家学说之中，一鳞一爪，残缺不完，只有《墨经》比较系统。他说："'以名举实'（概念）、'以辞抒意'（判断）、'以说出故'（推理）三义，固属演绎逻辑之范围，而《小取》篇所陈'以类取，以类予'诸义，则已有归纳逻辑之倾向，即荀子著《正名篇》殆明斯意。归纳者，即荀子所谓'大共'、'小共'也，故立名以为界。演绎者，即荀子所谓'大别'、'小别'也，故立名以为标。惟荀子《正名篇》详制名之术而不著辩律，墨翟则审乎辩律而略制名之术，斯其异耳。他如《公孙龙子》重物指之辩，究白马之非，定坚白之义，在审其名实，慎其所谓，衡之西洋逻辑或印度因明，其所叙述或稍幼稚，然亦不无可采之处。"[3] 就是说，

---

[1] 谭戒甫：《墨辩发微》，科学出版社1958年版，第249页。
[2] 王章焕：《论理学大全》，商务印书馆1930年版，第370页。
[3] 虞愚：《中国名学》，上海书店1992年版，第3页。

"以类取,以类予"已有归纳逻辑之倾向,接近荀子的"大共""小共"与"大别""小别",在逻辑学史上具有重大意义。

郭湛波则直接判此命题为归纳法,他说:"这是论理学所谓归纳的方法。亦即墨辩所谓'推'的方法。……'类'就是同不同,同异是归纳法根本方法。"[1] 赵纪彬则将"以类取,以类予"解释为墨家逻辑思想的根本定理。他说:"这是说逻辑的判断,从事物的内部原因里面,有了根据;依据这种原因的客观规律而成长,并且以事物的类别为范围而进行推理。确立判断而不能把握事物的内部原因,就是妄人妄语。判断一旦变成了妄语,在实践上必然陷于困惑。推理从判断而生,判断既成为妄语,推理当然也失掉指导实践的效用。因而,整个的逻辑功能,也就不能实现。"[2] 即是说,"以类取,以类予"所强调的有两点:一是逻辑判断根据事物内部的原因,二是依据事物的类别为范围进行推理,因此,"以类取,以类予"就是主张推理与判断需以事物内部的规律为根据。

5. 离坚白

"离坚白"出自《公孙龙子》:"视不得其所坚而得其所白者,无坚也;拊不得其所白而得其所坚者,无白也。"(《公孙龙子·坚白论》)这个命题的逻辑意涵一直受到关注和讨论。

对于"坚、白、石三还是二",金受申作了独特的理解,他说:"此即《墨经》'坚白不相外也'之意。坚白为名家最重要之正名方法,其意义为破除抽象观念,而注重具体观察。其意云何?盖云此为坚白石,抽象观念也;此处有一白石,具体观察也。抽象观念谓石白且坚,可也,具体观察只可谓石与坚,或与白,而不可谓石白且坚也。"[3] 就是说,这个命题的实质在于区分抽象观念与具体观察,由抽象观念说,言"坚白石三"无问题。但从具体观察看,眼所观察到的是白石,而无坚;手摸到的是坚石,而无白,这样自可以说坚与白是可以分离的了。

冯友兰对这个命题做了比较详细的分析。首先,在认识论上,坚白是两个可以分离的共相。他说:"所谓'无坚'、'无白',皆指具体的石中

---

[1] 郭湛波:《先秦辩学史》,上海古籍出版社2015年版,第104页。
[2] 赵纪彬:《中国哲学思想》,中华书局1948年版,第93页。
[3] 金受申:《公孙龙子释》,商务印书馆1928年版,第48页。

之坚白而言。视石者见白而不见坚，不见坚则坚离于白矣。拊石者得坚而不得白，不得白则白离于坚矣。此可见'坚'与'白'不相盈，所谓'不相盈'者，即此不在彼中也。此就知识论上证明坚白之为两个分离的共相也。"① 其次，在形而上学意义上，坚白也是两个分离的共相。冯友兰说："独立之白，虽也不可见，然白实能自白。盖假使白而不能自白，即不能使石与物白。若白而能自白，则不借他物而亦自存焉。黄黑各色亦然。白可无石，白无石则无坚白石矣。由此可见坚白可离而独存也。此就形而上学言'坚'及'白'之共相皆有独立的潜存。'坚'及'白'之共相，虽能独立地自坚自白，然人之感觉之则只限于其表现于具体的物者，即人只能感觉其与物为坚、与物为白者。然即其不表现于物，亦非无有，不过不能使人感觉之耳。此即所谓'藏'也。……柏拉图谓个体可见而不可思，概念可思而不可见，即此义也。于此更可见'坚''白'之离矣。"② 就是说，"白"和"坚"这两个概念都是可以独立存在的，所以有所谓无坚之白石和无白之坚石，它们可以自己存在，而不依赖于石；由于人的感觉只限于那些表现于具体事物之属性，即目不能得坚而得白，手不能得白而得坚，因而无法以感觉判断白和坚合在一物。这就从认识论、形而上学两方面解释了"坚白可离"的现象。

任继愈认为，"坚"是抽象的，它不固定于某物，因而各种共相都是可以互离而隐藏的。他说："坚不必是石的坚，也不必是任何物的坚。它不固定在某一种特殊事物上，因此，坚并不依赖特殊的事物，坚本来就具有坚的性质，正因为如此，它才可以使具体事物具有坚的性质。在这里，他把坚的性质，从具体事物中割裂出来，并把它看成是脱离具体事物而独立存在的实体。关于'白'的论证，也是一样。他认为一切共相，都是各自互离而藏的，因次，他的唯心主义是多元的。从思想方法角度看，公孙龙的这种客观唯心主义的体系在于他形而上学地割裂了一般和特殊的关系，把一般和特殊的差别加以片面地夸大的结果。"③ 这种理解也没有把重点放在逻辑思维上，而是从认识论、宇宙观角度进行理解和

---

① 冯友兰：《三松堂全集》第二卷，河南人民出版社2001年版，第437页。
② 同上书，第438—439页。
③ 任继愈主编：《中国哲学史》第一册，人民出版社1996年版，第186—187页。

批评。

汪奠基则对这个命题提出了批评，他认为"离坚白"是形而上学地坚持感觉的绝对性。他说："公孙龙这种自离的感觉，是不能为思维形式提供什么材料的。因为他把感觉、思维和意识同客观事物间属性的关联一起割断了，人们只有绝对个体的感相，只有孤立的意识，不能有真正概括地、间接地认识现实的形式。这就完全否认了客观实践的标准，否认客观事物的存在。"① 汪奠基的批评也不是从逻辑角度出发，而是从形上学角度出发的，虽然这个批评本身有它的道理，但并没有显示其逻辑学意义。

6. 白马非马

"白马非马"出自《公孙龙子》："马者，所以命形也；白者，所以命色也。命色者非命形也。故曰白马非马。"（《公孙龙子·白马论》）"白马非马"有没有逻辑学上的意涵？如果有，又应是怎样的意涵？长期以来，出现过不少争论。

针对有人批评此命题为诡辩的做法，周云之认为，"白马非马"绝不是割裂个别与一般的诡辩命题，他说："《白马论》从来没有把'白马'排斥在'马'的外延之外，而是明确承认个别（部分）即在一般（全体）的外延之中。……其次，《白马论》所提出的'黄、黑马是马'的论断，就是承认了'个别即是一般'的论点。《白马论》本来就是讨论'个别'与'一般'、种名与属名的关系问题。公孙龙明白地肯定了'黄马是马'、'黑马是马'、'白马是马'等论断，怎么能从'白马非（异于）马'推出否认一般与个别在外延上的包含关系呢？……《白马论》一直强调'白马'中包含有'马'形的内容，即肯定一般（共性）是在个别（个性）之中的。……'白马非马'的'非'字只表示'有异'，不表示'全异'。……总之，公孙龙说的'白马非马'主要是一个强调个别异于一般、种名异于属名的逻辑命题，它指明不同概念的确定性和不矛盾性，即强调两个不同的名（概念）必须具有不同的内涵和外延，这是完全符合形式逻辑的基本规律要求的。'白马非马'也完全承认一般中包括个别（外延）、个别中又包含一般（内涵）的辩证

---

① 汪奠基：《中国逻辑思想史》，武汉大学出版社2012年版，第79—80页。

关系，所以它决不是一个在哲学上割裂了个别与一般关系的形而上学的诡辩命题。"① 在周云之看来："'白马非马'仅仅揭示了种名（白马）与属名（马）在外延与内涵方面的非等同关系，但同时从外延和内涵两个方面反映了种名与属名之间的逻辑包含关系。它也揭示了一条带有普遍意义的逻辑规律，即两个具有不等同内涵和外延的'名'是不能简单等同或混淆的，它所要求的正是不同概念的确定性和不矛盾性，这是完全符合形式逻辑同一律和矛盾律对概念的正名要求的。"② 因此，"公孙龙提出的'白马非马'这一命题完全是一个从外延和内涵两个方面揭示'名'的种属差别的逻辑命题，是一个在中国逻辑史上有着重要学术价值和特殊理论贡献的重要命题，实际上也是一个完全符合辩证法关于个别与一般辩证关系的哲学命题"③。

而钱穆的理解或许会令我们感到鼓舞与兴奋。钱穆说：

> 狗非犬一语，亦当时辩者惯引之论题也。……今依西国逻辑惯例，则狗犬关系当如下图：

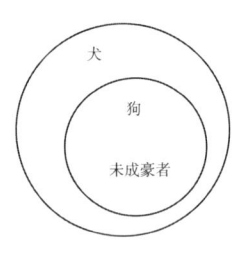

（犬／狗／未成豪者）

> 狗为犬之一种，则狗之一名可包容于犬之范围以内也。然今据公孙龙及当时辩者之见解则不然。当别作如下图：

---

① 周云之：《"白马非马"决不是诡辩命题——兼论公孙龙的逻辑正名学说》，《中国哲学史研究》1987 年第 2 期。
② 周云之主编：《中国逻辑史》，山西教育出版社 2004 年版，第 94 页。
③ 同上书，第 87 页。

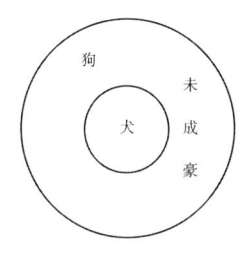

第五章　逻辑认知范式与中国传统哲学 | *447*

此图与上图异者，上图犬未成豪一语，乃表狗与犬之关系。下图犬未成豪一语，乃表狗之一名之涵义。故自上图观之，则狗为一实，犬为别一实，而犬之范围较狗之范围为广，此西国逻辑术之所特也。自下图观之，则犬为一名，犬而未成豪为又一名，两名累增，并成一实曰"狗"，故曰"二名一实为重同"，谓名虽孕重，实则同于一也。此吾国古名家之说也。论其根据，则亦本于意象。辩者正名，一以意象为主。今日犬，吾心中仅有一犬之意象，固也。若不曰犬而特指曰狗，则不徒为犬，而又为犬之未成豪者。此在言者之意，于犬象之外，又增一未成豪之象也。西方逻辑论名，有内函外举之别。内函愈小，则外举愈大；外举愈小，则内函愈大。……依外举言之，则犬大于狗，狗不可谓非犬；依内函言之，则狗大于犬，狗固明为非犬。西方逻辑重外举，重推证，故有连珠之体。如云："狗，犬也。犬为四足兽，则狗亦为四足兽。"此推而是者也。我国古代名家论名重内函，重内而不推，故有因是齐物之论。如云："狗，犬也。犬有豪，故狗亦有豪。"此推而失之矣。狗之一名，内函未成豪一义，为犬名所无，固不可以犬名推。我国古代名家重意象，重主观，故论名重内函，而斥推证，此虽与西国逻辑取径不同，为用亦各有通窒，各有根据，各成系统。后人不辨，一切以西方连珠之律令绳之，讥中国古名家为诡辩，诋之为不通，是轻诬古人也。《公孙龙子》有《白马论》，云："白马非马"，亦此意。①

钱穆认为，依西方逻辑学原理，概念或名词有内涵与外延之分，而且

---

① 钱穆：《辩者言》，《中国学术思想史论丛》卷二，安徽教育出版社2004年版，第285—287页。

内涵越小者外延越大，外延越小者内涵越大。西方逻辑重视外延，重推理，而中国古代名家重意象，重内涵，它们是不同的逻辑路向，不能以西方逻辑否定中国古代逻辑。"白马非马"正是重想象、重内涵的逻辑方式。或许，钱穆的这种理解有助于正确认识中国古代逻辑思想的特点。

7. 合同异

"合同异"是惠施提出的命题，但出自《庄子》："大同而与小同异，此之谓小同异；万物毕同毕异，此之谓大同异。"（《庄子·天下》）那么，这个命题的逻辑意涵怎样呢？郭湛波借助西方逻辑理论进行了分析，他说："'小同异'是形式逻辑思维。是承认有同异，是说'大同而与小同异'，说'同而有异，异而有同'，这就是形式逻辑根本出发点。……'大同'就是所谓'同而有异'，西洋逻辑的演绎法，印度因明的三支法，都是这个'大同'原则的应用。……'小同'就是所谓'异而有同'，这是培根归纳法的应用。归纳法是不同的（异）找出同的来。"[1] 就是说，"小同异"属于形式逻辑归纳法，而"大同异"属演绎法。

任继愈指出，这个命题从类和属的角度分析"同"与"异"，但却陷入相对主义的错误。他说："依据同异的相对性，又得出了万物完全相同（'毕同'）的结论，这又陷入了相对主义错误。按照'毕同'的理论，相同性质和不同性质的事物，都可以抽象地统一起来，这就是所谓'合同异'。……惠施是从逻辑的角度，从类和种属的关系，分析了同和异，由于他强调'同'的一面，说过了头，因而陷入了相对主义。"[2]

而汪奠基认为，"合同异"命题"在思想形式上，高度地运用了逻辑思想方法，在科学抽象概念的基础上，建立起一个'合同异'的逻辑理论体系。历物十题，就说明这个问题。例如，第一题说'至大无外，谓之大一；至小无内，谓之小一'。这是个古代数学物理学抽象假设，就是说：形质数量上的大小与无穷性概念的表现，证明小一的单一性与大一的无穷性，都是形量上的同一性。大一的概念，无论在外延或内涵上，都只能是无穷或无限的同一性抽象的存在；小一则只能是没有内涵的抽象存在。……最后由此推演的第十题为'天地万物为一体'，即是合同异形而

---

[1] 郭湛波：《先秦辩学史》，上海古籍出版社2015年版，第33页。
[2] 任继愈主编：《中国哲学史》第一册，人民出版社1963年版，第181页。

上学范畴是一个最大的抽象假设的结论,所谓历物论,也就完全陷入了唯心论的相对主义,踏进了形而上学的诡辩逻辑争论了。"①

周云之则较为详细、具体、深入地揭示了这个命题的逻辑内涵:第一,对定义方法的运用。他说:"'大同而与小同异,此之谓小同异;万物毕同毕异,此之谓大同异。'关于'小同异',晋朝鲁胜在《墨辩注叙》中提出的'同而有异,异而有同,是之谓辩同异',可以看做是对'小同异'的注释,这里就包含了对'大同'(同而有异)和'小同'(异而有同)两个概念的定义,从而也就定义了'小同异'。……关于'大同异'的定义则是十分明确的,这就是'万物毕同毕异',即肯定世界万物皆有同的一面,因而这个定义同样揭示了惠施朴素辩证法的自然观。"② 第二,对关系命题的认识。周云之说:"关系命题是反映两个或两个以上的事物之间的某种关系的,它的主词是反映两个以上的事物,它的谓词是反映主词之间的某种关系。例如:'天与地卑'、'山与泽平'、'我知天下之中央,燕之北、越之南是也'、'天地一体'、'万物毕同毕异'等都是用以反映自然界中事物之间所存在的高与低、南与北、同与异等等关系的。如果把这些命题误做性质命题对待,就只能被认识是一些违反常识的诡辩。……但如果从关系命题来分析,就可以揭示出其中的合理思想。因为关系常常是相对的,它反映的是天和地、山和泽之间的相比较的高低关系,而且只能说某个山相对于它旁边的某个泽来说是一高一低的,不能说所有的山一定都比所有的泽高。"③ 第三,含有推理方法。周云之说:"'同中辩异'的推理方法,就是强调从具有某一共同特点事物中认识其个别事物的特殊性(差异性)。关于这种推理方法,在《韩非子》一书中记载有惠施的一段论述:慧子曰:'狂者东走,逐者亦东走。其东走则同,其所以东走之为则异。'故曰:'同事之人,不可不审察也。'(《韩非子·说林上》)这里举出了一个狂者和一个逐者,他们在'东走'这一点上是相同的,但其东走的原因和性质却是不同的,所以要加以区别。惠施的这一段话,并不是一般的举例或应用逻辑,不是具体讨论狂者和逐者的

---

① 汪奠基:《先秦逻辑思想的重要贡献》,《中国逻辑思想论文选》(1949—1978),生活·读书·新知三联书店1981年版,第57—58页。
② 周云之主编:《中国逻辑史》,山西教育出版社2004年版,第74—75页。
③ 同上书,第75—76页。

行为性质之谁是谁非或谁真谁假,而是假'东走'之例以揭示'同事之人不可不察也'的推辨方法。譬如说,狂者和逐者都向东走,狂者是因偷盗而东走,逐者是因追盗而东走,偷盗之为与追盗之为自然是不同的,所以狂者东走之为和逐者东走之为是不同的。这里实际上进行了这样的一个复合三段论的推理过程。"① 可见,在周云之的理解中,"合同异"有着丰富的、深刻的逻辑意涵。

8. 举一反三

"举一反三"出自《论语》:"举一隅,不以三隅反,则不复也。"(《论语·述而》)这个命题通常被理解为善于用懂得的道理去解答其他同类问题,没有逻辑学意义。但逻辑学者却认为这个命题具有逻辑学意涵。汪奠基解释说:"'反三',即依类枚举,推而同则同之的形式;'闻一知二',即告诸往而知来,指对事物的简单关系而言;'闻一知十',则是对事物原始要终的复杂认识说的。孔子认为推理活动,必须把握由繁而简,由个别而一般的规律,才可以实行连类引喻,进行深思熟虑,否则,不会有一理贯通的可能。这都是要靠主观推论的方法。"② 就是说,这个命题表现了孔子的推理思想,孔子将推理活动看成由繁而简、由个别到一般的秩序,但属于主观的推类方法。周云之则将"举一反三"理解为一种类推方法,他说:"孔子充分意识到同类是可以相推的,一个正方形的四个角是相同的,因此可以由一角而推知其他三角,这就是有名的'举一反三'之类推方法。孔子之'举一反三'的类推方法还贯穿在他的教学方法中,孔子常常要求学生由一点而能推及其余,应当'闻一以知十'。孔子认为,如果学生'举一隅,不以三隅反',就不可再教他了。这说明孔子对这种类推方法是有相当的认识并在实践中运用着的。所以当子张问孔子'十世之事'是否可知时,孔子说:'殷因于夏礼,所损益,可知也;周因于殷礼,所损益,可知也;其或继周者,虽百世可知也。'这就是说,殷礼是继承夏礼的,所以由夏礼之损益可推知殷礼之损益。同样,周礼是继承殷礼的,可以由殷礼之损益而推知周礼之损益。其后的百世如果都是继承周礼的,其损益自然也是可推知的。所以,这种类推方法就明显

---

① 周云之主编:《中国逻辑史》,山西教育出版社2004年版,第76—77页。
② 汪奠基:《中国逻辑思想史》,武汉大学出版社2012年版,第115页。

是演绎的。"① 这样，"举一反三"也是一种演绎法。温公颐、崔清田的理解比周云之前进了一步，他们说："孔子认为，一个正方形的四个角是相同的，只要知道其中的一个角，就可以推知另外三个角。这说明孔子的'举一反三'方法已经触及到同类事物可以相推的逻辑原理，具有鲜明的推类性质。"② 总之，"举一反三"是一种类推方法，属于逻辑类推原理。

9. 二者不可得兼

孟子是中国古代论辩高手，那么在他的论辩案例中是否蕴含了逻辑学原理呢？陈克守的回答是肯定的。他不仅对孟子的推理思想做了细致、深入的分析，揭示了其中诸多的逻辑上的问题，而且给予了很高的评价。他说："在《尽心下》里，'孟子说：不仁哉梁惠王也！仁者以其所爱及其所不爱，不仁者以其所不爱及其所爱。'又进一步解释：'梁惠王以土地之故，糜烂其民而战之，大败，将复之，恐不能胜，故驱其所爱子弟以殉之，是之谓以其所不爱及其所爱也。'我们可以把这段话整理成一个典型的三段论，大前提：凡是仁者都是以其所爱及其所不爱；小前提：梁惠王不是以其所爱及其所不爱；结论：所以，梁惠王不是仁者。这个三段论完全符合三段论规则，是一个正确的三段论。"③ 这就是说，孟子判定梁惠王为不仁者，实际上经历了"凡是仁者都是以其所爱及其所不爱""梁惠王不是以其所爱及其所不爱""梁惠王不是仁者"三环节的推理过程，因而这段话完全体现了"三段论"原理。不仅如此，孟子的陈述中也含有选言推理思想。陈克守说："在《告子上》里，孟子说：'鱼，我所欲也，熊掌亦我所欲也；二者不可得兼，舍鱼而取熊掌者也。生亦我所欲也，义亦我所欲也；二者不可得兼，舍生而取义者也。'这是两个不相容的选言推理。现在，逻辑学界有人主张以'二者不可得兼'和'二者可兼而有之'作为区分两种选言推理的语言标志，这足以说明，孟子对这种推理形式的掌握使用是何等纯熟。"④ 就是说，孟子提出的鱼与熊掌是不相容的，必选其一，因而反映的是选言推理思想。不仅如此，陈克守认为孟子

---

① 周云之主编：《中国逻辑史》，山西教育出版社2004年版，第61—62页。
② 温公颐、崔清田：《中国逻辑史教程》，南开大学出版社2001年版，第35页。
③ 陈克守：《孟子的演绎推理简析》，《齐鲁学刊》1991年第2期。
④ 同上。

的论述中还含有假言推理思想。他分析道:"孟子说:'君之视臣如土芥,则臣视君如寇仇。'接着就列举了'君之视臣如土芥'的种种现实表现,最后得出结论:'此之谓寇仇。'这是一个充分条件假言直言推理,由肯定前件推出肯定后件的结论,是一个正确的推理。孟子所使用的假言推理,除了假言直言推理外,还有其他形式:'君子深造之以道,欲其自得之也。自得之,则居之安;居之安,则资之深;资之深,则取之左右逢其原,故君子欲其自得之也'(《离娄下》)。这是一个充分条件假言联锁推理的肯定式。'恭者不侮人,俭者不夺人。侮夺人之君,唯恐不顺焉,恶得为恭俭。'(《离娄上》)这是一个假言联言推理的否定式。'士穷不失义,达不离道。穷不失义,故士得己焉;达不离道,故民不失望焉。古之人,得志,泽加于民;不得志,修身见于世。穷则独善其身,达则兼善天下。'(《尽心上》)这是二难推理的省略式,属于假言选言推理。"① 可见,在孟子的论述中,假言推理思想不仅是存在的,而且很丰富。其特征也非常鲜明,陈克守说:"最突出的问题就是,他有时用正确的推理形式推出虚假的结论。……所以汉语里的各种推理形式多是以省略式表示出来,孟子所使用的推理,自然也不例外。但值得注意的是,孟子经常有意无意地把假前提省略,这就为别人发现他在论证过程中所犯的错误制造了障碍。"② 总之,孟子辩论的案例中不仅有蕴含着"三段论"推理方式,而且蕴含着选言推理和假言推理等逻辑推理形式,具有丰富且深刻的逻辑思想。应该说,陈克守的分析与结论是非常值得肯定的,它说明中国古代的逻辑思想并不仅仅表现在那些显而易见的逻辑定理、逻辑命题中,也蕴含于中国古代哲学家的思想叙述中,而后者更能体现中国古代逻辑思想的真实情况。从而提示我们,发掘和研究中国古代逻辑思想仍然有许多工作要做,仍然有很长的路要走。

10. 言不尽意

"言不尽意"出自《周易》:"书不尽言,言不尽意。"(《周易·系辞上》)由于王弼对这个命题的发挥具有代表性,因而这里讨论的是王弼的"言不尽意"。周云之认为,王弼承认"言生于象""象生于意",可以

---

① 陈克守:《孟子的演绎推理简析》,《齐鲁学刊》1991年第2期。
② 同上。

"寻言以观象""寻象以观意",但他把言、象看成是单纯表象的工具,把言、象和意绝对割裂开来。周云之说:"王弼认识到名称(概念)对事物的反映'有所不兼'、'有所不尽',但王弼由此而夸大,进而推出'言之者失其常,名之者离其真'的错误结论,即认为由于概念对事物的反映有'不兼'、'不尽'之情况,因而概念必然会'失其常'、'离其真'。这里,王弼由否认'名'对'实'的反映和'言'对意的表达作用,进而推论出名不能反映事物的真实,得出'言不尽意'的错误结论。"① 在周云之看来,王弼关于"言""象""意"三者关系的论述中,过分强调了"言""象"的相对性,从而否认"言""象"在反映事物中的积极作用,也就是否定"名"反映"实"的真实可靠性。周云之这个分析不能说没有道理,但王弼对"名"反映事物的能力及其客观性的怀疑,是值得我们注意的深刻思想。温公颐、崔清田指出,王弼已意识到概念(名)只是对对象的某一部分属性(特有属性)的反映,但他把这一点加以夸大,不能尽兼其物,就无法认识事物,无法反映事物真相,所以说"言不尽意"。温公颐、崔清田说:"'名必有所分,称必有所由。有分则有不兼,有由则有不尽。'这是说,一个单个的'名'或'称'只是从区分事物的某种角度(所分)或随人们某种意向(所由)去反映、称谓事物的,不能反映对象的全部属性(不兼)或穷尽对象的一切(不尽)。这一认识是正确的,说明王弼已意识到概念(名)只是对对象的某一部分属性(特有属性)的反映。然而,他把这一点加以夸大,进而推出:不兼则大殊其真,不尽则不可以名。……认为'不兼'就和事物的真实情况大不相同,'不尽'就不可以用'名'('称')去指称。所以,语言('言')不能表达对事物规律('常')的认识,否则,'失其常';由词项表达的概念('名')不能反映事物的真实性,否则,'离其真'。要不违常、不离真,就不能以言、名为主、为常了。从言意关系说,名和称都是言,人对物的认识和意向都是意,这就自然只能得出'言不尽意'的结论。"② 在温公颐、崔清田看来,由于"名""称"都是从区分事物的角度成立的,因而反映或概括事物自然就有"不兼"的情况,这是事实性逻辑,

---

① 周云之主编:《中国逻辑史》,山西教育出版社2004年版,第253页。
② 温公颐、崔清田主编:《中国逻辑史教程》,南开大学出版社2001年版,第192页。

因而不能因为"名""称"反映事物的这个特点就否定其反映的可靠性。而对于王弼"得象忘言，得意忘象"说，温公颐、崔清田也提出了批评："王弼把言、象看成了只是单纯表意的工具，把言、象和意绝对地割裂开来了。语言（言、象）与思想（意）是密不可分的，与'蹄、筌'和'兔、鱼'的关系不同；对思想来说，概念和语言不只是表达的工具，概念本身是一种思维形式，而语言则是思想的直接现实。即使在语言表达上可能有着语用含义的不同，仍只能依据其基本语义去作分析，也不能直接地、绝对地说是'得意在忘象，得象而忘言。'"① 就是说，概念、语言与思想的关系，并不是如王弼所理解得那么简单，概念、语言对思想的表达，一方面，概念、语言即具思想；另一方面，即便概念、语言表达思想时存在某些不畅、不准的地方，也只有通过具体的分析去解决，而不是说获得了意涵就可将概念、语言抛弃。可见，按照周云之、温公颐等的理解，"言不尽意"不仅存在形式逻辑上的问题，在思想逻辑上也存在问题，因为它割裂了概念、语言和思想的关系。

11. 合一衍万

"合一衍万"出自《皇极经世》："是故一分为二，二分为四，四分为八，八分为十六，十六分为三十二，三十二分为六十四。故曰'分阴分阳，迭用柔刚，故易六位而成章'也。十分为百，百分为千，千分为万。犹根之有干，干之有枝，枝之有叶。愈大则愈小，愈细则愈繁。合之斯为一，衍之斯为万。"（邵雍：《皇极经世·观物外篇》）

陈正英肯定邵雍的象数学具有数理推演逻辑之内涵，她从三个方面进行了分析与说明。第一，象数推衍法注意到了"类推"的认识工具作用。陈正英说："邵雍认为万物'各以类推之'，强调'类推'的认识作用。他说：'鹰雕之类食生，而鸡凫之类不专食生，虎豹之类食生，而猫犬之类食生又食谷，以类推之，从可知矣。'（《观物外篇》）自然界具有相同性质的事物可以各自成'类'，并且根据一类事物的特性，依类相推，可以推知其它事物。不可否认，在这里，一定程度上邵雍强调了演绎逻辑工具的认识作用。"② 即是说，无论是地面上"走"的动物，还是天上

---

① 温公颐、崔清田主编：《中国逻辑史教程》，南开大学出版社2001年版，第193页。
② 陈正英：《试论邵雍的象数推演逻辑》，《中州学刊》1984年第5期。

"飞"的动物,都可以"从其类",即按事物之特点分清类属关系。

第二,象数推知法是古老的中国式的数理逻辑。陈正英说:"邵雍的象数学有个明显的特点,就是强调'数推'。即以'数'推衍万物,万物'皆可以数推'。邵雍用他精心设计虚构的六十四卦顺序和方位图,运用一分为二,二分为四,四分为八等一些等级比数的抽象概念,对宇宙万物(包括自然物象和社会物象),进行数的比附说明,显然这是极不科学的,甚至是荒谬的,纯属唯心主义货色。但从某些方面看,邵雍的数推法在一定程度上是符合数学原则的,或者说,在数理逻辑方面有它可取之处。"①而邵雍的"数推"与数理逻辑具有一致性。陈正英说:"17世纪德国哲学家、数学家莱卜尼兹曾赞叹中国的易卦,认为是一个古老的二进制数列。我国数学界认为:如果用电子计算机来排列六十四卦的顺序,就能准确地得出邵雍的64卦图。可见,邵雍的象数推演在数理逻辑的推演上是有一定才智的,某种意义上说,邵雍的象数推论是古老的中国式的数理逻辑。"②

第三,象数推演逻辑是主观符号的逻辑推论。陈正英对邵雍"推理"逻辑的特点做了进一步分析,他说:"邵雍的象数学决不是个纯数字、纯数学公式问题,他的'类推'、'数推'也决不单纯是个逻辑推演的方式问题,而是个被玄化了的唯心主义创世说问题。他夸大并绝对化了'数'的作用和意义,把他的象数系统不适当地看成是个绝对真理,看成是先于天地而存在并创造天地万物的神学。因此,邵雍的象数逻辑,就成为主观符号的逻辑推论,由此一定程度上失去了它的积极意义而变成了悖论。"③可见,陈正英的所谓特点就是"主观符合化",就是唯心论化,并因此丧失其积极意义。陈正英从逻辑的解释转向了形上学解释,并在形上学层面给了了否定性结论。这是非常可惜的。

12. 理一分殊

"理一分殊"出自《朱子语类》:"'理一分殊',合天地万物而言,只是一个理;及在人,则又各自有一个理。"(《朱子语类》卷一)在朱熹

---

① 陈正英:《试论邵雍的象数推演逻辑》,《中州学刊》1984年第5期。

② 同上。

③ 同上。

其他著作中，这个命题也时有出现。那么，这个命题有无逻辑上的意涵？周云之说："（朱熹的）'自下面做上去'、'自下推上去'、'零细说'、'逐物将格将去'讲的都是归纳法的原理，是指对事物逐一认识，由个别推知一般的方法。"①"理"是一般，"殊"是个别，因而"由殊到理"便是从个别到一般，即是归纳法的意思；而"由理到殊"则有演绎法的意思，因为它是从一般到个别。周云之说："'自上面做下来'、'自上推下去'、'推得渐广'讲的都是演绎法原理。《语类》卷一百十六说：'自上面做下来者，先见得个大体，却自此而观事物，见其莫不有个当然之理，此所谓自大体而推之达道也。''大体'、'大本'是指事物的'类'的一般性知识，由已知的大体推知个别事物。……这种从'大体'到个别，从'大体'到'小体'，就是逻辑上由一般性知识推出个别性知识的演绎推导过程，其结论是必然的。"② 就是说，"理一分殊"既具有归纳法含义，也具有演绎法的含义。温公颐、崔清田认为，"理一分殊"命题表明朱熹不仅看到了"理一"的方面，而且看到了"分殊"的方面。他们说："朱熹在论证'理一分殊'时，实际上更多地考察了'分殊'的一面。也就是说，他不仅看到了'理一'、'理同'的一面，而且也看到了万物'气异'，万物之理也绝不同。"③ 而且，这个命题所内含的一般与个别、类属与种、整体与部分的辩证关系，丰富了传统的"类"概念的内容。温公颐、崔清田说："（理一分殊）就把天地分化为万物、整体分为部分、类属分为种或个体等都包含在'分殊'意义之内。这与前面所说的'月印万川'的那种解释，把个别与一般绝对地等同的形而上学观点是不同的，它强调的是理有'分殊'的一面，这已触及到，或者说'天才地猜测到'一般与个别、类属与种、整体与部分的辩证关系，丰富了传统的'类'概念的内容，这一点是应当予以肯定的。正是这个意义上说，朱熹的'理一分殊'说中的这种合理因素，是他阐述的归纳法和演绎法的理论依据。"④ 就是说，朱熹所谓"自下面做上去"的方法相当于传统逻辑的归纳："朱熹认为'格物'工夫有二种：一种是格尽所有事物。他说：

---

① 周云之主编：《中国逻辑史》，山西教育出版社2004年版，第268页。
② 同上。
③ 温公颐、崔清田主编：《中国逻辑史教程》，南开大学出版社2001年版，第256页。
④ 同上书，第257页。

'格物者，格尽也。须是穷尽事物之理，若是穷得三两分，便未是格物；须是穷尽得到十分方是格物。(《语类》卷十五) 这就是所谓穷尽的格物方式，相当于完全的归纳法。……还应当有另一种不尽穷的'格物'方式。朱熹说：'所谓不必尽穷天下之物者，如十事已穷得八、九，则其一、二虽未穷得，将来凑会都自见得。'……显然，朱熹这里'所谓不必穷尽天下之物者'的'格物'方法，相当于不完全的归纳法。"① 这样，"理一分殊"内含的归纳法、演绎法等逻辑学方法被揭示出来，因而属于逻辑学命题。

第二节 逻辑认知范式与哲学特点和系统

事实上，逻辑认知范式不仅被广泛地用于认知、理解中国传统哲学概念和命题，而且也被用于认知、理解中国传统哲学特点和中国传统哲学系统。吴熙说："《墨子》的名学，在形式和理论二方面，都和西人的逻辑学完全相反；如果不悉心研究，强合西人的逻辑学，便要弄得十分的'支离破碎'的。"② 这里所谓"相反"，就是说中国传统哲学在逻辑上有自己的特点和系统。那么，中国传统哲学表现在逻辑上的特点是怎样的呢？

一 逻辑认知范式视域下的哲学特点

对于中国传统哲学特点，不仅有唯物认知范式的理解与判断，不仅有科学认知范式的理解和判断，而且有人文认知范式的理解和判断，这里拟考察逻辑认知范式视域下中国传统哲学的特点。那么，在逻辑认知范式观照下，中国传统哲学将表现出怎样的特点呢？

1. 务实致用

所谓"务实致用"，是指中国传统哲学不以"取真求则"为目的，而以实际效用为目的，追求逻辑的实用性。这个特点实际上已为许多学者所

---

① 温公颐、崔清田主编：《中国逻辑史教程》，南开大学出版社2001年版，第257—258页。
② 吴熙：《墨子的名学》，《学生杂志》第12卷第11期，1925年。

认识、所认同。侯外庐认为，中国古代的逻辑思维多用于社会政治，用于讲天道人道关系的道理。他说："中国古代名家的辩察，其所辩所察者，多在社会政治与天道人道的范围以内，其名辩思想与实际主张皆直接相关，甚至成为浑然一体。"① 就是说，中国古代的逻辑名辩与实际的政治主张完全融为一体，逻辑名辩是用于论证政治、阐述人道的工具，其实用性质十分明显。张东荪通过对"名学"的分析，认定中国古代逻辑的最大特点是重视社会的功用。他说："须知中国的'名学'是"正名"，却与西方的逻辑大不相同。在名学以外又有所谓'辩学'。有人以为与西方的逻辑相仿佛。我以为亦不尽然。中国思想上的正名是把'名'视为代表职司（function）的符号。其发源还是由于《周易》上的宇宙观。所以我尝说中国在先秦只有一个宇宙观，便紧接着一个社会观与一个'道德观'（ethies）。如乾为天，为君，为父，为夫，为刚（即德）；坤为地，为臣，为子，为妻，为柔（亦是一种德）。并没有西方哲学上的本体论（ontology），亦没有知识问题等等。所以正名是把名来象征实物。但这个实物却不是独立的存在者，乃是全宇宙内配合好了的各种职司。明白了中国人不注重于'物质的独立存在者'，则便可知正名是一方面用于天然事物，他方面用于人生社会。"② 在张东荪看来，"名"是代表职司的符号，中国哲学是天道与人道对应，"正名"就是用"名"象征实物，但此实物不是独立的存在者，而是宇宙内的各种职司，因而所谓"正名"既用于天然事物，又用于人生社会。

《吕览》云："名正则治，名丧则乱。使名丧者，淫说也。说淫则可不可而然不然，是不是而非不非。故君子之说也，足以言贤者之实，不肖者之充而已矣。"（《吕览·正名》）汪奠基认为这段话非常典型地反映了中国古代逻辑的实用特点，他分析说："这里从'正名言'说到'正形名'，主要就是发挥《论语》正名的理论。把可不可、然不然、是是、非非、治乱以及贤、不肖等各方面关于名言表述的差异，一齐归之正名的功用，这就是所谓政治逻辑的要求；普通形式逻辑，当然管不了这些言行的

---

① 侯外庐、赵纪彬、杜国庠主编：《中国思想通史》第一卷，人民出版社1957年版，第416页。
② 张东荪：《知识与文化》，岳麓书社2011年版，第140页。

活动。从正名或形名的思想立场来说，抽象的智辩，没有'必可言'、'必可行'的社会基础。是非、然否、治乱等都要循名审分，据实检名；所以思维的形式逻辑，必须以正名的政治逻辑为标准。这就是正名的真正逻辑意义，也即中国逻辑思想的一种特征。"① 就是说，中国古代名辩的内容是社会、政治等现实问题，名辩的目标是社会、政治的是非、善恶等。

崔清田指出，如果说"求知"是亚里士多德逻辑的目的与任务，那么中国逻辑的目的"取当求胜"，任务则是"审治乱之纪"。他说："先秦文化的核心是伦理政治、社会人事方面的问题。围绕这一核心的思想家们十分需要用作说明和说服的工具，以宣扬己见，否定他说，达到'以其言易天下'的目的。适应这种需要，由总结'谈辩'方法而产生的墨家辩学，以'取当求胜'为直接目的，以'审治乱之纪'为根本任务，应该是很自然的事情。……亚里斯多德逻辑的目的是'求知'。逻辑是推理的学问。亚里士多德逻辑的中心内容是推理。亚里士多德有关推理分类的理论非常清楚地说明了亚里士多德的目的。……亚里士多德逻辑的任务是'探索（求知）方法'。亚里士多德所说的科学知识，应当是'懂得道理，知道原因'，从而能帮助我们正确地认识事物的智慧。显然，这种科学知识的获取不能依靠感觉，也不能依靠信念，而要依靠一种客观、普遍、有效的方法。于是，'求知'的目的使求知方法的探索成为亚里士多德逻辑的任务。"② 就是说，中国古代逻辑的发生在于对伦理政治、社会人事的关切，逻辑理论与思辨就是为了辩论哪种政治秩序的合理。

《墨经》说："在外者，所知也。在室者，所不知也。或曰：在室者之色若是其色。是所不知若所知也。……是若其色也，若白者必白。今也知其色之若白也，故知其白。夫名以所明正所不知，不以所不知疑所明。若以尺度所不知长。外，亲知也。室中，说知也。"（《经说下》）李春泰认为这段话非常清楚地呈现了名辩逻辑的实用特点，他解释说："'室外之物是白的'，这是亲知；'室内之物的颜色与室外之物的颜色相似'，这是经由他人得来的闻知。从这两个前提出发，凭推理得出结论：

---

① 汪奠基：《中国逻辑思想史》，武汉大学出版社 2012 年版，第 21 页。
② 崔清田：《墨家逻辑与亚里士多德逻辑的比较研究》，《南开学报》2002 年第 6 期。

'室内之物也是白的'。这是说知。室内之物的颜色是在先所未知的。墨子的哲学，有浓厚的实践精神，所以他又区分了'名知'和'实知'，并且认为仅有'名知'就不能与实践结合。与亚里斯多德相比，墨子更重'实知'。而亚里斯多德则偏重形式，所以亨利希·肖尔兹说：'由亚里斯多德奠定基础的逻辑，就其仅仅涉及形式，或更严格地说，仅仅涉及完善的形式来说，是一种形式逻辑。'"① 可见，相比于亚里士多德，名辩是名副其实的实用逻辑。

颜华东认为墨辩逻辑的应用型特点与墨家"摩顶放踵，利天下为之"的实用思想是一致的，他说："墨辩是应用型的逻辑，与墨子'摩顶放踵，利天下为之'的思想一致，它是'兴利除害'的工具，并决定了它不特别注重对推理形式结构及其规则的抽象研究，属于非形式的逻辑类型。这一特点与中国传统文化的实用倾向是直接相关的。"② 这就更为诚恳地揭示了名辩都是"兴利除害"的工具。

不过，中国古代逻辑学说并非都很"实用"，比如韩非说："人主之听言也，不以功用为的，则说者多荆棘、白马之说也。"（《韩非子·外诸说左上》）这句话不仅批评了名辩的玄虚特点，而且表达了对名辩非实用性的歧视——劝言君王勿信勿用。再如王充说："析言剖辞，务曲折之言，无道理之较，无益于治。"（《论衡·案书》）这也是批评先秦逻辑学说空虚无实。可见，先秦名辩之纯粹思辨性也遭到实用主义者的批评与排挤，这说明名辩逻辑并不都是实用的，所以未能得到支持和发展；而实用又非逻辑的，同样没有逻辑意义上的贡献。因此，对于中国传统哲学"实用性"特点的判断，或许需要更为客观的态度和更为科学的工作。

2. 直观比拟

此处"直观"是指通过对客观事物的直接接触而获得的感性认识，而"比拟"是把一个事物当作另外一个事物来描述、说明，因此，这里所谓"直观比拟"，是指中国传统哲学的逻辑推理不仅强调通过直接接触事物获得知识，而且习惯于以此事物描述另一事物，具有感知与经验性

---

① 李春泰：《论墨子与亚里斯多德逻辑学的差别及其意义》，《哈尔滨市经济管理干部学院学报》2001年第1期。

② 颜华东：《试论墨辩逻辑的特点》，《甘肃理论学刊》1992年第6期。

特点。

唐君毅认为，荀子的逻辑、墨家的"辩"虽重视人类理性能力，但仍然是类推比拟之逻辑。他说："荀子所言之辨类之理性能力，盖近似亚里士多德、柏拉图所谓'发现共相形式'之理性能力。然荀子又未尝有独立之'理念世界'或'纯粹形式'之观念之建立。荀子用此辨类之理性能力，在根本上可谓：在'一切理皆内在于具体事物之信念下'，向对象而运用。故其所认识之理，虽皆近乎西哲所谓诸具体事物之共理共相，而此共相共理之认识，又似只为理性能力所通过加以运用，以判断事物，而非其所留驻，故亦恒未能确切的被置定为一抽象之普遍概念、普遍命题之内容，以形成一直接观照把握之一对象。此外墨家亦重视类似之理性能力之运用。墨家亦以理为内在于具体之事物中。墨家之所谓'以类取，以类予'之教，亦即重在使吾人之理性能力，通过同类之理，而将吾人对一具体事物之态度，移至对同类之具体事物；而不重直下把握观照此中间之抽象普遍之理，以为心之所凝注安顿之所。故二家之逻辑，皆似只为一种类推比拟之逻辑。而缺西方之层层向前进展推演之演绎法，层层向后归约淘汰之归纳法。此种中国逻辑之缺点，与不重把握抽象普遍之共相共理之缺点，吾人实毋庸为之讳言。由此而助成中国人之不重超越客观之理想之任持，亦使中国人精神生活之圆满发展，有所缺漏。"[①] 按照这段话的分析，荀子的"辩"与亚里士多德、柏拉图"发现共相形式"之理性能力相似，但并没有建立独立的"理念世界"，即荀子所谓"理"，只是一种运用性共相，却没有形成直接观照把握之对象。而墨家的"辩"与荀子一样，虽然重视人类理性能力，也只是通过同类之理，将关于某具体事物的态度推向同类事物，而不注重将此抽象之理以为心之所凝注安顿处。概言之，荀子的逻辑、墨家的逻辑，既缺乏层层向前推进之演绎法，也缺乏层层向后归约之归纳法，而是满足于将人对一具体事物之态度移至对同类之具体事物的类推比拟法。

颜华东也注意到了《墨辩》逻辑的类比特点，认为《墨辩》逻辑不具抽象性。他说："墨辩逻辑的论式是建立在类的同异基础上的推论，是类的逻辑。但其类推并非是纯外延的推演，包含着内涵逻辑的因素或要

---

① 唐君毅：《中国文化之精神价值》，广西师范大学出版社2005年版，第99—100页。

求,是受墨家政治伦理思想制约的。无论何种逻辑传统,'类'都是一个基本范畴,墨辩也是如此。墨辩明确指出,'有以同,类同也'(《经说上》),'不有同,不类也'(《经说上》)。它规定把'偏有偏无'作为区分类之同异的标准,即必须是此类事物全有而彼类事物全无的属性,才是'类同',否则就是'异类'。"① 即谓墨辩逻辑是"类"的推理,而且这种外延推理受到内涵逻辑因素的影响,因而并不是纯粹的外延推理,而是直观类推,尽管《墨辩》对"类"有严格要求。崔清田也认为墨家逻辑是以推类为主导的推理类型,他说:"墨家逻辑是以推类为主导的推理类型。推类体现了墨家逻辑的非形式特征。它以事物间的类同关系为依据进行推论,没有规范和明晰的逻辑形式,也不具有逻辑必然性。因此,墨家逻辑不可能对推类的组成成分及它们之间的关系,给出完全属于非实质性的逻辑分析。墨家的名、辞、说有类似词项、命题、推理的某种意义,它们之间也有某种联系。对这些,墨家曾给予了注意和初步讨论,但没能从建立推理或证明系统的需要出发对名、辞、说进行逻辑的分析。'形貌名'、'居运名'、'数量名'以及'或'、'尽'、'假'等带有实质性的、并不十分清晰的名与辞的划分,就很好地说明了墨家逻辑缺乏对推理成分明晰准确的逻辑分析。"② 就是说,《墨辩》是以事物间的类同关系为依据进行推论的,既无规范和明晰的逻辑形式,也没有逻辑的必然性,而且,墨家也没有对类推的组成成分及它们之间的关系进行非实质性逻辑分析,更有甚者,墨家缺乏对推理成分明晰准确的逻辑分析。所有这些表明,墨家的"类"推理直观比拟性质鲜明。

张晓光进一步将逻辑推理的"类比"特点具体化,即直观性、经验性。他说:"中国古代逻辑与西方传统逻辑都讲'类',但西方传统逻辑所讲的类是指具有共同属性的类与类分子,属种之间或种属之间的关系。中国古代逻辑所讲的类,则只要求从某一角度看两事物有其相同之处,即可视为同类,如《经说上》所讲:'有以同,类同也。'中国古代逻辑与西方传统逻辑都提出了运用推理的方法和过程。墨辩逻辑中提出四种主要的推理方法:'辟、侔、援、推'。'辟也者,举他物而以明也;侔也者,

---

① 颜华东:《试论墨辩逻辑的特点》,《甘肃理论学刊》1992年第6期。
② 崔清田:《墨家逻辑与亚里士多德逻辑的比较研究》,《南开学报》2002年第6期。

比辞而俱行也；援也者，曰：子然，我奚独不可以然也；推也者，以其所不取之，同于其所取之，予之也.'（《墨子·小取》）这些推论方法主要是从论辩的角度加以规定的。'以说出故'是说立一'辞'说，就要用'辟、侔、援、推'等'说'的形式论证其成立的理由或根据，在推进的过程中，中国古代逻辑注重论证过程是为了晓之于人，论题相当于西方传统逻辑中的结论，是论辩者作为已知的东西提出来的。而西方传统逻辑中，推理是从前提到结论，从已知到未知的思维过程，在完成某个推理之前，结论是未知的。中西方逻辑在论证的过程中都运用推理，但两者的目的和思维活动的方向恰恰相反。"[①] 在张晓光的分析中，中国逻辑特点表现在多个方面：中国逻辑学讲的"类"只要求某个方面相同即为"类"；中国古代逻辑重论证过程是为了使人明白易懂，结论是已知的。

质言之，中国哲学运用推理的目的和思维活动的方向都有自己的特点，这个特点就是直观比拟。

3. 非形式化

所谓"非形式化"，是指以讲述日常生活中分析、解释、评价、批评和论证确立的非形式标准、尺度和程序为任务，不注重论证的形式结构，只注重日常语言中的实际论证过程和应用性。以逻辑认知范式比照，学者们认为中国古代逻辑非形式化特点非常鲜明。那么，这种判断是否合乎实际呢？

赵继伦认为，《墨辩》有两个明显的特点，一个是具有应用性质的论辩逻辑，另一个就是以实际论证过程为研究对象的非形式逻辑。关于"非形式逻辑"特点，他说："其一，'故、理、类'三物有机地构成了《墨辩》逻辑基本论辩方法的范畴。'三物范畴'不仅是《墨辩》独具特色的理论概括，也是其非形式论辩理论的重要标志之一。……其二，《墨辩》侧重于对各种判断形式实质意义的分析，缺乏对判断形式结构的研究。……其三，《墨辩》重在实质推论方法考察，缺乏对有效推理形式及其规则的研究。……其四，《墨辩》中所阐述的有关谬误的理论，是非形

---

① 张晓光：《墨辩逻辑与中国传统思维方式》，《辽宁大学学报》1999年第6期。

式逻辑的重要内容。"① 对于此四点，赵继伦分别做了具体、深入的分析。比如第一方面，他说："根据《大取》篇有关'三物范畴'的论述，'故'应当合理地解释为立辞的论据或理由。'辞以故生'，'立辞而不明于其所生，妄也'（《大取》）。也就是说，要确立某一论点，需要有理由或论据的支持。在此，《墨辩》是以'故'的范畴形式提出了'论证性'原则。'理'则应当合理地解释为论证过程中必须遵循的法则或规则。就实际论证过程而言，立论不仅要明确'故'之所在，更重要的是建立'故'与'辞'之间的联系。如何保证'以故生'辞的合理性呢？这就要按'理'的规范去组织论证。而'类'则是以范畴的形式提出了'以类行'的基本论辩方法的原则。这一原则从'察类'以'明故'的意义上强调，论证要以事物的类属关系为出发点或依据。"② 再如第三方面，他说："选言判断和假言判断在斯多葛逻辑中被表述为'或者第一，或者第二'，'如果第一，则第二'。基于这种分析，构造出了形式化的命题逻辑。而《墨辩》则不同。它既没有使用变项形式，也未能抽象出判断的形式结构，对判断只停留在实质分析的基础上。以假言判断为例。《小取》篇说：'假者，今不然也。'这就是说，'假'是指尚未成为现实的一种假设或假定。从语言形式上《经说上》称其为'令谓'。可是，这种'令谓'的形式结构究竟如何呢？《墨辩》中没有这种理论模型。人们只能从'今不然也'的意义和墨家实际论证的经验模式去体悟和归纳，事实上我们也是这样做的。因此，就判断的理论形式而言，它不具备形式逻辑的基本特征。"③ 再如第四方面，赵继伦分析说："《墨辩》中所讨论的大多是非形式谬误理论。如，所谓'过名'的问题。'过名也，说在实'（《经下》）。这就是说，'名'之过在于不符合实际。这正是非形式的谬误。再如，《小取》篇对使用'譬、侔、援、推'等形式可能导致逻辑错误的原因作了分析，强调要注意'言多方、殊类、异故'（《小取》）等情况，即对于名词的歧义性、类的不同情况，对故的不同要有充分的认识。如果不注意言有多方、殊类、异故等情况，就可能使推论发生'行而异、转而危、

---

① 赵继伦：《〈墨辩〉是中国古典的非形式逻辑》，《天津师范大学学报》1989 年第 6 期。
② 同上。
③ 同上。

远而失、流而离本'(《小取》)的错误,这些错误正是在实际论证中所应该注意的非形式谬误。这些问题的讨论构成了《墨辩》非形式的论证理论的重要组成部分。"① 可见,赵继伦较全面、深入地分析了《墨辩》逻辑的非形式性质。

李先焜则由两个方面分析了中国名辩学的非形式逻辑性质。一是"名",他举例说:"在《韩非子》与《吕氏春秋》中都讲到'夔一足'的故事,就是一个语句歧义的例子。'夔一足'这个语句可以产生两种解释,一是'夔这个人只有一只脚',另一种解释是'像夔这样的人有一个就够了,不需要更多的了'。这个故事用以说明听到传言必须审慎,不要随便相信,要'验之以理'。'验之以理'就是要用逻辑的方法进行分析。《墨经》的《大取》与《小取》很多地方都涉及精确用词,不要产生歧义和误解。这些都是非形式逻辑所要研究的问题。"② 二是"辩",李先焜以《墨经》中"以类取,以类予"为例,说明其非形式逻辑性质。《墨经》曰:"今有一人,入人园圃,窃其桃李,众闻则非之,上为政者得则罚之。此何也?以亏人自利也。至攘人犬豕鸡豚者,其不义,又甚入人园圃窃桃李。是何故也?以亏人愈多,其不仁兹甚,罪益厚。……今至大为攻国,则弗知非,从而誉之,谓之义。此可谓知义与不义之别乎?"(《墨经·非攻上》)李先焜解释说:"这四个命题包含论证与反驳两个部分,第一部分是论证'亏人利己愈多,其不仁兹甚'的道理,第二部分是对第四命题'弗知非,从而誉之,谓之义'的反驳。第一部分就是'以类取',即通过同类命题的表述以取得辩论双方的共识,第二部分反驳'今至大为攻国,则弗知非,从而誉之,谓之义'。这就是'以类予',即依据前面三个命题取得的共识推出第四个命题的谬误。这里需要强调第一、第二、第三、第四个命题必须是同一类命题,都是'亏人自利',只是在程度上有区别。'以类取'是就论证说的,'以类予'是就反驳说的。这就是墨子的'类推法'。它不仅不同于一般的演绎法与归纳法,甚至与传统所谓的'类比法'也有所不同,因为它不是从两个同类事物有某些属

---

① 赵继伦:《〈墨辩〉是中国古典的非形式逻辑》,《天津师范大学学报》1989年第6期。
② 李先焜:《中国古代逻辑是非形式逻辑的发展史》,载《回顾与前瞻:中国逻辑史研究30年》,中国社会科学出版社2011年版,第58页。

性相同来推出另一个属性可能相同。"① 就是说，根据《墨经》中"亏人利己愈多，其不仁兹甚"案例的分析，墨子的类推法即是对实际事件"善恶是非"的论证，这种论证是以"内容"为前提的，而不是以"形式"为前提的，更不是从"两个同类事物有某些属性相同来推出另一个属性可能相同"，因此，墨子的"类推法"属于非形式类推法。

张晓光也认为墨家逻辑属于非形式逻辑，他说："即便墨辩里面有关几何的界说，与欧氏几何有许多相似之处，但是，在逻辑思想表述上也有着极大的区别。墨家几何形成'端'、'尺'、'区'、'中'、'平'、'因'、'樱'、'间'、'次'、'博'等概念，而欧氏几何则形成'点'、'线'、'面'、'长'、'宽'、'高'，'在……之上'、'在……之间'、'叠合'等等。墨家几何与欧氏几何的区别是经验公式与抽象公式的区别，即'端'、'尺'、'区'是经验的概括，而'点'、'线'、'面'是抽象概念，点线面已经摆脱端尺区的直观性和形象性。这是因为它们是在不同的思维方式下长久积淀的两种不同的生成物。"② 在张晓光看来，从墨家几何形成的概念诸如"端""尺""区""中"与欧氏几何形成的概念"点""线""面""长""宽"比较，足以发现墨家逻辑的非形式性，墨家的概念仍然是经验的产物，而欧氏的概念都是抽象的结果。

我们知道，形式逻辑主要是研究推理的科学，非形式逻辑主要是研究论证的科学，中国古代逻辑偏研究论证，因而非形式化是其特征之一。由于推理与论证具有不可分割性，即只有在论证中的推理才是有目的的，而所有论证都离不开推理，所以，在形式逻辑中尤其是传统逻辑也要研究论证，而在非形式逻辑中也要涉及推理。从这个角度讲，中国传统逻辑哲学走出"非形式"窠臼仍然很有必要的。

4. 综合整体

所谓"综合整体"，就是指中国传统逻辑思维方式注重综合性、整体性，而轻视分析性、个体性。将综合性、整体性视为中国传统哲学思维特征，在其他认知范式视域内也可获得论证，那么在逻辑认知范式视域中，

---

① 李先焜：《中国古代逻辑是非形式逻辑的发展史》，载《回顾与前瞻：中国逻辑史研究30年》，中国社会科学出版社2011年版，第58页。
② 张晓光：《墨辩逻辑与中国传统思维方式》，《辽宁大学学报》1999年第6期。

是否也表现出这样的特征呢?

张立文指出:"思维的整体性,是以某个概念、范畴为中心,以反映思维对象内在整体或外在整体的概念群范畴之网,进而揭示思维对象内在和外在的规定、关系及联系。比如周敦颐的《太极图说》中,以'太极'这个概念、范畴为核心,而展开阴阳、五行、男女、万物、形体、神知、五性、善恶和动静、变合、妙凝、交感等范畴的纵横联结,构成了概念群或范畴之网。在这里,若以整体的范畴之网为系统或结构的话,那么,阴阳、五行……等范畴便是构成整体的部分和要素。要素、部分只有在整体系统中,才能发挥其功能。"① 就是说,周敦颐《太极图说》中关于宇宙化生的叙述,所表现的就是典型的整体性思维。但张立文指出,与西方分析性思维比较,整体性思维是有缺陷的。他说:"太极思维整体性原则,它具有总体把握、动态调节、有序进程等辩证性优势,但也有其疏于分类、轻于实证、略于逻辑的缺陷。"② 所以,从思维的完整性而言,中国古代逻辑在思维方式上应该引入西方分析性思维以补其不足。

崔清田指出:"中国古代认知的大趋向是经验的综合,其结果是把人和自然界与社会看作一个有机整体。《周易》把人事吉凶与自然现象全部归入由阴(——)阳(—)两爻组成的六十四卦之中,以及儒道两家所主张的'天人合一',都是这种整体认知的例子。尽管这种整体认知有其历史必然性与合理因素,但当人类认知的进程要求对外部世界加以解剖、分析,以求知识的进一步深化时,这种整体的认知模式就应随之发展,就需要用分析的思考给以补充。传统逻辑中的归纳,以对一类事物中个体或小类的观察为前提,注重分析。可以说,没有分析,就谈不上归纳。因此,严复在介绍归纳逻辑的同时,也强调了分析方法。他指出:凡对一事一物有所知而'不能言其故者',根源在于'得之以浑,而未为其晰故也',在于知识的'浑而不晰',而由浑至晰之途,则在析。'盖知之晰者始于能析,能析则知其分,知其分则全无所类者,曲有所类,此犹化学之分物质而列之原行也。曲而得类,而后有以行其会通,或取大同而遗小异,常、寓之德既判,而公例立矣。此亦观物而审者所必由涂术也。'……严

---

① 张立文:《传统学引论》,中国人民大学出版社1998年版,第224页。
② 同上。

复借助逻辑学剖析了中国古代整体思维的弊端，介绍了分析思考的特征及优长所在，指出克服中国传统思维方式的不足并能清楚明白地观察认识事物的必由之途是'能析'。这在当时是很有见地的。"[1] 在崔清田看来，《周易》将人事吉凶与自然现象全部归入由阴阳两爻组成的六十四卦之中，就是一整体性观念，而儒道两家所主张的"天人合一"观念，将宇宙万物视为一体，表现的也是综合性思维。这种整体性、综合性思维与西方逻辑思维比较，尤其突出。比如西方逻辑中的归纳法，是对一类事物中个体或小类的观察为前提的，注重分析。因此，严复介绍、倡导学习西方逻辑归纳法，正是对中国传统哲学思维方法综合性、整体性特征的补充。

陈喜乐也以西方逻辑思维方式为坐标对中国思维方式的特点展开了分析。他说："首先，西方思维方式的基点是个体性，而中国思维方式的基点则是整体性。在西方人看来，世界上的事物都是由个别的物质单元即'始基'组成，万物的差别是由始基的特性所决定的。最为典型、影响最为深远的古希腊的'原子论'，就是一种以个体性为基点的思维类型，这种思维类型在西方一直居于主导地位。而在中国人看来，世界不是由个别的物质单元所组成，而是由一团混沌的无形之'气'生化而成。最为典型、影响最大的'元气说'，就是这种以整体性为基点的思维类型，这种思维类型在中国一直居于主导地位。从上述这两种不同的基点出发，形成了中西不同的思维特征。在间断与连续、结构与功能等问题上，中西思维特征的差异尤其明显。……其次，在思维途径问题上，以个体性为基点的西方思维方式，把复杂的事物分解成简单的要素，逐个地进行研究，因而更多的是强调逻辑分析；而以整体性为基点的中国思维方式则把事物作为有机的整体，进行笼统的直觉综合。"[2] 这段话的基本意旨是：第一，从哲学思维的基点上看，西方哲学思维是"原子论"，这是以个体性为基点的思维类型；中国传统哲学思维是以"元气"为基点，而此"元气"是混沌无形的，因而是以整体性为基点的思维类型。第二，从哲学思维的途径上看，西方哲学是将复杂事物分解成简单因素逐个进行研究，因而注重分析；中国哲学相反，是将事物当作有机整体进行直观类推，因而表现为

---

[1] 崔清田等：《20世纪逻辑学在中国的影响》，《云南社会科学》2000年第4期。
[2] 陈喜乐：《中西思维方式之比较》，《厦门大学学报》1991年第4期。

综合。陈喜乐认为，中西方逻辑思维的严重分歧导致了概念、范畴和推理方面的差异。他说："西方的概念、范畴是单相的，即一个概念只用一个判断来规定。这种单相的概念，其内涵和外延都十分确定。中国的概念、范畴几乎都是多相的，即一个概念由许多判断来规定。如'易'，就有三个判断来定义，'易一名而含三义：易简一也，变易二也，不易三也'。这种多相的概念、范畴，其内涵和外延都不确定，伸缩性大，难以精确把握。在推理方面，西方一般采用的是命题型推理，即从一个初始命题出发，按一定规则，依次推出一系列的命题系统。如古希腊德谟克利特从'原子是不可分割的最小微粒'，推出古代原子论。这种推理要求初始命题非常明确，推理程序十分严密。中国的推理较普遍的是模式型推理，即从一个基本模式出发，按一定原则，把有关对象都纳入这一模式进行推理。如'阴阳五行说'以阴阳五行作为世界模式，推断天地万物。这种模式型推理由于其基本模式没有较明确而单义的规范，因而具有相当大的模糊性，其内涵和外延都有很大伸缩性，可以包容一切需要思考的对象。"① 由于中西哲学思维方式上的差别，导致了在概念、推理上的不同。就概念说，西方哲学的概念是单向的，内涵与外延都非常确定，而中国哲学的概念是多向的，其内涵、外延模糊，难以把握；就推理说，西方哲学中的推理属于命题型推理，根据一定规则，从初始命题推出命题系统，严密而正确，中国哲学中的推理属于模式型推理，基于一定原则，从基本模式开始，将相关对象都纳入这个模式中进行推理，但模糊并不确定。而这种后果正为逻辑思维上的综合性、整体性特征所赐，由此进一步证明了中国古代哲学思维的综合性、整体性特质。

5."道"为至上

所谓"道为至上"，是指中国传统逻辑思维以"道"为标准，以"道"为追求的最高目标。这里所谓"道"，是指中国古代哲学中诸学派追求的理想目标、境界或理念，特别是政治理念。孔子说："君子谋道不谋食。"（《论语·卫灵公》）此言"仁义"的追求胜于维护人生存的物质资料。按照《易传》的解释，《易》不过是顺性命之理而建立"道"。孟子巧舌如簧，不过是阐明"仁政"的价值以说服君王接受。这些都说明，

---

① 陈喜乐：《中西思维方式之比较》，《厦门大学学报》1991 年第 4 期。

中国古代的名辩或逻辑，无不以追求、论证"道"为天职，从而深刻影响着中国古代逻辑思维并成为一大特征。

汪奠基对孔子正名思想中的"道"为至上的特点进行了揭示，他说："春秋所表现的孔子正名的思想，主要是以维护等级制度及伦理制度为名的，如书'王、公、侯、伯、子、男'，'崩、薨、卒'以及'天王狩于河阳'、'曹世子首弑其君'等，都是极严格的书法，……这里所要'正'的'名'，都不过是封建统治者阶级利益的名分，所谓'正'的标准，乃是以适应诸侯王利益要求为转移的。"① 而宋钘学派的名实思想，其政治诉求也非常鲜明，其所谓控名责实、因实得名，政治需要才最终的决定者。他说："宋钘一派所谓'有名则治，无名则乱，治者以名'（《管子·枢言》）这种理论就是名实的政治逻辑原理。当时如尹文之流，论形名相检与此处说的名实相反相生的道理，都是同一政治逻辑观点。政治的合理，即名实相当。"②

关于墨家学派名辩的唯"道"特征，也为学者所认识、理解。墨子的哲学具有鲜明的功利色彩，这点也表现在其辩学所追求的目的上："夫辩者，将以明是非之分，审治乱之纪，明同异之处，察名实之理，处利害，决嫌疑。"（《墨子·小取》）其中的"治乱"尤为鲜明。按道理，作为思维方法的名辩对政治的态度应该是冷淡的，但完全出乎意外。周云之说："墨家的辩学也是为论证墨家的政治、伦理学服务的。不仅《墨子》书中的《尚贤》、《尚同》、《兼爱》、《非攻》等十余篇都是围绕着国家治乱这一根本的政治、伦理问题，通过'察名实'、'别同异'、'明是非'，以求在政治上和伦理上辩明治与乱的是非，并且找出治与乱的原因和去乱致治的根本方法。就是在《经》、《说》等篇中也继承了墨子的政治、伦理观点。比如：他用'体，分于兼'、'仁，体爱也'明确了墨家的'兼爱不同于儒家的'仁爱'。'仁爱'只是爱部分人，'兼爱'必须爱所有人。此外，《经上》和《经说上》还对'礼'、'忠'、'孝'、'信'、'勇'、'誉'、'诽'、'治'、'功'、'罪'、'赏'、'罚'等大量政治、伦理概念提出了明确定义。这都说明，《墨经》的名辩逻辑也没有离开'审

---

① 汪奠基：《中国逻辑思想史》，武汉大学出版社2012年版，第22页。
② 同上书，第19页。

治乱'这个最大的政治目的。"① 这就是说，将名辩逻辑与实际运用，特别是服务于政治目的，是《墨经》名辩思想的基本特征之一。诚如张斌峰所说："墨辩逻辑学不只是关于思维形式的理论，它在研究思维的逻辑形式的时候，常常结合了思维的具体内容，结合其自家的政治、伦理观念，即思维形式研究是为了宣传和论证本家的学说。"②

温公颐肯定了孟子关于"类"的思想，但对孟子"充类"提出了批评。孟子说："夫谓非其有而取之者盗也，充类至义之尽也。"（《孟子·万章下》）温公颐做了批评性解释："这里说，凡不是自己所有的而去取得它，这种行为叫做强盗行为，这就是充类，即举相似而推广到全类。这种'充类'的荒谬性是显而易见的，照这样的逻辑，岂不是连婴儿吸吮母亲乳汁也成了强盗行为吗？……可见，孟子的'充类'，无非是抓住两类事物的相似之处，主观随意地加以扩充或推广。这在逻辑上是毫无根据的，而实际应用中必然导致'无类'的诡辩。比如孟子在批评杨朱和墨翟的学说时说：'杨氏为我，是无君也。墨氏兼爱，是无父也。无君无父，是禽兽也。'（《孟子·滕文公下》）这样的'充类'，实在是无限上纲，近乎谩骂。"③ 问题是，孟子为什么会出现这种逻辑上的错误呢？因为孟子的逻辑是服务于"道"的，他为了论证"非我所有而取之为盗"，自然就不顾逻辑上的法则了，他为了批评与孔子之道相悖的杨朱、墨翟之道，自然就顾不上思维方法上的逻辑规则了，这就叫"以心合道"。

冯契肯定荀子的逻辑达到了朴素辩证法和朴素唯物论的统一，但对其局限也给予了批评。他说："'解蔽'是以封建主义的'道'来批判各家学说，他把'道'说成是永恒的，以为真理到了圣人手里就可以一劳永逸了，这是形而上学的观点。荀子又认为，对老百姓只要用'道'来统一他们的思想，而不必用辩说来说明其所以然。对他所谓的'奸言'，他主张'临之以势，禁之以刑'，即用武力镇压，这为秦始皇的'焚书坑儒'作了舆论上的准备。"④ 就是说，荀子虽然有"解蔽"的逻辑思想，但其"解蔽"的标准是"道"，"道"由圣人把握，"道"是永恒的、绝

---

① 周云之主编：《中国逻辑史》，山西教育出版社2004年版，第103—104页。
② 张斌峰：《墨辩"周延说"质疑》，《哲学动态》1994年增刊。
③ 温公颐、崔清田主编：《中国逻辑史教程》，南开大学出版社2001年版，第42页。
④ 冯契：《智慧的探索》，《冯契文集》第八卷，华东师范大学出版社1997年版，第50页。

对的,是所有人言谈的根据,"道"是所有辩说的中心,名辩就是为这个"道"服务的。王廷洽也分析了《荀子》逻辑思想以"道"为目的的特点。比如荀子说:"圣人者,以己度者也。故以人度人,以情度情,以类度类,以说度功,以道观尽,古今一度也。"(《荀子·非相》)但荀子的推理都是以"道"为基础的,他解释说:"圣人就是用自己的思想去思考问题的人(而不随意听信别人)。所以用自己这个人去考虑别人,用自己的情感去考虑别人的情感,用此类思考彼类,听言论而预知实际功效,用客观真理去观察一切事物,从古至今都是同一种思想方法。所以,'以类度类'显然与类比推理相当。当以一类度许多类的时候,'以道观尽'的时候,其演绎推理的意义也就成立了。"① 就是说,无论何种形式的"以类度类"都需要正确的前提,荀子通常是把圣人的言、行、知或礼义作为准则的,即将"道"确立为准则。换言之,逻辑思维的标准是圣人之言,逻辑的目的是别同异、明是非,为政治服务,但最终的审判者是握有"道"的圣人。事实上,中国古代逻辑理论以"道"为准则的特征与其"追求实用"的特征是一致的,中国古代逻辑理论的内容是社会政治的是与非、善与恶,而在中国传统哲学,真理的代表是圣人,因为"道"由圣人掌握。既然名辩逻辑的标准是"道",服务对象也是"道",那么,名辩就是"道"的仆人或工具,是"道"的诠释者,反过来制约名辩的纯粹性。

如上即是中国学者在逻辑认知范式下对中国传统哲学特点进行的理解与判断。他们以逻辑思维原则、规律与方法为坐标,对中国传统哲学的逻辑思想特点进行了深入分析与客观呈现,从而深化、完善了人们对于中国传统哲学特点的认识。诚如张岱年所说:"形式逻辑之为术,在于由已明说者推未明说者。方法论之为术,是由已发现者推未发现者,演绎之结论,实已含括于其前提之中,然必由演绎法之推行,方能明辨之。归纳与辩证法之结论,实已隐藏于其所根据之资料之内,然必由归纳与辩证法之推勘,方能明见之。演绎乃命题函蕴之引申发阐,归纳与辩证是经验之整齐厘定。中国逻辑学不发达,先秦时代虽有名辩之探究,然书缺有间,无由征其全貌。演绎、归纳、辩证诸法,中国古来学者实多尝运用之,然讲

---

① 王廷洽:《论荀子的逻辑体系》,《上海师范大学学报》1998年第2期。

明之者较少。"① 无疑，逻辑认知范式关于中国传统逻辑特点的认识与判断，对于全面、深入、准确把握中国传统哲学特点，从而推进中国传统逻辑得进步是有积极意义的。

二 逻辑认知范式视域下的哲学系统

严复曾经批评中国传统学说缺乏逻辑系统，他说："是故取西学之规矩法戒，以绳吾'学'，则凡中国之所有，举不得以'学'名；吾所有者，以彼法观之，特阅历知解积而存焉，如散钱，如委积。此非仅形名象数而已，即所谓道德、政治、礼乐，吾人所举为大道，而诮西人为无所知者，质而言乎，亦仅如是而已矣。"② 严复的说法自有其道理，但完全否认中国传统思想的逻辑系统性可能有失片面。这是因为，中国学者在以逻辑认知范式认知和理解中国传统哲学的实践中，逻辑地发掘和整理出中国传统哲学的系统。

1. 《墨经》逻辑思想的系统性

《墨经》是中国古代代表性的逻辑学著作，而且如我们讨论的那样，蕴含有丰富的逻辑学思想、逻辑学原理、逻辑学规律与逻辑学方法，那么，这部书中的逻辑思想是否有系统性呢？这在多数学者看来似乎不是问题，这里仅以钟罗的讨论为例。

钟罗认为，墨辩逻辑学是中国第一个逻辑学体系。他说："墨辩《小取》篇把墨家的逻辑学体系概括为四个部分。第一部分是总论'辩'的，它论及了'辩'的目的、基础和名（概念）、辞（判断）、说（推理）等基本的思维形式。第二部分是专论各种具体的演绎类比论式，包括假（假言）、或（选言）、效（直言）、侔（驷性法）、辟、援、推（类比）等。第三部分是重点讨论辟、侔、援、推四种具体论式中的逻辑要求和逻辑错误的。第四部分是专门讨论侔式推论中的各种正反情况的。这是我国古代第一个较为完整的逻辑学提纲，具有很大的理论意义和科学价值。"③

既然《墨辩》形成了中国第一个完整的逻辑学体系，那它是怎样的

---

① 张岱年：《天人五论》，《张岱年全集》第三卷，河北人民出版社1996年版，第22页。
② 《严复集》第一册，中华书局1986年版，第52—53页。
③ 钟罗：《墨辩逻辑学——我国第一个逻辑学体系》，《中学生与逻辑》1982年第4期。

逻辑学体系呢？钟罗也进行了具体的分析与展示。第一，"辩"是关于同一主词或两个矛盾命题之争。钟罗说："《经上》和《经说上》第一次从逻辑学的角度给'辩'下了明确的定义。指出：'辩'的对象就是'彼'，'辩'的内容和范围就是'争彼'，即争论'彼'之作为一个事物之'或谓之牛，或谓之非牛'，或争论'彼'之作为一个命题（论题）之'或谓之是，或谓之非'。……这两种是非之争实际都是关于同一主词的两个矛盾命题之争，这就是墨家所谓的'辩'。所以，墨家认为'辩'必有当者和胜者（必有一真），但也不能是俱当（必有一假）。"① 这是关于"辩"的对象与内容。第一，"辩"是推理、论证的过程。钟罗说："墨家的'辩'是一个推理、论证的过程，而且只限于一对矛盾命题之争，因为只有矛盾命题之争才能够必有胜者和负者。因此，《经说上》指出：'辩'的对象'彼'不能是两个，只能是一个，如果一人指虎谓牛，另一人却指牛谓非牛，或者一人指虎为虎，另一人又指牛为半虎，那样就'无以相非'，即不能必有一是和一非，而可能是两者同假或同真。"② 这是关于"辩"的过程与要求，"辩"是因为矛盾而展开的推理与论证，而且是针对同一事物的是非而"辩"。第三，"辩"涉及逻辑学的同一律、矛盾律和排中律。钟罗说："《墨辩》的定义规定'辩'必须限于同一主词的是非之争。这一定义也深刻地反映了普通逻辑中同一律、矛盾律和排中律的思想原则，这就使'辩'有可能纳入严格的逻辑轨道，也便于揭露违反逻辑的论辩。"③ 由于"辩"只限于同一主词是非之争，因而必反映同一律、矛盾律和排中律等的思想原则。第四，对"辩"的基础进行了设定。钟罗说："《墨辩》在论及'辩'的客观基础时，首先把'知'（认识）分为亲知、闻知和说知三种，而且指出'说知'就是以亲知、闻知（别人的亲知）为前提所得出的推理之知。"④ 即认为"辩"的客观基础为直接知识、间接知识和推理知识三种类型。第五，强调亲知的重要与对语言在逻辑上作用的关注。钟罗说："后期墨家又进一步提出了'摹略万物之然'和'论术群言之比'这两条原则。'摹略万物之然'就是要求

---

① 钟罗：《墨辩逻辑学——我国第一个逻辑学体系》，《中学生与逻辑》1982年第4期。
② 同上。
③ 同上。
④ 同上。

概略地亲知万物之然和所以然,这就强调必须以亲知作为立论和论辩的根据。'论术群言之比'就是要求分析和比较各种言论之同和异、真或假。'三表说'的一个主要弱点,就是盲目地相信古书上记载的圣王之言和耳目之事,结果为唯心主义的'有鬼'论作了辩护。后期墨家强调要对各种言论进行分析比较,这就有可能避免盲目轻信而导致唯心论的危险。事实上,墨家思想之所以具有很大的说服力,就在于使自己的立论建立在亲知和比较的基础上。"①认为"亲知"的提出有助于克服墨子经验论的错误。最后,"辩"的目的与作用是明是非、别同异。钟罗说:"《墨辩》在总结'辩'的目的和作用时提出了明是非、别同异、察名实、审治乱、处利害、决嫌疑六个方面。其中最基本的目的就是别同异和明是非二点。'辩'归根到底就是为了分清类的同异和辩明思想上之是非,'察名实'就是明确名(概念)和实(客观实际)的关系,使名具有确定性,这是为了保证达到别同异和明是非这两个目的的。而审治乱、处利害、决嫌疑则是察名实、别同异、明是非在政治、伦理、认识等方面的具体运用和实际目的。"②即对"辩"的作用与目的进行了分析,认为辩的作用是明是非、别同异、察名实,而目的是审治乱、处利害、决嫌疑。可见,钟罗根据形式逻辑原理,通过对"辩"之内容、性质等的分析,将《墨辩》的逻辑思想结构分成四个层次:基本的思维形式,包括名(概念)、辞(判断)、说(推理)等,演绎类比论式,包括假(假言)、或(选言)、效(直言)、侔(附性法)、推(类比)等,体论式中的逻辑要求和逻辑错误(辟、侔、援、推)等,侔式推论中的各种正反情况等,从而将中国古代第一个最为完备的逻辑学体系呈现了出来。

2. 荀子逻辑思想的系统性

按照王国维的评价,荀子是中国古代在逻辑思想上最有贡献的哲学家。那么,荀子逻辑思想是不是有自己的系统呢?王廷洽给予了肯定回答。第一,关于逻辑法则思想。王廷洽认为,荀子提出了逻辑法则思想,这个法则就是"理"。荀子说:"百王之无变,足以为道贯。一废一起,应之以贯,理贯不乱。"(《荀子·天论》)王廷洽解释说:"贯,具有始

---

① 钟罗:《墨辩逻辑学——我国第一个逻辑学体系》,《中学生与逻辑》1982年第4期。
② 同上。

终一致的意思,'理贯不乱'就是思想法则前后一致,就不会造成混乱。"① 荀子说:"故导之以理,养之以清,物莫之倾,则足以定是非决嫌疑矣。"(《荀子·解蔽》) 王廷洽解释说:"用正确的思想规则作引导……就足以分辨是非曲直,不会再产生什么疑惑了。很清楚,'理'就是理则,就是逻辑。"② 既然荀子的"理"就是思想遵循的法则、规则或原则,当然也就是"理则",也就是逻辑。

第二,关于逻辑规律思想。王廷洽认为,荀子提出了同一律、矛盾律和排中律三大规律思想。其同一律思想主要体现在"类"和"统类"概念中。荀子说:"多言则文而类,终日议其所以,言之千举万变,其统类一也,是圣人之知也。"(《荀子·性恶》) 王廷洽解释说:"'圣人之知'是最高级的智慧,虽然成天讨论各种事物和现象,言辞很有文采,千变万化,但是思想始终是一致的。'终日'也是个时间概念,要求前后一致。而所观察的'邪曲'、'杂物',以及终日所讨论的内容,则属于空间。时间上、空间上的一致,正是逻辑学同一律思想规律的内容和要求。"③ 矛盾律是指在思维时不能两是、不能两非,不能两可、不能两不可,更不能既是且非,既可既不可,就是不能自成矛盾。荀子说:"心枝则无知,倾则不精,贰则疑惑。以赞稽之,万物可兼知也。身尽其故则美,类不可两也,故知者择一而壹焉。"(《荀子·解蔽》) 王廷洽解释说:"'类不可两'是指不能把同类的事物既归入此一类,又归入彼一类;'择一而壹'显然是指两者之中只能择取其一,使思想上一致而不矛盾。在是与非、可不可之间只能肯定地择取其一。"④ 排中律是指排除模棱两可、模棱两不可、疑不可决的情况。荀子说:"凡观物有疑,中心不定,则外物不清;吾虑不清,则未可定然否也。……彼愚者之定物,以疑决疑,决必不当。夫苟不当,安能无过乎?"(《荀子·解蔽》) 王廷洽解释说:"大凡人们以疑虑的眼光去观察事物,心中就无法确定,对于外界的事物也看不清楚;自己的思虑不清,当然就无法断定是非。愚蠢的人就是用疑虑的思维方式决定事物的,以疑决疑,其结果必然不恰当、不正确。……所以,疑

---

① 王廷洽:《论荀子的逻辑体系》,《上海师范大学学报》1998 年第 2 期。
② 同上。
③ 同上。
④ 同上。

虑的思维方式是无法获得正确的结果的,必须排除它。"① 荀子说:"故导之以理,养之以清,物莫之倾,则足以定是非决嫌疑矣。小物引之,则其正外易;其心内倾,则不足以决庶理矣。"(《荀子·解蔽》)这就是说:"应该用理性作引导,用清静的环境来培养,不使外界的事物有所干扰,思想方法正确了,就足以决断是非、嫌疑了。"② 如果说排中律就是排除疑虑的思想规律,那么在荀子思想中是显见的存在。

第三,关于制名思想。荀子说:"同则同之,异则异之;单足以喻则单;单不足以喻则兼;单与兼无所相避则共,虽共,不为害矣。知异实者之异名也,故使异实者莫不异名也,不可乱也,犹使异实者莫不同名也。故万物虽众,有时而欲遍举之,故谓之物。物也者,大共名也。推而共之,共则有共,至于无共然后止。有时而欲遍举之,故谓之鸟兽。鸟兽也者,大别名也。推而别之,别则有别,至于无别然后止。名无固宜,约之以命,约定俗成谓之宜,异于约则谓之不宜。名无固实,约之以命实,约定俗成谓之实名。名有固善,径易而不拂,谓之善名。物有同状而异所者,有异状而同所者,可别也。状同而为异所者,虽可合,谓之二实。状变而实无别而为异者,谓之化;有化而无别,谓之一实。此事之所以稽实定数也,此制名之枢要也。后王之成名,不可不察也。"(《荀子·正名》)王廷洽认为,这段文字涉及制名的方法、名的分类、名实关系等内容,反映了荀子丰富的制名思想。于其中所及制名方法,王廷洽分析说:"应该把万事万物进行分类,别同异就是分类。能够单独成立'名'的就单独成立'单名';单名如果不足以明喻同类事物,就命名一个'兼名';单名和兼名都不相违背的事物,就命名一个'共名'。分类的基本要求是把性质相同的事物归于同类中,直到完全囊括同类事物为止。……在明确分类的基础上,'约之以命',就是以同类为范畴制定'名',就是约定俗成。这些就是'制名之枢要'。"③ 于其中所及名的分类。王廷洽分析说:"'共'也称'大共名',虽然'单'、'兼'之后未加'名',但显然就是'单名'、'兼名'之意。兼名也称'大别名'。传统逻辑学对于概念

---

① 王廷洽:《论荀子的逻辑体系》,《上海师范大学学报》1998年第2期。
② 同上。
③ 同上。

有不同的分类法：有所谓个别概念、集体概念、普遍概念；又有所谓种概念、属概念、类概念；等等。大共名是为了强调共名之'大'而提出的。荀子把它界定为'遍举众万物'，故谓之'物'。把所有性质相同的事物统统归在一起，此外不再有相同的事物了，其外延至大至广，内涵至小至微。'物'就是这样的大共名。共名类似于普遍概念或一般概念。复合各个别的单名，复合同类的事物，在同类之外有别的不同的类，而在同类之中却不再有同类，这就是兼名、大别名。鸟兽就是这样的大别名。其外延也很大，但比共名小。兼名、大别名类似于集体概念。单名就是一物一名的单独概念或个别概念。"① 也就是说，荀子根据外延、内涵的不同，将"名"分为"单名""兼名""共名"，并对它们的关系进行了说明和规定。于其中所及名实关系。王廷洽分析说："名实的关系问题与物的分类有关。……事物有形状相同而性质相异者，有形状不相同而性质相同者，可以分类的。形状相同而性质相异者，虽然可合，实在是性质不一致的二实。形状变化而本质没有差别的异，称之异化，有变异而本质无差别，就是性质一致的一物。制名应该依据物的本质来命名，而不能依据表面现象。"② 当然，名实关系也受到人为因素的影响，那就是人为地约定用某名称命名此物，这种约定形成了习惯，也就确定了与实相符的名。

第四，关于推理思想。王廷洽认为荀子提出了丰富的推理思想，包括归纳推理、类比推理、演绎推理等。关于归纳推理，荀子说："农精于田而不可以为田师（A），贾精于市而不可以为市师（B），工精于器而不可以为器师（C），有人也（D），不能此三技而可使治三官，曰：精于道者也，（非）精于物者也。精于物者以物物，精于道者兼物物（E）。"（《荀子·解蔽》）王廷洽解释说："此例在（A）（B）（C）三个实例中表述了一个相同的性质，（D）的例子在表面上与前三例对立，而在本质上却与前三例一致，所以就得到了（E）的结论。有此三例，就可以说明荀子不仅具有归纳法推理形式，并能熟练地运用它。"③ 关于类比推理，王廷洽认为，"以类度类"即用此一类去思考彼一类，明显是与类比推理相当的

---

① 王廷洽：《论荀子的逻辑体系》，《上海师范大学学报》1998年第2期。
② 同上。
③ 同上。

术语。荀子说:"圣人者,以己度者也。故以人度人,以情度情,以类度类,以说度功,以道观尽,古今一度也。"(《荀子·非相》)王廷洽分析说:"圣人就是用自己的思想去思考问题的人(而不随意听信别人)。所以用自己这个人去考虑别人,用自己的情感去考虑别人的情感,用此类思考彼类,听言论而预知实际功效,用客观真理去观察一切事物,从古至今都是同一种思想方法。所以,'以类度类'显然与类比推理相当。"① 关于演绎推理,王廷洽认为,"以类度类"表现为"以类行杂,以一行万"时,便是演绎推理。荀子说:"欲观千岁,则数今日;欲知亿万,则审一二;欲知上世,则审周道;欲知周道,则审其人,所贵君子。"(《荀子·非相》)王廷洽分析说:"意思就是用'今日'这一个类,经过演绎推理而推知更大范围的'千岁'的类;用'一二'的类,可以推知数目更大的'亿万'的类;用明察自己所处的环境去推知'上世'这个类,明察人对人的态度,可以推知所处的环境。其基本特点就是以小的类推知大的类、以少的类推知多的类,思想扩散开来了,知识增多了。所以,'以近知远,以一知万,以微知明''以类行杂,以一行万'都属于演绎推理性质的'以类度类'。"② 这样,王廷洽由逻辑理则、逻辑规律、制名方法、逻辑推理等方面,将荀子的逻辑思想体系整理并呈现出来。

3. 先秦诸子逻辑思想的系统性

先秦是中国逻辑思想的滥觞时代,《周易》、儒家、墨家、名家、法家、荀子都有丰富的逻辑是思想,那么,先秦诸子的逻辑思想是不是表现为一个系统呢?

周云之是对此判断表示肯定的代表性学者之一。他以逻辑认知范式为坐标,对先秦诸子逻辑思想的系统给予了揭示与描述。第一,逻辑概念的体系。周云之认为,先秦诸子虽然还没有提出内涵、外延、限制和概括等概念,但荀子和公孙龙都提出了相应的理论。一是关于概念的内涵和外延、限制和概括的思想。比如,荀子说:"故万物虽众,有时而欲遍举之,故谓之物。物也者,大共名也。推而共之,共则有共,至于无共然后止。有时而欲遍举之,故谓之鸟兽。鸟兽者也,大别名也。推而别之,别

---

① 王廷洽:《论荀子的逻辑体系》,《上海师范大学学报》1998年第2期。
② 同上。

则有别,至于无别然后止。"(《荀子·正名》)周云之分析说:"荀子所论'共则有共'的过程,就是'名'的不断概括的过程。荀子所论'别则有别'的过程,也就是'名'的不断限制的过程。因此,'共名'与'别名'具有相对性,同一个'名'相对于更大的'共名'来说就是'别名',而相对于更小的'别名'来说就是'共名'了,这也正是种名与属名之间相对的逻辑关系。"[1] 二是关于概念的分类。《墨辩》从逻辑上论述了"名"的分类,而且具有相当科学的理论价值。周云之说:"按照'名'的外延大小,把'名'分为达名、类名(普遍概念)、私名(单独概念)。《经上》和《经说上》曰:'名,达、类、私。'……'达名'就是指最一般的概念,相当于哲学上的范畴。如'物'之名,是泛指一切客观存在的实体,在它之上没有更高的类。'类名'是指一类具体事物所共有的'名',如'牛'、'马'、'动物'等,不论类大、类小都是'类名'。不过从逻辑上说,达名和类名都相当于普遍概念。'私名'是指'止于是实'之名,即专指某一个体之名,这确实在理论上揭示了单独概念的特性。"[2]

第二,逻辑命题与推理的系统。周云之认为,先秦诸子在命题与推理方面也做出了惊人的成就,而且表现为体系性。首先是提出了命题的周延理论。《小取》说:"乘马,不待周乘马然后为乘马也;有乘于马,因为乘马矣。逮至不乘马,待周不乘马而后为不乘马。此一周而一不周者也。"(《小取》)周云之认为这是讨论命题的周延理论,他说:"这里不仅提出了关于周延的科学概念,而且十分科学地揭示了肯定命题的谓项。……因此,只要乘一匹马,就可谓'乘马'。而否定命题的谓项(即'不乘马'中的'马')则是必须周延的('待周不乘马而后为不乘马'),即必须不乘所有的马才可谓'不乘马'。这里的'乘马'与'不乘马'都是省略了主项的关系命题,其周延性质和直言命题是相同的。"[3]

其次是直接推理的形式。周云之认为,《墨辩》提出了两种直接推理的具体形式,其一是"止":"止,彼举然者,以为此其然也,则举不然

---

[1] 周云之:《试论先秦名辩逻辑在理论上的主要贡献》,《社会科学战线》1988年第3期。
[2] 同上。
[3] 同上。

者而问之。"(《经说上》)周云之解释说:"这就是说,如果有人举一物为其'然'(特称肯定)就推出了'此其然也'(全称肯定)的结论,这时只要能举出'不然者'(特称否定),就可驳倒此类物皆是其然者(全称肯定)的结论('举不然者问之')。这就是用'不然者'(特称否定)以驳倒'此其然'(全称肯定)的反驳论式。"①

其二是"侔":"白马,马也,乘白马,乘马也。"(《小取》)周云之解释说:"这就是由一个肯定的直言命题推出一个肯定的关系命题,此乃'是而然也'的一种肯定式复杂概念推理。《大取》篇还提出了一种'不是而不然也'的'侔'式推论;这也就是《小取》篇中所表述的'人之鬼,非人也;……祭人之鬼,非祭人也'。这是由一个直言否定命题推出一个否定的关系命题,此乃是一种否定式复杂概念推理。这说明,《墨辩》所论的'侔'式推论是一种比一般附性法(由直言命题推出直言命题)更为复杂的直接推理。"②

其三是间接推理基本形式。周云之认为,《墨经》对于间接推理的形式也进行了讨论与概括。《大取》云:"夫辞,以故生,以理长,以类行者也。者(诸)立辞而不明于其所生,妄也。今人非道无所行,唯(虽)有强股肱而不明于道,其困也可立而待也。夫辞以类行者也,立辞而不明于类,则必困矣。"(《大取》)周云之分析说:"'立辞'就是论证(证明)一个命题的成立。《大取》篇所强调的'三物必具,然后辞足以生'。就是指出'三物'即'故'、'理'、'类'是一切(演绎)论证必须具备的三个前提,只要具备了这三个前提,其'辞'(论题或结论)就必能成立。这就从普遍意义上提出了演绎推理(论证)的基本形式,即是由'三物'而推出结论的过程和形式——三物论式。……这种以故、理、类三物作为'立辞'的必具条件(前提)而建立的论式,就是一个相当于亚氏三段论式和因明三支论式的演绎推论的基本形式。"③虽然周云之并不认为《墨辩》的"三物论式"提出了像三段论式那样的形式系统和完整理论,但对其成就仍然是肯定的。他说:"'三物论式'已经用自然语

---

① 周云之:《试论先秦名辩逻辑在理论上的主要贡献》,《社会科学战线》1988年第3期。
② 同上。
③ 同上。

言的方式相当科学地表述了与三段论式（第一格）基本相同的逻辑推理关系。所以，《墨辩》的'三物论式'确实具有较完整、较合理、较普遍的意义，实可与亚氏的三段论式和因明的三支论式同列为古代的三种最基本的演绎推理形式。"①

其四是关于假言命题和假言推理。周云之认为，《墨辩》对假言命题与假言推理的性质和种类也提出了科学的概括。《小取》曰："假者，今不然也。"（《小取》）周云之分析说："这里的'假'不是真假的'假'，而是'今不然也'之'假'，即指尚未成为现实时一种假设或假定。因此，'假'是指一种区别于实然（直言）的一种假言判断（命题）。"②《经说上》云："故，小故，有之不必然，无之必不然，……大故，有之必然，无之必不然。"（《经说上》）周云之分析说："这里的'故'既可指演绎推理的前提，实际上也相当于'有之必然'的充分条件。'小故'就是指'有之不必然，无之必不然'的必要（而不充分）的条件。'大故'就是指'有之必然，无之必不然'的充分必要条件。无可否认，《墨辩》对必要条件和充分必要条件两种假言性质的揭示是非常科学的。"③综合言之："这里的'今不然也'虽只主要揭示了假言命题的前后件关系，但假言推理只是根据假言命题的条件关系而展开的一种推理形式。即：如果理解了假言命题前后件之间具有充分必要的条件关系，也就明确了这种充分必要条件假言推理的逻辑关系，即具备了前件就可推知后件；不具备前件就推不出后件。所以，《墨辩》是把'假'作为一种推理论式提出的。'假'既代表假言命题，又代表假言推理。假言命题分为'大故'和'小故'两种，假言推理也就分为'大故'和'小故'两种。"④

其五是关于选言命题和选言推理。周云之认为，《墨辩》也提出了"选言推理"，如《小取》"或也者，不尽也"论式，即是选言推理。周云之说："'或'作为量词代表非全体的部分（包括一个），这就是指'有些是'和'有些不是'，这就在逻辑上相当于'或是或不是'。……《墨辩》也常常是用'或'来表述选言命题的。如'时或有久，或无

---

① 周云之：《试论先秦名辩逻辑在理论上的主要贡献》，《社会科学战线》1988年第3期。
② 同上。
③ 同上。
④ 同上。

久'；'其体或去或存'；'或谓之牛，或谓之非牛'（《经说上》）等等。所以《墨辩》的'或'既代表特称（非全称）量词，又代表选言命题。应当承认，选言命题和选言推理也是密切相关的，明确了选言命题的逻辑关系，也就明确了选言推理的逻辑关系。"①

其六是关于枚举归纳推理。周云之认为，《墨辩》还从逻辑角度概括了简单枚举的归纳方法。《经说上》云："彼举然者，以为此其然也。"（《经说上》）周云之分析说："《墨辩》已经意识到用简单枚举推出的全称肯定结论是不具有必然性的，因此在进行这种枚举归纳时，必须不出现例外。如果发现有一个例外，就可以'举不然者而问之'，从而可以推翻由枚举归纳推出的一般结论，这就揭示了枚举归纳的逻辑规则。由此更加说明，《墨辩》所提出的枚举方法是真正属于逻辑的归纳方法。"②

第三，逻辑基本规律的系统。周云之认为，先秦诸子对逻辑的基本规律也有思考。关于同一律。他认为公孙龙最先从理论的角度总结了正名中的同一律原则。这就是《名实论》所说："其名正则唯乎其彼此焉。"（《名实论》）周云之解释说："这就是要求'彼'之名必须专指彼之实；'此'之名必须专指此之实，这样的'名'才具有指实的确定性，才能谓之'正'。反之，如果'谓彼而彼不唯乎彼，则彼谓不行；谓此而此不唯乎此，则此谓不行。'即如果'彼'之名不是专指彼之实；'此'之名不是专指此之实，则'彼'或'此'之名就不能成立。……因此，'唯乎其彼此'就是正名中必须遵守的同一律原则。"③ 关于矛盾律。周云之认为，《墨辩》最先揭示了矛盾命题不能同真的矛盾律原则。《经说上》云："辩，或谓之牛，或谓之非牛，是争彼也。是不俱当，不俱当，必或不当。"周云之解释说："'彼'在这里是指一个事物或一个命题（论题）。《经说上》曾言'彼，凡（牛类动物），牛枢（虎类动物），非牛。两也，无以相非也。'这就是说，如果一个人指牛谓'牛'，另一人指虎谓'非牛'，因为所争的对象是两个动物，并不构成一对矛盾命题，所以无以相非。因此，'争彼'的'彼'必须限于同一事物，这样的是非之争，才能

---

① 周云之：《试论先秦名辩逻辑在理论上的主要贡献》，《社会科学战线》1988年第3期。

② 同上。

③ 同上。

构成一对可以相非的矛盾命题。《墨辩》认为，在'彼'（单称主词）之'或谓之牛，或谓之非牛'及'彼'（一个命题）之'或谓之是，或谓之非'（《经说下》）的一对单称矛盾命题之间是'不俱当，必或不当'的。这就是对矛盾律原则的明确揭示。"① 关于排中律。周云之认为，《墨辩》还揭示了排中律原则。《经说上》云："或谓之牛，或谓之非牛，是争彼也。"（《经说上》）周云之分析说："这就是说，在'彼'（单称）之'或谓之牛，或谓之非牛'及'或谓之是，或谓之非'的一对单称矛盾命题中是必有一真（'当者'）的。否则，'辩'必不当。即必不是一对矛盾命题之争。这无疑是、对排中律原则的一种表述。"②

可见，对周云之而言，先秦诸子不仅有关于概念限制与分类的理论，不仅有关于命题量项与周延理论，不仅有直接推理、间接推理、假言推理、选言推理、枚举推理等较完整的推理思想，而且提出了同一律、矛盾律、排中律等完整的逻辑规律思想，并因此使先秦逻辑思想表现为一个系统。而且，周云之还深入细致地分析了先秦逻辑思想的特点与不足，从而使呈现在人们面前的先秦逻辑思想系统更为真切。周云之说："先秦名辩逻辑确是一个包括名、辞、说、辩及其规律在内的比较完整的理论体系，是可以与亚氏逻辑和印度因明相媲美的世界逻辑思想发展的三大源流之一，为世界古代逻辑科学的发展作出了相当全面、相当科学的理论贡献。"③ 无疑，周云之之所能发掘、整理出先秦逻辑思想的体系，一是因为先秦诸子思想中本来蕴藏丰富的逻辑思想资源；二是得益于逻辑认知范式这一新式武器的应用，正如周云之所说："研究中国逻辑史究竟应当以什么样的逻辑理论和逻辑体系作为评价历史的出发点和是非标准呢？我们认为，必须承认在逻辑科学的理论和体系方面，总的说来，西方国家已经建立起了最为科学、严密、完整的现代数理逻辑体系，而且已经被联合国教科文组织确定为与数学相并列的基础科学之一。所以，承认西方国家在逻辑科学上的领先地位，这也是唯物主义的态度，是尊重科学的态度。无论如何，我们总不能站在先秦的水平上总结先秦，总不能站在那些还不够

---

① 周云之：《试论先秦名辩逻辑在理论上的主要贡献》，《社会科学战线》1988年第3期。
② 同上。
③ 同上。

严格、不够准确、不够完整的逻辑知识的水平上去总结过去。"①

4. 程朱理学的逻辑上的体系

由逻辑认知范式认知、理解中国传统哲学并使之系统化的典型代表莫过于冯友兰的新理学。冯友兰以新实在论为坐标和方法，对程朱理学展开了全新的解释，并构成了异于程朱理学的"新理学"。在冯友兰"新理学"体系中，程朱理学中的基本概念和命题都做了新实在论的解释，使以道德性命为主题的程朱理学转换成逻辑形式的新理学而自成一个系统。熊十力曾说："今若仅在逻辑上，以共相为特殊物事的型范，而不与形而上学中所谓理者相混，似犹可说。"② 这句话无疑是给"新理学"腾出了一定空间，肯定其方法之合理性，而新理学方法就是逻辑方法。正是借助新实在论方法，冯友兰将程朱理学的概念、命题或观念理解或改造为逻辑学概念、命题和观念，将程朱理学体系改造为逻辑学体系，因而"新理学"是以"抽象与具体之关系"为轴心演绎而成的学说构造。其情形略述如下。

首先，狭义的"新理学"由理、气、道体、大全四个主要观念构建，而这四个观念由四个命题推演出来，但其推演方式无一不由"抽象与具体之关系"展开而加以确立③。比如"大全"，冯友兰说："大全就是一切底有的别名，所以说大全是一切底有，是一重复叙述底命题。一切事物均属于大全。但属于大全者不仅只一切事物。形上学的工作，是对于一切事实作形式底解释。既作此等解释，乃有理世界的发现。形上学的对象，就是一切。于其工作开始之时，形上学见所谓一切，是实际中的一切。与其工作将近完成之际，形上学见所谓一切，不只是实际中底一切，而且是真际中底一切（真际包括实际）。有有实际底有者。有只有真际底有者。总一切底有，谓之大全。因其是一切底有，故谓之全，此全非一部分底全，非如所谓全中国人民全人类之全，所以谓之大全。"④ 就是说，"大全"是一切"有"的总称，因而一切事物都属于"大全"，但"大全"

---

① 周云之主编：《中国逻辑史》，山西教育出版社2004年版，第31—32页。
② 熊十力：《熊十力全集》第三卷，湖北教育出版社2001年版，第364页。
③ 详情请参看冯友兰《三松堂全集》第五卷，河南人民出版社2001年版，第127—132页。
④ 冯友兰：《三松堂全集》第五卷，河南人民出版社2001年版，第132页。

也包括"理"世界，因为形上学的工作是从实际中的一切开始，而其将近完成之时，则进到真际中的一切，并且真际包括实际，便形成"大全"。也就是说，"大全"的形成是从实际开始，到真际结束，而真际是对实际的包含与否定，真际是形上学对实际的抽象而提升。因此，这样的"大全"与"宇宙"的关系就是："大全亦称宇宙。……物质底宇宙，亦可以说是全，但只是部分底全，不是大全。此所谓宇宙不是物质底宇宙，是大全。"① 与"一"的关系就是："大全亦可名为一。……新理学所谓一，只肯定一形式底统一。一只是一切的总名。所以说'一即一切，一切即一'，但对于实际并无所肯定。"② 可见，冯友兰新理学"大全"完全是"形式底解释"的结果，即是逻辑解释的结果。诚如冯友兰说："在新理学的形上学系统中，有四个主要底观念，即是理、气、道体及大全。这四个都是我们所谓形式底观念。这四个观念，都是没有积极底内容底，是四个空底观念。"③

其次，从冯友兰对程朱理学的解释看，完全是"抽象与具体"思维方式的实践。冯友兰对程朱理学展开了全面、深入的解释，但他的解释无不围绕"抽象与具体"展开。如关于"心"的解释。"心"是宋明理学中的核心范畴之一，朱子说："天下之物，至微至细者，亦皆有心，只是有无知觉处尔。"（《性理一》，《朱子语类》卷四）但冯友兰不认同"凡事物皆有心"的说法。他说："心亦是实际底、形下底，心之理是形上底。心之理是有心之物之义理之性。有心之物所实际地依照于心之理者，是其气质之性。有心之物有某种实际底结构，以实现心之理，发生心之功用；此某种结构即心所依据之气质或气禀。此某种结构之内容若何，非哲学所能知。所可说者，此某种结构既非我们的'肉团心'，亦非即是心理学中，或生理学中，所说之神经系统等。所谓某种结构或气禀，完全是逻辑底观念，并不是科学的观念。"④ 冯友兰认为，因为任何事物都必有"性"，但不一定有"心"，因而与"性"相比，"心"是形下底、实际底。那么，这个"形下底"的"心"究竟是怎样性质的概念呢？冯友兰

---

① 冯友兰：《三松堂全集》第五卷，河南人民出版社2001年版，第132页。
② 同上。
③ 同上书，第127页。
④ 同上书，第99页。

认为，凡"有心之物"都有"某种实际的结构"，这实际的结构就是"心"所依据的气质或气禀，这种结构或气禀有两个特点：一是非哲学所能知，二是非肉团心，亦非神经系统；因而此"某种结构或气禀"自是抽象的、逻辑的。这样一来，"理"对于"有心之物"而言，是"性"，是根据；是形上底，"某种实际的结构或气禀"相对于"有心之物"而言，是实现"理"的结构或模式，是发生心之功用的路径，即逻辑思维方式。因而照冯友兰的解释，"心"本身虽是"形下底""实际底"，但在新理学系统中，亦已完全是逻辑体系中的概念或范畴。我们知道，照程朱理学，"心"与性、理、太极等是同级的概念，都是"形而上"。但在新理学中，"心"的本体资格突然丧失了，"心"的本体地位被撤销了，并下降为具体物事，从而与"心即理""本心即理"等观念实现了自我隔离。因而可以说，冯友兰对"心"概念的解释与改造之结果是：一方面逻辑化，另一方面"去心学化"。此外，冯友兰对其他哲学范畴或命题的解释，亦一概表现为"抽象与具体"模式。比如"理一分殊"，他说："此理一分殊之说，是就逻辑方面说，只对于真际有所肯定。"① 比如"气"，他说："在我们的系统中，气完全是一逻辑底观念，其所指既不是理，亦不是一种实际底事物。"② 将科学的"气"改造为逻辑的"气"。又说："我们名我们所谓绝对底料为真元之气。我们同时仍须记住，所谓真元之气，亦是其所指者之私名。"③ 比如阴阳，他说："我们所谓阴阳，……完全是两个逻辑底概念。所以说此观念是逻辑底者，因此观念并不确指任何实际底事物，而却可指任何实际底事物。"④ 比如"四象"，他说："在我们的系统中，两仪是两个逻辑底观念，以指一事物所有之两种成分；四象是四个逻辑底观念，以指此两种成分之四种变化。"⑤ 等等。可见，冯友兰对"新理学"的自觉，就是建构不同于中国传统哲学的哲学，而在这个建构过程中，中国传统哲学的概念、命题及观念等，都被理解为"共相""殊相"的结构，都被逻辑化。而就"新理学"之结构言，

---

① 冯友兰：《三松堂全集》第五卷，河南人民出版社2001年版，第41页。
② 同上书，第45页。
③ 同上。
④ 同上书，第60页。
⑤ 同上书，第62页。

也是"抽象与具体"的注脚，冯友兰指出，前四章属于形上部分，讨论理、太极、大全、气、道、性等核心范畴；后六章为形下部分，讨论道德、势、义理、艺术、鬼神、圣人等具体问题。冯友兰说："这些诸德，本可以不讲，不过为说明上述之理论，我们于下文亦略讲诸德。我们并不是为讲诸德而讲诸德，我们是为说明我们上述之理论而讲诸德。我们讲诸德，只是一种举例之意。"① 这样，程朱理学在冯友兰这里就彻底地成了以"抽象与具体"为轴心的逻辑哲学体系。冯友兰对此引以为自豪，他说："朱子之哲学，非普通所谓之唯心论，而近于现代之新实在论。惜在中国哲学中，逻辑不发达，朱子在此方面，亦未著力。故其所谓理，有本只应为逻辑的者，而亦与伦理的相混。如视之理，如指视之形式而言，则为逻辑的；如指视应该明而言，则为伦理的。朱子将此两方面合而为一，以为一物之所以然之理，亦即为其所应该。盖朱子之兴趣，为伦理的，而非逻辑的。柏拉图亦有此倾向，特不如朱子为甚耳。中国哲学，皆多注重此方面也。"②

可见，在以逻辑认知范式为坐标和方法认知、理解中国传统哲学的实践中，中国传统哲学表现在逻辑上的系统或体系得以发掘和整理。中国传统哲学无论是在逻辑原则、逻辑规律、逻辑方法等方面都表现出系统性或体系性，这完全是以传统逻辑或形式逻辑为坐标的理解实践中获得的，而冯友兰"新理学"的诞生，将逻辑认知范式对于逻辑地呈现中国传统哲学的系统性或体系性之作用与意义充分地表现出来了。

第三节 中国传统哲学的逻辑问题与价值

如上分别由概念、命题、特点和系统等角度考察、分析了逻辑认知范式对中国传统哲学认知和理解的情形，它雄辩地告诉人们中国传统哲学、特别是先秦哲学中蕴含着丰富且深刻的逻辑思想。那么，中国传统哲学中的逻辑思想的性质怎样呢？存不存在需要改进之处？又有哪些值得肯定的独特性？

---

① 冯友兰：《三松堂全集》第五卷，河南人民出版社2001年版，第113页。
② 同上书，第247页。

一 中国传统哲学的逻辑问题

所谓"中国传统哲学的逻辑问题",就是指中国传统哲学在概念、命题、判断和推理等方面存在的与逻辑规则相悖从而是需要改善的地方。应该说,这方面的问题还是比较突出的。

1. 名词、概念含义的模糊性

名词、概念是中国传统哲学思想体系的重要组成部分,诸如天、气、道、诚、心、性、理等都是中国传统哲学思想的表达和钮结。那么,以逻辑认知范式角度看,这些名词或概念是否存在需要改正的地方呢?答案似乎是肯定的。

比如,"天"是中国传统哲学中一个含义繁富的概念,有自然之天、意志之天、神秘之天、本体之天等义。不过,对这种含义的繁富性严复并没有给予掌声,而是毫不留情地给予了批评。他说:"中国所谓天字,乃名学所谓歧义之名,最病思理,而起争端。以神理言之上帝,以形下言之苍昊,至于无所为作而有因果之形气,虽有因果而不可得言之适偶,西文各有异字,而中国常语,皆谓之天。"① 就是说,从逻辑学的角度看,中国哲学中的"天"歧义交错,或为上帝,或为苍穹,或为形气,让人无从把握,与逻辑的基本法规相悖。

再如,"气"也是中国传统哲学中的一个重要范畴,中国古代所有哲学学派不能离"气"讨论哲学,但"气"含义的多样性、模糊性、神秘性也让人叹为观止。严复对"气"含义的模糊性也提出了批评。他说:"有时所用之名之字,有虽欲求其定义,万万无从者。即如中国老儒先生之言气字。问人何以病?曰邪气内侵。问国家以何衰?曰元气不复。于贤人之生,则曰间气。见吾足忽肿,则曰湿气。他若厉气、淫气、正气、余气、鬼神二者之气之良能,几于随物可加。今试问先生所云气者,究竟是何名物,可举似乎?吾知彼必茫然不知所对也。……出言用字如此,欲使治精深严确之科学哲学,庸有当乎?"② 就是说,在中国传统思想中,"气"是没有规定性的,是不可捉摸的,它可以用来指代一切事物,也可

---

① 严复:《〈群学肄言〉按语》,《严复集》第四册,中华书局1986年版,第921页。
② 张岱年:《张岱年全集》第四卷,河北人民出版社1996年版,第491页。

以用来解释所有现象，什么元气、湿气、厉气、淫气、正气、客气、同气、余气、鬼神二气等，含义混乱而歧义生，最终无从把握。张岱年虽然推崇中国古代哲学中的"气论"，但由于对"气"含义的模糊性有切身的感受，他不能不提醒人们注意区别不同场景下的"气"的意涵："气是一个具有复杂含义的概念，我们应区别常识的气概念与哲学的气概念。哲学的气概念是从常识的气概念引申提炼而成的，含义有深浅的不同。常识的气概念指空气、气息（呼吸之气）、烟气、蒸气等等，即一切非液体、非固体的存在。哲学的气概念含义则更为深广，液体、固体也属于气的范畴。中国哲学强调气的运动性，用现代的名词来说，可以说气具有'质'、'能'统一的内容，既是物质存在，又具有功能的意义，'质'和'能'是相即不离的。但是，如果把'气'理解为'能'，也就陷于偏失了。气是生命的条件，但无生之物皆是气所构成的。因而，如果把'气'理解为生命力，那也是不确切的。作为哲学的范畴，气指一切客观的具有运动性的存在。其次，还应区别气的本来含义与推广的含义。以上所讲是气的本来含义。推而广之，一切现象，在中国古代著作中，都可称为气。孟子的'浩然之气'，指一种境界而言。宋代理学所谓'气象'，指有道德的人的精神风度而言。不论物质现象与精神现象，都称为气，这是气的广泛意义。"[1] 张岱年虽然对"气"的含义进行了一定程度的区分，并强调辨别、把握哲学意义上"气"的重要性，但他对"气"含义的混乱性仍然持批评态度。

在中国传统哲学中，金、木、水、火、土"五行"被视为万物构成的基本元素。所谓"先王以土与金、木、水、火杂以成百物"（《国语·郑语》）。不过，严复也没有放过对"五行"的批评。他说："中国隆古之人，已分一切物为五行矣。五行曰金、木、水、火、土。意欲以此尽物。则试问空气应归何类？或曰空气动则为风，应作属木。易巽为木，而亦为风。则吾实不解气之与木，有何相类之处。……中国人不通物理，五行实为厉阶。"[2] 对于中国古代哲学以金、木、水、火、土五种物质作为万物的原始材料，严复提出质疑：空气是由水而成、由木而成，还是由风而成

---

[1] ［英］耶方斯：《名学浅说》，严复译，商务印书馆1981年版，第18—19页"夹注"。
[2] 同上书，第24—25页"夹注"。

呢？中国古代哲学没有提供让人信服的答案，因而以金、木、水、火、土"五行"作为万物的本原不仅是缺乏根据的，也是不能自圆其说的。严复说："夫以二准阴阳，阴阳亦万物所莫能外者也。以三准上中下，上中下万物有或外之者矣。至以五准五行，五行者言理之大诟也；所据既非道之真，以言万物之变，乌由诚乎？天地五行，开口便错。"① 也就是说，"五行"既不能尽物之性，也不能尽物之变，这就违背了严复所谓"界说五例"之一——"界说必尽物之德，违此者其失混。"② 因此，以"五行"为万物本原，是与逻辑原理相悖的。

严复甚至认为，中国传统哲学中的绝大多数概念，几无不是歧义百出的，所谓"他若心字天字道字仁字义字，诸如此等，虽皆古书中极大极重要之立名，而意义歧混百出，廓清指实，皆有待于后贤也"③。那么，严复如此判断的根据是什么呢？他说："盖西学自希腊亚理斯大德勒以来，常教学人先为界说，故其人非甚不学，尚不至俪规畔矩而为破坏文字之事也。独中国不然。其训诂非界说也，同名互训，以见古今之异言而已。且科学弗治，则不能尽物之性，用名虽误，无由自知。"④ 就是说，中国传统哲学范畴"不合法"的原因，一是与逻辑思维规则相悖，二是没有建立在科学基础之上。不符合逻辑思维，故随意推衍、随意指认；缺乏科学知识基础，故不能尽括所有物之性。严复不仅指出了名词、概念含混不清的情形，并揭露了此现象的危害。他说："所恨中国文字，经词章家遭用败坏，多含混闪烁之词，此乃学问发达之大阻力。"⑤ 而这不仅是学问发达的阻力，更是事理不明的根源。严复说："然而人类言语，其最易失误而事理因以不明者，莫若用字而不知其有多歧之义。此杨朱所以有亡羊之泣也。"⑥ 李泽厚也肯定过严复的批评："这种澄清含混的语义批判，在中国至今犹堪借鉴。"⑦ 即认同中国传统哲学概念或范畴的模糊性

---

① 严复：《〈穆勒名学〉按语》，《严复集》第四册，中华书局1986年版，第1048页。
② 严复：《界说五例》，《严复集》第一册，中华书局1986年版，第95页。
③ [英] 耶方斯：《名学浅说》，严复译，商务印书馆1981年版，第19页。
④ 严复：《〈穆勒名学〉按语》，《严复集》第四册，中华书局1986年版，第1031页。
⑤ 严复：《政治讲义》，《严复集》第五册，中华书局1986年版，第1247页。
⑥ [英] 耶方斯：《名学浅说》，严复译，商务印书馆1981年版，第15页。
⑦ 李泽厚：《中国近代思想史论》，人民出版社1979年版，第273页。

应该得到改变。

崔清田不仅赞同严复关于中国传统哲学概念、范畴含混不清的批评，并提出了改变这种状况的途径与方向。他说："语言文字是思维的工具，也是交流思想的凭借。思维的'浑而不晰'必定表现为'名义不晰'，'名义不晰'也会造成思维的模糊与交谈论辩的争端。中国传统思维及其表诸文字的模糊状态，使我们难于获得明白的事理，也难于清楚地表述这种事理。这种状况，对于精密严谨科学的求取无疑是一大障碍，必须予以改正。……使思维与表述由模糊而清晰的途径，是学习逻辑学、运用好界说（定义）的方法。这就是严复所说：'盖西学自亚里大德勒以来，常教学人先为界说，故其人非甚不学。尚不致俪规畔矩而为破坏文字之事也，独中国不然，其训诂非界说也，同名互训，以见古今之异言而已。且科学弗治，则不能尽物之性，用名虽误，无由自知。'"① 就是说，若要改变哲学概念的含糊性，就必掌握好逻辑学、运用好界说（定义）的方法。具体言之则是：先进行定义，使名词、术语意义明确，不相混淆，才能改变"名义不晰"、思维模糊的状况。

陈喜乐对中国传统哲学中概念、范畴的多义性也表示了关切，他批评了中国哲学概念、范畴在内涵与外延上的混乱情形。陈喜乐说："西方的概念、范畴是单相的，即一个概念只用一个判断来规定。这种单相的概念，其内涵和外延都十分确定。中国的概念、范畴几乎都是多相的，即一个概念由许多判断来规定。如'易'，就有三个判断来定义，'易一名而含三义：易简一也，变易二也，不易三也'。这种多相的概念、范畴，其内涵和外延都不确定，伸缩性大，难以精确把握。在推理方面，西方一般采用的是命题型推理，即从一个初始命题出发，按一定规则，依次推出一系列的命题系统。如古希腊德谟克利特从'原子是不可分割的最小微粒'，推出古代原子论。这种推理要求初始命题非常明确，推理程序十分严密。"② 就是说，由于内涵、外延不确定、变化多端，因而产生含义模糊、混乱之象。这也正是金岳霖所指出的："中国哲学家没有一种发达的认识论意识和逻辑意识，所以在表达思想时显得芜杂不连贯，这种情况会

---

① 崔清田等：《20世纪逻辑学在中国的影响》，《云南社会科学》2000年第4期。
② 陈喜乐：《中西思维方式之比较》，《厦门大学学报》1991年第4期。

使习惯于系统思维的人得到一种哲学上料想不到的不确定感,也可能给研究中国思想的人泼上一瓢冷水。"①

2. 思维方式不合逻辑规范

中国传统哲学不仅在名词、概念和范畴上表现得与逻辑规律相悖,在叙述方法、思维方式上也常常表现出与逻辑规则相悖的地方。

孟子可算是中国古代善辩高手,以一敌十,但谢幼伟认为,孟子的许多辩术都是不符合逻辑规范的,或者就是诡辩。他说:"章氏之论语悖,所引旧籍例证亦多。其中有一例,最为有趣。所谓狗众(Argumenturn ad populum)之悖,即一种不诉于理,而诉于情之辩论。章氏引孟子之言为证:孟子之攻杨墨曰,'杨氏为我,是无君也。墨氏兼爱,是无父也。无父无君,是禽兽也。'夫为我何以即为无君,兼爱何以即为无父,并不详为理解,轻轻带过,向下一落,辞等千钧之重,而曰,是禽兽也,是禽兽也。此全然在闻者感情上下功夫,圣人亦不免。其曰,能言拒杨墨者,圣人之徒也。开口即钳制闻者,令不得走他条路去,而身份又绝高,人亦乐于从之。狗众之悖,兹为绝谊。近年汉口演说,登坛大呼,革命的左边来,不革命的滚出去,正反其道而行之,令闻者无一人敢滚。可见古人论证,极多语悖,得章氏揭而出之,于治旧籍者,裨益匪浅也。"② 对孟子而言,如果有人只是为我着想,便是心里没有君王的表现,如果有人爱人父胜过己父,便是心中没有父亲的表现,如果有人心里既无君王,又无父亲,便是禽兽。可以想见孟子慷慨陈词的景象。但谢幼伟赞同章士钊的批评,而不认同孟子的推论。因为在为我着想与心中没有君王、爱人之父胜过爱己之父与心中没有父亲之间没有逻辑关系,而无君无父与禽兽之间更不存在逻辑关系。那么,孟子这种推论错误出在哪里呢?在谢幼伟看来,由"为我"推出"无君",由"兼爱"推出"无父",再由"无君""无父"推出"禽兽",完全是感情上的陈述与推理,而与逻辑规律相悖,是一种语言上的专制主义。

谢幼伟批评孟子不讲逻辑,而像这样不讲逻辑的叙述或辩论在中国哲学史上可谓司空见惯,诸如孔子、周敦颐、二程、朱熹等的论述中,都有

---

① 金岳霖:《中国哲学》,《金岳霖选集》,吉林人民出版社2005年版,第67页。
② 谢幼伟:《现代哲学名著述评》,山东人民出版社1997年版,第100页。

类似的缺陷。谢幼伟说:"惟其表达方式,则亦多为武断的。例如,'子在川上曰:逝者如斯夫,不舍昼夜。'此有关宇宙本体之言说也。其意殆谓宇宙本体之变化不息,有如此水之长流,不舍昼夜而已。此为何等重要主张!但孔子一言道过之后,即无下文,绝无严格之理论以证明其所见,实不能不谓为非武断的肯定。又如《易象传》上'天行健,君子以自强不息'一言,(《易象传》自非孔子所作,然其思想可能与孔子有关。)亦但有断语,而无理由。天行何以必健?天行健,君子又何以当自强不息?此《易象传》本身所未明告吾人者也。类此之言说,不胜枚举。孟子断之,虽较孔子有思辩精神,然其武断肯定之言论,仍随在皆是。最明显者,莫如其批评杨墨之言,孟子曰:'杨氏为我,是无君也。墨氏兼爱,是无父也。无父无君,是禽兽也。'……章士钊氏谓孟子此言,犯逻辑上遁辞之谬误,(见所著:《逻辑指要》,可参阅本书第六篇,)实则,此不仅遁辞而已,乃武断肯定之言也。以武断肯定之言说,而表达其直觉之所见,孔孟如是,后儒亦然。程明道谓:'吾学虽有所授受,天理二字,却是自家体贴出来。'此'体贴'二字,亦相当于直觉。宋儒思想方法之为直觉的,贺麟氏已有详确之说明。(见所著:《近代唯心论简释》第四篇《宋儒的思想方法》一文。)然宋儒之直觉方法,仍多为武断的,则以贺氏所未指明。尝读周子《太极图说》,见其开口即曰:'无极而太极,太极动而生阳'等语,每有天外飞来,不知何所见而云然之感。何以'无极而太极?'此关于太极之论证何在?西哲之谈太极(The Absolute)者,不知费多少言语,乃敢下此二字。今周子一口道破,此固简易直捷矣,其如武断何!又太极何以能动?此动之原理为何?周子亦默无所言。几于通篇所有言说,莫不类是。二程与朱子比较看重道学问工夫,稍有思辩精神,然读其语录与书札,仍多武断表达之言论。是以谓中国哲人之哲学方法为武断的直觉法,或可为吾人所承认。作者并不反对直觉法。在某一意义上,每一哲学家有时必运用其直觉。但直觉而出之以武断,则当两种武断言论冲突时,吾人即无法判定其是非。且直觉如不辅之以理智,不辅之以逻辑,则其言论可重复矛盾而不自知。"[1] 在谢幼伟看来,所谓"逝者如斯夫,不舍昼夜";所谓"天行健,君子以自强不息";所谓"吾学虽

---

[1] 谢幼伟:《现代哲学名著述评》,山东人民出版社1997年版,第10—11页。

有所授受，天理二字，却是自家体贴出来"；所谓"无极而太极，太极动而生阳"等著名的命题，都是直觉，而且是武断地表述的直觉。这是因为：天行健与君子自强不息之间、太极与能动之间，都没有逻辑上的理由，让人摸不着头脑，自然陷入逻辑上的矛盾。

张岱年对中国哲学思维上的模糊性、表述上的不确切性也提出了批评。他认为，"表述模糊"的意思是中国哲学不像西方哲学逻辑严密、理论成体系，也不像西方哲学名词概念含义清楚明白，而是模糊的、多义的。张岱年说："由于中国传统哲学中分析方法不发达，于是表现了一定程度的模糊性。这模糊性主要表现于两点，第一，用词多歧义，没有明确界说；第二，立辞多独断，缺乏详细的论证。在古代哲学著作中，一个名词，一个概念，在同一个章节中，往往用来表示不同的含义，而不加以适当的解释。例如'体'字，本指身体、形体；后来用以表示实体，又用以表示永恒的本性。本来是表示最具体的，后又用来表示最抽象的。也用来表示深切的认识，如体会、体认。古代哲学家提出一个命题，往往不作详细的论证，不从理论上加以证明。例如程颐讲'道无天人之别'，天道与人道只是一个道。所谓人道的内容是仁义礼智，仁义礼智如何也是天道的内容呢？程颐不作详细的说明。朱熹对此作出较细的诠释，他认为天道是元亨利贞，元是生，亨是长，利是道，贞是成。植物由生而长，而花叶茂盛，而结成果实，这是自然变化的规律。他认为，仁即生，礼即长，义即遂，智即成。仁礼义智与元亨利贞相应，所以天道与人道是同一的。这说不上是论证，不过是牵强比附。以牵强比附代替论证，这也表现了模糊思维。模糊思维是中国传统哲学思维方式的主要缺点。我们现在要改造传统的思维方式，首先要变革模糊思维。"[①] 这个分析基本上是符合中国传统哲学实际情况的，中国传统哲学中的范畴或概念含义模糊，成为中国传统哲学思维的主要缺点。

张岱年据此提出了改进中国传统哲学思维的方向。他说："中国传统哲学思维方式的主要缺点是分析方法不足，这在先秦哲学即已显露。西方古希腊哲学中，形式逻辑体系完整，哲学著作论证详密，在这些方面都表现了突出的优点。到了近代，分析的研究方法导致实验科学的突飞猛进。

[①] 张岱年：《张岱年全集》第六卷，河北人民出版社1996年版，第418—419页。

中国传统哲学中，亦非完全没有分析思维。但只是初步的、简略的。我们应该大力学习西方的分析方法，致力于分析思维的精密化。一方面，致力于辩证思维的条理化，另一方面，致力于分析思维的精密化。"① 就是说，中国传统哲学思维方式的优点在于辩证思维，而缺点是分析方法薄弱，因而中国哲学必须在分析方法、思维方式等方面进行改进。

陈喜乐也认为中国哲学中的推理存在模糊性这一毛病。他说："中国的推理较普遍的是模式型推理，即从一个基本模式出发，按一定原则，把有关对象都纳入这一模式进行推理。如'阴阳五行说'以阴阳五行作为世界模式，推断天地万物。这种模式型推理由于其基本模式没有较明确而单义的规范，因而具有相当大的模糊性，其内涵和外延都有很大伸缩性，可以包容一切需要思考的对象。至于推理的程序，同样没有严格的规范形式，多用类比进行过渡，使推理显得模糊而不严密。"② 即谓中国传统哲学的推理主要是模式型推理，这种推理的问题在于：其所依据的基本模式没有明确而简单的定义，因而其推理模糊而不严密。自然，对于中国传统哲学思维方式模糊而短分析、辩论方法诡辩而悖理的判断，或许仍须更为广阔、深入的研究。

3. 传统哲学存在逻辑问题之原因

如上考察表明，即便以形式逻辑为标准，中国传统哲学中的逻辑思想仍然丰富多彩且极富特色，如严复说："夫名学为术，吾国先秦，必已有之。不然则何谓坚白、同异、短长捭阖之学说，未由立也。《孟子》七篇，虽间有不坚可破之谈，顾其自谓知言，自白好辩，吾知其于此事深矣。至于战国说士，脱非老于此学，将必无以售其技。盖惟精于名学者，能为明辩以晰，亦惟精于名学者，乃知所以顺非而泽也。若夫欧洲，则其学为希腊古贤所最重。二千余年以往，亚里士多德为连珠创立准绳，以定辩言之攻瘉。"③ 但这并不能掩饰中国古代哲学存在的逻辑问题，除了上面列举的缺点之外，中国学者普遍认为中国古代逻辑属于较低层级，显得粗糙。

---

① 张岱年：《张岱年全集》第六卷，河北人民出版社1996年版，第421页。
② 陈喜乐：《中西思维方式之比较》，《厦门大学学报》1991年第4期。
③ ［英］耶方斯：《名学浅说》，严复译，商务印书馆1981年版，第46页"夹注"。

严复就指出，中国古代逻辑虽然有演绎法，但这种演绎法不是建立在实证之上的，而是建立在臆测之上的。他说："西学之所以翔实，天函日启，民智滋开，而一切皆归于有用者，正为此耳。旧学之所以无补者，其外籀非不为也，第其所本者，大抵心成之说，持之似有故，言之似成理，媛姝者以古训而严之，初何尝取公例而一考其所推者之诚妄乎？此学之所以多诬，而国计民生之所以病也。……无他，其例之抵于臆造，而非实测之会通故也。"① 因而给人以玄虚之感。虞愚则认为先秦名学在逻辑上仍然显得比较幼稚，他说："中国论理学即指'名学'而言，中国名学材料，虽散见诸子百家学说之中。一鳞一爪，残缺不完，然如《墨经》所言'以名举实'（概念）、'以辞抒意'（判断）、'以说出故'（推理）三义，固属演绎逻辑之范围，而《小取》篇所陈'以类取''以类予'诸义，则已有归纳逻辑之倾向。……衡之西洋逻辑或印度因明，其所叙或稍幼稚，然亦不无可采之处。"② 的确，中国古代逻辑学在制名、推理等方面有着惊艳的表现，但与西方逻辑或印度因明学相比，仍然显得幼稚，不够成熟。

陈启天对于中国古代逻辑的"低层级"有一个系统性评论，值得我们认真思考。他说："A、重人事不重自然——无论何派的名学，多重人事，不重自然。孔子揭着正名主义，不过用为伦理的中心观念。而老庄等绝圣弃智，更未曾多论自然。墨子虽提倡'实用'，……也多应用于人事一方面。到别墨的《辩经》，虽偶涉论数理质力之说，也无何种系统可寻。所以可以武断说一句，古代名学全应用于人事，未尝应用于自然。而中国学问亦自只有社会科学，而无自然科学了。西洋论理学祖 Aristotle，应用他的方法于哲学，又应用于物理学、生物学。发端既不同，结果自与中国相异。B、重玄理，不重事实——老庄的学说偏重玄理，自不待说，惠施、公孙龙的辩论也多属玄理。玄理而不与事实相印证，则自易玄之又玄，莫名其妙了。即孔孟本多实际的色彩，而一则偏重伦理，也少应用各人的方法，从事实上为学问而研究学问。单从科学上着想，比之 Aristotle，殊有愧色。原来科学的基础建立于事实之上，离开事实去讲玄理，自

---

① 严复：《〈穆勒名学〉按语》，《严复集》第四册，中华书局1986年版，第104页。
② 虞愚：《中国名学》，上海书店1992年版，第3页。

无发生的希望。C、重辩论，不重实验——诡辩学派以诡辩见称于当时，注重辩论自不待说。其余各家明是非、别异同的唯一方法，也多在辩论。虽墨子注重实用，为古代名学的异彩，而苦获、已齿、邓陵氏之属，竟变成那'以坚白异同之辞相訾，以奇偶不仵之辞相应'的诡辩家，与墨子的根本方法完全不同了。以辩论定是非，而绝不实验，自然是'彼亦一是非，此亦一是非'与'是亦一无穷，非亦一无穷'，无由决定。所以有孔老之辩、儒墨之辩、杨墨之辩，至今不决。庄子主张齐论息争，即由于此。不过，他不能发明实验方法，以止辩论。为时代和历史所限，未免可惜！西洋自 Bacon 提倡实验，而科学乃大放光明，由此知中国无科学的根本原因了。D、重达观，不重分析——庄子以齐论法止儒墨之辩，似可奏效一时，然其达观方法，实贻害于学术思想界不浅。科学起于分析事实，今既达观一切，不别异同，则真正的科学方法无由产生。从好一面说，叫做达观，从坏一面说，就成含浑笼统的思想了。科学上还有一个最重要的观念，就是'类'。苟不明于事物的类，则学问无系统了。西洋自 Aristotle 提出类的观念，至今各种科学大受其赐，都有条理脉络可寻。而中国虽墨家曾提出类的观念，为《辩经》的根本方法，然未实用于何种科学，故在思想界无大影响。更经庄子蔑视类的分析，说：'今且有言于此，不知其与是类乎？其与是不类乎？类与不类，相与为类，则与彼无以异矣。'于是类的观念，扫地无遗，各家著述，亦多无类的观念，贯串其间，所以中国古代学术，外似广博，其实杂乱不堪，毫无头绪，这由于方法不注重分析的结果。"[①] 应该说，将"不重自然、不重事实、不重实验、不重分析"概括为中国古代逻辑思想的四大缺点，基本上是名副其实的，这也指明了未来中国逻辑努力进步的方向。

陈冰则认为"自然语言"的表述方式是中国古代逻辑的不足，他说："古典逻辑是采用自然语言来表述思维形式结构的，而自然语言本身具有很多弊病，这就成为古典逻辑局限性的原因之一。……(1)使用自然语言的古典逻辑，影响科学概念的精确表述。(2)使用自然语言的古典逻辑，影响社会科学研究成果在不同语种中的准确传播。(3)使用自然语言

---

① 陈启天：《中国古代名学论略》，载梁漱溟、胡适、张启天等《究元决疑论·名学稽古》，山西人民出版社 2015 年版，第 82—84 页。

的古典逻辑，概括程度低。"① 所谓"自然语言"，是指一种自然地随文化演化的语言，即人类的语言，是人们说话、行文、交流的工具或方式，其对应者是逻辑语言。中国古代逻辑当然只有使用"自然语言"了，事实上，西方古代逻辑也只能使用"自然语言"。而按照陈冰的观点，"自然语言"对于逻辑的精确性、对于学术成果的传播、对于林林总总的概括都是障碍，那么，如何改进"自然语言"便成了改进中国古代逻辑努力的方向。

二 中国传统哲学在逻辑上的价值

对中国学者而言，中国传统哲学中的逻辑思想、定理与规律等并非一无是处的，其在逻辑学史、逻辑思维史上的价值既是特殊的，也是值得肯定的。综合地考察中国学者对于中国哲学认知和理解，即发现他们也肯定了中国哲学在逻辑上的价值。

1. 在逻辑体系上的贡献

就逻辑学体系而言，毫无疑问西方走在了前面，但这并不意味着中国没有贡献，实际上中国哲学在逻辑思想体系上有自己的特殊性。本章所讨论的《墨经》、荀子都表现出系统的或体系化的逻辑思想。这也是顾惕生能够如此理直气壮的原因："今世学者称逻辑（Logic）为一切学之学（science of Sciences）者，正以自然科学社会科学一切皆有藉于逻辑之思辩，为推进器也。于是争远崇希腊亚里氏多德（Aristotles）首著逻辑专书、兼及印度之因明学。余谓我国自有其逻辑之墨子辩经，足为推进器。惜乎沉沦千年，久废而弗用，皆反对墨子者之罪也。且希腊亚氏之生，约在西纪前三八五年至三二二年之间，而我国墨子之生，约在西纪前四六八年至三七六年之间，则先亚氏将近百年也。至于印度古因明，创自足目天尊，或曰无其人，则难详矣。而新因明，为释迦牟尼佛灭后千年许之陈那Dinuaga 其人所创。然则今日追溯世界诸国最古之逻辑宝典，仍莫有更古于我国墨子辩经也。而辩经之于知也，特设专章者四；最后一章曰：'知：闻、说、亲、名、实、合、为。'是一知之概念（Concept）而包有七事焉。其闻说亲三事，略当印度经更之因明三量；其名实合三事，略当

---

① 陈冰、解书森：《古典逻辑的改造与现代科学一体化》，《青海师专学报》1984 年第 1 期。

欧西之三支论式;而为即行也,则我中国人于知之特色也。然则墨子辩足以该摄印度欧西之逻辑宝典而有余也。要之,墨子辩经之于逻辑也,允为我国上古之宝典,而又即世界最古之宝典也。"① 就是说,中国哲学关于"知"的形式与类型等理论,完全可与世界上任何同类学说媲美。其"闻、说、亲"三事,与印度因明三量相当,其"名、实、合"三事,与西方三段论相当,而强调"知"之"行",正是中国哲学关于"知"思想之特色。

孙中原认为,《墨经》蕴藏着一个全面而深刻的逻辑体系,他说:"从体系的基本内容和性质来看,《墨经》逻辑是堪与古希腊、印度逻辑并驾齐驱、相互媲美的。……如《墨经》对各种思维形式的操作特点的论列,就堪称精到、精详和精彩。又如《墨经》对表述判断词项和思维规律的变项符号,也有专门规定和驾轻就熟的应用。象'彼'、'此'、'是'、'之'、'然'、'夫'等,就起着西文著作中 A,B,C,D,E,F 等同样的作用,为指代任意事项的变项符号。《经下》说'彼止于彼'、'此止于此'、'彼此止于彼此'、'彼此不可彼且此也',就相当于西方著作中'A = A'、'B = B'、'AB = AB'、'AB ≠ A 并且 AB ≠ B'之类的公式语言(《墨经》用下述例子来解释这些规律的意思:牛是牛,马是马,牛马是牛马,牛马不等于牛、并且牛马不等于马)。这是普通逻辑同一律、矛盾律的有中国特色的一种表述。此外,在辩证思维的方法、形式和规律,以及谬误论等的研究上,也都颇具特色。"② 在孙中原看来,无论是从体系的内容还是性质看,《墨经》都可与古希腊、印度的逻辑相媲美,比如对思维形式的操作特点的论列,对表述判断词项和思维规律的变项符号的应用,以及在普通逻辑的基本规律、辩证思维方法、谬误论研究等方面,都有独到的表现,因此,《墨经》六篇的创制不仅意味着墨家逻辑的完成,也意味着中国古代逻辑学的建立,而《墨经》在逻辑理论方面的成就是中华民族对世界逻辑史的杰出贡献。

2. 在逻辑理论上的贡献

中国古代逻辑思想理论,以名家公孙龙、后期墨家、儒家荀子为代

---

① 顾惕生:《墨子辩经讲疏·自序》,台湾成文出版社 1977 年版,第 4—5 页。
② 孙中原:《〈墨经〉的逻辑成就》,《中国人民大学学报》1990 年第 3 期。

表，那么，它们有哪些特别之处呢？

王国维对这三家的逻辑思想都给予了很高评价，而荀子的名学思想是他最为推崇的。他说："名学之发达，不在墨家，而在儒家之荀子。荀子之《正名》篇虽于推理论一方面不能发展墨子之说，然由常识经验之立脚地，以建设其概念论，其说之稳健精确，实我国名学上空前绝后之作也。岂唯我国，即在西洋古代，除雅里大德勒之奥尔额诺恩（理则学）外，孰与之比肩者乎？"① 那么，王国维如此评价的根据是什么呢？因为荀子不仅探讨了制名的原因和目的，而且探讨了"名"何以同何以异的原因，甚至有些逻辑思想类似于西方近代哲学家的逻辑思想。

与王国维的评论类似的是梁嘉，他说："从其论究纯粹思维之形式及其法则而论，《荀子·正名篇》在中国逻辑史中之地位，固无殊于亚里斯多德之《工具论》（*Organon*）在西洋逻辑史中之地位也。第其影响不及亚氏之大且广耳。且也，荀子之逻辑，有其独特之点而为亚里斯多德之逻辑所不及者，斯即其对于名之构成之认识论的问题之论究，亦即近代所谓认识论的逻辑是矣。此种逻辑，虽有一部分逻辑家否认其为逻辑，而视为纯粹哲学上之问题，然无论如何，荀子于此点实可谓超乎亚里斯多德之上也。盖此种问题之论究，不论其在哲学上，在逻辑上，均为最根本者也。抑尤有言者，在荀子当时之中国，逻辑家中，能有如荀子之《正名篇》系统井然之论究名之构成及其规范者，实不可观。虽当时逻辑家之书多已散佚，仅可于其同时代思想家之著述中见其思想之断片，不能贸然据以为论，但就现存之《公孙龙子》一书而言，其阐微发赜之处，虽似较诸《正名篇》为进一步，然其所论究者，仅为逻辑上之零星问题，其理论之组织，仍不及《正名篇》之能有如此之系统也。即此而论，亦可知《正名篇》之价值矣。虽然，《正名篇》亦非全无缺点：其论证常失于粗疏，其范围仅限于名之一部，如近代逻辑之所谓命题也，推理也，荀子之逻辑均未论及。"② 就是说，荀子关于"名"构成方面的研究，似比亚里士多德还高一等；与名家公孙龙比较，在理论组织上也高出一等。因此，从纯

---

① 王国维：《周秦诸子之名学》，《王国维哲学美学论文辑佚》，华东师范大学出版社1993年版，第142页。

② 梁嘉：《荀子之逻辑学说》，《中山文化季刊》第1卷第3期，1943年。

粹思维形式及其法则言，荀子名学在中国逻辑思想史上的地位类似于亚氏在西方逻辑史上的地位。

王章焕则认为墨家在逻辑理论上之成就是值得肯定的。他说："墨者之辩学，虽在法式的一方面，远不若印度之因明，西洋之论理学，而在世界名学史上，终应占一重要之位置。……墨者之辩学，虽不注重法式，而对于推理、论证、判断、概念、成立之要目，真正知识探究与统整之方法，实已粗备而无遗，且建立三表以为规范。于推论之一切根本观念，如'故'、'法'、'类'等及辩之方法，更加详切之说明。有学理之基本，无法式之累赘。此可谓墨辩之优点一。因明与论理学皆偏重演绎，而《墨辩》却对演绎归纳皆能同等注重。《小取》篇说'推'一段，及论归纳的四种（辟、侔、援、推）之误谬，虽近世之各名学书，亦不过如此而已。且墨者因知归纳法之用处，故有'同异之辩'，以成一科学之学派，此可谓《墨辩》之优点二。儒家之正名论，老子杨朱等之无名论，皆是极端派。墨者于两者之间，别立一种折中之学说，不问名是否有实，实是否有名，单提出'名'与'实'在辩学上之作用。故曰'所谓，实也；所以谓，名也。'实只是主辞，名只是宾辞，仅有辩学上之作用，不成本体学上之问题。此可谓《墨辩》之优点三。当时之各家学派，惟有墨者能研究物的所以然之故，根据同异有无之理，设为'效'、'辟'、'侔'、'援'、'推'各法。非第可为论辩之用，实有科学上之精神，此刻谓《墨辩》之四优点。"[①] 就是说，《墨经》在推理、论证、判断、概念成立之要目，在真正知识探究与统整之方法，在推论之一切根本观念如"故"、"法"、"类"及辩之方法等方面，都表现得非常出色。

崔清田特别肯定了《小取》在逻辑学上的贡献。他说："《小取》在'以名举实'、'以辞抒意'和'以说出故'中，明确提出了概念、判断和推理这三种思维形式，并分别做了说明。这在逻辑发展史上有重要意义。黑格尔在评价亚里斯多德时曾说：'认识并规定了我们的思维所采取的这些形式'和'把思维这个贯穿一切的线索——思维形式——加以确定并提高到意识里来'，是亚里斯多德的'不朽功绩'。我们同样可以说，《小取》在思维形式的明确提出和确定上，也做出

[①] 王章焕：《论理学大全》，商务印书馆1930年版，第375—376页。

了'不朽的功绩',足以与古希腊的亚里斯多德相媲美,而毫无逊色。"①

胡适将墨家逻辑的贡献概括为四个方面,他说:"儒家的正名论,老子杨朱的无名论,都是极端派。'别墨'于两种派之间,别寻出一种执中的名学。他们不问名是否有实,实是否有名,他们单提出名与实在名学上的作用。故说:'所谓,实也;所以谓,名也。'实只是'主词'(Subject),名只是表词(Predicable),都只有名学上的作用,不成为'本体学'(本体学原名Ontology,论万物本体的性质与存在诸问题)的问题了(别墨以前的实,乃是西洋哲学所谓Substance,名即所谓Universals,皆为本体学的问题,故有'有名''无名'之争)。这是墨家名学的第一种贡献。中国的学派只有'别墨'这一派研究物的所以然之故。根据同异有无的道理,设为效、辟、侔、援、推各种方法。墨家名学的方法,不但可为论辩之用,实有科学的精神,可算得'科学的方法'。试看《墨辩》所记各种科学的议论,可以想见这种科学的方法应用。这是墨家名学的第二种贡献。墨家论知识,注重经验,注重推论。看《墨辩》中论光学和力学的诸条,可见墨家学者真能作许多实地试验。这是真正科学的精神,是墨学的第三种贡献。墨家名学论'法'的观念,上承儒家'象'的观念,下开法家'法'的观念,这是墨家名学的第四种贡献。"② 由此看来,提出"名"与"实"在名学上的作用、研究物所以然的科学方法、展开实地试验的科学精神、上承儒家"象"的观念下开法家"法"的观念等,是墨家在逻辑上的四种贡献。因此,中国古代诸哲学学派的方法论没有比墨家更完整的。

3. 谬误理论是逻辑史上的特殊贡献

中国古代哲学在逻辑学上的贡献还表现在某些特殊的逻辑理论上,郑立群认为《墨经》关于谬误的理论就是代表性例子。而《墨经》在谬误理论上的贡献主要表现在:其一,在语词和概念的谬误方面。郑立群从

---

① 崔清田:《〈小取〉逻辑思想浅析》,《南开学报》1982年第4期。
② 胡适:《中国哲学史大纲》,《胡适学术文集·中国哲学史(上)》,中华书局1998年版,第155—156页。

"语词歧义""名实不符""狂举"三方面展开了分析。所谓"语词歧义",就是指语词歧义往往由一词多义、同义词或同音词引起,或把同义词看成异义词。郑立群说:"《墨经》中说:'知狗而自谓不知犬,过也。说在重。''狗,犬也。而杀狗非杀犬也,不可。说在重。'狗、犬这两个语词指称同一对象,有同一语义,表达同一概念。用《墨经》的话说,这叫'二名一实',是'重同'。在这个意义上,如果诡辩说自己知道狗,却不知道犬,甚至自己杀了一只狗,还硬说自己没有杀犬,那就是犯了逻辑上的过错。"[1] 所谓"狂举",就是指没有正确认识到事物的本质属性或特有属性,从而混淆了不同的概念。郑立群说:"《墨经》说:'狂举不可以知异,说在有不可。''牛与马虽异,以牛有齿、马有尾,说牛之非马也,不可。是俱有,不偏有偏无有。……若举牛有角、马无角,以是为类之不同也,是狂举也。犹牛有齿,马有尾。'以牙齿和尾巴这两种牛与马都有的属性,来作为区分牛和马的根据,当然是很荒谬的,但以有角、无角来作为区分牛马的根据,也不算准确的、科学的。只有用本质属性或特有属性才能作为确定概念的标准。狂举的错误,实际上是概念内涵外延模糊不清的逻辑谬误。"[2]

其二,在语句、命题和判断的谬误方面。郑立群从"语句歧义""命题虚假""自相矛盾"三方面展开了分析。这里只考察"语句歧义""命题虚假"。所谓"语句歧义",是指由于句读不同,对同一语句的理解不同,由语句结构过简导致误解,利用语句的多义性进行曲解等。郑立群举例说:"楚国的大官庄伯叫他父亲'视日'。这个语句可理解为'看看太阳在哪里',又可理解为'现在是什么时间'。从当时的语境看,庄伯意在后者,而庄伯父亲却答成前者,说'在天',故意跟儿子为难。儿子再提问:'看看太阳怎么样了?'父亲答成:'正圆着呢!'儿子令父'视其时',父亲回答:'就是现在这个时候。'庄伯的父亲显然是避开问题的本意,故意答非所问。《吕氏春秋·离谓》篇说:'辞者,意之表也。鉴其表而弃其意,悖。'即语句是表达思想的工具。如果只根据语句的表面而

---

[1] 郑立群:《中国古代逻辑中的谬误论》,《逻辑与语言学习》1991 年第 2 期。
[2] 同上。

抛弃语句的意义,这是荒谬的。"① 所谓"命题虚假",是指一个真命题必须与其所反映的客观事实相符,否则即为悖谬。郑立群举例说:"《韩非子·外储说左上》说,宋国有一个著名的善辩家,他论证'白马非马'的论点头头是道,能够把整个齐国稷下学宫的众多善辩家都辩输了。但是等到他骑白马过关,还得看着他的白马乖乖地交马税。也就是说,他在理论上能够论证'白马非马',但在实际中还得承认'白马是马'。所以韩非子说:'借之虚辞,则能胜一国;考实按形,不能谩于一人。'即用假命题可以辩胜一国的人,但要论事实,则不能骗过一个人。"② 这也正是《墨经》所说:"假必悖,说在不然。"假命题必然是错误的,原因就在于与事实不符。

其三,在说和辩的谬误方面。郑立群从"未明其故""异类相比""未通意而后对"三个方面展开了分析。所谓"未明其故",故即原因、理由和根据,相当于推理的前提或论证的论据。推理和论证的实质,在于揭示一结论或论题得以成立的理由、根据。郑立群举例说:"取故不真,结论可疑。此即《墨经》所谓:'彼以此其然也,说是其然也。我以此其不然也,疑是其然也。'如对方推论说:'所有人是黑的。臧是人,所以,臧是黑的。'些个结论就可疑。因为'所有人是黑的'这个'故'不真实。这时,我可以用'并非所有人是黑的'来怀疑'臧是黑的'这个结论。因为有人不是黑的,所以也许碰巧臧不是黑的。"③ 所谓"异类相比",就是指将不相类的事物进行类比,会导致谬误。郑立群说:"《墨经》中说:'异类不比,说在量。''木与夜孰长?智与粟孰多?爵、亲、行、价四者孰贵?'不同类的东西不能在同一角度上相比,因为衡量标准不一。异类相比,弄不好会犯机械类比或拟于不伦的错误。"④ 所谓"未通意而后对",是指未通意思而应答也会导致谬误。郑立群说:"《墨经》说:'通意后对,说在不知其孰谓也。''子知羁乎?应之曰羁何谓也。彼曰羁旅,则知之。若不问羁何谓,经应以弗知,则过。且应必应问之对而应焉。应有深浅大小,当在其人焉。'未通意而后对,会犯转移论题的逻

---

① 郑立群:《中国古代逻辑中的谬误论》,《逻辑与语言学习》1991 年第 2 期。
② 同上。
③ 同上。
④ 同上。

辑错误。"① 可见，郑立群详细、深入地讨论了《墨经》《白马非马》《韩非子》等文献中的诸"谬误"案例，从而展示了中国古代逻辑在谬误的分析与解决方面的特色和贡献。

正因为中国古代有丰富、深刻的逻辑思想、逻辑理论、逻辑律则，章士钊强调既不应妄自菲薄，也不能盲目自大，他说："逻辑起于欧洲，而理则吾国所固有。为国人讲逻辑，仅执翻释之劳，岂云称职！本编首以墨辩杂治之，例为此土所有者咸先焉。此学谊当融贯中西，特树一帜。……先秦名学与欧洲逻辑，信如车之两轮，相辅而行。"②

第四节 逻辑认知范式应用之检讨

张家龙说："中国名辩学主要有两部分，一部分属于形式逻辑，另一部分属于非形式逻辑。对于形式逻辑部分应当采用现代逻辑的方法进行研究。这种方法叫做'人体解剖法'。……用现代逻辑这把钥匙去开启古代逻辑之锁，这样才能深刻地认识古代逻辑的成果所表露的当代成果的征兆，才能进一步发掘古代逻辑的成果，才能对古代逻辑的成果作出科学的解释，才能对古代逻辑的成就及其缺陷作出科学的评价，才能澄清对古代逻辑成果的种种误解。"③ 如上关于过去百余年中国学者以逻辑认知范式认知、理解和评价中国传统哲学的实践，即是张家龙说的"采用现代逻辑这把钥匙去开启古代逻辑之锁"，那么，这种持续、广阔的学术实践给我们留下了怎样的思考呢？

一 逻辑地开掘了中国传统哲学思想资源

谢幼伟曾经表彰章士钊说："章书兼及归纳，虽于逻辑本身少重要之贡献，然其特点，在能将我国所有之逻辑材料纳入西洋逻辑系统中，使成为中国式之逻辑教本。其用力之勤，搜罗之富，及其对我国旧籍理解之正确，殆无可伦比。"④ 而根据我们对逻辑认知范式应用的考察，发掘、

---

① 郑立群：《中国古代逻辑中的谬误论》，《逻辑与语言学习》1991年第2期。
② 章士钊：《逻辑指要·例言》，生活·读书·新知三联书店1961年版，第4页。
③ 张家龙：《论〈墨经〉中"俉"式推理的有效式》，《哲学研究》1998年增刊。
④ 谢幼伟：《现代哲学名著述评》，山东人民出版社1997年版，第96页。

整理中国传统哲学中逻辑思想资源的远非章氏一人，贡献也远不仅是"搜罗之富"，它还涉及对中国传统哲学中的诸种逻辑学原理、规律与方法的整理，以及对中国传统哲学中逻辑思维特点的揭示。

1. 对传统哲学概念逻辑意涵的发掘和整理

逻辑认知范式的应用，对中国传统哲学中的许多概念和名词进行了发掘、整理和解释，使其逻辑学含义得以呈现。如下简述"类""故""理""或""假""效""推""辟""侔""援""推"等的逻辑意涵被发掘、整理的情形。

对"类"逻辑意涵的发掘与整理。侯外庐指出，墨子的"类"不仅含有形式逻辑中的"矛盾律"，而且表现出归纳性思维。冯契认为墨子的"类"是以共同属性为前提的，因而属性不同的事物不能视为"类"，这说明墨子对"类"的标准有清醒的认识，即有相同属性的个体或事物，才属同类，而"体同"者不类。温公颐认为墨家的"类"是与"同异""有无"联系在一起的，从"同异"看，所指是"类同"与"不类"，但不包括所有的同异关系；从"有无"看，所指是"偏有偏无有"，即事物属性只为某类事物所有，而此类事物之外则没有；因此，"类"是事物间同异关系的概括，而决定同异的是事物的属性。这样，虽然侯外庐、冯契、温公颐关于"类"的理解不尽相同，但都将其理解为逻辑学范畴，都强调"类"的"共同属性"，都将"类"的逻辑意涵进行了呈现。

对"故"逻辑意涵的发掘与整理。侯外庐认为，"故"是用来表达立论的道理，并由立论的多少与影响的程度而分为"小故"和"大故"，"小故"意味着不必如此，而"大故"意味着必定如此。冯契也认为"故"是论断成立的根据，"小故"是"小理由"，是必要条件，"大故"是充分条件。周云之则指出，"故"不仅是推理的前提和论据，也是假言命题或假言推理中的条件或前件，还是选言命题和选言推理中的选言肢。如此，"故"之逻辑意涵及其复杂性得以为人们所认识。

对"理"逻辑意涵的发掘与整理。冯契指出，"以理长"就是按正确的推理的形式和逻辑规则进行思维与辩论，其中有矛盾双方不能都肯定或否定的"排中律"思想，也有两个矛盾命题不都是合理的"矛盾律"思想，因而这个"理"具有逻辑思维基本规律的意涵。周云之认为"理"是反映事物客观规律之真理，所有演绎推理都是由一般而推及特殊的，这个一般就是指事物的客观法则,因而"理"就是间接推论中的大前提或假言命题或选言命题,是进行直言、假言、选言推理的第一个前提或基本论据,所以"理"在《墨经》中是逻辑推理的基本范畴。温公颐则认为,叙述要有规律、准则和条理,这个规律、准则和条理就是"理"。可见,"理"之逻辑意涵不仅丰富,而且深刻。

对"或"逻辑意涵的发掘与整理。赵纪彬认为,"或"所内含的是"不必然"的意思,因为事物性质会遭遇"不全如此"的场合。郭湛波则认为"或"是指一部分,因而在逻辑上是"特称命题"。张纯一认为"或"除了指不周全、永远是全部中一部分之外,还包含特称肯定与特称否定两部分内容。周云之将"或"理解为选言判断,但指出"或"既代表特称量词,又代表选言命题,而且作为一种论式,属于选言推理,同时包含了对选言命题的承认。虽然各家的解释不尽一致,但正因为如此,"或"之不同逻辑意涵便清晰地呈现出来。

对"假"逻辑意涵的发掘与整理。虞愚认为"假"就是逻辑上的"假言判断"。冯友兰则认为"假"是指虚拟条件下的情形。在周云之看来,"假"是一种区别于实然的假言判断,这种假言命题需要满足两个条件,即所谓"大故"和"小故",并揭示了假言命题的前后件关系,不具备前件就推不出后件,反之,亦然。这样,依虞愚、冯友兰、周云之对"假"的理解,完全属于逻辑学范畴。

对"效"逻辑意涵的发掘与整理。张纯一认为"效"是逻辑学的一定程式,照着法则做去便是"效"。蒋维乔认为"效"有仿效的意思,和论理学的演绎相当。任继愈则认为"效"就是模仿,"法"就是"法式"或"标准",将样式或范本当作公式去推理,并做到"所若而然",就是"中效",就是有效的推理或判断。可见,"效"就是根据法则进行推论的逻辑学范畴。

对"辟"逻辑意涵的发掘与整理。冯友兰认为,"辟"就是举出别的事物以彰明此事物。虞愚的理解与冯友兰一致,"辟"就是举他物以明此物之义。赵纪彬将"辟"理解为"举他物明此物",即以所知明所不知的类比推理。蒋维乔则认为,"辟"就是譬喻,就是借彼明此的意思。任继愈也认为"辟"就是譬喻,即借用具体的事或具体的物以说明一件事情或某个道理。萧萐父、李锦全也将"辟"视为譬喻,"譬"就是比喻,相当于类比法，即通过比喻来进行推理，用已知的具体事物来使人明了未知情况。透过这些解释，"辟"之以他物以明此物的逻辑推理义便呈现出来。

对"侔"逻辑意涵的发掘与整理。虞愚认为，"侔"就是用别的判断比较这个判断，用于以辞抒意。赵纪彬则认为，"侔"是指两个相同的命题之间的互训，以求贯通的推理方法。冯友兰将"侔"理解为用此辞比较彼辞。蒋维乔将"侔"与"辟"作一比较，认为二者都是让人明白事理，但差别是"辟"是用彼辞明此辞，而"侔"是以此辞明彼辞。周云之认为，"侔"式推论是由一个直言否定命题推出一个否定的关系命题，是一种否定式复杂概念推理，因此，"侔"式推论是一种比一般附性法更为复杂的直接推理，从而包括对附性法的理解。

对"援"逻辑意涵的发掘与整理。冯友兰认为，"援"就是举例，即今人所谓"援例"。虞愚认为，"援"就是他人可举之例，我也可以举之。蒋维乔指出，"援"就是引彼例说明此例，并且很有力量。赵纪彬则认为"援"主要是一种推理方法，根据已成的实例以推知将成的事物。张纯一认为"援"是借助众人共同默许以证己说。任继愈将"援"理解为类比推理的前提。萧萐父、李锦全则认为"援"相当于间接推理。我们认为，不管是举例，还是推理，不管是间接推理，还是类比推理，都说明"援"具有逻辑学意涵。

对"推"逻辑意涵的发掘与整理。胡适认为，"推"就是归纳法，就是由已知若干个体事物如此，推知类似已知事物必亦如此。赵纪彬解释为以"所取"推知"所不取"。冯友兰认为"推"就是根据已知推知未知。任继愈则直接说"推"就是归纳推理。萧萐父、李锦全则认为"推"相当于间接推理的归纳法和演绎法。基于上述，"推"不仅有归纳推理义，也有演绎推理义，因此，"推"是一个逻辑学概念。

总之，逻辑认知范式的应用，中国传统哲学中诸如"类""故""理""或""假""效""譬""侔""援""推"等概念的逻辑意涵都被发掘、解释和整理，使每个概念内含的逻辑思想及其特点得以呈现。

2. 对传统哲学命题逻辑意涵的发掘和整理

逻辑认知范式的应用，也对中国传统哲学中的许多命题进行了发掘、整理和解释，使其逻辑学意涵得以呈现。

关于"以名举实"的逻辑意涵。赵纪彬认为是强调概念与事实一致，与事实相符的概念才能成为指导实践的方法，才能对实践发生积极的指导力量。蒋维乔、杨大膺则认为，此命题意味着一切名词都是用来表示对象的特点与现状的，否则就不是名词。张纯一认为是此命题要求做到名与实相符，因而是建立逻辑辩论的三大纲领之一。崔清田则指出，"名"是代表概念的，而概念是用于反映客观事物本质的，因而"以名举实"就是用概念反映客观事物的本质。可见，"以名举实"就是强调概念或名词对于事物的反映与陈述，而这正是逻辑学的展开所需要的。

关于"以辞抒意"的逻辑意涵。虞愚认为是以命题形式表示联系之判断。蒋维乔认为它是辩论发生的基础。赵纪彬则认为它是用判断的形式表达主观意志的逻辑方法。张纯一指出，"辞"有"良"与"不良"之分，只有真能立之辞，才能触类旁通，成为逻辑辩论的第四纲领。崔清田认为，"辞"有断定的意思，"抒"有展现的意思，因而"以辞抒意"就是应用判断（辞）呈现思想的一种思维形式。

关于"以说出故"的逻辑意涵。赵纪彬认为是通过推理寻找事物的原因。谭戒甫分析到，"说"就是"所以明"之意，"故"就是事物的原因，一个事物的原因被说清楚了，那么也就"所以明"了。郭湛波指其为逻辑上的演绎推理。蒋维乔、杨大膺认为，"说"就是推论，"故"就是结果，"说"在逻辑推理环节具有关键作用。崔清田则认为"说"是推理的程序，"故"是立论的根据，因而是通过推理明白或确立立论的根据。

关于"以类取，以类予"的逻辑意涵。谭戒甫认为，"取"即取此择彼，"予"即以类相推之义，以同类喻物谓之"以类取"；根据同物共有之性，由此物推得他物，则谓之"以类予"。王章焕通过在概念、判断、推理环节中的地位说明这个命题的含义与价值，"取"是举例，"予"是断定，即言一切推论上的举例与判断，都以"类"为根据，都以此命题为根据。赵纪彬认为，"以类取，以类予"是墨家逻辑思想的根本定理，其所强调的，一是逻辑判断根据事物内部的原因，二是依据事物的类别为范围进行推理，因而主张推理与判断需以事物内部的规律为根据。关于"离坚白"的逻辑意涵。金受申认为，"离坚白"的实质在于区分抽象观念与具体观察，由抽象观念说，言"坚白石"无问题，但从具体观察看，所观察到的是白石，而无坚，手摸到的是坚石，而无白，这样自可以说坚与白是可以分离的了。冯友兰分析说，在认识论上，坚白是两个可以分离的共相，在形而上学意义上，坚白也是两个分离的共相。就是说，"白"和"坚"这两个概念都是可以独立存在的，所以有所谓无坚之白石和无白之坚石，它们可以自己存在，而不依赖于石；由于人的感觉只限于那些表现于具体事物之属性，即目不能得坚而得白，手不能得白而得坚，因而无法以感觉判断白和坚合在一物。这样，"离坚白"逻辑意涵的丰富性就被发掘和整理出来。

关于"合同异"的逻辑意涵。郭湛波指出，"小同异"属于归纳法，"大同异"属于演绎法。汪奠基认为，"合同异"命题在思想形式上运用了逻辑思想方法，在科学抽象概念的基础上建立起一个"合同异"的逻辑理论体系。周云之则系统地揭示了"合同异"的逻辑意涵：第一，对定义方法的运用；第二，对关系命题的认识；第三，含有推理方法。它强调从具有某一共同特点事物中认识其个别事物的特殊性（差异性）。经由这样的解释，"合同异"逻辑意涵的丰富性与深刻性都得以呈现。

关于"举一反三"的逻辑意涵。汪奠基解释说，"举一反三"表现了孔子的推理思想，孔子将推理活动看成由繁而简、由个别到一般的秩序，但属于主观的推类方法。周云之则将"举一反三"理解为类推方法、演绎方法。温公颐指出，"举一反三"方法已经触及同类事物可以相推的逻辑原理，具有鲜明的推类性质。

关于"理一分殊"的逻辑意涵。周云之指出，"理"是一般，"殊"是个别，因而"由殊到理"便是归纳法的意思，而"由理到殊"则有演绎法的意思。就是说，"理一分殊"既具有归纳法含义，也具有演绎法的含义。温公颐、崔清田认为，"理一分殊"表明朱熹不仅看到了"理一"方面，而且看到了"分殊"的方面，而且，这个命题所内含的一般与个别、类属与种、整体与部分的辩证关系，丰富了传统的"类"概念的内容。

显然，中国学者对以名举实、以说出故、以辞抒意、以类取以类予、离坚白、合同异、举一反三、理一分殊等命题的发掘、分析和理解，使其逻辑意涵呈现了出来。

我们注意到，中国学者在应用逻辑认知范式的时候，也关注到哲学文献中的逻辑思想、逻辑原理和逻辑规律。比如陈克守将《孟子·尽心下》

中"梁惠王不仁"理解成一个典型的三段论：大前提：凡是仁者都是以其所爱及其所不爱；小前提：梁惠王不是以其所爱及其所不爱；结论：所以，梁惠王不是仁者。这个三段论完全符合三段论规则，是一个正确的三段论。因而这段话完全体现了"三段论"原理。再如，陈克守将《孟子·告子上》中"鱼熊掌不可得兼"理解为不相容的选言推理。此外，中国古代"制名"思想与方法也得到了发掘和解释。比如，周云之认为，荀子所论"共则有共"的过程，就是"名"的不断概括的过程；所论"别则有别"的过程，就是"名"的不断限制的过程。这体现了荀子关于概念的内涵和外延、限制和概括的思想。而《墨辩》论述了"名"的分类，"达名"就是指最一般的概念，相当于哲学上的范畴；"类名"是指一类具体事物所共有的"名"；"私名"是专指某一个体之名。这体现了《墨经》关于"名"分类的思想。中国古代逻辑推理也得到了发掘。比如，周云之认为《墨辩》提出了两种直接推理的具体形式，一是用特称否定以驳倒全称肯定的反驳论式，二是由一个直言否定命题推出一个否定的关系命题；而在间接推理方面《墨经》提出了由"三物"（故、理、类）推出结论的过程和形式——三物论式，就是一个相当于亚氏三段论式和因明三支论式的演绎推论的基本形式。在选言推理方面，周云之认为，《小取》中"或也者，不尽也"论式即是选言推理，《墨辩》已经意识到用简单枚举推出的全称肯定结论是不具有必然性的思想。王廷洽认为荀子"以类度类"即用此一类去思考彼一类，明显是与类比推理相当的术语，而表现为"以类行杂，以一行万"时，便是演绎推理。中国古代逻辑基本规律也被发掘和整理。周云之认为公孙龙最先从理论的角度总结了正名中的同一律原则："其名正则唯乎其彼此焉"，而《墨辩》的"或谓之牛，或谓之非牛"所反映的是矛盾律原则。王廷洽认为荀子提出了同一律、矛盾律和排中律三大规律思想，同一律思想体现在"类"和"统类"概念中，矛盾律是指在思维时"不能两是、不能两非"，排中律是指排除模棱两可、模棱两不可的情况。等等。可见，中国学者在以逻辑认知范式理解中国传统哲学时，将中国传统哲学文献中与逻辑思想、原理、定律和方法相应者也部分地做了发掘和整理，使之呈现并显示自身的价值。

3. 对传统哲学中"特殊逻辑智慧"的发掘和整理

在逻辑认知范式的应用实践中，中国传统哲学中蕴藏的"特殊逻辑智慧"也得到了发掘和整理。这里所谓"特殊逻辑智慧"是指区别于一般逻辑学原理、规律和方法的逻辑思想、原理和方法，具体包括语言逻辑、数理逻辑、谬误理论等。比如，颜青山对《墨经》中语言逻辑的发掘与整理，他认为《墨经》中的"五诺"是探讨语句真理性程度的概念，反映陈述与实在之间的关系，而且对语句的真理性进行了区分，因而属于语言逻辑概念。陈正英肯定邵雍的象数学具有数理推演逻辑内涵，她从三个方面进行了分析与说明：第一，象数推衍法注意到了"类推"的认识工具作用。即是说，无论是地面上"走"的动物，还是天上"飞"的动物，都可以"从其类"，即要求按事物特点分清类属关系；第二，象数推知法是古老的中国式的数理逻辑。而邵雍的"数推"与数理逻辑具有一致性；第三，象数推演逻辑是主观符号的逻辑推论。郑立群则发掘和整理了《墨经》《白马非马》《韩非子》中的谬误理论，认为《墨经》中的谬误理论非常系统而深刻。在语词和概念的谬误方面有所谓"语词歧义"，就是指语词歧义往往由一词多义、同义词或同音词引起，或把同义词看成异义词；在语句、命题和判断的谬误方面，有所谓"语句歧义"，就是指由于句读不同，对同一语句的理解不同，语句结构过简导致误解，利用语句的多义性进行曲解等；在说和辩的谬误方面，有所谓"未明其故"，故即原因、理由和根据，相当于推理的前提或论证的论据，推理和论证的实质，在于揭示一结论或论题得以成立的理由、根据。也有所谓"异类相比"，就是指将不相类的事物进行类比，会导致谬误。可见，郑立群对于《墨经》《白马非马》《韩非子》等经籍中"谬误"案例的分析，是逻辑认知范式用于认知、理解中国传统哲学的又一重大收获。钱穆指出，依西方逻辑学原理，概念有内涵与外延之分，内涵越小者外延越大，外延越小者内涵越大。与西方逻辑重外延、重推理相比，中国古代名家重意象，重内涵，所谓"白马非马"，因而它们是不同的逻辑路向。应该说，钱穆的这种理解有助于人们认识中国古代名学的特殊性。可见，逻辑认知范式的应用，也使中国传统哲学中的"特殊逻辑智慧"得到了发掘与整理。总之，逻辑认知范式应用的重要成就之一，就是较全面、较系统地将中国传统哲学中的逻辑学资源开挖、整理出来，从而使蕴藏在中国传统思想中的逻辑学资源得以呈现而为人们所认识、所掌握。孙中原说："近百年中国逻辑史研究，广泛运用中外逻辑比较方法。中国逻辑史比较研究的过程，是人们对中国古代逻辑的认识，逐渐由浅入深、由少到多、由抽象到具体的过程。"① 可以说，以逻辑认知范式认知、理解中国传统哲学的学术实践仍行走在正确的道路上。

二 逻辑地提升了中国传统哲学的品质

金岳霖说："逻辑怎么帮助哲学呢？逻辑技术的完善是对哲学批评的帮助。通过严格的逻辑分析，可以彻底澄清或清除含混、模糊或无意义的思想。随着逻辑的改进，可能不会把含含糊糊的意见当做哲学的深奥见解而忽略。首先将一个命题分为其词项，看它们是不是清晰明确，就是说，看它们是否有确切的意义。然后再把它们重新组成原来的命题，看它是否有意义。它可能有意义，却不是真的，这就是说，与其他命题不一致。'人在自己的脑袋上走路'这个命题似乎是完全有意义的，但是它与其他一些表述'人'的命题是不一致的，在这种意义上，它不是真的。逻辑帮助批判的哲学，它几乎在相同的程度上帮助实证哲学，因为只要哲学是批判的，它也就是实证的。"② 按照这个说法，逻辑对于哲学品质的提升具有重大的、基础性的作用。那么，逻辑认知范式应用于中国传统哲学研究中，是否可以印证这个说法呢？

1. 丰富和发展了中国传统逻辑学说

逻辑认知范式被应用于认知、理解中国传统哲学的过程，也是逻辑认知范式被引进中国传统哲学的过程，更是对中国传统哲学逻辑化改造的过程。中国学者在应用逻辑认知范式认知、理解中国传统哲学的实践中，一方面介绍传播了西方逻辑思想，另一方面发掘、整理了中国传统逻辑思想，从而丰富了中国逻辑思想。

其一，引入西方逻辑思想以改造中国传统逻辑思想结构。逻辑认知范式应用过程中，逻辑认知范式内容既有传统逻辑，也有形式逻辑，更有现代逻辑，但不管哪种逻辑，都经由中国学者的应用而进入中国思想从而成

---

① 孙中原：《论中国逻辑史研究中的肯定与否定》，《广西师院学报》2000 年第 4 期。
② 胡军编：《金岳霖选集》，吉林人民出版社 2005 年版，第 450—451 页。

为中国逻辑思想的一部分,从而丰富和发展着中国逻辑学思想。就概念或范畴看,在解释"类"时,介绍了类推思想,其中包括对"类"内涵的规定、矛盾律法则以及归纳性思维;在解释"理"时,介绍推理的形式与规律,即言说需要遵循的规律;在解释"效"时,介绍了效法摹仿、效言推理等原理;在解释"辟"时,介绍了以彼喻此、类比推理等思想;在解释"侔"时,介绍了以此推彼的推理原理;在解释"援"时,介绍了引用举例的法则;在解释"或"时,介绍了选言判断原理;在解释"假"时,介绍了假言判断、假言推理法则;在解释"推"时,介绍了归纳推理法则;等等。就命题看,在解释"以名举实"时,介绍了演绎法;在解释"以辞抒意"时,介绍了以判断表达思想的方法;在解释"以说出故"时,介绍了通过推理确立立论根据的思想;在解释"以类取,以类予"时,认为前者为归纳,后者为演绎;在解释"离坚白"时,介绍了概念之间、概念与事实之间关系的理论;在解释"白马非马"时,介绍了"名"的种属差别思想。若更为具体地说,严复通过批评中国传统哲学思维方式介绍、引进了归纳、演绎方法以及界定界说等逻辑理论;而胡适写《先秦名学史》是以逻辑认知范式为摹本写出来的,其中也引进了归纳法、演绎法、名实关系思想、界说理论、判断、推理及逻辑规律等;再如章士钊的《逻辑指要》就介绍了"思想律",即同一律、矛盾律、排中律三大逻辑规律以及三段论等;王廷洽通过解释荀子相关概念、命题,介绍了逻辑规律、制名思想与原则、推理思想等;周云之通过解释《墨经》相关概念、命题,介绍了定义理论、推理及其诸形式、假言命题、逻辑规律等。无疑,通过这样的应用与介绍,西方逻辑学思想、原理、定律和方法等纷纷进入中国哲学思想史,从而成为中国哲学思想的一部分,成为中国逻辑思想的一部分。事实上,自 17 世纪始,李之藻等人就已将西方逻辑学介绍到中国思想中,经过长期的渗透影响,西方逻辑思想、原理、定律、方法乃至术语等逐渐成为中国哲学思想的一个部分。

其二,对中国传统逻辑思想缺陷的揭示。所谓对传统逻辑思想缺陷的揭示,就是指中国学者在以逻辑认知范式认知和理解中国传统哲学的实践中,对所发掘和理解的哲学概念或哲学命题所存在的逻辑问题给予了分析与揭示。唐君毅认为,"或"为特称命题,"假"为假然命题,但此命题不足以成为论辩之法,因为它们都属于个人思维方法,是个人思想中之事，所以不应简单地将"或""假"视为独立的逻辑方法。同样，"效""推"也存在这样的问题，"效"不一定就是演绎法，"推"不一定就是归纳法，因为一方面在原文中没有证据，另一方面与《小取》所举之论辩之例证亦多无应合，因此不能简单地将"效"理解为演绎法，将"推"理解为归纳法。可以说，唐君毅对这些概念的逻辑意涵之特点的判断是很有启发意义的，它告诉我们确定中国传统哲学中某个概念是否属于逻辑学概念或是否有逻辑学意涵，必须有思考上的慎重与分析上的科学。周云之虽然肯定了"或"之选言推理意涵，但指出《墨经》把选言关系仅仅理解为不相容关系是不实际和不科学的，因为人们在自然语言中早就在用"或"表达具有相容关系，而当自然语言无法区分相容与不相容关系时，现代逻辑可以通过符号进行区分。这就是说，根据现代逻辑相关原理，无论是用"或"表示特称量项的性质，还是用"不尽也"来定义选言的"或"都是不严格的、不准确的。温公颐批评王弼的"得象忘言，得意忘象"割裂了思想与语言的关系，对思想来说，概念和语言不只是表达的工具，概念本身是一种思维形式，而语言则是思想的直接现实，即使在语言表达上可能存在语用含义的不同，仍只能依据其基本语义去分析，因而不能直接地、绝对地说是"得象忘言，得意忘象"。而且，一方面，概念、语言即具思想；另一方面，即便概念、语言表达思想时存在某些不准确的地方，也只有通过具体的分析去解决，而不是说获得了意涵就可将概念、语言抛弃。按照温公颐等的理解，"言不尽意"不仅存在形式逻辑上的问题，在思想逻辑上也存在问题，因为它割裂了概念、语言和思想的关系。陈克守认为孟子的推理存在较为严重的逻辑问题：有时用正确的推理形式推出虚假的结论。这是因为汉语里的各种推理形式多是以省略式表示出来，孟子所使用的推理经常有意无意地把假前提省略，这就为别人发现他在论证过程中所犯的错误制造了障碍。显然，陈克守与其说是对孟子推理中逻辑问题的批评，毋宁说是对整个中国古代逻辑推理的批评。

无疑，这些对中国传统逻辑思想、逻辑原理中存在问题的揭示与批评，有助于中国传统逻辑思想的更新与进步。冯契说："到了中国近代，哲学家很重视逻辑和方法论的探索，特别是从西方学到的形式逻辑、实验科学方法，需要在中国传统哲学中找到结合点，才能生根发育，这方面的工作是很有成绩的。如为形式逻辑找到了《墨经》、名家作结合点，为实验科学方法找到了清代朴学的考证方法作结合点等。而所谓找到结合点，那就是经过中西比较而达到会通，有了生长点了。所以我认为，形式逻辑和实验科学方法已经中国化了，中国人不会冷落它们了。"① 亦如周云之所说："西方形式逻辑的传入从根本上改变了中国近现代逻辑思想研究和发展的方向，使中国对逻辑思想的研究和发展向着现代化和科学化的方向发展，也使中国古代逻辑的研究和印度因明的研究逐步向着现代逻辑科学的水平提高，从而使整个中国逻辑史的研究开始走向现代化和科学化。"② 这个评价是合乎实际的。

2. 对中国传统哲学的逻辑化改进

逻辑认知范式应用于中国传统哲学的研究，在很大程度上推动了中国传统哲学的逻辑化过程，中国学者在使用逻辑认知范式认知和理解中国传统哲学时，对中国传统哲学概念、哲学表述、思维方式、哲学学说构造等的非逻辑化现象有直接的认知，并进行了改造。如严复说："是故取西学之规矩法戒，以绳吾'学'，则凡中国之所有，举不得以'学'名；吾所有者，以彼法观之，特阅历知解积而存焉，如散钱，如委积。"③ 严复所谓"不成为学"，就是指缺乏逻辑规则。具体言之如下。

第一，对中国传统哲学概念、命题界定之要求。中国传统哲学有着丰富的哲学概念、名词和命题，但在逻辑认知范式检测下，中国传统哲学概念和命题都程度不同地存在逻辑上的问题。比如严复、冯友兰、张岱年等先后提到的"气""天""道""心""理""五行"等概念和命题，认为这些概念和命题含义不确定，繁富但又歧义丛生，不仅难于理解，而且容易导致上认识上的误差。那么怎样改进这种状况呢？严复说："盖西学自亚里大德勒以来，常教学人先为界说，故其人非甚不学。尚不致偭规畔矩而为破坏文字之事也，独中国不然，其训诂非界说也，同名互训，以见古今之异言而已。且科学弗治，则不能尽物之性，用名虽误，无由自知。"④ 因此，若使概念或命题含义确定且清晰，就必须掌握逻辑学规律、运用好界说（定义）方法。

---

① 冯契：《认识世界和认识自己》，华东师范大学出版社1996年版，第32页。
② 周云之主编：《中国逻辑史》，山西教育出版社2004年版，第14页。
③ 严复：《救亡决论》，《严复集》第一册，中华书局1986年版，第52页。
④ 严复：《严复集》第四册，中华书局1986年版，第1031页。

冯友兰对于"气"概念的使用，尤其让我们感受到逻辑认知范式对于中国传统哲学概念改造的价值。冯友兰说："气之名应该视为私名，不可视为与云气烟气等气之气，有相同或相似底意义。在我们的系统中，气完全是一逻辑底观念，其所指既不是理，亦不是一种实际的事物。……但在中国哲学史中，已往主理气说者，对于气皆未能有如此清楚底见解。在张横渠哲学中，气完全是一个科学底概念，其所说气，如其有之，是一种实际底物。……即程朱所谓气，亦不似一完全逻辑底概念。如程朱常说及清气浊气等。照我们的看法，气之有清浊可说者，即不是气，而是气之依照清之理或浊之理者。究竟程朱说及清气浊气时，他们是说气，或是说气之得清之理或浊之理者，他们均未说明。至于气之名之必须作为私名看，程朱更似均未看到。……我们说气，普通言语中常说气，中国哲学中亦常说气。其所谓气非我们所谓气，或不完全同于我们所谓气。为避免混乱起见，我们名我们所谓绝对底料为真元之气。我们同时仍须记住，所谓真元之气，亦是其所指者之私名。"① 冯友兰为什么要跟中国哲学中的"气"划清界限呢？因为中国传统哲学中的"气"，抑或程朱的"气"，其含义都有多种指认，从而含糊不清。因而在"新理学"中必须消灭这种现象，冯友兰将"气"界定为"真元之气"，而这个"真元之气"是私名，不能用来指称其他。这个案例非常清晰地反映了应用逻辑学原理改造中国传统哲学概念或命题的事实。如果要问冯友兰这样做的理论根据，那就是："我们不能说气是什么。其所以如此，有两点可说。就第一点说，说气是什么，即须说：存在底事物是此种什么所构成者。如此说，即是对于实际，有所肯定。此种什么，即在形象之内底。就第二点说，我们若说气是什么，则所谓气，亦即是一能存在底事物，不是一切事物所有以能存在者。气并不是什么。所以气是无名，亦称为无极。"②

张岱年认为，中国传统哲学的模糊性主要表现在两个方面，一是用词多歧义，没有明确界说；二是立辞多独断，缺乏详细的论证。他说："'体'字，本指身体、形体；后来用以表示实体，又用以表示永恒的本性。本来是表示最具体的，后又用来表示最抽象的。也用来表示深切的认

---

① 冯友兰：《新理学》，《三松堂全集》第四卷，河南人民出版社2001年版，第45页。
② 冯友兰：《新原道》，《三松堂全集》第五卷，河南人民出版社2001年版，第130页。

识，如体会、体认。古代哲学家提出一个命题，往往不作详细的论证，不从理论上加以证明。"① 按照张岱年的意思，若要改进"体"之模糊性，就必须进行界定、论证和作详细的说明。

第二，对中国传统哲学思维方式的改造。中国传统哲学有自己的表述方式和思维方式，但中国学者发现，放在逻辑认知范式下，中国传统哲学的思维方式、表述方式都成问题。严复说："人类能力，莫重于思辨，而语言文字者，思辨之器也。求思审而辨明，则必自无所苟于其言始。言无所苟者，谨于用字已耳。……然而无相合之言与字，以为之用，虽有圣哲，殆不可以思维。至于交谈论辩，则无相当之言与字者，尤断断乎不足以喻人也。"② 就是说，在中国哲学中，因为语言问题而影响思维方式，由于思维方式的混乱、模糊而影响人的理解。那么，怎样改造中国传统哲学的思维方式呢？其一是引入并推广分析思维方式。严复说："盖知之晰者始于能析，能析则知其分，知其分则全无所类者，曲有所类，此犹化学之分物质而列之原行也。曲而得类，而后有以行其会通，或取大同而遗不异，常、寓之德既判，而公例立矣。此亦观物而审者所必由涂术也。"③就是说，人要完整、准确地认识和把握事物，必须依靠分析，分析才能区分事物的异同，才能把握事物的特点，使认识由个别、特殊进到一般，获得一类事物的"公例"，即规律性的知识。谢幼伟认为，中国传统哲学的许多叙述就是诡辩，不符合逻辑规律的，比如孟子说的"杨氏为我，是无君也；墨氏兼爱，是无父也；无父无君，是禽兽也"，谢幼伟认为，为我与无君，兼爱与无父，都不存在逻辑关系，而无父无君与禽兽同样没有逻辑的关系。因而，对孟子这些话只能看成是主观的猜测和想象。张岱年说："中国传统哲学思维方式的主要缺点是分析方法不足，这在先秦哲学即已显露。西方古希腊哲学中，形式逻辑体系完整，哲学著作论证详密，在这些方面都表现了突出的优点。到了近代，分析的研究方法导致实验科学的突飞猛进。中国传统哲学中，亦非完全没有分析思维。但只是初步的、简略的。我们应该大力学习西方的分析方法，致力于分析思维的精密

---

① 张岱年：《张岱年全集》第六卷，河北人民出版社1996年版，第418页。
② ［英］耶方斯：《名学浅说》，严复译，商务印书馆1981年版，第15页。
③ 严复：《严复集》第四册，中华书局1986年版，第1046页。

化。一方面，致力于辩证思维的条理化，另一方面，致力于分析思维的精密化。"① 中国传统哲学思维方式的优点在于辩证思维，而缺点是分析方法薄弱，因而中国哲学必须在分析方法、思维方式等方面进行改进。张岱年说："模糊思维是中国传统哲学思维方式的主要缺点。我们现在要改造传统的思维方式，首先要变革模糊思维。"② 陈喜乐则认为，中国逻辑推理普遍属于模式型推理，即把有关对象纳入某种模式进行推理，这种模式型推理由于其基本模式没有较明确而单义的规范，因而具有相当大的模糊性，其内涵和外延都有很大伸缩性，可以包容一切需要思考的对象，而推理的程序同样没有严格的规范形式，多用类比进行过渡，使推理显得模糊。不难看出，严复、谢幼伟、张岱年、陈喜乐等关于传统哲学思维方式的批评与改造，推进了中国传统哲学在思维方式上的逻辑化、分析化。

3. 深化了对中国传统哲学的理解

在用逻辑认知范式认知和理解中国传统哲学的实践中，中国学者也借助逻辑认知范式深化了对中国传统哲学的理解，这是逻辑认知范式对于中国传统哲学的又一积极意义。

"仁"是儒家哲学中的根本范畴，王国维认为，"仁"可从普遍与特别两个方面去理解。他说："孔子自天之观念演绎而得'仁'，以达平等圆满绝对无差别之理想为终极之目的。至其绝对的仁，则非聪明睿知之圣人，不易达此境。欲进此境，必先实践社会的仁。社会的仁，忠恕是也。故欲进绝对之境，不可不自差别之境进也。故仁自其内包观之，则为心之德，而包括一切诸德；然自其外延观之，则抽象的概念而普通（遍）的形式也。此形式虽不变，其内容则因时与处而殊。故自特别观之，则名特别之仁；自普遍观之，则名普遍之仁。普遍之仁，为平等之观念，包括其他之礼义智信等。特别之仁为特别的狭义之仁，如'智仁勇'之仁是也。仁于主观，则为吾性情；仁于客观，则发现于社会，为礼义之法则。"③ 在这里，王国维对"仁"做了详细分析："仁"是一种目标，它是达到平等圆满绝对无差别之理想；这种绝对的"仁"之境界需以实践社会的

---

① 张岱年：《张岱年全集》第六卷，河北人民出版社1996年版，第421页。
② 同上书，第419页。
③ 王国维：《孔子之学说》，《王国维哲学美学论文辑佚》，华东师范大学出版社1993年版，第41页。

"仁"为前提；因而就内涵言，"仁"为心之德，就外延言，"仁"为抽象之概念；作为外延的"仁"，其形式不变，但内涵会因时因地而发生变化；因此，便有特别之"仁"与普遍之"仁"的分别。

那么，普遍之仁究竟何意呢？特别之仁又是何意呢？王国维说："普遍之仁乃博大之观念为之，如忠恕，如博爱等，有总括社会广泛之意义，而礼义智孝悌忠信等皆包于此中。"①而《论语》中可视为普遍之仁的有："夫仁者，己欲立而立人，己欲达而达人"（《论语·雍也》），"泛爱众，而亲仁"（《论语·学而》），等。可见，所谓普遍的仁就是高远的理想。王国维说："孔子仁之观念，若自普遍言之，则为高远之理想；若自实际言之，则为有义礼智孝弟忠信等之别，以为应用之具。故能全达此等之义礼智孝弟忠信等，即为普遍之仁。"②但这个高远的理想必须通过"具体的仁"以落实，这就是特别之仁，王国维说："将知、仁、勇分为三者，各相对立，则非'普遍'可知。其言仁者安静，知者流动，勇者敢为，已异其用。故自知仁由知、行仁由勇观之，则仁究不属于知、勇二者，故自差别之方面狭义解说之，为特别之仁。"③而《论语》之"仁者不忧，知者不惑，勇者不惧"（《论语·宪问》），"知仁勇三者，天下之达德也"（《中庸》），等都是特别之仁的表现。在王国维看来，"仁"是天德的表现，本来即有绝对普遍圆满之义，但这个绝对的仁必须落实，因而需要借助具体的德目，如此便有了特别之仁。因而普遍的仁是不变的，因为它是形式，特别的仁是动态的，因为它是仁的落实。因此，孔子的"仁"是普遍与特殊的统一。所谓普遍之仁，是从外延言，所谓特别之仁，是从内涵言，如此就揭示了"仁"的内在逻辑结构。而这样的揭示，不仅可以深化对孔子"仁"的认识，而且可以准确把握孔子"仁"的内容，尤为重要的是，这种理解明示了孔子"仁"之落实的路径。显而易见的是，王国维关于孔子"仁"之普遍与特别的论说，完全是得益于逻辑学原理的应用。

冯友兰对中国传统哲学概念或范畴做具体与抽象的划分，也显示了逻

---

① 王国维：《孔子之学说》，《王国维哲学美学论文辑佚》，华东师范大学出版社1993年版，第42页。
② 同上书，第43页。
③ 同上书，第44页。

辑认知范式对深化中国传统哲学认识的作用。朱熹说："天地之间，有理有气。理也者，形而上之道也，生物之本也；气也者，形而下之器也，生物之具也。是以人物之生，必禀此理，然后有性；必禀此气，然后有形。其性其形，虽不外乎一身，然其道器之间分际甚明，不可乱也。"（《答黄道夫》，《朱文公文集》卷五十八）冯友兰解释说："一个方的东西，逻辑思维不能分析出构成它的成分，但可以分析出它有两个方面，一个方面是它的形，另一个方面是它的性。它既然是方的东西，它必然有一定的形体，它可能是一个方桌，也可能是一块方砖，无论是什么，这都是它的形。它既然是一个方的东西，它必有得于方之所以为方者，这就是它的性；方之所以为方者就是方之理。简单一点说，它既然是一个方的东西，它就必然有方的规定性，这就是它的方性。方性是方的东西的主要性质，这就是朱熹所说的'生物之本也'。一个方的东西是一个具体存在的东西，它必定有一些什么东西支持它的存在，作为它的存在的基础，这就是朱熹所说的'生物之具也'。"① 就是说，从逻辑分析看，任何事物都可分为"性"和"形"两个部分，"性"是生物之根本，亦即"理"；"形"是生物之材料，亦即"气"，那个作为生物之本的"性"属于形而上者，所以是抽象的、普遍的；那个作为生物之具的"形"属于形而下者，所以是具体的、特殊的。从这个理解中看出，冯友兰对于"理"的解释是合乎朱子关于"理"的意旨的，虽然这种理解并不能告诉人们"理"具体是什么，但它告诉了人们"理"的结构，这正是逻辑方法的价值。

朱熹说："无极而太极，不是说有个物事光辉辉地在那里，只是说这里当初皆无一物，只有此理而已。既有此理，便有此气；既有此气，便分阴阳，以此生许多物事。唯其理有许多，故物亦有许多。"（《朱子语类》卷九十四）冯友兰解释说："这是从又一方面说明一般和特殊的分别。不仅太极不是一个'物事光辉辉地在那里'，就是'光辉辉的物事'这个'一般'，也不是一个特殊的光辉辉的事物，因此也不是'光辉辉'的。人们普遍的想法，总是认为红之一般也是一个红的东西，不过是极红；动之一般也是一个动的东西，不过是动得最快。这是把一般和特殊混为一谈。红之一般并不红，动之一般也不动。红之一般，就是红之所以然之

---

① 冯友兰：《三松堂全集》第十卷，河南人民出版社2001年版，第152—153页。

理,具体的东西有所得于这个理,它就红了,红之理并不红。动之一般是动之所以然之理,具体的事物有所得于这个理,它就动了,动之理并不动。"① 这里冯友兰进一步从"理"与具体事物的关系阐明"理"之普遍义,但这个普遍义并不是"空",而是"物之所以为物的根据"。

总之,冯友兰所理解的程朱的"理"是普遍的,是"共相",但又是"物之所以然者",因而它与"气"不仅是一般与特殊的关系,也是本与末的关系。冯友兰说:"用现代哲学的话说,道学的中心问题仍然是关于一般和特殊的问题。'理'是一般,'气'或'器'是特殊,就这一点说道学是玄学的发展和继续。所谓'形而上'和'形而下'的分别,也就是一般和特殊的分别。"② 注意冯友兰的表述,他是说用"现代哲学"视角来说,朱熹的"理""气"关系就是一般和特殊的关系,而"理"就是抽象的,也是所有事物的根据,因而不能等同于具体事物。

此外,冯友兰所谓"抽象继承法",是其将逻辑方法用于理解中国传统哲学的代表性成果。冯友兰说:"在中国哲学史中,有些哲学命题,如果作全面的了解,应该注意到这些命题的两方面意义,一是抽象的意义,一是具体的意义。……就其具体意义说,是没有什么可继承的,就其抽象意义说,则有进步作用,是可以继承的。"③ 他举了多个案例说明这种解读方法。比如,《论语》中的"学而时习之,不亦乐乎"这句话有无价值呢?冯友兰认为,这句话的具体意义由"之"表现出来,"之"是指诗书礼乐,因而是暂时的,可以抛弃的;这句话中的抽象意义,即学了东西要不断温习、复习的习惯和精神却是有价值的。又如《论语》中的"节用而爱人"命题,其中"人"是具体的,是指某个阶级,而"节用""爱"都具有抽象意义,因为勤俭和关爱是一种美德,为所有人所肯定与奉行。显然,冯友兰对于"学而时习之""节用而爱人"命题的解释揭示了它们的"逻辑结构",比较完整地把握了它们的意涵,而这得益于逻辑分析方法。应该说,冯友兰关于中国传统哲学概念或命题抽象义与具体义的区分,对于全面与准确理解这些概念,从而对于全面与准确理解中国古代哲

---

① 冯友兰:《三松堂全集》第十卷,河南人民出版社2001年版,第154页。
② 同上书,第149页。
③ 冯友兰:《中国哲学遗产的继承问题》,《光明日报》1957年1月8日。

学思想都具有积极作用。

牟宗三熟稔德国古典哲学，对逻辑学深有研究，其哲学思辨功力得益于此。这在其对中国传统哲学概念、命题和观念的理解上有充分的表现。比如，牟宗三认为，真理可分为"内容真理"和"外延真理"两种，这两种真理都具有普遍性，但它们还是有差别的，它们的差别就在于内容的真理是具体的普遍性，外延的真理是抽象的普遍性。他说："内容真理和外延真理都是真理，都具有普遍性。内容真理具有内容的普遍性，外延真理具有外延的普遍性。两者虽然都有普遍性，但这两种普遍性还是有差别的。否则为何同是普遍性却一个叫内容的普遍性而另一个叫外延的普遍性呢？那到底区别在哪里呢？我们可以说，外延的普遍性是抽象的普遍性（abstract universality），而内容的普遍性是具体的普遍性（concrete universality）。就用这两个名词把它们分别开来。"① 牟宗三如此区分的意思是，概念都具有普遍性，但不是所有概念的普遍性都是抽象的，只有科学的概念才是抽象的普遍性。而西方哲学以科学为开端，所以西方哲学的概念应该是抽象的普遍性，中国哲学恰恰相反。比如，"仁"不是抽象的概念，但却是普遍的原则，因此，这种普遍又是具体的普遍。牟宗三说："仁是个普遍的原则，但是你不能说仁是个抽象的概念。仁是不能和科学、数学、逻辑里面所谓的概念相提并论的。照孔子所说的，仁是可以在我们眼前真实的生命里头具体呈现的。所以孟子说仁就是恻隐之心，它就是具体的。但是虽然它是具体的，它并不是事件。它有普遍性。在这情形下所说的普遍性，黑格尔就叫做具体的普遍（concrete universal）。"② 牟宗三认为，黑格尔哲学在西方哲学中是比较特别的，就是它不属于西方哲学的正统，正统的西方哲学都喜欢对概念进行分解，而黑格尔的哲学是具体的普遍。孔子讲的"仁"就是这样的具体的普遍。

那么，孔子的"仁"是怎样的普遍的原则呢？牟宗三说："孔子讲仁并不是抽象地讲，仁是可以在我们的真实生命里具体呈现的，所以孔子当下从生活中指点仁。孝也是仁的表现，也具有普遍性，只不过孝这种表现是在对父母亲的特殊关系中表现。这情形本身虽然是特殊的，但是表现出

---

① 牟宗三：《中国哲学十九讲》，上海古籍出版社1997年版，第31页。
② 同上书，第33—34页。

来的是理,是普遍的真理。而且孝的表现是无穷无尽的,它是在一个具体的强度里随时呈现,并且有不同程度的呈现,它是在动态的弹性状态中呈现。它不是一现永现,不是一成永成。所以它是具体的,绝不是抽象的。这种具体的普遍性和抽象的普遍性是完全不同的。科学真理不是在一个强度的过程中有弹性的呈现,它是一现永现、一成永成。你通过一个试验证实了它是如此,那它就是如此。"[1] 就是说,通过"孝"看"仁"的表现,"孝"具有普遍性,但它表现在对父母的特殊关系之中,而且是无穷无尽的,是动态的,所以是具体的。因此,"仁"作为哲学范畴,与自然科学真理是不同的,它虽是有普遍性,但更有它的特殊性,它的特殊性就是用生命来表现自己。这就是牟宗三所谓"内容的真理"。"仁"虽有普遍性,虽是真理,但这种真理是通过生命来落实、来表现的,而且不同的人表现不同,不像自然科学上的真理,对所有人是一样的。

  牟宗三用内容的真理定义"仁"是富有创意的,也很符合中国传统哲学特色,它比较合理地解释了中国传统哲学、甚至是哲学等人文科学与自然科学真理的差别,以及中国哲学与西方哲学的差别。牟宗三说:"在西方比较偏重外延真理,可是你一旦注意到内容真理的时候,你就可以用内容真理来调节、来重新调整你的文化,调整你的生命态度。这调整并不是调整你的外延真理本身。外延真理只要一成真理,那就是如此,这是不能改变的。调整是调整你整个文化,调整你的生命的态度。要让你了解外延真理只是我们生命的一部分,还有一部分是内容真理。中国文化也是一样,中国文化以前两三千年在内容真理这方面表现得多,大家都在这个范围内讲话,它全部精神都在这个地方转,儒家道家佛家都是在这个范围转,所以外延真理出不来,科学出不来。"[2] 由于内容真理需要通过真实生命呈现,所以是具体的、动态的,因而是可以调整的。所以中国文化虽然主要是"内容真理",但它可以调整,可以将"外延真理"视为生命的一部分,从而完善自身内容。

  综上,牟宗三将中国传统哲学概念或命题理解为"内容真理",从而提示了理解中国传统哲学的独特视角,进而分析了"内容真理"的特点,

---

[1] 牟宗三:《中国哲学十九讲》,上海古籍出版社1997年版,第34—35页。
[2] 同上书,第40页。

指出作为"内容真理"的"仁",既有普遍性又有特殊性,但普遍性与特殊性不同,特殊性既限制普遍性,又是普遍性得以表现的途径。进而分析了"内容真理"与"外延真理"的关系,认为"内容真理"相对于"外延真理"属于特殊的普遍性,即具有历史性、具体性、动态性,是具体生命的呈现,所以其可以随遇而调整自身,并由此接纳"外延真理"。由此可见,牟宗三对于中国传统哲学的理解殊为精深,更重要的是,其逻辑学的理解并没有障蔽中国哲学生命性的呈现。而这受益于逻辑学方法的应用:"数学真理不需要通过个体生命来表现,只要通过研究者来研究,其他科学的真理也是一样,这种真理我们以专门名词名之曰外延真理(extensional truth),这是罗素在逻辑上所使用的名词。另一种真理如'仁'、'义'这种需要通过生命来表现的真理称为内容真理(intensional truth)。外延真理与内容真理相对。我们一定要承认有这两种真理。外延(extension)与内容(intension)是逻辑学中专门名词。"①

4. 哲学学说看齐完整的逻辑结构

逻辑认知范式的应用,不仅在哲学概念、命题内涵的丰富,不仅在哲学思维方式的改造,不仅在中国传统哲学的理解等方面产生了积极作用,更为重要的是,现代中国哲学学者在建构哲学学说实践中有了自觉的"逻辑意识",这的确是可喜可贺的。

首先看胡适的《中国哲学史大纲》卷上(1919)。该书共十二篇,第一篇为导言,第二篇为中国哲学发生的时代,第三篇为老子,第四篇为孔子,第五篇为孔门弟子,第六篇为墨子,第七篇为杨朱,第八篇为别墨,第九篇为庄子,第十篇为荀子以前的儒家,第十一篇为荀子,第十二篇为古代哲学的终局。虽然仅限于先秦哲学思想,但结构完整。冯友兰曾高度评价说:"这对于当时中国哲学史的研究,有扫除障碍、开辟道路的作用。当时我们正陷入毫无边际的经典注疏的大海之中,爬了半年才能望见周公。见了这个手段,觉得面目一新,精神为之一爽。"② 而胡适自己的说法是:"我这本书(《中国哲学史大纲》卷上)的特别立场是要抓住每一位哲人或每一个学派的'名学方法'(逻辑方法,即知识思考的方法),

---

① 牟宗三:《中西哲学之会通十四讲》,上海古籍出版社2007年版,第5—6页。
② 冯友兰:《三松堂自序》,《三松堂全集》第一卷,河南人民出版社2001年版,第184页。

认为这是哲学史的中心问题。……这个看法，我认为根本不错。"① 可以说，《中国哲学史大纲》无论是内容还是形式上，都深受逻辑学影响，是标准的合乎"逻辑"的著作。

次看冯友兰的《新理学》（1939）。首先，狭义的"新理学"由理、气、道体、大全等四个主要观念构建，而这四个观念由四个命题推演出来，但其推演方式无一不是由"抽象与具体之关系"的展开而加以确立。其次，"新理学"讨论的所有哲学问题，无一不是抽象与具体的关系问题，如"新理学"自然观——"'新理学'的自然观的主要内容，是共相和殊相的关系的问题。共相就是一般，殊相就是特殊或个别。"② 再次，就"新理学"结构言，前四章属于形上部分，讨论理、太极、大全、气、道、性等核心范畴；后六章为形下部分，讨论道德、势、义理、艺术、鬼神、圣人等具体问题。冯友兰说："这些诸德，本可以不讲，不过为说明上述之理论，我们于下文亦略讲诸德。我们并不是为讲诸德而讲诸德，我们是为说明我们上述之理论而讲诸德。我们讲诸德，只是一种举例之意。"③ 最后，冯友兰将宋明理学中的范畴或概念统统做了逻辑学的解释与转换。比如对"气""理一分殊""阴阳""四象"等都进行了逻辑化改造。可见，"新理学"是以"抽象与具体之关系"为轴心的哲学形态，从而是一部典型的以逻辑认知范式理解中国传统哲学并取得成功的著作。朱光潜说："中国哲学旧藉里那一盘散沙，在冯先生手里，居然成为一座门窗户牖俱全的高楼大厦，一种条理井然的系统。"④

再次看牟宗三《心体与性体》（1968）。该书分综论、分论一、分论二、分论三。综论包括：第一章：宋、明儒学之课题；第二章：别异与简滥；第三章：自律道德与道德的形上学；第四章：道之本统与孔子对于本统之再建；第五章：对于叶水心《总述讲学大旨》之衡定。分论一包括：第一章：周濂溪对于道体之体悟；第二章：张横渠对于"天道性命相贯通"之展示。分论二包括：第一章：程明道之一本论；第二章：程伊川的分解表示；第三章：胡五峰之"知言"。分论三包括：第一章：朱子三

---

① 《胡适学术文集·中国哲学史（上）》，中华书局1991年版，第5页。
② 冯友兰：《三松堂全集》第一卷，河南人民出版社2001年版，第211页。
③ 冯友兰：《三松堂全集》第四卷，河南人民出版社2001年版，第113页。
④ 朱光潜：《冯友兰的〈新理学〉》，《文史杂志》1941年第1卷第2期。

十七岁前之大体倾向;第二章:朱子参究中和问题之发展;第三章:中和新说下的浸润与议论;第四章:中和新说后关于"仁"之论辩;第五章:中和新说与《仁说》后以《大学》为规模;第六章:以中和新说与《仁说》为背景所理解之孟子;第七章:心性情之形上学的(宇宙论)的解析;第八章:枯槁有性:理气不离不杂形上学之完成;第九章:朱子晚年所确定表示之论学之宗旨之境界。该书无疑也完全印证了逻辑认知范式的影响。从整体结构看,总论叙述该书主题与基本学术理论,分论依次论述三系理学思想(胡、刘为一系;陆、王为一系;小程、朱子为一系),并以朱子收尾。而书中对概念或命题的分析与解释,则将逻辑学的影响表现得淋漓尽致。比如,牟宗三对朱熹"太极"之解释。他认为朱子的"太极"不是"形构之理",因为"形构之理"与"实现之理"不同,"形构之理"只负责描述与说明,不负责创造与实现,但由于朱子之太极是就存在之然而推证其"所以然",因而被误会为"形构之理"。不过,朱子的"理"或"太极"虽无创造妙运之现实义,但却是存在之理,与"即活动即存有"之创生妙运之为实现之理为同一层次,所以不能将朱子之"太极"或"理"视为"形构之理"。① 也就是说,朱子的"太极"或"理"虽不是创生之理,但却是存在之理,这个存在之理即道德义,而"形构之理"(共相)是类概念,是知识概念,因而不能将朱子的"理"或"太极"理解为"形构之理"。这个分析无论在形式还是在内容上,都充分体现了逻辑学法则。牟宗三对德国古典哲学和逻辑学都有很高的造诣,其思想深受西方逻辑学洗礼,因而其思想已经不再局限于传统儒家语录注疏式的精神感悟了,而是直接采用了现代西方哲学之概念的逻辑分解的方式,将传统的直觉领悟分解成明晰的概念构造。

最后看冯契的《智慧说三篇》(1994),包括《认识世界和认识自己》《逻辑思维的辩证法》与《人的自由和真善美》。主要讨论了四个问题:感觉能否给予客观实在?理论思维何以把握普遍有效的规律性知识?逻辑思维能否把握具体真理?理想人格与自由人格如何培养?三部书围绕此四大主题展开。《认识世界和认识自己》主旨在讲基于实践的认识过程的辩证法,特别是如何通过"转识成智"的飞跃,获得关于性与天道的

---

① 牟宗三:《心体与性体》(上),上海古籍出版社1999年版,第80—81页。

认识；《逻辑思维的辩证法》主旨在讲化理论为方法，说明认识的辩证法如何通过逻辑思维的范畴，转化为方法论的一般原理；《人的自由和真善美》主旨在讲化理论为德性，认识的辩证法贯彻于价值论领域，表现为使理想成为现实以创造真善美的活动中，培养了自由人格的德性。《认识世界和认识自己》是其主干，而《逻辑思维的辩证法》与《人的自由和真善美》是其两翼，构成冯契完整的哲学思想体系。从逻辑角度说，不仅较全面、深入地讨论了中国传统哲学中的逻辑原理、逻辑规律与思维方法，而且所讨论的哲学内容和哲学问题之逻辑结构自成体系，可以综合成"智慧哲学体系"。综览全书，逻辑认知范式的影响可以说无处不在。

应该说，就所介绍四部哲学著作言，无论是内容还是形式，都充分地体现了逻辑认知范式对于哲学学说建构的积极作用，都充分体现了逻辑认知范式对中国传统哲学形式的推进。总之，逻辑认知范式的引进，对于中国传统逻辑学说的修正与丰富，对于中国传统哲学的逻辑化改造，对于中国传统哲学思想的理解，对于中国哲学学说形态的推新，都产生了积极作用，从而全方位地推动了中国传统哲学的进步，提升了中国传统哲学的品质。胡适说："哲学是受它的方法制约的，也就是说，哲学的发展是决定于逻辑方法的发展的。"[1] 如上四部著作非常生动而准确地诠释了胡适的这个论段。

三 逻辑认知范式应用中存在的问题

逻辑认知范式的应用对于中国传统哲学品质的提升无疑产生了特殊的积极意义，但由于中国传统哲学的特殊性，由于逻辑认知范式的有限性，加之逻辑认知范式应用主体的影响，逻辑认知范式在认知和理解中国传统哲学的实践中仍然存在诸多需要注意的问题。

1. 内容上应更加系统化与深入化

逻辑认知范式对于中国传统思想中逻辑资源的发掘、整理应更加系统化、更加深入化。无疑，本章所展示的应用逻辑认知范式发掘和整理中国传统哲学中的逻辑思想，也可算是成绩显赫。不仅依照逻辑认知范式对中国古代逻辑思想、原理、定律和方法等进行了较为系统的发掘与整理，而

---

[1] 《胡适学术文集·中国哲学史（下）》，中华书局1998年版，第770页。

且对这些被发掘出来的逻辑思想、原理、定律方法等展开了分析，辨其优劣，揭示问题。

但就本章所考察的逻辑认知范式之应用实践看，在范围与程度上仍可扩充与深入。就范围言，其发掘与整理的范围主要在先秦，其分析与检讨的内容主要是那些已较为清楚地显现的逻辑学原理、定律的文本，其使用的逻辑认知范式主要局限于传统逻辑或形式逻辑。但此外的文献极少涉及。因此，对中国传统哲学中的逻辑学资源的发掘与整理工作似可更加系统、更加深入。这主要体现在两个方面：其一，从整个中国传统哲学史言，过去对于先秦时期逻辑学理论、学说、原理方法的发掘、整理较多，而先秦以后中国哲学中逻辑学资源的发掘较少。对某些人而言，秦以后即无逻辑学，这个说法有一定道理，但主要是指那些显见的、成形的名学理论，如果就论著叙述、表达、结构等方面论，不能说先秦以后就没有逻辑思想、逻辑理论、逻辑方法，只是这些逻辑学资源不像先秦那么集中，那么显而易见，因而花大力气对秦以后的中国传统逻辑思想资源的发掘和整理，仍然是中国哲学史、中国逻辑思想史研究者的重要任务。其二，缺乏从中国传统哲学文本之叙述中寻找逻辑资源。虽然过去百余年逻辑认知范式的应用，中国传统哲学中的逻辑学资源得到了发掘与整理，但所发掘和整理出来的都是比较"面上"的，即如《墨经》《公孙龙子》《荀子》中的逻辑学原理、定律和方法等，而对于中国传统哲学之哲学叙述中所蕴含的逻辑学原理、规律、方法乃至问题，却少有发掘。事实上，逻辑思想的表现有两个面向，一个是形式的面向，一个是内容的面向。所谓内容的面向，就是哲学文本叙述、表达中所蕴含的逻辑思想、逻辑原理、逻辑定律和逻辑方法等，在这方面，就本章所考察的逻辑认知范式应用实践看，显然是不够的。而关于哲学叙述中逻辑学资源的发掘与整理，无疑会使中国传统哲学中的逻辑思想更为丰富、更为深入，并完善着对中国传统哲学的认识。其三，用于认知和理解中国传统哲学的逻辑认知范式应该根据逻辑学的发展而丰富其内容。就是说，用于认知和理解中国传统哲学的逻辑认知范式不应局限在传统逻辑范围，而应将数理逻辑、模糊逻辑、非形式逻辑、语言逻辑等及其分支，都用于发掘和整理中国古代思想文本中的逻辑学资源，从而将蕴藏于中国古代思想文本中的数理逻辑思想、模糊逻辑思想、非形式逻辑思想、语言逻辑思想等发掘和整理出来，并加以解释和评论，从而丰富着逻辑认知范式对于中国传统哲学认知和理解的内容。

概言之，逻辑认知范式对于中国传统思想中逻辑学资源的发掘与整理，应在以往的工作基础上，将发掘和整理范围扩大到中国古代思想所有领域，将发掘与整理的深度推进到中国古代思想叙述中，充分使用各种逻辑学说或理论，那么，关于中国传统哲学中逻辑学资源的发掘和整理就可以朝系统化、深入化迈进。

2. 正确处理与唯物认知范式的关系

即谓在以逻辑认知范式认知和理解中国传统哲学的实践中，经常发生唯物认知范式介入的情形，这种介入分为两个方面：一是在具体认知、理解实践中的介入，一是在评价中的介入。比如，冯友兰对"离坚白"的理解。在分析、理解"离坚白"逻辑内涵与特点的过程中，冯友兰主要从唯物认知范式角度进行了分析处理。他认为从认识论上言，眼可获白而不能获坚，手可获坚而不能获白，所以是相离的；而就形而上学言，白与坚都是可以独立存在的，白可不依石而存在，坚也可不依石而存在，所以，坚白可以相离。显然，冯友兰的理解主要是唯物认知范式的理解，而非纯粹逻辑原理的理解。再如，陈正英以数理逻辑理解邵雍的象数学，并获得了积极性识见。比如，象数推衍法注意到了"类推"的认识工具作用；象数推知法具有数理逻辑意涵；象数推演逻辑是主观符号的逻辑推论等。但遗憾的是，因为唯物认知范式的介入而将邵雍的象数学理解为玄化了的唯心主义创世说、主观符号论和主观唯心主义，从而失去了逻辑本色。而因为唯物认知范式的介入而做出非逻辑学结论的现象更为普遍。比如，任继愈对"离坚白"是判断是："唯心主义是多元的，客观唯心主义的体系，形而上学地割裂了一般和特殊的关系，把一般和特殊的差别加以片面地夸大。"汪奠基的判断则是："把感觉、思维和意识同客观事物间属性的关联一起割断了，人们只有绝对个体的感想，只有孤立的意识，不能有真正概括地、间接地认识现实的形式，完全否认了客观实践的标准，否认客观事物的存在。"比如，汪奠基对"合同异"的判断是："最后由此推演的第十题为'天地万物为一体'，即是合同异形而上学范畴是一个最大的抽象假设的结论，所谓历物论，也就完全陷入了唯心论的相对主义，踏进了形而上学的诡辩逻辑争论了。"当然，以唯物认知范式进行总结，并不都是消极的，如有概念或命题在学者看来是合乎唯物主义或辩证法的，则会获得肯定性批评价。比如，温公颐、崔清田认为朱熹"理一分殊"正确地处理了一般与特殊的关系，即把天地分化为万物、整体分化为部分、类属分化为种等都包含在"分殊"意义之内，强调"理"有"分殊"的一面，已触及一般与个别、类属与种、整体与部分的辩证关系，从而丰富了传统的"类"概念的内容。可见，逻辑认知范式应用实践中，经常会得到唯物认知范式的"关照"，对逻辑认知范式的认知和理解结论进行"干涉"。而唯物认知范式介入的特点大致可概括为：第一，本体论化。即对逻辑认知范式所认知的范畴或命题做哲学本体论的解释或处理，进而判定其唯物主义或唯心主义性质。第二，辩证逻辑化。即根据唯物辩证法分析逻辑认知范式所理解的概念或命题，进而判定其是辩证法的或形而上学的。第三，实践认识论化。即根据唯物认识论去分析逻辑认知范式所理解的哲学概念或命题，进而判定其是主观的还是客观的。不能说唯物认知范式的介入就是对逻辑认知范式的伤害，但唯物认知范式的维度与逻辑认知范式的维度之分界的确是我们必须清楚并牢记的。

3. 力戒不相契的理解

虽然逻辑认知范式的应用对于发掘与整理中国传统思想中逻辑理论、规律、方法等产生了积极作用，但这并不意味着这种认知实践都是科学的、正确的，都是积极的。所谓"不相契的理解"，是指所用逻辑学原理、定律和方法与被认知、理解的传统哲学概念、命题不相符。具体而言又分两个方面：一是所用逻辑认知范式原理与被理解的"名辩"概念或命题不相应；二是所用逻辑认知范式原理与被理解的传统哲学概念或命题不相应。

关于第一点，唐君毅就提出过批评，他认为"或"不能独立成为辩论的方法，"效"不一定就是演绎法，"推"不一定就是归纳法，而"假""辟""侔""援""推"等都不能视为论辩法，因为它们都属于个人思维方法，是个人思想中之事，所以不应简单地将它们视为独立的逻辑方法。而曹祥云的批评更为直接、严厉，他说："梁启超将'有实必得是名，是名止于是实'比勘为概念内涵与外延间的反变关系（见《墨子学案》）；伍非百将'狂举而不可知异'中的'知异'等同于逻辑的'分类法'（见《中国古名家言》，第177页）；将'或也者，不尽也'中的'不尽'释为'不周延'（同上引，第444页）；大多数近代学者都将

《墨经》中的'一周而一不周'比类为逻辑中的名词周延理论；章士钊将《小取》中的'所取'解为三段论的两端词，'所不取'释为三段论的中词（见《逻辑指要》）；张纯一则将《墨辩》的'三物'即'故'、'理'、'类'分别等同于逻辑三段论的大前提、小前提、结论。"① 应该说，将梁启超、伍非百、章士钊、张纯一判为"不相契的理解"都是具有启示意义的。概言之，在逻辑认知范式用于认知、理解中国传统哲学实践中，这种生搬硬套、牵强比附以拔高传统思想"逻辑身价"的做法，还是比较普遍的，但伤害很大，所以必须消除。

关于第二点，熊十力曾经对简单地用数理逻辑解释《周易》概念、命题的做法提出过批评，他说："罗素以数理来演六十四卦，当然可成一说，吾敢断言仍是空洞形式，即解析事物相互间之关系而已，必于易道不究其源，于人生更无关，于宇宙万化不得其真。此非武断也。形式与数理逻辑之于《易》又不必论。今之儒学要究明真际，穷神知化，尽性至命，使人有以实现天德、立人极、富有日新，而完成天地万物一体之发展，彼名数形式可语是乎?!"② 显然，熊十力所强调的正是用逻辑认知范式理解中国传统哲学是否相契的问题。因为不注意这个问题，非但不能取得理想结果，反而会造成严重伤害。可见，逻辑认知范式应用于认知和理解中国传统哲学，并不都是耀眼的成就，其中需要克服的难题也不少。所以周云之强调，用于理解中国传统哲学的逻辑方法必须与被理解的中国传统哲学中的逻辑概念和命题相契。他说："中国古代的逻辑思想并不是都可以用现代数理逻辑的形式系统去分析和表述的，不仅大量逻辑哲学方面的思想不能都用数理逻辑去表述，其他像'名'的语词性质与概念性质之区别、概念之'名'的种属关系、概念之'名'的不同逻辑划分、命题和判断及语句的关系等等也都很难直接用数理逻辑去表述和分析，至少目前还没有找到恰当的数理逻辑方法去表述，而用传统逻辑的知识去分析，反而是既简单又准确的。"③ 就是说，传统逻辑虽然有自然语言的局限性，但正由于它与自然语言相结合，因而至今仍然在一切用自然语言思维和表述的

---

① 曹祥云：《中国近代比较逻辑研究的贡献、局限与启迪》，《福建论坛》1992年第6期。
② 熊十力：《熊十力全集》第八卷，湖北教育出版社2001年版，第602页。
③ 周云之主编：《中国逻辑史》，山西教育出版社2004年版，第35页。

各门科学中发挥着重要作用,同时由西方建立的传统逻辑知识和理论体系仍然是最科学、最准确、最规范的逻辑科学知识和理论,而中国古代逻辑无疑基本上都是用自然语言表述的相当于传统逻辑的思想和理论,因而用传统逻辑的知识去研究、论证中国古代逻辑思想,也许在某些方面更能符合中国古代逻辑思想的原意。

虽然逻辑认知范式的应用仍然存在这样那样的问题,但逻辑认知范式对于中国传统哲学认知、理解和评价所获得的成就是不能否定的,而且要正确认识逻辑认知范式的应用所发生的问题。对于中国传统哲学而言,逻辑认知范式所接续的的确是非主流哲学学说,但由于中国传统哲学中有其遗传基因,因而逻辑认知范式应当成为中国哲学现代开展的方向之一。其次,逻辑认知范式对于中国传统哲学的误读当然应该避免,但这种误读并不应该成为否定逻辑认知范式的理由。逻辑认知范式对于中国传统哲学概念、命题的误读,是必须消灭的现象,但没有必要恐慌,因为个案的理解并不必然带来被解释思想文本的彻底破坏或消失。第三,逻辑认知方式对于中国传统哲学的解释,也并不意味着中国传统哲学价值的瓦解,逻辑哲学虽然是形式的哲学,但形式中有内容,形式中有价值,因而由逻辑方法建构起来的哲学形态应该得到尊重。正如冯友兰所说:"新理学……它不着实际,可以说是'空'底。但其空只是其形上学的内容空,并不是其形上学以为人生或世界是空底。所以其空又与道家、玄学、禅宗的'空'不同。"① 又说:"新理学是最玄虚底哲学,但它所讲底,还是'内圣外王之道',而且是'内圣外王之道'的最精纯底要素。"② 因此,对于由逻辑认知范式建立起的哲学学说应该给予理解、宽容和支持,应该视为逻辑认知范式对于中国哲学的独特贡献。谢幼伟说:"逻辑为科学基本,无逻辑,则科学无方法。逻辑亦民主政治之要件。国民脑筋之清晰与否,影响及于民主政治之推行。换言之,言科学须有科学之心态(Mentality),言民主亦须有民主之心态,而此两种心态之养成,均非有逻辑之训练不为功。国人思想,最混乱而无条理,言论亦最空泛而无界划,自语相违,常不自觉。此其为'赛恩斯'与'德谟克拉西'移植之障,极为明显。此

---

① 冯友兰:《三松堂全集》第五卷,河南人民出版社2011年版,第127页。
② 同上书,第138页。

障不除，日言'赛恩斯'与'德谟克拉西'无益也；日言提倡新文化，亦无益也。作者深信，中国之现在与将来，如有所谓新文化其物者，此必与逻辑之提倡有关。提倡新文化，而不提倡逻辑，直缘木求鱼之道耳。"①谢幼伟强调逻辑是科学、民主的根本，没有逻辑，不讲逻辑，就没有科学和民主。这个论断将逻辑认知范式的意义提到了一个新的高度。

---

① 谢幼伟：《现代哲学名著述评》，山东人民出版社1997年版，第89页。

第六章 自我认知范式与中国传统哲学

"自我认知范式"是由西方哲学方法（唯物认知范式、科学认知范式、人文认知范式、逻辑认知范式）应用于认知、理解中国传统哲学的实践"逼"出来的，由于西方哲学方法的应用的确带来了极为严峻的问题，诚如方东美所说："近代有号称国学家的人，却纯从文法、语法、语意上面把一句话化成几十句，结果反而不懂了！变作支离琐碎！这就是近代把中国的学问不从中国的精神看，而是把它化成西方学术的附庸来看，拿西方的套子套中国的思想，结果把中国哲学家的这种内在精神，全部湮没掉了！这样的学说只是说话而已，只说空话！所以儒家、道家、佛家的精神也是在这样的情况下丧失了！"[①] 那么，中国学者是怎样实践自我认知范式的呢？自我认知范式在理解中国传统哲学的实践中发挥了怎样的作用？它内含着怎样的意蕴？本章拟对这些问题展开讨论。

第一节 自我认知范式与哲学概念和命题

在20世纪中国哲学史中，对中国传统哲学概念理解的坐标与方法，不仅有唯物认知范式、科学认知范式、人文认知范式和逻辑认知范式，而且有以完善唯物认知范式、科学认知范式、人文认知范式和逻辑认知范式的理解为任务的自我认知范式。因此，在以自我认知范式为坐标与方法理解中国传统哲学的实践中，许多概念和命题都被放回生养它的"文化系统"中去理解，从而形成一种"自我的"视角。那么，以自我认知范式理解中国传统哲学概念和命题的情形是怎样的呢？

[①] 方东美：《方东美先生演讲集》，台湾黎明文化事业股份有限公司2006年版，第124页。

一 自我认知范式视域下的哲学概念

经由前几章的讨论,中国传统哲学概念分别被理解为"唯物的""科学的""人文的""逻辑的"等不同面孔,而且有些理解存在不相契之处。那么,以自我认知范式为坐标和方法的理解实践中,中国传统哲学概念所呈现的面孔会是怎样的呢?

1. 天

我们已经知道,中国传统哲学中的"天"既有人文义的,也有科学义的,同时在性质上可判为唯心的或唯物的。那么,依自我认知范式的考察,"天"的意涵应该是怎样的呢?

冯友兰认为,中国古代思想中的"天"有五种含义。他说:"在中国文字中,所谓天有五义:曰物质之天,即与地相对之天;曰主宰之天,即所谓皇天上帝,有人格的天、帝;曰运命之天,乃指人生中吾人所无奈何者,如孟子所谓'若夫成功则天也'之天是也;曰自然之天,乃指自然之运行,如《荀子·天论篇》所说之天是也;曰义理之天,乃谓宇宙之最高原理,如《中庸》所说'天命之谓性'之天是也。《诗》《书》《左传》《国语》中所谓之天,除指物质之天外,似皆指主宰之天。《论语》中孔子所说之天,亦皆主宰之天也。"[①] 在冯友兰看来,除"物质之天"之外,《孟子》《荀子》《中庸》《诗》《书》《左传》《国语》中所谓"天"都属"主宰之天"。何出此判断呢?冯友兰说:"'天'这个字底意义很分歧,一为'主宰'之意义,'主宰之天'与西方哲学史中之'上帝'相仿,传统的宗教所讲之'天'即此'主宰之天'。此'天'之来源很古,商朝以来就有这种'主宰之天',当时人称'最高的神'为'帝',也有叫'上帝'的。周朝人称为'天'。但'主宰之天'从商朝以来也经过一些变化。商朝所信的'帝'有绝对的权威,不受任何限制。到西周'天'之权威受了一些限制,西周人说:'皇天无亲,惟德是辅。'这说明这时的'天'已不能随便行事,而只帮助有德的人,是一正直的'天'。西周末,人们对'天'是否正直也发出了疑问,'诗经'很多地方说明了这一问题。春秋时人们提出了'天'底意志与人民底意志的关

[①] 冯友兰:《三松堂全集》第二卷,河南人民出版社2001年版,第281页。

系问题，认为'天'底意志必须与人民底意志相符合。'天'底权威降低了。"① 在这里，冯友兰罗列了商朝、周朝"天"概念使用的情况，指出商周时期将"天"视为"最高的神"，称为"上帝"，有绝对的权威，所以"天"有主宰意义；而实际上自西周始，"天"的权威已受到限制；到了春秋时期，"天"的权威进一步削弱，"天"的意志完全取决于人的意志。这种"天"的权威在西周以后慢慢被削弱的历史，反过来证明"天"本有主宰义。因此，中国古代哲学中的"天"具有主宰义，这是远古思想文化本有之现象。虽然冯友兰将"天"主宰义的变化归结为："唯物主义思想一天天发展，宗教思想一天天让步"，但对相关文献的解释，对不同时代"天"观念演变脉络以及宗教观念史的考察，才是冯友兰对"天"作出主宰义判断的可靠依据，即是"自我认知范式"帮助他认识到中国古代哲学中的"天"有主宰义。

劳思光认为，中国古代哲学中的"天"为"人格天"。首先，从《诗经》与《尚书》记载看，劳思光说："《诗经》中虽有'形上天'观念，但大半资料仍表现'人格天'观念。此种'人格天'，即原始信仰中之'神'，作为人间之最高主宰。《书经》中亦常有此种'人格天'观念，作为政权兴废之主宰。就所用词语而论，书中说及'人格天'时，仍用'天'字；《诗经》中则常用'帝'字以称此种主宰意义之天。此点是《诗》、《书》用语显著差异之一。《书经》中之'帝'字，例指本文所涉及之共主；《诗经》大体均为周代作品，因周天子称'王'不称'帝'，故'帝'字乃专以指最高主宰之神或人格天。但《诗经》中有时亦用'天'字称呼'人格天'，如'天命玄鸟，降而生商'（《商颂》）之类。但'帝'字则必指'人格天'，无用以指天子者。"② 就是说，在《诗经》《尚书》中有许多关于"天"作为最高主宰的论述，《诗经》中的"帝"就是最高主宰之神，与"天"含义一致。其次，基于古代关于"天"的论述，再较之于西方，中国的"天"只是主宰者，而非创世者。劳思光说："'人格天'之起源，虽无法考定其时代，但无疑是早期便有之信仰。此种'帝'或'天'之观念，虽与希伯来教义之'神'相似，然其性质

---

① 冯友兰：《三松堂全集》第十二卷，河南人民出版社2001年版，第65页。
② 劳思光：《新编中国哲学史》（一卷），广西师范大学出版社2005年版，第68页。

有一主要不同处，此即：希伯来教义中之神，既是创世者，亦是主宰者；中国古代思想中无创世观念，故'帝'或'天'只是主宰者，而并非创世者。如'天生烝民'一语，虽似有创世之意，然下接'有物有则'，则此'天'之形上意味甚强，而'人格天'之意味极少。此外，言'天'言'帝'之资料，则大抵皆只重在说其主宰世界，而极少涉及世界之创造问题。即以'人格天'之主宰性而论，主要表现仍只在于政权之兴废。《书经》原是政府文献之汇编，偏重政治，固是应有之特色，即以《诗经》而论，涉及'帝'或'天'之语，亦大抵多与政权兴废有关。'人格天'虽视为最高主宰，其主要作用似乎仅表现在政治成败一面。"① 就是说，中国古代"天"虽然具有"人格义"，但与西方希伯来教之神比较，只有主宰义，而没有创世义。而就"天"之主宰义论，中国"天"的意涵与政权兴废密切关联。无疑，劳思光关于"天"是"人格天"的解释，以及这个"人格天"的非创世性、力量的有限性等方面的确认，都是立足于对《尚书》《诗经》等文献中相关观念的解释，都是立足于对中国古代社会政治状况的分析，因此说劳思光关于"人格天"的解释主要是在自我认知范式中进行的。但劳思光的解释过程中每每借用西方哲学观念，这意味着劳思光的解释是自我认知范式与人文认知范式合作完成的。应该说，劳思光关于中国哲学中"天"的理解更具体、更准确，原因在于劳氏的理解不仅建立在文献基础上，而且进行了较为深入细致的分析，并将自我认知范式与人文认知范式结合起来，这是值得肯定的。

2. 气

唯物认知范式视域下的"气"是万物的本原，而且是唯物主义的；科学认知范式视域下的"气"是原子；逻辑认知范式下的"气"则具有意涵模糊性之特点。那么，在自我认知范式视域下，"气"又有怎样的意涵呢？

张岱年认为"气"是表示物质存在的哲学范畴。他说："关于作为哲学的一个基本范畴的'气'的观念之意义，可以引证古典哲学著作中一些文句来说明。(1)《庄子·知北游》：'人之生，气之聚也。聚则为生，散则为死。……故曰通天下一气耳。'这表明气是构成人物的形体的东

---

① 劳思光：《新编中国哲学史》（一卷），广西师范大学出版社2005年版，第69页。

西。(2)《荀子·王制》：'水火有气而无生，草木有生而无知，禽兽有知而无义。人有气、有生、有知、亦且有义，故最为天下贵也。'气是'无生'、'无知'、'无义'的，而'有生'的、'有知'的，以及'有义'的东西都'有气'，气是'生'与'知'的基础。这表示气就是一般的物质。……(3)张横渠《正蒙》：'所谓气也者，非待其蒸郁凝聚，接于目而后知之；苟健顺、动止、浩然、湛然之得言，皆可名之象尔。'(《神化》) 这表明凡是有运动静止、有深广的特征的，都是气。(4)朱晦庵说：'天地之间，有理有气。理也者，形而上之道也，生物之本也。气也者，形而下之器也，生物之具也。是以人物之生，必禀此理，然后有性；必禀此气，然后有形。'(《答黄道夫》) 这认为气即是器，也就是形，而是与理相互对待的。一件件的东西是器，而所有的器都是气。气就是一般的物质实在。"① 张岱年为了说明"气"是一般的物质存在，不仅列举了《庄子》《荀子》中的相关文献，也引用了张载、朱熹的相关文献。在《庄子》中，庄子所说的"聚则生，散则亡"的思想，表明"气"是构成人、物的形体的东西；在《荀子》中，"气"是"生""知"的基础，说明"气"是一般的物质；在张载的《正蒙》中，"气"的特征是动静、深广等，这些特征表明"气"是物质性存在；在朱熹那里，"气"是生物的材料，即"器"，而所有的"器"就是"气"，因而"气"是一般的物质。这种认知的方法就是回到被认知、被理解的概念的文献经籍系统中，通过对相关文献的阅读与分析以获得其中的意涵。

  但需进一步追问的是：张岱年为什么将"气"理解为"一般物质"？而不是精神？或者"具体物质"？这是因为张岱年理解的同时使用了唯物认知范式。在唯物认知范式中，"物质第一性，意识第二性"是基本原理，"物质"是所有物的抽象，是万物的基础，因而具有一般性，而非具体的物质。这样，在张岱年关于"气"的认知和理解中，自我认知范式与唯物认知范式实现了合作，自我认知范式使关于"气"的认知和理解回到"气"存在的文献中，而唯物认知范式对"气"的性质进行了判断，从而形成了张岱年关于"气"内容与性质的判断。正如张岱年所说："在中国古代哲学中，与西方所谓物质相当的概念，不是物与质，而是所谓

---

① 张岱年：《张岱年全集》第五卷，河北人民出版社1996年版，第133—134页。

气。中国哲学中所谓气，与西方哲学中所谓物质虽然相当，却也有重要的区别。中国古代哲学中讲气，强调气的运动变化，肯定气是有连续性的存在，肯定气与虚空的统一，这些都是与西方的物质概念不同的。总之，中国古代哲学中所谓气是无生命无意识而为生命和意识的基础的客观实体。"① 因此，中国传统哲学中所谓"气"，就是表示物质存在的哲学范畴。在这里，我们看到了自我认知范式与唯物认知范式的合作。

李存山认为，中国哲学中的"气"含有物理、生理、心理、伦理等方面的含义。关于"气"之物理义，他说："《易传》所谓'一阴一阳之谓道，无疑具有重要的哲学意义。但《文言传》云：'潜龙勿用，阳气潜藏。'《象传》云：'履霜坚冰，阴始凝也。'这里的'阴'、'阳'实又是指具有常识意义的寒暖之气。"② 关于"气"之生理义，他说："'水火有气而无生，草木有生而无知，禽兽有知而无义，人有气、有生、有知，亦且有义，故最为天下贵也。'（《荀子·王制》）这里所说的'无生'和'有生'即无生命和有生命之意。'水火有气而无生'，可见气、水、火是无生命的，至草木（植物）以上则有了生命。这里的'生'与'生生之谓易'的'生'是两个不同层次的概念，后者之'生'是物理意义的产生、化生，前者之'生'则是生理或生物意义的生命。"③ 关于"气"之心理义，他说："张载反对佛教的'以心法起灭天地，以小缘大，以末缘本'。从修养工夫论上说，他主张'大其心则能体天下之物'，但是'思尽其心者，必知心所从来而后能'（《正蒙·大心》）。在张载看来，'由太虚，有天之名；由气化，有道之名；合虚与气，有性之名；合性与知觉，有心之名。'（《正蒙·太和》）可见，'心所从来'是源于太虚之气化，在天、道、性之后乃有心，性本身并无知觉，有了人之形体'合性与知觉'方才有'心之名'。"④ 可见，这里的"气"代表的是心理上的意义。关于"气"之伦理义，他说："王廷相反对宋儒的'二性'之说，他认为'人有生则心性具焉'，'人具形气而后性出焉'（《雅述》上篇），'灵而觉，性之始也；能而成，性之终也，皆人心主之'（《性辩》），'苟

---

① 张岱年：《中国哲学史方法论发凡》，中华书局1983年版，第133页。
② 李存山：《气论与仁学》，中州古籍出版社2009年版，第202页。
③ 同上书，第203—204页。
④ 同上书，第210页。

无人焉,则无心矣;无心,则仁义礼智出于何所乎?故有生则有性可言,无生则性灭矣'(《横渠理气辨》)。按王廷相所说,离开了人的生命,'气'本身是既无知觉也无善恶的。"① 既然"气"是人的构造要素,人是"心"的前提,有"心"才有所谓仁义礼智,因此说"气"有伦理义。可见,李存山之所以能将"气"之物理义、生理义、心理义、伦理义发掘出来并加以准确表述,就是因为他的分析完全是建立在可信的且相契的文献基础上的,即对那些具有物理义、生理义、心理义、伦理义的文献加以研读与分析,而且对这几种含义之间的关系进行了疏通,从而使"气"在中国哲学中的本义及其多样性呈现了出来。

3. 道

在唯物认知范式视域下,"道"被理解为宇宙本原;在人文认知范式视域下,"道"被理解为"自由""无私""创造生命的源泉";在科学认知范式视域下,"道"被理解为"场"。那么,在自我认知范式视域下,"道"的意涵是怎样的呢?

冯友兰认为,《庄子》中的"道"与《老子》中的"道"有不同的含义,这就是《庄子》的"道"有"无有"义。《庄子》云:"有乎生,有乎死,有乎出,有乎入,入出而无见其形,是谓天门。天门者,无有也。万物出乎无有。有不能以有为有,必出乎无有,而无有一无有。圣人藏乎是。"(《庄子·庚桑楚》)冯友兰解释说:"这里所说的'天门',好像《老子》所说的'众妙之门'(一章)。可是《老子》没有说'众妙之门'是无有。《内业》等篇和《老子》只说道是无形无名,没有说道是'无有'。《老子》中有'无有入无间'(四十三章)这句话,但是这不是就道说的。说道是无形无名,并不妨碍它是物质性的东西,可是说道是无有,那就是另外一回事。《庚桑楚篇》强调这个'无有',说了'无有'以后,又重复说:'无有一无有。'或者也可以说,这里所谓无有,也不过就是无名的意思,可是《庄子·天地篇》明说:'泰初有无,无有无名。'这显然是认为无有和无名是两回事。道不但无名,而且无有。"② 冯友兰将《庄子》的"道"理解为"无有",因为他所引用的《庄子》中

---

① 李存山:《气论与仁学》,中州古籍出版社2009年版,第215页。
② 冯友兰:《三松堂全集》第十二卷,河南人民出版社2001年版,第382页。

的文献,以及《老子》《内业》中的相关论述,都能说明《庄子》"道"的"无有义"。

不仅如此,《庄子》的"道"还有"非物"义。冯友兰说:"《庄子·在宥篇》说,黄帝曾经问广成子一个问题:'我闻吾子达于至道,敢问至道之精。吾欲取天地之精,以佐五谷,以养民人。吾又欲官阴阳,以遂群生,为之奈何?'广成子回答说:'而(尔)所欲问者,物之质也,而(尔)所欲官者,物之残也。'《管子·内业篇》说:'凡物之精,此则为生。下生五谷,上为列星。'黄帝'欲取天地之精以佐五谷'这跟宋尹学派的说法是相合的。宋尹学派虽然认为精是与物有所不同,但并不强调它是非物。庄子学派认为精也是一种物,既然也是一种物,它怎么能够生万物呢?《在宥篇》说:'夫有土者,有大物也。有大物者,不可以物物;而不物故能物物,明乎物物者之非物也,岂独治天下百姓而已哉?'《知北游篇》也说:'有先天地生者物邪?物物者非物。'庄子学派认为精或气是一种物,因此它就不能是'物物者'。道是'物物者',所以它不能就是精或气,它是比精或气更根本的一个东西。如果精或气是无形无名,它就是无有。如果精或气也可以称为无,它就是无无。《知北游篇》说:'予能有无矣,而未能无无也。'这就是说,比'无'更根本的还有一个'无无'。"[1] 为了说明"道"的"非物"义,冯友兰引用了《庄子》中的对话,引用了《管子》的文献,分析了"道"何以为"非物"的义理根据,冯友兰发现,宋尹学派虽然认为"道"与物有所不同,但并不强调"道"是"非物",而庄子学派虽然认为"精"是一种物,但不能创生万物,即不是"物物者",而"物物者非物",就是说,创生万物的不能是精或气,"道"是"物物者",因而"道"是"非物"。可见,冯友兰理解庄子"道"的"非物义",也是花了九牛二虎之力,他不仅引用了大量的文献,尤其对贯穿于这些文献中的义理的疏通,让我们感受到求"道"之不易。

李景强认为老子的"道"是对"道"的世俗化的批判,是要重建"道"的神圣性,重建人们的信仰。那么这种理解的根据是什么呢?李景强指出,在老子之前,"道"已经是一个被广泛使用的概念。他举例说:

---

[1] 冯友兰:《三松堂全集》第十二卷,河南人民出版社2001年版,第383页。

"如'恭默思道'(《尚书·商书·说命》),'天有显道,厥类惟彰'(《尚书·周书·泰誓》),'惟有道曾孙周王发,将有大正于商。今商王受无道,暴殄天物'(《尚书·周书·武成》)。等等。"① 李景强认为,由这些文献可以看出,"道"总是与"天"的概念联系在一起的,因此要弄清楚什么是"道",需要弄清楚什么是"天"。李景强引用了大量的文献说明老子以前之"道"与"天"并用的情况,"道"是天道的简称,是天对人间的神圣规定,它带有强烈的神性色彩,意味着人对神的归依和服从。李景强说:"对于周代人来说,'天'与'上帝'是对同一对象的两个不同的称谓,天即上帝,上帝即天,可以互换。周初的《天亡簋》铭文说:'天亡佑王,衣祀于王,丕显考文王,事喜上帝,文王德在上。'《尚书·周书·诏诰》:'皇天上帝,改厥元子,兹大国殷之命。'……天对人世间的规定就是'天道',省称为'道',遵守天的规定为有道,背离天的规定为无道。'商王受无道'是说商纣(名受)王违背了天道,所以'天命诛之'(《尚书·周书·泰誓》),结果是以周代商。天道是否在人间得以实行又是以人的'德'来判断的,'道'是'德'的依据,'德'是'道'的具体体现,合乎天道为善,背离天道为恶。这样道与德就紧密地联系在一起,《尚书·商书·仲虺之诰》在讲述了人应有的德性之后说:'钦崇天道,永保天命。'《尚书·周书·毕命》说:'世禄之家,鲜克由礼,以荡陵德,实悖天道。'有德即合乎天道,合乎天道即符合天的规定,符合天的规定,天即福佑,反之,天即罚之。所谓'皇天无亲,惟德是辅。'(《尚书·周书·蔡仲之命》)'天'是神圣的主宰者,是神;'道'是主宰者对人世间的种种神圣的规定。遵守'道'就是服从'天',服从神,承认'道',就是接受'天'对人间的主宰。'天'是神圣的,'道'也是神圣的。至此,我们可以给老子之前的'道'下一个定义:道是天道的省称,是天对人间的神圣规定。它带有强烈的神性色彩,意味着人对神的归依和服从。"② 但是,在老子稍前或同时,天道的神圣性已经被动摇。李景强说:"《左传》(昭公十八年)中子产说:'天道远,人道迩,非所及也,何以知之?'就是子产对天道的怀疑。晏子嘴上

---

① 李景强:《复原老子之"道"》,《学术研究》2003 年第 10 期。
② 同上。

说：'天道不谄，不贰其命'，却不让齐侯祭祷又是一例（《左传·昭和二十六年》）。但动摇不等于推翻了'天道'的神圣性，只是一种悬置，一种敬而远之的疏离，就像子贡说的：'夫子之言性与天道，不可得而闻也。'（《论语·公冶长》）悬置与疏离的结果，是'道'被赋予了一种世俗性，代表性的人物就是孔子。孔子在《论语》中经常讲'道'，但孔子所谓'道'不是神圣的天道，而是世俗世界的人道，即仁、礼、忠、孝的人伦之道，'道'被悬置与疏离，意味着'道'不再具有神圣性，也意味着人的信仰对象'天'的彻底动摇；'道'的世俗性，意味着'道'变成了人们可以'随其成心'（《庄子·齐物论》）任意加以规定的'德'，不再具有可以使人归依的信仰的价值。老子说'道可道，非常道'就是对'道'的世俗化批判。他要重建'道'的神圣性，重建人们的信仰。老子选择了对'天'的放弃，对'道'的提升，把'道'置于'天'之上，变成了一个神圣的信仰对象。所以他说：道是'天地之始'、'万物之母'（《一章》），创造了一个既创造天地万物，又不主宰天地万物的新的信仰，并据此建立了道家思想体系。"[1] 如上所言，李景强的基本观点是：老子的"道可道，非常道"是对"道"的世俗化批判，就是要重建"道"的神圣性，重建人们的信仰。为了证明这一观点，李景强将思想史脉络与文献解读结合起来，他通过对大量文献的详细分析，认识到老子之前的"道"是"天"对人间的神圣规定，是一个意义世界，但到了老子稍前及同时代，"道"的神圣性已经被动摇，从"天道"到"人道"，最后到孔子"无物非道"。正是面对"道"的神圣性丧失，面对"道"的世俗化，老子才展开对世俗化的批判，展开对"道"神圣性的重建。不能不说，李景强的论证是有说服力的，因为这是建立在"自我认知范式"基础上的理解和判断。

但其中存在的问题不妨提出来供读者思考：第一，老子提出"道"在孔子之后吗？如果没有可信的文献根据说明老子提出"道"在孔子之后，那么整个论证都将变得毫无意义。虽然李景强所根据的义理逻辑在一定程度上可以支撑他的观点，但比起那些说明老子出生在孔子之后或同时的文献，就显得不够力量了。第二，一般而言，老子关于"道"的定义

---

[1] 李景强：《复原老子之"道"》，《学术研究》2003年第10期。

与"天""天帝"等神圣信仰并不相同,老子"道"的意涵是"自然而然",是对神圣性的否定,而不是重构神圣信仰。这似乎也需要令人信服的说明。这两个问题告诉我们,自我认知范式只是强调将概念、命题或思想观念放回原来的文化系统中加以理解,但并不保证理解的正确性,它是理解正确的一种前提而非最终结论,理解的结论正确与否尚取决于其他因素。

4. 诚

在唯物认知范式视域下,"诚"被理解为"唯心主义本体""神秘主义"等;在人文认知范式视域下,"诚"被理解为"万物本性""预知能力""永不停息的生命活动"。那么,在自我认知范式视域下,"诚"之意涵是怎样的呢?需要说明的是,"诚"在不同哲学文本中的意涵不尽相同。先考察王国维对周敦颐哲学中的"诚"的理解。第一,"诚"是绝对的善,是伦理之本,是百行的根据。王国维说:"周子之说'诚'也,曰:'诚者,圣人之本,……纯粹至善者也。'(《诚上第一》)'圣,诚而已矣。诚,五常之本,百行之原也。'(《诚下第二》)盖以此示'诚'之'人极',有'诚'为绝对的之善,而非如'几'之善之对恶而言者也。故与其谓之曰'善',不如谓为'至性'之为蔽(按,疑当作'愈')。"[1] 此即认为周敦颐的"诚"具有本体意义。为什么?因为周敦颐自己说"诚"是圣人之本、五常之本、百行之原,而且是绝对的"善",即"诚"是宇宙万物的根本。第二,"诚"即无思、无为、无事,寂然不动。王国维说:"周子就'理'之方面,即体之方面(对用而言),而说'诚'之'无为''无思',曰:'寂然不动者,诚也'(《圣第四》);'无思,本也'(《思第九》)'诚,无为'(《诚几德第三》);'故诚,则无事矣'(《诚下第二》):是即述'无(意)识'之原理者也。"[2] 这是断定周敦颐的"诚"是无意识之原理。为什么?因为在周敦颐的论述中,"诚"即是"无为""无思""无事""寂然不动者",因而属于非理性的原理。第三,从"气"的角度看,"诚"是神秘的,是无影无踪的,游于有无之间。王

---

[1] 王国维:《周濂溪之哲学说》,《王国维哲学美学论文辑佚》,华东师范大学出版社1993年版,第151页。

[2] 同上。

国维说:"彼又就'气'之方面,即用之方面,而说'诚'之神化,曰:'无思,本也;思通,用也。几动于彼,诚动于此。无思而无不通为圣人'(《思第九》);'感而遂通者,神也;动而未形,有无之间者,几也'(《圣第四》)'发微不可见,充周不可穷之谓神'(《诚几德第三》);是皆谓'几'为发动之端,而为'诚'之神妙的活动者也。"① 这是断定周敦颐的"诚"具有发用流行之功,但此发用流行是不可名状的、难于感知的,是神秘的,它往来于有无之间而无踪无影、无声无息。王国维将"诚"置于"气"之意义而述其特性,并照着周敦颐关于"诚"的叙述进行分析和判断。可见,王国维对周敦颐"诚"的理解,无论是本体义的揭示,还是作为"体"之特性的论说,抑或作为"用"之特性的论说,都充分利用了义理系统的厚度与经籍文献的宽度,即完全是由对经籍文献的分析得来,也就是从自我文本、语境、含义中得来。换言之,王国维对于周敦颐"诚"的理解,完全是建立在自我认知范式为理解坐标与方法基础上的。

再考察徐复观对思孟学派"诚"概念的理解。徐复观说:"孟子之言诚,系继承《中庸》下篇言诚的思想而加以发展,则孟子所说的诚的内容,当更有明白的规定。若顺着孟子言诚去了解,则所谓'诚'者,乃仁心之全体呈现,而无一毫私念杂入其中的意思。《孟子》'居下位'一章中'反身不诚'的话,在《告子下》曾从'反身而诚'的正面说过一次。这段话是:'孟子曰:万物皆备于我矣;反身而诚,乐莫大焉。强恕而行,求仁莫近焉。'按:'万物皆备于我',即《论语》的'天下归仁',即所谓'人物一体',此乃仁所到达的境界。'反身而诚',意思是说,所谓'万物皆备于我',并非悬空地虚说,而系是反求之于身;真实是如此;此即可以证明仁德的全部呈现,把一切的矛盾、对立,都消融了,所以说'反身而诚,乐莫大焉。'但此最高境界之仁,如何而可求得?孟子便指示一个人人可以实行的求仁之方。所以接着便说:'强恕而行,求仁莫近焉。'由此可以证明孟子之所谓诚,实以仁为其内容,否则不会接着说'强恕而行,为仁莫近焉'的话。《中庸》下篇之所谓诚,也正是以仁

---

① 王国维:《周濂溪之哲学说》,《王国维哲学美学论文辑佚》,华东师范大学出版社1993年版,第151页。

为内容。下篇虽然只出现两个'仁'字,即二十五章的'成己,仁也',三十二章的'肫肫其仁';但全篇所言之诚,实际皆说的是仁。如以'生物'言天道之诚(二十六章);以尽己、尽人、尽物之性,赞天地之化育(二十二章);及以'成己''成物'(二十五章),'发育万物'(二十七章)等言圣人之诚;以'万物并育而不相害,道并行而不相悖'(三十章),来赞叹孔子。这都可以证明诚是以仁为内容的。且全篇中言及诚时,必把天下国家融合在一起来讲,这实际都说的是仁德的全般呈现,否则不能把天下国家融合在一起。并且二十三章讲诚之'能化',这也只有仁才能有此感通作用。孟子讲的'夫君子所过者化,所存者神,上下与天地同流'(《尽心上》)的话,是紧承'王者之民,皞皞如也'来说的;王者之民,是由于王者之政;王者之政,即是仁政;所以孟子也是就仁而言神化。在以仁来贯通的这一点上,《中庸》的上下篇,可以说是完全一致。前引过的《荀子·不苟篇》的'诚心守仁','诚心行义',这是从工夫上以言诚。但诚的工夫,及由诚的工夫所实现的诚的本体,是不可分的,所以荀子也必以仁义为诚的内容;而义可以含摄于仁的观念之内的。下篇之所以特别拈出一'诚'字,就我的推想,因为仁有各种层次不同的意义;诚则是仁的全体呈现;人在其仁的全体呈现时,始能完成其天命之性,而与天合德。而且诚的观念,是由忠信发展而来;说到诚,同时即扣紧了为仁求仁的工夫。不如此了解诚,则诚容易被认为是一种形而上的本体,诚的功用也将只是由形而上的本体所推演下来的;于是说来说去,将只是西方形而上学的思辨的性质,与《中庸》、《孟子》的内容,不论从文字上,或思想上,都不能相应的。"[①] 由此文献看出,"诚"以"仁"为内容,是仁心之全体呈现。

那么,这种理解和判断的根据是什么呢?首先,从境界上看,"反身而诚"即是"万物皆备于我矣",而"万物皆备于我矣"即《论语》中"天下归仁",如此便"人物一体",此即是"仁"的境界,也就是"诚"。其次,从求"仁"的方式看,是"强恕而行,求仁莫近",此是根据"反身而诚"引申,足见"诚"以"仁"为内容。其三,《中庸》所谓"生物""尽己尽人尽物之性""成己成物""发育万物"等,皆言

[①] 徐复观:《徐复观文集》(第三卷),湖北人民出版社2002年版,第141—142页。

圣人之"诚",而此皆"仁"之功。第四,《中庸》全篇中言及"诚"时,必把天下国家融合在一起来讲,此即仁德的全般呈现,而所谓"诚之能化",也只有仁才能有此感通作用,足见"诚"以"仁"为内容。其五,荀子所谓"诚心守仁""诚心守义",此是由工夫以言"诚",而"工夫"之"诚"与本体之"诚"是一,所以荀子也是以仁义为"诚"的内容。这样,徐复观完整且严密地论证了"诚以仁为内容"的观点。而其完成这一伟大而艰巨任务的法宝就是"自我认知范式"。从文献言,不仅对《孟子》《中庸》中的文献进行了细致的研读,而且征引了《论语》《荀子》中的文献以为补充;从义理言,不仅对从《中庸》到《孟子》关于"诚"与"仁"叙述的脉络进行了梳理,而且对"诚"与"仁"的内涵进行了互证,从而事实性地阐明了"诚即以仁为内容"的观点。概言之,徐复观的理解既注重文本的连贯性,又注意义理的贯通性,而且精于概念、命题的分析,从而较完整地阐明了"诚以仁为内容"的观点。徐复观之所以如此辛苦地论证"诚即以仁为内容",乃是希望学界对于"诚"的理解不要偏向形上本体,从而避免"诚"之本来意涵之流失。从这个意义上讲,"自我认知范式"对于中国传统哲学本有价值的保护确有其特殊的作用。

5. 仁

在唯物认知范式视域下,"仁"被理解为"统治阶级的道德";在人文主义认知范式视域下,"仁"被理解为平等、圆满、生生、自由权利、创造性生命等。那么,在自我认知范式视域下,"仁"将显示怎样的意涵呢?

熊十力认为,"仁"即生生、刚健、炤明、通畅等。熊十力说:"'君子无终食之间违仁',仁者,本心之名。本心备具生生、刚健、炤明、通畅诸德,总括而称之曰仁德,故本心亦名为仁。……乾为仁,此汉人所存孔门流传之古义。乾德生生,不待说。生生不息,正是刚健。不刚健何能生生不息?故《易》称乾德,特以刚健为主。乾之为仁,正以其刚耳。乾有大明之德,炤明犹大明也,仁德岂是迷暗性乎?通畅即是乾之亨德,此德正与闭塞相反。宇宙大化流行不能偏从反的方面去看。没有反,固无从起变,然相反,乃所以成其太和,太和即通畅之谓。相反不是相仇。若一味相仇,将闭塞不通,而大化熄矣。宇宙以乾坤相反而成化。乾为心,坤为物。乾主动以开坤，即是心主动以开物。明乎此义，当知心不是闭塞性，而是通畅性，通畅谓之仁。失其通畅，即失其本心。汝须在日常生活中体察自心，方信吾言不妄。孔子亦言'仁者爱人'，爱人正从生生与通畅二德发出。生生之德，故能爱；通畅之德，故能爱。朱子说仁是柔嫩的意思，便以温情为仁，大有病在。仁固有温情，而温情不必是仁，甚至大违乎仁。仁德中包含刚健、炤明二德，岂迷惑的温情、姑息的柔嫩意思亦可谓仁乎？且仁德不容私欲私见等，非刚与明，何能去私？又仁是积极性，孔子许管仲匡正天下之功为仁，可见仁德广大。宋儒杂老庄之虚静以言仁，殊不知仁心未尝不虚静，而沦虚溺静却非仁。《论语》此章极重要。汉宋群儒皆不识一仁字，吾举《大易》乾德以明之。学者知乾为仁，则知仁德即是乾德，实统万德万善，而生生、刚健、炤明、通畅诸德尤为仁德之主干。非返己而自识生命之德性者，难与言仁。"① 就是说，作为本心的"仁"，具备生生、刚健、炤明、通畅四种德性，其根本特征则是生生、畅通，因而不是闭塞的，不是温情的，也不是虚静的。换言之，"仁"就是生命的、生机的、活动的。熊十力的这种理解是以《易》之"乾"卦为中心，因为"乾"即是刚健的、炤明的、生生的、通畅的，所以"仁"透过"乾"而成就其义。熊十力以《易》之乾卦释"仁"，再通过对"乾卦"内涵的解释演绎，呈现其由生生而刚健，由刚健而炤明，由炤明而通畅，并据此对朱熹"温情为仁"说进行了批评。可见，熊十力关于"仁"即畅通义的解释，完全是将"仁"置于儒家义理系统中进行正面的解释。熊十力在解释"仁"过程中，批评了朱熹以"柔嫩"释"仁"的做法，也批评了宋儒杂老庄以"虚静"言"仁"的行为。这就是说，即便是自我认知范式的理解，并不都是可以接受的，因为朱熹等宋儒对"仁"的理解并不能成为熊十力解释的积极根据，而是消极的根据。乾为亨通之德，才能爱，为通畅之德，才能爱，因而"仁"即为通畅义。熊十力注重从义理的贯通阐述仁之通畅义，同时以"仁"所处的语言、文化、意义等系统作为理解的坐标。

方东美也主张从中国文化系统中去解释"仁"，他说："《论语》主要的观点是'仁'，可是怎么样叫做'仁'？爱人要怎么样爱法呢？再有

---

① 熊十力：《熊十力全集》第七卷，湖北教育出版社2001年版，第209—210页。

'仁者，其言也讱'的所谓说话要怎么说才叫做'仁'呢？《论语》并没有透彻的解释！如果'仁'是'爱'的话，我们不仅仅只读《论语》，最好要贯通《礼记》'大学'篇所谓'絜矩之道'，这是消极地对于'仁'的纠正。因为人类最大的问题就是把自己的幸福建立在别人的痛苦上面，这是古往今来人类最大的毛病。但是'絜矩之道'如何纠正呢？'所恶于上，毋以使下；所恶于下，毋以事上；所恶于前，毋以先后；所恶于后，毋以从前；所恶于右，毋以交于左；所恶于左，毋以交于右'，这才可以说是真正的同情，不会害人！这是爱人的消极措施。从积极方面要了解《论语》中的'仁'，在《论语》里面没有透彻解释'仁'，幸好在《礼记》中庸篇说：'天地之道，可一言而尽也，其为物不贰，则其生物不测。'生物不测，就是天地仁心的表现，正是解释《易经》'系辞上传'所谓：'夫乾，其静也专，其动也直，是以大生焉。夫坤，其静也翕，其动也辟，是以广生焉。'大生之德与广生之德，正是代表天地生物不测。后来朱子接受王弼易注，他不从乾坤这一方面讲，而从'复'卦这一方面讲'复其见天地之心乎'。这也就是生物不测之仁。如此一了解了之后，在《中庸》第二十三章，说得更清楚：'惟天下至诚为能尽其性，能尽其性，则能尽人之性，能尽人之性，则能尽物之性，能尽物之性，则可以赞天地之化育，可以赞天地之化育，则可以与天地参矣。'如此，因为自己宝贵生命、重视生命，对于别人的生命也尊重，推及一切人，再对于万物的生命也尊重，惟有这样才能够圆满完足地发展他的生命。这样子讲'仁'讲'爱'，为《论语》中的解释所没有，而在《中庸》篇中一度两度解释得清清楚楚！"[1] 在方东美看来，《论语》中"仁"字虽多，但并没有透彻的解释，而应该通过对儒家诸经的全面阅读和分析作为解释的基础，所以引用了《礼记》（包括《大学》《中庸》）、《易》等文献对"仁"进行解释。通过《礼记》中的"絜矩之道"，对"仁"爱的含义进行确证，认为"仁"就应该处处为他人着想，不伤害他人；通过对《中庸》与《易》的分析，则"仁"为生生不息、无休止地创生万物，这是"仁"爱人的积极方面。这样，方东美关于"仁"的解释，

---

[1] 方东美：《方东美先生演讲集》，台湾黎明文化事业股份有限公司2006年版，第230—231页。

基于儒家的《礼记》《周易》《大学》《中庸》等文本,有积极、消极两方面之表现,使《论语》中"仁"之"爱人"的含义更加丰满、更加明晰。这就是方东美所强调的,儒家诸经是"真正了解《论语》中'言''行'后面那个根本道理与力量之所在"[①]。

6. 性

在唯物认知范式视域下,"性"被理解为先验的观念或抽象的观念。这里拟考察"性"在自我认知范式视域中被理解的情形。

熊十力认为"性"有材性义和本体义。他说:"夫性字之义不一,有以材性言者,材性即就气质言。如人与动物,灵蠢不齐,则以人之躯体,其神经系发达,足以显发其天性之善与美,动物躯体之构造远不如人类,即不足以显发其天性之美善,人与动物成形之异,是谓气质不同,气质亦云材性。若夫言性,而就人生本原处目之者,则不可与材性相混,如性相近也之性字,即材性之性,相近之言,即据中材立论,凡属中材,其材性皆相去不远,故云相近。但视其所习,习于上,则成上智矣;习于下,则流为下愚矣,故云'习相远也'。唯上智之人,其材性生来即是上,不会习向坏处;下愚之人,其材性生来即下,难得习向好处,故曰:'上智与下愚不移。'此章性字,明是材性,从来注家胡乱不清,极可惜。至如《中庸》'天命之谓性',此性字便克就人生本原处而言。此章朱子注欠妥,今按天命性三名,所指目者是一。一者何?曰:本体是已。本体绝待,随义而异其名。'无声无臭'曰天。《中庸》末章'上天之载,无声无臭。至矣。'上者,绝对义。天者,宇宙本体之目,非谓神帝也。载者,言其备万理、含万化也。无声无臭者,言其寂然无象也。'於穆不已'曰命。诗云:'维天之命,於穆不已。'命者,流行义。维天之命者,言乎本体之流行也。於穆,深远义。不已者,真体之流行,无有止息也。'民之秉彝'曰性。彝,美也,此美绝待,非与恶对。天命者,本体之目。本体具万善,至美者也。民犹言人,夫人皆秉天命以有生,即秉至美之理以成为人,故尅就此至美之理之在人而言,则曰性。然则性即天命,玩之谓二字可见,岂可外自性而别寻天命乎?此性字,即目本体,与《新论》所言性者同义。材性之性,实非此之所谓性也,子比而同之可

---

① 方东美:《方东美先生演讲集》,台湾黎明文化事业股份有限公司2006年版,第230页。

乎？从来言性者，不辨天性（'天命之谓性'省言天性）与材性，故成胡乱。朱子注《论语》'性相近也'章，似欠分晓。荀卿、董仲舒诸儒之言性，都只说得材性。孟子灼然见到天性，故直道一善字。"[1]

就是说，"性"有"材性"与"本体"两义，不过，"材性义"表现在《论语》"性相近，习相远"命题中，而"本体义"表现在《中庸》"天命之谓性"命题中。这样，他首先就对"性"两种不同的含义进行了文本的区分。其次，为什么说"性相近"之"性"是"材性义"呢？熊十力认为，"性相近也"之"性"字即材性之性，所谓"相近"，就是从中材立论，凡属中材，其材性皆相去不远，所以说"相近"；但其会因学习、追求的对象不同而不同，学习、追求优秀者，则自己也会变得优秀，学习、追求平庸者，则自己也会变得平庸，一般而言，只有普通人可以借助后天的环境改变自己，这进一步说明"性相近，习相远"之"性"指的是"材性"。第三，为什么说"天命之谓性"是"本体义"呢？熊十力认为，这里的"性"是就人生本原处而说的，其与"天""命"是同级概念，而"天"乃宇宙本体范畴，具"绝对义"，"命"即流行之义，也为本体，而本体具万善，因而"性"即善即本体。因而不可将"性相近"之"性"与"天命之谓性"之"性"混为一谈。不难看出，熊十力关于"性"的理解，不仅表现了其对文献有精深的把握，而且对"性相近"之"性"所在义理系统与"天命之谓性"之"性"所在义理系统有非常合理而深刻的分析，从而为理解"性"之含义树立了典范。

张岱年判朱熹的"性"为"理"，是形而上者。张岱年说："朱熹认为性只是理，于是强调性与心的区别，坚决反对以'知觉运动'为性。他说：'心、性固只一理，然自有合而言处，又有析而言处。须知其所以析，又知其所以合，乃可。然谓性便是心，则不可；谓心便是性，亦不可。'（《语类》卷十八）又说：'心与性自有分别，灵底是心，实底是性。灵便是那知觉底。'（同书卷十六）知觉属于心，不是性。他认为告子'生之谓性'之说即是以知觉运动为性。他说：'生指人、物之所以知觉运动者而言，告子论性……与近世佛氏所谓作用是性者略相似。''……性者，人之所得于天之理也；生者，人之所得于天之气也。性，形

---

[1] 熊十力：《熊十力全集》第三卷，湖北教育出版社2001年版，第487—488页。

而上者也；气，形而下者也。人、物之生，莫不有是性，亦莫不有是气。然以气言之，则知觉运动，人与物若不异也；以理言之，则仁义礼智之禀，岂物之所得而全哉？此人之性所以无不善，而为万物之灵也.'（《孟子集注·告子上》）他更加解释说：'告子只说那生来底便是性：手足运行，耳目视听，与夫心有知觉之类.' '……他只是说生处，精神魂魄，凡动用处是也。正如禅家说：如何是佛？曰见性是佛；如何是性，曰作用是性。盖谓目之视、耳之听、手之捉执、足之运奔，皆性也。说来说去，只说得个形而下者.'（《语类》卷五十九）朱氏从形而上、形而下分别性与心，他的人性论可谓之形而上的人性论。朱氏这种人性论的立论根据，还是在于孟子所谓'人之所以异于禽兽者'，他认为知觉运动是人与物所共同的，只有仁义礼智等道德准则是人与物不同的。所以断言只有仁义礼智之理才是人性."[1]

由这段文字可以看出，张岱年对朱熹"性"的理解及判断，主要从两方面展开：第一，由朱熹反对"以知觉为性"看。朱熹认为"心"与"性"是有差别的，"心"是知觉，"性"是实理。而告子"生之谓性"，就是以知觉为性，佛教禅宗的"作用见性"也是以知觉为性，而知觉运动之性，就是气质之性，气质之性的对立面是义理之性，因此说，朱熹反对以知觉为性即主张以义理为性。第二，由朱熹将"理"视为人与动物的根本差别看。朱熹认为，"性"是人得于天之理，"生"是人得于天之气，因而"性"是形而上者，"生"是形而下者。"生"或"气"，人与物皆有，但仁义礼智则只有人才有，所以仁义礼智便是"理"，因而"性"是形而上者。而且，若"以生为性"，"生"是形而下者，"作用见性"之"作用"也是形而下者，而朱熹主张以仁义礼智为性，"仁义礼智"是形而上者，因此朱熹所言"性"是形而上者。可见，张岱年关于朱熹的"性"是"理"或"形而上"的理解，也颇费了一番功夫。他不仅引用了朱熹、告子、佛教的文献，而且对性、心、理、"以生为性""作用见性""仁义礼智为性"等概念与命题的内涵进行了细微的比较和解释，并对它们之间的异同展开了深入的分析，从而充分且从容地阐明了朱熹的"性"是"理"、是"形而上"的观点。这与唯物认知范式的理

---

[1] 张岱年：《张岱年全集》第四卷，河北人民出版社1996年版，第641—642页。

解显然存在较大差别。

7. 五行

"五行"出自《尚书》："五行：一曰水，二曰火，三曰木，四曰金，五曰土。水曰润下，火曰炎上，木曰曲直，金曰从革，土爰稼穑。润下作咸，炎上作苦，曲直作酸，从革作辛，稼穑作甘。"（《尚书·洪范》）以往关于"五行"的理解多种多样，这里将论述其被置于自我认知范式下理解的情形。

张岱年认为，先秦时期的"五行"就是"五种基本的事物"。他说："《尚书·洪范》在今文《尚书》中列入《周书》，而《左传》引《洪范》文句，称为《商书》。《洪范》记箕子之言云：'天乃锡禹洪范九畴。'九畴的第一项是五行，'初一曰五行'。五行是水火木金土。'一、五行：一曰水，二曰火，三曰木，四曰金，五曰土。水曰润下，火曰炎上，木曰曲直，金曰从革，土爰稼穑。润下作咸，炎上作苦，曲直作酸，从革作辛，稼墙作甘。'《洪范》明确列举了五行的内容，说明了五行各自的本性与表现。《洪范》讲五行，是否认为五行是构成万物的基本元素呢？细看原文，似乎当时尚未意识到'构成万物的基本元素'的问题。但是，从《洪范》将'五行'列为'九畴'的第一项来看，确是认为水、火、木、金、土是五种最基本的事物。"① 所谓"畴"就是"类"。因为"九畴"就是指传说中天帝赐给禹治理天下的九类大法，"五行"在此九类大法中排第一，所以可以理解为"最基本的事物"。虽然《洪范》说明了"五行"的本性，但并没有"五行"是构成万物基本元素的观点。应该说，张岱年的判断是谨慎的，也是准确的。

但他认为周敦颐的"五行"是"构成万物的基本元素"。周敦颐说："阳变阴合，而生水火木金土。五气顺布，四时行焉。五行一阴阳也，阴阳一太极也，太极本无极也。五行之生也，各一其性。无极之真，二五之精，妙合而疑。乾道成男，坤道成女，二气交感，化生万物，万物生生而变化无穷焉。"（《太极图说》）张岱年的理解释是："周敦颐《太极图说》讲天地万物生成的次序是太极——阴阳——五行——万物。……这里以阴阳为二气，以五行为五气。……周敦颐《太极图说》以五行为五气，朱

---

① 张岱年：《张岱年全集》第四卷，河北人民出版社1996年版，第543页。

熹注解云：'然五行者，质具于地而气行于天者也。'事实上朱熹倾向于阴阳是气、五行是质。他答弟子问两仪五行说：'阴阳是气，五行是质。'（《朱子语类》卷九十四）……总起来看，朱熹似乎认为水火在气与质之间，木金土则确然是质了。所谓质即是有定形的物体。"① 为什么周敦颐的"五行"可以被认定为"构成万物的基本元素"呢？因为第一，周敦颐以"五行"为"五气"，而"气"是物质；第二，根据朱熹的解释，水火在气与质之间，属物质元素范围，而木金土的确是"质"了，即有定形的物体。综合言之，周敦颐的"五行"是"构成万物的基本元素"。

显然，张岱年关于先秦时期的"五行"是"五种基本的事物"的判断与周敦颐的"五行"是"构成万物的基本元素"的判断，并非主观意志使然，而是由对先秦与宋儒相关文献的分析获得的，即张岱年的这两个结论，完全是以相关文献的论述为基础的。

李存山则强调不能简单地判断"五行"是构成世界万物的基本物质，因为"五行"作为万物的基本元素的观点是有过程的。首先，"五行"所反映的是古代中国人对地上世界的认识。他说："'五行'与'庶征'分属不同的范畴，这是西周时期以'天神'崇拜为中心的神学世界观的一个重要特点。在《尚书·吕刑》中有：'颛顼帝乃命重、黎，绝地天通'；楚大夫观射夫对这句话的解释是：'古者民神不杂'。（《国语·楚语下》）这说明在当时人们的心目中，天与地是两个世界，天是神的世界，地是人的世界，天统治着神，神统治着人。在那时候，天上的各种自然现象（雨、旸、燠、寒、风等）不是人们的认识的对象，而是信仰崇拜的对象，是神意的显示、吉凶的征兆。《洪范》中的五行说虽然也是古代人们在生产实践中产生的对于物质世界的一种认识，但这种认识主要是对地上世界的认识，而没有包括天上的东西，因此它还不是完整的哲学世界观，它还屈从于神学，只是神学世界观中的哲学思想的萌芽。"② "庶征"指雨、旸、燠、寒、风等天上的自然现象，"五行"指金、木、水、火、土等地上的自然现象。李存山基于《尚书》文献的分析，认为西周时期的"天"与"地"是人们心中的两个世界，而"五行"是人们对地上世界

---

① 张岱年：《张岱年全集》第四卷，河北人民出版社1996年版，第546—547页。
② 李存山：《气论与仁学》，中州古籍出版社2009年版，第6页。

的认识，因而不能成为完整的世界观，而且屈从于神学，因而不可能形成"构成世界万物的基本物质"的认识。

其次，《国语》以"五行"说论证"和""同"，并没有作为构成万物元素的意思。《国语》云："夫和实生物，同则不继。以他平他谓之和，故能丰长而物归之；若以同裨同，尽乃弃矣。故先王以土与金、木、水、火杂，以成百物。"（《国语·郑语》）李存山解释说："伯阳父在这里表述的思想与古希腊赫拉克利特的'差别是谐和的本质'的思想很相似。'故先王以土与金、木、水、火杂以成百物'，这是伯阳父用前人的五行说来论证和、同的思想。伯阳父在这里是否已经把土、金、木、水、火作为构成世界万物的元素了呢？回答应该是否定的。'百物'并不就是世界万物，而是人对自然物进行了加工的'铸冶煎烹之属'。如果不是这样解释，'先王'便成了世界的'造物主'，而在中国古代的传统思想中，'王'最多是天神的儿子，是天神在世上人间的代表，并没有造物主那样的权威和作用。"[①] 在李存山看来，伯阳父只是用前人的"五行"说来论证"和""同"的思想，而且"百物"不能代表世界万物，只是人对自然物进行了加工的"铸冶煎烹之属"，这样不将"五行"作为"构成世界万物的元素"的解释，顺带地否定先王是造物主的观点。既然"五行"只是用来论证"和"与"同"，既然"五行"杂成的"百物"不是宇宙万物，既然不将"五行"理解为"构成万物的基本元素"就可以否定先王是世界的造物主，所以"五行"不能作"万物的基本元素"来理解。应该说，李存山关于"'五行'不是万物基本元素"的判断主要是基于对相关文献关于"五行"内容、性质、功能的论述而确定的，是自我认知范式的典型实践。但也存在牵强之处，那就是：为了否定先王不是造物主而否定"五行"的万物基本元素性质。由此可清晰地发现唯物认知范式对李存山理解与判断的影响。因而"五行"究竟可否认为是"构成万物的基本元素"，依然有很大的讨论空间。而与张岱年的理解比较则说明，同是自我认知范式的应用，所获结论并不一定相同。

8. 良知

在唯物认知范式视域中，"良知"被理解为唯心主义的、先验的道德

[①] 李存山：《气论与仁学》，中州古籍出版社2009年版，第9页。

观念；在科学认知范视域中，"良知"被理解为虚幻的概念；在人文认知范式视域中，"良知"被理解为是非准则、自觉向善的内在力量。那么，在自我认知范式视域中，"良知"的意涵又是怎样的呢？

孟子说："牛山之木尝美矣，以其郊于大国也，斧斤伐之，可以为美乎？是其日夜之所息，雨露之所润，非无萌蘖之生焉，牛羊又从而牧之，是以若彼濯濯也。人见其濯濯也，以为未尝有材焉，此岂山之性也哉？虽存乎人者，岂无仁义之心哉？其所以放其良心者，亦犹斧斤之于木也，旦旦而伐之，可以为美乎？"（《孟子·告子上》）张岱年说："从上下文来看，'良心'当即'仁义之心'。"① 所谓"上下文"是什么呢？这里的"上下文"就是指：牛山上本有的茂盛树林，可是天天被人砍伐，或放牧牛羊，从而使牛山变得光秃秃的，这显然不是牛山的本性；每个人都有仁义之心，好比牛山上茂盛的树林，但人之所以丧失良心，就好比拿着斧头天天去砍伐牛山上的树林，怎么能保存仁义之心呢？可见，所谓"上下文"，就是孟子"牛山之喻"，通过牛山树木被砍变得光秃秃说明"良知"的先验性和本善性。孟子说："人之所不学而能者，其良能也；所不虑而知者，其良知也。孩提之童，无不知爱其亲者；及其长也，无不知敬其兄也。亲亲，仁也；敬长，义也。无他，达之天下也。"（《孟子·尽心上》）张岱年解释说："从上下文看，良知即'不虑而知'之知，即亲亲、敬长的知。"② 这里的"上下文"又说了什么呢？这里"上下文"就是：孟子说"良知"是无须经过思虑的"知"，可是哪些东西是无须经过思虑的"知"呢？孟子认为"爱亲敬长"就是无须经过思虑的"知"，因而爱亲敬长就是"良知"。这样，张岱年借助孟子的陈述而定"良知"之义。

但是，"良知"本就是孟子提出的命题，属于"自我亲证"范畴，因而仍须"自我旁证"。张岱年的确有此觉悟并努力实践。他征引了汉儒、宋儒关于"良知"（良心）理解的文献，以明其义。张岱年说："关于'良心'、'良知'的'良'字，汉宋儒者有不同的解释。《说文》：'良、善也。'良心即善心。赵岐《孟子注》解'良能'云：'不学而能，性所

---

① 张岱年：《张岱年全集》第四卷，河北人民出版社1996年版，第659页。
② 同上。

自能。良,甚也。是人之所能甚也。'清焦循《孟子正义》云:'良能犹言甚能,良知犹言甚知。甚能甚知,即最能最知。最能最知即知之最、能之最也。'朱熹《孟子集注》解'良心'云;'良心者,本然之善心,即所谓仁义之心也。'又解'良能'、'良知'云:'良者本然之善也。'按:从训诂来讲,汉儒训'良'为'善'是正确的。从思想来讲,孟子强调'不学而能''不虑而知'是道德先验论的观点,把孟子'良心'解为'本然之善心',把'良知'之'良'解为'本然之善',也符合孟子的原旨。孟子所谓'良心'、'良知'即是先验的道德意识,也即天赋的道德认识能力。"① 张岱年认为,汉儒训"良"为"善"或"甚"都是正确的解释,而朱熹释"良心"为"本然之善心"也符合孟子的意思。概言之,张岱年关于"良知"的理解,以孟子文献为基础,辅之《说文》、赵岐《孟子注》、朱熹《孟子集注》、焦循《孟子正义》等资料,通过对孟子相关叙述的考察,对"良"字含义的解释,以对"良知"(良心)内涵及其性质进行判断。

虽然"良知"可以从义理、字义等方面确定其先验的善之意涵,但张岱年并不认为有先验的道德理性。他说:"我们认为,良知、良心是应该肯定的。但孟子所谓'不学而能'、'不虑而知',却不符合事实。人的良知、良心即是人的道德觉悟、道德意识,有其社会历史的根源。人类在长期的历史过程中,认识了什么是应该做的,什么是不应该做的。这种社会性历史性的认识积淀在人们的头脑中,形成道德意识、道德觉悟。具有这种意识,达到这种觉悟,谓之有良知、有良心。启发这种觉悟,培养这种意识,正是文化教育的任务。"② 这样,张岱年就用唯物认知范式改变了自我认知范式的结论。此即说明,自我认知范式所追求的是"客观性"或"事实性",而唯物认知范式所追求的是"主观性"或"价值性"。

何怀宏对"良知"的理解也可以归为自我认知范式之实践。何怀宏说:"汉语中的'良心'一辞可析为两字;一为'良',即道德;一为'心',即意识。'良'字本身固然有多种含义,包括非道德意义上的

---

① 张岱年:《张岱年全集》第四卷,河北人民出版社1996年版,第660页。
② 同上书,第662页。

'好'、'精美'、'手艺熟练'等等，但一旦与'心'或'知'联系起来，则从来都只有道德的含义。这里值得注意的是'良'字还有'天赋、先天就有'的意义，如孟子所言'不学而能谓之良能，不学而知谓之良知'，就明确地以'不学而知'来定义'良知'。所以，'良心'、'良知'在孟子那里不仅是道德之知，而且是天赋之知。中国传统思想的一个重要特点是天文、地理、自然、政治都有伦理化倾向。'心'的意思本是指人之身体内部的器官，然后被引申为思维器官（等于脑），然后又被引申为思维和意识，然后又常常被径直作为'道德意识'的同义词使用。"① 不难看出，何怀宏的理解涉及字义分析，所谓"良"即"好""精美""手艺熟练"之义；也涉及义理分析，所谓"不学而能、不学而知"；还有文化分析，所谓"天文、地理、自然、政治之伦理化倾向"；等等。可见，何怀宏关于"良知"（良心）的理解，完全是自我认知范式的实践。

9. 忠恕

"忠恕"出自《论语》："子曰：'参乎！吾道一以贯之。'曾子曰：'唯。'子出，门人问曰：'何谓也？'曾子曰：'夫子之道，忠恕而已矣。'"（《论语·里仁》）在孔子以后的儒学史中，解释"忠恕"者代有其人，解释"忠恕"的方式也多种多样。这里拟考察以自我认知范式解释"忠恕"的情形。

王国维认为，"忠恕"的含义之一就是"足以一贯诸说的博爱"。他说："忠，尽吾心也；恕，推己以及人也。自普遍上观之，则为社会上之博爱，洵足以一贯诸说，以达于完全圆满之仁之理想。"② 为什么可做这样的理解呢？王国维认为以下文献可以为证据：子曰："参乎！吾道一以贯之"（《论语·里仁》）；曾子曰："夫子之道，忠恕而已矣"（《论语·里仁》）；子贡问曰："有一言而可以终身行之者乎？"子曰："其恕乎！己所不欲，勿施于人"（《论语·卫灵公》）；"赐也！女以予为多学而识之者与？"对曰："然，非与？"曰："非也，予一以贯之"（《论语·卫灵公》）；"夫仁者，己欲立而立人，己欲达而达人"（《论语·雍也》）。这些文献所说的正是："盖谓用此以包括其他一切之语言，使之一贯，使之

---

① 何怀宏：《良心论》，上海三联书店1996年版，第8页。
② 王国维：《王国维哲学美学论文辑佚》，华东师范大学出版社1993年版，第53页。

普遍，而为必不可不行之道。"①

在王国维看来，足以一贯诸说的"忠恕"，也是"必不可不行之道"。王国维分析说："忠恕究何故不可不行乎？则自孔子之天人合一观观之，则以在人之理性为先天的，即以人为有道德性之社交的动物。故：《论语》：'人之生也直。'（按，《雍也》）《序卦》：'有天地然后有万物，有万物然后有男女，有男女然后有夫妇，有夫妇然后有父子，有父子然后有君臣，有君臣然后有上下，有上下然后礼义有所错。'即谓人道乃自然顺人之道德的能性以生成者，即礼义之所由生。盖以人本为社交的动物。故曰：'仁者，人也，亲亲为大。'（按，《中庸》）故吾人不可不据己之性情以行仁。其故以道德本为自律的，仁又为人性之所本有，开发之即为人道故也。"② 依王国维的解释，根据孔子的天人合一观，人是有道德的社交动物，而"仁"（忠恕）又为人性所本有，因而人必然根据自己的性情以行"仁"，所以对人而言，"忠恕"是不可不行之道。

王国维指出，这个"不可不行之道"，又是"网罗差别而施之平等"的。他说："仁，差别的也：自亲而疏，自近而远；普遍的也：欲推己及人，则当以己心为标准。其途有二种：一，正面的：'夫仁者，己欲立而立人，己欲达而达人。'（按，《雍也》）是为希望他人与己同一发达，故合于是者，仁也，善也。一，反面的：'己所不欲，勿施于人。'是为禁止之言，背此者，不仁也，恶也。故此忠恕说，为网罗君臣父子夫妇兄弟朋友贵贱亲疏等一切社会上国家上之差别，而施之以平等之诚与爱之道，即达普遍一贯之仁之道。"③ 王国维指出，"仁"是有差等的，因为主张自亲而疏；"仁"也是普遍的，因为主张推己及人。而"仁"的推行有两种方式，一种是积极的，希望人己共同发达；另一种是消极的，不能将己所不欲者推及人。因此，"忠恕"虽似有差等义，但从根本意义上说，是等一切社会而观之的普遍之"仁"。王国维说："忠恕者，在达己达人，即以己与人共立于圆满为目的。故是非个人的，乃社会的。是实此说所以凌驾一切诸说，亦其意义之所以广泛也。"④

---

① 王国维：《王国维哲学美学论文辑佚》，华东师范大学出版社1993年版，第53页。
② 同上书，第53—54页。
③ 同上书，第54页。
④ 同上书，第55页。

综合王国维的理解，不难发现其思路是：其一，关于"忠恕"之"社会上之博爱""不可不行之道""包含差等的普遍之爱"等理解，无不以文献为基础。比如对"不可不行之道"的分析，就是根据孔子天人关系观推出的。其二，王国维对文献的意涵进行了详细而深入的分析，比如通过对"夫仁者，己欲立而立人，己欲达而达人"和"己所不欲，勿施于人"的分析，揭示出"忠恕"双重意涵。其三，王国维对"忠恕"意涵所做的理解和概括，表现出对孔子思想义理脉络的清晰而深刻的把握，首先是"社会上之博爱"，其次是"不可不行之道"，再次是"包含差等的普遍之爱"，这三者实际上有着内在的逻辑关联。概言之，王国维对于"忠恕"的理解，不仅完全建立在文献基础之上，而且注重孔子思想义理的疏通，从而将"忠恕"的意涵较完整地呈现了出来。

不过，胡适虽然也是以自我认知范式理解"忠恕"，但所获得结论与王国维不同。胡适认为，"忠恕"具有方法论的含义，而这个含义也是儒家诸多文献中所显示的。他说："自从曾子把'一以贯之'解作'忠恕'，后人误解曾子的意义，以为忠恕乃是关于人生哲学的问题，所以把'一以贯之'也解作'尽己之心，推己及人'，这就错了。'忠恕'两字，本有更广的意义，《大戴礼记·小辨》说：'知忠必知中，知中必知恕，知恕必知外。……内思毕心（必）心曰知中。中以应实曰知恕，内恕外度曰知外。'章太炎作《订孔下》，论忠恕为孔子的根本方法，说：心能推度曰恕，周以察物曰忠。故夫闻一以知十，举一隅而以三隅反者，恕之事也。……周以察物，举其征符，而辨其骨理者，忠之事也。……'身欢焉'，忠也，'方不障'，恕也。（《章氏丛书·检论三》）太炎这话发前人所未发。他所据的《三朝记》虽不是周末的书，但总可算得一部古书。恕字本训'如'（《仓颉篇》）。《声类》说：'以心度物曰恕。'恕即是推论（Inference），推论总以类似为根据。如《中庸》说：'伐柯伐柯，其则不远。执柯以伐柯，睨而视之，犹以为远。'这是因手里的斧柄与要砍的斧柄同类，故可由这个推到那个。闻一知十，举一反三，都是用类似之点，作推论的根据。恕字训'如'，即含此意。忠字太炎解作亲身观察的知识（《墨子·经说下》，'身观焉，亲也。'），《周语》说'考中度衷为忠'，又说'中能应外，忠也'。中能应外为忠。与《三朝记》的'中以应实,曰知恕'同意。可见忠恕两字意义本相近,不易分别。《中庸》里有一章上文说'忠恕违道不远',是忠恕两字并举。下文紧接'施诸己而不愿,亦勿施于人';下文又说'所求乎子以事父'一大段,说的都只是一个'恕'字。此可见'忠恕'两字,与'恕'字同意。分知识为'亲知'(即经验)与'说知'(即推论)乃是后来墨家的学说。太炎用来解释忠恕两字,恐怕有点不妥。我的意思,以为孔子说的'一以贯之',和曾子说的'忠恕',只是要寻出事物的条理统系,用来推论,要使人闻一知十、举一反三。这是孔子的方法论,不单是推己及人的人生哲学。"①就是说,"忠恕"是方法论,是要寻出事物的条理统系用来推论,使人闻一知十、举一反三的方法。胡适的这种理解与判断并非主观臆说,他不仅征引了丰富的文献:《大戴礼·三朝记》、章太炎的《订孔》以及《墨子·经说下》《中庸》《周语》《声类》等,并使用文字训诂、考证考据等汉学方法,对存在于不同文献中关于"忠恕"的论述进行了分析;而且对"忠恕"两字的含义也进行了考辨、研究,认为"忠"与"恕"同义,都是方法意涵。无疑,胡适的这种理解都是在中国思想文化系统内进行的,属于自我认知范式的实践。当然,我们很难不做这样的判断:胡适之于"忠恕"方法论方向的诠释,应该与他受到的科学主义影响有关。虽然胡适对"忠恕"的解释是在自我认知范式中进行的,但将"忠恕"解释成科学方法,是一种"寻出事物的条理统系,用来推论,要使人闻一知十、举一反三"的方法论,所以可以认为是向科学主义方法示爱。与王国维的理解比较,胡适的理解可以认为贡献了理解"忠恕"的另一视角。这就说明,若欲通过自我认知范式的应用获得积极的结论,必须给不同认知范式团结合作的机会。

10. 中庸

"中庸"出自《论语》:"中庸之为德也,其至矣乎!民鲜久矣。"(《论语·雍也》)孔子之后,关于"中庸"的理解从未停息过,而意涵也愈加丰富多彩。这里考察以自我认知范式解释"中庸"的情形。

徐复观说:"'中'与'庸'连为一词,其所表现的特殊意义,我以为是'庸'而不是'中';因为中的观念虽然重要,但这是传统的观念,

---

① 《胡适学术文集·中国哲学史(上)》,中华书局 1998 年版,第 78—79 页。

容易了解。和'中'连在一起的'庸'的观念，却是赋予了一种新内容、新意义。所谓'庸'，是把'平常'和'用'连在一起，以形成其新内容的。《说文》三下用部：'庸，用也'，这是'庸'字最基本的解释。所谓'用'，《说文》三下用部：'用，可施行也'。'可施行'的范围很广，凡可见之于行为的事，即是'可施行'之事，所以《方言》六：'用，行也'。因此，《中庸》的'庸'字的第一个含义，应当即是指人的行为而言。但若仅指行为而言，则《论语》上分明拥有现成的'行'字，如'行有余力'之'行'即是。因此，孔子若仅为了表示行为的意义，可能不必特用一个'庸'字。而《论语》上正有'中行吾不得而见之'的'中行'一词，将中与行连在一起。《国语·齐语》'君之庸臣也'，《庄子·德充符》'其与庸亦远矣'，此等'庸'字，皆作凡庸解释。朱元晦：'庸，平常也。''平常'两字，极为妥贴，惜尚不够完全；完全的说法，应该是所谓'庸'者，乃指'平常地行为'而言。所谓平常地行为，是指随时随地，为每一人所应实践，所能实现的行为。坏的行为，使人与人间互相抵迕、冲突，这是反常的行为，固然不是庸。即使是有道德价值，但为一般人所不必实践，所不能实践的，也不是庸。因此'平常地行为'，实际是指'有普遍妥当性的行为'而言；这用传统的名词表达，即所谓'常道'。程子'不易之谓庸'的话，若就庸的究竟意义而言，依然是说得很真切的。平常地行为，必系无过不及的行为，所以中乃庸得以成立之根据。仅言中而不言庸，则'中'可能仅悬空而成为一种观念。言庸而不言中，则此平常地行为的普遍而妥当的内容不显，亦即庸之所以能成立的意义不显。中庸是不偏、不易，所以中庸即是'善'。孔子说：'回之为人也，择乎中庸，得一善，则拳拳服膺，而弗失之矣'（第八章），即其明证。不过这种善，必由不偏不易之行为而见，亦即由中庸而见，这即表明了孔子乃是在人人可以实践、应当实践的行为生活中，来显示人之所以为人的'人道'；这是孔子之教，与一切宗教乃至形而上学，断然分途的大关键。所谓'道也者，不可须臾离也，可离非道也'（第一章）；'子曰：道之不行也，我知之矣。知者过之，愚者不及也'（第四章）；……'君子之道，辟（譬）如行远，必自迩'（第十五章），这些对于中庸的阐述，亦即是说明：人人可以实践，人人应当实践的行为生活，即是中庸之道，即是孔子所要建立的人道。"①

依徐复观的理解,"中庸"之所有新意,在于"庸"字,他借助《说文》,谓"庸"即"用"之意,即"可施行"之意,因而"庸"是指"人的行为"。但若是仅指"人的行为"则毫无意义,因为孔子也常用"行"字,因而应该另有别的意思。他又借助《国语》《庄子》,谓"庸"即"平凡、平常"之意,而由于"坏的行为"即"反常",因而"坏的行为"不在平凡、平常行为之列,因而"平常、平凡"有"善""良"之意,因此,"庸"可谓"普遍且妥当的行为"。这样,"中"便成了"庸"成立的根据。所以,言"中"不言"庸",则空无实;言"庸"不言"中",则此平常、普遍的内容不显。因而"中庸"即不偏、不易,所以是"善"。但此"善"必有不偏、不易之行为以显,即由"中庸"而显,因而孔子是在人可以实践、应当实践的生活中显示"人道"。可以说,徐复观的这个理解是既贯通又有新意的。那么,徐复观何以做到如此呢?除去徐氏的悟性与理解力之外,就是得益于恰当的方法。他熟练地引用了《论语》《说文》《国语》《庄子》及程子、朱子的论述等相关文献,使其分析和理解有坚实的根据;他对"中庸"二字的字义及其演变有清晰的把握,从而可以确定其意涵与性质;他对孔子思想内容与特点有较全面和准确的理解和把握,从而能够判断"中庸"所代表的孔子思想特质。

张岂之认为,"中庸"是孔子道德伦理学的辩证思维。他说:"《论语》上有这样一段记载:子贡问:'师与商也孰贤?'子曰:'师也过,商也不及。'曰:'然则师愈与?'子曰:'过犹不及。'(《论语·先进》)师是子张,商是子夏,都是孔子的弟子。两人除丧后,去见孔子,都弹了琴。子张显得快乐过头,子夏则显得余哀未尽。二者比较,是不是过头好一些呢?孔子认为'过犹不及',二者都是不好的。因为在他看来,子张和子夏都没有掌握'中庸'这个最佳尺度。他说:'不得中行而与之,必也狂狷乎!狂者进取,狷者有所不为也。'(《论语·子路》)所谓'中行',就是要按照'中庸'原则办事。可见,他是把'中庸'作为纠正过与不及的标准。例如,'求也退,故进之;由也兼人,故退之。'(《论

---

① 徐复观:《中国人性论史》,《徐复观文集》第三卷,湖北人民出版社2002年版,第110—112页。

语·先进》）这是孔子'执中'而教的一个典型事例。冉求平时做事退缩，所以孔子就鼓励他大胆进取；仲由的胆量过人，所以孔子就不让他鲁莽从事。在弟子们的眼中，孔子是'中庸'的楷模。如说：'子温而厉，威而不猛。'（《论语·述而》）如果仅只是'温'，那岂不失去了他的威严吗？所以，他还要'厉'。但'厉'得过头了，威严就会变成凶猛。'猛'是威严太过，所以要在'威'的后面加上'不猛'，才能达到'中庸'的尺度。这个尺度的确立，说明孔子从伦理学的角度猜测到事物由量变到质变的界限。他认为，'中庸'不仅是引导人们完善人格的标准，而且是防止人们由善变恶的一个界限。人们如果抛弃了'中庸'，不仅难以有完善的人格，而且会由善变恶。从这个意义上讲，'中庸'则是孔子道德伦理学的辩证思维。"[1] 为了说明"中庸"是"孔子道德伦理学的辩证思维"，张岂之不厌其烦地引用了《论语》中的相关文献，所谓"过犹不及""中行而与""执两用中"等，都是"中庸"思想的具体表现，都体现了辩证法；而孔子所言与伦理道德有关，因而是一种"道德伦理学的辩证思维"。因此，"中庸"不是折中主义，而是孔子哲学思想的"一以贯之"的方法论。张岂之说："折衷主义是东抽一点、西抽一点，毫无原则地把它们拼凑在一起，抹煞了事物发展中的相互关系，根本不顾真理。孔子所谓的'中庸'，不是这样的。《说文》云：'中，正也'，'庸，用也'。用正确的原则来处理事物发展中的相互关系，就是'中庸'的本义。据《荀子》记载，孔子观于鲁桓公之庙，有欹器焉。孔子问于守庙者曰：'此为何器？'守庙者曰：'此盖为宥坐之器。'孔子曰：'吾闻宥坐之器者，虚则欹，中则正，满则覆。'孔子顾谓弟子曰：'注水焉！'弟子挹水而注之。中而正，满而覆，虚而欹。孔子喟然而叹曰：'吁！恶有满而不覆者哉！'（《荀子·宥坐》）'欹器'是一种倾斜易覆的器皿，它被放置在座位的右（即宥）边，所以又叫'宥坐之器'。这种器皿，空着的时候倾斜，注水适中则正立，满了就翻过来。由此孔子悟出了一条真理：'恶有满而不覆者哉！'意思是'物极必反'，做事有分寸就不会引起相反的效果。因为事物的发展有一个量的限度，达不到这个限度，事物就不能

---

[1] 张岂之主编：《中国儒学思想史》，陕西人民出版社1990年版，第47页。

处于最佳状态；但超过了这个界限，事物就要发生质变，向反面变化。"①在这里，张岂之先是引用了《说文》中关于"中"与"用"字义的解释，谓"用中"；其次引用了《荀子》中的"宥坐之器"之典故以解释"物极必反"的道理，从而阐明"中庸"即是"用中"之意涵。显然，张岂之的理解虽然有着鲜明的唯物认知范式色彩，但其理解的基础仍然是自我认知范式，即若无对与"中庸"相关文献的分析，若无对"中庸"二字含义的训诂、若无对孔子涉及"中庸"论述的理解，其关于"道德伦理学的辩证思维"和"用正确的原则来处理事物发展中的相互关系"的结论，是无法得出的。

郑先兴对"中庸"的理解也可归为自我认知范式实践。他首先从字义上分析了"中庸"的意涵。郑先兴引用雷庆翼的话说："'从中字的甲骨文和金文来看，很明显是一个指事字，与上、下、左、右为同一类字。相传古人最早结绳记事，绳索本有两端，而其中点是不难发现的。'中'就是指一根绳索的中部，'l'为绳，'0'为表示中部。而'玄'上部与下部的'≈'符号，是用来表示对称和平衡的，这是上下的平衡。'彐'的'忄'表示左右平衡。……由此可知，'中'字的本义应是事物的中点或中部，推而广之为中央、中间。又有'中'的重要特点是平衡，于是有了'正'的意思，正则不偏不倚，故常常'正中'连言，然后再由具体事物的正中而又推广到抽象的事物，则又有'中正'。"② 关于"庸"，他解释说："在古代也有两种解释。一是以庸为用。《说文解字》：'庸，用也。'《礼记·中庸》孔颖达《疏》：'案郑玄《目录》云：名曰《中庸》者，以其记中和之为用也。庸，用也。'一是以'庸'为'常'。郑玄注《礼记·中庸》'君子中庸'句说：'庸，常也。用中为常道也。'程颐说：'庸者，天下之定理。'朱熹注说：'庸，平常也。'这两种解释孰是孰非？从学者们的论述看，大多偏重于后者。其因可能是有子思《中庸》篇为明证。但我们这里认为以'庸'为'用'较妥，这样对中庸有一个更为科学的解释。而且，释'庸'为'用'，也是前人考察论证过的。王夫之《读四书大全》卷二说：'若夫庸之为义，在《说文》则

---

① 张岂之主编：《中国儒学思想史》，陕西人民出版社1990年版，第48页。
② 郑先兴：《论中庸》，《广西师范大学学报》2003年第2期。

云：庸，用也。《尚书》之言庸者，无不与用义同。自朱子以前，无有将此字作平常解者.'那么，'用'又是什么意义呢？《说文》：'用，可施行也.''用'就是能够做，可以做。'中'是符合、遵守；'庸'是用，施行；中庸的本义就是符合、遵守某种事实或原则并且有用，有价值，可以施行，可以做。"①

其次郑先兴考察了《中庸》与《礼记》的关系。郑先兴认为，这种文字上的解释是不够的，还需用历史文化来说明。他认为孔子提出"中庸"与提倡、推行礼治有关。他"揣摩"孔子中庸之本为：一是要严格地遵循礼制；二是要有用，遵循礼制时要对个人的生存和发展，对社会的稳定进步有一定的推动作用；三是要合情，遵循礼制要与个人的具体情况相联系，要与不同的环境相适应。因此，"中庸"本质上是礼治的方法论，体现了礼制的原则性、目的性和灵活性。郑先兴说："孔子最为坚持的是第一个方面，即要遵守礼制，也就是坚持礼治的原则性。《礼记·仲尼燕居》载孔子对子张、子贡、子游三人说：'敬而不中礼谓之野，恭而不中礼谓之给，勇而不中礼谓之逆。'子曰：'给夺慈仁。'崇敬之心不符合礼制就显得粗野，恭维之行不符合礼制就显得谄媚，勇敢不符会礼制就是叛逆，而谄媚则掩盖了慈祥仁爱。因此，实施礼制，必须有一定限度，符合礼制的要求。子曰：'礼乎礼，夫礼所以执中也。'礼制对于礼治来说，礼制才是衡量礼治的标准。至于礼治的第二个方面：有用，亦即礼治的目的性。孔子也许曾经讲过。《论语·学而》载：有子曰：'礼之用，和为贵。先王之道，斯为美，小大由之。'在这里，'和'决不是朱子所说的从容不迫，而是指和谐、和睦，是社会的有序、安定。用现代话来讲，就是和平共处，共同发展。这是遵守礼制、实施礼治的目的，也是其达到的最高境界。……讲到礼治的第三个方面：合情，'可施行也'，亦即礼治的灵活性、方法论。对此，孔子是非常讲究的。《论语·子罕》：'自绝四：毋意、毋必、毋固、毋我。'孔子谨慎之至，在他的言行中，……有的是对礼的诚挚的遵守和坚持。这种对礼的遵守和坚持在孔子看来就是'仁'。《论语·八佾》：'人而不仁，如礼何？人而不仁，如乐何？'人要是不按照礼制的要求去做，那还要礼制干什么呢？人要是不

---

① 郑先兴：《论中庸》，《广西师范大学学报》2003年第2期。

按照礼制的规范去抒发自己的感情，那还要音乐干什么呢？"①

其三考察了"中庸"产生的历史环境。郑先兴引用了丰富文献加以说明，比如分别引用了《礼记》中《礼运》的相关论述，孔子关于夏礼、殷礼的话，司马迁《史记》中的文献，说明三代至先秦是"礼治社会"，但正如《史记·太史公自序》中描述的："弑君三十六，亡国五十二，诸侯奔走，不得保其社稷者不可胜数。"孔子时代的礼仪制度受到了极大的损坏，可说是礼坏乐崩。因此，要让人们遵守礼制，必须是使人们所遵守的礼制符合人们的愿望。而"中庸"就是能够帮助恢复礼仪制度的重要观念与方法，这样"中庸"就应运而生了。②

概言之，郑先兴关于"中庸"的理解，涉及字义、思想文化、社会历史背景等三大系统，从而确定了"中庸"之意涵。因此，郑氏的理解既有自我认知范式的应用，也有唯物认知范式的贯彻，唯物认知范式与自我认知范式被再一次证明是可以合作并相得益彰的。

二 自我认知范式视域下的哲学命题

可见，以自我认知范式理解中国传统哲学概念所获得的信息与结论，与唯物认知范式、科学认知范式、人文认知范式、逻辑认知范式应用所获得的信息与结论的确存在很大差异，表现出哲学概念的"本貌性"。本节继续考察以自我认知范式理解中国传统哲学命题的情形，我们期待有意外的收获。

1. 和而不同

先秦典籍中明确表述"和而不同"意涵的有两处：一是《国语》："夫和实生物，同则不继。以他平他谓之和，故能丰长而物归之；若以同裨同，尽乃弃矣。"（《国语·郑语》）二是《论语》："君子和而不同，小人同而不和。"（《论语·子路》）在中国哲学史上，这个命题受到持续关注和解释，而且被当作中华民族的根本精神之一。这里考察其在自我认知范式下被理解的情形。

张岂之认为，"和而不同"是对春秋末年以前两种文化观的一个精彩

---

① 郑先兴：《论中庸》，《广西师范大学学报》2003 年第 2 期。
② 同上。

概括，是"在统一中认识对立"。他说："在史伯看来，'和'与'同'是两个对立的概念。'同'是一种毫无差别的绝对等同，'以同裨同'是不能生成美好和谐之事物的。……齐国著名政治家晏婴，也是主张'和'而反对'同'的。有一次，齐景公问：梁丘据这个人与我'和'夫？晏婴说那不叫'和'，而是'同'。齐景公问：'和'与'同'有什么区别呢？晏婴说：'和如羹焉。水、火、醯、醢、盐、梅以烹鱼肉，燀之以薪，宰夫和之，齐之以味，济其不及，以洩其过。君子食之，以平其心。君臣亦然。君所谓可，而有否焉；臣献其否，以成其可。君所谓否，而有可焉；臣献其可，以去其否。是以政平而不干，民无争心。……今据不然。君所谓可，据亦曰可；君所谓否，据亦曰否。若以水济水，谁能食之？若琴瑟之专壹，谁能听之？同之不可也如是。'（《左传》昭公二十年）由此可见，晏婴是反对'同'而主张'和'的。他所谓的'和'，是相反相济，相反相成。……所谓'和而不同'，就是史伯所谓的'以他平他'的对立统一之意，与晏婴的相反相济、相反相成的思想是一致的。孔子所谓的'两端'、'异端'，就是事物矛盾的两个方面。这两个方面是'不同'的，有相反、对立之意。他所谓的'中庸'，是'正'而不偏，包含着平衡之意。除此之外，'中庸'还有'和'之意。《广雅》曰：'庸，和也。'所谓'和'，就是和谐、统一。由此可见，'中庸'与'两端'的内在联系就是'和而不同'。如果说从'两端'到'中庸'是在对立中认识统一，那么，'和而不同'就是在统一中认识对立。"[①] 在这里，张岂之释"和"为"和谐、统一"，释"同"为"毫无差别的绝对等同"，因而"和而不同"便是"在统一中认识对立"。张岂之为了说明这个理解的合理性，不仅引用了晏婴的"相反相济、相反相成"的思想，也引用了孔子的"两端""异端"的思想，并配之对"中庸"的理解，以显示其将"和而不同"理解为"在统一中认识对立"的可靠性。无疑，张岂之的这种理解，充分考虑到了相关文献的支持力量，并对这些文献在义理上的关联性进行了疏通，从而使其结论更加可信。当然，张岂之的这个结论本质上属于唯物认知范式的结论，但若没有这些文献的"共同证明"，其关于"和而不同"即"在统一中认识对立"的结论就会显得苍白

---

① 张岂之主编：《中国儒学思想史》，陕西人民出版社1990年版，第50页。

无力而不可信。

张来芳对"和而不同"理解或许是自我认知范式应用的典型。张来芳认为,要准确理解"和而不同"的意涵,必须从四个方面展开:首先,要从思想传承上去理解。他罗列了丰富的文献以说明之,例如,《尚书·尧典》:"协和万邦。"《尚书·周官》:"和上下。"《周礼·冬官考工记》:"和则安。"《周易·乾卦·彖辞》:"保合大和,乃利贞。"《乾卦·九五辞》:"同声相应,同气相求。"《泰卦·彖辞》:"天地交而万物通也,上下交而其志同也。"《咸卦·彖辞》:"圣人感人心而天下和平。"他基于这些文献推论说:"以上诸例中,'和'含有调和、和平、和谐等义,'同'含有相同、相等、相合等义,二字用途比较广泛,不过此时'和''同'二字基本概念大致相同或相近,尚无相反之义。"① 就是说,"和而不同"是在继承春秋以前"和""同"概念的基础上提出的。

其次,要从当时的社会、政治背景去理解。他认为"和而不同"命题的提出与西周至春秋时期的社会状况密切关联,西周末年至春秋时期,随着人际交往的频繁和复杂化,社会思潮不断演进变化,不少政治活动家开始对"和""同"的关系进行理论阐述。比如史伯,他说:"最早探讨'和''同'辩证关系的当首推西周末年周太史史伯。据《国语·郑语》记载,史伯在与郑桓公讨论西周社会问题时,进行了一番颇有启发意义的哲理阐述。史伯认为'以他平他谓之和','同'则是'以同裨同'。这里的'他'指的是不同事物或构成事物的不同因素,它们相辅相成,综合为统一体。'以同裨同'是指相同事物或构成事物的相同成分的简单重复,无差别的同一。"② 张来芳认为史伯清楚地将"和"与"同"作了概念相反的阐述,与春秋以前对"和""同"的理解有明显的不同。再如晏婴,他认为:"晏婴更进而认识到事物的'和'是由多种不同甚至相互对立的因素'相济''相成',能'济其不及,以泄其过',就可做到各种因素相互补充转化,得到新的统一。"③ 就是说,史伯与晏婴关于"和""同"关系的讨论及其主张,都是西周至春秋时期社会关系、政治状况的

---

① 张来芳:《孔子"和而不同"思想及其现代价值》,《南昌大学学报》2001年第3期。
② 同上。
③ 同上。

反映。

再次，要从"和而不同"承受主体（君子）的内涵去理解。张来芳认为，"和而不同"是就君子说的，因而可从对君子的规定来理解"和而不同"。那么，君子有哪些规定呢？他说："孔子还提出过'君子周而不比，小人比而不周'（《论语·为政》）、'君子喻于义，小人喻于利'（《论语·里仁》）、'君子坦荡荡，小人长戚戚'（《论语·述而》）、'君子泰而不骄，小人骄而不泰'（《论语·子路》）、'君子求诸己，小人求诸人'（《论语·卫灵公》）等种种说法，均是由'君子和而不同'这一思想主题衍生出来的。"① 又说："'同'本来是相同、相等的意思，然而在'和而不同'中却有苟同媚世、同流合污之义。孔子把'和'与'同'作为区别'君子'与'小人'的重要标准，诚如宋代朱熹所解释的：'和者，无乖戾之心；同者，有阿比之意。'尹氏曰：'君子尚义，故有不同；小人尚利，安得而和？近人康有为亦作进一步解说：'盖君子之待人也，有公心爱物，故和；其行己也，独立不惧，各行其是，故不同。小人之待人也，媚世易合，故同；其行己也，争利相忮，不肯少让，故不和。'实际上，这就不仅仅是一般哲理的阐述，而是上升到处世为人的最高准则，较之史伯、晏婴等人，在人生哲理上作出了更为精辟的理论创建。"② 这就是说，君子是尚义的、有公心的、无乖戾之心的、独立不惧的，君子是指道德修养高并能协调各种矛盾且富有独立人格的人，这就极大地丰富了"和而不同"的意涵。

最后，要从孔子思想体系中之相关论述去理解。在张来芳看来，"和而不同"不是孤立地提出来的，而是孔子整个思想体系的表现。他说："'和'作为孔子思想体系中的一个重要范畴，则是衡量为人处世的尺度，怎样才是一个道德修养完美的君子呢？孔子认为应当做到'文''质'协调，'文质彬彬，然后君子'（《论语·雍也》）。既不能'过'也不能'不及'，应当'执其两端'，掌握并保持恰当的分寸。他特别赞赏舜：'舜好问而好察迩言，隐恶而扬善，执其两端，用其中于民，其斯以为舜乎！'所谓'执其两端'，就是指量度取中，适可而止，不能做得太过，

---

① 张来芳：《孔子"和而不同"思想及其现代价值》，《南昌大学学报》2001年第3期。
② 同上。

也不要做得不够。所以要求君子'尊德性而道问学,致广大而尽精微,极高明而道中庸'。孔子的学生有若说:'礼之用,和为贵。'(《论语·学而》)这是说行礼应以适度、恰当为宜,否则就不符合'和'的准则。有若的话实际上也传达了孔子的思想。可见孔子'和'的思想强调个人道德修养和维护事物发展中的适度境界,反对'过'与'不及',有着辩证的合理因素,这也是孔子超过史伯、晏婴的高明之处。"[1]

显然,张来芳提出的"四要素"对于"和而不同"的理解确有特殊的意义。他要求从思想传承上去理解,从而把握到"和"与"同"二字基本概念大致相同而无相反之义;他要求从当时社会、政治背景去理解,从而把握到"和"所包含的诸事物是相辅相成的统一体;他要求从"和而不同"的承受主体——君子的内涵去理解,从而极大地丰富了"和而不同"的内涵;他要求从孔子思想体系中的相关论述去理解,从而把握到"和而不同"强调人的道德修养和维护事物发展中的适度境界之义。而所谓思想传承、社会历史背景、思想主体、思想体系与义理脉络等,无不强调回到"和而不同"命题出生的环境中去理解,因而这是自我认知范式在理解中国传统哲学中的典型应用。

2. 克己复礼

"克己复礼"出自《论语》:"克己复礼为仁。一日克己复礼,天下归仁焉!为仁由己,而由人乎哉?"(《论语·颜渊》)本书第四章考察过以人文认知范式理解此命题的情形,这里考察以自我认知范式理解的情形。

熊十力说:"人方越乎礼,即此便是己,克己则已复于礼矣。故克己复礼是一回事,却分做两层来说,意义才完足。下文请问其目,并没有分别是克己之目,抑是复礼之目。可见克复是一回事,不可打做两截了。这章书,先儒解得很糟,今将字句一为分疏。伊川说,须是克尽己私,皆归于礼,方始是仁。实则克之义为胜,元来不含尽义。(《朱子语录》:圣人下个克字,譬如相杀相似,定要克胜得他。此云相杀,便与伊川言尽者同。)己字,朱子训为身之私欲,伊川说为私意。愚谓意欲未即是私,必意欲为习所移物所引而流于邪僻,方是私意私欲。记者词虽略,然证以下文非礼勿视等言,则可反会得非礼之视听言动,便是意欲为习移物引而流

---

[1] 张来芳:《孔子"和而不同"思想及其现代价值》,《南昌大学学报》2001年第3期。

于邪僻,只此叫做私意私欲,只此谓之己。克己者,只是此心恒时操存而不放逸,有以克胜乎这个己,令他不得乘隙而起,故名克己。不是待他起来方克杀去,朱子克杀之云,必是起了方杀。亦不曾说向寂灭处去,要照察这个己的根苗将他克杀净尽。伊川说克尽己私,势必除断欲根而入于寂灭。夫子指出克复的条目,就是'非礼勿视,非礼勿听,非礼勿言,非礼勿动',分明教颜子在视听言动间着工夫,不要流入非礼处去,这工夫就是个操存、极切近、极活泼。若如程朱之说,势必收视返听向心窝里搜杀敌人令其净尽。孔子分明没有说到此。"①

熊十力的理解可归为:首先,"克己""复礼"是"一",为什么?因为"礼"是对人的约束,所以一个人越乎礼,自然就是"己",而当他能约束自己便是回到"礼";其次,孔子关于"克己复礼"具体步骤的解释,并没有将克己、复礼分为两截,所以克己、复礼本质上是一件事。所以说"克己"即是"复礼"。因此之故,宋儒程颐与朱熹将"克"理解为"尽"或"相杀"都是与原意不符的。而且,程颐、朱熹解训"己"为身之私欲,也是错误的,必须是意欲为习所移、为物所引而流于邪僻才是私意、私欲,这可从孔子"非礼勿视,非礼勿听,非礼勿言,非礼勿动"之教言中获得启发。因此,所谓"克己",只是此心恒时操存而不放逸,有以克胜这个"己",使它不得乘隙而起的意思。可见,熊十力的理解一方面通过对"克""己"本义的诠释,再借助对程颐、朱熹错误的分析,联系孔子相关论述,寻其义理的连贯,以增强其理解与判断的可信性。

当然,"克己复礼"之为"一",除其文献字义的、孔子思想连贯的背景之外,在理论基础上仍有一坚实的靠山。熊十力说:"儒者言克己,若不反求天理之心,天理之心即是本心或本体。将仗谁去克得己来?《论语》记颜渊问仁,子曰:'克己复礼。'从来注家多未得圣意,王船山却善会。船山以为必先复礼,才克得己。先字非时间义。礼即天理。通常说礼,盖就节文或仪则而言。此中之礼,决非节文仪则之谓。注家于此每不辨,如何识圣意。没有天理为主于中,凭谁去察识己私?凭谁去克?大本不立,而能克去己私巨敌,无是事也。船山平生极诋阳明,于此却归阳明

---

① 熊十力:《熊十力全集》第一卷,湖北教育出版社2001年版,第635—636页。

而不自觉。阳明良知,即天理之心也,即先立大本也。总之,我云转捩,即是返本一几。若斥绝返本,即不识自性,而徒悬鹄于外,穷际追求。则所说转捩,不知转向何处去也。"① 在这里,熊十力不仅表彰了船山对"克己复礼"的解释,更为重要的是,熊十力阐述了其理解"克己复礼"的哲学基础,那就是人皆有本心或天理之心,只有复礼才能克己,"礼"即天理,而非通常意义上的节文或仪则,那个"理"就是人的大本,只有立大本,才能克己。无疑,熊十力的哲学基础就是陆王心学。概言之,熊十力的理解完全是立足于经籍文献进行的,从而确定了其解释的原来性质。

但很明显,熊十力的解释也表现出其价值诉求的一面:第一,言"礼"即"理",只能理解为"追加意义",因为"克己复礼"之"礼"即为"理"在孔子那里没有可靠的根据;第二,认为"克己"需以"复礼"即"反求得天理之心"才能做到,也完全是熊十力心学立场使然。在孔子那里,"礼"尚无天理之心的意义,仅是礼仪规范,"克己"就是约束自己,使言行合礼而已。从这个意义上说,熊十力的解释又表现出鲜活的人文主义气息。

刘文英对"克己复礼"的理解也属于自我认知范式的实践。刘文英认为,"仁"是一种内在的修养和心态,"礼"是一种外在的制度或规范,而这两者本质上是统一的。他说:"'克己'即克制自己非礼的欲望,目标是履行和恢复'礼'的规范。也有人训'克'为'能',即自己能够履行并符合'礼'的规范。这两种解释虽有所不同,但都是一种自觉的意识修养。再看孔子列举的细目,'仁'就是要时时刻刻克制那些非礼的欲望,从而把'礼'内化和深化成一种稳定的心态,来规范自己的一言一行,一举一动。在孔子看来,行为上的非礼来自于内心的非礼之欲。因而行为上要'复礼',首先内心里要'克己'。人们从《论语》中可以看到,孔子评论历史人物的'仁'与'不仁',主要根据其行为来判断。然而对于学生的教育,则把'仁'主要看做一种意识修养。他说:'君子无终食之间违仁,造次必于是,颠沛必于是。'(《里仁》)'礼'在意识中内化及其稳定的程度,正是'仁'的修养所达到的水平。孔子认为颜渊

---

① 熊十力:《熊十力全集》第三卷,湖北教育出版社2001年版,第416页。

能做到'三月不违仁',堪称模范,其余的学生都不过偶尔想到'仁'。孔子的'礼'面向整个社会,是一种外在的制度或规范;他的'仁'则面向个人,是一种内在的修养和心态,这两者在根本上是一致的。当然,比较而言,'仁'则深入一个层次,所以孔子说:'人而不仁,如礼何?'(《八佾》)"[1]刘文英的理解大致可归为如下几点:首先,"克己"是一种自觉的意识修养。因为"己"即欲望,而"克"无论是解释为"克制",还是解释为"能",或是克制非礼的欲望,或是自己能够履行"礼",因而都属于一种自觉的意识修养。其次,"仁"是道德意识修养。根据刘文英的分析,由于外在行为的"非礼"源自内心的"非礼之欲",因而"复礼"必须在内心中"克己",从这个意义上讲,"仁"即是道德修养工夫。最后,"克己"与"复礼"一致。从孔子教育学生内容看出,他都是强调个人内在修养对于遵守礼仪规范的重要性,也就是认为能够"克己",也就"复礼"了。不难看出,刘文英对"克己复礼"的理解,非常注重从孔子思想的义理脉络去分析,他不仅注意用"复礼"去引申"克"的意涵,不仅分析了"克己"与"复礼"的关系及其内在逻辑,而且通过研究孔子关于"仁"与"礼"的论述以确定"克己复礼"的真实意涵。这些都显示了自我认知范式的特色。

3. 道法自然

在人文认知范式视域下,"道法自然"被理解为"提高人的地位""承认事物的差异性""保护每一个体的生存权利"等意涵。那么,在自我认知范式视域下会有怎样的意涵呢?

朱哲说:"'自然'一词究其词义就是自来如此、自然如此、自己如此。'自来如此'是就其历史发展的由来说的;'自然如此'是就其将来发展的趋势说的;'自己如此'是区别人我彼此而说的。如《老子·第六十四章》云:'是以圣人欲不欲,不贵难得之货,学不学,复众人之所过,以辅万物之自然而不敢为。'这里的辅万物之自然而不敢为就是承认万物自身的本然特性和状态而不妄加人为的扰乱破坏,这里的'自然'就是'自己如此',是与'他然'相对的。《老子·第五十一章》云:'道之尊,德之贵,夫莫之命而常自然',《庄子·缮性》云:'当是时也,阴阳

---

[1] 刘文英:《中国哲学史》上卷,南开大学出版社2002年版,第80—81页。

和静，鬼神不扰，四时得节，万物不伤，群生不夭，人虽有知，无所用之，此之谓至一。当是时也，莫之为而常自然。'在这里，'道之尊'、'德之贵'，'阴阳和静，鬼神不扰，四时得节，万物不伤，群生不夭'等状态是自有其历史因由而非谁的命令、谁的所为的'自来如此'（即自然），这里的'自然'是与'突然'、'无故而然'相对的。《庄子·渔父》谓：'事亲以适，不论所以矣；饮酒以乐，不选其具矣；处丧以哀，无问其礼矣。礼者，世俗之所为也；真者，所以受于天也，自然不可易也。'受于'天'必然表现为'真'，从于'俗'则势当谨于'礼'，这是将会如此，通常如此，不可移易的。在此的'自然'表现为一种必然性，真正的孝，必然合于孝道，真正的哀痛自然合于礼义，这里的自然是与'偶然'相对应的。……这种'道法自然'的和谐论正是要确保万物各自的历史由来、现实状态和发展趋势，就是要保持每一事物的独特性，承认事物的差异性，就是要保护每一个体的生存权利和生存空间。"[1] 就是说，道家的"自然"之所以不是一个实体概念，是因为表现为"自来如此""自然如此""自己如此"三层意涵，而这三层意涵都是以相关文献为依据的。比如，"自来如此"意涵就是源自《老子》五十一章中的"道之尊，德之贵，夫莫之命而常自然"和《庄子·缮性》中的"阴阳和静，鬼神不扰，四时得节，万物不伤，群生不夭"文献的演绎。值得关注的是，朱哲在分析"自然"之"自来如此""自然如此""自己如此"三义之过程中，进一步揭示了其"承认事物的差异性，保护每一个体的生存权利和生存空间"之深刻意涵。这表明朱哲的理解中有人文认知范式的参与，人文认知范式充分利用了自我认知范式的成果以实现自己的目的。

黄克剑对"道法自然"的理解更充分地表现了自我认知范式的力量。黄克剑认为，"道法自然"说的是人、地、天都以"道"为法，而"道"以"自然"为法，"道"之所"导"，不过"自然"而已。因此，这里所说的"自然"不是一般人心目中那种成形见体的自然界的万事万物，而是指森然万象自己如此、自是其是、自然而然。他认为可从两个方面来理解这个命题的含义，一个是涉及《老子》一书原文的校改，另一个是这

---

[1] 朱哲：《先秦道家哲学研究》，上海人民出版社2000年版，第127—128页。

段话的后一句应当如何断句。关于原文的校改，针对学者为了使"王亦大""王居其一"的"王"与"人法地"的"人"之统一而进行更改的情形，黄克剑提出了自己的看法。他认为，真正的问题在于如何领会以王弼注本为代表的传世《老子》二十五章中"王"与"人"的关系。他说："探老子本意，'王居其一'的'四大'之'大'原是称叹之辞，称叹'王亦大'，并不是对于在位之'王'的那个爵位的颂仰，而是对于体'道'或'法自然'达到极高境地而足以使天下人归往的那种人的推许。老子所谓'王亦大'之'王'，其原型是心目中的上古之王，上古之王可以说是人中的'大'者，这'大'是由于'法道'、'法自然'而'大'。《说文解字》这样解释'大'：'大，天大，地大，人亦大，故大象人形，古文大也。'依古时人的信念，'天'、'地'、'人'为三'大'，老子称'王'为'大'，说到底是称'人'中之'大'者为'大'。称'人'中之'大'者为'大'即是称'人'中之典型为'大'；'王'在老子那里原只是'人'的典型（人成其为人的最佳体现者），称'王亦大'仍不过是取典型而说'人亦大'。这典型的确定在于其'法地'、'法天'、'法道'、'法自然'，所以王弼注本、帛书甲乙本、楚墓竹简本在'王亦大'、'四大……王居其一'之后，都接之以'人法地，地法天，天法道，道法自然'。'王'透露的是'人'的消息，'人'因'法地'、'法天'、'法道'、'法自然'而真正成其为'人'，也因此堪与'天'、'地'配称为三，甚至与'天'、'地'、'道'配称为四。"① 在这段话中，黄克剑首先对"大"字在句中的含义进行分析，认为"大"字是用来表示对体道、法自然的人的推许，而"王"就是那种体道的人，因而"王"就是"人"；其次，上古之"王"，就是指人，只因法道、法自然而"大"，因而还是人；最后，在古代，天地人被称为"三才"，老子称"王"为大，即称人为大，"王"即是法天、地、道之人；可见，"王"透露的就是人的消息，就是人。因此，学者将"人改为王"或将"王改为人"，都是没有实质性意义的。黄克剑借助句法与字义，解"四大"之"大"为叹辞，解"王"不是指爵位，而是指体道而达到极高境界者，因而"王"就是指人之典型，成为人之典型者即能法道者，人因法地、法天、法自然，才

---

① 黄克剑：《由"命"而"道"——先秦诸子十讲》，线装书局2006年版，第47—48页。

有资格与天地配为"三才",才为"王"。可见,黄克剑不仅仔细考察分析了字义、句型,而且熟练地应用了古代文史知识,才作出这样精彩而自洽的解释。关于断句,黄克剑说:"'天地不仁',本来就没有什么意欲或念愿,由'道'所导的'自然'趣向说到底只是对人而言的。因此,唐人李约的《道德真经新注》也对'法自然'这句作这样的标点:'人法地地,法天天,法道道,法自然'。今人高亨就此解释其意为:人法地与地同德,法天与天同德,法道与道同德,法地、法天、法道都可归结为法自然,并且,他补正说,依理想推,这一句话的原文应当是'人法地,法天,法道,法自然',而'法地地,法天天,法道道'所多出的地、天、道三字可能是后人传抄时的误赘。李约、高亨对这句话的读法与《老子》诸多注本不合,但别出心裁的断句除开更多地突出了'法自然'主要对人而言外,与通行的解释并没有大端处的牴牾。"① 在这里,黄克剑列举了几种断句的案例,无论是唐人李约的断句,还是今人高亨的断句,虽然别出心裁,但无一例外地突出"法自然"仅是对人言而已。换言之,无论怎样断句,都改变不了"法自然"对"人"而言的性质。因此,依黄克剑的理解,"道法自然"就是"人法自然",人应"自是其是、自然而然"。

刘文英则强调从历史文化的角度理解"道法自然"。他说:"这里有一个依次递进的层次,显然是老子以道观天、观地、观人所得出的结论,同时也凝聚着当时人们已经取得的许多知识和经验。人以大地为法则,主要反映了人对土地、人对农业的依赖关系。土地以上天为法则,说明农业活动要遵循天象和气象的变换。上天以大道为法则,是相信天象、气象自有客观的规律。'道法自然'是说大道以自己本来的样子为法则,自然而然。对人说来,从'法地'、'法天',归根到底还是要'法道',而'法道'就是法'道之自然'。'道之自然'表现在哪里?就表现在天之自然,地之自然,即'万物之自然',也包括人之自然。老子曰:'成事遂功,而百姓曰我自然也。'"② 就是说,"道法自然"之所以能够被提炼出来,与当时人们的土地知识、气象知识和农业生产经验有关,因而从这个意义

---

① 黄克剑:《由"命"而"道"——先秦诸子十讲》,线装书局2006年版,第48页。
② 刘文英:《中国哲学史》上卷,南开大学出版社2002年版,第68页。

上理解"道法自然",反映了人对自然、对农业的依赖关系,强调对自然规律的遵循。与此同时,刘文英将"法地""法天""法道""法自然"理解为具有内在逻辑关系的四个环节,进而确定它们的内涵。

4. 格物致知

在唯物认知范式视域下,"格物致知"被理解为"假借于物才有知识"或"反身向内的唯心主义直觉";在科学认知范式视域下,"格物致知"被理解为"归纳法和演绎法""理性主义精神"等。那么,在自我认知范式视域下,"格物致知"的意涵是怎样的呢?

钱穆认为,应该从"格物"二字所在的《小戴礼》中去寻找其本义。他说:"窃谓《大学》一篇,既辑入《小戴礼》,格物'物'字,虽在《大学》本文中未有详说,宜可于《小戴礼》其他篇中寻求旁证。今试举《乐记》篇言之。《乐记》有曰:'人心之动,物使之然也。'又曰:'人生而静,天之性也。感于物而动,性之欲也。物至知知,然后好恶形焉。好恶无节于内,知诱于外,不能反躬,天理灭矣。夫物之感人无穷,而人之好恶无节,则是物至而人化物也。人化物也者,灭天理而穷人欲者也。于是有悖逆诈伪之心,有淫泆作乱之事。'《乐记》此两条,明明提出了'心'与'物',及'物'与'知'之问题。'物至知知'四字,尤与《大学》'物格知至'四字可以互相发明。人心之知,即是知此外来之物。……《孟子》亦曰:'耳目之官不思而蔽于物,物交物,则引之而已矣。心之官则思,思则得之,不思则不得也。'是在《戴记》以前,《孟子》已提出了物与心、物与知之问题。人类之接于外物,或以心,或以耳目之官。耳目之官不能思,则亦仅是一物。故以耳目之官接物,则只是物交物,不难被其引之而去。心之官能思,朱子注此章有云:'凡事物之来,心得其职,则得其理而物不能蔽。失其职,则不得其理而物来蔽之。'窃谓《大学》、《乐记》与《孟子》此章,其实皆一义。"① 为了弄清楚"格物"的含义,钱穆由《小戴礼》找旁证,在《乐记》中,有所谓"人心之动,物使之然也",有所谓"感于物而动,性之欲也",有所谓"物至知知,然后好恶形焉"等论述,这些论述都明确提出了"心"与"物",及"物"与"知"之问题,因而"物格知至",就是"知此外

---

① 钱穆:《中国思想史论丛》卷二,安徽教育出版社2004年版,第96—97页。

来之物"。又《孟子》"耳目之官不思而蔽于物，物交物，则引之而已矣"也提出了"心""物"问题。也就是说，钱穆由《大学》《乐记》《孟子》之相关文献获得"心知外来之物"之结论。钱穆将此理解为主客二分关系，有心有物，物来心知，即是格物致知。

但是，此"格"何意？此"物"又何意呢？钱穆认为，由于《小戴礼》是言"礼"之书，因而可从这个角度去考察"格"与"物"字内涵。他说："《大学》既辑入《小戴记》，为言礼之书，而礼家言物字，又有其特有之义。于是后儒解《大学》格物，亦有据其特有义解之者。明清之际，如瞿汝稷、万充宗皆是，见黄宗羲《南雷集·答万充宗论格物》书。物乃射者所立之位。《仪礼·乡射礼》记物长如笴，注，物谓射时所立处也。又《小戴记·投壶》注：间相去如射物，疏：物谓射者所立之处。长三尺，阔一尺二寸。古人乡射大射仪，射有三耦，耦凡二人。上耦则止于上耦之物，中耦则止于中耦之物，下耦则止于下耦之物。古人常以射事喻德行。格物者，即止于其所应立之处，格即止也，物即其应止之所。窃谓此解《大学》格物，实即《大学》止至善之义。……故《大学》首重止，曰：'《诗》云，邦畿千里，惟民所止。《诗》云，缗蛮黄鸟，止于丘隅。子曰，于止知其所止，可以人而不如鸟乎。'若训格为止，物为所止处，此即《论语》所谓'君子思不出其位'。格于物，即不出其位也。《诗》曰，'天生烝民，有物有则'，《易》曰，'君子以言有物而行有则'。此皆物与则并言同义，犹言法则、准则。以今语说之，犹云榜样或标准。在外言之为标准，在己言之则为其地位或立场。天生烝民，莫不与以一个恰好至当之标准，亦即莫不与以一个恰好至当之地位。果能立定于其地位而完成其恰好至当之标准，即可证其地位亦实是一恰好至当之地位。故人性之明德，人事之至善，即《大学》格物物字义。"[①]就是说，由于《小戴礼》是说"礼"之书，因而可透过此观察"格"与"物"的含义。钱穆指出，清代儒者如瞿汝稷、万充宗等即解"物"为射者所立之位；而《仪礼·乡射礼》有"记物长如笴"，《小戴记·投壶》有"间相去如射物"，都是"物谓射者所立之处"之义。古人乡射大射仪，射有三耦，上耦、中耦、下耦各止其所止。而且，中国古人常以射事

---

① 钱穆：《中国思想史论丛》卷二，安徽教育出版社2004年版，第97—98页。

喻德行,因此,"格物"即止于其所应立之处,而且此解与《大学》止至善之义相应。概言之,"格"就是"止",而且是"恰好至当"之意;"物"就是"礼",也就是法则、准则。因此,"格物"就是"人性之明德,人事之至善"之义。不难看出,钱穆的理解不仅引用了丰富的文献,注重理解的文献基础,而且注重文化背景和字义的内涵,更为重要的是,钱穆非常细致地考察、分析出"格物"在先秦儒家文献中的义理脉络及其意涵走向,从而确定其意涵。

张岱年以自我认知范式理解"格物致知"的实践也值得关注。张岱年认为,郑玄释格为"来",程、朱释格为"至",王守仁释格为"正",颜元训格为"搏斗",虽然都有训诂的依据,但这些关于"格"字的训释,从《大学》的上下文来看,似乎都不切当。他说:"《大学》强调'物有本末,事有终始。知所先后,则近道矣。'又云:'自天子以至于庶人,壹是皆以修身为本。其本乱而末治者否矣。其所厚者薄而所薄者厚,未之有也。此谓知本,此谓知之至也。'似乎所谓'物格',所谓'知至',就是'知本',就是'知所先后'。所谓'格物'即是辨识事物的本末先后。最古的字书之一《仓颉篇》云:'格,量度之也。'量度即衡量事物之大小长短,含有比较其本末先后之意。如此,《大学》'格物'之格,应训为'量度之也','格物'即衡量事物的本末先后。《大学》所谓格物,本意不过如此。但《大学》经二程大力表彰之后,成为一本重要的经典著作,于是'格物'成为一个'虚位'观念,一个经典性的格式。程、朱、王守仁、王夫之、颜元等都借用'格物'一词来表达自己的认识论、方法论的观点,于是'格物致知'成为宋元明清哲学思想中的一个重要范畴。对于这个范畴的不同解释也就成为中国古代哲学的一项重要内容。"[1] 张岱年以《大学》的核心思想为根据,否定了历史上诸多关于"格物"的理解,认为《大学》强调对事物本末终始的把握,因而"格物"就是量度事物始终,就连最古的字书《仓颉篇》也解"格"为"量度"之意,因而"格物"就是量度事物的始终本末之义。应该说,张岱年的理解既有义理的根据,又有文献字义的根据,其方法得当无可置疑。问题是,为什么那些有训释根据的郑玄、程颐、朱熹、王守仁、颜元

---

[1] 张岱年:《张岱年全集》第四卷,河北人民出版社1996年版,第702页。

的理解就不正确呢？只有张岱年有训释根据的理解才是对的呢？其中的启发或许是，同样是应用自我认知范式，其所得结论不会完全相同，甚至矛盾；同时说明，文献本身还不足以客观地呈现事实，因为理解会使其发生各种可能性。

5. 尽心知性

在唯物认知范式视域下，"尽心知性"被理解为主观唯心主义。那么，在以自我认知范式为坐标和方法的理解实践中，其意涵又是怎样的呢？

张岂之认为，要正确理解孟子的"尽心知性"命题，当与其天命论联系在一起，因为传统天命的存在，限制了人的能力，孟子希望打破天命的统治，主张人自己把握命运，这正是孟子提出"尽心知性"的命题缘由。张岂之说："孟子把尽心、知性与知天、知命相联系，说明他多少吸取了传统的天命论。孟子游说鲁国的时候，遭到臧仓谗言而没有得到任用，他说：'吾之不遇鲁侯，天也。臧氏之子焉能使予不遇哉？'（《孟子·梁惠王下》）这是说他个人的遭遇是天命在主宰着。他还说：'天下有道，小德役大德，小贤役大贤；天下无道，小役大，弱役强。斯二者，天也。顺天者存，逆天者亡。'（《孟子·离娄上》）这是说，政治清明或政治黑暗是天命决定的。顺从天的生存，违背天的灭亡，所以他主张'乐天'、'畏天'。可见孟子也继承了传统的君权神授思想。历史上君权的继承制度有传说中的尧舜禅让和夏商周的传子两种方式。孟子却认为，无论禅让还是传子，都是天把统治权给予统治者的，君权是天给予的，给予贤者还是给予上一代天子的儿子，完全在于天命。'天与贤，则与贤；天与子，则与子'（同上）。"[①] 在这里，张岂之引用了孟子对于天命态度的文献，比如，孟子认为个人命运为天主宰，政治清明与黑暗也由天命决定，因而产生乐天、畏天的思想。但是，所谓压迫产生动力，正是因为"天命"的主宰与窒息，在孟子心中产生了认识天命、反抗天命的冲动与观念。张岂之说："孟子的君权神授说中既讲'天受'，又讲'民受'。他说，所谓君权是天给的，并不是天'谆谆然命之'，'天不言，以行与事示之而已矣。'（《孟子·万章上》）怎样'示

---

① 张岂之主编：《中国思想史》，西北大学出版社1989年版，第107页。

之'呢？他举例说，百神接受舜的祭祀，就是天接受他做天子；办事成功，百姓满意，就是民接受他做天子。怎样算是百神接受尧的祭祀呢？孟子却没有说明，也许无法作出清楚的说明。'天受'是虚的，'民受'才起实际作用。所以孟子引用《泰誓》的话说：'天视自我民视，天听自我民听。'（《孟子·万章上》）表面是讲天通过民来视听，实际上是给民意加上一个天意的神圣光环，这是孟子重民思想的表现，是对传统天命论的突破和发展。"[1] 张岂之认为，在这个基础上，孟子继续提出了"正命"的思想。他说："'莫非命也，顺受其正；是故知命者不立乎岩墙之下。尽其道而死者，正命也；桎梏而死者，非正命也。'（《孟子·尽心上》）承认死生有命，并非要人们看到高墙将倒，偏要立于其下；不是要人们明知犯法要被判刑，偏要犯法；那样的人不叫知命，死于非命不是正命。趋福避祸、奉公守法，尽其天年而寿终正寝，这叫做正命。"[2] 可见，"正命"的提出，就完全突破了天命的束缚而表现出人的主体精神，把人的主观能动性提高到道德境界，主张人积极有为的活动。这正是"尽心知性"命题提出的思想背景与义理逻辑。概言之，张岂之将"尽心知性"与天命论结合起来，通过对天命论内容及其影响的分析，探寻"尽心知性"提出的原因及其意涵，这表现了张岂之对于当时思想史逻辑的重视。

刘文英对"尽心知性"的理解也属于自我认知范式应用的案例。刘文英认为，孟子性善论是其修养工夫的基础，而"尽心知性"是孟子修养工夫的两个阶段之一，因而要理解"尽心知性"，就必须与孟子性善论结合起来。他说："孟子把人的心性修养分为发现良知与扩充良知两个阶段或过程。前者他称之为'尽心知性'。孟子曰：'尽其心者，知其性也。知其性，则知天矣。'（《尽心上》）这是说，人们要穷尽其心去寻找、去挖掘，那样从其心中就会发现自己的善性。发现了自己固有的善性，便会明白这是天赋良知，即'天之所与我者'。关于'知天'这个环节，显然来自《中庸》的'天命之谓性'，但孟子没有深入分析。所以朱熹说'不曾推原源头，不曾说上面一截'（《朱子语类》卷四）。在'尽心知性'过程中，孟子讲到'寡欲'，讲到了自我反省。对于良知的提升，孟子比

---

[1] 张岂之主编：《中国思想史》，西北大学出版社1989年版，第108页。

[2] 同上。

喻为刚刚燃烧起来的火焰与流出来的泉水，只要自觉地扩充，就会不断提高自己的道德水平与精神境界。"① 就是说，孟子的修养工夫分为发现良知与扩充良知两个阶段，"尽心知性"属于发现良知阶段。这个发现良知就是指人们穷尽其心去寻找、去挖掘，就会发现自己的善性，最终便会明白天赋于我的良知，从而自觉提升自己道德修养。应该说，将"尽心知性"置于孟子性善论中理解是合乎情理的。

张奇伟从字义上理解"尽心知性"也值得我们关注。他说："'尽心'在这里应该有其它的解释。'尽'同'诚'。尽，繁体作盡。《说文解字》说：'盡，器中空也，从皿，彗声。'可见，'尽'本义为器中空空无物，由此引申出竭、究、极、止、终、皆、悉等义。另外，器中空空无物是由于器中之物无遗地被拿出，若剩一物，哪怕是纤介之物，也不可谓'尽'。因此，从这里还可以引申出诚、信等义项。《礼记·祭统》认为，祭礼之本在于'尽'，即'内则尽志'，'外则尽物'，它接着说：'身致其诚信，诚信之谓尽，尽之谓敬，敬尽然后可以事详明，此祭之道也。'这里，它非常明确地说：'诚信之谓尽'与上面我们的推理引申相互印证。那么'尽心'也就可以理解为'诚心'。但是，对于'诚'、'诚心'还不能作一般的理解。'诚'在孟子的论述中经常提及。如前引的'万物皆备于我矣。反身而诚，乐莫大焉'。又如他说的'诚者，天之道也；思诚者，人之道也。'(《孟子·离娄章句上》)朱熹注：诚，实也。诚，就其一般意义来说，其含义为实在、实有、确实、真实等。由于'仁义礼智我固有'的观点，孟子的'诚'被具体化了。诚，其含义为每个人心中本然、内在地存在着良心、善端。'思诚'即反身认识到内心深处固有的良心。这两种说法的意思大体相同。我认为，'尽心'之'诚心'可以理解为'反身而诚'，就是'思诚'。这样来解释'尽心'才能够与'知性'比较协调起来。这一说法能够成立的话，则'尽心'以'知性'就可以解释为：通过反省自我内心深处的善端，自觉固有的良心，从而知道了自我的族类之性，确立起了道德的自觉意识。"② 就是说，"尽"即是"器中空空无物"之义，然后又根据《礼记》中"身致其诚信，诚信之谓

---

① 刘文英：《中国哲学史》上卷，南开大学出版社2002年版，第142页。
② 张奇伟：《亚圣精蕴——孟子哲学真谛》，人民出版社1997年版，第152—153页。

尽，尽之谓敬"推出"尽"有"诚"与"信"之义，因而"尽心"即可理解为"诚心"。他又根据孟子与朱熹的说法，解"尽心"为"反身而诚"，即"思诚"，如此才能与"知性"协调，这样，"尽心知性"的含义便呈现为：通过彻底反省自我内心深处的善端，从而知道自我族类之性，以确立道德的自觉意识。张奇伟理解"尽心知性"引用了《说文解字》《孟子》《礼记》及朱熹的相关文献，并通过对孟子思想内在理路的梳理与分析，最终作出对"尽心知性"的理解。

6. 得意忘象

"得意忘象"出自《周易略例》："言者所以明象，得象而忘言；象者所以存意，得意而忘象。"（王弼：《周易略例·明象》）哲学史上对此命题的解释也是层出不穷。侯外庐说："（一）文中用语，除蹄筌之例引自《庄子》外，大致都是《周易》的术语，和我们现在用的语汇不同。（二）文末是批判汉儒的经训，斥之为'存象忘意'。由辞以通道的方法与他所谓'忘象以求其意'的方法相反，这里就是他的'新'学所在。（三）文中主要命题是引用《易·系辞上传》'圣人立象以尽意，设卦以尽情伪，系辞焉以尽其言，变而通之以尽利，鼓之舞之以尽神'一段。"[①]这段话即此命题发生的背景，包含三方面信息：其一是该命题的思想渊源属于《周易》术语；其二是该命题具有批判汉儒的性质；其三是该命题乃引用《系辞上传》。无疑，这种交代非常重要，因为它提示了理解的路径，规定了文本范围，使理解者不至于发挥过度而成为难以想象的东西。侯外庐也正是基于这个范围进行理解的。

侯外庐说："主要的术语为意、象、言三者。我们不能以常识或近代语来比附这些用语。'象'指什么呢？如'拟诸其形容，象其物宜，是故谓之象'，'在天成象'，'悬象著明，莫大乎日月'，'圣人设卦观象'，'易有四象'，'见乃谓之象'（皆《上传》文），因此，所谓'象'不是自然一般的现象，乃是圣人（不是常人）拟诸天而立的特定形容，以达到所谓'兆见曰象'（韩康伯注，引王弼之说，或言兆端），从而'引而申之'。制象是至神者的事，韩康伯说：'非忘象者则无以制象。……至

[①] 侯外庐、赵纪彬、杜国庠主编：《中国思想通史》第三卷，人民出版社1957年版，第117页。

神者寂然而无不应,斯盖功用之母,象数所由立。'(《易注》卷七,十五页)'言'又指什么呢?如'言者尚其辞','君子居其室出其言,则千里之外应之,言行君子之所以动天地也','拟之而后言,议之而后动','辞也者,各指其所之',因此,所谓'言',不是一般的名理,乃拟况于'象'的特种比喻,不属于普通推理范围之内,好像代数学里的X,王弼所谓'君子以言必有物,而口无择言'。(《易注》卷四,十页)所以,对于象而云观,对于辞而云玩('玩其辞'),观象或玩辞是很神秘的事。最后,'意'指什么呢?这决非哲学上本质之义,乃是圣人效法天地自然的枢机,存乎其人的一种秘密,故说:'天生神物,圣人则之;天地变化,圣人效之;天垂象见吉凶,圣人象之;河出图,洛出书,圣人则之。'(《上传》)王弼所谓'凡言义者,不尽于所见,中有意谓者也。'(《易注》卷五,三页)'和乐出乎八音,然八音非其名也。'(《〈论语〉皇疏》引)这'意谓'是非常古怪的神会。"[1]这里对意、象、言三个术语进行了详细解释。关于"象",侯外庐分别引用了《系辞》、韩康伯的《周易注疏》中王弼的话互为解释,得出结论是"象"不是自然一般的现象,而是圣人拟诸天而立的特定形容。关于"言",同样引用了《系辞》、韩康伯的《周易注疏》中王弼的话互为解释,从而结论说不是指一般的名理,不属于普通推理范围之内,好像代数学里的X。关于"意",侯外庐仍然引用了《系辞》、韩康伯的《周易注疏》中王弼的话互为解释,结论为"意"是指圣人效法天地自然的枢机,存乎其人的一种秘密,是非常古怪的神会。

当然,侯外庐对所引用的文献也做了义理的分析,寻找推出某种意涵的义理逻辑。比如,他对"象"进行理解时,由《系辞》中"其物宜,是故谓之象""在天成象""悬象著明,莫大乎日月"等分析出"象"不是自然一般的现象,而与王弼所说"兆见曰象"、韩康伯所说"非忘象者则无以制象"共同确立其结论。通过对三个术语的解释,侯外庐得出结论说:"我们就知道这不是由客观到主观,不是由存在到思维,而是由主观(或全自然之神)到客观,复由客观回到主观,王弼《复象》所说的

---

[1] 侯外庐、赵纪彬、杜国庠主编:《中国思想通史》第三卷,人民出版社1957年版,第117—118页。

复其本之意。因此，一方面说：'象者出意者也，言者明象者也'；然而另一方面说：'得意在忘象，得象在忘言'。韩康伯注多采王说（如'一阴一阳之谓道'注即采王语，而未注明王说），在'盛德大业至矣哉'章句下注说：'夫物之所以通，事之所以理，莫不由乎道也。圣人功用之，母体同乎道，盛德大业，所以能至。'此即指出得'意'之由来，完全不是说主观对客观的反映，而是说全自然的神授。所以，由完全到不完全，复由不完全再到完全，始足以言《易》，于是'易简而天下之理得矣'。圣人之所以能这样做，是因为主观上忠恕的伟大，'忠者情之尽也，恕者反情以同物者也。未有反诸其身而不得物之情，未有能全其恕而不尽理之极也。……推身统物，穷类适尽，一言而可终身行者，其唯恕乎！'（《〈论语〉皇疏》引）这种出意、立象、制言之道，并非普通人所能'从事'，'暌离之时，非小人之所能也。'（王弼《易注》卷四，十一页）而且惟有圣人能之，韩康伯也说：'君之体道以为用也，仁知则滞于所见，百姓则日用而不知，体斯道者鲜矣。故常无欲以观其妙，始可以语至而言极也。'（《易注》卷七，七页）由此，就发生了'六经皆圣人筌蹄'说。"① 就是说，"得意忘象"所内含的思维路径是从主观到客观、再从客观回到主观的过程，而且，"出意、立象、制言"并非普通人所能为，乃是完全自然的神授。可见，侯外庐关于"得意忘象"的理解牢牢地立足于对文献的充分研读基础之上，但表现出某种神秘性。当然，我们也从侯外庐的理解中发现了唯物认知范式的踪影。

余敦康认为，要准确理解"得意忘言，得言忘象"，必须对王弼提出的思想背景、社会背景、学术背景进行分析。他说："《周易》这部书，从它开始形成时起，一直进行着哲学与宗教、理性与信仰的斗争。先秦时期，从《易经》发展到《易传》，意味着哲学和理性在这场斗争中取得了辉煌的胜利。《易传》的作者运用当时最先进的哲学思想来解释卦象，也是把意义放在首位，使象从属于意。卦象本身并没有表示'一阴一阳之谓道'的意义，这个意义是《易传》的作者研究宇宙人生所提炼出来的。意义在先，以意义来解释卦象在后，这种关系不同于语言与思维的关系，

---

① 侯外庐、赵纪彬、杜国庠主编：《中国思想通史》第三卷，人民出版社1957年版，第118页。

而是《易传》的作者利用卦象来表述哲学思想所经历的逻辑程序。从这个角度来看，王弼的'象生于意'的提法是可以成立的。两汉时期，阴阳灾异的迷信思想盛行，哲学降为神学的奴婢，于是人们把卦象奉为神圣，看作是体现了天神的意旨，纷纷从事卦象的排列推演，寻求新的占法。王弼针对这种情况，矫枉过正，提出了'忘象以求其意'的口号，这是站在维护哲学和理性的立场，去反击宗教巫术。何晏屈服于管辂的旧易学，说明他在这场斗争中失败了。王弼之所以能取得胜利，在于他不仅完美地继承了《易传》改造《易经》的方法，而且站在新的世界观的高度作了进一步的发展。"[1] 就是说，自先秦以降，从《易经》发展到《易传》经历着哲学与宗教、理性与信仰的斗争，而《易传》的产生，意味着哲学与理性的胜利，因而《易传》之特质就是意义优先，由意义解释卦象，换言之，就是用卦象表述哲学思想。王弼的"象生于意"正是这种逻辑的表现。另外，由于两汉时期阴阳灾异的迷信思想盛行，哲学降为神学的奴婢，人们把卦象奉为神圣，看作是体现了天神的意旨，纷纷从事卦象的排列推演，寻求新的占法。面对这种情况，王弼提出了"忘象以求其意"，可见这是站在维护哲学和理性的立场而得出的结论。不难看出，余敦康对"得意忘象"思想文化背景的叙述，使其提出的逻辑顺理成章。

余敦康还指出，由于王弼所坚持的是积极的思想路向，因而其"得意忘象"不能作消极的理解。他说："所谓'忘象以求其意'，并不是说要离开卦象空无依傍地去捕捉意义，这种意义实际上是不存在的。按照王弼的思路，'言'是说明'象'的工具，'象'是说明'意'的工具，'意'虽然居于首位，但不能离开'象'而悬空存在，所以应该'寻言以观象'，'寻象以观意'，只是在'得意'以后，应该'忘象'，以摆脱感性的束缚。王弼的这种理解的原则是与庄子直接相通的。庄子曾说：'吾安得夫忘言之人而与之言哉！'忘言并非不言，但惟有忘言，才能使理解臻入上乘，而不致于误把糟粕当作精华。王弼就是运用了这种高层次的理解，把握了六十四卦所蕴含的关于人事的智慧，因而得出了六十四个必然

---

[1] 余敦康：《何晏王弼玄学新探》，齐鲁书社1991年版，第166—167页。

之理，对《周易》作出了全面的崭新的解释。"① 就是说，王弼"得意忘象、得象忘言"与其"由言出象、由象出意"的思想是一致的，而且与庄子的思想也是相通的。质言之，王弼所强调的是掌握本质过程中对现象约束的克服，而不是否定现象的意义。总之，余敦康对"得意忘象"的理解不仅建立在思想文化的背景上，而且立足于对相关文献中义理的疏通，从而使其理解可信且可爱。

7. 作用见性

"作用是性"出自《景德传灯录》："王怒而问曰：'何者是佛？'答曰：'见性是佛。'王曰：'性在何处？'答曰：'性在作用。'"（《景德传灯录》卷3，《大正藏》第51册）此命题自问世之后便被持续地解释，无论是高僧还是儒者，无论是教界还是学界，各种解释争奇斗艳。这里拟考察以自我认知范式理解此命题的情形。

熊十力说："今世谈禅学者，皆熟闻作用见性一语。然何谓作用，何谓性，云何于作用见性？则谈者鲜不茫然。夫性者，吾人与天地万物所同具之本体。但以其为吾人所以生之理而言，则谓之性。以其主乎吾身而言，亦谓之心。作用者，即凡见闻觉知等等，通名作用。曰见，曰闻，曰觉，曰知，皆作用之名，复言等等者，作用相状复杂，列举不尽故。故举见闻见知，即摄一切作用在内。云何而言作用见性？则非于作用加以解析不可。若于作用加以解析，则非先说明所谓根或根身者不可。印度佛家，自小乘以来，说有五根。曰眼根、耳根、鼻根、舌根、身根。此五根者，亦总名根身。……世或误解根义，以为即肉眼等名根，及以肉眼等互相联系的全体即物质的七尺之躯，计为根身。此实大谬。佛家说根为清净色，此中色言，是相用义，非质碍义。虽不同于物之有质碍，而有相用可言，非空无故，亦名之为色。清净者，显其相用微妙，故云清净。云何微妙？微者精微，非目所见故。妙者神妙，其力用不可测故。……此本非心，亦复非物，却是介乎心和物之间的一种东西。"② 这就是说，"性"是指人与天地万物同具的本体，既是人与物所以生的根据，也是人身的主宰；"作用"，是指包括见闻觉知等感性活动在内的一切"作用"。依佛教，所有

---

① 余敦康：《何晏王弼玄学新探》，齐鲁书社1991年版，第167页。
② 熊十力：《熊十力全集》第三卷，湖北教育出版社2001年版，第385—386页。

感官都有"根",所谓眼根、耳根、鼻根、舌根、身根,这个"根"是眼所以视、耳所以听、鼻所以闻、舌所以味、身所以触的机关,因而有"根"才有"作用"。"根"的相用即眼视、耳听、鼻闻、舌味、身触等,此"相用"清净微妙不可测,"根"是介于"心"和"物"之间的东西,可谓之"生命力之健进所构成的一种机括"。

熊十力说:"如果把他(根)作宽泛的解释,就说为生活机能,自无不可。但不如说他是生命力之健进所构成的一种机括。……凡有机物之所以异于无机物者,就因为具有根的缘故。根力(具云根的力用)潜运眼处,能发视识,说为眼根。……故根者,不即是肉眼等。而所谓根身者,亦非仅目物质的七尺之躯,肉眼等相互联系的全体,叫做七尺之躯。这个东西,只是物质的,是无机世界的一部分。此乃诸根之所附着处,而不即是诸根。"① 这就是说,"根"是生命力之健进所构成的一种机括,是"作用"的根据,从而区别于眼、鼻、耳、身等感觉器官。因此,"作用"虽是"根"(机括)的相用,但"作用"不等于"根",因为"根"是使眼、耳、鼻、身发挥其作用以表现其生命力的根源:"前文所举见闻觉知等等作用,正是普通所名为心。其实,此等作用不即是本心。只是根门假借心之力用而成为根之浮名,以趣境云尔。……夫根为心之发现而作机括。易言之,即心用根为工具也。凡用工具者,往往反为工具所利用。心之于根,何独无此患?夫心惟浑一,本来明净,而其依根以发,则易流于虚妄分别。所以者何?根已形成独立之生机体,心作用之发现于根门,而根即得假借之以为己用,便非明净本心之用也。……复次染污习气原于根,而复与根叶合为一。云何原于根?夫根假借心作用为己用,即一切见闻觉知等等皆非明净本心之流行,正是佛氏所谓乱识。"② 这就是说,此"根"是宇宙大生命经过长期的演变而形成的神经系统,"心"发出信息与能量必须经由"根",因而"根"是"心"的机关并控制着"心"所发动的性状,见闻知觉虽然亦可谓"心",但不是本心,见闻知觉只是"根门"假借"心"之力用而成为"根"的虚名。虽然"根"是"心"之工具,但"根"亦可反过来利用"心",从而使本来明净的"心"可

---

① 熊十力:《熊十力全集》第三卷,湖北教育出版社2001年版,第386—387页。
② 熊十力:《熊十力全集》第六卷,湖北教育出版社2001年版,第200—201页。

能流于虚妄分别。即是说，染污习气原于"根"。如果"根"借"心"为己用，那么一切见闻觉知都不是明净本心流行，而是佛教所谓"乱识"；如果是"根"为"本心"所用，那么一切见闻觉知都是明净本心之流行。

这样，熊十力观念中"性"与"作用"的关系就是："一、作用者，即剋就见闻觉知等等而名之也。二、此见闻觉知等等，实即心之力用发现于根门者。故此作用，不即是心体。但心体亦非离见闻觉知而独在。三、见闻觉知等等通名作用，固如上说。但精以分析之，则根不从心，且与染习叶合，其发为见闻觉知等等，固不得名为作用也。若乃心帅乎根，亦无染习为障，则其发为见闻知觉，方是真实作用。恶紫乱朱，不可不严辨。四、作用义既经刊定如上，则作用见性义亦不待深谈而可知。夫作用者，即本体之流行而言之也。"① 就是说，"作用"是心力发于根门而有，因而"作用"不是心体，但心体并不能离"作用"而存在；"根"也不是"作用"，若本心主宰根门，则见闻知觉为真实作用，反之，则为虚妄作用。因此，所谓"作用"就是本体之发用流行，而"根"是"作用"能否使本体发用流行表现为积极面向的关键，因而不能等"作用"于"性体"。熊十力说："性体浑然全真，寂然无相。不可说见闻觉知等等作用即是性体。故但曰作用见性，非谓作用即是性。然不可离作用别觅性体，故必于作用见性。犹之不可离众沤别觅大海水，故必于众沤而识大海水。明代阳明派下多有在发用处说良知者，未免以作用为性体。及聂双江、罗念庵救之以归寂，而于作用见性意思，似亦不无稍阂。夫寂然真体毕竟不离发用。如或屏用而求寂，其不为沦空之学者鲜矣，尚得谓之见性乎？"② "性体"虽然不能等同于"作用"，可又不能离开"作用"，因为只有"作用"才能落实"性体"的价值，这就意味着"屏用求寂"与"本心发用流行"之理念相悖。

总之，既然"作用见性"之"性"是本心或理，既然"性"不能定为"寂"，既然"作用见性"的落实需要"根"这个中介，既然"性在作用"而"性"又不等同于"作用"，既然"作用见性"就是"本体发

---

① 熊十力：《熊十力全集》第六卷，湖北教育出版社2001年版，第202—203页。
② 同上书，第203—204页。

用流行",那完全可以说,"作用见性"所表达的就是"性体所表现的路径与状态"。

与老师熊十力比较,牟宗三的理解更倾向于由佛教教义体系入手。牟宗三说:"在中国,后来禅宗兴起,即顺此真常心而言'即心是佛,无心为道'。'心佛与众生,是三无差别'(《华严经》),故言'即心是佛',心乃真常心也。此是分解反显以立佛体。而'无心为道'则是般若学也。不但无常无我当体即空为般若,无一法可得,即空亦不可得,心亦不可得,般若亦不可得,方是真般若,呵佛骂祖亦是般若,此即'无心为道之妙用也'。'作用见性'即在此妙用下面成立。'作用见性'者当体即是空性、佛性、菩提性也。'作用'是事,耳听目见、知觉运动亦皆是事,缘起事也。凡缘起事皆当体即空,故作用见性,或作用是性,意即作用之事当体即见空性、佛性、菩提性也,当体即是空性、佛性、菩提性也。故佛性、真心不是辽远地隔绝在那里,即在眼前也。此亦佛性真心之圆融地呈现,故是具体而真实之佛性真心,不是抽象地分解地说的佛性真心也。故'作用是性或见性'是圆顿教之诡辞,不是实然之陈述语,不是指谓之断定语。"① 就是说,"作用见性"的提出是以"心即是佛,无心为道"等佛教义理为基础的,"作用见性"即"无心为道"之"妙用"的结果。而依"缘起论","作用"皆为"缘起事",因而"作用"即是空性、佛性。这也就意味着,"作用见性"即是佛性当下的、真实的、圆融的呈现,因而"作用见性"只是一个"诡辞",所以不能理解为实际的陈述,即不能理解为"'作用'就是'性'",而是强调佛性的无时不在、无处不在,且简易方便。可见,牟宗三不仅注意到"作用见性"的佛教哲学基础,这个基础就是"心即是佛,无心为道",就是"心佛与众生,是三无差别",而且注重以缘起性空论分析"作用见性"之意涵,即当体者即是空性、佛性、菩提性也。因而"作用见性"的佛教意义就在于宣示佛性、真心离人不远,每个人都能成就佛性。

8. 存理灭欲

"存理灭欲"在宋明理学研究中被广泛地关注与讨论,其中以程朱理学的论述为代表。自戴震"以理杀人"发难开始,至今仍然存在误解和

---

① 牟宗三:《心体与性体》(中),上海古籍出版社1999年版,第111—112页。

争论。那么,"存理灭欲"的本义究竟如何呢?这里拟以自我认知范式的理解回应这个问题。

钱穆对朱子学深有研究,其对朱子"存理灭欲"命题也有独特的理解。钱穆认为,朱子讨论"天理""人欲"时,并不是将它们视为绝然对立之两物,他说:"理学家无不辨天理人欲,然天理人欲同出一心,此亦一体两分、两体合一之一例。朱子论阳不与阴对,善不与恶对,天理亦不与人欲对。"[1] 即是说,所谓"一体两分",因为都出于"心";所谓"两体合一",因为"天理"是善体,"人欲"则不完全是善体。因此,朱熹讨论"天理"时,不是拿"人欲"作为对立面来论述的。这就是说,在朱熹观念中,"天理"与"人欲"是"贯通的两体",那么,"天理""人欲"是怎样的"一贯两体"呢?如下是钱穆引以为证的文献:

> 人欲便也是天理里面做出来。虽是人欲,人欲中自有天理。(《朱子语类》卷十三)
> 有个天理,便有个人欲。盖缘这个天理须有个安顿处,才安顿得不恰好,便有人欲出来。(《学七》,《朱子语类》卷十三)
> 人生都是天理,人欲却是后来没巴鼻生底。(《学七》,《朱子语类》卷十三)
> 饮食者,天也。要求美味,人欲也。(《朱子语类》卷十一)

钱穆解释说:"要求美味,也还是饮食,故说同行。但要求饮食是自然。人同此心,心同此理。要求美味,则不是人人如此。所谓美味,亦人各不同。此中便夹带有私欲。故说是异情。同是饮食,一为饥渴,一为美味,求美味,其先还是从求解饥渴来,故曰人欲即隐在天理中,又说人欲中自有天理。惟为求美味,往往易于把饮食一事安顿得不恰好。若饮食兼求美味,而又能把来安顿得恰好,则自亦无所谓人欲。但不能说两者同体。因人心之体本属至善,只是一自然,只是一天理,不能说天理人欲同来合凑成一体。天理在先,人欲后起,如何忽然有人欲后起,朱子则说是

---

[1] 钱穆:《朱子学提纲》,生活·读书·新知三联书店2002年版,第84页。

没巴鼻生底，那是说无来由底。若人欲皆有来由，那便即是天理，更无所谓人欲。"① 依钱穆的分析，"私欲"是指各人不同且由"天理"发出者，若是"天理"安顿恰好，仍是"天理"，若是安顿不好，便是违背"天理"，便有了"私欲"，因而"人欲"与"天理"虽然一贯，但不同体，所以需要抑制。钱穆一方面认为"人欲"来自"天理"，从而肯定"人欲"的合法性；另一方面指出若"天理"安顿不好，"人欲"便会溜出来为所欲为而致害"天理"，从而凸显抑引"人欲"的必要；所以"人欲"问题应该从"天理"下手，即所谓"存天理"。这就是"一贯两体"。

既然"美味"出于"天理"，为何会变成"人欲"呢？朱熹说："善恶皆是理，恶是指其过处。如恻隐之心本是善，才过便至于姑息。羞恶之心本是善，才过便至于残忍。"（《程子之书三》，《朱子语类》卷九十七）钱穆解释说："心之恻隐羞恶，皆由天生，故是至善天理。但稍微过了分，便成姑息残忍，便成了恶，因此中已夹杂了人欲。但人欲还是无端而起，不能亦谓之由天生。此处只细参朱子理气论，则其义自见。"② 就是说，善恶都是"理"，"恶"是"理"过度所致，比如恻隐之心是善，但过头了就成了姑息；羞恶之心是善，但过头了就成了残忍。因此，"不好的人欲"就是过度的"人欲"，就好比与"理"相悖的"气"。因此，消灭"人欲"，从"天理"角度看比较容易，但从"人事"角度看，却难上加难。朱熹说："以理言，则正之胜邪，天理之胜人欲，甚易。而邪之胜正，人欲胜天理，若甚难。以事言，则正之胜邪，天理之胜人欲，甚难。而邪之胜正，人欲之胜天理，却甚易。正如人身正气稍不足，邪便得以干之。"（《孟子九下》，《朱子语类》卷五十九）钱穆解释说："以处理与事分言，理属宇宙界，事属人生界，亦略如其理气分言，各见其密。"③ 就是说，从"理"的角度讲，"理"就是善体，占绝对优势，"人欲"无从抬头，当然是"天理"胜"人欲"；但从"人事"层面看，"天理"胜"人欲"很困难，因为它需要不断增补"理"的力量，或开发"理"的力量，其中有许多周折，因而"人欲"往往占得先机而胜"天理"，因

---

① 钱穆：《朱子学提纲》，生活·读书·新知三联书店 2002 年版，第 84—85 页。
② 同上书，第 85 页。
③ 同上书，第 85—86 页。

此，就生活层面做到"天理"胜"人欲"，就必须修养以"集义""聚理"。朱熹说："盖天理在人，亘万古而不泯；任其如何蔽锢，而天理常自若，无时不自私意中发出，但人不自觉。正如明珠大贝，混杂沙砾中，零零星星逐时出来。但只于这个道理发见处，当下认取，簇合零星，渐成片段。到得自家好底意思日长月益，则天理自然纯固；向之所谓私欲者，自然消靡退散，久之不复萌动矣。若专务克治私欲，而不能充长善端，则吾心所谓私欲者日相斗敌，纵一时按伏得下，又当复作矣。初不道隔去私意后，别寻一个道理主执而行；才如此，又只是自家私意。只如一件事，见得如此为是，如此为非，便从是处行将去，不可只恁休。误了一事，必须知悔。只这知悔，便是天理。"（《朱子十四》，《朱子语类》卷一百一十七）钱穆解释说："就内面言，则此心纵在私欲中，天理亦自会时时发露。就外面言，则此礼法可循，有文字可玩，天理亦随处随事而见。朱子只教人各就自家日常生活中讨取，平平恁地做工夫。莫要凭空求讨天理，亦莫要一意搜剔私欲。立言平实深到，后人乃谓宋儒以理杀人，又要泯去天理人欲分别，更有认放纵人欲即是天理者。人之私欲，尚不能一一专务克治，又况要一意提倡与放任。"[1] 依钱穆解释，对朱子而言，"天理"就在日用庸常中，随时随地可见，人人都可就自己生活中讨取"天理"，如此也便是抑制"人欲"，不是刻意地对空喊"存天理"，也不是挖空心思去"灭人欲"。因此，"存理灭欲"实际上是一种抵制"人欲"萌生的修行工夫，其目标自然是对"人欲"的限制与引导，而不是彻底地革去人欲，更非"以理杀人"。因此，"此种指点，深中人心消息隐微，亦是洞见天理生机活泼，人人易知，人人能行，又何必更多张皇"[2]。钱穆认为朱子关于天理人欲关系的处理是平实可受的，非后人所非。

综合钱穆的理解大致可归纳为：第一，朱子的"天理""人欲"既联系又区别，二者一贯但不同体，因而"人欲"并非需要"绝灭"；第二，需要灭的"人欲"是出于"天理"而背"天理"者，因为此"人欲"必伤害"天理"，所以必须除去；第三，"灭欲"不是直接地将人的欲望取消，而是通过"存理"解决之，即通过修行工夫解决之，"集义聚理"以

---

[1] 钱穆：《朱子学提纲》，生活·读书·新知三联书店2002年版，第88页。
[2] 同上书，第87页。

拒欲、制欲、导欲，使"人欲"回到"天理"，而不是刻意地治"人欲"。因此，朱熹的"存理灭欲"不是像某些人批评的那样，笼统、绝对地"存天理，灭人欲"。显见，钱穆的理解建立在这样的基础上：一是对朱熹相关文献的把握与熟悉；二是对朱熹关于理欲关系义理的分析；三是将"存理灭欲"观念与其理气关系论结合起来；四是仔细、深刻把握朱熹"存理灭欲"论的致思方向与趣旨，发现主要是工夫论的向度。这样，钱穆的理解无疑是一种典型的自我认知范式实践。

与钱穆比较，张岱年的理解更具力度。朱熹说："人欲云者，正天理之反耳。谓因天理而有人欲，则可；谓人欲亦是天理，则不可。盖天理中，本无人欲；惟其流之有差，遂生出人欲来。"（《朱文公文集·答何叔京》）张岱年解释说："天理人欲相对立，而亦有其联系。人欲乃由天理而有；天理表现出来，有所偏差，便是人欲。恰好处是天理；过或不及，失其恰好，即是人欲了。"[①] 也就是说，"天理""人欲"是对立统一的关系，"人欲"因"天理"而有，但"天理"表现出来时出现偏差，这就是"人欲"。那么，既然"人欲"出于"天理"，为什么成了消灭的对象呢？朱熹说："饮食者，天理也；要求美味，人欲也。"（《朱子语类》卷十三）张岱年分析说："只得顺他，即不得不然之意。饿则食，渴则饮，乃是因其自然，毫无私意，所以是天理。要求美味，便非不得不然，乃是任私用意，所以是人欲。就欲字之本义言，饥食渴饮，本都是欲；但这种欲是公共的，有普遍满足之可能，且不得不满足，故道学家不谓之欲，而谓之天理。道学家之排斥人欲，其实并不是否认一切欲望，而是将最基本的欲提出不名为欲；将欲之一词，专限于非基本的有私意的欲。"[②] 就是说，朱熹将"欲"区分为"公共的欲"与"私意的欲"，朱熹将前者视为"天理"，将后者视为"人欲"，而其所排斥的就是"私意的欲"，因而"存理灭欲"，并不是绝灭所有欲。

但对于"非基本的有私意的欲"必须毫不留情地克去的。朱熹说："学者须革尽人欲，复尽天理，方始是学。"（《朱子语类》卷十三）又说："人之一心，天理存则人欲亡，人欲胜则天理灭，未有天理人欲夹杂

[①] 张岱年：《张岱年全集》第二卷，河北人民出版社1996年版，第486页。
[②] 同上书，第487页。

者，学者须要于此体认省察之。"（《朱子语类》卷十三）在张岱年看来，"非基本的有私意的欲"是"天理"的死敌，必须斩尽杀绝。张岱年继续解释说："饮食是天理，要求美味是人欲。就是说，满足基本的生活需要是天理；超过一定限度就是人欲。这个限度何在呢？朱氏没有详细的说明。程朱学派这样区别天理人欲，在理论上陷于概念的混乱。'饥食、渴饮'是人的基本欲望，何以不称为人欲而称为天理？'要求美味'可以说是奢侈或私欲，何以统统称为人欲？这样就使得概念的界限含混不清了。由于概念意义的含混，因而朱熹的观点也往往被误解。近年许多关于中国哲学史的论著，指责朱氏理欲学说为禁欲主义，实出于误解。朱氏学说是主张节欲，还不是禁欲。"① 在张岱年看来，虽然朱熹区分了"欲"与"人欲"，可是其对"人欲"的标准也没有明确规定，所谓"要求美味"是人欲，而"要求美味"的标准是什么呢？由于朱熹并没有具体的定义，因而造成概念的混乱，从而导致人们误解为禁欲主义。就是说，虽然朱熹并没有对"人欲"的标准做出明确的规定，但这正说明"存理灭欲"不是要求见欲就灭，不是禁欲主义，而是有理性的节欲主义。张岱年的理解显然注意到了朱熹思想中"天理""人欲"的表述与规定，从而能够准确地判断"存天理，灭人欲"的内容与性质。

9. 六经皆我注脚

"六经皆我注脚"出自《语录》："学苟知本，六经皆我注脚。"（《语录》上，《陆九渊集》卷三十四）但对其理解存在很大分歧，有学者认为它是一种诠释文本的方法，有学者则认为它是主体性的张扬。这里考察以自我认知范式理解此命题的情形。

张发祥认为，陆九渊提出"六经皆我注脚"是有社会历史文化背景的。其一是学风背景，当时的学风是陷溺辞章、空谈义理。陆九渊说："传注益繁，论说益多，无能发挥，而只以为蔽。家藏其峡，人诵其言，而所汲汲者顾非其事，父兄之所愿欲，师友之所期向，实背而驰焉。"（《贵溪重修县学记》，《陆九渊集》卷十九）又说："终日簸弄经语，以自傅益，真所谓诲圣言者矣。"（《与曾宅之》，《陆九渊集》卷一）张发祥分析说："基于上述认识，陆九渊提出了'学苟知本，六经皆我注脚'

---

① 张岱年：《张岱年全集》第三卷，河北人民出版社1996年版，第597—598页。

的著名论点。知本即把握核心的思想或原则,用另一命题来表述,也就是'先立乎其大者'。"① 其二是陆九渊将"六经"视为儒家基本原则的阐述和发挥。张发祥指出,"按陆九渊之见,儒家的观念主要体现于其主干思想或原则之中,六经无非是这些基本原则的不同阐述和发挥,主体(我)一旦把握了这些基本的核心思想,那末,六经便只能起具体的印证作用。当然这里并没有否定儒家经典、摒弃读书之意,在陆九渊的心目中,孔老夫子依然是'圣人',儒家的著作也同样是'先得我心'的经典。他只不过认为,对于儒家经典也不能一字一句地死记硬背,而要抓住它的'意旨所在':'读书固不可不晓文义,然只晓文义为事,只是儿童之学,须看意旨在。'"② 其三是"六经皆我注脚"与陆九渊提倡怀疑精神有关。张发祥说:"在学问上,陆九渊尤其提倡怀疑精神。他说'为学患无疑,疑则有进'。'小疑则小进,大疑则大进'。他明确指出,对古人的书不可盲从迷信,古人的书并非句句是真理,即使是经过孔子删削的书,也要以合不合'理'加以鉴别。'昔人之书不可以不信,亦不可以必信,顾于理如何耳。盖书可得而伪为也,理不可得而伪为也'。他认为,只要合于'理',即使'非圣人之经',甚至是'妇人孺子之言'也应吸取。'凡事只看其理如何,不要看其人是谁'。'善学者如关津,不可胡乱放人过'。就是说,对一切前人和他人的书本、言论,包括儒家经典,都要以此心此理为准绳,重新进行严格的审查、鉴别,切不可盲从迷信,人云亦云。"③ 其四是"六经皆我注脚"与陆九渊的宇宙观也有密切关联。张发祥说:"陆九渊则把主观的'心'与客观的'理'完全等同,认为'宇宙便是吾心,吾心即是宇宙','人皆有是心,心皆具是理,心即理也'。因此,他主张'切己自反'、'发明本心'的简易工夫,直接从主体省悟中探求与客体的自同,达到心、理合一的目标。"④ 既然人人同此心,心心具此理,这种宇宙观自然无须通过经典把握"天理""本心"。依张发祥的理解,"六经皆我注脚"的提出,其现实原因是当时学风所致,其思想原因是六经乃阐述儒家基本原则,其精神原因是陆九渊的批判精神,其哲学原

---

① 张发祥:《陆九渊"六经皆我注脚"说诠释》,《抚州师专学报》1999年第2期。
② 同上。
③ 同上。
④ 同上。

因是"心即理"宇宙论或本体论。可见，张发祥的理解属于自我认知范式实践。

刘笑敢认为学界对"六经注我"有误解。他说："年谱记载杨简（慈湖，1140—1225）曾闻或谓陆先生云：'胡不注六经？'先生云：'六经当注我，我何注六经。'这段话，学界注意不多。根据这段记载，陆氏原义清晰畅晓，无须多加分辨。这里讨论的是儒者学习的目的问题以及注释经典是否必要的问题，完全不是经典诠释的方法或方向问题，而'六经注我'与'我注六经'也不是并列或相对的关系。"① 此谓"六经注我"是"讨论儒者学习的目的问题以及注释经典是否必要的问题"。刘笑敢分析说："在陆九渊的语境里，六经不指某一部特定的经典，也不是任意的一部经典或著作，而是以六经为代表的包括《论语》《孟子》在内的儒家权威性著作。'六经注我'之我也并非普通个体之我，而是与天理一体的良知之我，所谓'学苟知本，六经皆我注脚'只是说懂得发明本心良知，那么所有儒家经典就都不外是对我本心固有之良知的阐发，因而不必拘泥于对经典的积累性和技术性阅读和研究。毫无疑问，'学苟知本'并非鼓励脱离对共同天理的追求，并非提倡个体差异的发挥和张扬，这和后来的脱离陆氏思想脉络的理解有重要不同。"② 依刘笑敢理解，陆九渊所强调的是，只要懂得发明本心良知，那么所有儒家经典就都不外是对我本心固有之良知的阐发，因而不必拘泥于对经典的积累性和技术性阅读和研究。为了强化自己的判断，刘笑敢还对宋代学者的理解做了考察："宋人对'六经注我'之意的理解毫无困难。林光朝（艾轩，1114—1178）曾云：'日用是根株，文字是注脚。'王应麟（1223—1296）注曰：'此即象山六经注我之意。盖欲学者于践履实地用工，不但寻行数墨也。'"③ 也就是说，参照林光朝、王应麟的评论，也可认识到"六经皆我注脚"只是强调践行的重要，只是强调经典是"道心"或"良知"的记录，因而不应沉湎于经典之中。因而刘笑敢说："最初陆九渊所说的'六经注我'与'我注六经'完全是宋明理学和心学的命题，讨论的是学习目的和重点的

---

① 刘笑敢：《诠释与定向》，商务印书馆2009年版，第66页。
② 同上。
③ 同上。

问题。在古人的引用中，也并无一般读书或经典诠释之方法的意义。如此看来，'六经注我'与'我注六经'的说法与现代所说的经典学习或注释的方法无直接关系。"① 如果说这个判断是客观可信的，那应该归因于：回到了陆九渊"六经注我"提出的语境；揭示了此命题内含的义理脉络；参考了同时代学者的认知和评论。这三条都属于自我认知范式范畴。

张文修也强调准确把握"六经皆我注脚"的意涵必须回到与此命题相关的历史文化背景中，而相关的历史文化背景主要有：其一，陆九渊将崇德好善视为"六经"的核心精神。孔子所谓"学而时习之"的"学"，不仅仅指的是学习某种知识，更是指高尚品德的塑造，是人性的完善，生命的实践。陆九渊之所以提出"六经注我"的思想，正是由于他深刻领悟了孔子关于"学"的意义。张文修说："陆九渊认为，六经的核心精神就是崇德好善，学习经典的关键就是要学习这种核心精神，去成就完美的品德，实现生命的根本目的：三百篇之诗《周南》为首，《周南》之诗《关雎》为首。《关雎》之诗'好善'而已。兴于诗，人之为学，贵于有所兴起。（《语录上》，《陆九渊集》卷三十四）《尚书》一部，只是说德，而知德者实难。（《语录下》，《陆九渊集》卷三十五）"② 就是说，陆九渊不仅强调经典的核心价值在于崇德好善，而且非常重视经典实践者的创造性。其二，陆九渊提出"六经注我"与当时的学风有关。陆九渊对学问偏离生命根本目的种种现象痛心疾首。陆九渊说："所病于吾友者，正谓此理不明，内无所主；一向萦绊于浮论虚说，终日只依藉外说以为主，天之所与我者反为客。主客倒置，迷而不返，惑而不解。坦然明白之理可使妇人童子听之而喻；勤学之士反为之迷惑，自为支离之说以自萦缠，穷年卒岁，靡所底丽，岂不重可怜哉？……惟其生于后世，学绝道丧，异端邪说充塞弥满，遂使有志之士罹此患害，乃与世间凡庸恣情纵欲之人均其陷溺，此岂非以学术杀天下哉？"（《书·与曾宅之》，《陆九渊集》卷一）张文修解释说："完善品德是切身之学，学说知识是身外之物，故陆九渊称后者为'浮论虚说'，甚至是'异端邪说'。学说知识有繁衍的特点，文人又病于追求知识，因而完全没有知识的妇人童子或许会明白生命的本

---

① 刘笑敢：《诠释与定向》，商务印书馆2009年版，第68页。
② 张文修：《陆九渊"六经注我"生命实践诠释学》，《湖南大学学报》2007年第2期。

质，饱学之士反而会迷茫。这是生命两条不同的道路，沉醉于追求学说知识则迷失了生命的本质。"① 可见，陆九渊对沉醉于注疏解经、著书立说、痴迷于小学的现象也持批评态度，因为学说和知识仅仅是工具，它外在于生命，品德才是生命先天的本质，所以不可主客颠倒，本末倒置。其三，陆九渊提出"六经注我"与科举考试有关。陆九渊认为科举考试就是禁锢智慧，就是追求功名利禄，完全将"六经"的价值念歪了。陆九渊说："无常产而有常心者，惟士为能。古之时，士无科举之累，朝夕所讲，皆吾身吾心之事而达天下者也。夫是以不丧其常心。后世弊于科举，所向日陋，疾其驱于利欲之途，吾身吾心之事漫不复讲，旷安宅而弗居，舍正路而弗由，于是有常心者不可以责士。非豪杰特立，虽其质之仅美者，盖往往波荡于流俗，而不知其所归，斯可哀也！"（《序赠·送毛元善序》，《陆九渊集》卷二十）张文修认为："陆九渊之所以激烈地批评科举，是因为从根本上来说这种学问使人追求功名利禄，背离了完善品德的生命本质之学。"② 照此分析，陆九渊之所以提出"六经皆我注脚"，一缘于对"六经"核心思想的把握，二缘于对当时学风的不满，三缘于对科举考试的批评。可见，张文修的理解也是建立在深厚的历史文化背景之中的，特别是对"六经注我"与生命实践关系的强调，对准确理解和把握"六经注我"的意涵具有重要的启示。

第二节 自我认知范式与哲学特点和文化背景

与前面四大认知范式不同，自我认知范式没有鲜明的价值倾向，比如人文认知范式的理解会明显地将被解释的概念或命题中之人文精神、思想呈现出来，而自我认知范式强调将被理解的范畴、命题放入自我文化系统中展开，强调发掘、显豁被理解概念和命题的本来意涵。因此，这里讨论自我认知范式与中国哲学的特点，主要工作是置于自我文化系统中进行理解，或为其他视角的理解提供客观的、事实的基础。那么，自我认知范式之于中国传统哲学特点的理解之具体样态是怎样的呢？中国传统哲学的特

---

① 张文修：《陆九渊"六经注我"生命实践诠释学》，《湖南大学学报》2007年第2期。
② 同上。

点生长于独特的环境中:"中西哲学,由于民族气质、地理环境与社会形态的不同,自始即已采取不同的方向。"① 既然自我认知范式的任务正是揭示和呈现生养中国哲学的文化背景,那么自我认知范式又是怎样揭示和呈现的呢?

一 自我认知范式视域下的哲学特点

关于中国传统哲学的特点,唯物认知范式、科学认知范式、人文认知范式、逻辑认知范式都作了自己的言说与判断;那么,在以修正或完善此四大认知范式的理解为工作的自我认知范式之运用实践中,中国传统哲学的特点将会呈现怎样的相状呢?

1. 实际实行

这个特点在许多研究中国传统哲学的著作中都被提及,或可说已经是被普遍接受的关于中国哲学特征的一个判断。

比如王国维说:"吾国人之所长,宁在于实践之方面,而于理论之方面则以具体的知识为满足,至分类之事,则除迫于实际之需要外,殆不欲穷究之也。"② 原因当然主要不在于西方哲学的参照,而在于中国哲学本来如此。王国维认为要准确理解、把握中国哲学的特点,必须有"历史的见地",他说:"唯无历史上之见地,遂误视子思与孔子之思想全不相异;唯无历史上之见地,故在在期古人之说之统一;唯无历史上之见地,故译子思之语以西洋哲学上不相干涉之语。幸而译者所读者,西洋文学上之书为多,其于哲学所入不深耳。使译者而深于哲学,则此书之直变为柏拉图之《语录》、康德之《实践理性批评》,或变为裴希脱(费希特)、解林(谢林)之书,亦意中事。"③ 这个主张虽然是针对辜鸿铭英译的《中庸》而发的,但它的精神即是强调对与被理解的哲学概念或命题相关的因素——诸如作者的综合素养、历史文化背景等方面信息的把握,也就是要求回到自我文化系统中去理解。

---

① 牟宗三:《中国哲学的特质》,上海古籍出版社2007年版,第1页。
② 王国维:《论新学语之输入》,《王国维学术经典集》(上),江西人民出版社1997年版,第101—102页。
③ 王国维:《书辜氏汤生英译〈中庸〉后》,《王国维学术经典集》(上),江西人民出版社1997年版,第134页。

王国维对于中国哲学"实际实行"特点的理解就是这样的学术实践:首先,地理环境是需要考虑的重要因素。王国维说:"盖吾中国之哲学,皆有实际的性质,而此性质于北方之学派中为尤著。古代北方之学派中,非无深邃统一之哲学,然皆以实用为宗旨。《易》之旨在于前民用,《洪范》之志在于叙彝伦。故生生主义者,北方哲学之唯一大宗旨也。苟无当于生生之事者,北方学者之所不道。故孔、墨之徒,皆汲汲以用世为事。惟老、庄之徒生于南方,遁世而不悔,其所说虽不出实用之宗旨,然其言性与道,颇有出于北方学者之外者。盖北方土地硗瘠,人民图生事之不暇,奚暇谈空理?其偏于实际,亦自然之势也。"[①] 这是从地理环境的角度探讨其究竟,即中国哲学之所以是实际的,在于中国哲学产生的自然环境是重视实用的北方,因为北方土地贫瘠,人民忙于生计,根本没有闲暇置兴趣于高深的理论问题。在这里,王国维主要列举了《易》《洪范》两部著作和孔子儒家、墨子墨家两大学派,指出《易》的内容和宗旨在于"前民用",而《洪范》的志趣在于"叙彝伦",所关心的都是与老百姓实际生活相关的"实事",而儒家、墨家无不以用世为事作为哲学的追求。王国维由地理环境的角度分析了中国哲学重实行实际的原因,并将中国南方北方进行比较,进一步坐实了这个判断。

其次,国民性也是非常重要的原因。王国维指出,虽然理论哲学起于南方,但因国民性影响,中国哲学总体特质还是实际实行,他以佛教中国化的经验及宋明理学遭遇汉学复兴的反动为例,阐明"实际实行"仍是中国哲学的基本特质。他说:"理论哲学之起于南方,岂不以此也乎?此外古代幽深玄远之哲学,所以起于印度、希腊者,其原因亦存于此。至魏、晋以后,南方之哲学,与印度哲学之一部,代兴于中国。然以不合于我国人实际之性质,故我国北方之学者,亦自觉其理论之不如彼也。三者混合而成宋、元、明三朝之学术,至国朝而三者之说俱微矣。自汉学盛行,而学者以其考证之眼,转而攻究古代之性命道德之说,于是古代北方之哲学复明,而有复活之态。度戴、阮二氏之说,实代表国朝汉学派一般之思想,亦代表吾国人一般之思想者也。此足以见理论哲学之不适于吾国

[①] 王国维:《国朝汉学派戴元二家之哲学说》,《王国维学术经典集》(上),江西人民出版社1997年版,第94页。

人之性质,而我国人之性质,其彻头彻尾实际的有如是也。"① 以通俗为尚,不喜思辨,讲究实际,也是因国民性所致,王国维说:"国民之性质各有所特长,其思想所造之处各异故。其言语或繁于此而简于彼,或精于甲而疏于乙,此在文化相若之国犹然,况其稍有轩轾者乎?抑我国人之特质,实际的也、通俗的也;西洋人之特质,思辨的也、科学的也,长于抽象而精于分类,对世界一切有形无形之事物,无往而不用综括(Generalization)及分析(Specification)之二法,故言语之多,自然之理也。"② 就是说,由于中国国民性崇尚实际,不好玄思,沉湎通俗,不喜高远,因而所造的哲学思想自然不会是玄思的、神秘的,而是生活的、实际的。

第三,从中国哲学兴趣在道德践行看。中国哲学"实际实行"的特质,也与其注重道德践行有关。王国维说:"泰西之伦理,皆出自科学,惟骛理论,不问实行之如何。泰东之伦理,则重修德之实行,不问理论之如何。此为实行的,彼为思辨的也。是由于东西地理及人种关系之异,又其道德思想之根本与道德的生活之状态亦异,故有此差别也。夫中国一切学问中,实以伦理学为最重,而其伦理学又倾于实践,故理论之一面不免索莫。然吾人欲就东洋伦理根本之儒教,完全第一流之道德家孔子之说,于知识上研究之,亦非全不可能也。然儒家之伦理说以行为主,即最实践者,故欲以科学之方法研究之,自极困难。"③ 就是说,西方伦理出自科学、重理论,不问实行如何;中国伦理重修德、重实行,不问理论如何;因而中国伦理是实行的,西方伦理是思辨的。

不难看出,王国维对于中国哲学特点进行了事实性解释,由于中国国民性质天生不好思辨而好简易,由于地理环境的影响使人们没有做玄思的闲暇而不能酝酿玄思妙想,由于中国哲学偏重人伦关系的处理使其倾向于唯实性思考,从而使中国传统哲学表现为"实际实行"特点。王国维所运用的地理环境、国民性和重伦理等因素等,既是他主张的"历史的见地"之内容,也是"自我认知范式"的内容。

---

① 王国维:《国朝汉学派戴元二家之哲学说》,《王国维学术经典集》(上),江西人民出版社1997年版,第95页。
② 王国维:《论新学语之输入》,《王国维学术经典集》(上),江西人民出版社1997年版,第101页。
③ 王国维:《王国维哲学美学论文辑佚》,华东师范大学出版社1993年版,第24页。

谢幼伟也认为中国哲学特点不在思想系统上、不在文字语言上，而在身体力行上，"道"不在语言而在行为中。谢幼伟说："学须有益于身心，须身心之能躬行与体验，乃中国哲人一贯之传统精神。自孔孟以降，莫之或异者。孔子即主张无言之教，谓：'天何言哉？四时行焉，百物生焉，天何言哉！'圣人法天，法天而不必多言。……此种无言之教，孟子亦主张之。孟子谓：'君子所性，仁义礼智根于心，其生色也，睟然见于面，盎于背，施于四体，四体不言而喻。'所谓'不言而喻'者，谓躬行体验之有得也。躬行体验，已有所得，则言说自为多事。是孔孟之学，皆以身体力行为主，皆思以人格事功表现其哲学，而不思以文字语言表现其哲学，实为彰明显著之事。……中国哲人，自始至终，似皆保持此种精神，孔孟以后，如宋明理学家，虽著书立说，文字语言，若甚多者，但揆诸实际，所谓文字语言者，大概皆以语录与书札为主。除去语录与书札，则彼等关于哲学之文字语言，即所存无几。而语录也，书札也，自彼等观之，皆为与友朋商榷或启迪后学时不得已之举。彼等之非志在以文字语言表达其哲学，亦为无可疑之事。故朱子云：'某此间讲说时少，践履时多。事事都用你自去理会，自去体察，自去涵养。书用你自去读，道理用你自去究索。某只是做得个引路底人，做得个证明底人，有疑难处同商量而已。'（《朱子语类》卷十七）又云：'学之之博，未若知之之要，知之之要，未若行之之实。'（《朱子语类》卷十三）此其重视躬行与体验，亦吾人所当承认者。以故，中国哲学甚少系统完整之著述。此一方面固由中国哲人缺乏逻辑训练所致，一方面亦由中国哲人不重视文字语言之表达所致。自思想系统之完整，及文字语言之一贯而论，中国哲学自远不及西洋，此为中国哲学之所短；而其重躬行与体验，则中国哲学之所长也。"[①] 在这里，谢幼伟分析了孔子、孟子、朱熹等哲学家的论述，认为孔孟之学都是以身体力行为主，而强调以人格、事功表现哲学，而宋明理学家的语录书札也体现了重实际之特点，因为语录书信都是讨论实际问题的文字，不是高深冗长的理论探讨。朱熹反复强调自己为学重践履、自体察、自涵养等，都说明朱子也是以实际实行为自己哲学思想之特质。谢幼伟显然是在自我文化系统中论证中国哲学"重实际"的特质。

张岱年则从文字上对这个特点进行了解释。他认为，老子哲学从来就

---

① 谢幼伟：《现代哲学名著述评》，山东人民出版社1997年版，第8—10页。

无所谓"空",《老子》有所谓"故常无,欲以观其妙;常有,欲以观其徼",这段话常被理解为老子哲学空无特点的一个根据,但张岱年不认同这个观点。他说:"案'妙'借作秒,《说文》:'秒,禾芒也。'案眇秒皆有小义。《方言》十三:'眇,小也。'《汉书·贾谊传》'起教于微眇',注:'细小也。'又《方言》十二:'杪,小也。'朱骏声以为皆系借作秒,是也。古书妙字多以眇为之。《汉书·律历志》:'究其微眇。'又《艺文志》:'乐尤微眇。'又《扬雄传》:'闳意眇指。'《张山拊传》:'严然总《五经》之眇论。'实则皆系借作秒。眇字本义为小目,引申之为细视之义;杪字本义为标末,引申为高颠之义;秒字本义禾芒,引申为细微之义,后虽通用,实各不同也。'徼'字彭耜云:'黄作窍。'王定柱云:'一作窍。'朱骏声云:'借作窍。'(《说文通训·定声》)马叙伦云:'当作窍,《说文》窍空也,窍与杪对言。'今案朱谓'借作窍'者,是也。写为窍者,后人所改。《广雅释言》:'窍,孔也。'《礼记·礼运》:'窍于山川',注:'孔也。'《说文》谓'空也',段注曰:'空孔古今字',是也。秒者微有,窍者微无。秒者无穷小,距无近矣,而积之可以成巨体;窍者最小空,距无间极似矣,而扩之可以成巨空。谓常无以观其妙者,就无观无中之微有;常有以观其徼者,就有以观有中之微空。谓无中含有,有中含无,有而不真有,无而不真无;即十四章所云:'无状之状,无象之象,是谓惚恍',亦即二十一章所云'惚兮恍兮,其中有象;恍兮惚兮,其中有物;幽兮冥兮,其中有精'之义。盖道非有非无,似有似无,此二观者,所以不滞于有无之际,而为观道之法也。或以佛家空假之说解之,虽得略似,究失之已远;盖先秦哲学中言无不言空,无决非空,言有不言假,有即实有,吾国古哲无谓世界为假相者。"[1] 张岱年从"妙""徼"两字入手,引用了诸多有效文献,证明"妙"即是"小",是"微有"之意,而"徼"即是"窍",是"微无"之意,因而"谓常无以观其妙",就是即"无"观"无中之微有";"常有以观其徼",就是即"有"以观"有中之微空"。质言之,就是无中含有,有中含无,有而不真有,无而不真无,因而这段话并不能表示老子哲学特点是"空无",

---

[1] 张岱年:《老子补笺》,《张岱年全集》第一卷,河北人民出版社1996年版,第290—291页。

反而应该是实有实行。

总之，这里提及的地理环境、国民性、字形字义等皆属自我文化系统，就是说，王国维、谢幼伟、张岱年关于"'实际实行'是中国传统哲学特点"的判断是由"自我认知范式"证成的。

2. 即哲学即政治

中国哲学常被指与政治关系暧昧，哲学亦政治，政治亦哲学，用严复的话讲就是："中国帝王，作君而外，兼以作师。"[①] 王国维表达得更为具体，他说："披我中国之哲学史，凡哲学家无不欲兼为政治家者，斯可异已！孔子大政治家也，墨子大政治家也，孟、荀二子皆抱政治上之大志者也。汉之贾、董，宋之张、程、朱、陆，明之罗、王无不然。"[②] 就是说，先秦之孔子、墨子、孟子、荀子，两汉之贾谊、董仲舒，宋明之张载、程颢、朱熹、陆九渊、罗钦顺、王阳明，哪个不是兼哲学家与政治家于一身呢？哲学与政治的合一是中国传统哲学最鲜明特点。那么，这个特点对于中国传统哲学而言是不是名副其实呢？

钱穆主张应从中国文化本身去考察，他说："今国人崇尚西化，却该从孔孟庄老所言指出其不是处，不该只根据西方人看法加以驳斥。"[③] 此即强调应从自身文化的系统中去理解、把握中国哲学的特点，而不是以西方文化为坐标去剪裁中国哲学，即便批评中国传统哲学、思想或文化，亦应先回到自身文化传统去弄清楚究竟。钱穆不仅是这样说的，也是这样做的。他以哲学著作为例分析了中国哲学与政治合一之情形。他说："孔门四科，曰德行，曰言语，曰政事，曰文学。言语即今之国际外交，则四科之中二、三科，全属政治。德行一科，乃抱有更高政治理想。用之则行，舍之则藏，非一意于仕进，而更多恬退。其文学一科，则不汲汲于仕进，而更用心在古籍上，熟悉历代政治往迹，培养政治理想，主要仍在政治上。然则孔门四科，其最高目标，岂不全集中在政治上？……南宋朱子，承（司马光）其书为《通鉴纲目》，所争在'正统'一问题上。是即政治学必上通史学一明证。有道统，有学统，亦有政统。一代一代之政治必

---

① 严复：《〈社会通诠〉按语》，《严复集》第四册，中华书局1986年版，第928页。
② 王国维：《论哲学家与美术家之天职》，《王国维学术经典集》（上），江西人民出版社1997年版，第106页。
③ 钱穆：《宋代理学三书随劄》，生活·读书·新知三联书店2002年版，第13页。

有统，而又必上通于历代历朝之通，此又政治学必上统文化学之一证。此又中国政治最高理想之所寄。……亭林有两本书，一为《天下郡国利病书》，一为《日知录》。前书备列明代地方政治利病所在。以近代专门之学言，或治农，或治矿，或治工，或治水利与道路交通，或治刑律，或治兵治商，可以各不相顾。故以今人读亭林此书，则鲜不倦而怠矣。或治社会史经济史者参考及之，然鲜知此书之终为一政治学要书也。至于《日知录》，亦多详于下层地方政治，通其古今得失。近人则或不以史书视之，而更少认识其乃为一政治学之书矣。"[1] 由此处所引文献看，孔门之德行、言语、政事、文学等四科无一不涉政治，朱熹《通鉴纲目》讨论之内容有政统、学统及其关系，顾炎武的《天下郡国利病书》和《日知录》也都是典型的讨论政治问题的著作。这种现象所反映的事实，正是中国传统哲学与政治的合一关系。

王国维则通过对康有为、谭嗣同思想主张的分析，以说明中国哲学与政治的密切关联，他说："（康）氏以元统天之说，大有泛神论之臭味，其崇拜孔子也颇模仿基督教，其以预言者自居，又居然抱穆罕默德之野心者也。其震人耳目之处，在脱数千年思想之束缚，而易之以西洋已失势力之迷信，此其学问上之事业不得不与其政治上之企图同归于失败者也。然（康）氏之于学术非有固有之兴味，不过以之为政治上之手段，《荀子》所谓'今之学者以为禽犊者也'。（谭）氏之说，则出于上海教会中所译之治心免病法，其形而上学之以太说，半唯物论、半神秘论也。人之读此书者，其兴味不在此等幼稚之形而上学，而在其政治上之意见。（谭）氏此书之目的亦在此而不在彼，固与南海氏同也。"[2] 就是说，康有为元气论不仅具有泛神论的臭味，而且模仿基督教之形式崇拜孔子，其思想摇摆不定，因为其哲学是为了政治，哲学是其政治目的的手段。谭嗣同的以太说，一半唯物论，一半唯心论，其兴趣也不在哲学而在政治。因此，就康有为、谭嗣同哲学思想的内容、特点与复杂性看，其哲学与政治合一的特点非常清晰。

---

[1] 钱穆：《现代中国学术论衡》，九州出版社2012年版，第189—190页。
[2] 王国维：《论近年之学术界》，《王国维学术经典集》（上），江西人民出版社1997年版，第97—98页。

冯友兰所提供的视角更具新意，他从历史上的禅让制说明中国哲学与政治合一的关系。他说："唐哀帝禅梁册文云：'上古之书，以尧舜为始者，盖以禅让之典，垂于无穷。故封泰山，禅梁父，略可道者，七十二君。则知天下至公，非一姓独有，自古明王圣帝，焦思劳神，惴若纳隍，坐以待旦，莫不居之则兢畏，去之则逸安。且轩辕非不明，放勋非不圣，尚欲游于姑射，休彼太庭。矧乎历数寻终，期运久谢，属于孤藐，统御万方者哉！'"① 就是说，根据这份禅位册文，可以清晰地发现其中的儒家哲学与道家哲学思想，即完全是按照儒家哲学思想与道家哲学思想写出的册文。即便是袁世凯称帝，其选举法也努力遵循儒家精神、儒家思想，冯友兰说："袁世凯于民国三年先修改总统选举法，依其新选举法，'每届行大总统选举时，大总统代表民意，敬谨推荐有被选举为大总统资格者三人'，'被推举者之姓名，由大总统先期敬谨亲书于嘉禾金简，铃盖国玺，密贮金匮'。'此金匮藏于特设之石室。石室金匮，平日不得开启，至选举大总统之日，大总统始"敬谨"将所推荐之人名，及现任大总统，共四人中，选举一人。'此规定虽用选举之名，而其中所包含之哲学，完全为孟子所称尧荐舜、舜荐禹之说也。"② 因而冯友兰总结说："此可见儒家之政治哲学，直至最近，仍与实际政治，不可分离也。"③

李宗桂通过对中国哲学史中主要学派的思想内容之考察，将哲学与政治一体的特征加以呈现。他说："儒家对'克己复礼'的提倡和实践，便是以政治理想制约个人的欲念。孔子的学生讲：'士不可以不弘毅，任重而道远，仁以为己任，不亦重乎？死而后已，不亦远乎？'（《论语·泰伯》）孔子推崇'无求生以害仁，有杀身以成仁'（《论语·卫灵公》）的境界，表现了深沉的历史责任感。汉代董仲舒'正其谊不谋其利，明其道不计其功'，鼓吹天人感应，是为了使封建统治'传之罔极'（《汉书·董仲舒传》）。宋代理学家大讲'理一分殊'，存天理、灭人欲，目的是

---

① 冯友兰：《中国政治哲学与中国历史中之实际政治》，《三松堂全集》第十一卷，河南人民出版社2001年版，第379页。
② 同上书，第382页。
③ 同上书，第383页。

'为天地立心，为生民立命，为往圣继绝学，为万世开太平'（《宋元学案·横渠学案》）。墨家学派忧世风日下，患民生多艰，要遵道利民，最终尚同于天子。这些都反映了哲学家们热心政治，其学说具有强烈的社会现实性。道家的老聃和庄周，向往小国寡民，绝圣弃智，视功名如粪土，希望逍遥于'无何有之乡'，是以消极的形式，从反面表达了对社会现状的不满和关注，为自己的政治理想张目。……古代哲学家倾心于现实政治，反映出中国哲学学用一致，理论联系实际的优良学风。但是，对现实政治的过分依恋，削弱并影响了中国哲学的思辨色彩，而且，往往造成哲学被政治利用，成为政治的婢女。"[①] 在这段陈述中，所谓"克己复礼"所表达的是政治理想；所谓"士不可以不弘毅，任重而道远"和"无求生以害仁，有杀身以成仁"，所表达的是政治责任；所谓"正其谊不谋其利，明其道不计其功"，所表达的是政治目的；所谓"为天地立心，为生民立命，为往圣继绝学，为万世开太平"，所表达的是强烈的政治参与意识；所谓"小国寡民，绝圣弃智"，所表达的是对现实政治的不满；等等。

可见，中国哲学中的命题与观念，无不与政治融为一体，哲学与政治千丝万缕，难舍难分。无论是钱穆由哲学学派、哲学著作内容的分析，还是王国维对康有为、谭嗣同哲学思想内容、特点与目的的解释；无论是冯友兰对"禅位册文"的分析，还是李宗桂以哲学概念、命题所含内容的理解；都有力地证明了中国传统思想中哲学与政治不分你我的关系。而之所以能获得如此之结论，乃是因为钱穆、王国维、冯友兰、李宗桂等都是将其置于中国文化系统中进行解释和说明。

3."无本体"哲学

视中国哲学为无本体哲学并非所有学者的主张，比如熊十力就认为中国传统哲学是有本体的哲学，他说："无不包含，无不流通者，遍与万物为其体故。万物之本体，即仁也。"[②] 即认为"仁"是本体。不过我们所要讨论的并不是中国哲学有无本体，而是讨论"中国哲学无本体的根据"。

[①] 李宗桂：《中国文化概论》，中山大学出版社 1988 年版，第 266—267 页。
[②] 熊十力：《熊十力文集》第三卷，湖北教育出版社 2001 年版，第 407 页。

主张"中国哲学无本体"的代表性学者是张东荪,他说:"中国言语上不重视主体以致中国思想上对于本体的概念极不发达。"① 张东荪关于中国哲学无本体的判断,与其对西方哲学的认识有关,但更为重要的是,他的这种判断完全是基于中国哲学自我系统的认识而获得的,正如张东荪所说:"总而言之,中国思想是把宇宙、社会、道德等各方面会合在一起来讲,而形成一个各部分互相紧密衔接的统系(closed system)。决不能单独抽出其一点来讲。倘不明此理,而以其中某某点拿来与西方思想比较其相同处,则必定有误解。因为抽出来的便会失了其原义。"② 就是说,对中国哲学的理解不能外于中国思想的格局。

那么,张东荪是怎样从中国思想格局中理解这一特点的呢?由文字语言来看。张东荪说:"我尝推其原故,以为中国人所以偏于现象论是与中国人的造字有关系。中国的字是象形文字。因此中国人注重于现象。因象而取名。"③ 在张东荪看来,中国文字是象形文字,只重现象,象是第一位的,所以不重现象背后的实在,即不关心现象背后的本体,而满足于现象的认知。由于中国哲学在语言结构上不注重主体,直接导致哲学思想上本体的缺位。他说:"因为中国言语构造上不注重主体,以致谓语的存在亦不十分分明,其影响于思想上则必致不但没有本体论,并且还是偏于现象论(phenomenalism 亦可称为泛象论 pan – phenomenalism)。试举《周易》来说,即最为显明。所以八卦以及六十四卦都是用象征来表示变化的式样。不但对于变化的背后有否本体不去深究,并且以为如能推知其互相关系则整个儿的宇宙秘密已经在掌握中了。又何必追问有无本体为其'托底'(substratum)呢?"④ 虽然"无本体"是中国哲学的特性,但却是由于中国言语构造上不注重"主体"使然。张东荪分析说:"中国最古的哲学是《周易》,所谓八卦,虽是为卜筮用的,然亦是文字之始。乃是由观象而成。故说:'圣人设卦观象。'其实乃是观象造卦,用以象征若干变化的式样。所以《周易》在哲学思想上只是用'象征主义'(symbolism)来讲宇宙万物的变化即所谓'消息'是也。故说:'生生之谓

---

① 张东荪:《知识与文化》,岳麓书社 2011 年版,第 189 页。
② 同上书,第 118 页。
③ 同上书,第 191 页。
④ 同上书,第 190 页。

易.'其中并无'本体'的观念(即无所谓伏在背后的实体underlying substance)。虽曾有'易有太极,是生两仪'一语,然所谓'太极'只是元始的意思。察中国文字对于元始很有许多字。例如'一'字许慎的《说文》云:'惟初太始,道立于一;造分天地,化成万物。'可见'一'字和'元'都和希腊文的arche相同。并不含有Being的意思。……总之,中国哲学思想上始终没有像亚里斯多德那样讲Being as Being的。老子一派讲到'无'字,但须知这是一个消极名词,等于'非甲''非人'一样,不能指一件东西。所以《周易》也罢,《老子》也罢,都是注重于讲Becoming而不注重于Being。这固然是中国哲学的特性,却亦是由于中国言语构造上不注重'主体'使然。亦可以说中国言语上不注重主体和中国哲学上不注重本体都是表现中国人的思想上的一种特性。"① 在张东荪看来,《周易》属于观象造卦,因而每个卦都是象征某种变化,以描述宇宙万物的"消息",因而在这种描述性文字中不曾有"本体"观念。再如中国哲学中的"一",表示开始,所谓"惟初太始,道立于一;造分天地,化成万物",表示的是开始之意,而无本体的意思。再看《老子》中的"无"字,这个"无"字是个消极名词,而不能指一件东西,因而也没有"本体"的含义。概言之,由文字语言看,中国哲学对事物的认识满足于象征性叙述,而无兴趣于事物背后的本体。

　　由哲学的职能看。张东荪说:"'本'这个范畴所以与西方的substance不同,在于中国思想上的哲学背景始终不脱离'职能'(function)观念。在《易经》上便建立一个职能的宇宙观。宇宙的各部分,以及其中的一切东西都表现为对于宇宙总体执行其相当的一种职能。每一个职能且彼此互相轮替。从职能的施展上有顺逆,故有本末。所以本并不是'体',末亦不是'用'。这是由于背后的哲学系统不同。"② 由于中国传统哲学总是要服务于"职能",这是它的神圣使命,从而形成一种特殊的"职能宇宙观",而正因为中国传统哲学热衷于职能,注重整体与秩序,从而疏于本体的思考与追问。张东荪还对中国哲学中的"本"范畴进行了分析,认为这个范畴所表示的是秩序意涵,而且主要是指社会秩序与道

---

① 张东荪:《知识与文化》,岳麓书社2011年版,第189—190页。
② 同上书,第156—157页。

德修养。他说:"中国思想上的'本'不仅在宇宙观上是一个重要范畴,并且在人生方面关于道德与社会都是很注重于它。例如《大学》上:'一是皆以修身为本。'乃是显然提出这个范畴以说明治国、齐家的顺序。所以本末的思想在其背后是预伏有秩序的概念。中国人对于秩序不仅是取平面的意思,并且是必含有上下的意思。换言之,即不仅是英文的'order',而且必是英文的'heirarchy',故本末的范畴是与这样的秩序思想有密切关系。"① 因此,"本字与 substance 根本不相同。后者是注重于'质'与'体',并不限于在秩序上,故由质与体的思想可发展成形而上学与物理学化学。于此所谓形而上学是指本体论而言。由本的范畴则不能发展到这个方向,而只能向与秩序有关连的学问去推行。例如宇宙观与社会组织论等等。所以我尝说中国哲学上没有本体论而只有宇宙观。并且中国思想是以宇宙组织来影射社会秩序。只在社会秩序中人生乃有相当的职能。这个职能即是道德。"② 就是说,"本"范畴在中国传统哲学中,其内涵是上下左右秩序,是组织结构。这个秩序,这个组织结构便是:"中国人的'君''臣''父''子''夫''妻'完全是各为一个'函数'或'职司',由其互相关系,以实现社会的全体。故君必仁,臣必忠,父必慈,子必孝。如君不仁,则君不君;臣不忠,则臣不臣;父不慈,则父不父;子不孝,则子不子。等于目不能视便是盲,目盲便不能再成为目;耳不能听便是聋,耳聋便不能再成为耳。此种君臣父子的职司是等于乾,坤,巽,离,坎,兑,震,艮,在宇宙上各有定位一样,这便是以宇宙观直接应用于社会与政治。"③ 由于中国传统哲学中的"本"只是一种秩序概念,由于中国传统哲学的宇宙观只是用来影射现实的社会政治秩序,而现实的社会政治秩序又是由道德伦理作为纽带维护的整体,因而"本体"不会成为中国传统哲学的需求。

由问题来源路径看。张东荪认为中国哲学没有本体与其问题来源路径也有关,他说:"中国文化大部分属于历史。但中国的历史并不是仅仅记载往事而已,乃实以往事而视为垂训于将来。故中国的历史同时就是讲道

---

① 张东荪:《知识与文化》,岳麓书社 2011 年版,第 157 页。
② 同上。
③ 同上书,第 116 页。

德。于是中国可以说只有四部门，一曰宇宙观，二曰道德论，三曰社会论，四曰政治论。这四门完全不分开，且没有分界，乃是浑然连在一起而成一个实际的系统的。中国是以一个宇宙观而紧接着就是一个社会论，这个社会论中包含公的方面是政治，私的方面是修养的道德。显然是以宇宙秩序比拟社会组织，以社会组织决定个人地位。故中国人的修养论依然是具有政治性质的。"[1] 由于中国哲学关注的是社会政治问题，而由这种关注所形成的宇宙论、道德论、社会论、政治论是一种严密的有机整体，从而使中国哲学的问题不会有本质性、终极性的追问，致使本体观念无法进入。张东荪说："我们明白了此点便知中国哲学上的问题和西方哲学不同。我以为西方哲学是由宗教而蜕化出来，故其所要研究的问题亦必是从宗教中引申出来的。中国哲学是从政治论而推衍出来，故其问题亦是由社会与人生而提出的。因此'本质'概念是插不进去的。所以中国便缺少这一方面。西方哲学最高的目的是求得'最后的实在'。而中国哲学不然，乃只是想解决下列的问题：即人类为甚么要有文化？与文化以那一个样子为最好？"[2] 因此，中国只有关注和研究社会、政治的"实践哲学"，而没有纯粹哲学，即中国没有形而上学。

总之，无论是文字语言的分析，还是哲学职能的思考，抑或对哲学问题来源路径的追问，张东荪都是从中国自我文化系统入手。就是说，张东荪关于中国哲学"无本体"的判断，虽然是缘于西方哲学的启发而提出，但这个判断获得确认，仍然需要回到与这个判断密切关联的自我文化系统中寻找根据。这再次说明，不同认知范式是应该合作的，也是可以合作的。或许"中国哲学无本体"的判断是可以讨论的，但其由自我文化系统中去理解这个问题的思路是值得肯定的。

4. 生命生机

关于中国哲学的"生命生机"特征，也是多数中国哲学研究者的共识，只是表述上存在一些差异。比如方东美说："余尝以'机体主义'一辞，解说中国哲学之主流及其精神特色，视为一切思想形态之核心。此思想形态，就其发挥为种种旁通统贯之整体、或表现为种种完整立体式之结

---

[1] 张东荪：《知识与文化》，岳麓书社2011年版，第117—118页。
[2] 同上书，第118页。

构统一而言,恒深蕴乎中国各派第一流哲人之胸中,可谓千圣一脉,久远传承。"① 又如牟宗三说:"中国哲学以'生命'为中心。儒道两家是中国固有的。后来加上佛教也还是如此。"② 那么,他们下这一断语的根据是什么呢?方东美强调若要准确把握孔子思想及其特点,必须关注一切相关的文献。他说:"就我的观点看,《易》是儒家极重要的文献,《尚书》也是极重要的文献!《论语》在传记、行谊这一方面是一部很好的书,但是就思想这一方面的价值来看,它是要靠读通各经之后,才能真正了解《论语》中'言''行'后面那个根本道理与力量之所在。"③ 按这个意思,如果要确认"生命生机"是中国传统哲学的特点,也必须回到中国传统哲学的相关文献中去。

从儒家看。方东美认为,原始儒家思想可视为由天道、地道、人道贯通的有机整体。他说:"所谓'天地之道,贞观者也','日月之道,贞明者也'。所谓'观'乃是'仰以观天文,俯以察地理',甚至草、木、鸟、兽、虫、鱼各方面的现象都须通贯起来,有系统的加以了解,然后才能安排人在宇宙中的生命,认清他有何价值、意义和地位,如此才能谈人道。所谓人道,《中庸》在'唯天下至诚,为能尽其性,能尽其性,则能尽人之性,能尽人之性,则能尽物之性,能尽物之性,则可以赞天地之化育,可以赞天地之化育,则可以与天地参矣!'这段话说得很清楚。这段话是根据《周易》而来的。在《周易》中乾道自乾卦说起,是乾元;坤道自坤卦说起,是坤元,乾元坤元是所谓的'宇宙符号'。乾元是大生之德,代表一种创造的生命精神,贯注宇宙之一切;坤元是广生之德,代表地面上之生命冲动,孕育支持一切生命的活动。合而言之,就是一种'广大悉备的生命精神'。这就是儒家之所本。"④ 对原始儒家哲学而言,自然界的水土、草木、禽兽虽然各有差异,但却是一体贯通的;而且万物都能彻底地、全面地将自己的本性发挥出来,这个发挥过程是由内到外、由己到他、由人到物的,因而也是一以贯之的;这种宇宙万物一体的论说,正源

---

① 方东美:《中国哲学精神及其发展》(下册),台湾黎明文化事业股份有限公司 2006 年版,第 135 页。
② 牟宗三:《中国哲学的特质》,上海古籍出版社 2007 年版,第 6 页。
③ 方东美:《方东美先生演讲集》,台湾黎明文化事业股份有限公司 2006 年版,第 230 页。
④ 方东美:《原始儒家道家哲学》,台湾黎明文化事业股份有限公司 2006 年版,第 63 页。

自《周易》相关思想。《周易》中的"乾"是大生之德,这种德性代表创造的生命精神,贯注宇宙万物,"坤"是广生之德,这种德性代表生命冲动,孕育一切生命的活动。这就是原始儒家哲学中呈现的"广大悉备的生命精神"。不难看出,方东美关于先秦儒家哲学机体主义特质的揭示,一方面受益于对先秦儒家不同经典内在关联性之分析,另一方面受益于对不同文献中"机体主义"论述内涵的解释。因此,方东美关于中国哲学"生命生机"特征的判断,完全是因为回到了中国哲学系统并对这个系统进行了合理解释的结果。

作为儒家核心范畴的"仁",牟宗三认为"仁"内含着生命性。这种生命性可借助"觉"与"健"来理解。他说:"仁之为宇宙万物之本体,首先它不是物质的,而是精神的。……此种精神实体要通过两个观念来了解:一为觉,二为健。觉是从心上讲。觉先不必从觉悟说,而须是从心之本身之'恻怛之感'来说。它有道德的意义。从恻怛之感看,觉就是生命不僵化,不粘滞,就是麻木不仁的反面意义。故我们现在从生命之恻怛之感来解觉。所谓健,即'健行不息'之健,此亦是精神的。这不是自然生命或生物生命之冲动。《易经》上说:'天行健,君子以自强不息。'《诗经》上说:'惟天之命,於穆不已。'《中庸》引此语而赞之曰:'此天之所以为天也。''天之所以为天'即天之本质、天之德。儒家的天非天文物理之天,他重天之德。从'苍苍者天',见天之内容。这个天之内容,即天之德,也就是天道也。'维天之命,於穆不已。'即天道运行到那里,就命令到那里。故天道运至此,就在此起作用,运至彼即在彼起作用。此'天行之命'是永远不停止的。纵使我们不觉得,它也在默默地运行。故曰'於穆不已'。'於穆'是深远的意思。"[①] 在这里,通过对"觉"与"健"在儒家经典中意涵的解释,将"仁"的生命内涵更为活泼真实地呈现出来。"觉"是恻怛之感,也就是说生命不僵化,不粘滞,不麻木;而"健"是"健行不息",诸如《易经》"天行健,君子以自强不息",《诗经》"惟天之命,於穆不已"等,都是"健"的意涵。可见,牟宗三以"觉"与"健"两个概念将"仁"的生命特质完全、深刻地加以呈现。

---

① 牟宗三:《中国哲学的特质》,上海古籍出版社2007年版,第88—89页。

罗光曾说："我读过方东美先生的《中国哲学的精神及其发展》和《新儒家哲学十八讲》，牟宗三先生的《中国哲学十九讲》，觉得都没有把愿意讲的讲完。"① 如上所述，方东美、牟宗三都认同中国哲学是以生命为中心的哲学，而且都认为儒、佛、道三教都是以"生命"为中心的。在这点上，罗光与方东美、牟宗三一致，他引用了大量的文献阐明中国哲学"生命"的特性，这里选择罗光对《周易》哲学的解释进行考察。罗光说："《易经》的卦变，代表天地之变，天地之变为化生万物；《易传》乃说：'天地之大德曰生。'天地之变以乾坤为元素，乾为生化的开端，《易经》乾卦《彖》曰：'大哉乾元，万物资始，乃统天，云行雨施，品物流形。……乾道变化，各正性命，保合太和，乃利贞，首出庶物，万国咸宁。'《易经》坤卦《彖》曰：'至哉坤元，万物资生，乃顺承天。坤厚载物，德合无疆，含弘光大，品物咸亨。''夫乾，其静也专，其动也直，是以大生焉；夫坤，其静也翕，其动也辟，是以广生焉。'乾坤象征天地、宇宙万物的化生，全仗天地的合作，乾动坤合。《易经》泰卦象征春天，万物发生。《易经》泰卦《彖》曰：'泰，小往大来，吉，亨，则是天地交而万物通也，上下交而其志同也。'天地相合，风调雨顺，农耕和时间空间关系非常大。《易经》的卦乃讲中正，阳爻阴爻各正其位，《易经》卦辞常说：'时之意义大矣。'农产物的化生和四季及其地域必须配合了时间和空间的意义和生化相连；《易经》的时间和空间所有的意义由生生去定，而不是由物质的变化去定。《易经》的变易不是物质的变易，因为变易是生生，即是生命，《易经》乃称变易为神，为神秘莫测。"② 就是说，《易经》卦变，即是描述天地之变，天地之变化生万物，所以说天地之大德就是"生"。而乾卦表示大生，坤卦表示广生，因而乾坤两卦表示天地合作化生万物。不仅如此，《易经》中的乾卦与坤卦必须合作，才能化生万物。再如，泰卦所表示的天地相合、风调雨顺，蕴含了农耕和时间空间之密切关系，因此，《易经》中的"卦"事实上都是表示生命发生的时空条件，万物彼此相连，万物与时空相连，因此，《易经》的变易就是生生，就是生命。所以罗光说："《易经》将人的生命连接在

---

① 罗光：《中国哲学的精神·序》，台湾学生书局1980年版，第2页。
② 罗光：《中国哲学的精神》，台湾学生书局1980年版，第74—75页。

宇宙万物的生命以内，宇宙的生命，乃是一个生命，层次虽不同，但彼此相连；这种思想成为中国哲学思想的特点，又是中国儒家哲学的共同性。"① 可见，罗光关于《周易》哲学生命性的揭示与判断，完全以《易》中卦辞及其所蕴含内容为根据的。

从道家看。方东美说："哲学家应把握其一贯之道，片面的知识堆积如山也如同白纸一样。所以老子说'为学日益，为道日损'，真正的哲学讲智慧，一层层去除表面的偏见、错误，老子以为做学问可以一层一层肯定，但是作为思想家则必须'有之以为利，无之以为用'。如何用？就是面对一现象，要视之为表相，得到一真理，要视之为相对真理，再进而追求真理之内在本质。然而这真理的本身又分许多层，必须穿透到玄奥的深层去，层层向内追求不尽，待一切偏见剥落之后，则真理犹如光明自然显现出来。……透视一切相对之价值与现象，最后把握真相价值之核心，所以道家讲哲学、讲道不从'有'、而从'无'讲，就是不仅从 Ontology（本体论）讲，还要从 Meontology（超本体论）来讲。表面的'有'不算数，更应向'有'之内在本质层层追求。所以在哲学中'无'比本体论上的'有'更重要，它是超本体论。"② 方东美认为，老子哲学的生命性就体现在它注重把握一贯之道，老子所谓"为道"，就是除去表面的偏见与错误，以把握学问的核心。"有之以为利，无之以为用"，就是透过现象追求本质，以把握价值的核心。所以，道家哲学不讲"有"而讲"无"，即体现了其透过现象的"有"把握本质的"无"之旨趣，而"无"是"超本体"。因此，老子哲学的生命性，就是体现在"为道""无用"的内涵中，即老子是从最根本的意义即所谓"超本体"上来体现其生命特质，这就是所谓机体主义形上学："实则老子本人，参透道体，认为是生生之原，周行宇宙，溥博和同，虚而不竭，动而欲出，无一物失道之本体，无一处缺道之妙用。这个大道真正是普遍流衍的生命，深微奥妙，创造不息。"③ 照一般人的观点，老子道家哲学是虚无的、颓废的，

---

① 罗光：《中国哲学的精神》，台湾学生书局1980年版，第76页。
② 方东美：《原始儒家道家哲学》，台湾黎明文化事业股份有限公司2006年版，第65—66页。
③ 方东美：《中国人生哲学》，台湾黎明文化事业股份有限公司2006年版，第91页。

怎么会有生命性呢？这就是哲学家与普通人不同之处。方东美能从"有"与"无"的关系中，寻找到老子想表达的东西，正是那个"无"蕴藏了老子哲学丰富而深邃的内涵，"无"通过否定而达到有，因而"无"不论是在方法上，还是在目标上，都充满着对生命的渴望，所以"无"是本质。可见，方东美对老子哲学生命性的把握，是建立在对"道""无""有"等概念的内涵及其关系的理解与把握基础上的。

牟宗三认为，如果说儒家哲学的生命主要是横断面的表现，那么道家哲学的生命则是纵贯线的表现。他的分析也是从"无"概念入手，他说："假定你了解了老子文化的背景，就该知道'无'是简单化地总持的说法，他直接提出的原是'无为'。'无为'对着'有为'而发，老子反对有为，为什么呢？这是由于他的特殊机缘而然，要扣紧'对周文疲弊而发'这句话来了解。有为就是造作。照道家看，一有造作就不自然、不自在，就有虚伪。造作很像英文的（artificial）人工造作。无为主要就是对此而发。他的特殊机缘是周文疲弊。周公所造的礼乐典章制度，到春秋战国时代，贵族的生命堕落腐败，都只成了空架子，是窒息我们生命的桎梏。因此周文的礼乐典章制度都成了外在的（external），或形式的（formal），如此没有真生命的礼乐就是造作的、虚伪的、外在的、形式化的，这些联想通通出现。任何礼节仪式，假定你一眼看它是外在的，那么它完全就是个没有用的空架子。只有外在的、在我们生命中没有根的、不能内在化的，才可以束缚我们；若是从生命发出来的，就不是束缚。道家就是这样把周文看成束缚，因为凡是外在的、形式的空架子，都是属于造作有为的东西，对我们生命自由自在而言都是束缚桎梏，在这个情形之下，老子才提出'无为'这个观念来。"[①] 就是说，道家"无"概念的提出是有其文化背景的，这个背景就是周文化的衰退。由于周公制作的礼乐典章制度到春秋战国时代都成了空架子，成了窒息生命的桎梏，这就意味着周文的礼乐典章制度都成了外在的、形式的东西，即在生命中没有了根而不能内在化的，因而成了生命的束缚。正是在这个情形之下，老子才提出"无"或"无为"。可见，老子哲学的生命可由"无"或"无为"充分体现出来。牟宗三说："道家就在这里讲'无'，不讨论系统而反要将系统

---

① 牟宗三：《中国哲学十九讲》，上海古籍出版社2007年版，第85页。

化掉。自然生命的纷驰、心理的情绪，再往上，意念上的造作，凡此都是系统，要把这些化掉。……道家否定周文，扩大而讲无为，反对造作的'为'，用现代的语言表示出来，就是否定自然生命的纷驰、心理的情绪和意念的造作这三层。"① 因此，"道家当智慧看，是人生的智慧，平常可以在自己生活上有受用。当学问讲，是个境界形态的形而上学。……中国人讲自己中国的学问当该有敬意，有真诚，讲得很恰当才行。所以要了解自己的文化背景，把生命不要完全限制在横切的时空里，要把自己的生命纵贯地通起来，这才是真正扩大自己的生命，这样于古典才可有相应的了解"②。牟宗三不仅"本我地"解释了道家哲学的生命特征，而且对这种解释的可信性有着深切的体验。

罗光则强调老子哲学是洋溢着生命气息的哲学，他说："老子为绝对的自然主义，他说：'天地不仁，以万物为刍狗。'（第五章）但是他的自然主义不是一种呆若木鸡的唯物论，而是有情的生化。'致虚极，守静笃。……复命曰常，知常曰明。不知常，妄作，凶。'（第十六章）'大道泛兮，其可左右。万物恃之以生而不辞，功成而不有。衣养万物而不为主，常无欲可名于小；万物归焉而不为主，可名为大。以其终不自为大，故能成其大。'（第三十四章）老子以道的万物的根源，道不是造物主也不是呆板元素，而是活动的主体，生化万物，衣养万物，自己不称功道寡，自作主人，道德变化之原则，以退为进，以弱为强，以往为复，无为无欲，任凭自然；人生之道即在于遵守这种原则。"③ 老子的"道"不是呆滞元素，而是活动的主体，"道"不仅生化万物，而且养育万物，尤其值得关注的是，老子哲学为人生命的展开提出了许多有价值的智慧。依方东美、牟宗三、罗光的理解，生命性正是老子哲学的基本特征。

从佛教看。对牟宗三而言，中国佛教哲学当然是充溢着生命的，这里以他对《般若经》的分析为例。牟宗三说："般若本来是一种呈现，是无法用概念来说明的，所以佛用非分别的方式，将般若智慧呈现出来。……所以经云：'佛说般若波罗蜜，即非般若波罗蜜，是名般若波罗蜜。'这

---

① 牟宗三：《中国哲学十九讲》，上海古籍出版社2007年版，第88—89页。
② 同上书，第103页。
③ 罗光：《中国哲学的精神》，台湾学生书局1980年版，第80—81页。

个方式,不是分解的方式,而是一种否定的展示。这种表示法,即是辩证的诡辞;而此种诡辞即指示我们,般若是我们真实生命中的智慧,它必须从主体方面,通过存在的实感而被呈现或被展示,这是不能用语言或概念加以分析的。……因此,用分别说的方式,所展示的实相般若,就是不净法,它不是一个由分别说所建立的概念,它是诸法的如、实相,并非我们观念中的如与实相,它必须以智慧实证。这是生命中的如是如是,此'如是如是'必须用存在主义的'存在之路'来呈现,而不是用理论的方式来思辨。"① 牟宗三认为,般若不是用分别的方法呈现其智慧,因为分别的方法容易诱人陷入概念的泥坑,从而迷失对生命的把握,而是用否定的方法呈现其智慧,此否定的方法就是消除人们对诸相的执着,以如实认知一切事物和万物本源,从而达到终极智慧,此终极智慧的达到也就是生命的"如是如是"。所以,般若智慧就是关于生命的智慧,就是关于生命的哲学。

罗光对判佛教哲学特点为生命性完全认同,他说:"万物既是我心中的种子所造的,或说万法唯识,或说万法唯心,万物连成一体。而且在人死复轮回时,可以投胎再生为人,也可以转生为禽兽虫鱼草木石头。因此,不仅万物相连,而且都有生命。为免除轮回再生,人要消除相信自我为有的信念,这个我执消除了,同时相信万物为有的物执也就消除,人便进入涅槃,成佛而生长。消除的方法很多,佛教各派的共同点,则在于坐禅消除心中的念虑,在沉默清净的心中,看到自己的真我为真如。真如即是佛,即是绝对的实有,也就是我的实体。通常我只看到我的身体,看到外面的事物,没有见到隐在我和万物的深处之深体真如。我若见到心中底处的真如,便也见到我和万物都只是真如向外表现的形色,犹如大海中的波浪。波浪为海水的活动,万物也是真如的活动,为真如生命的一种表现。人若能看清了这一层大道理,人就成佛,归到真如本体,消除假我而获得的真我,和真如为一,进入涅槃,'长乐我净',永恒生存。"② 佛教以本体(心或识)作为万物种子而将万物连成一体,万物不仅有生命,而且有轮回。如要避免轮回再生,就必须消除物执、我执,以进入涅槃,

---

① 牟宗三:《中国哲学十九讲》,上海古籍出版社2007年版,第336—337页。
② 罗光:《中国哲学的精神》,台湾学生书局1980年版,第89—90页。

升华生命。而欲消除我执、物执，佛教各派发明了丰富多彩的修行方法或工夫，帮助人们见得真如，进入涅槃。罗光通过对佛教相关义理的解释，将佛教哲学的生命性进行了客观的呈现。

综合地看，透过方东美、牟宗三、罗光的解释，儒学、道教、佛教无不具有"生命生机"特质，但支撑这个结论的却是儒佛道经典的开采、字义分析和义理逻辑的贯通。

如上较详细考察了"实际实行""即政治即哲学""无本体哲学""生命生机"四大特点由"自我认知范式"的证成过程，它提示我们，对中国传统哲学特点的把握和判断是不能主观任性的，这些被揭示出来的特点与"生养"它们的"文化"是血脉相连的，是有机的统一体。概言之，"自我认知范式"对于中国传统哲学特点的证成之学术实践所蕴含的启示有：其一，"自我认知范式"是中国哲学特点的最终裁决者。所谓"自我认知范式"，就是指中国学者（主体）在理解、解释中国传统哲学的实践中，将被理解的中国传统哲学范畴、命题以及观念等置于中国自身文化系统中进行理解、解释和评论的学术实践。这个自身文化系统包括器物文明系统、社会历史系统、经济政治系统、礼仪习俗系统、文字语言系统、经籍文献系统、作者素质系统、科学常识系统、思想义理系统、意义价值系统等。无疑，中国传统哲学之特点就是由这些"自我文化系统"养育而成的，换言之，中国传统哲学表现出来的任何特点都必然与这个"自我文化系统"密切关联着。因此，无论我们分析出怎样的特点，都无一例外地需要得到"自我认知范式"的准许。比如，若要判断"生机生命"是中国传统哲学的特点，就必须在自我认知范式中寻找证据，若找不到证据，"生机生命"便不能成为中国传统哲学的特点。

其二，"自我认知范式"蕴含着关于中国传统哲学特点判断的多种方向。"自我认知范式"虽然对中国哲学特点的判断具有终极意义，但并不意味着它的判断是绝对的、唯一的，因为"自我认知范式"的内容含有支持不同观点的"证据"，这就使得虽然都是来自"自我认知范式"的解释，但可能出现迥异的结论，这一方面需要对"自我认知范式"要素进行分析整理，找出可靠的"自我认知范式"要素；另一方面需要对"自我认知范式"与其他认知范式的关系进行说明。比如，若判断"反智"是中国传统哲学的特点，就必须处理来自完全对立的两方面的立场，一般而言,道家"反智"立场是鲜明的,但儒家并不"反智",甚至"爱智",这样,作为"自我认知范式"要素的道家的主张与儒家的主张逼使我们对"反智是中国传统哲学特点"判断作出修正。这就意味着,"自我认知范式"对于中国传统哲学特点的判断并不具有绝对性、唯一性。

其三,应该尊重同是自我认知范式所作出的不同的解释结论。方东美、牟宗三、罗光关于中国哲学生命性之理解虽然都源于自我认知范式,但他们对自我认知范式要素的利用与所获得的结论都存在差异——方东美比较注重中国哲学中的整体性观念,即其所谓"机体主义",无论是实有、存在、价值,还是概念范畴,方东美都注重从机体上来把握,将宇宙万物视为一个机体;牟宗三则注重微义的发掘彰显,以其深厚的哲学学养、灵光的大脑,将中国哲学的生命性特点进行了深刻的分析,使隐藏在文字背后的哲学义理得以呈现,他注重意义逻辑的一贯性,注重从思想与社会关系入手,将历史社会背景作为其对中国哲学生命性分析的根据;罗光更注重文献的完整性,强调关于生命性的论说与判断必须建立在有足够说服力的文献基础上,当然,罗先生也非常注重义理的贯通,从连贯性、整体性、活动性等角度呈现其生命性,不仅揭示了中国哲学生命性之特点,而且在揭示生命性的过程中,对呈现生命性的义理特点也给予了分析与显豁。

二 自我认知范式与文化背景的凸显

诚如上述,"自我认知范式"的应用,目标是将那些在中国传统哲学概念、命题和特点发生过程中起到过孕育作用的器物文明系统、社会历史系统、经济政治系统、习俗礼仪系统、经籍文献系统、文字语言系统、科学常识系统、作者素质系统、思想义理系统、意义价值系统等构成的"文化背景"全方位地呈现出来。阿斯特说:"为了把握那种理解部分所依赖的整体意义,我们必须探究精神、意图,所说作品被写的时代和公共生活与私人生活的条件。因此,文学的历史,个人教育的历史,作者生活的历史,对于理解每一个别作品是必要的。"① 那么,自我认知范式是怎

---

① [德]弗里德里希·阿斯特:《诠释学》,载洪汉鼎主编《理解与解释——诠释学经典文选》,东方出版社 2001 年版,第 14 页。

样"理解"生养中国哲学的文化背景的呢？这里拟以上述讨论为基础做有限的分析考察。

1. 对社会历史、文化制度的呈现

在自我认知范式应用实践中，为了更准确地理解哲学概念、哲学命题或哲学观念的意涵，学者们会结合相关的社会制度、历史环境和礼俗文化进行分析。王国维在阐述中国哲学"重实行轻理论"特质的时候，就认为与中国北方的经济生产和气候有关，由于中国北方土地贫瘠，因而那里的人民关心的都是与实际生活相关的"实事"，而对抽象观念不感兴趣。冯契认为"五行"观念的出现，与当时的生产和科学技术的状况密切关联，因为当时的历法上已设置了春分、夏至、秋分、冬至四个节气，而人们也认识到地理位置面阳面阴对农业生产的不同影响，再加上殷周之际已出现的酿酒、缫丝、绩麻以及炼铜和制作铜器的生产技术，这说明对水、火、木、金、土的性能有了一定的了解，如此才有"五行"观念的产生。可见，王国维在阐述"重实行轻理论"特质过程中，将相应的地理环境呈现了出来。

劳思光认为，中国古代哲学中的"天"之所以为"人格天"，是因为根据文献资料记载，"天"的意涵与政权兴废密切关联。比如《尚书》中的"帝"字是指共主，而《诗经》中大部分为周代作品，周天子称"王"不称"帝"，因为"帝"字乃专指最高主宰之神或人格天。但《诗经》有时亦用"天"字称呼"人格天"，如"天命玄鸟，降而生商"（《商颂》）之类，而"帝"字则必指"人格天"。这就是说，在解释"天"之为"人格天"的实践中，劳思光是基于商周时期政权兴废状况的分析，从而为读者提供了商周时期政权兴废的信息。

李景强认为老子提出"道"是对"道"的世俗化批判，是为了重建人们的信仰。这个结论建立在这样一个背景上：老子以前"道"与"天"是并用的，"道"是天道的简称，是"天"对人间的神圣规定，带有强烈的神性色彩，意味着人对神的归依和服从。"天"是神圣的主宰者，是神；"道"是主宰者对人世间的种种神圣的规定，遵守"道"就是服从"天"，服从神，承认"道"就是接受"天"对人间的主宰。但是，在老子稍前或同时，天道的神圣性已经被动摇，"道"不是神圣的天道，而是世俗世界的人道，即仁、礼、忠、孝等人伦之道，不再具有神圣性，也意味着人的信仰对象"天"的彻底动摇,意味着"道"变成了人们可以"随其成心"。在这样的背景下,老子提出的"道可道,非常道"自然是对"道"的世俗化批判,从而也就是要重建"道"的神圣性,重建人们的信仰。而李景强的这个分析,将同时期的宗教信仰与宇宙观变迁状况呈现了出来。

为了准确理解"格物"的含义,钱穆认为必须以《小戴礼》为证。由于《小戴礼》是言"礼"之书,因而可从这个角度去考察"格"与"物"字之内涵。钱穆指出,清代儒者如瞿汝稷、万充宗等即解"物"为射者所立之位;而《仪礼·乡射礼》有"记物长如笴",《小戴记·投壶》有"间相去如射物",都是"物谓射者所立之处"之意。古人乡射大射仪,射有三耦,上耦、中耦、下耦各止其所止。而且,中国古人常以射事喻德行,因此,"格物"即止于其所应立之处,而且此解与《大学》止至善之义相应。概言之,"格"就是"止",而且是"恰好至当"之意;"物"就是"礼",也就是法则、准则。因此,"格物"就是"人性之明德,人事之至善"之义。可见,在钱穆关于"格物"的理解中,我们分享到的远不是"格物"二字的意涵,也是《小戴礼》所记录的丰富多彩的礼仪文化。

郑先兴认为,孔子提出"中庸"与提倡、推行礼治有关。孔子"中庸"之本有三:一是要严格地遵循礼制;二是要有用,遵循礼制时要对个人的生存和发展,对社会的稳定进步有一定的推动作用;三是要合情,遵循礼制要与个人的具体情况相联系,要与不同的环境相适应。因此,"中庸"本质上是礼治的方法论,体现了礼制的原则性、目的性和灵活性。由于先秦时礼仪制度受到了极大的损坏,造成礼坏乐崩,因此,要让人们遵守礼制,必须是使人们所遵守的礼制符合人们发展自己和实现自己愿望的要求,这就是"中庸"产生的社会背景。从郑先兴的理解中,在了解到"中庸"意涵的同时,对相应的礼仪文化也有了新的认识和把握。

何怀宏解释"良知(心)"时指出,中国传统思想的一个重要特点是天文、地理、自然、政治都有伦理化倾向,"心"的意思本是指人之身体内部的器官,然后被引申为思维器官(等于脑),然后又被引申为思维和意识,然后又常常被径直作为"道德意识"的同义词使用。在这个理解中,其价值主要不在于告诉读者"良知(心)"的意涵,而在于告诉读者中国文化伦理化的特质。加达默尔指出："（解释学）预设了被理解内容的他岸性，解释学的任务就是通过获得理解来克服这种他岸性。因此，施莱尔马赫根本不认为历史地理解欧几里得的《几何原本》是荒谬的，而所谓历史地理解就是回溯到欧几里得生活中出现这些观点的创造即刻。"① 所谓"自我认知范式"，也就是回到作者的生活世界去理解。

2. 对文字语言系统的呈现

在自我认知范式之应用实践中，为了更准确地理解哲学概念、哲学命题或哲学观念的意涵，学者们也会从中国的字义、语法、修辞等方面进行理解。

黄克剑认为，在理解"道法自然"过程中，需要处理文中"王亦大""王居其一"之"王"与"人法地"之"人"的关系，有学者或区别对待之，有学者通过改字以达到统一的目的。黄克剑则认为完全可以通过字义、句式及古代关于"王"字的相关用法弄清楚。黄克剑指出，老子所谓"王亦大"之"王"，其原型是上古之王，上古之王是人中的"大"者，这"大"是由于"法道""法自然"而"大"。《说文解字》这样解释"大"："大，天大，地大，人亦大，故大象人形，古文大也。"依古时人的信念，"天""地""人"为三"大"，老子称"王"为"大"，因而是称"人"中之"大"者为"大"。称"人"中之"大"者为"大"即是称"人"中之典型为"大"；"王"在老子那里原只是"人"的典型，称"王亦大"仍不过是取典型而说"人亦大"。这典型的确定在于其"法地""法天""法道""法自然"，所以王弼注本、帛书甲乙本、楚墓竹简本在"王亦大""四大……王居其一"之后，都接之以"人法地，地法天，天法道，道法自然"。"王"透露的是"人"的消息，"人"因"法地""法天""法道""法自然"而真正成其为"人"，也因此堪与"天""地"配称为三，甚至与"天""地""道"配称为四。不难看出，黄克剑通过对"王"字、"人"字含义的考证，通过对"王"字、"人"字用法的考证，通过对人、地、天、道、自然、王等字组合应用所表达的意涵的分析，说明了"王"即是"人"，而不存在一个有权位的"王法地"的问题。应该说，黄克剑理解的意义在于说明：文字、语言的分析是准确

---

① ［德］加达默尔：《哲学解释学》，夏镇平等译，上海译文出版社1998年版，第47页。

把握哲学概念或命题的价值所在，从而也启发读者文字语言分析的重要性。

张岱年指出，汉宋儒者关于"良心"或"良知"的"良"字有不同的解释，比如《说文》："良、善也。"良心即善心，又如赵岐《孟子注》解"良能"云："不学而能，性所自能。良，甚也。是人之所能甚也。"而清代学者焦循《孟子正义》云："良能犹言甚能，良知犹言甚知。甚能甚知，即最能最知。最能最知即知之最、能之最也。"南宋朱熹《孟子集注》则解"良心"为："良心者，本然之善心，即所谓仁义之心也。"又解"良能""良知"云："良者本然之善也。"张岱年认为，汉儒训"良"为"善"或"甚"都是正确的解释，而朱熹释"良心"为"本然之善心"也符合孟子的意思。无疑，张岱年对"良知"的理解基本上是借助于古代学者的训诂结论，即考证"良"之字义。换言之，张岱年理解"良知"的同时也提供了"良"之字义信息。在这方面，何怀宏也有贡献。他认为汉语中的"良心"一词可析为两字：一为"良"，即道德；一为"心"，即意识。"良"字本身固然有多种含义，包括非道德意义上的"好""精美""手艺熟练"等，但一旦与"心"或"知"联系起来，则从来都只有道德的含义。可以说，何怀宏的理解不仅指出了字义在理解哲学概念或范畴上的重要性，而且提示了字义解释的方法。

郑先兴认为，准确理解"中庸"意涵，字义考证非常重要。他认为从"中"字的甲骨文和金文来看，明显是一个指事字，与上、下、左、右为同一类字。"中"就是指一根绳索的中部，"1"为绳，"0"为表示中部。而" "上部与下部的"≈"符号，是用来表示对称和平衡的，这是上下的平衡。" "的" "表示左右平衡。可见，"中"字的本义应是事物的中点或中部，推而广之为中央、中间。又因为"中"的重要特点是平衡，于是有了"正"的意思，正则不偏不倚，故常常"正中"连言。关于"庸"的解释，一是以"庸"为"用"，《说文解字》："庸，用也。"一是以"庸"为"常"。郑玄说："庸，常也。用中为常道也。"程颐说："庸者，天下之定理。"朱熹注说："庸，平常也。"对于这两种解释，郑先兴倾向于以"庸"为"用"，而"用，可施行也"。"用"就是能够做，可以做。"中"是符合、遵守；"庸"是用，施行；因此，"中庸"的本义就是符合、遵守某种事实或原则并且有用，有价值，可以施行，可以做。郑先兴的理解完全建立在对"中""庸"二字字义之分析上，所以他同样提示读者文字语言对于准确理解中国传统哲学概念或命题是有基础性意义的。

张东荪认为，"中国哲学无本体"之特质也可从语言文字上去考察。他认为中国哲学偏于现象论，而偏于现象论与中国人的造字有关。由于中国的字是象形文字，因此中国人注重于现象。只重现象，所以不重视现象背后的实在，即不关心现象背后的本体，而满足于现象的认知。这样，由于中国哲学在语言结构上不注重主体，直接导致哲学思想上本体的缺位。他以《周易》为例，八卦以及六十四卦都是用象征来表示变化的式样，不但对于变化的背后有否本体不去深究，并且以为如能推知其互相关系则整个宇宙秘密已经在掌握中了，因而没有必要追问有无本体。张东荪说："中国最古的哲学是《周易》，所谓八卦，虽是为卜筮用的，然亦是文字之始。乃是由观相而成。故说：'圣人设卦观象。'其实乃是观明造卦，用以象征若干变化的式样。所以《周易》在哲学思想上只是用'象征主义'（symbolism）来讲宇宙万物的变化即所谓'消息'是也。故说：'生生之谓易。'其中并无'本体'的观念（即无所谓伏在背后的实体 underlying substance）。"①

总之，由于自我认知范式强调文字语言系统对于理解哲学概念或命题的意义，因而它在具体的解释实践中，即是对文字语言系统的呈现。这也就是戴震主张的"由词通道"："经之至者，道也；所以明道者，其词也；所以成词者，未有能外小学文字者也。由文字以通乎语言，由语言以通乎古圣贤之心志，譬之适堂坛之必循其阶，而不可以躐等。"② 可见，自我认知范式可以为认知和理解中国传统哲学提供"文字语言信息"，因而具有"理解的基础意义"。徐复观说："但在内在关联的发现中，使散布在各处的语句（例如《论语》中的'仁'），都能在一个完整生命体中，尽到一份构成的责任，占一个适当的位置，并彼此间都可以发挥互相印证的作用。这即说明我对先哲思想的陈述，决非如少数人所怀疑的，是凭藉古人来发挥我自己的思想。并且我认为只有做到这一步，才算尽到治思想史

---

① 张东荪：《知识与文化》，岳麓书社2011年版，第189页。
② 戴震：《古经解钩沉序》，《戴震集》，上海古籍出版社1980年版，第191页。

的责任。"①

3. 对思想逻辑、义理脉络的呈现

所谓义理基础，就是指哲学概念、命题和观念所存在的思想逻辑系统，任何哲学概念或命题都必然存在于思想逻辑系统中，因而理解某哲学概念或命题我们必须回到那个思想逻辑系统中才可能获得更为准确与完整的理解。在自我认知范式之应用实践中，为了更准确地理解哲学概念、哲学命题或哲学观念的意涵，学者们会习惯性地从思想的逻辑、义理的脉络去寻找原因，从而将相应的思想逻辑和义理的脉络呈现出来。

王国维对"忠恕"的理解，特别注重从思想逻辑与义理脉络展开。他对"忠恕"何以为"不可不行之道"的分析，就是从孔子的天人关系观展开的；他对"忠恕"双重意涵的揭示，就是通过对"夫仁者，己欲立而立人，己欲达而达人"和"己所不欲，勿施于人"的分析实现的；他对"忠恕"是"网罗差别而施之平等"的判断，则根据"仁，差别的也；自亲而疏，自近而远；普遍的也；欲推己及人，则当以己心为标准"为准。而总体上看，王国维对"忠恕"意涵所做的理解和概括，表现出对孔子思想义理脉络的清晰而深刻的把握，从"社会上之博爱"到"不可不行之道"，再到"包含差等的普遍之爱"，这三种意涵实际上有着内在的逻辑关联。因此说，王国维对于"忠恕"的理解，将反映"忠恕"内涵的思想逻辑与义理脉络客观地呈现了出来。

对朱熹"存理灭欲"的理解，首先应该清楚朱熹思想中的"天理"与"人欲"内涵及其关系。钱穆认为朱熹的"天理"就是儒家诸般道德伦理，而"人欲"则是人的感官欲求，二者的关系既联系又区别，是一贯但不同体，因而"人欲"并非绝对需要"灭"；而且，"人欲"是指超越了"理"的限度而不能自限的"私欲"，因而不是灭所有的"欲"。钱穆指出，朱熹主张"灭人欲"也不是直接地将人的欲望取消，而是通过"存理"解决之，即通过修行工夫解决之，"集义聚理"以制欲、导欲，使"人欲"回到"天理"，而不是刻意地、专门治"人欲"。因此，朱熹的"存理灭欲"不是无条件地"存天理，灭人欲"，更不是"以理杀人"。这样看来，钱穆对"存理灭欲"的理解也让读者接触到朱熹在

---

① 徐复观：《徐复观文集》第三卷，湖北人民出版社2002年版，第13页。

"理""欲"关系上的思想逻辑。

徐复观认为，孟子的"诚"以"仁"为内容。他的这个理解与判断并不是想当然的，而是有充分的思想逻辑与义理脉络做基础的。这是因为，从境界上看，"反身而诚"即是"万物皆备于我矣"，而"万物皆备于我矣"即《论语》中"天下归仁"，如此便"人物一体"，此即是"仁"的境界，也就是"诚"；从求"仁"之方式看，是"强恕而行，求仁莫近"，这是根据"反身而诚"的引申，足见"诚"以"仁"为内容；《中庸》所谓"生物""尽己尽人尽物之性""成己成物""发育万物"等，皆言圣人之"诚"，而此皆"仁"之功；《中庸》全篇中言及"诚"时，必把天下国家融合在一起来讲，此即仁德的全般呈现，而所谓"诚之能化"，也只有"仁"才能有此感通作用，足见"诚"以"仁"为内容。

余敦康认为，王弼"得意忘言"命题的提出是哲学与理性取得胜利的结果。因为自先秦以降，从《易经》发展到《易传》便经历着哲学与宗教、理性与信仰的斗争，《易传》的产生表明哲学与理性取得了胜利，因而《易传》的特质就是意义优先，由意义解释卦象，也就是用卦象表述哲学思想，王弼的"象生于意"正是这种思想逻辑的表现。此外，由于两汉时期阴阳灾异的迷信思想盛行，哲学降为神学的奴婢，人们把卦象奉为神圣，看作是体现了天神的意旨，纷纷从事卦象的排列推演，寻求新的占法。正是在这种背景下，王弼才提出"忘象以求其意"的命题，这是站在维护哲学和理性的立场而得出的结论。应该说，余敦康的解释可以帮助读者从秦汉时期思想文化交叉互动的脉络中去领悟"得意忘言"的意涵。

可见，在自我认知范式的应用实践中，思想脉络与义理逻辑的把握对哲学概念或命题的把握具有基础性意义，而同时也是思想逻辑与义理脉络的呈现。徐复观曾总结说："我们所读的古人书，积字成句，应由各字以通一句之义；积句成章，应由各句通一章之义；积章成书，应由各章以通一书之义。这是由局部以积累到全体的工作。在这步工作中，用得上清人的所谓训诂考据之学。但我们应知道，不通过局部，固然不能了解全体；但这种了解，只是起码的了解。要进一步的了解，更须反转过来，由全体来确定局部的意义；即是由一句而确定一字之义，由一章而确定一句之义，由一书而确定一章之义，由一家的思想而确定一书之义。这是由全体以衡定局部的工作。"① 就是说，义理存在局部与整体的相对界限，但二者本质上是一个整体，因而如要完整、准确地理解一个概念、命题，就必须对所理解概念、命题所在之思想逻辑和义理系统进行深入的分析和清楚的把握。

4. 对宇宙观、价值观的呈现

在自我认知范式之应用实践中，为了更准确地理解哲学概念、哲学命题或哲学特点的意涵，学者也会结合相关的宇宙观或价值观进行分析。

张岂之认为，孟子之所以提出"尽心知性"命题，与其天命论有关。因为孟子不仅将个人命运视为由天主宰决定，而且将政治的清明与黑暗也归由天命决定，因而萌生了乐天、畏天的思想。但是，压迫往往会转换为动力，正是因为"天命"的主宰与窒息，在孟子心中滋生了认识天命、反抗天命的思想。这就是说，由于天命论的存在，人的能力受到了极大限制，孟子希望破除天命的统治，主张人自己把握命运，如此才萌生了"尽心知性"命题。可见，张岂之在理解"尽心知性"中，将孟子的天命论作为主要因素之一进行了分析和揭示，从而使孟子天命论完整地呈现了出来。

张发祥认为，陆九渊提出"六经皆我注脚"与他的宇宙观有密切关联，因为陆九渊把主观的"心"与客观的"理"完全等同，认为"宇宙便是吾心，吾心即是宇宙"，"人皆有是心，心皆具是理，心即理也"。既然人人同此心，心心具此理，心外无"理"，"理"在心中，那么，人就没有必要到心外求理，就没有必要到经书中求"理"，因而"六经"只是"天理"或"本心"的记录或阐发。可见，张发祥对"六经皆我注脚"的理解，将陆九渊的宇宙观呈现了出来。

熊十力认为，理解"克己复礼"不能光停留在文字上，一定要分析它的哲学基础。那它的哲学基础是什么呢？熊十力说，孔子言"克己复礼为仁"，可是孔子又说"我欲仁斯仁至矣"，说明"仁"内含的是主体自觉性，这就说"克己"应该是自觉的、主体的，而不是被动的，即谓"克己者，只是此心恒时操存而不放逸，有以克胜乎这个己，令他不得乘

---

① 徐复观：《徐复观文集》第二卷，湖北人民出版社2002年版，第13页。

隙而起"而已。另外,"礼"并不是通常意义上的节文或仪则,而是人皆有之本心或天理之心。因此,"克己复礼"就是要求人"立大本",通过自身的修养使自己回到"理"或"本心"。显然,熊十力对"克己复礼"的理解,凸显了孔子的哲学基础,那就是"心即理""心即善"。不过,熊十力的这个理解并不是不可讨论的。

关于中国传统哲学"无本体"之特征,张东荪也分析了宇宙观原因。张东荪指出,中国哲学有它的宇宙观,但却是一种职能的宇宙观。比如,《易经》宇宙观就是职能宇宙观,在这种宇宙观中,宇宙的各部分以及其中的一切东西都表现为对于宇宙总体执行其相对的一种职能,每一个职能且彼此互相轮替,职能的施展上有顺逆,所以有本末,但这里的本末之"本"并不是"体","末"也不是"用"。而且,中国哲学中的"本"所表示的是秩序意涵与道德修养,比如《大学》讲的"一是皆以修身为本",这个范畴明显是说明治国、齐家的顺序,所以本末的思想在其背后预伏有秩序的概念。由于中国哲学中的"本"只是一种秩序概念,由于中国哲学的宇宙观只是用来影射现实的社会政治秩序,而现实的社会政治秩序又是由道德伦理作为纽带维护的整体,因而"本体"无法成为中国传统哲学的需求,因而只有宇宙观而无本体论。戴维·E.林格转引维特根斯坦的话说:"当语言的逻辑单位与非语言的事实('图式')相对应地组合起来时就产生了意义。只有当人理解了命题的各个组成部分时才能理解命题。"[①]

第三节 自我认知范式应用之检讨

如上较为系统地考察了自我认知范式用于认知和理解中国传统哲学的情形,自我认知范式的基本特点是将哲学概念、命题或观念置于生养它们的文化系统中去理解。也就是说,自我认知范式并不含有对被理解的概念、命题或观念的价值判断,它只要求对概念、命题或观念做原始的、本来如此的呈现与解释,所以自我认知范式对于哲学概念、命题或观念之意

[①] [德]加达默尔:《哲学解释学·导言》,夏镇平等译,上海译文出版社1998年版,第26页。

义具有保护或维护的作用。那么，这种以客观呈现中国哲学本貌为目标的认知范式之实践能给我们哪些启发呢？

一　客观呈现传统哲学本义的方式与特点

无疑，自我认知范式对于器物文明、社会历史、经济政治、文化制度、文字语言、思想逻辑、义理脉络、价值观、宇宙观等的呈现并不是它的最终目的，其最终目的是寻找被理解的哲学概念、哲学命题或哲学观念的意涵。那么，自我认知范式是怎样将被理解的哲学概念、哲学命题或哲学观念的意涵寻找出来的呢？由于自我认知范式是由器物文明、政治经济、社会历史、习俗礼仪、科学常识、语言文字、经籍文献、作者素质、思想义理、意义价值等要素构成的系统，而在认知实践中又必须贯彻认知主体、认知对象、认知方式三个要素，从而使自我认知范式在寻找与呈现传统哲学本义时生长出一些值得关注的形式与特点。

1. 自我认知范式追求理解的基础性

我们知道，"自我认知范式"的核心内容是将被理解的哲学概念或哲学命题置于与其密切关联的器物文明系统、社会历史系统、经济政治系统、礼仪习俗系统、文字语言系统、科学常识系统、思想义理系统、意义价值系统中进行考察、分析和研究。而当我们对某个哲学文本（概念、命题等）进行认知、解释和评价时，自我认知范式所提供的都是与被理解的哲学概念、哲学命题密切关联的因素，也就是能够帮助理解者全面、准确理解哲学概念、哲学命题的基础性因素。比如，对"六经注我"的理解，本章列举了张发祥、刘笑敢、张文修等的理解实践。在张发祥的理解实践中，他分别发掘和解读了"当时的学风背景"、陆九渊视"六经"为儒家基本原则、陆九渊的怀疑精神、陆九渊的宇宙观四个方面的情况。所谓学风背景，就是指当时学界陷溺辞章、空谈义理，这让读者了解"六经注我"提出的缘因；所谓陆九渊视"六经"为儒家基本原则，就是指陆九渊对"六经"功能的理解；所谓陆九渊的怀疑精神，就是指陆九渊提出"六经皆注我脚"的学理根据；所谓陆九渊的宇宙观，就是指陆九渊提出"六经皆我注脚"的哲学基础。也就是说，张发祥对于"六经皆我注脚"的理解，所提供的资料或因素都是基础性

第六章　自我认知范式与中国传统哲学　635

的，都是"六经皆我注脚"命题出现的合乎逻辑的原因。

在刘笑敢的理解实践中，他分别发掘和解读了陆九渊"六经注我"提出的语境、"六经注我"内含的义理脉络、同时代学者的认知和评论等。所谓陆九渊"六经注我"提出的语境，就是指陆九渊提出这个命题的场景，这可帮助读者了解这个命题提出的直接原因；所谓"六经注我"内含的义理脉络，就是指"六经"与"我"在陆九渊心学系统中的内涵及其关系，这让读者明白陆九渊所说的"六经注我"之"我"的本义；所谓同时代学者的认知和评论，就是指同时代学者对于"六经皆我注脚"的理解情形，这可增强作者解释"六经皆我注脚"的力量。同样，刘笑敢所提供的因素或资料，对于准确理解"六经皆我注脚"也是基础性的。

在张文修的理解实践中，他分别了发掘和解读了陆九渊将崇德好善视为"六经"的核心精神、陆九渊提出"六经注我"与当时学风之关系、陆九渊提出"六经注我"与科举考试之关系等方面的资料或因素。所谓陆九渊将崇德好善视为"六经"的核心精神，就是指陆九渊观念中的"六经"以崇德好善为任务，这就让读者认识到陆九渊提出"六经皆我注脚"的目标所在；所谓陆九渊提出"六经注我"与当时学风有关，就是告诉读者"六经皆我注脚"的提出，有为学风气的原因或者是对当时学术风气的否定；所谓陆九渊提出"六经注我"与科举考试有关，就是指"六经皆我注脚"的提出也是针对以追求功名利禄、荣华富贵为目标的科举考试而发的。张文修所提供的自我认知范式"资料"或因素，显然也都是"六经皆我注脚"的基础性因素。

综合上述，自我认知范式要素有：命题提出的场景、学术风气（科举考试）、以崇德好善为"六经"之核心精神、"六经注我"内含的义理脉络、批判精神、同时代学者的认知和理解、哲学观念等，分别涉及社会历史系统、经籍文献系统、科学常识系统、作者素质系统、思想义理系统、意义价值系统等，尽管它们对于理解"六经皆我注脚"的价值是参差不齐的，但它们构成了全面、准确理解"六经皆我注脚"的"雄厚的文化基础"。也就是说，没有对这些要素的发掘和解读，没有将这些要素与被理解的哲学概念和命题的关系进行分析研究，就无法理解和把握相应哲学概念或哲学命题的意涵。正如徐复观所说："从思想史的立场来解释

'性'字,只能由它的上下文来加以决定;只能从一个人的思想,从一部书的内容,用归纳法的方法来加以决定。用归纳方法决定了内容以后,再由内容的涵盖性,以探索其思想的内在关连。由内容与内容的比较,以探索各思想互相间的同异。归纳的材料越多,归纳得愈精密,我们所得出的结论的正确性愈大。"① 在这里,"六经皆我注脚"即是徐复观所说的"性"字。

2. 自我认知范式诸要素展开的层次性

在"自我认知范式"用于认知和理解中国传统哲学的实践中,作为其基本要素的器物文明系统、社会历史系统、经济政治系统、礼仪习俗系统、文字语言系统、经籍文献系统、作者素质系统、科学常识系统、思想义理系统、意义价值系统等并不是同时出现的,而表现为一种时差性或层次性,根据理解者思路的运行状况,逐一呈现出来,被理解的哲学概念、哲学命题之意涵从而也表现出层次性。

张来芳在以自我认知范式理解"和而不同"的实践中,就提出了"思想传承""社会和政治""承受主体(君子)的内涵""孔子思想体系中相关论述"四个方面背景资料。所谓"思想传承",就是要考察"和而不同"命题的思想渊源,借助以前类似或相同的思想以理解"和而不同"的意涵。在张来芳的考察中,他罗列了《尚书》"协和万邦"、《周礼》"和则安"、《周易》"保合大和,乃利贞"等大量的文献以说明"和"乃调和、和平、和谐等义,"同"则是相同、相等、相合等义,因而二者并无相反之义。所谓"社会和政治",就是考察分析这个命题提出时的社会历史背景,他认为"和而不同"命题的提出与西周至春秋时期的社会状况密切关联,当时社会矛盾复杂,这个命题就是考虑如何使社会矛盾转化,相互对立的矛盾能否相融相济?所谓"承受主体(君子)的内涵",就是通过对"和而不同"的主体(君子)之特质进行分析,以研判此命题的意涵。比如,"君子周而不比,小人比而不周""君子喻于义,小人喻于利""君子坦荡荡,小人长戚戚""君子求诸己,小人求诸人"等,这说明君子具有尚义、公正、独立等品质,即君子是指道德修养高并能协调各种矛盾且富有独立人格的人,从而反

---

① 徐复观:《徐复观文集》第三卷,湖北人民出版社2002年版,第24页。

映出"和而不同"意涵的具体性与丰富性。所谓"孔子思想体系中相关论述",就是要从孔子思想体系中来分析、确定"和而不同"的意涵。在张来芳看来,"和而不同"不是孤立地提出来的,它与孔子整个思想体系密切关联。在孔子思想中,为人处世的尺度是"文质彬彬",处理矛盾问题方法是"执其两端",评价人物之原则是"过犹不及","礼"的实践是"和为贵",等等。这就是说,在孔子思想体系中,"和"就是"中而不偏",就是"多而不一",就是"容而不斥"。可见,在张来芳理解"和而不同"的实践中,至少涉及了"自我认知范式"的四个要素,而这四个要素对"和而不同"意涵的分析表现出清晰的层次性:先是通过思想传承脉络以明"和而不同"可能之意涵,进而通过社会历史背景以确定"和而不同"解决的问题,再通过对实践主体(君子)特质的考察以分析"和而不同"内涵的丰富性,最后借助对孔子思想体系与义理脉络的分析,以确证"和而不同"的本义。

李景强以自我认知范式理解"道"的实践中,他通过对先秦时期宗教信仰、哲学观念、道德意识的考察,以确定老子"道"是"对'道'的世俗化的批判、重建人的信仰"的意涵。李景强认为,在夏商周三代,"道"是天道的简称,是天对人间的神圣规定,它带有强烈的神性色彩,意味着人对神的归依和服从。这可以《尚书》之"天有显道,厥类惟彰","惟有道曾孙周王发,将有大正于商"等为证,以说明"道"与"天"具有同样的意涵。但到了老子稍前及同时代,"道"之神圣性被动摇,"道"的权威被怀疑,"道"被世俗化。这可以从《左传》之"天道远,人道迩,非所及也,何以知之",《论语》之"夫子之言性与天道,不可得而闻也"等找到迹象。正是在这种"道"被世俗化的背景下,老子才提出"道可道,非常道"命题,以对"道"之世俗化进行批判,并因以恢复"道"的神圣性,重建人们的信仰。不难看出,李景强对老子"道"的理解基于两大要素:一是涉及"道"的文献,二是文献中所蕴含的思想脉络。李景强通过对文献的发掘与解释,让读者能够清晰地认识到"道"与"天"及"帝"等概念的关系及所蕴含的意义,又通过对文献中所呈现的"道"的意涵及其变化的考察,以确定"道"在老子思想中的意涵。这再次说明,自我认知范式对于哲学概念、哲学命题的理解表现出层次性,而哲学概念或命题的本义也表现为渐次显露的特点,使"理解"表现出一种意境。

3. 自我认知范式诸要素作用的差异性

在"自我认知范式"用于认知和理解中国传统哲学的实践中，作为其基本要素的器物文明系统、社会历史系统、经济政治系统、礼仪习俗系统、文字语言系统、经籍文献系统、作者素质系统、科学常识系统、思想义理系统、意义价值系统等所表现出来的解释力量与作用不尽相同，有的要素是必要的，有的是辅助性的，有的极为关键，有的则是锦上添花，从而在理解实践中表现出差异性。

王国维与胡适都对"忠恕"展开了理解。王国维认为"忠恕"有三义，一是"足以一贯诸说的博爱"，二是"必不可不行之道"，三是"网罗差别而施之平等"。可见，王国维倾向于"忠恕"人文义的阐发。王国维的阐发当然是建立在自我认知范式基础上的。何以谓"足以一贯诸说的博爱"？因为孔子说过"参乎！吾道一以贯之"，孔子说过"予一以贯之"，孔子说过"夫仁者，己欲立而立人，己欲达而达人"，等等；何以谓"必不可不行之道"？因为孔子的天人合一观将人视为有道德性之社交的动物，且是天生的，所谓"人之生也直"，所谓"有天地然后有万物，有万物然后有男女，有男女然后有夫妇，有夫妇然后有父子，有父子然后有君臣，有君臣然后有上下，有上下然后礼仪有所错"都可作证；何以谓"网罗差别而施之平等"？因为儒家的"仁"是认同差别的，所谓"推己及人"，所谓"亲亲仁民爱物"，所谓"己欲立而立人，己欲达而达人"皆可为据。可见，王国维对"忠恕"意涵所做的理解和概括，表现出他对孔子思想义理脉络的清晰而准确的把握。概言之，王国维对"忠恕"的理解，不仅完全建立在文献基础之上，而且注重对孔子思想义理的疏通，从而将"忠恕"的人文意涵较完整地呈现了出来。

与王国维不同，胡适认为"忠恕"具有方法论意涵。胡适先引《大戴礼》"知忠必知中，知中必知恕，知恕必知外"，又依章太炎的解释"心能推度曰恕，周以察物曰忠"，因而闻一以知十、举一隅而以三隅反就是恕，周以察物、举其征符而辨其骨理就是忠，再依据《声类》训"如"为："以心度物曰恕"，"恕"即是推论，推论总以类似为根据。胡适还引用《中庸》"忠恕违道不远"，认为是忠、恕两字并举，而且下文是"施诸己而不愿,亦勿施于人"等,因此,孔子说的"一以贯之"和曾子说的"忠恕",只是要寻出事物的条理统系,用来推论,使人闻一知十、举一反三,因而是孔子的方法论。不难看出,胡适的理解同样引用了大量的文献,但解释的方向与王国维完全不同。胡适通过对相关文献中叙述的理解、通过训诂、通过对孔子相关思想的比较性解释,将"忠恕"的方法论意涵呈现了出来。在胡适使用的自我认知范式要素中,最有力量的应该还是孔子思想体系中涉及"忠恕"的论述,其他文献的说明,包括文字训诂等,自然也具有重要意义,但如果在孔子思想体系中,其处理或使用"忠恕"并没有方法论意涵,那么其他根据都是乏力的。

显然,虽然都是对"忠恕"的理解,但王国维与胡适的结论不同,王国维主要理解为具有人文意义的博爱、平等,而胡适主要理解为具有知识意义的方法论;虽然都是自我认知范式的实践,但仍然存在差异,王国维比较倾向于义理脉络的分析,胡适则更注重文献字义的考证。这再一次说明,自我认知范式中的要素所起的作用是不同的,而理解者可以根据自己的需要选择自我认知范式中有利于自己的要素,从而实现自己的理解目的。

张奇伟以自我认知范式解释"尽心知性"的实践中,也表现出了不同要素的作用之差异。他首先从字义上对"尽"字进行了解释,认为"尽"是"器中空空无物"之义,其后根据《礼记》中"身致其诚信,诚信之谓尽,尽之谓敬",推出"尽"有"诚"与"信"之义,因而"尽心"即可理解为"诚心"。再根据孟子与朱熹的说法,解"尽心"为"反身而诚",即"思诚",如此才能与"知性"协调。这样,"尽心知性"之本义便呈现为:"通过彻底反省自我内心深处的善端,自觉固有的良心,从而知道了自我的族类之性,确立了道德的自觉意识。"这种理解当然是自我认知范式的应用,可是这三种要素中哪种要素更重要呢?字义是证明"尽"之"空";《礼记》的"尽"有"诚"义,"尽心"即"诚心";而《孟子》"尽心"为"反身而诚"而推出"思诚","思诚"才"知性",如此才获得"尽心知性"的意涵。将此三要素综合起来才形成最后的理解和结论,缺一不可。这个案例微观地说明了自我认知范式诸要素作用的差异性与互补性。

4. 自我认知范式呈现本义的客观性

所谓"自我认知范式呈现本义的客观性",是强调依自我认知范式进行的理解没有鲜明的价值倾向性,原义如此即如此。这是自我认知范式的基本原则。自我认知范式是通过对与被理解的哲学概念、哲学命题有密切关联的"自我文化系统"的呈现,向读者或研究者提供哲学概念、哲学命题的原始生态。那么,自我认知范式是否能做到这点呢?这里略举数例明之。

侯外庐对"得意忘象"的理解,应该是对本义的客观性呈现。他认为"得意忘象"的理解必须掌握三大背景,一是文中用语,除蹄筌之例引自《庄子》外,大都是《周易》的术语;二是批判汉儒的经训,斥之为"存象忘意";三是文中主要命题是引用《系辞上传》"圣人立象以尽意,设卦以尽情伪,系辞焉以尽其言,变而通之以尽利,鼓之舞之以尽神"。可以说,这三大背景为读者提示了理解的路径、规定了文本范围,使读者不至于发挥过度而有莫名其妙的解释。基于此,侯外庐还对"意""象""言"三个概念进行了详细的解释。何谓"象"?侯外庐引用的文献有:"拟诸其形容,象其物宜,是故谓之象","在天成象","悬象著明,莫大乎日月","圣人设卦观象","易有四象",等等,因此"象"不是一般的自然现象,而是圣人拟诸天而立的特定形容,以达到所谓"兆见曰象",从而"引而申之"。何谓"言"?侯外庐引用的文献有:"言者尚其辞","君子居其室出其言,则千里之外应之,言行君子之所以动天地也","拟之而后言,议之而后动","辞也者,各指其所之",因此,"言"不是一般的名理,而是拟况于"象"的特种比喻,不属于普通推理范围之内。何谓"意"?侯外庐认为是圣人效法天地自然的枢机,存乎其人的一种秘密,是全自然的神授,所以说:"天生神物,圣人则之;天地变化,圣人效之;天垂象见吉凶,圣人象之;河出图,洛出书,圣人则之。"亦即王弼所谓:"凡言义者,不尽于所见,中有意谓者也。"按照侯外庐的解释,"象"是圣人拟诸天而立的特定形容,"言"是拟况于"象"的特种比喻,"意"是圣人效法天地自然的枢机,即出意、立象、制言之道非普通人所能"从事",只有圣人能之,所谓"君之体道以为用也,仁知则滞于所见,百姓则日用而不知,体斯道者鲜矣"。那么,这个命题所内含的不是"由客观到主观,由存在到思维"之意,而是"由主观到客观,复由客观回到主观"之意。不难看出,侯外庐通过丰富可靠的文献,借助字义解释与义理分析,将"得意忘象"命题的原始意涵客观地呈现了出来,从而也提醒我们对其他种解释的警惕。

李存山认为先秦时期的"五行"不是构成世界万物的基本物质。这是因为:第一,"五行"所反映的只是对地上世界的认识,而不是整个世界的认识。在西周时期,"五行"与"庶征"是不同的范畴,"五行"指金、木、水、火、土等地上的自然现象,"庶征"指雨、旸、燠、寒、风等天上的自然现象,而"庶征"还没有成为人们的认识对象,而是崇拜的对象,所以不能形成完整的世界观,也就不能认为"五行"是"构成世界万物的基本物质"。第二,《国语》"五行"说只是用来论证"和""同",并没有作为构成万物元素的意思。伯阳父只是用前人的"五行"说来论证"和""同"的思想,而且"百物"不能代表世界万物,只是人对自然物进行了加工的"铸冶煎烹之属"。概言之,李存山否定"五行"是构成世界万物的基本物质的根据有:"五行"提出时期人们还没有形成对天上现象的认识,更谈不上概括;"五行"是用来论证"和"与"同"两个概念,而不是用来论证物质的多样性与统一性;"百物"不能代表世界万物,而是指人对自然物进行了加工的"铸冶煎烹之属"。所谓"'五行'不能视为构成世界万物的基本物质"是倾向性判断,但这种判断是建立在自我认知范式客观陈述基础上的。

徐复观对"中庸"的理解也表现了自我认知范式呈现本义的客观性。徐复观认为"庸"有两个含义,一个是"用",比如《说文》:"用,可施行也";另一个是"平常",比如《国语》:"君之庸臣也。"徐复观认为"平常地行为"更适合"庸"义。而"平常地行为,是指随时随地,为每一人所应实践、所能实现的行为",也就是"有普遍妥当性的行为",因而"中庸"就是不偏、不易,所以是"善",比如孔子说:"回之为人也,择乎中庸,得一善,则拳拳服膺,而弗失之矣。"因此,"中"是"庸"成立的根据。因而"善"必由不偏、不易之行为以显,即由"中庸"而显,因而孔子是在人可以实践、应当实践的生活中显示"人道"。应该说,徐复观的理解将"中庸"意涵的丰富性、深刻性做了独特且合理的发挥,将"中庸"本义无偏向地、客观地呈现了出来。

"法后王"的本义是什么?张岱年说:"《荀子》书,屡称'法后王',《不苟》篇云:'百王之道,后王是也。'杨注:'后王,当今之王。'《非相》篇'欲观圣王之迹,则于其粲然者矣,后王是也。'杨注:'后王,近时之王也。'近人根据杨注,认为'后王'是指当时的王,还有人认为'后王'即是秦王。清人刘台拱指出:'后王谓文、武也,杨注非。'王念孙同意刘说(见《荀子集解》引)。按《荀子·正名》篇云:'今圣王没,名守慢。'《成相》篇云:'世无王,穷贤良。'可见荀子不承认当时国君为王,所谓'后王'不是'近时之王'或'当今之王'。《荀子》又讲'法先王',《大略》篇:'先王之道,则尧、舜已。'可见'先王'就是尧、舜。从全书考察,荀子是以尧、舜为'先王',以周文、武为'后王'。认为'后王'指当今之王,是由于没有通观全书,可谓孤立考察之误。"①张岱年通过对《荀子》中"后王""先王"用法之分析,明确了"先王""后王"之所指,从而消除了将"后王"理解为"当时之王"的误会。即是说,张岱年根据荀子关于"圣王"的定义,以及对"先王"在时间上的界定,"后王"只能是"文王、武王"。如此,"法后王"的本义就被客观地显露出来,即是效法周文王、周武王。

如上案例表明,第一,一般而言,客观性、无偏向性是自我认知范式用于认知、理解哲学概念、哲学命题的基本特征,即自我认知范式基本上可以做到客观地呈现本义;第二,自我认知范式的无偏向性、客观性特征,根据理解者对自我认知范式掌握的情形和利用情形而有变化,如全面掌握或部分掌握,合理掌握或不当掌握,对准确理解进而呈现哲学概念或命题的本义有直接影响;第三,自我认知范式使用中的先天缺陷,即自我认知范式的某个要素先天性欠缺,具体言之如某个文献失传,对于自我认知范式的功效也会产生极大影响;第四,自我认知范式对于哲学概念或哲学命题的理解之客观性是相对的,不能认为自我认知范式可以完全解决理解中的非客观现象,这既不合事实,也无必要。

二 自我认知范式与中国哲学主体性建构

我们知道,"自我认知范式"是西方哲学方法之应用及其后果"逼"

---

① 张岱年:《中国哲学史方法论发凡》,《张岱年全集》第四卷,河北人民出版社1996年版,第199页。

出来的，这就意味着自我认知范式的形成即肩负着修正西方哲学方法所带来的错误的使命。西方哲学方法的应用给中国哲学所带来的主要问题有：中国哲学成为西方哲学的注脚、在话语上被西方话语所笼罩、在价值上被西方哲学所侵蚀，概言之即动摇了中国哲学的主体性。因此，重建中国哲学的主体性便成为当代中国哲学研究的重大任务。所谓"主体性"，就是指人在实践过程中表现出来的能力、作用和地位，因而"中国哲学之主体性"可表述为：中国哲学在哲学领域表现出来的能力、作用和地位。进而言之，中国哲学的主体性就是指中国哲学在哲学思考与研究实践中所表现出来的自我意识、主人意识、中心意识和标准意识等。那么，自我认知范式在这些方面是否起到了收复失地的作用呢？是否有助于中国哲学主体性的重建呢？这里拟从解释的主体性、话语的主体性、价值的主体性三个方面进行考察。

1. 确立中国哲学解释的主体性

所谓"确立中国哲学解释的主体性"，就是指对中国哲学展开理解和解释时，挺立中国哲学的主体意识，具体表现为用中国自己的文化进行理解、用中国自己的方法进行解释，并在解释中贯彻中国哲学的精神与价值。

其一，回到中国文化系统的解释。自我认知范式主张，认知和理解中国哲学必须回到中国自身的文化系统，在自己的文化系统中展开解释。这就意味着理解中国哲学概念与命题必须以中国文化系统为前提和参照，从而凸显中国哲学的主体地位。比如，郑先兴对"中庸"的理解。他从字义上进行考证的结论是，"中"就是指一根绳索的中部，"1"为绳，"0"表示中部，因而"中"字的本义应是事物的中点或中部，推而广之为中央、中间，又因为"中"的重要特点是平衡，于是有了"正"的意思，"正"则不偏不倚，所以常常"正中"连言。而"庸"有两种解释，一是以"庸"为"用"，如《说文解字》："庸，用也。"一是以"庸"为"常"，如郑玄注《礼记》说："庸，常也。"而释"庸"为"用"较妥，因而"中庸"就是"用中"。这样，"中庸"本义就是符合、遵守某种事实或原则并且有用、有价值，可以施行。不过，这种文字上的解释还需用历史文化来说明。郑先兴指出，《论语》《礼记》《史记》等文献都证明三代至先秦是"礼治社会"，但至孔子时代礼仪制度遭到了极大的损坏，因此要让人们遵守礼制，必须是使人们所遵守的礼制符合人们发展自己和实现自己愿望的要求，而"中庸"就是帮助恢复礼仪制度的重要观念与方法。① 显然，郑先兴之所以没有将"中庸"理解为"折衷主义""调和主义"，从而扭转了"中庸"在解释上成为西方哲学脚注的尴尬局面，进而凸显了中国哲学在解释中的主体性，就在于他的理解回到了中国文字语言系统、礼仪习俗系统、社会历史系统，即应用了自我认知范式。

其二，以中国学问方法为解释方法。自我认知范式主张回到中国自我文化系统理解中国哲学的概念和命题，而中国自我文化系统包括中国传统的学问方法，因而必须以中国的学问方法进行理解，从而实现中国哲学在解释方法上的主体性。比如，《论语》云："道千乘之国，敬事而信，节用而爱人，使民以时。"（《论语·学而》）有学者将其中的"人"解释为"奴隶主阶级或统治阶级"，而将"民"解释成"奴隶或被统治阶级"。张岱年认为这个理解是有问题的。他说："《论语·子路》：'君子易事而难说也。说之不以道，不说也；及其使人也，器之。小人难事而易说也。说之虽不以道，说也；及其使人也，求备焉。'又《阳货》：'惠则足以使人。'可见，'人'也是'使'的对象，不仅民是'使'的对象。又《阳货》：'君子学道则爱人，小人学道则易使也。'这里'小人'也就是民。认为'小人'不属于民，是讲不通的。又《雍也》：'如有博施于民而能济众，何如，可谓仁乎？'子曰：'何事于仁，必也圣乎，尧舜其犹病诸。'这里'博施于民'实际上是爱民。又《微子》：'逸民：伯夷、叔齐、虞仲……柳下惠。'《尧曰》：'举逸民，天下之民归心焉。'逸民都是贵族，也称为民。《诗经》中《大雅·生民》：'厥初生民，时维姜嫄。'又《大雅·绵》：'民之初生，自土沮漆。'《大雅·板》：'先民有言，询于刍荛。'《大雅·烝民》：'天生烝民，有物有则，民之秉彝，好是懿德。'这些篇中的'民'字，都不是指被统治者。以为人非民，民非人，这在《论语》中就有反证；在其他书中，反证更多。隐匿反证，不是科学的态度。从钟鼎文看，《大盂鼎》上有云：赏赐'人鬲自御至于庶人六百又五十又九夫'，'人'也用来称呼奴隶。《孟子·公孙丑上》引子贡说：'自生民以来，未有夫子也。'有

---

① 郑先兴：《论中庸》，《广西师范大学学报》2003年第2期。

若说：'自生民以来，未有盛于孔子也。'《告子上》篇引孔子的话：'为此诗者，其知道乎！故有物必有则；民之秉彝也，故好是懿德。'这里的'民'都不是指奴隶。"① 张岱年何以能证明"人"不一定是统治阶阶、"民"不一定是被统治阶级呢？何以能破除机械的阶级分析方法及其结论？从而彰显解释方法上的主体性？乃是因为在这个解释实践中，他回到了中国语言文字系统和义理脉络系统，充分发挥了中国学问方法的主导作用。

其三，以中国哲学价值为解释根据。自我认知范式主张将被理解的哲学概念、命题放回中国自我文化系统中进行理解，而自我文化系统流淌的是中国哲学的血液，贯注的是中国哲学的价值，因而自我认知范式用于解释中国哲学的实践，就是在解释中对中国哲学价值的贯彻。"生命生机"是中国哲学基本价值旨趣，牟宗三说："中国哲学以'生命'为中心。儒道两家是中国所固有的。后来加上佛教，亦是如此。"② 依自我认知范式，理解中国哲学不能与这个特点相悖。牟宗三认为，"觉"与"健"即是与这个特点相符的方法，他说："仁之为宇宙万物之本体，首先它不是物质的，而是精神的。……此种精神实体要通过两个观念来了解：一为觉，二为健。觉是从心上讲。觉先不必从觉悟说，而须是从心之本身之'怵惕之感'来说。它有道德的意义。从怵惕之感看，觉就是生命不僵化，不粘滞，就是麻木不仁的反面意义。故我们现在从生命之怵惕之感来解觉。所谓健，即'健行不息'之健，此亦是精神的。这不是自然生命或生物生命之冲动。《易经》上说：'天行健，君子以自强不息。'《诗经》上说：'惟天之命，於穆不已。'《中庸》引此语而赞之曰：'此天之所以为天也。''天之所以为天'即天之本质、天之德。儒家的天非天文物理之天，他重天之德。从'苍苍者天'，见天之内容。这个天之内容，即天之德，也就是天道也。'维天之命，於穆不已。'即天道运行到那里，就命令到那里。故天道运至此，就在此起作用，运至彼即在彼起作用。此'天行之命'是永远不停止的。纵使我们不觉得，它也在默默地运行。故

---

① 张岱年：《中国哲学史方法论发凡》，《张岱年全集》第四卷，河北人民出版社1996年版，第200页。
② 牟宗三：《中国哲学的特质》，上海古籍出版社2007年版，第6页。

曰'於穆不已'。'於穆'是深远的意思。"① 这样，通过对"觉"与"健"在儒家经典中意涵的解释，将"仁"的生命内涵更为活泼真实地呈现出来。"觉"是恻隐之感，也就是说生命不僵化，不粘滞，不麻木，而"健"是"健行不息"，诸如《易经》"天行健，君子以自强不息"，《诗经》"惟天之命，於穆不已"等，都是"健"的意涵，而"天"正是因为有"健"而成。可见，牟宗三之所以能将"仁"的生命特质全幅、深刻地加以呈现，乃是因为完全贯彻了中国哲学的精神和价值旨趣。

张岱年说："中国本位文化建设，是一方面不要使中国文化完全为西洋所克服而归于消亡，要使中国仍保持其特色的文化；同时另一方面，又要使中国文化与世界文化相适应，使中国文化变成新的，而成为新的世界文化之一部分。也即是，固要吸纳西洋文化。却又要避免为西洋所同化；其吸纳西洋文化，要按着一种标准，但此标准是依中国文化之特性及现代的需要来决定的。换言之，即是要建设新的中国文化，既非旧文化，也非西洋文化之附庸。……所以，在现在中国，全盘接受西洋文化与谋旧文化之复活，同样都是死路一条。如欲中国民族将来在世界文化史上仍占一地位，那只有创造新的文化，或建设所谓中国本位文化。"② 按照张岱年的主张，所谓中国文化本位，就是要保持中国文化的特色，就是要以中国文化为标准，就是不能成为西方文化的附庸。而自我认知范式的应用，不仅以中国自我文化为解释根据，不仅以中国学问方法为理解的路径，而且贯注了中国哲学的精神与价值，因此，自我认知范式对于确立中国哲学在解释实践中的主体性具有基础性意义。

2. 确立中国哲学话语的主体性

所谓"确立中国哲学话语的主体性"，就是指中国哲学在语言表达上、术语应用上、问题引领上都拥有主导权，都表现领导地位。但在过去百余年中国哲学史中，中国哲学在话语上完全被西方哲学话语所笼罩，西方哲学话语霸权无处不在。不过，对于这种笼罩，中国学者不是没有觉悟，不是没有思考对策。自我认知范式就是中国学者摸索出来的对策，对建立中国哲学话语主体性具有重要作用。

---

① 牟宗三：《中国哲学的特质》，上海古籍出版社2007年版，第88—89页。
② 张岱年：《张岱年全集》第一卷，河北人民出版社1996年版，第229—230页。

第一，话语表达的主体性。过去百余年中国哲学在话语表达上的状况可用张立文的话来概括："在西方中心主义话语体系中，中华民族传统话语言说方式被西方话语言说方式所替代，其独特的学术、哲学致思方式亦被西式的致思方式所代替。"① 在这种背景下，中华民族的思想文化连自己是谁也不知道了！哪还有哲学话语的主体？不过张立文的话与其说是忧虑，毋宁说是自觉。自我认知范式的形成与应用正表明中国学者共同体在寻求哲学话语主体性上的自觉。自我认知范式主张理解或解释中国哲学回到自身文化系统，也就是要回到中国自身的文字语言系统理解中国哲学，因而自我认知范式的应用，就是要求在认知、理解和评价中国哲学的实践中，文字、语法、叙述、文体、表达技巧与规则等都是中国的，从而体现中国风格、中国气派。比如徐复观对"中庸"的理解。他先借助《说文》，谓"庸"即"用"之意，即"可施行"之意，因而"庸"是指"人的行为"。但若是仅指"人的行为"则毫无意义，因为孔子也常用"行"字，因而"庸"应该另有别的意思。又借助《国语》《庄子》，谓"庸"即"平凡、平常"之意，而由于"坏的行为"即"反常"，因而"坏的行为"不在平凡、平常行为之列，因而"平常、平凡"有"善""良"之意，因此，"庸"可谓"普遍且妥当的行为"。这样，"中"便成了"庸"成立的根据。所以，言"中"不言"庸"，则空无实；言"庸"不言"中"，则此平常、普遍的内容不显。因而"中庸"即不偏、不易，所以是"善"。无疑，正是因为回到了中国文字语言系统，徐复观可以做到用中国语言表达"中庸"的意涵。再如熊十力对"仁"的理解。熊十力认为，"仁"即生生、刚健、炤明、通畅等。熊十力说："'君子无终食之间违仁'，仁者，本心之名。本心备具生生、刚健、炤明、通畅诸德，总括而称之曰仁德，故本心亦名为仁。……乾为仁，此汉人所存孔门流传之古义。乾德生生，不待说。生生不息，正是刚健。不刚健何能生生不息？故《易》称乾德，特以刚健为主。乾有大明之德，炤明犹大明也，仁德岂是迷暗性乎？通畅即是乾之亨德，此德正与闭塞相反。"② 熊十力

---

① 张立文：《自序》，《自己讲、讲自己——中国哲学的重建与传统现代的度越》，北京师范大学出版社 2007 年版，第 2 页。

② 熊十力：《熊十力全集》第七卷，湖北教育出版社 2001 年版，第 210 页。

之所能以生生、刚健、炤明、通畅这些典型的中国名词表述"仁"的含义，就在于回到了中国思想之义理系统。也就是说，理解中国哲学只要回到自我认知范式系统，就必须是中国语言的表达，从而体现了中国话语的主体性。

第二，术语应用的主体性。过去百余年中国哲学在术语应用上的状况同样可用张立文的话来概括："在西方现代学术方式的统摄下，中华民族绵延两千多年的中华文明的学术方式、表述方式、言说方式统统丧失了其合法性。中华民族的文化学术、思想哲学，以致思维和书写方式逐渐被纳入西方学术规范、思维模式之中。"① 自我认知范式主张回到自身文化系统中去理解，这个自身文化系统就包括哲学概念、命题、名词等，因此，回到自身文化系统也就意味着哲学的表达必然用中国哲学术语。张岱年解释"格物"，强调以《大学》的上下文为根据。他说："《大学》强调'物有本末，事有终始。知所先后，则近道矣。'又云：'自天子以至于庶人，壹是皆以修身为本。其本乱而末治者否矣。其所厚者薄而其所薄者厚，未之有也。此谓知本，此谓知之至也。'似乎所谓'物格'，所谓'知至'，就是'知本'，就是'知所先后'。所谓'格物'即是辨识事物的本末先后。最古的字书之一《仓颉篇》云：'格，量度之也。'量度即衡量事物之大小长短，含有比较其本末先后之意。如此，《大学》'格物'之格，应训为'量度之也'，'格物'即衡量事物的本末先后。《大学》所谓格物，本意不过如此。但《大学》经二程大力表彰之后，成为一本重要的经典著作，于是'格物'成为一个'虚位'观念，一个经典性的格式。程、朱、王守仁、王夫之、颜元等都借用'格物'一词来表达自己的认识论、方法论的观点，于是'格物致知'成为宋元明清哲学思想中的一个重要范畴。对于这个范畴的不同解释也就成为中国古代哲学的一项重要内容。"② 就是说，既然《大学》强调对事物本末终始的把握，因而"格物"就是量度事物始终，就连最古的字书《仓颉篇》也解"格"为"量度"之意，因而"格物"就是量度事物的始终本末之意。在这里，

---

① 张立文：《自序》，《自己讲、讲自己——中国哲学的重建与传统现代的度越》，北京师范大学出版社2007年版，第2页。

② 张岱年：《张岱年全集》第四卷，河北人民出版社1996年版，第702页。

张岱年应用了"知本""知所先后""量度"等术语以阐明"格物"的意涵。再如,王国维解释"诚",就辅之以"无思""无为""无事""寂然不动""气"等术语,以阐明"诚"之无意识和"诚"之神秘性[1];牟宗三解释"作用见性"时,辅之以缘起论、"心即是佛""无心为道""心佛与众生,是三无差别""空性""菩提心"等术语,以阐明"作用见性"之意涵在于宣示佛性、真心离人不远,人人能成就佛性。[2] 既然在哲学术语应用上所采用的是中国的哲学术语,中国哲学术语被确立为表达中国哲学的基本方式,中国哲学在术语应用上的主体性因此而凸显。

第三,问题引领的主体性。中国哲学之所以丧失话语权利,原因之一是不能提出公共哲学问题,中国哲学很少提出引发世界哲学家共同感兴趣和关注的课题,因而过去基本上是跟着西方哲学屁股后面走,比如人道主义问题、后现代性问题、生态问题、治理问题、身体问题等,这些课题都是在西方哲学界讨论过后再被引进中国热闹一阵子。因此,改变话语上的主体性,中国哲学必须在提出公共哲学话题上有卓越表现。在这方面,自我认知范式是否能有所作为呢?回答是肯定的。自我认知范式主张认知、理解中国哲学要将其放在自我文化系统中进行,这样就可以寻找介于中西哲学之间,又能体现中国哲学特殊性的课题,从而将中西哲学界的注意力吸引过来,进而主导此课题的发言权,从而实现哲学问题引领上的主体性。比如,王国维在认知中国哲学"实用实行"特点的过程中提出的地理环境与哲学特点之关系、国民性与哲学特质之关系,即可引起哲学界对地理环境与哲学特点的关系、国民性与哲学特质之关系的重视而成为公共哲学话题;张东荪对中国哲学"无本体哲学"特点的认识与判断,则可引起哲学界关注"无本体哲学"社会的文化原因、"无本体哲学"的特点、"无本体哲学"的含义等,这些问题都是具有普遍意义的哲学话题;牟宗三判定中国哲学为"内容的真理"之观点虽然与逻辑认知范式有密切关系,但若不是回到中国哲学自身文化系统中去分析,是无法有如此深刻而准确的判断的。而这个观点的提出,必然引起哲学界对"哲学真理形式"或"哲学形态与真理形式关系"的关注与讨论,也能引起对中国

---

[1] 王国维:《王国维哲学美学论文辑佚》,华东师范大学出版社1993年版,第151页。
[2] 牟宗三:《心体与性体》(中),上海古籍出版社1999年版,第111—112页。

哲学特点再讨论。无疑,这些问题的提出,都是将自我认知范式用于认知、理解中国哲学所发生的积极结果,都是从中国哲学自身文化系统进行认知和理解所获得的发现。既然这些课题都来自中国哲学,便顺理成章地成为中国哲学主导的话题。因此,自我认知范式的应用,对于中国哲学在哲学问题引领上的主体性之建立也是有帮助的。

既然自我认知范式的应用在哲学话语表达、哲学术语应用、哲学课题引领等方面都对培育中国哲学的主体意识具有积极作用,有助于推动中国哲学主体性的建立;那么,自我认知范式理所当然地成为中国哲学建构话语主体性的基本路径。贺麟说:"我们要使西洋哲学中国化,要谋中国新哲学之建立,不能不采取严格批评态度,徐图从东洋名词里解放出来。"[①] 也许,自我认知范式正是"从西方哲学中解放出来"而"谋中国新哲学之建立"的"严格批评态度"。

3. 确立中国哲学价值的主体性

所谓"确立中国哲学在价值上的主体性",就是指在价值上以中国哲学为中心,中国传统哲学自我理解价值坐标的确立,中国传统哲学的价值能够得到保护和巩固,以发掘和显豁中国传统哲学的价值为任务,顺向地完善中国传统哲学的价值体系。

具体言之:第一,中国哲学自我理解价值坐标的确立。在过去百余年认知、理解和评价中国哲学的实践中,唯物认知范式、科学认知范式、人文认知范式、逻辑认知范式等都发挥过特殊作用,但这些毕竟是"异己"的标准,不是中国哲学自身的标准,致使常常发生一些消极性问题,特别是不能正确认知、理解中国哲学的价值,因而需要一种与中国哲学相契、相适的认知方法,这就是自我认知范式。那么,自我认知范式是如何确立中国哲学自我理解和评价坐标的呢?由于自我认知范式主张将被理解的哲学概念、命题和观念置于与之相应的文化系统中进行认知、理解和评价,而中国自身文化系统包括器物文明、经济政治、文字语言、社会历史、习俗礼仪、作者素质、经籍文献、科学常识、思想义理等要素,这些要素都被用来作为认知、理解和评价中国哲学的坐标,因而可以说是中国哲学自

[①] 贺麟:《康德名词的解释和常说的概要》,《哲学与哲学史论文集》,商务印书馆1990年版,第256页。

我理解和评价坐标的确立。比如，熊十力强调用"修养方法"理解中国哲学，其所谓修养方法是"诚敬""思维"等，而所谓"诚敬"就是孔孟所言敬、诚，也是朱子所言涵养；所谓"思维"就是孟子所言"不思即蔽于物"之思，此"思"乃德性之发用，因而"思"也属修养之事。无疑，以修养方法理解中国哲学中的概念或命题，就能贴近中国哲学的本貌，而不会做出唯心主义、神秘主义等毫不相干的判断，其原因就在于"修养方法"内含了中国哲学的特性与价值。"存理灭欲"曾一度遭到批判，被判为是禁欲主义，并指其完全为统治阶级服务。按照这种理解，"存理灭欲"毫无积极意义。但钱穆指出，朱子的"天理""人欲"既联系又区别，二者一贯但不同体，因而"人欲"并非绝对要"灭"；需要灭的"人欲"是出于"天理"而背"天理"者，所以必须除去；"灭欲"不是直接地将人的欲望取消，而是通过"存理"解决之，即通过修行工夫解决之，"集义聚理"以拒欲、制欲、导欲，使"人欲"回到"天理"，而不是刻意地、专门治"人欲"。显见，钱穆的理解不仅合乎"存天理，灭人欲"本义，而且很好地保护了"存天理，灭人欲"的价值，其原因就在于钱穆的理解确立了自我理解的价值坐标，这个坐标就是程朱理学中关于理欲关系的义理。概言之，自我认知范式应用于认知、理解和评价中国哲学的实践，实际形成了中国哲学的自我理解和评价坐标。

第二，对中国哲学价值的保护和巩固。可以说，在过去百余年认知、理解和评价中国哲学的实践中，中国哲学的价值和精神遭受了程度不同的伤害与否定，这与将西方哲学作为认知、理解和评价中国哲学绝对至上之标准有密切关系。但我们欣慰地看到，自我认知范式的提出与应用对这种现象有所纠正。由于自我认知范式主张，认知、理解和评价中国哲学必须回到孕育、滋养中国哲学的文化系统中，即通过自身的文化系统理解中国哲学，这就意味着需要客观地、同情地、友善地去理解，即不能主观地、破坏地、敌对地去理解。比如，在以唯物认知范式、科学认知范式为方法的理解实践中，"诚"被理解为规律、主观主义、神秘主义等意涵。这种理解由于与"诚"的本义不相契，从而导致"诚"价值的丧失。但以自我认知范式去理解，情形则完全不同。这是因为：境界上看，"反身而诚"即"万物皆备于我矣"，而"万物皆备于我矣"即《论语》中"天下归仁"，如此便"人物一体"，此即"仁"的境界，也就是"诚"；从求"仁"的方式看,是"强恕而行,求仁莫近",此是根据"反身而诚"引申,足见"诚"以"仁"为内容;而《中庸》所谓"生物""尽己尽人尽物之性""成己成物""发育万物"等,皆言圣人之"诚",而此皆"仁"之功;《中庸》全篇中言及"诚"时,必把天下国家融合在一起来讲,此即仁德的全般呈现,而所谓"诚之能化",也只有"仁"才能有此感通作用,足见"诚"以"仁"为内容。在这个理解中,徐复观不仅考察了"诚"的境界意义,这个境界在儒家文献中的呈献便是"仁";也考察了"求仁"的方式,而儒家文献中呈献的"求仁"方式,就是"诚",更考察了《中庸》论述"诚"的天下国家万物一体的气象,而"仁"是其基础。也就是说,"诚"的内容就是"仁"。如果说这种理解既符合"诚"之本义,又保护了"诚"的价值,那要归功于徐复观将"诚"完全置于儒家的文献系统和义理系统,也就是自我认知范式的应用实现了对"诚"价值的保护。再如,在唯物认知范式视域下,"仁"被理解为主观唯心主义,或被理解为主观主义之膨胀。这种理解由于与"仁"的本义不相契,从而导致"仁"价值的丧失。但以自我认知范式去理解,情形则完全不同。方东美认为,完全、准确理解《论语》中的"仁",必须通过对儒家诸经的全面阅读和分析作为解释的基础。他借助《礼记》中的"絜矩之道",对"仁"爱的含义进行确证,认为"仁"就应该处处为他人着想,不伤害他人;他通过《中庸》与《易》的分析,认为"仁"即生生不息、无休止地创生万物。如果说方东美将"仁"理解为"为他人着想""创生万物"是合乎"仁"之本义并保护了它的价值,那么这要归功于方东美将"仁"完全置于儒家经籍系统之中,完全置于儒家义理系统之中,也就是"自我认知范式"的应用实现了对"诚"价值的保护。方东美曾说:"(儒家诸经)是真正了解《论语》中'言''行'后面那个根本道理与力量之所在。"[①] 我们说,"自我认知范式"是中国哲学价值得到保护的重要方法力量。

第三,中国哲学固有价值得以发掘。不能否认,唯物认知范式、科学认知范式、人文认知范式、逻辑认知范式的应用,也都是以发掘中国哲学价值为任务和目标的,但由于内容与视角的差别,这些认知范式所发掘出

---

① 方东美:《方东美先生演讲集》,台湾黎明文化事业股份有限公司2006年版,第230页。

来的价值都是与自身相符的，即不一定是中国哲学本有的，因而这些认知范式的应用，可能会造成对中国哲学价值的遗漏。而自我认知范式可以起预防的作用，因为自我认知范式就是以准确发掘中国哲学价值为任务和目标的。比如，钱穆不会为了满足和迎合知识论、科学理论而将"格物"理解为"通过研究事物获得知识或真理"，而是就"格物"生长的文化系统进行理解，即通过《小戴礼》《孟子》《论语》中相关文献的分析与解释，"格物"的本义就是"人性之明德，人事之至善"。王国维通过对相关文献的考辨，对义理脉络的梳理与分析，对孔子思想体系的全面把握，所找到"忠恕"的本义是："社会上之博爱""不可不行之道""包含差等的普遍之爱"等。这些案例清晰地表明，自我认知范式的实践的确可以实现准确发掘中国哲学价值、豁显中国哲学精神之目的。

第四，顺向地完善中国哲学的价值系统。中国哲学的价值主体性，最根本的任务可能还是要建构和完善自身的价值体系。中国哲学当然有它的一套价值体系，但是第一，哲学价值体系需要与时俱进；第二，在20世纪对于中国哲学的认知、理解实践中，中国哲学价值体系程度不同地遭到了破坏。因而更新、完善和重建中国哲学价值体系当是显示中国哲学主体性的根本工作，而自我认知范式是有助于重建并完善中国哲学自我价值系统的最理想、最有效的路径之一。自我认知范式可以发掘中国哲学概念所内含的价值，比如，对"诚"的认知和理解，即显发其"以仁为内容"之义；对"中庸"的认知和理解，即显发其"符合、遵守某种事实或原则并且有用、有价值"之义。自我认知范式可以发掘中国哲学命题所内含的价值，比如，对"格物致知"的理解，即显发其"人性之明德，人事之至善"之义；对"克己复礼"的认知和理解，即显发其"复礼方能克己，'理'即大本，唯立大本，才能克己"之义。所有这些认知和理解，都表明中国哲学概念或命题的固有价值得以彰显并巩固。另一方面，通过自我认知范式的发掘和显发，与其他认知范式所获得的认知成果进行比较互动，以吸收其他认知范式所提供的思想营养，从而丰富中国哲学的价值内容。更为重要的是，在自我认知范式展开认知、理解的同时，当代人类实践是其思考的源泉，就是说，自我认知范式所显发的中国哲学的内容和特点等，必与当代人类实践发生交集，从而验证自我认知范式所显发的中国哲学的内容、价值和意义之不足或正当性，以丰富完善中国哲学的价值体系。可见，在自我认知范式应用实践中，不仅可以确立中国哲学自我理解的价值坐标，而且可以使中国哲学独特价值得到保护；不仅可以确立发掘中国哲学价值的任务和目标，而且可以完善并建构中国哲学的价值系统。中国哲学在价值上的主体性也就得以充分地显现，而自我认知范式"不怒自威"的气质亦因此流露无遗。

三 自我认知范式的特点与问题

因为是自觉于西方哲学方法应用所引发的问题而生，自我认知范式内在地包含着纠正西方哲学方法的动机与责任，而此动机与责任主要表现在作为解释方法和文化立场两个方面，并因此显示了自我认知范式的积极价值。不过，也许正是因为形成于对西方哲学方法的反动与纠正，并因此充分发挥了自我认知范式的功能，使自我认知范式"先天地"具有了某些特点和缺陷。

1. 自我认知范式的特点

自我认知范式的核心主张是理解中国哲学必须回到中国自身文化系统，而回到中国自身文化系统即意味着此理解是事实的、本我的、自明的；又因为自我认知范式是由诸多不同的文化要素构成，从而表现出贯通性与冲突性。

其一，事实性。以自我认知范式理解中国哲学，即意味着对与被理解的哲学概念、命题或观念相关联的所有信息的开放、呈现和供应，这些"所有信息"包括器物文明系统、社会历史系统、经济政治系统、习俗礼仪系统、经籍文献系统、文字语言系统、科学常识系统、作者素质系统、思想义理系统、意义价值系统等，在以自我认知范式理解中国哲学的实践中，这些"信息"都被"请"出来。这种"请"表现为三个特点：一是"尽出其情"，即全面地、不留遗漏地将与被理解的哲学概念或命题相关的信息呈现出来；二是"如实托出"，即每个相关信息元素都是原样呈现，是如此即如此，不增不损，不做任何的修饰、装扮；三是"诚实叙述"，即对所呈现信息的说明和解释，纯是客观叙述，无任何价值倾向性。因此，自我认知范式的第一特点就是事实性。

其二，本我性。即指自我认知范式在用于认知、理解和评价中国哲学的实践中，理解的视域、坐标、方法与价值等都是中国的。由于自我认知范式主张回到中国自身文化系统中,因而首先将理解中国哲学的"视域"做了限定,只在中国文化系统中进行理解,不会逸出中国文化;既然理解或解释只能在中国文化系统中进行,那么理解哲学概念或命题的坐标也只能是中国的,即中国的器物文明、社会历史、经济政治、习俗礼仪、文字语言、科学常识、经籍文献、思想义理、意义价值等;既然理解或解释只能在中国文化系统中进行,那么在理解或解释中国哲学概念或命题实践中,使用的方法只能是中国的,如小学、训诂、考证、考据、校勘、义理等;既然理解或解释只能在中国文化系统中进行,这就意味着理解实践中贯注的价值也只能是中国的,比如理解"格物","格"是怎样的功夫?"物"是指什么?这就需要放在中国文化系统中去理解。"格"是读书,是"接触",是"钻研",还是"动手做"?"物"是书本,是伦理,还是自然界及其奥秘?由于中国哲学属于道德性命之学,是生命的学问,因而这种价值旨趣决定了"格物"不会是向自然界用功,只能解释为修行工夫、践行伦理等,而不会解释为探索自然的奥秘。这就是自我认知范式的本我性。

其三,自明性。即指自我认知范式用于认知、理解和评价中国哲学的过程,也是被理解的哲学概念或命题的自明过程。具体言之,自我认知范式的第一步工作是清晰哲学概念或命题的生长环境,就是将被理解的哲学概念或命题所在的社会网络系统加以整理并呈现,使读者容易辨别被理解哲学概念或命题所生长的社会历史环境,从而避免将哲学概念或命题理解为不食人间烟火的玄秘之术。第二步工作是回到相应的思想史脉络、思想体系网络,从而将被理解的哲学概念或命题在思想史脉络、思想体系网络中的位置与作用确定下来,以避免将哲学概念或命题理解为无中生有的怪物。第三步工作是通过对与被理解哲学概念或命题相关的自我认知范式诸要素的解释,使被理解的哲学概念或命题的意涵明晰。比如,理解"六经皆我注脚",对"六经""我""注脚"的思想网络位置必须有清晰的了解,即对它们的文字语言、社会历史、经籍文献、思想义理、意义价值及其相互关系要有完整的认识和把握,再综合地分析这些要素,"六经皆我注脚"的意涵便可明晰地呈现。可见,在以自我认知范式为方法的理解实践中,中国哲学概念或命题完全是自我介绍、自我说明、自我明晰的过程,即表现为一种自明性。

其四，贯通性。即指自我认知范式在被用于认知和理解中国哲学的实践中，其诸要素表现出的相互合作、相互帮助的情形。我们知道，自我认知范式之器物文明系统、社会历史系统、经济政治系统、习俗礼仪系统、作者素质系统、经籍文献系统、科学常识系统、文字语言系统、思想义理系统、意义价值系统等，对哲学概念或命题意涵的理解都以自己的角色做出贡献。器物文明系统即将同时代的器物文明状况加以说明，社会历史系统即将同时代的社会历史状况加以说明，政治经济系统即将同时代的经济政治状况加以说明，习俗礼仪系统即将同时代的习俗礼仪状况加以说明，作者素质系统即将作者素质结构状况加以说明，经籍文献系统即将相关的经籍文献状况加以说明，科学常识系统将同时代的科学常识状况加以说明，文字语言系统即将同时代的文字语言状况加以说明，思想义理系统即将相关的思想义理脉络状况加以说明，意义价值系统即将相应哲学学说的意义价值状况加以说明。这就是说，若理解哲学概念或命题时只依赖其中的某个或某些要素都很难获得准确的意涵，因此，自我认知范式系统中的诸要素必须相互合作、相互贯通，以形成理解某个概念或命题的"完全生存的环境"，从而有助于全面、准确地理解哲学概念或命题。

其五，冲突性。即指在以自我认知范式为坐标和方法理解中国哲学的实践中，自我认知范式的诸要素所提供的"解释支持"存在差异，从而导致理解或解释的结论不一致。具体表现大致有：不同的经典文献所提供的解释信息或支撑的观点不同；社会历史背景与主体素质所引出的理解结论不同；文字语言与思想义理所提供的解释信息不同；科学常识与意义价值所提供的解释信息不同；习俗礼仪与思想义理所提供的解释信息不同；等等。这些现象表明自我认知范式虽然是事实的、客观的，但对于被理解的哲学概念或命题的意涵而言，往往会出现不同的答案，从而表现为"解释支持"上的冲突性。比如，对"忠恕"的理解，王国维解释为人生哲学，而胡适解释为方法论，他们虽然都充分利用了自我认知范式的优势，但结论迥异。这也说明，自我认知范式在哲学概念或命题的理解上，其结论会出现"意外"情况，需要我们加以留意。可见，自我认知范式诸要素并非"忠诚地"为正确理解哲学概念或命题"献身"，它们也有"任性"的一面。

2. 自我认知范式的问题

自我认知范式的核心主张是理解中国哲学必须回到中国自身文化系统，这就意味着作为论证根据具有同一性、作为研究视野难免狭隘性、所获结论缺乏确定性以及价值诉求上的唯我性。

略述如下：第一，论据的同一性。所谓论据的同一性，就是指作为理解中国哲学证据的自我认知范式诸要素都来自同一个文化系统。自我认知范式内部的要素虽然是多元的，涉及物质的、观念的、文字的、制度的、价值的等因素，但由于同属中国文化系统，从而表现为同质性。自我认知范式主张将被理解的中国哲学概念、命题或观念置于自身文化系统中理解，所有的参照都源于自身文化系统，无论是器物文明、社会历史、政治经济、礼仪习俗、文字语言、经籍文献，还是主体素质、科学常识、思想义理、意义价值，都属于中国文化系统，因而在论证证据上表现为同一性，即自我认知范式中的所有要素都来自中国自身文化系统；在论证方法上表现为同一性，即自我认知范式使用的方法都源于中国自身文化系统；在论证行为上表现为同一性，即自我认知范式在理解中国哲学概念或命题的时候，是自己证明自己。因此，自我认知范式作为理解或解释中国哲学概念和命题的方法，其论证具有同一性。这种同一性意味着没有异质文化系统参照，从而成为地地道道的"中国哲学自己说自己"，因而在形式上不会产生"综合效应"，在内容上不利于思想创新。

第二，视域的狭隘性。即指在以自我认知范式理解中国哲学的实践中，其视野仅驻足于中国文化系统，从而限制了自己的目光。由于自我认知范式所用于认知、理解中国哲学的要素都来自中国自身文化系统，即自我认知范式在坐标、方法和价值上都有特定的要求，在坐标上是中国自身文化系统，在方法上是中国传统学问方法，在价值上以中国哲学精神和价值为唯一，那么这种理解不能不表现为有限与静止。虽然自我认知范式的展开并不是静止的，其思维、判断都是动态的，但就对被理解的概念或命题内涵的减损、更新而言，自我认知范式具有静止性特点。因为它主要是确证其身份的本来性，并不为被理解的概念或命题创造新的思想或观念。虽然"自我认知范式"可以在很大程度上保证被诠释对象的含义的确定性，但由于这种诠释的参照系（中国自身思想文化系统）是固定不变的，它不能吸收其他性质的思想文化作为参照，自然更不能将性质不同的思想文化消化而吸入体内以壮大或更新自己，解释只能在特定的文化系统中进行，势必丧失自我更新的机会。因而自我认知范式虽然可以独享自己家园的风景，却难以领略他人家园的风情。因此，必须避免因享用到自我认知范识的"福利"而忽视它的局限。概言之，自我认知范式在理解的深度、广度等方面都受到天生的限制，这是我们必须做出正确估计的。加达默尔说："一切理解都是自我理解，但这并不具有初步的自我占有或最终地决定性地获得的意义。因为自我理解只有在对一种论题进行理解时才实现，它并不具有自由的自我实现的特性。"① 自我认知范式显然不是那么自由的，从而在视域上表现出狭隘性。

第三，结论的非确定性。即指自我认知范式虽然被用于认知、理解中国哲学，但并不意味着其关于某哲学概念或命题的理解就是确定的，其具体表现为：首先，同样是自我认知范式应用于同一个哲学概念或哲学命题进行解释，但其结论存在差异。比如徐复观借助自我认知范式将"中庸"理解为不偏、不易，或者"善"；而郑先兴借助自我认知范式将"中庸"理解为符合、遵守某种事实或原则并且有用、有价值，可以施行，或让人们遵守礼制。其次，自我认知范式的应用并不意味着对被理解哲学概念或命题本义的把握。比如张岱年对"格物"的理解，他说："最古的字书之一《仓颉篇》云：'格，量度之也。'量度即衡量事物之大小长短，含有比较其本末先后之意。如此，《大学》'格物'之格，应训为'量度之也'，'格物'即衡量事物的本末先后。《大学》所谓格物，本意不过如此。"② 张岱年的解释涉及《大学》文意前后贯通以及字义的分析，也即是自我认知范式的实践，但将"格物"理解为"量度事物的始终本末之意"，似乎与《大学》本义不相符，因为"格物"后面是"致知"，若是"量度事物的始终本末"，如何与"致知"贯通呢？而且，既然可以根据《大学》"物有本末、事有终始"定"格物"为"量度事物的始终本末"之义，那么也可将"致知""诚意""正心"等解释为"量度事物的始终本末"之义。这显然是不可信的。这就是说明自我认知范式的应用并不意味着对被理解哲学概念或命题本义的把握。再次，自我认知范式的应用

---

① [德] 加达默尔：《哲学解释学》，夏镇平等译，上海译文出版社1994年版，第54页。
② 张岱年：《张岱年全集》第四卷，河北人民出版社1996年版，第702页。

受到其他认知范式的影响，以致最后的结论与自我认知范式之初衷相异。比如张岱年对"良知"的理解，虽然是以自我认知范式展开认知和理解，但最后的结论与自我认知范式所追求的不同，乃是因为受到唯物认知范式的影响。最后，自我认知范式的基数不够而影响理解的结论，就是说在某个认知和理解中国哲学的案例中，理解者用的是自我认知范式，但由于其使用的认知范式要素过于单调，一个或两个，它们不足以完整地解释被理解的哲学概念或命题。比如，关于"道"的理解，光有社会历史的解释是不够的，还须自我认知范式其他要素的相助。可见，自我认知范式虽然是客观的立场，事实地呈现，但最终的结论往往表现出不确定性。这种现象提示我们，客观地认知、理解中国哲学，不能完全依赖自我认知范式，必须在自我认知范式基础上拓宽认知、理解的广度与推进认知、理解的深度，同时注意其他因素对自我认知范式影响。

第四，价值的唯我性。即指在以自我认知范式为方法理解中国哲学的实践中，无论是理解方法、理解行为、理解结论，都是以中国哲学精神和价值为绝对坐标。只信任自我文化系统的解释，只相信自己学问方法的可靠，以重建和巩固中国哲学的价值为目标。这种价值上的唯我性在自我认知范式实践中虽然是其内在逻辑使然，但却是需要慎重对待的。这个特点对于维护中国哲学的尊严与地位、保护中国哲学的资源和价值都具有积极意义。但由于没有"他者"坐标的引入，使理解者无时不沉醉于自我文化系统中，从而滋生自满、自恋、专制、盲从之心理，自我欣赏，自我狂大，唯我独尊。因而必须在自我认知范式基础上开放其他认知范式，开放其他哲学的价值，改变价值上唯我独尊的偏颇。比如对"中庸"的理解，根据自我认知范式可以使其本义呈现，可以肯定其价值，但不能由此走向将自我认知范式所认知、所肯定的价值视为绝对和唯一，因为还可以借助中国之外的文化系统来发掘和理解"中庸"的价值，从而更新、丰富其内涵。因此，对自我认知范式可能滋长的价值上的唯我性必须有清醒的认识，自觉意识到自我认知范式只是理解实践中应该坚守但也是一种相对性的原则和方法，而不应成为拒绝其他哲学方法的樊篱，更不应成为塑造唯我独尊文化意识的帮手。自我认知范式强调主体性、本位性，但唯我性、独尊性绝不是它的目标，它需要的是开放胸怀，广纳新思，更新价值，丰富内涵。

总之,"自我认知范式"是中国学者对西方哲学方法用于解释中国哲学所引发问题的觉醒,是中国学者为了消除西方哲学方法所导致的伤害而制定的对策,是对西方哲学方法的反动与修正,是中国哲学主体性建构的重要方法意识和思想资源。因此,在未来中国哲学研究中,在处理中外哲学关系中,自我认知范式必须得到推广、实行与弘扬,同时必须限制它消极面的滋生,使之完全地、有效地、积极地为中国哲学的现代发展与创建作出贡献。熊十力说:"哲学有国民性。治哲学者,自当以本国思想为根底,以外国思想为资助,吸收外人之长,以去吾固有之短,亦当考察外人之短,而发挥吾固有之长,供其借鉴。学术者天下之公器也,容不得一毫自私也,更容不得一毫自薄心。余尝言,将来世界大同,犹赖各种文化系统各自发挥其长处,以便互相比较、互相观摩、互相取舍、互相融和,方有大同之福,否则人类精神界将有颓废之忧,岂明哲所希愿哉?真正哲学家当有空诸倚傍、危严独立精神,始得有远识明见,堪为暗室孤灯。民国近四十年,谈哲学者只知有西洋而不知有中国,学者或自况于旧瓶新酒,然瓶固此方之旧,酒非今时自造之新,正恐犹是他方旧沙砾耳!"[1] 这就是说,在多元的哲学世界里,必须以坚持、挺立、强大中国哲学的主体性为使命,但这是通过与不同哲学平等对话、彼此欣赏与批评、相互吸收与滋养来实现的。

---

[1] 熊十力:《熊十力全集》第五卷,湖北人民出版社2001年版,第764页。

第七章 综　　论

如上我们系统、深入地考察了唯物认知范式、科学认知范式、人文认知范式、逻辑认知范式、自我认知范式五大认知范式被用于认知、理解与评价中国传统哲学的情形，并对每种认知范式的实践进行了详细呈现、扼要分析与初步评论。本章即在上述讨论基础上，对五大认知范式与中国传统哲学资源的发掘和整理、五大认知范式对中国有无哲学问题的回应、五大认知范式之间的关系、五大认知范式的解释学评估、五大认知范式的特点与局限、五大认知范式与中国传统哲学的未来等展开综合讨论。

第一节　中国传统哲学资源的开掘与整理

所谓哲学资源的凸显，是指在唯物认知范式、科学认知范式、人文认知范式、逻辑认知范式、自我认知范式的应用下，中国传统思想中属于唯物论哲学系统、科学哲学系统、人文主义思想系统、逻辑学系统等的哲学概念或命题、哲学体系和方法、哲学特点和价值被发掘和整理出来。由于前面各章有具体的讨论，这里只做概括性论述。

一　哲学概念和命题的开掘与整理

没有疑问，中国传统思想中蕴含有丰富的哲学概念、命题和观念，但同样没有疑问的是，由于中国学术传统中没有"哲学"学科，从而也就没有"哲学地"地对待、理解和处理中国传统思想中的概念、命题和观念，自然也不能让人们知道其概念、命题或观念的"哲学"意涵。而唯物认知范式、科学认知范式、人文认知范式、逻辑认知范式的应用，将中国传统思想中的概念、命题进行发掘、整理和解释，从而使它们的思想内涵以"哲学"的面孔呈现于世。

就概念或范畴言，比如，"天"被理解为有人格意志的最高主宰，或者最高原理；"诚"被理解为主体的力量，或万物本原、本性；"理"被理解为宇宙之根源、万物的本体、最高范畴等；"心"被理解为主观唯心论之最高范畴、万物的本源，或是善的根源等；"仁"被理解为主体精神，绝对的精神实体等；"道"被理解为万物的总根源、假设等；"气"被理解为客观物质、宇宙唯一基本存在等；"良知"被理解为先验的道德意识、万化的根源、善的源头等；"阴阳"被理解为具有"粒子可分又不可分、物质连续又间断"的思想等；而自我认知范式在其中扮演尽显各概念或范畴文化背景的角色，使其他认知范式的判断尽可能有所信并准确。可以说，如果没有唯物认知范式、科学认知范式、人文认知范式、逻辑认知范式的实践，这些概念就不会被"哲学地"对待和理解。

在命题方面，比如，"天人合一"被理解为正确地处理了主客关系的哲学命题，或者消除了主客关系的哲学命题；"和实生物"被理解为万物都由物质构成，具有多元多样性的思想；"三表法"被理解为经验论和提出了认识标准问题；"形质神用"被理解为正确地处理了物质与精神的关系；"格物致知"被理解为做到了感性认识与理性认识的结合；"尽心知性"被理解为内含了自由思想；"理一分殊"被理解为内含归纳与演绎等。同样，没有唯物认知范式、科学认知范式、人文认知范式、逻辑认知范式的应用，这些命题也不会被"哲学地"的对待和理解。而自我认知范式同样在其中扮演尽显各命题文化背景的角色。

因此说，五大认知范式的应用，的确使中国传统思想中的概念、命题被"哲学地"发掘和整理出来，使它们以"哲学"的身份出现在现代中国哲学史上。其中需要说明的是，不同认知范式对同一"范畴"或"命题"的理解，所呈现的"哲学"内涵不尽相同，即：既有唯物认知范式理解所得之内涵，也有科学认知范式理解所得之内涵，既有人文认知范式理解所得之内涵，也有逻辑认知范式理解所得之内涵，这样，中国传统哲学中分属不同领域的哲学内涵都被发掘、整理出来，并呈现出丰富多彩之气象。

二 哲学系统和方法的开掘与整理

在中国传统思想资源中，有无哲学系统与哲学方法？五大认知范式的应用给了我们肯定答案。

冯友兰曾经说："中国哲学史工作者的一个任务，就是从过去的哲学家们的没有形式上的系统的资料中，找出其实质的系统，找出他的思想体系，用所能看出的一鳞半爪，恢复一条龙出来。在写的哲学史中恢复的这条龙，必须尽可能地接近于本来的哲学史中的那条龙的本来面目，不可多也不可少。"[①] 如此说来，具有西学身份的唯物认知范式、科学认知范式、人文认知范式、逻辑认知范式在发掘和整理中国传统哲学系统中的基础作用是毋庸置疑的，事实也是如此。唯物认知范式的应用，不仅发掘、整理出哲学家的哲学系统，如老子辩证法思想系统、王夫之唯物论思想系统，而且发掘整理出中国古代唯物论系统、中国古代辩证法系统、中国古代认识论系统，而整个中国古代哲学又被整理出唯物论、辩证法、认识论和唯物史观构成的系统。人文认知范式的应用，发掘与整理出中国传统哲学中的人文思想系统，唐君毅、张岱年、韦政通、陈鼓应等分别将中国传统哲学中的人文精神系统、儒家人文思想系统、先秦诸子人文思想、道家人文思想等整理出来，成为中国传统哲学中的人文思想系统。逻辑认知范式的应用，发掘整理出中国传统哲学中的逻辑概念系统、逻辑判断系统、逻辑推理系统。儒家、名家的名辩思想，墨家的概念、判断、推理思想，荀子的名学思想、推理思想等也都被发掘和整理出来。而自我认知范式诚恳地在其中扮演着尽显各类系统文化背景的基础作用。冯友兰曾说："中国哲学，没有形式上的系统，若不研究西洋哲学，则我们整理中国哲学，便无所取法；中国过去没有成文的哲学史，若不研究西洋哲学史（写的西洋哲学史），则我们著述中国哲学史，便无所矜式。据此，可见西洋哲学史之形式上的系统，实是整理中国哲学之模范。打算把中国哲学整理出一个形式上的系统，就得首先钻研一些西洋哲学。"[②] 在冯友兰看来，从中国传统思想资源中发掘和整理出哲学思想系统不仅是可能的，而且是应该的

---

① 冯友兰：《三松堂全集》第八卷，河南人民出版社2001年版，第41页。
② 冯友兰：《三松堂全集》第十一卷，河南人民出版社2001年版，第403页。

和必要的。

那么，中国传统思想资源中有无哲学方法？五大认知范式的应用也给出了肯定回答。比如，唯物认知范式的应用，"形质神用"命题所蕴含的"物质第一性，精神第二性"的思想方法，"格物致知"命题所蕴含的通过接触、研究事物获得真知的认识方法，"理事合一"命题所蕴含的以理起势、以势寻理的历史方法，"知行合一"命题所蕴含的以行成知、以知导行的方法，"和实生物"命题所蕴含的差异性、多元性生物的方法，等等，都被发掘与整理。科学认知方式的应用，将"格物致知"所蕴含的唯理主义方法、归纳方法，将孔子"退而省其私"、孟子"尽信书不如无书"所蕴含的怀疑方法，将"考据"所蕴含的归纳、考证、求实方法，等等，都发掘与整理了出来。人文认知范式的应用，发掘、整理了中国传统哲学中的"玄览""坐忘""置心物中"所内含的直觉方法，"万物一体"所内含的机体方法，"尽心知性"所内含的生命方法，"求放心"所内含的自由思想等。逻辑认知范式的应用，发掘、整理了中国传统哲学中的后期墨家的推理、判断方法，公孙龙、惠施命题中的名实关系方法，荀子的制名方法、推理方法等，古代哲学中的逻辑思维方式及其所表现的规则等。而自我认知范式在提供相应的历史文化背景方面作出了自己的贡献。当然，这些认知范式应用的同时，也对中国传统哲学中缺乏相应方法给予了警示和批评，提出了改进的内容和方向。因而完全可以说，五大认知范式的应用，中国传统思想中的哲学方法资源也得到了发掘与整理。概言之，五大认知范式的应用，也将中国传统思想中的哲学系统和哲学方法进行了发掘和整理，从而使被呈现与确证的中国传统哲学资源更为完整。

三 哲学特点和价值的开掘与整理

认知范式的应用对于中国传统哲学的意义，当然不仅在于发掘和整理中国传统哲学中的概念与命题，不仅在于发掘和整理中国传统哲学中的体系与方法，而且在于对中国传统哲学特点和价值的揭示。那么，五大认知范式发掘和整理出了哪些特点和价值呢？

就特点言，唯物认知范式所理解的中国传统哲学特点有：辩证法思想丰富，观念论占主导地位，本体与现象统一，无神论思想突出，自然主义生死观等；科学认知范式所理解的中国传统哲学特点有：穷性至命为研究内容，主客关系为天人合一，思维方式为模糊笼统，言谈风格为玄谈臆想等；人文认知范式所理解的中国传统哲学特点有：以机体主义描述宇宙结构，以生命为研究内容，以人为关注思考的中心，以直觉为获得真理的方法等；逻辑认知范式所理解的中国传统哲学特点有：务实致用，直观比拟，非形式化，有机整体，"道"为至上等；自我认知范式理解的中国传统哲学特点有：重实际实行，哲学政治合一，无本体，生命生机等。而自我认知范式为这些认知和理解实践的完成提供了必备的文化背景。因此说，唯物认知范式、科学认知范式、人文认知范式、逻辑认知范式、自我认知范式五大认知范式的应用，将中国传统哲学的特点揭示了出来。而且，这种揭示还表现出这样几个特色：第一，中国传统哲学特点具有多样性，在不同认知范式的理解与照察下，其特点的丰富多彩性被呈现出来；第二，五大认知范式关于中国传统哲学特点的理解与判断存在重合性，比如，以科学认知范式为参照必判中国传统哲学的研究内容是穷性至命，而以人文认知范式为参照会获得同样的结论，从而说明所揭示特点的可靠性；第三，五大认知范式关于中国传统哲学特点的判断，既有对积极性特点的呈现，也有对消极特点的揭示，从而较全面地呈现了中国传统哲学的特点，也从而为完善中国传统哲学特点提示了方向。

五大认知范式在揭示中国传统哲学特点的同时，也对中国传统哲学的价值给予了关注与分析。唯物认知范式所揭示的中国传统哲学的价值有：关于分析思想观念或社会问题应从物质基础出发的方法，关于宇宙万物变化发展的思想，关于认识与实践合一的思想，关于社会历史规律与社会发展趋势关系的思想，等等。也就是说，唯物认知范式发掘了属于"唯物认知范式"的思想内容。比如，任继愈认为荀子的性恶论强调人性是天然生成的，人的道德观念是后天学习得来的，圣人也是学习而成的。这就表明其人性论中含有社会环境决定人性好坏的思想，这符合社会存在决定社会意识的原理，所以含有唯物主义因素。萧萐父、李锦全认为"和实生物"命题蕴含了差异性、多样性、矛盾性思想，追求矛盾的均衡与统一，并对"以同裨同"形而上学予以否定。科学认知范式所揭示出的中国传统哲学价值有：关于科学原理、科学定律、科学方法、科学精神的思想，即将那些具有积极价值的科学理念发掘和整理出来。比如，胡适发现"格物致知"内含有唯理主义精神、归纳的精神及方法论。薄忠信认为中国古代哲学中的"阴阳"观念内含着量子力学的思想,量子力学中的"粒子既是可分的又是不可分的,物质是连续的又是间断的,空间和时间这两个截然不同的概念在相对论中得到了统一"原理正为"阴阳"观念所包含。人文认知范式所揭示的中国传统哲学价值有:人文主义精神、人文主义思想、人文主义主张、人文主义方法等。比如,熊十力发现儒家的"仁"寓有"自由"意涵,他说:"西人有言,人得自由,而必以他人之自由为界,此当然之理也。然最精之义,则莫如吾夫子所谓'我欲仁,斯仁至矣'。言自由者,至此而极矣。夫人而不仁,即非人也;欲仁而仁斯至,自由孰大于是,而人顾不争此自由何耶?"① 唐君毅发现儒家的"礼人尊人之道"有尊重人格之内涵,他说:"唯有礼让之精神,可升举他人之人格之价值。人互尊礼让,以互升举其人格之价值,而后人文社会,乃日进于高明。此孔子礼教之精义。"② 逻辑认知范式所发掘和整理的价值,将那些具有符合逻辑原理、规范、定律的思想发掘和整理出来。比如,王国维认为荀子"制名"思想具有很高的价值,是我国名学上空前绝后之作,因为荀子提出的"共名"与"别名"即是西方逻辑学上的类概念与种概念之区别,而荀子提出的"宜名""实名""善名"则等同于培根"市场之偶像"论和康德"先天之幻影"论等。颜青山指出,《墨经》中有一个"诺"概念,是探讨语句真理性程度的概念,反映陈述与实在之间的关系,含有语言逻辑思想。王廷洽认为荀子"以类度类"含有两种推理形式:其一,相当于类比推理;其二,一般的演绎推理。因此,"以类度类"不仅与类比推理相当,也具有演绎推理性质,而且这两者是相互联系的。利科尔说:"凡有多种意义的地方,就存在解释,正是在解释里,意义的多样性才明显地表现出来。"③ 这句话非常适合五大认知范式与中国传统哲学的关系。必须特别指出的是,唯物认知范式等之所以能够比较准确地、多样地揭示中国传统哲学的价值,在于自我认知范式的"慷慨无私"的奉献,只有自我认知范式将中国传统哲学的文化背景客观而全方位地呈现出来,唯物认知范式等四大认知范式的认知和理解才

---

① 熊十力:《熊十力全集》第四卷,湖北教育出版社2001年版,第367页。
② 唐君毅:《人文精神之重建》(二),广西师范大学出版社2005年版,第310页。
③ [法]保罗·利科尔:《存在与诠释学》,载洪汉鼎编译《理解与解释——诠释经典文选》,东方出版社2001年版,第256页。

能有的放矢，才能更加积极和有效。自我认知范式表现在发掘和整理上的价值，是将唯物、科学、人文、逻辑四大认知范式所揭示的价值坐实或纠正。可见，无论是对中国哲学特点的揭示与判断，还是对中国哲学价值的彰显与肯定，具有西学背景的唯物认知范式、科学认知范式、人文认知范式、逻辑认知范式四大认知范式发挥了积极作用，正如牟宗三所说："对于西方哲学的全部，知道得愈多，愈通透，则对于中国哲学的层面、特性、意义与价值，也益容易照察得出，而了解其分际。这不是附会。"①

第二节 四大认知范式应用之意义与问题

自西方哲学进入中国思想界之后，便开始发挥它的影响力。但如何评估这种影响力则争议较大。本书中的唯物认知范式、科学认知范式、人文认知范式和逻辑认知范式等都具有西学身份，而且全面地、深入地投身到认知和理解中国传统哲学的实践中，并产生了广泛、深刻的影响。因而根据唯物认知范式、科学认知范式、人文认知范式、逻辑认知范式的应用实践及其效应考察、评估西方哲学对中国传统哲学的影响，无疑是一值得信赖的视角。

一 表现在形式品质的提升

一般而言，哲学可视为由形式与内容两部分组成，形式处于显位，内容处于隐位。我们根据显而隐的顺序先考察四大认知范式在形式上对中国传统哲学的影响。胡适说："哲学是受它的方法制约的，也就是说，哲学的发展是决定于逻辑方法的发展的。"② 那么，四大认知范式在形式上给了中国传统哲学怎样的帮助呢？

1. 哲学术语的移植

哲学术语是哲学形式发展的一个重要标志，相对于中国传统哲学而言，唯物认知范式、科学认知范式、人文认知范式、逻辑认知范式在被用

---

① 牟宗三：《中国哲学的特质》，上海古籍出版社2007年版，第7—8页。
② 胡适：《先秦名学史》，《胡适学术文集·中国哲学史（下）》，中华书局1998年版，第771页。

于认知、理解中国传统哲学的实践中,引入了丰富的哲学术语。比如,在本体论领域,有本原、本体、实在、存有、意识、精神、物质、唯心论、唯物论等范畴,用于理解中国传统哲学中的本体论、宇宙论方面的思想。在变易论领域,有矛盾、联系、主要矛盾、次要矛盾、肯定、否定、量变、质变、原因、结果、偶然、必然等范畴,用于理解中国传统哲学中的辩证法思想。在认识论领域,有主体、客体、主观、客观、感性、理性、实践、真理、反映论、先验论、经验论等概念和理论,用于理解中国传统哲学中认识论方面的思想。在人生哲学领域,有价值、意义、人格、境界、意志自由、偶然论、宿命论等,用于理解中国传统哲学中人生论方面的思想。在社会历史哲学领域,有人道主义、异化、社会存在、社会意识、生产方式、阶级、规律、社会形态等,用于理解中国传统哲学中历史观方面的思想。在解释学领域,有语境、前见、过度诠释、文本等,用于理解中国传统哲学中解释学方面的思想。在逻辑哲学领域,有概念、命题、推理、演绎、归纳、选言命题、选言推理、真言命题、矛盾律、排中律、同一律等,用于理解中国传统哲学中的逻辑思想。不能不说,这些哲学术语的引入与移植,对丰富、充实和改造中国传统哲学术语都起到了积极作用。

2. 哲学表达方式的改进

哲学表达方式是哲学形式发展的另一个重要标志,相对于中国传统哲学言,唯物认知范式、科学认知范式、人文认知范式、逻辑认知范式在被用于认知、理解中国传统哲学的实践中,悄无声息地改造并丰富着中国哲学的表达方式。比如,关于"天",就有最高主宰、自然、最高原理、绝对意志、天象结构等不同表述;关于老子的"道",就有唯物主义的本体、唯心主义的本体、宇宙万物的本源、假设、粒子与真空、无限真实存在的本体、终极的人文关怀等不同表述;关于孔子的"仁",就有主观唯心主义、唯意志论、主观能动性、意志自由、宇宙万物本体等不同表述;关于"理",就有最高的毫无具体内涵的抽象、先于物质存在的实体、万物之上的主权者、理由、理性等不同表述;关于"诚",就有内在的主体力量、万物之本性和本体、智力活动、永不停息的生命活动、预知未来的能力等不同表述;关于"格物致知",就有假借于物才有知识、感性与理性相结合、认识论意义上的唯心主义、科学精神与科学原理等不同的表述；关于朱熹"理本气末"，就有客观唯心论、绝对理念论、新实在论等不同表述方式；关于王阳明"知行合一"，就有实践与认识的统一、动机论、生理心理活动的两面等不同表述。可见，唯物认知范式、科学认知范式、人文认知范式、逻辑认知范式的应用，在认知和理解中国传统哲学实践中广泛采用了西方哲学的表述方式，从而使中国传统哲学中的范畴、概念和命题所内含的哲学意义获得了新的表达方式，并且通过这种表达方式的改变，使中国传统哲学成为"公共哲学"。依照冯友兰的理解，西方哲学表述方式的应用，不仅在理解中国哲学实践中给人以方便，他说："无论如何，事实是，在以前的中国哲学中，'术语'是比较少的，论证往往是很不详尽的，形式上的体系往往不具备。另外还有很明显的一点，那就是以前的哲学家所用的语言，是古代的语言。必须用现代的中国语言把他翻译过来，才能为现代的人所理解。"[①] 而且西方哲学的表述方式在研究中国哲学的实践中给人以方便，他说："现在研究中国古代哲学史比较容易多了。有许多西方哲学中的'术语'可以用以分析、解释、翻译、评论中国古代哲学。但是翻译必须确切，解释必须适当。"[②] 的确，20世纪中国哲学的成长基本是在西方哲学观照下实现的。

3. 哲学思维方式的引入

思维方式无疑是哲学形式发展的又一重要标志，相对于中国传统哲学而言，唯物认知范式、科学认知范式、人文认知范式、逻辑认知范式在被用于认知、理解中国传统哲学的实践中，对中国传统哲学的思维方式也产生了深远影响。比如，由物质与意识关系、普遍联系、正反两面等思维方式，都被应用于发掘和整理中国传统哲学思维方式；归纳、实证、怀疑、向外求索等思维方式，都被应用于发掘和整理中国传统哲学思维方式；概念或范畴定义明确、判断有据且准确、推理有前提且过程清晰等逻辑思维方法，也都被应用于发掘和整理中国传统哲学思维方式。无疑，这些思维方式的引入，不仅丰富、强化了中国传统哲学固有的思维方式，而且改进、完善着中国传统哲学的思维方式。中国传统哲学在概念上模糊不清，在定义上模棱两可，在思维上直观混乱的缺点得到了一定程度的纠正。正

---

① 冯友兰：《三松堂全集》第八卷，河南人民出版社2001年版，第40页。
② 同上。

如冯友兰所说:"就我所能看出的而论,西方哲学对中国哲学的永久性贡献,是逻辑分析方法。……佛家和道家都用负的方法。逻辑方法正和这种负的方法相反,所以可以叫做正的方法。负的方法,试图消除区别,告诉我们它的对象不是什么;正的方法,则试图作出区别,告诉我们它的对象是什么。对于中国人来说,传入佛家的负的方法,并无关紧要,因为道家早已有负的方法,当然佛家的确加强了它。可是,正的方法的传入,就真正是极其重要的大事了。它给予中国人一个新的思想方法,使其整个思想为之一变。"[①] 这个判断应该是既先进又中肯的。

二 表现在内容品质的提升

所谓内容上对中国传统哲学品质的提升,主要是指中国学者在以唯物认知范式、科学认知范式、人文认知范式、逻辑认知范式解释中国传统哲学概念或命题的实践中赋予其新的内涵,使传统哲学概念或命题在内容上得以丰富和发展,形成具有新的内涵的哲学概念、命题或观念。

1. 唯物认知范式对内容的丰富

在唯物认知范式用于理解中国传统哲学的实践中,唯物认知范式的诸多基本原理和基本观念实现了与中国传统哲学的结合。比如,对于"仁"的理解,按照唯物认知范式原则,"仁"不仅有抽象性一面,更有具体的一面,即有它的阶级内涵和阶级属性,这种理解就意味着"仁"有其规定性,需要从提出、论述"仁"的主体确定"仁"的具体内涵与性质。张载讲"气"是世界万物统一的基质,而且,以"气"为统一体的万物是运动变化的,因而它超越了朴素唯物论,但张载的唯物主义是不彻底的,因为"气"论仍然有唯心论的倾向。这种理解不仅揭示了"气"之物质性、变化性等内涵,而且指出了完善"气"内容的方向。"和实生物"命题内含的思想有:世界统一性思想,世界统一于物质;世界多样性思想,世界万物是多样的;多种物质的融合才能产生新物质,因而还是朴素唯物主义。这种理解,一方面将此命题的哲学意义发掘出来,另一方面指出其仍处于朴素唯物主义水平。这就是说,依唯物认知范式,"和实生物"命题需要去掉其"朴素性",即人的认识水平不能停留在"把具体

[①] 冯友兰:《三松堂全集》第六卷,河南人民出版社2001年版,第277页。

的物质概念作为万物的本体"上。"格物致知"涉及认识对象、认识程序、主客关系等,但其认识对象并非物质世界,其认识程序也并非科学的程序,其处理主客关系并非正确的方式,因此,这个命题的相关内容需要更新、丰富和充实。"形质神用"表达了精神依赖于肉体的基本思想,但对精神的独立性缺乏重视。按照这个理解,必须补充"神"对于"质"独立作用的内容。可见,唯物认知范式的应用,较为全面地将唯物认知范式的思想内容融入中国传统哲学中,使中国传统哲学在内容上获得了充实与丰富。

2. 科学认知范式对内容的丰富

在科学认知范式用于理解中国传统哲学的实践中,科学精神、原理、定律和方法等实现了与中国传统哲学的结合,从而丰富着中国传统哲学的内容。比如,"天"被理解为"元气",是由物质构成的状态,是聚集在一起的气体。按照这样的理解,"天"的神秘性、主宰性、人格意志等含义被否定了,也就不能成为人的信仰和精神支柱了。这就使人们关于"天"的理解由朦胧转为理性,"天"不再是一个混沌不清的概念。所以,这种情形应该是哲学思想的进步,因为它将传统哲学概念的消极落后因素化解,清除非哲学性质的概念,或不属于哲学的概念,或庸俗的哲学概念,这当然也是对中国传统哲学的丰富和发展。"气"就是物理学中的"力",或是"场",是一连续性的物质存在。这种理解在将"气"本有的自然哲学内涵发掘出来的同时,也赋予其新的自然哲学内涵。"理"被理解为理性之理、理由之理,但不应该是本体之理和伦理之理。这个解释突出了"理"概念的自然哲学内涵——也是其本有内涵,"理"就是理性,强调它的科学、知识意义,强调它的自觉性;"理"也是理由之理,是事物发生的缘由,是事物发生的根据。这种解释,一方面将传统的"理"之自然科学内涵发掘出来;另一方面是对其内容的丰富和发展,因为"理性"与"理由"都是原自近现代自然科学的概念。"道"被理解为假设之道,是宇宙的结构。这种解释揭示了"道"内含的自然科学内涵。所谓"假设之道",就是认为"道"是人发明的,不是客观的,是根据人的需要提出的;而所谓"宇宙的结构",就是说宇宙是有层次结构的、物质形态多样的、不断运动发展的天体系统。胡适的这种理解具有鲜明的自然科学特色,而且丰富了"道"的内涵。"阴阳"就是阴电子阳电子,是粒子既可分又不可分的意思,表达了物质的连续性和简单性观念。按这种理解,"阴阳"完全成了量子力学概念。"五行"被理解为不同的物质的性质与变化,就现代而言,又分属不同的自然科学学科内容。"格物致知"被认为蕴含了归纳、演绎、实验等丰富的科学哲学思想、科学方法。另外,在哲学特点方面,按照科学认知范式的理解,中国哲学在内容上是穷性至命,在主客关系上是天人不分,在思维方式上具有模糊笼统性,在言谈表述上具有玄谈臆想性。而这些特点的揭示意味着对消极方面的改善、对积极方面的肯定。这当然是对中国传统哲学的丰富和发展。概言之,在科学认知范式理解下,中国传统哲学中的许多概念内含的科学哲学思想、原理、定律和方法都被发掘出来了,同时用近现代自然科学思想、原理和方法去充实它,去提升它,并揭示它们的不足,这种思想上的理解、解释与改造活动,对于中国传统哲学的内容无疑是极大的丰富和发展。

3. 人文认知范式对内容的丰富

在人文认知范式用于理解中国传统哲学的实践中,人文主义诸多基本原理和基本观念实现了与中国传统哲学的结合。比如,"仁"具有平等、圆融的意思;孔子的"天命"是有命论,不是意志自由,也不是宿命论,表达的是主体的要求或诉求;"诚"是不停息的生命活动,有信仰、信念之意涵;"道"有无私、高尚、人格、超越等含义,表达生命实践的境界;"和"即是宽容、多元,批评单一性、独裁、专制;"絜矩"含有自由、照顾彼此的意涵,可以正确处理人与人的关系;"良知"即内在道德信念,是最高道德本体,也是精神自由境界;"礼"是一种人文教化,是对生命的关怀,肯定了人的地位和价值,它具有尊让、平等、人格尊严等意涵;"道法自然"表达了自主自为的独立精神,化生万物的情怀,遵循自然而不妄作的理性,生而不有的品德,自由个性等;"民贵君轻"内含着平等、民主、民意思想的萌芽;"天人合一"体现了关怀、生态,万物平等,凸显了"人"的地位与价值;"尚力非命"具有崇尚人力、否定神的观念;"人皆可以为尧舜"具有民主、平等的意涵;"道通为一"表示生命皆有尊严;"化性起伪"内含人的教化,变恶为善,强调主体的自善力量与后天教化;"继善成性"表达了价值提升的过程;等等。如上解释,都具有鲜明的人文主义色彩。此外,人文认知范式对于中国传统哲学特点的发掘与解释，也促进了中国传统哲学的提升。比如，有机体主义、消除物化、神为人存在等理念，有民主、自由、平等、人格等学说，有道德责任、道德义务、道德权利、道德自由、道德动机、道德主体等思想，都体现了人文认知范式对于中国传统哲学内容的丰富和发展。需要说明的是，人文认知范式的理解同时包括检测、比较和解释等，即它并不像某些学者所想象的"加进"被理解的思想中，而是一种复杂的研究行为，可以检测被比较思想或学说的特点、优点和缺点，可以作为比较、理解的坐标，可以作为解释的方法，等等，因此，以人文认知范式理解中国传统思想，只是一种学术实践而已。这也就是为什么贺麟通过比较认识到儒学拥有"自由"的原因——"尽性就是《中庸》所谓尽人之性，尽物之性，也就是现在所谓'自我实现'。认识自我，发展自我，实现自己的本性，就是自由。"[①] 也是为什么熊十力通过比较认识到儒家的"孝"与"博爱"存在差异的原因——"西洋人谈博爱，是外铄之爱，此方圣哲谈孝乃出乎本心，为内发之爱。自东西接触以来，名彦都无此的见，独贤者与吾心有同然。常谓西洋伦理由男女之恋爱发端，吾人伦理由亲子之慈孝发端，此是东西根本异处。"[②]

4. 逻辑认知范式对内容的丰富

在逻辑认知范式用于理解中国传统哲学的实践中，逻辑认知范式的诸多基本原理、基本规律和思维方式实现了与中国传统哲学的结合。比如，"类"即是形式逻辑矛盾律，是归纳推理；"故"即是说式（演绎）推理；"理"即是推理形式和逻辑规律；"或"即是不尽然，相容不相容的关系；"假"即是"虚拟"，假言命题前后件；"效"即是逻辑法则；"辟"即是比喻，举他物明此物；"侔"即是用别的判断比较此判断；"援"即是举例，以已成的实例推未知；"推"即是归纳法；"五诺"则内含语言逻辑思想与法则。另外，逻辑认知范式对离坚白、白马非马、合同异、举一反三、充其类、言不尽意、合一衍万、理一分殊等命题的解释，也都引用了西方形式逻辑法则、规律和方法。比如，周云之认为，

---

① 贺麟：《论意志自由》，《贺麟选集》，吉林人民出版社2005年版，第115页。
② 熊十力：《十力语要》，《熊十力全集》第四卷，湖北教育出版社2001年版，第368—369页。

"合同异"的逻辑内涵有：对定义方法的运用，即包含了对"大同"（同而有异）和"小同"（异而有同）两个概念的定义；对关系命题的认识，认为它是反映两个或两个以上的事物之间的某种关系的，它的主词是反映两个以上的事物，它的谓词是反映主词之间的某种关系；含有推理方法，即强调从具有某一共同特点事物中认识个别事物的特殊性（差异性），内含着复合三段论的推理过程。可见，如果说中国传统逻辑思想在内容上有丰富和发展，就不能也不应该抹杀逻辑认知范式的功绩，诚如章士钊所说："寻逻辑之名，起于欧洲，而逻辑之理，存乎天壤。其谓欧洲有逻辑，中国无逻辑者，謷言也。其谓人不重逻辑之名，而即未解逻辑之理者，尤妄说也。……吾曩有志以欧洲逻辑为经，本邦名理为纬，密密比排，蔚成一学，为此科开一生面。"[①] 言中国无逻辑自是妄说，然以西方逻辑开中国逻辑之新却是的论。

总之，唯物认知范式、科学认知范式、人文认知范式、逻辑认知范式的应用，引进了丰富多彩的学说思想，使中国传统哲学在内容上补充了新的血液。贺麟说："儒家的理学为中国的正宗哲学，亦应以西洋的正宗哲学发挥中国的正宗哲学。因东圣西圣，心同理同。苏格拉底、柏拉图、亚里士多德、康德、黑格尔的哲学与中国孔孟、老庄、程朱、陆王的哲学会合融贯，而能产生发扬民族精神的新哲学，解除民族文化的新危机，是即新儒家思想发展所必循的途径。使儒家的哲学内容更为丰富，体系更为严谨，条理更为清楚，不仅可作道德可能的理论基础，且可奠定科学可能的理论基础。"[②] 这就是说，借助西方哲学才能使儒家哲学内容更为丰富，体系更为严谨，条理更为清楚，不仅可作道德可能的理论基础，而且可奠定科学可能的理论基础。

如上关于认知范式对于中国传统哲学在形式与内容上贡献的考察，或可获得关于"丰富发展"之几点认识：一是实际内容的充实，即将认知范式内含的思想观念通过理解或解释实践直接融入中国传统哲学；二是指出丰富完善的方向，即指出被理解的概念、命题或观念存在的"认知范式语境"中的问题；三是调整思想内容，即根据认知范式原理对中国传

---

① 章士钊：《逻辑指要·自序》，生活·读书·新知三联书店1961年版，第15—16页。
② 贺麟：《贺麟选集》，吉林人民出版社2005年版，第133页。

统哲学思想的内容进行删改增补；四是揭示问题，即将其与更新更进步的思想进行比较，暴露存在的问题。从这些角度看，不能不说，唯物认知范式、科学认知范式、人文认知范式、逻辑认知范式的应用，对于中国传统哲学无疑都起到了积极作用。王国维说："且欲通中国哲学，又非通西洋之哲学不易明也。近世中国哲学之不振，其原因虽繁，然古书之难解，未始非其一端也。苟通西洋之哲学以治吾中国之哲学，则其所得当不止此。异日昌大吾国固有之哲学者，必在深通西洋哲学之人，无疑也。"① 而熊十力的观点与王国维完全一致，他说："愚意欲新哲学产生，必须治本国哲学与西洋哲学者共同努力。彼此热诚谦虚，各尽所长；互相观摩，毋相攻伐；互相尊重，勿相轻鄙。务期各尽所长，然后有新哲学产生之望，此为第一义。"②

三 值得关注的消极面向

如上从唯物认知范式、科学认知范式、人文认知范式、逻辑认知范式的角度，考察了西方哲学对于中国传统哲学的积极意义。不过，作为认知、理解中国传统哲学的范式，由于主体对认知范式的把握、主体自身的素质、认知范式自身的限制等原因，其在被用于认知、理解中国传统哲学时发生的消极影响也是必须认真检讨的学术课题。

1. 不相契的理解

在反思百余年西方哲学用于认知、理解中国传统哲学的实践中，有学者质疑西方哲学对中国传统哲学的伤害，其表现之一，是作为坐标或参照的西方哲学学说与被理解的中国传统哲学概念或命题不相应。这种现象在唯物认知范式、科学认知范式、人文认知范式、逻辑认知范式应用实践中都有表现。先看唯物认知范式对中国传统哲学的理解。比如对"诚"的理解，将"诚"解释为"神秘主义""把天道当作有意志的支配权力""消灭人民大众自觉的实践"等意涵，显然与"诚"的本义并不相契。比如对"良知"的理解，将"良知"放在认识论范畴讨论，批评其为"先

---

① 王国维：《王国维哲学美学论文辑佚》，华东师范大学出版社1993年版，第6页。
② 熊十力：《十力论学语辑略》，《熊十力全集》第二卷，湖北教育出版社2001年版，第300页。

验主义认识论",否定"良知"的存在,这也与"良知"本义不相契。再如对"宇宙便是吾心,吾心即是宇宙"的理解,解释为"主观吞并客观",是"主观唯心主义",这显然是严重误读。这些理解之所以与中国传统哲学概念、命题之本义完全相悖,乃是因为理解者所用唯物认知范式基本原理与被理解的中国传统哲学概念或命题在内容和性质上完全不相应。再看科学认知范式对中国传统哲学的理解。比如,对"自强不息"的理解,解释为"能量守恒定律"或"物质不灭原理";对"道"的理解,解释为"一种假设";以优生学解释儒家的早婚主张;以心理学解释儒家的纳妾制度;以物理学或化学解释《易经》中的阴阳观念;等等,都存在不相应的现象,都是严重的误读。最后看逻辑认知范式对中国传统哲学的理解。比如,用数理逻辑解释《周易》中的概念、命题,就无法揭示《周易》中穷神知化、尽性至命的内涵;用定义的方法理解"仁"或"心",不仅不能获得这两个概念的本有内涵,而且会产生误解。可见,所谓西方哲学对于中国传统哲学的伤害,与所使用的西方哲学学说同被理解的中国传统哲学在内容和性质上之不相契有关。牟宗三曾对这种现象提出过严厉批评,他说:"以西方哲学为标准,来在中国哲学里选择合乎西方哲学的题材与问题,那将是很失望的,亦是莫大的愚蠢与最大的不敬。"[①] 因此,唯物认知范式、科学认知范式、人文认知范式、逻辑认知范式的应用实践表明,在以西方哲学为坐标和方法理解中国传统哲学的实践中,必须注意彼此在内容和特性上的相契性。

2. 过度的理解

在唯物认知范式、科学认知范式、人文认知范式、逻辑认知范式等的应用实践中,我们常常会遭遇到这种情况,就是中国传统哲学中某个概念或命题被唯物认知范式或科学认知范式或逻辑认知范式或人文认知范式理解之后,增添了许多内容,而且这些内容基本上不是原来的文本中具有的,是谓过度解读。这种过度理解现象在学术研究中是司空见惯的,唯物认知范式、科学认知范式、人文认知范式、逻辑认知范式等被用于认知、理解中国传统哲学实践中也会出现这种现象。就唯物认知范式言,比如,将陆九渊的"心"理解为万物的主宰,是造物主,具有主观吞并客观的

[①] 牟宗三:《中国哲学的特质》,上海古籍出版社2007年版,第6页。

倾向，而且是想用地主阶级的"心"冒充人民的心，具有欺骗性。再如，将"万物一体"理解为"把一整套封建政治伦理原则，统统硬塞到整个宇宙中去，把'明明德'、'亲民'这类原则硬套到山川、草木等自然物上去，因而是蒙昧主义"。就人文认知范式言，比如，将孟子的"民为贵，社稷次之，君为轻"民本思想理解为现代民主思想，将孟子"求放心"理解为对自由的追求，"放心"即是自由理念，因为意志之所以不自由，其主要原因是由于"心为物役"，需要消除外物的奴役，使意志重新获得自由。将"絜矩"理解为自由思想。这些解释都存在过度解读的问题，因为被解释出的意涵并不在原来概念或命题中。就科学认知范式言，比如，将"气"理解为"场"，将"阴阳"等同于量子力学的互补原理，将"有生于无"等同于"粒子生于真空"理论，等等，这些认知、理解都存在随意比附之嫌，都是被理解的概念、命题所不具有的意涵，都是被"发挥"出来的内涵。最后看逻辑认知范式对中国传统哲学的理解。比如，将"有实必得是名，是名止于是实"比勘为概念内涵与外延间的反变关系，将"狂举而不可知异"中的"知异"等同于逻辑的"分类法"，将"或也者，不尽也"中的"不尽"释为"不周延"，将《小取》中的"所取"解释为三段论的两端词，"所不取"释为三段论的中词，将《墨辩》的"三物"即"故""理""类"分别等同于逻辑三段论的大前提、小前提、结论，等等，都是被理解概念或命题所不具有而为解释者所赋予的意涵。过度理解虽然需要有明确的态度，但由于理解或解释本来就是思想丰富发展的重要途径，因而我们一方面必须坚持客观理解，另一方面应该肯定过度理解在思想的发展和创新中的特殊意义。

3. 直指式理解

这也是应用西方哲学理解中国传统哲学时常常被误解的地方，即将用于认知、理解中国传统哲学的西方哲学学说或观念等同于被认知、理解的中国传统哲学概念或命题。我们先考察案例。就唯物认知范式言，以唯物论理解老子的"道"，即判定其性质是物质的，但事实上，老子"道"的性质并不具有物质性；以唯物认知范式理解"诚"，"诚"被理解为知识论上的神秘主义、道德伦理上的物本主义，而这与"诚"之本义无任何关系，完全是将唯物认知范式的认知论原理与唯物史观教条化套用的结果。以唯物认知范式理解王阳明"心外无物"，将"心外无物"理解为

"个人的心知没有了,其宇宙亦即消逝"的主观唯心论。这个理解就是将唯物认知范式中的"主观唯心论"直接等同于"心外无物"。就科学认知范式言,以"场"理论理解"气","气"被理解为接近于现代科学所说的"场",场的"聚""散"便形成实物,即激发成各种各样的粒子。这种理解将作为坐标的"场"理论等同于被理解的"气"概念。将"乾坤立易"理解为质、力关系,并认为与物理学上的热力均平的观点可以相互发明,所谓"'易不可见,乾坤或几乎息'之旨,尤与'热力平均,天地乃毁'之言相发明也"①。这就是将物理学上的力与质关系原理、热力学第二定律等同于乾坤矛盾与变化关系。将老子的"有生于无"理解为现代物理学的"粒子产生于真空",这就是将现代物理学中的原理等同于"有生于无"。在人文认知范式应用实践中,也存在这种现象。比如,王国维将"仁"理解为平等、圆满、生生、绝对的之观念,其中,"仁"是否具有"平等"意识?是需要讨论的议题。胡适将儒家思想中的"理"理解为"平等",他认为"君之视臣如手足,则臣视君如腹心。君之视臣为犬马,则臣视君如国人。君之视臣如土芥,则臣视君如寇仇"即具有平等观念,这种理解也拔高了儒家"理"。韦政通认为庄子"道通为一"思想是对将人类人为划分等级、区分贵贱的否定,从而是对宇宙万物生命的价值与权利的肯定,是对被人类破坏了的自然秩序的重建。这种理解很高远,但似乎是将人文认知范式中肯定生命价值、否定等级等思想等同于"道通为一"了,应该也有些高估了。可见,在唯物认知范式、科学认知范式、人文认知范式、逻辑认知范式等的应用实践中,都存在将作为坐标的学说或理论等同于被理解的概念或命题的意涵的行为,这就是所谓"直指式理解"或"理解结论的实体化"现象。

对于这种现象,我们还可作进一步分析:第一,就中国现代学术史而言,以西方学说为坐标而展开的学术研究随处可见,但在任何具体的比较研究实践中,从来就不意味着被理解、解释的学说、思想与作为坐标的学说、思想是完全等一。具体而言,即便以"西方人文主义"为坐标和方法,并不意味着被理解或解释的儒家思想就拥有与作为坐标的"西方人文主义"同样的内容,而是"有即是有,无即是无",以事实为据。第

---

① 严复:《天演论·自序》,《严复集》第五册,中华书局1986年版,第1320页。

二，作为坐标的理论或学说（唯物认知范式、科学认知范式、人文认知范式、逻辑认知范式等）与被理解的概念或命题之间，的确存在相似相同的内容，对此，该肯定的必须肯定。第三，以唯物、科学、人文、逻辑等认知范式展开理解或解释，其基本任务是发掘、分析中国传统哲学概念或命题的内涵，并不意味着被理解的哲学概念或命题即有与某认知范式相应的思想观念，如果没有，则需补充之。第四，被理解的概念或命题本无相应的内涵，却被理解者强定其有，此即造成对被解释文本的伤害——以唯物认知范式解释，但被理解的概念或命题无"唯物认知范式"内容，却强定其有；以科学认知范式解释，但被理解的概念或命题无"科学认知范式"内容，却强定其有；以人文认知范式解释，但被理解的概念或命题无"人文认知范式"内容，却强定其有；以逻辑认知范式解释，但被理解的概念或命题无"逻辑认知范式"内容，却强定其有。这就叫"无中生有"。认知范式对于中国传统哲学的认知和理解，不是实体地陈述被理解的概念或命题有相应意涵，而是借助唯物认知范式（科学、人文、逻辑）作为坐标和方法，分析、检讨被理解的概念或范畴有或无相应的观念或思想，这种分析才是我们做出判断的根据。当然，在这个过程中，理解者或解释者很关键，他完全可以改变解释的程序、方向和性质。因而对概念和命题的理解极其复杂，这也进一步说明"理解结论的实体化"是简单、肤浅的行为而应否定之。

以上讨论表明，认知范式或西方哲学本身并不是天生伤害中国哲学的魔鬼，而与应用不当有关。张岱年说："中国古代哲学有自己的特殊性，忽视中国哲学的特殊性，硬把西方哲学的模式套在中国哲人的头上，是不对的。但是过分夸大了中国哲学的特殊性，以至抹煞中国哲学与西方哲学的一般性，也是不对的。"[①] 这个主张对于客观理解认知范式在中国传统哲学研究中的应用及其价值是极有启示的。

第三节　对"中国无哲学"的回应

晚清开始的中西哲学晤面，虽然不乏惊喜的场景，不乏新奇的发现，

---

① 张岱年：《张岱年全集》第五卷，河北人民出版社1996年版，第68页。

但也给中国思想界带来了许多谜题。其中"中国无哲学"就是让中国学者感到脸上无光的谜题,中国学者对此自然不能无动于衷。那么,中国学者有怎样的回应呢?由于唯物认知范式、科学认知范式、人文认知范式、逻辑认知范式是20世纪中国学者处理中西哲学关系的基本实践模式,这里即以此四大认知范式为主轴,考察中国学者回应的具体情形。

一 中国无纯粹的哲学范畴?

黑格尔"中国无哲学"的判断根据之一,就是认为中国没有纯粹的哲学范畴,没有构建起范畴王国,所谓"没有能力给思想创造一个范畴王国"①。那么,这个判断是否准确呢?唯物认知范式、科学认知范式、人文认知范式、逻辑认知范式的应用实践告诉我们,这个判断是不准确的。

其一,唯物认知范式的应用与中国哲学范畴。在唯物认知范式用于认知、理解中国传统哲学的实践中,天、气、道、心、仁、性、理、诚、良知等概念或范畴被发掘和整理出来,而且发掘、整理出了"和实生物""三表法""尽心知性""理势合一""万物一体""知行合一""格物致知""心外无物""形质神用"等命题。对于这些范畴和命题,唯物认知范式都进行了哲学的解释。比如,张岱年认为中国哲学中的"气"是客观存在的物质,也是宇宙世界最基本的唯一存在,"气"是运动变化的,而且运动变化的根源在自身的内部矛盾,"气"运动变化是有规律的。中国哲学以"气"作为表示物质存在的范畴,也有其特殊的意义。作为哲学范畴的"气"是从表示气体状态的"气"观念抽绎出来的,"气"范畴含有存在与变化之统一的观点,所以"气"范畴本身也是唯物主义与辩证思想的结合之一个表现。② 无疑,在张岱年的解释中,"气"是寓有深刻哲学意涵的范畴。

其二,科学认知范式的应用与中国哲学范畴。在科学认知范式应用于认知、理解中国传统哲学的实践中,发掘和整理了天、气、道、心、理、

---

① [德] 黑格尔:《哲学史讲演录》第一卷,贺麟、王太庆译,商务印书馆1983年版,第133页。

② 张岱年:《张岱年全集》第五卷,河北人民出版社1996年版,第134页。

良知、五行、阴阳等范畴，同时发掘、整理出"有生于无""格物致知""天人相分""种有几""体有端""景不徙说在改为""景二说在重"等命题。对于这些范畴和命题，科学认知范式都进行了哲学的解释。比如，薄忠信认为"阴阳"学说是量子力学的先驱，量子力学所谓"粒子既是可分的又是不可分的，物质是连续的又是间断的，物质在原子层次上具有两重性，有些情况下，粒子性占主导地位，有些情况下，波占主导地位，物质是以互不相容的方式来表现自己，粒子是波，波也是粒子"的科学论述与阴阳学说完全一致，而"阴中含阳，阳中含阴"思想与"互补原理"如出一辙。① 从而揭示出"阴阳"范畴的科学哲学思想。

其三，人文认知范式的应用与中国哲学范畴。在人文认知范式应用于认知、理解中国传统哲学实践中，发掘和整理了天命、道、仁、理、诚、和、礼、良知、自然、絜矩等范畴，同时还发掘和整理了"继善成性""化性起伪""道通为一""尚力非命""天人合一""民贵君轻""道法自然"等命题。对于这些范畴和命题，人文认知范式都进行了哲学的解释。比如，在牟宗三看来，"仁"就是真实生命，"仁"是通过"感通"和"润物"两种方式来实现自我价值或释放自我的能量。"感通"是精神生命的扩大，这种扩大没有止静，所以最后与宇宙万物为一体；"润物"则是在感通过程中给人以温暖，甚至引发他人的生命。既然"仁"的作用实际上是为了成就生命、养育生命，自然可谓"仁"即真实的生命，而这个真实的生命与天道是遥遥相契的，这样，天道便有了落脚点，便成为含有生命内容的哲学范畴。②

其四，逻辑认知范式的应用与中国哲学范畴。在逻辑认知范式应用于认知、理解中国传统哲学实践中，发掘和整理了类、故、理、或、效、辟、侔、援、假、推、五诺、效验等范畴，同时还发掘整理了"以名举实""以辞抒意""以说出故""离坚白""白马非马""合同异""举一反三""言不尽意""合一衍万"等命题。对于这些范畴和命题，逻辑认知范式都进行了哲学的解释。比如，温公颐认为作为事物根据的"故"具有两方面含义，即事物的根据与谈辩的根据：事物的"故"，是事物成

---

① 薄忠信：《阴阳探微》，《锦州师院学报》1992 年第 3 期。
② 牟宗三：《中国哲学的特质》，上海古籍出版社 2007 年版，第 88—89 页。

立于存在的原因,即《经上》所说"物之所以然";"辞以故生"中的"故",是谈说论辩的"故",指"辞"得以提出和确立的理由。谈辩的"故"有重要作用。首先,有了"故"才能有立辞的根据,也才能完成"说"的使命(出故);其次,"故"可以使人通晓"所以然"的道理,实现"说,所以明也"的功用;第五,"故"是判别谈辩谬误的依据。①这样的"故"能说不是哲学范畴吧?

必须指出,这里所罗列的范畴和命题仅仅局限于四大认知范式应用过程中发掘和整理的部分,就是说,除此之外,中国传统哲学中仍有丰富多样的哲学范畴。比如,张岱年以唯物认知范式发掘、整理出来的哲学范畴体系《中国哲学大纲》《中国古典哲学概念范畴要论》等;冯友兰以新实在论发掘、整理出来的哲学范畴体系《新理学》;唐君毅主要以人文认知范式发掘、整理的《中国哲学原论》;而蒙培元的《理学范畴系统》则可以视为唯物认知范式、科学认知范式、人文认知范式、逻辑认知范式综合理解的产物。所有这些不仅说明中国古代哲学中有哲学范畴,而且建造了哲学范畴王国。由此我们可做如下推论:第一,四大认知范式所发掘与整理的哲学范畴和命题虽然有限,但足以说明中国哲学范畴的客观存在;第二,唯物、科学、人文、逻辑等认知范式所含内容无不是哲学的要素,因而四大认知范式的应用及其成果,印证了被认知和理解的范畴或命题的哲学内涵,进一步说明哲学范畴的存在;第三,根据四大认知范式对于中国传统哲学的发掘与整理所获得的结论,说明中国完全有哲学范畴王国的存在;第四,由于四大认知范式的身份主要是西方的,因而四大认知范式的应用,说明中国传统哲学范畴与西方哲学范畴具有匹配性、可比较性。因此说,就哲学范畴的有无与哲学范畴王国的存在与否判断"中国无哲学",显然是罔顾事实的。

二 中国哲学缺乏思辨?

黑格尔"中国无哲学"的判断根据之二,就是认为中国哲学没有思辨性。黑格尔将"抽象"分为"普遍"和"具体"两种,从"普遍的抽象"到"具体的抽象"是从低级到高级的发展,中国人的思维处于最初

---

① 温公颐、崔清田主编:《中国逻辑思想史教程》,南开大学出版社2001年版,第131页。

的"普遍性抽象"。他说:"他们也达到了对于纯粹思想的意识,但并不深入,只停留在最浅薄的思想里面。这些规定诚然也是具体的,但是这种具体没有概念化,没有被思辨地思考,而只是从通常的观念中取来,按照直观的形式和通常感觉的形式表现出来。"① 又说:"孔子只是一个实际的世间智者,在他那里思辨的哲学是一点也没有的,只有一些善良的、老练的、道德的教训,从里面我们不能获得什么特殊的东西。"② 就是说,孔子的所谓"哲学"只是一些道德教条,而不是"思辨的哲学"。那么,中国学者是怎样看待这个判断呢?我们仍从四大认知范式的应用实践进行考察。

其一,唯物认知范式的应用与中国传统哲学的思辨性。唯物认知范式即马克思主义哲学,谁也不能否定马克思主义哲学的思辨性。那么,唯物认知范式的应用是怎样发掘、凸显中国传统哲学的思辨性呢?侯外庐在分析老子"道"的时候指出,"道"是万物的根源,是超越自然的绝对体,正是符合唯物主义哲学本体论内容;而"德"范畴具有实物性,因而它的应用补强了"道"的唯物性。"道"的唯物性虽然因为"德"的加入而得到了补强,但老子在法则与物质的关系上更看重法则而不是物体,因而老子"德"的哲学仍然有许多唯心主义因素,而这种特点进一步影响着老子"道"的哲学性质。③ 侯外庐的分析显然比较重视"道"的唯心、唯物的区分,但他将"道"解释为本体和法则,就清楚地呈现了老子"道"的思辨性。张岱年对"道"的思辨性也有清楚的认识和肯定,他认为,"道"是超越一切相对性的绝对,但又有"自然而然"的含义,因而是对上帝的否定,而从性质上看,"道"既具物质性又有精神性,但在认识论与历史观方面都背离了马克思主义哲学原理,因而都陷入唯心主义。④ 可见,张岱年虽然很在意"道"的唯心、唯物性质,但他将"道"之绝对范畴义、自然而然方法义、对上帝的否定义等抽象性特质揭示了出

---

① [德]黑格尔:《哲学史讲演录》第一卷,贺麟、王太庆译,商务印书馆1983年版,第121页。

② 同上书,第119页。

③ 侯外庐、赵纪彬、杜国庠主编:《中国思想通史》第一卷,人民出版社1957年版,第269—270页。

④ 张岱年:《张岱年全集》第七卷,河北人民出版社1996年版,第180—181页。

来。由唯物认知范式关于"道"的分析与解释看，不能认为"道"没有思辨性。

其二，科学认知范式的应用与中国传统哲学的思辨性。科学认知范式包含科学哲学精神、原理、定律、方法等，不能没有思辨性。那么，科学认知范式对于中国传统哲学中的思辨性有怎样的发掘和理解呢？比如，张会翼认为，中国传统哲学中的阴阳思想与量子力学的互补原理是相合的，老子的"万物负阴而抱阳"（即阴阳互补），"道可道，非常道"（概念的相对性）等命题都具有量子力学原理同样的思维方式。① 冯契则认为，"五行"观念反映了从生产实践和日常生活中概括出金、木、水、火、土五种物质，在此基础上提升其特性，进而形成水、火、木、金、土五个范畴或类概念，用它们来区分和把握自然现象，"正是哲学思维的开始"。② 可见，由冯契关于"五行"范畴解释的实践看，"五行"观念当有其思辨性。

其三，逻辑认知范式的应用与中国传统哲学的思辨性。王国维将"理"理解为"理由之'理'"，所谓"理由之'理'"，就是"天下之物，绝无无理由而存在者。其存在也，必有所以存在之故，此即物之充足理由也。在知识界，则既有所与之前提，必有所与之结论随之；在自然界，则既有所与之原因，必有所与之结果随之。然吾人若就外界之认识，而皆以判断表之，则一切自然界中之原因，即知识上之前提，一切结果，即其结论也。若视知识为自然之一部，则前提与结论之关系，亦得视为因果律之一种"③。如果这个"理"不够思辨，还有什么更思辨呢？周云之认为，"以说出故"之"故"是统指推理的前提和论据。"故"是指假言命题或假言推理中的条件或前件，"小故"即指必要条件，"大故"即指充分必要条件。"故"也可指选言命题或选言推理中所指的不相容选言肢，又可指直言推理中的前提、论据，又可指假言命题和假言推理中的条件、前件，还可以指选言命题和选言推理中的选言肢。因此，"故"确实是"说"式（演绎）推理中的最重要、最基本的范畴之一。④ 足见"故"

---

① 张会翼：《中国传统思想中时空概念的比较研究》，《自然科学史研究》1993 年第 3 期。
② 冯契：《中国古代哲学的逻辑发展》，华东师范大学出版社 1997 年版，第 72 页。
③ 王国维：《释理》，《王国维学术经典集》（上），江西人民出版社 1997 年版，第 21 页。
④ 周云之主编：《中国逻辑史》，山西教育出版社 2004 年版，第 136—139 页。

之思辨性。任继愈认为,"坚"是抽象的,它不固定于某物,因而各种共相都是可以互离而隐藏的。"坚"不必是石的"坚",也不必是任何物的"坚"。它不固定在某一种特殊事物上,因此,"坚"并不依赖特殊的事物,"坚"本来就具有"坚"的性质,正因为如此,它才可以使具体事物具有"坚"的性质。在这里,他把"坚"的性质从具体事物中割裂出来,并把它看成是脱离具体事物而独立存在的实体。从思想方法角度看,公孙龙的这种客观唯心主义的体系在于他形而上学地割裂了一般和特殊的关系,把一般和特殊的差别加以片面地夸大的结果。① 按照任继愈的解释,"离坚白"应是一思辨性极强的命题。可见,逻辑认知范式对于中国传统哲学中的思辨性也有恰当的揭示和呈现。

当然,这并不意味着中国传统哲学的思辨性就很成熟、很发达。王国维说:"乏抽象之力者,概则用其实而不知其名,其实亦遂漠然无所依,而不能为吾人研究之对象。何则?在自然之世界中,名生于实,而在吾人概念之世界中,实反依名而存故也。事物之无名者,实不便于吾人之思索,故我国学术而欲进步乎,则虽在闭关独立之时代犹不得不造新名,况西洋之学术骎骎而入中国,则言语之不足用固自然之势也。"② 就是说,虽然中国传统哲学不乏思辨性,但它的不足仍然很明显,这也就是为什么冯友兰将"正的方法"表彰为西方哲学对中国哲学的永久性贡献的原因:"就我所能看出的而论,西方哲学对中国哲学的永久性贡献,是逻辑分析方法。……佛家和道家都用负的方法。逻辑方法正和这种负的方法相反,所以可以叫做正的方法。负的方法,试图消除区别,告诉我们它的对象不是什么;正的方法,则试图作出区别,告诉我们它的对象是什么。对于中国人来说,传入佛家的负的方法,并无关紧要,因为道家早已有负的方法,当然佛家的确加强了它。可是,正的方法的传入,就真正是极其重要的大事了。它给予中国人一个新的思想方法,使其整个思想为之一变。"③ 虽然中国传统哲学在思辨性方面存在不足,但由唯物认知范式、科学认知范式、逻辑认知范式等的应用实践看,中国传统哲学并不缺乏思辨性。因

---

① 任继愈主编:《中国哲学史》第一册,人民出版社1964年版,第186—187页。
② 王国维:《释理》,《王国维学术经典集》(上),江西人民出版社1997年版,第102页。
③ 冯友兰:《三松堂全集》第六卷,河南人民出版社2001年版,第277页。

此，以没有思辨性判断"中国无哲学"也是很难自圆其说的。

三 中国哲学没有体系或系统？

黑格尔"中国没有哲学"的判断根据之三，是说中国哲学缺乏体系。比如他关于《周易》"八卦"的评论："那里面并没有内在的秩序。于是又罗列了人的五种活动或事务：第一是身体的容貌，第二是言语，第三是视觉，第四是听闻，第五是思想。同样又讨论了五个时期：一、年，二、月，三、日，四、星，五、有方法的计算。这些对象显然没有包含有任何令思想感兴趣的东西。这些概念不是从直觉观察自然得来的。在这些概念的罗列里，我们找不到经过思想的必然性证明了的原则。"① 那么，这个判断是否准确呢？此问题也由唯物认知范式、科学认知范式、人文认知范式、逻辑认知范式对中国传统哲学的认知实践来考察。

其一，唯物认知范式发掘和整理出的唯物论哲学思想体系。李石岑认为道家哲学是由宇宙观、辩证法、认识论构成的哲学思想体系。"道"是"无物之象"，又"先天地而生"，但是感官无法把握的，因此只能是观念论的、唯心论的；道家有一套辩证法，而且应用于观察自然界、人类社会和人类的思维，但道家的辩证法缺乏实践，所以只是观念辩证法；道家认识论主要表现在主观与客观关系上，及其对认识性质的把握上。② 可见，如果李石岑关于道家哲学思想由宇宙观、辩证法、认识论三大要素构成的解释不能被否定的话，那就不能说老子哲学缺乏体系。张岱年认为王夫之哲学即是一个相对完整的体系：一是认识主体与客体关系，王夫之分析了认识活动与认识对象的关系，从而证明了客观世界的独立存在；二是"理""气"关系，深刻地说明了物质与规律的关系；三是对于物质世界常变的认知，提出了物质不灭的观点；四是知行关系，认为认识必须通过行为才能得到，行为却不需要通过认识，从唯物主义观点说明知行关系；五是方法论，主张研究宇宙观问题应该从观察现象开始，然后逐渐达到对于本体的认识。③ 这样，张岱年将王夫之的唯物主义思想发掘、整理出一

---

① [德] 黑格尔：《哲学史讲演录》第一卷，贺麟、王太庆译，商务印书馆1983年版，第124页。
② 李石岑：《中国哲学十讲》，广西师范大学出版社2010年版，第125—126页。
③ 张岱年：《张岱年全集》第四卷，河北人民出版社1996年版，第81—85页。

个系统，这个系统包括：能所关系观、理气关系观、物质不灭观、知行关系观、方法论等方面。曹德本以马克思主义辩证法原理为模本，从中国传统思想中整理出辩证法思想系统。他认为，中国古代辩证法思想主要回答了三个方面的问题：一是关于联系的问题，具体包括"物物相依""相因相成""一万关系""天人关系"等内容；二是关于发展的问题，具体包括"阴阳大化""变化日新""吐故纳新""动静"等内容；三是关于矛盾的问题，具体包括"阴阳""两端""一分为二""合二而一""无独必有对"等内容。① 这样，中国传统哲学中的联系观、发展观、矛盾观就构成了一个有机的辩证法思想系统。

其二，科学认知范式所发掘和整理出的科学哲学思想体系。中国传统思想中的科学精神、科学原理、科学定律、科学方法、科学成果等元素得到了系统、深入的发掘。在科学精神方面，"每事问"的实事求是精神、"天人相分"的主体精神等都得到了发掘和彰显；在科学原理方面，"道"所内含的物质和能量关系理论、"阴阳"观念与量子力学、"力"与物体变速的理论、"有生于无"与大爆炸理论、"体有端"所内含的几何学原理、"景二，说在重"所内含的光学理论等都被发掘与阐明；在科学方法方面，"格物"之归纳方法、"效验"之实证方法、"尽信书不如无书"的怀疑方法等都得到发掘与呈现；这样就从科学精神、科学原理和科学方法三方面展示了中国传统科学哲学思想的系统性。

其三，人文认知范式所发掘和整理出的人文思想体系。对张岱年而言，儒家人文主义思想是成体系的。第一，儒家肯定人有独立的意志，所谓"三军可夺帅也，匹夫不可夺志也"；第二，儒家肯定人具有道德意识，而禽兽没有；第三，儒家肯定人的生命的价值；第四，儒家有"人是天地中心"的思想；第五，儒家具有无神的思想。概言之，张岱年所理解的儒家人文主义思想包括：肯定人的独立意志、肯定人的道德意识、肯定人的人格尊严、肯定人的理性、肯定人生价值、重视现实生活、否定灵魂不灭的宗教观念等。② 这当然是人文思想的体系。韦政通对先秦主要经典中的人文思想进行了发掘与整理，使其体系得以凸显。首先，《诗

---

① 曹德本：《中国古代辩证法思想探索》，吉林人民出版社1986年版。
② 张岱年：《张岱年全集》第六卷，河北人民出版社1996年版，第548—553页。

经》中的人文思想主要表现在天神权威坠落的一面,就是一个驱神祛魅的过程,也是人的主体性逐渐兴起的过程,从而成为人文思想滋长的土壤;其次,《尚书》的人文思想主要表现在脱离了天神的纠缠,直接肯定了人自身的价值,清晰地表现出道德的自我意识,开始出现重视民意和贵民、爱民的思想,从而成为中国民本式的民主思想的先驱;再次,《左传》的人文思想最值得关注的是对"天神"出现了负面的评论和提出"革命"思想,包括"贵民爱民""民贵君轻""重视民意"等。① 从体系或系统来说,张岱年、韦政通的发掘和整理,都为读者呈现了中国传统哲学中人文思想的系统性,诚如方东美说:"中国的人文主义,乃是精巧而纯正的哲学系统,它明确宣称'人'乃是宇宙间各种活动的创造者及参与者,其生命气象顶天立地,足以浩然与宇宙同流,进而参赞化育,止于至善。"②

其四,逻辑认知范式发掘和整理出的逻辑哲学体系。由逻辑认知范式看,中国传统哲学的体系性、系统性也是很显明和突出的。钟罗认为,墨辩逻辑学是中国第一个逻辑学体系。他说:"墨辩《小取》篇把墨家的逻辑学体系概括为四个部分。第一部分是总论'辩'的,它论及了'辩'的目的、基础和名(概念)、辞(判断)、说(推理)等基本的思维形式。第二部分是专论各种具体的演绎类比论式,包括假(假言)、或(选言)、效(直言)、侔(附性法)、辟、援、推(类比)等。第三部分是重点讨论辟、侔、援、推四种具体论式中的逻辑要求和逻辑错误的。第四部分是专门讨论侔式推论中的各种正反情况的。这是我国古代第一个较为完整的逻辑学提纲,具有很大的理论意义和科学价值。"③ 王廷洽指出,荀子逻辑思想的成体系包括提出了类似于"理则"的命题,拥有同一律、矛盾律、排中律等思想规律,制名方法、名的分类等有关概念的理论,以及归纳法、演绎法、类比推理的逻辑方法等。④ 这样,王廷洽由逻辑理则、逻辑规律、制名方法与原则、逻辑推理等方面将荀子的逻辑思想体系整理并呈现出来。

---

① 韦政通:《中国思想史》(上),上海书店2003年版,第30—36页。
② 方东美:《中国人生哲学》,台湾黎明文化事业股份有限公司2006年版,第141页。
③ 钟罗:《墨辩逻辑学——我国第一个逻辑学体系》,《中学生与逻辑》1982年第4期。
④ 王廷洽:《论荀子的逻辑体系》,《上海师范大学学报》1998年第2期。

如果说上述所列唯物认知范式、科学认知范式、人文认知范式、逻辑认知范式等证明中国传统哲学的体系或系统都是可以接受的，那就必须承认中国传统哲学是有自己的体系的，从而不能以没有体系判断"中国无哲学"。

当然，对于中国哲学有无体系的问题，中国学者也是比较理性的。王国维曾说："余非谓西洋哲学之必胜于中国，然吾国古书大率繁散而无纪，残缺而不完，虽有真理，不易寻绎，以视西洋哲学之系统灿然，步伐严整者，其形式上之孰优孰劣，固自不可掩也。"① 又如冯友兰说："中国哲学，没有形式上的系统，若不研究西洋哲学，则我们整理中国哲学，便无所取法；中国过去没有成文的哲学史，若不研究西洋哲学史（写的西洋哲学史），则我们著述中国哲学史，便无所矜式。"② 在王国维、冯友兰看来，哲学之为完整系统，只有西方哲学，如要将中国哲学整理成一个系统，只有取法西方哲学。但并不是说中国哲学没有自己的体系，只能说没有西方哲学式的体系。牟宗三也认为中国哲学缺乏系统。他说："了解系统，西方哲学最好，中国人，东方人这方面差，中国人不会造系统，佛教还可以有系统，中国本土的思想多是零零碎碎的，这里一句话，那里一句话，所以要了解系统，先读逻辑，然后读数学，然后读科学，然后读哲学系统。读哲学系统的时候，像康德的系统最圆满，最好，四平八稳，面面都照顾到；再从此前进读黑格尔，黑格尔的大系统天罗地网，看起来好像是圆教，其实一样不是圆教。"③ 可见，对于中国学者而言，中国传统哲学有其系统但又不完整，因而既不能妄自菲薄，也不能不虚心学习，这就是中国学者对于中国哲学无系统的回应。既然中国传统哲学有其系统或体系，自然不能以此为据判定中国无哲学。

四 中国哲学概念或范畴含义模糊？

黑格尔"中国没有哲学"的判断根据之四，是说中国哲学概念、范畴的模糊性。黑格尔说："中文里面的规定（或概念）停留在无规定（或

---

① 王国维：《王国维哲学美学论文辑佚》，华东师范大学出版社1993年版，第5页。
② 冯友兰：《三松堂全集》第十一卷，河南人民出版社2011年版，第403页。
③ 牟宗三：《中国哲学的特质》，上海古籍出版社2007年版，第119页。

无法确定性）之中。"① 那么，这个判断是否准确呢？我们依然由四大认知范式的应用去考察，特别是由科学认知范式、逻辑认知范式的应去考察。

其一，中国传统哲学概念或范畴的确存在模糊的现象。关于这一点，我们可以从唯物认知范式、科学认知范式、逻辑认知范式去考察。严复较早接触西方的自然科学，对科学方法十分崇拜，因而他非常自然地拿西方哲学思维方式与中国哲学思维方式做比较。所谓"界说"，就是对一种事物的本质特征或一个概念的内涵与外延给予确切、简要的说明。但中国哲学没有这个东西，故与逻辑思维相悖；中国哲学不是建立在科学基础之上，不能全面地概括事物的特性，所以即便用错了名词，也不能自己纠正。这都反映出中国哲学在思维方式上的模糊、笼统与混乱。"气"是中国传统哲学中的一个重要范畴，中国古代所有哲学学派不能离"气"讨论哲学，但"气"带有模糊性、神秘性。严复说："有时所用之名之字，有虽欲求其定义，万万无从者。即如中国老儒先生之言气字。问人何以病？曰邪气内侵。问国家以何衰？曰元气不复。于贤人之生，则曰间气。见吾足忽肿，则曰湿气。他若厉气、淫气、正气、余气、鬼神二者之气之良能，几于随物可加。今试问先生所云气者，究竟是一何名物，可举似乎？吾知彼必茫然不知所对也。……出言用字如此，欲使治精深严确之科学哲学，庸有当乎？"② 就是说，"气"用于表达的意涵过于丰富多彩，什么厉气、淫气、正气、邪气、阴气、阳气等，任何事物都可用"气"表示与说明，从而导致人们在实际生活中难于分辨"气"的内涵。因此，严复并没有对这种含义的丰富性给予喝彩，反而给予了批评。因为从逻辑学的角度看，中国哲学中的"气"歧义交错，完全与逻辑规律相悖。崔清田赞同严复关于中国传统哲学概念、范畴含混不清的批评，并提出了改变这种状况的设想，那就是掌握好逻辑学、运用好界说（定义）的方法。他说："语言文字是思维的工具，也是交流思想的凭借。思维的'浑而不晰'必定表现为'名义不晰'也会造成思维的模糊与交谈论辩的争端。

---

① ［德］黑格尔：《哲学史讲演录》第一卷，贺麟、王太庆译，商务印书馆1983年版，第128页。

② ［英］耶方斯：《名学浅说》，严复译，商务印书馆1981年版，第19页"夹注"。

中国传统思维及其表诸文字的模糊状态，使我们难于获得明白的事理，也难于清楚地表述这种事理。这种状况，对于精密严谨科学的求取无疑是一大障碍，必须予以改正。……使思维与表述由模糊而清晰的途径，是学习逻辑学、运用好界说（定义）的方法。这就是严复所说：'盖西学自亚里大德勒以来，常教学人先为界说，故其人非甚不学。尚不致偭规畔矩而为破坏文字之事也，独中国不然，其训诂非界说也，同名互训，以见古今之异言而已。且科学弗治，则不能尽物之性，用名虽误，无由自知。'"① 即先要进行定义，使名词、术语意义明确，不相混淆，才能改变"名义不晰"、思维模糊的状况。陈喜乐对中国传统哲学中概念、范畴的多义性也表示了关切。他说："西方的概念、范畴是单相的，即一个概念只用一个判断来规定。这种单相的概念，其内涵和外延都十分确定。中国的概念、范畴几乎都是多相的，即一个概念由许多判断来规定。如'易'，就有三个判断来定义，'易一名而含三义：易简一也，变易二也，不易三也'。这种多相的概念、范畴，其内涵和外延都不确定，伸缩性大，难以精确把握。在推理方面，西方一般采用的是命题型推理，即从一个初始命题出发，按一定规则，依次推出一系列的命题系统。如古希腊德谟克利特从'原子是不可分割的最小微粒'，推出古代原子论。这种推理要求初始命题非常明确，推理程序十分严密。"② 陈喜乐从内涵、外延的角度分析中国传统哲学中概念、范畴存在的问题，由于内涵、外延不确定、变化多端，因而产生含义模糊、混乱之象。可见，大多数中国学者都承认中国传统哲学概念、范畴的模糊性。

其二，概念或范畴的模糊性不应该成为判定"中国无哲学"的根据。虽然中国学者承认中国传统哲学概念、范畴的模糊性，但对其是否应该成为判断"中国无哲学"的根据则存在争议。熊十力认为，哲学可分知识的与超知识的两种，超知识的哲学就不一定讲究概念的清晰性。他说："哲学，大别有两个路向：一个是知识的，一个是超知识的。超知识的路向之中，也有二派：一极端反知的，如此土道家是。一不极端反知的，如此土晚周儒家及程朱阳明诸儒是。西洋哲学，大概属前者。中国与印度哲

---

① 崔清田等：《20世纪逻辑学在中国的影响》，《云南社会科学》2000年第4期。
② 陈喜乐：《中西思维方式之比较》，《厦门大学学报》1991年第4期。

学,大概属后者。前者从科学出发,他所发见的真实,只是物理世界底真实,而本体世界底真实,他毕竟无从证会或体认得到。后者寻着哲学本身底出发点而努力,他于科学知识亦自有相当的基础。如此土先哲于物理人事亦有相当甄验。而他所以证会或体认到本体世界底真实,是直接本诸他底明智之灯,易言之,这个是自明理,这个理是自明的,故曰自明理。不倚感官的经验而得,亦不由推论而得,所以是超知识的。又复应知,属于后一路向底哲学家,有用逻辑做他底护符。如佛家大乘空有两宗都如此。更有一意深造自得,而不事辩论,竟用不着逻辑的。中国哲学全是如此。"① 因此,中国哲学与西方科学范围不同,中国哲学自有它存在的理由,也是无法用科学取代它的理由。熊十力说:"大抵东方哲学与西洋科学各有范围,各有方法,并行则不悖,相诋终陷一偏。科学以由感官所得经验为依据,非用客观的方法不可。哲学所穷了者为本体,而宇宙本体实即吾人所以生之理,斯非反求与内证不为功。故东方之学终非科学所能打倒。"② 那种用科学取代哲学的观念是极为幼稚的,而用科学眼光看待哲学、评判哲学也是容易出问题的。他说:"一般人都拿科学的眼光来看哲学,所以无法了解哲学。尤其对于东方底哲学,更可以不承认他是哲学。因为他根本不懂得哲学是什么,如何肯承认东方底哲学。我学徒在今人底眼光里,好似东方硬没有学问。本来,哲学上底道理,能见到底人,便见得这道理是无在无不在。不能见到底人,也就没有甚么。先哲说得好,百姓日用而不知。可惜这句话底意味,少有人领会得。"③ 方东美也不认同将中国哲学科学化、逻辑化,他说:"在中国哲学上面,很少从知识论上面把世界的客体,化成观念的系统;然后从观念的系统所形成的知识去笼罩一个世界。这个叫做 idealism(观念论)。这个 idealism 叫做 epistemological idealism(知识论的观念论)。在中国很缺乏这一类的东西!——所谓 Epistemological idealism 很少很少,而大部分都是要把人的生命展开来去契合宇宙——表现'天人合德','天人合一','天人不二'。这一种说法都是要把哲学体系展开来去证明人与世界可以化为同体。这个用哲学上面

---

① 熊十力:《熊十力全集》第一卷,湖北教育出版社2001年版,第601页。
② 熊十力:《熊十力全集》第四卷,湖北教育出版社2001年版,第167页。
③ 熊十力:《熊十力全集》第八卷,湖北教育出版社2001年版,第110页。

的专门名词来说，叫做 cosmic identification。所以，中国把这个世界不是当作一个数量的世界，可以拿科学的方法、知识、技术去了解、控制、操纵这么一个现实的领域——自然界。它总是把人的理智要求、情绪的要求、意欲的要求，融通洽化，使之成为一个理想，而这个理想总要把它展开来在广大的宇宙的里面做一个适当的和谐安排，并且还要把人的生命也投到那个广大和谐的客体系统里面去。从这一点上面看起来，中国的哲学总是要把这个世界点化了，使现实成为一个理想的境界，要同那一个理想化的世界取得适当的联系、配合、和谐，要适应它。"① 就是说，中国传统哲学中没有西方哲学中的观念论系统，而是一种"天人合一""天人合德"的生命联统，中国哲学就是使自然成为理想，使理想成为自然，其所成就的是一种精神生命与物质生命融为一体的境界。牟宗三认为，若以西方逻辑学与知识论的观点为标准，中国哲学确是贫乏之至。他说："中国学术思想既鲜与西方相合，自不能以西方哲学为标准来定取舍。若以逻辑与知识论的观点看中国哲学，那么中国哲学根本没有这些，至少可以说贫乏极了。"② 但正因为存在差异，更不能以西方哲学否定中国传统哲学的存在。概言之，哲学概念、范畴的模糊性不应成为哲学有无的根据，相反，概念或范畴的可解释性正是哲学的基本品质之一。从这个角度上说，中国哲学概念、范畴的模糊性不仅不能成为"中国无哲学"的根据，反而是中国有哲学合法性的重要证明。

五　以道德为讨论内容即不属于哲学？

黑格尔"中国没有哲学"的判断根据之五，是说中国哲学讨论的问题都是道德问题，不是哲学问题。黑格尔说："中国是停留在抽象里面的；当他们过渡到具体者时，他们所谓具体者在理论方面乃是感性对象的外在联结；那是没有（逻辑的、必然的）秩序的，也没有根本的直观在内。再进一步就是道德。从起始进展到的进一步的具体者就是道德、治国之术、历史等。但这类的具体者本身并不是哲学性的。"③ 那么，这个判

---

① 方东美：《方东美先生演讲集》，台湾黎明文化事业股份有限公司 2006 年版，第 153 页。
② 牟宗三：《中国哲学的特质》，上海古籍出版社 2007 年版，第 3 页。
③ ［德］黑格尔：《哲学史讲演录》第一卷，贺麟、王太庆译，商务印书馆 1983 年版，第 132 页。

断是否正确呢？学者们又做了怎样的回应？

其一，哲学是用理智与观念阐明人性问题。哲学可分为多种形态，社会哲学、历史哲学、宗教哲学、道德哲学、科学哲学、逻辑哲学等都属哲学。但牟宗三认为，理智与观念的应用是所有哲学的共性。中国哲学虽然主要讨论道德问题，但也是用理智与观念去阐述、分析人性及其相关问题，因而中国哲学不能因为主要讨论道德问题就不成其为哲学。牟宗三说："若以此断定中国没有哲学，那是自己太狭陋。中国有没有哲学，这问题甚易澄清。什么是哲学？凡是对人性的活动所及，以理智及观念加以反省说明的，便是哲学。中国有数千年的文化史，当然有悠长的人性活动与创造，亦有理智及观念的反省说明，岂可说没有哲学？任何一个文化体系，都有它的哲学，否则，它便不成其为文化体系。因此，如果承认中国的文化体系，自然也承认了中国的哲学。"① 在牟宗三看来，所谓哲学是指"对人性的活动所及，以理智及观念加以反省说明者"，而中国数千年的文化史中，自然不断出现"对人性的活动所及，以理智及观念加以反省说明者"，亦即中国有哲学。因此，用西方哲学为标准在中国哲学里选择题材和问题，既是愚蠢的，也是对中国哲学的不尊重。他说："以西方哲学为标准，来在中国哲学里选择合乎西方哲学的题材与问题，那将是很失望的，亦是莫大的愚蠢与最大的不敬。"② 质言之，牟宗三的观念中存在中国哲学与西方哲学的差异，但不存在中国有没有哲学的判断。牟宗三指出，由于民族气质、地理环境与社会形态的不同，中国哲学和西方哲学所采取的方向不同，并且各有长处；但如果仅就"哲学"这个词和西方哲学的内容合在一起，则可以说中国没有哲学。他说："中西哲学，由于民族气质、地理环境与社会形态的不同，自始即已采取不同的方向。经过后来各自的发展，显然亦各有其不同的胜场。"③ 从根本上讲，中国与西方一样都有自己的哲学，但二者的确存在差别，因而拘泥"哲学"名词和"西方哲学标准"，那或可以说中国没有哲学，可这种结论毫无意义。方东美也强调中国哲学是不同于西方哲学的"哲学"，他说："实在说来，

---

① 牟宗三：《中国哲学的特质》，上海古籍出版社2007年版，第1页。
② 同上书，第6页。
③ 同上书，第1页。

人文主义便形成哲学思想中唯一可以积健为雄的途径，至少对中国思想家来说，它至今仍是不折不扣的'哲学'，诚如美国哲学家罗易士（Royce）所说，'哲学乃是一种向往，促使日渐严重的人生问题走向合理价值，当你对现世切实反省时，便已在从事哲学思考，当然，你的工作，第一步是求生存，然而生命另外还包括了激情、信仰、怀疑与勇气等等，极其复杂诡谲。所谓哲学，就是对所有这些事体的意义与应用，从事批判性的探讨。'"[1] 按照这个理解，"促使人生问题走向合理价值"的中国哲学当然不应排除在"哲学"之外。

其二，由"类哲学"肯定中国道德哲学的哲学身份。为了回应"中国哲学内容是道德所以无哲学"判断，张岱年提出了"类哲学"概念。张岱年认为，哲学可以看成类学问，因而如果西方哲学是这个类中的一例，那么中国哲学也是这个类中的一例。他说："中国先秦的诸子之学，魏晋的玄学，宋明清的道学或义理之学，合起来是不是可以现在所谓哲学称之呢？换言之，中国以前的那些关于宇宙人生的思想理论，是不是可以叫作哲学？关于此点要看我们对于哲学一词的看法如何。如所谓哲学专指西洋哲学，或认西洋哲学是哲学的唯一范型，与西洋哲学的态度方法有所不同者，即是另一种学问而非哲学；中国思想在根本态度上实与西洋的不同，则中国的学问当然不得叫作哲学了。不过我们也可以将哲学看作一个类称，而非专指西洋哲学。可以说，有一类学问，其一特例是西洋哲学，这一类学问之总名是哲学。如此，凡与西洋哲学有相似点，而可归入此类者，都可叫作哲学。以此意义看哲学，则中国旧日关于宇宙人生的那些思想理论，便非不可名为哲学。中国哲学与西洋哲学在根本态度上未必同；然而在问题及对象上及其在诸学术中的位置上，则与西洋哲学颇为相当。"[2] 这就是说，如果哲学就是指西方哲学，那当然不能将中国思想看成哲学。可是，如果将哲学看成一个类称，并非特指某个地区的哲学，那么，中国关于宇宙人生的思想当然可以称为哲学。我们说，任何一门学科虽然有其产生的历史地理环境，但无不具有普遍性，比如宗教学、史学、

---

[1] 方东美：《中国人生哲学》，台湾黎明文化事业股份有限公司2006年版，第140—141页。

[2] 张岱年：《张岱年全集》第二卷，河北人民出版社1996年版，第2—3页。

文学，它们都有一些基本的原理和属于自己探讨的问题，因而可以说任何民族都有它的文学、宗教学和史学，但任何民族的宗教学、史学、文学都是有差别的。同理，哲学作为一门学科，中国或许过去没有这个名称，但关于哲学问题的探索与思考是客观存在的，也就是说，中国当然有它的哲学。其次，张岱年认为，哲学的内容是研讨宇宙人生之究竟原理及认识此种原理的方法之学问，中国古代没有与此相应的名称。他说："哲学是研讨宇宙人生之究竟原理及认识此种原理的方法之学问。中国古来并无与今所谓哲学意义完全相同的名称。先秦时所谓'学'，其意义可以说与希腊所谓哲学约略相当。《韩非子·显学》篇：'世之显学，儒墨也。'其所谓学，可以说即大致相当于今日所谓哲学。先秦时讲思想的书都称为某子，汉代刘歆辑《七略》，将所有的子书归为《诸子略》，于是后来所谓'诸子之学'，成为与今所谓哲学意谓大致相当的名词。"[1] 虽然中国并无与"哲学"相应的名称，但先秦时期的"诸子之学"可以认为相当于"哲学"的，因为先秦哲学所讨论的，就是宇宙人生之究竟原理及认识这种原理的方法。这样，站在马克思主义哲学立场看，无论从形式上规定，还有从内容上规定，中国都是有哲学的，正如冯契所说："用马克思主义的立场、观点和方法来研究中国哲学的逻辑发展，以求建立科学的中国哲学史，这是一项有待于许多人共同努力的重要工作。"[2]

也许我们从没想过，唯物认知范式、科学认知范式、人文认知范式、逻辑认知范式等认知、理解和评价中国传统哲学的实践，竟然如此系统、深入地回应了"中国无哲学"这一令人尴尬的问题。而且，这种回应不是骂街式的、无理性的，而是学术的、谦和的、有力的。承认中国传统哲学的缺陷或不足，坚守中国哲学的特质，对"哲学"作出新的且合理的解释，从而巧妙地、雄辩地、圆满地破解了"中国无哲学"的谜题。这个破解过程，既是对中国传统哲学检讨的过程，也是为中国传统哲学的发展提出方向的实验。牟宗三说："这完全是比较思维所产生的问题，由于坐标是西方哲学，所以西方哲学便成了纠缠这一问题的根源。我们不愿将

---

[1] 张岱年：《张岱年全集》第二卷，河北人民出版社1996年版，第1页。
[2] 冯契：《中国古代哲学的逻辑发展》，《冯契文集》（第三卷），华东师范大学出版社1997年版，第1页。

这个问题理解为天生的歧视，而愿理解为学理上思考的结果。因为如果仅仅视为一种歧视，问题的解决将变得很简单，即消除歧视的态度即可。然而或许中国无哲学本来就是假问题，但我们似可由在中国哲学与西方哲学之间进行一番思考。"① 因此，面对"中国无哲学"这种奇葩问题，也许我们本就不该有什么情绪，因为中国哲学的存在不会因为任何人的情绪而改变。

第四节 五大认知范式之关系

在系统、深入考察了唯物认知范式、科学认知范式、人文认知范式、逻辑认知范式、自我认知范式应用于中国传统哲学研究之后，在简明而准确地分析、评估了五大认知范式应用的得失之后，我们或许应该进一步关注并讨论五大认知范式之间的关系。

一 五大认知范式的彼此独立性

没有疑问，在考察唯物认知范式、科学认知范式、人文认知范式、逻辑认知范式、自我认知范式应用于中国传统哲学研究的时候，我们是分别、单向进行的，即分别地考察唯物认知范式、科学认知范式、人文认知范式、逻辑认知范式、自我认知范式认知、理解和评价中国传统哲学的情形，这已经清楚地表明五大认知范式的独立性品质。那么，它们独立性的具体表现又该是怎样呢？

1. 五大认知范式的内容规定不同

唯物认知范式、科学认知范式、人文认知范式、逻辑认知范式、自我认知范式虽然都荣幸地成了认知、理解和评价中国传统哲学的坐标与方法，但由于它们各自内含的价值、理论、学说与路径存在很大差别，从而规定了它们作为认知、理解和评价中国传统哲学的坐标在内容上的不同。

所谓"唯物主义认知范式"，即是指马克思主义哲学，其包括的原理或思想有：（1）物质与意识关系原理。物质第一性，意识第二性，物质决定意识，物质是不依赖于人的意识、并能为人的意识所反映的客观实在，

---

① 牟宗三：《中国哲学的特质》，上海古籍出版社2007年版，第91页。

世界是物质的世界，世界的真正统一性就在于它的物质性。意识是物质世界长期发展的产物，意识的内容表明其是客观存在的反映。人可以能动的认识世界，意识活动具有目的性和计划性、主动创造性和自觉选择性。(2)实践与认识关系原理。实践是人们改造客观世界的一切物质性运动，实践具有客观物质性、主观能动性、社会历史性的特点；实践是认识的基础、认识的来源、认识发展的动力；实践是检验认识真理性的唯一标准，实践是认识的目的和归宿；真理是客观的，是标志主观同客观相符合的哲学范畴。(3)联系发展原理。世界变化发展是永恒的，必须用发展的观点看问题；矛盾是反映事物内部对立统一关系的哲学范畴，联系的根本内容是矛盾，发展的根本动力是矛盾，矛盾观点是唯物辩证法的根本观点，矛盾分析法是认识世界的根本方法；世界是联系的，联系具有普遍性、客观性、多样性等特点。(4)社会历史观。社会存在决定社会意识，社会意识是对社会存在的反映，社会存在的变化发展决定社会意识的变化发展，社会意识具有相对独立性，社会意识对社会存在具有能动的反作用；物质资料的生产方式是人类社会存在与发展的基础，它决定着社会的性质与面貌，决定着社会形态的变革和更替；人民群众是历史的主体，是历史的创造者。这些原理都可以进一步演绎为具体的方法论，从而成为认知、理解和评价中国传统哲学的原则与方法。

所谓"科学认知范式"，其内容就是指自然科学精神、原理、定律、方法及成果。自然科学学说、定律、方法相当丰富，既有一般性科学哲学理论，比如实验、假设、统计、怀疑、观察、模型、分析、综合、类比、进化论等；也有具体的科学方法，比如数学上积分原理、物理学上的能量守恒定律、"场"理论、量子力学上的粒子与真空及互补原理、光学上的光的直线传播原理、生物学上的细胞学说、几何学原理等。也就是说，科学认知范式作为认知、理解和评价中国传统哲学的核心内容是自然科学原理、定律与方法，以及各具体学科的学说与观念。这些原理、学说组合成为认知、理解和评价中国传统哲学的原则与方法。

所谓"人文认知范式"，其内容就是指人文主义精神、原则、思想和方法。具体言之则有：以"人"为中心，否定以神或自然为中心；高扬人的主体性，肯定人生的意义与价值，崇尚人格尊严，追求个性自由和解放；反对专制，提倡民主；反对等级，主张平等；反对神秘主义，高扬理性；推崇人的创造力和科学知识；肯定人类的生活创造活动及其成果，鼓励对现世幸福的追求等。需要说明是，人文认知范式在中国学者的应用过程中，其人文意涵的范围被大大拓展了。

所谓"逻辑认知范式"，其内容主要是指19—20世纪之交中国学者从西方介绍、引进的逻辑学原理，诸如传统逻辑、数理逻辑、语言逻辑等的相关原理、规律与方法，也包括定义、归纳、演绎、概念、判断、推理、逻辑分析等具体逻辑法则。就是说，被引进的诸种逻辑学说、逻辑原理、逻辑规律和逻辑方法等构成了认知、理解和评价中国传统哲学的内容。

所谓"自我认知范式"，其内容就是指与被理解的哲学概念、命题或观念相应的器物文明系统、社会历史系统、经济政治系统、礼仪习俗系统、文字语言系统、经籍文献系统、作者素质系统、科学常识系统、思想义理系统、意义价值系统等。也就是说，"自我认知范式"是以器物文明系统、社会历史系统、经济政治系统、礼仪习俗系统、文字语言系统、经籍文献系统、作者素质系统、科学常识系统、思想义理系统、意义价值系统等作为认知、理解和评价中国传统哲学的。

总之，唯物认知范式、科学认知范式、人文认知范式、逻辑认知范式、自我认知范式都是有确定内容的，而且，这些内容之间存在差异性、不可替代性，它们都是以自身独特的内容作为认知、理解和评价中国传统哲学的原则和方法。

2. 五大认知范式的解释目标与结论不同

既然诸认知范式各自拥有自己独特的内容，而这些内容规定了不同的特性，比如，唯物认知范式注重从"物"的角度解释思想观念，强调"物"的基础性，特别关注哲学观念的性质；科学认知范式注重哲学概念的实证性、确实性，对哲学概念、范畴或观念的内涵的确定性、清晰性都有特别的要求；人文认知范式注重哲学概念或命题的人文内涵，注重从人性、人情角度分析思想观念，分析哲学概念或命题的人文精神，解释哲学概念或命题中的人文思想；逻辑认知范式注重哲学范畴或命题的内涵与外延及其限制，注重哲学叙述的逻辑规范，注重哲学思维的逻辑规律等；自我认知范式则注重呈现被解释的哲学概念或命题本来面貌，即致力于将被理解的哲学概念或命题的历史文化背景加以呈现，同时也根据文字的、考据的、文化的等自身的学术方法,将哲学概念或命题进行呈现。正因为这样,诸认知范式对于哲学概念或命题的解释目标或方向必然呈现出差异。请分享如下案例。

关于"气"的解释,唯物认知范式将"气"理解为一种物质,是万物的本原,其性质是唯物主义的,或者相反;科学认知范式认为"气"接近于现代科学所说的"场","场"的聚散便形成实物,亦即激发成各种各样的粒子;逻辑认知范式认为"气"含义模糊,不符合逻辑学原理及其思维规律。可见,唯物认知范式、科学认知范式、逻辑认知范式关于"气"的理解完全异趣,正是由于它们自身的内容不同,因而解释目的与结论也完全不同。

关于"道"的理解,唯物认知范式将"道"理解为天地万物总根源,是万物所由以构成的原始材料,否认了上帝的最高主宰地位,表达了存在、运动与规律的相互关系;科学认知范式将"道"理解为"全息原理""生化原理"和"中和原理",是科学的原始公设,内含丰富且深刻的自然科学思想;而人文认知范式将"道"理解为:人事价值的根据、无为创生的方式、生命实践的境界,因此"道"不仅没有远离人间,反而是对人间的深切忧虑与关怀,表现出强烈的人文主义精神;自我认知范式以社会历史文化背景为依据,指出老子的"道可道,非常道"是对"道"的世俗化批判,是要重建"道"的神圣性,重建人们的信仰。可见,关于"道"解释,唯物认知范式、科学认知范式、人文认知范式、自我认知范式的结论也完全不同。

关于"诚"的解释,唯物认知范式将"诚"理解为知识上的神秘主义、道德上的物本主义,在效果上则是消灭人民大众的觉悟和实践;人文认知范式将"诚"理解为"万物之本性或本体""一种智力活动""一种永不停息的生命活动""内含道德关怀的本体"等。可见,唯物认知范式与人文认知范式关于"诚"的理解存在很大差别,它们应用的结果或想获得的东西各不相同。关于"良知"的理解,唯物认知范式将"良知"理解为内在于人心的先验知识,是一种神秘的顿悟,属于主观唯心论;科学认知范式将"良知"理解为"生元之知",认为是物质长期进化到生命,生命再进化到"知"的结果;人文认知范式则将"良知"理解为人内在的、本有的善性,是人道德信念的根据。不难看出,唯物认知范式与科学认知范式虽然都否定"良知"的存在,但二者对"良知"的理解与判断仍然是有差别的,而人文认知范式肯定了"良知"的积极意义。

关于"心"的理解,唯物认知范式将"心"理解为主观唯心主义;科学认知范式将"心"理解为生理的器官、心理的结构;人文认知范式则将"心"理解为道德本体,蕴含丰富的人文关怀精神。可见,唯物认知范式、科学认知范式和人文认知范式对于"心"的理解与判断也是存在鲜明差异的。

概言之,由于唯物认知范式、科学认知范式、人文认知范式、逻辑认知范式、自我认知范式各自的内容不同,它们对同一哲学概念或命题的解释必然受其内容的规定和影响,从而呈现出不同的解释方向和不同的结论。

3. 如何安置诸认知范式的差异

如上所呈现的五大认知范式的解释差异,已表明诸认知范式的差异是一种客观存在。那么,我们该怎样在思想上去认识和接纳这种差异?以下几点或许可以成为我们的参考。

第一,呈现了理解方法的多样性。唯物认知范式、科学认知范式、人文认知范式、逻辑认知范式、自我认知范式五大认知范式,由于各自内容有特殊的规定,因而在进行理解时无不根据自身规定的内容展开,从而导致解释的过程与结果各有其异。比如,对"理"的理解,唯物认知范式理解为宇宙万物的本体,但却是"客观唯心主义"的;科学认知范式理解为"理性";人文认知范式理解为"创生的本体";逻辑认知范式理解为"理由"。对同一个概念或命题,既然唯物认知范式、科学认知范式、人文认知范式、逻辑认知范式、自我认知范式各自可以表达自己的看法,可以进行自己的理解,可以从这种解释中获得自己想要的结论,那么,这当然意味着唯物认知范式、科学认知范式、人文认知范式、逻辑认知范式、自我认知范式作为解释方法的合理性,从而客观地肯定了理解或解释中国传统哲学方法的多样性。

第二,揭示了中国传统哲学内涵的丰富性。随着唯物认知范式、科学认知范式、人文认知范式、逻辑认知范式、自我认知范式认知、理解和评价中国传统哲学实践的展开,中国传统哲学概念或命题的内涵被阐发、揭示出来。不过,由于每个认知范式的内容规定不同,因而其解释的方向与目的也不同，从而使被理解的中国传统哲学的概念或命题的内涵也被多角度地、多元地呈现出来。比如，关于"道"的解释，唯物认知范式解释为唯物的本原或唯心的本原，或兼具了唯物、唯心性质的宇宙万物的本体；科学认知范式将"道"解释为"假设"或"宇宙结构论"，与自然科学原理对应；人文认知范式将"道"理解为生命根据、价值的源头、创生的方式等；逻辑认知范式则认为"道"的内涵丰富但混乱，不符合逻辑思维规律。可见，由于唯物认知范式、科学认知范式、人文认知范式、逻辑认知范式等不同视角的理解，中国传统哲学概念或命题内涵的丰富性、多样性被呈现出来。

第三，有助于明晰中国传统哲学概念或命题的内容。中国传统哲学概念或命题的模糊性一直被人们诟病，但这个特点其实应成为哲学的前提之一：一是因为概念含义的多样性本是语言文字的基本特点之一；二是就哲学而言，可解释性应该是哲学概念和命题特质之一；三是根据诸认知范式对中国传统哲学的理解实践，中国传统哲学概念或命题的内容不是不可以明晰的。比如，有人质疑"气"概念内涵的模糊性，但若将被理解的"气"范畴置于诸认知范式之下加以理解，所谓模糊性或可避免。先将"气"置于自我认知范式中加以理解，即确定被理解的"气"的文本，同时对此文本相关的文化、社会、历史、文字、义理等系统展开分析，从而确定"气"所表达的意涵。在这个基础上，再分别做唯物认知范式、科学认知范式、人文认知范式、逻辑认知范式等不同的解释，从而获得关于"气"的不同内涵，如此便可使"气"的内涵明晰起来。因而可以说，唯物认知范式、科学认知范式、人文认知范式、逻辑认知范式、自我认知范式的应用，在很大程度上明晰了中国传统哲学概念或命题的内涵。再如，张载说："知太虚即气则无'无'。"（《正蒙·太和》）又说："天地之气，虽聚散攻取百涂，然其为理也，顺而不妄。"（《正蒙·太和》）那么，根据唯物认知范式的解释，既然否定"无"，既然"理"是"气"运行规律，这就说明"气"是物质的，因而张载的"气论"是唯物主义的。那么，这个文本中的"气"，还可做科学认知范式解释吗？还可做人文认知范式解释吗？还可做逻辑认知范式解释吗？即便解释，也是根据诸认知范式内容去引申，而且都是有限的。这就说明，如果我们对中国传统哲学概念或命题的解释以自我认知范式为前提，或许能避免含义模糊的问题。

第四，构建一种解释的张力，有助于丰富哲学概念和命题的内涵。在考察唯物认知范式、科学认知范式、人文认知范式、逻辑认知范式、自我认知范式用于中国传统哲学研究的实践中，诸认知范式都表现了对中国传统哲学解释的热情和力量，它们各显身手，对中国传统哲学展示自身的魔法，给予不同的解释，从而构成了一种解释的张力。比如，关于"心"的理解，唯物认知范式理解为主观唯心论，认为是强调意识第一性，物质第二性，是一种主张人的意识为主导的主观主义哲学；科学认知范式则将"心"解释为一种生理的、心理的器官，与哲学没有什么瓜葛；人文认知范式则将"心"解释为一种主体精神，表现为担当与关怀，是提出"心"概念之哲学家对宇宙万物、天下苍生关怀精神的体现；在逻辑认知范式这里，"心"的意涵则是多义的、含糊不清的，无法以逻辑学规则去理解。这样，诸认知范式在理解"心"的实践中，各持己见，各主其论，从而构建了一种解释的张力。而对于中国传统哲学而言，由于诸认知范式的内容规定不一样，因而诸认知范式在认知、理解和评价中国传统哲学的实践中，通过"奉献"自己而实现了两大目的：一方面寻找中国传统哲学中欠缺的东西；另一方面凸显中国传统哲学中相应的部分，从这个意义上讲，诸认知范式对于中国传统哲学的内涵自然有丰富、充实和发展之功劳。

二 四大认知范式的互补

本书研究表明，在过去百余年认知、理解中国传统哲学的实践中，西方哲学方法成为中国传统哲学研究中的绝对主导，而西方哲学方法大体上可以划分为唯物认知范式、人文认知范式、科学认知范式与逻辑认知范式四大认知范式。这四大认知范式都被用于认知、理解、评价中国传统哲学，并且取得了重大成就。但是，由于此四大学说各有特点、优势与局限，因而在认知、理解中国传统哲学的实践中，如何妥善处理它们的关系，使它们的功用最大化、最佳化，以提升认知、理解和评价中国传统哲学的效果便变得十分重要起来，此即四大认知范式互补性。

1. 唯物认知范式与人文认知范式的互补

我们知道，唯物认知范式的主要目标是将被理解的哲学概念或命题内含的"唯物主义"内容与性质揭示出来，而人文认知范式的主要目标是将被理解的哲学概念或命题的"人文主义"内容与性质揭示出来。也就是说，唯物认知范式所追求的是哲学概念或命题在思维与存在关系、宇宙万物的普遍联系与发展、实践与认识关系、社会存在与社会意识关系等问题上的主张与观念；而人文认知范式所追求的是哲学概念或命题在人的价值、人的自由、人的幸福、人的理性等方面的主张与观念。可见，唯物认知范式与人文认知范式是有差异从而可以互补的。比如，对孔子"仁"的理解，在以唯物认知范式为参照理解下，"仁"是具有阶级性，是区分不同阶级的标准，属贵族君子的道德。侯外庐说："孔子'仁'的观念也和他的'礼'的观念是相似的，其体系是矛盾的，这即是说，在一般的道德律方面'仁'是国民的属性；而在具体的制度方面'仁'又是君子的属性。"[1] 这种解释就是根据"社会存在决定社会意识"原理作出的，但这显然没有穷尽"仁"的内涵。就是说，"仁"的提出及其内容，无疑有历史性、主体性限制，但它仍然是有超越性的，"仁"的精神不是"社会存在"可以限制的。张岱年说："一方面要求贵族以对待同类的态度对待一切人，尊重一般人民的人格；另一方面又保持宗法关系及等级制度，使地位低下的庶民不能夺取地主阶级所得到的特殊权利。这是从奴隶制到封建制过渡的时期地主阶级的地位与态度的一种反映。地主阶级分子在向贵族争夺政治权力的斗争中，要联络一些庶民，又要保持自己的特殊地位，所以提出了差等之爱的仁的学说。仁的学说，假如实行起来，对于人民还是有利的，因而在当时有进步的意义。"[2] 对张岱年而言，孔子的"仁爱"并不仅仅局限于某个阶级，而是遍及所有的人，因而"仁"是特殊性与普遍性的统一。而王国维更注重和肯定"仁"的普遍意义，他说："孔子自天之观念演绎而得'仁'，以达平等圆满绝对无差别之理想为终极之目的。至其绝对的仁，则非聪明睿知之圣人，不易达此境。欲进此境，必先实践社会的仁。社会的仁，忠恕是也。故欲进绝对之境，不可不自差别之境进也。故仁自其内包观之，则为心之德，而包括一切诸德；然自其外延观之，则抽象的概念而普通（遍）的形式也。此形式虽不变，

---

[1] 侯外庐、赵纪彬、杜国庠主编：《中国思想通史》第一卷，人民出版社 1957 年版，第 156 页。

[2] 张岱年：《张岱年全集》第三卷，河北人民出版社 1996 年版，第 480—481 页。

其内容则因时与处而殊。故自特别观之,则名特别之仁;自普遍观之,则名普遍之仁。普遍之仁,为平等之观念,包括其他之礼义智信等。特别之仁为特别的狭义之仁,如'智仁勇'之仁是也。"① 就是说,孔子的"仁"是平等、圆满、生生、绝对之观念,蕴含着深刻的人文关怀。牟宗三则将"仁"理解为真实生命。他说:"仁以感通为性,以润物为用。感通是生命(精神方面)的层层扩大,而且扩大的过程没有止境,所以感通必以与宇宙万物为一体为终极,也就是说,以'与天地合德、与日月合明、与四时合序、与鬼神合吉凶'为极点。润物是在感通的过程中予人以温暖,并且甚至能够引发他人的生命。这样的润泽作用,正好比甘霖对于草木的润泽。仁的作用既然如此深远广大,我们不妨说仁代表真实的生命(Real life);既是真实的生命,必是我们真实的本体(Real substance);真实的本体当然又是真正的主体(Real subject),而真正的主体就是真我(Real self)。至此,仁的意义与价值已是昭然若揭。"② 就是说,"仁"是通过"感通"和"润物"两种方式来实现自我价值或释放自我的能量。"感通"是精神生命的扩大,这种扩大没有止境,所以最后与宇宙万物为一体;"润物"则是在感通过程中给人以温暖,甚至引发他人的生命。既然,"仁"的作用实际上是为了成就生命、养育生命,自然可谓"仁"即真实的生命,而这个真实的生命与天道是遥遥相契的,这样天道便有了落脚点,便成为含有生命内容的范畴,也就是说,"仁"是天道的内在化、具体化,所以"仁"也是真实本体。既然"仁"具有感通、润物的作用,并以此成就生命、引发生命,那么,"仁"自然就是创生的力量,是创造性本身。应该说,在王国维、牟宗三这里,"仁"之人文意涵得到了准确且深刻的阐发。综合观之,唯物认知范式主要关注的是"仁"之物质限制性,而人文认知范式主要关注的是"仁"之精神超越性,由前者必须将"仁"视为社会性、历史性和主体性观念,由后者必须将"仁"视为普遍性、恒在性、全民性观念,如此才可能全面、准确把握"仁"之意涵,而这正是唯物认知范式与人文认知范式互补的成效。

---

① 王国维:《孔子之学说》,《王国维哲学美学论文辑佚》,华东师范大学出版社1993年版,第41页。

② 牟宗三:《中国哲学的特质》,上海古籍出版社2007年版,第30页。

2. 逻辑认知范式与唯物认知范式的互补

关于中国传统哲学特点有许多不同的论说，而不同认知范式对于中国传统哲学特点的判断存在较大差异。

比如，依逻辑认知范式，"务实致用"被理解为中国传统哲学特点。侯外庐指出，中国古代的逻辑思维多用于社会政治，用于讲天道人道关系的道理。他说："中国古代名家的辩察，其所辩所察者，多在社会政治与天道人道的范围以内，其名辩思想与实际主张皆直接相关，甚至成为混然一体。"① 就是说，中国古代的逻辑名辩是与实际的政治主张融为一体的，并用于论证政治、阐述人道，足见其实用性。张东荪通过对"名学"的分析，判定中国古代逻辑的最大特点是重视社会的功用。他说："须知中国的'名学'是"正名"，却与西方的逻辑大不相同。在名学以外又有所谓'辩学'。有人以为与西方的逻辑相仿佛。我以为亦不尽然。中国思想上的正名是把'名'视为代表职司（function）的符号。其发源还是由于《周易》上的宇宙观。所以我尝说中国在先秦只有一个宇宙观，便紧接着一个社会观与一个'道德观'（ethies）。如乾为天，为君，为父，为夫，为刚（即德）；坤为地，为臣，为子，为妻，为柔（亦是一种德）。并没有西方哲学上的本体论（ontology），亦没有知识问题等等。所以正名是把名来象征实物。但这个实物却不是独立的存在者，乃是全宇宙内配合好了的各种职司。明白了中国人不注重于'物质的独立存在者'，则便可知正名是一方面用于天然事物，他方面用于人生社会。"② 在张东荪看来，"名"是代表职司的符号，"正名"就是用名象征实物，但此实物不是独立的存在者，而是宇宙内的各种职司，因而所谓"正名"既用于天然事物，又用于人生社会。可见，由逻辑认知范式看，中国哲学不是以"取真求则"为目的，而是以实际效用为目的，追求逻辑的实用性。

但在唯物认知范式视域下，中国传统哲学的最大特点是观念论。李石岑说："中国哲学大部分是观念论的。从先秦到清末，我们只能找到几个唯物论的倾向，不能找到真正唯物论的思想。就令是机械论的唯物论，亦

---

① 侯外庐、赵纪彬、杜国庠主编：《中国思想通史》第一卷，人民出版社1957年版，第416页。

② 张东荪：《知识与文化》，岳麓书社2011年版，第140页。

殊不易寻求。就这一点，已足证明中国从先秦到清末为长期的封建社会而有余，因为封建社会所反映的哲学思想很少是唯物论的。"① 既然观念论是中国传统哲学的主体内容，那么它的特点就不可能是"务实致用"。这样，唯物认知范式关于中国传统哲学"基本上是观念论"的判断与逻辑认知范式关于中国传统哲学"务实致用"的判断便形成补充，使关于中国传统哲学特点的理解趋于完整。再如，温公颐等对"理一分殊"的理解，认为这个命题不仅看到了"理一"方面，也看到了"分殊"方面："朱熹在论证'理一分殊'时，实际上更多地考察了'分殊'的一面。也就是说，他不仅看到了'理一'、'理同'的一面，而且也看到了万物'气异'，万物之理也绝不同。"② 因此，这个命题不仅内含了一般与个别、整体与部分的辩证关系，而且内含了逻辑思维方法，温公颐等说："（理一分殊）就把天地分化为万物、整体分为部分、类属分为种或个体等都包含在'分殊'意义之内。这与前面所说的'月印万川'的那种解释，把个别与一般绝对地等同的形而上学观点是不同的，它强调的是理有'分殊'的一面，这已触及到，或者说'天才地猜测到'一般与个别、类属与种、整体与部分的辩证关系，丰富了传统的'类'概念的内容，这一点是应当予以肯定的。正是这个意义上说，朱熹的'理一分殊'说中的这种合理因素，是他阐述的归纳法和演绎法的理论依据。"③ 就是说，由逻辑认知范式理解，"理一分殊"又内含了种属关系、归纳法、演绎法等逻辑学原理。这样，在温公颐、崔清田的理解实践中，"理一分殊"既内含了一般与个别、整体与部分之辩证关系原理，亦内含了种属关系、归纳法、演绎法等逻辑学原理，而其所明示的重要结论就是唯物认知范式与逻辑认知范式的互补。

概言之，无论是对中国哲学特点的理解，还是对中国哲学命题的理解，唯物认知范式与逻辑认知范式都可从自身的角度作出贡献而相得益彰。

3. 唯物认知范式与科学认知范式的互补

在四大认知范式中，唯物认知范式与科学认知范式是最亲密的，但它

---

① 李石岑：《中国哲学十讲》，广西师范大学出版社2010年版，第24页。
② 温公颐、崔清田主编：《中国逻辑史教程》，南开大学出版社2001年版，第256页。
③ 同上书，第257页。

们仍然存在差异,这种差异使它们关于中国传统哲学的理解具有互补性。

比如关于后期墨家思想的解释。张岱年说:"先秦时代,天文学之外,物理学和数学也有一定的发展。后期墨家,由于从事手工业的生产,从事守城的器械的制造,因而对于物理学和数学有一定的研究。在《墨经》中'景二'、'景倒'等六条是关于光学的知识,还有关于力学的、关于几何学的。这些都是中国科学史的珍贵资料。值得注意的是,墨翟本来是鼓吹'天志'的,肯定天的意志及其主宰作用,在自然观方面还是属于唯心论的。而在《墨经》中却完全没有'天志'论的痕迹了。后期墨家,正是由于进行了光学、力学、几何学等的科学探讨,从而排弃了唯心论。在《墨经》中,墨子的经验论的认识论得到进一步的发展,提出了比较完整的唯物主义反映论的认识论,这和墨家的科学探讨也是不可分割的。"[1] 后期墨家为什么能够形成唯物主义的认识论?因为那时有了光学、力学、几何学等自然科学成果及其思想;而张岱年之所以能解释并凸显《墨经》中属于光学、力学、几何学原理和思想,乃是因为科学认知范式的应用。也就是说,张岱年之所以既能发现《墨经》中的反映论,又能发现《墨经》中的科学思想,乃是在他的认知和理解实践中,唯物认知范式与科学认知范式形成了互补。

再如关于"天"的理解。侯外庐以唯物认知范式理解"天",判其为物质性概念,因而形成了对神学世界观的否定。侯外庐说:"天地既然是'体',这就破除了'体'、'气'的混淆,根绝了由'气'通往神的神秘隧道。"[2] 显然,侯外庐关于"天"的唯物论性质从而是对"天"意志的否定的结论,乃是因为这个理解与判断建立在"天"是物理的概念之认识基础上,亦即建立在科学认知范式基础上。张岂之延伸了乃师的理解,继续将"天"理解为物理学概念。他说:"这里的'元气'不单纯是哲学概念,而且是物理的概念了。他又把天和地加以对照,进一步论证说:'夫地有形而天无体。譬如灰焉,烟在上,灰在下也。'(《物理论》)地有形而天无体,可以说是十分精确的科学概念。以烟和灰作譬喻,虽失之

---

[1] 张岱年:《中国古代唯物主义的发展与自然科学的联系》,《张岱年全集》第五卷,河北人民出版社1996年版,第187—188页。

[2] 侯外庐、赵纪彬、杜国庠主编:《中国思想通史》第二卷,人民出版社1957年版,第277页。

简略，但却是气体和固体两种不同的物质形态的形象化说法。从气体和尘埃云中经过凝集而生成天体和地球的星云假设，不也是通过物质形态的转化以说明宇宙的发展么？"① 就是说，从科学原理看，"天"是"气体"状态，因而是物理学概念。不难看出，"天"之所以被理解为否定神的唯物论概念，是因为在科学认知范式视域中，"天"是一个物理学概念。

质言之，是唯物认知范式与科学认知范式的通力合作，才形成关于后期墨家思想性质的完整判断，才形成关于"天"之意涵与性质的完整结论。

4. 科学认知范式与人文认知范式的互补

科学认知范式与人文认知范式是差异鲜明的两种思潮或学说，作为认知和理解中国传统哲学的方式尤为如此，而其互补性也更为令人瞩目。

先看对"心"的理解。严复以科学认知范式为参照，基于心理学、生理学、医学等成果，指出人之"情感论思"非心所为，乃而是由头脑主宰。严复说："一人之身，其情感论思，皆脑所主。"② 康有为持同样的观点，认为知觉运动、记忆构思、逻辑推理、情感理性等都属于脑的功能，而脑分大脑小脑，但与"心"没有关系。他说："心者，人体之精灵，凡知觉运动、存记构造、抽绎辨决、情感理义，皆是也。包大脑小脑而言。"③ 燕国材则从心理学角度加以解释，他说："陆九渊认为'心官'是人类思维活动赖以进行的物质实体。有没有心官，能不能进行思维活动，这是区别人与木石的标志。他不仅强调了'心官'进行思维活动的职能，也看到了'心官'对于耳目等感觉器官的制约性。"④ 可见，在科学认知范式视域中，"心"不再是哲学范畴、道德范畴，"心"也不是理性，没有逻辑推理功能，而是心理学、医学、神经学、精神学范畴，中国传统哲学赋予"心"的功能，实际上都是脑的功能。这样，传统哲学意义上的"心"在内容与功能上完全被科学化了。而依人文认知范式解释，"心"是价值的根源，是道德的根据，是"善"的源头。方东美就认为陆、王的"心"是"价值的最高统会"，他说："斯义预涵两大要旨：一，

---

① 张岂之主编：《中国儒学思想史》，陕西人民出版社1990年版，第290页。
② 严复：《〈天演论·导言〉按语》，《严复集》第五册，中华书局1986年版，第1352页。
③ 康有为：《孟子微》卷二，《孟子微·礼运注·中庸注》，中华书局1987年版，第43页。
④ 燕国材：《唐宋心理思想研究》，湖南人民出版社1987年版，第359—360页。

人心存乎天理，专一守己，而非逐物，故能不役于外物；二，确信'至善是心之本体，只是明明德而至精至一处便是，然亦未尝离事物。'是为存在与价值合一，性天不二。"① 就是说，作为"价值的最高统会"的"心"，既是克己守理而不为物所役的，也是明明德于事物而不离生活的，纯是生命关怀意义上的观念。无疑，对于中国传统哲学而言，将"心"做人文主义的解释似乎更为切合其本义。

次看对"良知"的理解。按科学认知范式解释，作为知识论上的"公理"，"良知"只能从经验中来，也只能从感官中来，或者是历经千万年进化而来，即所谓"细胞有知"。严复、孙中山的理解似乎论证了"良知"的合理性，实际上他们的理解是对"良知"人文内涵的彻底否定。严复说："独至公论，无所设事。然无所设事矣，而遂谓其理之根于良知，不必外求于事物，则又不可也。公例无往不由内籀，不必形数公例而独不然也。于此见内外籀之相为表里，绝非二途。又以见智慧之生于一本，心体为白甘，而阅历为采和，无所谓良知者矣。"② 而依人文认知范式，"良知"是形而上之直观睿知，此直观睿智发为道德慧见，表现为精察灵明之功，形成为精神力量，"良知"既非感觉亦非理性，是一种由形而上学的睿智转进的道德智慧，其行动无时空之限制，其力量无穷无尽，其精神专心一致。牟宗三说："若谓孟子所说之良知良能，由孩提之童而指点者，乃是自然之习性，或自然之本能，则大悖。此定如康德所说，乃是超越的道德本心。"③ 因此，圣人可以根据"良知"的发用流行体认天地万物之情状。陈来说："良知在意识结构中的作用，不仅对意念的是非善恶进行判断和评价，而且体现为一定的心理、情感的体验，以强化对人的监督和指导。合于道德法则的思想和行为引起欣慰，违反道德法则的思想和行为则引起羞愧和不安。"④ 总之，"良知"是道德实践的根据，是一切存在之存有论根据，是超越的道德本体，是终极的价值判断。可见，如果说科学认知范式是解构"良知"的话，那么人文认知范式就是守护

---

① 方东美：《中国哲学精神及其发展》，台湾黎明文化事业股份有限公司2006年版，第136页。
② 严复：《〈穆勒名学〉按语》，《严复集》第四册，中华书局1986年版，第1050页。
③ 牟宗三：《从陆象山到刘蕺山》，上海古籍出版社2001年版，第155页。
④ 陈来：《有无之境——王阳明哲学的精神》，人民出版社1991年版，第176页。

"良知",而其所提示我们的是,人文认知范式与科学认知范式的互补性极为必要。

再看对"道"的理解。陈鼓应认为"道"是人事价值的根据。他说:"'道'作为万物的本根意涵对于老庄而言,不只是具有生成之根源义,更意味着道是人事价值的根源。亦即人间的一切制度、君王的行事作为,皆以道作为价值的依据,……正是作为价值的根源这一点,体现出道的本根性所具有的人文意义。"[①] 就是说,"道"不仅是万物本原,更是万善的源头,因而人间万事万物之价值根据都来自"道"。董光璧则将"道"放到现代物理学中讨论,认为"道"类似于量子场基态,"有生于无"恰似"粒子产生于真空"。他说:"量子场基态是一切激发态的自然背景。'有'与'无'的关系在量子场论中,就是粒子和真空的关系,激发态和基态的关系。一方面粒子是由基态(真空)激发产生的,另一方面被产生的粒子同基态中的虚粒子云和凝集态发生相互作用。"[②] 依董光璧的解释,"道"蕴含着深刻的自然科学内涵——粒子(激发态)产生自真空(基态)犹如"有生于无"。这样,陈鼓应从人文认知范式角度显发了"道"之深刻的人文主义意涵,而董光璧由科学认知范式角度显发了"道"之深刻的自然科学内涵,从而显示了此人文认知范式与科学认知范式之相互发明。

5. 科学认知范式与逻辑认知范式的互补

科学认知范式与逻辑认知范式可以视为近邻,但仍然各有所长各有所爱,因而在认知、理解中国传统哲学的实践中也表现为互补。

比如对"气"的理解。何祚庥将"气"放在场理论中解释,他说:"自然科学里的'以太'只是作为传递物质间相互作用力的一种假想的介质而存在,'以太'和实物却仿佛是隔绝的。但张载和王夫之认为,'气'和'形'是相互转化的。因而他们所提出的'气',与其说接近于'以太',不如说更接近于现代科学所说的场。场的'聚''散'便形成实物,亦即激发成各种各样的粒子。当然,对于'气'也不能完全看成是现代科学的场。场是在大量的科学实验和生产实践基础上总结出来的科学概

---

① 陈鼓应:《道家的人文精神》,中华书局2012年版,第106页。
② 董光璧:《当代新道家》,华夏出版社1992年版,第87页。

念。'元气'只是古代朴素唯物主义者在对宇宙运动的某些整体性智进行考察后提出的一种猜测。"① 在何祚庥看来,"气"虽然不是科学实验的产物,但超越了"以太"观念,"气"与"场"观念类似。李申也将"气"理解为"场",他说:"气这个概念所反映的物质存在的形态,已经显示出了和原子论的差别,而倾向于场论了。"② 但依逻辑认知范式的解释,"气"的意涵是没有规定性的,从而是模糊而不可捉摸的。严复曾批评说:"有时所用之名之字,有虽欲求其定义,万万无从者。即如中国老儒先生之言气字。问人何以病?曰邪气内侵。问国家以何衰?曰元气不复。于贤人之生,则曰间气。见吾足忽肿,则曰湿气。他若厉气、淫气、正气、余气、鬼神二者之气之良能,几于随物可加。今试问先生所云气者,究竟是何名物,可举似乎?吾知彼必茫然不知所对也。……出言用字如此,欲使治精深严确之科学哲学,庸有当乎?"③ 就是说,"气"含义混乱而歧义生,它可以用来解释几乎所有现象,但由于没有确切的界定,给理解和把握带来了困难。张岱年也对"气"的歧义性提出过批评。他说:"中国传统哲学所谓气,不易理解。所谓气,有三层涵义。一是常识概念的气,指一切气体状态的存在,如水气、云气、呼吸之气等。二是哲学范畴的气,指不依赖于人的意识而又构成一切感觉对象的客观存在,相当于西方所谓物质。三是广泛意义的气,泛指任何现象,包括精神现象。重要的是作为哲学范畴的气。中国哲学所谓气与西方所谓物质是相当的,而也有差别。西方是以固体物为模式而提出物质概念的,物质的存在形态是原子、粒子。中国古代是以气体物为模式而提出气的概念的,可以理解为波粒的统一。中国所谓气的概念没有西方传统哲学所谓物质的机械性,却又表现为一种含混性,应该正确理解。"④ 张岱年虽然对"气"的含义进行了区分,并强调把握哲学意义的"气"之重要性,但对"气"意涵之混乱性仍然持批评态度。这样,"气"在科学认知范式视域下被理解为具有"场理论"的概念,而在逻辑认知范式视域下被批评为缺乏界定、意涵混乱不清,前者让我们发现"气"之科学意义上的价值,后者则让我们重

---

① 何祚庥:《唯物主义的"元气"学说》,《中国科学》1975年第5期。
② 李申:《"气"范畴研究》,《中国哲学》第十三辑,人民出版社1985年版,第42页。
③ [英] 耶方斯:《名学浅说》,严复译,商务印书馆1981年版,第18—19页"夹注"。
④ 张岱年:《张岱年全集》第四卷,河北人民出版社1996年版,第467页。

视"气"之逻辑界定的重要。

再如对"理"的解释。熊十力将"理"解释为科学定律公则,他说:"所谓理者本无内外。一方面是于万物而见为众理灿著;一方面说吾心即是万理该备的物事,非可以理别异于心而另为一种法式,但为心上之所可具有,如案上能具有书物等也。唯真知心境本不二者,则知心境两方面,无一而非此理呈现,内外相泯,滞碍都捐。如果遍说理即心,是求理者将专求之于心,而不可征事物。这种流弊甚大,自不待言,我们不可离物而言理。如果遍说理在物,是心的方面本无所谓理,全由物投射得来,是心纯为被动的,纯为机械的,如何能裁制万物、得其符则?我们不可舍心而言理。二派皆不能无失,余故说理无内外。"① 这段话正是熊十力回应"科学上的定律公则能不能离心独在"之问而发的。熊十力认为,"理"即科学定律公则之意,如果只说"理即心",那就意味着专求"理"于"心",不求之于事物,其流弊无穷;如果只说"理在物",那就意味着"心"是被动的、机械的,致使不能获得关于事物规律的认识。因此,"理"是贯通"心""物"的,也即贯通主体、客体的,正是在主客体的张力中才能发生或找到科学的定律公则。不用说,熊十力对"理"的解释完全是科学认知范式的向度。然而,"理"在冯友兰这里却是"共相"。冯友兰说:"此所谓理,在西洋哲学中,名为共相、形式或概念。此诸名最易与人以误解,使人误以想象个体者想象形式,以为超乎个体之上,另有一似乎个体者。所以然之理一名词,则无此弊。"② 就是说,作为抽象概念的"理"与西方哲学中的共相是一个东西,因而"理"就是"共相"。冯友兰说:"朱子之哲学,非普通所谓之唯心论,而近于现代之新实在论。惜在中国哲学中,逻辑不发达,朱子在此方面,亦未著力。故其所谓理,有本只应为逻辑的者,而亦与伦理的相混。如视之理,如指视之形式而言,则为逻辑的;如指视应该明而言,则为伦理的。朱子将此两方面合而为一,以为一物之所以然之理,亦即为其所应该。"③ 冯友兰不无遗憾地表示,朱喜的"理"既是逻辑的也是伦理的,而朱熹理学更偏向

---

① 熊十力:《新唯识论》,《熊十力全集》第三卷,湖北教育出版社2001年版,第44页。
② 冯友兰:《三松堂全集》第十一卷,河南人民出版社2001年版,第395页。
③ 冯友兰:《三松堂全集》第三卷,河南人民出版社2001年版,第247页。

伦理的"理"。冯友兰正是从逻辑意义上大做文章,将"理"理解为逻辑范畴,构建起"新理学"。可以说,"理"之科学意涵与逻辑意涵的呈现,正是科学认知范式与逻辑认知范式在理解实践中互补的结果。

6. 人文认知范式与逻辑认知范式的互补

人文认知范式的兴趣在人文世界,逻辑认知范式的兴趣则在思维世界,似乎风马牛不相及,然而在理解中国传统哲学的实践中却是可以寒暄问候而互补的。在中国传统哲学中,许多概念或命题都蕴含丰富且深幽的人文主义意涵,这是以人文认知范式作为坐标和方法所致。

比如,"天行健,君子以自强不息","宇宙即是吾心,吾心即是宇宙",等等,从人文认知范式角度去理解,这些命题蕴含着伟大的精神和情怀。张岱年说:"天体运行,永无已时,故称为健。健含有主动性、能动性以及刚强不屈之义。君子法天,故应自强不息。"① 即认为"天行健,君子以自强不息"具有健行不已、奋发向上的精神和不屈不挠的斗志。又解释说:"乾指天而言,天行即日月星辰的运行。日月星辰运行不已,从不间断,称之为健。人应效法天之运行不已,而自强不息,自强即努力向上、积极进取。……在古代哲学中,与刚健自强有密切联系的是关于独立意志、独立人格和为坚持原则可以牺牲个人生命的思想。……坚持自己的人格尊严,这是刚健自强的基本要求。"② 可见,在张岱年的解释中,"天行健,君子以自强不息"是一蕴含深刻、伟大人文精神的命题。但以逻辑认知范式去理解,结论完全不同。谢幼伟批评说:"如《易象传》上'天行健,君子以自强不息'一言,(《易象传》自非孔子所作,然其思想可能与孔子有关。)亦但有断语,而无理由。天行何以必健?天行健,君子又何以当自强不息?此《易象传》本身所未明告吾人者也。……在某一意义上,每一哲学家有时必运用其直觉。但直觉而出之以武断,则当两种武断言论冲突时,吾人即无法判定其是非。且直觉如不辅之以理智,不辅之以逻辑,则其言论可重复矛盾而不自知。"③ 就是说,从逻辑认知范式角度看,"天行健"与"君子自强不息"之间的逻辑关系没有任何说

---

① 张岱年:《张岱年全集》第五卷,河北人民出版社1996年版,第420页。
② 张岱年:《张岱年全集》第七卷,河北人民出版社1996年版,第382—383页。
③ 谢幼伟:《现代哲学名著述评》,山东人民出版社1997年版,第10—11页。

明,"天行健"为什么接下来应该是"君子以自强不息"?如果没有证据说明二者的逻辑关系,那只能判定这个命题具有武断性质。而之所以是武断的、专制的,乃在于中国古代哲学奉行直觉思维,以直觉为最可靠,而不事实证,不重逻辑。

再如关于"天"的理解。徐复观认为,在传统宗教中,"天"是规范人生活行为的命令,而在孔子思想中,"天"是从人性中转出来的主体性,就是人的意志与精神通过"天"表达和实现,从而实现"性"与"天道"的合一。他说:"天是伟大而崇高的客体,性是内在于人的生命之中的主体。若按照传统的宗教意识,天可以从上面,从外面,给人的生活行为以规定;此时作为生命主体的人性,是处于被动的消极的状态。但在孔子,则天是从自己的性中转出来;天的要求,成为主体之性的要求;所以孔子才能说'我欲仁,斯仁至矣'这类的话。对仁作决定的是我而不是'天'。对于孔子而言,仁以外无所谓天道。他的'天生德于予'的信心,实乃建立于'我欲仁,斯仁至矣'之上。性与天道的贯通合一,实际是仁在自我实现中所达到的一种境界;而'我欲仁,斯仁至矣'的仁,必须是出于人的性,而非出于天,否则'我'便没有这样大的决定力量。"① 这就是说,"天"不仅在传统宗教中是蕴含着生命关怀的概念,而且在人的主体性觉醒之后,作为从人性中转出来的观念,其所蕴含的仍然是人的主体意识、道德自觉与生命关怀。可见,人文认知范式视域下的"天",是一个洋溢着人文主义精神与思想的概念。但在逻辑认知范式视域下,"天"却是一个含糊不清的概念。严复说:"中国所谓天字,乃名学所谓歧义之名,最病思理,而起争端。以神理言之上帝,以形下言之苍昊,至于无所为作而有因果之形气,虽有因果而不可得言之适偶,西文各有异字,而中国常语,皆谓之天。"② 在严复看来,中国哲学中的"天"歧义交错,或为上帝,或为苍穹,或为形气,让人无从把握,就是因为与逻辑学规律相悖。概言之,就对"天行健,君子以自强不息"和"天"的解释言,人文认知范式与逻辑认知范式的结论大异其趣甚至矛盾,但正因为如此,它们的互补才显得十分醒目和重要。

---

① 徐复观:《徐复观文集》第三卷,湖北人民出版社2002年版,第99页。
② 严复:《〈群学肄言〉按语》,《严复集》第四册,中华书局1986年版,第921页。

如上以对中国传统哲学中的部分概念和命题的解释为例，较为详细地考察、分析了唯物认知范式、科学认知范式、人文认知范式、逻辑认知范式等四大认知范式的互补性。基于上述考察和分析，我们似可继续如下思考。

互补的形式。如上考察显示，在认知、理解中国传统哲学的实践中，唯物认知范式、科学认知范式、人文认知范式、逻辑认知范式四大认知范式的确是可以且必须互补的，但互补的形式不尽相同。概而言之约有如下情形：第一，相得益彰。就是说，无论是两种认知范式理解同一个哲学概念或命题，还是两种以上认知范式理解同一个哲学概念或命题，由于不同认知范式的内容与特性不一样，它们都从自身的角度对被理解的哲学概念或命题的意涵进行发掘和呈现，如此便可获得被理解哲学概念或命题意涵的多样性。比如，对于"道"的理解，科学认知范式可显发其"假设"内涵；人文认知范式可显发其"自由"内涵；唯物认知范式可显发其"哲学的本原义及其性质"内涵；逻辑认知范式则可显发其"定义不确定"内涵，这就将中国古代哲学中"道"的多重意涵全面地呈现出来，此正是四大认知范式合作的结果。第二，相互排斥。就是说，两种认知范式在理解同一个哲学概念或命题的时候，由于它们内容与特性的差异，使它们对于同一哲学概念或命题理解的结论完全异趣。比如，对于"良知"的理解，人文认知范式可显发其"人之本善"意涵，具有开发人自主本善的能力；科学认知范式则将其归为先验论，属于无法验证的虚幻观念。可见，在"良知"的理解上，人文认知范式与科学认知范式很容易打起架来，表现为势不两立的姿态，但这种"打架"正提供了不同但有益于全面理解哲学概念或命题的方向。第三，彼此尊重。就是说，四大认知范式在理解同一个哲学概念或命题的时候，由于它们内容与特性的差异，使它们对于同一哲学概念或命题的理解及其结论虽然互不相涉，或者相互冲突，但也彼此尊重和包容。比如，对于"气"的理解，唯物认知范式显发的是"哲学的本原义及其性质"意涵；科学认知范式显发的是其"原子""场"等意涵；逻辑认知范式则批评其界定不清、含义模糊。但这三种理解的结论并不必然互相排斥和否定，而是可以和睦相处、彼此尊重的，并按照各自的理解宣扬、发展和改进"气"的意涵。

互补的效果。可见，四大认知范式对于中国传统哲学概念或命题的理解具有互补性，而这种互补又表现为不同的形式，正是在这些不同的互补形式中产生着积极的学术效果。

第一，更为全面地发掘了中国哲学概念或命题的意涵。由于四大认知范式各具独特的内容与性质，以它们为参照发掘、理解出的哲学内涵也是各具特色的。比如，对于"理"的理解，唯物认知范式显发的是其"客观唯心主义本原"，科学认知范式显发的是其"假设"或"科学定律公则"，人文认知范式显发的是其"平等和理性"，逻辑认知范式显发的则是"充足理由"或"共相"。如此，在四大认知范式相互支援下，"理"之多重意涵便被发掘与呈现出来。

第二，更为深刻地分析了中国哲学概念或命题的意涵的特性。由于四大认知范式各自角度与能力不同，它们可以从自身角度对理解哲学概念或命题做出贡献，从而让读者更为全面、深刻地理解和把握哲学概念或命题的意涵。比如，对"心"的理解，唯物认知范式所揭示的是"观念论"或"主观唯心论"；人文认知范式所揭示的是"价值的源头"或"为善去恶的道德力量"；科学认知范式所揭示的是"脑神经组织"；逻辑认知范式所揭示的是"含义界定不清"。如此，我们不能不说四大认知范式的应用及其互补才使对"心"的理解更加全面和深入。

第三，更为准确地揭示了中国传统哲学的缺陷。四大认知范式对于中国传统哲学的理解，并不是一味地肯定、护短，也有否定和揭短。特别是在四大认知范式互补情形下，可更为精准地揭示中国传统哲学的不足。比如，以科学认知范式和逻辑认知范式为参照，都可以揭示出中国传统哲学的特点是"实用性"，都可以揭示中国传统哲学思维方法的缺陷是"模糊、直观、武断"，而唯物认知范式还可分析中国传统哲学具有某种特点或缺陷的原因。

第四，寻找和把握了丰富、发展中国传统哲学的方向。四大认知范式分别揭示出中国传统哲学与其相应方面的不足，从而也就显示了需要丰富和改进的空间。既然某些内容和特点为认知范式所肯定，那么就应该丰富和发展。比如，"心"之为善去恶含义就得到了人文认知范式的肯定，就应该丰富发扬这方面的含义。既然某些内容和特点为认知范式所否定，就应该调整和更新。比如，"气"之含义模糊性特点就遭到了逻辑认知范式的否定，此否定即提示了调整和改进的方向。在此肯定否定之间，中国传统哲学便得到了丰富和更新,从而走向了完善。

因此,诸认知范式的互补不仅可以帮助我们更完整地理解哲学概念或命题的意涵,而且可以表现理解的意义本质,诚如林格说:"不同的解释跟一致的解释一样构成了精神生活本质的一部分。"①

中哲与马哲、西哲之关系。虽然这里讨论的是具有西方身份的哲学思潮或学说(四大认知范式)的关系,但这种讨论是以它们作为理解中国传统哲学的坐标和方法而展开的,因而在它们的理解实践中实际地发生了与中国传统哲学的关系。那么,这种实践中所发生的中国哲学与马克思主义哲学、中国哲学与西方哲学的关系究竟是怎样的呢?合而言之,约有四点值得关注:第一,可以对中国传统哲学概念或命题发生的社会历史根源展开分析,即唯物认知范式使我们能够从"存在"的角度分析、认识和把握中国哲学概念和命题的意涵。比如对"仁"的理解,不能忽略"仁"产生的社会历史根源,只有将"仁"放进特定的社会历史环境中,才能更全面、深刻理解"仁"的意涵。第二,可以促使中国传统哲学概念内涵的丰富,即唯物认知范式、科学认知范式、人文认知范式、逻辑认知范式在理解中国传统哲学的实践中丰富和发展着中国传统哲学的内涵。比如,科学认知范式对"气"的理解丰富了"气"的意涵,人文认知范式对"道"的理解丰富了"道"的意涵。第三,可以改造中国传统哲学的形式,即唯物认知范式、科学认知范式、逻辑认知范式在理解实践中使中国传统哲学在形式上发生更新。比如,科学认知范式所要求的实验实证化,逻辑认知范式所要求的定义化、清晰化,都实际地促进着中国传统哲学形式的更新,或者使中国传统哲学从过去的单一形式走向多元形式。第四,必须尊重中国传统哲学的特殊性,肯定中国传统哲学的独特价值。唯物认知范式、科学认知范式、人文认知范式、逻辑认知范式的应用,必须合理地使用自身的解释功能,不能随意发挥、过度理解而产生误读。比如,唯物认知范式将阳明的"心"理解为主观唯心主义;科学认知范式将"良知"理解为先验知识;逻辑认知范式将"气"理解为纯粹的、却是不合格的逻辑符号,这些理解与判断都存在过度诠释的情形,都没有照

---

① [美]戴维·E. 林格:《导言》,载夏镇平等译《哲学解释学》,上海译文出版社1998年版,第15页。

顾到中国哲学的特殊性,都没有认识到中国传统哲学的独特价值。概言之,围绕中国传统哲学的理解所发生的中国传统哲学与马克思主义哲学、中国传统哲学与西方哲学的关系,是相互理解、相互修正、相互吸收、相互完善的关系。因而可以说,在以四大认知范式理解中国传统哲学的实践中,中国哲学与马克思主义哲学、中国哲学与西方哲学的关系所呈现的主要是一种广阔而健康的融合气象,这与20世纪中国人民的理想社会憧憬是相呼应的。

三 自我认知范式地位的特殊性

由于自我认知范式在内容和性质上与其他四种认知范式都存在差异,并且在认知和理解中国传统哲学实践中,作用非常特殊也非常重要,因而我们单列一节讨论自我认知范式与其他四种认知范式的关系。贝蒂说:"理解必须要达到与作为心灵客观化物的本文所根深的意义完全符合。只有这样,结论的客观性才被保证是基于可靠的解释过程。"① 那么,认知范式怎样与"心灵客观化物的本文所根深意义"完全符合?其条件之一即是这里讨论的"自我认知范式"。

1. 作为其他认知范式的基础

"自我认知范式"最为基本的工作就是将与被理解的哲学概念、命题和观念密切关联的器物文明、社会历史、政治经济、礼仪习俗、文字语言、经籍文献、科学常识、作者素质、思想义理、意义价值等自我文化系统加以客观呈现,从而为认知、理解中国传统哲学提供文化基础。阿斯特的话虽然不完整,但却精准地表达了这个意思:"为了把握那种理解部分所依赖的整体意义,我们必须探究精神、意图,所说作品被写的时代和公共生活与私人生活的条件。因此,文学的历史,个人教育的历史,作者生活的历史,对于理解每一个别作品是必要的。"② 这就是说,其他解释方法(四大认知范式)的有效应用必须在自我认知范式(文学的历史、个人教育的历史、作者生活的历史等)基础上进行,没有自我认知范式的

---

① [意]埃米里奥·贝蒂:《作为精神科学一般方法论的诠释学》,载洪汉鼎编译《理解与解释》,东方出版社2001年版,第154页。
② [德]弗里德里希·阿斯特:《诠释学》,载洪汉鼎编译《理解与解释》,东方出版社2001年版,第14页。

基础工作，其他认知范式无法展开。何以见得呢？

相对于唯物认知范式，自我认知范式是基础。比如，郭沫若将"格物"理解为"借物"，即假借于物之意。人心是一张白纸，假借于物才能有知识，而知识也才能达到尽头，使知识达到尽头才是"致知"，知识达到了尽头才是"知至"。那么，郭沫若是如何做出这种理解的呢？他将"格"读为"假"，因而他运用了古代通假字用字习惯，他又将"借物"之"物"落实到《礼记》中相关的"事务"上，即所谓"离经辨志，敬业乐群，博习亲师，论学取友"，其内容就是"入学第一年考查学生读经断句的能力并辨别他的学习志趣，入学第三年考查学生是否专心学业并与同学和乐相处情况，入学第五年考查学生是否能广泛地学习并亲敬老师，入学第七年考查学生谈论学问和结交什么样的朋友"；而将"致知"之"知"也落实到《礼记》中相关的"事务"上，即所谓"知类通达，强立而不反"，其具体内容就是"入学九年的学生已经可以触类旁通，有独立的见解而不违反师教"。这样，"格物"与"致知"便通过特殊的语境规定呈现了自身的意涵。可见，郭沫若关于"格物致知"的解释，应用了文字语言、经籍文献、思想义理等自我认知范式的"元素"，从而确认"格物致知"的思维路径是"物在先，心在后"，从而避免了陷入唯心主义。因此，如果说郭沫若解"格物"为"唯物主义范畴"是成功的，那是因为得益于自我认知范式的帮助。

相对于科学认知范式而言，自我认知范式也是基础。比如，邢兆良对《经》《经说》相关文本进行分析，指出"端"分于"体"，"体"分于"兼"，这说明端、体、兼是在空间尺度上具有不同大小尺度的物质形态，其基本特征是一种不可度量的基本元，即无论是单向往前分割，还是从前后两端往中间分割，分割到最后是物体存在的最小单位，这类似于内部不可再分的绝对刚性的原子。墨子用端、尺、区、体的概念从点、线、面、体的几何角度来理解物体存在的形状，因而"端"也有作为数学上几何点的含义，是对端、体、兼结构层次认识的一种数学抽象。按照邢兆良的理解，"端"是一种物质形态，这种物质形态是不可度量的，即不可再分的原子；而从几何学上看，"端"又是"点"，"点"正是对"端"的数学抽象。由此看来，"端"蕴含着丰富的物理学、数学等自然科学原理内涵。显然，邢兆良关于"端"的自然科学意涵的揭示，与其对"端"所在文本体系中义理的理解存在密切关系,即与自我认知范式存在密切关系。不难看出,郭沫若之所以能揭示"格物"之"唯物主义"意涵、邢兆良之所以能准确地开出"端"的自然科学意涵,就在于他们的理解都是建立在自我认知范式基础之上的。

2. 完善其他认知范式的理解

所谓"完善其他认知范式的理解",是指其他认知范式在理解中国传统哲学概念或命题的时候,有可能出现片面的情形,而在自我认知范式的帮助下,可以丰富和完善它的解释,使之全面、准确。

相对于唯物认知范式,自我认知范式可以完善它的理解。比如,冯友兰认为中国古代的"天"有五种含义,即物质之天、主宰之天、运命之天、自然之天、义理之天等。冯友兰理解"天"的基本方法明显是唯物认知范式,但他并没有执着"天"的某一含义,而是根据古代哲学中的文献,对"天"作分别的理解。如他认为孟子所谓"若夫成功则天也"之"天"是"运命之天",《中庸》所说"天命之为性"之"天"是"义理之天",《荀子》所谓"天行有常"之"天"是"自然之天",等等。可见,冯友兰对"天"的五种含义的判断都是根据唯物认知范式之分析而获得的。不仅如此,冯友兰对"天"含义的考察还是动态的。如对"主宰之天"的理解,冯友兰考察出三个变化:一是商朝的"天"被视为"最高的神"或"上帝",有绝对的权威;二是西周以后,"天"的权威被削弱,虽然仍有主宰意义,但表现为以人的德行为根据,那种绝对权威已开始转移;三是到了西周末年、春秋时期,"天"的权威已开始遭到怀疑,其"主宰意义"已不再具有绝对性。应该说,冯友兰对"天"的"主宰义"变化情形的描述基本上是合乎事实的,而原因在于他的理解完全是建立在相应的"历史文化背景"上,这个"历史文化背景"正是自我认知范式提供的。因此,如果说冯友兰关于"天"意涵的理解表现出了完整性,那最大功臣应该是"自我认知范式"。

相对于人文认知范式,自我认知范式可以完善它的理解。比如,何怀宏将"良知"理解为先天的道德品质和道德意识,但他的这个判断是建立在对文献、文化和义理背景的分析基础上的。首先,他认为汉语中的"良心"可析为"良"(道德)和"心"(意识)两字,"良"字本身有多种含义,而与"心"或"知"联系起来,则确定为道德含义。另外,孟子对"良知"的解释是"不学而能，不虑而知"，即可以不经过后天努力获得，因而具有"天赋"含义。再者，中国传统思想的一个重要特点是天文、地理、自然、政治都有伦理化倾向，因此，尽管"心"本来是指人身体内部的器官，再被引申为思维器官（等于脑），再被引申为思维和意识，最终被径直作为"道德意识"的同义词使用。无疑，何怀宏对于"良知"意涵及其性质的确定是人文主义的，即良知乃"先天的善或道德品质"，但他之所以能完成这种理解和判断，乃是得益于相关文献、义理和文化的支持，即自我认知范式的支持。

相对于科学认知范式，自我认知范式也可以完善它的理解。比如对"气"的理解。何祚庥认为"气"与场观念类似，而且超越了"以太"观念。李申认为"气"是一种连续性的物质存在，每一种物质周围都伴随着某种场，即使非电非磁，至少也有引力场，这就是场论。这是基于科学认知范式的判断。但张岱年认为"气"是一般的物质存在，其根据有：《庄子》所说的"聚则生，散则亡"，表明"气"是构成人、物的形体的元素；在《荀子》中，"气"是"生""知"的基础，说明"气"是一般的物质；在张载《正蒙》中，"气"的特征是动静、深广等，这些特征表明"气"是物质性存在；在朱熹那里，"气"即"器"，是生物的材料，因而"气"是一般的物质。这样，基于对《庄子》《荀子》《正蒙》《朱文公文集》中相关本的理解与分析，"气"是"一般物质"的结论就被确证了。

无疑，如果说冯友兰、何怀宏、何祚庥所获得的分别是唯物认知范式、人文认知范式、科学认知范式的理解和结论，那么这全是建立在自我认知范式基础上的，正是自我认知范式的贡献，使他们关于"天""良知""气"意涵的理解趋于完善。

3. 影响其他认知范式的方向

所谓"影响其他认知范式的方向"，是指其他认知范式在认知和理解中国传统哲学过程中，其方向受到自我认知范式的影响而进行调整与改变。

相对于唯物认知范式，自我认知范式可以改变其理解的方向。"道之为物"是《道德经》中的命题，依唯物认知范式理解，则是"道创造万物"，由于"道"被认定为"抽象概念"，因而进一步得出"唯心主义"

的结论。那么，这种理解是否符合此命题的本义呢？张岱年给予了否定回答。他说："'道之为物，惟恍惟忽。'有人以为'为物'即是造物，'道之为物'就是'道之造物'，把'为'字解释为创造之义，这也是望文生义。按'之为'作为语词古书常见。《论语》：'中庸之为德也'，是说'中庸'作为一种品德。又'大哉尧之为君也'，是说尧作为人君。又《中庸》云：'天地之道可一言而尽也，其为物不贰，则其生物不测。''为物'与'生物'是有区别的。'道之为物'即是说'道这个东西'。"① 张岱年根据那个时代的语言习惯，对"之为"结构所表达的意涵进行了正确解释，并附以同类表述如"中庸之为德""大哉尧之为君"等，以证明"之为"即"作为"义，而非"创造"之义。这种理解的变化，从"道创造万物"到"道作为一种东西"，就使本体论的"道"转变为普通概念的"道"，"道之为物"表达的是"道这个东西"，其中并无"道创造万物"义，更不会有"唯心主义"的判断。这样，张岱年的理解就改变了唯物认知范式的理解方向，而之所以能做到这点，是因为张岱年的理解回到了与这个命题相应的语言文字系统。

相对于科学认知范式，自我认知范式可以改变其理解的方向。比如，胡适将"格物致知"理解为具有归纳法与演绎法的科学意涵的命题。但钱穆的理解与此方向完全不同。钱穆认为应该从"格物"二字所在的《小戴礼》中去寻找其本意。《乐记》有"人心之动，物使之然也"之说，也有"感于物而动，性之欲也"之说，更有"物至知知，然后好恶形焉"之说，这几条都可与"物格知至"相互发明，而孟子的"耳目之官不思而蔽于物，物交物，则引之而已矣；心之官则思，思即得之，不思则不得"之说，都是对"物与心、物与知"关系问题的思考。因而"有心有物、物来心知"即是格物致知。但如何"格"？所格之"物"是什么？钱穆认为仍然要回到《小戴礼》中去。《小戴礼》乃言"礼"之书，因而礼家言"物"字，有其特有之义，比如明清之际学者瞿汝稷等解"物"为"射者所立之位"。这在《仪礼·乡射礼》和《小戴礼·投壶》中都有记载。另外，古人乡射大射仪，射有三耦，上耦、中耦、下耦各止

---

① 张岱年：《中国哲学史方法论发凡》，《张岱年全集》第四卷，河北人民出版社1996年版，第198页。

其所止。而中国古人常以射事喻德行,因此,"格物"即止于其所应立之处,而这种解释与《大学》止至善之义相应。因此,"格"就是"止",而且是"恰好至当"之意;"物"就是"礼",也就是法则、准则。因此,"格物"就是"人性之明德,人事之至善"义。显然,钱穆关于"格物致知"的理解完全改变了胡适理解的方向,其原因就在于钱穆的理解回到了"格物致知"所在的经籍文献及其构造的语境,就在于钱穆的理解考证了"格"字与"物"字的本来意涵,就在于钱穆的理解准确地分析了《礼记》中"格"与"止""物"与"礼"的关系,就在于钱穆的理解深入地考察了从"格物"到"止位"再到"德行"的内在关联,扼要地说,钱穆的理解充分利用了自我认知范式的能量。

相对于逻辑认知范式,自我认知范式也可以改变其理解的方向。比如,学界多将荀子的"破三惑"("三惑"即"用名以乱名,用实以乱名,用名以乱实")理解为具有丰富逻辑思想和知识论的命题,但唐君毅认为"破三惑"主要是名实关系学说。那么,唐君毅这种判断的根据是什么?其根据就是将"破三惑"放在荀子的思想脉络中加以分析,因为在《荀子》文本的脉络中,"见侮不辱"至"能禁之矣"一段应配合前文之"异形离心交喻"至"所为有名也"一段了解;"山渊平"至"能禁之矣"一段应配合前文"然则何缘而以同异"至"此所缘而以同异也"一段了解;"非而谒楹"至"能禁之矣"一段应配合"然后随而命之"至"此制名之枢要也"一段了解。这就清晰地认识到"用名以乱名,用实以乱名,用名以乱实"并不是逻辑学理论,也不是知识论学说,而纯粹是关于名实关系的学说。不仅如此,荀子提出"三惑"所针对的对象,也证明了所谓"三惑"是名实关系论。其"以名乱名"是针对墨家而言的,因为墨家有"杀盗非杀人"之说;其"以实乱名"是针对惠施而言的,因为惠施有所谓"万物毕同毕异"说;其"以名乱实"是针对公孙龙而言的,因为公孙龙有所谓"白马非马"说。[①]我们说,唐君毅的理解完全改变了逻辑认知范式关于荀子"破三惑"理解的方向,其原因就在于唐君毅尊重文本的客观事实,并与当时的思想文化背景结合起来分析。

林格说:"历史的理解就是清除了一切偏见的主观性活动,而能否做

[①] 唐君毅:《中国哲学原论·导论篇》,中国社会科学出版社2005年版,第93页。

到这点则与认识者通过一种有效的历史方法以消除自己视域的局限的能力成正比。"① 也许我们可以将张岱年、胡适、钱穆、唐君毅的理解视为"清除了一切偏见的主观性活动",因为他们之所以能正确地理解"道之为物""格物致知""破三惑"的意涵,就在于自我认知范式的"倾情奉献"。

4. 纠正其他认知范式的错误

在认知、理解中国传统哲学的实践中,常有错误的理解发生。这些错误的理解发生的原因之一,就是没有全面、准确把握被理解的哲学概念、命题或观念的含义。而没有全面、准确把握中国传统哲学概念、命题的含义,又在于未能将所理解的哲学概念、命题置于"自身文化系统"中去理解。

相对于唯物认知范式,自我认知范式可以纠正其错误的理解。比如,对"尽心知性"的理解。萧萐父等认为,孟子的"尽心知性"所走的不是从感觉到思想的路线,而是通过对内心和本性的探索达到"知天"的目的,而"知天"是认识的完成,因而只能是"唯心主义的认识路线"。那么,这种理解是否合乎"尽心知性"的本义呢?张岂之将其理解为"具有强烈的主体性、能动性的抗天命"思想。为什么可以这样理解呢?张岂之认为,孟子"尽心知性"命题的提出与当时的天命论有密切关联。比如孟子游说鲁国的时候,遭到臧仓谗言而没有得到任用,孟子将此遭遇视为"天命":"吾不遇鲁侯,天也。臧氏之子焉能使予不遇哉?"(《孟子·梁惠王下》)孟子不仅认为个人的遭遇由天命主宰着,国家社会的清明与黑暗也由"天命"掌控着:"天下有道,小德役大德,小贤役大贤;天下无道,小役大,弱役强。斯二者,天也。顺天者存,逆天者亡。"(《孟子·离娄上》)不过,对于"天命",孟子并没有投降,而是表现出"抗命"的精神。张岂之说:"孟子的君权神授说中既讲'天受',又讲'民受'。他说,所谓君权是天给的,并不是天'谆谆然命之','天不言,以行与事示之而已矣。'(《孟子·万章上》)怎样'示之'呢?他举例说,百姓接受舜的祭祀,就是天接受他做天子;办事成功,百姓满意,就

---

① [美] 戴维·E. 林格:《编者导言》,载 [德] 加达默尔《哲学解释学》,夏镇平等译,上海译文出版社1998年版,第4页。

是民接受他做天子。……'天受'是虚的，'民受'才起实际作用。所以孟子引用《泰誓》的话说：'天视自我民视，天听自我民听。'（见《孟子·万章上》）表面是讲天通过民来视听，实际上是给民意加上一个天意的神圣光环，这是孟子重民思想的表现，是对传统天命论的突破和发展。"[1] 正是在这种观念的基础上，孟子提出了"正命"的思想："'莫非命也，顺受其正；是故知命者不立乎岩墙之下。尽其道而死者，正命也；桎梏而死者，非正命也。'（《孟子·尽心上》）承认死生有命，并非要人们看到高墙将倒，偏要立于其下；不是要人们明知犯法要被判刑，偏要犯法，那样的人不叫知命，死于非命不是正命。趋福避祸、奉公守法，尽其天年而寿终正寝，这叫做正命。"[2] 可见，"正命"完全突破了传统天命的束缚而表现出人的主观精神，把人的主观能动性提高到道德境界，肯定人积极有为的活动。这正是"尽心知性"命题提出的思想背景与义理逻辑。

相对于科学认知范式，自我认知范式可以纠正其错误的理解。比如，方孝博将"力，刑之所以奋也"之"奋"理解为具有"加速度的运动"，邢兆良不能认同。邢兆良分析说，"加速度运动"只是到近代才确定为近代力学和运动学的一个基本概念，因而在古代不可能有"加速度运动"概念，而墨子在《经》和《经说》中，将力和物体的运动联系起来，将力看成是使物体从静止状态到运动状态转变的一个原因；他还以重物下坠的落体运动和重物本身重力的关系为例子加以说明，其中并无"加速度"意涵。此外，古代的人们在生产和生活实践中经常看到重物下降的速度比轻物下降得快，如铁比羽毛、纸片下降得快，便将这种状况归结为物体本身的重量，因为他们还没有能力了解空气浮力对落体运动的作用，而物体运动状态的变化涉及空间和时间，如重物下落所经过的距离和所用的时间。因此，这个命题的基本意涵为：力是使物体运动状况发生变化的原因。邢兆良的理解纠正了将"奋"理解为"加速度运动"的错误。而邢兆良之所以能做到这点，乃是因为考察了古代人掌握科学常识的情况，分析了"奋"字之本来意涵，贯通命题中前后义理的关系，质言之，得益于自我认知范式的应用。应该说，张岂之的解释与"尽心知性"的本义

---

[1] 张岂之主编：《中国思想史》，西北大学出版社1989年版，第108页。
[2] 同上。

更为接近，而邢兆良的理解与"力，刑之所以奋也"的本义更加契合，从而自我认知范式分别纠正了唯物认知范式、科学认知范式使用不当所造成的误读。

这两个案例非常清楚地说明，自我认知范式对于纠正其他认知范式的错误有着积极意义。因为自我认知范式不仅揭示了"精神形成什么"，而且揭示了"精神如何形成为这种东西"，从而使人文认知范式能够将内容和形式追溯至它们在精神内的原始的和谐的生命。阿斯特说："精神的理解是真正和更高的理解，正是这种理解中，历史的理解和语法的理解融合为一种生命。历史的理解认识精神形成什么，语法的理解认识精神如何形成这种东西，而精神的理解则把什么和如何，内容和形式追溯至它们在精神内的原始的和谐的生命。"[1]

概言之，自我认知范式在解释学上的意义，不唯在于作为其他认知范式展开的基础，不唯在于丰富和完善其他认知范式的理解，不唯在于调整其他认知范式认知方向，也在于纠正其他认知范式的错误。因此，自我认知范式对于全面地、正确地理解中国传统哲学概念、命题或观念的本义有其独到的价值。这里或许可以套用施莱尔马赫的一句话："语法解释是'客观的'，而心理学的（技术的）解释是'主观的'。前者确认构造的方式是单纯的意义规定；而后者则把构造的方式认为是意义的暗示。它们都不能完全和谐地用作为这样的前提，即作者绝对正确地使用了语言，以及解释者完全理解语言。诠释学的艺术就是知道在何处一个应当给另一个让路。"[2] 在许多情境下，唯物认知范式、科学认知范式、人文认知范式、逻辑认知范式若希望有所收获，彼此善于"让路"或许是它们需要熟练掌握的一门生存艺术。

第五节　作为解释学方法的认知范式

所谓解释学或诠释学理论取自西方，但在西方诠释思想史上，不仅古

---

[1] ［德］弗里德里希·阿斯特：《诠释学》，载洪汉鼎编译《理解与解释》，东方出版社2001年版，第6页。

[2] ［德］弗里德里希·施莱尔马赫：《诠释学箴言》，载洪汉鼎编译《理解与解释》，东方出版社2001年版，第23页。

今诠释学理论有异，而且不同哲学家诠释学理论也有异，因此，这里拟由解释学方法视域观察和评论本书所讨论的"五大认知范式"，并选取比较有普遍意义的诠释学理论和原则展开论述。如上所述，唯物认知范式、科学认知范式、人文认知范式、逻辑认知范式、自我认知范式等用于认知、理解和评价中国传统哲学，取得了重大成就。那么，从解释方法的角度考察"五大认知范式"，我们又能获得哪些有价值的信息呢？

一 解释学方法视域中的认知范式

本书关于"认知范式"的定义是：以某种学说或思想体系为坐标和方法，研究主体通过形成概念、比较分析、逻辑推理、综合判断等思维形式，对思想文本（概念、命题、观念等）所进行的认知、解释和评价的实践，而且这种实践在时间上具有持续性，在主体上表现为团体性，同时也是现在时的、可效法的。因此，"五大认知范式"即是理解或解释活动，尽管它们存在差别。那么，作为解释方法的"五大认知范式"是否符合解释学关于解释方法的内容、性质及效用呢？答案是肯定的。

1. 表现为多种形式的解释实践

对于中国传统哲学在 20 世纪存在、发展之状况，我们可以采取多种形式去考察、研究和归纳，即便就解释学角度考察，也是可以分析出许多具体的方式与路径。比如，文献考证考据、归纳演绎推理、出土文献论证、文字语义分析、义理脉络贯通、社会历史研究、礼俗文化考察、作者素质评估等，这些方法对于理解和解释中国传统哲学都起到了独特作用，都作出了重大贡献。但如果将这些解释方法归类，大体上可以归入唯物认知范式、科学认知范式、人文认知范式、逻辑认知范式、自我认知范式的系统中。如果按照阿斯特的划分，将"理解"分为三种："（1）历史的理解，这关涉他们作品的内容，这种内容或者是艺术的，科学的，或者是古文物的（就此词最广的意义而言）；（2）语法的理解，这关涉它们的形式或语言和它们的讲话方式；（3）精神的理解，这关涉个别作者和古代整体的精神。"[1] 那么，在五大认知范式中，唯物认知范式涉及其中的"历史

---

[1] ［德］弗里德里希·阿斯特：《诠释学》，载洪汉鼎编译《理解与解释》，东方出版社 2001 年版，第 6 页。

的理解"和"精神的理解",而科学认知范式、自我认知范式大体可归为"历史的理解"和"语法的理解",逻辑认知范式、科学认知范式大体可归为"语法的理解",而人文认知范式大体可归为"精神的理解"。这样看来,五大认知范式完全可视为解释学意义上的解释方法。事实上,方东美提出的三种解释方法,与五大认知范式也是若合符节的。他说:"就《易经》而论,对其卦象符号,便有种种不同方式不同层次之解释可言。第一种谓之事实陈述性,亦即常识性之解释。在常识界,吾人对外物——无论其为自然物或工艺品——所以感受兴趣者,不外视作利生之器用工具。外物乃构成所谓之工具世界或器用世界。……第二种为自然科学性之解释,初及于时序变化、天文星象等;次及于自然地形地理状貌等;三及于风土人情气象等。……第三种解释乃对就人生而为言,属理性心理学及文化史范围,故可径谓之人文主义之解释。"[①] 就是说,如果要完全、正确地理解《易经》,可采用常识性之解释、自然科学之解释、人文主义之解释三种方式。其中的"常识性之解释"可归为自我认知范式,"自然科学性解释"可归为科学认知范式,而"人文主义之解释"约可归为人文认知范式。可见,五大认知范式作为解释中国传统哲学的基本方式完全可以找到解释学上根据。

从实践上看,五大认知范式是横跨中国哲学各领域、纵贯20世纪的理解或解释中国传统哲学的基本方式。比如唯物认知范式的应用,从解释中国传统哲学中的"孝"概念到解释中国传统哲学中的"天人合一"命题,从解释老子的"道"到解释孔子的"仁",从解释朱熹的"理"到解释王阳明的"心"。比如科学认知范式的应用,从用数学原理解释《周易》到用光学原理解释《墨经》,从用物理学原理解释"气"到用量子力学原理解释"道"。比如人文认知范式的应用,从用人文认知范式解释孟子的"求放心"到用人文认知范式解释陆九渊的"本心",从用人文认知范式解释《中庸》的"诚",到用人文认知范式解释《道德经》的"自然"。比如逻辑认知范式的应用,从用逻辑认知范式解释《墨经》中的"以说出故"到用逻辑认知范式解释公孙龙的"白马非马",从用逻辑认

[①] 方东美:《中国哲学精神及其发展》(上册),台湾黎明文化事业股份有限公司2006年版,第212—213页。

知范式解释惠施的"合同异"到用逻辑认知范式解释荀子的"制名指实"。比如自我认知范式的应用,从用自我认知范式解释"天"到用自我认知范式解释"诚",从用自我认知范式解释"中庸"到用自我认知范式解释"道法自然"。等等。可见,五大认知范式在20世纪的应用,几乎涉及中国传统哲学中的所有范畴、命题和观念,涉及所有哲学著作,涉及所有著名哲学家,这种解释实践贯穿20世纪始终。而且,这种波澜壮阔的解释实践充分展示了认知范式的解释力量,形成了丰富的内容,积累了宝贵经验,提出了有价值的问题,是对中国传统哲学第一次全面审视与深刻检阅。因此,从作为20世纪解释中国传统哲学的基本实践看,不能不说,五大认知范式是包含了多种形式的解释实践。

2. 解释者、富有意义的形式与中介

五大认知范式既然是中国学者用于理解中国传统哲学的基本方式,那么这种理解方式是否具备解释学所规定的解释行为的基本要素?根据阿斯特的说法,解释或理解就是领悟个别和综合个别成一个总体知觉、感觉和观念整体,他说:"理解的发展和它的说明被称之为解释(explication)。当然,解释是以理解为前提,并建基于理解之上。因为只有已经真正被把握和领悟,即被理解的东西,才能被传达和昭示给他人。理解包括两个要素:领悟个别和综合个别成一个总体知觉、感觉或观念整体,也就是说,分解其元素或特征和结合被分解部分成概念感知统一体。因此解释也建立在特殊或个别的发展和综合特殊成一统一体基础之上。所以理解和解释就是认识(cognition)和领悟(comprehension)。"[①] 那么,五大认知范式是否具有相应的程序呢?比如,用唯物认知范式去解释"道",无论是解释成观念的"道",还是解释为物质的"道",或者解释成既唯心又唯物的"道",必须首先表现为对个别的领悟,并进一步综合成一个总体知觉或观念的整体,就是说,当以唯物认知范式面对《老子》关于"道"的具体论述时,如果这些具体论述都倾向于观念的内涵,那么就可以进一步将其综合成为一个观念整体,即观念的"道"或唯心的"道"。而当这些具体论述都倾向于物质的内涵,那么就可以进一步将其综合成为一个实有整

[①] [德]弗里德里希·阿斯特:《诠释学》,载洪汉鼎编译《理解与解释》,东方出版社2001年版,第9页。

体，即物质的"道"或唯物的"道"。再如，用人文认知范式去理解或解释"诚"，首先是表现为面对儒家经典关于"诚"的诸种叙述，如果这些具体叙述都表达出"本来如此""纯朴""诚实"等意涵，就可以进一步将其综合成一个总体知觉或观念整体，这个总体知觉或观念整体就是人与天道相通的路径，就是生生不息的生命。这两个案例说明，唯物认知范式与人文认知范式都必须执行解释的环节。

贝蒂说："理解现象是一种三位一体的过程：在其对立的两极我们发现作为主动的、能思的精神的解释者，以及被客观化于富有意义形式里的精神。这两极并不直接联系和接触，而是通过这些富有意义形式的中介，在这些形式里，一个被客观化的精神面对一个作为不可改变的他在东西的解释者。解释过程中的主体和客体，即解释者和富有意义的形式，与任何认识过程中可以找到的主体和客体一样；只是在这里它们是被这样一些特征所刻画，这些特征来自这一事实，即我们并不研究任何客体，而只研究精神的客观化物，所以进行认识的主体的任务就在于重新认识这些客观化物里的激动人心的创造性思想，重新思考这些客观化物里所蕴含的概念或重新捕捉这些客观化物所启示的直觉。"① 在这个叙述中，"理解"要素被非常清晰地描述了出来，那就是解释者和客观化于富有意义形式里的精神，以及将两者联系起来的"富有意义形式的中介"，由此三者构成理解或解释活动之基本要素。贝蒂还特别强调了理解或解释的任务是"认识这些客观化物里的激动人心的创造性思想，重新思考这些客观化物里所蕴含的概念或重新捕捉这些客观化物所启示的直觉"。那么，五大认知范式是否具备这三大要素呢？答案当然是肯定的。比如唯物认知范式，解释主体（张岱年）是"主动的、能思的精神的解释者"，中国传统哲学概念或命题（天、气、心等）是"客观化于富有意义形式里的精神"，五大认识范式（唯物认知范式、科学认知范式、人文认知范式、逻辑认知范式、自我认知范式）则是"富有意义形式的中介"，正是这三个基本要素构成了解释的可能性。因此，根据贝蒂提出的"理解三要素"，五大认知范式无疑是具备的。就是说，五大认知范式即是实际上的理解或解释实践。

---

① ［意］埃米里奥·贝蒂：《作为精神科学一般方法论的诠释学》，载洪汉鼎编译《理解与解释》，东方出版社2001年版，第129页。

潘德荣认为诠释学有三大要素："作者原意；文本原义；读者接受之义。"① 所谓"三大要素"，就是指诠释学所要完成的使命或任务——探求作者之意愿、分析文本之原义、强调读者所悟之义。那么，五大认知范式是否有这样的任务或使命呢？答案也是肯定的。比如，我们研究侯外庐以唯物认知范式认知、理解朱熹哲学中的"理"范畴，不仅要探求朱熹提出"理"的意愿或动机，也要考察分析朱熹著作中关于"理"的意涵，还要研究侯外庐对于朱熹"理"的解释情况：准确与否、客观与否。可见，五大认知范式的任务与诠释学的基本任务是完全一致的。

如果说阿斯特的说法是对解释或理解具体程序的要求，那么五大认知范式完全符合这种程序；如果说贝蒂的论说是对理解或解释基本要素的要求，那么五大认知范式完全符合这种要求；如果说潘德荣的概括是对理解或解释目标的界定，那么五大认知范式也完全符合这种界定。总体上说，五大认知范式都不能离开文字的、语法的分析，也不能离开哲学的分析。无论是唯物认知范式，还是科学认知范式，无论是人文认知范式，还是逻辑认知范式，抑或自我认知范式，莫不如此。唯物认知范式作为一种坐标，这种坐标具有方法上与价值上的暗示或引导，借助语言分析对文本或作品进行理解或解释。比如，唯物认知范式对"良知"的理解，首先根据唯物认知范式的原理和义理架构，对"良知"做观念的或物质的、先验的或经验的分辨，置于认识论视域，但这种分辨必须建立在对"良知"意涵的解释上，而这种解释又需要建立在对"良知"的各种陈述与表达的分析上，这样才能整体地完成对一个概念、命题或作品的认知和理解。因此，仅就上述非常有限的论述看，五大认知范式完全具备作为解释实践的要素和资格。

3. 信息的传递与文本意义的显发

五大认知范式是否发挥了解释的"信息的传递"作用或"文本意义显发"的功能？对于中国传统哲学而言，五大认知范式发掘了中国传统哲学资源，丰富了中国传统哲学内容，提升了中国传统哲学的品质，这些应该是没有问题的。那么，五大认知范式作为理解实践或解释方法，其作用和功能有怎样的表现呢？

---

① 潘德荣：《西方诠释学史》，北京大学出版社2013年版，第7页。

要回答这个问题,首先必须知道解释学或诠释学视域中的理解或解释的作用和功能的规定。在西方诠释学史上,关于理解或解释的作用或功能,出现过许多经典性表述,这里罗列比较有代表性的表述,以参证五大认知范式。首先是通常性或普遍性的表述,即将"理解"界定为中介、传递的工具。理解是从一个世界转换到另一个世界,清晰地将概念或命题的内涵呈现出来为人所认识和明白。如加达默尔说:"诠释学的基本功绩在于把一种意义关系从另一个世界转换到自己的世界。"[1] 理解或解释的最基本的工作或功能,就是传递信息,在两个世界之间进行传递,将一种意义从一个世界传递到另一个世界。五大认知范式无疑也具有这种功能或发挥了这种功能。比如,唯物认知范式发现了"气"的物质性质,认为"气"是宇宙万物的统一体,从而将"气"所蕴含的"哲学本体意义"传递给人们;科学认知范式发现"道"范畴内含量子力学原理,从而将"道"所蕴含的量子力学原理传递给人们;人文认知范式发现"心"范畴是一具有关怀意义的本体,从而将"心"的人文意涵传递给人们;逻辑认知范式发现"五诺"范畴内含有语言逻辑思想,从而将"五诺"语言逻辑思想传递给人们;自我认知范式发现"忠恕"具有方法论意义,从而将"忠恕"的方法论意涵传递给人们;等等。可见,五种认知范式都很好地发挥了"传递信息或意义"的功能。因此,五大认知范式即是将一种意义关系从一个世界转换到另一个世界的桥梁。如果将哲学范畴或命题理解为作者思想生命的赋予,那么也可将五大认知范式视为有限生命的延续,利科尔说:"对于一有限存在而言,理解就是被转换到另一生命。"[2]

其次是对文本意义的显发。利科尔说:"解释是思想的工作,它在于于明显的意义里解读隐蔽的意义,在于展开暗含在文字意义中的意义层次。"[3] 五大认识范式是否发挥了这种功能呢?回答是肯定的。比如,以唯物认知范式解释"理",认为中国哲学中的"理"含有宇宙之理、伦理

---

[1] [德]加达默尔:《真理与方法》(下卷),洪汉鼎译,上海译文出版社1999年版,第714页。

[2] [法]保罗·利科尔:《存在与诠释学》,载洪汉鼎编译《理解与解释》,东方出版社2001年版,第248页。

[3] 同上书,第256页。

之理和本体之理三层意涵,并分析了伦理之理、本体之理存在的原因,这两种"理"共同把具有统治地位的道德标准抬高到世界的最初根源,从而论证封建统治阶级的道德绝对化和永恒化,从而展示了"理"所蕴含的丰富内容;以科学认知范式理解"阴阳","阴阳"内含的意义有:相反的动力,即科学上所说的阴电子和阳电子;阴阳三定律(第一定律,就是在一个稳定系统中,阴与阳是相互平衡的;第二定律,就是阴阳均以对方为自己生存发展的条件,即阴阳互为根据,独阴或独阳均不能生存和发展;第三定律,就是在一定的条件下,阳可以变阴,阴也可以变为阳或产生出阳);内含着量子力学的思想与"互补原理"。以人文认知范式理解"道",方东美认为"道"内含有"道体""道用""道相""道征"四个方面的意涵,"道体"是无限真实存在的本体,"道体"体现其价值就是"道用","道体"之属性与涵德分为"天然"与"人为",此即"道相","道体"必须体现在人的精神里,这叫"道成肉身",其成果即是圣人。可见,以人文认知范式解释"道","道"是创造生命的源泉,并蕴含深刻的关怀精神。以逻辑认知范式理解"白马非马",认为它是一个强调个别异于一般、种名异于属名的逻辑命题,指明了不同概念的确定性和不矛盾性,即强调两个不同的名(概念)必须具有不同的内涵和外延,并完全承认一般中包括个别(外延)、个别中又包含一般(内涵)的辩证关系,所以它绝不是一个在哲学上割裂了个别与一般关系的形而上学的诡辩命题,而是完全符合形式逻辑的基本规律要求的命题。可见,唯物认知范式、科学认知范式、人文认知范式、逻辑认知范式等对于概念或命题所隐含的意义给予了揭示与显发。

4. 意义再生产与文本指示存在的揭示

在西方诠释学史上,对理解或解释的"更高要求"是"意义再生产"与"文本指示存在的揭示"。那么,五大认知范式是否满足这些要求呢?我们对此也是抱着乐观的态度。

首先从知识或意义的再生产看。阿斯特说:"对作品的理解和解释乃是对已经被形成的东西的真实的再生产或再创造(Nachbilden)。"[①] 那么,

---

[①] [德]弗里德里希·阿斯特:《诠释学》,载洪汉鼎编译《理解与解释》,东方出版社2001年版,第10页。

五大认知范式是否进行了知识和意义的再生产呢？回答是肯定的。比如，唯物认知范式对"知行合一"的理解，要求从观念中的"知行合一"过渡到现实中的"知行合一"，"知"不能局限于念、意、动机、良知等，而应包括所有知识、理论、思想；"行"不能仅限于伦理实践、道德修养，更应有社会实践、生产实践等；"知行合一"是理论付诸实践的现实活动，不是观念中的意念与行为的合一；这些都是王阳明"知行合一"中没有的意涵，都是唯物认知范式解释过程中增加的"知识"。再如，唯物认知范式对"万物一体"的解释，认为此命题包含着人与物无差别、人人无差别的思想，但实际上人人、人物是有差别的，因而宣扬"万物一体"是抹杀人人、人物的差别，是有不可告人的目的的；既然人与万物为一体，那么人与万物、万物之间是普遍联系的，因而必须以联系的观点去思考万物与人的关系；既然"万物一体"，那么人与万物是息息相关，因而人的意识与情感都应表现为爱护自然、爱护万物。这些都是"万物一体"中没有的意涵，也都是唯物认知范式解释过程中增加的"意义"。如果这是"意义"的生产，那就归功于唯物认知范式的解释实践。科学认知范式的应用，在知识与意义生产两方面也都发挥了重要作用。比如对"力"的理解，方孝博认为，由于"奋"是由等速直线运动状态变为加速直线运动或曲线运动状态，即"奋"是具有加速度的运动，而"力"是物体所以"奋"的原因，因而"力"是物体运动状态发生变化的原因，以及物体获得加速度的原因。这样，"力"就成了一个具有物理学、力学内涵的概念。这个理解不仅增加了关于"力"的知识，也产生了新的意义。再如对"有生于无"的理解。赵定理认为，"有生于无"即"此有为有形之物质，和无为无形之能量"，根据物理学场论说，万物皆是一场源，因而这个"有生于无"的"有"，为有形的物质，无可对应于无形的能量，物与物的相互作用，存在有形的碰撞，也有无形的场能交换。所以这个"有生于无"，用物理学去说，可对应说成为"有形的物质生于无形的能量"。"有生于无"也与大爆炸论有契合之处，即在物理学奇点处，产生大爆炸，生出时间、空间和万物。显然，这些理解极大地丰富了"有生于无"的知识，从而实现了知识和意义的再生产。人文认知范式的应用同样能实现知识与意义的再生产。比如，对"理"的理解，胡适认为"理"含有平等观念，所谓"君之视臣如手足，则臣视君如腹心。君之视臣为犬马，则臣视君如国人。君之视臣如土芥，则臣视君如寇仇"，这个"理"有人文主义精神、合理精神以及自由政治批判精神；宋明新儒学中的"理"负载了宋明新儒家的信念，这个信念就是人人平等，肯定个人的价值。因而这个"理"也就成了新儒家反抗专制的武器。这种理解不能不说生产了丰富的意义。唐君毅认为"理"是生生的本体，这个本体包含的意义有："理"之生生乃宇宙万物之创化未济处，即"理"之生生关心、重视宇宙万物创生之未济、流行之未已者；"理"之生生乃自由原则，即不受外界、不受习惯等的机械支配，而随境有一创造的生起而表现自由；"理"之生生乃实现原则，即生生之理是使新事物得生而得存之者，是先一物而有者，是自己有者，是潜在者，也就是说，是内在于人、物而为人、物所以生之性，但这并不影响其为公共之理。① 可见，唐君毅对"理"的解释充满着创造性和人文性，其所赋予的意义都是新的增量。概言之，唯物认知范式、科学认知范式、人文认知范式在理解中国传统哲学实践中，都在知识与意义上对中国传统哲学形成了再生产和再创造。

不过，"五大认知范式"不仅满足了"知识和意义的生产"要求，也满足了"揭露文本所指示存在的可能性"之要求。利科尔说："理解的最初作用是使我们在某种情境中确定方向。因此理解的目的不是为了把握一种事实，而是为了领悟一种可能性以及领悟我们最深的潜能。在我们从这一分析中得出方法论的结论时，一定不要忽略了这样一点：我们要说，理解一段文本不是去发现包含在文本中的呆滞的意义，而是去揭露由该文本所指示的存在的可能性。"② 理解是为了领悟一种可能性和我们最深的潜能，是揭示文本所指示的存在的可能性。那么，五大认知范式是否也发挥了此种作用呢？答案也是肯定的。由唯物认知范式看，张岱年认为，"气"作为表示物质存在的范畴有其特殊的意义，即它是从表示气体状态的气的观念抽绎出来的，含有存在与变化之统一的观点，肯定运动是物质的本质。所以，"气"本身也体现了唯物主义与辩证思想的统一。所谓

---

① 李承贵：《"理"之意蕴及其开显》，《中山大学学报》2012年第3期。
② [法] 保罗·利科尔：《诠释学的任务》，载洪汉鼎编译《理解与解释》，东方出版社2001年版，第424页。

"气"是从"气体"状态的"气"观念抽绎出来,所谓"气"含有存在与变化统一之观点,即是唯物认知范式所揭示的"气"所指示的可能性。而李石岑对"诚"的理解,也表现了对"诚"所指示的存在可能性的揭露。他认为"至诚"有三个相关的意涵:一是万物的本性,因而"至诚"就是尽人之性以尽物之性,可推扩到宇宙全体;二是"至诚"含有神奇的预测能力;三是不停息地尽力表现自己的本性,便可形成宇宙万物。概言之,李石岑所理解的"诚"是一种内在的主体力量,它蕴含有尽显本性、预见未来、化生宇宙万物的功能。由科学认知范式看,熊十力认为宋明理学中的"理"之流行便是万物的呈现,便是用、相,而这里的用、相,既包括"物",也包括"心"。就是说,"心"和"物"都不过是"理"的呈现,从万物看,万理灿烂,从吾心看,万理皆备,所以"理"无所谓内外。如果只说"心即理",那就意味着离开事物求索"理",这是不可能的;如果只说"物即理",那就意味着"心"是被动的,"心"不可能规划万物、把握事物的律则。显然,熊十力肯定"物即理",就是要肯定"心"有所作为,肯定"心即理",就是要肯定"心"本有理则,而言"心""物"乃"理"之发用流行,就是以"理"贯通"心""物",由"天理"开出"物理",从而为探求"物理"开辟了路径,从而满足知识科学之要求。这就揭示了"理"所指示存在的可能性。张岱年对中国传统哲学在思维方式上存在的可能性也有科学认知范式的揭示。在张岱年看来,无论是老子超乎感觉经验的"涤除玄览",还是庄子无思无虑的"坐忘",无论是张载消除了物我对立的"体物",还是朱熹以心知天的"置心物中",都主动地消除了物我区别,都是模糊不清的直觉,都是缺乏科学理性、科学分析的思维,所谓"模糊性、笼统性"正是张岱年所揭露的"坐忘"等所指示的"存在的可能性"。由人文认知范式看,熊十力认为"自由"不是非理性的、无视社会规范的为所欲为,也不是不能约束自己的放任自流,而是要以不影响他人自由为前提的规范,因此,最能表达和体现"自由"精神的是儒家的"仁"。唐君毅也认为"仁"是自由精神,孔子谓"为仁由己","由己"即是由自。可以说,熊十力、唐君毅师徒二人揭示了"仁"所指示的存在可能性,那就是"自由"。王国维对"命"(天命)的理解,也揭示了"命"所指示的存在的可能性。他认为,孔子的"天命"既不是取消人的主体性的"宿命论",也不是肆意妄为的"自由意志论",而是在掌握自然规律基础上,以"仁"为最高追求,置死生、穷达、荣枯、盛衰等于不顾之积极向上的抗命精神。这个积极向上的抗命精神就是"命"所指示的存在的可能性。徐复观指出,"天命"本质上是从人性中转出来的,因而"天"的要求就是主体的要求,就是人的要求,从这个意义上讲,"天命"也是"仁"。自孔子将"天命"归结为"人性"之后,"天"的要求便转换成人的要求,"天"的功能便由"仁"取代,成为弘扬人的主体性、爱护人的生命之伟大观念。这就是徐复观所揭露的"天命"所指示的存在的可能性。可见,唯物认知范式、科学认知范式、人文认知范式等都表现出"领悟一种可能性",都能满足"揭露文本所指示存在的可能性"要求。

总之,根据诠释学关于理解或解释工作与任务的规定,无论是"将意义从一个世界传递到另一世界",还是"发掘文本的真义",无论是"知识或意义的再生产",还是"揭露文本指示存在的可能性",作为解释方法的五大认知范式无疑拥有了这些能力、满足了这些要求、具备了这些资格,其解释的作用与价值完全得到了落实。事实上,理解或解释的任务远不止这些。理解或解释必须将文本进行处理,整理和分类,比较与分析,发掘其意涵,凸显其价值,揭示其特点,暴露其不足,指出需要丰富和发展的内容与方向,等等。同时,理解或解释对于文本、作者、社会历史、文化等,也必须进行综合分析,因为不如此,理解或解释不仅得不到理想的效果,甚至无法进行。因此,理解或解释并不像某些学者想象的那样仅仅是一种游戏或艺术,理解或解释蕴含着深切的人文关怀,而五大认知范式在这方面的表现尤为鲜明。概言之,无论是就表现为多种形式的解释实践看,还是就解释学关于解释的基本要素看,抑或就解释学关于理解或解释的功用与价值看,五大认知范式完全可以视为解释学语境中的理解或解释。

二 认知范式实践中的解释学问题

经由上述讨论,五大认知范式的诠释学视域中的解释方法性质确定无疑。既然五大认知范式可以确定为诠释学视域中的解释或理解方法,那么,作为解释学方法的五大认知范式在实践中会遭遇怎样的问题呢?自然，解释学问题广泛而复杂，这里仅就五大认知范式应用于认知、理解和评价中国传统哲学实践中所遭遇的普遍性、相对比较有特点的问题展开讨论。

1. 认知范式实践中的价值参与

理解或解释过程中发生误读的原因很多，其中有一个重要原因就是主体价值的参与。任何解释或理解都是主体人的活动，因而任何理解或解释不能没有主体价值的参与，正如加达默尔说："我们在理解时不可能不带有理解的意图，也就是说，不可能不带有让是什么东西向我们诉说的意图。"[①] 而库恩观念中的范式包含三个方面：(1) 科学的理论体系；(2) 运用这一理论体系的心理认识因素；(3) 指导和联系理论体系和心理认识的自然观。[②] 这就意味着，科学不仅仅是纯粹理性和纯粹逻辑范围内的事情，科学的演变和发展是与科学以外的社会和历史因素紧密联系着的，如果说五大认知范式并不能排除在科学之外，那么其中的"指导和联系理论体系和心理认识的自然观"即是我们所要讨论的范式应用中的价值问题。因而需要追问的是：价值在理解或解释中究竟发挥着怎样的作用呢？或者说主体的价值是怎样参与五大认知范式实践的？

其一，左右认知范式的选择。在认知、理解中国传统哲学实践中，虽然认知范式自身即是有意义的体系，但在使用哪种认知范式的问题上，认知主体的价值是具有主宰性作用的。库恩说："在必须应用价值的情形中，若分别考虑不同的价值，经常会导致不同的选择。一个理论可能比其他理论更为精确，但在一致性或可信性方面却稍逊一筹，旧量子论就是一例。"[③] 我们已经知晓，唯物认知范式、科学认知范式、人文认知范式、逻辑认知范式、自我认知范式是 20 世纪中国学者用于认知、理解和评价中国传统哲学的五大认知范式。这本身即隐含这样一个问题：同是认知、理解和评价中国传统哲学，为什么会出现五种内容不同、旨趣迥异的认知范式呢？原因之一就是应用认知范式的主体的差异，更进一步，是因为应

---

① [德] 加达默尔：《哲学解释学》，洪汉鼎译，上海译文出版社 1998 年版，第 102 页。
② 参见 [美] 托马斯·库恩《科学革命的结构》，金吾伦、胡新和译，北京大学出版社 2003 年版，第 153—157 页。
③ [美] 托马斯·库恩：《科学革命的结构》，金吾伦、胡新和译，北京大学出版社 2003 年版，第 155 页。

用认知范式主体的价值取向不同。

比如,张岱年理解或解释中国传统哲学坚持使用的认知范式是唯物认知范式,他研究中国传统哲学的著作或成果,无不深深刻上了马克思主义哲学的烙印,像《中国唯物主义思想简史》《中国伦理思想研究》等都是典范性作品。胡适对于中国传统哲学的研究,则基本上采用科学认知范式,在他写的关于中国传统哲学的著作中,大都刻有鲜明的科学认知范式的痕迹,像《中国哲学大纲》(卷上)、《中国中古思想史长编》《先秦诸子进化论》等都是代表性作品。方东美的中国传统哲学的研究,则表现出浓郁的人文主义特色,他对中国传统哲学中具有人文主义精神、内涵的概念、命题和思想进行了发掘和整理,像《中国哲学的精神及其发展》《原始儒家道家哲学》《生生之德》等都是特点鲜明的著作。这种情形也表现在对具体概念或命题解释上。比如,关于老子的"道",张岱年即是以唯物认知范式解释之,胡适主要以科学认知范式解释之,而方东美是以人文认知范式解释之。

那么,张岱年、胡适、方东美何以选择如此不同呢?只能说他们所秉持的价值取向不同。张岱年所秉持的是唯物主义哲学的精神,他说:"解放以来中国哲学史研究的基本方向是什么呢?这主要表现于两点:第一,承认思维与存在的问题是中国哲学的首要问题,虽然中国哲学中所用的名词与西洋的不同。既然思维与存在的问题在中国哲学也是首要问题,所以中国哲学史也是唯物主义与唯心主义的斗争的历史,而其斗争的领域也是与西洋相类似的。第二,承认社会存在决定社会意识,在研究哲学思想的时候必须运用阶级分析的方法,也就是认为,唯物主义与唯心主义的斗争是阶级斗争的反映。这两点就是解放以来新中国哲学界的中国哲学史研究的基本方向。"[①] 胡适所秉持的是科学主义哲学的精神,胡适说:"实验主义自然也是一种主义,但实验主义只是一个方法,只是一个研究问题的方法。他的方法是:细心搜求事实,大胆提出假设,再细心求实证。一切主义,一切学理,都只是参考的材料,暗示的材料,待证的假设,绝不是天经地义的信条。实验主义注重在具体的事实与问题,故不承认根本的解决。他只承认那一点一滴做到的进步,步步有智慧的指导,步步有自动的

[①] 张岱年:《张岱年全集》第五卷,河北人民出版社1996年版,第68页。

实验，——才是真进化。我这几年的言论文字，只是这一种实验主义的态度在各方面的应用。我的唯一目的是要提倡一种新的思想方法，要提倡一种注重事实，服从证验的思想方法。"① 方东美所秉持的是人文主义精神，方东美说："人文主义便形成哲学思想中唯一可以积健为雄的途径，至少对中国思想家来说，它至今仍是不折不扣的'哲学'，诚如美国哲学家罗易士（Royce）所说，'哲学乃是一种向往，促使日渐严重的人生问题走向合理价值，当你对现世切实反省时，便已在从事哲学思考，当然，你的工作，第一步是求生存，然而生命另外还包括了激情、信仰、怀疑与勇气等等，极其复杂诡谲。所谓哲学，就是对所有这些事体的意义与应用，从事批判性的探讨。'"②

当然，哲学家们在选择某种认知范式作为认知、理解中国传统哲学的基本方法时，并不完全排斥其他认知范式，比如张岱年并不排斥科学认知范式、人文认知范式、逻辑认知范式、自我认知范式；胡适并不排斥人文认知范式、逻辑认知范式、自我认知范式；方东美并不排斥科学认知范式、逻辑认知范式、自我认知范式，这说明他们对于研究中国传统哲学的方式是持开放态度的，而之所以如此，乃是他们在方法论上之多元价值观使然，即依然是价值决定了他们选择认知范式的方式和格局。

其二，制约认知范式应用过程。依诠释学理论，任何理解或解释开始之前都是有"前见"的，"前见"的构成相当复杂，但其中最值得关注的、对理解或解释具有决定意义的无疑是"价值"，可以参考库恩的说法："尽管科学家广泛地共有一些价值，尽管对这些价值的承诺深深地植根于科学中并成为其构成要素，但是价值的应用，却有时受到那些使用团体成员得以区别的科学家的个性和经历等特征的极大影响。"③ 理解主体都是价值的主体，主体的价值倾向决定了其在理解实践中对认知范式的存弃，因而那些与主体价值倾向相近或相同的认知范式容易得到主体的青睐。一

---

① 胡适：《我的歧路》，《胡适哲学思想资料选》（上），华东师范大学出版社1981年版，第217页。
② 方东美：《中国人生哲学》，台湾黎明文化事业股份有限公司2006年版，第140—141页。
③ ［美］托马斯·库恩：《科学革命的结构》，金吾伦、胡新和译，北京大学出版社2003年版，第155页。

般情况下,某种认知范式的应用都是贯穿始终的,但在具体的认知、理解和评价实践中,常常会发生认知范式调整的情况。

比如,就对某个哲学概念或范畴的认知过程言,中国学者对"气"的理解受主体价值之影响非常明显。张岱年以唯物认知范式理解中国传统哲学中的"气",他认为"气"是客观存在的物质,也是宇宙世界最基本的唯一存在,而且是运动变化的,其运动变化的根源在自身的内部矛盾,其运动变化是有规律的。所以,"气"范畴本身也是一个唯物主义与辩证思想相结合之一个表现。与此不同的是,李申用"场"理论解释"气",他认为"气"所反映的物质存在的形态已经显示出了和原子论的差别,而倾向于场论了,"气"不仅是构成一切物的物质实体,而且还充满在这些物之中,并且和这些有形之物互相转化,气和形、场和有重物质不过是一回事。这就完全是科学认知范式下的"气"了。而李存山的理解将唯物、科学、人文的解释贯穿其中了,他认为中国哲学中的"气"含有物理、生理、伦理等方面的含义。李存山何以有这样的解释与判断?就在于李存山的思想中蕴含着多种价值取向,既有唯物主义观念,也有科学主义的立场,更有人文主义关怀。如果将中国学者对"气"的理解视为一个过程,那么这个过程是跌宕起伏的,其原因就在于潜伏于认知范式应用主体中的价值。

再如,就某个研究者的认知实践而言,价值制约理解或解释过程的现象也时有发生。陈鼓应对"道"的解释前后不一致的,陈鼓应早年主要是唯物认知范式的理解。比如,他将老子的"道"分解为"实存意义的道(宇宙生成)、规律意义的道(对立转化)、生活规则的道",而在对老子思想不足的批评中,其唯物认知范式的背景尤为鲜明,他将老子思想的缺点归为:"(一)老子'返本复初'的思想是很浓厚的,这退回原头的想法,实有碍于事物的向前推进;(二)老子认为事物的运动和发展是循环状态的,这种观念显然会导致一种退缩的态度;(三)老子主张'无知'、'弃智',因为他认为一切巧诈的事情都是由心智作用产生的;(四)老子重视事物对待关系的转化;(五)老子一再强调人应顺应自然,然而如此纯自然的结果,一切事物的发展是否能达到预期的效果,这是很值得怀疑的;(六)老子所建构的理想国中,那种安足和谐的生活,固然很有诗意,令人神驰,但我们毕竟感到在那种单纯而单调的生活方式中,没有了文字，人究竟还有什么精神活动可言？人们的生命既与草木同朽，究竟有什么意义？"① 这些理解和评论具有鲜明的唯物认知范式色彩，马克思主义哲学的物质论、认识论、辩证法、历史观等应有尽有。但在2012年出版的《道家的人文精神》中，陈鼓应对老子思想的理解有了很大变化。他将老子"道"的人文思想概括为：其一，人事价值的根据；其二，无为创生的方式；其三，生命实践的境界。在这种解释中，"道"是万物生命的根源及依据，又指向天地万物循环往复、迁变不已，同时又多元丰富的和谐整全。"道"这种流变性、和谐性及整体性的意涵，其实正是一种宇宙视野。这样的宇宙视野，不但超越了个人自我中心性，也同时去除了人类中心主义的本位性及狭隘性。"道"以包容之胸襟，含纳差异，同情生命，从中展现出大仁、至慈的人文关怀。② 看起来跳跃性似乎太大，是当年没有理解清楚？还是老子的思想被增加了？不管如何？陈鼓应的人文主义解释，是因为他从生命生态的角度理解老子的思想，也就是他的价值与20年前发生了变化。可见，学者们对中国传统哲学认知和理解的过程也是变幻莫测的，而其原因也在于主体的价值及其变化性。

其三，影响认知范式应用结果。一般而言，认知范式的应用必然发生相应的结果，这种结果大体表现在两个方面：被认知理解的哲学概念、命题或者内含有与认知范式相似的因素，或者内含有与认知范式相反的因素。然而，认知范式应用过程中，其最后的结论往往会发生改变，而这种改变并不是认知范式所能主宰的，而是取决于使用认知范式的主体的价值取向。这就是库恩所说的："个人的差异性在应用共有价值时，可能对科学起着必不可少的作用。必须用到价值之点，也总是必须冒风险之处。"③

比如，关于中国传统哲学特点的认知和理解，之所以出现改变认知范式应用结果的现象，其原因就在于认知范式的使用过程受到了研究者的价值的影响。张岱年以唯物认知范式解释"万物一体"的结论是：主要是企图缓和各阶级之间的矛盾，以稳定封建统治秩序。在张岱年看来，"万物一体"是最高的道德标准，具有同情人民的意义；但王阳明的"斯民"

---

① 陈鼓应：《老子注译及评价》，中华书局1984年版，第46—47页。
② 陈鼓应：《道家的人文精神》，中华书局2011年版，第107—108页。
③ [美] 托马斯·库恩：《科学革命的结构》，金吾伦、胡新和译，北京大学出版社2003年版，第156页。

"生民"只是指统治阶级,因而标榜"万物一体"主要是企图缓和各阶级之间的矛盾,以稳定封建统治秩序;而强调爱有差等,所谓"用手足捍头目"的意思就是牺牲老百姓利益以保护统治阶级利益。应该说,张岱年不仅理解到"万物一体"的普世性,也理解到它的特殊性,但无论是普世性还是特殊性,都是因为它的阶级性。① 不过,张岱年后来更多从生态意义上理解"万物一体"。他说:"各家所讲不同,但也有一些共同的基本观点,这主要是:人是天地所生成的,自然界是一个整体,人是自然整体的部分,人为万物之灵,人与自然界不是敌对的关系,而是整体与其中最优秀的部分的关系;自然的普遍规律与人伦道德的基本原则也是统一的。"② 又说:"儒家宣扬'天人合一',于是重视天人的和谐,但亦承认人具有调整自然的作用,而反对毁伤自然。这一方面有保护生态平衡、反对盲目损坏自然环境的意义。"③ 这种解释从生命、生态的价值之视角对"万物一体"的生态意义进行了肯定。张岱年对"万物一体"的理解为什么会有这种变化呢?为什么一直坚持以唯物认知范式作为解释方法的学者,却转变为以人文认知范式来作为理解方法的学者呢?显然是他受人文主义思潮的影响而确立了生命、生态价值观之结果。可见,学者在应用认知范式对中国传统哲学进行认知和理解的过程中,其价值扮演着重要角色,影响着认知和理解的过程的变化。

侯外庐认为,"良知"在王阳明哲学中属于内在于人心的先验的知识,与客观事物没有关系,与生产斗争、阶级斗争没有关系,是取消了认识论问题从而把人引向蒙昧主义的神秘顿悟。而且,这种神秘觉悟(良知)又是封建的道德,是统治阶级的是非准则,所以不可能是人民的"是非"准则。因此,将"良知"说成是人人先天具有的道德准则或是非准则,那就意味着混淆人民的"是非"与统治阶级"是非",进而使人民在甜蜜温馨的语言中接受统治阶级的残酷剥削。用另一句话表达就是:"良知"是统治阶级欺骗人民的工具。不过,如若正确使用唯物认知范式,也不会得出如此粗俗的判断——历史上的知识分子都是代表统治者利

---

① 张岱年:《辟"万物一体"》,《张岱年全集》第一卷,河北人民出版社1996年版,第81—82页。
② 张岱年:《张岱年全集》第七卷,河北人民出版社1996年版,第2页。
③ 同上书,第3页。

益的，因而知识分子的思想就是代表统治阶级的思想，而代表统治阶级的思想都是错误的。但也有与此完全不同的理解。劳思光认为，阳明的"良知"属于"道德语言"而非"认知语言"，阳明心目中并无认知意义之"知"，因此，"良知"是价值判断的根源，是一种价值判断能力，是有能力意义的道德范畴。① 这就否认了"良知"的知识论方向的解释。何怀宏指出，"良知"强调将外在规范转化为内心信念，以成圣为最高追求目标，一方面，要成就圣贤人格最简易、最真切的进路就是良心，只有把外在规范转化为内心信念，才能有巨大的、源源不断的向善动力，才能不断趋于圣贤的人格；另一方面，对良心的阐述又总是受着成就圣贤人格这一最高价值目标的导引，是要根据自己生命的体验，来说明良心对于成圣的意义，而由于对圣贤人格的追求是他们人生追求中最主要、最高的追求，良心对人来说也就具有了一种最深刻和最本质的意义。② 这个结论显然不是阶级分析方法所能获得的。劳思光、何怀宏关于"良知"的理解结果与侯外庐之所以完全不同，就在于指导他们选择认知范式的价值观不同。

可见，主体的价值既是决定性的也是非常复杂的，认知范式应用实践中无时不受价值观的影响，它既能使认知范式之结论往积极的方面展开，也可使认知范式的结论往消极的方面展开。由于研究主体对于研究结论有价值的需求，因而影响对认知范式的选择。若某种认知范式并没有满足其要求，那么就需要接受更换或修正，如此便会出现认知范式应用过程不能一以贯之的现象。可见，执行认知范式的主体对于认知范式结论的影响是决定性的、深远的。而所谓价值就是解释学中所谓"前见"③ 之重要组成部分，所以，正确使用认知范式并使其获得积极结果，建构一种健康的"前见"是十分重要的。这样或许可以避免解释实践中的价值泛滥。

2. 认知范式与文本的关系

认知范式在某种意义上也可视为中介，扮演着"媒婆"的角色，但

---

① 劳思光：《新编中国哲学史》（三卷上），广西师范大学出版社2005年版，第310页。
② 何怀宏：《良心论》，上海三联书店1994年版，第30页。
③ "前见"是解释学的一个基本概念。前见即已有之见，又称之为先见、偏见、成见、前理解，在内容上是指称一切构成理解主体的精神因素，即价值观、知识、经验、情感、世界观、方法论、思维方法等。"前见"本质上表明理解者是历史的存在，是历史与传统进入主体的存在，表征着原始的、本体的深层历史性。

这个中介在理解或解释活动中至关重要,没有认知范式,解释或理解无从发生,它是使解释主体与被解释对象发生关系的桥梁。而且,认知范式是内含意义、方法、自我规划的中介,也是内容丰富的学说体系。而被认知的文本——哲学概念、命题或观念,虽然属于"客体",具有被动性,但其本身是作者精神的凝结,因而又表现出主动性,常常对认知主体施加影响,即它也是一种具有制约理解活动能力的"客体"。因此,认知范式与被理解文本之关系是极其复杂的。这里基于认知范式对中国传统哲学认知和理解的实践展开有限的讨论。

第一,主体与客体的关系。认知范式与被理解的哲学概念或命题的关系用什么词来表达,的确是件费尽脑子的事情——解释与被解释的关系?摹本与被摹仿的关系?这些表达并不能达意。由于认知范式对于被认知、理解的哲学概念和命题处于"主"的位置,而被理解的哲学概念和命题处于"客"或"辅"的位置,姑且表述为主客关系。但在这种主客关系中,实际呈现的可以是摹本与被摹仿的关系,或者解释与被解释的关系。

从摹本与被摹仿的关系看,五大认知范式对于被认知和理解的哲学概念或命题而言,就是一种参照,一种需要看齐的标准。比如,以唯物认知范式认知、理解中国传统哲学中的"气"范畴,那么这个"气"范畴之内涵与性质就必须依照唯物认知范式的内容去分析和判断:物质的"气"?抑或精神的"气"?运动的"气"?抑或静止的"气"?若以科学认知范式认知、理解中国传统哲学中的"气",那么这个"气"范畴之内涵与性质就必须依照科学认知范式的内容去分析和判断:符合科学原理或定律,或者不符合科学原理和规律。若以逻辑认知范式认知、理解中国传统哲学中的"气",那么这个"气"范畴之内涵与性质就必须依照逻辑认知范式的内容去分析和判断:内涵是否有清晰界定?这些案例表明,认知范式与被认知、理解的哲学概念或命题是摹本与被摹仿的关系。

从解释与被解释的关系看,五大认知范式对于被认知和理解的哲学概念或命题而言,既是一种坐标,更是一种方法或思路。比如,以唯物认知范式认知、理解老子哲学中的"道",就意味着依照唯物认知范式的原理去分析和理解老子的"道"——这个"道"的内容是观念的?还是物质的?其性质是唯物的?还是唯心的?"道"的运动与变化是自我决定,还是依靠外来力量?"道"可不可以被认识?等等。以科学认知范式认知、理解老子哲学中的"道",即意味着依照科学认知范式的原理去分析和理解老子的"道"——这个"道"内含了怎样的科学原理?科学定律?科学方法?等等。而以人文认知范式认知、理解老子哲学中的"道",则意味着用人文认知范式去分析、理解老子的"道"——这个"道"内含了怎样的人文精神、人文思想?可见,"道"的唯物认知范式方面的思想内容、科学认知范式方面的思想内容、人文认知范式方面的思想内容,都是借助唯物认知范式、科学认知范式、人文认知范式的分析发掘而获得的,所以说,认知范式与被认知、理解的中国传统哲学文本的关系是解释与被解释的关系。

无论是摹本与被摹仿关系,还是解释与被解释关系,认知范式相对于被认知、理解的概念、命题而言都处于主导的位置,被认知、理解的哲学概念或命题都处于被动的位置,认知范式是认知、理解哲学概念或范畴的参照和方法,是哲学概念或命题被认知和理解实践的前提,而且左右着被认知、理解哲学概念或命题的内容与性质,所以,认知范式与被认知、理解的哲学概念或命题存在一定程度上的主客关系。但不应忘记,认知范式是由主体把握的,认知范式的状况由主体主导着,认知范式并不能靠自身的力量对理解什么、怎样理解等进行调整,这完全取决于主体。因而认知范式与被认知、理解的中国传统哲学文本并不是严格意义上的主客关系,即其主客关系是相对的。

其二,不对称关系。虽然是摹本与被摹仿、解释与被解释的关系,但并不意味着被理解的哲学概念或命题与认知范式完全一致。为什么它们是不对称关系?这是因为:认知范式内容大多是近现代知识文化成果的结晶,被认知、理解的哲学概念或命题所呈现的都是古代思想,因而二者的时间间隔决定了内容上的先天性差别。比如,老子的"道",完全是基于老子的人生体验创造出的一个核心范畴,但认知范式所蕴含的内容并不一定与老子所讲的"道"内容相契,因而不能蛮横地将两个内容和性质不同的精神观念画等号。老子的"道"内含的思想世界丰富、复杂、深邃,而认知范式可能存在常识化、平面化的理解,从而将老子的"道"降为低层次的范畴或概念。再如,以唯物认知范式理解孔子哲学思想,其程序是根据唯物认知范式的"物质第一性,意识第二性,意识对物质具有能动作用""宇宙万物是充满矛盾的,矛盾是事物发展的动力""社会存在决定社会意识"等原理展开对孔子思想文本的解读,但孔子思想文本中并无与这些"高级原理"对应的内容。再如,用人文认知范式去认知孟子的"民贵君轻"命题,那么这个命题中有无平等、自由、权利等观念呢？通过对相关文本做通盘解释之后,虽然肯定这个命题内含丰富的民本思想,体现了对百姓生命、权利的关心,但并没有达到近代民主思想的水平。这就是说,认知范式所蕴含之思想信息与被认知、理解的文本所内含的思想信息并不对称,被认知对象并一定含有与认知范式类似的内容。概言之,有即有,无即无,认知范式虽然是参照、坐标,但并不意味着认知范式具有的思想内容,被认知、理解的哲学概念或命题就必须有或应该具有。因此,认知范式作为理解或解释的坐标,与被理解对象不是等同的关系,以唯物认知范式、科学认知范式、人文认知范式、逻辑认知范式去理解某个哲学概念或范畴,并不意味着此概念或范畴就有与认知范式相同的内容或意义。胡适曾经说过:"我做这部哲学史的最大奢望,在于把各家的哲学融会贯通,要使他们各成有头绪条理的学说。我所用的比较参证的材料,便是西洋的哲学。但是我虽用西洋哲学作参考资料,并不以为中国古代也有某种学说,便可以自夸自喜。做历史的人,千万不可存一毫主观的成见。须知东西的学术思想的互相印证,互相发明,至多不过可以见得人类的官能心理大概相同,故遇着大同小异的境地时势,便会产生大同小异的思想学派。东家所有,西家所无,只因为时势境地不同。西家未必不如东家,东家也不配夸炫于西家。何况东西所同有,谁也不配夸张自豪。故本书的主张,但以为我们若想贯通整理中国哲学史的史料,不可不借用别系的哲学,作一种解释学术的工具。"① 可见,胡适当时对以西方哲学作为坐标发掘、理解中国传统哲学的实践是非常理性的。

质言之,认知范式与被认知、理解的文本关系可能存在这样几种情况:一是二者相似或等同;二是同中有异;三是完全不同。而此三种情况下,又包括需要补充与不需要补充的情形。如果认知范式与被认知和理解的哲学概念或命题在思想内容上相似的或等同,那么二者相得益彰;如果认知范式与被认知和理解的哲学概念或命题在思想内容上同中有异,那就

---

① 胡适:《中国哲学史大纲》,《胡适学术文集·中国哲学史(上)》,中华书局1986年版,第28页。

该充实补充,而充实补充视具体情况而定;如果认知范式与被认知和理解的哲学概念或命题在思想内容上完全不契,那就无须勉强其有,当然也可替代而新之。因此,认知范式作为认知坐标与理解方式,并没有要求被理解文本服从自己的强制性,并没有将自己的内容与特点强加给对方的无理欲望,而是一种相对温和的比较文化的实践,虽然提倡并希望互补,但认知范式的主要任务还是去努力"理解"对方,当然是根据自己的观念和立场去理解,并因此形成因为理解而建构的新观念,但这并不意味着被理解的观念的被解构或消失,只是一种特殊的思想制造实践而已。认知范式主要是用于理解文本的意义,将文本所蕴含的意义发掘出来并传达给读者,这种"理解"虽然受认知范式的影响,而使"理解"及结论带有鲜明的主观色彩,但输送理念只是其工作的一部分,并不是全部,因而我们需要警惕思想观念的霸权输送。由此分析认知范式应用存在的问题,即有较强的输送思想和价值、强制改变被理解文本现状的意识。因此,如何在未来的认知范式应用过程之中,创造一种宽容的理解方式,彼此尊重的氛围,是非常珍贵的经验教训,从而也是需要我们努力的。

其三,相互制约与限制。认知范式与被认知、理解的哲学文本虽然存在一定程度上的主客关系:一个是摹本,一个是效仿者;一个是解释的根据,一个是被解释者;似乎认知范式自由洒脱、无拘无束,而被理解的哲学概念或命题谨小慎微、缩手缩脚。但在认知、理解的具体实践中,二者是相互制约、相互限制的。认知范式相对于主体而言,比较单纯,没有"前见"的影响。但认知范式作为一种比较完整的学说体系,有价值、特性、内容的要求。比如,在应用唯物认知范式认知、理解中国传统哲学实践过程中,是非以唯物认知范式为标准,肯定否定也以唯物认知范式为根据,这就是对被理解文本的限制,只许如此,不能如彼。科学认知范式、人文认知范式、逻解认知范式都有相应的要求与功能,因而可以说认知范式对于被认知、理解的文本言,即是一种限制或制约。宏观言之,唯物认知范式对于中国传统哲学的理解或解释,即解释成唯物主义与唯心主义、辩证法与形而上学、认识论与先验论、社会存在与社会意识关系的历史;科学认知范式对于中国传统哲学的理解或解释,即解释成类似自然科学原理、定律和方法的历史;人文认知范式对于中国传统哲学的理解与解释,即解释成人文主义精神、思想和方法的历史；逻辑认知范式对于中国传统哲学的理解或解释，即解释成由一系列逻辑学原理、规律和方法构成的历史。为什么是这样？因为来自认知范式作为理解坐标与思想来源的限制。微观言之，以唯物认知范式理解陆九渊、王阳明心学中的"心"，即被理解为"吞并宇宙世界的主观唯心主义"，从而使"心"变成一个消极的概念。此即唯物认知范式限制了被理解的"心"。而以科学认知范理解"心"，则被理解为生物的、心理的器官，从而彻底消解了其中的人文意义，而在陆王心学中，"心"万万不能被理解为生物的、生理的"心"，因为"心"内含着主体意识、自觉意识、道德意识等丰富的人文内涵。此即科学认知范式限制了被理解的"心"。

不过，被认知、理解的文本对于认知范式而言也是一种限制。这种限制表现在环境、内容、特性等方面。在环境方面，任何哲学概念或命题的发生都有它的背景，那么认知范式必须对这个背景展开分析和研究；在内容方面，特定的哲学概念或命题有着特定的哲学内容，传播着特定的哲学信息，认知范式必须认真研究其内容；在特性方面，特定的哲学文本（概念或命题）具有自身的特性，认知范式不能忽视被理解哲学概念或文本的特性，而按照自身的需求进行理解和发挥。可见，被理解的文本对于认知范式也是有限制的，这就说明，认知范式必须遵守解释的限制，不能为所欲为。比如，以唯物认知范式理解"气"，首先需要解决的是中国文化的限制，即"气"在中国传统文化中的意涵；其次必须考察在不同哲学家的语境中"气"的内涵，等等，这都是理解"气"必须注意的限制，也是认知范式理解"气"的时候所受到的限制，即不能随意发挥作者的主观意念。再如"心"，在中国传统哲学中，"心"是一个应用非常广泛的概念，但在不同哲学家、不同学派思想中，"心"的内涵有很大的差异，这种差异就是"心"对认知范式的限制，即认知范式若要准确把握中国传统哲学中的"心"概念，就必须接受并善用这种限制。关于"良知"的理解也同样表现出相互限制。在儒家哲学中，"良知"有其特殊的意涵，即指人内在善良的本性，这在孟子、朱熹、王阳明概无例外，这也就是对试图理解它的方法方式的限制，即不能将其视为普通的知识论概念。人文认知范式关于"良知"的理解虽然相契，但也有限制，因为人文认知范式内涵很丰富，不能将"良知"理解扩散到所有的人文内涵，比如说"良知"含有"自由""人权"等内容，这就冲破了原始文本所给予的限制。

可见，认知范式与被理解文本是相互规定、相互制约的，而不是随心所欲的。而在应用认知范式研究中国传统哲学的实践中，无视相互规定、相互制约的现象时有发生，从而导致许多理解上的失误，导致对中国哲学的伤害，这是以后需要注意并改善的。

3. 认知范式对文本的"伤害"

认知范式与被理解文本存在相互制约、相互限制的关系，这意味着如果在认知、理解实践中，突破这种限制，就可能造成对被理解文本的伤害。正如潘德荣指出的："任何一种诠释学体系，尽管有其不可忽视的合理性，也都包含有自身的不足与片面性。"[①] 认知范式当有其体系与合理性，但无疑也存在不足与片面性。这就意味着认知范式的应用会对文本带来一定的伤害是不可避免的。那么，究竟造成了哪些伤害呢？这些伤害能否做出解释学的说明？

其一，"伤害"的表现。为了分析判断有根据，我们首先还是对伤害的现象加以考察。根据本书的研究，唯物认知范式、科学认知范式、人文认知范式、逻辑认知范式的应用，对于中国传统哲学的伤害大致可归为三个方面：一是中国传统哲学内容的改变。就是指认知范式被用于认知、理解中国传统哲学的实践中，被认知、理解的哲学概念或命题之内容被移除，取而代之的是认知范式内容。比如，方克立以唯物认知范式理解王阳明的"知行合一"，就表现为对这个命题内容的移除与更改。首先是对"知""行"内涵的改造，认为王阳明的"知"是封建伦理道德，不是一般意义上的知识理论，王阳明的"行"是封建伦理道德的实践，不是人民群众的生产实践；其次是对"知行关系"的改造，认为王阳明只把"行"当作观念的不同层次，抹杀了"知""行"的差别，将"行"融于"知"中，因而没有处理好"知""行"的辩证关系；再次是对"知行合一"改造，由于将"行"等同于"知"，混淆"知""行"的性质，因而其所谓"知行合一"也不是现实中认识与实践的合一，而是观念上的合一。由此看出，唯物认知范式应用于理解概念或命题的同时，唯物认知范

---

① 潘德荣：《西方诠释学史》，北京大学出版社2013年版，第8页。

式诸原理通过认知和理解的实践高调张扬地融入被理解的概念或命题中，实行着对概念或命题内容的改造，从而建造起一套唯物认知范式的概念或命题。所以说，唯物认知范式的应用，使中国传统哲学的概念、命题和观念马克思主义哲学化了，而不是相反。这种现象由于与王阳明的"知行合一"本义存在很大距离，因而对王阳明"知行合一"而言是一种"伤害"。再如，燕国材以科学认知范式去理解陆九渊心学中的"心"，将陆九渊的"心"理解为人类思维活动赖以进行的物质实体，理解为一种生理的、心理的器官，甚至是具有主宰意义的器官。可是，陆九渊心学中的"心"是本心，是善体，是良知良能，是道德理性，因而燕国材的理解无疑是用科学认知范式的"心"取代了道德意义上的"心"。这对陆九渊的"心"而言，自然也是一种伤害。

二是传统哲学义理系统的改变。我们知道，每种认知范式本身都是一套义理系统，唯物认知范式、科学认知范式、人文认知范式、逻辑认知范式、自我认知范式等，莫不如此。因而它们被用于认知、理解中国传统哲学学说，或儒家或道家或墨家或佛教，都可能对其义理系统产生影响。比如，中国传统哲学的义理系统可以表述为体用一源、内圣外王、本体工夫等，但按照唯物认知范式去理解，即改造为唯物认知范式的义理系统，即由物质论、辩证法、认识论、社会历史观等构成的系统，又根据唯物认知范式的两条线，即：物质与意识、运动与静止、主观能动性与客观规律性、对立统一、否定肯定、质量互变、实践与认识、社会存在与社会意识等，将中国传统哲学改写成马克思主义哲学系统。这对于中国传统哲学的义理系统而言，当然是重大变更。因为中国传统哲学的义理系统是由天道与人道为核心，探讨天人关系、人群关系、人己关系、义利关系、心物关系、性命关系、知行关系，并通过对这些关系的探讨，凸显其人生智慧以成就人的学说体系。这与唯物认知范式体系也存在非常大的差别，自然是对中国传统哲学义理系统的改变。再如，就儒家哲学义理系统言，也不能以科学认知范式或唯物认知范式进行简单的拆解。若以科学认知范式认知、理解儒家思想义理系统，便理解为科学精神、科学原理、科学定律、科学方法等构成的思想体系，更为具体的，是变成数学、物理学、化学、天文学、力学、光学、生物学等学科原理的组合，这就与儒学的义理系统完全异趣，自然可以说是对儒学义理系统的一种"伤害"。若以唯物认知范式理解儒学的义理系统，其造成的后果也相当严重。儒学义理系统，无论是从生命哲学，还是从伦理学，抑或从形上学看，都无法理解为物质与意识关系的学问，无法理解为讨论万物变化发展及其原因的学问，无法理解为讨论认识的来源及其正确检验标准的学问，无法理解为讨论社会存在决定社会意识原理的学问，因此，若是被理解成这样的学问系统，那么我们也只能说对儒学义理系统的一种更改。当然也可说是一种"伤害"。以逻辑认知范式去理解宋明理学之义理同样存在这个问题。冯友兰对宋明理学的理解，以逻辑范式对宋明理学进行了完全的改造，变成了"新理学"，而这个新理学与宋明理学是完全异趣的，自然也可以认为是对宋明理学的一种"伤害"。尽管这种伤害可以获得解释学的"默许"。可见，唯物、科学、逻辑等认知范式的应用，的确对中国传统哲学的义理系统产生了影响，这种影响表现为用认知范式义理系统取代被理解的中国传统哲学义理系统。

三是传统哲学精神价值的改变。就是说，四大认知范式的应用不当，可能存在消解中国传统哲学的精神和泯灭中国传统哲学的价值之危险。比如，孔子的"仁"内含有爱人、担当、自觉等精神，但若是以唯物认知范式理解为剥削阶级的道德，那么"仁"所内含的人文精神即被消解；孟子的"良知"表达的是人的先天善性，内在于人心的善，若是以唯物认知范式将其理解为先验知识，那么其本有的精神也就丧失了；老子的"道"，若是以唯物认知范式将其理解为物质的或观念的，进而判断其唯物或唯心性质，或以科学认知范式将其理解为量子力学的定律，那么老子"道"无为、纯朴、慈俭的精神也就被化解了。老子的"返朴归真"命题所检讨的是极为紧张的人类与自然的关系，其所谴责的是人类对自然肆意破坏的行为，其所声讨的是人类沉迷"物"的享受而放逐人性的罪恶，也就是说，"返朴归真"隐含着老子对人类文明的深刻检讨，而且至今仍不乏启示性。如果用进化论将"返朴归真"解读为消极倒退的历史观，"返朴归真"所具有的人文内涵旋即就被无情地化解了。《中庸》的"诚"，以唯物认知范式将其理解为神秘主义本体，或剥削阶级的意识形态，那么，"诚"所内含的纯朴、无欺、敦厚等精神也被化解了。陆九渊的"宇宙即是吾心，吾心即是宇宙"命题，若是以唯物认知范式将其理解为妄图吞并客观世界的"主观唯心主义"，那么这个命题的人文意涵也会被消解,而陆九渊显然不是说宇宙世界是因为我心而有、而存在,他要表达的是立足于儒家"仁心在我、由己及人"之济世救民的道德责任,是创造美好人间世界的人文情怀。王阳明的"心",若是以科学认知范式理解为生理器官,那么"心"所内含的道德、善体等价值也就被消解了。《易》之"自强不息"所倡导的是坚持不懈、不屈不挠、努力向上的精神,若是以科学认知范式理解为"物质能量守恒定律","自强不息"的精神就被物化了。程颢、张载、杨简、王阳明都有明确的"万物一体"观念,其内含的是人与宇宙万物为一体,进而是人敬畏自然、爱护自然的精神,进而是爱万物的精神,若是以唯物认知范式将其理解为神秘主义的、为统治阶级服务的虚幻观念,那么,其内含的保护自然、珍爱生命等价值观念就被消解了。

可见,唯物认知范式、科学认知范式、逻辑认知范式的应用不当,的确会对中国传统哲学产生极大伤害,这或许是方东美、徐复观、牟宗三、张东荪对此现象高度关注并提出批评的原因。方东美说:"像冯友兰的'新原道'由英国人翻译成 Spirit of Chinese Philosophy,其中的中国哲学完全是由宋明理学出发到新理学的观念,只占中国哲学四分之一的分量,再加上他之了解宋明理学乃是透过西方新实在论的解释,因此剩下的中国哲学精神便小之又小。"[1] 牟宗三说:"冯氏以新实在论的思想解析朱子,当然是错的。以此成见为准,于述及别的思想,如陆、王,字里行间当然完全不相干,而且时露贬辞。"[2] 张东荪说:"宋儒只有形而上学而不置重于知识问题,所以他们所说'形而上'一语决不可当作'抽象的'来解释。在此有一个很重要的分别,就是理之所以为形而上乃由于理即是体,而并不由于理是抽象的,以抽象的来解释理,便是以西洋哲学上新实在论派的所谓的'共相'(universal)来解释理。这是冯友兰先生于其近著《新理学》上所尝试的企图。我则认为和宋儒原理相差太远。"[3] 这些批评虽然主要是针对冯友兰的,也不一定有很高的学术价值,但对于如何避免四大认知范式"伤害"中国传统哲学确有警示作用。那么,对于这种"伤害"

---

[1] 方东美:《原始儒家道家哲学》,台湾黎明文化事业股份有限公司2006年版,第38页。
[2] 牟宗三:《中国哲学的特质》,上海古籍出版社2007年版,第3页。
[3] 张东荪:《思想与社会》,岳麓书社2010年版,第170页。

应做怎样的分析与判断呢？

其二，对"伤害"的理解。诚如上述，认知范式的应用的确会给中国传统哲学带来了较多较大的"伤害"。那么，我们应该怎样理解这种伤害呢？这才是需要我们谨慎思考的关键问题，我们尝试从以下几方面思考。

首先，从解释方法与被解释文本不相称看，这种伤害是不可避免的，或者说是理解行为必然付出的代价，是解释史上一种普遍而客观的现象。诚如上述，本书中五大认知范式都是有限的学说体系，它们各有自己的面向，有自己的独守领域，有自己的限制，因而对于被理解的文本而言，本身就存在不交集的地方。而被理解的文本（中国哲学概念、命题等）内含着丰富的信息，这就意味着认知范式与被理解的哲学概念或命题一开始就存在互不相涵的地方，或不可通约的地方，因而认知范式的应用就可能发生对被理解的哲学概念或命题的误读或伤害。尤为值得注意的是，认知范式相对于主体而言是被动的，即认知范式的选用、应用的范围与程度，与主体存在密切关联，从而增加了认知范式误读文本的风险。因此，认知范式的应用所造成的对文本的伤害是解释实践中不可避免的客观现象，正如加达默尔所说："偏见并非必然是不正确的或错误的，并非不可避免地歪曲真理。事实上，我们存在的历史性包含着词义上所说的偏见，为我们整个经验的能力构造了最初的方向性。偏见就是我们对世界开放的倾向性。它们只是我们经验任何事物的条件——我们遇到东西通过它们而向我们说些什么。"① 如此说来，不仅不应对认知范式所造成的"伤害"大惊小怪，反而应该考虑并善待它的特殊意义。

其次，从被理解的文本性质看，由于文本具有被持续、多元理解的特性，个别的理解实践所造成的伤害并不意味着被理解文本的消亡。林格说："历史充满了这种相互冲突的解释，这种相互冲突的解释实际上构成了传统的实质。文本的意义和重要性之间的区别用于解释历史时最为困难。因为无疑地，各个不同时代的柏拉图、亚里士多德或《圣经》的解释者们在他们所认为的他们在文本中看到的意义上都各不相同，而并不仅

---

① ［德］加达默尔：《哲学解释学》，夏镇平、宋建平译，上海译文出版社1994年版，第9页。

仅在于他们认为文本的'相同'含义对他们具有不同的重要性。"① 中国传统哲学中的概念或命题与《圣经》文本一样,也具有被持续理解和多元理解的特性。从时间上看,被理解的文本本身是可以被持续解释的;从空间上看,一种文本可用不同的认知范式进行解释;这种理解的时空特性,就意味着认知范式即便对被认知的哲学概念或命题存在误读或伤害,从专业上也是可以接受的,因为这种伤害并不涉及原始文本的存亡问题。认知范式作为理解中国传统哲学的方法,自然会将中国传统哲学解释成其自己的面孔,但对文本的理解不仅是历史的,也是多元的。比如《孟子》,先后出现过赵岐的解释、朱熹的解释、戴震的解释、康有为的解释、杨伯峻的解释、黄俊杰的解释等,假设朱熹的解释对《孟子》的义理系统造成了伤害,但显然不能因为"朱熹的伤害"而断言《孟子》义理系统被彻底摧毁,因为他身后戴震、康有为、杨伯峻、黄俊杰等人的解释仍可在原始《孟子》文本上进行。这就说明,任何一种理解与解释对原有文本内容的增加或减少,并不改变原始文本本身,因为新的理解(即便是"伤害"的理解)只是作为一种新的文本存在于解释或理解者的思想世界,而它的现实影响需要诸多助力。这样说来,认知范式作为理解或解释中国传统哲学的方式,自然不能简单地判定"彻底伤害"了中国传统哲学。相反,由于认知范式一方面以西方哲学作为坐标,可以帮助我们认识中国传统哲学义理系统存在的问题;另一方面在认知范式的实践中,可以引进西方哲学的义理以丰富、提升中国传统哲学的义理系统。比如,中国传统哲学在"内圣"系统方面很发达,但在"外王"系统方面相对短缺,而现代儒家学者的工作之一,就是借助唯物认知范式、科学认知范式、人文认知范式、逻辑认知范式等改造、完善中国哲学的"外王"系统。因此,我们并不能简单地判定认知范式肢解、虚化了中国哲学的义理系统。

再次,中国传统哲学的内容、义理与精神在被理解过程中会被改变,但这种改变并不全是消极的,它也创造了新的文本。由于认知范式各有自己的义理和精神,它的应用必然涉及对被理解的哲学概念与命题的精神的

---

① [美]戴维·E. 林格:《导言》,载[德]加达默尔《哲学解释学》,夏镇平、宋建平译,上海译文出版社1994年版,第15页。

改变与再造。用加达默尔的话可以表述为："历史上传下来的文本缺乏直接的可理解性，易于被误解，其实这只是人类同陌生的世界打交道时遇到的一种特殊情形。是同我们建筑于经验之上的预期的习惯次序'不合'的情形。"① 那么怎样理解这种现象？中国传统哲学的精神与价值，不会完全丧失在某种具体的理解和解释实践中。中国传统哲学精神与价值都体现在具体的概念、范畴或命题中，因而所谓"伤害"精神与价值，就是将相应概念、范畴或命题做了错误的理解和解释。但我们必须注意，任何一种解释都是具体的，具体的理解或解释活动对于被理解和解释的概念和命题所造成的伤害也是相对的。因为，在某种伤害中国传统哲学精神和价值的解释之前与同时，仍然存在其他对中国传统哲学精神与价值不同的理解和解释。比如，我们可以批评以科学认知范式理解儒家"良知"而造成的精神与价值的丧失，但我们也可赞赏以人文认知范式理解儒家"良知"而形成的精神与价值的广播。因此，认知范式的应用即便对于中国传统哲学精神与价值产生了伤害，也并不意味着中国传统哲学的精神和价值不复存在。需要注意的是，认知范式对中国传统哲学的伤害不仅不能做绝对的理解，还需要承认认知范式具有丰富、增宏中国传统哲学精神与价值的意义。可以说，认知范式对于中国传统哲学的实践精神、人文精神、科学精神、理性精神等的丰富都产生了积极影响。在实践精神上，不仅显发了中国传统哲学的实践精神，而且吸收了马克思主义哲学的实践精神；在人文精神上，不仅显发了中国传统哲学的人文精神，而且吸收了西方哲学中的人文精神；在科学精神上，不仅显发了中国传统哲学的科学精神，而且吸收了西方哲学中的科学精神；在理性精神上，不仅显发了中国传统哲学中的逻辑精神，而且吸收了西方哲学中的逻辑精神。关于这点，我们或许可引加达默尔的话以互证："误解和陌生不是首要因素，不能把避免误解看着是解释学的特殊任务。实际情况正好相反。只有熟悉而普遍的理解的支持才使进入异己世界的冒险成为可能，才使从异己世界中找出一些东西成为可能，从而才可能扩大、丰富我们自己关于世界的经验。"② 所

---

① ［德］加达默尔：《哲学解释学》，夏镇平、宋建平译，上海译文出版社1994年版，第25页。

② 同上书，第15页。

以，对于中国传统哲学的精神与价值言，认知范式无疑是功远远大于过的。质言之，我们不能因为认知范式应用过程中造成了对中国传统哲学价值与精神的"伤害"而否定它的积极作用，并拒绝它的出场。

最后，客观陈述"伤害"的情形是解释者的必备品质。无论是自觉的伤害，还是不自觉的伤害，或是客观的伤害，理解者应该对此有理性的认知，并有责任告诉读者。虽然我们对于认知范式的应用给中国传统哲学造成的伤害进行了学理上的解释，但这并不意味着宽容、怂恿这种错误，也决不意味着开脱这种行为，因为一种学术实践对被理解的文本或学术资源造成无辜的伤害，并不是学术道德或学术规范所允许的。因此，对于认知范式应用实践中所导致的对文本的伤害，必须有理性的认知和郑重的说明。比如，唯物认知范式将陆王心学的"心"理解为主观唯心主义，并进一步断定这个范畴意味着对客观世界的否定。那么作为理解者必须清楚，这种理解与"心"在陆王心学中的本义是不相应的，并有责任将这种"事实"告诉读者。再如，科学认知范式将老子的"道"理解为量子力学中的"粒子生于真空"的原理，这种理解虽然可以鼓舞人心，也不能判其为错误，但与老子的"道"所要表达的意涵也是有距离的。在这种情境下，解释者同样要本着科学的精神明白自己这样做的目的，并有责任告诉读者。这样，认知范式应用中所导致的被理解文本遭受伤害的责任也就非常清晰了。因此，我们必须明确主体在认知范式应用中的责任。由于认知范式的实践者是研究中国哲学的学者，引进认知范式、引进哪种认知范式，应用认知范式、应用哪种认知范式，怎样应用、应用范围与程度，等等，都是由研究主体决定的。因此，在认知范式解释实践中，相对于应用主体而言，认知范式始终是被动的。这样，我们不应该简单地将导致中国传统哲学遭受"伤害"的全部责任推给认知范式，而某些具体实践了认知范式的中国学者，不仅不检讨自己的盲从行为，反而谩骂攻击，这既是不公平的，也是非理性的。这或许正是当今中国哲学界所欠缺的精神。

其三，"伤害"的避免。如上所说，认知范式对于中国传统哲学的"伤害"在一定程度上是客观的，是不可避免的。那么，这是否意味着我们无所作为了呢？显然不是。既然伤害的根本原因还是在于研究主体，在于认知范式的执行者，这就意味着可以寻找对策以缓解或消除某些不必要的"伤害"的。

一是立足自我。所谓"立足自我",就是在使用认知范式理解中国传统哲学的实践中,弱化认知范式的坐标、摹本特性,尤其不能将认知范式作为"唯我独尊""唯我是从"的绝对标准,充分认识到认知范式的功用与目标是为了清楚被理解文本的意涵及特性,而不是刻意改变被理解的文本内容及特性,是以尊重被理解文本内容和特性为目的。比如,以科学认知范式理解孟子的"良知",可以将"良知"理解为先验知识,但这种理解不应成为进一步否定"良知"的人文内涵及其价值,因为"良知"在孟子的思想系统中,所表达的是人是否具有先天善性的问题,而不是知识论的问题。这样就避免了认知、理解一个哲学概念或命题完全以认知范式为是非标准的困局。正如唐君毅所说:"今吾人论中国哲学,亦非必须借他方思想之同者,以自重。故吾在论此中国哲学之传统时,即柏拉图、亚里士多德、奥古斯丁、多玛斯、康德、黑格尔之思想,亦不先放在眼中,更何况马克思、恩格斯与今之存在主义之流?此固非谓必不可比较而观其会通。然要须先识别得此独立之传统之存在,然后可再有此比较之事。大率中国之哲学传统,有成物之道,而无西方之唯物之论;有立心之学,而不必同西方唯心之论;有契神明之道,而无西方唯神之论;有通内外主宾之道,而无西方之主观主义与客观主义之对峙。则此比较亦非易事。至若如近人之唯以西方之思想为标准,幸中国前哲所言者与之偶合,而论中国前哲之思想,则吾神明华胄,降为奴役之今世学风也。吾书宗趣,亦在雪前耻。"[1] 唐氏这一大段话无非是强调在以西方哲学作为坐标理解中国传统哲学的实践中"中国哲学自我立场"的重要性。而牟宗三严厉批评将中国哲学作为材料以论证、迎合西方哲学的愚蠢做法。他说:"以西方哲学为标准,来在中国哲学里选择合乎西方哲学的题材与问题,那将是很失望的,亦是莫大的愚蠢与最大的不敬。"[2] 显然,唐、牟清醒地认识到"立足自我"在以西方哲学为坐标认知和理解中国传统哲学实践中的重要意义,这种意义就是减轻或避免对中国传统哲学的误读与伤害。

二是彼此相契。所谓"彼此相契",就是要求认知范式与被认知、理

---

[1] 唐君毅:《中国哲学原论·原道篇》,中国社会科学出版社2005年版,第6页。
[2] 牟宗三:《中国哲学的特质》,上海古籍出版社2007年版,第6页。

解的中国传统哲学概念或命题在性质上属于同类,具有可比性。由于认知范式的内容和性质都有限定性,而文本的内容与性质千差万别,不可随意地将认知范式用于理解任何一个文本,若不如此,就非常容易导致对被理解文本的误读与伤害。比如,用人文认知范式理解孔子的"仁"、理解孟子的"良知"、理解王阳明的"心",都是相契的;再如,用逻辑认知范式理解后期墨家的名学思想、公孙龙的名学思想、荀子的逻辑思想,也都是相契的,从而都能获得积极的成果,而不会是谬论。相反,若是以科学认知范式理解孟子的"尽心知性"、王阳明的"心外无物",则可能导致误解与伤害,因为它们不相契。熊十力表示不反对科学,但强调以具有自然科学性质的西方哲学解释中国传统哲学则必须慎重。他说:"西洋哲学,大概与科学同其态度,即努力于向外追求,及持论能以逻辑精严制胜而已。其于吾经学穷理尽性至命之旨,则相去甚远。夫哲学若止于理智或知识之域,不能超理智而尽性至命。则谓离理论科学,而尚有哲学存在之余地,亦非吾侪所许可。余以为经学要归穷理、尽性、至命,方是哲学之极诣。"[1] 就是说,中国哲学具有超越性,穷理、尽性、至命等是以知识、理智为特点之西方哲学所不能达意的,自然也是无法理解的,若要强行理解,必导致伤害。因此,注意认知范式与被认知的哲学概念或命题的相契性,应该是避免伤害的关键步骤。

三是"以中释中"。所谓"以中释中",就是将被认知和理解的哲学概念或命题放在其产生的文化系统中加以理解,即由"自我认知范式"去理解。任何文本都有其"故乡",这个"故乡"是生它养它的地方,因而若要全面、准确地理解一种文本,回到它的"故乡"是基本前提。由于"故乡"是由器物文明、社会历史、政治经济、礼仪习俗、文字语言、经籍文献、科学常识、作者素养、思想义理、意义价值等系统组成的,这些系统无不对被理解的文本施予这样那样的影响,进而形成文本的特性。因此,将被理解的文本先置于"自我认知范式"中加以理解,也就是"以中释中",就会避免一些常识性的、原则性的错误,从而减轻对文本的伤害。张东荪曾以理解孔子的"仁"为例,阐明"以中释中"的必要与重要。他说:"我们要了解孔子,要了解他说的仁,亦决不当以定义之

---

[1] 熊十力:《熊十力全集》第三卷,湖北教育出版社2001年版,第730—731页。

方式去求之。如不明此理而强去替孔子下一个'仁'字的定义，这便是把中国思想的格局打破了。打破中国思想的基型在今天的中国本不是不应该的，因为西方文化已大量移入进来了。但其中却有问题。就是我们今天超越了中国思想格局用以了解中国固有文化则可；若谓中国古代思想本来就是那样大大不可。换言之，以我们今天的思想格式来对于古代思想而求有所了解，这乃是解释工作。倘若以古代思想硬嵌入在我们的格式中，这便是削足适履。二者分别甚大。可惜现代学者很少能彻底明白这个道理。"① 尽管"定义的方式"是先进的方式，但由于孔子没有给"仁"下定义，也就不能以定义的方式去理解。因此，如要理解孔子"仁"的意涵，就必须回到涉及孔子言论及思想的经典中去寻找。张东荪说："所以倘使承认这个不同，则我们便在孔子对于仁不下定义一点上，更能了解孔子，更能了解他的仁是什么。本来古书如严格考证起来，问题是太多。《论语》一书差不多以'仁'字为中心思想，但在他处（如《易经》及《礼记》等）则又不尽然。如果以为孔子的思想限于《论语》，这是很不妥的。所以我们必须把孔子在《论语》上所表示的思想与在其他处所表现的，以及在孔子以前的思想系统作一个通盘计算，以明其中的异同方可。"② 可见，张东荪所谓"中国思想的格局"，包括文献、语言、思想等历史文化背景，也只有先将"仁"做这样的自我系统的理解，才可能避免认知范式的解释对"仁"的误读与伤害。总之，认知范式对于中国传统哲学的伤害，也许是无法完全克服的，但上述原则与方法对于预防和减少伤害兴许有积极的意义。

三　认知范式的转移与解释方法的进化

本书将唯物主义（马克思主义哲学）、科学主义（学说）、人文主义（学说）、逻辑主义（原理、定律与方法）、自我主义（自我文化系统）认知、理解中国传统哲学的学术实践称为"范式"，无疑是借用美国科学哲学家托马斯·库恩的概念及相关理论。在库恩那里，"范式"是从事某一科学的研究者群体所共同遵从的世界观和行为方式，虽然没有好坏之

---

① 张东荪：《思想与社会》，岳麓书社2010年版，第141页。
② 同上书，第141—142页。

分，但却是动态的、变化的，这叫"范式转移"，并对"范式转移"现象进行了深入考察与分析。那么，本书所讨论的"认知范式"是否存在转移现象呢？此外，本书所讨论的认知范式与库恩的"范式"在内涵上不尽相同，库恩"范式"的内涵主要包括：共同的基本理论、观念和方法；共同的信念；某种自然观。而本书讨论的"认知范式"主要是作为一种解释方法或诠释方法，与库恩"范式"内涵的第一点类似，如此便可在"范式"理论的背景下考察"认知范式转移"和"认知范式"进化的问题。

1. 认知范式的先天有限性

认知范式无论是作为一种学说，还是作为一种解释方法，它的限制是天生具有的。由于认知范式作用的表现需要主体掌握和应用，从而使主体或认知范式共同体与认知范式结成了密不可分的关系，并成为我们认真对待认知范式转移的另一重要原因。

第一，时空中的认知范式。任何认知范式都产生于特定的时空环境，由特定个人或群体在相关的知识、理论、主张、观点等方面的贡献、积累而逐渐形成。比如，唯物认知范式的基本思想、原理和方法就是由马克思及其战友创立，并丰富、发展的，它产生于19世纪40年代欧洲无产阶级革命运动，在思想资源上不仅有自然科学基础（即所谓的细胞学说、能量守恒和转化的原理及达尔文的生物进化论），也有经济学基础（即亚当·斯密和大卫·李嘉图创立了劳动价值论），从而形成为一种具有独特解释力的学说。科学认知范式则主要是由近代以降的自然科学家们创造发明的自然科学学说、原理与方法，比如光学原理、量子力学原理、实验方法等，这些自然科学学说在社会化过程中，也逐渐成为一种特殊的解释理论与方法。人文认知范式形成的历史也很悠久，如果从文艺复兴时期算起，那么人文主义的发生、发展与丰富已经有差不多六百年的历史，人文认知范式的基本价值主张、思想观念和思维方法就是在这漫长的历史中逐步形成的。本书所使用的逻辑认知范式，包括西方哲学史上所有逻辑学学说、理论、定律与方法，但不同逻辑学说仍然有它的时代性，比如，形式逻辑中的传统逻辑与数理逻辑，19世纪中叶以前的形式逻辑主要是传统逻辑，而19世纪中叶以后发展起来的现代形式逻辑，称为数理逻辑。自我认知范式作为一种解释方法体系，其中的许多内容在中国或者西方哲学史上早已存在，但作为一个专用术语则是由作者发明的。无论是就自我认知范式内部诸要素，还是就自我认知范式整体而言，照样有它的时空性。比如，自我认知范式中的考据方法属于传统研究方法，而自我认知范式中的义理系统分析、历史文化考察，则属于近代或现代研究方法了。可见，五大认知范式无一不是时空下的产物，这就意味着认知范式必然服从其时代限制，我们必须以时空的眼光看待它们。时间和空间的更换，都要求我们重新思考认知范式。库恩说："科学革命也起源于科学共同体中某一小部分人逐渐感觉到：他们无法利用现有范式有效地探究自然界的某一方面，而以前范式在这方面的研究中是起引导作用的。"[1] 就是说，由于时空的变化，范式转移或范式革命是迟早的事情。

第二，认知范式能力限制。认知范式的限制不仅来自时空，更重要的是来自认知范式自身能力。任何认知范式都有独特的内容、独特的诉求、独特的价值、独特的思路，这些"独特"构成了认知范式的"性能"，此性能在很大程度上即规定了认知范式的能力所及。唯物认知范式的特点是注重从物质的层面去思考、解释一种现象或文本，分析一个概念或命题，主要从这个概念或命题发生的"物质"基础去展开。比如，关注提出某一概念或命题的哲学家的经济地位、政治身份等。这是唯物认知范式的特长，同时也是它的限制。科学认知范式的特点是注重从数量、证据等层面去思考、解释一种现象或文本，分析一个概念或命题，主要看这个概念或命题是否符合科学原理、定律与方法，用科学的原理、定律和方法对被理解的概念或命题进行解释。这是科学认知范式的特长，同时也是它的限制。人文认知范式的特点是注重从人性、人情、生命等层面去思考、解释一种现象或文本，分析一个概念或命题，主要从这个概念或命题内含的生命意义，考察分析其是否具有尊重人的权利、保护人的安全、肯定人的幸福、高扬理性、否定封建迷信等思想内涵。这是人文认知范式的特长，同时也是它的限制。逻辑认知范式的特点是对思维方式规范的坚持，从是否符合逻辑学原理、思维规律等角度去理解哲学概念或命题。这是逻辑认知范式的特长，同时也是它的限制。自我认知范式的特点是主张将被认知、

---

[1] ［美］托马斯·库恩：《科学革命的结构》，金吾伦、胡新和译，北京大学出版社2011年版，第79页。

理解的哲学概念与命题放入自己文化系统中加以理解和解释，主要是还原被认知、理解的哲学概念或命题的本来意义。这是自我认知范式的特长，但同时也是它的限制。可见，五大认知范式由于自身理论内容的特殊性、信息量的区域性、解释能力的有限性，决定了它们不是万能的，而是有边界的。这就意味着它们会时有困惑，它们并不能为所欲为，它们必须清楚自己的位置，同时意味着，它们要随时准备被"转移"。这就是库恩所说的："所有危机都始于范式变得模糊，随之而使常规研究的规则松弛。"①

第三，范式共同体的影响。这是从社会角度思考"范式"的有限性问题。认知范式还有另一重要特点，即认知范式是由学术共同体共同遵守的，但学术共同体都习惯于"常规知识"，即旧的范式，尤其是在利益、价值和情感等方面受到影响甚至伤害的时候，决定了他们不会轻易放弃旧的认知范式，这就使认知范式的突破与转移变得极为困难，因为这已不是纯粹学术的事情，超越了学术范畴，而演变成社会的事件。从社会学的角度来看，范式即共同体，如科学家共同体、文学家共同体、经济学家共同体，范式就是某一个历史时期为大部分共同体成员所广泛承认的问题、方向、方法、手段、过程、标准等。比如，唯物认知范式，长期运用唯物认知范式的共同体会产生对此认知范式的依赖，它们将此认知范式视为最佳，视为理所当然，它们不会轻易放弃此认知范式，从而使唯物认知范式的转移变得更加复杂与困难。科学认知范式的情况也是一样，那些信奉科学的哲学家对于科学认知范式有着特殊的、深厚的感情，比如胡适，他虽然对人文认知范式、逻辑认知范式也很有热情，但他一生所信奉并频繁使用的就是科学认知范式，他曾经说："现在我想起我二三十年来关于方法的文章里面，有两句话也许可以算是讲治学方法的一种很简单扼要的话。那两句话就是：'大胆的假设，小心的求证。'"② 所谓"大胆假设，小心求证"，正是胡适所崇信的科学方法的核心内涵——"这样的方法，由几个（有时只须一两个）同类的例引起一个假设，再求一些同类的例去证

---

① [美] 托马斯·库恩：《科学革命的结构》，金吾伦、胡新和译，北京大学出版社 2011 年版，第 72 页。

② 胡适：《治学方法》，《胡适哲学思想资料选》（上），华东师范大学出版社 1981 年版，第 440 页。

明那个假设是否真能成立：这是科学家常用的方法。"① 可见，他对科学认知范式充满了深情与膜拜，甚至迷信。库恩曾援引哥白尼天文学作为例证，尽管伽利略通过他的新望远镜证明了哥白尼的假说，但天文学家们的既得利益系于地心说——即认为包括太阳在内的所有天体都围绕地球运转，因而他们感到必须以各种方式化解伽利略与此相反的证据，为此不惜修正原有天文体系，最终使地心说显得荒谬不堪。这个事件足见在科学界更新范式是多么的困难！也让我们深深认识到权力与利益有时是多么的魔鬼！所以库恩曾说："常规科学——大多数科学家不可避免地要在其中花费他们一生的活动——是基于科学共同体知道世界是什么样的假定之上的。而多数事业的成功得自于自然科学共同体愿意捍卫这个假定；如果有必要，他们会不惜一切代价为之奋斗。例如，科学家往往要压制重要的新思想，因为新思想必定会破坏常规研究的基本承诺。"② 可见，人们对新范式的接受通常并非一帆风顺，而往往是先抗拒和反对变革，接着是妥协，最后才接受，甚至要用时间和生命来换取。因此，库恩将范式理解为社会现象，是非常深刻且有启示意义的，即不能也不应将范式视为单纯的学术问题，它在很大程度上也受到社会的影响，因而我们不得不关注、分析它的社会性。但问题的另一面是，当研究主体或科学共同体认识到新范式对于他们的利益有帮助的时候，他们就会毫不犹疑地喜新迎旧——选择新范式，正如库恩所说："范式之所以获得了它们的地位，是因为它们比它们的竞争对手更能成功地解决一些问题，而这些问题又为实践者团体认识到是最为重要的。"③

2. 认知范式转移的方式与特点

"范式转移"是指一个领域里出现新的学术成果打破了原有的假设或者法则，从而迫使人们对本学科的许多基本理论做出根本性的修正或抛弃。本书所用"范式转移"显然受其启发而又不尽相同。本书所谓"范式转移"是指：认知范式在使用实践中，由于时空的变化、解释能力的

---

① 胡适：《清代学者的治学方法》，《胡适哲学思想资料选》（上），华东师范大学出版社1981年版，第200页。
② [美] 托马斯·库恩：《科学革命的结构》，金吾伦、胡新和译，北京大学出版社2011年版，第4页。
③ 同上书，第19页。

限制和范式应用主体的影响而必须进行的调整或更换的行为。那么，在20世纪认知、理解中国传统哲学的实践中，唯物认知范式、科学认知范式、人文认知范式、逻辑认知范式、自我认知范式是否存在转移现象呢？其转移的方式有哪些？又表现出怎样的特点？

首先，认知范式转移的方式。如前所述，当范式不能继续帮助研究者有效地认知、理解文本时，其转移的号角便吹响了。那么，认知范式是怎样转移的呢？或者说有哪些转移的形式？根据我们的初步考察，约可分为这几种类型：（1）全局转移。所谓全局转移，是指认知范式全面转移，但它包括两种情况：一种是绝对的全局转移，比如，西方研究方法的引入对中国传统研究范式的排挤，中国传统研究范式被挤到边缘，代之而起的是唯物认知范式、科学认知范式、人文认知范式、逻辑认知范式，虽然在四大认知范式实践中，中国传统研究方法也偶尔重新发光，比如科学认知范式对中国传统哲学中相应方法资源的发掘与抉取，但就总体上言，传统研究范式属于完全转移情形。另一种是相对的全局转移。所谓相对的全局转移，就是指认知范式完全不在场，被另一种范式所取代。比如，关于《墨经》中《大取》《小取》的研究，需要逻辑认知范式在场，而唯物认知范式、人文认知范式似乎都使不上力，这就意味着在认知和理解《小取》《大取》的学术实践中，唯物认知范式、人文认知范式都不在场，都被"友好地"转移了。但很显然，唯物认知范式、人文认知范式转移的原因是自身性能问题，是由于唯物认知范式、人文认知范式能力的特性或"弱化"——即与被理解的文本不相契，才被逻辑认知范式所取代。这同时也意味着，唯物认知范式、人文认知范式会转移到其他可以胜任的领域。总体上看，对于本书提出的唯物认知范式、科学认知范式、人文认知范式、逻辑认知范式、自我认知范式而言，至少目前都不存在绝对全局性转移的现象，相对全局性转移则比较普遍。

（2）局部转移。所谓局部转移，是指认知范式的解释能力虽然弱化了，但仍然具备一定的解释力量，为了能够发挥仅有的解释能力，不得不对认知范式进行调整，将那些过时的要素加以转移。我们知道，唯物认知范式、科学认知范式、人文认知范式、逻辑认知范式、自我认知范式等都是一种相对独立的理论体系，其中某些"子理论"或"子学说"必须淘汰，但有些"子理论"或"子学说"仍然有其解释能力，这就意味着在认知范式系统内必然发生转移现象,此即谓局部转移或个别转移。比如,科学认知范式由诸多科学原理、定律和方法组成,但其中的"子认知范式"都是相对独立的,正如光学原理、数学原理、量子力学原理可以分别解释不同的哲学概念或命题,但如将它们互换对象,其解释效果则面目全非,这样就会出现"局部转移"现象。再如,唯物认知范式是由多个"子理论"组成的一套学说体系,其根本精神虽然是一致的,但物质论、矛盾论、实践论、社会历史观的解释内容与性能仍存在差别,若不分清它们的差别,随意地应用,不懂得自觉转移,那么也容易出现尴尬局面。如以唯物认知范式解释孟子的"良知",将"良知"理解为先验知识从而违背了唯物认知范式的基本原理,继而将"良知"加以驱除,这显然是没有注意到唯物认知范式转移的必然性和意义。

(3) 隐性转移。此是指认知范式因为理解对象的特殊性而表现为时隐时显的情形。由于认知范式所面对的哲学概念或命题是千差万别的,而认知范式的功能本身是有限的,因而其面对相契的哲学概念或命题能够大展拳脚,而面对不相契的概念或命题则一筹莫展。比如,唯物认知范式、科学认知范式、人文认知范式、逻辑认知范式等在认知、理解哲学概念或命题的时候,唯物认知范式如不能做完满的理解,那么它必须撤离,让位给其他认知范式去尝试,这个时候,唯物认知范式就表现为隐性转移,因为唯物认知范式并没有完全被取代或彻底转移,只是被动地"隐藏起来"。以上是就认知范式本身而言的表现出来的转移现象,其中认知范式的全局转移的绝对现象目前是不存在的,说明本书所研究的五大认知范式仍然充满生命力。

(4) 主体性转移。所谓主体性转移,是指由于认知范式的性能与主体需求构成的变化,而使认知范式的转移既表现在主体之间,也表现在主体自身。由于应用主体对认知范式的要求不仅是满足他们的专业性(事业),而且要满足他们的职业性(利益),这两种需求的交织便构成了对认知范式转移的要求,其转移的具体情形有:一是认知范式在主体之间的转移,比如人文认知范式从主体群A转移到主体群B;二是认知范式在同一主体身上的转移,即同一主体在不同年龄段,在不同时空条件下,认知范式也会发生转移,早年用唯物认知范式,中年用科学认知范式,而晚年用人文认知范式。当然,一般而言,认知范式的主体性转移之根本原因还是认知范式自身性能。

另外,认知范式转移过程中,还必须关注"认知范式扩张现象"。所谓"认知范式的扩张",是指认知范式凭借自己的性能或主体的力量对非自己专业领域的侵犯,有些范式性能优良,广受欢迎,这种范式可能会发生一种自然的扩张现象。另一种扩张现象则是依靠权力强行推动某种认知范式,或保护某种认知范式,从而使某种认知范式获得市场份额而施加自身的影响。因此,主体的理性、健康、文明,对认知范式的科学应用并产生积极效应是至关重要的。如果缺乏这个条件,陈旧的认知范式、落后的认知范式,甚至反人性的认知范式都可能长期与我们为伴。因此,认知范式转移虽然不是必然的,但肯定是必需的。对于来自范式能力所引起的扩张,应该欢迎并接受;对于以私利为企图的扩张,则必须警惕并消除。

总之,认知范式转移现象是普遍存在的,因而唯物认知范式、科学认知范式、人文认知范式、逻辑认知范式、自我认知范式都不能例外,虽然此五大认知范式目前尚未表现出被全局转移的迹象,尚无危机感。因此,对于认知范式转移现象的认识和把握,有助于我们更好地认识认知范式、应用认知范式和更新认知范式,并使认知范式理解或解释的能力得到提升,解释的效果得到保护。

其次,认知范式转移的特点。可见,认知范式转移并不是由一个范式取代另一个范式那么简单,认知范式转移是极其复杂的工程,内含着需要仔细解读的丰富信息。诚如上述,认知范式转移表现为多种形式,而每种转移形式都与认知范式自身性能、认知范式使用主体以及相应的社会环境等因素有关,从而为从它们的关系中寻找一些规律性的东西创造了契机。那么,认知范式转移又有怎样的特点呢?

(1) 渐进式转移。库恩认为自然科学研究中的范式转移,是极其缓慢的,根据他的考察,一次真正的范式转移往往需要至少 20 年,如此新常态才能形成。为何要 20 年?因为原本把持学术界的一代科学家需要这么长时间才能逐渐退休或去世,这些科学家从来就无法完成新范式的转型,只有当新一代科学家接管相关领域,深深镌刻于教科书、地图、经验和训练材料中的老范式才会遭到摒弃。对于本书研究的五大认知范式,其转移的缓慢程度比自然科学领域中的范式可能还要强。为什么?因为除了掌控并习惯了认知范式的共同体的情感、价值的影响之外,五大认知范式在解释能力方面目前似乎还没有发现被彻底转移的可能。唯物认知范式、科学认知范式、人文认知范式、逻辑认知范式、自我认知范式，虽然各有其短，但也都各有自己的独特性能，都能做到人所不能，因而其解释学价值仍然旺盛。就范式彻底转移含义言，五大认知范式的转移只能是缓慢的。尽管范式突破代表它的进步，从而也是学术进步的路径之一，但当太阳并没有升起的时候，我们也只能坐在山脚下耐心等待。库恩说："从一个处于危机的范式，转变到一个常规科学的新传统能从其中产生出来的新范式，远不是一个累积过程，即远不是一个可以经由对旧范式的修改或扩展所能达到的过程。宁可说，它是一个在新的基础上重建该研究领域的过程，这种重建改变了研究领域中某些最基本的理论概括，也改变了该研究领域中许多范式的方法和应用。"[①] 范式转移虽然意义重大，但仍然需要按部就班地推行。

（2）无伤亡式转移。所谓无伤亡式转移，就是指认知范式在转移过程中，较少发生你死我活的情形，较少发生认知范式牺牲或被淘汰的现象，更多情境下表现为认知范式的隐显或换位，因而不存在认知范式伤亡的问题，至少目前如此。比如，唯物认知范式对于哲学概念或范畴的理解，当不能作出准确的解释时，唯物认知范式自动退出，但这并不意味着唯物认知范式的"彻底转移"，而是暂时转移或"战略转移"，当唯物认知范式寻找到真正的"敌人"时，便会突然"挺身而出"以显其看家本领。科学认知范式也是如此，并不是所有的中国传统哲学的概念或范畴都可用科学认知范式去理解或解释，但这并不意味着科学认知范式就彻底转移了，就没有任何效用了，就"阵亡了"，没有，科学认知范式同样等待它真正的"敌人"出现，才会显出其优秀猎手的本色。因此，本书所研究的五大认知范式的转移，都表现出"无伤亡转移"现象。

（3）互换式转移。在五大认知范式用于中国传统哲学研究的实践中，由于研究的具体对象不同，需要理解的文本不同，唯物认知范式、科学认知范式、人文认知范式、逻辑认知范式、自我认知范式需要经常性地进行位置的互换或对调。比如，唯物认知范式与人文认知范式之间，由于这两

[①] ［美］托马斯·库恩：《科学革命的结构》，金吾伦、胡新和译，北京大学出版社2011年版，第72—73页。

种认知范式存在较大差异，从而发生论战，相互攻击，战胜的一方逼迫战败的一方交出位置，从而实现转移。对王阳明"良知"的理解就是典型的案例。唯物认知范式与人文认知范式的解释是大异其趣的，前者判"良知"为先验观念，是无中生有的东西，后者判"良知"为人之"善体"，是做人的根本。它们之间转移的方向应该是一目了然的。再如，科学认知范式与人文认知范式之间也常发生转移现象，由于科学认知范式与人文认知范式存在较大差异，在具体展开研究时，二者的位置不得不互换，从而实现转移。如对陆九渊"心"的理解，科学认知范式将其理解为心理神经，人文认知范式将其理解为主体精神，它们之间转移的方向也是很清楚的。认知范式的互换式转移表明，认知范式转移或突破，并不一定是以革命某种认知范式的形式出现，而是为了更客观、更正确地认知和理解文本。

*最后，认知范式转移的意义。*诚如上述，五大认知范式转移虽然还没有出现彻底转移现象，但认知范式转移一直都在发生，这是认知范式认知、理解中国传统哲学实践中的必然现象，因而对认知范式转移的思考与研究是极有意义的。

（1）认知范式转移现象意味着诸认知范式都有弱点，都是相对的。唯物认知范式、科学认知范式、人文认知范式、逻辑认知范式、自我认知范式莫不如此。认知范式转移之所以发生，乃是由于其解决问题或理解文本时不能完成任务，从而让位于更合适的认知范式。比如，逻辑认知范式对于陆王心学的认知、理解，会出现"陆王心学不合逻辑"的结论，但这种理解也不合陆王心学本义，因而要准确地理解陆王心学，就必须请逻辑认知范式离开，寻找更适合陆王心学特性的认知范式。

（2）认知范式转移现象意味着应该充分发现和利用任何高效的认知范式。认知范式之所以转移，是因为被转移的认知范式的能力不济，所以需要时刻努力发现并利用任何相契并高效的认知范式。比如，对于明清之际王船山"气"范畴的理解，既不能简单地理解为自然科学的"气"，也不能简单地理解为物质的"气"，因为这种理解的方向虽然是正确的，但显然没有把握到"气"的真正内涵，这就需要以人文认知范式去理解。依人文认知范式去理解，船山的"气"应该是指百姓的生活及其对生活的需求，是现实的生活实践，因为只有这样理解，才能进一步把握"气盛则理达"的深刻意涵。

（3）认知范式转移现象意味着认知范式执行主体应该培养一种时刻调整与突破认知范式的自觉意识。既然认知范式转移是认知、理解实践中的常规行为，并且因为这种转移可以给认知和理解实践带来实惠，那么作为认知范式执行主体就应该培养一种时刻调整或突破认知范式的自觉意识，不能在发现认知范式与被理解的文本不相契时不作为，不能躺在常规范式上睡大觉。比如，用人文认知范式认知和理解孟子的"民贵君轻"说，这是相契的，但又是不相契的，其人文性没有问题，但理解成"民主"则大有问题，因而作为应用认知范式主体必须进行调整。再如，唯物认知范式对于中国传统哲学的理解自有其高明的地方，但它的困境也时常出现，因而在一定的情境下善于突破唯物认知范式解释的困局是很有必要的。

（4）认知范式转移现象意味着对哲学概念或命题理解的客观、准确。如上所言，认知范式转移在很大程度上也是认知范式的相互合作，由于单个认知范式在性能上的有限性，其理解或解释哲学概念或命题必然会出现力不从心的时候，此时通过范式转移或许能够缓解困境。比如，用唯物认知范式理解"诚"，似乎需要人文认知范式与自我认知范式帮忙，如果完全按照唯物认知范式去理解，理解为"神秘主义""唯心主义"，就很难客观地、准确地把握"诚"的意涵。可见，认知范式转移并不只有消极的面向，也不是给我们对认知范式表达悲观的一种机会，而是应用认知范式的一种完善，它可以强化理解或解释的效果。

（5）认知范式转移现象有助于新认知范式的诞生。如上所述，本书所研究的唯物、科学、人文、逻辑、自我五大认知范式，虽然一直在转移着，但并不发觉哪种认知范式到了被彻底转移的时候，这就意味着新认知范式的诞生还遥遥无期。那么，这是不是意味着认知范式的转移对新认知范式的诞生毫无意义呢？这种理解显然是非常狭隘的。我们已经知道，认知范式之所以发生转移现象，根本原因是认知范式的性能限制，这就是说，任何认知范式都存在被突破的契机；另外，认知范式转移会让诸认知范式形成互动，取长补短，从而走向融合，形成更为完善的认知范式组合；再者，认知范式转移也提供了认知范式丰富、发展自身的机会。当一种认知范式经常派不上用场的时候，它就必须反思和检讨：问题出在哪个地方？从而提出修正的路径与完善的内容。比如，五大认知范式对"气"的理解，就会发生一种喜人的场景，形成认知范式的大合唱。因此，虽然就目前而言，我们很难预测五大认知范式身后的认知范式的具体而壮观的情形，但认知范式转移现象告诉我们，认知中国传统哲学的范式肯定不会一成不变，这不仅是空间的承诺，也不仅是时间的承诺，更是认知范式自身性能的承诺。或者说，认知范式转移完全是由其特性决定的，这个特性主要是指它的限制性，认知范式作为理论或方法，其发挥自身的作用受到先天限制，而这种限制同时提示我们：认知范式不能永远静止不变，无论是时空的要求，还是其内容的限制，或者是范式共同体的影响，都意味着必将转移，也意味着必将创新。

3. 解释方法的进化

依解释学观点，理解或解释是一门艺术，而艺术应有境界的高低。那么，作为解释方法的认知范式，其艺术境界怎样呢？或者说，作为解释方法的认知范式是否比历史上的解释方法更进步呢？如果按进化论观点做结论，答案是肯定的。然而进化论思维方式有时候也欺骗人，因而我们还是通过对"事实"的考察与分析和回答这个问题。而能够帮助我们完成这一考察任务的是传统研究方法，即将汉学方法与宋学方法作为我们观察、评估唯物认知范式、科学认知范式、人文认知范式、逻辑认知范式的参照，寻找此四大认知范式的进步表现。

首先将科学认知范式与汉学方法进行比较。汉学方法重在考据、校勘、训诂、小学等，按照胡适的看法，汉学方法最像科学方法，甚至就是科学方法，如他说："这几条随便举出的例子，可以表示汉学家的方法。他们的方法的根本观念可以分开来说：——（1）研究古书，并不是不许人有独立的见解，但是每立一种新见解，必须有物观的证据。（2）汉学家的'证据'完全是'例证'。例证就是举例为证。看上文所举的三件事，便可明白'例证'的意思了。（3）举例作证是归纳的方法。举的例不多，便是类推（Analogy）证法。举的例多了，便是正当的归纳法（Induction）了。类推与归纳，不过是程度的区别，其实他们的性质是根本相同的。（4）汉学家的归纳手续不是完全被动的，是很能用'假设'的。这是他们和朱子不大相同之处。他们所以能举例作证，正因为他们观察了一些个体的例之后，脑中先已有了一种假设的通则，然后用这通则所包含的例来证同类的例。他们实际上是用个体的例来证个体的例,精神上实在是把这些个体的例所代表的通则,演绎出来。故他们的方法是归纳和演绎同时并用的科学方法。"① 也就是说,在胡适的眼中,汉学方法包含了物观证据、举例为证、归纳类推、假设等四大要素。但他也非常清楚汉学方法终究不是科学方法,汉学方法有很大局限,胡适说:"清代的汉学家,最精校勘、训诂,但多不肯做贯通的工夫,故流于支离碎琐。"② 科学认知范式与此不同,其注重实验、实证,对哲学概念或命题的理解,强调实证、实验性,而不是玄想臆断,所用的科学定律、科学成果也都是以实际的事实、数据和实证为根据的,这在汉学方法中是不存在的。比如,关于"五行"的理解,蒋维乔、杨大膺指出,"五行"好比现在的元素(Element),但水、火、木、金、土还是由元素化合而成的,所以它们自身已是混合物(Compound),而不是元素。因为没有化学的帮助,所以只好拿这种有限的、不能再分析的东西做元素,因而不能和现在科学家一般,拿氢、氧、氮、铁等八、十余种不可再分析的东西做元素。冯契则认为,"五行"中讲的水有润下之性,火有炎上之性,木可以揉曲直,金可以销熔而改变形状,土可以种庄稼等,都是从生产实践和日常生活中概括出来的,或多或少具有科学性。这是同当时的生产和科学技术的状况相联系的。田新亚把"五行"相生的作用归纳为不同的"质变"作用,属于化学及生物的,"五行"相克的所包含的是不同的"态变"或"量变过程",属于物理的和机械的。在这里,科学认知范式对"五行"的解释,涉及"五行"作为物质是否属于元素、"五行"特性因为生产实践与科学技术而获得、"五行"的"相生相克"属于化学变化还是物理变化等,这些解释是汉学方法无法做到的。因此说,就具体理解实践言,科学认知范式明显优于汉学方法。

其次将人文认知范式与宋学方法进行比较。宋学方法也可称为义理方法,以阐发微言大义为特点,不过宋学方法的不足也很鲜明,就是随意性、主观性太强以及人文内涵的历史限制。如杨慎注经书多取汉儒而不取

---

① 胡适:《清代学者治学的方法》,《胡适哲学思想资料选》(上),华东师范大学出版社1981年版,第193—194页。

② 胡适:《中国哲学史大纲·导言》,《胡适哲学思想资料选》(上),华东师范大学出版社1981年版,第41页。

宋儒，因为他认为："宋儒言之精者，吾何尝不取。顾宋儒之失，在废汉儒而自用己见耳……以宋儒而非汉儒，譬云贵之人不出里闬，坐谈京邑之制，而反非河南山东之人，其不为人之贻笑几希。"① 对于传承了宋学方法的明代学术，同样遭到批评，如江藩说："有明一代，囿于性理，汩于制义，无一人知读古经注疏者。自梨洲起而振其颓波，亭林继之。于是承学之士，知习古经义矣。"② 即指宋明义理之学骛于高远、学而无实。可见，宋学方法的意、必、固、我的缺点为学者所认识、所批评。那么，人文认知范式的优势在哪里呢？人文认知范式注重从生命的向度去理解哲学概念和命题，即将其视为生命的有机体，不是将其当作一堆数字或一串符号，对所有的文本，首先想到的是将其视为生命，再依照生命所必需的元素进行理解。比如对老子"道"的理解，方东美将"道"理解为由"道体"（无限的真实存在实体）、"道用"（周溥万物，用之不竭）、"道相"（道之属性与涵德，可分属于天然者与属于人为者）、"道征"（圣人乃道体之当下呈现）四个有机层级构成生命的整体。这样，在方东美的笔下，由"道体"到"道用""道相""道征"，所展示的是"道"从自然到人文、本体到末用、形上到形下的发展过程，是本体大德之具体化、存在化的过程。"道"之大德落实，即是圣人的出现；而由"道体"之大德到成就圣人，需要孜孜努力、精勤不懈的功夫。因此，"道"不应该成为循环、守旧、消极的代名词，而是创造生命的源泉。如此看来，方东美对于"道"的诠释，从宇宙本体的高度定位，分析"道"价值落实的路径，判断"道"之理想世界内涵，从而展示并肯定"道"毫无偏私的关怀精神。这无疑是宋学方法所不能做到的。再如，唐君毅将先秦诸子的人文思想划分为人文的（儒家）、次人文的（墨家）、超人文的（道家）、反人文的（法家）四种，也是宋学方法所无法做到的。因而可以说，人文认知范式较之宋学方法是一重大的进步。

再次将唯物认知范式与汉学方法、宋学方法进行比较。唯物认知范式中的物质论、矛盾论、实践论、社会历史观等基本原理，都具有很强的解

---

① 杨慎：《丹铅续录》卷一，（清）永瑢、纪昀等编修：《影印文渊阁四库全书》第855册，台湾商务印书馆1986年版，第129页。

② 江藩：《国朝汉学师承记》卷八，中华书局1983年版，第132页。

释力量，完全是传统研究方法无法企及的。比如对"仁"的理解，侯外庐认为，"仁"具有国民与君子双重属性，在一般的道德律方面"仁"是国民的属性，而在具体的制度方面"仁"又是君子的属性。就是说，作为普及心理的"仁"具有普世性道德观念，但实质上仍被刻上了阶级的烙印，属于贵族君子的道德。侯外庐这个理解虽然没有高度肯定、赞扬孔子"仁"的人文主义价值，但看到了"仁"的国民性，同时对"仁"的特殊性即阶级性给予了分析与判断。这种理解基本上是符合"仁"本义的。汉学方法不可能分析"仁"的社会阶级属性，而宋学方法不会有"物质"的或"社会存在"的视角，因而不可能出现侯外庐式的分析与判断。对"形质神用"的理解，冯契认为范缜是运用唯物主义的"质用"统一原理来解决形神关系的，一是正确地解决了物质与精神谁是第一性的关系；二是将精神理解为特定形体的自我运动，具有辩证法思想。正因为"形质神用"具有了这样的基本观点，其理论上便有积极的表现：以"形神不二"的主张否定了形神分离的观点；以"形质神用"主张正确说明了人精神活动的生理基础。一切唯心论、神学都有一个基本特征，认为精神可以脱离物质而独立存在，于是虚构出一个脱离现实的彼岸世界或精神本体，并把物质世界说成是精神的产物。这种理解的确将"形质神用"内含的物质与精神关系思想揭示了出来，而这是汉学方法或宋学方法都无法做到的。对"格物致知"的理解，侯外庐认为，朱熹所讲"格物"是"尽悟事物之理"，"格"不是研究的意思，而是尽悟的意思。朱熹所要尽悟的事物之"理"，不是客观事物之理，而是读书、讲明义理，论古人，别其是非，或应接事物而处其当否，等等，因而朱熹的"格物"不是关于客观事物认识的范畴。由于朱熹主张"道理皆是我自有之物"，因而他的"致知"不是对身外客观世界的认识，而是对自我的省察，这样便陷于唯心主义认识论。基于唯物认知范式的理解，侯外庐的结论是："格物"不是对客观事物的认识，"致知"不是对客观世界的求索。无疑，汉学方法、宋学方法是不可能达到这种理解的。对"万物一体"的理解，张岱年指出，"万物一体"含有要求统治集团对人民的生活予以照顾的意义，但其所谓"生民""斯民"主要是指地主阶级成员而言，因而王阳明标榜"万物一体"是企图缓和各阶级之间的矛盾，以稳定封建统治秩序。张岱年的这个理解显然是唯物认知范式的应用，而无论是汉学方法还是宋学方法都不可能达到这个认识水平。概言之,透过唯物认知范式对于"仁""形质神用""格物致知""万物一体"等概念或命题的理解,可以清楚地看到,唯物认知范式有它的独特视角与判断根据,其理解的深度与广度都是汉学方法与宋学方法所无法企及的。

最后将逻辑认知范式与汉学方法、宋学方法进行比较。逻辑认知范式对于中国传统哲学思维方法、名词界定等有准确而深入的分析和批判,将中国传统哲学中的逻辑思维及其特点揭示出来。比如,认为"理一分殊"命题内含着归纳与演绎方法,"理"是一般,"殊"是个别,因而"由殊到理"便是归纳法的意思;而"由理到殊"则有演绎法的意思。再如,认为"五诺"含有语言逻辑思想,"佁诺"即讨论语句表面有意义而实为不正确,没有实在与之符合,"诚诺"即讨论名实一致、表里如一;"员诺"即讨论符合实在但有增益补充部分,有主观构建部分,"止诺"即讨论部分符合"止诺"和"员诺"分别从正负两个方向向诚诺收剑。因此,"五诺"即是探索真理的五种方法:正确反映,歪曲反映,先天形式,充分肯定已有知识,姑且认同某一现象。再如,关于中国传统哲学概念或命题界说模糊的批评,严复说:"中国所谓天字,乃名学所谓歧义之名,最病思理,而起争端。以神理言之上帝,以形下言之苍昊,至于无所作而有因果之形气,虽有因果而不可得言之适偶,西文各有异字,而中国常语,皆谓之天。"① 很清楚,逻辑认知范式对中国传统哲学所做的理解及其结论更是汉学方法、宋学方法无法企及的。如果可将认知范式视为一种有机体机制,那么上述案例提示我们,经由 20 世纪的历史环境的洗礼和它们的自善能力,唯物认知范式、科学认知范式、人文认知范式、逻辑认知范式四大认知范式已成为更精致、更有效的理解或解释方式,诚如库恩所说:"只有在既有环境中和目前实存的有机体间起作用的自然选择才是逐渐而又不断地产生更复杂、更精致和更特化的有机体的机制。"② 这样我们可以说,唯物认知范式、科学认知范式、人文认知范式、逻辑认知范式以其特殊的解释能力领先于中国传统的汉学方法与宋学方法,并逼使传承

---

① 严复:《〈群学肄言〉按语》,《严复集》第四册,中华书局 1986 年版,第 921 页。
② [美] 托马斯·库恩:《科学革命的结构》,金吾伦、胡新和译,北京大学出版社 2011 年版,第 144 页。

了汉学方法、宋学方法优秀基因的"自我认知范式"的诞生而与之构成了新的解释方法的有机体机制。

综上，我们没有理由不承认唯物认知范式、科学认知范式、人文认知范式、逻辑认知范式作为解释方法比传统方法更进步。若就五大认知范式合作言，其解释能力之强大之有效更是难以估量的。由于唯物认知范式、科学认知范式、人文认知范式、逻辑认知范式、自我认知范式等都是各具特殊功能的解释方法，而被认知理解的哲学概念或文本都很复杂，用传统的汉学方法、宋学方法进行解释往往无济于事，而将五大认知范式组合起来，便可对哲学文本（概念、命题或观念等）做全面的、深入的、准确的解释，彻底地、准确地将其内涵呈现出来。而且，五大认知范式中的唯物认知范式、科学认知范式、人文认知范式、逻辑认知范式等多少都带有点"强迫症"，要求被理解的概念或命题应该接受它的"关爱"，吸纳它的内容，传承它的"基因"，从而推动了哲学概念或命题的丰富和发展。比如，对"道"的理解，以唯物认知范式理解，所揭示的意涵便是"唯心的本原"或"唯物的本原"；以科学认知范式理解，所揭示的意涵便是"假设"或"量子场基态"；以人文认知范式理解，所揭示的意涵便是"宇宙生命的本源"或"最高的价值总会"；以逻辑认知范式理解，所揭示的意涵便是"寓意的含糊性、不确定性"；以自我认知范式理解，所揭示的意涵便是"重建'道'的神圣性，重建人们的信仰，是对'道'世俗化的批判与否定"。可以想见，汉学方法与宋学方法的解释，是不可能如此完整、如此深入的，也是不可能达到如此高度的。因此，相较于传统研究方法，五大认知范式之解释能力有着全幅的提升，是解释方法上的巨大进步。库恩说："任何与科学的成长相容的自然观，都与这里提出的科学进化观相容。因为这种进化观也与对科学生活的仔细观察相容，我们有强有力的理由来采用它，去尝试解决那许许多多依然存在的问题。"[①]"认知范式"好比与科学相容的"自然观"，因而其不仅是进化的，而且是可以有效地解释或解决许多实际问题的。

---

① ［美］托马斯·库恩：《科学革命的结构》，金吾伦、胡新和译，北京大学出版社2011年版，第145页。

结 束 语

可以说，五大认知范式的考察与研究，不仅为分析、处理20世纪中国哲学的诸多学术课题提供了独特视角，而且凸显了其对于中国哲学的特殊意义。这种特殊意义或可由如下几方面去思考。

传统哲学资源的呈现。就是指在以唯物认知范式、科学认知范式、人文认知范式、逻辑认知范式、自我认知范式为坐标和方法的理解实践中，中国传统哲学资源得到了全方位的、深入的发掘和整理。唯物认知范式对传统哲学资源的发掘与整理，是根据马克思主义哲学原理展开的，将中国传统思想中内含的物质与意识关系原理、矛盾论原理、实践与认识关系原理、社会存在与社会意识关系原理等内容发掘和整理出来，并分析了这些哲学观念产生的原因与特点。科学认知范式对中国传统哲学资源的发掘与整理，是根据自然科学精神、学说、定律、方法与成果展开的，将中国传统思想中内含的自然科学原理、学说、定律、方法与成果等内容发掘和整理出来，从而梳理中国传统思想中属于科学哲学的观念与智慧并系统化。人文认知范式对于传统哲学资源的发掘与整理，是根据人文主义精神、思想、主张及相应的方法将中国传统思想中内含的人文主义精神、思想、主张及方法等内容发掘和整理出来，从而梳理中国传统思想中属于人文主义的观念与智慧并系统化。逻辑认知范式对中国传统哲学资源的发掘与整理，是根据逻辑学原理、定律与方法等对中国传统思想资源展开发掘与整理，将中国传统思想中内含的逻辑学原理、定律与方法等内容发掘和整理出来，从而梳理中国传统思想中属于逻辑学的观念与智慧并系统化。自我认知范式对中国传统哲学资源的发掘与整理，是对生养传统哲学的器物文明、社会历史、经济政治、礼义习俗、语言文字、经籍文献、科学常识、作者素质、思想义理、意义价值等系统的考察与分析,以完整、完善对中国传统哲学的理解。本书的第 2 至第 6 章,即是此段叙述的全面、客观的呈现。无疑,在唯物认知范式、科学认知范式、人文认知范式、逻辑认知范式、自我认知范式的发掘和整理的实践中,中国传统思想中的哲学精神、哲学思想、哲学方法、哲学特点都得以呈现,从而全面而客观地呈现了中国传统哲学资源。既然通过唯物认知范式、科学认知范式、人文认知范式、逻辑认知范式的应用,可以发现类似唯物认知范式、科学认知范式、人文认知范式、逻辑认知范式的内容,这就意味着在中国传统哲学中存在与西方哲学衔接的精神基础,因为唯物认知范式等四大认知范式都有地道的西方哲学底子。

传统哲学不足的暴露。就是指在以唯物认知范式、科学认知范式、人文认知范式、逻辑认知范式等为坐标与方法发掘、整理中国传统哲学资源的同时,对中国传统哲学的不足进行了深入的分析与揭示。在唯物认知范式视域下,"诚"的神秘主义色彩、孟子人性论的抽象性、墨子"三表"的经验主义性质、王阳明"知行合一"重"知"轻"行"的特质等都被揭示了出来。在科学认知范式视域下,中国哲学在研究内容上"以人为本"、在主客关系上"天人不分"、在价值取向上"满足日用"、在宇宙观上"万物相涵"、在致思方式上"心为终始"、在知识态度上"绝圣弃智"、在议论风格上"玄谈臆想"等之片面性也都被揭示了出来。在人文认知范式视域下,"絜矩"只是处理人与人关系的规范,并无近代西方思想中的"自由"意涵;孟子"尽心知性"中的"自由"主要局限于心灵领域,对人现实行为中的"自由"缺乏关切;孟子"民贵君轻"没有达到近代民主思想的高度;"道法自然"缺乏近代平等意识;儒家主要是人治而且限于权贵,等等,这些不足也都在人文认知视域下被揭示了出来。在逻辑认知范式视域下,中国哲学概念、范畴和命题的模糊性,中国哲学推理的直观性、经验性,中国哲学思维以"道"为标准和最高目标的特点,名家的"离坚白""白马非马""合同异"等命题中的逻辑过失,后期墨家逻辑概念、判断、推理的理论之缺失,后期墨家同一律、排中律、矛盾律的理论问题等,也都被揭示了出来。综合言之,在唯物认知范式、科学认知范式、人文认知范式、逻辑认知范式的发掘和理解的实践中,中国传统哲学在哲学精神、思想内容、话语形式、思维方式、价值结构等方面的不足都得到了较为准确的揭示，从而为我们找到修正、完善中国传统哲学的方向，确定中国传统哲学更新的内容，为中国传统哲学在新的时代顺利而健康地成长创造了条件。

传统哲学优长的豁显。就是指在以唯物认知范式、科学认知范式、人文认知范式、逻辑认知范式等为坐标与方法发掘、整理中国传统哲学资源的同时，对中国传统哲学的优长进行了豁显。在唯物认知范式视域下，"气"的物质性与永恒运动性意涵，"五行"之多元差异观，"和实生物"的容异纳众思想，"三表"的经验论，"格物致知"之"物先心后"思维路线，"性恶论"中的后天努力观念与制度构建诉求，"形质神用"之精神活动与生理基础关系的主张，"理势合一"的社会历史发展趋势与规律关系的思想，等等；在科学认知范式视域下，"气"所蕴含的"场"理论，"格物致知"中的归纳、演绎思想，"有生于无"中的大爆炸论，"天人相分"中的主客张力观念，"体有端"中的物质不可分割思想，"子入太庙，每事问"中的亲力亲为精神，"言顾行，行顾言"中的实证精神，"尽信书不如无书"中的怀疑精神，等等；在人文认知范式视域下，"仁"之"善原及主体自觉"义，"道"之"自由"义，"礼"之"尊人卑己"义，"自然"之"对人与自然宇宙的关系、人类群体社会、个体生命等的关切"义，"诚"之"平等、圆满、生生"义，"理"之"平等、理性"义，"良知"之"是非标准义与善之内在精神力量"义，"克己复礼"之"突破自然生命限制"义，"道法自然"之"个体自足、自发与自为"义，"道通为一"之"消除差别、否定等级"义，"非命"之"否定神秘力量、凸显主体精神"义，"民贵君轻"之"民为主体"义，"天人合一"之"保护生态"义，等等；在逻辑认知范式视域下，"类""故""理"等概念所内含的同一律、排中律和矛盾律等逻辑规律，"效""辟""侔""援""或""假""推"等所内含的逻辑原理与方法，"五诺"中的语言逻辑思想，"以名举实，以辞抒意，以说出故"等命题中的逻辑理论，"合一衍万"中的数理逻辑思想，《墨经》中的谬误理论，名家"离坚白""白马非马""合同异"中的逻辑思辨，《荀子》中的逻辑学原理与规律，等等；都得到了发掘与豁显。概言之，唯物认知范式、科学认知范式、人文认知范式、逻辑认知范式等对于中国传统哲学积极因素的豁显，不仅能激发人们对中国传统哲学的信心，而且明确了继承、发扬中国传统哲学的方向与内容。

中国哲学传统的再造。就是指在唯物认知范式、科学认知范式、人文认知范式、逻辑认知范式、自我认知范式的认知、理解和评价实践中，中国传统哲学得到了哲学的再造。即是说，唯物认知范式、科学认知范式、人文认知范式、逻辑认知范式等在形式和内容上，对中国传统哲学实施了全方位的改造与更新，而自我认知范式又使这种改造与更新立足于中国特色，从而创建了20世纪的中国哲学形态。这种创建主要表现在内容的丰富、形式的多元、态度的理性与精神的传承等方面。比如，冯友兰的"新理学"，就是成功地以逻辑认知范式改造宋明理学的典范。冯友兰以"新实在论"为基本构架，以形式逻辑为运思方法，通过对程朱理学系统全面的诠释，创建了独具特色的"新理学"。牟宗三的哲学体系庞大而复杂，但其以人文主义为坐标，对中国传统哲学，特别是宋明理学的发掘、整理、丰富和发展，使人文内容厚实、深入，构建起以《心体与性体》《道德理想主义》等为代表的"新儒家人文主义哲学"。张岱年以唯物认知范式为摹本，对中国传统哲学进行了全面、深入的诠释，对中国传统哲学中与马克思主义哲学基本理论相符的内容进行发掘和整理，并对其中的哲学概念或命题的内涵进行了改造、丰富和发展，从而创建了"新唯物论"哲学。这些案例非常清晰且雄辩地展示了中国传统哲学在20世纪的再造历程与成就。这个再造历程既是推陈出新的典范，熊十力说："须知创新者，不是舍除其所本有，而向外移来人家底物事。移与创，分明不是一回事。故为全盘外化之说者，是太消灭自家创造力，自暴自弃之徒也。创新者，更不是从无生有，如魏晋人误解老子哲学之所云也。创新必依据其所本有，否即空无不能创。吾于《新唯识论》中，曾言此理。如吾人生理，新陈代谢，是创新义也。新的血脉固不是陈的，然何尝不是依据陈的而变生得来耶？谈至此，则吾人对于固有哲学，宜研究抉择，以为'温故知新'之资。吾盖常留心于此，而谓晚周儒学，即孔家哲学，实为今人所当参究。"[1] 也是创造发明的典范，加达默尔说得好："理解并不是一种复制的过程，而总是一种创造的过程……完全可以说，只要人在理

---

[1] 熊十力：《熊十力全集》第二卷，湖北教育出版社2001年版，第300页。

解，那末总是会产生不同的理解。"[1] 从而使我们有幸欣赏到历尽磨难而又绚丽多彩的20世纪中国哲学。

中国哲学气度的展示。就是指在唯物认知范式、科学认知范式、人文认知范式、逻辑认知范式、自我认知范式的认知、理解和评价实践中，中国传统哲学表现出了海纳百川的恢宏气度。由心态言，从《周易》的"冒天下之道"，到王安石的"百家诸子书无所不读"，再到陆九渊的"天下之学术概有是非得失"，所表现的正是中国哲学的包容精神和广阔气度。而在20世纪作为西方哲学认知、理解对象的背景下，中国哲学依然表现出了这样的精神和气度。从严复的"统新故而视其通，苞中外而计其全"，到王国维的"异日昌大吾国固有之哲学者，必在深通西洋哲学之人"，从熊十力的"吾人于西学当虚怀容纳"，到牟宗三的"对西方哲学知道得愈多愈通透，则对中国哲学的层面、特性、意义与价值也益容易照察得出"，这都显示了中国哲学心态的开放与包容。就吸收言，从先秦诸子的相互切磋和去长补短，到汉唐儒道佛三教的互动与吸收，再到宋明理学的三教融合，所表现的也是中国哲学的包容精神和广阔气度。而在20世纪作为西方哲学认知、理解对象的背景下，中国哲学依然表现出了这样的精神和气度。中国哲学在被动的情境中，全方位地学习西方传来的马克思主义哲学、人文主义思想、科学主义定理、逻辑学理论。将西方哲学视为优秀文明而善待之，并结合中国传统哲学特性和中国社会的需求，对西方哲学进行汰选、吸取与消化，从而转化为营养中国哲学的食粮。这是中国哲学的包容精神和恢宏气度在学术实践中的体现。因此说，在西方哲学为霸主的20世纪，中国哲学的心态仍然是积极健康的，中国哲学对西方哲学的消化吸收是开放的、民主的、选择的，中国哲学表现了它海纳百川的胸襟和坤广容异的气象。自古以来，中国哲学的发生、成长与辉煌，从来就是在诸多不同的哲学学派、哲学学说、哲学主张的交流互动、取长补短中实现的，中国哲学的伟大，就在于它的无私、开放、容异和对正义的不懈追求，20世纪中国哲学是在与西方哲学的互动中成长的，西方哲学中的许多内容经由中国哲学的消化吸收而成为中国哲学的一部分，造就着

---

[1] [美] 戴维·E. 林格：《导言》，[德] 加达默尔：《哲学解释学》，夏镇平、宋建平译，上海译文出版社1994年版，第16页。

通贯古今中西哲学智慧的新时代的中国哲学,这正印证了中国哲学日新容异的精神和恢宏广袤的气度。中国哲学虽然历经坎坷与磨难,即便是处于被动的情境中,仍然充满自信,化敌为友,化腐朽为神奇,表现出强大的自信力量。牟宗三说:"它(中国哲学)没有西方式的以知识为中心,以理智游戏为一特征的独立哲学,也没有西方式的以神为中心的启示宗教。它是以'生命'为中心,由此展开他们的教训、智慧、学问与修行。这是独立的一套,很难吞没消解于西方式的独立哲学中,亦很难吞没消解于西方式的独立宗教中。但是它有一种智慧,它可以消融西方式的宗教而不见其有碍,它亦可以消融西方式的哲学而不见其有碍。"① 牟宗三先生所言,不正是中国哲学自信、包容、向善的写照吗?

总之,唯物认知范式、科学认知范式、人文认知范式、逻辑认知范式、自我认知范式等的应用实践,既是中国传统哲学现代化的过程,也是中国传统哲学确证自我身份的过程,在哲学价值、哲学内容、哲学形式等方面贡献了丰富的、积极的哲学资源,这些哲学资源在20世纪中国学者的观念中与中国传统哲学展开了全方位的、创造性的对话和互动,产生了奇妙的化学反应,保护并激活了中国传统哲学智慧,实现了新的释义、新的范式建构和新的思想生命赋予等伟大成就,从而开启了新哲学形态构造的历程。就新的释义而言,认知范式的应用是对中国传统哲学文本的划时代的诠释,它使丰富、深刻的中国传统哲学智慧大放异彩;就新范式的建构言,认知范式的应用是对解释(中国传统哲学)范式的实践与探索,它丰富、优化了理解中国传统哲学的路径与方法;就新思想生命的赋予而言,认知范式的应用同时也是自己全部思想生命倾注,它是流入中国传统哲学心脏的新鲜血液,以创造更具活力的中国哲学。而在实现这些伟大成就的同时,中国哲学与马克思主义哲学、与西方哲学的相斥相吸、相映相融的关系也被全面地、生动地、深刻地呈现了出来。因此,唯物认知范式、科学认知范式、人文认知范式、逻辑认知范式的应用虽然偶有不愉快的事件发生,虽然给中国传统哲学带来了某些伤害,虽然认知范式的实践还不能尽如人意,但那是带刺的玫瑰,不仅丝毫不影响认知范式的实践对于中国传统哲学永久而伟大的贡献,也丝毫不影响中国传统哲学在20世纪的继往开来、生生相续!

---

① 牟宗三:《中国哲学的特质》,上海古籍出版社2007年版,第5页。

参考文献

一　原著类

康有为：《孟子微·礼运注·中庸注》，中华书局1987年版。
谭嗣同：《谭嗣同全集》，中华书局1981年版。
梁启超：《梁启超哲学思想论文选》，北京大学出版社1984年版。
梁启超：《梁启超选集》，上海人民出版社1984年版。
严复：《严复集》（全五册），中华书局1986年版。
王国维：《王国维学术经典集》（上下），江西人民出版社1997年版。
王国维：《王国维哲学美学论文辑佚》，华东师范大学出版社1993年版。
梁漱溟：《梁漱溟全集》，山东人民出版社1989年版。
梁漱溟：《梁漱溟先生论儒佛道》，广西师范大学出版社2004年版。
章太炎：《章太炎全集》（八册），上海人民出版社1982—1999年版。
钱穆：《中国学术思想史论丛》（8册），安徽教育出版社2004年版。
钱穆：《朱子学提纲》，生活·读书·新知三联书店2002年版。
钱穆：《宋代理学三书随劄》，生活·读书·新知三联书店2002年版。
胡适：《胡适学术文集·中国哲学史》（上下），中华书局1998年版。
胡适：《胡适哲学思想资料选》（上下），华东师范大学出版社1981年版。
熊十力：《熊十力全集》，湖北教育出版社2001年版。
冯友兰：《三松堂全集》，河南人民出版社2001年版。
徐复观：《徐复观文集》（五卷），湖北人民出版社2002年版。
徐复观：《学术与政治之间》，华东师范大学出版社2009年版。
方东美：《生命理想与文化类型》，中国广播电视出版社1992年版。

方东美：《中国哲学精神及其发展》（上下），台湾黎明文化事业股份有限公司2006年版。

方东美：《方东美先生演讲集》，台湾黎明文化事业股份有限公司2006年版。

方东美：《原始儒家道家哲学》，台湾黎明文化事业股份有限公司2006年版。

方东美：《中国人生哲学》，台湾黎明文化事业股份有限公司2006年版。

唐君毅：《中国哲学原论·导论篇》，中国社会科学出版社2003年版。

唐君毅：《中国哲学原论·原性篇》，中国社会科学出版社2005年版。

唐君毅：《中国哲学原论·原道篇》（上下），中国社会科学出版社2005年版。

唐君毅：《人文精神之重建》（一），广西师范大学出版社2005年版。

唐君毅：《人文精神之重建》（二），广西师范大学出版社2005年版。

唐君毅：《中国文化之精神价值》，广西师范大学出版社2005年版。

唐君毅：《中国人文精神之发展》，广西师范大学出版社2005年版。

牟宗三：《中国哲学的特质》，上海古籍出版社2007年版。

牟宗三：《中国哲学十九讲》，上海古籍出版社2007年版。

牟宗三：《心体与性体》（上中下），上海古籍出版社1999年版。

牟宗三：《从陆象山到刘蕺山》，上海古籍出版社2001年版。

牟宗三：《中西哲学之会通十四讲》，上海古籍出版社2007年版。

牟宗三：《道德的理想主义》，台湾学生书局2000年版。

贺麟：《哲学与哲学史论文集》，商务印书馆1990年版。

贺麟：《贺麟选集》，吉林人民出版社2005年版。

贺麟：《文化与人生》，商务印书馆1988年版。

张东荪：《知识与文化》，岳麓书社2011年版。

张东荪：《理性与民主》，岳麓书社2010年版。

张东荪：《思想与社会》，岳麓书社2010年版。

冯契：《冯契文集》（全10册），华东师范大学出版社1996、1997、1998年版。

刘述先：《儒家思想与现代化》，中国广播电视出版社1992年版。

孙中山：《孙中山选集》，人民出版社1981年版。

艾思奇：《艾思奇文集》，人民出版社1981年版。

李达：《李达文集》，人民出版社1981年版。

蔡元培：《蔡元培哲学论著》，河北人民出版社1985年版。

郭沫若：《郭沫若全集·历史编》第二卷，人民出版社1982年版。

蔡尚思：《中国传统思想总批判》，上海古籍出版社2006年版。

刘梦溪主编：《郭沫若卷》，河北教育出版社1996年版。

杜国庠：《先秦诸子的若干研究》，生活·读书·新知三联书店1955年版。

陈独秀：《独秀文存》，安徽人民出版社1996年版。

瞿秋白：《瞿秋白文集》，人民出版社1993年版。

张岱年：《张岱年全集》，河北人民出版社1996年版。

张岱年、程宜山：《中国文化与文化论争》，中国人民大学出版社1990年版。

张申府：《张申府文集》（四卷），河北人民出版社2005年版。

陈崧编：《五四前后东西文化问题论文选》，中国社会科学出版社1985年版。

张君劢、丁文江等：《科学与人生观》，山东人民出版社1997年版。

丁守和主编：《中国近代启蒙思潮》（上中下），社会科学文献出版社1999年版。

胡道静编：《国学大师论国学》（上下），东方出版中心1998年版。

汤一介主编：《百年中国哲学经典》（全五册），海天出版社1998年版。

李匡武主编：《中国逻辑史资料选》（近代卷），甘肃人民出版社1991年版。

周云之主编：《中国逻辑史资料选》（现代卷上下），甘肃人民出版社1991年版。

钟离蒙、杨凤麟主编：《中国现代哲学史资料汇编》（4集26册），辽宁大学哲学系编印1981、1982年版。

钟离蒙、杨凤麟主编：《中国现代哲学史资料汇编续集》（19册），辽宁大学哲学系编印1983年版。

蔡尚思主编：《中国现代思想史资料简编》（全五卷），浙江人民出版社1986年版。

方克立主编：《现代新儒学辑要》（三辑十四册），中国广播电视出版社1992、1995、1996年版。

二 史论类

谢无量：《中国哲学史》，中国人民大学出版社2011年版。

范寿康：《中国传统哲学通论》，生活·读书·新知三联书店1983年版。

钟泰：《中国哲学史》，东方出版社2008年版。

萧公权：《中国政治思想史》，辽宁教育出版社2001年版。

郭湛波：《近五十年中国思想史》，山东人民出版社1997年版。

郭湛波：《先秦辩学史》，上海古籍出版社2015年版。

蒋维乔、杨大膺：《中国哲学史纲要》，知识产权出版社2014年版。

侯外庐、赵纪彬、杜国庠主编：《中国思想通史》（五卷），人民出版社1957年版。

韦政通：《中国思想史》（上下），上海书店2003年版。

劳思光：《新编中国哲学史》，广西师范大学出版社2005年版。

任继愈主编：《中国哲学史》，人民出版社1996年版。

任继愈主编：《中国哲学发展史》（先秦），人民出版社1983年版。

萧萐父、李锦全主编：《中国哲学史》（上下），人民出版社1997年版。

周云之主编：《中国逻辑史》，山西教育出版社2004年版。

张岂之主编：《中国儒学思想史》，陕西人民出版社1990年版。

张岂之主编：《中国思想史》，西北大学出版社1989年版。

张岂之编：《中国思想学说史》，广西师范大学出版社2008年版。

张立文：《中国哲学史新编》，中国人民大学出版社2007年版。

董英哲：《中国科学思想史》，陕西人民出版社1990年版。

郭金彬：《中国传统科学思想史论》，知识出版社1993年版。

刘文英：《中国哲学史》（上下），南开大学出版社2002年版。

乔清举：《当代中国哲学史学史》（上下），上海古籍出版社2014

年版。

任俊明、安启民主编:《中国当代哲学史》,社会科学文献出版社1999年版。

汪奠基:《中国逻辑思想史》,武汉大学出版社2012年版。

张家龙、刘培育等:《逻辑学思想史》,湖南教育出版社2004年版。

温公颐、崔清田主编:《中国逻辑思想史教程》,南开大学出版社2001年版。

张晴:《20世纪中国哲学史研究》,中国社会科学出版社2007年版。

潘德荣:《西方诠释学史》,北京大学出版社2013年版。

许全兴等编:《中国现代哲学史》,北京大学出版社2000年版。

宋志明:《中国现代哲学通论》,中国人民大学出版社2008年版。

三 专题类

梁启超:《墨子学案》,中华书局1936年版。

王星拱:《科学方法论》,北京大学出版部1920年版。

王章涣:《论理学大全》,商务印书馆1930年版。

金受申:《公孙龙子释》,商务印书馆1928年版。

林仲达:《论理学纲要》,中华书局1936年版。

李石岑:《中国哲学十讲》,广西师范大学出版社2010年版。

谢幼伟:《现代哲学名著述评》,山东人民出版社1997年版。

王章焕:《论理学大全》,商务印书馆1930年版。

张君劢:《新儒家思想史》,中国人民大学出版社2006年版。

杜国庠:《先秦诸子的若干研究》,生活·读书·新知三联书店1961年版。

梁漱溟等:《究元决疑论·名学稽古》,山西人民出版社2015年版。

林仲达:《论理学纲要》,中华书局1936年版。

顾惕生:《墨子辩经讲疏》,台湾成文出版社1977年版。

章士钊:《逻辑指要》,生活·读书·新知三联书店1961年版。

赵纪彬:《中国哲学思想》,中华书局1948年版。

虞愚:《中国名学》,上海书店1992年版。

张纯一:《墨子集解》,成都古籍书店1988年版。

鲁大东：《墨辩新注》，中华书局1936年版。

谭戒甫：《墨辩发微》，科学出版社1958年版。

方孝博：《墨经中的数学与物理学》，中国社会科学出版社1983年版。

傅云龙：《中国哲学史上的人性论问题》，求实出版社1982年版。

罗光：《中国哲学的精神》，台湾学生书局1980年版。

李泽厚：《中国古代思想史论》，人民出版社1986年版。

李泽厚：《中国近代思想史论》，人民出版社1979年版。

李泽厚：《中国现代思想史论》，生活·读书·新知三联书店2008年版。

沈善洪、王凤贤：《王阳明哲学研究》，浙江人民出版社1981年版。

赖永海：《中国佛性论》，中国青年出版社1999年版。

赖永海：《中国佛教文化论》，中国青年出版社1999年版。

赖永海：《中国佛教与哲学》，宗教文化出版社2004年版。

方立天：《中国佛教哲学要义》（上下），中国人民大学出版社2004年版。

蒙培元：《心灵超越与境界》，人民出版社1998年版。

吴怡：《中国哲学的生命与方法》，台湾东大图书公司1984年版。

陈鼓应：《老子注译及评价》，中华书局1984年版。

陈鼓应：《道家的人文精神》，中华书局2012年版。

陈来：《有无之境——王阳明哲学的精神》，人民出版社1997年版。

陈来：《现代中国哲学的追寻》，生活·读书·新知三联书店2010年版。

何怀宏：《良心论》，上海三联书店1996年版。

余英时：《中国思想传统的现代诠释》，江苏人民出版社1998年版。

张立文：《"自己讲"、"讲自己"中国哲学的重建与传统现代的度越》，北京师范大学出版社2007年版。

张立文：《圣境——儒学与中国文化》，人民出版社2005年版。

张立文：《传统学引论》，中国人民大学出版社1998年版。

方克立：《中国哲学史上的知行观》，人民出版社1982年版。

郭齐勇：《熊十力思想研究》，天津人民出版社1993年版。

郭齐勇：《中国儒学之精神》，复旦大学出版社2009年版。

汤一介：《我的哲学之路》，新华出版社2006年版。

宋志明：《贺麟新儒学思想研究》，天津人民出版社1998年版。

宋志明、孙小金：《20世纪中国实证哲学研究》，中国人民大学出版社2002年版。

刘笑敢：《诠释与定向》，商务印书馆2009年版。

杨国荣：《从严复到金岳霖——实证论与中国哲学》，高等教育出版社1996年版。

杨国荣：《科学的形上之维——中国近代科学主义的形成与衍化》，上海人民出版社1999年版。

杨国荣：《善的历程——儒学价值体系研究》，上海人民出版社2006年版。

汪晖：《现代中国思想的兴起》（4卷），生活·读书·新知三联书店2008年版。

张法：《走向全球化时代的中国哲学》，北京大学出版社2011年版。

金春峰：《冯友兰哲学生命历程》，中国言实出版社2004年版。

李存山：《气论与仁学》，中州古籍出版社2009年版。

王中江：《理性与浪漫：金岳霖的生活及其哲学》，河南人民出版社1993年版。

王中江：《进化主义在中国》，首都师范大学出版社2002年版。

王中江：《视域变化中的中国思想与文化构想》，中州古籍出版社2005年版。

王中江：《道家学说的观念史研究》，中华书局2015年版。

李景林：《教养的本原》，辽宁人民出版社1998年版。

李维武：《中国哲学的现代转型》，中华书局2008年版。

李宗桂：《中国文化概论》，中山大学出版社1988年版。

景海峰：《中国哲学的现代诠释》，人民出版社2004年版。

景海峰：《熊十力哲学研究》，北京大学出版社2010年版。

景海峰：《经典诠释与当代中国哲学》，商务印书馆2016年版。

陈少明等：《被解释的传统》，中山大学出版社1995年版。

陈少明：《儒学的现代转折》，辽宁大学出版社1992年版。

黄克剑：《由"命"而"道"——先秦诸子十讲》，线装书局2006

年版。

蒋国保、余秉颐:《方东美思想研究》,天津人民出版社 2004 年版。

韩强:《儒家心性论》,经济科学出版社 1998 年版。

陈战国:《冯友兰哲学思想研究》,北京大学出版社 1999 年版。

董光璧:《当代新道家》,华夏出版社 1992 年版。

曹德本:《中国古代辩证法思想探索》,吉林人民出版社 1986 年版。

郭淑新:《胡适与中国传统哲学的现代转换》,安徽人民出版社 2005 年版。

郭桥:《逻辑与文化》,人民出版社 2006 年版。

张炳玉主编:《老子与当代社会》,甘肃人民出版社 2008 年版。

李全华:《老子哲学考察》,暨南大学出版社 2001 年版。

李申:《中国古代哲学和自然科学》,中国社会科学出版社 1993 年版。

李承贵:《中西文化之会通——严复中西文化比较与结合思想研究》,江西人民出版社 1997 年版。

李承贵:《20 世纪中国人文社会科学方法问题》,湖南教育出版社 2001 年版。

李承贵:《儒学的形态与开展》,社会科学文献出版社 2016 年版。

李承贵:《哲学的解释与解释的哲学》,中国社会科学出版社 2017 年版。

刘军平:《传统的守望者——张岱年哲学思想研究》,人民出版社 2007 年版。

王鉴平:《冯友兰哲学思想研究》,四川人民出版社 1988 年版。

王善博:《追求科学的精神》,广西人民出版社 1996 年版。

王兴国:《牟宗三哲学思想研究》,人民出版社 2007 年版。

王兴国:《契接中西哲学之主流——牟宗三哲学思想渊源探要》,光明日报出版社 2006 年版。

魏屹东:《认知科学哲学问题研究》,科学出版社 2008 年版。

闻继宁:《胡适之的哲学》,上海三联书店 1999 年版。

邢兆良:《墨子评传》,南京大学出版社 1993 年版。

熊铁基、刘韶军等:《二十世纪中国老学》,福建人民出版社 2003 年版。

徐道一编著：《周易科学观》，地震出版社 1992 年版。

李树菁等主编：《周易与现代自然科学》，中国社会科学出版社 1990 年版。

李树菁等主编：《周易与现代自然科学》，中州古籍出版社 1992 年版。

燕国材：《唐宋心理思想研究》，湖南人民出版社 1987 年版。

叶国良：《文献及语言知识与经典诠释的关系》，台湾大学出版社 2008 年版。

余敦康：《何晏王弼玄学新探》，齐鲁书社 1991 年版。

张奇伟：《亚圣精蕴——孟子哲学真谛》，人民出版社 1997 年版。

张锡勤、霍方雷：《陆王心学初探》，黑龙江人民出版社 1982 年版。

赵定理：《中华自然哲学的数理原理》，光明日报出版社 2003 年版。

赵馥洁：《中国传统哲学价值论》，人民出版社 2009 年版。

郑家栋：《断裂中的传统》，中国社会科学出版社 2001 年版。

周桂钿：《中国传统哲学》，北京师范大学出版社 1990 年版。

张立文：《中国哲学逻辑结构论》，中国社会科学出版社 2002 年版。

李翔海：《20 世纪中国哲学研究》，天津人民出版社 2012 年版。

黄见德：《西方哲学的传入与研究》，福建人民出版社 2007 年版。

王南湜：《马克思主义哲学中国化的历程及其规律研究》，北京师范大学出版社 2012 年版。

李维武：《中国哲学传统的更新》，人民出版社 2012 年版。

张汝伦：《现代中国思想研究》，上海人民出版社 2001 年版。

胡伟希：《观念的选择——20 世纪中国哲学与思想透析》，云南人民出版社 2002 年版。

朱哲：《先秦道家哲学研究》，上海人民出版社 2000 年版。

朱义禄：《儒家思想人格与中国文化》，辽宁教育出版社 1991 年版。

顾红亮：《实用主义的误读：杜威哲学对中国现代哲学的影响》，华东师范大学出版社 2000 年版。

贾陆英：《马克思主义与儒学的融合》，山西人民出版社 2012 年版。

四 论文类

李大钊：《唯物史观在现代史学上的价值》，《新青年》第 8 卷第 4 号，

1920 年。

马君武：《社会主义与进化论比较》，《译书汇编》第 11 期，1904 年 11 月。

胡汉民：《中国传统哲学之唯物史观的研究》，《建设》一卷三、四号，1919 年。

虞愚：《墨家论理学的新体系》，《民族杂志》第 3 卷第 2 期，1935 年。

薄忠信：《阴阳探微》，《锦州师院学报》1992 年第 3 期。

陈冰、解书森：《古典逻辑的改造与现代科学一体化》，《青海师专学报》1984 年第 12 期。

陈克守：《孟子的演绎推理简析》，《齐鲁学刊》1991 年第 2 期。

崔清田等：《20 世纪逻辑学在中国的影响》，《云南社会科学》2000 年第 4 期。

崔清田：《〈小取〉逻辑思想浅析》，《南开学报》1982 年第 4 期。

崔清田：《墨家逻辑与亚里士多德逻辑的比较研究》，《南开学报》2002 年第 6 期。

陈喜乐：《中西思维方式之比较》，《厦门大学学报》1991 年第 4 期。

陈正英：《试论邵雍的象数推演逻辑》，《中州学刊》1984 年第 5 期。

曹祥云：《中国近代比较逻辑研究的贡献、局限与启迪》，《福建论坛》1992 年第 6 期。

范竹增：《〈墨经〉自然科学知识中的哲学思想》，《苏州大学学报》1987 年第 2 期。

胡绳：《论"诚"》，《群众》八卷，二十一、二十二合刊，1943 年。

何祚庥：《唯物主义的"元气"学说》，《中国科学》1975 年第 5 期。

李春泰：《论墨子与亚里斯多德逻辑学的差别及其意义》，《哈尔滨市经济管理干部学院学报》2001 年第 1 期。

梁嘉：《荀子之逻辑学说》，《中山文化季刊》1943 年第 1 卷第 3 期。

李景强：《复原老子之"道"》，《学术研究》2003 年第 10 期。

刘笑敢：《人文自然对正义原则的兼容与补充》，《开放时代》2005 年第 3 期。

刘香莲：《浅谈老子"自然"概念的人文内涵》，《哈尔滨学院学报》2012 年第 3 期。

乔根锁：《论中国先秦儒家哲学中的人文主义思想——道德人文主义和民本主义》，《西藏民族学院学报》1998 年第 2、3 期。

孙中原：《〈墨经〉的逻辑成就》，《中国人民大学学报》1990 年第 3 期。

孙中原：《论中国逻辑史研究中的肯定与否定》，《广西师范学院》2000 年第 4 期。

吴熙：《墨子的名学》，《学生杂志》1925 年第 12 卷第 11 期。

王廷洽：《论荀子的逻辑体系》，《上海师范大学学报》1998 年第 2 期。

魏元珪：《从当代系统论、信息论、协同学看易学原理》，《周易研究》2000 年第 3 期。

徐克谦：《论先秦儒家的个人主义精神》，《齐鲁学刊》2005 年第 5 期。

熊舜时：《阴阳学说与自然科学》，《思想战线》1984 年第 4 期。

颜华东：《试论墨辩逻辑的特点》，《甘肃理论学刊》1992 年第 6 期。

颜青山：《〈墨经〉中的语言逻辑》，《自然辩证法研究》1994 年第 2 期。

张发祥：《陆九渊"六经皆我注脚"说诠释》，《抚州师专学报》1999 年第 2 期。

张来芳：《孔子"和而不同"思想及其价值》，《南昌大学学报》2001 年第 3 期。

张文修：《陆九渊"六经注我"的生命实践诠释学》，《湖南大学学报》2007 年第 2 期。

张晓光：《墨辩逻辑与中国传统思维方式》，《辽宁大学学报》1999 年第 6 期。

张斌峰：《墨辩"周延说"质疑》，《哲学动态》1994 年增刊。

钟罗：《墨辩逻辑学——我国第一个逻辑学体系》，《中学生与逻辑》1982 年第 4 期。

张家龙：《论〈墨经〉中"侔"式推理的有效式》，《哲学研究》1998 年增刊。

张会翼：《中国传统思想中时空概念的比较研究》，《自然科学史研究》

1993 年第 3 期。

赵继伦:《〈墨辩〉是中国古典的非形式逻辑》,《天津师大学报》1989 年第 6 期。

郑立群:《中国古代逻辑中的谬误论》,《逻辑与语言学习》1991 年第 2 期。

郑先兴:《论中庸》,《广西师范大学学报》2003 年第 2 期。

周桂钿:《朱熹的宇宙论和天文观》,《福建论坛》1991 年第 5 期。

周云之:《试论先秦名辩逻辑在理论上的主要贡献》,《社会科学战线》1988 年第 3 期。

周云之:《"白马非马"决不是诡辩命题——兼论公孙龙的逻辑正名学说》,《中国哲学史研究》1987 年第 2 期。

楼宇烈:《郭象哲学思想剖析》,《中国哲学》第一辑,生活·读书·新知三联书店 1979 年版。

李申:《"气"范畴研究》,《中国哲学》第十三辑,人民出版社 1985 年版。

王德敏:《略论〈老子〉的唯物主义自然观》,《中国哲学史论丛》第一辑,福建人民出版社 1984 年版。

金隆德:《试论孔子哲学思想的特点》,《中国哲学》第三辑,生活·读书·新知三联书店 1980 年版。

张世英:《从西方近现代哲学看 20 世纪中国哲学之发展》,《新视野》2000 年第 4 期。

汤一介:《西方哲学冲击下的中国现代哲学》,《文史哲》2008 年第 2 期。

汤一介:《中国现代哲学的三个接着讲》,《解放日报》2006 年 5 月 15 日。

胡伟希:《中国新实在论的兴起》,《中国人民大学学报》2002 年第 4 期。

胡军:《中国现代哲学中的知识论研究》,《哲学研究》2004 年第 2 期。

陈卫平:《西方哲学的中国化与当代中国哲学的建构》,《学术月刊》2004 年第 7 期。

杨寿堪：《实用主义在中国的历史命运》，《江苏行政学院学报》2002年第4期。

邓晓芒：《中国百年西方哲学研究中的八大文化错位》，《福建论坛》2001年第5期。

陈嘉明：《从语言现象学看中国传统哲学现代化问题》，《哲学动态》2010年第1期。

宋宽锋：《学院化的中国哲学史研究的西方哲学参照系问题》，《内蒙古社会科学》2005年第5期。

江怡：《走出西方语境的中国哲学》，《江苏行政学院学报》2007年第6期。

蒙培元：《20世纪中国哲学的回顾与展望》，《泉州师范学院学报》2001年第3期。

郑宗义：《论二十世纪中国学人对于"中国哲学"的探索与定位》，《中国哲学史》2006年第2期。

谢地坤：《再论西学东渐与现代中国哲学》，《哲学动态》2012年第2期。

谢地坤：《西方哲学研究30年（1978—2008）的反思》，《安徽师范大学学报》2008年第4期。

谢地坤：《中国的哲学现状、问题和任务》，《中国社会科学》2008年第5期。

孙正聿：《当代中国的哲学历程》，《教学与研究》2001年第8期。

黎红雷：《会通与融合：马克思主义哲学、中国传统哲学与西方哲学的互动》，《哲学动态》2006年第5期。

周德丰、陆信礼：《20世纪中国哲学史研究的三种模式》，《社会科学辑刊》2004年第6期。

中国逻辑学会中国逻辑史专业委员会编：《回顾与前瞻——中国逻辑史研究30年》，中国社会科学出版社2011年版。

汪奠基、温公颐等：《中国逻辑思想论文选》，生活·读书·新知三联书店1981年版。

李小兵编：《八十年代中西文化讨论文集》，中央党校科研办公室1987年版。

五　译籍类

［德］黑格尔著，贺麟、王太庆译：《哲学史讲演录》第一卷，商务印书馆1983年版。

［德］汉斯－格奥尔格·加达默尔著，洪汉鼎译：《真理与方法》（上下卷），上海译文出版社1999年版。

［德］汉斯－格奥尔格·加达默尔著，夏镇平等译：《哲学解释学》，上海译文出版社1998年版。

［美］托马斯·库恩著，金吾伦等译：《科学革命的结构》，北京大学出版社2012年版。

［英］耶方斯著，严复译：《名学浅说》，商务印书馆1981年版。

洪汉鼎主编：《理解与解释——诠释学经典文选》，东方出版社2001年版。

［美］G.伽汀著，鲁旭东译：《范式和解释学：论库恩、罗蒂和社会科学》，《哲学译丛》1984年第6期。

后　记

　　经过十余年的思考，四年多时间相对集中的写作，本书终于告一段落。虽然无论是就学术本身言，还是就社会关切言，本书都不能算是尽如我意，但还是感到无比的欣慰，因为其中的确体现了一些思考，展示了一点心智，寄托了一丝希望，承载了一种情怀。可以认为是用我的生命凝结的文字。感慨万千，不能自禁。

　　本书的基本工作是考察与研究"过去百余年中国学者以西方哲学理解或解释中国传统哲学的学术实践"，这种工作虽然可由不同的方式或向度去展开，但在有效性方面，仍然有性价更高的选择。面对西方哲学的强势挺进与诱人魅力，中国学者普遍地抱着谦卑学习的态度，并且很快将西方哲学确认为"新式武器"，用于发掘、理解和评价中国传统哲学。由于西方哲学大体上包括马克思主义、科学主义、人文主义、逻辑主义等思潮或学说，因而可将中国学者认知、理解和评价中国传统哲学的学术实践区分为马克思主义哲学的认知和理解、科学主义理论的认知和理解、人文主义思潮的认知和理解、逻辑主义原理的认知和理解四个方面。而中国学者在以马克思主义哲学、科学主义理论、人文主义思潮、逻辑主义原理等认知、理解和评价中国传统哲学的实践中，发现存在误读与伤害中国传统哲学的情形，并对此表示了高度警惕且迅速提出了对策，这个对策就是强调：在以西方哲学理解中国传统哲学的学术实践中，应该考虑并照顾中国传统哲学的特殊性，应该将被理解的中国传统哲学文本（概念、命题和观念等）置于中国自身文化系统中进行理解，从而形成"自我主义的认知和理解"。如此，在过去百余年认知和理解中国传统哲学的实践中，实际上存在了唯物认知范式、科学认知范式、人文认知范式、逻辑认知范式和自我认知范式五大认知范式。因而关于"过去百余年中国学者以西方哲学理解或解释中国传统哲学学术实践的研究"便具体化为"过去百余年认知和理解中国传统哲学的五大范式研究"。

既然以唯物认知范式、科学认知范式、人文认知范式、逻辑认知范式和自我认知范式五大认知范式为基本研究内容，那么，在文献选择上必须符合如下情理中的要求：其一，能够支持本书的学术观点。即本书所选文献能够充分说明"五大认知范式"的客观存在，能够反映五大认知范式之间的关系，能够成为作者诸种学术思考自洽的基本依据；能够反映中国传统哲学与马克思主义哲学的关系、中国传统哲学与西方哲学的关系。因此，本书的写作不得不从浩若烟海的文献中耐心选取能够充分反映唯物认知范式的文献、科学认知范式的文献、人文认知范式的文献、逻辑认知范式的文献、自我认知范式的文献。而每种认知范式文献又被分为哲学概念（范畴）、命题、特点、体系或精神等多个领域，从而全面地、具体地反映与呈现五大认知范式用于认知、理解和评价中国传统哲学的状况。其二，能够成为中国传统哲学的代表。即本书所选关于概念、命题、特点、体系和精神等方面的文献能够代表中国传统哲学的基本内容，比如天、气、理、性、心、和实生物、道法自然、格物致知、知行合一等；能够代表中国传统哲学的基本思想，比如经世致用、生命生机等；能够反映中国传统哲学的基本问题，比如理欲关系、天人关系等；能够覆盖到中国传统哲学中的各家各派，比如儒、墨、道、佛、心学、理学、气学等中国传统哲学中的主要流派和学说。其三，能够照顾思想家或学者的层次。一个时代的哲学思想无疑是以杰出哲学家、思想家为代表，但杰出思想家的思考并不能涵括特定时代的所有问题、所有思想，那些普通学者的思考或许更接地气，更能反映时代的真相，因而本书所选五大认知范式的资料，并不以一流的哲学家或思想家为限，其中也选取了相当数量的普通学者的、但对本书主张和观点有特殊帮助的文献，从而体现本书在选材上的民主精神。

文献的搜集与整理只是研究的基础，不是研究的目标；研究的目标是通过对文献的阅读、理解寻找其中的问题和意义。因而根据唯物认知范式、科学认知范式、人文认知范式、逻辑认知范式、自我认知范式的分类，分别对用于认知和理解中国传统哲学概念、命题和观念的实践进行梳理与分析；对用于理解中国传统哲学特点、系统和精神的实践进行梳理与分析；而有特殊内容需要讨论的，便增加板块予以落实，如科学认知范式中的"中国传统哲学特性与科学方法的限制"、逻辑认知范式中的"中国传统哲学的逻辑问题与价值"等。对每种认知范式应用实践的梳理与分析，都是为了从中发现问题和寻找意义，因而每章最后一节都配有对相关认知范式应用实践的检讨。对于全书研究的完成，不能不给一个总结性说法，便产生了"综论"。基于全书的研究，肯定了五大认知范式应用的学术意义，回应了"中国无哲学"的质疑，分析了五大认知范式的关系，揭示了五大认知范式应用的特点，批评了五大认知范式应用的缺失，总结了五大认知范式应用的经验，研究了五大认知范式的应用对中国传统哲学的意义。如此，本书的逻辑架构随即谨慎地呈现：以五大认知范式为主体框架，"导言"阐释研究意义和相关术语，首章陈述五大认知范式的缘起与形成，二至六章分别对唯物认知范式、科学认知范式、人文认知范式、逻辑认知范式、自我认知范式等的应用实践展开具体论述与深入研究，末章予以高屋建瓴式总结。

所谓"著书立说"，书已著，"说"何在？由于本书是作者长期思考20世纪中国哲学思想史的结晶，同时融之生命的沧桑，本书的"说"何其多也！此罗列数案，与读者分享。过去关于20世纪中国学者以西方哲学解释中国传统哲学的研究成果不可谓无，但将过去百余年以西方哲学及其方法认知、理解和评价中国传统哲学的实践名为"五大认知范式"这一合乎事实的观点，可谓发前人之未发；发现并确认"自我认知范式"是唯物认知范式、科学认知范式、人文认知范式、逻辑认知范式四大认知范式应用及其效果所"逼"而生，也是基于中西哲学交汇史的深入考察而获得的精辟之论；五大认知范式的应用实践，中国传统哲学的资源、价值、特点和不足等都被系统的发掘、整理和呈现，从而为丰富、发展和更新中国传统哲学确定了方向；五大认知范式的应用实践，无论是内容上还是形式上，优化了中国传统哲学的品质，从而推动了中国传统哲学的现代化进程；五大认知范式的应用实践，在很大程度上也是不同哲学形态的演练，客观地探索了中国传统哲学现代转换的模式；唯物认知范式、科学认知范式、人文认知范式、逻辑认知范式的应用，都程度不同地存在着对中国传统哲学误读与伤害的情形，需要加以严肃检讨和理性克服；在认知、理解和评价中国传统哲学的实践中，五大认知范式彼此可以互补，相互合作有助于全面理解和把握中国传统哲学的本貌与意涵；在五大认知范式用于认知、理解和评价中国传统哲学的实践中，自我认知范式是其他认知范式开展工作的基础，它可以完善、纠正、改变其他认知范式理解的结论；五大认知范式无一不是时空的产物，各有特长亦各有限制，因而五大认知范式存在转移现象，范式转移表明认知范式是相对的、可变的，从而也是可以完善的；在五大认知范式的应用实践中，中国传统哲学与马克思主义哲学的关系、中国传统哲学与西方哲学的关系表现为相互包容、相互帮助、相互滋养、相互提升，可以搁置冲突而相互合作、相互提携；中国传统哲学以其特殊的智慧，可以成为马克思主义哲学、西方哲学的重要补充，反过来说，也一样。因此，以西方哲学理解中国传统哲学的20世纪，并不能简单地判定为中国传统哲学脉络的断裂或中国传统哲学价值体系的土崩瓦解。而从哲学精神的弘扬、哲学内容的丰富、哲学形式的建造等方面说，中国传统哲学在20世纪主要是生生相续的过程。

任何著作的思考都有其特定的范围，这就意味着作者创作的文本必然会给读者留下许多遐想；而从哲学著作价值而言，可解释的空间越大，其价值也许越值得期待；更严肃点说，若一本著作能够被无限的解释与追问，那么它的"经世性"就有可能越强。本书虽然不能奢望达到这种高度，但的确隐含了许多引导我们进一步思索的课题。本书的研究诉诸中国哲学家或学者以马克思主义哲学、西方哲学认知、理解和评价中国传统哲学的实践，进而言之，诉诸中国哲学家或学者以唯物认知范式、科学认知范式、人文认知范式、逻辑认知范式认知、理解和评价中国传统哲学的实践，其中尚有代表中国身份的自我认知范式的参与。在这种宏大的、综合性的学术实践中，其可解释、可呈现的问题与成果固然很多，但"隐而未发"的问题也检验着读者的智慧。此仅罗列一二。五大认知范式在某种意义上各自代表一种哲学的形态，那么，哲学的形态究竟是多样的？还是单一的？若是多样的，那么有没有基本的要求？这些基本要求又是什么？虽然是研究五大认知范式认知、理解和评价中国传统哲学的实践，可是在这种认知、理解实践中，究竟是四大认知范式（如唯物认知范式）改变了中国传统哲学？还是中国传统哲学消化了四大认知范式（如唯物认知范式）？或者互有胜场？五大认知范式其实涵盖了科学认知范式、人文认知范式和社会科学认知范式三大领域，那么，人文学科领域的认知范式、社会学科学领域的认知范式与自然科学领域的认知范式的异同在哪里？本书的考察与分析可提供怎样的启发？五大认知范式在用于认知和理解中国传统哲学的实践中，往往发生不同认知范式（如科学认知范式与人文认知范式）对同一文本的理解与结论存在差异或矛盾的情形，这种现象意味着什么？五大认知范式各有其特定的内容、性能，其特定的内容和性能不仅影响着理解的范围和程度，也影响着理解的性质，因此，虽然肯定了五大认知范式对于中国传统哲学的积极意义，但绝不能忽视其消极意义，此消极意义蕴含了怎样的启示？……这些问题无疑都是本书"意犹未尽"者。所谓"言者无心，听者有意"，希望能够引发读者的进一步的思考。

学术思考离不开它的时代，正由于我们处于中西古今猛烈撞击与全面交汇的时代，正由于这个时代提出了解释或解决古今中西哲学关系的历史性课题，我们的思考恰好幸运地赶上了这个"有问题"的时代，为我们心智的挥洒提供了难得的契机，因而必须感恩这个时代。本书的思考与研究，无论是文献资料的引用，还是哲学智慧的借鉴，都离不开传统，是丰富的、深厚的哲学、思想、文化传统赋予了我们思考的空间，训练着我们的心智，因而要感恩充满神奇的伟大传统。本书的主要研究任务是20世纪中国哲学家或学者对中国传统哲学的认知、理解和评价的学术实践，哲学家或学者在以唯物认知范式、科学认知范式、人文认知范式、逻辑认知范式、自我认知范式等认知、理解和评价中国传统哲学的实践中，所表现出来的哲学智慧、理论涵养、学术敏锐、人文关怀等都令我至为感佩，也深受启发，因而要感恩先贤、感恩同行。当然也必须感谢为本课题部分成果发表作出杰出贡献的编辑朋友，是他们无私的"爱"鼓励我在学术道路上持续前行，他们是：杨海文、洪强强、王建平、罗萍、刘君、崔宁、田卫平、钱亚仙、周小玲、吴勇、何志玉、颜冲、王维国、赵景来、郑飞、冯琳、罗传芳、冯瑞梅等，感谢他们一贯的支持和鼓励！本书写作过程中，部分文献的查找和打印，得到了亲爱的硕士生姚勇、兰若男、雷媛媛、张天治等同学的辛勤奉献，对他们的付出表示衷心感谢！本书修改完善期间，赴日本东京大学访问一月，意外而幸运地查获了一些弥足珍贵的资料，同时得到了小岛毅教授和他的助理李穌书的热情帮助，对二位的乐善表示诚挚的谢意！感谢我的导师赖永海先生，感谢他在百忙之中为拙作序，感谢他多年的关爱和提携。师恩浩荡，非言语所能尽！感谢郭齐勇先生，多年来，郭老师对我奖掖良多，今次请郭老师写序，慨然允许，感恩至深，无以言表！感谢王中江教授、杨国荣教授、景海峰教授，他们都是著名的中国哲学研究专家，也是我敬佩的学长，他们的鞭策与鼓励将是我学术道路上继续前行的动力！也要感谢责任编辑谢金良先生、韩国茹女士，是他们的耐心与责任心使本书得以顺利问世。

庄子说："吾生也有涯，而知也无涯，以有涯随无涯，殆矣。"（《庄子·养生主》）庄子觉悟到生命的有限，而不能觉悟到生命的有限可以借助其他方式实现无限；庄子因觉悟到生命的有限而流露出悲观情绪，而不能觉悟到通过其他方式实现生命无限所带来的乐趣；因而我们不能不对庄子的话略表不敬："生有涯，知无涯，以有涯逐无涯，妙矣！"本书虽然耗时漫长、用力宏大、著心专深，但收获了精神的愉悦，思想的奔放，心灵的自由，道德的倾诉，也基本上达到了预期研究目标，但仍然心存惶恐，唯望不致灾伤梨枣，而十分期待读者朋友的不吝指正。

2017年7月28日初稿于东京大学
2018年2月28日定稿于南京仙林道场